Jochen Steffen

Gesellschaft für Politik und Bildung Schleswig-Holstein e.V.

Sonderveröffentlichung des Beirats für Geschichte Nr. 24

Die Herausgabe des Bandes hat der Innenminister Schleswig-Holsteins
mit einer erheblichen Zuwendung aus Glücksspielmitteln gefördert.

Herausgegeben von

Uwe Danker und Jens-Peter Steffen

Jochen Steffen

Ein politisches Leben

Schleswig-Holsteinischer Geschichtsverlag

Malente 2018

Impressum:

Buchgestaltung und Herstellung: Michael Plata, Horst (Holstein)

ISBN 978-3-933862-53-2

Vorwort der Herausgeber

Der vorliegende Band versammelt ihrem Charakter nach sehr unterschiedliche reflektierende Beiträge zum Leben und Wirken des Redakteurs, Politikers und Kabarettisten Jochen (Karl Joachim Jürgen) Steffen (1921-1987). Als linker Journalist, als sozialdemokratischer Berufspolitiker, als marxistischer Theoretiker und als missingsch sprechender Kabarettist besaß Jochen Steffen in den 1960er und 1970er Jahren in der Bundesrepublik nicht unerhebliche Bedeutung und erlangte als der „rote Jochen" Bekanntheit. Steffen war eine markante, durch und durch politische Persönlichkeit, die stark polarisierte.

Schwerpunktmäßig werden politische Aspekte von Steffens Wirken in den 1960er und 70er Jahren beleuchtet, jenen etwa zehn Jahren, in denen er führende Ämter und Positionen in der SPD Schleswig-Holsteins besetzte. In diesem Jahrzehnt entwickelte sich innerhalb der SPD eine breite linke Basisströmung, an deren Entstehen und Ausformung Jochen Steffen einen aktiven Anteil besaß. Es war zugleich die Zeit der ersten Großen Koalition, einer ersten starken Rezession Nachkriegsdeutschlands und des mit der APO verbundenen demokratischen Aufbruchs, aufgenommen vom ersten sozialdemokratischen Kanzler Willy Brandt, eine Zeit, die zunächst noch getragen wurde von einer in den politischen Eliten verbreiteten und insbesondere auch von Steffen geteilten Planungseuphorie. Es schien zeitweise, dass ganz großer Wandel möglich sei, etwa im Prager Frühling und Pariser Mai 1968.

Gerade in den zwei Landtagswahlkämpfen, die Steffen als Spitzenkandidat für die Landes-SPD in Schleswig-Holstein führte, traten potentielle Umbrüche deutlich zu Tage. Im gesellschaftlichen Umfeld einer antikommunistischen Grundhaltung propagierte Steffen seine demokratische sozialistische Vision, verbunden mit einer von ihm radikal gelebten politischen Strategie der Wahrheit. Inwiefern diese von Steffen selbst vorgetragenen Ansprüche seine politische Praxis getragen haben und welche Folgen sie zeitigten, sind wiederkehrende Leitfragen vieler Beiträge.

Steffens laut propagierte Vorstellungen machten ihn für dominierende Medienhäuser und viele Menschen zu einem roten Bürgerschreck. Vor dem heutigen Hintergrund einer schier unüberwindbar erscheinenden neoliberalen Hegemonie mag schnell die Wertung erfolgen: politische Anleitungen von gestern. Diesem Band geht es nicht darum, auf neue Situationen mit alten Antworten zu kommen. Es könnte aber hilfreich sein, sich für neue Antworten traditioneller Wert- und Zielbezüge und der davon abgeleiteten strategischen und qualitativen Vorstellungen zu erinnern.

Insbesondere während der Jahre als aktiver, oft provokant agierender Politiker in öffentlicher Position teilten sich die Menschen, die ihn wahrnahmen, in jene, die ihn mochten oder sogar verehrten, und in eine gefühlt größere Gruppe, die ihn in Zeiten des Kalten Krieges als linke Gefahr für die öffentliche Ordnung der BRD wahrnahm. Mehr als dreißig Jahre nach Steffens Tod und mehr als vierzig Jahre nach dem Ende seiner Laufbahn als aktiver Politiker, soll dieser voluminöse Band das Bild und Wirken dieser Persönlichkeit neu analysieren.

Die Varianz der hier vorgelegten Beiträge ist erheblich:

- Mit Gert Börnsen und Georg Beez erinnern sich politische Weggefährten, ehemalige enge Mitarbeiter, an Zusammenarbeit, Wirken und Persönlichkeit. Auch Johano Strasser hat eine kleine Erinnerung beigetragen.
- Unterschiedliche wissenschaftliche Betrachtungen, meist verfasst von Autoren und Autorinnen, die Steffen nicht mehr erlebten, ihm also mit nüchterner Distanz und potenziell neuen Fragen begegnen können, gelten abgegrenzten Wirkungsfeldern Steffens. Den Redakteur bringen Astrid Schwabe und Markus Oddey zur Darstellung. Den Landesparteivorsitzenden bearbeitet Thorsten Harbeke. Siegfried Heimann fokussiert auf Steffens Mitarbeit auf Bundesvorstandsebene der westdeutschen SPD. Das zunächst aus journalistischer Arbeit geborene, später professionelle Wirken als missingsch sprechender Kabarettist erörtern auf unterschiedliche Weise Viola Wilcken und Ralf Bei der Kellen. Die kurze Phase als nicht examinierter, gleichwohl universitärer Wissenschaftler, die spätere landespolitische Arbeit als Oppositionsführer und Ministerpräsidentenkandidat sowie Steffens bezogen auf die NS-Zeit vergangenheitspolitisches Agieren beleuchtet Uwe Danker. Ebenfalls einen Spezialaspekt, die Rolle Steffens im Kontext der sozialdemokratischen Entspannungs- und Ostpolitik, betrachtet schließlich Friederike Steiner.
- Drei sehr unterschiedlich angelegte, sich damit ergänzende Bearbeitungen versuchen aus den Schriften und Reden Jochen Steffens die Grundlagen seines politischen Denkens herauszuarbeiten und diese weltanschaulichen Grundsätze auf ihren bleibenden Wert zu prüfen. Diese wichtigen theoretischen und politikwissenschaftlichen Studien verfassten unabhängig voneinander Horst Heimann, Reinhard Ueberhorst und Frieder Otto Wolf.
- Zwei biographische Zugriffe runden den Band ab: Gertrud Lenz widmet sich der Ehefrau und engen Begleiterin Ilse Steffen sowie der ehelichen Beziehung. Eine umfängliche Lebensskizze aus der Feder des Sohnes Jens-Peter Steffen trägt Hintergründe und Ursachen seiner politischen Positionierung zusammen und rundet das Buch durch eine Annäherung an den Menschen Jochen Steffen ab.

Abgesehen von den Beiträgen Börnsens und Steiners, für deren Wiederabdruck in diesem Band wir sehr dankbar sind, wurden alle hier versammelten Aufsätze speziell für dieses Buchprojekt verfasst. Unser aufrichtiger Dank gilt deshalb allen Autorinnen und Autoren, die sich mit viel Einsatz und Fleiß der Person und dem Schaffen Jochen Steffens gewidmet haben. Sie haben zudem Geduld aufbringen müssen, bis alle Texte druckfertig vorlagen und das Erscheinen des Bandes Wirklichkeit werden konnte. Die Herausgeber bedauern, dass Schorsch Beez, dem die Fertigung seines Beitrages als Teil seiner eigenen politischen Biographie sehr am Herzen lag, das Erscheinen des Buches nicht mehr erleben kann. Torsten Harbeke hat im Rahmen seiner beruflichen Tätigkeit organisatorisch und redaktionell an diesem Band mitgewirkt. Auch ihm sei gedankt.

Die Herausgeber danken schließlich dem (ehemaligen) Innenminister des Landes Schleswig-Holstein Klaus Schlie für die Bewilligung eines erheblichen Zuschusses aus Glücksspielmitteln, die die Herausgabe des Bandes ermöglichten.

Kronshagen und Berlin im Juni 2018 — Uwe Danker und Jens-Peter Steffen

Georg Beez

Erinnerungen an Jochen Steffen

Anfänge

Ich kam im August 1961 nach Kiel, um Volkswirtschaft zu studieren. Dort traf ich Norbert Boese und Werner Boldt. Die beiden hatten die Idee, eine unabhängige SPD-nahe Hochschulgruppe zu gründen. Es war damals die Zeit, als sich die SPD vom SDS (Sozialistischer Deutscher Studentenbund) getrennt hatte und den SHB (Sozialdemokratischer Hochschulbund) gründete. Das war eine Maßnahme, die auch Widerspruch ausgelöst hatte. Wir wollten deshalb einen dritten Weg gehen und gründeten den Tönnies-Kreis, nach dem Kieler Soziologen Ferdinand Tönnies, der in den 1930er Jahren der SPD beigetreten war, kurz bevor sie von den Nazis verboten wurde. Nach dem Krieg war von SPD-nahen Hochschullehrern die Ferdinand-Tönnies-Gesellschaft gegründet worden. Im Frühjahr 1962 gründeten wir den Tönnies-Kreis als linke Hochschulgruppe an der Universität Kiel.

Durch die Ferdinand-Tönnies-Gesellschaft, die Stadt Kiel und die Neue Heimat, deren Leiter der SPD-Landesvorsitzende Walter Damm war, konnte das Projekt eines modernen Studentenwohnheimes begonnen werden, in das der Tönnies-Kreis eingebunden wurde. Es entstand das erste selbstverwaltete Studentenwohnheim in Kiel, das ein idealer Stützpunkt für die Arbeit des Tönnies-Kreises wurde. Jedes Zimmer hatte ein eigenes Waschbecken und Toilette und eine eingebaute kleine Küche. Es gab deshalb Ärger mit den Zuschüssen durch das Studentenwerk, weil das Konzept nicht „gemeinschaftsfördernd" sei. Es müsse eine Gemeinschaftsküche hinein, in der man sich kennen lernen könne.

Wir nahmen Kontakt zu weiteren Repräsentanten der SPD auf, zum Beispiel zu Wilhelm Käber, dem damaligen Oppositionsführer im Kieler Landtag, und zu einem Redakteur bei der (sozialdemokratischen) Kieler Volkszeitung namens Joachim Steffen. Er war auch Abgeordneter im Schleswig-Holsteinischen Landtag. Wilhelm Käber fanden wir stinklangweilig.

Jochen Steffen kam jedoch gelegentlich zu unseren Treffen ins Ferdinand-Tönnies-Haus und diskutierte. Seine Ansichten hatten viel Provozierendes. Unser Hauptthema war „Marxismus und demokratischer Sozialismus", besonders die Frage, auf welchem Weg der Kapitalismus zu überwinden sei. Schon damals erklärte Jochen Steffen, er sei ein Marxist, aber er hielt Marxismus ohne Demokratie für undenkbar und die kommunistischen Parteidiktaturen auf der Grundlage des Leninismus-Stalinismus für Irrlehren, die mit Marx nichts zu tun hatten. Die Kommunisten waren für ihn rechts. Denn links waren, wie Jochen immer betonte, nach der Tradition der französischen Nationalversammlung nur jene, die für mehr Volkssouveränität eintraten. Als Marxist war Jochen überzeugt, dass die gesellschaftlichen Zustände das Denken und Handeln der Menschen bestimmten und umgekehrt, dass nur durch ein anderes Denken gesellschaftliche Zustände geändert werden könnten. Er meinte, man müsse den Menschen die gesellschaftlichen Widersprüche bewusstmachen, dann würden sie von selbst einen Weg finden, um die Gesellschaft zu ändern. Er analysierte deshalb mit Akribie den Zustand des Kapitalismus und wetterte gegen die Ausbeutung der Arbeiterklasse. Das Godesberger Programm der SPD hielt er für unvollständig. Es analysiere die Widersprüche des Kapitalismus nicht und enthalte nichts darüber, wie die Verhältnisse der Arbeitswelt in Zukunft aussehen sollten. Es setze auf so etwas wie „Sozialismus durch Bildung". Das bedeute, wenn alle Arbeitnehmer gleiche Bildungschancen bekommen würden, dann würden sie die gesellschaftlichen Realitäten erkennen und den Kapitalismus ändern.

Wer aber waren die Kapitalisten? Für Jochen waren das jene, die die Medien und die Kapitalmärkte beherrschten. Seine Paradebeispiele waren der Springer Konzern und die Deutsche Bank. Sie beherrschten auch weite Teile der Politik, was er an den Kampagnen der Springerzeitung gegen alles was „links" war belegte.

Die Globalisierung des Kapitals spielte eine große Rolle. Jochen meinte, der Kapitalismus könne nur durch einen weltweiten Prozess überwunden werden. Er schimpfte auf die Gewerkschaften, die nur zu einer nationalen Strategie in der Lage waren und sich nicht auf eine internationale Tarifpolitik einigen konnten.

Er glaubte damals – wie fast alle Linken – dass der technische und wissenschaftliche Fortschritt Reichtum für alle erzeugen könne. Die Begrenztheit von Ressourcen wie Rohstoffen oder Energie war damals kein Thema. Die friedliche Nutzung der Kernenergie war für ihn selbstverständlich. In den 1970er Jahren hat er diesen Standpunkt jedoch revidiert.

Wir hatten immer heiße Diskussionen, denn in der Theoriedebatte hatten die Sozialdemokraten im Bereich der Universitäten meist den Rückzug angetreten und das Feld verschiedenen trotzkistischen und leninistischen Gruppen überlassen. Jochen ging jedoch in die Offensive und griff das Demokratiedefizit dieser Gruppen mit bitterem Spott an. Wir saßen oft bis zum frühen Morgen zusammen und rauchten und tranken wie die Weltmeister. Jochen hatte eine sagenhafte Konstitution.

In einer Zeit, in der Marxismus als verbrecherische Ideologie verteufelt wurde und in welcher der sogenannte Radikalenerlass verbot „Linksradikale" in den Staatsdienst aufzunehmen – obwohl ehemalige Nazis überall in Schleswig-Holstein Unterschlupf gefunden hatten –, beeindruckte uns Jochen sehr. Damals konnte man auch in der SPD mit „Marxismus" nicht weit kommen. Der Radikalenerlass wurde ja auch in SPD-regierten Ländern wie zum Beispiel in Hamburg angewandt. Nach der Trennung vom SDS 1961 unter Erich Ollenhauer war die SPD nach rechts gerutscht. 1962 wurde Willy Brandt Vorsitzender. Mit ihm gab es für Linke in der SPD mehr Spielraum.

Jochen engagierte sich jedoch auch sehr in der praktischen Politik. Er schrieb in der Volkszeitung viele Kommentare zu aktuellen Ereignissen und verfasste die Rubrik „Kuddl Schnööf sin Gedröhn“, eine satirische und humorvolle Kolumne, in der ein Kuddl Schnööf sin Natalje auf Missingsch die Geheimnisse der Politik erklärte.

Wir diskutierten nicht nur oft und heftig, es gab vielmehr auch eine ganze Reihe konkreter Projekte, eines davon mit aktiver Unterstützung von Jochen. Einer unserer Kommilitonen jobbte 1962 bei der MAK, einem Maschinenbaubetrieb in Kiel. Dort sah er eine Reihe junger Inder herumlaufen, die als Hilfsarbeiter eingesetzt waren. Er fand heraus, dass die MAK diese Leute im indischen Bundesstaat Westbengalen als Auszubildende angeworben hatte. Von Ausbildung war jedoch keine Rede. Sie konnten kein Deutsch und wurden nur für Hilfsarbeiten missbraucht. Es gab keine Arbeitsverträge und keinen Tariflohn. Sie waren isoliert in einem einsamen Komplex in der Nähe von Preetz (Freudenholm) untergebracht und wurden immer per Bus hin und her gefahren.

Jochen machte dazu eine Anfrage an die Landesregierung und er sorgte dafür, dass der ganze Skandal ausführlich publiziert wurde. Es gab in der Öffentlichkeit viele Proteste gegen die MAK. Es gelang uns zunächst einmal, für die jungen Inder Deutschunterricht auf die Beine zu stellen. Wir fuhren regelmäßig nach Freudenholm und unterrichteten. Lehrbücher hatten wir nicht, so nahmen wir das Godesberger Programm als Unterrichtstext. Später wurde der Unterricht über die Carl-Duisberg-Gesellschaft gefördert, wir bekamen eigene Unterrichtsräume und Lehrbücher und sogar ein Honorar. Wir schafften es mit Jochens Hilfe und der Unterstützung der Carl-Duisberg-Gesellschaft, das „Ghetto“ Freudenholm aufzulösen, bessere Arbeitsbedingungen durchzusetzen und die Inder in Kiel in diversen Quartieren unterzubringen. Schließlich erreichten wir ebenfalls mit Jochens Hilfe, dass ihnen Ausbildungsmöglichkeiten bis zum Ingenieurstudium geboten wurden. Einige kehrten nach abgeschlossener Ausbildung zurück nach Westbengalen, andere heirateten und blieben hier.

Für uns war das Ganze ein Musterbeispiel kapitalistischer Ausbeutung und das Projekt war ein Lehrbeispiel dafür, wie man dagegen vorgehen kann, wenn man sich wehrt. Gleichzeitig war es typisch für Jochen. Er war kein theoretisierender Marxist, sondern genauso den praktischen Problemen zugewandt, über die er sich furchtbar aufregen konnte.

Diese Zeiten gingen zu Ende, als ich mich ab 1964 mehr meinem Privatleben und meinem Studium zuwenden musste. Wir sahen uns nur noch selten. Jochen wurde als Nachfolger von Walter Damm 1965 SPD-Landesvorsitzender und als Nachfolger von Wilhelm Käber 1966 Oppositionsführer im Schleswig-Holsteinischen Landtag. Walter Damm hatte die Wahl Jochens nach Kräften gefördert. Wilhelm Käber war Jochen jedoch nicht wohlgesonnen.

Als ich 1967 mein Studium beendete, fragte Jochen, ob ich nicht sein persönlicher Referent werden wollte. Meine Planung sah aber vor, dass ich erst einmal die Welt bereisen wollte. Wir verabredeten, dass ich mich 1969 wieder melden würde.

Das Chaos ordnen: die Anfänge als persönlicher Referent von Jochen Steffen

Der Beginn in der SPD Landtagsfraktion

Als ich Weihnachten 1968 aus Indien zurückkam, rief ich bei Jochen an. Er sagte, ich solle am zweiten Januar in die Fraktion kommen. Ich präsentierte mich der Fraktion und Jochen schlug meine Einstellung als wissenschaftlicher Assistent der Fraktion vor. Die Fraktion stimmte zu und ich fing am gleichen Tag mit der Arbeit an.

Was ich eigentlich tun sollte, war unklar. Mein Gehalt wurde von der Fraktion bezahlt, die das Geld dafür vom Landtag bekam. Jochen meinte, ich solle mich halt umsehen. Das tat ich auch. Als weiterer Fraktionsassistent war damals Karl Heinz Luckhardt beschäftigt. Er war auf dem Weg zu Ämtern und Mandaten: 1969 wurde er SPD-Kreisvorsitzender in Kiel, später Landtagsabgeordneter, parlamentarischer Geschäftsführer der SPD-Landtagsfraktion und Oberbürgermeister von Kiel. Seine politischen Ämter nahmen ihn sehr in Anspruch. Dann war da der einbeinige Schneider, der Pressesprecher der Fraktion, der später durch Gert Börnsen abgelöst wurde. Gert Börnsen machte später auch Politik zu seinem Beruf. Karl Heinz Luckhardt, Gert Börnsen und ich verstanden uns gut und wurden ein eingespieltes Team. Die übrigen Mitarbeiterinnen und Mitarbeiter hatte Jochen noch von seinem Vorgänger Wilhelm Käber übernommen. Mit seinen politischen Standpunkten konnten sie nicht viel anfangen.

Kurt Hamer aus Rendsburg und Kurt Schulz aus Eckernförde waren Jochens Stellvertreter. Beides ehrliche und aufrichtige Sozialdemokraten und „Überzeugungstäter" mit einer hohen Sensibilität für soziale Gerechtigkeit. Leider waren nicht alle so. Besonders in der Kommunalpolitik, im Bereich der Gewerkschaften und in den ihnen nahestehenden genossenschaftlichen Betrieben (Bank für Gemeinwirtschaft, Konsum, Neue Heimat et cetera) hatten sich alte „Pragmatiker" und „fixe Jungs" (wie sie Jochen taufte) breitgemacht. Die ersteren meinten, wenn man sich den (gesellschaftlichen und wirtschaftlichen) Verhältnissen anpasse, komme man am besten weiter. Letzteren ging es vor allem darum, möglichst gute Einkommensquellen für sich zu erschließen. Bei linken Mehrheiten gaben sie sich links und bei rechten Mehrheiten gaben sie sich rechts.

Linke und Rechte in der SPD um 1969

In der Fraktion und in der Partei gab es eine Trennung in „Linke" und „Rechte", eine Konstellation, die in der SPD historische Wurzeln hatte. Jochen war schon damals bundesweit der führende Repräsentant der „Linken".

Die politische Auseinandersetzung an den Hochschulen und bei den Jungsozialisten wurde durch Theoriediskussion geprägt. Man stritt sich darüber, wer die richtige Interpretation des Kapitalismus habe. Als einziger Sozialdemokrat von Rang (Jochen war SPD-Landesvorsitzender in Schleswig-Holstein, Mitglied im SPD-Bundesvorstand und Oppositionsführer im Schleswig-Holsteinischen Landtag) konnte er bei dieser Diskussion mithalten. Er bekämpfte die „selbst ernannten" Marxisten in der DKP, der SED und wo immer er auf sie traf. Und stellte ihrem Totalitarismus sein Konzept des demokratischen Sozialismus gegenüber. Die rechten Sozialdemokraten waren unter den Studenten kaum salonfähig. Jochen war es. So war er bei den Berliner Studentenunruhen 1968 der einzige SPD-Politiker, der dort vor Tausenden sprechen durfte.

Jochen hatte besonders gute Beziehungen zu den Jungsozialisten. Ihr Verhältnis zum Parteivorstand war sehr angespannt, weil ihre politischen Forderungen auf starke Ablehnung stießen. Dazu gehörten Themen wie die Anerkennung der DDR, die Aussöhnung mit Osteuropa, die Vergesellschaftung der Schlüsselindustrien und der Banken und Investitionslenkung nach den Interessen der abhängig Beschäftigten. Er konnte diese Themen in seinen Vorträgen über demokratischen Sozialismus überzeugend darstellen. Überall wo Jungsozialisten Parteibeschlüsse durchsetzen konnten, erreichten sie, dass Jochen eingeladen wurde. Das geschah zum Beispiel in Frankfurt, im Saarland, in Ostwestfalen und Baden-Württemberg. So entwickelte sich ein Netzwerk von bundesweiten Kontakten, dessen Angehörige Jochen als Repräsentanten der SPD-Linken betrachteten.

Diese Position innerhalb der Bundespartei war die Grundlage meiner Arbeit. Aus ihr ergaben sich Ziele und Inhalte. Das Ziel war, die Diskussion über gesellschaftliche Probleme und deren Ursachen in weitere Teile der Partei und der Öffentlichkeit zu tragen und die Gesellschaftsanalyse weiter zu entwickeln. Wir bemühten uns bundesweit, die „Linken" zu unterstützen, zu koordinieren und in der Medienarbeit linke Positionen darzustellen. Jochen nutzte seine Vorträge, um den demokratischen Sozialismus auf der Grundlage des Marxismus bekannt zu machen. Da er ein brillanter Redner war, freuten sich die Linken, wenn die Parteirechten in der Diskussion einen schweren Stand hatten.

Seit dem schleswig-holsteinischen SPD-Landesparteitag von 1965, auf dem Jochen als Nachfolger von Walter Damm zum Landesvorsitzenden gewählt wurde, versuchten in der Partei die beiden Richtungen ihren eigenen Einfluss zu stärken und den der anderen zurückzudrängen. Das spielte sich vor allem beim Kampf um Funktionen und Mandate auf kommunaler sowie auf Landes- und Bundesebene ab.

Was unterschied damals diese beiden Richtungen? Es gab zwei Ebenen: Inhaltlich wollten die Linken stärkeren Einfluss auf die wirtschaftliche Entwicklung nehmen, dazu vertraten sie das Instrument der staatlichen Investitionslenkung, der Vergesellschaftung der Schlüsselindustrien und der Bankenkontrolle (heute, zu Zeiten der Euro-

Krise hätte man das gut gebrauchen können). Wie diese Instrumente im Einzelnen aussehen sollten, wusste man nicht so genau. Ein detaillierteres Konzept linker Wirtschaftspolitik gab es nicht. Vielmehr spielte die „Theoriediskussion" die Hauptrolle. Einig war man sich darin, dass die Ursachen der sozialen und wirtschaftlichen Probleme unserer Gesellschaft in der zu großen Macht des „Kapitals" und der „Monopolisten" lagen.

Jochen untermauerte diese Position durch die Analyse der gesellschaftlichen Widersprüche auf der Grundlage marxistischer Begriffe. Für ihn war zum Beispiel der Begriff „Arbeiterklasse" von zentraler Bedeutung. Er verstand darunter die Masse der abhängig Beschäftigten, die vom Verkauf ihrer Arbeit lebten. Ebenso wichtig war für ihn die Gesetzmäßigkeit der Krisen im Kapitalismus, die aus dessen Widersprüchen resultierten. Der Kapitalismus schiebe die gesellschaftlichen Probleme nur vor sich her. Der Problemdruck in der Gesellschaft werde immer weiter steigen und das Bewusstsein der Menschen ändern. Er glaubte daran, dass die Menschen in ihrem Denken und Handeln durch die gesellschaftlichen Verhältnisse geprägt werden. Sein Ziel war es, diese Verhältnisse so zu ändern, dass die Menschen die kapitalistische Fremdbestimmung überwinden und sich zu selbstbestimmten Wesen entwickeln können. Seinen Marxismus betrachtete er nicht als Dogma, sondern als Denk- und Lernprozess, in dem sich auch der Marxismus ändere. Er nahm an, dass die Theoriediskussion das Denken und Handeln aller Beteiligten weiterentwickeln würde und nur durch diese Form der Veränderung des Bewusstseins grundlegende gesellschaftliche Reformen möglich seien. Ein Instrument, um solche Diskussionen intensiv zu führen, waren für ihn Wahlkämpfe.

Die Rechten, repräsentiert zum Beispiel von Egon Franke und Helmut Schmidt, hielten von solchen „Spekulationen" nichts. Sie hielten sich für „pragmatisch" und für Anhänger des „Godesberger Programms". Im Godesberger Programm stand aber nichts über „pragmatische" Politik oder den „pragmatischen Sozialismus". Mit „pragmatisch" verbanden die Rechten die unterschiedlichsten Vorstellungen. Einig waren sie sich nur darin, dass „pragmatisch" unter anderem heißt, mit allen erfolgversprechenden Mitteln Macht zu erringen und zu erhalten. Erst wenn man politische Macht habe, könne man etwas ändern.

Das Godesberger Programm hatten wahrscheinlich nur die wenigsten von ihnen gelesen, Helmut Schmidt sicher genauso wenig wie Egon Franke. Das ist nun mal das Schicksal von Parteiprogrammen. Der Wirtschaftsteil des Godesberger Programms, den Heinrich Deist verfasst hatte, ging davon aus, dass die Macht des Kapitals durch selbstverwaltete Betriebe, durch Genossenschaften, gebrochen werden müsse. Natürlich rührte kein Rechter einen Finger, um die damals bestehenden Genossenschaften zu stärken und neue Felder für sie zu erschließen, um die Macht des Kapitals und der Monopolisten einzuschränken. Die zweite Strategie des Godesberger Programms war, gesellschaftliche Veränderungen durch mehr Bildung und Ausbildung zu erreichen. Der Bildungssektor wurde mit Hilfe der SPD stark ausgedehnt. Die ständige Zunahme der Abiturienten und Studenten konnte erreicht werden. Eine Einschränkung der Macht des Kapitals und eine grundsätzliche Verbesserung der Situation der abhängig Beschäftigten ergaben sich jedoch nicht. Die Rechten nahmen den Linken vor allem übel, dass sie ihnen Positionen in der Partei und in den Parlamenten streitig machten. Denn diese Positionen brachten Einfluss und Einkommen.

Damit kommen wir zur anderen Ebene des Unterschieds der Parteiflügel. Der Pragmatismus der Rechten bestand oft nur darin, dass sie die Partei als Karriereleiter betrachteten, über die man zu gut bezahlten Positionen kommen konnte. Alles, was das Klettern auf dieser Leiter beschleunigte und Positionen absicherte, war ihnen recht. Diesen Pragmatismus geißelten die Linken, für die Politik eng mit Moral verknüpft war. Ein Thema dabei war die Unvereinbarkeit von Parteiamt und Mandat. Sie wollten, dass niemand, der ein Parteiamt hat, auch noch ein parlamentarisches Mandat ausübt. Das brachte großen Ärger, da viele Parlamentarier mit einem Parteiamt ihr Mandat absicherten, zum Beispiel hatte der Kieler Parteivorsitzende wesentlichen Einfluss auf die Aufstellung von Kandidaten für die Kommunal-, Landtags- und Bundestagswahl. Wenn er auch Landtagsabgeordneter war, konnte er als Parteivorsitzender dafür sorgen, dass ihm keine Konkurrenz in seinem Wahlkreis erwuchs.

Jochen war ein Moralist. Er meinte, dass „die Arbeiterklasse" ausgebeutet wird, weil sie keinen Einfluss auf den Kapitalverwertungsprozess habe. Daraus ergaben sich die gesellschaftlichen Ungerechtigkeiten. Er dachte egalitär und hielt nichts von den selbst ernannten politischen und wirtschaftlichen Eliten. Die Macht des Kapitals enthielt den abhängig Beschäftigten einen gerechten Anteil am Sozialprodukt vor und schloss sie von den Entscheidungen über Ziel und Inhalte des Kapitalverwertungsprozesses aus. Er mahnte immer wieder, die schärfste Waffe der „Arbeiterklasse" im Kampf um Macht und Einfluss sei die Moral, wer sie ihnen nehme, verhinderte, dass sie mit ihrer Mehrheit gesellschaftliche Änderungen erreichen könne. Die Wurzel dieser Position liegt im „ethischen Sozialismus", der sich zu Beginn des 20. Jahrhunderts entwickelte.

Jochen sagte immer, was er dachte. Ob er damit – auch in der eigenen Partei – in Fettnäpfchen trat, andere brüskierte oder Wählerstimmen riskierte, war ihm egal. Er meinte, gesellschaftliche Veränderungen könne man nicht unter Narkose vollziehen, wenn man den Leuten nicht sagte, was los sei, werde man gar nichts verändern. Dass er sich nicht gängigen Strömungen und herrschenden Meinungen anpasste, brachte ihm viele Gegner, aber auch Bewunderer ein. Im Landtagswahlkampf 1971 machte er entgegen der Ansicht der Meinungsstrategen die Agrarpolitik zu einem wichtigen Thema, weil er den Bauern bewusstmachen wollte, dass die meisten von ihnen im Zuge des Strukturwandels ihre Höfe aufgeben müssten. Er wollte, dass gegengesteuert würde. Die meisten Bauern wollten nichts davon wissen. Eine Minderheit schon. Das waren beispielsweise jene, die sich daran erinnerten, dass vor dem Krieg einmal das Rendsburger Finanzamt von Bauern gesprengt worden war, einer Widerstandsgruppe unter der „schwarzen Pflugschar".

Die Grenzen zwischen Gegnern und Bewunderern verliefen quer durch die Partei und durch die Fraktion. Seit Jochen die Positionen des Landesvorsitzenden und des Oppositionsführers übernommen hatte, galt Schleswig-Holstein als linker Landesverband und Jochen als der führende Kopf der Linken in der SPD. Starke Positionen hatte die Parteilinke damals im Saarland, in Ostwestfalen, in Baden-Württemberg, in Bremen und in Südhessen. Vertreter kamen aus allen Regionen der Bundesrepublik, vor allem aus diesen Landesverbänden und von den Jungsozialisten. Sie trafen sich im sogenannten „Frankfurter Kreis".

Bei diesen Treffen ging es darum, wie man Einfluss auf die programmatischen Inhalte der Partei nehmen und wie man die Position der Linken im Bundesvorstand der Partei und in der Bundestagsfraktion verbessern könne. Ferner ging es um die Unterstützung der Linken in den Bezirken mit rechten Mehrheiten. Jochen hatte großen Einfluss auf die Entscheidungen im Frankfurter Kreis, ohne ihn verloren sich die Treffen im unverbindlichen Austausch von Meinungen. Häufig stritt man sich um die Inhalte für den „Orientierungsrahmen", den eine vom Parteivorstand 1970 eingesetzte Gruppe erarbeiten sollte. Wenn es um Personalfragen ging, vor allem darum, wie man bei Parteitagen Mehrheiten für die Kandidaten der Linken bekommen könne, war man sich schneller einig und erzielte auch Erfolge. Dem „Frankfurter Kreis" setzten die Rechten in der Partei den „Godesberger Kreis" entgegen.

Jochens „schöpferische" Arbeitsmethoden und andere Eigenarten

Jochen war häufig zu Sitzungen, Veranstaltungen und Vorträgen in allen Regionen der Republik unterwegs. Seine Frau Ilse (er nannte sie immer Zimmermann – ihr Mädchenname) fuhr ihn, da Jochen keinen Führerschein hatte. Eigentlich hätte ihm als Oppositionsführer ein Dienstwagen zugestanden, um aber mehr mit seiner Frau zusammen sein zu können, verzichtete er auf diesen. Wenn Ilse nicht konnte, fand er immer jemanden, der ihn mitnahm.

Jochen hielt gerne Reden, um andere Menschen vom demokratischen Sozialismus zu überzeugen. Er war Journalist und liebte bildhafte Vergleiche und griffige Formeln in seinen Reden. Es gibt dafür zahllose Beispiele wie diese:

- Um den fehlenden Bezug der Landespolitik zu den Ursachen der Probleme darzustellen, bezeichnete er den CDU-Ministerpräsidenten Stoltenberg in Schleswig-Holstein als „einen Mann, der sich beim Rasieren geschnitten hat und, um die Blutung zu stoppen, das Pflaster auf den Spiegel klebt".
- In einer Debatte zu Manipulationen durch die Presse warf er der CDU vor, sie erin-

nere ihn an „einen Winkeladvokaten, der seinen Kontrahenten fragt, 'Schlagen Sie immer noch Ihre Frau?'". Egal ob mit Ja oder Nein geantwortet wird, der Gefragte kann nicht abstreiten, dass er seine Frau geschlagen hat.

- Er sprach vom „einzigen weiblichen Papst namens Elisabeth" und karikierte damit die CDU-nahe Meinungsforscherin Noelle-Neumann.
- Besonders unsympathisch waren ihm die „Kanalarbeiter" in der SPD-Bundestagsfraktion. Damit wurde jene Gruppe von Abgeordneten auf dem rechten Flügel bezeichnet, die sich an Debatten nie offen beteiligten, sondern im Hintergrund ihre Fäden zogen. Ihre Arbeitsweise belegte er mit einem veränderten Zitat von Bert Brecht: „Die mit Überzeugung debattieren im Licht, die in den Kanälen sieht und hört man nicht".

Er schrieb alles von Hand. Eine Schreibmaschine konnte er nicht bedienen. Ein Diktiergerät auch nicht. Am liebsten schrieb er zu Hause, weil er dort mehr Ruhe hatte. Er korrigierte auch von Hand, so dass er sich in den Manuskripten oft selbst nicht mehr zurechtfand. Diese Manuskripte mussten im Fraktionsbüro getippt werden. Dann korrigierte er erneut und beschäftigte seine Schreibkraft noch einmal mit dem Abtippen, schließlich war das Manuskript fertig.

Jochen las seine Rede jedoch nicht vom Manuskript ab, er redete meist frei. Das Manuskript brauchte er für die Vorbereitung, für das Ordnen seiner Gedanken, bei der Rede selbst war es nicht so wichtig. Er freute sich über Zwischenrufe bei seinen Reden und konterte sie mit schlagfertigen Antworten. Gab es aktuelle Themen, nahm er sie spontan in seine Rede auf. Jochen formulierte auch spontan mit beißendem Spott oder ironischer Übertreibung, was für manche Journalisten ein gefundenes Fressen war. Als er einmal einem Zwischenrufer bei einer ländlichen Veranstaltung im Wahlkampf 1971 einen „Bax" (Ohrfeige) androhte, empörten sich die rechten Medien über Jochens Hang zur „Gewalttätigkeit". Er sprach mit vollem Engagement und unterstützte die Kraft seiner Argumente mit der Kraft seiner Gefühle. Das war für ihn anstrengend, er brauchte nach seinen Reden Zeit, diese Anspannungen abzubauen.

Meine Arbeit bestand darin, für Jochens Themen die Materialien zu sammeln und mit ihm Inhalte zu diskutieren. Textentwürfe machte ich für Pressemitteilungen und für Reden zu reinen Sachthemen (zum Beispiel zu Gesetzesberatungen im Landtag oder in Ausschüssen), bei denen er seine Gesellschaftskritik nicht einbauen konnte.

Jochen war bei seiner Arbeit ein schöpferischer Chaot. Daraus ergaben sich vom ersten Tag an für mich viele Aufgaben. Ein Terminkalender war ihm lästig. Termine vorbereiten auch. Briefe blieben unbeantwortet liegen, Anfragen wurden nicht erledigt. Sein Schreibtisch im Fraktionsbüro war mit einer unübersichtlichen Schicht von Papieren bedeckt. Sich mit organisatorischen und finanziellen Fragen der Fraktion oder der Partei zu befassen, hielt er nicht unbedingt für wichtig. Zwischen Partei und Fraktion zu koordinieren auch nicht. Diese Bereiche nahm ich ihm ab.

Er schrieb immer noch gerne Artikel. Auch solche, die nicht nur einen politischen Inhalt hatten. Auch als Oppositionsführer schrieb er in der damaligen Kieler „Volkszeitung“ Leitartikel, weiterhin die Satire „Kuddl Schnööf sin Gedröhn“.

Leider machte er auch viele Termine in seiner Wohnung, um länger schlafen zu können. Manche kreuzten einfach bei ihm zu Hause auf, weil sie ihn dort am ehesten antreffen konnten. Das Familienleben litt darunter. Manchmal beklagte er sich, seine Wohnung sei ein zweites Parteibüro. Vor allem meinte er, dass sein Sohn Jens-Peter zu kurz käme.

Jochen war ein Nachtmensch. Abends war er hellwach. Das versetzte ihn in die Lage, auf abendlichen Sitzungen zuerst einmal lange über die allgemeine politische Situation und über aktuelle Ereignisse zu diskutieren, bis dann die eigentliche Tagesordnung schnell abgehandelt wurde, weil alle schon müde waren und nach Hause wollten. So bekam er auch wichtige Entscheidungen schnell über die Bühne.

Auf den Sitzungen qualmte er wie ein Schlot seine Zigarillos und trank Unmengen Kaffee. Das taten damals alle anderen auch. Die Decken der Sitzungsräume waren vor lauter Qualm-Schwaden kaum noch zu erkennen. Der sinkende Sauerstoffgehalt hatte bestimmt keine positive Wirkung auf die Konzentrationsfähigkeit der Anwesenden und die Qualität der Entscheidungen.

Termine aus Repräsentationsgründen oder sogenannte gesellschaftliche Pflichten konnte er nicht leiden. Er hielt sich selbst wegen seines Amtes als Oppositionsführer nicht für „prominent“ oder für bedeutender als andere – ganz im Gegensatz zu seinem Vorgänger, Wilhelm Käber. Er liebte Arbeiterkneipen und verbrachte nach den Sitzungen noch viel Zeit mit „informellen“ Treffen auf ein Bier oder auf einen Cognac. Ein guter Cognac war sein Lieblingsgetränk. Eine Flasche davon war immer hinter irgendwelchen Akten im seinem Büro versteckt. Er ist wohl ab und zu nicht ganz nüchtern nach Hause gekommen. Was „Zimmermann“ davon hielt, war sein Geheimnis.

Seine Gesundheit schien damals unverwüstlich. Er tat so, als gäbe es das Wort „Stress“ gar nicht. Tatsächlich war das aber nicht so. Über bestimmte Sachen konnte er sich lange aufregen, besonders über Hinterhältigkeiten von politischen Gegnern oder von lieben Parteifreunden. Er hatte viel zu schlucken, denn seine Gegner innerhalb der Partei und in der Öffentlichkeit arbeiteten vorzugsweise mit Unterstellungen und Unwahrheiten. Seinen Frust baute er beim Schreiben ab und bei Gesprächen im Freundeskreis.

Ich machte lange Abendtermine nur gelegentlich mit, denn das ging auf die Gesundheit. Ich konnte mir die Nächte nicht um die Ohren schlagen. Unser Sohn war damals gerade geboren und nachts hatte ich deshalb eine andere Beschäftigung als Parteikonferenzen. Ich war auch immer schon früh im Landtagesbüro, um dort in aller Ruhe meine Arbeit zu machen und die Besprechung mit Jochen, seine Telefonate, Treffen und Termine vorzubereiten. Jochen tauchte meist nicht vor zehn Uhr auf.

Die Bundestagswahl 1969

Die bundespolitische Entwicklung 1969 war spannend, denn Willy Brandt versuchte die große Koalition, in der er Außenminister war, durch eine sozialliberale Koalition zu ersetzen. Jochen war seit 1968 Mitglied des Parteivorstands und einer der wenigen Linken in diesem von den Rechten beherrschten Gremium.

Im September 1969 waren Bundestagswahlen angesetzt. Im Landesverband Schleswig-Holstein und in allen anderen Landesverbänden und Bezirken der Bundespartei hatte bereits das Gerangel um die Plätze auf der Landesliste und die Direktkandidaten in den Wahlkreisen begonnen. Ziel der Linken war es, möglichst viele ihres Lagers in die nächste Bundestagsfraktion zu schicken. Hilfreich dafür war die neue Ostpolitik, die Willy Brandt begonnen hatte. Sein Ziel war, den Kalten Krieg zu beenden und die DDR als Staat anzuerkennen. Er wollte, dass die Bundesrepublik ihre Rolle als „Frontstaat" des Westens gegenüber dem Ostblock aufgeben könne. Das sollte durch militärische Abrüstung und Aufbau wirtschaftlicher Beziehungen geschehen. Für viele in der CDU war das schon „Landesverrat". Besonders in Schleswig-Holstein beschimpfte und verleumdete man den aus Lübeck stammenden Willy Brandt. Auch viele Genossinnen und Genossen auf dem rechten SPD-Flügel wollten nichts von Entspannungspolitik wissen. Dazu gehörte auch die damalige Vizepräsidentin des Bundestages und Vertriebenenfunktionärin Annemarie Renger. Sie hatte ihren Wahlkreis in Schleswig-Holstein.

Jochen unterstützte aus innerster Überzeugung Willy Brandt. Er war ein bitterer Gegner der selbsternannten „Sozialisten" im Ostblock. Sozialismus ohne Demokratie war für ihn undenkbar. Die Leninisten-Stalinisten hatten Mord zum Instrument der Politik gemacht und durch eine blutige Diktatur die Inhalte und Ziele des Marxismus verraten. Jochen wollte die inhaltliche Diskussion um den demokratischen Sozialismus in der DDR und war sich sicher, dass das dortige Regime nicht lange bestehen bleiben könne, wenn es eine solche Debatte zulassen müsse. Er bestärkte Willy Brandt, diese Debatte in seine Politik mit einzubauen. Es gab später dazu den Redneraustausch von Brandt und Honecker. Dabei blieb es dann, denn das Ergebnis war eine Blamage für die SED und sie verhinderte mit allen Mitteln eine Fortsetzung.

Die Parteibasis stand mehrheitlich hinter Willy Brandt, das eröffnete den linken Kandidaten bei der Diskussion um die Direktkandidaten und die Plätze auf den Landeslisten die Chance, Mehrheiten zu bekommen. Das prominenteste Opfer war Annemarie Renger in Schleswig-Holstein, die hier nicht mehr aufgestellt wurde und sich in Nordrhein-Westfalen einen neuen Wirkungskreis suchte.

Es gab enge Kontakte zwischen Willy Brandt und Jochen, auch die Mitarbeiter arbeiteten eng zusammen. Wir tauschten uns inhaltlich über Themen und Ziele aus und ich lieferte Texte aus Jochens Manuskripten für die Reden von Willy Brandt. Auch zu anderen Mitarbeiterstäben in Hessen und Nordrhein-Westfalen hatte ich solche Kontakte.

Bei dieser Arbeit wurde für mich schnell offenbar, dass die Genossen in den hohen Ämtern kaum einen Redetext noch selbst schrieben (das gilt für die anderen Parteien auch). Alle hatten dazu ihre „brain-trusts". So nahm ich möglichst viele Kontakte zu den „persönlichen" Referenten anderer auf und versuchte auf diesem Wege, unsere Positionen in die vorbereiteten Texte zu bekommen und zu erfahren, was die anderen vorhatten. Wir trafen uns auch gelegentlich. Es war ein Beispiel dafür, dass die „große" Politik von „Stäben" gemacht wird und viele Politiker nur so gut oder so schlecht waren wie ihre Mitarbeiter.

Jochen Steffen war eine besondere Ausnahme. Er kritzelte seine Texte und Ideen zu jeder Tages- und Nachtzeit selbst aufs Papier, diskutierte sie zwar intensiv, las aber niemals fremde Texte vor.

Jochen führte einen intensiven Wahlkampf und war ständig zu Wahlveranstaltungen unterwegs. Das kostete viel Kraft. Das Ergebnis freute ihn, die SPD erhielt in Schleswig-Holstein 43 Prozent und nahm der CDU auch Direktwahlkreise ab. Die CDU verlor ihre absolute Mehrheit. Auf Bundesebene reichte das Ergebnis für die sozialliberale Koalition und somit für den Beginn der Entspannungspolitik.

Ein weiterer Effekt des Wahlergebnisses war, dass Gerhard Stoltenberg, einer der führenden Politiker der CDU in Schleswig-Holstein und Forschungsminister in der großen Koalition, arbeitslos wurde. Er wurde Spitzenkandidat der CDU für die Landtagswahl 1971 und löste Ministerpräsident Lemke ab, mit dem sich Jochen im Landtag auseinandersetzte. Jochen kannte beide sehr gut. Stoltenberg war mit ihm zusammen Mitarbeiter von Professor Michael Freud am Seminar für Wissenschaft und Geschichte der Politik an der Christian-Albrechts-Universität zu Kiel gewesen und Lemke war sein Kompaniechef, als er im Krieg zur Marine eingezogen wurde. Lemke erlebte er vor 1945 als jemanden, der die Nazis unterstützte. Ihr Gedankengut – so erlebte es Jochen – entsprach auch seinen Vorstellungen. Von Stoltenbergs Fähigkeiten zu wissenschaftlicher Arbeit hielt er wenig, dazu zitierte er manchmal aus dessen Doktorarbeit.

Jochens Rolle auf Bundesebene

Es gehörte zu meinen Aufgaben, Jochens bundespolitische Termine vorzubereiten und ihn meist auch zu begleiten. Jochen galt bundesweit als Repräsentant des linken SPD-Flügels und war deshalb viel zu Parteigliederungen und -gremien unterwegs. Auch in bundesweiten Medien wie dem „Spiegel" und der „Zeit" wurde über ihn berichtet. Im ARD-Programm wurde er von Günter Gaus in seiner Sendereihe „Zur Person" interviewt. Dort bekannte er, er sei ein Marxist. Das Interview hatte ein großes Echo. Unter den Journalisten gab es aber auch erbitterte Gegner. Eine Zeitung, die ihm besonders wenig gesonnen war, waren die Kieler Nachrichten. Ich begleitete Jochen häufig zu

Presseterminen. Dabei knüpfte ich Kontakte zu den Büros und Beratungsteams, was uns später bei der Abstimmung von Anträgen für Parteitage und für den Bundesvorstand beziehungsweise den Parteirat half.

Beginn der Arbeit am Orientierungsrahmen 1975 bis 1985

Die Linke in der SPD meldete sich mehr und mehr zu Wort. Auf dem Bundesparteitag 1970 gab es langwierige Diskussionen zu Anträgen aus linken Parteigliederungen.

Immer wenn die Linke zu unbequem wird, erfindet die Parteiführung eine Spielwiese, um sie von der Einmischung in die praktische Politik abzulenken. Das hat historische Wurzeln. Die meisten Linken glaubten, man könne mit den richtigen Grundsatzprogrammen die Gesellschaft verändern. Dass sich die praktische Politik nie besonders um Grundsatzprogramme gekümmert hat, blieb ihr verborgen.

Das Stichwort für ein neues Grundsatzprogramm hieß 1970 auf dem Bundesparteitag in Saarbrücken „Orientierungsrahmen“. Der Parteivorsitzende Bundeskanzler Willy Brandt forderte ein neues langfristiges Parteikonzept, das über das Godesberger Programm hinausgehen sollte. Für Jochen ging es weniger um die „richtige“ Theorie, sondern um die Debatte der richtigen Themen. In dieser Debatte würde sich der gesellschaftliche Fortschritt entwickeln, glaubte er. Er erhoffte sich eine solche Debatte von den Beratungen über den „Orientierungsrahmen“.

Der Parteivorstand setzte eine Arbeitsgruppe unter Leitung von Horst Ehmke ein, die einen Entwurf für diesen erstellen sollte.

Ich betreute für Jochen die Zuarbeit aus Schleswig-Holstein und vor allem die Koordination von Texten und Anträgen mit den anderen linken Parteigliederungen. Fünf Jahre stritt man sich um den Inhalt dieses Programms. Zwei der Hauptkonfliktpunkte waren die „Investitionslenkung“ und die „Bankenkontrolle“. Jochen und die Linken wollten, dass sich die SPD verpflichtet, eine staatliche Investitionslenkung und Bankenkontrolle einzuführen. Sehr detailliert waren ihre Forderungen. Wie in einer weltwirtschaftlich eng verflochtenen Wirtschaft Investitionen wirksam gelenkt und Banken erfolgreich kontrolliert werden könnten, blieb offen. Es gab auch keinen ernsthaften Versuch, die nationalen oder europäischen Möglichkeiten und Grenzen dieser Instrumente darzustellen und daraus Konsequenzen für die Politik abzuleiten. So blieb letztlich die Orientierungsrahmendebatte ein Streit über Worthülsen. Die Rechten wollten sich trotzdem nicht auf die Vorstellungen der Linken einlassen. So kam es zu verschiedenen Vorschlägen, über die der Bundesparteitag entscheiden sollte.

Auf dem Sonderparteitag zum Orientierungsrahmen konnte zwar die Linke ihren Text zur Grundlage der Debatte machen, es wurden aber besonders viele Abänderungsanträge angenommen, die vieles verwässerten. Das war ein Verdienst des Genossen Heinz Ruhnau aus Hamburg (Innensenator in Hamburg, Mitbegründer des Godesberger Kreises), der mit Erfolg rechte Positionen formulierte und per Änderungsantrag in die linken Texte durch Mehrheitsbeschlüsse einschieben ließ. In der Partei entstand für diese Methode das Wort „ruhnauern“. Dabei nutzte er aus, dass die meisten Delegierten den Überblick verloren, ihre „Stimmführer“ abwesend waren und sie deshalb teilweise nicht wussten, was sie abstimmten sollten. Andere hatten nur mal eben den Saal verlassen, wenn abgestimmt wurde. Disziplin war für viele Linke ein unbekannter Begriff.

Der Orientierungsrahmen wurde 1975 auf dem Bundesparteitag in Mannheim beschlossen, in der praktischen Politik hat er kaum eine Rolle gespielt. Ein Schicksal, das er mit anderen Parteiprogrammen teilte.

Die Landtagswahl 1971

Fraktionsarbeit

Für meine Arbeit entwickelte ich meine eigenen Methoden, da es niemanden gab, der mir Arbeitsaufträge zuwies. Auch Jochen nicht. Es war nicht sein Ding, den Chef zu spielen.

So nahm ich mir bei Landtagssitzungen die Tagesordnung vor und besprach mit Jochen, zu welchen Punkten er etwas sagen wollte. Ich sammelte das Material für diese Punkte und machte Textentwürfe dazu. Daraus wurde meist eine dicke Mappe, die sich Jochen unter den Arm klemmte und mit in die Sitzung nahm. Besonders dick wurde diese Mappe bei Haushaltsberatungen. Jochen erarbeitete dazu immer eine „Grundsatzrede“, in der er die Fehler der Landesregierung aufs Korn nahm. Wesentliches Thema war die fehlende regionale Strukturpolitik. Die SPD hatte dafür ein eigenes Konzept, das von Professor Reimut Jochimsen aus Kiel, der später Wirtschaftsminister in Nordrhein-Westfalen wurde, entwickelt worden war. In ihm wurde beschrieben, wie Wachstumsimpulse aus dem Ballungszentrum Hamburg aufgegriffen werden sollten, um mehr industrielle Arbeitsplätze entlang der Wachstumsachsen (Hamburg-Brunsbüttel, Hamburg-Rendsburg/Neumünster, Hamburg-Lübeck) zu schaffen und die vorhandenen (besonders die auf den Werften) zu schützen. Die CDU war damals stark von agrarpolitischen Interessen geprägt und investierte die Landesmittel einseitig zugunsten der Landwirtschaft. Jochen geißelte, dass zwar jede Kuh auf einer Teerstraße ihre Weide erreichen könne, aber im Hamburger Umland wegen mangelhafter Infrastruktur die Ansiedlung von Industrie und Gewerbe erschwert werde. Er machte die Agrarpolitik zu einem seiner Schwerpunktthemen und warnte vor den Folgen des Strukturwandels in der Landwirtschaft, der ein großes Höfesterben mit sich bringen werde. Er verlangte eine soziale Absicherung der Betroffenen und ein Konzept gegen eine Verödung der Dörfer. Was er damals prognostizierte, wurde als verantwortungslose Schwarzmalerei zurückgewiesen, vor allem der Bauernverband wollte nichts davon wahrhaben. Heute weiß man, dass es keine Schwarzmalerei war. Viele Entwicklungen sind so gekommen, wie Jochen vorhersagte. Ob er nun Recht hatte oder nicht, interessierte nur wenige Bauern. Die meisten lehnten das Thema ab und glaubten an die Mecklenburgische Landesverfassung, die Jochen immer wieder zitierte: „§1 Es blieft allns so as dat is. §2 Wenn sich was ännert, tritt Paragraf 1 in Kraft".

Bei der regionalen Strukturpolitik setzte Jochen auf Wachstumsachsen von Hamburg bis weit nach Schleswig-Holstein hinein. Daran sollte sich die Infrastruktur, vor allem der Ausbau der Verkehrswege orientieren. Die bisherigen Autobahnen sollten bis Kiel/Flensburg und Heide/Husum weitergeführt werden. Zur Infrastruktur gehörte auch die Energiepolitik. Um preiswerte Energie anbieten zu können, sollten mehrere Atomkraftwerke gebaut werden.

Dafür engagierte sich Jochen persönlich beim Bau des Kernkraftwerkes Brunsbüttel. Er bemühte sich um weitere Betriebsansiedlungen und hielt einen engen Arbeitskontakt mit dem dafür Beauftragten.

Jochen bemühte sich auch, die SPD in Niedersachsen und Hamburg für regionale Strukturpolitik zu gewinnen. Ein besonders gutes Verhältnis hatte er damals zum Hamburger Wirtschaftssenator Helmuth Kern. Die Idee Kerns war, auf der Hamburger Insel Neuwerk vor der Elbmündung einen Tiefwasserhafen mit einem Stahlwerk zu bauen und dadurch die Hamburger Wachstumsimpulse entlang der Elbufer weit in die Region zu tragen.

Für die CDU war regionale Strukturpolitik der Weg in die sozialistische Planwirtschaft, damals wollte sie nichts davon wissen. Die staatliche Planung einer regionalen Strukturpolitik passte gut zur Vorstellung der SPD-Linken von staatlicher Investitionslenkung. Eine solche bessere Planung der Wirtschaftsprozesse sollte die sozialen Probleme der Gesellschaft erst gar nicht entstehen lassen, sie sollte die Arbeitsplätze zu den Menschen bringen und nicht die Menschen zu den Arbeitsplätzen.

Bei der SPD-Linken herrschte bei vielen noch die traditionelle Vorstellung der Sozialisten vor, dass der technische Fortschritt kaum Grenzen kenne und für alle Wohlstand bringen würde, wenn das Sozialprodukt nur gerecht verteilt wäre. Es gab auch viele Bücher, die dies mit Prognosen untermauerten. Niemand stellte damals die Frage, ob wir die Folgen von Technologien – wie der Atomkraft – beherrschen konnten und ob technologische Entwicklungen mit ihren Folgen wieder umkehrbar waren, wenn sich Irrtümer herausstellen sollten.

Mit der FDP, vertreten durch deren Landesvorsitzenden Uwe Ronneburger und dem Südschleswigschen Wählerverband der dänischen Minderheit (SSW), repräsentiert vom Landtagsabgeordneten Karl Otto Mayer, gab es jedoch zum Thema „regionale Strukturpolitik" Einvernehmen. Zu beiden pflegte Jochen gute Beziehungen.

Die Affäre Gerisch

Die Fraktionsarbeit hatte aber auch andere Aspekte. In manchen Teilen der CDU hatte sich damals eine enge Vermischung von privaten Geschäftsinteressen und Landespolitik entwickelt. Ein Beispiel war der Schulbau in Schleswig-Holstein. Es wurde bekannt, dass der CDU-Landtagsabgeordnete Gerisch aus Neumünster an einer neuen Fabrik für Betonfertigteile beteiligt war. Seitdem wurden merkwürdigerweise die Schulen in Schleswig-Holstein nicht mehr mit Ziegelsteinen gemauert, sondern aus Betonfertigteilen gebaut. Diese Fertigbauten hatten aber Konstruktionsmängel. Die Beschwerden darüber brachten das Thema in den Landtag. Es wurde ein Untersuchungsausschuss eingesetzt. Ich wurde beauftragt, diesen Ausschuss zu betreuen.

Mein Glück war, dass es einen bundesweiten Interessenverband für die Ziegeleiindustrie mit Sitz in Kassel gab. Dessen Geschäftsführer sah in der Bauweise mit Betonfertigteilen eine schwerwiegende Schädigung seiner Branche und unternahm alles, dies abzustellen. Es gelang ihm, an wichtige Dokumente heranzukommen, die die Verwicklung des Abgeordneten G. in ein ganzes Geflecht von Firmen belegten. Unterstützt wurden wir durch den „Spiegel", der einige Artikel dazu brachte, die der CDU richtig weh taten.

Ich reiste durch das Land, um noch mehr Fakten zu sammeln. Hierbei sprach ich mit vielen Sozialdemokraten, die Kontakte zur Bauwirtschaft hatten, dazu gehörten zum Beispiel die Leiter diverser Wohnungsbauunternehmen, Leiter von Bauämtern, Bankenvertreter und Vertreter der ÖTV und der Industriegewerkschaft Bau-Steine-Erden. Ich sammelte fleißig Belege für Verflechtungen zwischen Politik und Bauwirtschaft und bekam den Eindruck, dass in dieser Branche die Beeinflussung der politischen Entscheidungsträger für wichtige Aufträge ein ganz normaler Vorgang war. Das Geflecht war jedoch „parteiübergreifend". Wichtige Repräsentanten in den Reihen sozialdemokratischer Kommunalpolitik waren darin verwoben und koordinierten ihre Geschäfte auch mit ihren Freunden in der CDU. Wir konnten es uns vor der Landtagswahl nicht leisten, einen innerparteilichen Skandal aufzudecken, der für die weitgehend von der CDU beeinflussten Medien in Schleswig-Holstein ein gefundenes Fressen gewesen wäre. Jochen schloss die Unterlagen in den Panzerschrank – was aber war nun aus der „Moral", der einzigen Waffe der Arbeiterklasse, geworden?

Der Untersuchungsausschuss konnte so nur die Verfehlungen des Abgeordneten G. aufdecken. Dieser trat von seinem Mandat zurück und das Thema wurde beerdigt.

Neue Methoden der Fraktionsarbeit

1970 hörten wir durch Reinhard Ueberhorst von neuen Arbeitsmethoden zur Verbesserung von Entscheidungsprozessen. Führend darin war das „Quickborner Team" von Eberhard und Wolfgang Schnelle. Wir lernten die neuen Instrumente auf einem Seminar für die Fraktion in Quickborn kennen.

Sehr attraktiv daran war, dass die üblichen Konferenztische mit der an der jeweiligen Hierarchie orientierten Sitzordnung abgeschafft wurden. Man saß in lockerer Form auf beweglichen Bürosesseln um eine Tafel herum, an die man Karten mit Text stecken konnte. Mit den beweglichen Sitzgelegenheiten konnte man seine Position jederzeit verändern und sich auch schnell zu kleinen Diskussionsgruppen zusammenfinden. Durch die Methode der „schriftlichen Diskussion", bei der jeder sein Argument oder seine Idee auf eine Karte schrieb und an eine Tafel steckte, konnten mehrere Personen gleichzeitig Beiträge verfassen und das System der Rednerliste entfiel. Man konnte die Karten unter Oberbegriffen zusammenfassen und so Verbindungen erkennen. Ein Moderator oder eine Moderatorin strukturierte die Beiträge.

Dieses System kam der Vorstellung von einer Demokratisierung der Fraktions- und Parteiarbeit sehr entgegen. Ich machte eine Moderatorenausbildung mit und wir probierten auf Sitzungen von Fraktions- und Parteigremien die Methode aus. In der Fraktion versuchten wir mit diesem System zu arbeiten.

Ich unterschätzte aber das Bedürfnis vieler Genossinnen und Genossen, auf Sitzungen ihre Machtspiele durchzuführen. Schon die hierarchische Sitzordnung visualisierte, wer etwas zu sagen hatte. Die Inhaber der Plätze an der Stirnseite wollten nicht gerne darauf verzichten. Die Rednerliste ermöglichte es dem Sitzungsleiter, die Diskussion in seinem Sinne zu lenken und unerwünschte Wortmeldungen zu „übersehen". Auch jene, die sich mit der besonderen Gabe der Rhetorik bedacht fühlten, kamen nicht dazu, ihr Können auszuspielen. Aus diesem Grunde funktionierte diese Methode nur dann, wenn in der Gruppe keine „Hierarchen" waren.

Jochen probierte die Methode mit aus, aber so richtig warm wurde er nicht damit, da sie für seine „Grundsatzbeiträge" kaum Spielraum bot. Sie setzte sich deshalb dauerhaft nur in der Bildungsarbeit durch.

Ich fand das alles sehr aufschlussreich. Die Jusos diskutierten damals intensiv das Thema Demokratie und forderten Mitbestimmung auf allen Ebenen. Aber auch bei ihren Treffen kam die neue Methode nicht zum Zug. War der Weg zur Überwindung des Kapitalismus und zur Selbstbestimmung des Menschen doch weiter, als man damals dachte?

Jochens „Mannschaft"

Im Bundestagswahlkampf 1969 lernte Jochen Günter Grass kennen, der mit einer Gruppe von Schriftstellern und anderen als Wählerinitiative für Willy Brandt in den Wahlkampf zog. Dazu gehörte auch Siegfried Lenz. Besonders zu ihm entwickelte sich eine persönliche Freundschaft. Günter Grass gründete zur Jochens Unterstützung für die Landtagswahl die Wählerinitiative Nord, der sich neben Siegfried Lenz auch noch Freimut Duve und viele andere mehr anschlossen. Jochen war es auch gelungen, Egon Bahr zu bewegen, in Schleswig-Holstein für die SPD zu kandidieren und die Landesliste anzuführen. Auch zu ihm entwickelte sich ein enges persönliches Verhältnis.

Die Planung des Landtagswahlkampfes begann im Frühjahr 1970. Mehrere Werbeagenturen stellten ihre Konzepte vor. Schließlich entschieden wir uns für eine Agentur aus Frankfurt. Wir stellten einen Plan für die verschiedenen Phasen des Wahlkampfes zusammen und nannten ihn „der geplante Sieg". Darin drückte sich unsere damalige Planungseuphorie aus. Es war noch die Stimmung, die getragen wurde von der wenige Monate zuvor erfolgten Bildung der sozialliberalen Koalition unter Willy Brandt und der Reformeuphorie, die sie vorantrieb. Viele von uns meinten, dass wir eine gute Chance hätten, das Bundestagswahlergebnis zu wiederholen. Die CDU hatte bei der Bundestagswahl ihre absolute Mehrheit verloren. Und wenn das wiederholt werden könnte, würde es auch in Schleswig-Holstein für eine sozialliberale Koalition reichen. Dabei wurde übersehen, dass die SPD in Schleswig-Holstein aus der Opposition heraus bei Landtagswahlen immer schlechter abgeschnitten hatte als bei Bundestagswahlen.

Inhaltlich sollte es im Wahlkampf um eine bessere Bildungspolitik (mehr Chancengleichheit durch Gesamtschulen) und mehr industrielle Arbeitsplätze durch regionale Strukturpolitik gehen. Zu diesen Themen wurden Konferenzen und Veranstaltungen durchgeführt. Aber nach einigen Monaten verschoben sich die Themenschwerpunkte. Jochen engagierte sich immer mehr in der Agrarpolitik und ließ seine Thesen über den landwirtschaftlichen Strukturwandel in keiner Rede aus. Die Prognose über das kommende Höfesterben wollten die meisten Landwirte aber nicht hören, sie empörten sich dagegen.

Es lagen der Wahlkampfleitung auch Umfrageergebnisse vor, die besagten, dass mit dem Thema Agrarpolitik in Schleswig-Holstein für die SPD kein Blumentopf zu gewinnen war. Jochen lehnte es aber ab, sich Themen von Meinungsumfragen vorschreiben zu lassen. Er hielt es für seine Pflicht, auch Probleme anzusprechen, von denen viele nichts hören wollten, selbst wenn das keine Wählerstimmen brächte.

Die CDU unter Stoltenberg führte eine Kampagne mit gezielten Verleumdungen gegen Jochen Steffen. In den letzten Wochen vor der Landtagswahl kippte diese Kampagne um. Vor allem junge Menschen jubelten Jochen zu und feierten ihn begeistert. Die Jungsozialisten unterstützten Jochen mit einer besonderen Kampagne; aus der ganzen Republik kamen Jungsozialisten angereist, um sie zu unterstützen.

Jochen bewältigte als Spitzenkandidat ein riesiges Arbeitspensum. Er war ständig unterwegs und hielt mehrere Reden pro Woche. Zeit zum Regenerieren ließ er sich nicht. Nach außen vermittelte er den Eindruck, dass ihm die persönlichen Angriffe und Verleumdungen nichts anhaben konnten. Tatsächlich war dem aber nicht so. Einen Teil seiner Gesundheit hat er in diesem Wahlkampf geopfert.

Das Wahlergebnis brachte der SPD 41 Prozent, was eigentlich nicht schlecht war. Die CDU schaffte die absolute Mehrheit. Wegen der hohen Erwartungen waren viele enttäuscht. Es wurden Ursachen diskutiert. Ich glaube, dass es nicht an den Themen und der Agrarpolitik lag und auch nicht an der Verleumdungskampagne. Die SPD hatte wenig Zugang zu den Medien in Schleswig-Holstein und konnte deshalb die Wahlkampfinhalte nicht bestimmen. Vielmehr war die starke Zustimmung zur sozialliberalen Politik bundesweit abgeflacht, dem entsprach das Ergebnis.

Die letzten Jahre in der Fraktion mit Jochen Steffen

Nach der Landtagswahl wurde Jochen wieder zum Fraktionsvorsitzenden der SPD-Landtagsfraktion und damit zum Oppositionsführer gewählt. Aus gesundheitlichen Gründen musste er jedoch seine Arbeit einschränken. Er zog sich häufiger in seine Wohnung nach St. Peter-Ording zurück. Er war aber weiterhin bundesweit präsent und wirkte im Parteivorstand und an den Beratungen über den Orientierungsrahmen 85 mit. Er hielt Vorträge, in denen er seine Kritik am Kapitalismus darstellte und schrieb dazu Artikel.

Die Theoriediskussion nahm zu Beginn der 1970er Jahre noch einen breiten Raum bei der SPD-Linken ein. Man stritt sich bei den Jungsozialisten um die Theorie des staatsmonopolistischen Kapitalismus und fing an, sich je nach dogmatischem Bekenntnis zu bekämpfen. Jochen fand das entsetzlich.

Er begann seine Redemanuskripte und Aufsätze zusammenzustellen, um zu versuchen, die marxistische Gesellschaftsanalyse weiter zu entwickeln und daraus eine Perspektive für die politische Arbeit zu erstellen. Die Lücken füllte er durch weitere Ergänzungen aus. Ich bearbeitete und überarbeitete die Texte. Es war eine schwierige Arbeit. Daraus wurde später das Buch „Strukturelle Revolution". Freimut Duve vom Rowohlt Verlag drängte auf die Fertigstellung des Manuskripts. Eigentlich wollten wir noch ausführlicher neue Wege für die Praxis beschreiben und dazu neue Ideen entwickeln. Es zeigte sich aber, dass dieses Thema ein weiteres Buch füllen würde und noch mehr Arbeit damit verbunden wäre. Deshalb übergab Jochen das Manuskript erst einmal an den Verlag.

Mit seinem Buch wollte er die Diskussion aus der dogmatischen Ecke herausbringen, in die sie sich festgefahren hatte. Keineswegs wollte er ein weiteres Dogma hinzufügen. Er hoffte, dass sich durch seine Beiträge das Denken und Handeln der Linken weiterentwickeln könnten.

1972 sagte mir Jochen, er wolle sich von seinen politischen Ämtern zurückziehen. Er hatte die physischen und psychischen Überanstrengungen im Landtagswahlkampf 1971 nicht mehr ausgleichen können. Für eine weitere Spitzenkandidatur wollte er nicht zur Verfügung stehen. Den Fraktionsvorsitz wollte er 1973 abgeben, damit sein Nachfolger sich einarbeiten und auf den nächsten Landtagswahlkampf vorbereiten könne. Seine Wahl fiel auf Klaus Matthiesen, einen jungen Abgeordneten aus Flensburg, der 1971 zum ersten Mal als direkt gewählter Abgeordneter in den Landtag kam. Ich bereitete diesen Wechsel vor und begleitete auch Klaus Matthiesen bei seiner Arbeit bis 1976. Sein Amt als SPD-Landesvorsitzender in Schleswig-Holstein ging 1975 auf Günther Jansen über.

Das war ein gründlich vorbereiteter Übergang auf die jüngere Generation. Niemand hat Jochen aus seinen Ämtern gedrängt. Wenn seine Gesundheit es zugelassen hätte, wäre er mit großer Mehrheit noch lange in seinen Ämtern bestätigt worden. In der SPD Schleswig-Holsteins fand er auch nach der Landtagswahl noch große Zustimmung.

Mit Jochen ging jemand, der den Menschen die Ursachen der Probleme erklärte und sie auf die Folgen der strukturellen Entwicklungen im Kapitalismus aufmerksam machte. Er kämpfte um das Denken der Menschen und drehte sich nicht in die Richtung, aus der der Wind der Meinungsumfragen blies. Seine Nachfolger wie Klaus Matthiesen, Günther Jansen und Björn Engholm setzten diesen Weg nicht so konsequent fort wie Jochen ihn gegangen war. In der Partei herrschte bei der Mehrheit die Ansicht, man müsse zunächst die politische Macht erringen, dann könne man etwas ändern. Das vertrat beispielsweise Helmut Schmidt. Hat er als Bundeskanzler wirklich etwas Grundsätzliches ändern können? Dasselbe ist für die Landespolitik von Björn Engholm zu fragen.

Jochens Überzeugung, dass man nichts ändern kann, wenn sich das Denken der Menschen nicht ändert, teilten sie nicht. Einige dachten, man könne beides miteinander kombinieren und sich einerseits mit seinen Themen an den aktuellen Meinungsumfragen orientieren und andererseits trotzdem ein anderes Bewusstsein der Menschen bewirken, also Wahlen gewinnen und Bewusstsein verändern. In diesem Denken lagen einige Missverständnisse.

Jochen verstand unter „Bewusstsein“ nicht die von der Meinungsforschung erhobene „Meinung“ der Wähler zu verschiedenen Themen. Für ihn war gesellschaftliches Bewusstsein die Einsicht in die Ursachen gesellschaftlicher Entwicklungen. Er unterschied die Grundströmung (das „gesellschaftliche Bewusstsein“) und den Schaum auf der Welle (aktuelle Meinungen, wie sie die Werbung ermittelt). Dabei ging es ihm um „Klassenbewusstsein“: Er wollte, dass die „abhängig Beschäftigten“ die Widersprüche des Kapitalismus begreifen und die Ursachen der Ungerechtigkeiten in der Gesellschaft verstehen.

Markus Oddey, Astrid Schwabe

Jochen Steffens Verhältnis zur (Partei-)Presse – Journalist und Objekt der Berichterstattung

1. Einführung

„Steffen ist eigentlich meiner Ansicht nach nicht in erster Linie ein Politiker gewesen, aber ein Schriftsteller, eigentlich ein Volksschriftsteller.“[1]

„Jochen Steffen betonte gerne, keinen existenziellen Drang zum Schreiben zu haben, begriff sich selbst eher als ‚Lohnschreiber‘ [...] *Andererseits wuchs mit den Jahren und den Erfahrungen sein Bedürfnis, sich mitzuteilen und zu kommentieren.“*[2]

Der streitbare und leidenschaftliche Berufspolitiker Jochen Steffen, der Welterklärer, publiziert nicht nur theoretische Schriften, sondern verfasst zeit seines Lebens unzählige Zeitungs-, Magazin- und Zeitschriftenartikel. Die Rahmenbedingungen dieses Schreibens verändern sich im Laufe von Steffens Karriere in 30 Jahren stark: vom hauptberuflichen Redakteur, der schreibt, um seinen Lebensunterhalt zu verdienen, zum gefragten Kommentator und Gastautor. Trotzdem scheint Steffens journalistische Betätigung auf den ersten Blick von starker Kontinuität geprägt und ein selbstverständlicher Teil seiner persönlichen und politischen Identität zu sein.

Zwei Personen, die dem Sozialdemokraten Steffen, wenn auch auf völlig verschiedene Weise, unbestritten sehr nahestanden, sein Sohn Jens-Peter und der jüngere ‚Genosse‘ Gert Börnsen (1943-2014), schätzen die Bedeutung dieser publizistischen und journalistischen Tätigkeit des ehemaligen SPD-Landesvorsitzenden Schleswig-Holsteins jedoch unterschiedlich ein. Während Börnsen sie als bedeutend verstanden wissen möchte, stellt der Sohn Jens-Peter Steffen zwar ein ungebrochenes Mitteilungsbedürfnis des Vaters fest, macht dieses aber weniger von schreibenden Ausdrucksformen abhängig. Diese abweichenden Einschätzungen werfen Fragen nach den unterschiedlichen Rollen Jochen Steffens auf; zum einen jener als Zeitungsmacher, Redakteur und/oder Journalist, zum anderen jener als aktiver Berufspolitiker auf Landes- und Bundesebene, der damit gleichzeitig auch zentrales Objekt medialer Berichterstattung war. Wie füllte Steffen diese Rollen jeweils aus und wie vertrugen sie sich miteinander? Wie ließ sich dabei sein unverkennbares politisches Sendungsbewusstsein mit den Anforderungen an einen Journalisten vereinbaren? War dies überhaupt möglich? Oder ist vielmehr die Aussage von Steffens Redakteurskollegen bei der sozialdemokratischen

1 Gert Börnsen, ehemaliges MdL und Mitglied des SPD-Landesvorstandes Schleswig-Holstein, im Interview mit Frederike Steiner (12.2008); ähnlich auch die Einschätzung von Johano Strasser in diesem Band, S. 491ff.

2 Jens-Peter Steffen: Einleitendes. Einleitende Bemerkungen eines befangenen Herausgebers, in: Jochen Steffen: Personenbeschreibungen. Biographische Skizzen eines streitbaren Sozialisten, hrsg. von Jens-Peter Steffen, mit einem Interview von Siegfried Lenz, Kiel 1997, S. 5-10, S. 7.

„Schleswig=Holsteinischen Volks=Zeitung“ (VZ) Gerhard Gründler (1930-2012) zutreffend, der Steffen eine „‚Doppelbegabung mit letztlich Unvereinbarem‘, die ‚ihn ins Abseits‘ drängte“ unterstellte, also auf einen dauerhaften Konflikt mit weitreichenden Folgen hinwies?[3]

Eine weitreichende Antwort auf die skizzierten Fragen zu finden, bleibt wohl ein kaum lösbares Unterfangen. Möglich scheint uns aber eine vorsichtige Annäherung an den Zeitungsmann Jochen Steffen, eine Art Kartierung der einzelnen Stationen und Charakteristika seines journalistischen Schaffens unter dem oben skizzierten erkenntnisleitenden Interesse, ohne dabei seine Rolle als Person des öffentlichen Lebens, über den Medien berichteten, außen vor zu lassen. Dabei haben wir einen exemplarischen, dennoch der Chronologie folgenden Zugriff gewählt, um das journalistische (Berufs-)Leben Steffen zu skizzieren, vor allem aber, um sein Selbstverständnis, die ihm wichtigen Themen und seinen Stil sowie die gewählten Publikationsorgane im diesem Feld zu untersuchen. Zu diesem Zweck zogen wir für drei Zeiträume begrenzt auf bestimmte Themen und Verdichtungspunkte ausgewählte, von Jochen Steffen verfasste Artikel aus diversen Zeitungen, Zeitschriften und Magazinen und auch Beiträge über Jochen Steffen exemplarisch zur Untersuchung heran. Maßgeblich beruht die Auswahl auf mehreren Artikel-Sammlungen, unter anderem im Nachlass Steffens im Archiv der sozialen Demokratie in Bonn (AdsD). Unsere Untersuchung stellt somit weder eine umfassende, systematische medienwissenschaftliche Analyse aller Zeitungen, für die Steffen schrieb, noch seines gesamten, kaum zu überblickenden journalistischen Werkes dar.

Die Grundidee, die Rolle des Journalisten Steffen gesondert in den Blick zu nehmen, geht auf ein geplantes, allerdings nicht weit fortgeführtes Dissertationsprojekt zu Jochen Steffen von Frederike Steiner am Institut für Zeit- und Regionalgeschichte (IZRG) in Schleswig zurück. Wir konnten auf die umfangreichen Vorarbeiten Steiners (Recherchen u.a. im Archiv der sozialdemokratischen Landtagsfraktion, im AdsD sowie Durchsicht von Publikationsorganen, für die Steffen schrieb) zugreifen[4] und ergänzten sie durch eigene Recherchen im Nachlass von Jochen Steffen (AdsD). Darüber hinaus lieferten die Arbeiten von Jens-Peter Steffen, allen voran die von ihm herausgegebenen „biographischen Skizzen“[5] und sein Beitrag in diesem Band, wichtige, aber recht persönlich gefärbte Hintergrundinformationen zur publizistischen Arbeit Jochen Steffens. Sie werden ergänzt durch Publikationen ehemaliger politischer Wegbegleiter, meist jüngerer Genossen, wie eben Gert Börnsen, die sich in ihren damals

---

3 Gert Börnsen: Erinnerungen an Jochen Steffen, in: Demokratische Geschichte 20 (2009), S. 309-326, S. 312, der hier Gründler zitiert.

4 Bestand Steiner im IZRG, Schleswig.

5 Steffen: Biographische Skizzen.

jungen sozialdemokratischen Lehrjahren vom Politiker und Journalisten Steffen oft gleichermaßen beeindruckt zeigten.[6]

Wir gliedern Steffens journalistisches Wirken, sein Verhältnis zur Presse, und damit auch unseren Beitrag, in drei Phasen, die jeweils spezifische Fragen aufwerfen: seinen Einstieg in den Journalismus in den 1950er Jahren bis etwa 1970, die Hochphase seines landespolitischen Engagements um 1970 und die Zeit nach dem Rückzug aus den politischen Ämtern um 1973/75. Diese hier vorgestellte Periodisierung konzentriert sich auf den Journalisten Jochen Steffen im Geflecht der Parteipresse, wobei die Bedeutung der gewählten Einschnitte für die journalistische Arbeit Steffens durchaus diskutabel ist: Einerseits ist die Übernahme und später der Verlust politischer Ämter, wie beispielweise des Landtagsmandats 1958, von praktischer Bedeutung für die redaktionelle Tätigkeit Steffens (u.a. veränderte Zeitbudgets, aber auch eine sich verändernde Wahrnehmung seiner journalistischen Arbeiten), anderseits werden sich nicht immer (sofortige) Modifikationen in seinen Beiträgen nachweisen lassen. Im Versuch, Steffens journalistische Arbeit zusammenfassend zu analysieren, ist unser Blick konsequent auf erkennbare Muster von Kontinuität und Wandel seines (journalistischen) Selbstverständnisses und seines Stils gerichtet, um auf diese Weise möglicherweise den einleitend skizzierten vermeintlichen Widerspruch von Welterklärung und journalistischer Tätigkeit auflösen zu können.

Blicken wir zunächst auf die 1950er Jahre, als Steffens journalistische Laufbahn mit einer Redakteursstelle bei der sozialdemokratischen „Flensburger Presse" (FP) begann. Welche Motive lagen seinem Einstieg bei der FP zu Grunde? Was prägte seine Arbeit in dieser Zeit? Was veranlasste ihn zum späteren Wechsel zur bekannten sozialdemokratischen Volkszeitung nach Kiel? Wie gestaltete sich der Beginn seiner Entwicklung zum ‚Berufspolitiker'?

2. Einstieg in den Journalismus und erste berufliche Stationen (1954-1969/71)

Im Rückblick stellte Jochen Steffen seinen Einstieg in den Journalismus gleichermaßen eindeutig wie nachvollziehbar dar: Seine Entscheidung folgte demnach keiner Berufung, relevant erscheint vielmehr seine private beziehungsweise materielle Situation der Jahre 1954/55. Nach dem Rückzug aus den politischen Wissenschaften an der Universität Kiel ging es nun darum, eine Familie versorgen zu können. Als 1954 Sohn

6 Börnsen: Erinnerungen an Jochen Steffen; Jürgen Weber: Joachim Steffen – der „rote Jochen", in: Demokratische Geschichte 3 (1988), S. 597-602. Notwendige Hintergrundinformationen zur Entwicklung der sozialdemokratischen Parteipresse lieferten v.a. Uwe Danker/Markus Oddey/Daniel Roth/Astrid Schwabe: Am Anfang standen Arbeitergroschen. 140 Jahre Medienunternehmen der SPD, Bonn 2003; Astrid Schwabe: Ausstellung. Vorwärts, 140 Jahre, 1876-2016. Berlin/Flensburg 2016; Markus Oddey/Hannes Engelhardt/Isabelle von Seeler: „Ich bleibe Optimist – trotz allem". Wilhelm Geusendam als Demokratischer Sozialist und Parteiorganisator, in: Demokratische Geschichte 17 (2006), S. 33-113. Zur politischen Entwicklung der SPD in Schleswig-Holstein in der Nachkriegszeit vgl. u.a. Holger Martens: Die Geschichte der Sozialdemokratischen Partei Deutschlands in Schleswig-Holstein 1945-1959, 2 Bde., Malente 1998.

Jens-Peter geboren wurde, Ilse Steffen folglich nicht weiterhin arbeiten gehen konnte, reichte die Arbeit an einzelnen wissenschaftlichen Studien nicht mehr hin.[7] Steffens Dissertationsschrift „Soziologie und Psychologie der Parteibürokratie (Schleswig-Holstein)" war aus Sicht des Autors zwar abgabereif, bedurfte jedoch der Überarbeitung. Damit bedeutete Steffens Ausscheiden als wissenschaftlicher Assistent faktisch spätestens Ende 1955 den Abbruch des Promotionsprojekts, was für Steffen offenbar – und teils anders als später in seinen biographischen Skizzen erinnert – einen wichtigen Einschnitt bedeutete.[8] Grundsätzlich scheinen Versorgungsaspekte für Steffen durchaus bedeutsam und handlungsleitend gewesen zu sein. Auch die frühe Hochzeit von Jochen und Ilse Steffen nur wenige Tage nach Kriegsende sollte aus Steffens Sicht vor allem Ilse absichern.[9] Inwiefern diese Erinnerungen konstruiert sind, lässt sich im Nachhinein nicht vollständig klären; sein Bedürfnis nach Sicherheit aber erscheint aufgrund der Sozialisation in einer kleinbürgerlich-konservativen Beamtenfamilie und den Kriegserfahrungen durchaus glaubwürdig.

Entsprechend den Erinnerungen seines Sohnes Jens-Peter bemühte sich die SPD, in die Steffen 1946 eingetreten war, um dort recht schnell Verantwortung zu übernehmen, spätestens seit Mitte 1954 darum, dem Landesvorsitzenden ihrer Jugendorganisation Jochen Steffen eine Anstellung zu verschaffen.[10] Doch Steffen nahm nicht jedes Angebot an. 1956 sagte er zu: Kieler Parteifreunde holten den jungen Politiker nach Flensburg, vermittelten ihm dort die Stellung eines Lokalredakteurs für „Stadt und Land" bei der Flensburger Presse, einer neu erscheinenden sozialdemokratischen Wochenzeitung. Damit waren er und die junge Familie versorgt. Journalistische Erfahrung hatte Steffen kaum vorzuweisen, er hatte lediglich seit 1954 als freier Mitarbeiter einige Kommentare für die Volkszeitung geschrieben. Genossen auch ohne oder mit nur geringer journalistischer Ausbildung beziehungsweise unabhängig von ihrer Erfahrung und Begabung mit Redakteursposten zu betrauen, hatte in der sozialdemokratischen Presse seit ihrer Gründungs- und Expansionsphase in der zweiten Hälfte des 19. Jahrhunderts Tradition. Politische Verdienste und/oder Linientreue wogen ebenso schwer wie das Kriterium der Professionalität. Manchmal sogar schwerer. Auch in der frühen Bundesrepublik verstand man sozialdemokratische Zeitungen als „Parteirichtungszeitungen", die zum sozialdemokratischen „Milieu" wie zum allgemeinen Straßenbild gehörten. Die sozialdemokratischen Zeitungen sollten als „moderne Nachrichtenblätter mit sozialdemokratischer Tendenz" jedoch auch Leser_innen außerhalb

7 Vgl. Selbstaussage Steffens in einem Interview mit dem Magazin „FORUM" im Jahr 1980, abgedruckt in: Steffen: Biographische Skizzen, S. 229-249, hier S. 232.

8 Vgl. Schreiben Steffen an Michael Freund vom 21.10.1955, AdsD, Personenbestand Jochen Steffen, 1/JSAA000144; Schreiben Steffen an Ilse und Jens-Peter Steffen, vom 07.08.1972, AdsD, Personenbestand Jochen Steffen, 1/JSAA000177.

9 Vgl. Steffen: Biographische Skizzen, S. 253.

10 Vgl. hier und Folgenden J.-P. Steffen in diesem Band, S. 566f.

des Milieus ansprechen, um neue Wähler_innen zu gewinnen: Der Zweck dieser parteieigenen Presseunternehmen war also vor allem ein politischer, ihre Kernaufgabe lautete, die SPD dabei zu unterstützen, Mehrheiten für ihre Politik zu gewinnen; ein Vorhaben, das in den 1950er Jahren nicht wirklich von Erfolg gekrönt war.[11]

Die vom Gesamtdeutschen Ministerium in Bonn im Grenzland zu Dänemark subventionierte und in Kiel bei der VZ gedruckte „Flensburger Presse – Wochenzeitung für Politik, Lokales und Unterhaltung" füllte Steffen ab dem ersten Erscheinungstag, dem 13. September 1956, unter diversen Kürzeln mit Reportagen, Meldungen und Leitartikeln. Die FP erschien in einer Region mit einer besonderen politischen Lage, die auch den Zeitungsstandort Flensburg prägte:[12] Nach Ende des Zweiten Weltkriegs und NS-Herrschaft hatte sich die Bevölkerung in der gesamten Nordhälfte Schleswig-Holsteins wie auch in Flensburg mehrheitlich zur dänischen Minderheit bekannt. Diese strebte danach, die seit 1920 feststehende deutsch-dänische Grenze gen Süden, an die Eider, zu verschieben. Auch der neu gegründete Flensburger Kreisverein der SPD war dafür eingetreten, dass Flensburg wieder dänisch würde. Die übergeordneten Partei-Ebenen reagierten mit Unmut, Ende 1946 gar mit der Auflösung des Kreisvereins. Die betroffenen Flensburger Genoss_innen reagierten selbstbewusst, der Kreisverein existierte als „Sozialdemokratische Partei, Kreisverein Flensburg-Stadt" (SPF) eigenständig neben der neu gegründeten SPD bis 1954 fort. Die SPF kooperierte eng mit der politischen Vertretung der dänischen Minderheit, dem „Südschleswigschen Verein" (SSV), später „Südschleswigscher Wählerverein" (SSW), inklusive gemeinsamer Wahllisten. Die Flensburger Sozialdemokratie war in der deutsch-dänischen Nationalitätenfrage folglich zunächst tief gespalten, die SPD erzielte bei den Wahlen Anfang der 1950er Jahre nur einstellige Ergebnisse.[13] Erst langsam näherten sich SPF und SPD an, schließlich kehrte die SPF 1954 zur SPD zurück, worauf sich zahlreiche ihrer Mitglieder vollends der dänischen Minderheit zuwandten. Insgesamt hatte die Hinwendung zur dänischen Minderheit schon 1948 ihren Höhenpunkt überschritten, auch unterstützten am Ende weder Dänemark noch die britische Besatzungsmacht eine neue Grenzziehung. Die Kieler Erklärung der schleswig-holsteinischen Landesregierung aus dem Jahr 1949 garantierte im Gegenzug das freie Bekenntnis zum „dänischen Volkstum und zur dänischen Kultur"; die späteren Bonn-Kopenhagener Erklärungen,

11 Vgl. Danker/Oddey/Roth/Schwabe: Arbeitergroschen, S. 148-149, S. 153f.

12 Vgl. im Folgenden Uwe Danker/Astrid Schwabe/Jan Schlürmann u.a.: Schleswig-Holstein 1800 bis heute. Eine historische Landeskunde. Husum 2014, S. 94 und S. 308-317; Uwe Danker: „Wir wollen loyale Untertanen der dänischen Krone sein." Südschleswig 1945 bis 1955: Vom letzten Kampf zum dauerhaften Grenzfrieden, in: Ders.: Die Jahrhundertstory Bd. 3, Flensburg 1999, S. 108-127, hier S. 112f.

13 Vgl. Wahlergebnisse Kommunal- und Landtagswahlergebnisse Flensburg Stadt seit 1947, verfügbar unter http://www.flensburg.de/Politik-Verwaltung/Kommunalpolitik/Wahlen-Abstimmungen (aufgerufen am 09.06.2017); Martens: Geschichte der Sozialdemokratischen Partei Deutschlands in Schleswig-Holstein 1945 bis 1959, Bd.1, S. 305.

mit denen Deutschland und Dänemark den Schutz und die Privilegien ihrer jeweiligen nationalen Minderheiten erklärten, würden den Grenzfrieden 1955 zumindest formell endgültig herstellen. Allerdings taten sich manche weiterhin schwer mit der Anerkennung der Rechte für dänisch gesinnte deutsche Staatsbürger. Der ‚Grenzkampf' zur Förderung deutscher Kultur und Wirtschaftskraft bestimmte die frühen 1950er Jahre, gerade in Flensburg. Dies zeigt sich auch in der Presselandschaft: Während die dänische Minderheit den „Flensborg Avis" herausgab, kämpfte die überparteiliche Gruppenzeitung „Flensburger Tageblatt" für den deutschen Standpunkt, vor allem nachdem der dänisch gesinnte SPD-Lizenzträger 1947 seine Lizenz verloren hatte; erst 1960 würde die Redaktionsspitze den publizistischen Grenzkampf einstellen.

Im Rückblick erläuterte Steffen, diesen Grenzkampf und die zu dieser Zeit immer noch typische Grenzlandmentalität damals schon als „kalten Kaffee" und „baren Unsinn" betrachtet zu haben.[14] Den durchaus auch für sozialdemokratische Blätter der Region nicht untypischen Zeitungskrieg mit den Dänischgesinnten und ihrem Interessenorgan Avis legte er bei. Steffens politische Einflussnahme darf an dieser Stelle allerdings wohl nicht überbewertet werden. Seine Ansichten passten zur politischen Strategie des SPD-Kreisvorstands in Flensburg, der nach der eigenen Wiedervereinigung nun Mitte der 1950er Jahre in der Kommunalpolitik einen deutlich freundlicheren Kurs gegenüber der dänischen Minderheit fuhr und ihnen für Landtags- und Bundestagswahlen sogar eine Listenverbindung anbieten wollte. Eine Stärkung der SPD in Flensburg schien den Protagonisten vor dem Hintergrund ihrer Geschichte nur durch eine Zusammenarbeit mit der dänischen Minderheit möglich, nicht gegen sie. Steffen sollte diese Haltung dann auch im Landtag vertreten, er erhielt bei der Wahl 1958 einen Listenplatz für Flensburg.[15]

Wie gestaltete sich die Arbeit des jungen Redakteurs einer sozialdemokratischen Parteizeitung in der Provinz? Der damalige VZ-Volontär Gründler beschrieb retrospektiv, wie Steffen sozusagen im Alleingang die Zeitungsausgabe machte: „[...] am Tag des Redaktionsschlusses erschien Steffen mit einer dicken Aktenmappe im Reporterzimmer [der VZ in Kiel] und richtete die neueste Ausgabe ein. Von Hand, in etwas altmodischer Schrift, schrieb er den Aufmacher, den zweiten, dritten und vierten Artikel, die Reportage für die Seite drei, eine Glosse und dazu noch viele, viele Meldungen; außerdem redigierte er die paar Texte, die ihm freie Mitarbeiter für wenig Honorar zugeliefert hatten."[16]

Eigenwillig und engagiert versuchte der Redakteur Steffen kleinere Ungerechtigkeiten auf lokaler Ebene durch seine Berichterstattung zu beeinflussen. Beispielhaft

14 Vgl. Selbstaussage Steffens in einem Interview mit Hans Hansen im Jahr 1987, abgedruckt in: Biographische Skizzen, S. 246-251, hier S. 247.

15 Vgl. ebd.

16 Gerhard E. Gründler: „Erinnerungen an Jochen Steffen", NDR-Hörfunk, Auf ein Wort, 28.09.1987.

kann hier sein Einsatz für den Flensburger Abiturienten Manfred Rexin angeführt werden: Im Jahr 1956 schrieb der ehemalige Schüler der Flensburger Goethe-Schule einen Artikel, in dem er kritisierte, dass sich sein ehemaliger Schulleiter geweigert hätte, Schüler_innen aus der DDR in das Flensburger Schullandheim an der Schlei einzuladen. Die Reaktion des Oberstudiendirektors war eine Verleumdungsklage, Rexin wurde zu 200 DM Geldstrafe verurteilt. Steffen und die FP ermöglichten Rexin eine erfolgreiche Revision, nach der das Verfahren eingestellt und der Schulleiter später sogar versetzt wurde. Rexin schätzte die Hilfe Steffens später als „außerordentlich hilfreich" ein.[17]

Auf Landesebene ist Steffens Berichterstattung über den Fall Heyde/Sawade als publizistischer Höhepunkt zu werten. Im Mittelpunkt dieses gesellschaftlichen Skandals stand der Nervenarzt Prof. Dr. Werner Heyde, einer der Haupttäter des nationalsozialistischen Euthanasie-Programms, der nach Kriegsende über mehrere Jahre bis zu seiner Verhaftung Ende 1959 unter falschem Namen unbescholten als Arzt in Flensburg und Gutachter für das Landessozialgericht in Schleswig praktiziert hatte; obwohl eine bedeutende Anzahl von Personen aus Medizin, Justiz und Verwaltung seine wahre Identität gekannt hatten.[18] Steffen berichtete regelmäßig über den Skandal, wobei ihm zugutekam, dass er als Abgeordneter im noch im Dezember 1959 eingesetzten Untersuchungsausschuss des Schleswig-Holsteinisches Landtages mitwirkte.[19] Eine derartige Vermischung von parlamentarischer Untersuchung und journalistischer Tätigkeit wäre heutzutage wohl nur noch schwer vorstellbar.

Richten wir unseren Blick auf die übergeordnete politische Ebene. Eine exemplarische Untersuchung der mit „jost" gezeichneten Leitartikel und Kommentare des vierten Quartals des FP-Jahrgangs 1956, also aus der Anfangszeit Steffens bei der FP, und des ersten Quartals des Jahrgangs 1959, zeigt, dass Steffen hier durchaus eigene Akzente setzte.[20] Die Frage, inwiefern Susanne Materleitner, die Steffens Texte bei der VZ in Kiel redigierte und den schon für diese Zeit angeblich „oftmals stürmischen Stil Jochens zu dämpfen versucht" haben soll,[21] insgesamt Einfluss nahm, muss offen bleiben. In der Phase der Westintegrationspolitik unter Bundeskanzler Konrad Adenauer

---

17 Vgl. J.-P. Steffen in diesem Band, S. 592.

18 Vgl. hier Uwe Danker/Astrid Schwabe: Schleswig-Holstein und der Nationalsozialismus, Neumünster 2005, S. 181.

19 Vgl. J.-P. Steffen in diesem Band, S. 591. Siehe besonders die Untersuchung von Uwe Danker in diesem Band.

20 Vgl. publizistische Äußerungen Steffens aus der fp (Jahrgänge 1956 und 1959) als Zeitungsausschnittsammlung in: AdsD, Personenbestand Jochen Steffen, 1/JSAA000151-159. Die Archivalie Nr. 151 enthält Presseausschnitte aus dem vierten Quartal des Jahres 1956, die Nr. 152 Ausschnitte aus dem erstem Quartal des Jg. 1959.

21 Susanne Materleitner-Rickers (1918-2012). Die Darstellung Materleitners folgt hier der Erinnerung u.a. von JPS, vgl. J.-P. Steffen in diesem Band, S. 593; auch: Karl Rickers: Erinnerungen eines Kieler Journalisten 1920-1970, Neumünster 1992, S. 371f.

(1876-1967), die die bundesdeutsche Freiheit durch die Einbindung in das westliche NATO-Bündnis zu sichern suchte und diesem Ziel klaren Vorrang vor einer Wiedervereinigung einräumte, und in den Erfolgsjahren der „sozialen Marktwirtschaft" fuhr die SPD einen klaren, unbeugsamen Konfrontationskurs, der auch eine Wirtschaftspolitik einschloss, die die Vergemeinschaftung bestimmter Schlüsselindustrien anstrebte.[22] Dieser Kurs manövrierte die Partei allerdings verstärkt ins politische Abseits. Während sich die CDU stark an der Stimmung der Bevölkerung ausrichtete, schien sich der SPD-Parteivorstand vor allem mit der Partei und ihren Funktionären selbst zu beschäftigen, wie Franz Walter polemisierend konstatiert.[23] Auf Bundesebene nahm der Abstand der Sozialdemokratie zur CDU von Wahl zu Wahl zu, bis diese 1957 gar über 50 Prozent der Stimmen erhielt. Eine Erneuerung der deutschen Sozialdemokratie war unumgänglich, interne Umstrukturierungen folgten noch 1957, die programmatische Neugestaltung in den folgenden Jahren bis hin zur Öffnung der Partei zur gesellschaftlichen Mitte nach 1958/59 (Godesberger Programm) sollte tatsächlich die Wende bringen, bis die SPD 1969 mit Willy Brandt (1913-1992) schließlich den ersten sozialdemokratischen Kanzler stellte. 1972 sollte es der Partei erstmals gelingen, bei der Bundestagswahl die Mehrheit der Sitze zu gewinnen.

In Steffens Kommentaren zeichnen sich im Besonderen radikalere Positionen im Hinblick auf wirtschafts- und außenpolitische Themen ab. Ökonomische Fragen deutete Steffen als Machtfragen: Entweder der Mensch lenke durch eine ausgeweitete Regulierung und Sozialpolitik den Wirtschaftsprozess, oder die Wirtschaft, die Steffen als „das Kapital" verstand, bestimme „was mit dem Menschen, seiner Arbeit, seiner Gesellschaft und der Natur geschieht".[24] Vor allem zum Ende seines Wirkens bei der FP zog Steffen immer wieder die Situation in Entwicklungsländern heran, um seine Thesen und Forderungen exemplarisch zu erläutern.[25] In der Außenpolitik warnte der Sozialdemokrat – in scharfer Abgrenzung zum konservativen Flensburger Tageblatt – deutlich vor einer einseitigen prowestlichen Position, während er die Notwendigkeit einer Annäherung an die Sowjetunion betonte: „Sonst gibt's eine Wiedervereinigung im Massengrab. Das bedeutet, dass wir auch mit den Russen verhandeln müssen. Mag sich unser Gefühl dagegen bäumen, die Macht der Tatsachen zwingt uns auf diesen Weg."[26] Die Kritik an Adenauers Außenpolitik – und übrigens auch seinem Regie-

22 Vgl. hier u.a. Franz Walter: Die SPD. Biographie einer Partei, Reinbek 2015³.

23 Vgl. ebd., S. 131f.

24 Uwe Danker: „Wir machen die Zukunft wahr!" Landespolitik in den 70er Jahren, Ära Stoltenberg-Steffen, in: Ders.: Die Jahrhundertstory Bd. 2, Flensburg 1999, S. 228-247, S. 231.

25 Vgl. u.a. fp, Jg. 1956, 11.10.: Automatisierung beendet; 18.10.: Macht und Lebensstandard; 1.11.: Jugendschutzbestimmungen; 22.11.: Rentenreform.

26 Vgl. u.a. fp, Jg. 1956, 15.11.: Politik und Verstand; 25.10.: Tauwetter im Osten; 8.11.: Zweierlei Maß; 29.11.: Spiel mit Schießgewehr; 6.12.: Harte oder weiche Politik; 13.12.: Sie sagen Europa; 28.12.: Neue Rüstung.

rungsstil –, gegenüber der Steffen sozialdemokratische Politik als fortschrittlich darstellte, blieb im Kern über seine Flensburger Wirkungszeit unverändert, ja, sie wurde zum Ende hin sogar noch schärfer.[27]

Wenden wir uns stilistischen Fragen zu: Der historische Vergleich, wie beispielsweise die Gleichsetzung der USA mit Preußen oder jene der Leichenrede Marc Antons für Cäsar mit jener für Admiral Dönitz, und das bildhafte Wortspiel, wie im Artikel „Kauft Kämme – es kommen lausige Zeiten", sind zwar keine stilistischen Alleinstellungsmerkmale des Journalisten Steffen.[28] Dennoch: Er benutzte sie auffallend häufig, um zeitgenössische politische Positionen als falsch zu entlarven. Steffen dachte oft in Bildern, um seine Theorien besser veranschaulichen zu können. Ähnlich erinnern auch politische Weggefährten Steffens Stil: „Wenn die Wahrheit nicht anders zu enthüllen war, als in einer pointierten, gut erfundenen Geschichte, dann erzählte er eine solche Geschichte, auch wenn er dabei hier und da ein bisschen flunkern oder dicker auftragen musste."[29]

Eine stilistische Eigenart, die sich später zum Erfolgsrezept entwickeln würde,[30] können wir schon beim jungen Flensburger Steffen erkennen. Er entwickelte seine gesellschaftspolitischen Forderungen immer wieder beispielhaft an Alltagssituationen. In der Rubrik „Mein Sohn Jens-Peter" beschrieb Steffen auf den ersten Blick einfach nur „typische" Situationen einer jungen Familie; allerdings fungierten sie nicht selten als Ausgangspunkt einer tiefgründigen politischen Diskussion oder Debatte. Oft erklärte Steffen auch Bundes- und Weltpolitik aus der Sicht von Otto Normalbürger, der scheinbar Steffens Wunschbild des politisch interessierten und leidenschaftlich diskutierenden Arbeiters symbolisierte, der theoretische Ideale mit der Wirklichkeit kontrastierte.[31] Es scheint dabei wohl Steffen selbst gewesen zu sein, der sich als Politiker mit Sendungsbewusstsein und satirischem Humor in diese Rolle hineinbegab; wobei er jede Gesellschaft nach den Interessen bestimmter Gruppen oder Klassen gegen die Bedürfnisse bestimmter anderer Gruppen oder Klassen organisiert ansah. Für die FP entsprachen die Geschichten des Flensburger Werftarbeiters „Fiete Plietsch sien Vertelln" diesem Stilmuster, bei der VZ waren es später unter anderem die Kolumnen „Peter Qualm" oder „Meine Elise und ich".

Dieser spezifische Stil Steffens, der seine weitere publizistische Arbeit durchziehen würde, lebte schon in der Flensburger Zeit von der Anschaulichkeit der Anekdote, in

27 Vgl. u.a. fp, Jg. 1959, 8.1.: Hinter den Russen zurück; 15.1.: Zünd´s andere an; 12.2.: Sprung über den Schatten; 19.2.: Ihr sollt mich lieben.

28 Vgl. u.a. fp vom 19.2.1959: Ihr sollt mich lieben; auch vom 15.1. und 26.2.1959.

29 Vgl. den Beitrag von Strasser in diesem Band.

30 Später perfektioniert bei „Kuddl Schnööf", vgl. den Beitrag von Viola Wilcken in diesem Band.

31 Zum Beispiel fp vom 15.1.1959: Zünd´s andere an, in dem ein Gespräch zweier Männer auf der Straße dargestellt wird.

der sich die rohe Politik beispielhaft am Menschen bricht, in welcher der Mensch Politik ertragen muss. Steffen versuchte sich mit feiner Beobachtungsgabe in diese Situationen einzufühlen. Über die Analyse eines Fallbeispiels schloss Steffen anschließend in dialektischer Vorgehensweise ein gesellschaftspolitisches Grundproblem auf, um dann zu einem eindeutigen Fazit zu gelangen. Gleichwohl gilt: Steffens Stil würde sich später noch weiterentwickeln. In Steffens Grundsatzartikeln fanden sich zwar bereits in den Flensburger Jahren plattdeutsche oder missingsche, der Schriftsprache lediglich angenäherte Elemente, die eher mündliche als schriftliche Ausdrucksformen abbildeten.[32] Jedoch formulierte er, wie es auch Sohn Jens-Peter Steffen erinnert, häufig noch im politikwissenschaftlich-universitären Sprachstil, was darauf hindeutet, dass er existierende Vorträge und Aufsätze für seine Artikel umschrieb.[33]

Nach knapp vier Jahren war für Steffen Schluss bei einer der nördlichsten Zeitungen der Bundesrepublik: Im Oktober 1960 wechselte er – mittlerweile Landtagsabgeordneter – von der FP, die 1966 in der VZ aufgehen würde, als Redakteur nach Kiel zu ebendiesem Blatt, angeblich gegen den Willen von dessen Chefredakteur Karl Rickers. Mit einer fortgesetzten Tätigkeit als Flensburger Redakteur schienen seine politischen Aufgaben kaum vereinbar. Steffen hatte in der Landes-SPD eine beachtliche Karriere hingelegt: 1956 Bezirksvorstand Flensburg, 1957 Bundestagskandidat im Wahlkreis Flensburg 2, 1958 dann der Einzug in den Landtag über einen sicheren Platz auf der Landesliste, den er 1962 verteidigen würde, um in dieser Legislaturperiode zum Fraktionsvorsitzenden aufzusteigen, 1965 würde schließlich die Übernahme des SPD-Landesvorsitzes folgen. Mit Steffen als Oppositionsführer würde sich das Auftreten der SPD im nördlichsten Bundesland ändern, von einer „[ruhigen] Oppositionsarbeit [...] ohne kämpferische Note" zur einer echten politischen Alternative, in einer veränderten Partei.[34]

Bei der Kieler VZ agierte Steffen nun weniger als lokaler Redakteur denn als exponierter (Landes-)Politiker, der regelmäßig in klarer Sprache zu tagespolitischen Themen vor allem der Außen- und Wirtschaftspolitik Stellung bezog, wie eine fallweise Untersuchung der von Steffen namentlich gekennzeichneten Kommentare im Jahrgang 1962 der VZ zeigt, die durch spätere Jahrgänge bestätigt wird.[35]

Auch wenn sich Steffen weiter ebenso mit den bestehenden Verhältnissen in asiatischen und nordafrikanischen Entwicklungs- und Schwellenländern auseinandersetz-

32 Vgl. Wilcken.

33 Die Darstellung folgt hier der Einschätzung des Sohnes Jens-Peter Steffen; vgl. J.-P. Steffen in diesem Band, S. 590.

34 Vgl. Uwe Danker: Mit Fehlstart in vier Jahrzehnte bürgerliche Regierungsmehrheit. 1950-1967: Landespolitik in der Ära Bartram, Lübke, von Hassel und Lemke, in: Ders.: Die Jahrhundertstory Bd. 3, Flensburg 1999, S. 148-167, S. 154 (Zitat ebd.).

35 Vgl. v.a. Zeitungsausschnittsammlungen in: AdsD, Personenbestand Jochen Steffen, 1/JSAA000023-30.

te,[36] war Außenpolitik für ihn vor allen Deutschlandpolitik: Um eine deutsch-deutsche Wiedervereinigung nicht gänzlich aus den Augen zu verlieren, dürften die USA nicht weiterhin fortgesetzt die Sowjetunion provozieren. Eine mögliche Annäherung würde unter anderem die Anerkennung der Oder-Neiße-Linie als Grenze zu Polen und der Eigenstaatlichkeit der DDR bedeuten. Auch in der Kuba-Krise im Oktober 1962 als dramatischem Höhe- und Wendepunkt des Kalten Krieges[37] kritisierte Steffen die US-Politik hart, während er die Bundesregierung recht einseitig als Handlanger US-amerikanischer Interessen betrachtete.[38] Grundsätzlich forderte Steffen im Laufe der 1960er Jahre immer wieder eine verstärkte außenpolitische Öffnung der BRD gegenüber der Sowjetunion.

Auch in Wirtschaftsfragen positionierte sich Steffen stark:[39] Er sprach sich klar gegen die freie Marktwirtschaft aus, betonte die unbedingte Notwendigkeit gewerkschaftlicher Mitbestimmung als besondere Leistung der Arbeiterbewegung. Die Finanz- und Wirtschaftspolitik der Bundesregierung unter Ludwig Erhard (1897-1977) beurteilte er als maßgeblich von Industrie, Finanzwirtschaft und Arbeitgeberverbänden bestimmt. So werde unter dem Deckmantel einer sozialen Marktwirtschaft eine technische Revolution vorangetrieben, die mehr Arbeitsplätze beseitige, als neue zu schaffen. Die Kehrseite dieses Strukturwandels sei unverkennbar menschliches Leid.

---

36 Im Untersuchungsjahr 1963 zeigt Steffen beispielsweise unverkennbare Sympathien für die kommunistische Linke Ben Bellas in Algerien, dessen Erfolge er als „Sieg des revolutionären Geistes über die materielle Gewalt" (des französischen Militärs) feiert. Zitat hier aus dem Artikel Steffens „Ben Bellas Tigerritt vom Kongo" in der VZ-Ausgabe vom 14.8.1962. Vgl. ferner zum Beispiel Algerien, VZ, Jg. 1968, 13.1.: Hoffnung auf Banditen; 22.1.: Problem für die Verbündeten; 20.2.: Bedrohter Frieden; 17.3.: Weniger als ein Schritt; 26.3.: Die permanente Revolution; 19.4.: Massaker als letzte Chance; 3.8.: Streit der Revolutionäre; 24.8.: Pendelschlag der Revolution; 29.8.: Drei algerische Löwen; 4.10.: Verfassung des Bürgerkrieges.

37 Zu den einzelnen Phasen und bedeutendsten Krisen des Kalten Krieges vgl. u.a. das Standardwerk von Bernd Greiner/Christian Müller/Dierk Walter: Krisen im Kalten Krieg, Bonn 2009.

38 Vgl. u.a. VZ, Jg. 1962, 6.1.: Chaos um Laos; 20.1.: Mehr Dynamit; 30.1.: Gen Ostland wollen wir handeln;1.3.: Bonner Dschungelkrieg; 6.3.: Um die Zügel der Weltpolitik; 9.3.: Ein seltsamer Strauß: für echte Koexistenz; 14.3.: Gefesselte Partner; 15.3.: Der ungläubige Thomas Dehler; 24.3.: Wer sagt es?/Oder-Neisse Linie; 4.4.: Eine politische Bombe; 5.4.: Schnitt in den Finger; 10.4.: Ende einer Illusion; 18.4.: DDR Anerkennung notwendig; 14.5.: Dulles Nachgesang; 6.6.: Mitgegangen – mitfinanzieren – 6 Divisionen mehr; 13.6.: Cliquenkampf und Weltpolitik; 23.6.: Bedeutung Südostasiens für die USA? Von Dulles zu Rusk; 28.8.: Vernunft oder schwarzer Peter; 31.8.: Reste des Krieges; 20.12.: Offizielle Quengeleien. Vgl. zu Kuba u.a. VZ, Jg. 1962, 12.1.: Kuba und die Schreie; 14.10.: Gewalt als Methode; 25.10.: Kuba und Europa; 29.10.: Wer hat gesiegt?

39 Vgl. u.a. VZ, Jg. 1962, 18.1.: Kalter Kaffee; 2.2.: Duft der kommenden Kämpfe; 6.4.: Erhard muss zum Schneider – Maßhalten; 13.4.: Der Weg in die Knechtschaft; 17.4.: Erhard kein Kennedy; 28.4.: Erhard wie ihn keiner kennt, 30.4.: Erfolg der IG Bau; 1.5.: Sie wissen schon zu ordnen – Leistungen der Arbeiterbewegung; 15.5.: KO im VW Preis Match; 30.5.: Börsencrash; 31.5.: Börsencrash – die Lehren; 18.8.: Ohne Kopf durch die Wand; 27.8.: Staat der Unternehmer, Gesetze gegen Gewerkschaften; 1.9.: Geist, der uns regiert – Bosse beim Kanzler; 6.9.; Uhren-Weisl gegen DM; 8.9.: Dänische Löhne – deutsche Löhne; 12.9.: Hämmernder Prophet Erhard; 14.9.: Wo der Staat versagt – Lage der Werften; 22.9.: So einfach geht das Stabilisierungsprogramm; 20.10.: Geopferte Wahlsprüche, Abgesang auf die freie Marktwirtschaft; 26.10.: Krach oder Klärung, DGB-Kongress.

Dieser Entwicklung sei ein Bündnis von kritischer Intelligenz und einer breiten Bevölkerung entgegenzusetzen, das auf eine bewusste Lenkung und Kontrolle der technologischen Prozesse zum Wohl der manipulierten und beherrschten Massen setze. Scharfzüngig fasste Steffen sein wirtschaftspolitisches Credo, das gleichzeitig auch ein gesellschaftspolitisches Grundbekenntnis war, zusammen: „Wir können es auf Dauer nicht dem Markt überlassen, ob aus dem, was wir alle erarbeitet haben, Schappi produziert wird oder mehr Lehrer eingestellt werden."[40] – „Schappi" war eine damals sehr bekannte Hundefuttermarke, die ähnlich wie „Tempo" für Papiertaschentücher synonym für Hundefutter an sich stand

Steffens bissige Kommentare richteten sich auch gegen einzelne Protagonisten. Bundeskanzler Adenauer erschien ihm von „schlichtem Gemüt" mit begrenztem geistigen Horizont, der „am Seil eines Bergführers hängend über einem Abgrund pendelt[e]"[41] und die berechtigten Interessen der DDR-Bürger_innen ignorierte.[42] Finanz- und Wirtschaftsminister Erhard skizzierte Steffen von oben herab als vorgeblichen Erfüllungsgehilfen des Kapitals. Im Zuge des Wechsels der Kanzlerschaft von Adenauer zu Erhard in der von der CDU mit der FDP geführten Koalitionsregierung demontierte der Journalist Erhard von Beginn seiner Berufung zum Kanzlerkandidaten an als Wohlstandssymbol und betrachtete ihn gleichzeitig als „Leiche, auf deren Nachlass zu stürzen man sich vorbereitet."[43] Ebenso beißenden Spott Steffens zog oft

40 Das Zitat ist einer durch die SPD-Fraktion im schleswig-holsteinischen Landtag erstellten Zitat- und Zeitungsausschnittsammlung entnommen, in der – wohl für ein Jubiläum und mit Wohlwollen – Zitate Steffens aus Reden und Artikeln zusammengestellt worden sind, auf die Frederike Steiner bei ihren Recherchen stieß, vgl. Bestand Steiner, IZRG, Ordner 1, SPD-Fraktionsarchiv 1977. Die Aufstellung bestätigt die hier angeführten thematischen Schwerpunkte in Steffens journalistischem Schaffen.

41 Kommentar „Astsäger" von Jochen Steffen, in: VZ vom 10.5.1962.

42 Vgl. die Vielzahl von Kommentaren, in denen Steffen gegen die Bundesregierung unter Adenauer polemisiert, VZ, Jg. 1962, 9.1.: Rhöndorfer Horizont; 3.3.: Kroll Oper und kein Ende; 9.3.: Ein seltsamer Strauß; 10.3.: Balkan ist unser Strauß; 19.3.: Mach mal Urlaub - Nach uns die Sintflut, sagte die Marquise de Pompadour; 11.4.: Des Kanzlers Prügelknaben; 10.5.: Astsäger; 23.5.: Die Russen sind auch noch da; 25.6.: Bonn ist skeptisch; 28.6.: Das Parlament lacht; 4.8.: Vogel Strauß Politik; 17.9.: Warten auf den nächsten Schlag; 26.9.: Gang nach Canossa; 28.9.: Auf den Scherben unserer Hoffnung; 9.10.: Schäfer und Führer; 10.10.: Das war alles; 11.10.: Freiheit und Leben; 17.11.: Washington nimmt Rücksicht; 30.11.: Christdemokratische Schlammschlacht; 3.12.: Adenauers letztes Kabinett: Regierung der Wirtschaft; 8.12.: Noch neun Monate Adenauer; 10.12.: Das schwächste starke Kabinett; 18.12.: Kanzler Kabarett; 19.12.: Überredetes Wahlrecht. Ebenso scharf schießt Steffen gegen den FDP-Parteivorsitzenden Erich Mende, vgl. u.a. VZ, Jg. 1962, 1.11.: Ein neuer Mende; 20.11.: Mende wie ihn keiner kennt; 24.11.: Das Notwendige Überflüssige. Auch Verteidigungsminister Strauß (CSU) wird zum Objekt von Steffens Spott, u.a. 2.11.: Politisches Striptease; 6.11.: Sanktionierte Demokratie mit Pause; 8.11.: Goebbels in Schwarz; 10.11.: Gewissen das ist es - Minister fallen wie Butterbrote; 16.11.: Wenn Strauß stürzt.

43 Vgl. ebd. und u.a. auch Kommentare Steffens in LM, Jg. 1963, 24.4.: Kronprinz auf Verdacht (Zitat ebd.); 18.5.: Unvernunft als Prinzip; 3.8.: Wir 51 Staaten; 24.9.: Der europäische Atomritter; 9.10.: Porzellan klebende Eichhörnchen.

Schleswig-Holsteins Ministerpräsident Kai-Uwe von Hassel (1913-1997) auf sich.[44]

Insgesamt bestätigen die hier näher betrachteten Kommentare Steffens charakteristische Stilformen, die schon für die Flensburger Zeit typisch waren. Hinzu kam diese psychologisierende, personenbezogene Kritik, die das vorgebliche Unvermögen politischer Gegenspieler aus der CDU mit persönlichen Eigenarten und Eitelkeiten zu erklären versuchte. Diese Schreibweise und seine Fähigkeit zur psychosozialen Interpretation wird Steffen später in seinen Charakterstudien zu Herbert Wehner (1906-1990), Fritz Erler (1913-1967) und vor allem zum ihm auch persönlich lange bekannten Gerhard Stoltenberg (1928-2001) perfektionieren.[45] Auf eine Auseinandersetzung mit der Person selbst folgten jeweils die Konsequenzen für die ‚große' Politik. Seine psychoanalytische Skizzierung Stoltenbergs erscheint beispielhaft:[46] Steffen sah in Stoltenberg den kontaktgestörten Politiker, den er gegen den „klassischen Spießer Kohl mit seiner fröhlichen Weinberg-Mentalität" abzugrenzen sucht. „[...] Stoltenberg bewegt sich am liebsten auf der dürren Ebene angeblich wertfreier Sachlichkeit [...] seine mit Fleiß erworbenen großen Detailkenntnisse ersetzen ihm die strategische Perspektive." Er könne die „Butterseite in der nahen politischen Zukunft wittern" und lebe „in einem Klima, in dem der Spott ebenso gefriert wie eine Politik als Magd der Moral." Stoltenberg bediene „Interessen des herrschenden sozialen Bündnisses aus Finanzkapital, Großindustrie und Landwirtschaft" und stehe damit als Repräsentant der „alten national bürgerlichen Klasse".

Die für die Volkszeitung angestellten Beobachtungen und Befunde zu Steffens journalistischem Thementableau und Positionen gelten weitestgehend auch für jene Artikel, die er für die zweite sozialdemokratische Zeitung in Schleswig-Holstein, den „Lübecker Morgen" (LM), verfasste.[47] Inwieweit Steffens pointierte und scharfe Kommentare in VZ und LM im Kern auf der damaligen Linie des SPD-Parteivorstands lagen, ist im Rahmen dieser exemplarischen Untersuchung kaum zu beurteilen. Vorliegende Einschätzungen gehen durchaus auseinander: Während die Pressehistoriker_innen Ute

---

44 Vgl. VZ, Jg. 1962, u.a. 23.2.: Evangelische Kritik und von Hassels Behauptungen; 29.5.: Von Hassels Landwirtschaft vor schwerwiegenden Wandlungen; 30.5.: Von Hassels neue Eigenschaft; 23.8.: Verwaltung als CDU Instrument; 1.9.: Verfassungsfeindliche CDU Personalpolitik; 19.9.: Regieren in Schleswig-Holstein; 24.9.: Drei Sieger; 23.10.: Der Monopol Komplex; 8.12.: Vom Mundraub zur Taktik.

45 Vgl. u.a. den Nachruf auf Fritz Erler in der VZ vom 23.2.1967; vgl. auch Steffens psychosoziale Deutungsversuche des Menschen im Lübecker Morgen, 5.6.1963: Menschliches im Brühne-Prozess; vgl. hierzu auch den Beitrag zum Publizisten Jochen Steffen in diesem Band.

46 Stoltenberg – eine Karriere aus dem Norden in der tageszeitung vom 17.3.1986. Beachtenswert erscheint ebenso Steffens Artikel „Er fiel im Dschungelkampf" über Willy Brandt in der tageszeitung vom 25. März 1987.

47 Im AdsD in Bonn liegt im Bestand Jochen Steffen 1/JSAA000022 eine Sammlung von Kommentaren Steffens aus den Jahren 1963-1967 von Fritz Münchenberger aus Sereetz vor. Mit der Übernahme des Amtes als Landes- und Fraktionsvorsitzender seiner Partei nimmt die Häufigkeit der von Steffen gezeichneten Kommentare ab.

Haese und Torsten Prawitt-Haese Steffens Kommentare in ihrer schleswig-holsteinischen Pressegeschichte bei aller intellektuellen und sprachlichen Brillanz im Vergleich zur bürgerlichen Presse als häufig extrem beurteilen,[48] sieht die für die Erfassung des Bestandes Jochen Steffen im Bonner AdsD verantwortlich zeichnende Archivarin, Getrud Lenz, Steffen eher die in der SPD mehrheitsfähige Haltung vertretend.[49] Klar ist, Steffen bewegte sich auf dem linken Flügel der Sozialdemokratie, einige seiner Positionen vor allem in Bezug auf sozial- und wirtschaftspolitische Fragen spiegeln eher Einstellungen wider, die in der SPD der 1950er Jahre die Parteilinie ausgemacht hatten, nach Bad Godesberg aber allmählich zu einer Minderheitenmeinung wurden.

Insgesamt zeigt sich in Steffens journalistischen Beiträgen der 1960er Jahre wohl wenig überraschend eine große Nähe zu seinen politischen Grundsätzen: Seine Aussagen zur Außen-, Wirtschafts- und Sozialpolitik, zu gesellschaftlichen Umwälzungen wie der Studentenbewegung, zum Verhältnis von Regierung und Opposition oder zur Beziehung zwischen den Polen Politik, Politiker, Partei und Parlament lassen sich dem gesellschaftspolitischen Entwurf des demokratischen Sozialismus zuordnen, zu dem sich Steffen bekannte;[50] zu diesem Streben nach einer „sozialistische[n] Gesellschaft in Freiheit“[51], das im gesellschaftlichen Zusammenleben die Selbstbestimmung des Individuums bei ausreichender sozialer Sicherung aller in den Mittelpunkt stellt. Nach unserem Eindruck schrieb hier in der VZ ein engagierter Politiker zu aktuellen politischen Fragen, die ihn beschäftigten; und das mit Verve und erheblichem Output, so dass, so unser Zwischenfazit, bis hierhin die These vom reinen Lohnschreiber doch zu hinterfragen bleibt.

3. Steffen und der Untergang der sozialdemokratischen Parteipresse

Jochen Steffen erlebte in seiner Doppelrolle als Redakteur und Landespolitiker die durchaus dramatischen Zeiten des Untergangs der sozialdemokratischen Parteipresse auch in Schleswig-Holstein zwischen 1967 und 1972 hautnah mit. Für diese Zeit betrachten wir daher weniger die journalistischen Texte Jochen Steffens selbst als vielmehr die sich aus seiner Doppelrolle im sozialdemokratischen Mediengeflecht ergebenen Zielkonflikte. Wir haben es schon angesprochen: Auch in der Bundesrepublik hielt die Sozialdemokratie entsprechend ihrer bis in die 1870er Jahre reichenden Tradition lange daran fest, eigene Zeitungen als wichtige „Förderer der sozialistischen Politik“ anzusehen, deren vorrangige Aufgabe darin liege, aufzuklären und Wählerstimmen zu

---

48 Vgl. Ute Haese/Torsten Prawitt-Haese: Dem Leser ein Halt in schwerer Zeit. Schleswig-Holsteinische Pressegeschichte 1945-1955, Hamburg 1994, S. 188.

49 Diese Einschätzung äußerte Lenz allerdings nur in einem Gespräch mit dem Verfasser im April 2015 im AdsD in Bonn.

50 Vgl. den Beitrag von Thorsten Harbeke in diesem Band.

51 Steffen auf dem SPD-Parteitag 1968 in Nürnberg, zit. nach: Danker, „Wir machen die Zukunft wahr!“, S. 231.

gewinnen, während Wirtschaftlichkeit oder gar Gewinnmaximierung als zweitrangig galten. Auch Jochen Steffen schien sozialdemokratische Zeitungen primär als Mittel des politischen Kampfes zu sehen, und erst in zweiter Linie als journalistisches Produkt, das sich auf einem Markt zu behaupten habe. Eine Position, die mit der realen wirtschaftlichen Entwicklung der sozialdemokratischen Presse (nicht nur) in Schleswig-Holstein ins Wanken geraten musste.

Blicken wir kurz auf die Entwicklung der sozialdemokratischen Presseunternehmen im gesamten Bundesgebiet, die sich in einem krisenanfälligen Markt zu behaupten suchten.[52] Schon Mitte der 1950 Jahre hatten unpolitische Heimatzeitungen, Generalanzeiger und überparteiliche Zeitungen den Markt mit fast 70 Prozent Marktanteil dominiert, während der Anteil sozialdemokratischer Zeitungen zwischen 1948 und 1954 um fast die Hälfte auf knapp sieben Prozent gesunken war. Auch im Laufe der 1950er Jahre war trotz Bemühen der Interessen- und Einkaufsgemeinschaft „Konzentration“ keine Trendwende gelungen; im Gegenteil, das klassische sozialdemokratische „Milieu“ war stark geschrumpft. In der bundesrepublikanischen Gesellschaft hatten sich zwar kaum die Klassenstrukturen, jedoch Klassenbewusstsein und Lagerdenken aufgelöst. So war das Abonnement der örtlichen SPD-Zeitung als stolzes Bekenntnis zur Sozialdemokratie auch in Arbeiterquartieren keine Selbstverständlichkeit mehr. Mittlerweile zogen auch Arbeiter_innen bunte Nachrichten und Anzeigen aus der Nachbarschaft in der vermeintlich unpolitischen Lokalzeitung der Erörterung politischer Standpunkte vor. Immer weniger Leser_innen mochten noch dauerhaft beißende Kritik an der marktwirtschaftlichen Gesellschaftsordnung oder an der Westintegrationspolitik der Regierung Adenauer lesen. Zudem hatten sozialdemokratische Presseunternehmen zusätzlich mit besonderen Umständen zu kämpfen. Es galt eben nicht, rein ökonomische Überlegungen im eh schwierigen Markt zu beachten; nein, im Hinblick auf die schon angesprochene Personalwahl, auf Lohnkosten und besonders faire Sozialleistungen oder auf die Finanzierung von (Neben-)Ausgaben, um die eigenen Vorstellungen flächendeckend zu verbreiten, zählten vor allem politische Erwartungen; sowohl der eigenen Partei als auch des das Medienengagement der SPD seit jeher kritisch beäugenden politischen Gegners.

Während die SPD in den 1960er Jahren nach der Godesberger Öffnung zur gesellschaftlichen Mitte unter Brandt als Parteivorsitzendem und Kanzlerkandidaten politisch erfolgreich agierte, gerieten immer mehr SPD-Zeitungen unter Druck, viele schrieben dauerhaft Verluste. Während der ersten bundesrepublikanischen Rezession der Jahre 1966/67 war das Risiko für die SPD-Zeitungsverlage endgültig sehr groß, unter die

52 Vgl. für die überregionale Entwicklung der (sozialdemokratischen) Presse hier und im Folgenden Uwe Danker: 140 Jahre Geschichte: Schlaglichter auf die unternehmerische Tätigkeit der SPD. o.O. o.J., verfügbar unter http://www.ddvg.de/wirueberuns/historie/ (aufgerufen am 26.6.2017), S. 6f.; Danker/Oddey/Roth/Schwabe, Arbeitergroschen, S. 144-169; Schwabe, Ausstellung; siehe hierzu https://www.vorwaerts.de/artikel/140-jahre-vorwaerts-ausstellung-mitnehmen (aufgerufen am 8.8.2017).

Rentabilitätsgrenze gedrückt zu werden. Denn: Zeitungen waren – und sind – über Anzeigenerlöse, die eine immer größere wirtschaftliche Bedeutung einnahmen, besonders konjunkturanfällig, da Unternehmen in Zeiten wirtschaftlichen Abschwungs in der Regel als erstes ihre Werbekosten reduzier(t)en. Einige Zeitungen waren Ende der 1960er Jahre auch durch kurzfristige Zuschüsse nicht mehr zu retten, eine langfristige Querfinanzierung durch Einnahmen aus oft zugehörigen Druckereien, durch rentable Zeitungstitel oder gar aus Parteitöpfen war nicht mehr möglich: Ende 1966 wurde das „Hamburger Abendecho" eingestellt, 1967 folgten SPD-Zeitungen in Saarbrücken, Karlsruhe, Heilbronn und Freiburg. Für andere Zeitungen suchte man jetzt Kooperationslösungen. Bevorzugt wurde die Zusammenarbeit zwischen zwei oder mehreren sozialdemokratischen Blättern angestrebt; es gab jedoch auch vereinzelte Versuche, mit der so genannten „bürgerlichen" Konkurrenz zu kooperieren, da die beschriebenen Entwicklungen nicht auf die sozialdemokratische Presse beschränkt waren, sondern auch die bürgerliche Presse betrafen. Allerdings nahm die Öffentlichkeit die Krise mit ihren Zeitungseinstellungen bei den sozialdemokratischen Betrieben deutlich stärker wahr. Seit langem wirkten auf dem gesamten bundesdeutschen Zeitungsmarkt massive Konzentrationstendenzen: Finanzstarke Zeitungen wuchsen auf Kosten der Kleineren. Die so genannte Auflagen-Anzeigen-Spirale vergrößerte an vielen Orten den Abstand zwischen der größten Zeitung am regionalen Markt und ihren Konkurrenten weiter, bis diese zum Teil ihre wirtschaftliche und redaktionelle Unabhängigkeit aufgeben mussten. Sie übernahmen dann den Mantel – die überregionale, aktuelle politische Berichterstattung – größerer Zeitungen, um Kosten zu senken, oder gingen in überregionalen Verlagsgruppen auf. Zwischen 1955 und 1980 ging in der Bundesrepublik im Zuge dieser Pressekonzentration insgesamt etwa ein Drittel aller Zeitungsverlage ein. Diesen Strukturwandel, verstärkt durch die Konkurrenz des sich im Laufe der 1960er Jahre durchsetzenden Fernsehens, überlebten viele SPD-Zeitungen nicht, wozu auch unternehmerische Fehlentscheidungen ihren Beitrag leisteten.

Zurück nach Schleswig-Holstein. Auch die VZ und der LM waren in immer stärkere Schieflage geraten. Schon 1960 hatte der im Landesparteivorstand für die beiden Zeitungen zuständige Wilhelm Geusendam vorgeschlagen, auf eine verstärkte redaktionelle und betriebswirtschaftliche Kooperation beider Häuser zu setzen, um technische und personelle Ressourcen und damit Kosten zu sparen.[53] Doch die Maßnahmen griffen nicht ausreichend, Geusendam sah auf jeden Fall für den LM wohl schon lange keine Zukunft mehr. Sein vornehmliches Ziel war, den Konkurs des Verlags- und Druckhauses Wullenwever, zu dem auch der LM gehörte, zu verhindern. Er strebte daher nach einer geordneten Abwicklung der Lübecker Zeitung, die die Bilanzen des Verlags belastete. Vor die bittere Alternative gestellt, entweder dauerhaft zu subventionieren oder die Betriebe zu schließen, entschied man sich letztendlich für die Schlie-

53 Vgl. AdsD, Abt. III, Best. SPD-LV S-H, Nr. 410, u.a. Schreiben Geusendam an Wulff vom 1.2.1960.

ßung beider Zeitungen, die somit Anfang 1969 zum letzten Mal erschienen.[54]

Schauen wir uns den Kieler Fall genauer an, wobei allerdings eine detaillierte Darstellung der langjährigen Krise(n) und der zahlreichen angedachten und (teilweise) umgesetzten Rettungsversuche hier zu weit führen würde:[55] Im Juni 1967 bekannte VZ-Geschäftsführer Wulff, der Patient „VZ-Kieler Morgenzeitung" sei leider krank. Die Einnahmen waren kontinuierlich gesunken, die Kosten aber gestiegen. Mutmaßlich auf Initiative des Landesvorsitzenden Steffen sollte die VZ fortan bei den konkurrierenden „bürgerlichen" „Lübecker Nachrichten" gedruckt werden. Darüber hinaus sollte es auch redaktionelle Absprachen geben: Die „alte" VZ-Reaktion sollte nur noch den Kieler Lokal- und den Anzeigenteil verantwortlich betreuen sowie Leitartikel beisteuern, der überregionale Teil sollte fortan in Lübeck gedruckt werden und von der Redaktion der bürgerlichen Lübecker Nachrichten redaktionell mitbetreut werden. Dieses Vorgehen forderte auch Arbeitsplätze in Redaktion und Setzerei. Der Landesvorstand um Steffen und Geusendam sah sich mit massiven Protesten der Gewerkschaft IG Druck und Papier konfrontiert, Steffen zeitgleich wohl auch mit einem Bruch seiner eigenen Grundsätze. Der Journalist der VZ musste als Politiker diese schmerzhaften Maßnahmen mit verantworten, ja sogar verteidigen, da die Suche nach alternativen Lösungen, wie etwa einer Kooperation mit der sozialdemokratischen „Hamburger Morgenpost", vergeblich blieb.[56] Im Juni 1967 schrieb er: „Grundsätzlich ist die Situation so, dass die Lage der Zeitung so verheerend ist, dass es keine andere Möglichkeit gibt, wenn wir ein Teilsprachrohr in einer Abonnementzeitung behalten wollen. Über die Möglichkeiten dieser Zeitung gebe ich mich keinen Illusionen hin. [...] Jetzt ist es für alle großzügigen Lösungen zu spät."[57] Manche Protokolle des Landesvorstands unter Steffen in dieser Zeit lassen an dieser Stelle auf eine gewisse Hilflosigkeit schließen, die komplexen wirtschaftlichen Zusammenhänge und Verantwortlichkeiten innerhalb des eigenen sozialdemokratischen Unternehmensbereiches nachzuvollziehen und zu akzeptieren.[58]

Die Kooperation mit den „Bürgerlichen" zeigte nicht den gewünschten Erfolg: Die Betriebsergebnisse der VZ in Kiel fielen weiter negativ aus, 1968 wurden 790.097 DM als Verluste ausgewiesen. Diese roten Zahlen konnten auch nicht mehr durch die Betriebsergebnisse der dazugehörigen, relativ erfolgreich wirtschaftenden Drucke-

---

54 Vgl. Oddey/Engelhardt/von Seeler: Ich bleibe Optimist, S. 47-58.

55 Vgl. im Folgenden ebd., S. 53f. Vgl. zur Darstellung der Ereignisse aus der Perspektive der Redaktion Rickers: Erinnerungen, S. 374-375.

56 Vgl. Oddey/Engelhardt/von Seeler: Ich bleibe Optimist, S. 53. Auch gegenüber Walter Damm als Vorsitzendem der Gesellschafterversammlung und gegenüber SPD-Bundesschatzmeister Alfred Nau sowie in zwei Briefen an Herbert Wehner und den Bundesparteivorstand tritt Steffen für eine Alternative zur geplanten Fusion ein.

57 Vgl. Schreiben Steffen an Kalbitzer vom 13.6.1967, AdsD, DDVG Nr. 909 Auerdruck/ ADP.

58 Vgl. AdsD , Abt. III, LV SH, Nr. 1041.

rei aufgefangen werden, sodass für den Kieler Betrieb ein Gesamtverlust von knapp 25000 DM ausgewiesen wurde.[59]

1968 versuchte der auf Initiative von Steffen neu eingesetzte VZ-Geschäftsführer Dr. Emil Bandholz noch einmal nachzusteuern: statt Kooperation mit den Lübecker Nachrichten eine vollständige Fusion der Lübecker und Kieler SPD-Zeitungen unter Wilhelm Geusendam als stellvertretendem Chefredakteur, ein Mantel aus Kiel oder gar den Verkauf oder die Verpachtung des LM an die Kieler Druckerei zur Rettung der VZ. Doch dieser Clou der VZ-Geschäftsführung, in den Steffen, der die VZ zu diesem Zeitpunkt offenbar schon abgeschrieben hatte,[60] offenbar nicht eingeweiht war, war für Geusendam in Lübeck politisch nicht vermittelbar, zudem erschien er ihm wirtschaftlich unattraktiv, wenn er für die zuvor versäumte technische Modernisierung der Kieler Druckerei über 2,3 Millionen DM bei zu erwartenden Jahreseinnahmen von 150.000 DM kalkulierte.[61]

Im SPD-Landesvorstand optierten Steffen und Geusendam daher gemeinsam für ein neues Wochenblatt, das die Tageszeitung VZ ablösen sollte. Man hoffte darauf, auf diese Weise 50 Prozent der Anzeigenerlöse und einen Großteil der Auflage der VZ zu retten. Die Abwicklung sollte Geusendam selbst übernehmen.[62] Man empfahl die Einstellung der VZ schon zum Jahresbeginn 1969. Jeder weitere Monat, den die Partei diese Entscheidung herauszögerte, würde sie 70.000 DM kosten, so die Argumentation. Mit dieser radikalen und schnellen Lösung sollte eine Insolvenz verhindert werden, auch um die Verantwortung für bestehende Verbindlichkeiten, Altersversorgungen und Sozialpläne wahrnehmen zu können. Steffen präsentierte die Pläne beim SPD-Bundesvorstand in Bonn, der sie tatsächlich unterstützte und Schleswig-Holstein als einzigem Landesverband Subventionen für eine Wochenzeitung bewilligte. Inwiefern hier der anstehende Bundestagswahlkampf Steffen das Einwerben der Bonner Subventionen als Anschubfinanzierung erleichtert haben mag, muss im Bereich der Spekulationen verbleiben. – Der später beurlaubte VZ-Geschäftsführer Bandholz und die Kieler VZ-Beschäftigten teilten die optimistischen Pläne für eine neue Wochenzeitung nicht. Im Gegenteil, sie empfanden das, was jetzt finanziell für diese Wochenzeitung aufgebracht werden sollte, nicht nur als „sinnlos hinausgeworfenes Geld für eine dilettantische Konzeption, sondern zugleich auch als Tiefschlag gegen die VZ und ihre

59 Detaillierte Angaben zu den Bilanzen der sozialdemokratischen Betriebe finden sich in AdsD, DDVG, Nr. 1807 Konzentration GmbH; die Betriebsrechnungen der Druckereien unter Nr. 1793.

60 So zumindest die Einschätzung von Rickers in seinen Erinnerungen, S. 389.

61 Vgl. Oddey/Engelhardt/von Seeler: Ich bleibe Optimist, S. 53-54. Vgl. zur Berufung von Bandholz auch Rickers: Erinnerungen, S. 380.

62 Vgl. u.a. Schreiben Bandholz an Geusendam vom 10.10.1968 und Fernschreiben Nau an Steffen vom 19.12.1968 und Niederschrift der Sitzung des SPD-LV vom 2.12.1968, in AdsD, Abt. IV, Best. SHVZ, Nr. 14.

75-jährige Geschichte."[63] Das Ende der VZ war grundsätzlich konfliktbeladen: Die Beschäftigen hatten von der beabsichtigten, aber noch nicht beschlossenen Schließung der Zeitung von Bandholz auf einer Betriebsratssitzung erfahren, die einen Spontanstreik der Redaktion auslöste. Steffen selbst sollen Prügel angedroht worden sein.[64]

Dennoch: Im April 1969 erschien als Nachfolgeorgan der zum 1. Januar 1969 eingestellten VZ und des wenig später zum 1. April 1969 eingestellten LM die erste „Nordwoche".[65] In der ersten Ausgabe begrüßte Jochen Steffen die Leser_innen dieser neuen sozialdemokratischen Wochenzeitung mit dem Richtungsartikel „Was wir wollen", in dem er – in scheinbar ungebrochener Tradition der sozialdemokratischen Parteirichtungszeitungen – die redaktionelle Ausrichtung des Blattes bestimmte: „Dies ist eine politische Zeitung. Sie geht davon aus, dass Politik von Interessen bestimmt wird. [...] Wir wollen die Interessen jener vertreten, die vom Verkauf ihrer Arbeitskraft leben und die in unserer Gesellschaft zur Masse der Vermögenslosen zählen. Wir wollen ihnen ihre Interessen bewusst machen [..] Diese Zeitung ergreift die Partei des demokratischen Sozialismus."[66] – Die angekündigte Parteinahme ist in Jochen Steffens mit ‚jost' gekennzeichneten, wöchentlichen Kommentaren unverkennbar. Insbesondere im Landtagswahlkampf 1971 nutzte der SPD-Spitzenkandidat für das Amt des Ministerpräsidenten Steffen die Nordwoche als publizistische Plattform gegen die CDU und seinen politischen Gegner, den CDU-Spitzenkandidaten Gerhard Stoltenberg, die wiederum vom Großteil der bürgerlichen Presse in Schleswig-Holstein unterstützt wurden.[67] Außerhalb des Wahlkampfes griff Steffen als Landes- und Fraktionsvorsitzender seiner Partei für die Nordwoche im Vergleich zu früheren Zeiten bei der VZ allerdings deutlich seltener zur Feder, was vor allem knappen Zeitbudgets geschuldet gewesen sein dürfte.[68]

Bei allem journalistischen Engagement des politischen Journalisten oder des schreibenden Politikers Steffen, der ökonomische Zustand der neuen Wochenzeitung

---

63 Vgl. AdsD, Abt. III, Best. SPD-LV S-H VZ Kieler Morgenzeitung 1953-1969 zu den Überlegungen des SPD-LV, das Zitat ist aus einem Bericht des Geschäftsführers Bandholz zur Lage der VZ vom 29.11.1968 entnommen, es findet sich im Landtagsarchiv der SPD Fraktion, IX Medien, S. 6.

64 Vgl. Rickers: Erinnerungen, S. 379-382.

65 Vgl. v.a. Zeitungsausschnittsammlungen in: AdsD, Personenbestand Jochen Steffen, 1/JSAA000114-116; vgl. zur Nordwoche auch Oddey/Engelhardt/von Seeler: Ich bleibe Optimist, S. 56ff.

66 Jochen Steffen: „Was wir wollen", in: Nordwoche vom 11.4.1969.

67 Vgl. u.a. Ausgaben der Nordwoche, Jg. 1971, 1.1.: Geschlossen hinter Willy Brandt, darin auch: Stoltenbergs zwei Gesichter; 19.2.: Strauß und Stoltenberg; 12.3.: radikale Fanatiker als Wahlhelfer der CDU/ Die Herrschaftssprache der CDU; 26.3.: Springer-Hetze hilft Steffen; 2.4.: Propaganda für die CDU aus öffentlichen Mitteln und Reportage der Woche, Ein Tag aus dem Leben des Jochen Steffen; 9.4.: Wahlkampf mit Bestechung: Lockungen und Druck sollen FDP zermürben; 16.4.: CDU ruft das letzte Aufgebot – Strauß und Stoltenberg stören deutsche Ostpolitik; 23.4.: CDU Kandidat für Koalition mit der NPD. Zur journalistisch-publizistischen Auseinandersetzung mit der bürgerlichen Regionalpresse während des Landtagswahlkampfes 1971 siehe den nächsten Abschnitt dieses Beitrags.

68 Vgl. dazu auch den Kommentar von Erich Maletzke im NDR vom 23.9.1971.

war von Beginn an prekär. So prekär, dass gar Vorwürfe erhoben wurden, die Zeitung würde als wöchentliches Parteiblatt überwiegend von der finanziellen Unterstützung durch den Bonner Parteivorstand leben, der das Blatt nach den in den nächsten beiden Jahren anstehenden Bundes- und Landtagswahlen wieder fallen lassen würde. Diese unter anderem vom NDR erhobenen Anschuldigungen zwangen Chefredakteur Harald Schneider schon in der ersten Ausgabe zu einer Erwiderung.[69] Eine Beurteilung dieser Frage ist gerade vor dem Hintergrund der Einstellung nach nur zweieinhalb Jahren aus heutiger Sicht nicht einfach. Im Landesverband war man sich über die Rolle der Wochenzeitung offenbar uneins: Während Geusendam die Druckerei und weniger die Zeitung in den Mittelpunkt seiner ökonomischen Anstrengungen stellte, schien Steffen durchaus mit einer Nordwoche als zweitem „Bayernkurier“ nach CSU-Vorbild zu liebäugeln. Das Format der Nordwoche mit einer Mischung aus Magazinstil und Mitteilungsblatt blieb jedenfalls überwiegend auf Stammwähler_innen bezogen. Nur wenige Rubriken wie das „Das Mädchen von Seite eins“ oder „Das Rezept der Woche“ schienen auf den Geschmack breiterer Leserschichten abzuzielen. Auffällig ist zudem das geringe Aufkommen von Einnahmen generierenden Privat- und Geschäftsanzeigen in den Ausgaben der Nordwoche. Eine Denkschrift der Redaktion aus dem Februar 1970 bringt die schwierige wirtschaftliche Situation auf den Punkt: Ihre Arbeit finde „unter denkbar primitiven Voraussetzungen statt. Das ist alles nicht witzig, sondern symptomatisch. Symptomatisch für den Status der Zeitung innerhalb dieses Hauses. Das ist nicht nur eine psychologisch recht bedenkliche Belastung für die Redaktion, sondern gleichermaßen für alle Leute, die zu der Zeitung Kontakt unterhalten.“[70]

Die aufgeschobene Konsequenz: Nachdem die Kieler Wochenzeitung bereits 1970 einen Verlust von 210.000 DM ausgewiesen hatte[71] und im Sommer 1971 ersten Redakteuren gekündigt worden war, führten Liquiditätsprobleme zur Einstellung der Nordwoche am 1. Oktober 1971, ein knappes halbes Jahr nach den für die SPD mit Spitzenkandidat Steffen verlorenen Landtagswahlen. Der vom Bonner Parteivorstand gewährte Zuschuss von knapp zwei Millionen DM, der die Zeitung bis ins Jahr 1973 tragen sollte, war nach dem kostenintensiven Landtagswahlkampf aufgebraucht, die Abonnentenzahlen stagnierten trotz aller Solidarisierungsappelle auf sehr niedrigem Niveau, den moderaten Bezugspreis – er lag konstant bei 60 Pfennigen – hatte man nicht erhöhen wollen. Für die Leser_innen blieb nur der tröstliche Verweis auf das sozialdemokratische Zeitungsflaggschiff „Vorwärts“, das fortan mit zwei zusätzlichen norddeutschen Seiten erscheinen sollte und durch den Bonner Parteivorstand zunächst

69 Harald Schneider „Liebe Leser“, in: Nordwoche vom 11.4.1969.

70 Denkschrift zur Nordwoche durch die Redaktion an den PV vom 23.2.1970, AdsD, Abt. IV, Best. SHVZ, Nr. 15.

71 Vgl. Prüfbericht 1970/71, AdsD, Abt. IV, Best. SHVZ, Nr. 2.

weiterhin finanziell unterstützt würde.[72] In den folgenden Jahren sollten mit Steffens Unterstützung zudem von den SPD-Ortsvereinen unterstützte Basisblätter wenigstens den Mitgliedern die Politik ihrer Landes- und Bundespartei vermitteln. Steffen verband damit wohl auch den Wunsch, weiterhin über von ihm als so wichtig eingeschätzte Organe des politischen Kampfes zu verfügen. Jedoch würde der dafür gegründete „non-profit-Verlag" bald defizitär sein und die Kassen des Landesverbands stark belasten.[73] – Im Oktober 1971 war damit ein langer Todeskampf der Kieler und Lübecker Presseunternehmen der Sozialdemokratie beendet, auch wenn die Druckerei noch ein Jahr aufrechterhalten wurde. Immerhin wurden die Betriebe ordentlich abgewickelt, die Unternehmen gingen nicht in die Insolvenz.

Dennoch, die Umstände dieses langsamen Zeitungssterbens in Kiel und Lübeck zwischen 1967 und 1972 bargen – wie an anderen Orten auch – gewaltiges Konfliktpotenzial für die lokale und die Landes-SPD, hinterließen einige tiefe Risse. Einzelne Mitglieder des Landesvorstandes, allen voran der spätere Kieler Bundestagsabgeordnete Norbert Gansel, kritisierten die Vorgänge scharf, vor allem die schlechte oder kaum vorhandene Informationspolitik Geusendams: Die Glaubwürdigkeit der SPD in Sachen Reform der Massenmedien stehe auf dem Spiel, in diesem Kontext zentrale sozialdemokratische Forderungen nach mehr Mitbestimmung und freien Presseräten würden unglaubwürdig erscheinen angesichts dieser Geschäftspolitik im eigenen Unternehmensbereich, in dem weder Landesparteivorstand noch Betroffene rechtzeitig und regelmäßig über die Hintergründe der Zeitungsgründungen, -entwicklungen und -einstellungen in Kenntnis gesetzt worden seien.[74] Wenngleich Steffen als Landesvorsitzender diese von Gansel kritisierte Politik mit zu verantworten hatte, dürfte er die vorgebrachte Kritik im Kern geteilt haben. Den parteiinternen Streitigkeiten über die Ausrichtung der sozialdemokratischen Presse insgesamt hatte sich Steffen wohl kaum entziehen können. Weggefährten erinnern glaubhaft, dass gerade die Umstände um die Einstellung der Nordwoche Steffen „richtig wütend gemacht" hätten.[75] Zumal ihm und der Landes-SPD nun ein eigenes publizistisches Forum fehlte, weshalb er gegenüber dem Bonner SPD-Parteivorstand die Zukunft schwarzmalte: Das Übergewicht der gegnerischen Position in der Presse würde weiter steigen, die eigenen Anhänger hätten keine Plattform für politische Argumente mehr.[76]

---

72 Vgl. „Liebe Nordwoche-Leser", in: Nordwoche vom 1.10.1971. Vgl. auch Vorwärts vom 30.9.1971: Aus für die ‚Kieler Druckerei'.

73 Vgl. J.-P. Steffen in diesem Band, S. 669.

74 Vgl. Protokoll der LV-Sitzung vom 22.9.1971, AdsD, Abt. III, Best. SPD-LV SH, Nr. 1044.

75 Vgl. mündliche Mitteilung Gertrud Lenz. Zur Perspektive der Redaktion vgl. Rickers: Erinnerungen, S. 390-392.

76 Vgl. Bestand Steiner, Ordner 1, Varia aus dem SPD-Fraktionsarchiv im Kieler Landtag, Schreiben Steffen an Brandt vom 14.6.1971.

Steffens eigene Rolle in diesem Konflikt präzise auszuloten, fällt schwer: Offenbar scheint Steffen die wirtschaftliche Negativentwicklung der VZ zunächst auf betriebsinternes Missmanagement der Kieler Geschäftsführung zurückgeführt zu haben, womit er also der Perspektive Geusendams und des Bonner Parteivorstandes folgte und rationale Parteiinteressen geltend machte.[77] Dagegen fällt das – parteiliche – Urteil des ehemaligen VZ-Geschäftsführers Bandholz über Steffens Rolle bei der Abwicklung der VZ vernichtend aus: Steffen habe der Geschäftsführung gegenüber nicht zugegeben, dass er dem Parteivorstand in Bonn gegenüber schon geäußert habe, dass er die Lage der VZ als aussichtslos einschätze, Geschäftsführung und Redaktion ausgebootet und früh auf den Ersatz der VZ durch die Etablierung einer Wochenzeitung und eine Absprache mit den Kieler Nachrichten gesetzt.[78]

Die konkreten Vorfälle um die Liquidierung der Nordwoche scheint Steffen als Bestandteil eines wirtschaftlichen Masterplanes der Bonner Genossen gedeutet und abgelehnt zu haben, da sie seiner Ansicht nach einseitig auf Kosten der betroffenen Mitarbeiter_innen gingen: „Von der Verwirklichung der vorgesehenen Praxis möchte ich entschieden warnen.“ [79] In der Tat hatte eine vom Bonner Parteivorstand eingesetzte Geschäftskommission 1970 Ideen für die Umstrukturierung des SPD-Unternehmensbereichs mit damals noch 15 Zeitungsverlagen und über 30 Druckereien entwickelt. Seit Ende 1971 waren die allermeisten dieser Betriebe in einem Konzern, der „Deutschen Druck- und Verlagsgesellschaft mbH“ (dd_vg), zusammengefasst, der zunächst zahlreiche nicht als überlebensfähig angesehene Betriebe – immer mit Sozialplänen – abwickelte, so dass bis Ende 1972 seit 1945 20 SPD-Zeitungen eingestellt worden waren. Die SPD veränderte – durchaus umstritten – ihre Pressestrategie auf das Ziel hin, im von wenigen Verlagen beherrschten Markt mit immer weniger eigenständigen Redaktionen einen Beitrag zur Meinungsvielfalt zu leisten: weitgehende Unabhängigkeit von der Partei, zentrale Steuerung über die Obergesellschaft, wirtschaftlicher

---

77 So auch die Einschätzung von Thorsten Harbeke in diesem Band mit Verweis auf die zitierte Korrespondenz Steffens mit dem Hamburger Verlag Auerdruck schon aus dem Jahr 1967.

78 Vgl. den Bericht des VZ-Geschäftsführers Bandholz zur Lage der VZ vom 29.11.1968, in: Landtagsarchiv der SPD Fraktion, IX Medien. Auf den Seiten vier und fünf zitiert Bandholz recht ausführlich Steffens vorgebliche Position zur Einstellung der VZ und zur damit unmittelbar verknüpften Etablierung der Nordwoche aus einem Brief Steffens an Bandholz vom 10. Dezember 1968.

79 Vgl. Bestand Steiner, Ordner 1, Varia aus dem SPD-Fraktionsarchiv im Kieler Landtag, Schreiben von Steffen zur Schließung der Kieler VZ – Schreiben an den Bundes-PV (Brandt, Wehner, Nau, Börner) vom 6.7.1972. Antworten des Bundes-PV sind im Bestand nicht überliefert. Es drängt sich allerdings der Eindruck auf, dass Steffen wiederholt Eingaben an den Bundes-PV gemacht hat, die nicht selten mit ein paar kurzen Zeilen beschieden wurden. Vgl. Schreiben Börner an Steffen vom 21.2.1972 mit der bezeichnenden Aufforderung, Steffen solle Themen der Medienpolitik nicht schriftlich, sondern bei Gelegenheit mündlich erörtern. Zudem beschwerte sich Steffen, dass Geusendam ihm für die Erstellung einer „Dokumentation Nordwoche und Kieler Druckerei GmbH“ notwendige Dokumente, die er wohl als Argumentationshilfe gegen den Bundesvorstand nutzen wollte, nicht geliefert habe. Vgl. v.a. Schreiben MdL Hansen an Steffen vom 20. Juli 1972, AdsD, Personenbestand Jochen Steffen, 1/JSAA000136.

Erfolg als Zielvorgabe und die Kooperation mit bürgerlichen Blättern, um Zeitungen – und Arbeitsplätze – zu retten.[80] Diese ausgegebene Leitlinie, die der neue Schatzmeister Wilhelm Dröscher 1976 als „praktische Medienpolitik in einer kapitalistischen Umwelt [nicht Medien-Modell-Politik]"[81] charakterisieren sollte, orientierte sich primär an der wirtschaftlichen Überlebensfähigkeit eines Titels am Markt, nicht mehr an den politischen Aufgaben, und entsprach kaum Steffens wirtschafts- und gesellschaftspolitischer Grundüberzeugung.

4. Presse als Mittel des politischen Kampfes? (1969-1972)

Steffen kritisierte den SPD-Bundesvorstand in den schwierigen Jahren um 1970 immer wieder vehement für seine Presse- und Unternehmenspolitik. Dies dürfte neben den Fragen eines fairen Umgangs mit den eigenen Angestellten vor allem in seinem im Grundsatz ungebrochenen Verständnis der sozialdemokratischen Presse als Sprachrohr im politischen Kampf gegen Rivalen (oder gar Gegner) sowohl außerhalb als auch innerhalb der eigenen Partei begründet liegen. Eine entscheidende Rolle für dieses Verständnis Steffens scheinen persönliche Erfahrungen gespielt zu haben, die er während des für die SPD in Schleswig-Holstein und für ihn persönlich gleichermaßen wichtigen Landtagswahlkampfs 1970/71 machte: Steffen sah sich dort fortgesetzt publizistischen Angriffen der Springer-Presse ausgesetzt, die ihn offen als Kommunisten und „Ulbricht-Deutschen" verunglimpfte.[82] Dabei blieb ihm die Unterstützung eines Teils seiner Partei verwehrt. Manche von Steffens Reaktionen auf diese Provokationen – vor allem, aber nicht nur in der Nordwoche – zeigen einen bis dato unbekannten Jochen Steffen: polemisch, ungerecht bis beleidigend, in seiner Wut Deckung meidend und den Typus des politischen Pragmatikers verachtend, vor allem den CDU-Kandidaten Gerhard Stoltenberg, seinen lebenslangen Gegenspieler, den er als „kontaktgestört[en]" Vertreter eines „Vulgärmaterialismus" beschrieb.[83] Steffen und Stoltenberg kannten sich schon lange, beide verband neben ihrer gemeinsamen Arbeit am politikwissenschaftlichen Lehrstuhl Michael Freunds Anfang der 1950er Jahre und der schon früh

80 Vgl. Danker: 140 Jahre, S. 7f.; Schwabe: Ausstellung.

81 Zit. nach Göttrik Wewer: Sozialdemokratische Wirtschaftsbetriebe. Eine politikwissenschaftliche Untersuchung von partei-eigenen Unternehmen in der Bundesrepublik Deutschland, Opladen 1987, S. 106.

82 Diffamierung Steffens als „Ulbricht-Kommunist" sowohl in der Welt vom 2.3.1971: Der rote Jochen – Prediger des Klassengegensatzes, als auch in der Bild vom 4.3.1971: Steffen – ein besonders raffinierter CDU-Agent; ferner als „Der Ulbricht-Deutsche" in der Welt vom 27.1.1971. Vgl. auch die Diskussion der Berichterstattung im Spiegel, Nr. 17/1971, Wenn du nicht artig bist, hole ich den bösen Jochen Steffen.

83 Zit. nach Steffen, Erinnerungen, S. 206.

begonnenen Karriere als Berufspolitiker[84] eine persönliche Antipathie. – Der folgende Abschnitt widmet sich den Konflikten, die Steffen während des Landtagswahlkampfes von 1971 mit Stoltenberg und der CDU maßgeblich auch über die (Partei-)Presse austrug. Die von und über Steffen in diesem Zeitraum verfassten Artikel und Aussagen machen nicht nur Steffens politische Grundhaltung deutlich, sie bestimmten auch maßgeblich seine Einstellung zur Rolle der Medien in der Politik.

Nicht nur weil Wahlprognosen ein Kopf-an-Kopf-Rennen zwischen CDU und SPD voraussagten, wurde der Landtagswahlkampf als personalisierter Lagerwahlkampf mit allen Haken und Ösen geführt. In politisch aufgewühlten Zeiten nach der großen Koalition unter Kurt G. Kiesinger (CDU) auf Bundesebene (1966-1969), der „Außerparlamentarischen Opposition" und Studierendenprotesten, unter einer mit hohen Erwartungen auf eine bessere und gerechtere Gesellschaft gestarteten sozial-liberalen Bundesregierung unter dem modernen Hoffnungsträger Brandt (ab 1969), aber auch ein Jahr vor Verabschiedung des „Radikalenerlasses", der die Überprüfungen aller Bewerber_innen für den Öffentlichen Dienst, ob sie Mitglied in einer extremistischen Organisation seien beziehungsweise die Gewähr dafür böten, auf dem Boden der freiheitlich demokratischen Grundordnung zu stehen, vorsah, waren insgesamt bürgerlich-konservative Abwehrkämpfe zu beobachten. Eines der zentrales Konfliktfelder sollte dabei in den 1970er Jahren, ab 1974 unter dem als pragmatisch geltenden SPD-Bundeskanzler Helmut Schmidt, die Bildungspolitik werden, die, obwohl bundesweit breit diskutiert, auf Grund der Länderhoheit auf diesem Gebiet Landespolitik maßgeblich prägte. In Schleswig-Holstein blickte man Anfang der 1970er Jahre auf 20 Jahre ununterbrochene Regierungsarbeit der Christdemokraten zurück, die SPD hoffte endlich auch hier auf einen Regierungswechsel, startete mit einem optimistischen, fortschrittsgläubigen und planungseuphorischen Programm unter dem Titel „Wir machen die Zukunft wahr", das „auf wissenschaftlicher Grundlage" erarbeitet worden war, in den Wahlkampf. Die Wahlen sollten allerdings ein enttäuschendes Ergebnis für die SPD bringen: Sie selbst holte durchaus respektable 41 Prozent der Stimmen, ihr potentieller Koalitionspartner FDP scheiterte jedoch an der Fünfprozenthürde und die CDU erreichte mit ihrem besten Ergebnis von knapp 52 Prozent die absolute Mehrheit. Auch bei den Landtagswahlen 1975 und 1979 würde die CDU in Schleswig-Holstein jeweils stärkste Partei werden, auch wenn die SPD den Abstand würde verringern können.

Zurück in den Wahlkampf 1970/71. Die CDU verfolgte vor der oben skizzierten Gesamtlage die Strategie, den „roten Steffen" als Repräsentanten einer radikal-sozialistischen Politik und damit ‚als Gefahr für den freiheitlichen Rechtsstaat' zu brand-

84 Der langjährige SPD-Fraktionsführer im Schleswig-Holsteinischen Landtag Wilhelm Käber charakterisierte Steffen und Stoltenberg durchaus kritisch als neuen Politikertyp, „der schon an der Hochschule seine Karriere als Berufspolitiker vorbereitet – möglichst einen Senkrechtstart ohne berufliche und politische Lehrjahre; einen der durch Scharfzüngigkeit die Aufmerksamkeit auf seine Person zu lenken weiß." Zit. nach: Danker: Mit Fehlstart, S. 157.

marken. Ein großer Teil der bürgerlichen Presse in Schleswig-Holstein unterstützte diese CDU-Linie. Dennoch dürfte die im Februar 1971 durch das Pressereferat der Landes-SPD unter der Verantwortung von Gert Börnsen erstellte Materialsammlung die Lage zugespitzt haben, wenn sie den regionalen Pressemarkt durch die „Kriegselefanten der konservativen und reaktionären Presse" dominiert sah und analysierte: „Unter den Tageszeitungen des Landes ist keine, deren Berichterstattung und Kommentierung als SPD-freundlich gekennzeichnet werden kann. Die übergroße Mehrzahl der sogenannten ‚überparteilichen' Heimatzeitungen muß im Gegenteil als ausgesprochen CDU-hörig bezeichnet werden, da sie sich keineswegs zu gut sind, durch unkritische Hofberichterstattung regelmäßig der Regierungspartei ihre Reverenz zu erweisen."[85] Besonders richtete sich die Kritik der SPD gegen die in den Zeitungen des „Pinneberger Ring-Verlags" („Pinneberger Tageblatt", „Uetersener Nachrichten", „Eckernförder Zeitung") und in der „Schleswig-Holsteinischen Landeszeitung" aus Rendsburg vorgenommene „Kunst der Kommentierung in der Überschrift auf der Nachrichtenseite", die mit dem journalistischen Gebot brach, Nachricht und Kommentar zu trennen. Ihr angeblich beliebtestes Instrument sei das Fragezeichen, mit dem Haltungen des politischen Gegners schon im Aufmacher angezweifelt werden sollten.[86] Auch die von vielen Zeitungen, hier besonders der „Kieler Nachrichten", vorgenommene Auswahl der Nachrichten setzte der SPD zu: Während vorgeblich sich oft im Nachhinein als haltlos erweisende Spekulationen und Behauptungen der CDU es in die Schlagzeilen schafften, seien Attacken der SPD in Richtung Regierung angeblich mehrheitlich unterschlagen worden.[87] In der Tat, die schleswig-holsteinischen Redaktionen jenseits der SPD-eigenen Medien gaben sich kaum Mühe, ihre Sympathie für den CDU-Spitzenkandidaten Stoltenberg zu verheimlichen, unter anderem skizzierten sie ihn als „ein[en] politische[n] Wunderknabe[n] [...] mit sachlicher Kühle, wie es einem geborenen Schleswig-Holsteiner zukommt".[88] Ihre Beschreibung Stoltenbergs lieferte kaum missverständlich die – negative – Charakterisierung des Gegenkandidaten Steffens gleich mit: „So erhält man von Stoltenberg das Bild eines Politikers, der mit beiden Beinen in der Wirklichkeit steht, dem Vernunft über Demagogie geht, und der die sachliche Arbeit im Stillen mehr liebt als Schaumschlägerei vor aller Welt."[89]

Als besonders problematisch wertete das SPD-Pressereferat den Einfluss des „deutsch-nationalen Springer-Konzerns in Hamburg" mit den Titeln „Die Welt",

85 Vgl. Studie des SPD-SH Pressereferats aus dem Februar 1971, Bestand Steiner, Ordner 4.

86 Vgl. die entsprechende Argumentation des SPD-Pressereferats, ebd., S. 6-8. Vgl. Pinneberger Tageblatt vom 27.11.1970 „Solide Basis für sozial-liberale Landesregierung?" sowie vom 18.7.1970 „Kurs der SPD bejaht?".

87 Vgl. Studie des SPD-SH Pressereferats, S. 8-10.

88 Holsteinischer Courier vom 20.11.1970.

89 Zeitungen des Pinneberger Rings vom 24.12.1970.

„BILD-Zeitung" und „Hamburger Abendblatt" im „Landtagswahl-entscheidenden Hamburger Randgebiet."[90] Die „Springer-Presse" entwerfe ein Zerrbild Steffens vom kommunistischen Gewalttäter, „Ultramarxisten" oder politisch besessenen „Strauß des Nordens" und sage ihm Torheit, Verbohrtheit oder sogar selbstmörderische Züge nach.[91]

Anlass für die zum Teil diffamierende Berichterstattung über Steffen in den besagten Zeitungen war ein dreistündiges Interview des SPD-Kandidaten mit dem Flensburger Tageblatt vom 26. Februar 1971, in welchem dieser die Frage danach, ob in der Bundesrepublik die Gefahr einer kommunistischen oder einer faschistischen Machtübernahme größer sei, beantwortet hatte. Eine kommunistische Machtübernahme hatte Steffen für unmöglich erklärt, weil in diesem Falle die Alliierten sofort eingreifen würden. Er hatte formuliert, „dass realiter unter den Bedingungen des Deutschland-Vertrages bei uns nur das gegeben ist, was ich den ‚modernen Faschismus' nenne". Und weiter: „Der Unterschied zur sowjetischen Intervention in der ČSSR besteht unter dem Gesichtspunkt der Machterhaltung der Führungsmächte doch nur darin, dass bei uns die alliierten Truppen da sind, während sie bei der ČSSR erst einmarschieren mussten."

Obwohl BILD-Chefredakteur Boenisch der gesamte Wortlaut des Interviews bekannt war, hatte er seinen Leitartikel für die BILD am Sonntag auf den angestellten Vergleich reduziert. Die Sätze waren in der Form aus dem Zusammenhang gerissen zitiert worden, dass sogar BILD-Leser im SPD-Parteivorstand glaubten, Steffen hätte behauptet, in der Bundesrepublik „herrsche jetzt der Faschismus und die Anwesenheit der Alliierten sei so schlimm wie der Einmarsch der Russen in die ČSSR" und zahlreiche Zeitungen in anderen Regionen die angeblichen Aussagen Steffens aufgriffen.[92]

Die CDU reagierte durch ihren stellvertretenden Landesvorsitzenden Dr. Uwe Barschel mit der Forderung, die SPD solle Steffen aus dem „politischen Geschäft ziehen". Der mit Barschel befreundete Kieler Politologe Dr. Ulrich Mathée durchforstete politische Leitartikel und Interviews Steffens seit Ende der 1950er Jahre nach linksradikalem Gedankengut, seine ‚Ergebnisse' präsentierten die Kieler Nachrichten vom 4. März 1971: Nach Mathée sei Steffen auf dem äußersten linken Flügel der Sozialdemokratie vor dem Ersten Weltkrieg zu verorten, sein revolutionäres Credo entspreche dem programmatischen Teil des Erfurter Programms der SPD von 1891, unmittelbar nach Außerkraftsetzung der Sozialistengesetze. Steffen sei wie Karl Kautsky ein Hüter der orthodoxen marxistischen Theorie. Gegenübergestellt wurde immerhin eine kurze

90 Vgl. Studie des SPD-SH Pressereferats, S. 2.

91 Vgl. ebd., S. 1. Eine Zusammenstellung findet sich auch im Flensburger Tageblatt vom 6.3.1971.

92 Darstellung hier nach Otto Köhler in: Der Spiegel 11/1971 vom 8.3.1971, zit. nach JPS Textversion komm UD, S. 177. Vgl. u.a. Berliner Morgenpost vom 3.3.1971: Steffen setzt Alliierte mit Sowjets gleich.

Stellungnahme des SPD-Landesvorsitzenden Geusendam, der die Erklärung Barschels als unqualifiziert bezeichnete.[93]

Verletzender waren für Steffen, den Verfechter eines demokratischen Sozialismus, der sich immer als undogmatischer Marxist im Sinne einer bestimmten gesellschaftsanalytischen Denkhaltung und Antikommunist bekannte, sich klar gegen den Totalitarismus von DKP und SED aussprach und für Gewaltfreiheit stand, sicherlich die Reaktionen aus der sozial-liberalen Koalition und vor allem den eigenen Reihen: Bundesaußenminister Walter Scheel (1919-2016, FDP) sah sich nach Rücksprache mit Bundeskanzler Brandt veranlasst, ein ausdrückliches Bekenntnis zur Präsenz alliierter Truppen in der Bundesrepublik Deutschland abzulegen, Bundesinnenminister Hans-Dietrich Genscher (1927-2016, ebenfalls FDP) forderte Steffen auf, sich in Zukunft „weniger missverständlich" zur Bonner Außenpolitik zu äußern. Das ebenfalls alarmierte SPD-Parteipräsidium distanzierte sich in den umstrittenen Punkten inhaltlich deutlich von Steffen, sah sich gezwungen, mitten im Wahlkampf eine öffentliche Erklärung mit Steffen abzustimmen, in der das westliche Bündnis und damit die Anwesenheit alliierter Truppen als entscheidende Grundlage sozialdemokratischer Politik benannt wurde.[94]

Das über die Zeitungen gegen den zwischenzeitlich unter Polizeischutz stehenden Steffen inszenierte Kesseltreiben im Wahlkampf des Landes zwischen den Meeren wurde außerhalb Schleswig-Holsteins wahrgenommen, das „Münchner Abendblatt" verfasste beispielsweise einen Artikel dazu unter dem Titel „Jagdszenen aus dem Norden".[95] Doch neutral oder gar offen unterstützend berichteten außerhalb der parteieigenen Zeitungen nur wenige Medien wie die liberale Wochenzeitung „Die Zeit"[96], die in dem Interview Steffens eindeutig eine theoretische Erörterung über das alliierte Interventionsrecht, keine politische Meinungsäußerung sah. Die „Frankfurter Rundschau" unterstellte Welt und BILD einen „gewissen Hang zur Teufelsbeschreibung" und bekannte Farbe: „Das durchsichtige Bemühen, den missliebigen Politiker gerade dort zu stempeln, wo eine unaufgeklärte Masse die vermeintliche Blöße am ehesten begreift, zwingt uns zu einer Gegendarstellung des Steffen-Bildes": Der Politiker und Journalist Steffen sei lediglich in die theoretisierende Sprache des Politologen verfallen und der Freude an überspitzten Formulierungen und der Versuchung erlegen, den „Nazi rauszukitzeln" und Widersprüche zu provozieren. Die Öffentlichkeit übersehe, dass er

---

93 Vgl. Kieler Nachrichten vom 4.3.1971.

94 Vgl. Frankfurter Allgemeine Zeitung vom 4.3.1971.

95 München Abendblatt vom 26.3.1971; vgl. auch u.a. Bonner Rundschau vom 4.3.1971: SPD im Abseits durch ‚roten Jochen' – Steffen Interview schockt Bonn.

96 Vgl. die dokumentarische Analyse der Affäre um das Interview Steffens im Flensburger Tageblatt von Dietrich Strothmann in: Die Zeit vom 2. April 1971.

dabei auch kritisch gegenüber der eigenen Meinung sei und fähig, sie zu überdenken.[97] Zu erwähnen ist in diesem Zusammenhang besonders die NDR-Fernsehsendung „Panorama“ vom 22. März 1971,[98] in der Redakteur Lutz Lehmann von einer Hinrichtung Steffens durch BILD-Chefredakteur Boenisch sprach. Insgesamt bemühte sich die Sendung um Aufklärung und Fairness, darum, ein anderes Bild des linken Politikers zu zeichnen, auch wenn sie seinen theoretisch reflektierenden Sprachstil, der eher an den Politologen Steffen erinnere, kritisierte und durchaus auch seine „derbe Sprache“, seine zum Teil grobe Polemik ansprach. Beispielsweise betonte ein Beitrag des Journalisten Gerhard Bott, Steffens Aussage in der Nordwoche vom 22. Januar, die in der Presse zuvor auch massiv skandalisiert worden war, „die Gefahr von heute sind jene, die die Wirtschaft und Gesellschaft allein nach dem Interesse der Profitmaximierung wollen [...] Ihre SS heißt Strauß und Springer und will deutsche Kapitalherrschaft in der EWG und ungestörte Meinungsmache. Beides mit dem Finger am Abzugsbügel atomarer moderner Raketen“, sei schlicht eine Reaktion Steffens auf Vorwürfe von Franz Josef Strauß (1915-1988, CSU) gewesen, die SPD sei mithilfe einer SS-Koalition aus Spiegel und Stern zu politischer Macht gelangt; diesen Zusammenhang habe die Presse aber verschwiegen. Auch der „Spiegel“ stellte sich auf Steffens Seite, wenngleich erst nach der verlorenen Landtagswahl. In einem Essay „Gewalt ist Schießgewehr“ erhielt Steffen die Gelegenheit zu erklären, wie sein Vergleich der SS mit Strauß und Springer auszulegen sei, was er für recht langatmige Ausführungen über unterschiedliche Formen von realer und struktureller Gewalt nutzte.[99] – Festzuhalten bleibt: Steffens teilweise mit Ironie vorgetragene theoretische Auseinandersetzungen sind sicherlich einerseits als brillant zu bewerten; anderseits konnte die damit unweigerlich verbundene Doppeldeutigkeit gerade in einem polarisierenden Wahlkampf zum bewussten Missverständnis nicht nur durch den politischen Gegner einladen.

Als weiteres Beispiel für Steffens spitze Feder können seine Auseinandersetzungen mit den „Kanalarbeitern“ in der eigenen Partei dienen. Von Beginn an hatte Steffen in Kommentaren und Leitartikeln mehrfach scharf gegen die Politik der Bonner Großen Koalition geschossen, vor allem gegen die Notstandsgesetzgebung, die Weisungsbefugnisse und Gesetzgebungskompetenzen des Bundes gegenüber den Ländern im Krisenfall (wie Landesverteidigung oder innere Unruhen) ausweiten sollte, und schließlich im Mai 1968 nach heftigen politischen und gesellschaftlichen Diskussio-

---

97 Vgl. Frankfurter Rundschau vom 5.4.1971, Hans-Joachim Noack: Wenn man wüsste, wie Klaus Störtebeker aussah – der Versuch einer Gegendarstellung des Steffen-Bildes; vgl. als Reaktion hierauf eine Zusammenstellung von Steffen-Zitaten aus der Nordwoche und der Welt der Arbeit in: Die WELT vom 7.4.1971.

98 Zu finden unter http://daserste.ndr.de/panorama/archiv/1971/panorama2445.html (aufgerufen am 06.09.2017).

99 Vgl. Joachim Steffen: Gewalt ist Schießgewehr, in: Der Spiegel 27/1971 vom 28.6.1971; ähnlich die Wertung in dem Text „Der Philosoph, der sich eine Partei hielt“, in: Beilage zu Dialog 8/1972.

nen (Stichwort: Außerparlamentarische Opposition) ja auch gegen die Stimmen zahlreicher SPD-Abgeordneter verabschiedet worden war. Steffens Artikel lebten auch davon, dass er dabei die in der SPD zu Tage tretende Widersprüche und Uneinigkeiten offen, zum Teil auch in arrogantem Ton ansprach und diskutieren wollte. Dies galt grundsätzlich für innerparteiliche Konfliktfelder.

Steffen agierte im Besonderen gegen so genannte „Kanalarbeiter" in der SPD-Bundestagsfraktion. So bezeichnete Steffen jene Gruppe von Abgeordneten auf dem rechten sozialdemokratischen Flügel, die sich aus seiner Sicht an Debatten im Plenum nicht beteiligten, sondern ausschließlich im Hintergrund ihre Fäden zogen. Ihre Arbeitsweise wertete Steffen mit einem veränderten Zitat von Bert Brecht als undemokratisch: „Die mit Überzeugung debattieren im Licht, die in den Kanälen sieht und hört man nicht".[100] Steffen distanzierte sich jedoch nicht nur in Stilfragen, sondern auch in inhaltlichen Punkten von diesen „Kanalarbeitern". In parteipolitischen Auseinandersetzungen positionierte sich Steffen, wie schon mehrfach deutlich wurde, als Vertreter des linken Flügels der Partei, der einen stärker steuernden Einfluss auf die wirtschaftliche Entwicklung anstrebte und dazu das Instrument der staatlichen Investitionslenkung vorsah, das auch mit der Vergesellschaftung von Schlüsselindustrien und einer Bankenkontrolle plante. Steffens Bemühungen um ein detaillierteres Konzept für eine wirtschaftspolitische Umsetzung blieben ohne Folgen.[101] Theoriediskussion und Gesellschaftsanalyse standen weiterhin im Fokus. Als Ursache existierender sozialer und wirtschaftlicher Probleme wurde die zu große Macht des „Kapitals" und der „Monopolisten" ausgemacht, vor der es die Masse der abhängig Beschäftigten, die vom Verkauf ihrer Arbeit lebten, zu beschützen galt, bis sich die gesellschaftlichen Verhältnisse so änderten, dass die Menschen sich zu selbst bestimmenden Wesen entwickeln können. Ein wichtiges Element dazu sei die Aufklärung über die kapitalistische Fremdbestimmung, auch wenn man mit dieser aufklärenden Aussprache unangenehmer Wahrheiten riskierte, Wahlen zu verlieren.[102]

Wenig überraschend führte Steffens publizistisch offen kolportiertes und scheinbar so leicht angreifbares marxistisch bestimmtes Gesellschaftsbild zu Auseinandersetzungen mit dem SPD-Bundesvorstand, denn nicht nur die bürgerliche Presse legte seine Haltung als „sozialdemokratische[n] Neomarxismus", der Meinungsfreiheit unterdrücken würde, aus.[103] Besondere innerparteiliche Konflikte hatte Steffen mit Conrad Ahlers, Staatssekretär im Bundespresseamt, auszustehen. Ahlers unterstellte

---

100 Die Darstellung folgt hier und im Folgenden der Erinnerung von Georg Beez in diesem Band, S. 19.

101 Vgl. etwa Jochen Steffen: Probleme der Zusammenarbeit bei der Industrieansiedlung in den vier Küstenländern, o.O., o.J. (1967) aus der Privatsammlung Beez.

102 Vgl. hierzu auch Danker: „Wir machen die Zukunft wahr!", S. 231

103 Vgl. Schreiben Steffens an den Bundes-PV/Brandt vom 7. Juni 1972 (Bestand Steiner, Ordner 1, Varia aus dem Fraktionsarchiv der SPD im Schleswig-Holsteinischen Landtag), in dem sich Steffen gegen Vorwürfe aus der eigenen Partei verteidigt.

Steffen einen „ideologischen Tick“, „der nicht auf theoretischen Einsichten, sondern auf Gefühlen des Ressentiments gegenüber unserer Gesellschaftsordnung“ beruhe.[104] Er griff Steffen persönlich an und mahnte gleichzeitig mehr Pragmatismus an, wenn er schrieb: „Deshalb ist es so schwer, mit dir umzugehen, und deshalb ist es so schwer, mit dir zu argumentieren. [...] Ideologen wie du es einer bist, unterschätzen in Wirklichkeit die gesellschaftlichen Prozesse und merken es gar nicht, dass sie sehr oft diese Vorgänge nur im Nachhinein interpretieren, obwohl sie meinen, sie stünden an der Spitze der Entwicklung. Deshalb rate ich zu weniger Hochmut gegenüber den Wählern. Es sind nicht alle Leute dumm, nur weil sie CDU wählen.“ Ahlers kritisierte das Selbstverständnis des Journalisten und Politikers Steffen, der die Menschen offen und teils überzeichnet mit ihren Problemen konfrontieren wolle, beurteilte diese Haltung Steffens als realitätsfern, ideologisch, zu anspruchsvoll und für die Partei wenig hilfreich. Steffens Positionen zum Langzeitprogramm, der Streit über Wortbildungen, Begriffsdefinitionen und Haushaltsumstrukturierungen entzögen sich dem Verständnis fast aller Bürger_innen beziehungsweise Zeitungsleser_innen. „Sie widersprechen allen Grundsätzen einer erfolgreichen Öffentlichkeitsarbeit, weil sie unangenehme Assoziationen hervorrufen. [...] ich habe nicht den Ehrgeiz, die Menschen mit unverständlichem, ideologischem Kauderwelsch zu traktieren und sie davon abzuhalten, SPD zu wählen.“ Ahlers endet mit einem vernichtenden, auch retrospektiv als ehrverletzend zu bezeichnendem Urteil: „Deine Zeitungen waren nicht erfolgreich und deine Politik war es auch nicht. [...] Du willst uns alle nach Deiner Fasson selig werden lassen, Du vertrittst die geistige Diktatur – hoffentlich nicht mehr.“

Vor allem dieser Schlusssatz dürfte Steffen hart getroffen haben, denn Meinungsfreiheit war für ihn im Geiste des von ihm propagierten demokratischen Sozialismus elementar wichtig.[105] Der Ton Steffens in mehreren Beschwerdebriefen über Ahlers an Parteigremien war folglich voller Ironie, bitterbösem Spott und derber Wortwahl, war aber auch Ausdruck ernster Betroffenheit und Enttäuschung, zeugte nicht nur von einem zornig-kämpfenden, sondern auch von einem verletzbaren Jochen Steffen. Steffen führte unter anderem aus: Ahlers Verhalten sei bezeichnend für die Haltung des Parteivorstands, der Jusos und Altlinke im Wahlkampf durch die bürgerliche Presse bewusst „in die Pfanne hauen“ habe lassen,[106] zudem habe Ahlers Steffens Gegenspieler Stoltenberg gegenüber der bürgerlichen Presse in einem „Plauderstündchen“

---

104 Hier und im Folgenden Schreiben Ahlers an Steffen vom 3. Mai 1972; vgl. auch Schreiben Bundes-PV (Börner) an SPD-Landesfraktion vom 8. Mai 1972, Bestand Steiner, Ordner 1, Varia aus dem Fraktionsarchiv der SPD im Schleswig-Holsteinischen Landtag.

105 Auch Steffens Korrespondenzen mit dem DDR-Dissidenten Robert Havemann belegen diese Wertschätzung für Menschen- und Freiheitsrechte, vgl. AdsD, Bestand Jochen Steffen, 1/JSAA000136.

106 Schreiben Steffen an Helmut Schmidt vom 17.12.1972, ebd.

als „Reformpolitiker der CDU" bezeichnet.[107] Auch Steffen verstieg sich jedoch zu nicht akzeptablen Beurteilungen: „Als langjährig unfreiwillig länger dienender Mannschaftsdienstgrad kann ich nur sagen: ‚Einen solchen <Kumpel> hätten wir zum Krüppel geschlagen.'"

Aus diesen Worten Steffens spricht Verbitterung über die Wahlniederlage gegen Stoltenberg 1971, jedoch wohl auch über die mangelnde Unterstützung der eigenen Genoss_innen in diesem Lagerwahlkampf und über die sozialdemokratische Pressepolitik. Steffens politische Visionen von einer gestaltenden Wirtschaftspolitik, die Industrie und Handel kontrollieren und bremsen würde, später von einer sozialen und auch ökologischen Wende mit Nullwachstum, ohne Atomkraft und für Umweltschutz, würden immer schlechter zu der durch vorgebliche Sachzwänge sich ergebenden pragmatischen Politik der SPD unter Kanzler Helmut Schmidt passen. Aus Steffens Sicht verliefen sich die Pragmatiker in Sackgassen: „Wie ein Bock, den du anbindest und der immer nur um den Pfahl herumläuft. Bis der Strick ihn um seinen Hals erwürgt."[108]

5. Schreiben nach dem Rückzug aus dem „Leben wie Hund" – Mosernd im Abseits?

Unter den dargelegten Bedingungen – und noch dazu nach der oben dargestellten Schließung der Nordwoche ohne eigene publizistische Plattform – ergab eine politische wie journalistische Neuorientierung für Steffen gleichermaßen Sinn. Die Jahre im politischen Tagesgeschäft, das Steffen nicht nur gegenüber seiner Familie als „Leben wie Hund" bezeichnete, forderten ihren Preis.[109] Nach einem Unfall gab Steffen im Mai 1973 zunächst den Fraktionsvorsitz, und damit die Position des Oppositionsführers auf, zudem erklärte er den Verzicht auf die Spitzenkandidatur für die Landtagswahl 1975. Den SPD-Landesvorsitz behielt der gesundheitlich schwer Angeschlagene zunächst bis Sommer 1975. Steffens Nachfolger an der Fraktionsspitze wurde Klaus Matthiesen (1941-1998), zwei Jahre später löste Günther Jansen (geb. 1936) Steffen als Landesvorsitzenden ab. War dieser schrittweise Rückzug die angesprochene Chance für Steffen, sich wieder stärker auf das Schreiben zu konzentrieren, damit sein im Kern ungebrochenes politisches Engagement nun auf einer breiteren publizistischen Klaviatur zu spielen, die von regelmäßigen Gastkommentaren in der bürgerlichen Presse bis hin zu seinem Engagement als Mitherausgeber vermeintlicher ‚Schmuddelblätter' wie „das da" reichte? Oder stand der Journalist Steffen nach seinen Wahlmisserfolgen tatsächlich publizistisch „mosernd im Abseits", wie es ihm die Zeit im Mai 1975 unter-

107 Hier und im Folgenden Schreiben Steffen an Herbert Bernhard vom 21.4.1972, in: Bestand Steiner, Ordner 1, Varia aus dem Fraktionsarchiv der SPD im Schleswig-Holsteinischen Landtag.

108 Zitiert nach: Rolf Selzer: Stiernackig profilierte Dickschädel. Hintergründiges über SPD Lichtgestalten im Norden; S. 22; als MS im AdsD, Bestand Jochen Steffen, 1/JSAA000011.

109 Vgl. J.-P. Steffen in diesem Band, S. 682ff.

stellte?[110] Der folgende Abschnitt versucht sich an einer vorläufigen Antwort auf diese Fragestellung anhand einer exemplarischen Untersuchung erkennbarer publizistischer Schwerpunkte Steffens in seinem breiten, kaum zu überblickenden journalistischen Schaffen nach 1973/75.

Blicken wir jedoch zunächst auf Jochen Steffens Verhältnis zu seiner Partei. Schon seit 1972 hatte sich Steffen zunehmend aus dem politischen Tagesgeschäft auf Bundesebene zurückgezogen. Die im Zuge des Wahlkampfs erlittenen Wunden lassen sich erahnen, wenn er gegenüber seinem Bundesparteivorsitzenden Willy Brandt bekennt: „Ich ziehe hiermit alle Angebote und Vorschläge, die ich dir oder anderen für meine Mitarbeit in der ‚Zentrale' gemacht habe, zurück [...] Jahrelang habe ich mich von Genossen mit Hilfe Springers anpinkeln lassen. Jahrelang habe ich mir das Küjourieren und Schutzriegeln gefallen lassen. Ich habe es mir verkniffen, auf die skandalöse Schließung der Kieler Parteizeitung so zu reagieren, wie du anlässlich des Telegraf. Ich bilde mir ein, loyal und zumindest für Bonner Verhältnisse mich menschlich anständig bei dieser ganzen Wadenbeißerei verhalten zu haben. Jetzt ist für mich Schluss."[111]

Im Verlauf seines sukzessiven Rückzugs aus den politischen Ämtern auf Bundes- und Landesebene zeigte Steffen seine wachsende Unzufriedenheit mit der Regierungspolitik der Bundespartei in der sozial-liberalen Koalition immer deutlicher und grundsätzlicher, auch – wie noch zu zeigen sein wird – offen in der Presse. Dies gilt besonders für die Zeit in und nach der 1973/74 zu einer wirtschaftlichen Krise eskalierenden Rezession, die Westdeutschland 1975 zum ersten Mal über eine Million Arbeitslose im Jahresdurchschnitt brachte. In einem weiteren Briefentwurf an Brandt vom April 1976 stellte Steffen fest, die Koalition sei weder sozial noch liberal und biete keine Antwort auf die sozialen Herausforderungen der Zeit. Perspektivisch kündigte er hier schon den Bruch mit der Partei an, wenn er im Schlusssatz bekannte: „Für mich, als politische Person, ist ein Zustand erreicht, in dem ich nicht bereit bin, aus einer nicht näher definierten ‚Loyalität' heraus den PV-Mitgliedern gegenüber, mich auf Diskussionsbeiträge zu beschränken."[112] Im Sommer 1977 artikulierte Steffen in der Frankfurter Rundschau seine Frustration über die Arbeit im Bundes-Parteivorstand, der sein Engagement für das Langzeitprogramm im Sinne eines demokratischen Sozialismus vollständig ignorieren und durch die praktische Regierungspolitik ad absurdum führe.[113]

Im Sommer 1979 sollte es zum Schwur kommen, nachdem es zuvor schon Rück-

---

110 Mosernd im Abseits, in: Die Zeit vom 10.5.1975.

111 Schreiben Steffens an Willy Brandt vom 15.12.1972, in: Bestand Steiner, Ordner 1, Varia aus dem Fraktionsarchiv der SPD im Schleswig-Holsteinischen Landtag.

112 Vgl. die Darstellung von J.-P. Steffen in diesem Band, hier auch das Zitat, S. 670.

113 Jochen Steffen, in: Frankfurter Rundschau vom 2.8.1977.

trittsforderungen und Ausschlussanträge gegeben hatte. Jens-Peter Steffen berichtet davon, wie der Landesvorsitzende Jansen und andere Genossen Steffen in St. Peter-Ording bei einem ‚privaten' Treffen energisch gebeten hätten, „sich mit seinen Äußerungen zurückzuhalten, dauernd müsse die Landespartei sich rechtfertigen oder seine Aussagen richtigstellen. Die Stimmung ist angespannt, der Vorstand will ein Parteiordnungsverfahren wegen der Parteikritik oder sogar wegen der Unterstützung einer anderen Partei und die zu erwartende Öffentlichkeit vermeiden. Nach Abfahrt der Gruppe kommentiert Jochen mit einem erbosten ‚klei mi an de Fööt!'."[114] Dennoch: Ende 1979 wird Steffen nach 33 Jahren aus der SPD austreten. Wenige Wochen später erläuterte er dazu im Magazin „das da": In der Partei gehe es „nur noch um Sessel, Ämter, Positionen." Die Position der SPD-Linken sei völlig chancenlos, „[z]wischen den Wahlkämpfen sind sie die störenden, in den Wahlkämpfen die nützlichen Idioten."[115] Sein Schritt scheint die aufrechte Haltung eines konsequent an den eigenen politischen Idealen festhaltenden Mannes zu sein. Das ist sicherlich nicht falsch, dennoch gilt es in der Bewertung auch zu berücksichtigen, dass Steffen auch seine wirtschaftlichen Interessen im Blick behielt, was er 1974 gegenüber der Frankfurter Rundschau auch offen bekannte: „Zehn Jahre lang habe ich über meine Verhältnisse gearbeitet und bin dabei beinahe gestorben, ich habe nicht für die Abgeordnetenpension gekämpft, um nichts davon zu haben."[116] Steffen kündigte hier an, trotz der fortgesetzten innerparteilichen Auseinandersetzungen sein Landtagsmandat erst am Ende der Legislaturperiode aufgeben zu wollen, wenn ihm dann seine volle Abgeordnetenpension zustünde.

Wie gestaltete sich nun Steffens journalistisches Schaffen ab Mitte der 1970er Jahre? Nach dem endgültigen Ende der sozialdemokratischen Parteipresse in Schleswig-Holstein und dem beschriebenen grundsätzlichen Strategiewechsel in der SPD-Pressepolitik war Jochen Steffen gezwungen, neue Publikationsorgane zu suchen, in denen er sein politisch motiviertes publizistisch-journalistisches Engagement fortsetzen konnte. In den skizzierten innerparteilichen Auseinandersetzungen mochte er die Überzeugung gewonnen haben, dass er ‚seine' Themen wie die Bedingungen des von ihm propagierten demokratischen Sozialismus oder das Langzeitprogramm der SPD über die Grenzen der eigenen Partei hinaus auf einer publizistisch breiteren Klaviatur kommunizieren musste. Diese reichte nun von wissenschaftlichen Fachaufsätzen, Artikeln und Kommentaren in publizistischen Reihen der Arbeiter- und Gewerkschaftsbewegung – wie „Neue Gesellschaft" oder „Welt der Arbeit" – und in links stehenden

---

114 So zumindest die Erinnerung seinen Sohnes, vgl. J.-P. Steffen in diesem Band, S. 675.

115 Jochen Steffen, Warum ich aus der SPD austrat, in: das da, Nr. 1/1980.

116 Jochen Steffen, in: Frankfurter Rundschau vom 10.5.1974.

Zeitschriften wie der bekannten „konkret“[117] oder der 1979 gegründeten „tageszeitung“ bis zu zahlreichen Beiträgen in heute eher obskur erscheinenden Magazinen, wie dem „Monatsmagazin für Kultur und Politik“, welches zwischen 1973 und 1979 in Hamburg unter dem Namen „das da“ erschien und – wie zeitweise auch „konkret“ – politische Inhalte mit erotischen Beiträgen kombinierte; und das Steffen für eine kurze Zeit gar als Mitherausgeber verantwortete.[118] Wir können neben der journalistischen Auftragsarbeit mehrfach beratendes, herausgeberschaftliches oder gar gesellschafterliches Engagement bei linken publizistischen Neugründungen konstatieren, in denen meist auch bekannte Intellektuelle schreiben, beispielsweise nach 1974 bei „Technologie und Politik“ von Freimut Duve (geb. 1936) oder ab 1976 bei „forum ds. Zeitschrift für Theorie und Praxis des demokratischen Sozialismus“.[119]

Im Schwerpunkte adressierte Steffen damit ein schwer zu definierendes linkes Spektrum, auch wenn er über Gastkommentare in klassischen, vorgeblich unpolitischen Lokalzeitungen wie der „Badischen Zeitung“ eben auch Leser_innen mit konservativer(er) politischer Ausrichtung anzusprechen suchte. Besagte Freiburger Zeitung fragte Steffen bewusst als nonkonformistische Marke für Kolumnen an, in denen „Autoren zu Wort kommen [sollen], die möglichst unverblümt ihre Meinung sagen und Lesern Tatsachen und Meinungen zumuten, die nicht immer nach dem Geschmack der Mehrheit sind.“[120] Zur stilistischen Breite für verschiedene Zielgruppen innerhalb des sozialdemokratischen Milieus, die Steffen schon lange als Politiker UND Journalist auszeichnete, kam folglich nun die Vielfalt in Hinblick auf die Publikationsorgane und die politische Ausrichtung ihrer Leser_innen. Steffens verstärkte journalistische Ak-

---

117 Konkret verstand sich als „Ort der publizistischen Entwicklung einer linken außerparlamentarischen Opposition in der Bundesrepublik, ihrer Zuspitzung zur Rebellion, zur Militanz, zur Aufkündigung des staatlichen Gewaltmonopols“, so der spätere Herausgeber Herman Gremliza, in: Die Zeit vom 12.3.1988; vgl. hierzu auch Frederik Obermaier: Sex, Kommerz und Revolution. Vom Aufstieg und Untergang der Zeitschrift ‚konkret‘, Marburg 2011; Bettina Röhl: So macht Kommunismus Spaß! Ulrike Meinhof, Klaus Rainer Röhl und die Akte Konkret, Hamburg 2006.

118 Eine offenbar unvollständige Übersicht über das breite publizistisch-journalistische Profil Steffens findet sich in AdsD, Bestand Jochen Steffen, 1/JSAA000086; hier wird auch seine Beteiligung (mit 14,29 Prozent) an der Herausgeberschaft der Zeitschrift für Theorie und Praxis des demokratischen Sozialismus deutlich. Vgl. hier u.a. folgende Titel: konkret; das da. Das Monatsmagazin für Kultur und Politik (1973-1978, später avanti. Das Monatsmagazin für Kultur und Politik; vgl. hierzu auch AdsD, Bestand Jochen Steffen, 1/JSAA000113); Neue Gesellschaft; Berliner Stimme. Sozialdemokratische Zeitschrift für Berlin und Brandenburg; Welt der Arbeit. Wochenzeitung des Deutschen Gewerkschaftsbundes; ferner Kommentare u.a. in Die Zeit, Wirtschaftswoche, Der Spiegel, Rheinischer Merkur.

119 Vgl. J.-P. Steffen in diesem Band, S. 674.

120 Vgl. Anfrage der Badischen Zeitung an Jochen Steffen vom 17.4.1985, in: AdsD, Bestand Jochen Steffen, 1/JSAA000034. In der Folge erscheinen mehrere Gastkommentare Steffens in der Badischen Zeitung, u.a.: Gegen die Macht der Wirtschaft läuft nichts vom 28.6.1985; Ein Zeichen an der Wand vom 1.8.1985; Die Wahrheit hinter dem Wein vom 18.10.1985; vgl. auch die erneute Anfrage des Verlags an Steffen vom 14.8.1986, in der „pointierte Beiträge zur Situation der SPD oder zur Frage ihres Kanzlerkandidaten“ gewünscht werden.

tivitäten dürfen dennoch als fortgesetztes politisches Engagement betrachtet werden. Dies liefert uns Hinweise darauf, dass die einleitend aufgeworfene Frage, ob Steffen sich eher als Journalist oder als Politiker verstanden habe, wohl weniger ausschließend zu stellen ist. Nicht zuletzt muss seine verstärkte publizistische Tätigkeit nach 1973 auch als ein zweites wirtschaftliches Standbein neben der Politik betrachtet werden.

Steffen scheint es jedenfalls verstanden zu haben, sich als eloquenter Kritiker des ‚anti-reformistischen' Kurses seiner (später: ehemaligen) Partei auf dem publizistischen Markt zu positionieren; neben den oben genannten, in der Regel linken Medien auch in eher nicht zu erwartenden Zeitschriften wie dem „Playboy" (Interview im November 1977). „Seine Fähigkeit, in knappen und polemisch auf den Punkt gebrachten Formulierungen vielschichtige Interessenlagen aufzudecken, hat Jochen Steffen auch im Ruhestand nicht verlernt", urteilt am 2. August 1977 der Journalist Dieter Stäcker im „Kölner Stadtanzeiger". Regelmäßig schienen diverse Medienorgane Steffen für Interviews oder Gastkommentare angefragt zu haben, teilweise bot er seine Texte auch von sich aus an.

In dieser Vielfalt der Orte, die Beiträge von Steffen publizierten, fällt das monatlich erscheinende Magazin „das da", gegründet von dem bekannten linken Publizisten Klaus R. Röhl (geb. 1928), doch besonders ins Auge; vor allem auf Grund der Auswahl seiner Abbildungen und der teils doch recht derben und einseitig-polemisch vorgetragenen Kritik am vermeintlichen Krisenkapitalismus. Was heute als Trias aus sex, crime und politics mitunter unseriös erscheinen mag, war in den 1970er Jahren im Rahmen einer vorgeblichen sexuellen Emanzipation selbstverständlicher Bestandteil eines bestimmten intellektuellen linken Milieus jenseits der organisierten Parteien – auch in der für Steffen und „das da" wegweisenden, ebenfalls vom einflussreichen, ja fast als stilgebend zu charakterisierenden Röhl herausgegebenen „konkret" waren zum Teil ähnliche Inhalte zu finden –, das Steffen über dieses Magazin ansprechen und mit politischen Argumenten zu versorgen suchte.[121] Und so bunt und heterogen das Blatt auch wirken mochte, so folgte es politisch doch einer klaren Leitlinie. Eine beispielhafte Untersuchung der von Steffen verfassten Leitartikel der Jahrgänge 1974 bis Ende 1979, also zwischen dem Wechsel der Bundeskanzlerschaft von Brandt zu Schmidt, die Steffen als bedeutend für die Politik des Bundes-Parteivorstands charakterisierte, und Steffens Parteiaustritt, kann unter anderem Hinweise auf Steffens Verhältnis zum Regierungskurs der Sozialdemokratie in diesem Zeitraum geben.

Zunächst zeigt sich: Steffen hatte hier breiten Raum für seine politischen Kommentare, konnte darauf bauen, dass der Großteil seiner Leser_innen weltanschaulich

121 Vgl. Jochen Steffen in der Zeit vom 17.11.1978. In dem Maße, in dem sich dieses Spektrum Ende der 1970er Jahre veränderte, schien Steffen auch „das da" unter dem neuen Titel „avanti" neu konzipieren zu wollen: „die nackten Mädchen", die er jahrelang als zum Konzept zugehörig akzeptiert habe, „schmeißen wir raus." Einen ähnlichen Kurswechsel, der die Aufgabe der Verknüpfung von Politik und Erotik vorsah, hatte es nach dem Wechsel in der Chefredaktion von Röhl zu Gremliza zuvor offenbar bereits bei „konkret" gegeben.

auf der gleichen Wellenlänge lag, den von ihm propagierten demokratischen Sozialismus schätzte. In seinen Kommentaren für „das da" brauchte Steffen sich folglich inhaltlich und stilistisch deutlich weniger zurückzuhalten, weniger Rücksicht auf die Ausgewogenheit der Meinung zu nehmen als bei Artikeln für andere Medien, die er bediente. Steffens Themen in „das da" ähnelten denen aus den Jahren bei Volkszeitung und Nordwoche, wobei auf Schleswig-Holstein bezogene Themen in der überregional erscheinenden Zeitschrift kaum vorkamen: So übte Steffen scharfe Kritik an der Omnipotenz international tätiger Wirtschaftskonzerne sowie an einer an deren Interessen orientierten CDU-Wirtschaftspolitik. Er griff den Springer-Konzern und selbstverständlich die USA an. Alle seien vermeintliche „Agenten" der „Multis" und eine „quasifaschistische[n] Garnitur in Führungspositionen", gegen die ein „Dreifrontenkrieg" zu führen sei. In mehreren Kommentaren verband Steffen diese strukturelle Kritik – stilistisch und argumentativ ähnlich wie zuvor schon in der Parteipresse – mit Angriffen auf Personen, wie etwa Strauß, Helmut Kohl (1930-2017) oder Stoltenberg.[122] Besonders deutlich wurde Steffen in der das-da-Maiausgabe im Landtagswahljahr 1975: Schleswig-Holsteins SPD-Kandidat Matthiesen sei „von einer schweinemäßigen Landespresse als Klein-Doofie verkauft" worden. Ohnehin habe „die bürgerliche Presse" einen Wahlkampf geführt, „der mit den sonst so gepriesenen Prinzipien des Journalismus aber auch nicht mehr die Bohne zu tun hatte. Informationsverkürzung und Nachrichtenverfälschung waren die Mittel, um eine Hetze an den Leser zu bringen, deren Qualität dort lag, wo das Reaktionäre einen Stich ins Braune bekommt."[123] Diese harschen Worte, insbesondere die implizit unterstellte ideologische Nähe der bürgerlichen Presse zum Faschismus, waren wohl weiterhin Steffens persönlichen Erfahrungen im Landtagswahlkampf 1971 geschuldet. Ähnlich urteilte die liberale Zeit in dem titelgebenden Beitrag „Mosernd im Abseits" über Steffens Artikel. Für die das-da-Leser_innen sei dieser undifferenzierte Rundumschlag in Ordnung und nachvollziehbar, für den politischen Gegner aber Wahlkampffutter: „Die CDU jedenfalls liest ‚das da' und zerpflückte die Steffen-Schimpfe genüsslich als schwere Beleidigung [...] Dass Steffen die gegen ihn gerichtete Pressekampagne aus dem Wahlkampf 1971 nicht verwunden hat, ist spätestens jetzt deutlich geworden. Sein Ventil hat er gefunden, aber über den abgelassenen Dampf reiben sich bestenfalls noch die Steffen-Gegner die Hände. Mehr nicht."[124]

---

122 Vgl. u.a. das da 3/74: Kampf den Multis, aber wie?; 6/74: Selbstmord auf Raten; 11/74: Komplott von CDU und CIA; 12/74: Nigger Ali ist kein Onkel Tom; 2/75: Die nächste Steinzeit kommt; 3/75: Mao – der Kanzlermacher; 4/75 Dreifrontenkrieg gegen Reaktion; 5/75: Besten Dank Herr Strauß; 11/75: Ausgewogen und für zu blöd befunden; 10/76: Das Christliche an Herrn Kohl; 11/77: Straße frei für den hässlichen Deutschen.

123 Jochen Steffen, in: das da, 5/75, Besten Dank Herr Strauß; vgl. auch: Süddeutsche Zeitung vom 10. Mai 1975.

124 Mosernd im Abseits, in: Die Zeit vom 10.5.1975.

Ebenso scharf sowie seit 1976 immer häufiger ging Jochen Steffen in seinen das-da-Kommentaren mit seinen Genossen ins Gericht, insbesondere mit der neuen sozialdemokratischen Koalitionsregierung unter Helmut Schmidt.[125] Noch grundsätzlicher wurde seine Kritik nach dem Rückzug aus den politischen Ämtern. Nun begann er das Bestehen der Koalition in Frage zu stellen, forderte lieber eine regierungslose als eine prinzipienlose Sozialdemokratie: Wenn der SPD in der Regierungskoalition nicht bald eine Umgestaltung der Gesellschaft gelinge, sollte sie doch besser in die Opposition gehen, gehe es vielen Regierungsvertretern doch ohnehin nur noch um den Erhalt ihrer Privilegien und ihrer politischen Macht durch Personalpolitik und nicht mehr um Programme und eine revolutionäre Umgestaltung der gesellschaftlichen Verhältnisse. Auf berechtigte Forderungen der Studentenbewegung und der Außerparlamentarischen Opposition nehme die Regierung keine Rücksicht. Dabei sei der Staat – so Steffen im April 1977 in „das da" – nicht durch „Systemfeinde" bedroht, sondern „verrotte" an den „Folgen seiner eigenen sozialen Blindheit."[126] Auffallend ist, dass sich die spöttische Kritik Steffens in diesen Leitartikeln mehrere Monate hintereinander gerade nicht gegen den politischen Gegner im konservativen Lager, sondern ausschließlich gegen den sozialliberalen Regierungskurs richtete. Bewusst pointierte Vergleiche der sozialliberalen Strafrechtsreform mit der Strafrechtsauslegung der Weimarer Republik, die sich einseitig gegen linkspolitische Gegner richtete, sollten wohl provozieren und taten das auch.[127]

Steffens Kritik gegen den Bundesparteivorstand um Schmidt und Bundestagsfraktionsvorsitzenden Wehner wurde immer persönlicher und zunehmend verletzend, unterschied sich im Tonfall und Stil im Sommer 1977 nur noch wenig von seinen früheren Kommentaren über Strauß und Kohl. Im Juni rügte Steffen Schmidts Wirtschafts- und Finanzpolitik offen als kapitalistisches Krisenmanagement, das keine Rücksicht auf die Ideale sozialdemokratischer Verteilungsgerechtigkeit nehme, und unterstellte dem sozialdemokratischen Bundeskanzler, Erfüllungsgehilfe der Wirtschaftskonzerne zu sein.[128] In der Augustausgabe sah Steffen Liberalität, Rechtsstaat und den sozialen Frieden durch die antiterroristischen Maßnahmen der Bundesregierung bedroht, ereiferte sich über die „zynisch aggressive oder verletzend-höhnische oder ordinär-unflätige Art" Wehners und das „gluckenhafte Verhalten" Brandts, der den Kurs Schmidts

---

125 Vgl. das da, u.a. 4/74: Warten auf die Erstgeburt; 5/74: Wird Schmidt Kanzler?; 7/74: Der letzte Mohikaner; 8/74: Eppler und die Folgen; 10/75: Erspartes und falsches Sparen; 2/76: Die Straße frei für rechts.

126 das da 4/77: Regierung auf Gewaltkurs. Vgl. ferner: das da 4/76: Neue Linke – alte Bärte; 5/76: Ausbeuter mit Überbau; 6/76: Schlimme neue Welt; 7/76: Sozial oder kapitalistisch; 2/77: Nasse Füße im gemeinsamen Boot; 3/77: Die neue APO – Abrechnung mit den Volksparteien.

127 Der Feind steht rechts, in: das da, 2/76.

128 Vgl. das da, 6/77: Wie kaputt ist die SPD – Krisenmanager Schmidt am Ende?

stütze.[129] Im Jahr danach schalt Steffen seine Partei auch in anderen Medien, wie der Frankfurter Rundschau oder dem Rheinischen Merkur: Die SPD sei ein Allerweltsverein und unfähig zur Lösung der wachsenden sozialen Probleme.[130] Zynisch ist Steffens Kritik an Schmidts Regierungsstil schon zuvor in der Welt der Arbeit ausgefallen: Schmidt regiere die Partei von oben. Dazu passe folgende Geschichte: „Alles Gute kommt von oben, sagte der Bomberpilot und löste die Hebel zur Flächenbombardierung einer Großstadt."[131]

Helmut Schmidt behauptete Anfang der 1990er Jahre dennoch, er „habe den Mann immer gerne gemocht, mit all seinen Skurrilitäten und mit all seinem Sarkasmus und all seinem Zynismus, den weichen Kern und die Seele in dem Kerl immer gesehen. Wenngleich wir uns [...] politisch sehr auseinander gelebt haben. Ich glaube, er hat mich politisch für einen völlig verbohrten Reaktionär gehalten, und ich habe ihn für einen verbohrten Klassenkämpfer gehalten [...] Und er hatte bei einer großen Zahl von Menschen durch seine schroffen und übrigens auch dem Kompromiß zutiefst abgeneigten Attitüden nicht gerade Freundschaft ausgelöst." Und leicht altväterlich zeigte Schmidt sogar Verständnis für Steffen: „Politik aus der Opposition heraus zu betreiben ist eine nicht nur die Nerven angreifende, sondern die Seele beschädigende Sache. Jemand, der sein Leben lang dazu verurteilt ist, Opposition zu sein, das heißt dagegen zu sein, gegen das, was die da oben machen, das ist eine schlimme Erfahrung im Leben, die Menschen in vielen Fällen nicht gerade positiv beeinflusst."[132]

Breit und spöttisch berichteten dagegen die Springer-Medien über Steffens Kommentare in „das da". Das Hamburger Abendblatt schrieb 1975, Steffen habe sich „hinter einen Vorhang begeben, hinter dem er für die Öffentlichkeit nur noch wenig sichtbar ist. [...] Steffens gestörtes Verhältnis zur Presse – es zeigte sich besonders kraß nach der Landtagswahl 1971, als der Verlierer Steffen die Schuld an diesem Wahlausgang bei den Zeitungen suchte – tritt besonders deutlich hervor, seitdem er Herausgeber und Autor einer Polit-Porno-Postille ist. Zwischen Aktbildern und Adressen ausländischer Abtreibungskliniken versucht Steffen seine Parteifreunde mit geistigem Rüstzeug zu versorgen. Soll diese Postille etwa das führende SPD-Organ Schleswig-Holsteins werden, nachdem alle schwer lesbaren sozialdemokratischen Tageszeitungen und danach ein Wochenblatt eingegangen sind? Aber welcher Arbeiter vom Kieler Ostufer, auf den die SPD immer so sehr setzte, wird sich das Porno-Magazin kaufen, das drei Mark kostet und damit doppelt so teuer ist wie die sozialdemokratische Wochenzei-

---

129 Vgl. das da, 8/77: Mutmaßungen über Onkel Herbert; ähnlich – jedoch weniger stark personalisiert: das da, 10/77: Wenn dein starker Arm nicht will.

130 Zitat aus Artikel Volksparteien, in: Rheinischer Merkur vom 7.4.1978.

131 Zitat aus Artikel Suche einen Herakles, in: Welt der Arbeit, Nr. 23/74.

132 Vgl. Helmut Schmidt im Interview mit Stefan Appelius in: AdsD, Bestand Jochen Steffen, 1/JSAA000002, Manuskriptversion aus dem Jahr 1992.

tung ‚Vorwärts'?"[133] Dabei erinnerte insbesondere die Berichterstattung der Bild an den Zeitungskrieg von 1971: Steffen wurde als gewaltbereiter Quertreiber in die Nähe des Linksterrorismus gerückt. „Jochen Steffen, Schleswig-Holsteins Vorgartenzwerg am Eingang zum sozialistischen Paradies, hat wieder zugeschlagen. Seine Waffe war ein Polit-Porno-Magazin, geprügelt wurde die eigene Partei – die SPD – Herbert Wehner und Willy Brandt." Die Welt prognostizierte die „Gründung einer linksradikalen Splitterpartei, in der wir Steffen als Chefideologen wiederfinden werden."[134]

Tatsächlich fürchteten zu diesem Zeitpunkt viele SPD-Verantwortliche die Gründung einer neuen Partei links der SPD. Steffens nicht nur in „das da" offen vorgetragene Sympathien für eine solche Parteigründung konnte ihnen nicht gefallen.[135] Nach seinem Parteiaustritt empfahl Steffen seinen Leser_innen offen die alternativen Bewegungen als neue politische Heimat und als Gegengewicht zur „Schmidt/Genscherbewegung und den sozialliberalen Haufen",[136] passten die politischen Ideen der „Alternativen" doch gut zu Steffens Vorstellungen eines demokratischen Sozialismus, den er in „das da" öffentlichkeitswirksam und als Vorsitzender der Langzeitkommission im Bundes-Parteivorstand bis 1977 parteiintern vertrat. Hier wie dort zeichnete Steffen den Entwurf einer humanitären Gesellschaft mit Vollbeschäftigung, Investitionslenkung und neuer, verantwortungsvoller Entwicklungs-, Umwelt- und Energiepolitik sowie der Nivellierung von Einkommensunterschieden durch ein zugunsten von Geringverdienern reformiertes Steuersystem.[137] Anleihen und Vorbilder dafür suchte Steffen in einer koordinierten europäischen Sozialpolitik, vor allem in Schweden.[138]

Die exemplarische Untersuchung der Leitartikel zeigt: „das da" kann durchaus als Politmagazin verstanden werden, in dem Steffen mit einem ähnlichen journalistischen Selbstverständnis wie zuvor in der Parteipresse die Möglichkeit hatte, journalistisches Schreiben mit seinem politischen Auftrag in Deckung zu bringen, der SPD-Linken einen argumentativen Orientierungsrahmen zu bieten. An diesem publizistischen Ort konnte er Sinn und Ziel seines politischen Handelns auf der Grundlage einer ausführlichen Gesellschaftsanalyse erörtern, Theorie, Strategie und Taktik als unabdingbare Voraussetzungen einer Politik kennzeichnen, die auf gesellschaftliche und politische

133 Hamburger Abendblatt vom 13.3.1975, Der Donnermacher hinter den Kulissen.

134 Eine Zusammenstellung dieser Artikel findet sich in: das da, 8/77: Mutmaßungen über Kuddl Schnööf. Reaktionen zur SPD-Schelte von Jochen Steffen, u.a. auch die beiden zitierten Passagen.

135 Vgl. u.a. das da, 1/76: Kommt eine vierte Partei?; 5/77: Umweltschützer – eine neue Partei?; 9/77: Ins Stammbuch der neuen Partei; 5/78: Wie stark sind die Grünen?; vgl. später auch Avanti, 10/78 oder konkret, 5/80.

136 Vgl. das da, 1/78: Der alte Mann und das Heer.

137 Vgl. das da, u.a. 1/75: Wem nützt Baader-Meinhof?; 6/75: Die Dritte Welt und wir; 9/75: Die Linken und die Krise; 9/76: Recht auf Arbeit; 1/77: Zieht euch warm an – es kommen kalte Zeiten.

138 Vgl. u.a. das da, 12/75: Sozialismus weil´s möglich ist; 8/76.

Reformen zielte, die die Gesellschaft nach den Interessen ihrer Mehrheit verändern sollen.

6. Fazit: Steffen – Berufspolitiker UND Journalist

Die exemplarische Kartierung einzelner Stationen des langwährenden und breiten journalistischen Schaffens Jochen Steffens birgt die Erkenntnis, dass die Geschichte des Journalisten Steffen und jene des (Volks-)Politikers Steffen eng miteinander verbunden waren und beide Aufgaben (oder Begabungen?) nicht miteinander konkurrierten. Die beiden einleitend gegenübergestellten Perspektiven scheinen eher die unterschiedlichen Standorte ihrer Verfasser zum Ausdruck zu bringen: Gert Börnsen erinnert aus der Perspektive der SPD-Landtagsfraktion einen Jochen Steffen, der auch einmal das tagespolitische Alltagsgeschäft vernachlässigte, um in Volkszeitung, Nordwoche und Co. seiner Berufung als „Volksschriftsteller" nachzugehen und politische Kommentare zu publizieren. Für Sohn Jens-Peter scheinen in der Retrospektive auch andere Zeitfenster des journalistischen Schaffens seines Vaters bedeutend, in denen Schreiben notwendig schien, um als Redakteur die Familie zu versorgen, oder später, um Auseinandersetzungen mit dem politischen Gegner zu führen.

Jochen Steffen strebte nicht in erster Linie nach einer journalistischen Karriere, schon gar nicht außerhalb des linkspolitischen Spektrums. Seine Interessen lagen in der politischen Analyse, in aufklärerischer Tätigkeit, in der politischen Veränderung. Dabei konzentrierte sich der Berufspolitiker Steffen im Bundesparteivorstand auf grundsätzliche Fragen im Langzeitprogramm, dies lag ihm näher als die Planung konkreter Umsetzungsschritte im politischen Alltagsgeschäft. Entsprechend bestand Steffens journalistisches Metier nach den Anfangsjahren bei der FP auch weniger im Verfassen täglicher Artikel, die morgen nicht mehr aktuell sein würden, sondern von Glossen und Kommentare mit deutlich geringerem Verfallsdatum, in denen er gesellschaftliche Eruptionen im Dienst seiner Wahrheit erläutern konnte, und zwar über den Austritt aus seiner SPD 1979 hinaus. Auf die Analyse dieser Formate konzentrierte sich auch dieser Beitrag.

Auch wenn die zunehmende Übernahme politischer Ämter und später der sukzessive Rückzug aus der Verantwortung zweifelsohne Einfluss auf Jochen Steffens Zeitbudgets und damit auch auf den Umfang seines journalistischen Wirkens hatten – nicht ohne Grund war Steffen zwischen 1966 und 1973 seltener redaktionell tätig, obwohl er in der Presse auf Grund seiner politischen Rolle dennoch häufig erwähnt wurde –, Steffen blieb mit seinen Kommentaren und Leitartikeln in den Zeitungs- und Magazinspalten über den gesamten Untersuchungszeitraum hinweg präsent. Daraus lässt sich schließen, dass sein journalistisches Selbstverständnis, Leser_innen die Welt aus einer dezidiert linken Perspektive erklären und ihnen politische Perspektiven aufzeigen zu wollen, im Kern ungebrochen Bestand hatte. Nach unserer Einschätzung gehörten für

Steffen Journalismus und Politik eng zusammen. In guter sozialdemokratischer Tradition schien Steffen Schreiben ein Bestandteil der politischen Auseinandersetzung, schienen Zeitungen eine publizistische Waffe im politischen Kampf zu sein. Als reiner Lohnschreiber erscheint er uns gerade nicht, auch wenn die alltägliche Berichterstattung im klassischen Artikel-Format für die Flensburger Presse ihn wohl nicht ausfüllte, ihm aber wohl ein Auskommen bot. Sein Interesse lag auf den beschriebenen Formaten politischer Schreibtätigkeit. Da er vor allem zunächst in sozialdemokratischen Organen schrieb, war der Ausgleich zwischen Politik und Journalismus grundsätzlich möglich; solange sich seine Vorstellungen des demokratischen Sozialismus, die auch maßgeblich die Schwerpunkte seiner Themenauswahl bestimmten, mit der von der SPD verantworteten Regierungspolitik im Bund und mit ihrer Unternehmenspolitik vereinbaren ließen. Als sich dies änderte, wurde es schwieriger, die Rollen zu vereinbaren. Der Parteipolitiker Steffen zog Unmut auf sich, wenn der Journalist in alternativen Organen mit linkspolitischem Profil gegen die Parteilinie geschrieben hatte.

Doch von jeher hatte Steffen an den Stellen, an denen seine politischen Überzeugungen mit wirtschaftlichen oder unternehmenspolitischen Entscheidungen, parteiinternen Lagerkämpfen oder politischen Rücksichtnahmen im Wahlkampf kollidierten, Konflikte in Kauf genommen: Schon als noch junger Kommentator bei der Flensburger Presse verprellte er Anzeigenkunden wie Karstadt, bei der Volkszeitung und verstärkt in den 1970er Jahren in der Röhl-Presse schrieb er dann bitterböse Artikel gegen die Pragmatiker in der eigenen Partei. Hinter den Kulissen scheint sich Steffen dabei – wie bei der Koordination der Abwicklung der Kieler Volkszeitung – im Einzelfall jedoch kompromissbereiter gezeigt zu haben, als es die publizierte Erinnerung ehemaliger politischer Weggefährten vermuten ließ.

Mit den Jahren entwickelte Jochen Steffen eine eigene journalistische Ausdrucksweise, die zum skizzierten Selbstverständnis und zur gedanklichen Geschlossenheit seines Systems von der Theorie der Macht passte; das hat die Analyse ausgewählter Jahrgänge der Flensburger Presse, der Kieler Volkszeitung, der Nordwoche und nicht zuletzt des Magazins „das da“ gezeigt. Steffen bediente kontinuierlich ein politisches Lager, das zunächst auf dem linken Flügel der SPD und später teilweise auch in der 1979/80 gegründeten Partei der Grünen eine politische Heimat fand, und Publikationen, die offen mit der Arbeiterbewegung sympathisierten, genauso lasen wie den Spiegel und die Zeit. Dieser Zielgruppe gegenüber sah sich Steffen ab Mitte der 1970er Jahre nicht mehr gezwungen, eine SPD-Parteipolitik journalistisch zu rechtfertigen, die er zunehmend nicht mehr als die seine empfand. Auch oder gerade als sein Einfluss in den parteipolitischen Gremien schwand, konnte sich Steffen publizistisch weiter als Fürsprecher einer linken Teilgruppe etablieren, der für ein beeindruckendes Medienspektrum schrieb, und auf diese Weise seinen politischen Gestaltungswillen und sein journalistisches Engagement in Einklang brachte.

Steffens Stil zeichnet sich zudem durch eine bemerkenswerte Bandbreite aus: Aus der politischen Rede übernahm er dialektische Stilmittel, wenn er ausgehend vom Fallbeispiel große gesellschaftliche Fragen entwickelte und dialektisch erörterte. Dieses Vorgehen erzeugte in politischen Fragen oft Widersprüche, die Steffen – auch innerhalb der eigenen Partei – offen angesprochen und diskutiert sehen wollte. Steffens Schreibe lebte von der Anekdote, die dialektisch zeigt, was die große Politik für den oder die Einzelne bedeutet, die sie ertragen müssen; von Bildern, die Strukturen und Theorien veranschaulichen sollen; von Wortwitz, der oft zu bissiger Ironie und polarisierender Polemik wurde. Viele Leser_innen begeisterte neben diesen zum Teil klaren und deutlichen Worten die dichte und zugleich anschauliche Atmosphäre von Wissenschaftlichkeit, mit der Steffen aufzuzeigen suchte, was sich politisch-sozial formieren, was sich dynamisch entwickeln sollte. Andere empfanden diesen Stil als sperrig, realitätsfern und für die praktische Politik unbrauchbar, die Polemik als zu hart und verletzend.

Steffens Gestaltungswillen und sein Selbstverständnis überlebten das Trauma der zwei verlorenen Landtagswahlen, wobei die Niederlage 1971 sicherlich einer anderen Kategorie zuzuordnen ist. Die Geschichte des Journalisten Jochen Steffen ist deshalb keineswegs als eine Geschichte des Scheiterns zu interpretieren. Das Schreiben auf einer nach der Einstellung der Parteipresse zunehmend breiteren publizistischen Klaviatur befreite und befruchtete Steffen offenbar. Er hatte nach dem Ausstieg aus dem ‚Hundeleben' wieder den Eindruck, einer produktiven, ihn intellektuell fordernden Arbeit nachzugehen, die ihm Spaß machte und ihm eine neue gesellschaftliche und zugleich auch finanzielle Anerkennung ermöglichte. Ein Brief an seinen Sohn Jens-Peter aus dem August 1972 belegt diesen neuen Optimismus: „Die Arbeit schreitet munter voran. Durchschnitt 7-8 Seiten pro Tag. [...] Inzwischen rollen hier die Rubel ein. Vom Spiegel-Verlag folgte die Benachrichtigung, daß 3000 Piepen für den Essay angewiesen wurden. Lebt wohl und wöhler, ihr Verschwender sauren Intellektuellenschweißes."[139] Nach der Verleihung des Deutschen Kleinkunstpreises im Jahr 1978 verdiente er mit „Kuddl Schnööf" und seinen Kabarettauftritten wohl besser als mit journalistischen Texten. Aber: Seine berufliche Neuausrichtung, zu der auch das Schreiben journalistischer Artikel zählte, und die Freude daran führten nicht nur die Eheleute Jochen und Ilse Steffen wieder zusammen, sie sicherte ihm auch die Anerkennung alter und neuer Weggefährten, unter anderem der Literaten Siegfried Lenz und Günter Grass.[140]

Daher dominiert insgesamt der Eindruck, Steffen habe nicht resigniert, sondern

139 Schreiben von Jochen Steffen an seinen Sohn Jens-Peter Steffen vom 7. August 1972, in: AdsD, Bestand Jochen Steffen, 1/JSAA000177.

140 Vgl. die Einschätzung von Gertrud Lenz in diesem Band. Neben seinem journalistischen Engagement sei an dieser Stelle auch auf Steffens kabarettistische Arbeit verwiesen. Vgl. den Beitrag von Volker Kühn.

sich weiterhin gefordert, um etwas zu bewirken. „Mosernd im Abseits" stand er nachweislich nur im Mai 1975, als alte Wunden des letzten Landtagswahlkampfes aus dem Jahr 1971 wieder aufbrachen. Darüber hinaus aber ergriff Steffen weiterhin das politische Wort, wenn es ihm notwendig schien, auch um den politisch Mächtigen – außerhalb und innerhalb der eigenen Partei – ihre Grenzen aufzuzeigen.[141] Die Vielseitigkeit, die der Sozialdemokrat Norbert Gansel für Steffen erinnert, beschreibt auch den Journalisten: „Der Begeisternde und der Analytische, der Wissenschaftliche und der Sentimentale, der Lernbegierige und der Dozierende, der Neu-Gierige und der Geschichtsbewußte, der Fröhliche und der Zynische, der Spötter und der Verletzliche, der Macher und der sozialistische Theoretiker, der Volksvertreter und der Interessenvertreter der kleinen Leute, der Kämpfer und schließlich der Leidende."[142] Man möchte die Reihen ergänzen und durchaus hinzufügen: der journalistische Weltverbesserer mit politischem Sendungsbewusstsein und der polemische Schreiber. Beides schien für Jochen Steffen keinen Gegensatz darzustellen, sondern sich im Sinne seiner Dialektik zu ergänzen.

---

141 Sinngemäß entspricht diese Wertung der Wahrnehmung Steffens durch Siegfried Lenz, vgl. Lenz' Trauerrede vom 5.10.1987, Manuskript, in: AdsD, Bestand Jochen Steffen, 1/JSAA000099.

142 Abschiedsworte Norbert Gansels während der Beerdigung Steffens am 5.10.1987, Manuskript, in: AdsD, Bestand Jochen Steffen, 1/JSAA000099.

Quellen- und Literaturverzeichnis

Unveröffentlichte Quellen

Archiv der sozialen Demokratie der Friedrich-Ebert-Stiftung (AdsD)[143]:
Personenbestand Jochen Steffen:

I Persönliche Unterlagen/biographische Materialien

1/JSAA000002: Publizistische Äußerungen zu Jochen Steffen, u.a. Interview von Stefan Appelius mit Helmut Schmidt

1/JSAA000007: Publizistische Äußerungen zu Jochen Steffen, u.a.: Dokumentation des Axel-Springer-Verlages: Kesseltreiben gegen wen? Die Legende einer Kampagne gegen Jochen Steffen (1971)

1/JSAA000011: Publizistische Äußerungen zu Jochen Steffen/Aufzeichnungen

1/JSAA000086: Korrespondenzen, Aufzeichnungen, u.a. Beteiligungen Zeitschrift „Forum ds"

1/JSAA000094: Unterlagen zum Arbeitsverhältnis Jochen Steffen bei der „Kieler Druckerei"

Korrespondenz, Zeitungsausschnitte (1968-1971)

1/JSAA000099: Persönliche Unterlagen/biographische Materialien Tod JS

1/JSAA000144: Unterlagen zum Arbeitsverhältnis als wissenschaftlicher Mitarbeiter des Seminars von Prof. Dr. Michael Freund, Christian-Albrechts-Universität Kiel

III Publizistische Äußerungen Jochen Steffens

1/JSAA000022: Artikel „Lübecker Morgen" (1963-1967)

1/JSAA000034: Korrespondenz; Zeitungsausschnitte, u.a. Kolumne Gastkommentare

IV Allgemeine und persönliche Korrespondenz

1/JSAA000136: Korrespondenz, Personen, u.a. Havemann, Robert; Schmidt, Helmut

1/JSAA000177: Korrespondenz mit Familienangehörigen

VI Berufliche Tätigkeit Jochen Steffens als Redakteur und Herausgeber

1/JSAA000023-25: Berufliche Tätigkeit Jochen Steffens als Redakteur der „Kieler Volkszeitung" (VZ), Zeitungsausschnitte (1961-1963)

1/JSAA000026-29: Berufliche Tätigkeit Jochen Steffens als Redakteur der „Kieler Volkszeitung" (VZ), Artikel „Jens Peter" (1964-1967)

1/JSAA000030: Berufliche Tätigkeit Jochen Steffens als Redakteur der „Kieler Volkszeitung" (VZ), Zeitungsausschnitte (1968)

1/JSAA000023-25: Berufliche Tätigkeit Jochen Steffens als Redakteur der „Kieler Volkszeitung" (VZ), Kolumne „Peter Qualm" (1965-68), Zeitungsausschnitte

1/JSAA000113: Berufliche Tätigkeit Jochen Steffens als Herausgeber, Zeitschrift

143 Abschiedsworte Norbert Gansels während der Beerdigung Steffens am 5.10.1987, Manuskript, in: AdsD, Bestand Jochen Steffen, 1/JSAA000099.

„avanti" (1973)

1/JSAA000114-116: Berufliche Tätigkeit Jochen Steffens als Herausgeber der „Nordwoche", Zeitungsausschnitte (1969-1971)

1/JSAA000151-159: Zeitungsausschnitte „Flensburger Presse" (Jahrgänge 1956 und 1959)

XIV Publikationen Dritter im Nachlass Jochen Steffen

1/JSAA000219: Drucksachen; Manuskripte

Bestände von sozialdemokratischen Parteigliederungen und Parlamentsfraktionen

Landesverband Schleswig-Holstein:

Abt. III, Best. SPD-LV S-H, Nr. 410, Nr. 1041, Nr. 1044, u.a. Korrespondenzen Landesvorstand mit Verlags- und Druckhaus „Wullenwever"

Abt. IV, Best. SHVZ, Nr. 2, Nr. 14, Nr. 15, u.a. Prüfberichte Verlags- und Druckhaus „Wullenwever", Denkschrift zur Nordwoche

Bestände der SPD-Parteiführung und des Parteivorstandes sowie zentraler sozialdemokratischer Parlamentsfraktionen:

SPD-Parteivorstand:

Sonderbestände, DDVG Nr. 909 Auerdruck/ADP, Nr. 1807 Konzentration GmbH, Nr. 1793

Landtagsarchiv der SPD Fraktion, Kiel

IX Medien, u.a. Bericht des Geschäftsführers Bandholz zur Lage der VZ vom 29.11.1968

Bestand Steiner im IZRG, Schleswig

Ordner 1, SPD-Fraktionsarchiv 1977, Zitat- und Zeitungsausschnittsammlung der SPD-Fraktion im schleswig-holsteinischen Landtag

Ordner 1, Varia aus dem SPD-Fraktionsarchiv im Kieler Landtag

Ordner 4, Studie des SPD-SH Pressereferats aus dem Februar 1971, darin u.a. Auswertung der Wahlberichterstattung der regionalen und überregionalen Presse

Internetseiten

Wahlergebnisse Kommunal- und Landtagswahlergebnisse Flensburg Stadt seit 1947, verfügbar unter http://www.flensburg.de/Politik-Verwaltung/Kommunalpolitik/Wahlen-Abstimmungen (aufgerufen am 09.06.2017).

Gedruckte Quellen und Literatur

Börnsen, Gert: Erinnerungen an Jochen Steffen, in: Demokratische Geschichte 20 (2010), S. 309-326.

Danker, Uwe: Mit Fehlstart in vier Jahrzehnte bürgerliche Regierungsmehrheit.

1950-1967: Landespolitik in der Ära Bartram, Lübke, von Hassel und Lemke, in: Ders.: Die Jahrhundertstory Bd. 3, Flensburg 1999, S. 148-167.

Danker, Uwe: „Wir machen die Zukunft wahr!“ Landespolitik in den 70er Jahren, Ära Stoltenberg-Steffen, in: Ders.: Die Jahrhundertstory Bd. 2, Flensburg 1999, S. 228-247.

Danker, Uwe: „Wir wollen loyale Untertanen der dänischen Krone sein.“ Südschleswig 1945 bis 1955: Vom letzten Kampf zum dauerhaften Grenzfrieden, in: Ders.: Die Jahrhundertstory Bd. 3, Flensburg 1999, S. 108-127.

Danker, Uwe: 140 Jahre Geschichte. Schlaglichter auf die unternehmerische Tätigkeit der SPD, verfügbar unter http://www.ddvg.de/wirueberuns/historie/ (aufgerufen am 26.6.2017).

Danker, Uwe/Schwabe, Astrid/Schlürmann, Jan u.a.: Schleswig-Holstein 1800 bis heute. Eine historische Landeskunde, Husum 2014.

Danker, Uwe/Schwabe, Astrid: Schleswig-Holstein und der Nationalsozialismus, Neumünster 2005.

Danker, Uwe/Markus Oddey/Roth, Daniel/Schwabe, Astrid: Am Anfang standen Arbeitergroschen. 140 Jahre Medienunternehmen der SPD, Bonn 2003.

Greiner, Bernd/Müller, Christian/Walter, Dierk: Krisen im Kalten Krieg, Bonn 2009.

Haese, Ute/Prawitt-Haese, Torsten: Dem Leser ein Halt in schwerer Zeit. Schleswig-Holsteinische Pressegeschichte 1945-1955, Hamburg 1994.

Martens, Holger: Die Geschichte der Sozialdemokratischen Partei Deutschlands in Schleswig-Holstein 1945-1959, 2 Bde., Malente 1998.

Obermaier, Frederik: Sex, Kommerz und Revolution. Vom Aufstieg und Untergang der Zeitschrift ‚konkret‘, Marburg 2011.

Oddey, Markus/Engelhardt, Hannes/Seeler, Isabelle von: „Ich bleibe Optimist – trotz allem“. Wilhelm Geusendam als Demokratischer Sozialist und Parteiorganisator, in: Demokratische Geschichte 17 (2006), S. 33-113.

Rickers, Karl: Erinnerungen eines Kieler Journalisten 1920-1970, Neumünster 1992.

Röhl, Bettina: So macht Kommunismus Spaß! Ulrike Meinhof, Klaus Rainer Röhl und die Akte Konkret, Hamburg 2006.

Schwabe, Astrid: Ausstellung. Vorwärts, 140 Jahre, 1876-2016. Berlin/Flensburg 2016.

Steffen, Jens-Peter: Einleitendes. Einleitende Bemerkungen eines befangenen Herausgebers, in: Steffen, Jochen: Personenbeschreibung. Biographische Skizzen eines streitbaren Sozialisten, hrsg. von Jens-Peter Steffen, Kiel 1997, S. 5-10.

Steffen, Jochen: Personenbeschreibung. Biographische Skizzen eines streitbaren Sozialisten, hrsg. von Jens-Peter Steffen, Kiel 1997.

Steffen, Jochen: Probleme der Zusammenarbeit bei der Industrieansiedlung in den vier Küstenländern, o.O., o.J. (1967).

Steiner, Friederike: „Es sieht doch so aus, als habe unser Eutiner Parteitag die Sache in der SPD ins Rutschen gebracht.“ Jochen Steffen und die Rolle der schleswig-holsteinischen SPD in der Neuen Ostpolitik, in: Demokratische Geschichte 20 (2010), S. 327-354.

Walter, Franz: Die SPD. Biographie einer Partei, 3. Aufl., Reinbek 2015.

Weber, Jürgen: Joachim Steffen – der „rote Jochen“, in: Demokratische Geschichte 3 (1988), S. 597-602.

Wewer, Göttrik: Sozialdemokratische Wirtschaftsbetriebe. Eine politikwissenschaftliche Untersuchung von partei-eigenen Unternehmen in der Bundesrepublik Deutschland, Opladen 1987.

Publizistische Äußerungen (Zeitungsartikel und Medienbeiträge) von Jochen Steffen (in Auswahl)

das da, Jg. 1974: Nr. 3: Kampf den Multis, aber wie?; Nr. 4: Warten auf die Erstgeburt; Nr. 5: Wird Schmidt Kanzler?; Nr. 6: Selbstmord auf Raten; Nr. 7: Der letzte Mohikaner; Nr. 8: Eppler und die Folgen; Nr. 11: Komplott von CDU und CIA; Nr. 74: Nigger Ali ist kein Onkel Tom;

das da, Jg. 1975: Nr. 1: Wem nützt Baader-Meinhof?; Nr. 2: Die nächste Steinzeit kommt; Nr. 3: Mao – der Kanzlermacher; Nr. 4: Dreifrontenkrieg gegen Reaktion; Nr. 5: Besten Dank Herr Strauß; Nr. 6: Die Dritte Welt und wir; Nr. 9: Die Linken und die Krise; Nr. 10: Erspartes und falsches Sparen; Nr. 11: Ausgewogen und für zu blöd befunden; Nr. 12: Sozialismus weil‘s möglich ist.

das da, Jg. 1976: Nr. 1: Kommt eine vierte Partei?; Nr. 2: Die Straße frei für rechts; Nr. 2: Der Feind steht rechts; Nr. 4: Neue Linke – alte Bärte; Nr. 5: Ausbeuter mit Überbau; Nr. 6: Schlimme neue Welt; Nr. 7: Sozial oder kapitalistisch; Nr. 9: Recht auf Arbeit; Nr. 10: Das Christliche an Herrn Kohl.

das da, Jg. 1977: Nr. 1: Zieht euch warm an – es kommen kalte Zeiten; Nr. 2: Nasse Füße im gemeinsamen Boot; Nr. 3: Die neue APO – Abrechnung mit den Volksparteien; Nr. 4: Regierung auf Gewaltkurs; Nr. 6: Wie kaputt ist die SPD – Krisenmanager Schmidt am Ende?; Nr. 8: Mutmaßungen über Onkel Herbert; Nr. 8: Mutmaßungen über Kuddl Schnööf; Nr. 5: Umweltschützer – eine neue Partei?; Nr. 9: Ins Stammbuch der neuen Partei; Nr. 10: Wenn dein starker Arm nicht will; Nr. 11: Straße frei für den hässlichen Deutschen.

das da, Jg. 1978: Nr. 1: Der alte Mann und das Heer; Nr. 5: Wie stark sind die Grünen?

das da, Jg. 1980: Nr. 1: Warum ich aus der SPD austrat.

Flensburger Presse, Jg. 1956; 11.10.: Automatisierung beendet; 18.10.: Macht und Lebensstandard; 25.10.: Tauwetter im Osten; 1.11.: Jugendschutzbestimmungen; 8.11.: Zweierlei Maß; 15.11.: Politik und Verstand; 22.11.: Rentenreform; 29.11.:

Spiel mit Schießgewehr; 6.12.: Harte oder weiche Politik; 13.12.: Sie sagen Europa; 28.12.: Neue Rüstung.

Flensburger Presse, Jg. 1959: 8.1.: Hinter den Russen zurück; 15.1.: Zünd's andere an; 12.2.: Sprung über den Schatten; 19.2.: Ihr sollt mich lieben; 26.2.: Ehrenwert oder dumm.

Lübecker Morgen, Jg. 1963, 24.4.: Kronprinz auf Verdacht; 18.5.: Unvernunft als Prinzip; 5.6.: Menschliches im Brühne-Prozess; 3.8.: Wir 51 Staaten; 24.9.: Der europäische Atomritter; 9.10.: Porzellan klebende Eichhörnchen.

Nordwoche, Jg. 1969: 11.4.: „Was wir wollen".

Nordwoche, Jg. 1971: 1.1.: Geschlossen hinter Willy Brandt; 1.1.: Stoltenbergs zwei Gesichter; 19.2.: Strauß und Stoltenberg; 12.3.: Radikale Fanatiker als Wahlhelfer der CDU; 12.3.: Die Herrschaftssprache der CDU; 26.3.: Springer-Hetze hilft Steffen; 2.4.: Propaganda für die CDU aus öffentlichen Mitteln; 2.4.: Ein Tag aus dem Leben des Jochen Steffen; 9.4.: Wahlkampf mit Bestechung: Lockungen und Druck sollen FDP zermürben; 16.4.: CDU ruft das letzte Aufgebot – Strauß und Stoltenberg stören deutsche Ostpolitik; 23.4.: CDU Kandidat für Koalition mit der NPD.

Schleswig-Holsteinische Volkszeitung, Jg. 1962: 6.1.: Chaos um Laos; 9.1.: Rhöndorfer Horizont; 12.1.: Kuba und die Schreie; 18.1: Kalter Kaffee; 2.2.: Duft der kommenden Kämpfe; 20.1.: Mehr Dynamit; 30.1.: Gen Ostland wollen wir handeln; 23.2.: Evangelische Kritik und von Hassels Behauptungen; 1.3.: Bonner Dschungelkrieg; 3.3.: Kroll Oper und kein Ende; 6.3.: Um die Zügel der Weltpolitik; 9.3.: Ein seltsamer Strauß; 10.3.: Balkan ist unser Strauß; 14.3.: Gefesselte Partner; 15.3.: Der ungläubige Thomas Dehler; 19.3.: Mach mal Urlaub - Nach uns die Sintflut, sagte die Marquise de Pompadour; 24.3: Wer sagt es?/Oder-Neisse Linie; 4.4.: Eine politische Bombe; 5.4.: Schnitt in den Finger; 6.4.: Erhard muss zum Schneider – Maßhalten; 10.4.: Ende einer Illusion; 11.4.: Des Kanzlers Prügelknaben; 13.4.: Der Weg in die Knechtschaft; 17.4.: Erhard kein Kennedy; 18.4.: DDR Anerkennung notwendig; 28.4.: Erhard wie ihn keiner kennt, 30.4.: Erfolg der IG Bau; 1.5.: Sie wissen schon zu ordnen – Leistungen der Arbeiterbewegung; 10.5.: Astsäger; 14.5.: Dulles Nachgesang; 15.5.: KO im VW Preis Match; 23.5.: Die Russen sind auch noch da; 29.5.: Von Hassel Landwirtschaft vor schwerwiegenden Wandlungen; 30.5.: Von Hassels neue Eigenschaft; 30.5.: Börsencrash; 31.5.: Börsencrash – die Lehren; 6.6.: Mitgegangen – mitfinanzieren – 6 Divisionen mehr; 13.6.: Cliquenkampf und Weltpolitik; 23.6.: Bedeutung Südostasiens für die USA? Von Dulles zu Rusk; 25.6.: Bonn ist skeptisch; 28.6.: Das Parlament lacht; 4.8.: Vogel Strauß Politik; 14.8.: Ben Balas Tigerritt vom Kongo; 18.8.: Ohne Kopf durch die Wand; 23.8.: Verwaltung als CDU Instrument; 27.8.: Staat der Unternehmer, Gesetze gegen Gewerkschaften;

28.8.: Vernunft oder schwarzer Peter; 31.8.: Reste des Krieges; 1.9.: Geist, der uns regiert – Bosse beim Kanzler; 1.9.: Verfassungsfeindliche CDU Personalpolitik; 6.9.: Uhren-Weisl gegen DM; 8.9.: Dänische Löhne – deutsche Löhne; 12.9.: Hämmernder Prophet Erhard; 14.9.: Wo der Staat versagt – Lage der Werften; 17.9.: Warten auf den nächsten Schlag; 19.9.: Regieren in Schleswig-Holstein; 22.9.: So einfach geht das Stabilisierungsprogramm; 24.9.: Drei Sieger; 26.9.: Gang nach Canossa; 28.9.: Auf den Scherben unserer Hoffnung; 9.10.: Schäfer und Führer; 10.10.: Das war alles; 11.10.: Freiheit und Leben; 14.10.: Gewalt als Methode; 20.10.: Geopferte Wahlsprüche, Abgesang auf die freie Marktwirtschaft; 23.10.: Der Monopol-Komplex; 25.10.: Kuba und Europa; 26.10.: Krach oder Klärung, DGB-Kongress; 29.10.: Wer hat gesiegt? 1.11.: Ein neuer Mende; 2.11.: Politisches Striptease; 6.11.: Sanktionierte Demokratie mit Pause; 8.11.: Goebbels in Schwarz; 10.11.: Gewissen das ist es - Minister fallen wie Butterbrote; 16.11.: Wenn Strauß stürzt; 17.11.: Washington nimmt Rücksicht; 20.11.: Mende wie ihn keiner kennt; 24.11.: Das Notwendige Überflüssige; 30.11.: Christdemokratische Schlammschlacht; 3.12.: Adenauers letztes Kabinett: Regierung der Wirtschaft; 8.12.: Noch neun Monate Adenauer; 8.12.: Vom Mundraub zur Taktik; 10.12.: Das schwächste starke Kabinett; 18.12.: Kanzler Kabarett; 19.12.: Überredetes Wahlrecht; 20.12.: Offizielle Quengeleien.

Schleswig-Holsteinische Volkszeitung, Jg. 1967: 23.2.: Nachruf auf Fritz Erler.

Schleswig-Holsteinische Volkszeitung, Jg. 1968: 13.1.: Hoffnung auf Banditen; 22.1.: Problem für die Verbündeten; 20.2.: Bedrohter Frieden; 17.3.: Weniger als ein Schritt; 26.3.: Die permanente Revolution; 19.4.: Massaker als letzte Chance; 3.8.: Streit der Revolutionäre; 24.8.: Pendelschlag der Revolution; 29.8.: Drei algerische Löwen; 4.10.: Verfassung des Bürgerkrieges.

Publizistische Äußerungen (Zeitungsartikel und Medienbeiträge) über Jochen Steffen (in Auswahl)

Vorwärts, 30.9.1971: Aus für die ‚Kieler Druckerei'.

Nordwoche, 1.10.1971: Liebe Nordwoche-Leser.

Nordwoche, 11.4.1969: Liebe Leser (v. Harald Schneider)

Erich Maletzke: Kommentar im NDR, 23.9.1971.

Gerhard E. Gründler: „Erinnerungen an Jochen Steffen", NDR-Hörfunk, Auf ein Wort, 28.09.1987.

Panorama, NDR, 22.3.1971, verfügbar unter http://daserste.ndr.de/panorama/archiv/1971/panorama2445.html (aufgerufen am 06.09.2017).

Uwe Danker

„Wir machen die Zukunft wahr.“ Joachim Steffens Spur in der schleswig-holsteinischen Landespolitik – Eine (ergänzende) Suche

Auch andere Autoren schreiben in diesem Band nicht nur über Joachim Steffen, sondern ein wenig von sich selbst: Ich lernte Jochen Steffen persönlich kennen am 6. April 1971 vor den Toren der Werft Nobiskrug in Rendsburg. Als gerade mal 15-jähriger und frisch organisierter Juso half ich im Landtagswahlkampf und hielt dem Spitzenkandidaten mein persönliches Exemplar des „Regierungsprogramm(s) der SPD für Schleswig-Holstein“ für ein Autogramm hin. Steffen bewies mitten in der Hochphase des Wahlkampfs Humor, forderte mich auf, mich zu beugen und ihm den Rücken als Schreibunterlage zu gewähren: „Sonst denken die Leute noch, ich bin Analphabet!“

So ist (auch) dieser Beitrag eine Spurensuche, die ein wenig mit der eigenen Biografie zu tun hat. Was bleibt? Was bleibt von der über viele Jahrzehnte modulierten individuellen Erinnerung an die Landespolitik der 1970er Jahre, an den „Roten Jochen“, an frühes politisches Engagement, wenn es durch die Arbeitsweise des in die Jahre gekommenen Historikers dem Vetorecht der Quellen und der gezielten Recherche ausgesetzt wird? Jochen Steffen in seiner Rolle als schleswig-holsteinischer Landespolitiker der 1960er und 1970er Jahre, was kennzeichnet ihn, was qualifiziert seinen besonderen Beitrag, seinen Rang? Gab es Bleibendes, über den Rückzug hinaus Wirkendes? Ja, kann man überhaupt von dem Landespolitiker Joachim Steffen sprechen, sein politisches Wirken teilreduzieren auf Landespolitik? Kann man die Biografie dieses Mannes aufspalten in parteipolitisches, landespolitisches, journalistisches und kleinkünstlerisches Teilverhalten? Oder muss man ihn in seinem Wirken eher integrativ sehen? Darauf und auf einige im Folgenden noch formulierte Fragen werden Antworten gesucht.

Darüber hinaus stellt sich auch die pragmatische Frage, was bleibt an Feldern der Bearbeitung bei derart vielen weiteren Beiträgen in diesem Buch? Was bleibt für mich übrig, blicke ich auf die eingehende, reflektierte und so engagierte Biografie, verfasst vom Sohn, auf die klugen kurzen Erinnerungen von Georg Beez, auf die Einordnung von Gert Börnsen und schließlich die nicht völlig abgrenzbaren Beiträge von Thorsten Harbeke und Astrid Schwabe/Markus Oddey? Jedenfalls soll nicht alles wiederholt werden, was anderswo zu lesen ist. Im Gegenteil: Wir nehmen im Folgenden die genannten Beiträge als Ausgangspunkte für ergänzende Überlegungen.

Die charakteristischen Zuschreibungen zur Person Joachim Steffens liegen also auf dem Tisch: Theoretiker, Moralist, Wahrheitsfanatiker, Gestalter, der Fakten predigt, von Planbarkeit der Zukunft ausgeht, den totalen Prozess propagiert. All das müsste sich im landespolitischen Brennglas zeigen, also Persönlichkeit, Theorie und Handeln in der Landespolitik spiegeln, wie auch umgekehrt, denn eine Biografie lässt sich natürlich nicht aufspalten. Wenn also im Folgenden der Fokus auf Joachim Steffens Rolle in der Landespolitik Schleswig-Holsteins gerichtet wird, so geht es um Versuche der Dekonstruktion und der Rekonstruktion, um ein paar weitere scharfe Konturen herauszuarbeiten.

Der Zugang wird gewählt über Verdichtungspunkte, die, so meine ich, eine besondere biografische Bedeutung besaßen und tatsächlich ergänzende Erkenntnisse erwarten lassen. Von einer Ausnahme abgesehen werden diese vier Themen in diesem Band an anderer Stelle nicht bearbeitet. Ich möchte

- erstens die von Jochen Steffen 1951 bis 1953 verfertigte Studie über den damaligen Funktionärsapparat der schleswig-holsteinischen SPD betrachten,
- anschließend sein vergangenheitspolitisches Agieren im Schleswig-Holsteinischen Landtag ins Visier nehmen und
- drittens schlaglichtartig ein paar Facetten seiner landespolitischen Laufbahn beleuchten,
- schließlich als Höhe- und Wendepunkt seines landespolitischen Engagements die Landtagswahl 1971 in den Fokus rücken.

Zwischenstücke dienen der Verbindung und Orientierung, zum Abschluss wird der Versuch unternommen, die Erkenntnisse zu bündeln. Ich werde in diesem Beitrag zitierfreudig vorgehen, um die Schwerpunkte plastisch erscheinen und Joachim Steffen selbst hinreichend zu Wort kommen zu lassen.

Àpropos: Nach ‚seiner' ersten verlorenen Landtagswahl als Spitzenkandidat formulierte Jochen Steffen am 1. Juli 1967 auf dem Landesparteitag folgende Analyse zur Radikalisierung der Wähler (und Wählerinnen), die sich mit dem Einzug der NPD in den Schleswig-Holsteinischen Landtag ausgedrückt hatte: „Was ist dazu zu sagen? Für mich steht fest, daß die Wahlerfolge der NPD, die verhärtete Anti-Position der totalen Notstandsgegner und die Studentenunruhen beim Schah-Besuch letztlich alle aus ein und derselben Wurzel kommen. [...] Daß das, was jetzt zum Vorschein kommt, nicht der Ausdruck reiner Vernunft ist, kann nur den in Erstaunen versetzen, der glaubte, daß das was man dieser Gesellschaft an Politik und Ideologie vorsetzte, bisher die reine Vernunft war. Hat man nicht den Deutschen vorgeredet, wir seien souverän und seien wieder wer? Lagen nicht Europas Grenzen am Ural? Waren die östlichen Nachbarn nicht ‚Hunnen'? Hat man nicht – wie es so schön heißt – die Vergangenheit bewältigt, indem man die erwischten Mörder vor Gericht stellte und die anderen mit den sauberen Aktenhänden wieder an die Schreibtische schleuste? Hat man nicht die Bauern und Teile des Mittelstandes über die Bedingungen ihrer Existenz bewußt im Unklaren gelassen oder sie sogar belogen? Hat man nicht die Strukturkrisen geleugnet und vor sich hergeschoben, bis sie mit Lawinengewalt über die Betroffenen hereinbrachen?"[1]

Hier lassen sie sich aufspüren, meine ausgewählten Fokussierungen, deutlich werdend jedenfalls nach der Lektüre dieses Beitrags: die Relation von Ideologie und Ver-

---

1 Landesparteitagsrede 1.7.1967, in: Sozialdemokratischer Informationsbrief (SIB) Nr. 470/67, S. 26. (Archiv der sozialen Demokratie Bonn [AdsD], Nachlass Steffen 1/JSAA000191 resp. AdsD Bestand SPD-Landesverband Schleswig-Holstein).

nunft, die Vergangenheitsbewältigung, die Wahrnehmung strukturellen Wandels gepaart mit ehrlicher Ansprache der Menschen.

I. Die wissenschaftliche Studie „Soziologie und Psychologie der Parteibürokratie“

Joachim Steffen, der sein Studium generale im Sommer 1949 ohne Abschluss beendet hatte, profilierte sich in der Folgezeit, offenbar geprägt durch den am Institut für Weltwirtschaft tätigen Soziologen Gerhard Mackenroth, für soziologisch ausgelegte Forschungsvorhaben, die ausgesuchte Akteursgruppen zu dieser Zeit methodisch innovativ untersuchen würden.[2] Bereits in seinem Lebenslauf 1951 benannte er die politische Motivation und die Grundanlage für eine Untersuchung des sozialdemokratischen Funktionskörpers: Ihm gehe es um die „Untersuchung der Möglichkeit einer marxistischen Parteistrategie, welche die gesellschaftliche Realität nicht vergewaltigt, diese erscheint mir erforderlich zu sein, um eine offensive Politik gegenüber der Ostzone führen zu können. Dazu ist aber weiterhin notwendig, dass die sozialistische Partei ihren Bewegungscharakter wieder erhält. Die Möglichkeiten dafür werden bestimmt durch den Charakter der Bürokratie und seine Wandlungsfähigkeit.“[3]

Tatsächlich fertigte Steffen eine umfängliche wissenschaftliche Feldstudie über 47 schleswig-holsteinische SPD-Funktionäre respektive Parteibürokraten an. Diese Arbeit über „Soziologie und Psychologie der Parteibürokratie“ vollendete er im Sommer 1953. Zeitweise war er Stipendiat des Forschungsausschusses der „Vereinigung für die Wissenschaft von der Politik“, die auf diesem Weg nicht unerhebliche Mittel der US-amerikanischen Rockefeller Foundation weiterleitete.[4]

Betreut wurde Steffen vom sozialdemokratischen Journalisten, Politikwissenschaftler und Zeithistoriker Michael Freund (1902-1972), der auf Betreiben seines Freundes Andreas Gayk (1893-1954), zu dieser Zeit Fraktionsvorsitzender der SPD-Landtagsfraktion und Oberbürgermeister der Stadt Kiel, als Chefredakteur der Schleswig-Holsteinischen Volkszeitung nach Kiel kam und gezielt über einen Lehrauftrag und den Quereinstieg 1951 zunächst zum außerordentlichen Professor und schließlich 1956 zum Ordinarius für „Wissenschaft und Geschichte der Politik“ werden sollte. Freund zählte zur ‚amerikanischen Fraktion‘ der SPD, agierte in einem Milieu um die Zeitschrift „Der Monat“, das zur Förderung des Demokratieaufbaus in Europa auch Mittel von der CIA erhielt.[5] In diesen Kontext gehören auch relevante Förderungen

2 Vgl. J.-P. Steffen in diesem Band, S. 562.

3 Lebenslauf Joachim Steffen, 9.3.1951, AdsD Bonn, Nachlass Steffen 1/JSAA000080. Hier zitiert nach J.P. Steffen, ebenda, S. 564.

4 Vgl. J.P. Steffen, ebenda, S. 564ff.

5 Vgl. den sehr instruktiven Beitrag von Klaus Körner: Politikwissenschaftler, Historiker, Journalist. Michael Freund (1902-1972), die Politische Wissenschaft und die Universität Kiel, in: Auskunft. Zeitschrift für Bibliothek, Archiv und Information in Norddeutschland, 37. Jg., H. 2 (Kiel) 2017, hier S. 263f.

der Rockefeller-Stiftung, insgesamt 28 000 DM, die an den Politikwissenschaftler Michael Freund und den Historiker Karl Dietrich Erdmann flossen. Die Habilitationsprojekte von Gerhard Stoltenberg und Heinz Joseph Varain sollten davon ebenso finanziert werden wie Steffens Funktionärsstudie. Der tatsächliche Ertrag hielt sich schließlich in Grenzen.[6]

Steffens insgesamt 224 Seiten umfassende Untersuchung wurde niemals publiziert; sie ist – ergänzt um die zugrundeliegenden 47 transkribierten Interviews – lediglich im Archiv der sozialen Demokratie (bedingt) zugänglich.[7] Jedenfalls eingebettet in ein universitäres Umfeld handelt es sich um den einzigen ausdrücklich ‚wissenschaftlichen' Beitrag Steffens. Wie wir zeigen werden, entwickelt der circa 30-jährige junge Mann in der Studie wesentliche Ankerpunkte seiner politischen und grundsätzlichen Denkart, die Konstanten bleiben werden. Aus diesen drei Gründen sei der Autor im Folgenden sehr ausgiebig zitiert und wenig kommentiert.

„Sozialreligion"

Zentral in Steffens Studie und deren Argumentationen ist der Begriff der „Sozialreligion": „In Deutschland sind die hauptsächlichen Ideen der Arbeiterbewegung von Marx oder Lassalle bestimmt. Gemeinsam ist beiden die Betonung der messianischen Aufgabe des Proletariats. Ihm ist aufgegeben, die Erlösung der Menschheit aus dem kapitalistischen Jammertal zu vollbringen. Das Proletariat ist die auserwählte Klasse der Geschichte. Der alte Mythos, dass der Erlöser aus dem unteren Volk kommt, erfährt hier eine neue Ausprägung. Die christliche Lehre vom Verlust des Paradieses, dem Sündenfall, dem Jüngsten Tag und der Rückkehr ins Paradies wird säkularisiert, in die Geschichte hineinverlegt. Der ‚Sündenfall' ist das Privateigentum, unter dem Donner der proletarischen Revolution wird das Gericht vollzogen und das ‚Paradies' hier und jetzt auf ewige Zeiten für die Erde zurückgewonnen."[8] Im direkten Anschluss heißt es: „Durch die geschichtliche Entwicklung wurde der ‚Marxismus', der ‚wissenschaftliche Sozialismus', zum entscheidenden ideologischen Gehalt der deutschen Arbeiterbewegung. Der Marxismus wurde die Religion der Arbeiterbewegung und Marx war ihr Prophet. Er trat auf als Verkünder der in ihrer Gesetzmäßigkeit erkannten Geschichte."[9]

Das apodiktische und für Steffens Denken folgenreiche Ergebnis der Argumentation: „Der ‚Marxismus' war eine Sozialreligion."[10] Und weiter heißt es: „Unabhängig

---

6 Vgl. J.P. Steffen, ebenda, S. 565.

7 AdsD Bonn, Nachlass Steffen, 1/JSAA000127 bis 1/JSAA000134. Die 47 transkribierten Interviews mit den handschriftlichen Ent-Anonymisierungen aus der Feder Gerhard Stracks finden sich im Privatnachlass Steffen bei Jens-Peter Steffen.

8 Joachim Steffen: Soziologie und Psychologie der Parteibürokratie (Schleswig-Holstein). Untersuchungen an Hand von 47 ehren- und hauptamtlichen Funktionsträgerinnen der SPD Schleswig-Holstein, Manuskript 1952/53 (AdsD Nachlass Steffen J1/JSAA000127 bis 1/JSAA000134), S. 15.

9 Ebenda. Steffens Fußnote nimmt Rekurs auf Karl Jaspers „Marx und Freud", in: Universitas 7. Jg., H. 3, S. 232.

10 Ebenda, S. 16 (Unterstreichung im Original).

von dem Willen der Menschen sollte die Geschichte der Entwicklung der menschlichen Gesellschaft ihren Weg zu Ende gehen bis zum Sturz des Kapitalismus. ... Der ‚Marxismus' nimmt für sich in Anspruch, diese Gesetzmäßigkeit erkannt zu haben. Der (sic!) Arbeiterklasse brauchte nicht mehr zu tun, als in Erkenntnis dieses Gesetzes gegen die soziale Lage zu kämpfen und durch ihre Taten, die ihrem unmittelbaren wirtschaftlichen Interesse entsprachen, würde sich der eherne Gang der Geschichte vollziehen." Das „Ende dieser Entwicklung" in den Worten Steffens: „Es würde beginnen das Reich der Freiheit, nun würde kommen die Zeit der Entwicklung des Menschen in einer Gesellschaft, in der die freie Entwicklung des Individuums die Voraussetzung der freien Entwicklung aller wäre." Steffens nach deutlicher Distanzierung klingendes Fazit: „Das Gedankengebäude trägt für den Arbeiter den Charakter einer Offenbarung. Nicht imstande, selbst über Wert oder Unwert der Lehre zu entscheiden, macht er aus ihr eine unbedingte Autorität."[11]

Eine selbstverständliche Internalisierung dieser Sozialreligion habe die Arbeiterbewegung geprägt und ihr einen zugleich tröstenden wie vermeintlich sicheren Orientierungsrahmen geliefert: „Die Sozialreligion vermittelte den Gläubigen die Gewissheit, dass alle Anstrengungen der Gegner, deren Übermacht man täglich vor Augen hat, letztlich nur den unaufhaltsamen Strom der naturgesetzlichen Entwicklung des Kapitalismus verstärkte, welcher der Vernichtung des Systems zutrieb. Das Proletariat aber, die herrschende Klasse der Zukunft, war im Besitz des Wissens um die Gesetze dieser Entwicklung. Da man wähnte, das Ziel der Geschichte zu kennen, seine eigene Rolle im Ablauf der Geschichte die des ‚auserwählten Volkes' war, glaubte man damit alle Voraussetzungen zu haben, die geschichtliche Aufgabe zu erfüllen."[12]

Typus: pragmatischer Organisator

Es schließt sich an ein stark akzentuiert historischer Blick auf die „Entwicklung der sozialistischen Arbeiterbewegung im Kaiserreich", wobei der Autor sich ausschließlich für die Phase nach der Aufhebung der Sozialistengesetze, also ab 1890 interessiert. Denn bis zu den Sozialistengesetzen habe es sich bei der Sozialdemokratie um „eine Sekte, eine reine Protestbewegung" gehandelt, ab 1890 sei sie indes „sehr schnell zu einer Massenbewegung" gewachsen. In diesen Kontext gehöre die Entstehung des Apparates und einer Funktionärsschicht: „Mit der Zeit setzt sich die Führungsschicht der Partei aus Arbeitersekretären, Gewerkschaftsführern, Kommunalpolitikern und Landtagsabgeordneten zusammen. Sie bilden das Rückgrat der Partei und prägen ihren Charakter." Aufgrund ihrer „unmittelbaren Berührung mit gesellschaftlichen oder politischen Teilproblemen" hätten diese Akteure dazu geneigt, „die unmittelbare und praktische Politik, so wie sie sich aus der Situation ergibt, gegenüber einem aus Prinzipien oder Theorien oder gar aus einer Geschichtsmetaphysik abgeleitetem Handeln, zu bevorzugen."[13]

---

11 Ebenda, S. 16, 17.

12 Ebenda, S. 18.

13 Ebenda, S. 22f.

Derart pragmatisch ausgerichtete Akteure dieses neuen Typus lösten allmählich die „alte Führergarnitur“ ab. Parteiführer wie Friedrich Ebert, Hugo Haase und Philipp Scheidemann fühlten sich, so Steffen, „mit dem alten Führertypus des ‚Glaubenskämpfers‘ nicht mehr verwandt.“[14] Unter Beibehaltung der hohen Bedeutung der Sozialreligion sei ein Widerspruch zwischen Theorie und Praxis der SPD im kaiserlichen Deutschland geschaffen worden: „Die Politik der SPD ist gekennzeichnet dadurch, dass Theorie und Praxis auseinanderfallen. Dies ist für eine politische Partei kein besonderes Ereignis. Wenn sich diese Partei jedoch zum Marxismus bekennt, ein entscheidendes Kriterium dafür, ob sie ist, für was sie sich ausgibt.“[15] In den großen Theoriedebatten der Sozialdemokratie bis 1914 macht Steffen den „bürokratisierten Spitzenapparat der Partei“ als das „Zentrum“ der Partei fest: „Während die Revisionisten und die Radikalen sich mit ihrer jeweils halben Wahrheit um den rechten Glauben stritten, war das ‚besitzlose‘ Zentrum Schiedsrichter. Die Masse der autoritätsgläubigen Mitglieder und der machtvolle Gewerkschaftsapparat standen hinter ihm.“[16]

Die Zusammenfassung dieser historischen Phase der Sozialdemokratie liest sich bei Steffen so: Es habe sich nach dem Fall der Sozialistengesetze „in der SPD ein starker Zug zu praktischer Politik“ entwickelt, der „mehr oder weniger“ die „Theorie“ untergeordnet wurde. Einerseits hätten die Sozialistengesetze, so wie die „gesellschaftlichen, politischen Machtverhältnisse im kaiserlichen Deutschland“ den „radikalen Inhalt der Sozialreligion“ bestärkt, die „Abschnürung von Staat und Gesellschaft“ der Arbeiterklasse unterstrichen, andererseits und „gleichzeitig die Praxis opportunistisch“ entwickelt, als Kontrast zur dogmatisierten Ideologie. In diesem Kontext hätten „Ansehen und die Bedeutung der Organisation“ eine Verstärkung erfahren, ja gerade die „inneren Widersprüche der Partei“ würden „in dem Willen zur Erhaltung ihrer Einheit ‚aufgehoben‘“ werden. Ergebnis: „Die Partei wächst und festigt sich. In ihr bildet sich, bedingt durch obige Faktoren, ein neuer Führertypus, der Organisator.“[17]

Um es mit unseren Worten zu sagen: Für Steffen produzierte das Auseinanderklaffen von theoretischen Sicherheiten sowie des Glaubens an die gerichtete historische Entwicklung und der Herausbildung eines professionellen Funktionärsapparats mit pragmatischer Politikausrichtung der Sozialdemokratie über die monarchische Zeit hinaus Widersprüche, die zu einem schwer auflösbaren Knoten wuchsen: „In diesem Knoten liegen die Probleme der SPD ineinander verknäuelt und verstrickt.“[18]

„Verselbständigung der Organisation“

Im folgenden Abschnitt problematisiert Steffen „die Verselbständigung der Organisation“, indem er organisationssoziologische Theorien von Max Weber und anderen auf seine konkrete Untersuchungsgruppe anwendet. Die Übertragung der auch andernorts

---

14 Ebenda, S. 24.

15 Ebenda, S. 30.

16 Ebenda, S. 32.

17 Ebenda, S. 34.

18 Ebenda.

zu beobachtenden „Entwicklung der Organisation zum Selbstzweck" führe dazu, dass innerhalb der Sozialdemokratie „die Anbetung der Macht der Organisation anstelle der Idee, welche sie zu einer Macht werden ließ", getreten sei. Und für diese Organisation gelte, sie habe „durch ihre bürokratischen Verhaltensweisen die Tendenz zur Versteinerung." In diesen organisationssoziologischen Kontext typisiert Steffen die ihn interessierenden Akteure, nämlich „Bürokraten als Parteisekretäre, Parlamentarier und Gewerkschaftssekretäre" ein.[19]

Diese drei „Haupttypen und ihre Willensrichtungen" interessieren Steffen besonders, wofür er gute Gründe anfügen kann: „Die Parteisekretäre waren bis 1933 der bestimmende Personenkreis innerhalb der SPD, sie waren die Parteimacht ...". In der Regel auf Parteischulen ausgebildet, vereinigten sie, so Steffen, „in ihrer Funktion" die Rollen des Predigers und des Verwaltungsmannes: „Deshalb verfügten sie über ein doppeltes Dienstwissen." Ohne Kooperation mit Parteisekretären, so Steffen, unter Rekurs auf Julius Lebers Analysen, sei kein politisches Wirken in der damaligen Sozialdemokratie möglich gewesen. Diese Gruppe habe auch „aus ihrer Mitte die Führung der Organisation" gestellt, womit Steffen ausdrücklich Friedrich Ebert, Otto Wels und Erich Ollenhauer meint: „Damit ist die totale Herrschaft der Parteidemokratie errichtet."[20]

Parlamentarier, also die Angehörigen der zweiten Betrachtungsgruppe, müssten „die Organisation als Hilfsmittel zum Machtgewinn im Parlament begreifen". Aufgrund ihres Wirkens in einer doch ganz anderen Institution ergäben sich für Parlamentarier aber auch andere Perspektiven: „Die Regierungstätigkeit und das Funktionieren des Apparates, in dem man tätig ist, in diesem Falle das Parlament, erhalten für den Parlamentarier ein besonderes Schwergewicht und einen Eigenwert." Erfolg sei nur innerhalb der Regeln der Institution und damit innerhalb der bestehenden Verhältnisse zu erzielen: „Gerade die Parlamentarier sind gehalten, sich den bestehenden Verhältnissen in ihrem Auftreten und ihren Handlungen anzupassen, wenn sie etwas erreichen wollen, das über den Agitationseffekt herausgeht." Damit würden sie leicht in einen Konflikt zu Parteisekretären geraten, deren davon unterschiedener Bezugsrahmen die Kommunikation mit den Massen und die Sozialreligion darstellte.[21]

Die dritte Gruppe sei von diesen Problemen frei: Ein typischer Gewerkschaftssekretär „zumindest der unteren Ebene" habe eine klare Orientierung besessen: „Seine Arbeit galt den täglichen Sorgen und Nöten der Organisierten. Hier bestimmte nicht das revolutionäre Pathos der politischen Massenversammlung, sondern die Furcht um die Existenz, die Haltung des Arbeiters."[22]

Vereinsamung des Bürokraten

Ausgestattet mit dieser auf organisationssoziologischen Reflexionen basierenden Ty-

19 Ebenda S. 42 (Fußnote 21), 43, 44, 45.

20 Ebenda, S. 46f.

21 Ebenda S. 49, 50, 51

22 Ebenda S. 51.

pologie macht Joachim Steffen eine „Vereinsamung des Bürokraten“ fest: „Denn in dem gleichen Umfang, in dem er sich seinem Sachgebiet anpasst, sein Denken und Handeln von demselben beeinflusst werden, entfernt er sich von seinen Genossen und Lebensgefährten, da diese zumeist in der alten Gefühls- und Vorstellungswelt, die ihnen einst gemeinsam war, verharren. Die Bürokratie trennt sich von den Massen. Ein Vorgang, der in der Geschichte der Arbeiterbewegung ständig beobachtet, kommentiert und diskutiert worden ist.“ Als eine Ursache für diesen Prozess macht der Autor Minderwertigkeitskomplexe fest: „Der ‚Aufgestiegene‘ wird also unbewusst dazu neigen, es mit den Formen dieses Milieus besonders ernst zu nehmen und sich bemühen zu beweisen, dass er vollwertig ist.“ Damit spielt Steffen an auf das charakteristische Verhaltensmuster aufsteigender Gruppen, Regeln und Normen der Institutionen, in die sie hineinströmen, zu adaptieren. Einen weiteren wesentlichen Aspekt der Vereinsamung des Bürokraten erkennt Steffen „in seiner geistigen, zumeist durch das Fachgebiet bestimmten Weiterentwicklung“. Während die Massen, das ehemalige Umfeld des Funktionärs, einfache Entscheidungen forderten, entwachse der Bürokrat „dieser Mentalität … durch seine Tätigkeit“. Das Dilemma: „Der Bürokrat hat dieselbe Einstellung, denselben Glauben gehabt wie die Masse der Anhänger. Politische Fragen wurden entschieden unter dem Glaubensaspekt: entweder oder.“ Der Bürokrat aber musste sich fortentwickeln „Er musste also den Kompromiss in sein Gewissen einführen.“[23]

Steffen benennt zwei personale Musterbeispiele: „Zwei Arbeiterführer, um nur diese zu nennen, haben die Vereinsamung in ihrer ganzen Schwere kosten müssen, Ebert und Noske. Sie waren ihren Weg gegangen nach persönlicher Überzeugung. Ihr Verantwortungsbewusstsein und ihr, sich in der Arbeit weitender Horizont hatten sie gewandelt. Am Ende ihres Weges stehen ihnen die Masse und sie ihr einander fremd gegenüber.” Steffen belegt dieses mit einem Abschnitt aus den Memoiren von Noske, wo dieser schildert, dass Ebert in seiner Funktion als Reichspräsident bei einer Schiffstaufe mit seiner Präsenz überhaupt keine Freude bei den anwesenden Arbeitern ausgelöst habe.[24]

Diesen markant interpretierenden, organisationshistorisch ausgelegten, umfänglichen Einstieg in die Studie lässt Steffen wie folgt enden: „Die Auswertung der Befragung wird zeigen, dass auch heute noch die Vereinsamung von den Bürokraten empfunden wird, sei es als Verlust der alten Weltanschauung, sei es durch ‚den Unverstand der Massenabführung‘ oder durch den in praktischer Arbeit erweiterten Horizont.“[25]

Exkurs: Arbeiterjugend

Da fast die Hälfte der Mitglieder der Untersuchungsgruppe von Steffen zu jenen gezählt wird, die sich durch die prägende Herkunft aus der sozialistischen Arbeiterjugendbewegung kennzeichnen, ergibt in der Studie ein kurzer Exkurs über „die Be-

23 Ebenda S. 55, 56, 57, 58, 59 (Unterstreichung im Original).

24 Vgl. ebenda, S. 61.

25 Ebenda, S. 64.

deutung der sozialistischen Jugendbewegung“ Sinn.[26] Ergebnis seiner Überlegungen ist eine durchaus pointierte, ja eigenwillige Interpretation: „Hier zeigt sich die in der Jugendbewegung selbst liegende Grenze. Die sozialistische Jugendbewegung, deren Blüte von 1920-1923 dauerte, die das Erlebnis der Gemeinschaft der Sozialisten hatte, die das Freiwerden neuer Kräfte spürte, war nicht imstande, der politischen Gemeinschaft das politische und gesellschaftliche Bewusstsein für die kommenden Aufgaben zu geben. Sie musste sich auf die persönliche Bildung der zukünftigen Intelligenz der politischen Arbeiterbewegung beschränken. Sie hat den Blickwinkel erweitert, starre Dogmatik gelockert, Bildungsstreben gefördert und genährt. Als Träger eines gemeinsamen gesellschaftlichen, politischen Wollens ist sie zum Schaden für den Gedanken des Sozialismus und zum Nachteil der Partei gescheitert.“[27]

Soziologie der Untersuchungsgruppe

Sodann beginnt der eigentliche Inhalt der steffenschen Studie: die systematisierte soziologische Betrachtung der Untersuchungsgruppe. In Auswertung der biografischen Interviews unternimmt der Autor eine Reihe verschiedener Systematisierungsversuche, um kollektivbiografische Marker und teilgruppentypische Erfahrungen mit Einstellungen und Handlungsmustern der Gegenwart zu kombinieren, um schließlich die Funktion des Apparats und seiner Akteure zukunftsbezogen einordnen zu können.

Die Klassifizierung verläuft mehrschichtig: Ausgangspunkt bilden für Steffen generationell prägende Erlebnishorizonte, die es ihm möglich machen, im analytischen Teil seiner Studie zwischen vier Gruppen unterscheiden zu können: Jugenderlebnis in der sozialistischen Arbeiterjugend, Kriegserfahrung, (sehr) Alte in der Monarchie Geprägte und (sehr) Junge mit Weimarer Prägung. In der Regel überwiegen in der Untersuchung die Reflexionen zur ersten, mit Abstand auch größten und wohl auch am nachhaltigsten geprägten Gruppe. Die Betrachtung der Kriegsgeneration, der Alten und der Jungen gerät im weiteren Verlauf der Untersuchung eher weiter in den Hintergrund. Als zweites Systematisierungskriterium wählt der Autor bestimmte Fragestellungen respektive Themen, die bei der Lektüre meist nachvollziehbar erscheinen, aber hin und wieder eine problematisch geringe Trennschärfe aufweisen.

Die Argumentation des Autors folgt jeweils gebündelten Wiedergaben autobiografischer Aussagen der interviewten 47 Parteifunktionäre. Offenbar dem Vollständigkeitsanspruch folgend, belegt Steffen seine mehr oder weniger intensiven analytischen Ableitungen mit paraphrasierten Schilderungen aus den vorliegenden Einzelinterviews. Er nutzt sie durchweg anonymisiert, auch die an anderer Stelle überlieferten Transkripte der Einzelinterviews tragen jeweils nicht einmal die Namen der Befragten. In einzelnen Fällen – etwa bei einer bekannten Biografie wie jener von Hermann Lüdemann – war und ist das Wiedererkennen naheliegend, in vielen anderen Fällen jedoch keineswegs. Zur komplexen Überlieferungsgeschichte der Unterlagen dieser Studie

26 Vgl. ebenda, S. 65-71.

27 Ebenda, S. 71.

gehört, dass der Parteisekretär Gerhard Strack über die Einzelinterviews verfügte und – mit zwei Ausnahmen – in der Lage war, sie zu ent-anonymisieren und den jeweiligen Nachnamen handschriftlich auf dem Dokument zu notieren.[28]

Vier definierte Teilgruppen

Die erste Kernfrage der Untersuchung gilt der – erlebten oder beobachteten – Relevanz der sozialistischen Jugendbewegung und der spezifischen familiären und sozialen Herkunft. Dass dieses „Jugenderlebnis" bei der genau durch ihre Prägung aus der sozialistischen Arbeiterjugend gebildeten ersten Teilgruppe bedeutungsvoll war, erscheint trivial. In der Betrachtung dieser Eigeneinschätzung nimmt Steffen die Bildung von drei Untergruppen vor: Sechs Befragte begriffen nach dieser Zuordnung „Elternhaus und die Jugend" als „politisches Erlebnis", sieben schilderten ihre Jugend überwiegend „als Erlebnis des Elends", neun ließen sich weder der einen noch der anderen Gruppe zuordnen.[29] Steffen zitiert im Folgenden zahlreiche Beispiele, darunter abschließend für die erste Teilgruppe das folgende: „‚Wenn man durch die Familie – mein Vater und mein Großvater waren ehrenamtliche Funktionäre – so mit der Partei aufgewachsen ist, dann hat man zu ihr ein ganz besonderes Verhältnis. Man kommt nicht davon los.' Diese Sätze eines der Befragten mögen die Beispiele dieser Untergruppe abschließen und zum besseren Verständnis der Verselbständigung der Organisation dienen. ... Diese Erlebnisse verschmelzen die Person mit der Partei und ihrer Organisation ..."[30]

Die nächste von Steffen kategorisierte Gruppe konstituiert sich vor allem durch das verbindende oder besondere Erlebnis des Ersten Weltkrieges. Es handelt sich um Jahrgänge 1890 bis 1897, auch deren Eltern, Berufsbilder und Erfahrungen in ihrer Jugend werden vorgestellt. Steffens Fazit: „In der Befragung dieser Gruppe entstand der Eindruck, dass sowohl in diesem Falle, als auch bei den meisten anderen das Kriegserlebnis nicht allein wirksam war, sondern die Rolle eines aufwühlenden und erschütternden Erlebnisses spielte, durch welches frühere und neuere Eindrücke und Erlebnisse auf bewusste Verarbeitung hingetrieben wurden."[31] So seien das politische Bewusstsein und die Bereitschaft zur Veränderung gesellschaftlicher Bedingungen befördert worden. Auch hier bemüht sich Steffen um Differenzierungen, etwa wenn die Herkunft aus dem Milieu zum Kriterium erhoben wird: „Der dritte von ihnen, welcher aus einem Elternhause kommt, in dem der Vater und Stiefvater gewerkschaftlich und politisch organisiert waren, wird Mitglied des Soldatenrates. ‚Ich war ja radikal, aber rein gefühlsmäßig'. Der Krieg hatte ihm ‚gelangt'.

---

28 Die von Strack ent-anonymisierten 47 Transkripte finden sich im Privatnachlass Steffen bei Jens-Peter Steffen.

29 Steffen 1953: Soziologie (wie FN 8), S. 72.

30 Ebenda, S. 76f.

31 Ebenda, S. 85.

Als Mitglied des Soldatenrates kam er viel mit Arbeiterräten zusammen. Diese waren zumeist Mitglieder der USPD. Durch Unterhaltungen mit ihnen wurde seine politische Meinung beeinflusst."[32]

Die Gruppe der Alten definiert Steffen über ihre Geburtsjahrgänge, es handelt sich um zwischen 1880 und 1888 Geborene. Sie wiesen durchweg eine „schwere Kindheit" auf, und in der Regel hätten diese Gruppenangehörigen Erlebnisse im Kontext der Berufsausübung, also im Erwachsenenalter, in die SPD geführt: „Sie sind geistig aufgeschlossener und interessierter als die meisten der Gruppe II, was aber auch an dem Ausleseverfahren liegen mag, dem sie infolge ihres Alters unterlagen. Viele ihrer damaligen Weggefährten sind schon aus der Parteiarbeit ausgeschieden, aufgrund ihres Alters, oder im KZ umgekommen. Bis auf den ältesten in ihrer Gruppe, der den längsten Weg zur Partei hatte, haben sie im Kern noch den alten sozialistischen Glauben. Die Partei, Arbeiterbewegung und Solidarität sind für sie erlebte, blutvolle Begriffe. Jeder von ihnen hat für die Arbeiterbewegung große persönliche Opfer gebracht und Verfolgung auf sich genommen. Die Tätigkeit für die Partei kam häufig vor der Sorge für die Familie."[33]

Schließlich konstruiert Steffen die Gruppe der „Jüngsten". Sie stellt eher eine Sammelkategorie dar, umfasst sie doch jene Befragten, „die in den anderen Gruppen nicht einzuordnen sind". Ihre Heterogenität lasse sich gruppenbiografisch nicht fassen: „Eine zusammenfassende Skizzierung kann deshalb am Ende nicht gewagt werden."[34]

Bildungserlebnis in der sozialistischen Jugend

Eigentlich quer durch seine Gruppenbildung, dann aber konzentriert auf Gruppe I, untersucht der Autor im Folgenden den „Bildungsgang" der betrachteten Funktionäre. Die Relevanz dieser Fragestellung führt Steffen mit einem historischen Kurzexkurs ein: „Die alte Arbeiterbewegung war für ihre Angehörigen mehr als eine Interessenvertretung. Sie war die Gesellschaft der Arbeiter innerhalb der Gesellschaft, ihre Gesellschaft. Ihr Sportverein, ihr Anglerbund, ihr Gesangverein, ihr Samariterbund, ihre Fürsorge. Die Partei hatte eine Weltanschauung, sie war geistige Heimat. Die Arbeit in der Partei und deren Schulung war für viele das Bildungserlebnis."[35]

Vor diesem Hintergrund sei der „Bildungsarbeit in der Jugendbewegung" natürlich eine besondere Relevanz zugekommen: „Eine besondere Rolle spielte der Bildungsprozess in der Arbeiterjugend, vor allem im Jungsozialismus nach dem Ersten Weltkrieg. Wir haben schon anzudeuten versucht, dass damals neue Impulse, Neues, häufig unklares Streben die Jugend und die Gesellschaft durchpulsten." Und weiter: „Dem Arbeiterjungen und -mädchen tat sich damit eine ganz neue Welt auf; eine Welt, von der man bisher nur etwas geahnt hatte, die aber hinter dem Vorhang der Klassenschei-

---

32 Ebenda, S. 87.

33 Ebenda, S. 91.

34 Ebenda.

35 Ebenda, S. 96.

dung gelegen hatte." Steffens analytische Folgerung: „Aus den Darstellungen der Mitglieder der Arbeiterjugend über die damalige Zeit muss man den Eindruck gewinnen, dass die Atmosphäre als die eines intellektuellen Treibhauses bezeichnet werden kann. Das in dieser Luft vermittelte Geistesgut und Wissen, schon in seiner Auswahl, verbunden mit dem Willen zum Revolutionieren und zur asketischen Lebensreform prägte den Typus eines politischen ‚Sturm und Drang'. Diese Jungen und Mädchen waren für den Funktionär alter Prägung fremde Gewächse, zumal viele von den Jungen in diesem Stadium verharrten." Immerhin vier Akteure hätten sogar als Gasthörer universitäre Veranstaltungen besucht; ihr jugendliches Hauptanliegen sei die „menschliche Emanzipation, die kulturelle Befreiung und die Hebung des Bildungsstandes der Arbeiterklasse" gewesen.[36] Auf der Basis seiner erhobenen autobiografischen Darstellungen leitet Steffen als „grobe Einteilung" drei Typen ab: „Die Intellektuellen", „Die Praktiker", „Die ewigen (sic!) Jugendbewegten".[37]

47 Kurzbiografien

Die folgenden knapp 30 Seiten der Studie gelten Einzelvorstellungen „des politischen und geistigen Werdegangs" der interviewten Angehörigen aller Gruppen. Ihre Funktion liege darin, so Steffen, dass aufgrund ihrer aktiven Rolle eine namentliche Benennung nicht möglich sei, aber im weiteren Verlauf der Studie auf markante Biografien zurückgegriffen werden müsse. Methodisch ein gewiss eigenwilliger Weg: Ohne Systematisierung, lediglich geordnet nach der Zugehörigkeit zu einer der vier benannten Gruppen, folgen jetzt sämtliche Kurzbiografien. Ein Beispiel: „Der Befragte, ein Ingenieur, antwortete auf die Frage nach seiner Literatur: ‚Das will ich dir gleich sagen, Marx habe ich nie gelesen, dass ist auch völlig überflüssig. Es kommt nicht darauf an, was man liest, sondern was man tut.' Er bezeichnet sich als Spezialisten für das Lesen von Fachzeitschriften. Eine Zeit lang hat er mit Lederer und Max Weber die Zeitschrift ‚Der Industriebeamte' herausgegeben. Seit 1912 war er als freier Schriftsteller tätig. 1918 wurde er zweiter Vorsitzender der SPD in Berlin, Mitglied des Arbeiter- und Soldatenrats, Mitglied der Preußischen Nationalversammlung und dann des Preußischen Landtags. Er nahm seine Tätigkeit als Referent im Arbeitsministerium auf und ist noch heute stolz darauf, einer der Mitgestalter des Betriebsrätegesetzes zu sein. Nach dem Kapp-Putsch wurde er Finanzminister in Preußen, ‚wahrscheinlich weil ich nichts von Finanzen verstand'. Er begründete zwei Tage nach seiner Ernennung – ‚von Finanzdingen hatte ich damals noch weniger Ahnung als heute' – den Etat. Über seine damalige Wirksamkeit bemerkte er noch: ‚Ich bin der Erfinder des Ministerübergangsgeldes.' Später wurde er Organisator von Betrieben für den sozialen Wohnungsbau und leitete in dieser Funktion insgesamt 46 Betriebe. 1927 wurde er Regierungspräsident und dann Oberpräsident. 1932 durch Papen abgesetzt."[38] – Unschwer erkennbar handelt

36 Ebenda, S. 99, 100, 102.

37 Ebenda, S. 106f.

38 Ebenda, S. 132.

es sich in diesem Fall um Hermann Lüdemann, Ministerpräsident von Schleswig-Holstein 1947 bis 1949.

Erfahrung der NS-Machtübernahme

Zurückkehrend zur qualitativen Analyse betrachtet Steffen in einem Kernkapitel die Erfahrung der NS-Machtübernahme auf Wahrnehmungswelten und Entwicklung seiner untersuchten Funktionäre. „Im folgenden Abschnitt wird – wieder nach den Gruppen geordnet – dass einschneidendste Ereignis in der Geschichte der deutschen Arbeiterbewegung, die Herrschaft des Nationalsozialismus, abgehandelt, so wie es die Befragten darstellten. Für die meisten von ihnen war es das bedeutendste Vorkommen in ihrer menschlichen und politischen Entwicklung. Es rüttelte an den Grundfesten ihres Glaubens, erschütterte die Haltung zu ihrer Partei, zeugte Zweifel, Unsicherheit und Skepsis. Bei vielen zerstörte das Erleben den Mythos der Klasse und ihrer Mächtigkeit, aus dem sie politisch gelebt und gehandelt hatten.“[39]

Als generalisierbare Erfahrung der Gruppe I erkennt Steffen die tiefe Enttäuschung über Wehrlosigkeit und Hilflosigkeit, mit der die eigene Partei die Herrschaft preisgegeben habe. Zitate der Funktionäre betonen die „Erbärmlichkeit des Abtretens“, kennzeichnen das Jahr 1933 als „die Kapitulation der Sozialdemokratie“ oder erinnern das Versagen der Partei als „außerordentlich deprimierend“. Insbesondere die gelungene Herrschaftsstabilisierung des Nationalsozialismus habe, so Steffens Analyse, „entscheidende Inhalte der Sozialreligion durch die Tatsachen in ihrer Gültigkeit“ erschüttert.[40] Während innerhalb der Emigration die Auseinandersetzung über die Ursachen des Scheiterns gesucht worden sei, habe sie in Deutschland, so Steffen, nicht stattgefunden. Deshalb begegne die Betrachtungsgruppe dem Weimarer Scheitern so hilflos.[41] Grundsätzlich unterschieden die befragten Funktionäre der Gruppe I offenbar auf recht triviale Weise zwischen sich und der damaligen Führung der SPD, deren Versagen kritisiert werde. Bezogen auf die Gruppe II und deren Verarbeitung der NS-Machtübernahme stellt der Autor fest: „Im Wesentlichen sind ihre Eindrücke die gleichen wie die der Befragten in Gruppe I.“[42] So ist dann der analytische Mehrwert in der Betrachtung der weiteren Gruppen ein sehr begrenzter.

Auch die Suche nach reflektierten Veränderungen der politischen Einstellungen durch die Erfahrung des Jahres 1933 enttäuscht Steffen.[43] Diese mangelnde Reflexion sei darin begründet, dass Glaube und Handeln in einem ungelösten Spannungsverhältnis gestanden hätten: „Man muss zur Erklärung auch hier wieder auf das Phänomen hinweisen …, dass die emotionalen Triebkräfte, die hinter der damaligen bedeutsamen und soliden Politik der Sozialdemokratie wirkten, aus dem radikalen Pathos der Sozialreligion gespeist wurden. Diese Spannung zwischen Glaube und Handeln der

39 Ebenda, S. 137.

40 Ebenda, S. 140.

41 Vgl. ebenda, S. 142.

42 Ebenda, S. 153.

43 Vgl. ebenda, S. 164.

Institution verhindert vor allem bei den Bürokraten eine ruhige Betrachtung und realistische Bewertung der sozialen und politischen Veränderungen wie des Zusammenbruchs 1933.“ Auch schütze mancher sich schlicht vor konsequenter Analyse: „Bei den anderen bildet der alte Glaube die Barriere, welche es nicht zulässt, dass diese Erkenntnisse bewusst verarbeitet werden und dann zu Konsequenzen führen, die den alten Glauben zerstören.“[44]

Ablösung des „alten Glaubens“

Schritt für Schritt nähert sich Steffen in der Verarbeitung der Selbstäußerungen seiner Untersuchungsgruppe deutlicher der Ablösung des von ihm zum analytischen Mittelpunkt erhobenen „alten Glaubens“: „Das allgemeine Verlangen nach einer ‚Analyse der Gesellschaft‘ ist der Ausdruck dafür, dass das Empfinden, der alte Glaube passe irgendwie nicht mehr, vorhanden ist. Die ‚Analyse der Gesellschaft‘ dürfte aber nur angenommen werden, wenn sie den alten Glauben renoviert, nicht ihn zerstört, und dass dürfte mehr verlangt sein, als eine Analyse vermag.“[45] – Hier, konsequent bis in den letzten Nebensatz formuliert, erkennen wir den scharfsinnigen Kern der analytischen Ergebnisse Steffens.

Folgerichtig schiebt sich im letzten Drittel der Studie der Begriff der Tatsachen als Gegenstück zu Glaubensdingen immer deutlicher in den Vordergrund. So an dieser bündelnden Stelle: „Wer diese ‚Verdrängungsfunktion‘ des alten Glaubens erleben will, dem sei angeraten, einmal vor älteren Sozialisten ein Referat zu halten, in welchem man Tatsachen über die moderne Gesellschaft mitteilt. Er wird erleben, dass nachher diskutiert wird unter der Maxime, dass nicht sein kann was nicht sein darf. …hingegen sind diese Menschen bereit, diese Tatsachen anzuerkennen, wenn auch nicht gerade begeistert, wenn man in der Lage ist, sie ‚marxistisch‘ zu bringen. Der Verfasser ist der Meinung, dass dies durchaus möglich ist, ohne den Boden der intellektuellen Ehrlichkeit zu verlassen. Aufgrund dieser Erfahrung habe ich darauf hingewiesen, dass die ‚Analyse der Gesellschaft‘ nur angenommen würde, wenn sie nicht zur Zerstörung – oder genauer Desavouierung – des alten Glaubens führen würde.“[46]

Verwischende Grenzen zwischen wissenschaftlicher und politischer Analyse

An dieser Stelle verlässt Steffen zugleich aber Stilformen und Argumentationsmuster einer wissenschaftlichen Untersuchung und wird zum konkreten Agitator, der als Vortragsreisender durch Ortsvereine tingelt. Ähnliches gilt für die folgende skurrile Fußnote: „Hier mag die Bemerkung erlaubt sein, das m. E. die allgemeine politische und gesellschaftliche Übersicht bei den sozialistischen Politikern in einem größeren Umfange vorhanden ist, als bei den sogenannten ‚bürgerlichen‘ Politikern. Es mag dahin gestellt bleiben, inwieweit dies aus dem Bildungsgang und aus der Zielsetzung

44 Ebenda, S. 164f, 166.

45 Ebenda, S. 166.

46 Ebenda, S. 167.

sozialistischer Politik zu erklären ist."[47] Der Adressat dieser Studie, der betreuende Professor Michael Freund, wird an solchen Passagen trotz seiner eigenen journalistischen Herkunft und seines parteipolitischen Engagements als Wissenschaftler eher eine Gänsehaut bekommen und seinem Mitarbeiter den Kopf gewaschen haben.

Das dürfte auch für weitere methodische Brüche in der Untersuchung gelten, an denen mit Steffen die Pferde durchgehen: Beispielsweise zeigt er nach der Vorstellung einer von einem Interviewten vorgebrachten Kritik an der Gewerkschaftsführung 1933 zunächst Verständnis dafür, „dass die Erbitterung bei vielen über diese Haltung der Gewerkschaftsführung groß war." Führt dann aber aus: „Es muss hier darauf hingewiesen werden, dass die Einschätzung der kommenden Ereignisse durch die Gewerkschaften nach den bis zu dem damaligen Zeitpunkt gemachten Erfahrungen in faschistischen und halbfaschistischen Ländern nicht so abwegig sind, wie sie auf dem ersten Blick erscheinen mögen. ... Was die Gewerkschaftsführung zu dieser ihrer Haltung bewogen haben dürfte, war wohl in erster Linie die Hoffnung, die Organisation retten zu können."[48] – Ein derart korrigierendes Vorgehen im Kontext einer wissenschaftlichen Analyse ist methodisch nicht zulässig. Auch sonst begeht Steffen methodische Inkonsequenzen, etwa wenn es immer wieder passiert, dass er weitere Zeugen in seiner Argumentation nutzt, die gar nicht von ihm befragt wurden. Das liest sich dann etwa wie folgt: „Ein ehemaliger Kommunist – nicht unter den Befragten – welcher für seine Partei als Kurier tätig war, berichtete dem Verfasser..."[49]

Überhaupt wird die Studie im weiteren Verlauf des Textes methodisch brüchiger. Bei der Suche nach dem Wandel des Denkens nach 1933 dienen Steffen als Markierungen „Äußerungen zum Marxismus", „Kritik an den Massen", Bemerkungen der Interviewten zum Themenfeld „Wirtschaft und Gesellschaft" sowie „zur Partei und ihrer Politik" und schließlich zu der Frage nach „Lektüre und ihrer Beurteilung". Nach einer vergleichsweise eingehenden Betrachtung der Gruppe I[50] werden wieder angefügt einschlägige Antworten respektive Bemerkungen aus den Interviews von Angehörigen der Gruppen II bis IV. – Es wird dem Autor hin und wieder die Frage aufgekommen sein, ob Gruppenbildung und Kategorisierung wirklich tragen. Markant erscheint jedenfalls der Finalsatz zum Themenfeld „Lektüre und ihre Beurteilung" bezogen auf die Untersuchungsteilgruppe IV: „Die anderen Befragten kommen nicht zum Lesen."[51]

Ohne Ausdifferenzierung in die einzelnen Gruppen betrachtet Steffen die Position der Befragten „zur Illegalität und Emigration". Berücksichtigt man, dass die Studie 1952 entstand, lesen sich die folgenden Zeilen als klug reflektierend: „Wenn die Befragten ihren Lebenslauf schildern, spürt man bei denjenigen, welche in illegalen Gruppen gearbeitet haben oder sogar ihrer politischen Überzeugung oder ihrer Wider-

47 Ebenda, S. 169 (Fußnote 2).

48 Ebenda, S. 151.

49 Ebenda, S. 144.

50 Vgl. ebenda, S. 169-182.

51 Ebenda, S. 190.

standsarbeit wegen verhaftet, verprügelt, im Gefängnis, Zuchthaus oder KZ geworfen wurden, den Stolz derjenigen, welche nicht ‚umgefallen' sind. Andererseits jedoch wird die Verzweiflung darüber spürbar, dass man den Nationalsozialisten nichts als den Willen und seinen Trotz entgegensetzen konnte. In der Illegalität, dem Zustand der Rechtlosigkeit für die Verfechter des Rechts, offenbaren sich nicht nur die Fehler der Politik nach 1918, sondern zeigt sich auch die Mentalität der Sozialdemokraten in ihren Schwächen, und zwar wird das, was vorher teilweise ihre Stärke war, entsprechend der totalen Umwälzung der sittlich-ethischen Grundhaltung des Staates gegenüber den Menschen zum Grund ihrer faktischen Ohnmacht gegenüber dem neuen System."[52] Deutlich wird in den von Steffen wiedergegebenen Interviews in einer Reihe von Fällen zudem eine Skepsis gegenüber der Emigration, ein heute hinreichend bekannter Nachkriegskonflikt innerhalb der Sozialdemokratie.[53] Vorgestellt werden im weiteren Verlauf verschiedene Formen des Widerstandes und Gruppenbildungen während der Illegalität, die als frühe Klassifizierung gelten dürfen.[54] Und wieder wird auch eingebaut, was nicht in diese Studie gehört: „So berichtet ein Emigrant – nicht unter den Befragten – dem Verfasser, dass er vor allem deshalb die Heimat verlassen habe, weil die Sozialdemokratie ‚auch in der Illegalität nicht gekämpft habe'".[55]

Zum Verhältnis der Interviewten zu „Kirche und Religion" fördert die Studie wenig zutage. Ursache ist überwiegend, dass kaum einer der Interviewten überhaupt ein Verhältnis zu diesen Fragen aufweist. Beinahe skurril mutet der letzte Komplex an, die „Angaben zur Eheschließung". Als Ursache für diesen Untersuchungsgegenstand benennt Steffen: „Die Frau eines Bürokraten muss auf vieles verzichten, was zu einem normalen Eheleben zählt. Die Arbeitsüberlastung des Mannes wirkt natürlich auf die Form der Ehe. So ist es sehr wichtig, ob die Frau aus gleicher politischer Überzeugung hierfür Verständnis aufbringt und so auch an der Tätigkeit des Mannes anteilnehmen kann." Für Gruppe I seien „die Voraussetzungen hierfür günstig".[56] Minutiös referiert Steffen die Eheverhältnisse, Statistik der Scheidungen usw.

Konsequenzen für die praktische Bildungsarbeit

Der Studie angefügt wird ein dritter Teil, der zwar kurz ausfällt, aber so etwas wie praktische, ja förmlich strategische Konsequenzen aus der Analyse beinhaltet. Ausdrücklich nämlich unternimmt es der Autor, „zum Abschluss dieser Untersuchung ... einige Vorschläge für die Bildungsarbeit" zu machen. „Ihr Schwerpunkt liegt in dem Bestreben, die alte Grundspannung der Organisationen zwischen geistigem Gehalt und organisatorischer Form zu überwinden."[57] – Eifrige Leser und Leserinnen der Studie

52 Ebenda, S. 191.

53 Vgl. ebenda, 142ff.

54 Vgl. ebenda, S. 191-201.

55 Ebenda, S. 192.

56 Ebenda, S. 205.

57 Ebenda, S. 208.

wissen, worauf es jetzt hinausläuft: Preisgabe der alten Sozialreligion zugunsten eines realistischeren Verhältnisses zu den Tatsachen.

Für den, wie er sich auch selbst zu erkennen gibt, „Dozenten der SPD und des DGB“ sieht er sich in der Lage, pragmatische Vorschläge zu unterbreiten. „Die Bemühungen um den geistigen Gehalt der Organisation kann keinem erspart werden, nachdem der alte Glaube ausstirbt. Anstelle des Glaubens muss das Wissen um Zusammenhänge treten, wobei allerdings – das sei mit Nachdruck betont – nach alter Erfahrung immer ein glaubensmäßig bestimmtes Wollen den Motor sowohl beim Lernen als auch beim Handeln bilden wird.“[58]

Offensichtlich geht es Steffen darum, eine Verjüngung des Funktionärsapparates einzuleiten: „Während die von mir Befragten sich zumeist um ein Maximum an Glauben bemühen, ist die ‚junge Generation‘ dadurch gekennzeichnet, dass sie mit einem Minimum an Glauben auszukommen trachtet.“ Als junge Generation begreife er all jene, die 1933 nicht älter als 16 waren und relativ frei von der Bindung an alten Glauben leben. Bei einer mit ein paar Zitaten belegten Betrachtung dieser neuen Funktionäre der Arbeiterbewegung kommt Steffen zu dem Schluss, dass „der Bildungshunger der früheren Arbeiterjugend“ hier oft „bis auf das Interesse an unmittelbar praktisch-nützlichem Wissen zusammengeschrumpft“ sei. Ein Besucher seiner Fortbildungen beim DGB begreife sich nicht mehr als Arbeiter, der „sich eine Welt erobern“ wolle, „um eine Zukunft zu gestalten“, sondern als ein „Interessenvertreter in einer Welt, die ihm genauso gehört wie seinem Gegenüber.“[59] Mit dem Gegenüber sind die Sozialpartner, also Verhandlungsobjekte gewerkschaftlicher Tätigkeit gemeint.

Steffen vergleicht die älteren mit den jungen Funktionären. Die Jungen blickten auf die Alten: „Man bewundert ihre Erfahrung und Geschicklichkeit, wie man über ressentimentbestimmte Handlungen nachsichtig lächelt: Sie sind nun mal so.“ Die Alten blickten wiederum auf die Jungen wie folgt: „Was den alten Bürokraten an den jungen beeindruckt und auch beunruhigt, ist das Funktionieren des jungen Bürokraten innerhalb der Organisation, daß – wenn vorhanden – seine gegensätzliche Ansicht zumeist auf einer anderen Bewertung technischer Daten und einem Hang zu größerer organisatorischer Perfektion beruht, nicht wie früher auf dem ‚revolutionären Schwung der Jugend‘.“[60]

Die abschließend formulierte „pädagogische Aufgabe“ sei durch seine Studie, so Steffen, klar vorgegeben. „Ihr Ziel muss sein, ein gegenseitiges und ein Selbst-Verständnis (sic!) zu erzielen. ... Der Schlüssel hierzu liegt in dem einzelnen Menschen, bei dem dann das Bewußtsein, nicht nur der dunkle Drang sich des rechten Weges wohl bewusst, (sic!) ist. Das Mittel hierzu liegt vor allem in der Bildungsarbeit, in der Darlegung gesellschaftlicher und wirtschaftlicher Tatbestände.“[61] In der „alten Sprache der Arbeiterbewegung“ ausgedrückt, gelte es ein „theoretisches Verständnis“

58 Ebenda, S. 208, 209.

59 Ebenda, S. 210, 212.

60 Ebenda, S. 215.

61 Ebenda, S. 216.

zu entwickeln. „Allerdings nicht in der Form eines Glaubens, sondern als ein Bild der tatsächlichen Zustände in der Gesellschaft, an das man seine Zielvorstellungen legt und nun hiervon seine Veränderungsbestrebungen ableitet, welche dadurch begründet sein müssen in den bestehenden Verhältnissen und Möglichkeiten."[62] – Hier schon in der wissenschaftlichen Äußerung des jungen Joachim Steffen 1953 sind seine spätere Tatsachen- und Wissenschaftsorientierung, seine tiefe Überzeugung von der Planbarkeit politischer Gestaltung und gesellschaftlichen Wandels angelegt. Das ist die grundlegende Programmatik des Politikers Jochen Steffen!

Ans Ende seiner organisationssoziologischen und – wie deutlich geworden sein dürfte – organisationskritischen Studie platziert Steffen schließlich ein Plädoyer für die Organisation, für die Partei und deren Apparat: In Deutschland bestehe eine Neigung, allem Parteipolitischen mit Distanz und Skepsis zu begegnen, oft falle das Wort des notwendigen Übels. Steffens Folgerung: „Es gilt, das ‚Notwendige' zu unterstreichen und zu bejahen und dem ‚Übel' zu steuern." Denn: „Nur über die vielgeschmähten Organisationen kommen wir überhaupt an einen ins Gewicht fallenden Teil derjenigen Menschen heran, deren Meinungen, Ansichten und Haltung das gesellschaftliche Selbstverständnis großer Teile der Bevölkerung formen. Es sind dies vor allem Menschen, seien sie nun hauptamtliche oder ehrenamtliche Funktionäre – die an den Kontaktstellen zwischen den Organisationen und der Bevölkerung arbeiten. Wer einmal erlebt hat, welche Bedeutung im Guten oder Schlechten, ein Betriebsrat, eine Handvoll von Vertrauensleuten oder ein Sekretär in diesem Sinne haben können, der wird geneigt sein, an den Organisationen auch positive Züge zu entdecken und ihrer Bildungsarbeit ...erhöhte Bedeutung beizumessen."[63] – Auch das dürfen wir in Hinblick auf die politische Biografie Steffens als programmatisch lesen.

Insgesamt betrachtet handelt es sich fraglos um eine scharfsinnige, methodisch innovativ angelegte und in Teilergebnissen spannende soziologische Untersuchung. Die Studie spiegelt den Stand der theoretischen Entwicklung des jungen Joachim Steffen; wesentliche Linien wird er immer wieder aufgreifen. Insbesondere die betonte Ablösung des Autors von der Sozialreligion des Historischen Materialismus respektive des realsozialistischen Marxismus-Leninismus zugunsten eines der Realität (und der Wahrheit) verbundenen empirisch verankerten Marxismus wird dauerhafte Grundlage seines Denkens und Argumentierens werden.

Für Historiker bildet die Untersuchung zudem eine wertvolle Quelle, bietet sie doch belastbare, früh dokumentierte und formulierte erste Erinnerungen und Einordnungen des Lebens von ehemaligen Funktionären der Arbeiterbewegung im Nationalsozialismus, in Illegalität, auch im Exil. Nicht zuletzt ist sie auch eine spannende Erhebung der Befindlichkeiten, Selbstwahrnehmungen und Prägungen der Untersuchungsgruppe einschließlich gruppeninterner Vorurteile im Erhebungszeitraum um 1952, also sieben Jahre nach Ende der NS-Herrschaft.

---

62 Ebenda, S. 217.

63 Ebenda, S. 220.

Gleichwohl stand, und auch das ist offensichtlich, die abschließende wissenschaftliche Durchdringung, die Finalisierung des Manuskripts noch aus: Oft, aber nicht immer, finden sich am Anfang inhaltlicher Gliederungspunkte (teil-)gruppenbezogene Einordnungen, dann folgen – oder sind allein zu finden – biografische Einzelbeispiele. Der wissenschaftliche Apparat erscheint unausgereift, nicht alle Teile wurden hinreichend systematisch bearbeitet, was bei der gewählten Methodik der strukturierten, vom Fragenden verschriftlichten biografischen Interviews so einfach auch nicht war. Kurz: Insbesondere für eine Qualifizierungsarbeit, für eine Dissertation eignete sich die Arbeit so noch nicht.

Anfang 1954 kann Joachim Steffen eine Assistentenstelle bei Michael Freund antreten. Geplant ist, die Funktionärsstudie zu einer Dissertation auszubauen. Im Oktober 1955 trennen sich die Wege. Laut eines Briefs von Steffen an Freund habe er aufgrund anderer beruflicher Chancen ein Angebot Freunds abgelehnt, danke ihm für „vielerlei Anregungen und Erfahrungen“. Im gleichen Schreiben teilt er mit, die Überarbeitung der Dissertation sei abgeschlossen, er werde sie demnächst übergeben.[64] Daraus wird nichts, auch ist kein überarbeitetes Manuskript überliefert. Jochen Steffen hat sich offenbar längst umorientiert. Jochen Steffen, der auch in der Untersuchung nicht ausschließlich die Wissenschaftlerrolle eingenommen hat, von allem ein bisschen ist: Wissenschaftler, Politiker, Journalist und Schulungsreferent, wird nun Zeitungsredakteur.

II. Zwischenbetrachtung: Berufliche Perspektiven 1955

Steffens abgeschlossener Ausflug in die Wissenschaft lieferte ihm zugleich eine belastbare Brücke in die Politik: Niemand sonst kannte den Funktionärsapparat der schleswig-holsteinischen Sozialdemokratie, die Parteisekretäre, die Abgeordneten und sonstigen Berufspolitikerinnen und -politiker, so gut wie der nun 32-Jährige. 47 Biografien waren ihm geläufig, diese „Parteibürokraten“ persönlich bekannt, wie die Unterlagen ausweisen, schätzte er sie jeweils auch als persönlich typisierend ein, hatte also einen Blick für Eitelkeiten, Parteisoldatentum und Selbstwahrnehmungen innerhalb der schleswig-holsteinischen Sozialdemokratie seiner Gegenwart. – Er wusste diese Kenntnisse zu nutzen in den Folgejahren.[65]

Beruflich steht dem noch jungen Mann die Welt offen: Nicht völlig ausgeschlossen wäre sogar die Fortsetzung der wissenschaftlichen Karriere, er ist gesuchter Dozent für innergewerkschaftliche Fortbildungsmaßnahmen, er könnte perspektivisch eine politische Laufbahn anstreben und schließlich könnte er, seiner Neigung gemäß, als Journalist arbeiten und seine Weltsicht verbreiten. Als einzige biografische Option,

---

64 Steffen an Freund am 21.10.1955, AdsD Bonn, Nachlass Steffen 1/JSAA000144.

65 Freund schätzte die Situation offenbar genau umgekehrt ein: Er soll nach erster Lektüre der Funktionärsstudie geäußert haben, würde diese publiziert, besäße Steffen keine Chance mehr auf eine journalistische oder politische Karriere im Milieu der schleswig-holsteinischen Sozialdemokratie. Dieser markante Hinweis findet sich bei Körner 2017: Michael Freund (wie FN 5), S. 267.

die er später auch noch wahrnehmen wird, ist jene des Kleinkünstlers noch nicht im Wahrnehmungshorizont verankert. Wissenschaftler, Dozent, Politiker oder Journalist – nichts davon wird Joachim Steffen im Laufe seiner Biografie in Reinform sein; immer wird er auch anderes machen, als gerade sein Hauptamt ist.

Das Einkommen der nunmehr dreiköpfigen Familie sichert ab Dezember 1955 zunächst das Amt des Chefredakteurs der „Flensburger Presse", eines neugegründeten sozialdemokratischen Blattes, das – intransparent getragen von öffentlichen Geldern – eine deutsche Rolle im Grenzkampf einnehmen soll.[66] In den ersten Nachkriegsjahren war die ‚neudänische Bewegung' in Flensburg und Teilen des Landesteils Schleswig zur politischen Majorität gewachsen, zeitweise schien gar eine Grenzverschiebung gen Süden vorstellbar. Der sozialdemokratische Kreisverband war 1946 von Kurt Schumacher kurzerhand kollektiv ausgeschlossen worden, die dänischgesinnte Sozialdemokratische Partei Flensburg (SPF) entstanden, sie existierte bis 1954.[67] Die (heimliche) staatliche Medienfinanzierung war Teil des kulturellen und politischen Rollbacks der deutschen Seite, Joachim Steffen folglich Mitakteur. Eigentlich, denn später wird er die Grenzauseinandersetzung als „Kalten Kaffee" bezeichnen und wohl auch schon während seiner aktiven Zeit in Flensburg so wahrnehmen; ihm sei es um den (Wieder-)Aufbau einer örtlichen SPD gegangen.[68] Bedeutungsvoll für ihn schien die Chance, über ein (stabil finanziertes) Medium sozialdemokratische Politik zu ‚verklickern' und für diese zu werben. Das gelang in Flensburg mithilfe dieses neuen Organs wohl tatsächlich recht erfolgreich, wenn man die positive Entwicklung der Wahlergebnisse der örtlichen SPD zum Maßstab erhebt: In dieser Zeit fand eine spürbare Rückorientierung von dänischen Wählerstimmen statt, auch zur nunmehr wieder einzigen (deutschen) Sozialdemokratie im Ort. Die lokale journalistische Tätigkeit war selbstverständlich kommunikativ und organisatorisch eingebunden in die Arbeit der Landespartei und der in Kiel erscheinenden Schleswig-Holsteinischen Volkszeitung. Das bedeutete: Kontaktpflege und Wahrnehmung des agilen Schreibers über die engere Region heraus.

Bereits 1954 ist Joachim Steffen Landesvorsitzender der Jungsozialisten und wird im Jahr darauf dadurch bekannt, dass ihm der Bundesvorstand der SPD ein Redeverbot erteilt, weil er öffentliche Kritik am Parteivorsitzenden Erich Ollenhauer und der sozialdemokratischen Strategie im Zusammenhang mit der Wiederbewaffnung Deutschlands geäußert hat. Ab 1956 wirkt Steffen im Kreisvorstand der SPD, 1958 ist er erstmalig Kandidat für die Landtagswahl. Der Wahlkreis Flensburg gilt als aussichtslos, aber Joachim Steffen gelingt es durch geschickte Vernetzung und Regie, auf dem Listenparteitag vom für ihn vorgesehenen und aussichtslosen Platz 25 auf

66 Vgl. den Beitrag von Schwabe und Oddey in diesem Band.

67 Vgl. Uwe Danker: „Wir wollen loyale Untertanen der dänischen Krone sein." Südschleswig 1945 bis 1955: Vom letzten Kampf zum dauerhaften Grenzfrieden, in: Drsb. Die Jahrhundertstory, Band 3. Flensburg 1999, S. 108-127.

68 Joachim Steffen (Interview): „Es muß einfach alles stimmen", in: Rudolf Titzck (Hrsg.): Landtage in Schleswig-Holstein. Gestern – heute – morgen, Husum 1987, S. 190-193, hier: S. 190.

Platz 13, dem ersten überhaupt durch einen Wahlakt umkämpften und noch sicheren Listenplatz, nominiert zu werden.[69] – Jochen Steffen wird im selben Jahr Mitglied des Schleswig-Holsteinischen Landtags.

III. Der Vergangenheitspolitiker

In autobiografischen Selbstzeugnissen kokettierte Jochen Steffen mit seiner angeblichen in der Jugend empfundenen und gelebten Distanz zum Nationalsozialismus. Bei seinem kritischen und scharfsinnigen Geist dürfen wir vermuten, dass dieser frühe Klarblick sich auch im vergangenheitspolitischen[70] Handeln im Landtag ausdrückte. Deshalb im Folgenden ein dreifacher Versuch des Auslotens: Wie intensiv und engagiert mag sich Steffen erstens an ausgewiesenen vergangenheitspolitischen Debatten beteiligt haben? Welche Rolle nahm er zweitens in der besonders öffentlichkeitswirksamen landespolitischen Aufarbeitung des Heyde-Sawade-Skandals 1959-1961 ein? Und schließlich sei drittens seine öffentliche Auseinandersetzung mit Innenminister Schlegelberger im Jahr 1963 beleuchtet.

Distanz zum Nationalsozialismus?

Zunächst aber kurz zur selbst erinnerten Distanz zum Nationalsozialismus: Joachim Steffen schrieb in seinen Lebenserinnerungen, er habe 1940 aktiv eine Mitgliedschaft in der NSDAP abgelehnt und sei in diesem Kontext aus der HJ ausgeschlossen worden; sein persönliches Umfeld jedoch erinnerte diesen Ausschluss nicht.[71] Auch will Steffen sich vor der NS-Ideologie geschützt, die Pogromnacht in Kiel aber nicht wahrgenommen haben. Jens-Peter Steffen erörtert weitere eher widersprüchlich erscheinende Jugenderinnerungen und Einordnungen.[72] Steffen stilisiert sich in der autobiografischen Personenbeschreibung retrospektiv als ‚Abseits-Stehender', gleichwohl schimmern im folgenden Zitat Ambivalenz und Scham durch: „Die Nationalsozialisten waren so, wie sie es selbst von sich sagten; sie taten, was sie angekündigt hatten. Wir anderen (!; UD) ließen geschehen, was nicht geschehen durfte. Die Nazis konnte man hassen, sich selbst mußte man verachten. Ich wußte sehr früh, daß ich Kompromisse schloß, schwieg oder innerlich Zugeständnisse machte, wo ich laut hätte ‚Nein!' sagen müssen."[73]

---

69 Zu den Umständen der Listenkandidatur vgl. Heinz Josef Varain: Kandidaten und Abgeordnete in Schleswig-Holstein 1947-1958, in: Politische Vierteljahresschrift, 2. Jg., Heft 4, Dez. 1961, S. 363-411, hier S. 402f.

70 Zum Begriff siehe Norbert Frei: Vergangenheitspolitik. Die Anfänge der Bundesrepublik Deutschland und die NS-Vergangenheit, München 1996.

71 Vgl. Jens-Peter Steffen (Hg.): Personenbeschreibung. Biographische Skizzen eines streitbaren Sozialisten, Kiel 1997, S. 54. Diese Passage wird erörtert bei Jens-Peter Steffen in diesem Band, S. 512-515.

72 Vgl. Jens-Peter Steffen in diesem Band, S. 517, 525, 533.

73 Steffen 1997: Personenbeschreibung (wie FN 71), S.61.

Zeitgenössische Ego-Dokumente, denen wir einen höheren Quellenwert zubilligen, enthalten keine regimekritischen und vorsichtig distanzierten Bemerkungen. So dokumentieren insbesondere Jochen Steffens Feldpostbriefe an die Verlobte Ilse keinerlei Distanz zum Nationalsozialismus und zum finalen Kriegsgeschehen; in Jens-Peter Steffens Diktion zeigte sich der Vater damit als „kriegstaugliches Ich".[74] Die Interpretation von Gertrud Lenz lautet apodiktisch, dass Jochen und Ilse als im Nationalsozialismus sozialisierte jungen Menschen keine Distanz zum Herrschaftssystem entwickelten und ihren Durchhaltewillen als selbstverständlichen Patriotismus begriffen.[75]

Eine intellektuelle Aufarbeitung, verbunden mit zerknirschter und beschämter Auseinandersetzung mit der eigenen Biografie, dürfen wir dem immer noch sehr jungen Jochen Steffen in der unmittelbaren Nachkriegszeit aber durchaus zubilligen. Jedenfalls sprechen alle zeitgenössischen schriftlichen Äußerungen dafür, dass er für sich schnell Klarheit und Distanz geschaffen hat. Seine intensive und später eindringlich erinnerte Beobachtung des final im September 1950 gescheiterten Strafverfahrens gegen den Richter des von der drakonischen Marinejustiz zum Tode verurteilten und hingerich-teten U-Boot-Kommandanten Oskar Kusch, den ehemaligen Marineobergerichtsrat Karl-Heinrich Hagemann,[76] spricht deutlich dafür: „Es ging um Gesetz und Recht des Staates von damals. Den man heute einen Unrechtsstaat nannte, je nun ... damals war heute. Den makabren Höhepunkt bildete für mich die Aussage eines Kollegen des angeklagten Richters.

Für den Ausgang des Prozesses spielte sie gar keine Rolle. Der Freispruch war klar. Aber für mich war sie eine ‚Erleuchtung'. Ich ahnte, wohin der Karren laufen würde. Dieser ehemalige Marinerichter war als Richter bereits wieder im Hamburger Randgebiet tätig. Er stellte dem angeklagten Kollegen ein glänzendes Leumundszeugnis aus." Steffens deprimierte Wertung: „Tagelang, wochenlang war ich tief aufgewühlt. Wenn es eine Beziehung gab zwischen ‚Basis und Überbau', dann war jetzt klar, wie der ‚Überbau' der jetzigen Gesellschaft aussah. ... Es ging mir durch den Kopf, was ich an Klagen, bitteren Bemerkungen gehört hatte, wer schon wieder wo saß. Wer plötzlich einen ‚Persilschein' hatte und mit märchenhaftem Geschick verborgen hatte, daß er gar kein Nazi, sondern schon immer innerlich dagegen war. Der neue, sich wieder formierende Überbau war doch der alte! Wo stand geschrieben, daß eine totale Niederlage einem ‚Überbau' die soziale Basis entzog? Nein, der alte Überbau formierte bereits wieder die soziale Basis."

Und schließlich schrieb Steffen zu diesem eindringlichen Schlüsselerlebnis: „Diese Erfahrung des Prozesses und der anschließende Denk- und Lernprozeß hatten für mich etliche Folgen und Konsequenzen. Eine, die heute noch anhält, ist ein ganz tiefsitzendes Mißtrauen gegenüber den Möglichkeiten, die in einer krisenhaften deutschen

74 Ebenda, S. 61f.; vgl. ebenda S. 70f. Siehe auch den Beitrag von Gertrud Lenz in diesem Band.

75 Vgl. Lenz in diesem Band, S. 422ff.

76 Vgl. Zum Fall Kusch: Heinrich Walle: Die Tragödie des Oberleutnants zur See Oskar Kusch, Stuttgart 1995.

Entwicklung stecken. Eine andere, die mein Leben lang angehalten hat, ist eine Überreaktion auf alles, was nach ‚nazistisch' oder reaktionär riecht."[77]

Es stellt sich die Frage, ob und wie sich dieser Abscheu im konkreten politischen Handeln des Abgeordneten Steffen ausdrückte.

Vergangenheitspolitische Debattenbeiträge

Auf den ersten Blick gesehen beteiligte sich Joachim Steffen quantitativ vergleichsweise intensiv an jenen Plenardebatten im Landtag, die sich als explizit vergangenheitspolitisch identifizieren lassen.[78] Insgesamt 16 einschlägige Wortmeldungen und 62 Zwischenrufe Steffens sind für die 4. bis 8. Legislaturperiode überliefert; insgesamt 75 einschlägige Debatten lassen sich für diesen Zeitraum identifizieren.[79] Nur wenige Parlamentarier wie Alfred Gille (BHE) oder auch Wilhelm Käber (SPD), Fraktionsvorsitzender und Oppositionsführer von 1953 bis 1966, übertrafen Steffen zahlenmäßig deutlich; beider diesbezügliche Hauptaktivitäten wurzelten aber in den früheren Legislaturperioden. Betrachtet man Steffens Beiträge genauer, lässt sich kaum noch behaupten, dass sie ein besonderes Engagement in vergangenheitspolitischen Debatten des Landtages spiegeln. In der kompletten 4. Wahlperiode 1958 bis 1962, in die der Heyde-Sawade-Skandal und eine vergangenheitspolitische Grundsatzdebatte über das ‚braune Schleswig-Holstein' fielen,[80] begründete Steffen lediglich den sozialdemokratischen Dringlichkeitsantrag zur Einsetzung des Heyde-Sawade-Untersuchungsausschusses,[81] eine Einlassung, die aufgrund ihrer nachhaltigen Folgen noch gesondert gewürdigt wird, und leistete ansonsten lediglich einschlägige Zwischenrufe.

In der 5. Wahlperiode 1962 bis 1967 war er zweimal Akteur in der parlamentarischen Fragestunde, einmal wegen Zahlungen an Angehörige von Kriegsverbrechern und einmal zum Fall des weiterhin in Dithmarschen geehrten Blut-und-Boden-Dichters Adolf Bartels.[82] Das Wort ergriff er auch zum widersprüchlichen Verhalten der Landesregierung in der Verjährungsdebatte für Mordhandlungen während der NS-

77 Steffen 1997: Personenbeschreibung (wie FN 71), S. 143, 144, 146.

78 Vgl. Uwe Danker, Sebastian Lehmann-Himmel: Landespolitik mit Vergangenheit. Geschichtswissenschaftliche Aufarbeitung der personellen und strukturellen Kontinuität in der schleswig-holsteinischen Legislative und Exekutive nach 1945, Husum 2017, S. 298-312, 127-132, 561-568.

79 Daten aus der Projektdatei „Landespolitik mit Vergangenheit", vgl. Danker/Lehmann-Himmel 2017: Landespolitik mit Vergangenheit (wie FN 78), S. 300 (Diagramm 35), 561-568.

80 Vgl. Bernd Kasten: „Das Ansehen des Landes Schleswig-Holstein". Die Regierung von Hassel im Umgang mit Problemen der nationalsozialistischen Vergangenheit 1954-1961, in: ZSHG 118 (1993), S. 267-284; Uwe Danker: Vergangenheits"bewältigung" im frühen Land Schleswig-Holstein. In: Landeszentrale für politische Bildung Schleswig-Holstein (Hrsg.): Die Anfangsjahre des Landes Schleswig-Holstein. Kiel 1998, S. 26-43; Uwe Danker: Der Landtag und die Vergangenheit. Das Thema „Vergangenheitsbewältigung" im Schleswig-Holsteinischen Landtag 1947-1992. In: Demokratische Geschichte 17 (2006), S. 187-208.

81 Schleswig-Holsteinischer Landtag, 4. Wahlperiode, Stenografischer Bericht 12. Tagung, 28. Sitzung, 30.11.1959, S. 828.

82 Schleswig-Holsteinischer Landtag, 5. Wahlperiode, Stenografischer Bericht 20. Tagung, 35. Sitzung, 12.10.1964, S. 1191f.; 24. Tagung, 41. Sitzung, 1.3.1965, S. 1444f.

Zeit und einmal zu einem (vergangenheitspolitischen) Bericht des Innenministers zur Situation der Landespolizei.[83] In den anschließenden Legislaturperioden, in denen im Landtag quasi ein generelles vergangenheitspolitisches Schweigen herrschte,[84] äußerte sich (auch) Joachim Steffen nicht einschlägig.

Als einzig wirklich relevanter und aufwändig vorbereiteter Beitrag zu einem vergangenheitspolitischen Thema sticht Steffens Auftritt in der Aussprache zum Bericht des Untersuchungsausschusses zur Aufklärung der Situation im Polizeiwesen hervor. Er selbst hatte in dem Ausschuss nicht mitgewirkt, agierte deshalb bei der Erörterung des Berichts in der Plenarsitzung am 14. Juni 1966 auch nicht als Hauptredner seiner Fraktion.[85] Gleichwohl machte er als zweiter Sprecher der SPD umfängliche und grundsätzliche Ausführungen. Mit dem in dieser Institution ungewöhnlich anspruchsvollen Rekurs auf aktuelle wissenschaftliche Beiträge von Wolfgang Zapf (1937-2018) und Ralf Dahrendorf (1929-2009) zur Elitenkontinuität untermauerte er: „Wir haben also diese Amalgamierung des Tausendjährigen und des Heutigen. Darüber brauchen wir hier gar nicht zu rechten; das ist einfach eine Tatsache." Bezogen auf die Spitze der Landespolizei sei diese bundesrepublikanische Kontinuität besonders zu beurteilen, müsse man vor dem Hintergrund der aktuellen Notstandsgesetzgebung doch der Polizei als Herrschaftsinstrument vertrauen können. Ob der Korpus der schleswig-holsteinischen Oberbeamten im Polizeiapparat dieses Vertrauen rechtfertige, sei zu bezweifeln. Den Dissens zur Regierungskoalition erkenne er an der Frage, wie mit Oberbeamten umzugehen sei, denen man – aufgrund der eingetretenen Verjährung aller Delikte außer Mord – strafrechtlich kaum noch begegnen könne: „Aber das (die Verjährung, UD) braucht doch kein Grund dafür zu sein, heute Oberbeamte im Polizeidienst des Landes zu belassen, nur weil ihre Vergehen oder Verbrechen heute nicht mehr vom Richter verurteilt werden können." Seinen Fokus richtete Steffen auf ehemalige SS-Rollen der Oberbeamten, die strukturell in der Verquickung von staatlicher Polizei und Parteiformation SS angelegt gewesen waren. Sodann zitierte er ausgiebig aus Himmlers berüchtigter Posener Rede vom 4.10.1943, in der dieser seine absurde Sauberkeitsethik der Massenmörder im Judenmord entfaltet hatte. Der CDU-Abgeordnete Mentzel reagierte darauf mit dem Zwischenruf: „Aber kombinieren Sie das nicht mit den Oberbeamten der Polizei!" Steffen parierte mit dem (korrekten) Hinweis darauf, dass im Polizeiausschuss auch von Aussagen einzelner Oberbeamten die Rede war, die eingestandenermaßen „an der Grube" geschossen hatten.[86] Dann fuhr er sarkastisch fort: „Es war natürlich ‚Befehlsnotstand' und was es so alles gibt. Das sind ja die Segnungen, die wir haben und die wir nicht vermissen wollen." Seine Wortmeldung beschloss Steffen mit scharfen neuen Fragen zur Personalpolitik des Innenministers im

83 Schleswig-Holsteinischer Landtag, 5. Wahlperiode, Stenografischer Bericht 25. (außerordentliche) Tagung, 42. Sitzung, 5.4.1965, S. 1456; 44. Tagung, 76. Sitzung, 30.3.1967, S. 2802f.

84 Vgl. Danker/Lehmann-Himmel 2017: Landespolitik mit Vergangenheit (wie FN 78), S. 128ff.

85 Vgl. Uwe Danker: Das Beispiel Polizeiausschuss, in: Danker/Lehmann-Himmel 2017: Landespolitik mit Vergangenheit (wie FN 78), S. 351-362.

86 Vgl. ebenda.

Sektor der Landespolizei.[87] – In der spezifischen Landtagsrhetorik klassisch angelegt, handelt es sich um einen klugen, anspruchsvollen und bezogen auf ehemalige NS-Rollen zeittypisch zurückhaltend formulierten Beitrag.

Die Affäre Heyde/Sawade

Wie bereits erwähnt, begründete der junge Abgeordnete Joachim Steffen am 30. November 1959 die Dringlichkeit der Einsetzung eines Parlamentarischen Untersuchungsausschusses zur Untersuchung der Affäre Heyde/Sawade und sorgte für nachhaltige Aufregungen. Um das einordnen zu können, muss die Affäre hier zunächst in groben Zügen nachgezeichnet werden:[88]

1959 eskalierte im Kieler Stadtteil Düsternbrook ein Nachbarschaftsstreit. Prof. Dr. Reinwein, Klinikchef für innere Medizin, litt unter nächtlichen Ruhestörungen durch die studentischen Verbindungen „Saxonia“ und „Troglodytia“ in der Nachbarschaft. Er fühlte sich vom vergeblich eingeschalteten Amtsgericht im Stich gelassen, verallgemeinerte die Erfahrung auf die schleswig-holsteinische Justiz. In seiner Wut drohte er im Kollegenkreis damit, öffentlich zu machen, dass am Schleswiger Landessozialgericht ein Dr. Sawade unter falschem Namen Gutachten erstelle. Der darauf mobilisierte Leiter der Gesundheitsabteilung im Innenministerium, Dr. Hans Heigl, brachte in Erfahrung, was inoffiziell vielen bekannt war, nämlich dass es sich bei Sawade tatsächlich um Werner Heyde, den ehemaligen medizinischen Leiter des NS-Euthanasieprogramms, also um einen Massenmörder handelte. – Ein skurriler Anlass brachte Schritt für Schritt einen kaum glaublichen Skandal an die Öffentlichkeit.

Der Nervenarzt Prof. Dr. Werner Heyde, ein Vertrauter Heinrich Himmlers, hatte im NS-Staat eine steile Karriere gemacht. Mit Hilfe der SS war er zum Ordentlichen Professor an der Würzburger Universitätsklinik aufgestiegen. 1939 bis 1941 hatte Heyde als Leiter und Obergutachter reichsweit die Ermordung von mehr als 80000 Kranken und Behinderten verantwortet, außerdem er im Rahmen der Aktion „Sonderbehandlung 14f13“ an der Selektion und Ermordung jüdischer KZ-Häftlinge mitgewirkt. 1945 verhaftet, war ihm 1947 nach seiner Zeugenaussage im Nürnberger Ärzte-Prozess die Flucht gelungen. Fortan wurde er per Haftbefehl wegen Mordes gesucht.

Während Heigl am 5. November 1959 seine „Erkenntnisse“ weiterleitete, warnte sein Schwiegersohn, ein Flensburger Arzt, Heyde/Sawade, dass dessen Tarnung aufgeflogen sei. Auch verschleppten Landeskriminalpolizei und Flensburger Staatsanwaltschaft die Ermittlungen, so dass Sawade ungestört seinen Wohnort Flensburg verlassen konnte. Tage später wurde der Skandal publik. Am 12. November stellte sich Heyde der Frankfurter Staatsanwaltschaft. Und der Schleswig-Holsteinische Landtag

87 Alle Zitate: Schleswig-Holsteinischer Landtag, 5. Wahlperiode, Stenografischer Bericht 37. Tagung, 63. Sitzung, 14.6.1966, S. 2316, 2317, 2318 (3).

88 Vgl. zum Folgenden die nach wie vor gültige Bearbeitung von Klaus-Detlev Godau-Schüttke: Die Heyde/Sawade-Affäre. Wie Juristen und Mediziner den NS-Euthanasieprofessor Heyde nach 1945 deckten und straflos blieben, Baden-Baden 1998. Siehe auch Uwe Danker: Die unglaubliche Affäre Heyde/Sawade 1959, in: Ders.: Die Jahrhundert-Story, Band 3. Flensburg 1999, S. 168-187.

setzte am 14. Dezember zwei Untersuchungsausschüsse ein, aus deren Arbeit im Folgenden berichtet wird.

Vorweg sei aber die Rahmenhandlung zu Ende erzählt: Nach und nach gelangten Details aus Heydes zweiter Karriere an die Öffentlichkeit. Der flüchtige Werner Heyde hatte 1947 in Kiel auf dem Schwarzmarkt seine neue Identität als Dr. Fritz Sawade erkauft. 1949 bewarb er sich erfolgreich um die Stelle als Sportarzt der Landessportschule in Flensburg-Mürwik. Ab 1950 arbeitete Sawade zudem als Gutachter für das Landessozialgericht in Schleswig. Er hatte sich dem Flensburger Kollegen Dr. Glatzel offenbart, dieser half ihm. Bis 1959 erstellte „Dr. Sawade" mehr als 7000 Gutachten für das Landessozialgericht und andere Institutionen, auch in Wiedergutmachungsverfahren von NS-Opfern. Obwohl sich in Flensburg und Schleswig schnell herumsprach, dass mit dem Herrn Sawade ohne Approbationsurkunde etwas nicht stimmte, stellte angeblich niemand Nachforschungen an. Und wer mehr wusste, schwieg vornehm. Heyde/Sawades Vergangenheit wurde akzeptiert. Und damit geriet sein Fall zu einem Fall der schleswig-holsteinischen Nachkriegsgesellschaft.

1955 kam es zwischen „Dr. Sawade" und Prof. Dr. Creutzfeldt, dem ehemaligen Chef der Kieler Universitätsnervenklinik, zu einem Gutachterstreit. Daraufhin offenbarte Creutzfeldt in einem Schreiben an den Präsidenten des Landessozialgerichts Dr. Buresch die wahre Identität des Gutachters. Dr. Buresch, er war tatsächlich seit langem über Heyde/Sawade informiert, vertuschte den Vorfall: Er leitete das Schreiben Creutzfeldts mit einem formalen Hinweis an den Absender zurück. Creutzfeldt ließ die Sache daraufhin auf sich beruhen.

1961 nannte der Abschlussbericht des Untersuchungsausschusses 18 Personen aus Justiz, Verwaltung und Medizin, die frühzeitig und vollständig über die wahre Identität Werner Heydes informiert gewesen waren; weitere 28 namentlich Benannte steckten zumindest teilweise im Komplott. – Dieses verbreitete Wissen, ja die Komplizenschaft von schleswig-holsteinischen Elitenangehörigen mit dem Massenmörder Heyde, kann als der eigentliche Skandal begriffen werden.

1962 wurden Werner Heyde und andere Hauptbeteiligte der „NS-Euthanasie" vor dem Frankfurter Landgericht von Hessens Generalstaatsanwalt Dr. Fritz Bauer angeklagt, „heimtückisch, grausam und mit Überlegung mindestens 100000 Menschen getötet zu haben". Kurz vor Prozessbeginn, am 31. August 1963, erhängte sich Werner Heyde in seiner Zelle.

Untersuchungsausschuss Heyde/Sawade II:

In den aufregenden ersten Tagen der Affäre hatte der Journalist Volkmar Hoffmann auf der Basis von vertraulichen Hinweisen eines Informanten in der ‚Frankfurter Rundschau' am 20. November 1959 unter dem Titel „Schweigemauer in Schleswig-Holstein um SS-Arzt Heyde – von Hassel wusste Bescheid" unter anderem geschrieben: „Selbst Ministerpräsident von Hassel (CDU) und Kultusminister Osterloh (CDU) ... wußten seit mehreren Monaten, daß sich unter dem Namen Dr. Sawade der steckbrieflich gesuchte Euthanasiearzt und SS-Standartenführer Professor Werner Heyde verbarg…“[89] Sofort vom Ministerpräsidenten wegen übler Nachrede und Verleumdung juristisch verfolgt, musste Hoffmann später im Verfahren erleben, dass sein Informant nicht standhielt. Hoffmann wurde schließlich zu sechs Monaten Gefängnis auf Bewährung verurteilt, paradoxerweise als einziger juristisch Belangter in der gesamten Affäre.

Für die SPD-Landtagsfraktion hatte dieser FR-Artikel den Anlass geliefert, noch im November 1959 die Einrichtung eines Parlamentarischen Untersuchungsausschusses zu beantragen. Zur Begründung und Dringlichkeit des Antrags auf Einrichtung eines Untersuchungsausschusses sprach Joachim Steffen. Er führte im Plenum am 30.11.1959 unter anderem aus: „Für die Dringlichkeit des Antrages spricht …, daß in den Kreis der Behauptungen schuldhaften Verhaltens nicht nur Beamte, sondern auch Personen des öffentlichen Lebens – und zwar solche, die in der Regierung sitzen – einbezogen worden sind.“[90] Tage später schrieb er als Journalist in der „Flensburger Presse“ vom 3.12.1959 unter dem Titel „Der Fall Heyde beginnt politisch zu stinken“ auch den Satz: „Es wird noch festzustellen sein, wer von den Abgeordneten in eigener Sache abgestimmt hat, als die Dringlichkeit des Untersuchungsausschusses verneint wurde.“[91]

Damit lieferte er den Regierungsfraktionen CDU und FDP einen Vorwand dafür, in der Landtagssitzung am 14. Dezember 1959 zwar dem Heyde/Sawade-Untersuchungsausschuss I zuzustimmen, zugleich aber einen zweiten Heyde/Sawade-Untersuchungsausschuss II einzurichten, der folgende Fragen klären sollte:[92] „Welche Unterlagen hatte der Abgeordnete Steffen, um öffentlich die Behauptungen aufzustellen, daß a) Abgeordnete des Landtages in eigener Sache abgestimmt hätten, als die Dringlichkeit des Untersuchungsausschusses verneint wurde, b) in den Kreis der Behauptungen schuldhaften Verhaltens auch Personen, die in der Regierung sitzen, einzubeziehen sind?“[93]

Abgesehen davon, dass Joachim Steffen naturgemäß nur im ersten Ausschuss mitwirken konnte, im zweiten als Betroffener durch den Abgeordneten Kurt Schulz (SPD) ersetzt werden musste, waren die Ausschüsse personell identisch und tagten miteinander verzahnt, teilweise auch schon mal zusammen und dann selbst formal kaum noch zu trennen. Schnell wurde deutlich, dass wirklich Gewichtiges aufgeklärt wurde im Untersuchungsausschuss I – und dass im Untersuchungsausschuss II Steffen in eine aussichtslose Defensive geriet.

In der konstituierenden Sitzung des Untersuchungsausschusses II am 15.1.1960 vereinbarten die Ausschussmitglieder besondere Vertraulichkeit und, über die Abge-

---

89 Vgl. zum Folgenden Godau-Schüttke 1998: Heyde/Sawade (wie FN 88), S. 304-310.

90 Zit. nach Niederschrift Untersuchungsausschuss Prof. Heyde/Dr. Sawade II (im Folgenden: UAHS II) APr 5, 5. Sitzung, 13.4.1960, S. 2.

91 Zit. nach ebenda.

92 Vgl. zum Folgenden Godau-Schüttke 1998: Heyde/Sawade (wie FN 88), S. 219-233.

93 UAHS II APr 5, 5. Sitzung, 13.4.1960, S. 2.

ordneten hinaus, bei den nichtöffentlichen Sitzungen einen entsprechend geringen Teilnehmer- und Zuhörerkreis. In der zweiten, wieder der Arbeitsplanung dienenden, deshalb nichtöffentlichen Sitzung brachte der Abgeordnete Gerhard Strack (SPD) unter Bezugnahme auf die in Artikel 46 des Grundgesetzes formulierte Indemnität von Abgeordneten verfassungsrechtliche Bedenken gegenüber einer Vernehmung des Abgeordneten Steffen ein.

Der Ausschussvorsitzende Dr. Paul Rohloff teilte diese nicht. Auch bezogen auf die Frage, ob eine öffentliche Sitzung vor einer ersten öffentlichen Sitzung des Untersuchungsausschusses I stattfinden könne, wurde finassiert. In der dritten, wieder nichtöffentlichen technischen Sitzung legte man den ersten öffentlichen Termin auf den 13.4.1960 fest. An diesem Tag bereiteten die Mitglieder in zunächst wieder nichtöffentlicher Sitzung die Vernehmung des Abgeordneten (und Journalisten) Steffen vor und beschlossen, ihm nicht den Status eines Zeugen, sondern jenen eines „Betroffenen“ zu geben, was seine prozeduralen Optionen und Schutzrechte erweiterte. Die unmittelbar anschließende, nunmehr 5. Sitzung fand öffentlich statt. Einziger Tagesordnungspunkt: „Vernehmung des Landtagsabgeordneten Joachim Steffen“.

Steffens verteidigende Einlassung zum Teil b) betonte, er habe, wie der Ausschussvorsitzende zusammenfasste, „nur einen allgemein bekannten Sachverhalt wiedergegeben, der sich namentlich auch aus der Presse ergeben habe und da wieder besonders aus der ‚Frankfurter Rundschau‘“.[94] Enger wurde es für Steffen beim Teil a) des Untersuchungsauftrags. Mit dem Vorsitzenden und weiteren (nicht sozialdemokratischen) Ausschussmitgliedern entspann sich eine längere sprachlogische Auseinandersetzung darüber, ob er mit der Suche nach Abgeordneten, die in eigener Sache abgestimmt hätten, mit der gewählten Formulierung eine Tatsachenbehauptung aufgestellt habe oder nicht. Obwohl Steffen sich in seiner Verteidigung rhetorische Mühe gab und massiv finassierte, war für jedermann erkennbar: Fraglos hatte er das getan. Nicht zuletzt auch das beredte Schweigen der sozialdemokratischen Mitglieder unterstrich diese Situation. – Steffen war in seinen Ausführungen einfach zu weit gegangen, kam aber an diesem Tag mit einem blauen Auge davon.

Da der Ausschuss neben der Hauptermittlung im ersten Untersuchungsausschuss auch in diesem Gremium den journalistischen Zeugen Peter Miska (ehemals ‚Frankfurter Rundschau‘, jetzt ‚Revue‘), der mit Steffen kooperiert hatte, hören wollte, einigte man sich in der 6. Verfahrenssitzung darauf, dem Abgeordneten Steffen dringend nahezulegen, sich nicht an der Vernehmung zu beteiligen. Sodann tagten die Ausschüsse am 25. Mai 1960 real gemeinsam, formal durch Aufruf jeweils zeitlich getrennt.[95] In der intensiven Fragerunde ging es um die konkrete Kooperation von Miska und Steffen, unter Kollegen sozusagen. Wirklich Belastbares kam nicht zu Tage. Auch nicht durch die Vernehmung des Ministerialdirektors a. D. Dr. Ernst Delbrück, der für die Landesregierung die problematischen Verhandlungen mit Prof. Reinwein, dem

94 Ebenda.

95 Vgl. gemeinsame (!) Niederschrift UAHS II APr 7 (z. B. S. 17) und UAHS I APr 6 vom 25.5.1960.

Auslöser des öffentlichen Skandals, geführt und darüber auch mit Ministerpräsident von Hassel und Minister Lemke in Kontakt gestanden, aber, wie er – im Gegensatz zu Miskas Aussage - ausführte, „diese ganze Geschichte nicht erwähnt“, sondern lediglich über zu laute Verbindungsbrüder konferiert hätte.[96] Damit stand Aussage gegen Aussage.

Das schließlich einstimmig[97] verabschiedete Ergebnis des Untersuchungsausschusses lautete lapidar: „Es handelt sich bei den vom Abgeordneten Steffen öffentlich aufgestellten Behauptungen um Vermutungen, die sich durch die Beweisaufnahme nicht bestätigt haben.“ Und, nach einer Generalisierung der Fragestellung, weiter: „Ob und inwieweit dem Ansehen des Landes und der Demokratie schwerer Schaden zugefügt wurde, läßt sich im gegenwärtigen Zeitpunkt nicht beurteilen.“[98] – Selbst wenn man in Rechnung stellt, dass Untersuchungsausschüsse auch politische Kampfinstrumente darstellen und man diesen Ausschuss zu genau diesem Zweck beantragt hatte, war dieses im Konsens erzielte Ergebnis für Joachim Steffen nicht ohne Peinlichkeit. Als die einschlägige Drucksache aber erst mit einer Verzögerung von mehr als einem Jahr zusammen mit dem Abschlussbericht des eigentlichen Untersuchungsausschusses zur Heyde Sawade-Affäre publiziert wurde, stellte sie nicht mehr als eine Marginalie dar.

Untersuchungsausschuss Heyde/Sawade I:
Die inhaltlich interessante Arbeit nämlich hatte der Heyde/Sawade-Untersuchungsausschuss I geleistet. Sein Schlussbericht barg brisante und gewichtige Urteile.

Der Ausschussvorsitzende, Dr. Paul Rohloff (CDU), agierte während der Arbeit des Ausschusses konziliant und konsequent. Auf sozialdemokratischer Seite als Hauptakteur handelte der stellvertretende Vorsitzende Heinz Adler. Beide waren Juristen, ebenso wie der BHE-Abgeordnete Dr. Alfred Gille, der ebenfalls aktiv und scharf in Vernehmungen auftrat. In einem starken Kontrast zur konfliktreichen Entstehungsgeschichte der beiden Ausschüsse verlief die inhaltliche Arbeit tatsächlich erstaunlich harmonisch und einvernehmlich sowie sach- und aufklärungsbezogen und schließlich erfolgreich.[99] Auch eigentlich zu erwartende Ressentiments der anderen Ausschussmitglieder dem

---

96 Vgl. ebenda, S. 30.

97 Vgl. UAHS II APr 8, 8. Sitzung 24.6.1960, S. 1.

98 Bericht des Untersuchungsausschusses II in der Angelegenheit Prof. Heyde/Dr. Sawade, Drucksache 4/445 vom 24.6.1961.

99 Vgl. Bericht des Untersuchungsausschusses I in der Angelegenheit Prof. Heyde/Dr. Sawade, Drucksache 4/44 vom 24.6.1961. Sowie: Schleswig-Holsteinischer Landtag, 4. Wahlperiode, Stenografischer Bericht 26. Tagung, 63. Sitzung, 27.6.1961, S. 2145-2170. Vgl. Godau-Schüttke 1998: Heyde/Sawade (wie FN 88), S. 219-233, hier S. 223, 225. Eine kleine populäre Neubearbeitung von Erdmann gerät dagegen oberflächlich und ist in ihren Wertungen nicht haltbar: Ulrich Erdmann: Die Heyde/Sawade-Affäre ab 1959 und die Rolle der Presse, in: Stiftung Kieler Presse-Klub (Hrsg.): In Druck und auf Sendung: Schleswig-Holsteins Medienlandschaft 1955-2000, Kiel 2018, S. 176-186.

streitbaren Steffen gegenüber waren nicht zu spüren. Nach anderthalb Jahren Arbeit zählten zum Redaktionskomitee des Abschlussberichtes schließlich neben Rohloff, Adler und Gille die Mitglieder Dr. Gerhard Gerlich (CDU), Gerhard Strack (SPD) und Heinrich Wolgast (FDP).[100]

Trotz – oder vielleicht wegen – seiner Einbringungsrede gehörte Joachim Steffen nicht zu dieser Runde. Relativ häufig auch fehlte er während der Ausschussarbeit entschuldigt. Den Protokollen nach zu urteilen, arbeitete er insbesondere bei den öffentlichen Sitzungen konzentriert mit, beteiligte sich vergleichsweise zurückhaltend an den Zeugenvernehmungen, dann meist fokussiert auf spezielle Aspekte und scharfsinnige Nachfragen. Besondere, von außen kommende Recherchen transportierte er jedenfalls nicht mehr.

Zum Exempel für sein scharfsinniges Nachfragen und zugleich zu einem skurrilen Höhepunkt der Aktivitäten Steffens geriet die Vernehmung von Amtsarzt Dr. Dietrich Ostertun, einem Mitwisser von Heyde seit der gemeinsamen Internierung in der unmittelbaren Nachkriegszeit:

„Vorsitzender: Herr Steffen!

Abg. Steffen: Herr Doktor! Sie haben ein an und für sich hier doch wirklich geschärftes amtliches Gewissen entwickelt und sehr exakt getrennt zwischen dem, was Sie amtlich getan haben, und dem, was Sie als Mensch getan haben. Sie sind Amtsarzt, also in Verwaltungsdingen und letztlich auch in Rechtsfragen nicht ganz unbewandert. Wenn jemand zu Ihnen sagt: Ich lebe unter falschem Namen, und ich kann meine Approbation deshalb nicht vorlegen, weil sie auf einen anderen Namen lautet, was denken Sie sich dann eigentlich?

(Obermedizinalrat Dr. Ostertun: Bitte?)

- Was haben Sie sich denn eigentlich gedacht? Ich meine, es ist ja kein Pappenstiel. Der Mann unterschreibt Urkunden. Sie wissen aus Ihrer amtlichen Tätigkeit, was Urkunden sind. Und er unterschreibt sie mit falschem Namen. Das ist Ihnen doch aufgefallen. Und jetzt sagt er zu mir: Ich kann meine Approbation nicht vorlegen. Jetzt frage ich nicht, was Sie als Mensch gedacht haben, sondern was denken Sie jetzt von Ihren Amte her?

Obermedizinalrat Dr. Ostertun: Von meinem Amte her? Daß mich ein Arzt in einem anderen Amtsarztbezirk überhaupt nichts angeht. Ich habe in meinem Amtsbezirk aufzupassen und nicht in einem anderen Amtsbezirk.

Abg. Steffen: Wenn jemand zu Ihnen sagt: „Ich lebe unter falschem Namen“, was sagt Ihnen das? Ob das in Ihrem Bezirk ist oder nicht, ist ja zunächst völlig gleichgültig. Der Tatbestand ist ja da. Was denken Sie sich dann?

Obermedizinalrat Dr. Ostertun: Ich weiß nicht, ob diese Frage mit den hiesigen Vernehmungen als Zeugen zu tun hat. Was ich mir dann denke? Ich wußte ja, weswegen er unter falschem Namen lebte. Ich hatte ja gar keine Kritik daran zu fällen, warum er

100 Laut Vorschlag des Vorsitzenden, vgl. UAHS I APr 41, 41. Sitzung 24.5.1960. Es entsteht ein schließlich einstimmig verabschiedeter Bericht, an dessen Schlussredaktion Steffen sich nicht beteiligt. Vgl. UAHS I APr 43, 43. Sitzung 24.6.1961.

den Namen noch führt. Warum er den angenommen hat, habe ich ja gesagt.

Abg. Adler: Sie übersehen, daß Sie mit Dr. Hartwig telefonierten.

Obermedizinalrat Dr. Ostertun: Ja, ich habe ihm gesagt, daß dieser Mann ein approbierter Arzt ist. Herr Hartwig hat ja nach wie vor weiterhin die Approbationsurkunde verlangt.

Abg. Steffen: Sie haben ihm das nicht amtlich gesagt, sondern als Mensch?

Obermedizinalrat Dr. Ostertun: Rein persönlich! Ich habe auch nur meine persönliche Kenntnis aus dem Lager weitergegeben, nicht eine amtliche. Meine Herren! Verzeihen Sie, Herr Dr. Rohloff! Ich habe das Gefühl, als ob jetzt hier eine Art Tauziehen ist um das, was ich denken könnte und was man hätte und so. Ich habe hier als Zeuge meine Kenntnis wiederzugeben, und ich habe der Wahrheit gemäß auszusagen, und ich hoffe, daß ich vereidigt werde. Ich habe lediglich den Tatsachen hier Ausdruck gegeben, daß ich wusste, er ist approbierter Arzt, soweit man das wissen kann, wenn man nicht eine Urkunde einsieht, genauso wie Sie das von Ihrem Arzt auch wissen. Und ich habe mitgeteilt an Hartwig, persönlich, als Mensch, daß ich Kenntnis davon habe, daß das ein approbierter Arzt ist. Ich habe Herrn Ministerialrat Heigl praktisch dasselbe gesagt: Das ist ein approbierter Arzt, und ich kenne ihn, und ich habe ihm auch gesagt, daß ich weiß, daß er Heyde ist. Das habe ich Hartwig nicht gesagt."[101]

Einmal kam es während der Arbeit in den Untersuchungsausschüssen zu einem offenen Konflikt, an dem Steffen unmittelbar beteiligt war. Es ging um die Berufsehre von Journalisten: Der Hamburger Medizinprofessor Dr. Heinrich Pette beklagte sich in der 40. Sitzung, er sei durch die Presse verunglimpft worden. Darauf reagierte der Abgeordnete Gustav Drevs den Zwischenruf „Elende Schreiberlinge!". Wegen dieser Bemerkung habe, so der Vorsitzende laut Protokoll der anschließenden 41. Sitzung des Heyde/Sawade-Untersuchungsausschusses I, der Abgeordnete Steffen nach Schluss der Sitzung den Kollegen Drevs „zur Rede gestellt und seiner Verärgerung Ausdruck gegeben, die namentlich dadurch hervorgerufen worden sei, daß die Äußerung von ‚einem alten Nazi' gemacht wurde. Der Vorsitzende stellt fest, daß Abg. Drevs weder in der NSDAP noch in einer ihrer Gliederungen gewesen sei und daß er von Abg. Steffen eine Entschuldigung erwarte. Abg. Steffen erklärt, daß er dies schriftlich tun werde."[102] – Das wird gewiss auch erfolgt sein. Tatsächlich aber war, wie wir heute wissen, Gustav Drevs seit 1933 SA-Mitglied und seit 1937 NSDAP-Mitglied gewesen.[103] – Steffen hatte richtig gelegen, ohne es aber belegen zu können.

101 UAHS I APr 19, 19. Sitzung 15.11.1960, S. 23f. (pag. 269f).

102 UAHS I APr 41, 41. Sitzung 24.5.1961.

103 Vgl. Danker/Lehmann-Himmel 2017: Landespolitik mit Vergangenheit (wie FN 78), S. 118, Diagramm 30; S. 47, 57, 101, 114, 118, 122, 184, 198, 239f., 274, 344, 547.

Der Fall Hartwig Schlegelberger

Das dritte und letzte Exempel zur Untersuchung des vergangenheitspolitischen Engagements Steffens bildet der Fall Hartwig Schlegelberger (1913-1997).[104] Der Sohn des NS-Justizstaatssekretärs Franz Schlegelberger, der im Übrigen zum Zeitpunkt der folgenden Episode in Flensburg lebend in juristischer Auseinandersetzung mit dem Land Schleswig-Holstein um seine Pension kämpfte, was die politische Karriere des wie Steffen 1958 erstmals in den Landtag Gewählten leicht behinderte, war selbst in die Schlagzeilen geraten, weil der Göttinger Anwalt Fritz Passow im April 1963 gegen ihn Strafanzeige wegen „versuchten Mordes" erstattete. Zuvor hatte er seit 1960 mehrere Schreiben an die schleswig-holsteinische Landeskanzlei gerichtet und darauf hingewiesen, dass seines Wissens Schlegelberger als Ankläger der Marinekriegsjustiz in der NS-Zeit mindestens zweimal Todesurteile beantragt habe. Nach zwei Recherchen im Bundesarchiv galt Schlegelberger zu diesem Zeitpunkt für die schleswig-holsteinische Landesregierung als juristisch entlastet. Er habe, so der frisch gewählte Ministerpräsident Helmut Lemke Ende Mai 1963, „in keinem Fall gegen die Grundsätze der Rechtstaatlichkeit und Menschlichkeit" verstoßen.[105]

Bis dahin hatte Schlegelberger, auf eigene Initiative, was als stilbildend gewertet wurde, seine Amtsgeschäfte ruhen lassen. Während dieser Phase, genau am 9. Mai 1963, hatte Steffen ihn in der ‚Schleswig-Holsteinischen Volkszeitung' mit einem offenen Brief herausgefordert. Darin schrieb er nach ausdrücklichen Achtungsbezeugungen unter anderem: „Ich bitte Sie, von sich aus den unheilvollen Zustand des ‚Rechts' von damals darzulegen. In welch einer Mühle sich der denkende Mensch mit Gewissen damals befand, der ‚Recht' sprechen sollte in einer Zeit, in der der Terror justiziabel war. Sie haben bereits bewiesen, daß Sie den Verstand und das Gefühl dafür haben, welche Bedeutung für unser Leben die Fragen aus der Zeit von damals haben. Antworten Sie, Sie haben doch die Intelligenz und das vom Gewissen geschärfte Einsichtsvermögen, machen Sie sich doch, bitte, frei von den regierungsoffiziellen ‚taktischen' Eierschalen! Unser politisches ‚Klima' bedarf solch einer klaren Aussage, nicht zuletzt in unserem Lande."[106]

Überraschenderweise ging Schlegelberger darauf ein und antwortete zeitersetzt mit einem offenen Brief, am 25. Mai 1963 abgedruckt ebenfalls in der Volkszeitung. Er sei dem NS-Regime gegenüber immer distanziert begegnet und auch nie Mitglied geworden, habe aber in dieser Zeit als Marinejurist für eine Restpräsenz des Staates gewirkt und stehe auch weiter dazu, dass militärische Rechtsverstöße geahndet wurden. Weiter heißt es unter anderem: „Natürlich waren die Richter oft verschiedener Ansicht,

---

104 Vgl. zum Folgenden Sebastian Lehmann: Der Fall Hartwig Schlegelberger – dreifache Vergangenheitspolitik? in: Harald Schmid (Hrsg.): Erinnerungskultur und Regionalgeschichte, München 2009, S. 191-216.

105 Zit. nach ebenda, S. 201.

106 Zit. nach: Der Landesbeauftragte für staatsbürgerliche Bildung (Hrsg.): „Politischer Stil in einem Streitfall. Die Auseinandersetzung zwischen Minister Dr. Schlegelberger und dem Abgeordneten Steffen, (Gegenwartsfragen 10), Kiel 1963, S. 6 (AdsD Bonn, Nachlass Steffen 1/JSAA000012).

aber die militärische Aufgabe der Kriegsgerichtsbarkeit verhinderte jedes Abgleiten in politische Zweckmäßigkeitshandlungen und -urteile. Diese allgemeine Feststellung darf ich für den für mich überschaubaren Bereich des Gerichts der Kriegsmarine und im Blick auf die Richter, die dort tätig gewesen sind, abgeben.“[107]

Schließlich begegneten sich beide am 7. Juni 1963 noch in einer Fernsehdiskussion in der vom NDR verantworteten „Nordschau“, moderiert vom NDR-Redakteur Karl-Heinz Rücke und dem Landesbeauftragten für staatsbürgerliche Bildung, Dr. Ernst Hessenauer. Um Inhalte ging es dabei kaum,[108] Stilfragen und gegenseitiges Lob über die Bereitschaft, sich überhaupt mit der Vergangenheit auseinanderzusetzen, bestimmten das Gespräch, das bezogen auf die NS-Zeit allenfalls nebulöse Andeutungen hervorbrachte „Ich glaube wirklich, eine der wesentlichen Möglichkeiten besteht darin - und da muß ich Herrn Steffen recht gehen – daß wir überhaupt die Dinge einmal aussprechen.“[109] Diese Bemerkung Schlegelbergers hatte denn auch mit der Realität nicht viel gemein.

„Ja, würde ich sagen, das ist eine eindeutig andere Ebene. Hier geht es doch ganz einfach darum, wenn man das mal nüchtern sieht, daß man analysiert, welche Form der Rechtfertigung unter welchen Voraussetzungen die Menschen für sich gefunden haben, um in einer Zeit irgendwie bestehen zu können. Der Mensch ist ja auch ein ‚motivschaffendes Wesen‘.

Wenn das Ganze überhaupt sinnvoll sein soll, dann liegt es einfach in der Analyse der Haltung, die man damals vor sich selbst eingenommen hat. Ganz einfach deshalb, weil man dann von daher ableiten kann, was man heute tunlichst vermeiden sollte, wenn man nicht in ähnliche Gefahren und Schwierigkeiten kommen will. Daher ist für uns in der Erhellung der Zeitgeschichte dieser Briefwechsel so wichtig.“[110] – So schwurbelte auch Joachim Steffen mit: Von einer „Erhellung der Zeitgeschichte“ konnte mit dem Notenaustausch und dieser Fernsehdiskussion nicht die Rede sein. Wobei beide sich zeitkonform bewegten.

Steffens Ausführungen erscheinen aber inhaltlich beachtlicher, wenn man sie nicht nur auf Schlegelberger, sondern auch auf seine eigene Biografie bezieht. Damaliges Arrangieren mit der NS-Wirklichkeit, zeitgenössische und retrospektive Rechtfertigung, das war auch sein Thema. Intellektuell ragten beide in der schleswig-holsteinischen Landespolitik hervor, erachteten sich wohl als ebenbürtig.[111] Und immerhin deuteten sie Auseinandersetzung mit der (eigenen) NS-Vergangenheit an. Aber ein Faktor kam noch hinzu: die Klassenlage. Beide hatten ihren Kriegsdienst in der Marine absolviert. Der eine, Schlegelberger, aus gesundheitlichen Gründen in seinem Beruf als Jurist

107 Zit. nach ebenda, S. 11.

108 Vgl. Lehmann 2009: Fall Schlegelberger (wie FN 104), S. 204.

109 Zit. nach Der Landesbeauftragte 1963: Politischer Stil (wie FN 106), S. 18.

110 Zit. nach ebenda, S. 16.

111 Vgl. Lehmann 2009: Fall Schlegelberger (wie FN 104), S. 204.

kommod, der andere, Steffen, als einfacher Soldat. Und jetzt, 1963, auf eigenartiger Augenhöhe.

Der vergangenheitspolitische Akteur
Insgesamt erscheint Jochen Steffen bezogen auf die NS-Aufarbeitung als fraglos sensibilisiert, gewiss stärker hinterfragend als der Mainstream, aber nicht als besonders engagiert und kämpferisch. Er hatte wohl ein Thema gefunden, das ihn zusätzlich als Intellektuellen in der Landespolitik profilierte. Auch seine diesbezüglichen Beiträge waren hin und wieder scharfzüngig und provokant, immer durchdacht und von Bestand. Seine in den späten 1970ern vorgenommene retrospektive Verortung erscheint indes eher als eine verschobene, nämlich zugespitzte Selbststilisierung.

Deutlich wird beim Quellenstudium tatsächlich Steffens tiefe Abscheu vor Ewiggestrigen, vor NS-Apologeten und Reüssierenden. Spürbar wird aber auch seine Achtung vor Gestrauchelten, die sich, wie Schlegelberger, jedenfalls im Ansatz selbstkritisch ihrer Verstrickung in der NS-Vergangenheit stellen, und sei es nur mit Andeutungen.

Ähnlich verortet passen einige einschlägige Äußerungen, genau studiert und interpretiert, durchaus zur eigenen Biografie, zum eigenen kritischen Umgang mit sich selbst, und zwar so weit gehend, dass, wie wir eingangs sahen, ausformulierte Scham nicht ausgeschlossen wurde. Zumindest darin war Steffen den allermeisten seiner Zeitgenossen weit voraus.

IV. Der Weg des Landespolitikers

Im Folgenden seien die Basisdaten der politischen Karriere Joachim Steffens, die von anderen Autoren in diesem Band ausführlicher bearbeitet wird,[112] in Erinnerung gerufen: Mit 36 Jahren als für die 1950er Jahre sehr junger Abgeordneter über die Liste 1958 in den Landtag eingezogen, fortan MdL bis 1977, 1965 bis 1975 Landesvorsitzender der SPD Schleswig-Holstein, 1968 bis 1977 Mitglied im Parteivorstand der deutschen Sozialdemokratie und schließlich 1966 Wahl zum Fraktionsvorsitzenden der SPD-Landtagsfraktion und damit auch zum Oppositionsführer im Schleswig-Holsteinischen Landtag, in diesem Amt bis 1973. Erkennbar entfaltet sich eine mehrfach verankerte Karriere des Politikers Joachim Steffen. Sie deutet erhebliche Handlungsoptionen an.

Doch zurück zur Landespolitik im engeren Sinne: Steffen beginnt ganz klein. Seine ersten Landtagsausschüsse sind der Geschäftsordnungs- und der Jugendausschuss, in der Tat unbedeutende Gremien, was der junge Abgeordnete auch unzufrieden moniert. 1960 kann er in den Wirtschaftsausschuss wechseln, auch der Agrarausschuss wird folgen. Damit sind thematische Entfaltungsmöglichkeiten im Kontext des Strukturwandels erkennbar: Steffen entwickelt sich zum Agrarexperten und Fachmann

---

112 Vgl. Beez, Börnsen, Jens-Peter Steffen sowie Harbeke in diesem Band.

für ökonomische Landesentwicklung. Fürderhin besetzt er diese Themen. Ab 1967 vertritt Steffen den roten Wahlkreis Kiel-Ost direkt.

Oppositionsführer ab 1966: ein neuer Politikstil

Im Gegensatz zu manch behäbigem Fraktionskollegen definiert Steffen Politik als ein „Ringen um die Herzen und Gehirne der Menschen“; das bilde die Basis um „das Ringen um die Macht“, es bedürfe „deutlicher Ziele und klarer Aussagen zur Sache.“[113] Diese Aussagen stammen aus einer langen Landesparteitagsrede des frisch gewählten Landesvorsitzenden im Januar 1966. Wenige Monate später, am 18. Oktober 1966 wird Steffen zum Vorsitzenden der Landtagsfraktion gewählt. So ganz passt ihm offenbar der Zeitpunkt nicht. In seiner Landesparteitagsrede am 1. Juli 1967 führt er aus: „Auch das hatten wir zunächst anders geplant. Aber Wilhelm Käber sah sich veranlasst, damals den Fraktionsvorsitz niederzulegen.“[114] Anlass für den Rückzug von Käber bildete offenbar eine bekanntgewordene, von ihm öffentlich gelebte außereheliche Beziehung; in den 1960er Jahren noch eines Oppositionsführers unwürdig.[115] Offiziell hieß es, immerhin sollte wenige Monate später eine Landtagswahl stattfinden, Käber wolle den Wahlkampf „in jüngere Hände geben“. Gert Börnsen erinnert den Wechsel von Käber zu Steffen dagegen als „Handstreich“.[116] Wie der Wechsel auch einzuordnen ist: Inhaltlich vertrat der kämpferische und scharfzüngige Steffen eine ganz andere Linie als sein Vorgänger. Während Käber eine pragmatische, sachorientierte, oft nur in Nuancen alternative Mitwirkung an Landespolitik betrieben hatte, wollte Steffen oppositionelles Agieren im Landtag an Grundsatzfragen und großen Alternativen orientiert wissen. Jürgen Weber bezeichnet das als einen „durchaus grundsätzlichen Politikwechsel“, wobei allerdings auch gegolten habe für die Zeit ab 1966: „Die tatsächliche Praxis der Fraktionsarbeit zeigte allerdings, dass die erfahrenen Parlamentarierinnen und Parlamentarier der SPD die Regierung auch in der täglichen ‚Kleinarbeit‘ forderten und ihrer Aufgabe als Opposition auch in vielen eigenen Vorlagen und Gesetzesinitiativen nachkamen.“[117]

Seinen Gegenpart, den Ministerpräsidenten Helmut Lemke, kannte Jochen Steffen persönlich schon sehr lange: War dieser doch Bildungsoffizier gewesen, als Steffen im Oktober 1941 zur Marineflak eingezogen worden war. Angeblich sorgte Lemke auch für einen Eintrag in der Personalakte Steffens, dieser habe im nationalsozialistischen Sinne als „politisch unzuverlässig“ zu gelten.[118] Auch vergangenheitspolitisch musste

113 Landesparteitagsrede 08.01.1966, in: Sozialdemokratischer Informationsbrief (SIB) Nr. 279/66, S. 26 (AdsD Bonn, Bestand SPD-Landesverband).

114 Landesparteitagsrede 01.07.1967 (wie FN 1), S. 13.

115 Vgl. Rolf Selzer: Stiernackige Profilierte Dickschädel. Hintergründiges über SPD-Lichtgestalten aus der Provinz im Norden. Manuskript, Kiel o.D., S. 14 (AdsD Bonn, Nachlass Steffen 1/JSAA000011) sowie Beez in diesem Band.

116 Vgl. Gert Börnsen: Erinnerungen an Jochen Steffen, in: Demokratische Geschichte Band 20 (2010), S. 309-326, hier S. 312 (In diesem Band erneut abgedruckt).

117 Vgl. Jürgen Weber: 60 Jahre SPD-Landtagsfraktion. Einleitung zur Festschrift, Kiel 2007, S. 5.

118 Lebensdaten in Steffen 1997: Personenbeschreibung (wie FN 71), S. 252.

das Verhältnis angespannt sein, war Lemke doch vor seinem Kriegsdienst NS-Bürgermeister in Eckernförde und Schleswig gewesen. Obwohl verfassungsrechtlich vorgesehen und privilegiert, wurden der neue Oppositionsführer und seine Ehefrau gesellschaftlich von Regierung und dem Milieu um das Landeshaus herum schlicht mies behandelt: „Manchmal stand kein Stuhl bei einer Veranstaltung für ihn bereit. Er nahm dann den Sitz für den Ministerpräsidenten. ... Das ließen wir uns nicht gefallen, doch es war mit Ärger verbunden. Bei einer Heinemann Besichtigung einer Firma in Kiel war Jochen übergangen worden und musste lautstark sein Recht beim Bundespräsidenten einklagen."[119] Auf dem von den Medien und Journalisten ausgerichteten für sie ersten Presseball waren für Steffen und seine Frau lediglich zwei Plätze im Kellergeschoss vorgesehen.[120] So ging es zunächst um Statusfragen, die allerdings vom breitschultrigen Steffen souverän gelöst wurden. Seine Frau, Ilse Steffen, die ihn, der über keinen eigenen Führerschein verfügte, von Beginn seiner politischen Karriere an gegen Kilometergelderstattung durchs Land und von Termin zu Termin chauffierte, bezog nunmehr ein offizielles Fahrergehalt, blieb damit die und die einzige Chauffeurin des Oppositionsführers.[121]

Zur Modernisierung des Politikansatzes gehörte auch, dass Joachim Steffen sich mit jungen, wissenschaftlich ausgebildeten Mitarbeitern umgab, die die Pressearbeit besorgten, Handreichungen für Landtagsreden und öffentliche Auftritte erarbeiteten sowie als seine Politikberater, oder besser formuliert als Sparring-Partner und erste Zuhörer seiner Überlegungen und Ansätze fungierten. Dabei handelte es sich um Georg Beez, der schon einmal bis 1964 und dann wieder ab 1969 für ihn arbeitete, um Gert Börnsen, der als Pressesprecher fungierte, sowie um Karl-Heinz Luckhardt, der indes bald eine eigene politische Karriere verfolgte. Phasenweise waren weitere Akteure in diesem agilen Umfeld um den Fraktionsvorsitzenden anzutreffen, darunter auch Reinhard Ueberhorst.[122]

Landtagswahlkampf 1967

Tatsächlich bedeutete der Wechsel in der Fraktionsspitze, dass der neue Oppositionsführer innerhalb von nur sieben Monaten einen Wahlkampf bestreiten musste, in dem er immerhin die personelle Alternative zum Ministerpräsidenten Helmut Lemke darzustellen hatte. Strategisch erschwerend kam hinzu, dass auf Bonner Ebene mit dem Ende der Regierung Erhard die SPD erstmals als Juniorpartner in eine große Koalition einstieg, was bundesweit den Diskurs über die Berechtigung von derart überwältigend Großen Koalitionen anstieß und nicht zuletzt, während

119 Ilse Steffen: Memoiren, St. Peter-Ording 2004, S. 120.

120 Ebenda, S. 128.

121 Vgl. Ilse Steffen 2004: Memoiren (wie FN 119) S. 96 sowie Hermann Schreiber: „Führe uns, wohin wir nicht wollen." in: Der Spiegel, 25. Jg. Nr. 17, 19.4.1971, S. 46-52, hier S. 47

122 Vgl. die Beiträge von Beez, Börnsen und Ueberhorst in diesem Band.

der Landtagswahlkampf in Schleswig-Holstein lief, die Entfaltung der APO an den deutschen Universitäten provozierte.

Das Landtagswahlprogramm der SPD trug bereits Züge der von Steffen eingeholten Politikberatung insbesondere durch den Kieler Professor für Wirtschaftliche Staatswissenschaften, Reimut Jochimsen (1933-1999). Zugleich aber fanden sich im Programm trotz klarer Gliederung auch eine Reihe noch recht kleinteiliger Zukunftsankündigungen. Das Motto lautete: „Demokratie sozialer machen. Schleswig-Holstein-Programm der Sozialdemokraten". Auf dem Landesparteitag im Juli 1967 resümierte der Landesvorsitzende und Oppositionsführer, dass die Landes-SPD die Landtagswahl zwar langfristig habe vorbereiten lassen und erstmals auch eine Analyse von Infas zugrunde gelegt habe, aber die bundespolitischen Veränderungen – und nicht zuletzt auch der Wechsel in der Fraktionsführung – hätten dazu geführt, dass schließlich doch ein „Wahlkampf aus dem ‚Handgelenk'" geführt werden musste.[123] Gleichwohl zeigte er sich mit dem Ergebnis der Landtagswahlen vom 23. April 1967 zufrieden: Die SPD habe mit ihren 39,4 Prozent real erheblich an Stimmen gewonnen und auch prozentual noch schwach zugelegt.[124] Die CDU war auf 46 Prozent gekommen, sie bildete mit der 5,9 Prozent starken FDP die nächste Koalition unter Ministerpräsident Lemke. Zugleich war es der NPD gelungen, mit 5,8 Prozent der Wählerstimmen die Fünfprozenthürde zu reißen und in den Landtag einzuziehen. Ein Fanal mit bundesweiter Wirkung. Die rechtsextremen NPD-MdL fielen durch destruktive wie verhetzende Beiträge auf, im Übrigen auch dadurch, dass sie bei ihrer Partei einen Schuldschein über 30000 DM unterzeichnen mussten, für den Fall, dass sie die Fraktion verlassen würden.

Stolperstart 1970/71

Strategisch auf ganz anderem Niveau und mit systematischem Anlauf des Spitzenkandidaten Joachim Steffen würde der Landtagswahlkampf 1971 geplant und durchgeführt werden. Getragen von seinem ausgesuchten Mitarbeiterstab, breiter Unterstützung aus dem Landesvorstand und Landesverband der SPD, auch der Jungsozialisten Schleswig-Holsteins, würde es der Steffen-Wahlkampf werden. Aufgrund seines Images als „Roter Jochen" und „Bürgerschreck", aufgrund seiner manchmal unkontrollierten, heftigen Auftritte, die Negativschlagzeilen produzierten, wohl auch aufgrund seiner unbedingten Ehrlichkeit im Auftreten und Rigorosität, gab es jedoch im Landesverband insbesondere im Milieu der Kommunalpolitikerinnen und Kommunalpolitiker Personen, die sich einen weniger profilierten und strittigen Akteur an der Spitze von Landesverband und in der Spitzenkandidatur wünschten. Kiels Oberbürgermeister Günther Bantzer galt als ihr Mann, er erklärte sich grundsätzlich für eine Spitzenkandidatur bereit, sollte die Partei es wünschen. So kam es 1970 zu Personaldebatten, die den Anlauf störten. Zudem sorgte eine

123 Landesparteitagsrede 1.7.1967 (wie FN 1), S. 10f.

124 Ebenda S. 12.

Unbotmäßigkeit jungsozialistischer Delegierter auf einem Landesparteitag, die sich in der rigorosen und schnellen Forderung nach der Unvereinbarkeit von Amt und Mandat bei Landtagsabgeordneten gegen einzelne Unterstützer Steffens, insbesondere gegen Geschäftsführer Gerhard Strack, wandten, für einen Eklat. Am Rande des Landesparteitages 1970 drohte Steffen sogar mit seinem Rücktritt, was jedenfalls in der medialen Wahrnehmung als dramatische Krisensituation erschien, die Steffens Stellvertreter im Landesvorstand, Wilhelm Geusendam (1911-1987), elegant löste.[125]

Parlamentsdebatten: Der Rhetor

Auf die Frage, ob es nicht auf Dauer frustrierend gewesen sei, aus der Opposition heraus Vorstellungen zu entwickeln und Anträge zu stellen, die durchweg abgelehnt wurden, erklärte Joachim Steffen Mitte der 1980er Jahre retrospektiv: „Es kommt natürlich darauf an, welche Vorstellungen man vom Parlament hat. Ich hatte keine übertriebenen Vorstellungen vom Parlamentarismus. Ich habe auch nie an Schulbuchsprüche geglaubt oder etwa daran, daß in Debatten im Parlament noch Änderungen in der Grundhaltung oder in bestimmten Meinungen zu erreichen seien. Ich habe wahrscheinlich zu früh die ‚klassischen Engländer' gelesen über Parlamentarismus."[126] Tatsächlich war Joachim Steffen ein überaus eifriger Plenarredner. Zunächst trugen ihn seine Diskussionsfreude und Streitbarkeit, die sich in Zwischenrufen, spontanen Wortmeldungen und zahlreichen systematischen Wortmeldungen äußerten.

Zuständig für die handwerklichen Anteile der Beiträge in Landtagsdebatten, also für Reden ohne die große Gesellschaftskritik, war Georg Beez, der gleichwohl den theoretischen Hintergrund Jochen Steffens zu bedienen wusste. So entstand ein kaum zu überblickendes Konzert an mündlichen Auftritten des Abgeordneten und späteren Oppositionsführers Joachim Steffen, das ein breites Spektrum auch an Stilelementen aufweist: Konstruktive, auf den Punkt gebrachte Sachbeiträge kombiniert mit Grundsatzerklärungen, witzige Formulierungen und Einwürfe, kombiniert mit provokanten Ausführungen, manchmal Ausfällen, wohl überlegte landespolitische Generalbeiträge, kombiniert mit kleinteiligen Einzeleinwürfen.

Einige Hinweise auf den breiten Fundus: In der 84. Sitzung in der 4. Wahlperiode liefert Jochen Steffen am 20. August 1962 einen scharfen wie klugen Debattenbeitrag zu parteipolitischer Ämterpatronage durch die regierende CDU.[127] In der 29. Sitzung der 5. Wahlperiode formuliert er am 8. Juni 1964 eine eher technokratisch klingende Begründung der großen Anfrage der Sozialdemokratie zur Situation der Werften.[128] In der 3. Sitzung der 6. Wahlperiode am 19. Mai 1967 in der Aussprache über die

125 Vgl. den Beitrag von Jens-Peter Steffen in diesem Band (S. 628) sowie Selzer o.J.: Dickschädel (wie FN 115), S. 16.

126 Steffen 1987: Es muß (wie FN 68), S. 192.

127 Schleswig-Holsteinischer Landtag, 4. Wahlperiode, Stenografischer Bericht 38. Tagung, 84. Sitzung, 22.8.1962, S. 2909-2916.

128 Schleswig-Holsteinischer Landtag, 5. Wahlperiode, Stenografischer Bericht 16. Tagung, 29. Sitzung, 8.6.1964, S. 946-949.

erste Regierungserklärung der neugewählten Regierung Lemke veranstaltet der wiedergewählte Oppositionsführer einen Ritt durch alle Politikfelder, der im Protokoll allein 22 Seiten umfasst.[129] In der 30. Sitzung dieser Legislaturperiode bei der Erörterung des Haushaltsplanes 1969 macht er am 15. Oktober 1968 paradigmatische Ausführungen zur Landwirtschaftspolitik im Strukturwandel.[130] Und in der 60. Sitzung zum Haushaltsplan am 21. Januar 1970 bietet er einen allgemeinen Aufschlag zur Zukunftspolitik und zur Rolle des Schiffbaus.[131] In der 43. Sitzung zur Halbzeitbilanz der Regierung und Vertrauensfrage des Ministerpräsidenten marschiert Steffen am 22. April 1969 wieder durch alle Politikfelder inklusive einer Reihe witziger Passagen.[132] Noch am Beginn der 7. Wahlperiode, nach der enttäuschenden Niederlage der Landtagswahl 1971, liefert Joachim Steffen in der 3. Sitzung in der Aussprache über die Regierungserklärung eine große Erwiderung, die in der anschließenden 4. Sitzung in eine scharfe Konfrontation mit dem frisch gewählten Ministerpräsidenten Gerhard Stoltenberg mündet.[133]

Gert Börnsen fasst die spezifische Rhetorik Steffens im Landtag wie folgt zusammen: „Als Redner war er ein Original, das im Schleswig-Holsteinischen Landtag ohne Beispiel blieb. Die Schärfe seiner Rhetorik war oft verletzend, seine politische Polemik kraft- und humorvoll, aber vernichtend, seine oft wütenden Ausfälle grenzten an politische Demagogie."[134]

Arena des Anlaufens

Die 6. Wahlperiode der Jahre 1967 bis 1971 bot große und strittige Themen in der Landespolitik und bildete eine perfekte Arena für die Anlaufperiode zum Steffen-Wahlkampf 1971. Da war zum einen die Hochschulpolitik: Schon 1968 versuchte die Landesregierung, durch eine neue Einschreibordnung Studierende, die ihr Studium nicht in einer bestimmten Zeit absolvierten, von den Hochschulen zu verweisen. Nach massiven Protesten zog Ministerpräsident Lemke den Entwurf schließlich zurück. Als es aber 1969 um ein neues Landeshochschulgesetz und die Unterzeichnung eines Staatsvertrages über das Ordnungsrecht an den Hochschulen ging, spitzten sich die Auseinandersetzungen zu. Das Landeshaus glich einer Festung, geschützt durch Stacheldraht und 1000 Polizisten gegen 5000 Studierende. Beide Vorhaben schmorten

---

129 Schleswig-Holsteinischer Landtag, 6. Wahlperiode, Stenografischer Bericht 2. Tagung, 3. Sitzung, 29.5.1967, S. 36-58.

130 Schleswig-Holsteinischer Landtag, 6. Wahlperiode, Stenografischer Bericht 14. Tagung, 30. Sitzung, 15.10.1968, S. 1286, 1290, 1295.

131 Schleswig-Holsteinischer Landtag, 6. Wahlperiode, Stenografischer Bericht 27. Tagung, 60. Sitzung, 21.1.1970, S. 2598, 2610.

132 Schleswig-Holsteinischer Landtag, 6. Wahlperiode, Stenografischer Bericht 19. Tagung, 43. Sitzung, 22.4.1969, S. 1829, 1853, 1860.

133 Schleswig-Holsteinischer Landtag, 7. Wahlperiode, Plenarprotokoll 7/3, 3. Sitzung, 15.6.1971, S. 26-37; Plenarprotokoll 7/4, 4. Sitzung, 16.6.1971, S. 97, 101f., 126, 129, 132.

134 Börnsen 2010: Erinnerungen (wie FN 116), S. 313.

anschließend im Volksbildungsausschuss. Eine große Reform aber packte der Landtag 1969 an: Die Gebietsreform, die Absenkung der Zahl der Landkreise von 17 auf 12. Nach leidenschaftlichen Debatten beschloss das Parlament 1969 dieses Gesetz mit der denkbar knappsten Mehrheit von 37 zu 36 Stimmen. Die 2. Stufe, die besonders umstrittene Zusammenlegung der beiden Kreise Schleswig und Flensburg zum Landkreis Schleswig-Flensburg, folgte dann erst 1973.

Joachim Steffen erachtete andere Politikfelder als zentraler: Lösungsstrategien für all jene Probleme, die mit dem Strukturwandel einhergingen, unmittelbar und konkret die schleswig-holsteinische Landwirtschaft und Werftindustrie betrafen. Diese Problemfelder unterstrichen, so Steffen, im Kern eine mangelnde Lebensfähigkeit eines Landes Schleswig-Holsteins. Folglich setzten sie die vorbehaltslose Diskussion eines zu schaffenden Nord-West-Staats auf die Agenda, eines hinreichend großen und ökonomisch starken neu zu schaffenden Bundeslandes. Vergeblich versuchte er die Landesregierung zum politischen Wandel zu treiben. Im Gegenteil, deren Nichthandeln geriet zum populären Heimatschutz für Schleswig-Holstein.

Steffens Thema: Strukturwandel

Retrospektiv artikulierte Joachim Steffen sein landespolitisches Selbstverständnis – wie immer vom Grundsätzlichen, Allgemeinen zum Speziellen wandernd – wie folgt: „Und daß die große Mehrheit der Menschen – zumindest auf zig Jahrzehnte hinaus – nur durch und von ihrer Ware Arbeitskraft wird leben und zum Selbstwertbewußtsein kommen kann. Und daß es meinem Verständnis vom Wert des Menschen zutiefst widerspricht, sie als seelenlose, möglichst mobile Verschiebemasse, als Material behandelt und bewertet zu sehen. Ich glaube vielmehr, daß Humanität auch nützlich ist. So war es verständlich, daß ich mich besonders interessierte: a) für den Klassencharakter der Agrarpolitik, b) für regionale und sektorale Strukturpolitik und c) Ausbildungspolitik. Mich erstaunte es nicht, daß ich bei dem Bauernverband dabei auf wenig Gegenliebe stieß.“[135]

Tatsächlich bestimmte die, wie er es nannte, ‚Zweite Industrielle Revolution‘, aus der auch im regionalen Umfeld, in Schleswig-Holstein, konkreter struktureller Wandel resultierte, sein Denken und bildete sein großes landespolitisches Thema. Im Rahmen seiner Landesparteitagsrede am 21. September 1968 führte er unter anderem aus: „Was sind die Grundprobleme der entwickelten Industriegesellschaften? Probleme, die sich ihnen stellen – unabhängig davon, welcher Ideologie ihre Regierung anhängt? Es sind die Konsequenzen dessen, was wir die zweite industrielle Revolution nennen. Neue Erfindungen, Fortschritte in Wissenschaft und Technik, neue Stoffe, neue Methoden der Produktion verändern unser Leben. So wie der mechanische Webstuhl und die Dampfmaschine zum Symbol der ersten industriellen Revolution wurden, die Gesellschaft und das Leben der Menschen veränderten, so werden Computer und friedliche Nutzung der Atomenergie zu Symbolen einer neuen Zeit, in deren Anbrechen

135 Zitiert in Lebensdaten, Steffen 1997: Personenbeschreibung (wie FN 71), S. 255.

wir leben. Und genau wie in der ersten industriellen Revolution werden sie unser aller Leben und die Gesellschaft verändern.“[136]

Indes, so Steffen weiter, gebe es einen massiven Unterschied zur Ersten Industriellen Revolution: „ABER – und das ist der grosse Unterschied – wir können h e u t e, in einer industrialisierten Gesellschaft die Fehler von damals vermeiden. Wir können, wenn wir diese Prozesse rechtzeitig erkennen, wenn wir sie vernünftig planen und lenken, soziale Härten vermeiden. Wir können in wenigen Jahrzehnten unseren Lebensstandard verdoppeln.“[137] Damit war sein Diktum der Planbarkeit des Wandels, seine Grundannahme politischer Gestaltungsoptionen formuliert. Für planmäßig gestalteten Wandel müsse Politik den Frieden erhalten und die Gesellschaft so verändern, dass die Menschen „den Anforderungen der neuen Zeit gerecht“ werden könnten. Folglich müssten auch die Herrschaftsstrukturen so verändert werden, „dass der von der Masse des Volkes erarbeitete Reichtum auch so verteilt und investiert wird, wie es dem Interesse dieser Mehrheit entspricht“.[138]

Ausdrücklich von diesem großen Rahmen ausgehend leitete Steffen auch seine konkrete Landespolitik ab. Im Interview mit dem Flensburger Tageblatt führte er 1971 aus, dass der Kapitalismus keine „Systemkrisen“ im klassischen Sinne mehr erzeugen werde, sondern nur noch Krisen einzelner Branchen. „Diese Branchenkrisen aber sind vermeidbar durch Planung und Lenkung. Wenn man falsch plant, wie bisher in der Landwirtschaft, dann ist das Geld … weg, und die Probleme sind geblieben.“[139] Durch kluge politische Planung Krisen bewältigen, so habe schleswig-holsteinische Landespolitik innerhalb des globalen Wandels zu handeln. In der hier bereits eingehend zitierten Landesparteitagsrede vom 21. September 1968 nahm Steffen auch weltwirtschaftliche Ableitungen vor. Man möge in vielerlei Hinsicht von den Negativerfahrungen der USA lernen: Der technologische Wandel mit schrumpfenden Branchen erzwinge „eine hohe Mobilität der Arbeitskräfte“, der Anteil der Arbeiter werde tendenziell weiter sinken, jener der Angestellten ansteigen, im Bereich der Landwirtschaft „schrumpft die Zahl der Beschäftigten außerordentlich stark“; Hauptopfer der Entwicklung würden Menschen sein „mit nicht ausreichender Bildung“.[140] Aus dieser globalen Analyse ließ sich konkrete Regionalpolitik ableiten.

Und die Realentwicklung in Schleswig-Holstein spiegelte das zitierte Szenario: Machte 1960 der Anteil der Landwirtschaft noch 13,5 Prozent der Bruttowertschöpfung aus, waren es 1980 nur noch 5,6 Prozent, während der Anteil der Industrie im selben Zeitraum von 40,4 Prozent auf 47,3 Prozent angestiegen war, jener der Dienstleistung

---

136 Landesparteitagsrede 21.09.1968, in: Sozialdemokratischer Informationsbrief (SIB) Nr. 416/68, S. 11 (AdsD Bonn, Nachlass Steffen 1/JSAA000191; sowie AdsD Bonn, Bestand SPD-Landesverband Schleswig-Holstein).

137 Ebenda, S. 11f.

138 Ebenda, S. 12.

139 Joachim Steffen (Interview): Steffen über „Kommunisten“ und „Faschisten“. Ein Interview mit dem SPD-Spitzenkandidaten für die s-h Landtagswahl, in: Flensburger Tageblatt 26.2.1971.

140 Landesparteitagsrede 21.09.1968 (wie FN 136), S. 13f.

überproportional stark von 14,1 auf 22,3 Prozent. Mit anderen Worten ausgedrückt: Zahllose Bauernhöfe starben, die Ökonomie modernisierte sich drastisch, obwohl die regierungsamtliche Landeswirtschaftspolitik ihre Schwerpunkte auf Landwirtschaft und Werften legte und massive Geldflüsse in die Verzögerung – man könnte jedoch auch formulieren: Sozialverträglichkeit – des Wandels pumpte.[141]

Ehrlich vor die Bauern treten

Joachim Steffen machte insbesondere ein Feld, den Wandel im Bereich der Landwirtschaft, zu jenem Thema, in dem sich sein konsequentes Politikmodell besonders drastisch äußerte: Analyse der generellen Entwicklung, Herunterbrechen der Fakten auf das eigene Land, Aussprechen dieser ‚Wahrheiten' und unmittelbare Konfrontation der Betroffenen mit Erkenntnis und unbequemen Folgerungen. 1969 auf dem Landesparteitag in Tönning bezog sich Steffen auf Vorschläge des Bundeswirtschaftsministers Karl Schiller, die Strukturkrise der Landwirtschaft durch „geplante Industrialisierung" zu lösen. Das entspreche, so Steffen, genau den Ideen, die die schleswig-holsteinische SPD „seit Jahren entwickelt und konkretisiert" habe: „Wir schleswig-holsteinische Sozialdemokraten haben uns rechtzeitig dazu entschlossen, den Landwirten und den strukturell gefährdeten Branchen die Wahrheit zu sagen. Auch wenn das zunächst nicht populär war. Aber wir haben die kommende Entwicklung richtig eingeschätzt und wussten deshalb, dass die Politik falscher Versprechungen gespickt mit unsinnigen Erhaltungssubventionen die Probleme nicht löst, sondern sich vor sich herschiebt und damit die Lage sozial noch untragbarer und finanziell unlösbarer macht. Wir sind deshalb für Umstrukturierung des Agrarhaushaltes eingetreten."[142] Hunderten aufgebrachter Bauern, die anderes hören wollen, in die Augen sehen und sagen oder im Getöse zurufen, dass noch so aufwändige und teure Agrarzuwendungspolitik den eigentlichen Strukturwandel nur verlangsamen, nicht aber aufhalten könne, sie also im Kontext politisch abgefederter Anpassungsprozesse an Marktmechanismen wachsen oder weichen müssten, ist mutig-ehrliche Wahrheit, weil der Sprecher sich zu gut auskennt im Thema – und nicht lügen mag nur der Wählerstimmen wegen. Diese Wahrheit, die Steffen auf Versammlungen vor Bauern, die nicht zuletzt aufgrund ihres Unterhaltungscharakters und des Erregungsmoments für die Betroffenen stets gut besucht waren, konnte sich wie folgt vom Magazin „Der Spiegel" zugespitzten Form ausdrücken: „Steffen vor Bauern: ‚Jeder Dritte von euch geht kaputt. Ihr seid Sozialfälle.'"[143]

141 Vgl. Uwe Danker: Landwirtschaft und Schwerindustrie Schleswig-Holsteins seit 1960: Schlaglichter auf sektoralen Strukturwandel. In: Demokratische Geschichte 18 (2007), S. 167-216.

142 Landesparteitagsrede 22.03.1969, in: Sozialdemokratischer Informationsbrief (SIB) o. Nr. (Tönning), S. 10 (AdsD Bonn, Nachlass Steffen 1/JSAA000193 resp. AdsD Bonn, Bestand SPD-Landesverband Schleswig-Holstein).

143 Sozialismus aus dem Norden? Wahlkämpfer Jochen Steffen, Spiegel-Titelgeschichte: Der Spiegel, 25. Jg. Nr. 17, 19.4.1971, S. 26-34, hier S. 30.

Rolf Selzer, damals Mitarbeiter des Landesverbandes der SPD, überliefert eine sehr plastische Schilderung eines Auftrittes Steffens vor Bauern: „Und dann passierte es: ‚Euch fehlen Kopfdünger, Kopfdünger!!!' – Der Abend war vollends gelaufen. Als die zunächst schier gelähmten und dann erbosten aufgebrachten Bauern die Bühne gestürmt hatten, war Steffen längst unter Polizeischutz durch die Garderobe verschwunden. So war er, der Wahrheitsfanatiker."[144] Nach einer Eskalation einer Versammlung in Heide im Wahlkampf 1971 erhielt Joachim Steffen tatsächlich polizeilichen Personenschutz.[145]

Kulturell hatte es noch nie eine Brücke zwischen bäuerlicher Landwirtschaft und Sozialdemokratie gegeben, so konnte man das verschmerzen, obwohl Steffen es immer wieder auch persönlich nahm, wenn Versammlungsteilnehmer derart irrational auf seine, wie er meinte, unangreifbaren Erkenntnisse reagierten. Jedenfalls wäre es für die CDU ausgeschlossen gewesen, in irgendeinen Dissens zu den Repräsentanten der Landwirtschaft zu treten, analysierte Steffen retrospektiv. Gegen den Block der Agrarpolitiker in der eigenen CDU habe Ministerpräsident Helmut Lemke niemals antreten können: „Was in der Bundespolitik die Großbanken waren, war für Schleswig-Holstein der Bauernverband."[146]

Und vor Werftarbeiter ebenso

Auch gegenüber Werftarbeitern etwa auf der in seinem Wahlkreis beheimateten Werft HDW trat Steffen vergleichbar direkt und ehrlich auf.[147] Fördermittel, die strukturellen Wandel lediglich verzögerten, also inhaltlich verpufften, lehnten Steffen und unter ihm seine Fraktion im Landtag prinzipiell ab. Die Betroffenen – waren es Bauern oder Werftarbeiter – hörten das nicht gern. Konflikte aber zwischen sozialdemokratischen Landespolitikern und Gewerkschaftsvertretern oder gar Betriebsräten waren für die SPD und SPD-Wahlkämpfe schon richtig problematisch. Zudem war nicht immer ausgemacht, ob von der Regierung politisch getragene Investitionen tatsächlich den Wandel nur verzögerten oder vielleicht doch gestalten würden. Nach der Landtagswahl 1971 investierte die neugebildete Landesregierung in eine 25,1-Prozent-Beteiligung an der Großwerft HDW, um deren Anpassungsprozess im ruinösen Schiffsbau zu unterstützen. Allein 200 Mio. DM wurden in diesem Kontext in den Bau eines riesigen Trockendocks investiert, das sich niemals rechnen würde. Andererseits entschieden die privaten Mehrheitsanteilsbesitzer später die Aufgabe des Standorts Hamburg, während Kiel erhalten blieb.[148]

144 Selzer o.J.: Dickschädel (wie FN 115), S. 12.

145 Vgl. Ilse Steffen 2004: Memoiren (wie FN 119), S. 118.

146 Steffen 1987: Es muß (wie FN 68), S. 191.

147 Vgl. Selzer o. J.: Dickschädel (wie FN 115), S. 12.

148 Vgl. Uwe Danker: „Wir machen die Zukunft wahr!". Landespolitik in den 70er Jahren, Ära Stoltenberg-Steffen. In: Ders.: Die Jahrhundertstory, Band 2. Flensburg 1999, S. 228-247.

Nord-West-Staat schaffen?

Die analytische Rigorosität Steffens und seiner (wissenschaftlichen) Berater hörte bei den beiden Krisenbranchen nicht auf. Wie bereits der sozialdemokratische Ministerpräsident Hermann Lüdemann Ende der 1940 Jahre hielten sie das Land Schleswig-Holstein für auf Dauer nicht lebensfähig. Ihre Perspektive endete nicht an Landesgrenzen, sondern nahm die „Struktur- und Standortnachteile Norddeutschlands" in den Blick. Niedersachsen, Bremen, Hamburg und Schleswig-Holstein kennzeichne, dass sie gemeinsam über „zu wenig industrielle Ballungsräume" verfügten, in der Industriedichte insgesamt 30 Prozent unter dem Bundesdurchschnitt lägen, auch bei der Kaufkraftdichte um 20 Prozent. Aufgrund der Randlage Norddeutschlands zu den Wirtschaftszentren der damaligen europäischen Wirtschaftsgemeinschaft und einiger Infrastrukturnachteile könne eine Aufholjagd nur gemeinschaftlich und mit Bundesmitteln gelingen.[149] 1967 ging Steffen in einer Rede über „Probleme der Zusammenarbeit in der Industrieansiedlung in den vier Küstenländern" davon aus, man habe nur noch circa fünf Jahre Zeit für eine industrielle Aufholjagd, danach werde das „Kapital" im Kontext der Zweiten Industriellen Revolution nur noch in Automation investieren. Deshalb müsse sofort eine massive Industrieansiedlungspolitik forciert werden.[150]

In dieser Rede formulierte Steffen auch, Landesgrenzen seien durch „Absurdität" gekennzeichnet. Man müsse grundsätzlich vom Nordwestdeutschen Raum ausgehen, denn „Schleswig-Holstein und der größte Teil Niedersachsens sind nur von Hamburg bzw. von Bremen aus zu entwickeln." Die Schlussfolgerung: Man müsse schnell eng kooperieren, langfristig sei dieser Raum nur als „politische Einheit" zu denken.[151] Dieser letzte Hinweis besaß für jeden Landespolitiker erkennbare Sprengkraft, beinhaltete er doch die Preisgabe des Landes Schleswig-Holstein und ein Aufgehen in einem „Nord-West-Staat". – Eine Vorstellung, die bei heimatverbundenen Schleswig-Holsteinerinnen und Schleswig-Holsteinern jedenfalls bis dato nie gut angekommen war.

Als Zwischenlösung propagierte Steffen in seiner Grundsatzrede vier erste Schritte verbindlicher Kooperationen der Küstenländer, die zu diesem Zeitpunkt im Übrigen bei Bürgermeister Herbert Weichmann (1896-1983) in Hamburg auf positive Reaktionen stießen; denn Hamburg prosperierte gerade nicht.[152] In seiner Landesparteitagsrede am 27. Juni 1970 konkretisierte Steffen noch einmal eine norddeutsche Kooperation ohne den sofortigen Nord-West-Staat: Da man nicht von einer schnellen Länderreform und Länderneubildung ausgehen könne, werde eine SPD-Landesregierung institutionell und länderübergreifend kooperieren: „Wir müssen also eine Entwicklungspolitik

149 Vgl. Joachim Steffen (Rede): Probleme der Zusammenarbeit bei der Industrieansiedlung in den vier Küstenländern, ca. 1967 (Manuskript), S. 1f. (AdsD Bonn, Nachlass Steffen 1/JSAA000198).

150 Vgl. ebenda, S. 2f.

151 Vgl. ebenda, S. 6f.

152 Vgl. ebenda, S. 8.

betreiben, als ob es keine Landesgrenzen gäbe. Dazu haben wir vorgeschlagen: e i n beratendes wissenschaftliches Institut, e i n e Raumordnung, e i n e Industrieansiedlungspolitik und e i n e Kasse für diese Politik."[153] – Das sind Formen und eine Intensität der Kooperation der norddeutschen Länder, die in ähnlicher Form zwischen Hamburg und Schleswig-Holstein seit der Regierungszeit Björn Engholms in den späten 1980er Jahren praktiziert werden.

In derselben Landesparteitagsrede im März 1969 formulierte Steffen in der Konsequenz dieser Zusammenlegungspolitik der norddeutschen Bundesländer auch die sozialdemokratischen Vorstellungen für eine schleswig-holsteinische Gebietsreform, die ja parallel in diesem Jahr im Landtag diskutiert und verabschiedet wurde. Die SPD setzte sich für eine radikale Lösung ein, nämlich die „Fünfer-Kreis-Konzeption, die den Wirtschaftsräumen des Landes entspricht". Selbst in Regierungskreisen, so Steffen weiter, halte man diese Zuschneidung für richtig, frage sich aber sofort, „was das denn für ein Land sei, dass aus fünf Kreisen bestehe". In der Tat, so Steffen, stelle sich diese Frage, und die sozialdemokratische Antwort sei bekannt: Ein solches Land habe keine Zukunft, sondern die Antwort laute „Nord-West-Staat". Alles andere sei irrational, wie sich an einem einzigen Beispiel sich zeige: „Wenn man die Lage Norderstedt z.B. nüchtern sieht, so ist klar, dass es eigentlich zu Hamburg gehört. Wir haben dagegen gar nichts. Unter der Voraussetzung allerdings, dass die Hamburger das Stück zur dänischen Grenze gleich mitnehmen."[154] Diese Radikalität und Rigorosität kennzeichnete das oppositionelle Gegenmodell zur hausbackenen Politik der Regierung Lemke. Es blieb jedoch offen, wie attraktiv diese für das Publikum waren.

Steffens politisches Selbstverständnis

In einer Grundsatzrede vor der Bundestagsfraktion in der 6. Wahlperiode über „die europäische Integration unter gesellschaftspolitischen Aspekten" formulierte Joachim Steffen unter anderem auch folgenden Satz, der, wie mir scheint, sein politisches Selbstverständnis auf den Punkt bringt: „Deshalb ist es die Aufgabe der Nachfolgeorganisationen der Arbeiterbewegung, die sich dem humanen Grundauftrag verpflichtet fühlen, die Formen der politischen Macht zu entwickeln, die die Beherrschung der ökonomischen Kräfte ermöglicht, um die bewusste Gestaltung der Gesellschaft zu verwirklichen."[155] Hier erscheinen die Grundanliegen Steffens in komprimierter Version: Die Überzeugung, nicht die Wirtschaft, sondern die Menschen selbst hätten zu bestimmen, welchen Weg Gesellschaften gehen, wie das Leben der Menschen gestaltet werde, welche Funktionen Wirtschaft und

153 Landesparteitag 27.06.1970, in: Sozialdemokratischer Informationsbrief (SIB) o.Nr. (Husum), S. III, 5 (AdsD Bonn, Nachlass Steffen 1/JSAA000191 resp. AdsD Bonn, Bestand SPD-Landesverband Schleswig-Holstein).

154 Landesparteitagsrede 22.03.1969 (wie FN 142), S. 12ff.

155 Joachim Steffen: „Die europäische Integration unter gesellschaftspolitischen Aspekten". Vortrag vor Bundestagsfraktion in 6. Wahlperiode, o. D. (Bonn), S. 14 (AdsD Bonn, Nachlass Steffen 1/JSAA000014/15 resp. AdsD Bestand SPD Bundestagsfraktion 6. Legislaturperiode).

Arbeitsleben zu erfüllen hätten, wie das Verhältnis zur Natur gestaltet werde. Sein Maßstab waren die Bedürfnisse der Menschen, die „unten sind, die Beladenen, die Erniedrigten, die Beleidigten, Nichtleistungsfähigen"; für sie müsse „gesellschaftliche Selbstbestimmung" vorangebracht werden.[156]

Steffens Agenda konkreter Politik lässt sich vielleicht wie folgt zusammenfassen: Erstens ging es ihm um gesellschaftlichen Wandel, demokratischen Sozialismus, nämlich durch Klassenkampf angestrebte gerechtere Verhältnisse zwischen Kapital und Arbeit, Realisation von Genossenschafts- und Demokratisierungsidealen für den Sektor der Wirtschaft, um Investitionslenkung nach Kriterien des gesellschaftlichen Nutzens und der gesellschaftlichen Verantwortung und eben nicht nur im Sinne der Gewinnmaximierung. Zweitens ging es ihm um den Kampf um Meinungsmehrheiten, um politische Macht für die Interessen der Schwächeren, die Mehrheit der Bevölkerung. Dafür suchte er drittens den ständigen Diskurs, den Streit ums Wesentliche, um die Verbesserung der Gesellschaft, orientiert an Werten des Humanismus, der Aufklärung und des Marxismus, so dass er als Moralist, rationaler Aufklärer und Analytiker zugleich gelten kann. Den Hintergrund lieferte, wie Golo Mann überzeugend beobachtete,[157] ein extremer, ja fast apokalyptischer Pessimismus, ja fast die Rolle eines, der Gefahren beschwor, Antworten und Rettung suchte und viertens aus diesen Antworten, den gefundenen Optionen, Planungskraft ableitete, die, so paradox das erscheinen mag, jedoch einen tiefen und nachhaltigen Zukunftsoptimismus mit erzeugte. Realisiert würde dieser fünftens durch sein Modell des „totalen Prozesses", seine Vorstellung von Politik, die durch einen Prozesscharakter gekennzeichnet sei, ein urdemokratisches und intellektuelles Anliegen. Es konkretisierte sich zum Beispiel in der gesellschaftlichen Planung und politischen Umsetzung von zukunftsgerichteter Strukturpolitik, die durchaus auch mal radikal korrigiert werden kann. Setzte Steffen beispielsweise anfangs auf Wachstumsachsen, Industrialisierungsinvestitionen und zahlreiche Kernkraftwerke, so passte später die aufrichtige Wende in Richtung Nachhaltigkeit, ökologischer und damit auch gesellschaftlicher Verträglichkeit politischer Planung und den Kampf gegen Kernenergie durchaus in dieses Politikmodell. Neue Erkenntnisse, so seine Rationalität, forderten Umkehr und Neuausrichtung.

Marxist

Die Tatsache, dass Steffen sich offensiv selbst als Marxisten bezeichnete, stellte in den 1960er Jahren auf dem Höhepunkt des Kalten Krieges durchaus eine Provokation dar. Zwar ließ er es nie aus, sich zugleich vom real existierenden Kommunismus zu distanzieren,[158] aber das änderte nichts an der Sprengkraft einer derartigen

156 Zitiert in: Klaus Kröger: „Angesichts meiner seelischen Belastung", Spiegel-Redakteur Klaus Kröger über Jochen Steffens Abschied von der SPD, in: Der Spiegel, Nr. 49, 3.12.1979, S. 55f.

157 Vgl. Golo Mann im Gespräch mit Joachim Steffen, SWR-Sendung am 10.6.1974. Transkript in Steffen 1997: Personenbeschreibung (wie FN 71), S. 212-228.

158 Landesparteitagsrede 21.09.1968 (wie FN 136), S. 18.

Selbstkennzeichnung. Ausdrücklich bezog sich Steffen auf den jungen Philosophen Marx, hielt dessen Theoriegebäude für analytische Fragestellungen an Wirtschaft, Staat und Gesellschaft weiterhin für aktuell. Was er – seit seiner Funktionärsstudie Anfang der 1950er Jahre – gleichwohl strikt ablehnte, war der historische Materialismus, das vermeintliche Wissen über den aufstrebenden Verlauf der Weltgeschichte; wir wissen bereits aus seiner Funktionärsstudie, dass er dafür den Begriff der „Sozialreligion“ wählte.

Dem Marxismus entlehnte er das wichtige Instrument der Dialektik: Die gesellschaftlichen Umstände prägen die Menschen, aber die Menschen können auch die gesellschaftlichen Umstände verändern, so die Grundanordnung. Ansonsten vermied Steffen es, sich an linken Theoriedebatten zu beteiligen: „Ich gehe von einer Erfahrung aus: Marxistische Theoretiker geraten immer in die Gefahr, dass die Theorien mit ihnen spielen, statt sie mit den Theorien.“[159] Derart rational und pragmatisch verortet kann Steffen 1971 im Spiegel-Interview ein einfaches Bild von Sozialismus entwerfen: „Gesellschaftlich gelenkte Produktion unter Kontrolle der Produzenten – das sind die Arbeitenden – in einem politischen System, das auf dem Recht der Selbstbestimmung des Menschen beruht.“[160]

Vor dem Hintergrund des real existierenden Sozialismus des Ostblocks war es während seiner Politikerlaufbahn offenkundig immer wieder nötig, sich abzugrenzen, Demokratie und Sozialismus zusammen zu denken. In seiner europa- und gesellschaftspolitischen Grundsatzrede vor der Bundestagsfraktion führte er aus: „Als Sozialist will ich die bewusste Gestaltung von Wirtschaft und Gesellschaft, Geschichte soll bewusst gestaltet und nicht mehr erlitten werden. Dies erfordert die Kontrolle und Herrschaft gegenüber der Welt der Sachen. Der jetzige Zustand garantiert die Herrschaft der Sachen über den Menschen. Als Demokrat will ich die Kontrolle des Volkes über die Mittel der Gewalt, Macht und Herrschaft. Der jetzige Zustand lässt die europäischen politischen Entscheidungsvorgänge unkontrolliert.“[161] In seinem Buch „Strukturelle Revolution“ wird er 1974 ausführen: „Sozialisierung und Demokratisierung – die Chance, die Macht in den Strukturen zu besiegen.“ Dort findet sich eine maßgebliche theoretische Fundierung dieses Zusammengehens von Sozialisierung und Demokratisierung der Gesellschaft.[162]

Planungseuphoriker

Eng einher mit diesen Globalvorstellungen der gesellschaftlichen Entwicklung geht bei Joachim Steffen eine ausdrückliche Planungseuphorie. Ebenfalls in der „Strukturelle(n) Revolution“ wiederholt er 1974 seine Vorstellungen: „Kontrolle des Fortschritts durch

159 Steffen o.J.: Die europäische Integration (wie FN 155), S. 1.

160 Joachim Steffen: „Dann haben alle Eigentum, Hosianna.“ Spiegel-Gespräch mit dem schleswig-holsteinischen SPD-Chef Jochen Steffen, in: Der Spiegel, 25. Jg., Nr. 17, 19.4.1971, S. 36-44, hier S. 39.

161 Steffen o.J.: Die europäische Integration (wie FN 155), S. 11.

162 Vgl. Joachim Steffen: Strukturelle Revolution, Reinbek 1974, S. 257f.

bewusste, politische Steuerung der Forschung und Entwicklung ..."[163] Politische Steuerung, Investitionslenkung, Demokratisierung des Wirtschaftslebens, sie vermögen aus der Perspektive Joachim Steffens eine zielgerichtete, den Menschen dienende Zukunftsgestaltung der Gesellschaft zu gewährleisten. Wie wir sahen, bedeutete derartige Planung übertragen auf Landespolitik vor allem Industrialisierung und Wachstum.[164] Ein Spiegelredakteur löste im großen Spiegel-Interview 1971 diese Planungseuphorie des Interviewten aus dem Kontext und fragte provokant: „Viele Ihrer konkreten Forderungen scheinen ideologiefrei, Ihr Vokabular gleicht häufig eher dem eines Technokraten als dem eines linken Theoretikers."[165] Jedenfalls schienen staatliche Strukturplanung und linke Vorstellungen der Jungsozialisten über Investitionslenkung gut zusammenzupassen.[166] Wichtigster und weitgehend ideologiefreier Berater in der Strukturpolitik war für Joachim Steffen der Ordinarius für Wirtschaftliche Staatswissenschaften Reimut Jochimsen von der Universität Kiel, später Wirtschaftsminister in Nordrhein-Westfalen und anschließend Leiter der Planungsabteilung im Kanzleramt Willy Brandts.

Die Ausgangshypothese Steffens passte in einen einfachen Satz: „Ich glaube, daß alle Systeme auf dieser Welt durch Menschen gemacht sind und deshalb durch die Menschen verändert werden können."[167] Allerdings, und darin zeigte sich der Pessimist, lägen Planbarkeit und Macht auch anderswo – oder besser ausgedrückt: noch anderswo, worin Steffen sogar eine aktuelle faschistische Gefahr zu erkennen meinte: „Die heutige faschistische Gefahr liegt in dem unreflektierten Umgang mit den notwendig grösser gewordenen Macht- und Steuerungsmöglichkeiten der großen öffentlichen Apparate und privaten Konzerne, die die Ängste und Befürchtungen der Massen in der Phase der zweiten industriellen Revolution dazu benutzen, um sie dorthin zu steuern, wohin sie nicht wollen: in eine reaktionäre Herrschaft der Manager dieser Apparate und Konzerne."[168] In diesem Zitat drückt sich nicht zuletzt ein zeittypisch recht lockerer Umgang mit dem Begriff des Faschismus aus; jedenfalls lässt sich nicht einmal eine Einordnung in gängige Faschismustheorien erkennen.

Weltwirtschaft und Bönebüttel

Um Steffens Selbstverständnis konkreter Politik abzuschließen, sei noch einmal betont, dass Landespolitik für ihn abgeleitete Konkretisierung genereller analytischer Erkenntnisse darstellte. Die Lage in, sagen wir mal: Bönebüttel würde grundsätzlich in den Zusammenhang globaler Entwicklungen gestellt; erschiene sie dann als Folge einer

163 Vgl. ebenda, S. 340ff. Vgl. den Klappentext von: Joachim Steffen: Krisenmanagement oder Politik? Reinbek 1974.

164 Siehe kritisch dazu Eckart Kuhlwein: Links, dickschädelig und frei. 30 Jahre im SPD-Vorstand in Schleswig-Holstein, o. O. 2010, S. 12.

165 Steffen 1971: Dann haben alle Eigentum, (wie FN 160), S. 41.

166 Vgl. den Text von Beez in diesem Band.

167 Landesparteitagsrede 27.6.1970 (wie FN 153), S. II.5.

168 Landesparteitagsrede 22.3.1969 (wie FN 142) S. 6.

überregionalen Strukturkrise, wären die Antworten auch in überregionalen Kontexten zu finden. Die Situation in Schleswig-Holstein war eine Folge weltökonomischer Verflechtungen und Prozesse, umgekehrt würden rational gefundene regionale Antworten auch überregionale Relevanz entfalten. In dieser Logik begriff Steffen die Demokratisierung der Wirtschaft als europäisches Thema, die ökonomische Strukturverbesserung als ein norddeutsches, die schleswig-holsteinische Raumplanung als eine bundespolitische begleitende Aktivität. Niemals den großen Rahmen auszublenden, die Systemüberwindung im Auge zu behalten, um rationale politische Gestaltung erst möglich zu machen, bildete in dem von ihm entworfenen theoretischen Rahmen die Maximen seines Handelns, wenn es darum ging, im Landtag zu einer ganz konkreten Frage Stellung zu beziehen. Deshalb die vielen Grundsatzreferate, deshalb keine Landesparteitagsrede ohne globale Einbettung, keine politische Diskussion auf Wahlkampfveranstaltungen ohne das Zusammenführen des Theoretisierens und Politisierens mit ganz konkret pragmatischen Forderungen.

Wer so auf der Gesamtklaviatur des Politischen agiert, wird auch das landespolitische Tagesgeschäft schließlich nicht wirklich langweilig finden.

V. Der Kulminationspunkt 1971

Wir schreiben das Jahr 1971. Es ist Landtagswahl. Steffen und sein Team haben sie strategisch und wissenschaftlich abgesichert vorbereitet; sie setzen auf Sieg. Das Jahr wird zum Höhe- und Wendepunkt des Landespolitikers Joachim Steffen.

Regierungsprogramm: Wir machen die Zukunft wahr.

„Schleswig-Holstein braucht eine neue, eine fähigere Landesregierung. Eine Regierung der Reformen. Mit der Dynamik einer unverbrauchten Partei und mutigen Politikern, die sich für neue Methoden und Wege entscheiden." – So begann das Landtagswahlprogramm „Wir machen die Zukunft wahr" der SPD im Jahr 1971. Massiv von Medien begleitet und bundesweit beachtet, würde dieser Wahlkampf zum Steffen-Wahlkampf werden, zum Anlauf des linken SPD-Landesverbandes Schleswig-Holstein, eine alternative in Gesellschaftstheorie eingebettete Landespolitik zu realisieren. Und Wahlprognosen gaben sich offen, das heißt, die große Chance schien da.

Schleswig-Holsteins Ausgangslage beschrieb Joachim Steffen auf dem Landesparteitag im Juni 1970 in Husum als jämmerlich: Im Hamburger Umland vollziehe sich völlig ungeplante Entwicklung, im Städteviereck Kiel-Eckernförde-Rendsburg-Neumünster schrumpften die Industriearbeitsplätze, während die „Strukturkrise in der Landwirtschaft" aufgestaut werde, die Verkehrsinfrastruktur des Landes sich in einem „beklagenswerten Zustand" befinde und das Land auch bezogen auf Bildungsstandards im Vergleich der Bundesrepublik weit hinten rangiere.[169] Die eher unverdächtige Zeitschrift „Wirtschaftswoche" klassifizierte Schleswig-Holstein auf der Basis der wirtschaftlichen Kerndaten Anfang 1971 tatsächlich als ein rückständiges Land: Das Bruttoinlandsprodukt sei erheblich geringer als im Bundesschnitt, die Landesverschuldung hingegen deutlich höher, es mangele an industriellen Arbeitsplätzen und es bestehe eine „Agrarhypothek", indem der Anteil der Landwirtschaft an der Wertschöpfung noch ungesund hoch sei.[170]

Die 1970 angestoßene, innerparteilich breit angelegte Programmdebatte mündete im Januar 1971 in ein neuartiges und ausdrückliches *Regierungs*programm, das nur begrenzt als „Fortentwicklung und Verfeinerung des Programms 1967" begriffen werden konnte.[171] Tatsächlich, und das wurde massiv propagiert, mündete „jahrelange wissenschaftliche Beratung" in ein klar konturiertes Programm, das neue Akzente setzte. Ökonomische Entwicklung und Ausbildung setzte es in Bezug zueinander, akzeptierte, was neuartig war, „Berufsausbildung und Umschulung als gesellschaftliche Aufgaben", forderte zehn integrierte Gesamtschulen und die Umstellung der Hochschulen auf Gesamthochschulen, verlangte die „Einführung des klassenlosen Krankenhauses", wollte die Mitbestimmung im öffentlichen Bereich ausbauen, Mieterbeiräte schaffen und zudem in einem Jahrzehnt „90000 Arbeitsplätze in Schleswig-Holstein" schaffen.[172] Und schließlich, so Steffen in seiner Landesparteitagsrede im Januar 1971, erhalte Schleswig-Holstein ein Planungsministerium, denn „moderne Politik als Modell einer besseren, gesicherten Zukunft erfordert in unserem Land eine Reform der Regierungstechnik."[173]

Wissenschaftliche Grundlagen für Politik und Regieren

In seiner Titelgeschichte kurz vor dem Wahltag formulierte das Magazin „Der Spiegel": „Steffen ist stolz darauf, daß der von ihm geführte SPD-Landesverband seine politischen Programme seit sechs Jahren in enger Zusammenarbeit mit wissenschaftlichen Instituten entwirft. Der Politiker umgibt sich mit Politologen, in seiner ‚Regierungsmannschaft' gibt es ein stattliches (wennschon weithin unbekanntes) Professoren-Aufgebot. Regieren ist für ihn zuvörderst eine Planungsaufgabe, nur zu lösen mit Hilfe wissenschaftlicher Erkenntnis und Methodik."[174]

169 Landesparteitagsrede 27.6.1970 (wie FN 153), S. III.1f.

170 Vgl. Anonymus: Schleswig-Holstein. CDU-Nothelfer Stoltenberg, in: Wirtschaftswoche 17, 23.4.1971, S. 14f.

171 Vgl. die eher beruhigenden Bemerkungen Steffens im Rahmen seiner Landesparteitagsrede am 23.1.1971 in Flensburg, in: Sozialdemokratischer Informationsbrief (SIB) o. Nr. (Flensburg), S. 4f. (AdsD Bonn, Nachlass Steffen 1/JSAA000171).

172 Joachim Steffen: Schleswig-Holstein-Wahl immer bedeutungsvoller, in: SPD-Pressedienst (Bonn), 5.3.1971, S. 1-3, hier S. 2.

173 Landesparteitagsrede am 23.1.1971 (wie FN 171), S. 9.

174 Schreiber 1971: Führe uns (Spiegel-Titel 1971) (wie FN 121), S. 49.

Dieser Einordnung entsprach das gedruckte Regierungsprogramm der schleswig-holsteinischen SPD tatsächlich. Einleitend heißt es dort: „Ein auf wissenschaftlicher Grundlage erarbeitetes Programm ist das Fundament sozialdemokratischer Politik in diesem Lande. Nüchterne Perspektiven mit nüchternen Zahlen. Sie mögen manchen erschrecken. Aber sie sind die Wahrheit. Sie offenbaren schwere Versäumnisse in Wirtschaft und Gesellschaft. Der gesellschaftliche Nachholbedarf in Schleswig-Holstein ist gewaltig. Die CDU hat an Symptomen kuriert. Wer die Probleme nicht zur Kenntnis nehmen, sich an ihnen vorbeidrücken will, kann sie auch nicht lösen.“[175]

In einem in der Tat großen Wurf werden im Folgenden auf 47 Druckseiten in 80 Ankündigungen alle Politikfelder berührt und konkrete Maßnahmen angekündigt. Charakteristisch für den Spitzenkandidaten und den Landesverband werden sie nach ihrer kurzen Listung zunächst einmal theoretisch eingebettet, bevor eine ausführliche Gesamtschau entfaltet wird. Die SPD gehe davon aus, dass „das Selbststeuerungssystem der Marktwirtschaft“ ergänzungsbedürftig erscheine: „Gesamtwirtschaftlich und räumlich gleichgewichtiges Wachstum“ müsse durch Politik gesichert werden, ebenso eine „gerechtere Einkommens- und Vermögensverteilung“ sowie Fragen der Mitbestimmung.[176] Statt einer abfedernden Verzögerung spricht sich das SPD-Programm für eine ausdrückliche Förderung des Strukturwandels aus: Eingebettet in eine Kooperation mit Nachbarländern und der Bundesebene solle „wirtschaftsnahe Forschung“ vorangetrieben werden, „die Transparenz des Wirtschaftsablaufs“ erhöht werden, ebenso die „Wettbewerbsfähigkeit kleinerer und mittlerer Betriebe“, während die betroffenen Arbeitnehmerinnen und Arbeitnehmer durch Verbesserung der beruflichen Mobilität und soziale Absicherung Hilfen erwarten dürften.[177]

Als Schwerpunkte „ihrer regionalen Strukturpolitik“ sehe die Landes-SPD „den Anpassungsprozeß in der Landwirtschaft zu beschleunigen … die industrielle Basis des Landes zu stärken und auszuweiten … die Energieversorgung zu sichern … sowie den Fremdenverkehr zu fördern.“[178] Eine Reihe ausführlicherer Teilziele erläutert diese Schwerpunkte. Beispielsweise wird der Anpassungsprozess der Landwirtschaft recht ausführlich bearbeitet, wobei der Begriff „Bauer“ oder „Bäuerin“ nicht auftaucht, sondern die extrem versachlichte Form „der in der Landwirtschaft Tätigen“ oder der Ausdruck von „in den Betriebsleiterfamilien“.[179] Im Rahmen der Beschleunigung des Wandels würde eine sozialdemokratische Landesregierung „größere und wirtschaftlichere Produktionseinheiten schaffen durch ein Paket strukturwirksamer Maßnahmen“, durch eine sparsamere Flurbereinigung, Beschränkung der Förderung auf „entwicklungsfähige Betriebe“, einige weitere Maßnahmen und schließlich

---

175 SPD-Landesverband (Hg.): Wir machen die Zukunft wahr. Regierungsprogramm der SPD für Schleswig-Holstein, Kiel 1971, S. 3 (AdsD Bonn, Nachlass Steffen, 1/JSAA000171).

176 Ebenda, S. 7; Katalog der Versprechen, ebenda S. 4f.

177 Ebenda, S. 9.

178 Ebenda, S. 10f.

179 Ebenda, S. 14f.

durch „soziale Sicherung aus der Landwirtschaft ausscheidender Menschen".[180] – Diese Aussagen stellten erkannbar nicht das dar, was die Betroffenen im ländlichen Schleswig-Holstein lesen und hören wollten.

Für die industrielle Entfaltung forderte das Programm insbesondere in der Elbregion den massiven Ausbau der Kernkraft: In Brunsbüttel und Geesthacht sowie an zwei weiteren noch zu bestimmenden Standorten sollten Atomkraftwerke entstehen, um die „Energiepreisdifferenzen gegenüber anderen Standorten nicht weiter anwachsen zu lassen".[181] Ein besonderes Augenmerk der industriellen Entfaltung lag auf Ort und Region Brunsbüttel, grundsätzlich entfaltete das Landtagswahlprogramm „Entwicklungsschwerpunkte" erster, zweiter und dritter Ordnung, die jeweils im Einzelnen Erwähnung fanden.[182] Umgesetzt wurde, übrigens auch auf dem Umschlag des Landtagswahlprogramms visualisert, das Modell jener Achsenschnittpunkte, die besondere industrielle Entwicklung verdienten. Insbesondere Reimut Jochimsen propagierte dieses Modell. Bezüglich der Kosten machte man sich, abgesehen von öffentlich zu finanzierenden Strukturmaßnahmen wie einem Wegeausbau offenbar wenig Sorgen. Auf die Frage nach den Finanzierung erklärte Joachim Steffen im Spiegel-Interview im Rahmen grundsätzlicher Ausführungen: „... z. B. die Beschleunigung der industriell-gewerblichen Entwicklung (ist) weniger eine Frage des Geldes als eine Frage verbesserter Planungs- und Lenkungstechniken."[183] Jochimsens Uni-Institut für Regionalforschung lieferte jedenfalls die konkreten technokratischen Ansätze, die Steffen um linke Ansätze wie Investitionslenkung ergänzte.

Das Programm atmet durchweg den Kontrast, der sich aus der krisenhaften Entwicklung des Kapitalismus, der fehlerhaften politischen Begleitung durch konservativ-liberale Politik und dem planungseuphorischen Optimismus der zukünftigen Gestalter von Politik, Gesellschaft und Ökonomie ergab: Planung, Planung, Planung! Durchdekliniert auf allen Teilfeldern: „Pläne für städtebauliche Projekte müssen nach soziologischen und sozialpsychologischen Erkenntnissen erstellt werden. Die Planung muß in eine allgemeine Sozialplanung eingebettet werden."[184] „Planung" eines Großflughafens am Hamburger Rand in Schleswig-Holstein, der „Anschluss an das übrige nationale und internationale Luftverkehrsnetz" liefern werde,[185] und so weiter und so fort. Und schließlich findet sich im Wahlprogramm ausdrücklich auch die Forderung nach der Etablierung eines Nord-West-Staates, also die Abschaffung des Landes Schleswig-Holstein: „Wir können gemeinsame Probleme nur gemeinsam lösen. Unser Ziel ist die Schaffung eines leistungsfähigen Nord-West-Staates."[186]

180 Ebenda, S. 17.

181 Ebenda, S. 14f.

182 Ebenda, S. 21f.

183 Steffen 1971: Dann haben alle Eigentum (wie FN 160), S. 38.

184 SPD-Landesverband 1971: Wir machen die Zukunft wahr (wie FN 175), S. 22.

185 Ebenda, S. 26.

186 Ebenda, S. 5.

An dieser Stelle abgeschlossen werden soll der keineswegs vollständige Durchgang durch das Regierungsprogramm mit einem Blick auf die Bildungspolitik: Die Dreigliedrigkeit des Schulsystems verhindere Chancengleichheit, deshalb werde eine SPD-geführte Landesregierung ein neuartiges, gestuftes Schulsystem mit der Gesamtschule im Mittelpunkt etablieren, dabei die Ganztagsschule als Regelschule anzielen: „Kernstück ist die integrierte Gesamtschule“, hinführend wären Vorschulen für die Elementarstufe der 3- bis 4-Jährigen, die gemeinsame Primarstufe für die 5-9-Jährigen, also die Grundschule der Klassen 1-4, an die sich die Sekundarstufe I und Sekundarstufe II als Gesamtschulen mit Oberstufen anschließen würden.[187] – Zu diesem Zeitpunkt hatte die Sozialdemokratie noch keine Landtagswahlen mit ihrer Ablehnung des Gymnasiums verloren!

Nur ein Politikfeld taucht noch nicht auf, sondern lediglich als ergänzender kleiner Hinweis am Ende: „Zu Fragen des Umweltschutzes“ habe die SPD eine Materialsammlung erstellt, die man beziehen könne.[188] Tatsächlich traten die Energiewende und die Ausformulierung eines völlig neuen Verhältnisses zu Umwelt und Natur im Landesverband der SPD erst im Jahr 1976 ein. Bis dahin propagierte die Landes-SPD gemeinsam mit deren Bundesspitze beispielsweise den Ausbau der Kernenergie.[189] Dass Joachim Steffen in einem Playboy-Interview 1977 retrospektiv die Forderung nach vier Kernkraftwerken im Jahr 1971 damit begründete, dass man zwar bereits kritisch gedacht habe, aber die Wählerinnen und Wähler nicht habe überfordern wollen, weil „Probleme, um die es geht, für die Menschen wenigstens am Horizont sichtbar“ sein müssten, kann nur als schönfärberische Umdeutung durch den Protagonisten bewertet werden.[190]

Zurück zum Regierungsprogramm: Dieses Programm war fraglos ambitioniert, mit Ecken und Kanten versehen, in vielen Fragen unmissverständlich, was die einzuschlagende Richtung anging. Es enthielt Themen, die konfliktträchtig schienen, von den Betroffenen nicht gern gehört wurden. Bezogen auf die Landwirtschaft betraf es keine eigene Wählerklientel, bezogen auf die Bildungspolitik galt das so nicht, und auch die Abschaffung des Landes Schleswig-Holsteins stellte gewiss kein populäres Thema dar! Hier marschierten Modernisierer, die es wirklich wissen wollten!

„Der geplante Wahlsieg“

Joachim Steffen persönlich begleitete seinen Wahlkampf mit einer Publikation im sozialdemokratischen Theorieorgan „Neue Gesellschaft“ unter dem gewagten Titel „Der geplante Wahlsieg“.[191] Die Zuversicht schien groß, die Brust breit: Im weiten Bogen

187 Ebenda, S. 28.

188 Ebenda, S. 47.

189 Vgl. Kuhlwein 2010: Links (wie FN 164), S. 81-84.

190 Joachim Steffen (Interview) in: Playboy, Nr. 11, November 1977, S. 83-98, hier S. 86.

191 Joachim Steffen: Der geplante Sieg. Zur Landtagswahl in Schleswig-Holstein, in: Neue Gesellschaft Jg. 18, Nr. 3 (1971).

zum Wahlsieg der NSDAP 1932, zu Ministerpräsident Lemke, einem ehemaligen NSDAP-Politiker, dem Einzug der NPD 1967 in den Landtag holt er aus, dass die SPD „im Jahre 1971 die Vorherrschaft der rechten Reaktionäre endgültig brechen" wolle.[192] Wie selbstverständlich entfaltet Steffen im Folgenden seine für ihn charakteristische Grundanlage der landespolitischen Strategie. Ausgehend von der Beschreibung der schlechten Ausgangslage Schleswig-Holsteins zieht er die Folgerungen: Erstens „Wahrheit" auf den Tisch, zweitens „exakte Planung" der strukturpolitischen Maßnahmen und schließlich drittens intensive Kooperation mit den benachbarten Bundesländern und das Setzen auf Bundeshilfe.[193]

Alle Kennzeichen seines Politikverständnisses finden sich in einem einzigen Satz vereint: „Mit einer konsequenten, der Wahrheit verpflichteten (gerade wo sie unpopulär ist) Politik, einem Programm, das wissenschaftlich abgesichert und quantifiziert ist, und einer Mannschaft, die unser Ziel von der engen Kooperation zwischen den abhängig Beschäftigten und der kritischen Intelligenz widerspiegelt, geht die SPD in ihren bisher aussichtsreichsten Wahlkampf in Schleswig-Holstein."[194]

Tatsächlich überließ die Landes-SPD in diesem Wahlkampf nichts dem Zufall. Unter dem gleichen Titel „Der geplante Sieg" veröffentlichte sie eine „Gebrauchsanweisung für den Wahlkampf", die an alle aktiven Wahlkämpfer ging: Beraten von einer professionellen Agentur, teilte sie den Wahlkampf in drei Phasen, in gelb, orange und rot, und vermittelt tatsächlich den Eindruck einer generalstabsmäßigen Planung, die einen exakten Kalender enthielt und nicht zuletzt auch noch ein rotes Telefon in der Landeswahlkampfzentrale der SPD.[195] Zum Wahlkampfteam, also zum Schattenkabinett zählten fünf Professoren, darunter auch Reimut Jochimsen.

Man meinte es ernst und stellte sich auf Reaktionen ein: Es lasse sich, so Steffen in seinem Beitrag in der „Neuen Gesellschaft", vorhersagen, „‚dass dieser Wahlkampf mit brutaler Härte geführt wird", denn nur durch „Diffamierungen im Stile der Adenauer-Kampagnen der 50er Jahre" glaube die Landes-CDU ihre Macht noch einmal verteidigen zu können.[196] Und tatsächlich besaß diese Wahl in Schleswig-Holstein auch aus bundesweiter Perspektive eine ganz besondere Relevanz.

Relevanz der Wahl

„Selten ist eine Landtagswahl in Deutschland mit größerer Spannung verfolgt worden als diese". schrieb kurz vor dem Wahltag die Illustrierte „Stern" über die Schleswig-Holstein-Wahl.[197] Wirklich gab es einige Faktoren, die viele Menschen mit Spannung

192 Ebenda, S. 166.

193 Vgl. ebenda, S. 167.

194 Ebenda, S. 168.

195 Vgl. SPD-Landesverband (Hg.): SPD in Schleswig-Holstein. Der geplante Sieg. Gebrauchsanweisung für den Wahlkampf, (Kiel) 1971.

196 Steffen 1971: Der geplante Sieg (wie FN 191), S. 168.

197 Gerhard E. Gründler: „Duell im Norden: Bürgerschreck kontra Musterschüler", Stern Nr. 17, 1971, 18.4.1971, S. 68-72, hier S. 72.

nach Norden blicken ließen: Würde sich der bundesweite Aufbruch, der mit der Wahl Willy Brandts zum Bundeskanzler 1969 begonnen hatte, in einem vermeintlich seit jeher konservativen Land etablieren? Dort wo eine sehr klare Alternative zwischen konservativer Kontinuität und linkem politischen Aufbruch vorlag? Könnte sich Steffens eigentümlicher Stil des wahrheitsbezogenen Wahlkampfs, der zugespitzten, in manchen Feldern provokanten Alternativen, des bedingungslosen Wirklichkeitsbezuges vielleicht gar als erfolgreich etablieren? Diese ungewohnte und so radikale Ehrlichkeit?

Die Wahlaussichten schienen jedenfalls so schlecht nicht: Bei den Kommunalwahlen 1970 hatte der CDU-Vorsprung nur noch 1,9 Prozent (24.600 Stimmen) betragen. Der beständige Aufstieg der Landes-SPD bei Wahlen schien einen Wahlsieg in greifbare Nähe zu bringen. Der Spiegel sprach von „mathematischer Sicherheit", die bei den schleswig-holsteinischen Sozialdemokraten herrsche, die Wahl zu gewinnen. Und tatsächlich konnte man nach der Herabsetzung des Wahlalters von 21 auf 18 Jahre auf sieben Jungwählerjahrgänge setzen, die sich erstmals an einer Landtagswahl beteiligen durften.[198] Damit wurden Verschiebungen in Größenordnungen denkbar, die eine neue Mehrheit ergeben könnten.

Daraus resultierte eine erhebliche bundespolitische Bedeutung: Würde Schleswig-Holstein „rot", so besäße die sozialliberale Koalition im Bund erstmals die Mehrheit auch im Bundesrat, der bis dato (und weiterhin) Blockadepolitik betreiben konnte. Während die Landes-FDP durch ihre aus einem konservativ-liberalen Regierungsbündnis heraus betriebene Öffnung für die SPD in eine Krise stürzte, befand sich die Sozialdemokratie im nördlichsten Bundesland in euphorischer Stimmung.

Steffen und Stoltenberg

Bezogen auf die Person Joachim Steffen kam ein High-Noon-Effekt hinzu, war sein Gegenkandidat im Landtagswahlkampf nicht der alte, noch amtierende Ministerpräsident Helmut Lemke, sondern, gewiss auch aus strategischen Gründen von der Landes-CDU ernannt, der junge Gerhard Stoltenberg, der, durch das Ende der Großen Koalition 1969 arbeitslos geworden, nicht ganz freiwillig nach Schleswig-Holstein als Hoffnungsträger kam. Stoltenberg und Steffen kannten sich seit langem – und konnten sich überhaupt nicht leiden. Für einige Monate Mitte der 1950er Jahre waren sie zeitgleich Mitarbeiter bei Prof. Michael Freund an der Universität Kiel gewesen. Stoltenberg promovierte und qualifizierte sich schnell für das Professorenamt, wurde bereits 1955 Politiker. Ein Karrierist, wissenschaftlich, politisch und auch auf Zeit in der Wirtschaft erfolgreich, fleißig und kontrolliert, zudem völlig undurchsichtig. Der andere, Steffen, hatte die Universität ohne jedes Examen verlassen, trotz seiner Erfolge im Journalismus und in der Politik somit keine rechte bürgerliche Existenz erworben. Ein Visionär und Sozialist, rede- und schreibgewandt, streitlustig und unorthodox, auch oft chaotisch und jedenfalls sehr emotional. Gegensätzlicher hätte man sich die beiden

198 Sozialismus aus dem Norden? (Spiegel-Titel 1971) (wie FN 143), S. 26f.

Kandidaten nicht vorstellen können. Dieser personale Gegensatz korrespondierte mit auf zahlreichen Politikfeldern gegensätzlichen Vorstellungen.

Umgekehrt betrachtet: Die Summe dieser inhaltlichen und persönlichen Differenzen korrespondierte mit einer tiefen Abneigung gegeneinander, der sie auch zukünftig freien Lauf lassen würden: Während Stoltenberg, der „kühle, klare aus dem Norden“, seinen Kontrahenten Steffen durch eine mit durchweg taktischen und undurchsichtigen Ausführungen gepaarte Arroganz zur Weißglut – und immer öfter zur Flucht aus dem Plenarsaal – bringen würde, machte Steffen aus seiner Abneigung vor allem auf publizistischem Feld kein Hehl. In einer boshaften Karikatur unter dem Titel „Stoltenberg – eine Karriere aus dem Norden“ zeichnete er ein diffamierendes Bild seines Kontrahenten, das er indes – aus seiner Perspektive – mit politischen Fakten zu untermauern vermochte: „So hat er sehenden Auges Werften und Bauern in die berechen- und absehbaren Strukturkrisen schliddern lassen. Vorher – unter Brechung des allgemeinen Beruhigungsgesabbels – die Politik zu ändern, fiel ihm nicht ein. Es hätte ihn in Schwierigkeiten gebracht. Heute haben Hunderttausende existentielle Schwierigkeiten.“[199] – Gegen diesen Mann wollte und konnte Joachim Steffen (eigentlich) nicht verlieren!

Der Wahlkämpfer

Im idealtypischen Sinne wurde der Wahlkampf nach Joachim Steffens Stil choreografiert und umgesetzt. Steffen retrospektiv zu seinen Grundsätzen für Wahlkämpfe: „Wahlkämpfe sind nicht nur dazu da, Stimmen zu gewinnen. Eine klare politische Konzeption und eine Deutlichkeit in der Argumentation zahlen sich auf Dauer immer aus. Wenn man zum Beispiel zu den Leuten auf der Werft sagte, schwere Krisen ständen bevor, haben sie das nicht gern gehört, auch nicht, wenn man ihnen sagte, daß man zusehen müsse, andere Arbeitsplätze für sie zu finden. Wenn die Krise erst da ist, dann ist sowieso ‚der Bart ab‘. Den Bauern mußte man ebenso sagen, daß dieses System auf Dauer nicht zu bezahlen ist. Man wußte also, daß Strukturveränderungen kommen müßten. Daß sie allerdings so schlimm sein würden, wie man jetzt weiß, hat man damals auch nicht gedacht.“[200] – Nicht der Sieg, sondern Programmatik und Wahrhaftigkeit bildeten für ihn den Angelpunkt. Die schleswig-holsteinischen Jungsozialisten schalteten denn auch eine folgerichtige Wahlkampfanzeige in den regionalen Medien: „Wir wollen Wahrheit in der Politik. Auch wenn sie keiner hören will.“[201]

Begleitet von bundespolitischer Prominenz und zahlreichen Kulturschaffenden, darunter auch die Schriftsteller Günter Grass und Siegfried Lenz, erlangte der Wahlkampf einen bis dato auf Landesebene nicht gekannten Schub. Der Mitorganisator

---

199 Joachim Steffen: Stoltenberg - eine Karriere aus dem Norden, in: Jens-Peter Steffen (Hg.): Personenbeschreibung. Biographische Skizzen eines streitbaren Sozialisten, Kiel 1997, S. 212-219, hier S. 209.

200 Steffen 1987: Es muß (wie FN 68), S. 191.

201 Zitiert nach Selzer o.J.: Dickschädel (wie FN 115), S. 19.

Rolf Selzer bündelt seine ambivalente Erinnerung in folgende Formulierung: „Der Wahlkampf der SPD lief, wie er zuvor niemals im Norden für die Partei gelaufen war. Säle, Zelte und Plätze waren voller Menschen. Die Zustimmung für die SPD war förmlich zu spüren. Aber auch die Skepsis gegenüber dem vielen Neuen, was bei einer Wahl der SPD auf einen zukommen könnte. Die CDU und ihr knallkonservativer Spitzenkandidat Stoltenberg schürten Ängste und Vorbehalte gegenüber Steffen."[202]

Eine Kombination aus Schwung und Wechselstimmung mit Skepsis und Angst vor Veränderung lag in der Luft. Das schuf auch hoch aufgeladene emotionale Erfahrungen. Unterstützer Siegfried Lenz (1926-2014), dessen enge persönliche Freundschaft zu Joachim Steffen in diesem Wahlkampf ihren Ausgang nahm, erinnerte sich Jahrzehnte später in einem Rundfunkinterview an eine Situation in Flensburg: „Ich möchte das, was ich von Jochen Steffen sagte, belegen durch eine Situation, die ich nie vergessen werde. Es war ein Tag in Flensburg, Willy Brandt war auch dabei. Es gab eine Bauerndemonstration. Den Bauern ging es miserabel. Es war notwendig, daß jemand von den anwesenden Politikern zu ihnen sprach. Jochen Steffen hatte kein Konzept. Er öffnete das Fenster im ersten Stock des ‚Deutschen Hauses'. Draußen donnerten die Trecker vorbei. Man hörte Protestgesang. Die Leute waren aufgebracht. Jochen Steffen bat um Ruhe. Er hatte ein Mikrophon gehabt. Und sprach unvorbereitet. Er wußte natürlich, was in der Stadt vor sich ging, aber er hatte kein Konzept für seine Rede. Und er sprach. Er beschönigte nichts. Er gab den Leuten zu verstehen, wie ernst ihre Situation war und daß das Drama sich vollziehen würde, gleichviel, was jetzt geschieht, sie sollten sich nicht beschwichtigen lassen. Und ich spürte an den Gesichtern der Leute, die betroffen waren, daß diese Aufrichtigkeit ihre Wirkung zeigte. Das war Jochen Steffen. ‚Dat löpt sich nicht zurecht.'"[203]

Es ist erkennbar nicht nur die Ehrlichkeit Steffens, die Lenz an dieser Situation beeindruckte, sondern der Mut, die Spontanität, sich zu stellen, zu überzeugen. Diese nackte Brust imponierte ihm. Im gleichen Interview erinnerte sich Lenz jedoch auch daran, wie kräftezehrend, ja schließlich selbstzerstörerisch dieses beständige Bemühen um Überzeugung, diese ständigen Kämpfe und Konflikte wirkten: „Was mich traurig macht, ist, daß er sich wirklich verzehrt hat. Er hat sich verzehrt als Aufklärer, als Redner. Er ist herumgefahren, unerbittlich, ohne auf sich selbst zu achten, ohne zu denken an seine Konstitution und hat geredet vor, na ja, vor Auditorien, die andere, vergleichbare Politiker einfach als lästig empfinden würden. Vor sechs, acht oder zwölf Leuten. Hier, in kleinen Kneipen in Schleswig-Holstein hat er versucht, sie zu überzeugen. Und überzeugen ist natürlich, Jochen wußte das genau, eine kleine Gewaltmaßnahme. Das liegt in jedem Überzeugungsversuch. Und darum war er zunächst auf Einspruch, auf Zurückweisung gefaßt. Auch auf Protest. Sogar auf handgreiflichen Protest. Aber das macht ihn aus, das kann ich nur zu seinem Ruhm sagen. Ein Mann, der ganz genau

202 Ebenda, S. 21.

203 Zitiert nach Steffen 1997: Personenbeschreibung (wie FN 71), S. 14.

einschätzte, was das Wort, das überzeugende Wort, hervorrufen kann in einem anderen. Und der dennoch nicht müde wurde, es zu gebrauchen.“[204]

Fettnäpfe und Verteufelungen

Je näher der Wahltermin rücke, um so deutlicher trete auch „seine eigene ausgeprägte Begabung“ hervor, „zielsicher in bereitstehende Fettnäpfe zu treten“, heißt es in einem am 9. März 1971 erschienen Portrait in der „Neuen Ruhrzeitung“. Verfasserin war Susanne Materleitner, eine Journalistin, die es wirklich wissen musste, war sie doch Anfang der 1960er Jahre vom damaligen Chefredakteur der Schleswig-Holsteinischen Volkszeitung dem Redakteur Joachim Steffen beigeordnet gewesen, um dessen Texte von allzu harten Provokationen zu befreien.[205] Tatsächlich vertrat Steffen auch unpopuläre Teile des SPD-Landtagswahlprogramms in offensiver Zuspitzung und ohne Ummantelung. So konnten die Redakteure des Flensburger Tageblattes, nachdem er ein weiter unten noch einmal aufzurufendes langes Interview gegeben hatte, die umfängliche Druckfassung mit einschlägigen Zwischenüberschriften gliedern, etwa von der Art wie „für höhere Steuern“ oder „klassenloses Krankenhaus“. Steffen im Interview: „Natürlich bin ich für das klassenlose Krankenhaus, nämlich dort, wo die öffentlichen Mittel reingehen, dort hat die Einrichtung kostenlos zu sein. Wenn es Ärzte gibt, die Privatkrankenhäuser aufmachen, sollen sie es tun; wer sich dort behandeln lassen will, soll es tun.“ Er selbst jedenfalls lande dort, „wo die Ortskrankenkasse es bezahlt“.[206]

Und Joachim Steffen ließ sich provozieren. Immer wieder gab es in den Medien Berichte über Geschrei und Rangeleien auf Wahlversammlungen, so titelte „Bild“ in riesigen Lettern: „Roter Jochen: … dann haue ich Ihnen eins vor den Latz“. Das Blatt benannte den Ort des Geschehens, Bad Bramstedt, und den „Beruf des Bedrohten“, nämlich Bauer, jedoch nicht den Auslöser des Ausrasters von Steffen, nämlich den Zwischenruf des jungen Mannes, der Steffen als „Ulbricht-Deutschen“, eine Formulierung, die er wiederum der Springer-Presse entlehnt hatte, titulierte.[207]

Die Landes-CDU und der Hamburger Springer-Verlag hatten sich für eine Kampagne gerüstet, die übrigens in einigen Wesenszügen dem späteren Wahlkampf 1987 ähnelten, der als „Waterkant-Gate“ in die Geschichte einging. Mit der Ablösung Lemkes und der Nominierung Gerhard Stoltenbergs sollte der Jugendlichkeit und Dynamik der Opposition eine ‚seriöse‘ zukunftsorientierte Alternative gegenübergestellt werden. Gerhard Stoltenberg agierte aalglatt, unangreifbar und operierte beständig mit jenen Vorurteilen und Kampfbildern, die vom „Roten Jochen“ in konservativen beziehungsweise rechten Medien entworfen wurden. Ganz deutlich erschien diese kalkulierte Unehrlichkeit in einer Interviewsituation, die das Politmagazin ‚Panorama‘ in

204 Zitiert nach ebenda S. 16.

205 Susanne Materleitner: „Der ‚rote Jochen‘ tritt in jedes Fettnäpfchen“. NRZ-Porträt, Neue Ruhr Zeitung 9.3.1971. Vgl. Karl Rickers: Erinnerungen eines Kieler Journalisten 1920 - 1970, Neumünster 1992, S. 371.

206 Steffen 1971: Interview Flensburger Tageblatt 26.2.1971 (wie FN 139).

207 Sozialismus aus dem Norden? (Spiegel-Titel 1971) (wie FN 143), S. 34.

einer – durchaus parteilichen – Berichterstattung über die Kampagnen gegen Steffen ausstrahlte: Auf auch Nachfrage zeigte sich Stoltenberg nicht bereit zu irgendeiner konzilianten Äußerung über seinen denunzierten Gegenkandidaten.[208]

Steffen hatte in seinem Neue-Gesellschaft-Beitrag „Der geplante Sieg“ bereits prophezeit, der Wahlkampf werde von der CDU „mit brutaler Härte“ geführt werden.[209] Im Spiegel-Titel 1971 hieß es: „Nie zuvor wurde ein Wahlkampf in der Provinz so verbissen, so lang, so boshaft geführt. Selten auch stand ein Mann so allein im Zentrum politischer Kontroverse: Jochen Steffen, 48, Symbol und Hoffnung der ungeliebten Linken in der SPD und Zielpunkt vehementer Tiefschlag-Attacken der Springer-Blätter wie der rechtsgestimmten Heimatpresse, die ihn zum ‚Ulbricht-Deutschen‘ („Die Welt“) deformieren möchten.“[210]

Fürs Grobe zuständig fühlte sich der Springer-Konzern, sein Rechercheur Peter Ferdinand Koch nahm laut Spiegel an drei Viertel aller Auftritte Steffens teil, um ihn zu observieren und um Entgleisungen nutzen zu können.[211] Auf die Frage im Spiegel-Interview, wie er sich die Heftigkeit der Kampagne erkläre, antwortete Steffen: „Erstens latscht man Springer nicht ungestraft über seine seelischen Gemüsebeete. Und zweitens geht das an Macht- und Herrschaftsstrukturen, was ich fordere. Und da sind sie dann noch empfindlicher als bei den Gemüsebeeten.“[212] Steffen gab sich „cool“, demonstrierte Stärke, tatsächlich aber sorgte seine vielfältig belegte Dünnhäutigkeit dafür, dass die Angriffe ihn aufwühlten, spontane Entgleisungen auslösten und die Seele verletzten. Wer derart den wissenschaftlichen Fakten und der Wahrhaftigkeit verbunden, Ehrlichkeit lebend in ein Dauerfeuer der Denunziationen gerät, konnte schon mal die Arbeit der Zuspitzung und gedanklichen Konsequenz übertreiben, tatsächlich in Fettnäpfe treten, öffentliche Selbstbeschädigungen anrichten, die vermeidbar gewesen wären.

Ein Kulminationspunkt dieses Wahlkampfs wurde das lange Interview, das er Ende Februar dem Flensburger Tageblatt gab. Schon der Titel des zweiseitigen Abdrucks am 26. Februar 1971 ließ aufhorchen, wenn man den Kontext, einen Landtagswahlkampf, berücksichtigte: „Steffen über ‚Kommunisten‘ und ‚Faschisten‘. Ein Interview mit dem SPD-Spitzenkandidaten für die Landtagswahl.“ Der größte Fettnapf dieses Interviews: Steffen verwuselte sich in Überlegungen über den „modernen Faschismus“. Anspielend auf die Debatte um die Notstandsgesetze und restliche Vorbehalte der alliierten Siegermächte gingen ihm die Pferde durch: „Haha. Wie sind denn die tatsächlichen Machtverhältnisse? Die sind doch so, daß realiter unter den Bedingungen des Deutschland-Vertrages bei uns nur das gegeben ist, was ich den ‚modernen Faschismus‘ nenne. Wir: O, das ist ein starkes Wort, daran muß man erstmal dreimal kauen.

208 Vgl. ARD: Panorama, 22.3.1971.

209 Steffen 1971: Der geplante Sieg (wie FN 191), S. 168.

210 Sozialismus aus dem Norden? (Spiegel-Titel 1971) (wie FN 143), S. 26.

211 Vgl. ebenda, S. 34. Siehe auch Steffen 1971: Der geplante Sieg (wie FN 191), S. 167.

212 Steffen 1971: Dann haben alle Eigentum (Spiegel-Titel 1971) (wie FN 160), S. 38.

Steffen: Sie kennen den dritten Vorbehalt der Alliierten - Übernahme der Staatsgewalt zum Beispiel bei einer umstürzlerischen Störung der freiheitlich-demokratischen Grundordnung. Und die alliierten Truppen sind hier. Wir: Aber doch nicht primär zur Übernahme der Staatsgewalt im Falle X? Steffen: Wozu sie primär da sind, braucht uns in diesem Zusammenhang hier nicht zu interessieren. Und der Unterschied zur sowjetischen Intervention in der CSSR besteht unter dem Gesichtspunkt der Machterhaltung der Führungsmächte doch nur darin, daß bei uns die alliierten Truppen da sind, während sie bei der CSSR erst einmarschieren mußten."[213]

Der Vergleich der Anwesenheit amerikanischer Nato-Truppen in der Bundesrepublik mit der Beendigung des Prager Frühlings durch die Panzer des Warschauer Paktes 1968 mochte, so wie Steffen ihn formulierte, abstrakt betrachtet nicht völlig falsch sein, aber die Symbolik und auch die Begrifflichkeit waren fraglos unzulässig. Die Anwesenheit alliierter Truppen als Nachweis eines „modernen Faschismus" in der Bundesrepublik zu nehmen, war schlicht absurd! Dass Steffen auch noch bestätigend nachlegte, die neue SS trage „keine schwarzen Uniformen" und errichte „keine Konzentrationslager", aber heiße nunmehr „Strauß und Springer", machte alles nur noch schlimmer.[214] Dieses Interview mit einem regionalen Blatt wurde bundesweit, wie es im Journalistenjargon heißt, ‚hochgezogen'. Zahlreiche Medien berichteten zugespitzt und zunehmend verkürzt von Steffens unklugen Ausführungen. Der Parteivorstand der SPD in Bonn schrieb eine gewundene Distanzierung, verbunden mit einer formalen Solidarisierung. Das Auswärtige Amt forderte gar die Interviewunterlagen an. Die Pressestelle der Landes-SPD verfasste zweimal umfängliche Dokumentationen, um sinnentstellenden Kürzungen des Interviews entgegenzutreten.[215] Das Flensburger Tageblatt legte im März noch einmal nach, druckte die entsprechenden Passagen im Originalwortlaut und lieferte bezogen auf diese ‚Dokumentation' einen vermeintlich „ohne jene Parteilichkeit" formulierten, tatsächlich aber boshaften Kommentar.[216]

Die inhaltliche Konfrontation zwischen den beiden politischen Lagern in Schleswig-Holstein geriet zunehmend auch zu einer bundesweiten medialen Konfrontation: Auf der einen Seite die in Schleswig-Holstein fast durchweg konservativen regionalen Medien und die volle Medienmacht des Springer-Konzerns – Bild: „Peter Boenisch: Ich bleibe dabei – Steffen ist gefährlich"[217] –, auf der anderen Seite das Magazin „Der Spiegel" mit seiner Titelgeschichte vom 19.04.1971, die Illustrierte „Stern" und zum Beispiel das Fernsehmagazin „Panorama".

213 Steffen 1971: Interview Flensburger Tageblatt 26.2.1971 (wie FN 139).

214 Vgl. ebenda mit Verweis auf einen Beitrag Steffens in der Nordwoche.

215 Pressereferat der SPD-Landtagfraktion 26.2.1971 und 4.3.1971.

216 Anonym: Jochen Steffen. Kommentar im Flensburger Tageblatt, 6.3.1971.

217 „Peter Boenisch: Ich bleibe dabei – Steffen ist gefährlich", in: Bild-Zeitung, 24.3.1971

Verlorene Wahl

Aller Zuversicht zum Trotz geht diese Wahl verloren. Zwar erlangt die SPD am 25. April 1971 mit 41,0 Prozent ihr seit Jahrzehnten bestes Ergebnis, aber die an ihrer Neuorientierung zerrissene FDP scheitert mit 3,8 Prozent an der 5 Prozent-Hürde. Während die NPD mit 1,3 Prozent im politischen Nichts landet, erreicht die CDU zum ersten Mal in Schleswig-Holstein mit 51,9 Prozent die absolute Mehrheit. Vor dem Hintergrund, dass ein Kopf-an-Kopf-Rennen von SPD und FDP auf der einen und CDU auf der anderen Seite gerechnet worden war, ein klares Fiasko, das fraglos auch mit dem Wahlkampf, dem steffenschen Modell und der Kampagne gegen ihn zusammenhing.

Zwar hatte so mancher, darunter auch die Ehefrau Ilse Steffen,[218] daran gezweifelt, ob Joachim Steffen wirklich Ministerpräsident hatte werden wollen. Auf die skeptische Frage im Spiegel-Interview antwortete er: „Ich will die Wahl gewinnen“,[219] was man auch als ausweichend oder auch die eigentliche Wahrheit deuten konnte. Zwar strebte er nicht das Amt des Ministerpräsidenten an, wohl aber wollte und musste er gegen Gerhard Stoltenberg gewinnen.[220] Jedenfalls führte in der gleichen Spiegel-Ausgabe der nordrhein-westfälische Parteivorsitzende Kühn zu der Frage, ob Steffen das Amt des Ministerpräsidenten anstrebe, aus: „Steffen hat zwei Seelen ach in seiner Brust…, den Willen, dem schwierigem Land im Norden eine moderne Zukunftsstruktur zu geben und dafür Stimmen zur Wahl als Ministerpräsident zu gewinnen, andererseits den Willen, seine Partei ohne Rücksicht auf gegenwärtige Erfordernisse an eine mittelfristige Zukunftsvision zu binden und dabei auch gegenwärtig auf Stimmen zu verzichten.“[221]

Mit dieser Einordnung schließt sich der Kreis zu Steffens eigenen grundsätzlichen Betrachtungen von Wahlkämpfen. Langfristige Überzeugungsarbeit und strategische Entfaltung lagen ihm allemal mehr als der Erfolg des Momentes. Tage nach der Wahl liefert er im Interview mit der linken Illustrierten „Konkret“ erste wahlanalytische Überlegungen: Die CDU habe früher die Nationalliberalen von der FDP integriert, jetzt zudem auch die NPD, mit beidem könne man den Stimmanstieg der CDU erklären.

Zudem, dass wolle er eingestehen, habe er im Wahlkampf auch Fehler gemacht. Die zahlenmäßig sehr relevanten Wählerinnen und Wähler im Hamburger Rand habe man falsch angesprochen: „Außerdem haben wir übersehen, daß die Wähler in den Hamburger Randgebieten mit dem Rücken nach Kiel und dem Gesicht nach Hamburg stehen. Wir haben ihnen einfach zuviel Landespolitik vorgesetzt.“ Und zudem habe er auch, jetzt anspielend auf das Interview mit dem Flensburger Tageblatt, falsche begriffliche Zuspitzungen gewählt: „Ich habe manchmal Vokabeln gebraucht, die in

---

218 Vgl. Ilse Steffen 2010: Memoiren (wie FN 119), S. 120.

219 Steffen 1971: Dann haben alle Eigentum (Spiegel-Titel 1971) (wie FN 160), S. 36.

220 Vgl. die gleichlautende Einschätzung von Selzer o.J.: Dickschädel (wie FN 115), S. 21f.

221 Sozialismus aus dem Norden? (Spiegel-Titel 1971) (wie FN 143), S. 34.

sich mißverständlich sind, das ist völlig klar. Zum Beispiel würde ich heute statt der Vokabel ‚moderner Faschismus' den Begriff ‚moderner Feudalismus' verwenden."[222]

Vermeintlich unverdrossen liefert Steffen auf dem Landesparteitag in Husum am 10. Juni 1971 einen Rückblick auf Wahlkampf, Konzept und – natürlich – theoretischen Rahmen: „These I. Das Ziel demokratischer Sozialisten ist eine Gesellschaft der Freien und Gleichen. ... These II. Die Aufgabe des demokratischen Sozialisten besteht darin, diese Umwandlungsprozesse unter Veränderung der Macht- und Herrschaftsverhältnisse geplant und gelenkt zu vollziehen. ... These III. Wir demokratischen Sozialisten treten dafür ein, daß durch die Veränderung der Gesellschaft die Chancengleichheit und die Machtkontrolle überall verwirklicht wird. ... These IV. Wir demokratischen Sozialisten wissen, daß es im Zeitalter großer Wirtschaftsräume keine nationalen sozialistischen Modelle geben kann. Wir müssen Wirtschaft und Gesellschaft durch Reformen in diesen Räumen verändern."[223]

Und noch einmal rechtfertigt er die konzeptionelle Anlage des Landtagswahlprogramms und seine Kerninhalte: „Wir haben ein nüchternes Programm vorgelegt. Was waren unsere Grundpositionen? 1) Wir leben in einer Zeit schneller Veränderungen. Es ist die Frage, wollen wir Opfer oder Herren dieser Wandlungsprozesse sein. Unsere Antwort: Wir wollen diese Prozesse beherrschen durch Planung und Lenkung. 2) Der unausweichliche Zwang zur Planung und Lenkung bedarf einer Kontrolle durch die Geplanten und Gelenkten. So, wie wir das Prinzip der geplanten Macht in der parlamentarischen Demokratie vertreten, muß es zum gesamt-gesellschaftlichen Prinzip werden. Wir haben dafür den Begriff ‚Mitbestimmung'. Gemeint ist: durch Mitwirkungsmöglichkeit Kontrolle zu garantieren. Das ist die Garantie der Freiheit.

Unser Land ist eines der Problemgebiete der Bundesrepublik. In ihm klafft die Schere zwischen gesellschaftlicher Armut und privatem ungerecht verteilten Wohlstand noch weiter auseinander, als sie es ohnehin in dieser Republik tut. Darunter leiden besonders die Lohn- und Gehaltsabhängigen, die Rentner und jene Teile des Mittelstandes, deren wirtschaftlich-soziales Wohlergehen eng mit dem dieser Gruppen verbunden ist. Im Interesse dieser Mehrheit des Volkes bedarf es besonders in unserem Lande einer konsequenten Reform der Herrschafts- und Bildungsstrukturen und der öffentlichen Dienstleistungen. Dieses Land industriell-gewerblich zu entwickeln, heißt deshalb, die Existenzbedingungen der abhängig Beschäftigten zu verbessern."[224]

Die eigentliche wahlkampfbezogene Analyse im Finale des Referates gerät dann recht chaotisch: Bis zur letzten Minute scheint Steffen zahlreiche Änderungen, Rück- und Neuänderungen vorgenommen zu haben, so dass das intensiv bearbeitete überlieferte Redemanuskript eine völlige Rekonstruktion des Gesagten nicht mehr hergibt. Gewisse Folgerungen wolle er ziehen, wie etwa die Intensivierung der Kontakte zu Journalisten, auch organisatorische Rückschlüsse ziehen. Dann aber endet das Referat

---

222 Joachim Steffen (Interview) in: Konkret, 6.5.1971, S. 16-18, hier S. 16.

223 Landesparteitagsrede 10.6.1971 (wie FN 171), S. 6-12.

224 Ebenda, S. 27f.

mit einem erneuten Rekurs auf die Entwicklung von Planungs- und Lenkungsinstrumentarien für die Politikgestaltung, die er offenbar weiterhin als Kern eines zukünftigen Erfolgs erachtet.[225]

Der Spiegel hat im Kontext seiner Titelgeschichte die Vermutung ausgedrückt, Steffen werde sich, sollte er die Wahl verlieren, aus der Politik zurückziehen. Auch gibt es einzelne Stimmen, die in der Wahlnacht die Ankündigung des Rückzugs Steffens bereits gehört haben wollen. Retrospektiv stellt die Wahl im April 1971 gewiss die Wende dar, den Anfang des Rückzugs, der sich indes über viele Jahre hinziehen wird. Die Konstituierende Sitzung des Landtags gerät für Joachim Steffen, den neubestallten Oppositionsführer, zu einer demütigenden Sitzung: Gerhard Stoltenberg erhält bei der Wahl zum Ministerpräsidenten auch zwei Stimmen aus der SPD-Opposition; wegen der Dunkelheit der Wahlkabine, wie man versuchte später zu verniedlichen.[226]

VI. Zwischenbetrachtung: Der sukzessive Ausstieg

Zunächst arbeitete Joachim Steffen als Oppositionsführer weiter. Ministerpräsident Stoltenberg konnte er indes immer weniger ertragen. Im Nachhinein ist der Vergleich eindeutig: Stoltenberg erwies sich unter machtpolitischen Gesichtspunkten als der erfolgreichere, ja, auch als der modernere Politiker. Aber: Dass sein Politikstil sich durchsetzen würde, das Modell der visionslosen Pragmatiker, das erwarteten in den 1970er Jahren nicht viele. In einer Phase des Aufbruchs, der Zukunftsentwürfe, der Debatten um eine bessere Welt, die zu gestalten sei, in dieser Phase erschien es Vielen, als gehöre einem Joachim Steffen die Zukunft. Einigen machte das Mut, anderen Angst.

Die Anzeichen des Rückzugs nahmen bald zu: eine totale Erschöpfung mit gesundheitlichen Beeinträchtigungen, die – wenn auch klar gescheiterte – Gegenkandidatur Bantzers im Sommer 1971 um den Landesvorsitz und ein als persönliche Zäsur begriffener Autounfall 1972.[227] Bereits zur Jahreswende 1971/72 kündigte das Magazin „Der Spiegel“ Steffens Rückzug an; dieser wolle spätestens 1973 eine „Art Kontaktstelle für die Wirtschafts- und Gesellschaftspolitik im nördlichen EWG-Bereich“ schaffen und besetzen.[228] In einem Interview mit dem Kölner Anzeiger führte Steffen dazu am 11. Januar 1972 aus, er wünsche keine dritte Spitzenkandidatur, habe stattdessen dem SPD-Vorsitzenden und Bundeskanzler Willy Brandt „die Gründung eines Instituts vorgeschlagen“, das er selbst leiten wolle; Brandt habe Interesse bekundet. Das zu schaffende Institut solle, so Steffen, „die Ergebnisse wissenschaftlicher Forschung umsetzen in praktische Politik“, um Fraktionsarbeit professioneller zu gestalten zu

225 Vgl. ebenda, S. 22-28.

226 Vgl. Danker 1999: Wir machen die Zukunft wahr (wie FN 148), S. 228-247.

227 Vgl. den Beitrag von Jens-Peter Steffen in diesem Band, S. 495f, 637f.

228 „Platt wie das Watt“, Der Spiegel Nr. 51, 31.12.1971, S. 50.

können.[229] – Da ist sie wieder, die kontinuierliche Verbindungslinie zwischen Wissenschaft und politischer Planung im Denken Steffens: Er würde die Seite wechseln, aber nicht das Projekt! Warum aus diesem Vorhaben nichts wurde, ist unklar.

Klarheit aber herrschte auf der politischen Bühne in Schleswig-Holstein: Steffen kündigte an, 1973 den Fraktionsvorsitz niederzulegen und 1975 nicht wieder als Spitzenkandidat zur Verfügung zu stehen. Im Mai 1973 wählte die Fraktion den 32-jährigen Klaus Matthiesen (1941-1998) zum Oppositionsführer; 1975 kandidierte er für das Amt des Ministerpräsidenten. Matthiesen war wohl nicht Steffens Wunschnachfolger, das persönliche Verhältnis nicht gut.[230] Joachim Steffen blieb Landtagsabgeordneter bis zum 55. Geburtstag im September 1977, der Altersbezüge wegen, was manche Nachrede auslöste.[231] Mangelnde Aktivitäten konnte man ihm zunächst nicht nachsagen, im Gegenteil. Es war wohl kein Zufall, sondern ursächlich mit dem beginnenden Rückzug aus der aktiven Politik verknüpft, dass Steffen 1974 gleich zwei, nämlich seine beiden Bücher „Strukturelle Revolution“ und „Krisenmanagement oder Politik?“ vorlegte. Anspruchsvoll theoretisch angelegte Studien, die sein Politikmodell untermauerten, jedenfalls auch als Einordnung eigenen Handelns gelesen werden konnten.

VII. Ergebnisse

Zum Abschluss zurück zu den eingangs gestellten Fragen, zur Suche nach dem Landespolitiker Joachim Steffen. Was hat er erreicht, geschaffen, was bleibt?

Selbsteinschätzung

Im November 1977 gab Steffen dem Männermagazin Playboy ein Interview.[232] Vier Jahre nach Übergabe des Fraktionsvorsitzes, zwei Jahre nach Aufgabe des Landesvorsitzes und zwei Monate nach dem Mandatsverzicht fand er schlüssige Erklärungen dafür, warum er nicht (gern) Ministerpräsident geworden sei, Wahlen verloren habe, 1971 trotz vorhandener Bedenken Kernkraftausbau gefordert habe, wie sein Umgang mit Medien und den Bauern gestaltet gewesen sei. Es handelt sich um ein ganz bemerkenswertes Dokument retrospektiver Umdeutungen, das wir hier allerdings nicht weiter beachten wollen.

Viel näher dran und unter quellenkritischen Aspekten authentischer war seine Rücktrittsrede vor der Landtagsfraktion am 3. Mai 1973, deren Manuskriptfassung erhalten ist. Sein erklärter Anspruch lautete, nicht gemachte Fehler, sondern „Ziele,

---

229 Vgl. Danker 1999: Wir machen die Zukunft wahr (wie FN 148), S. 228-247.

230 Vgl. den Bericht Ilse Steffens über den Landesparteitag 1973 in ihren Memoiren S. 123. Steffen selbst hielt auch Kurt Hamer und Karl-Heinz Luckhardt für geeignete Nachfolger. Vgl. Steffen 1987: Es muß (wie FN 68), S. 193.

231 Vgl. Ilse Steffen 2010: Memoiren (wie FN 119), S. 120f.

232 Vgl. Steffen 1977: Interview im Playboy (wie FN 190), S. 83-98.

Maßnahmen und Methoden“ Revue passieren zu lassen.[233] Als er 1965/66 nacheinander Landes- und Fraktionsvorsitz übernahm, habe zeitgleich die Periode problemlosen wirtschaftlichen Wachstums geendet, habe eine „Zeit des Wachstums der sozialen Probleme“ begonnen. Und zwar nicht (nur) in Schleswig-Holstein oder der Bundesrepublik, sondern weltweit. Die „hängende Lawine“ der Probleme habe man in den USA, der führenden Industriemacht studieren können, beispielsweise mit ihren „desert regions“ und „Slums“, aufziehenden Rassen- und Umweltproblemen.[234] Bei dieser globalen Ausgangssituation hätten, wie Joachim Steffen in atemraubender Geschwindigkeit runterbrach, die einschlägigen Aufgaben in Schleswig-Holstein gelautet: „1) Partei und Fraktion mußten zu einer politischen Einheit werden. ... 2) Partei und Fraktion mußten in Personen und Generationen der tatsächlichen politisch-gesellschaftlichen Entwicklung angeglichen werden.“ Derart gewappnet hatte man politische Problembewältigung anzugehen, beginnend mit der richtigen Problemanalyse: „3) Für Problemgebiete innerhalb der Bundesrepublik – von denen unser Land eines ist -, gibt es keine isolierten Lösungen der entscheidenden Probleme aus eigener Kraft. ... 4) Spätestens bei den Strukturkrisen von Landwirtschaft, Textil und Werften wurde deutlich, daß die EWG-Entwicklung den nationalen Entscheidungen Bedingungen setzt oder sie gar der Freiheit der Entscheidung beraubt. Für ein Land politisch wirken zu wollen, vor allem im Interesse der wirtschaftlich beherrschten Klasse, führt über Bonn nach Brüssel.“[235]

Die, und damit seine, Leistungsbilanz sei positiv: „Auf vielen Gebieten haben wir, das können wir ohne Übertreibung sagen, für die Arbeiterbewegung und die Partei und für dieses Land Pionierarbeit geleistet, die Erfolg gehabt hat. ... Das gilt für das erweiterte Handwerkszeug der mikroökonomischen Planung und Lenkung, der regionalen und sektoralen Strukturpolitik ebenso, wie für den auf dem Parteitag in Hannover bekundeten Willen der Partei, die vorausgreifende Investitionsplanung und Lenkung zum Hebel für die Lenkung der Produktion der Gesellschaft zu machen, d. h, die entscheidende Machtfrage der Gesellschaft anzuvisieren und die inhaltlichen Entscheidungen darüber zu demokratisieren.“[236]

Seine noch grundsätzlich ausholende Abschiedsrede beendete Steffen mit zwei markanten Bemerkungen. Zunächst lieferte er eine Liebeserklärung an das Land, in dem er bis dato sein Leben verbracht hatte: „Ich bin häufig gefragt worden, ob ich nicht geradezu ‚krankhaft schleswig-holsteinisch‘ wäre. So weit ein Kranker sich selbst die Diagnose stellen kann, möchte ich sagen: Einmal ist dieses schöne, problembeladene Land mit seinen Schwierigkeiten ein getreues Spiegelbild der Probleme der Bundesrepublik und der EG. Zum anderen lohnt es sich, hier zu arbeiten. Zwar hören die Men-

233 Rede des scheidenden Vorsitzenden der SPD-Fraktion im Schleswig-Holsteinischen Landtag, 3.5.1973 (Manuskript), in: Sozialdemokratischer Informationsbrief (SIB) o. Nr. (Kiel, Landeshaus), S. 1 (AdsD Bonn, Nachlass Steffen 1/JSAA000018 resp. AdsD Bonn, Bestand SPD-Landesverband Schleswig-Holstein).

234 Ebenda, S. 2.

235 Ebenda, S. 3f.

236 Ebenda, S. 5.

schen hier bittere Wahrheiten auch nicht lieber als andernorts, aber sie bewegen sie in ihren Gehirnen und ihren Herzen, und dann sind sie auch bereit, sich zu entscheiden. Haben sie sich entschieden, dann bekennen sie sich auch.“ Und dann folgte der Satz, der das Diktum von ehrlicher Überzeugungsarbeit in einer Leistung bündelte: „Sozialdemokraten haben in diesem Lande ständig an Vertrauen gewonnen.“[237] – Weltlage und Schleswig-Holstein, demokratischer Sozialismus, nämlich gesellschaftliche Lenkung ökonomischen Wandels zugunsten der Schwachen, Sozialdemokratische Fraktion und Funktionärskörper, die wissenschaftlich abgesicherte Planung tragen, ehrliche Überzeugungsarbeit auch zum Preis von Stimmen: In dieser Abschiedsrede sind sie noch einmal komprimiert versammelt, die für Joachim Steffen charakteristischen Deutungen, Orientierungen, Folgerungen und Begriffe praktischer Politik.

Fremdeinschätzung

Unser vier Jahrzehnte später vorgenommenes Fazit der Suche nach dem Landespolitiker Joachim Steffen soll in vier Bemerkungen münden:

Zum Ersten spiegelte sich auch in seinem landespolitischen Handeln eine Persönlichkeit, die bestimmte Maximen immer beachtete. Dazu gehörte erstens, die Schwachen, die ökonomisch, sozial und kulturell Benachteiligten, im gesellschaftlichen Unten Angesiedelten zu Subjekten politischer Gestaltung ihrer Gegenwart und Zukunft zu erheben, zweitens, der Wirklichkeit in die Augen zu blicken, Tatsachen und Kausalitäten zu erkennen und derart ermittelte Wahrheiten zu benennen, sowie drittens als unüberhörbaren Beitrag zur politischen (Streit-)Kultur zu sagen, was man für wahr und richtig hält, auch unbequeme Zuspitzung und Polarisierung zu suchen. Das schloss, wie auf dem Feld der von Steffen betriebenen Vergangenheitspolitik gezeigt, bei Irrtum die schmerzhafte Umkehr, oder, wie auf dem Feld der Umweltpolitik, ein ausdrückliches Dazulernen mit ein.

Zum Zweiten bestand die nachhaltige Spur des Landespolitikers Jochen Steffen darin, dass quasi eine ganze Generation schleswig-holsteinischer Sozialdemokraten insbesondere auch im Milieu der Berufspolitik nachhaltige Prägungen erfuhr,[238] so dass, jedenfalls auf Zeit,[239] einige steffensche Stilformen, etwa der Anspruch an Offenheit im Umgang und Wahrheitsorientierung in der Auseinandersetzung, sowie eine eher linke, hin und wieder auch zu radikaler Minderheitenposition neigende Ausrichtung der schleswig-holsteinischen Sozialdemokratie auch in der Landtagsfraktion gelebt wurde.

Zum Dritten dürfen wir die Planungseuphorie des Jochen Steffen als in Teilen überholt erachten. Nicht dass wissenschaftliche Fundierung strukturpolitischer Planung erledigt sei, im Gegenteil, Politik bedient sich heute wissenschaftlicher Expertise

237 Ebenda, S. 12.

238 Vgl. die lange Liste der Namen bei Kuhlwein 2010: Links (wie FN 164), S. 13f.

239 Börnsen beklagt in seinen Erinnerungen ein wenig verbittert, dass wenig geblieben sei. Vgl. Börnsen 2010: Erinnerungen (wie FN 116), S. 312.

ganz selbstverständlich und in nie bekanntem Maße, aber der omnipotente Anspruch politischer Handlungsoptionen gilt als widerlegt. Gleichwohl haben, gerade in Relation zum konzeptionslosen politischen Klein-Klein der Gegenwart gesetzt, Steffens Standards eines wissenschaftlich abgesicherten, politisch geplanten gesellschaftlichen Wandels, die rationale Strategie einer Zusammenführung nüchterner marxistischer Analyse mit (kapitalismuskonformer) Technokratie durchaus noch heute bestechende Aspekte. Faszinierend jedenfalls bleibt, mit welcher Konsequenz Joachim Steffen seine in der Funktionärsstudie am Anfang der 1950er Jahre ausgedrückte Ablehnung der (marxistischen) „Sozialreligion“ und des Historischen Materialismus lebte, was sich zum Beispiel noch 1973 in seiner Grundsatzrede auf dem Landesparteitag ausdrückte.[240]

Zum Letzten dürfen wir mit einer paradoxen Formulierung aufwarten: Jochen Steffen war kein Landespolitiker und Jochen Steffen war ein Landespolitiker. Es gibt keine ernsthafte Argumentation oder Rede von ihm, in der er nicht grundsätzliche Verortungen vornam. Die theoretische Einbettung musste zunächst die Begründung liefern, wenn er eine konkrete politische Forderung erhob, seinen Horizont bildeten wahrlich nicht die Landesgrenzen Schleswig-Holsteins, er blickte meist zugleich und je nach Thema in die nordwestdeutsche Küstenregion, die Bundesebene, nach Westeuropa der EWG und dann der EG, in die USA, den Weltmarkt oder den weltumspannenden Ost-West-Konflikt. Landespolitik im engeren Sinne gab es für Jochen Steffen nicht, sondern immer die weiten Perspektiven, die Einbettung in große Theorien, Linien und geografische Regionen. Aber im Brennglas der Landespolitik hat er die Umsetzung seines Denkens versucht, sehr ernsthaft und mit der Bereitschaft zum Eingehen auf das provinziellen Detail. Umgekehrt machte er an den Nöten von Schleswig-Holsteinern, waren es Bauern mit ihrer so hoch emotionalen, weil sie spürten, dass „was am Gesagten dran“ war, Hassliebe zu ihm, oder waren es Werftarbeiter in aktueller Überproduktions- und langfristiger Automatisierungskrise, die ihre ganze stolze maritime Arbeiterkultur aushebeln würden, allgemeine Probleme fest, deren tiefere Ursachen zu analysieren, zu benennen und zu beheben waren. Und nicht zuletzt agierte er mit Herzblut für Entwicklungsoptionen seiner Heimat Schleswig-Holstein.

Das allerletzte Wort in diesem Beitrag möge er selbst haben. In den 1980ern gefragt, ob es (aus Österreich) einen Blick zurück im Zorn gebe, antwortete Steffen: „Nein, überhaupt nicht! Meine Zeit in der schleswig-holsteinischen Landespolitik war eine gute Zeit. Ich habe auf diese Frage einmal Siegfried Lenz gesagt, daß ich alles, was ich politisch bewegt habe, noch einmal so machen würde, wie ich es in Schleswig-Holstein getan habe. Das ist wohl auch das Vernünftigste, was man auf diese Frage antworten kann. Ich kann nie vernünftige Politik machen, wenn ich nicht mit mir selbst in Übereinstimmung bin. Es muß einfach alles stimmen!“[241]

---

240 Vgl. Landesparteitagsrede 24.2.1973, in: Sozialdemokratischer Informationsbrief (SIB) o. Nr. (Eckernförde), S. 11 (AdsD Bonn, Nachlass Steffen 1/JSAA000143 resp. AdsD Bonn, Bestand SPD-Landesverband Schleswig-Holstein).

241 Steffen 1987: Es muß (wie FN 68), S. 193.

Thorsten Harbeke

Der Landes-Partei-Politiker

Ein „glänzender Demagoge, [der] fast unbeschränkt die schleswig-holsteinische SPD beherrschte“,[1] ein „Gönner der rebellischen Jugend“[2] – nicht immer sind die Urteile über Jochen Steffen in den einschlägigen Parteigeschichten der deutschen Sozialdemokratie derart pauschal wie in diesen beiden Zitaten. Doch viel ausführlicher sind die Würdigungen des Mannes, der immerhin ein Jahrzehnt an der Spitze der Landespartei in Schleswig-Holstein stand, auch nicht. Man kann sagen, dass Jochen Steffen in der Bundespartei nahezu keine Spuren hinterlassen hat; dieser Befund ergibt sich zumindest aus der Durchsicht einiger Parteihistorien, in denen er üblicherweise drei oder vier Mal im Nebensatz unter „ferner liefen” auftaucht.[3] Es ist allerdings wohl weniger so, dass man Steffen dabei bewusst „aus der Erinnerung der Partei getilgt“ hätte, auch wenn sein späterer Parteiaustritt nicht gerade dafür gesorgt hat, dass sich die SPD gerne an ihn erinnert.[4] Uneingeschränkte Herrschaft ist darüber hinaus sicherlich auch keine sinnvolle Kategorie zur Charakterisierung von Politiker_innen innerhalb moderner Gesellschaften, während die zweite Charakterisierung Steffens als Fürsprecher oder Mentor der 68er Generation sicherlich weitgehend zutreffend ist. Die oben genannten Zuschreibungen – so pauschal sie auch sein mögen – sind meines Erachtens als Versuch zu sehen, der in den Augen vieler Zeitgenossen unbestreitbar charismatischen Persönlichkeit Steffens gerecht zu werden. Nicht seine unbeschränkte Herrschaft, sondern die weithin unangefochtene Führungsrolle Steffens im schleswig-holsteinischen Landesverband der SPD ist es, die erklärungsbedürftig ist. Der Aufsatz möchte deshalb versuchen, ein wenig Licht ins Dunkel der in großen Teilen noch un-

1 Joseph Rovan: Geschichte der deutschen Sozialdemokratie, Frankfurt am Main 1978, S. 330.

2 Peter Lösche/Franz Walter: Die SPD. Klassenpartei, Volkspartei, Quotenpartei, Darmstadt 1992, S. 277.

3 Vgl. zum Beispiel neben den in FN 1 und 2 genannten Bernd Faulenbach: Das sozialdemokratische Jahrzehnt. Von der Reformeuphorie zur Neuen Unübersichtlichkeit. Die SPD 1969-1982, Bonn 2011, S. 222f., 238, 301f., 304, 309, 342f., 347-349, 461, 622, 631f. sowie 658. Die vergleichsweise häufigen Nennungen Steffens in diesem Band sind dem engen Untersuchungszeitraum der Studie zu verdanken. Trotz eines Fotos Steffens zusammen mit Helmut Schmidt bietet auch dieser Band letztlich nur wenige Informationen zur Person, geschweige denn eine landespolitische Perspektive; vgl. weiterhin Detlef Lehnert: Sozialdemokratie zwischen Protestbewegung und Regierungspartei 1848-1983, Frankfurt am Main 1983, S. 197, 204, 212f.; vgl. auch Susanne Miller/Heinrich Potthoff: Kleine Geschichte der SPD 1848-1983, 5., überarb. und erw. Auflage, Bonn 1983, S. 222. In späteren Ausgaben verschwindet auch dieser kleine Hinweis auf Steffen; vgl. Bernt Engelmann: Vorwärts und nicht vergessen. Vom verfolgten Geheimbund zur Kanzlerpartei. Wege und Irrwege der deutschen Sozialdemokratie, München 1984, S. 485 u. 490; ein paar Hinweise finden sich in der Arbeit von Ferdinand Müller-Rommel: Innerparteiliche Gruppierungen in der SPD. Eine empirische Studie über informell-organisierte Gruppierungen von 1969-1980, Opladen 1982, S. 136f., 153f. u. 156.

4 Jens Schultz: Sozialdemokratie und Kommunismus. Die Auseinandersetzung der SPD mit dem Kommunismus im Zeichen der Neuen Ostpolitik 1969-1974, Uni-Diss, Online-Publikation, URL https://ub-madoc.bib.uni-mannheim.de/29348, S. 43, zuletzt aufgerufen am 11.10.2016.

erforschten Landes-SPD in der zweiten Hälfte der 1960er und ersten Hälfte der 1970er Jahre zu bringen.[5]

Es ist schon bemerkenswert, dass die ‚Geschichte der SPD' in der zweiten Hälfte des 20. Jahrhunderts für die meisten der mit dem Thema beschäftigten Historiker_innen im Wesentlichen aus der Schilderung der Handlungen der Bundesparteispitze zu bestehen scheint, die gelegentlich über die Parteitage mit der Basis kommuniziert, während die Ebene der Bundesländer weitgehend ausgeblendet wird. In einem föderativ organisierten Staat kommt diesen Bundesländern über den Bundesrat schließlich eine bedeutende Stellung im Gesetzgebungsprozess zu. Es darf auch nicht vergessen werden, dass große Politikfelder wie das der Bildungspolitik oder der Strukturpolitik vornehmlich auf Landesebene stattfinden. Gilt also, dass sich eine Massenorganisation, wie es die SPD mehr noch als heute in den 1960er und 1970er Jahren gewesen ist, vornehmlich über ihre Interaktion mit dem politischen Gegner auf der großen Bühne, im Ringen der „großen Mächte" im Bundestag, definiert?[6] Wahrscheinlich liegt die Ursache für die Vernachlässigung von Landes(partei)politik eher in der Schwierigkeit begründet, der 'Verelffachung' des Forschungsgegenstandes, einhergehend mit dem Problem der unterschiedlichen Würdigung verschieden großer Landesorganisationen Herr zu werden. Es ist allemal einfacher, nur die Bundespartei in den Blick zu nehmen.

In der Geschichtswissenschaft wird schon seit längerem gefordert, den Bundesländern in der Betrachtung wirtschaftlicher und politischer Prozesse mehr Aufmerk-

---

5 Die einzige umfassende schleswig-holsteinische Parteigeschichte für die Nachkriegszeit reicht nur bis ins Jahr 1959. Somit war dieser Aufsatz in großem Maße auf die Auswertung von Quellen angewiesen. Mit Rat und Ideen stand mir hierbei Eckart Kuhlwein zur Seite, der in mehreren längeren Gesprächen meine Einschätzungen des Quellenbestands mit mir diskutiert und zahlreiche Anregungen gegeben hat. Von ihm auch der Band Links, dickschädelig und frei. 30 Jahre im SPD-Vorstand in Schleswig-Holstein, Hamburg 2010. Ihm sei an dieser Stelle ausdrücklich gedankt. Vgl. auch Holger Martens: Die Geschichte der Sozialdemokratischen Partei Deutschlands in Schleswig-Holstein 1945-1959, 2 Bde., Malente 1998. Der Aufsatz von Markus Oddey/Hannes Engelhardt/Isabelle von Seeler: „Ich bleibe Optimist – trotz allem". Wilhelm Geusendam als Demokratischer Sozialist und Parteiorganisator, in: Demokratische Geschichte 17 (2006), S. 33-113, war für mich ein wertvolles Hilfsmittel und berücksichtigt für die Arbeit des Parteivorstandes insbesondere die Umstrukturierungsprozesse in der sozialdemokratischen Presse; vgl auch den Aufsatz von Gert Börnsen: Erinnerungen an Jochen Steffen, in: Demokratische Geschichte 20 (2010), S. 309-326. Dieser liefert überblicksartig Informationen zu Steffens Agieren für die Zeit seines Parteivorsitzes; vgl. weiterhin den Aufsatz von Friederike Steiner: „Es sieht doch so aus, als habe unser Eutiner Parteitag die Sache in der SPD ins Rutschen gebracht." Jochen Steffen und die Rolle der schleswig-holsteinischen SPD in der Neuen Ostpolitik, in: Demokratische Geschichte 20 (2010), S. 327-354. Auch dieser Aufsatz kann zur hier behandelten Thematik des Parteipolitikers Steffen nur Hinweise liefern; vgl. weiterhin überblicksartig zu Jochen Steffen auch Jürgen Weber: Joachim Steffen – der „rote Jochen", in: Demokratische Geschichte 3 (1988), S. 597-602.

6 In dem berühmten Aufsatz von Leopold von Ranke „Die großen Mächte" von 1833 kommt die Formulierung des ‚Ringens der großen Mächte' nicht vor und die Formulierung vom „Primate der außwärtigen Politik" stammt aus dem Vorwort einer späteren Ausgabe von Friedrich Meinecke. Leopold von Ranke: Die großen Mächte, Leipzig 1913, hier S. 7.

samkeit zu schenken.[7] Zwar ergeben sich innerhalb von bürgerlichen Demokratien bestimmte politische Gestaltungsmöglichkeiten auch aus der Rolle der Opposition heraus, die SPD war jedoch im untersuchten Zeitraum auf diese Rolle abonniert. Bei den drei Landtagswahlen zwischen 1962 und 1971 erreichte sie immer rund 40 Prozent der abgegebenen Stimmen, trotzdem reichte es 1971 sogar für eine Alleinregierung der CDU unter Stoltenberg ohne Einbeziehung der aus dem Parlament geflogenen FDP.[8] Über reale politische Macht zur Umsetzung insbesondere ihrer wirtschaftspolitischen Vorstellungen, deren Ausarbeitung und Diskussion unter Jochen Steffen viel Zeit gewidmet wurde, hat die SPD also niemals verfügt. Auch wenn davon auszugehen ist, dass in der Selbstwahrnehmung des Politikers Jochen Steffen die Trennung zwischen Landes- und Bundes(partei-)politik keine so große Rolle spielte, ja, dass sich diese Ebenen der politischen Tätigkeit geradezu zwangsläufig vermischten, war die Landespartei als Massenorganisation wohl in hohem Maße der Ort, an dem Steffen reale politische Macht besaß und Politik aktiv gestalten konnte.

Der vorliegende Aufsatz will also die Person Joachim Steffen in seiner Rolle als Landes-Partei-Politiker untersuchen. Den Kernzeitraum bilden die Jahre zwischen 1965 und 1975, also die Zeit, in der Steffen der Vorsitzende der Landespartei war. Diese Schwerpunktsetzung ergibt sich sowohl aus methodischen Überlegungen als auch aus forschungspraktischen Gründen: Nur für diesen Zeitraum und für ein so hohes Gremium wie den Landesparteivorstand ist es überhaupt möglich, politische Entscheidungen beziehungsweise einen individuellen Stil, Verantwortlichkeiten und Machtpositionen quellenkritisch zu untersuchen. Zwar wäre eine Untersuchung der gesamten Parteikarriere Steffens von seinem Eintritt in die SPD im Jahr 1946 bis zu seinem Austritt um die Jahreswende 1979/80 sicherlich lohnenswert, ist aber im Rahmen eines Aufsatzes nicht zu leisten.

Für eine Bearbeitung des Themas bieten sich mehrere erkenntnisleitende Fragestellungen an, die die Fülle des auch für dieses Teilthema zur Verfügung stehenden

---

7 Vgl. Thomas Schlemmer/Hans Woller: Einleitung, in: Dies. (Hg.): Politik und Kultur im föderativen Staat 1949 bis 1973, München 2004, S. 1-21, hier S. 2ff. Die beiden Herausgeber dieses und weiterer Sammelbände des Projektes „Bayern im Bund" des Instituts für Zeitgeschichte sowie die weiteren in diesem Projekt entstandenen Arbeiten haben wichtige Beiträge für eine die Länderebene berücksichtigende Gesellschaftsgeschichte der BRD vorgelegt. Vgl. hierzu auch die Einordnung des Projekts bei Jaromír Balcar: Landwirtschaft und ländliche Lebenswelten in Westdeutschland nach 1945. Bilanz und Perspektiven der Forschung, in: Uwe Danker/Thorsten Harbeke/Sebastian Lehmann (Hg.): Strukturwandel in der zweiten Hälfte des 20. Jahrhunderts, Neumünster, Hamburg 2014, S. 63-85, hier S. 66-68.

8 Vergleicht man die Stimmenzuwächse der beiden großen Parteien, so wird noch deutlicher, dass die SPD unter Jochen Steffen zu keinem Zeitpunkt mit dem Wachstum der CDU mithalten konnte, so betrug der Stimmenzuwachs für die CDU zwischen 1962 und 1971 insgesamt 221.047 Stimmen, während die SPD nur 132.950 zusätzliche Wähler_innen bei insgesamt um etwa 10 Prozent steigender Wahlbeteiligung gewinnen konnte. Vgl. hierzu Claus A. Fischer (Hg.): Wahlhandbuch für die Bundesrepublik Deutschland. Daten zu Bundestags-, Landtags- und Europawahlen in der Bundesrepublik Deutschland, in den Ländern und in den Kreisen 1946-1989, 2. Halbband, Paderborn 1990, S. 1135-1143.

Quellenmaterials gliedern helfen können. So ist zu fragen, welche politischen Themen die Arbeit des Landesvorstands und hierin Jochen Steffens im Untersuchungszeitraum bestimmten und wie sich diese Themen in der Arbeit der Landespartei äußerten. An welchen thematischen Fragen war Steffen in der Vorstandsarbeit maßgeblich beteiligt und wo hielt er sich zurück? Weiterhin werde ich versuchen ansatzweise zu klären, ob ein persönlicher Stil beziehungsweise eine politische Haltung Steffens in der Arbeit des Parteivorstandes und in seinem Wirken in die Landespartei hinein erkennbar ist. Zuletzt möchte ich fragen, ob sich ermitteln lässt, in welcher Form Jochen Steffen für ihn wichtige Themen in der Parteiarbeit zu implementieren versucht hat und ob ihm dies gelungen ist.

Die Hauptquelle für die Untersuchung besteht in den Protokollen der Landesvorstandssitzungen der schleswig-holsteinischen SPD aus den Jahren des Landesvorsitzes von Steffen, die im Archiv der sozialen Demokratie in Bonn überliefert sind. Die Akten enthalten neben den genannten mehr oder weniger ausführlichen Protokollen der mindestens monatlich stattfindenden Vorstandssitzungen auch die Unterlagen des engeren beziehungsweise geschäftsführenden Parteivorstandes sowie Einladungen, Vorlagen für die Vorstandsmitglieder und ergänzende Schriftstücke; zusammen also eine recht umfangreiche Anzahl von schriftlichen Quellen, die jedoch hinsichtlich ihres Gehalts für die Bearbeitung der Fragestellung mit Vorsicht zu genießen ist. Abgesehen davon, dass die Vorstandsprotokolle oftmals in Form von Ergebnisprotokollen nur die Themen und Ergebnisse der Diskussionen, nur selten jedoch den Verlauf und widerstreitende Meinungen abbilden, besteht die grundsätzliche Problematik in ihrem Entstehungszweck als Arbeitsdokumente für eine größere Anzahl von Personen, die sich allesamt nicht nur in den dokumentierten Beschlüssen, sondern auch in den Texten wiederfinden mussten.[9] Insofern wurden für eine eingehende Analyse insbesondere jene Sitzungen ausgewählt, bei denen sich der Diskussionsverlauf rekonstruieren lässt. Weiterhin werden ausgewählte Parteitagsreden aus der gesamten Periode des Landesvorsitzes von Steffen daraufhin untersucht, inwiefern er versuchte, seine politischen Themen bei der Parteibasis zu positionieren und, es wird gefragt, ob sich in der Führung der Landespartei mit seinem Amtsantritt ein neuer politischer Stil durchsetzte.

Jochen Steffen als Landesvorsitzender zwischen 1965 und 1975

Obwohl Jochen Steffen für zehn Jahre an der Spitze der schleswig-holsteinischen SPD stand, lässt sich nicht behaupten, dass er während dieser gesamten Zeit im gleichen Maße die Partei „beherrschte".[10] Schon nach der verlorenen Landtagswahl von 1971,

---

9 Zur Methodik der Auswertung von Protokollen vgl. Bernd A. Rusinek: Gremienprotokolle. In: Ders. /Volker Ackermann/Jörg Engelbrecht (Hg.): Einführung in die Interpretation historischer Quellen. Schwerpunkt: Neuzeit, Paderborn u.a. 1992, S. 185-198.

10 Rovan: Geschichte der deutschen Sozialdemokratie, S. 330.

spätestens aber mit der Bundestagswahl 1972, bei der die SPD erstmals seit langem in Schleswig-Holstein die Stimmenmehrheit vor der Union erreichte, setzte ein langsamer, nicht zuletzt auch gesundheitlich bedingter Rückzug Steffens ein.[11] Im Mai 1973 gab er den Fraktionsvorsitz ab, hatte er diese Funktion doch auch schon zuvor nur selten und in besonders wichtigen Debatten des Landtags ausgeübt. In etwa der Hälfte aller Landtagssitzungen dieser Legislaturperiode, vor allem in der zweiten Hälfte, war er gar nicht mehr anwesend, was ab Ende 1974 auch für öffentlich geäußerten Unmut sorgte.[12] Auch im Landesvorstand war Steffen ab dem Mai 1973 deutlich weniger aktiv und fehlte häufig bei den Sitzungen.[13] Hieraus ergibt sich ein noch kleinerer Zeitraum, in dem von einer tatsächlichen ‚Führung' der Landespartei durch Steffen gesprochen werden kann. Gleichzeitig haben sich die Landesvorstandsmitglieder bei Entscheidungen oftmals bei ihm rückversichert. Anders sah es bei öffentlichen Auftritten und Parteitagen aus, wo er nach wie vor präsent war. Zwar wird in der Literatur gerne darauf hingewiesen, dass es der SPD 1971 nach einem hoch emotional geführten Landtagswahlkampf erstmals gelungen sei, wieder über 40 Prozent der Stimmen zu erlangen, dies darf aber nicht darüber hinwegtäuschen, dass der Zuwachs gegenüber 1967 nur bei knapp 1,5 Prozent lag und sowohl die FDP als auch die NPD gar nicht mehr im Landtag vertreten waren, der Zuwachs also bei der CDU ungleich größer ausfiel.[14] Steffen war also nur in einem sehr begrenzten Sinne ein erfolgreicher Politiker. In scharfem Kontrast hierzu steht die außergewöhnliche Strahlkraft, die Steffen nach Aussage von Zeitgenossen in die Landespartei entfalten konnte und die im Folgenden

---

11 Vgl. Archiv der sozialen Demokratie der Friedrich-Ebert-Stiftung (im Folgenden: AdsD) 3/SHAB1044, Protokoll der Landesvorstandssitzung vom 9.10.1971. Hier erklärte Steffen, dass er nicht mehr als Spitzenkandidat zur Verfügung stehe und für die nächste Wahl auch kein Bundestagsmandat anstrebe. Seine Hauptaufgabe sehe er in der Arbeit als Vorsitzender der Kommission für ein Langzeitprogramm bei der Bundespartei. Vgl. hierzu auch die ebd. abgeheftete Berichterstattung in der Presse in den Kieler Nachrichten vom 8.12.1971. Hier beschäftigten sich gleich drei Artikel mit der politischen Zukunft von Steffen.

12 Das regelmäßige Fehlen Steffens im Landtag, das sich nicht nur in vielen Fehltagen wegen Beurlaubung und Erkrankung manifestierte, war gegen Ende der 7. Wahlperiode schon fast sprichwörtlich. So beschwerte sich Uwe Barschel Ende Dezember 1974 bei der SPD-Fraktion: „Holen Sie doch lieber Jochen Steffen in den Saal! Der könnte auch einmal hier erscheinen!" Vgl. Schleswig-Holsteinischer Landtag: Plenarprotokolle. 7. Wahlperiode. 69. Sitzung vom 17.12.1974, S. 4320. Auch Ministerpräsident Stoltenberg beschwerte sich im März 1975: „Aber Ihr Landesvorsitzender Steffen, den wir heute Morgen für zwei Minuten erblicken konnten – nachdem er gestern auch schon für drei Minuten hier war [...]". Vgl. Schleswig-Holsteinischer Landtag: Plenarprotokolle. 7. Wahlperiode. 73. Sitzung vom 5.3.1975, S. 4540.

13 Vgl. AdsD 3/SHAB001091, Protokolle der Sitzungen des geschäftsführenden Landesvorstandes aus dem Jahr 1973. Aus diesen geht hervor, dass Jochen Steffen ab dem Mai 1973 kaum noch an Sitzungen des geschäftsführenden Landesvorstandes teilnahm.

14 Vgl. zum Beispiel Weber: Joachim Steffen, S. 599; vgl. auch Steiner: „Es sieht doch so aus...", S. 352.

intensiver untersucht wird.[15]

In den 1960er und 1970er Jahren war die Organisationsstruktur der SPD auf Landes- beziehungsweise Bezirksebene noch etwas anders als heute. In dem hier hauptsächlich berücksichtigten Gremium, dem Landesvorstand, waren deutlich mehr Personen vertreten. Die Satzung der schleswig-holsteinischen SPD von 1973 sah insgesamt 17 Mitglieder vor, während es heute nur noch 10 sind.[16] Somit waren die Kreisverbände/Unterbezirke in der Parteiführung deutlich breiter repräsentiert, auch wenn die Mitglieder von den Parteitagen gewählt wurden. Der engere beziehungsweise heute geschäftsführende Landesvorstand hatte dieselbe personelle Zusammensetzung. In der engeren Parteiführung wurden mit Sicherheit die politisch bedeutsamen Beschlüsse gefasst, jedoch liegen für dieses Gremium fast keine ausführlichen Protokolle vor; der Stil der überlieferten Dokumente beschränkt sich auf die Dokumentation der Beschlüsse. Die große Runde des erweiterten Landesvorstandes stellt meines Erachtens dennoch dasjenige Entscheidungsgremium der Partei dar, in dem die entscheidenden Diskussionen stattfanden. Hier trafen die unterschiedlichen Flügel der Landespartei zwischen den Parteitagen am ehesten aufeinander.[17] Mehr noch als im engeren/geschäftsführenden Landesvorstand kam es nämlich hier darauf an, die Parteiflügel zusammenzuhalten. Dezidierte Vertreter des rechten Flügels der schleswig-holsteinischen SPD wie beispielsweise die Bundestagsabgeordnete Annemarie Renger oder der später wegen ‚Rechtsabweichung' ausgeschlossene Paul Bromme gehörten dem Vorstand nämlich ebenfalls an.[18]

Ein neuer Stil

Bei einer Durchsicht der genannten Quellen lassen sich deutliche Hinweise auf einen spezifischen politischen Stil Jochen Steffens ermitteln, die seine Art der Führung der

---

15 Vgl. beispielsweise die Aussagen bei Kuhlwein: Links, dickschädelig und frei, S. 2; vgl. auch Börnsen: Erinnerungen an Jochen Steffen, vor allem S. 309-312; vgl. weiterhin die Beiträge von Zeitgenossen in diesem Band.

16 Die gesunkene Mitgliederzahl in diesem Gremium ergibt sich wahrscheinlich aus der insgesamt gesunkenen Mitgliederzahl der SPD. Diese erreichte im Jahr 1973 ihren Höchststand und hat sich seither mehr als halbiert hat. Der Landesvorstand der SPD in Schleswig-Holstein bewegte sich hinsichtlich seiner Mitgliederzahl schon seit der unmittelbaren Nachkriegszeit auf diesem Niveau. Vgl. SPD Schleswig-Holstein: Satzung des Landesverbandes Schleswig-Holstein der Sozialdemokatischen Partei Deutschlands, beschlossen auf dem außerordentlichen Landesparteitag in Schleswig am 21. September 1968, geändert auf dem ordentlichen Parteitag in Eckernförde am 15. Februar 1973, S. 10; vgl. auch die aktuell gültige Satzung von 2009, S. 9; vgl. weiterhin Martens: Die Geschichte der Sozialdemokratischen Partei Deutschlands, S. 204.

17 Hierfür spricht auch, dass an den Landesvorstandssitzungen in der Regel deutlich mehr Personen teilnahmen, als stimmberechtigte Mitglieder anwesend waren. So waren oft auch Land- und Bundestagsabgeordnete zugegen sowie Mitglieder des gelegentlich parallel tagenden Landesausschusses. Vgl. die zahlreich überlieferten Anwesenheitslisten aus den Jahren 1965-67 in AdsD 3/SHAB000943.

18 Zu Annemarie Rengers Rolle in der Landespartei vgl. Faulenbach: Das sozialdemokratische Jahrzehnt, S. 306, FN 122.

Partei ausmachten. Den ersten Programmpunkt der mindestens monatlich stattfindenden Sitzungen bildete oftmals ein Vortrag des Parteivorsitzenden über die aktuelle politische Situation. Wenn Jochen Steffen nicht da war, entfielen diese „stundenlangen Grundsatzreferate" (Eckart Kuhlwein) über die Weltläufte, die nicht nur dazu gedient haben dürften, die Mitglieder des Landesvorstandes über aktuelle Entwicklungen in der Bundespartei zu informieren, sondern sie in aktuellen allgemeinpolitischen Fragen gleichsam ‚einzunorden' und somit die politische Marschrichtung vorzugeben. Auch in der Kommunikation mit der Bundespartei sollte damit wohl eine einheitliche (linke) Landeslinie erreicht werden.[19] Natürlich kommentierte Jochen Steffen nicht in jeder Sitzung nur allgemeinpolitische Ereignisse. Viele der Vorträge hatten sehr wohl auch Berichtscharakter zu für die Parteiarbeit in Schleswig-Holstein relevanten Themen. Dennoch ist festzustellen, dass es sich bei den Grundsatzreferaten von Jochen Steffen schon um eine politische Eigenart handelte, die ein wenig dem allgemeinen Trend zu mehr Professionalisierung in der Vorstandarbeit entgegenstand und eher auf die Traditionslinie der SPD als Arbeiterpartei verweist, die sie ja de facto hinsichtlich der sozialen Lage ihrer Funktionsträger_innen schon längst nicht mehr war. In die gleiche Richtung weist auch die unter der Führung Jochen Steffens wieder deutlich vermehrt auftretende Anrede als „Genossen", beispielsweise bei Einladungen, die unter Walter Damm weniger üblich gewesen war.

Ein kurzer Vergleich von drei Dokumenten kann verdeutlichen, dass Jochen Steffen tatsächlich bemüht war, „einen neuen politischen Stil" in der Landes- und Landesparteipolitik zu etablieren.[20] Seine beiden Vorgänger als Partei- und Fraktionsvorsitzende, Walter Damm (Landesvorsitzender 1955-1965) und Wilhelm Käber (dessen Amt der junge Abgeordnete Steffen schon nach einer Wahlperiode im Landtag im Jahr 1962 übernommen hatte) hatten die Partei eher verwaltet, als dass sie in der Lage gewesen wären, größere programmatische Akzente zu setzen.[21] Im Folgenden werde ich deshalb kurz eine Parteitagsrede Damms mit zwei frühen Landesparteitagsreden Jochen Steffens vergleichen, um zu zeigen, wie sich der politische Stilwechsel tat-

19 Dass es bei Steffen eine Tendenz zu etwas langatmigen Grundsatzreferaten gab, zeigt auch folgendes Zitat aus einer Landesvorstandssitzung aus dem Jahr 1972: „Jochen Steffen ist bereit, auf dem Landesparteitag ein Grundsatzreferat zu halten und seine Redezeit auf etwa 40-50 Minuten zu beschränken." AdsD 3/SHAB001012, Landesvorstandssitzung vom 29.9.1972. Ob sich Steffen hier leicht ironisch selbst eine Redezeitbegrenzung auferlegte oder ob er von seinen Vorstandskolleg_innen aufgefordert wurde, den Vortrag nicht zu lang werden zu lassen, kann natürlich nicht geklärt werden.

20 AdsD 3/SHAB001288, 10 Punkte aus der Schlussrede von Joachim Steffen auf dem Landesparteitag 1965 in Travemünde. Es handelt sich hierbei um die erste Rede Steffens als Landesparteivorsitzender. Das vollständige Redemanuskript ist in den Unterlagen des Parteitags nicht erhalten, sondern nur eine sehr gekürzte Fassung.

21 Vgl. ähnlich Martens: Die Geschichte der Sozialdemokratischen Partei Deutschlands, S. 491.

sächlich äußerte.[22] Thematisch ist der Unterschied zwischen den drei Reden gar nicht so besonders groß, obgleich insbesondere die Rede Steffens in Eutin 1966 die Notwendigkeit einer Neuordnung des Verhältnisses zur auch von Steffen so bezeichneten „Zone“ und zu den realsozialistischen Staaten Osteuropas besonders stark betonte und überhaupt eigene außenpolitische Akzente setzte.[23] Alle drei Reden drehen sich mehr oder weniger um eine Abrechnung mit der Politik der Landesregierung, um die von Damm und Steffen ausgemachten Demokratiedefizite des Bundeslandes und auch um die Notwendigkeit einer besseren Strukturpolitik sowie Bildungspolitik. Auch die Vergangenheitspolitik spielte eine Rolle, wird von mir hier jedoch nicht näher betrachtet. Sehr wohl unterscheiden sich die drei Reden aber in der Form, wie die Parteitagsdelegierten angesprochen werden – und damit ist nicht gemeint, dass dem notorischen „Meine Freunde“ Walter Damms nun wieder ein traditionelles „Genossen“ entgegengeschallt wäre, zumindest taucht die Anrede in den transkribierten Versionen der hier untersuchten Reden nicht auf.[24] Bei Steffen wurden die Parteitagsdelegierten jedoch auf eine Landespolitik eingeschworen, die deutlich kämpferischer sein würde als unter seinem Vorgänger. Während es Walter Damm beispielsweise umständlich formulierte, „dass der Wert der Freiheit von den Menschen <u>auch daran</u> gemessen wird, ob ihnen in Freiheit das Maß wirtschaftlicher und sozialer Sicherheit und gerechten Anteils am Sozialprodukt zu Teil wird“[25], wurde Steffen schon in Eutin sehr viel deutlicher und betonte den Klassenkonflikt (ohne freilich mit Klassenkampf zu drohen): Der Vorschlag Erhards von „einer Stunde Mehrarbeit“ sei nichts anderes „als der Versuch der herrschenden Gruppen mit Hilfe des Staatsapparates die beherrschten Gruppen für die Interessen der Mächtigen bezahlen zu lassen.“[26] Auch die Verwendung des auch damals schon als Reizbegriff zu bezeichnenden Wortes „Sozialismus“ deutete an, dass der Unterschied zwischen den beiden Landesvorsitzenden nicht allein in der Altersdifferenz bestand. Doch auch Steffen ging in diesen beiden frühen Parteitagsreden eher sparsam mit dem Begriff um, wurde in der späteren Rede aber deutlicher: „Wir als Sozialisten, wir als eine Partei, die auf den Traditionen der Arbeiterbewegung ruht, wir

---

22 Es handelt sich um die Reden Walter Damms auf dem Landesparteitag in Husum am 18.5.1963, in: AdsD 3/SHAB000063, die in leicht gekürzter Form und in indirekter Rede vorliegende Rede mit dem Titel „Grundzüge und Ziele einer fortschrittlichen Politik, gehalten auf dem außerordentlichen Landesparteitag in Eutin vom 8.1.1966, in: AdsD 3/SHAB001075, sowie die Rede Steffens auf dem Landesparteitag am 1.7.1967 in Kiel, in: Landesvorstand der SPD in Schleswig-Holstein. Sozialdemokratischer Informationsbrief Nr. 470/67, Kiel 1967. Die Parteitagsunterlagen im Archiv der Sozialen Demokratie in Bonn enthalten nur in geringem Maße die Texte der gehaltenen Reden, die Ablieferungsdisziplin der Redner_innen war augenscheinlich gering.

23 AdsD 3/SHAB001075, Rede Steffens auf dem Landesparteitag in Eutin vom 8.1.1966.

24 AdsD 3/SHAB000063, Rede Walter Damms auf dem Landesparteitag in Husum am 18.5.1963, S. 3, 4, 5 und 6.

25 Ebd., S. 14. Alle Hervorhebungen im Original

26 AdsD 3/SHAB1075, Rede Steffens auf dem Landesparteitag in Eutin vom 8.1.1966, S. 5. Dass es sich bei den im Zitat genannten Gruppen um „Klassen“ handele findet, sich auf S. 4.

haben die Frage nach den Ursachen zu stellen. Haben wir die Ursachen erkannt, können wir die Probleme an der Wurzel packen. Radix = die Wurzel. Wer die Wurzel packt ist r a d i k a l."[27] Steffen formulierte nicht nur entschlossener, sondern er rechnete mit Damms auf Ausgleich bedachtem und keine überzogenen Forderungen stellendem Stil im Sommer 1967 unumwunden ab: *„Unser langjähriger Vorsitzender Walter Damm sagte damals in seiner Begründung, warum er nicht erneut kandidiere:*

‚Ich glaube, daß das, was ich an Vorstellungen hatte, als ich dieses Amt übernahm, erfüllt ist, und aus diesem Grunde will ich den Weg freimachen für die Entwicklung der neuen Epoche in der Sozialdemokratischen Partei in Schleswig-Holstein. Dazu gehört, daß jüngere Kräfte die Führung in der Partei übernehmen. Ich habe also nur das getan, was man von jedem verantwortlichen Menschen erwarten muß, nämlich zu wissen, w a n n seine Zeit gekommen ist aufzuhalten (!, TH) und den Weg frei zu machen für die Kräfte, von denen man glauben kann, daß sie erfahren genug, aktiv genug und auch selbstbewußt genug sind, die Sozialdemokratie in Schleswig-Holstein weiter nach vorn zu bringen.'

Was waren unsere Vorstellungen?

1.) Die SPD in diesem Lande der permanenten Strukturkrisen lebt in einer besonderen Situation.

2.) Wir haben an den Segnungen des wirtschaftlichen Aufschwungs nie voll teilgenommen, dafür nehmen wir vollen oder gar verstärkten Anteil an den Härten der Abwärtsbewegungen.

3.) Das setzt uns in die Lage, viele Dinge nüchterner zu sehen und zu analysieren, als etliche unserer Freunde in glücklicheren Gefilden."[28]

Der hier an Auszügen nur angedeutete Stilwechsel vollzog sich also schon in den ersten Jahren des Landesvorsitzes Steffens und auch die Arbeit im Landesvorstand änderte sich grundlegend. Dies umfasste nicht allein die politischen Themen, die dort verhandelt wurden – manche davon waren, wie noch zu zeigen sein wird, Resultat eines gesamtgesellschaftlichen Wandels –, sondern auch die Arbeitsstruktur in diesem Gremium und wohl allgemein in der Spitze der Landespartei. Im Jahr 1965, als Jochen Steffen im Mai in Travemünde zum Landesvorsitzenden der schleswig-holsteinischen SPD gewählt worden war, fand bekanntlich auch eine Bundestagswahl statt, bei der Ludwig Erhard im Amt bestätigt wurde. Der Wahlkampf prägte auch die Arbeit des Landesvorstandes ab dem Amtsantritt Steffens, die darüber hinaus zunächst keinen grundstürzenden Änderungen unterworfen war, sondern sich vielmehr erst einmal sor-

---

27 Landesvorstand der SPD in Schleswig-Holstein. Sozialdemokratischer Informationsbrief Nr. 470/67: Rede auf dem Landesparteitag vom 1.7.1967 in Kiel, Kiel 1967, S. 4. Alle Hervorhebungen im Original.

28 Ebd., S. 8. Alle Hervorhebungen im Original.

tieren musste.[29] Ein zukünftig sehr bedeutsames Thema klingt jedoch schon in der ersten Sitzung des neuen Landesvorstandes an, nämlich der höhere Stellenwert, den die Diskussion um politische Steuerung und Planung in den nächsten Jahren einnehmen sollte. Unmittelbar nach der Bundestagswahl sollte sich der Landesausschuss mit der Raumordnung und Landesplanung befassen und man beschloss, hierfür Reimut Jochimsen, Parteimitglied, ausgewiesener Fachmann auf diesem Gebiet und dazu frisch berufener Professor an der Christian-Albrechts-Universität in Kiel, anzufragen.[30] Eine langanhaltende Zusammenarbeit mit Jochimsen deutete sich schon hier an. Doch zunächst sollten die bevorstehenden Bundestagswahlen und der Wahlkampf die Tagesordnung der Sitzungen bis zum Herbst bestimmen.[31]

Die Diskussion der Wahlergebnisse erfolgte in der Landesvorstandssitzung vom 4. Oktober und die ausführlichen Wortmeldungen der Beteiligten, ob Mitglieder des Landesvorstandes oder nicht, sprengte die vorgegebene Tagesordnung.[32] Zunächst beteiligten sich die beiden Bundestagsabgeordneten Annemarie Renger und Fritz Sänger lebhaft an der Diskussion und bemängelten beide ausführlich, dass man zu wenig auf außenpolitische Themen gesetzt habe und eigentlich einen „Kommunalwahlkampf" hätte führen sollen.[33] Jochen Steffen als Vorsitzendem oblag es nun, die Ergebnisse der Diskussion zusammenzufassen; die Art, wie er dies tat, ist jedoch bemerkenswert und wirft ein Schlaglicht auf die grundlegenden Themen, die den Landesparteichef bewegten. Eine Zusammenfassung der zuvor vertretenen Ansichten stellte seine Analyse allerdings kaum dar: *„Der Wahlkampf wie er geführt worden ist, ist die Taktik einer politisch parlamentarischen Strategie. Die politisch parlamentarische Strategie der Partei war darauf ausgerichtet, die Unterschiede einzuebnen. Man nennt diese Form die sogenannte Umarmungstaktik. Es haben völlig recht diejenigen, die auf die Entwicklung hinweisen und darauf aufmerksam machen, dass die Sozialdemokraten*

---

29 Vgl. AdsD 3/SHAB000943, Protokoll der Landesvorstandssitzung vom 25.5.1965. Jochen Steffen eröffnete diese erste Sitzung als neuer Landesvorsitzender und taucht darüber hinaus nicht mehr mit eigenen Redebeiträgen im Protokoll auf. Es musste auch zunächst festgestellt werden, wer dem zukünftigen engeren Landesvorstand angehören sollte und wer den einzelnen weiteren Parteikommissionen angehören sollte.

30 Zu Reimut Jochimsen vgl. Peter Engelhard: Die Ökonomen der SPD. Eine Geschichte sozialdemokratischer Wirtschaftspolitik in 45 Portraits, Bielefeld 2012, S. 110-112. Der Landesausschuss war das Gremium, in das die Kreise/Unterbezirke Vertreter_innen entsandten. Vgl. SPD Schleswig-Holstein: Satzung des Landesverbandes 1973, S. 12f.

31 So prägten die Wahlvorbereitungen nicht allein die dafür vorgesehenen Tagesordnungspunkte der Landesvorstandssitzungen, sondern spielten darüber hinaus auch im weiteren Verlauf der Sitzungen oftmals eine Rolle. Vgl. zum Beispiel AdsD/3SHAB000943, Protokoll der Landesvorstandssitzung am 6.9.1965.

32 Die Diskussion zur Bundestagswahl umfasst in dem Protokoll 17 der insgesamt 18 Seiten ! Vgl. AdsD 3/SHAB000943, Protokoll der Landesvorstandssitzung vom 4.10.1965.

33 So zum Beispiel im Wortbeitrag von Annemarie Renger, ebd., S. 2. Das Argument taucht aber auch bei den meisten weiteren Redner_innen auf.

noch nie soviel Prozent hatten. Vor allem in der Bundesrepublik. Bei jeder Wahl sind 2-4 Prozent drinnen. Bei dieser Wahl war etwas weniger drinnen als 1961 durch die Berliner Mauer.
Dieser Wahlkampf war auch einer unserer technisch gelungensten.
Jetzt beginnt die politische Frage: Soll das im Bundestag so weiter gehen?
Die Partei wird sich entscheiden müssen, ob sie über die Struktur der Gesellschaft, in der wir leben, Aussagen machen will oder nicht, oder ob wir das weiterhin so machen wie wir es vor der Wahl gemacht haben."[34]

Während sich die meisten Redner vor allem darüber beschwerten, dass die Bundes-SPD sich davor drücke, Aussagen über außenpolitische Themen zu treffen, obwohl diese von den Zuhörer_innen bei Wahlkampfveranstaltungen vehement eingefordert worden seien, bekräftigte Jochen Steffen in der Zusammenfassung seine persönliche Vorstellung einer umfassenden gesellschaftlichen und wirtschaftspolitischen Reformpolitik, für die die SPD seiner Meinung nach zu stehen hätte.[35]

Parteireform

In den folgenden Jahren, insbesondere zu Beginn der 1970er Jahre, sollte sich die Arbeit des Landesvorstandes grundlegend verändern und modernisieren. Hierfür war nicht allein Jochen Steffen verantwortlich, sondern die Modernisierung der Arbeitsweisen ist das Ergebnis verschiedener Entwicklungen, die nicht zuletzt aus einer Verjüngung der Mitgliederstruktur resultierten. Gleichwohl ist ein besonderes Interesse und Verständnis für die Strukturen des Parteiapparates bei Jochen Steffen offensichtlich.[36] Mit seiner Parteiuntersuchung von 1953 und stärker noch mit dem Gutachten aus dem Jahr 1956 hatte er sich schon früh in systematischer Weise mit der bürokratischen Struktur der SPD und ihren Erfordernissen beschäftigt und seine Schlussfolgerungen in Form von Forderungen nach innerparteilicher Organisationsreform auch im Landes- beziehungsweise damaligen Bezirksvorstand eingebracht.[37] Die tatsächliche Umsetzung dieser Überlegungen wurde dann allerdings im Team geleistet und es ist nicht festzustellen, dass Jochen Steffen als Landesvorsitzender hier in besonderer Weise hervorgetreten wäre.

---

34 Ebd., S. 17. Die etwas hastige Orthographie des Protokolls wird im hier abgedruckten Zitat weitgehend beibehalten, weil sie einen Hinweis auf die Authentizität der wörtlichen Rede darstellt, wie sie durch die für das Protokoll verantwortliche Person festzuhalten versucht wurde. Verändert wurden nur teilweise fehlende Leerzeichen beziehungsweise fehlende Buchstaben.

35 Vgl. hierzu auch die angeführten Quellen und Aussagen zum selben Sachverhalt bei Weber: Der rote Jochen, S. 599.

36 Vgl. zum Beispiel die Selbstaussagen über Parteiarbeit in Jochen Steffen: Personenbeschreibung. Biographische Skizzen eines streitbaren Sozialisten, hrsg. von Jens-Peter Steffen, Kiel 1997, S. 140.

37 Vgl. Martens: Die Geschichte der Sozialdemokratischen Partei Deutschlands, S. 521 u. 530.

Die einschneidenden Veränderungen in der Organisationsstruktur, aber auch in der Arbeitsweise allgemein, fanden im Jahr 1971 statt. Eine Organisationskommission des Landesvorstandes hatte umfassende Pläne zur Organisationsstruktur des Landesvorstands, zur Verbesserung der Finanzen und zur Arbeit der Landesgeschäftsstelle als Beitrag zu einer „Parteireform in Schleswig-Holstein" erarbeitet.[38] Hierzu gehörte auch erstmals die Verteilung von Referaten im Landesvorstand, also eine klare Zuständigkeitsregelung für alle Mitglieder dieses Gremiums.[39] Natürlich hatte es auch schon zuvor Zuständigkeiten einzelner Mitglieder gegeben, die über eine übliche Aufteilung der Arbeitsbereiche in ‚Außenkontakte' oder ‚Finanzen' hinausging. Der gebürtig aus den Niederlanden stammende Wilhelm (Willi) Geusendam als Zeitungsmann beispielsweise war ja auch schon in den späten 1960er Jahren beim Landesvorstand für die sozialdemokratische Presse zuständig gewesen (ebenso wie Walter Damm) und sollte auch nach der Organisationsreform einer der Stellvertreter Jochen Steffens für „Information" bleiben.[40] Die Regelung klarer Zuständigkeiten für alle Mitglieder und die Aufteilung in drei unterschiedliche Arbeitsgruppen für „Kontakte", „Information" und „innerparteiliche Organisation" stellt in meinen Augen ganz klar einen Qualitätssprung im Hinblick auf effektiv arbeitende Strukturen dar und wurde deshalb auch von den Vorstandsmitgliedern fast einstimmig angenommen.[41]

Die hier beschriebene Reform der Vorstandsarbeit stellt nur den sichtbarsten Ausdruck einer sich allmählich professionalisierenden Arbeit in der Parteibürokratie der SPD dar, deren Zweck Jochen Steffen schon in den 1950er Jahren gut auf den Punkt gebracht hatte, nämlich „Massenbeeinflussung zum Machtgewinn. Diesem Zweck werden durch die Organisation alle Teilgebiete als Mittel zugeordnet."[42] Sich selbst als Person nahm er dabei meines Erachtens ebenfalls nicht aus und es zeigt sich hier ein deutlich instrumentelles Verhältnis zur Macht. Auch wenn aus dem Machtgewinn nichts wurde, ist doch festzustellen, dass der Landesvorstand in den frühen 1970er Jahren versuchte, als ‚schlagkräftige Truppe' zu agieren; bei allen noch im Weiteren zu schildernden Konflikten spürt man eine gewisse Aufbruchstimmung, von der Jochen Steffen selbst allerdings wohl nicht mehr erfasst wurde. Die Professionalisierung der Parteiarbeit äußerte sich in kleinen Dingen, die jedoch einen deutlichen Eindruck von steigender Arbeitsteilung und Kooperation in der Ausarbeitung komplexer Sachver-

---

38 AdsD 3/SHAB001044, Anlage Protokoll Landesvorstandssitzung vom 1. und 2.10.1971, S. 1-13, hier S. 9.

39 Vgl. ebd. S. 4.

40 Ebd. Vgl. auch Oddey/Engelhard/von Seeler: „Ich bleibe Optimist...", S. 52-58; vgl. auch Geusendam, Wilhelm: Herausforderungen. KJVD-UdSSR-KZ-SPD, Kiel 1985.

41 AdsD 3/SHAB001044, Anlage Protokoll Landesvorstandssitzung vom 1. und 2.10.1971, S. 4. Die Beschlussfassung bei einer Enthaltung findet sich in dem entsprechenden Protokoll auf S. 2.

42 Ein Exemplar der Studie findet sich in AdsD 1/JSAA000125: Jochen Steffen: Soziologie und Psychologie der Parteibürokratie (Schleswig-Holstein) (1953), S. 1f.

halte hinterlassen. Immer häufiger wurden Vorstandsmitglieder beauftragt, Vorlagen für die Vorbereitung der Sitzungen zu entwickeln oder in Umlaufverfahren Texte zu diskutieren; die beschlossene Geschäftsverteilung wurde zukünftig beibehalten und gelegentlich den Protokollen des Landesvorstandes beigefügt. Unter Steffens Nachfolger Günther Jansen wurden solche Arbeitsmethoden noch deutlich ausgeweitet.[43]

Agenda Setting

In seiner Funktion als Landesvorsitzender war es seine Aufgabe, Themen in die Diskussion im Landesvorstand einzubringen, die von allgemeiner gesellschaftlicher Relevanz waren. Hierbei verließ Jochen Steffen durchaus den engen Rahmen landespolitischer Auseinandersetzung, die sich neben einer Diskussion um die richtige Strategie für die schleswig-holsteinische SPD in landespolitischer Hinsicht oftmals in der Debatte über die wirtschaftliche Strukturpolitik der Landesregierung äußerte.[44] Zu nennen ist beispielsweise die Initiative in der Ostpolitik, deren politisch-historischer Bewertung an dieser Stelle nichts weiter hinzugefügt werden soll.[45] Stattdessen werde ich das Einbringen von Themen in die Landespartei durch Jochen Steffen an einem Beispiel aus dem Jahr 1973 thematisieren.

Die frühen 1970er Jahre werden in der zeithistorischen Forschung gemeinhin als wichtige Zäsur wahrgenommen.[46] Das Zeitalter andauernden Wirtschaftswachstums und steigenden Wohlstands in den Industrieländern war beendet und nicht zuletzt während der Ölkrise 1973 trat dies auch ins öffentliche Bewusstsein. Was nun folgte, war eine Phase eines grundlegenden und weltweiten Umbaus der kapitalistischen Wirtschaftsordnung.[47]

Auch in der schleswig-holsteinischen Sozialdemokratie – sicherlich nicht gerade am Nabel der Welt – machte man sich über die Folgen dieser Entwicklung Gedanken und Jochen Steffen formulierte Ende des Jahres 1973 ein Papier zur Reform der Energieversorgung unter sozialistischen Vorzeichen. Die Landes-SPD reagierte dann auf

---

43 Zu diesem Befund führt mich die Durchsicht von AdsD 3/SHAB001288. In dieser Akte sind die Protokolle des Landesvorstands ab dem Jahr 1975 abgeheftet.

44 Als ein Beispiel für diverse Landtagsreden Steffens, in denen die Strukturpolitik und Landesplanung eine besonders große Rolle spielte, sei hier verwiesen auf die Debatte um die Regierungserklärung Stoltenbergs im Juni 1971. Vgl. Schleswig-Holsteinischer Landtag: Plenarprotokolle. 7. Wahlperiode. 3. Sitzung am 15.6.1971, S. 26-37.

45 Vgl. Steiner: „Es sieht doch so aus...“.

46 Wichtigster Vertreter dieser These war sicherlich der britische Historiker Eric Hobsbawm, der den Begriff des „golden age“ für die Jahre 1945 bis 1975 zwar nicht prägte, aber besonders popularisierte. Vgl. Das Zeitalter der Extreme. Weltgeschichte des 20. Jahrhunderts. München, Wien 1995, S. 324f.

47 Vgl. zu dieser Deutung zum Beispiel Anselm Doering-Manteuffel/Lutz Raphael: Nach dem Boom. Perspektiven auf die Zeitgeschichte seit 1970, 2. ergänzte Auflage, Göttingen 2010, S. 8-10; vgl. unter vielen auch Wolfgang Streeck: Gekaufte Zeit. Die vertagte Krise des demokratischen Kapitalismus, Frankfurt am Main 2013, S. 51ff.

die durch den Jom-Kippur-Krieg ausgelöste Verknappung der Ölförderung durch die OPEC in Form einer Entschließung zur Energiepolitik auf ihrer Dezember-Sitzung. Die entsprechende Sitzung begann mit einem Bericht Steffens über die allgemeine Energiesituation und die Vorstandssitzung der Bundespartei wenige Tage zuvor, von der er mutmaßlich das Thema mitgebracht hatte.[48] In der Folge diskutierte der Parteivorstand die Thematik ausführlich und verabschiedete eine schon vorliegende Resolution Steffens, in der er die Ölkrise, das Schleswig-Holstein-Programm der SPD und grundsätzliche Überlegungen zur Vergesellschaftung von Produktionsmitteln zusammen verarbeitet hatte.[49] In Anbetracht der Auseinandersetzungen, in denen sich die Landespartei in dieser Zeit befunden hatte, ist dieser Vorgang beeindruckend, denn er ist ein Beleg für die Fähigkeit Steffens, auf aktuelle gesellschaftliche Entwicklungen unmittelbar publizistisch zu reagieren und in einer gesellschaftspolitischen Frage schnell Einigkeit innerhalb des Entscheidungsgremiums herzustellen. In strategischer Hinsicht interpretiert stellt das Papier den Versuch des Landesvorsitzenden dar, zu Sachthemen zurückzukehren, ist jedoch auch in inhaltlicher Hinsicht durch die Verknüpfung der genannten Politikbereiche bemerkenswert. Nur einen Monat zuvor war die schleswig-holsteinische SPD von einem Vorfall erschüttert worden, der für schlechte Presse gesorgt hatte. Der Bundestagsabgeordnete Friedrich Beermann hatte auf dem Landesparteitag in Heiligenhafen nämlich nicht nur den Putsch Pinochets in Chile gerechtfertigt, sondern auch Jochen Steffen und Eckart Kuhlwein sozialrevolutionäre und verfassungsfeindliche Ambitionen unterstellt.[50]

Inhaltlich stellen die Feststellungen zur Energiekrise keine besonderen Neuerungen dar, vielmehr bezieht sich Steffen auf explizit auf das letzte Wahlprogramm. In der komprimierten Form sind die Forderungen nach Verstaatlichung von Energiebetrieben und die Einrichtung von neuen staatlichen Energieversorgern jedoch durchaus radikal, bedenkt man, dass der Text als Handreichung für die Kreisverbände gedacht war und ein aktuelles tagespolitisches Problem aus sozialdemokratischer Sicht beleuchtet. In puncto Kernenergie wird hier vorsichtig vor den Risiken einer zu laxen Genehmigungspolitik gewarnt. In dieser Beziehung vertraten einzelne SPD-Abgeordnete

48 Vgl. AdsD 3/SHAB001014, Protokoll der Landesvorstandssitzung vom 10.12.1973.

49 Vgl. ebd., Rundschreiben an alle Ortsvereine und Kreisverbände vom 10.12.1973, Rundschreiben Nr. 261/73.

50 Vgl. Rainer Burchardt: Klare Fronten an der Kieler Förde, in: Die Zeit vom 16.11.1973, S. 13; zu dem Vorfall hatte man noch am gleichen Abend um 22:30 Uhr eine Landesvorstandssitzung einberufen, bei der entschieden wurde, der Kritik einerseits durch eine Resolution des Parteitags zu begegnen und andererseits durch Egon Bahr das Gespräch mit Beermann zu suchen. Beermann blieb auch nach diesem Gespräch bei seinen Vorwürfen, obwohl er sich hinsichtlich der als Beleidigung aufgefassten Angriffe auf Steffen und Kuhlwein nicht mehr erinnern konnte, dies gesagt zu haben. Er wurde vom Parteitag aufgefordert, sein Bundestagsmandat zurückzugeben, was er jedoch verweigerte. Vgl. AdsD3/SHAB001014, Protokolle der Landesvorstandssitzungen vom 10. und 11.11.1973. Beermann starb zwei Jahre später und sein Bundestagsmandat fiel Hans-Uwe Emeis zu, der aber im Bundestag fraktionslos blieb. Vgl. Wissenschaftlicher Dienst des Deutschen Bundestages: Die Mitglieder des Deutschen Bundestages. 1. bis 3. Wahlperiode. Alphabetisches Gesamtverzeichnis, Bonn 1998, S. 45.

auch schon zu dieser Zeit deutlich radikalere Forderungen.[51] Vor dem Hintergrund des erst kurze Zeit zurückliegenden Parteitags in Heiligenhafen versuchte Steffen mit diesem Papier den Anschluss an die tagespolitische Diskussion zu finden, die mit dem gesellschaftlich wichtigen Thema der Energiekrise eher gelingen konnte als mit der Auseinandersetzung um Chile, die in Heiligenhafen stattgefundenen hatte; denn das lag für die schleswig-holsteinischen Autofahrer weit weg. Gleichzeitig vertagte der Landesvorstand die Diskussion um ein ausführliches Papier zur Agrar-Strukturpolitik, einem der Kernthemen Jochen Steffens, das tagespolitisch wohl nicht platzierbar war.[52] Auch andere Landesvorstandsmitglieder brachten ihre Themen in die Sitzungen ein, Jochen Steffen war jedoch aufgrund seiner publizistischen Erfahrung und seines unzweifelhaften schriftstellerischen Talents in der Lage, schnell Texte zu produzieren, die dann im Landesvorstand mehrheitsfähig waren, während andere Textentwürfe weit umfassenderen Diskussionsprozessen ausgesetzt waren.[53] Diese Qualität Steffens wog wohl auch schwerer als sein nach Aussagen von Zeitgenossen nur mäßig ausgeprägtes Organisationstalent.[54]

Politische Themen

Es war naturgemäß nicht allein der Landesvorsitzende, der die Themen der Landespartei setzen und durchsetzen konnte. Die Diskussion um eine sozialdemokratische Antwort auf die vielfältigen Strukturprobleme des Agrarlandes Schleswig-Holstein war aber eine, die Jochen Steffen lag. Die Strukturpolitik bot ihm auf der einen Seite den Anlass, grundlegende Konzepte der marxistischen Gesellschaftsanalyse auf reale politische Probleme anzuwenden, andererseits lag eine verstärkte Planung wirtschaftlicher Entwicklungsprozesse auch im gesellschaftlichen Trend, ein Sachverhalt, bei dem die schleswig-holsteinische SPD nicht müde wurde, dem politischen Gegner seine auch

51 Vgl. zum Beispiel die Broschüre SPD-Landesverband Schleswig-Holstein: Umweltschutz in Schleswig-Holstein. Materialien der SPD, Kiel 1971. In dieser zwar ebenfalls von Jochen Steffen zu verantwortenden, aber wohl im Wesentlichen von Ernst-Wilhelm Stojan, Kurt Hamer und Hans-Ulrich Brandt erstellten Broschüre werden hinsichtlich der Gefahren der Kernenergie deutlich radikalere Positionen bezogen als in oben genannter Entschließung. Siehe zum Beispiel S. 20 und 21.

52 Vgl. AdsD 3/SHAB001014, Vorlage des Vorstandes des Agrarpolitischen Beirats zur Entschließung des SPD-Landesvorstandes auf dem Landesparteitag am 10./11.11.1973.

53 Hierzu finden sich in den Unterlagen des Landesvorstandes zahlreiche Beispiele, in denen Texte anderer Vorstandsmitglieder mehrere Durchgänge brauchten, immer wieder auch entschärft werden mussten, um dann gemeinsam verabschiedet werden zu können.

54 Wie die zahlreichen Anekdoten bei Jens-Peter Steffen verdeutlichen, war dies sogar verbunden mit einer gewissen Lebensuntüchtigkeit; vgl. auch das Kapitel von Georg Beez zu Steffens „schöpferischen Arbeitsmethoden“ in diesem Band.

objektiv bestehenden Versäumnisse vorzuhalten.[55] Die Strukturpolitik war somit eines der bestimmenden Themen nicht nur im schleswig-holsteinischen Landtag, der in meinem Aufsatz ja nur eine untergeordnete Rolle spielt, sondern auch in der innerparteilichen Kommunikation. Zu diesem Thema existiert eine Vielzahl von Papieren der schleswig-holsteinischen SPD, die entweder von Jochen Steffen selbst verfasst oder aber in seinem Sinne von seinen Mitarbeitern erstellt wurden. Auch das so genannte Heiligenhafener Programm als Grundsatzprogramm des Landesverbandes trug, wiewohl nicht von Jochen Steffen selbst verfasst, unzweifelhaft dessen Handschrift.[56]

Die Bearbeitung strukturpolitischer Fragen in der Landespartei fand in enger Abstimmung mit dem schon genannten Institut von Reimut Jochimsen an der Kieler Universität statt. Für die Diskussion von Sachthemen zur Strukturpolitik war oftmals die vorhandene Datenbasis gar nicht groß genug, um sinnvoll darüber entscheiden zu können, was wiederum zu häufigen Anfragen an Jochimsen zur Erstellung von Gutachten führte. Konkrete Studien resultierten aus diese Anfragen jedoch nicht immer und ad hoc bedeutsame Fragen verloren augenscheinlich nach und nach ihre Wichtigkeit, wenn es um die konkrete Beauftragung des Seminars für Wirtschaftspolitik und Strukturforschung und seines Direktors Jochimsen ging.[57] Dieser Befund schmälert aber nicht die Bedeutung der Zusammenarbeit zwischen dem SPD-Landesverband und Jochimsen, sondern zeigt vielmehr die Bereitschaft, in grundlegenden Planungsfragen wissenschaftliche Expertise einzuholen.[58] Solche Themen konnten schließlich nur von einem geringen Teil der Vorstandsmitglieder fachlich tatsächlich beurteilt werden. Ein

55 Statt vieler Beispiele aus den Debatten des schleswig-holsteinischen Landtags sei hier erneut verwiesen auf die schon genannte Debatte aus dem Juni 1971, vgl. Schleswig-Holsteinischer Landtag: Plenarprotokolle. 7. Wahlperiode. 3. Sitzung am 15.6.1971, insbes. S. 28-30; vgl. hierzu auch am Beispiel des Fremdenverkehrs Thorsten Harbeke: Touristische Infrastrukturpolitik in Schleswig-Holstein. Der Strukturwandel am Beispiel des Ferienzentrums in Burgtiefe auf Fehmarn, in: Stefan Grüner/Sabine Mecking (Hg.): Wirtschaftsräume und Lebenschancen. Wahrnehmung und Steuerung von sozialökonomischem Wandel in Deutschland nach 1945, Müchen 2017, S. 225-249.

56 Vgl. Kuhlwein: Links, dickschädelig und frei, S. 6.

57 So findet sich beispielsweise im Schriftwechsel Jochen Steffens aus den Jahren 1971 und 72 eine Anfrage zu einer Studie „über die strukturellen Auswirkungen von Investitionen in Fremdenverkehrsorten", für die keine Antwort überliefert ist und meines Wissens auch nie eine Studie erstellt wurde. AdsD 3SHAB001070, Brief von Jochen Steffen an Reimut Jochimsen vom 3.11.1971. Auch in anderen Fällen ist es fraglich, ob die angeregten Studien letztlich wirklich erstellt wurden. Auch die schon mit einem Kostenvoranschlag von Ende Februar 1970 vorbereiteten „Vorstudien zu einem Landesentwicklungsprogramm für Schleswig-Holstein" sind meines Wissens nicht erstellt worden, was damit zu erklären sein könnte, dass Jochimsen noch im selben Jahr ins Kanzleramt wechselte. Der Kostenvoranschlag vom 26.2.1970 findet sich in AdsD 3/SHAB000924; vgl. Engelhard: Ökonomen der SPD, S. 110.

58 Vgl. zum Beispiel den Hinweis auf die Anfrage zu einer Stellungnahme in Bezug auf Anträge zum Landesparteitag in AdsD 3/SHAB001041, Protokoll der Landesvorstandssitzung vom 31.5.1967, S. 6; vgl. auch Michael Ruck: Kurt Hamer und die kommunale Gebietsreform der 1970er Jahre in Schleswig-Holstein, in: Uwe Danker/Eva Nowottny (Hg.): Kurt Hamer. Landespolitiker und Grenzlandbeauftragter, Malente 2003, S. 85-102, hier S. 91f.

weiterer Aspekt kann hier nur am Rande genannt werden. Die oftmals hervorgehobene eigene Initiative der schleswig-holsteinischen SPD in der Ostpolitik spielte im Rahmen der Arbeit des Landesvorstandes nur zum Jahreswechsel 1965/66 eine größere Rolle, obgleich Jochen Steffen selbst hierzu durchaus auch später noch Stellung bezog.[59]

Von außen aufgezwungen wurde der Landespartei ein weiterer Themenkomplex, der relevant ist, weil sich hierin einerseits die maßgebliche Rolle Steffens als Landesvorsitzender der SPD und seine damit verbundene Verantwortung spiegelt und das Thema andererseits auf eines der wichtigsten Handlungsfelder des Politikers Jochen Steffen verweist, nämlich auf die Tätigkeit als Journalist, die Steffen auch als Berufspolitiker fortführte. Gemeint ist die fortschreitende Krise, in der sich die sozialdemokratische Parteipresse nach dem Zweiten Weltkrieg befand, und die letztlich zu einer grundlegenden Umstrukturierung der Presselandschaft und am Ende der 60er Jahre in Schleswig-Holstein zu einer weitgehenden Einstellung der sozialdemokratischen Blätter führte.[60]

In Folge der Rezession der Jahre 1966/67 waren die drei Parteiblätter in Schleswig-Holstein, die „Kieler Volkszeitung“ (VZ), der „Lübecker Morgen“ und die „Flensburger Presse“, in ernsthafte finanzielle Schwierigkeiten geraten. Die „Flensburger Presse“, das Blatt, in dem Jochen Steffen lange als Redakteur gearbeitet hatte, ging schon im November 1966 in der Kieler VZ auf, die beiden verbliebenen Blätter hielten noch etwas länger durch.[61] Jochen Steffen spielte bei Umstrukturierung der VZ, die fortan bei den Lübecker Nachrichten gedruckt werden sollte, eine Doppelrolle: als Landesvorsitzender der SPD und als auch noch zu diesem Zeitpunkt angestellter Journalist bei der VZ. Obwohl er sich für ein rationales Vorgehen im Sinne des Parteiinteresses entschied und im Rahmen der Verkleinerung der Redaktion zu verkündende Entlassungen verteidigte, scheint er von den Entwicklungen persönlich durchaus betroffen gewesen zu sein.[62] Zumindest legt dies ein Blick in das ausgesprochen ausführliche Protokoll der Sitzung des Landesvorstands Ende Mai 1967 nahe. Dort nämlich wurde darüber diskutiert, ob dieses Gremium überhaupt in irgendeiner Form für den Problemzusammenhang zuständig sei.[63] Jochen Steffen plädierte zunächst dafür, sich nicht zu lange mit diesem Tagesordnungspunkt aufzuhalten, was vielleicht noch mit dem anstehen-

59 Vgl. Steiner: „Es sieht doch so aus...“, S. 329f.; vgl. auch Kuhlwein: Links, dickschädelig und frei, S. 2; vgl. hierzu die Protokolle der Sitzungen des Landesvorstands in AdsD 3/SHAB000943.

60 Vgl. Uwe Danker/Markus Oddey/Daniel Roth/Astrid Schwabe: Am Anfang standen Arbeitergroschen. 140 Jahre Medienunternehmen der SPD, Bonn 2003, S. 145-153; lediglich die als Nachfolgerin des „Lübecker Morgen“ 1969 gestartete „Nordwoche“ existierte noch bis zum Oktober 1971. Vgl. Oddey/Engelhardt/von Seeler: „Ich bleibe Optimist...“, S. 57.

61 Vgl. den Beitrag von Jens-Peter Steffen in diesem Band, Manuskript S. 83; vgl. zu diesem Vorgang auch Oddey/Engelhardt/von Seeler: „Ich bleibe Optimist...“, S. 52-58.

62 Vgl. zum Beispiel den ebd., S. 53 zitierten Brief von Jochen Steffen an Kalbritzer vom 13.6.1967.

63 Vgl. AdsD 3/SHAB001041, Protokoll der Landesvorstandssitzung vom 31.5.1967, S. 1-6.

den Landesparteitag und den hierfür zu treffenden Entschließungen in Verbindung gebracht werden kann. Danach gab er die Einschätzung Walter Damms (der den Vorsitz in der Gesellschafterversammlung der VZ inne hatte) wieder, dass der Landesvorstand rechtlich gesehen gar nicht zuständig sei, und fügte an, „falls der Landesvorstand zu entscheiden habe, er die Entscheidung auch treffen müsse, wenn er nicht zuständig sei, dann müssten diejenigen Entscheidungen treffen, die zuständig sind!"[64] Das Protokoll gibt hier meines Erachtens recht gut den erregten Tonfall wieder, in dem hier diskutiert wurde. Von Seiten des SPD-Präsidiums (Alfred Nau) habe er dann wieder die Information bekommen, dass der Landesvorstand als Treugeber der Gesellschafter die politische Entscheidung zu treffen habe. Die letztlich nur juristisch zu klärende Frage Steffens: „Wer ist zuständig, der Landesvorstand oder nicht!"[65] führte im weiteren Verlauf dieser Sitzung noch zu weiteren erregten Aussagen der Beteiligten. Als Fazit kann allerdings festgehalten werden, dass eine politische Verantwortung in der Tat auch für den Landesvorstand bestand. Dieser gerecht zu werden, war in den folgenden beiden Jahren die Aufgabe Steffens. Die Umstrukturierung konnte den Niedergang der Kieler VZ jedoch nur verzögern, zum 1. Januar wurde die VZ, drei Monate später dann der „Lübecker Morgen" eingestellt. Die auf Initiative von Willi Geusendam etablierte und von Jochen Steffen herausgegebene Nordwoche konnte noch zwei Jahre erscheinen, dann musste auch dieses Blatt abgewickelt werden.[66]

Das komplexe Problemfeld des Niedergangs der sozialdemokratischen Presse, das hier am Beispiel der Reaktion des Landesvorstands nur in einem kleinen Ausschnitt anhand einer einzelnen Sitzung beleuchtet wurde, offenbart für die Fragestellung dieses Aufsatzes nach der Rolle Jochen Steffens im Landesvorstand der SPD und darüber hinaus nach der Arbeitsweise und Organisation solcher Parteigremien in der Landespolitik einige interessante Erkenntnisse. Zunächst ist bei allem sichtbaren Bemühen um eine Klärung der Frage der Zuständigkeit doch auch eine gewisse Amateurhaftigkeit der handelnden Personen nicht abzustreiten. Dies rückt die oben vorgestellten und an der Strukturreform der Landespartei festgemachten Professionalisierungstendenzen wieder in ein deutlicheres Licht. Zwar hat Jochen Steffen in der Folge *politisch* auf die Krise der Parteipresse reagiert, die wirtschaftliche Entscheidungskompetenz des Landesvorstandes kann meines Erachtens jedoch hier nur in Zweifel gezogen werden, zumal nur eine ganz kleine Gruppe des Landesvorstandes sich überhaupt in dieser Sache für sprechfähig hielt. Mit Ausnahme des SPD-Urgesteins Wilhelm Käber, der die Diskussion „unerträglich" fand, meldeten sich nur noch Landesgeschäftsführer Gerhard Strack und der in sonstigen Sitzungen nur selten in Erscheinung tretende Detlef

64 Vgl. Oddey/Engelhardt/von Seeler: „Ich bleibe Optimist...", S. 57.

65 Ebd., S. 3. Das Fehlen des eigentlich hierhin gehörenden Fragezeichens ist ein weiteres Indiz für die Emotionalität der Debatte.

66 Vgl. Oddey/Engelhardt/von Seeler: „Ich bleibe Optimist...", S. 57.

Haase zu Wort.[67] Darüber hinaus offenbart der Sachverhalt auch ein grundsätzliches Problem der wirtschaftlichen Aktivitäten der SPD (und nicht nur ihr allein), nämlich die Vermischung politischer und wirtschaftlicher Erwägungen, die unklaren Zuständigkeiten und Doppelfunktionen verschiedener Institutionen und Einzelpersonen und die darüber hinaus bestehenden persönlichen Interessenlagen.[68]

Die ‚Bedrohung' aus dem Inneren der Partei

Neben der Strukturpolitik gibt es nur ein weiteres Thema, das den Parteivorstand unter dem Vorsitz Steffens ähnlich häufig beschäftigt hat, weshalb ich diesem Thema hier besonders viel Platz einräume. Es handelt sich um die Abgrenzung der in ihrer Selbstwahrnehmung linken schleswig-holsteinischen SPD gegen ‚Linksabweichler' in den eigenen Reihen. Die Diskussionen in der Landespartei muten aus der Rückschau etwas bizarr an, müssen jedoch vor dem Hintergrund des Kalten Krieges gesehen werden und spielten sich in ähnlicher Form nicht nur in Schleswig-Holstein ab. Es handelt sich um mehrere, teils miteinander verwobene Themenkomplexe und Streitfälle um Einzelpersonen, denen gemeinsam ist, dass sich in ihnen die SPD-Führung ihrer staatstragenden und strikt reformistischen Politikauffassung vergewissern musste und dem politischen Gegner von rechts keinen Anlass zum öffentlich artikulierten Zweifel an der Staatstreue liefern wollte. Am Beispiel eines Konflikts aus dem Jahr 1972 soll exemplarisch herausgearbeitet werden, wie der Landesvorstand mit dieser ‚Bedrohung' umging. Die anderen damit verbundenen Komplexe werden nur kurz angedeutet.

In der Nachfolge des allgemeinen gesellschaftlichen Aufbruchs und der Studierendenbewegung von 1967/68 hatten die bis dahin kreuzbraven Jungsozialisten in der SPD auf ihrem Münchener Bundeskongress vom Dezember 1969 (mit Jochen Steffen als Gastredner) einen deutlichen Linksschwenk vollzogen, der sie in den kommenden Jahren mehr und mehr in Konflikt mit der SPD-Führung sowohl im Bund als auch in den Ländern bringen sollte.[69] In Schleswig-Holstein galten die Jusos aus der nahe Kiel gelegenen Kleinstadt Preetz im Kreis Plön als besonders links. Im Landesvorstand der SPD waren sie schon des Öfteren Thema gewesen, da sie immer wieder mit Papieren hervorgetreten waren, in denen sie eigene und mit der Mutterpartei nicht abgespro-

67 AdsD 3/SHAB001014, Protokoll der Landesvorstandssitzung vom 31.5.1967, S. 3f.

68 So auch die in den Unterlagen des Landesvorstands mehrfach auftretenden Fälle, bei denen sich Jochen Steffen und andere als Jobvermittler betätigten und versuchten, Leute in „befreundeten" Unternehmen unterzubringen. Für das Beispiel der gewerkschaftseigenen „Neuen Heimat" und weiterer Posten in anderen Einrichtungen vgl. zum Beispiel AdsD 3/SHAB000950, Protokoll der Sitzung des engeren Landesvorstands vom 13.6.1967, Tagesordnungspunkt 4.

69 Vgl. Thilo Scholle/Jan Schwarz: „Wessen Welt ist die Welt?". Geschichte der Jusos, Berlin 2013, 139-143; vgl. auch zur theoretischen Diskussion der Jusos in dieser Zeit und unter Beteiligung von in Schleswig-Holstein aktiven Sozialdemokraten den Band von Norbert Gansel (Hg.): Überwindet den Kapitalismus oder Was wollen die Jungsozialisten?, Reinbek 1971.

chene politische Aussagen trafen.[70] Ob sich für solche Papiere tatsächlich eine gesellschaftliche Öffentlichkeit im beschaulichen Preetz oder darüber hinaus interessierte, sei dahingestellt. Während des Jahres 1972 hatte man sich fast monatlich und ausführlich im Landesvorstand mit den Positionen der Plöner Jusos auseinandergesetzt – und nebenher den Widerstand der schleswig-holsteinischen SPD auf die versuchte Absetzung Willy Brandts im Frühjahr organisiert.[71] Schon zur sozialdemokratischen Ostpolitik waren die Preetzer Jusos mit Papieren an die Öffentlichkeit gegangen. Das Maß war für den Landesvorstand allerdings in dem Augenblick voll, als die Bundesregierung in derart scharfer Form angegriffen wurde wie in dem Juso-Papier vom 16. September 1972, in dem der so genannte Radikalenerlass vom Januar desselben Jahres thematisiert wurde. Dieses Papier war als Resolution auf einer Wahlkreisversammlung der SPD im Kreis Plön nahezu einstimmig verabschiedet worden:[72] „*Dazu gehören die Erweiterung der Kompetenzen des Bundesgrenzschutzes, des Verfassungsschutzes und die Verschärfung des Haftrechts ebenso wie die Ministerpräsidentenbeschlüsse [i.e. der sog. ‚Radikalenerlass']. Die noch nicht einmal 50 Mann starke Baader-Meinhoff Gruppe mußte herhalten, um 15.000 neue Polizisten einzustellen, den Etat für Staatssicherheit zu verdoppeln und den des Bundeskriminalamtes von 1969 bis 1973 um 500 Prozent anzuheben. Natürlich alles getarnt als Politik der 'inneren Sicherheit'.*

Die bürgerlich-liberale Kritik beschränkt sich im Fall der Ministerpräsidentenbeschlüsse auf den Protest gegen individuelle Gesinnungsschnüffelei, wir Marxisten wissen allerdings, daß sich hiermit der Staat als Ausschuß der herrschenden Klasse die Instrumente schafft, um im Krisenfall die rebellierende Arbeiterklasse unter Kontrolle zu bekommen. Diese Politik steht in der großen Tradition der SPD, die durch die Namen Noske und Zörgiebel bezeichnet ist."[73]

Konnte der vorgenannte Teil von einigen Mitgliedern des Landesvorstands inhaltlich noch einigermaßen nachvollzogen werden, folgte auf der zweiten Seite des Juso-Papiers der meines Erachtens eigentlich problematische Teil: „*Von Reaktionären wie Barzel und Strauß fordert man die Solidarität der Demokraten, offen faschistische Parteien wie die NPD sind erlaubt und dürfen sich in der Öffentlichkeit produzieren. Die fortschrittlichen Kräfte aber und Kommunisten, die uns näher stehen als alle Reaktionäre bis hin zu dem politischen Vabanque-Spieler Schiller – diese fortschrittlichen Kräfte werden wieder verfolgt wie unter Bismarck, unter Hitler, unter Adenauer.*"[74]

---

70 Vgl. AdsD, 3/SHAB0001012, Landesvorstandssitzung vom 6.10.1972, Redebeitrag Norbert Gansel.

71 Vgl. AdsD, 3/SHAB0001012, Landesvorstandssitzungen vom 8.5., 19.6., 23.9. und 6.10.1972.

72 Vgl. AdsD 3/SHAB001012, Protokoll der Sitzung des Landesvorstandes vom 23.9.1972, Wortbeitrag Rolf Selzer.

73 Ebd, Anlage: Rede des Jungsozialisten-Vertreters, S. 1.

74 Ebd, Anlage: Rede des Jungsozialisten-Vertreters, S. 2.

Die für den Landesvorstand untragbaren Aussagen verbargen sich hierbei wohl weniger in dem zu Tage tretenden Geschichtsbild, das den Nationalsozialismus unter Ausblendung des Holocaust vor allem als gegen die Interessen der Arbeiterklasse gerichteten Faschismus interpretierte und das keine Unterschiede zwischen Bismarck, Hitler und Adenauer zu erkennen vermochte.[75] Problematisch war der Text wohl eher wegen der offenkundigen Solidarisierung mit „Kommunisten, die uns näher stehen als alle Reaktionäre".[76] Es soll an dieser Stelle nicht weiter auf den inhaltlichen Gehalt des Textes und die Thesen der Preetzer Jusos eingegangen werden. Vielmehr interessiert an diesem Sachverhalt die Reaktion der Landes-SPD, bei der sich die Diskussion auf Grund der überlieferten und sehr ausführlichen Protokolle bis auf die individuelle Ebene zurückverfolgen lässt.

Dem Landesvorstand war die Verabschiedung der Resolution der Jusos immerhin die Einberufung einer Sondersitzung wert, die mit einem Vorlauf von nur wenigen Tagen am 23. September 1972 in Malente stattfand. Aus der von Willi Geusendam verfassten Einladung wird deutlich, dass sich unmittelbar zuvor auch der geschäftsführende Landesvorstand mit der Sache befasst hatte und die Stoßrichtung des Treffens, nämlich die Einleitung von „Sofortmaßnahmen" nach der Schiedsordnung der SPD, festgelegt hatte.[77] Zunächst musste formal der Vorsitzende der SPD im Kreis Plön Bericht erstatten. Dies war bis zu jenem Datum, an dem die Jusos die inkriminierte Resolution verabschiedet hatten, der Landtagsabgeordnete Richard Bünemann gewesen, der sich einige Zeit später selbst Repressionen seitens der Landespartei ausgesetzt

---

75 Die Preetzer Jusos befanden sich mit diesem aus heutiger Perspektive eigenartigen Geschichtsbild durchaus auf der Höhe des Diskurses. Ein Jahr zuvor hatte der Marburger Politikwissenschaftler Reinhard Kühnl sein einflussreiches Buch „Formen bürgerlicher Herrschaft" veröffentlicht, in dem er sich zwar vorsichtig von Dimitrow und der traditionskommunistischen Faschismusinterpretation abgrenzt, letztlich aber nur eine Modernisierung dieser Sichtweise vornimmt. Vgl. Reinhard Kühnl: Formen bürgerlicher Herrschaft. Liberalismus – Faschismus, Reinbek 1971, insbes. S. 117-146. Von Kühnls Buch wurden viele hunderttausend Exemplare gedruckt. Kühnl rückte zeit seines Lebens nicht von dieser nicht mehr haltbaren Sichtweise ab und verstieg sich noch Mitte der 90er Jahre zu der Behauptung, dass der Hauptgegner des Nationalsozialismus die Linke gewesen sei und er deshalb nicht „auf ein Unternehmen zum Zwecke des Judenmords zu reduzieren sei." Zit. n. Wolfgang Wippermann: Wessen Schuld? Vom Historikerstreit zur Goldhagenkontroverse, Berlin 1997, S. 113f.; vgl. hierzu weiterhin Ulrike Becker u.a.: Goldhagen und die deutsche Linke oder: Die Gegenwart des Holocaust, Berlin 1997, S. 26-28.

76 Für diese These spricht insbesondere, dass im Gegensatz zu anderen monierten Textstellen diese gleich mit doppelten Anstreichungen versehen ist. AdsD 3/SHAB001012, Protokoll der Sitzung des Landesvorstandes vom 23.9.1972, Anlage: Rede des Jungsozialisten-Vertreters, S. 2. In ihrem Aufsatz über Wilhelm Geusendam vertreten Oddey, Engelhardt und von Seeler die Auffassung, dass es vor allem die Aussagen zur Regierungspolitik gegen die vermeintlich „rebellierende Arbeiterklasse" gegangen sei, die zumindest Geusendam zu seiner Ausschlussforderung gegenüber den Preetzer Jusos geführt habe. Vgl. Oddey/Engelhardt/von Seeler: „Ich bleibe Optimist...", S. 78.

77 AdsD 3/SHAB001012, Einladung zur Landesvorstandssitzung vom 23.9.1972.

sehen sollte.[78] Bünemann wurde als Kreisvorsitzender durch den Landtagsabgeordneten Heinz Klinke ersetzt. Im Gegensatz zu Bünemann, der bei aller Missbilligung des Tonfalls der Resolution immerhin noch Verständnis für das Anliegen der Jusos aufbringen konnte, bestanden die zum Teil wörtlich protokollierten Aussagen Klinkes vor allem darin, es hätten Mitglieder der Jusos Einladungen mit „Rotfront" unterzeichnet, die Mitglieder des so genannten „harten Kerns" der Plöner Jungsozialisten trügen „alle einen Sowjetstern am Revers".[79] Nicht alle Landesvorstandsmitglieder witterten eine kommunistische Verschwörung wie hier Klinke oder auch Willi Geusendam, der ebenfalls von einem „harten Kern" von „Maoisten" sprach, der „seit langer Zeit Politik gegen den Landesverband betreibt." Vorstandsmitglieder wie Gerd Walter, Norbert Gansel sowie eingeschränkt auch Björn Engholm und einige weitere lehnten zwar auch das Papier der Preetzer Jusos ab, waren aber bereit, eine politische Diskussion mit den Linksabweichlern zu führen. Letztlich wurden aber alle Beschlüsse gegen die Preetzer Jusos einstimmig gefällt. Diese bestanden nicht nur in einer politischen Verurteilung des Juso-Papiers, sondern es wurden Parteiordnungsverfahren gegen die Mitglieder des Kreisvorstandskollektivs der Jusos und gegen die Person gefordert, die das Papier öffentlich verlesen hatte.[80] Während sich diese ersten beiden Punkte noch im Rahmen allgemeiner politischer Verfahrensweisen bewegten, belegen die beiden folgenden Beschlüsse, wie sehr die Landes-SPD einerseits bemüht war, sich von vermeintlichen oder tatsächlichen Kommunisten abzugrenzen, andererseits wie weit man sich in den eigenen Reihen schon im Bereich von „Gesinnungsschnüffelei" (Herbert Wehner) bewegte, die doch der wichtigste Kritikpunkt am Radikalenerlass gewesen war:[81]

„*3. Kreisvorstand Plön und Ortsvorstand Preetz der Partei werden aufgefordert umgehend festzustellen, wer in ihren Bereichen inhaltlich hinter diesem Papier vom 16.9.1972 steht und gegebenenfalls unverzüglich Parteiordnungsverfahren einzuleiten und dem Landesvorstand bis zum 5. Oktober 1972 zu berichten.*

[...]

4. Der Landesvorstand gibt ein Schreiben an den Kreisvorstand Plön und Ortsvorstand Preetz der Partei in dem er fordert, in diesen Überprüfungen besonders S. und Q. einzubeziehen."[82]

---

78 Zwischen Bünemann und Klinke gab es wohl intensive Differenzen, da sich Richard Bünemann aber parallel um ein Bundestagsmandat in einem anderen Wahlkreis bewarb, ist sein Rücktritt wohl eher in diesem Zusammenhang zu sehen. Ebd., Protokoll der Landesvorstandssitzung vom 23.9.1972.

79 Alle Zitate aus ebd., Aussagen von Klinke auf den Seiten 1 und 2.

80 Ebd., Beschlüsse des Landesvorstandes vom 23.9.1972.

81 Zit. n. Lehnert: Sozialdemokratie zwischen Protestbewegung und Regierungspartei, S. 205.

82 AdsD 3/SHAB001012, Beschlüsse des Landesvorstandes vom 23.9.1972. Die Namen sind im Original ausgeschrieben, werden hier jedoch aus Gründen des Datenschutzes abgekürzt.

Es überrascht daher nicht weiter, dass die beiden Vertreter im Landesvorstand – Richard Bünemann und der zu den entschiedenen Gegnern der Preetzer Jusos gehörende Heinz Klinke – von einem Mitglied des Landesvorstands aufgefordert wurden „Namen zu nennen", während ein anderer eine „Befragung jedes einzelnen" Mitglieds der Jusos forderte.[83]

Bei der ausführlichen Schilderung dieses Vorgangs ist die Person Jochen Steffens bislang unberücksichtigt geblieben. In der entscheidenden Sitzung vom 23. September war er nicht anwesend und somit auch nur indirekt an den dort gefassten Beschlüssen beteiligt.[84] Doch schon zwei Wochen später befasste sich der Landesvorstand erneut mit der Plöner Angelegenheit und hier war es dann Steffen, der als Landesvorsitzender Flagge zeigen musste. Ursprünglich hatte man sich mit der Aufstellung der Landesliste beschäftigen wollen, doch die Vorgänge im Kreis Plön wurden für so wichtig erachtet, dass der Diskussion erneut viel Raum gegeben wurde. Jochen Steffen beantragte nach einem einführenden Bericht von Rolf Selzer über den aktuellen Stand, dass 38 (!) Personen im Kreisverband der SPD sowie 5 Personen im Kreisvorstandskollektiv der Jusos ausgeschlossen werden sollten. Die Parteimitgliedschaft solle ruhen und Parteiordnungsverfahren sollten eingeleitet werden.[85] Der Landesvorstand folgte dieser radikalen Ausweitung des Sachverhaltes zunächst nicht, vereinbarte dann aber einstimmig, die Beschlüsse vom 23. September lediglich auf acht weitere Personen auszuweiten.[86] Jochen Steffen wurde beauftragt, einen Brief an den Kreisverband der SPD im Kreis Plön zu verfassen, der in seiner Kritik deutlich über die Beschlüsse aus dem September hinausging. Spätestens jetzt war aus einer vornehmlich die Jusos betreffenden Angelegenheit eine des gesamten Kreisverbandes geworden, da auch diesem vorgeworfen wurde, sich nicht ausreichend distanziert zu haben. Am selben Tag befasste sich der Landesauschuss ebenfalls mit diesem Vorgang.[87] In der Diskussion vertrat Jochen Steffen die Auffassung, man „soll[e] die Sache nicht höher pumpen als es notwendig ist." Gleichzeitig beharrte er darauf, dass der „Tatbestand parteischädigenden Verhaltens" vorliege.[88] Zwar nahm er zwischen den beiden Kontrahenten Geusendam und Büne-

83 Ebd.

84 Von dieser Sitzung ist keine Teilnehmerliste überliefert, das ausführliche Protokoll verzeichnet allerdings keine Wortbeiträge Steffens.

85 Vgl. AdsD 3/SHAB001012, Protokoll der Landesvorstandssitzung vom 6.10.1972.

86 Vgl. ebd. Tatsächlich kamen zu den ursprünglich genannten Personen S. und Q. nur 6 hinzu.

87 Die Sitzung dieses Gremiums fand wohl zusammen mit der Landesvorstandssitzung statt, es waren jedoch zum Teil andere Personen stimmberechtigt. Üblicherweise waren auf Landesvorstandssitzungen deutlich mehr Personen anwesend, als das Gremium stimmberechtigte Mitglieder hatte. Die Sitzungen waren jedoch auch nicht grundsätzlich (partei-)öffentlich. Noch im Herbst 1971 hatte die Organisationskommission beim Parteivorstand hierzu Vorschläge erarbeitet, ein Beschluss hierüber wurde jedoch vertagt. Vgl. AdsD 3/SHAB001044, Landesvorstandssitzung am 2.10.1971, S. 8 sowie die Anlage zum Protokoll der Organisationskommission S. 6.

88 AdsD 3/SHAB001012, Protokoll der Landesausschußsitzung vom 6.10.1972, S. 2.

mann eine eher vermittelnde Position ein, an der grundsätzlich harten Haltung des gesamten Landesvorstandes änderte dies jedoch nichts.

Es konnte nicht ermittelt werden, ob die hier angestrengten Parteiordnungs- beziehungsweise Parteiausschlussverfahren tatsächlich alle zum Ausschluss der betreffenden Jusos geführt haben. Ein Teil von ihnen, dies wird bei einer Durchsicht der Landesvorstandsprotokolle deutlich, auf die sich dieser Aufsatz maßgeblich stützt, nahm den Eklat zum Anlass zum Austritt aus der SPD respektive den Jusos, was nicht in allen Fällen dasselbe bedeutete. Der Auseinandersetzung wird hier vielmehr deshalb so breiter Raum gegeben, weil sie aufschlussreich ist für die Auseinandersetzung mit linken politischen Strömungen in und außerhalb der SPD in jenen Jahren. Von den Plöner Jusos grenzte man sich vor allem deshalb ab, weil sie in ihrer Resolution die Grenzen des innerhalb der SPD Sagbaren überschritten hatten, nämlich, bei aller auch hier zu Tage tretenden Differenz zwischen Sozialisten und Kommunisten, die Feststellung grundlegender Gemeinsamkeiten im Rahmen der Wertekonzeptionen. Der Konflikt zwischen Jusos und Landespartei spielte sich parallel auch auf Bundesebene ab und kreiste dort um die Frage, inwieweit die Jungsozialisten in der SPD das Recht hatten, eigenständig öffentlich tätig zu sein, also selbst mit politischen Aussagen an die Öffentlichkeit treten zu dürfen. Formal waren die Jungsozialisten nämlich kein Jugendverband, sondern eine „Arbeitsgemeinschaft" unter vielen, in der neben Parteimitgliedern der SPD auch Menschen ohne Parteibuch mitarbeiten durften.[89]

So lange sich die Jusos vornehmlich um die politische Bildungsarbeit kümmerten, traten nur hin und wieder kleinere Probleme mit der Parteiführung auf, mit ihrem Linkswendekongress 1969 drängten sie jedoch mehr und mehr darauf, an der innerparteilichen Willensbildung in größerem Maße beteiligt zu werden und damit letztlich auch in die Öffentlichkeit.[90] Die Bundesführung der SPD begegnete diesem Ansinnen mit Disziplinierungsversuchen, wobei festzustellen ist, dass sich der schleswig-holsteinische Landesvorstand unter Jochen Steffen eher auf Seiten der Jusos positionierte.[91] Auch bei dem formal nicht als Teil der SPD bestehenden Sozialdemokratischen Hochschulbund (SHB), der hinsichtlich der Zusammenarbeit mit kommunistischen Organisationen ähnliche, wenn nicht radikalere Positionen vertrat als die Jusos aus dem Kreis Plön, positionierte sich der Landesvorstand auf Seiten des SHB. Er forderte im Sommer 1972 den Bundesvorstand auf, von seinem Vorhaben Abstand zu

89 Als Arbeitsgemeinschaften galten beispielsweise ebenso die sozialdemokratischen Lehrer oder Juristen, genauso wie die sozialdemokratischen Frauen.

90 Vgl. zur Ausrichtung und Struktur der Jusos bis 1968 Scholle/Schwarz: „Wessen Welt", S. 115-119 sowie 132f. und 139-143.

91 Vgl. AdsD 3/SHAB001012, Protokoll der Landesvorstandssitzung vom 10.7.1972 sowie die Anlagen: Schreiben des Juso-Bundesvorstands an den Bundesvorstand der SPD vom 20.6.1972 sowie das undatierte Schreiben von Georg Beez an Rolf Selzer zu diesem Vorgang.

nehmen, dem SHB die Führung der Bezeichnung „sozialdemokratisch" gerichtlich zu verbieten – erfolglos.[92] Überhaupt ist zu konstatieren, dass Steffen auf Bundesebene innerhalb dieses Konfliktfeldes wohl eher mäßigend agierte und weniger abgrenzende Positionen vertrat als in Schleswig-Holstein, was wiederum die Charakterisierung als „Gönner der rebellischen Jugend" erklärt.[93]

Mit dieser Auseinandersetzung nicht nur zeitlich eng verknüpft ist der so genannte „Radikalenerlass" aus dem Januar 1972, der die Einstellung tatsächlich oder vermeintlich linksradikaler Personen in den öffentlichen Dienst verhindern sollte. Die schleswig-holsteinische SPD vertrat in dieser breit geführten Diskussion den Standpunkt, dass die Überprüfung der politischen Gesinnung, insbesondere bei denjenigen, die nicht kommunistischen Parteien angehörten, an sich schon zu verurteilen sei.[94] Nun stellte sie in Schleswig-Holstein auch nicht die Regierung und der oben genannte Konflikt mit den Plöner Jusos zeigt, dass zumindest in den eigenen Reihen selbst stillschweigendes Einverständnis mit dem beanstandeten Papier mit Parteiausschlussverfahren bewehrt war.

Es wurde bereits auf die besondere Rolle Richard Bünemanns hingewiesen, der sich zwar formal von den Preetzer Jusos distanziert, jedoch Verständnis für ihre Positionen aufgebracht hatte. Als 'Linksaußen' der Landtagsfraktion war er seitens der CDU erheblichen Angriffen ausgesetzt. Zum Verhängnis wurde ihm allerdings vorerst nicht seine öffentlich bekundete Solidarität mit der DKP. In der eigens wegen solcher Aussagen anberaumten Aktuellen Stunde des Landtags wurde er von Jochen Steffen verteidigt, auch wenn dieser einräumte, dass es sich bei der Einlassung Bünemanns, die DKP stehe auf dem Boden des Grundgesetzes, um „mehr oder weniger gescheite Ausführungen" gehandelt habe.[95] Der entscheidende Anlass war jedoch dessen Mitarbeit in einem „Arbeitskreis Europäische Sozialisten". Dass Bünemann aber in den Augen des Parteivorstandes insgesamt nicht mehr tragbar war, belegen die Protokolle des Landesvorstandes aus dem Herbst 1974, in denen sich der Landesvorstand bemühte, belastende Aussagen Bünemanns aus Privatgesprächen zusammenzutragen und die Anschriften weiterer SPD-Mitglieder in diesem Arbeitskreis zu ermitteln.[96] Auch hier

92 Ebd., Protokoll der Landesvorstandssitzung vom 19.6.1972.

93 Peter Lösche/Franz Walter: Die SPD, S. 277; vgl. auch Siegfried Heimann: Jochen Steffen – Querdenker der SPD, in Christian Krell (Hg.): Vordenkerinnen und Vordenker der sozialen Demokratie. 49 Portraits, Bonn 2015, S. 330-335, hier 333.

94 Vgl. zum Beispiel Schleswig-Holsteinischer Landtag: Plenarprotokolle. 7. Wahlperiode, 42. Sitzung am 20.6.1973, S. 2572. In dieser Sitzung sprach Richard Bünemann von den „Opfern" des Radikalenerlasses, während Jürgen Busack Informanten des VS als „Spitzel" bezeichnete.

95 Vgl. Schleswig-Holsteinischer Landtag: Plenarprotokolle. 7. Wahlperiode, 23. Sitzung am 27.3.1973, S. 1961.

96 Vgl. AdsD 3/SHAB001091, Protokolle der Landesvorstandssitzung vom 22.10.1974 und 11.12.1974.

benutzte man also das Mittel der persönlichen Diffamierung, um Abweichler loszuwerden, traute sich jedoch offensichtlich nicht, die Diskussion um die Zusammenarbeit mit der DKP und das Eintreten gegen Berufsverbote zum Thema gegenüber der Parteibasis zu machen. Im Entwurf des Rechenschaftsberichts für den Landesparteitag heißt es nämlich: „Bünemann hat im Arbeitspapier des ‚Arbeitskreises Westeuropäischer Sozialismus e.V.' eine Strategie entwickelt, die der Landesvorstand mit den Grundsätzen der Partei für unvereinbar hält."[97] Die schleswig-holsteinische SPD orientierte sich trotz ihrer grundsätzlichen Vorbehalte gegen die Berufsverbote als solche im Fall Bünemann sehr eng an den Beschlüssen der Bundes-SPD, die die politische Kampagne gegen diese für von der DKP gesteuert hielt. Bezeichnend ist jedoch wiederum nicht so sehr die inhaltliche Kritik an Bünemann, die auch schon in den letzten Jahren seiner Mitgliedschaft im Landesvorstand immer wieder zu Tage trat, sondern die Vorgehensweise des Landesvorstandes, der im Sammeln von belastenden Aussagen oder im Ausforschen von Parteimitgliedern ein legitimes Mittel der politischen Auseinandersetzung sah.

Wie die oben genannten Beispiele belegen, wurden im sich als links positionierenden schleswig-holsteinischen Landesverband radikal sozialistische Positionen unter Jochen Steffen zwar durchaus toleriert, im Fall von zu offensichtlicher Abweichung von der Parteilinie wurde jedoch hart durchgegriffen.[98] Jochen Steffen als Landesvorsitzender hatte zwar grundsätzlich eine moderierende Position in diesen Diskussionen inne, im Zweifel musste er aber die verschiedenen politischen Flügel der Partei zusammenhalten, wobei auch Abweichler aus dem bürgerlichen Lager gelegentlich abgestraft werden mussten, wie beispielsweise die Julius-Leber-Gesellschaft.[99] Er scheiterte in seinem Versuch, den schleswig-holsteinischen Landesverband in der Bundespartei noch weiter nach links zu rücken und sich gleichzeitig innerhalb der Auseinandersetzung mit der Landesregierung als wählbare Opposition darzustellen, im Sinne „einer strikt antikommunistischen Umfassungspartei".[100] Hierbei sind die oben geschilderten Konflikte Ausdruck echter Angst vor kommunistischer/realsozialistischer Unterwanderung der SPD, Kalter-Kriegs-Paranoia und echter theoretischer Auseinandersetzung

97 Vgl. AdsD 3/SHAB001288, Sitzung vom 19.9.1975, Anlage. Zu den eigentlich nur in europapolitischer Perspektive von den Vorstellungen der schleswig-holsteinischen SPD abweichenden Vorstellungen des Arbeitskreises vgl. AdsD 3/SHAB001091, Pressemitteilung des Arbeitskreises Europäischer Sozialismus vom 26.5.1974.

98 Als Beispiel für tolerierte marxistische Positionen kann hier das Arbeitspapier der Jusos zu „systemüberwindenden Reformen" herangezogen werden. AdsD 3/SHAB001044. Initiativantrag Nr. II-8.

99 Vgl. AdsD 3/SHAB001288, Sitzung vom 19.9.1975, Anlage.

100 Klaus Fitzsche: Zum Stand der Auseinandersetzung zwischen Rechten und Linken in der SPD, in: Blätter für deutsche und internationale Politik 15 (1970), S. 617-626, hier S. 625.

über eine sozialistisch-reformistische Strategie, der sich insbesondere Jochen Steffen in der Regel nicht verweigerte.[101]

Statt eines Fazits ein Austritt

Ende 1979 trat Jochen Steffen aus der SPD aus, wollte nicht durch „weiteres Schweigen oder gar Mitmachen ein Schuldigwerden an den Mitmenschen und den eigenen Überzeugungen" akzeptieren.[102] Er berief sich hierbei explizit auf das Heiligenhafener Programm und die dort festgelegten Grundsätze der schleswig-holsteinischen Sozialdemokraten. Papier ist allerdings geduldig und der Inhalt von Parteiprogrammen ist generell abstrakt genug, dass sich alle Flügel einer Partei hierauf berufen können. Abgesehen davon waren wohl nur die wenigsten Gegner von Steffen in der Lage, auf einem ähnlich hohen theoretischen Niveau Gegenpositionen zu vertreten. Wie gezeigt worden ist, ist es Jochen Steffen und seinem immer mitzudenkenden Umfeld zwar gelungen, über einen längeren Zeitraum das Gesicht des Landesverbandes Schleswig-Holstein als dezidiert links zu prägen und den Verband auch hinsichtlich seiner Organisationsstrukturen zu modernisieren, frei von Parteitaktik, Klüngel und persönlicher Diffamierung im Dienste der Parteidisziplin ging es aber hierbei auch nicht zu. Ein dauerhafter Einfluss selbst in Schleswig-Holstein kann ihm aber nicht zugesprochen werden, zu erfolglos war seine politische Strategie bei Landtagswahlen und zu sehr wurde Steffen wohl auch zermürbt zwischen den verschiedenen Parteiflügeln im Land und der zu diesem Zeitpunkt schon vollständig verbürgerlichten Parteiführung in Bonn. Ein unumschränkter Herrscher war Jochen Steffen also auch in der Landespartei nicht, wollte es sicherlich auch nie sein, denn sein Führungsstil war eher auf Teamarbeit, sozusagen auf ‚kollektive Führung' hin ausgerichtet, während sein offensives Aussprechen auch unangenehmer Wahrheiten in der politischen Auseinander-

---

101 Es muss darauf hingewiesen werden, dass bei aller Rigorosität im Umgang mit innerparteilichen Kritikern Steffen in der Auseinandersetzung mit der bewaffneten Linken auf die Einhaltung rechtsstaatlicher Mindeststandards pochte. So interpretiere ich zumindest seine auf Bitte der Roten Hilfe Westberlin erfolgte nachdrückliche Intervention in seiner Funktion als Fraktionsvorsitzender zu Gunsten der inhaftierten RAF-Angehörigen Astrid Proll. Ähnlich auch seine Intervention anlässlich der von der Landesregierung skandalisierten Grabrede eines Pastors bei der Beerdigung Georg von Rauchs, in der bei aller Ablehnung der Methoden der RAF jene von Jochen Steffen durchaus noch als Teil der Linken gewertet wird. Die beiden Vorgänge sind überliefert in AdsD 3/SHAB001073. Hinsichtlich der innerparteilichen Diskussion um die Existenz eines so genannten Staatsmonopolkapitalismus erwies sich Jochen Steffen wiederum als radikaler Verteidiger der Parteilinie nach links. Der Grund hierfür könnte in der diametral unterschiedlichen Staatsauffassung zu suchen sein, wie Steffen sie in seinem Buch Strukturelle Revolution entwickelt hatte. Vgl. hierzu Faulenbach: Das sozialdemokratische Jahrzehnt, S. 343; vgl. Erich Beining/Christoph Butterwegge/Detlev Ehrig/Hans-Dieter Keil: Die Jungsozialisten und der „Stamokap"-Streit in der SPD, in: Blätter für deutsche und internationale Politik 23 (1978), S. 63-82, hier S. 72.

102 Brief Steffens an Günther Jansen vom 26.11.1979, abgedruckt in: Uwe Danker u.a. (Hg.): Jochen Steffen. Eine Dokumentation. Zur Gedenkveranstaltung am 30. September 1990 in Kiel-Gaarden, Kiel 1990.

setzung polarisierte. Hinsichtlich seiner völligen Fehleinschätzung der tatsächlichen Machtverhältnisse und politischen Positionen innerhalb des Landesverbandes ist er fast schon eine tragische Figur.[103]

---

103 Vgl. Rovan: Geschichte der deutschen Sozialdemokratie, S. 330, siehe FN 1.

Literaturverzeichnis

Unveröffentlichte Quellen

Archiv der sozialen Demokratie der Friedrich-Ebert Stiftung (AdsD):
– Bestand des Landesverbands Schleswig-Holstein der SPD (3/SHAB...)
– Personenbestand Jochen und Ilse Steffen (1/JSAA...)

Gedruckte Quellen und Literatur

Balcar, Jaromír: Landwirtschaft und ländliche Lebenswelten in Westdeutschland nach 1945. Bilanz und Perspektiven der Forschung, in: Uwe Danker/Thorsten Harbeke/Sebastian Lehmann (Hg.): Strukturwandel in der zweiten Hälfte des 20. Jahrhunderts, Neumünster, Hamburg 2014, S. 63-85.

Becker, Ulrike u.a.: Goldhagen und die deutsche Linke oder: Die Gegenwart des Holocaust, Berlin 1997.

Beining, Erich/Butterwegge, Christoph/Ehrig, Detlev/Keil, Hans-Dieter: Die Jungsozialisten und der „Stamokap"-Streit in der SPD, in: Blätter für deutsche und internationale Politik 23 (1978), S. 63-82.

Börnsen, Gert: Erinnerungen an Jochen Steffen, in: Demokratische Geschichte 20 (2010), S. 309-326.

Burchardt, Rainer: Klare Fronten an der Kieler Förde, in: Die Zeit vom 16.11.1973.

Danker, Uwe/Oddey, Markus/Roth, Daniel/Schwabe, Astrid: Am Anfang standen Arbeitergroschen. 140 Jahre Medienunternehmen der SPD, Bonn 2003.

Danker, Uwe u.a. (Hg.): Jochen Steffen. Eine Dokumentation. Zur Gedenkveranstaltung am 30. September 1990 in Kiel-Gaarden, Kiel 1990.

Doering-Manteuffel, Anselm/Raphael, Lutz: Nach dem Boom. Perspektiven auf die Zeitgeschichte seit 1970, 2. ergänzte Auflage, Göttingen 2010.

Engelhard, Peter: Die Ökonomen der SPD. Eine Geschichte sozialdemokratischer Wirtschaftspolitik in 45 Portraits, Bielefeld 2012.

Engelmann, Bernt: Vorwärts und nicht vergessen. Vom verfolgten Geheimbund zur Kanzlerpartei. Wege und Irrwege der deutschen Sozialdemokratie, München 1984.

Faulenbach, Bernd: Das sozialdemokratische Jahrzehnt. Von der Reformeuphorie zur Neuen Unübersichtlichkeit. Die SPD 1969-1982, Bonn 2011.

Fischer, Claus A. (Hg.): Wahlhandbuch für die Bundesrepublik Deutschland. Daten zu Bundestags-, Landtags- und Europawahlen in der Bundesrepublik Deutschland, in den Ländern und in den Kreisen 1946-1989, 2. Halbband, Paderborn 1990.

Fitzsche, Klaus: Zum Stand der Auseinandersetzung zwischen Rechten und Linken in der SPD, in: Blätter für deutsche und internationale Politik 15 (1970), S. 617-626.

Gansel, Norbert (Hg.): Überwindet den Kapitalismus oder Was wollen die Jungsozia-

listen?, Reinbek 1971.
Geusendam, Wilhelm: Herausforderungen. KJVD-UdSSR-KZ-SPD, Kiel 1985.
Harbeke, Thorsten: Touristische Infrastrukturpolitik in Schleswig-Holstein. Der Strukturwandel am Beispiel des Ferienzentrums in Burgtiefe auf Fehmarn, in: Stefan Grüner/Sabine Mecking (Hg.): Wirtschaftsräume und Lebenschancen: Wahrnehmung und Steuerung von sozialökonomischem Wandel in Deutschland nach 1945, München 2017, S. 225-249.
Heimann, Siegfried: Jochen Steffen – Querdenker der SPD, in Christian Krell (Hg.): Vordenkerinnen und Vordenker der sozialen Demokratie. 49 Portraits, Bonn 2015, S. 330-335.
Hobsbawm, Eric: Das Zeitalter der Extreme. Weltgeschichte des 20. Jahrhunderts, München, Wien 1995.
Kühnl, Reinhard: Formen bürgerlicher Herrschaft. Liberalismus-Faschismus, Reinbek 1971.
Kuhlwein, Eckart: Links, dickschädelig und frei. 30 Jahre im SPD-Vorstand in Schleswig-Holstein, Hamburg 2010.
Landesvorstand der SPD in Schleswig-Holstein: Sozialdemokratischer Infobrief Nr. 470/67, Kiel 1967.
Lehnert, Detlef: Sozialdemokratie zwischen Protestbewegung und Regierungspartei 1848-1983, Frankfurt am Main 1983.
Lösche, Peter/Walter, Franz: Die SPD. Klassenpartei, Volkspartei, Quotenpartei, Darmstadt 1992.
Martens, Holger: Die Geschichte der Sozialdemokratischen Partei Deutschlands in Schleswig-Holstein 1945-1959, 2 Bde., Malente 1998.
Miller, Susanne/Potthoff, Heinrich: Kleine Geschichte der SPD 1848-1983, 5. überarbeitete und erweiterte Auflage, Bonn 1983.
Miller, Susanne/Potthoff, Heinrich: Kleine Geschichte der SPD 1848-1990, 7. überarbeitete und erweiterte Auflage, Bonn 1991.
Müller-Rommel, Ferdinand: Innerparteiliche Gruppierungen in der SPD. Eine empirische Studie über informell-organisierte Gruppierungen von 1969-1980, Opladen 1982.
Oddey, Markus/Engelhardt, Hannes/von Seeler, Isabelle: „Ich bleibe Optimist – trotz allem". Wilhelm Geusendam als Demokratischer Sozialist und Parteiorganisator, in: Demokratische Geschichte 17 (2006), S. 33-113.
Potthoff, Heinrich/Miller, Susanne: Kleine Geschichte der SPD 1848-2002, 8. überarbeitete und erweiterte Auflage, Bonn 2002.
Rovan, Joseph: Geschichte der deutschen Sozialdemokratie, Frankfurt am Main 1978.
Ruck, Michael: Kurt Hamer und die kommunale Gebietsreform der 1970er Jahre in

Schleswig-Holstein, in: Uwe Danker/Eva Nowottny (Hg.): Kurt Hamer. Landespolitiker und Grenzlandbeauftragter, Malente 2003, S. 85-102.

Rusinek, Bernd A.: Gremienprotokolle, in: Ders./Volker Ackermann/Jörg Engelbrecht (Hg.): Einführung in die Interpretation historischer Quellen. Schwerpunkt Neuzeit, Paderborn u.a. 1992, S. 185-198.

Schlemmer, Thomas/Woller, Hans: Einleitung, in: Dies. (Hg.): Politik und Kultur im föderativen Staat 1949-1973, München 2004, S. 1-21.

Schleswig-Holsteinischer Landtag: Plenarprotokolle. 7. Wahlperiode. Kiel.

Scholle, Thilo/Schwarz, Jan: „Wessen Welt ist die Welt?". Geschichte der Jusos, Berlin 2013.

Schultz, Jens: Sozialdemokratie und Kommunismus. Die Auseinandersetzung der SPD mit dem Kommunismus im Zeichen der Neuen Ostpolitik 1969-1974, Uni-Diss, Online-Publikation, URL https://ub-madoc.bib.uni-mannheim.de/29348, zuletzt aufgerufen am 11.10.2016.

SPD Schleswig-Holstein: Umweltschutz in Schleswig-Holstein. Materialien der SPD, Kiel 1971.

SPD Schleswig-Holstein: Satzung des Landesverbandes Schleswig-Holstein der Sozialdemokratischen Partei Deutschlands, beschlossen auf dem außerordentlichen Landesparteitag in Schleswig am 21. September 1968, geändert auf dem ordentlichen Parteitag in Eckernförde am 15. Februar 1973, Eckernförde 1973.

Steffen, Jochen: Personenbeschreibung. Biographische Skizzen eines streitbaren Sozialisten, hrsg. von Jens-Peter Steffen, Kiel 1997.

Steiner, Friederike: „Es sieht doch so aus, als habe unser Eutiner Parteitag die Sache in der SPD ins Rutschen gebracht." Jochen Steffen und die Rolle der schleswig-holsteinischen SPD in der Neuen Ostpolitik, in: Demokratische Geschichte 20 (2010), S. 327-354.

Streeck, Wolfgang: Gekaufte Zeit. Die vertagte Krise des demokratischen Kapitalismus, Frankfurt am Main 2013.

von Ranke, Leopold: Die großen Mächte, Leipzig 1913.

Weber, Jürgen: Joachim Steffen – der „rote Jochen", in: Demokratische Geschichte 3 (1988), S. 597-602.

Wippermann, Wolfgang: Wessen Schuld? Vom Historikerstreit zur Goldhagenkontroverse, Berlin 1997.

Wissenschaftlicher Dienst des Deutschen Bundestages: Die Mitglieder des Deutschen Bundestages. 1. bis 3. Wahlperiode. Alphabetisches Gesamtverzeichnis, Bonn 1998.

Gert Börnsen

Erinnerungen an Jochen Steffen

Als ich ihn kennen lernte, betrat er den überfüllten Hörsaal der Freien Universität Berlin vor mehreren tausend Studentinnen und Studenten, Assistenten, Professoren und auswärtigen Gästen sowie weiteren Referenten im Auditorium Maximum. Die Studenten saßen auf Fensterbänken und Treppen in dicken Trauben. Die Atmosphäre war geladen, die Lautstärke zum Teil unerträglich, Pfiffe, Gelächter, Zwischenrufe erfüllten den großen Raum. Es war nicht schwer, die Vertreter des Verfassungsschutzes in ihren diskreten Anzügen zu erkennen. Auch Polizistengruppen standen in dunklen Ecken. Die Menge war aufgeregt, da der AStA zu Themen der gesellschaftlichen Revolution und Entwicklung neben Soziologen und linken Gewerkschaftern einen sozialdemokratischen Politiker eingeladen hatte. Den Sozi würde man auslachen und fertig machen.

Es war die Zeit der Sit-ins und Teach-ins, die Zeit der „Kritischen Universität", die Zeit der Emanzipation von den althergebrachten Regeln der Professorenuniversität. Es war die Zeit der weltweiten Kritik am Vietnam-Krieg der Amerikaner, aber auch der Beginn der Aufarbeitung der Naziverbrechen der Elterngeneration. Einige wenige Professoren wurden respektiert als humane und intellektuelle Autoritäten – der Theologe Helmut Gollwitzer etwa oder der deutsch-amerikanische Politikwissenschaftler Herbert Marcuse –, Politiker wie der Berliner Bürgermeister Klaus Schütz aber wurden demonstrativ ausgepfiffen. Nur wenige bekannte Sozialdemokraten trauten sich zur Diskussion (etwa Schulsenator Carl-Heinz Evers) – obwohl Jungsozialisten und linke Sozialdemokraten in den Studentenvertretungen meist die Organisation der Veranstaltungen wahrnahmen.

Jochen Steffen war seit einigen Jahren Landes- und Fraktionsvorsitzender der SPD in Schleswig-Holstein und galt als linker Flügelmann der Partei. Im Gegensatz zu Anderen verzichtete er auf taktische und opportunistische Einlagen: Seine Gesellschaftsanalyse war fundamental und gespickt mit marxistischen Zitaten. Anfangs wollten seine Gegner ihn deshalb als Heuchler darstellen, aber dann hörten immer mehr zu. Steffen nahm keine Rücksicht auf die konservativen Strukturen und programmatischen Leitsätze seiner Partei – er deklamierte aus seiner souveränen Überzeugung heraus und provozierte seinerseits die aufmüpfigen Studenten wegen ihres chaotischen Handelns. Seine plattdeutschen Kommentare und Döntjes riefen immer mehr Lacher und zustimmenden Beifall hervor. Sein immer wiederholtes Credo war: „Für diese Arbeiterbewegung erfolgt der Aufbau der Gesellschaft auf den Interessen derjenigen, die in der Gesellschaft ganz unten sind, die Erniedrigten und Beleidigten. Dazu verpflichten uns Menschlichkeit und Solidarität gleichermaßen."

Wir junge Sozialdemokraten im AStA und den Studentenvertretungen waren begeistert und luden den Schleswig-Holsteiner immer wieder ein. Steffen war einer der ganz wenigen Sozialdemokraten, die mit lautem Trommeln den Saal verlassen konnten. Die Berliner SPD – ohnehin überwiegend stockkonservativ bis reaktionär – hätte ihn am liebsten geächtet; die jungen Leute aber liefen ihm in Scharen zu. Jochen Steffen war 1968/69 nicht nur in seinem Landesverband, sondern an den Universitäten und in zahlreichen großen Städten ein wirkungsvoller Magnet für das soziale und globale Weltgewissen der jungen Leute, die nach neuen Perspektiven suchten.

Jochen Steffen ist seit über zwei Jahrzehnten tot, er starb nach langer Krankheit am 27. September 1987 mit 65 Jahren in Kiel. Bis heute ist der Redner und Buchautor, von dem zahlreiche Konzepte vorliegen, von seiner Partei oder der politischen Öffentlichkeit nicht gewürdigt worden. Er hat eine ganze Generation von jungen Menschen beeinflusst und ein demokratisches Leitbild vorgeführt. Und doch ist nur weniges aus seinem Denken und Handeln geblieben.

Als Jochen Steffen im Mai 1946 der SPD beitrat, merkte seine Mutter an, nun „sei er in Hein Butter sein Verein". Im agrarischen Schleswig-Holstein waren das die Dorftrottel.

Karl Joachim Jürgen Steffen wurde am 19. September 1922 in Kiel geboren, er machte 1941 das Notabitur, war Marine-Soldat; er heiratete drei Tage nach der Kapitulation am 11. Mai 1945 in Schleswig die Berliner Mode-Designerin und ehemaligen Feldwebel in Gotenhafen, Ilse Annemarie Johanna Zimmermann, die ihn zehn Jahre lang finanzierte. Er studierte an der Universität Kiel Literaturwissenschaft, Philosophie, Psychologie und Soziologie bis 1949. Anderthalb Jahre war er Assistent des Kieler Professors Michael Freund am Seminar für Wissenschaft und Geschichte der Politik. 1954 wurde er Landesvorsitzender der Jungsozialisten (und erhielt prompt ein Jahr später „Redeverbot" wegen massiver Kritik am Parteivorsitzenden Ollenhauer). Im gleichen Jahr wurde sein Sohn Jens-Peter geboren. Steffen wurde Chefredakteur bei der „Flensburger Presse" und Leitartikler der Kieler „Volkszeitung", kandidierte vergeblich für den Deutschen Bundestag, kam aber über die Landesliste 1958 in den Schleswig-Holsteinischen Landtag. 1965 wurde er nach Walter Damm Landesvorsitzender und im Oktober 1966 (im Handstreich gegen Wilhelm Käber) Fraktionsvorsitzender und Oppositionsführer, er war Spitzenkandidat der SPD in den Landtagswahlkämpfen 1967 und 1971. Noch in der Wahlnacht 1971 – nach schwerer Erkrankung – gab er seinen stufenweisen Rücktritt bekannt: 1973 trat er als Fraktionsvorsitzender zurück und gab zwei Jahre später auch den Landesvorsitz auf. Steffen war Mitglied des SPD-Bundesvorstands ab 1968 und wurde später Vorsitzender der Grundwertekommission. Aus tiefer Enttäuschung verließ er im November 1979 seine Partei. Er schrieb einige Bücher („Strukturelle Revolution"), zahlreiche Aufsätze und Satiren, und lebte zuletzt mit seiner Frau in Österreich.

Steffen war gleichzeitig Journalist und Politiker, was kaum harmonieren konnte. Sein Redakteurskollege Gerhard Gründler sprach von einer „Doppelbegabung mit letztlich Unvereinbarem", die „ihn ins Abseits" drängte. Steffen hatte genialen Sprachwitz und Anlagen zu einem Volksschriftsteller. Seine größte Stärke aber war die (marxistische) Gesellschaftsanalyse, gewürzt mit bildhafter Rhetorik. Als Redner war er ein Original, das im Schleswig-Holsteinischen Landtag ohne Beispiel blieb. Die Schärfe seiner Rhetorik war oft verletzend, seine politische Polemik kraft- und humorvoll, aber vernichtend, seine oft wütenden Ausfälle grenzten an politische Demagogie. Steffen polarisierte die Menschen: in jedem Dorf überfüllte Säle, meist neugieriges Publikum wie bei einem Zirkus-Dompteur oder einem Zauberer, aber oft auch hasserfüllte Widersacher, die ihn niederschreien wollten. Der Redner Steffen setzte alle Kraft in seine Argumente und seine Rhetorik, er wollte Jeden und sofort überzeugen, und sei er auch noch so hinterwäldlerisch, und er begeisterte die Menge, die ihn bewunderte, oft aber auch fürchtete. Seine bildhaften Zukunftsperspektiven des sozialen Zusammenbruchs, der globalen Konflikte und der vergifteten Umwelt verängstigten viele Menschen, die – von der konservativen Presse emotionalisiert – Schutz bei den bodenständigen Parolen des Landes („Alles bleibt wie es ist!") suchten. Der Zulauf zum Wahlkämpfer Steffen wurde immer größer und stärker.

Schon im Wahlkampf 1967 engagierte sich der Schriftsteller Günter Grass für den Kandidaten Steffen und seine Partei. Als Preisträger 1969 berichtete Grass in seiner Büchner-Preisrede in Darmstadt über die Mühen des Wahlkämpfers und „Erklärers" Steffen. 1970 kam Siegfried Lenz hinzu, der sich in Reden der Ostpolitik annahm. Zu den langjährigen Freunden gehörten auch Heinrich Böll und Rudolf Augstein.

Obwohl Steffen keine Rücksicht nahm, wenn er seine politischen Gegner angreifen und verletzen konnte, war er selbst seltsam dünnhäutig. Die Angriffe insbesondere der Zeitungen des Springer-Konzerns und ihres aus der Nazizeit stammenden Karikaturisten trafen ihn tief, noch mehr allerdings die ängstlichen und opportunistischen Einwände seiner Kolleginnen und Kollegen im Landtag und im Landesvorstand. Steffen gelang es immer wieder mit großer Überzeugungskraft seine Gremien hinter sich zu scharen, aber insbesondere einige der pragmatischen Kommunalpolitiker und die frühen Leitfiguren aus den fünfziger Jahren blieben auf Distanz. Seine politische Macht im Landesverband bestand in der Begeisterungsfähigkeit der jungen Leute, die schon bald die Mehrheit auf den Parteitagen und in vielen Gremien besetzten, die ihn liebten und oft anhimmelten.

Konservativere Kommunalpolitiker versuchten 1970, den designierten Spitzenkandidaten zur Landtagswahl durch den Kieler Oberbürgermeister Günter Bantzer zu ersetzen und erlitten eine schmähliche Niederlage. Schon vorher hatte es eine Vertrauenskrise auf dem Parteitag gegeben, im Rahmen dessen der Vorstand zurücktrat, aber dann doch mit großer Mehrheit Steffens Konzept guthieß und ihn wiederwählte. Bei der Wahl zum Ministerpräsidenten ein Jahr später stimmten allerdings zwei namenlose sozialdemokratische Landtagsabgeordnete demonstrativ gegen Steffen (im Dunkel der

Wahlkabine). – Einige Intrigen im Verband stärkten letztlich den engen Zusammenhalt der jungen Sozialdemokraten gegenüber konservativeren Pragmatikern und stabilisierten die Parteiführung.

Steffen konnte sich auf Freundschaften und enge Kollegen unter den älteren Abgeordneten und Politikern verlassen, die ihn uneingeschränkt unterstützten. Im Landesvorstand war die beherrschende Figur Wilhelm Geusendam, ein früherer holländischer Kommunist und Marxist, ein Organisationstalent und Programmatiker, der mit Steffen intellektuell gleichzog und ihn uneingeschränkt unterstützte. Auch Kurt Schulz, der Finanzpolitiker der Fraktion und Bürgermeister von Eckernförde, stand ohne Ausnahme auf Steffens Seite und war eine wichtige Orientierungshilfe für andere Kommunalpolitiker. Bei der Aufstellung seiner „Regierungsmannschaft“ für den Wahlkampf 1971 holte Steffen bundesweit bekannte Professoren wie Reimut Jochimsen und Karl Otto Conrady in sein Team. Der Gewerkschaftsvorsitzende Jan Sierks und der Flensburger Oberbürgermeister Heinz Adler waren ebenfalls dabei.

Steffen war nicht nur ein hochgradiger Individualist und ein rhetorisches Original, er war gleichzeitig sehr sensibel im Umgang mit seinen Kolleginnen und Kollegen. Er konnte Fehler verzeihen, aber taktische Mätzchen im Konkurrenzkampf der Politiker hasste er und konnte dann hart zupacken. Sein Respekt als politischer Führer der Leitungsgremien war allgemein. Die zahlenmäßig stärkste Unterstützung aber fand er bei den Jungsozialisten unter der Führung des jungen Bürgermeisters Günther Jansen und seines Nachfolgers Gerd Walter.

Im Landtag, auf Parteitagen und auf Kongressen war Steffen immer wieder ein Erlebnis. In den meisten Fällen hatte er sein Manuskript handschriftlich vorgefertigt, obwohl er seinen Text frei sprach und mit spontanen und witzigen Bemerkungen würzte. Sein Credo war die uneingeschränkte und offenherzige „Wahrheit“, also die Erkenntnis des Einzelnen, die Summe seines Wissens. Alles andere war für ihn Heuchelei und Betrug, was er rücksichtslos und jedermann gegenüber denunzierte. Er sprach aus, was viele Zuhörer schockierte, verängstigte und in große Furchtsamkeit trieb. Dann aber kam auch seine Perspektive, seine Aufforderung zum gemeinsamen Engagement und zur Kritik der kapitalistischen Klassengesellschaft. – Heute noch betreibt die Politik Diskussionen über Forderungen Steffens aus den siebziger Jahren: globale Sozial- und Umweltziele, internationale Gewerkschaftszusammenarbeit, finanz- und wirtschaftspolitische Perspektiven für Europa.

Steffen war kein Dogmatiker, er konnte sich korrigieren, wenn seine Analyse der Gesellschaftspolitik nicht mehr stimmig erschien. So hatte er in der zweiten Hälfte der sechziger Jahre programmatisch ganz auf Technologie und Modernität gesetzt: Schleswig-Holstein sollte die modernsten Infrastrukturen haben, Autobahnen und Schnellstraßen, Energie aus zahlreichen Atomkraftwerken. – 1973 begann das Umdenken in der Partei und Steffen stand bald an der Spitze der Erneuerung. Er revidierte seine

Positionen, wurde ein heftiger Kritiker der Kernenergie und fand sich bald in engem Zusammenschluss mit seinem Nachfolger Günther Jansen, der die Brokdorf-Demonstrationen der SPD anführte.

Schon 1966 – zur Zeit des Briefwechsels von SPD und SED im geteilten Deutschland – hatte Steffen als neuer Landesvorsitzender die ersten Forderungen zu einer neuen Deutschlandpolitik initiiert, wie sie bald darauf von Willy Brandt und Egon Bahr umfassend konzipiert wurden. Als demokratischer Sozialist suchte er nach dem „dritten Weg" zwischen den weltpolitischen Blöcken, besuchte Präsident Tito in Jugoslawien und diskutierte die Abkehr vom orthodoxen Kommunismus. Gegen lauten Protest der Bonner SPD-Zentrale verglich er öffentlich die Intervention der USA in der Dominikanischen Republik mit dem Überfall des Warschauer Paktes auf die Tschechoslowakei.

Der Journalist Steffen war unermüdlich. Neben seinen Leitartikeln, die oft in der Bonner SPD-Zentrale Widerstand auslösten, schrieb er Satiren in Missingsch, der Arbeitersprache von der Kieler Werft (die einst auch Kurt Tucholsky benutzte). „Kuddl Schnööf und seine achtersinnigen Gedankens" – später von Siegfried Lenz kommentiert in Buchform veröffentlicht – wurden eine politische Chronologie der Zeitgeschichte. 1978 erhielt Jochen Steffen als erster Politiker den Deutschen Kleinkunstpreis für seine Bücher. Auch hier werden „Wahrheiten" erzählt in der humorigen Form des Dialogs zwischen Kuddl und Natalje: „Aufklärung" sollte sein gegen den „Volksbetrug" der konventionellen Politiker- und Journalistenphrasen.

Der Marxist Steffen hatte seine Klassiker rauf und runter verarbeitet und auch hier blieb er bei der subjektiven „Wahrheit". Für ihn waren die Ziele der Arbeiterbewegung nicht nur eine materiell-soziale Entwicklung des Einzelnen in einer bürgerlichen Gesellschaft, sie waren auch eine Emanzipationsbewegung des Individuums in einer solidarischen Gesellschaft. Die Freiheit des Einzelnen durfte nur im Rahmen der Solidargesellschaft begrenzt sein. Mit dieser Grundthese seines Denkens stand er diametral der autoritär-diktatorischen Struktur der kommunistischen Gesellschaft gegenüber. Und weil „autoritär" das Gegenstück zu „emanzipativ" war, erklärte er sein freiheitliches Denken für „links", den leninschen Kommunismus aber für „rechts". Man kann verstehen, dass diese seine These, die in jeder Versammlung vorgetragen wurde, manchen „Linken" schockierte, zu gedanklicher Differenzierung – etwa über die Thesen des sogenannten „Staatsmonopolistischen Kapitalismus" – beitrug und die „Bündnisfrage" zwischen Jungsozialisten und jungen Kommunisten provokativ in Frage stellte.

Als der junge Gefreite Steffen aus dem Krieg kam und sich politisch engagieren wollte, fragte er auch beim Büro der Kommunisten in Kiel an, um Informationen und Programme zu erhalten. Die Antwort war, man habe noch keine Programme, die kämen erst aus Moskau. Steffens Weltbild sah sich bestätigt: Er wollte als demokratischer und humaner Sozialist arbeiten und wurde 1946 SPD-Mitglied. Er bekam frühzeitig Führungsfunktionen bei den Jungsozialisten und freundete sich mit dem führenden Hamburger Jungsozialisten Helmut Schmidt an – obwohl sie beide diametral unterschiedliche ideologische Positionen hatten, blieben sie jahrzehntelang im Dialog und in enger Beziehung. Für Steffen gab es keine politischen oder emotionalen Abgrenzungen, wenn eine interessante und geistreiche Persönlichkeit zu debattieren begann: So hatte er – der „Linksaußen" im Parteivorstand – besonders gute Beziehungen zum „Rechtsaußen" Hans-Jochen Vogel (der allerdings mit seinen Ämtern und Jahren immer duldsamer, toleranter und weiser wurde).

Auch mit Wilhelm Geusendam, dem Lübecker Kreisvorsitzenden der SPD und Verlagsleiter des „Lübecker Morgen", gab es weit mehr als nur kollegiale Zusammenarbeit. Wenn beide Marxisten sich in internen Debatten und in freundschaftlicher Form zahlreiche Marx-Zitate an den Kopf warfen, stockte manchem Zuhörer der Atem angesichts des fundamentalen Wissens der beiden Politiker. Geusendam war am Ende der Weimarer Republik ein prominenter Redner der Jungkommunisten in Deutschland gewesen und hatte mit seinem Vater, der in Moskau umkam, die Sowjetunion bereist, später war er von den Nationalsozialisten verhaftet worden, war Lagerältester im KZ Flossenbürg und konnte am Ende des Krieges die Flucht der Gefangenen zu den Amerikanern organisieren. Steffen hatte großes Vertrauen in den Freund, der ihm als Stellvertreter Organisation und Verwaltung perfekt verantwortete und der bis zuletzt um die sozialdemokratischen Zeitungen in Schleswig-Holstein kämpfte. – Einen Vorwurf hätte Steffen dem früheren prominenten Kommunisten nie gemacht. Im Gegenteil, er achtete und respektierte die außerordentliche Integrität und die Irrungen auf dem dramatischen Lebensweg des in Bremen geborenen Holländers.

Während eines Bürgerschaftswahlkampfes in Bremen um 1970 wurde Steffen gebeten, in der neugegründeten Universität zu reden. Man wusste wohl, dass kein regionaler Politiker den politischen Aktivisten würde standhalten können. Tatsächlich saßen etwa 120 junge Leute an getrennten Tischen und Steffen erkannte schnell, dass es sich um kommunistische Sektierer handelte: Da waren die konservativen DKP-Vertreter, die KPD, die zersplitterten Gruppen KB, KPD-ML, und so weiter. Steffen begann mit dem „Verrat" der Kommunisten am Ende der Weimarer Republik, als sie als ihren wichtigsten Gegner die „Sozialfaschisten", also die SPD, angriffen, während die Nazis für die Kommunisten zweitrangige Gegner waren. Steffen erläuterte und kritisierte detailliert die „Sozialfaschismus"-Thesen der Kommunistischen Internationale und des Exekutiv-Komitees von 1932, die von Stalin und Dimitroff dogmatisch festgeschrieben worden waren. – Im Raum wurde es immer lauter, nach zehn Minuten stand der Redner verschmitzt lächelnd und hörte zu, wie sich die kommunistischen Gruppen an den Tischen gegenseitig niederschrien. – Auch hier sprach Steffen unumwunden über die vielen Fehler, die die Sozialdemokratie in der Geschichte gemacht habe, aber sie habe immer „links“ und auf Seiten von Freiheit und Emanzipation der Menschen gestanden, während sich die Kommunisten von Moskau dirigieren ließen und ihre eigenen Leute verleugneten, zur Selbstkritik und in den Tod zwangen. Kommunisten seien eben antifreiheitlich, autoritär und „rechts“. – Der Saal tobte ...

Die Steffensche Differenzierung und sein apodiktischer Antikommunismus fanden in der Springer-Presse keine Resonanz. Für die konservativen Blätter war Steffen ein „verkappter Kommunist“, obwohl er in jeder Rede gegen Bündnisse von Sozialdemokraten und Kommunisten agitierte. Auf sein Betreiben hin wurde der SPD-Abgeordnete Dr. Richard Bünemann, der eine „Euro-Kommunistische Partei“ gründen wollte, aus der Fraktion ausgeschlossen. Bei einer Bauernversammlung in Schleswig-Holstein rief ein erregter Landwirt im Gejohle der voll besetzten Halle: „Du bist ein Ulbricht-Deutscher!“ – Steffen wurde knallrot im Gesicht und keilte zurück: „Komm her, ich hau Dir eine runter!“ Diese Episode wurde von der Springer-Presse genüsslich dargeboten: Kandidat für das Ministerpräsidentenamt will Bauern verprügeln ...

Der Abgeordnete Jochen Steffen hatte jahrelang im Agrarausschuss des Landtags gewirkt und sich mit der europäischen Landwirtschaftspolitik detailliert auseinandergesetzt. Deshalb ging er gern in Bauernversammlungen und dozierte in plattdeutsch, missingsch und hochdeutsch. Er erklärte die EU-Agrarpolitik des Kommissars Sicco Mansholt und forderte die Bauern auf, alternativlos die EU-Agrarpolitik anzuerkennen, um nicht unterzugehen. Die Bauern wollten das nicht hören, denn die CDU propagierte zur gleichen Zeit: „Wer Bauer bleiben will, kann Bauer bleiben!“ Wenn Steffen seine Zuhörer aber nicht innerhalb einer Stunde zu Sozialdemokraten gemacht hatte, obwohl er alle Kraft und Energie in die Argumentation steckte und schon nach zehn Minuten im klatschnassen Hemd auf der Bühne stand, resignierte er: „ Wenn Ihr die CDU wählt und Eure Betriebe kaputtgehen, dann kommt aber nicht bei uns Sozis auf den Hof zu singen!“

Steffen war ebenso ein wirksamer Antikommunist, wie er ein eingefleischter Antifaschist war. Er hasste die alte Garde der ehemaligen Nazis, die nach der kurzen Wiederaufbauperiode der SPD-Regierungen Hermann Lüdemann und Bruno Diekmann Schleswig-Holstein regierten. Der BHE – der Bund der Heimatvertriebenen und Entrechteten – koalierte mit der CDU (nachdem die SPD deren Forderung zurückgewiesen hatte, alle strafrechtliche Verfolgung der Nazi-Verbrechen zu unterbinden) und wurde im Lauf der Jahre von der CDU aufgesogen. In beiden Parteien saßen so viele ehemalige Nationalsozialisten, dass sie zeitweise die Zahl der bürgerlichen Demokraten überwog. Ministerpräsident Dr. Helmut Lemke – später Landtagspräsident – war seit 1933 NS-Bürgermeister in Eckernförde und später in Schleswig gewesen. Dem aufmüpfigen Gefreiten Jochen Steffen bescheinigte er schriftlich: „Im Sinne des Nationalsozialismus nicht zuverlässig !“ 1967 standen sich Lemke und Steffen als Kandidaten für das Amt des Ministerpräsidenten gegenüber: Hitzige Auseinandersetzungen waren nicht zu vermeiden.

Anfang der fünfziger Jahre waren in Schleswig-Holstein 90 Prozent der in der NS-Zeit tätigen Richter und Staatsanwälte wieder in Amt und Würden. Noch in den sechziger Jahren stellten ehemalige SS-Führer knapp die Hälfte der höchsten Polizeioffiziere im Land. Zitat Bürgermeister Lemke 1933: „Wir alle, jeder an seiner Statt, sind dazu aufgerufen, die Hammerschläge des Dritten Reiches auszuführen.“

Während sich die oppositionellen SPD-Politiker der fünfziger Jahre an die Rituale des Parlamentarismus hielten, hielt der junge Abgeordnete Steffen den belasteten Regierungsmitgliedern rücksichtslos den Spiegel vor. Gegen den BHE-Vorsitzenden und langjährigen Sozialminister Hans-Adolf Asbach wurde 14 Jahre lang wegen „Mordes an Juden im polnischen Bereich“ ermittelt (angeklagt wurde er nie), ebenso wurde der Fall des Euthanasie-Arztes Professor Dr. Werner Heyde, alias Dr. Fritz Sawade, bundesweit bekannt, der zehn Jahre lang unerkannt als Arzt in Flensburg praktizieren konnte. Steffen engagierte sich im Parlamentarischen Untersuchungsausschuss. Die Identität des Massenmörders war in Regierung und Verwaltung bekannt, aber er stand unter dem Schutz von NS-Freundeskreisen, bis sein Vorleben in der kritischen Presse veröffentlicht wurde.

Tatsächlich war das Agrarland Schleswig-Holstein, dessen Nordgrenze lange Zeit umstritten war und erst nach dem Ersten Weltkrieg endgültig festgelegt wurde, in der Schleswiger Region, aber auch in Holstein bis nach Altona dänisch regiert worden. Nach 1866 blieben die beiden Provinzen preußisch. In den letzten freien Wahlen der Weimarer Republik 1932 wählten beide Provinzen als einzige in Preußen mit absoluter Mehrheit NSDAP und wurden damit die Hochburg der Nazis in Deutschland. SS-Freundeskreise an der Westküste sind noch in den siebziger Jahren von Bundestagsabgeordneten der CDU offiziell begrüßt worden. Wohl kein Bundesland hatte so intensiv die nationalsozialistische Ideologie aufgesogen und hat sich der Vergangenheitsbewältigung widersetzt wie Schleswig-Holstein. Eine systematische Aufarbeitung der Zeitgeschichte des Landes in Universitäten, Behörden und Kommunen begann erst unter der sozialdemokratischen Regierung Engholm zu Beginn der neunziger Jahre.

Der Wahlkampf des Antifaschisten Steffen 1970/71 war für die CDU bedrohlich, da die SPD unermüdlich neue Wählerinnen und Wähler anzog. Von den Hansestädten Hamburg und Lübeck wehte ein liberaler Wind und auch der dänische Abgeordnete im Kieler Landtag forderte mehr geistige Toleranz und Modernität. Selbst die liberal-konservative Wirtschaftspartei FDP wechselte aus der Koalition und versprach ein Bündnis mit Steffens SPD. So wurde der Krupp-Direktor Dr. Gerhard Stoltenberg, langjähriger Bundesvorsitzender der Jungen Union, stellvertretender Bundesvorsitzender der CDU und 1965 bis 1969 Bundesminister für wissenschaftliche Forschung im Bonner Kabinett, als neuer Spitzenkandidat der CDU aufgestellt. Es war ein Generationswechsel, denn Stoltenberg war historisch unbelastet. Mehr noch: Es war eine Zeitenwende in Schleswig-Holstein, denn Steffens Marxismus und sein Antifaschismus wurden zum Schattenboxen. Der Generationswechsel stand auch bei der SPD an: Noch in der Wahlnacht 1971 gab Steffen die Niederlage zu und begann stufenweise mit dem Rücktritt vom Fraktionsvorsitz und vom Landesvorsitz.

Der Spitzenkandidat der SPD war nach dem Wahlkampf lebensgefährlich erkrankt. Er war energetisch ausgelaugt, rauchte zuviel und hatte sein Leben total auf die Karte Politik gesetzt. Sein Wahlkampf („Der geplante Sieg“) war gründlich vorbereitet und von vielen Helfern geführt worden. Dennoch blieb die Hauptlast bei dem einen Mann, den alle sehen und hören wollten. Steffen und Stoltenberg polarisierten die Wählerschaft, es gab nur noch die zwei Personen, die zum Teil gefürchtet, zum Teil begeistert gefeiert wurden. Die FDP mit dem tapferen Vorsitzenden Uwe Ronneburger wurde zwischen den Blöcken zerrieben.

Jochen Steffen und Gerhard Stoltenberg waren Antipoden in der Politik, der eine spontan, sensibel, gerecht und duldsam, der andere technokratisch, autoritär, dogmatisch, ein Computergehirn, ein politischer Karrierist. Beide waren Einzelgänger und Parteiführer, beide waren Kollegen und Assistenten bei Professor Michael Freund an der Kieler Universität gewesen, einer ging in den Journalismus, der andere in die Wirtschaft; in der Landespolitik trafen sich beide wieder. Sie achteten und respektierten sich gegenseitig in einer bürgerlichen Form, gleichzeitig verachteten sie die Positionen des jeweiligen Konkurrenten. Nach dem Wahlsieg Stoltenbergs verließ Steffen häufig den Plenarsaal, weil er das hochtrabende Pathos seines Gegners nicht ertragen konnte.

Die SPD Willy Brandts wurde von der Studentenbewegung an den Universitäten überrascht. Mehrheitlich – und im Sinne Helmut Schmidts – sollten die revoltierenden jungen Leute kujoniert werden bis zur Anpassung oder Relegation. Allein Willy Brandt, der Parteipräsident, und mit ihm Gustav Heinemann, der Bundespräsident, forderten Geduld und die Bereitschaft zum Zuhören. Der Berliner Landesverband der SPD forderte am radikalsten den Ausschluss der aufmüpfigen jungen Leute – und verlor eine ganze Generation kritischer Intellektueller. Auch Willy Brandt selbst, der langjährige und anerkannte Bürgermeister, der in der Freien Universität unehrliche Lobesworte auf den Verleger Axel Springer vortrug, wurde vom Publikum zu Recht ausgebuht.

Die Studentenrevolte an den Universitäten um 1968 wurde fast immer von sozialdemokratischen Studenten getragen und von denen, die als Sozialistischer Deutscher Studentenbund SDS bereits aus der SPD relegiert worden waren. Schon ein Jahr zuvor hatte es beim Dortmunder Bundesparteitag ein Gedränge und Geschiebe durch junges

Publikum gegeben, in dessen Gefolge Herbert Wehner die Pfeife verlor und mehrere Prominente in Klamauk und Geschrei gerieten. In der SPD kündigte sich der Generationswechsel an, dem ein Politikwechsel folgen sollte. 1969 wurde der Bundesvorstand der vorstandsfrommen Jungsozialisten im Handstreich abgesetzt und durch eine linke Führung ersetzt, Vorsitzender wurde der Frankfurter Dozent Karsten D. Voigt.

In Frankfurt am Main hatte sich auch schon seit einiger Zeit eine Gruppe linker Sozialdemokraten und kritischer Gewerkschafter zusammengefunden und das Szene-Blatt „Express International" herausgegeben. Daraus entwickelte sich der „Frankfurter Kreis", eine lose Diskussionsrunde mit Fraktionierungstendenz unter Leitung des Oberbürgermeisters Walter Möller und des schleswig-holsteinischen Landesvorsitzenden Jochen Steffen. Einige linke Granden kamen dazu, so Rudi Arndt – der spätere Frankfurter Bürgermeister –, Peter von Oertzen – Landesvorsitzender in Niedersachsen – und auch der liberale Landesvorsitzende aus Rheinland-Pfalz, Wilhelm Dröscher. Der Bundesvorstand der Jungsozialisten war dabei, auch Redakteure der „Gewerkschaftlichen Monatshefte", sowie Mitarbeiter, darunter Steffens immer hilfreicher Referent Georg Beez.

Der Kreis um Möller und Steffen setzte auf die „inneren Reformen", die die SPD stets versprochen hatte: Mitbestimmung, Vermögensbildung, Bekämpfung der Bodenspekulation. Die Ostpolitik Willy Brandts wurde einhellig unterstützt, aber die inneren Reformen kamen in der Regierung nicht voran (wohl aber das Notstandsprogramm). Die von den meisten abgelehnte Große Koalition in Bonn mit Kanzler Kiesinger wurde als Blockierung sozialdemokratischer Programmatik empfunden. Was die SPD dringend brauchen würde, wären „Grundwerte" und ein „Langzeitprogramm".

Dies Thema war Jochen Steffen auf den Leib geschrieben. Mit einer großen Rede wurde er (mit dem Wohlwollen Willy Brandts) 1968 in den Parteivorstand gewählt. Steffen wurde 1973 Vorsitzender der Grundwertekommission, gab den Auftrag aber im November 1976 zurück, denn „ als Mensch, als Person und auch als Politiker halte ich den Widerspruch zwischen unseren Prinzipien und unserer tatsächlichen Politik – nebst ihren propagandistischen Begründungen – nicht aus". Am 12. September 1977 gab Steffen seinen Sitz im Bundesvorstand „ohne jegliche Bitterkeit" auf. Vorher schon hatte er sich für das „Langzeitprogramm" engagiert, das von Willy Brandt auf dem Saarbrücker Bundesparteitag vorgeschlagen und vom „Frankfurter Kreis" mit der Forderung nach Quantifizierung versehen worden war. Der „Entwurf eines ökonomisch-politischen Orientierungsrahmens für die Jahre 1973-1985" wurde mehrfach überarbeitet, blieb aber letztlich unverbindlich. Sicherheitshalber hatte Helmut Schmidt den Vorsitz übernommen, die Zentrale wollte allzu radikale Thesen vermeiden. Dies wurde bereits deutlich, als ein Parteitag die Investitionslenkung beschloss und sofort durch das Parteitags-Präsidium wieder zurücknahm. In zweiter Abstimmung hoben sich die Hände im Block des Parteivorstandes auf dem Podium als Signal zur Ablehnung des

Parteitages, nur Jochen Steffen und wenige Andere erhoben einsam die Hand zur Annahme.

Das Langzeitprogramm blieb im wesentlichen ein Projekt des „Frankfurter Kreises“ und des Bundesvorstandes der Jungsozialisten. Nach dem Rücktritt Willy Brandts als Bundeskanzler und der Wahl Helmut Schmidts wurde es nicht mehr beachtet. Jochen Steffen entschied sich für Protest und Rücktritt. Als Willy Brandt, der den kantigen Steffen mochte, den Landesvorsitzenden auf einem Parteitag im Juni 1975 in Schleswig-Holstein mit einer Dankesrede verabschieden wollte, fehlte Steffen: Mit schwerem Kopf war er im Bett geblieben.

Steffen resignierte immer mehr, seine Zeitschriftenartikel wurden radikaler, teilweise schwer verständlich. Er sympathisierte mit der neuen sozialen Umweltbewegung. Sein Landtagsmandat gab er im September 1977 zurück. Seine Nachfolge hatte er geregelt: Der junge Flensburger Abgeordnete Klaus Matthiesen war nach nur zwei Jahren als Abgeordneter zum Fraktionsvorsitzenden gewählt worden, zwei weitere Jahre später wurde Bürgermeister Günther Jansen Landesvorsitzender. Als Spitzenkandidaten für die Bundestagswahl 1972 konnte Steffen den Konstrukteur der Ostpolitik, Egon Bahr, nach Schleswig-Holstein holen. Lauritz Lauritzen, der Bundesbauminister aus Schleswig-Holstein, sollte eigentlich Steffens Nachfolger als Spitzenkandidat zur nächsten Landtagswahl werden, er verzichtete aber auf sanften Druck der Jungsozialisten zugunsten von Matthiesen.

Im November 1979, nach heftigen Attacken auf das Atomprogramm der sozialdemokratischen Bundesregierung, trat Jochen Steffen aus der SPD aus. Er blieb demokratischer Sozialist, aber er hatte immer schon erklärt, „die Organisation sei die Magd der Arbeiterbewegung, nicht umgekehrt“. Er rief den neuen Landesvorsitzenden Günther Jansen und einige enge Freunde zu sich an die Westküste und übergab uns sein Mitgliedsbuch. Wir waren konsterniert, denn Steffen war die Symbolfigur der schleswig-holsteinischen SPD. Steffen begründete uns seinen Schritt mit der Politik Helmut Schmidts und der Bundesregierung und betonte seine Übereinstimmung mit der Politik seiner Nachfolger im Land. An Willy Brandt schrieb er: „Die Hauptursache ist, dass wir unsere Überzeugungen bis zur Unkenntlichkeit vermarktet haben und selbst nicht mehr die Wahrheit zu sagen und zu sehen wagen“.

Einige Jahre später, bei einem Landesparteitag in Tönning, luden wir den Parteilosen zum geselligen Abend des Parteitages ein und er kam. Klaus Matthiesen und zahlreiche Delegierte waren empört und verließen den Saal. Wir baten um ein kurzes Grußwort, bei dem er (versehentlich?) seine ehemaligen Parteifreunde als „Genossinnen und Genossen“ ansprach und die Regionalpartei lobte. Es war kein Wort im Zorn, aber Traurigkeit und Resignation gegenüber einer Politik, die er nicht mehr als demokratischen Sozialismus anerkennen mochte.

Im Sommer 1987 besuchte Siegfried Lenz den schwerkranken und bettlägerigen Jochen Steffen, wenige Tage vor seinem Tod. Lenz sprach über Dostojewski, über den er schreiben wolle. Steffen fragte: „Warum das ?"

Lenz: „Mich interessiert dieser Mann. Ein gläubiger Zweifler, das könntest Du sein, Jochen !"

Steffen: „Was hat Dir den größten Eindruck gemacht, bei diesem gläubigen Zweifler ?"

Lenz: „Der Zwiespalt zwischen Wahrheit und Glaube. Wem würdest Du nachgeben ?"

Steffen: „Also wenn Du mich fragtest, und mich diesem Dilemma aussetztest zu wählen zwischen Glaube und Wahrheit, wobei ich natürlich weiß, was alles der Glaube an Wärme und Wohlaufgehobenheit einem Menschen liefern kann, ich würde mich immer für die Wahrheit entscheiden, gleichviel, welche Eiseskälte und welche Schrecken sie einem bringen kann."

Siegfried Heimann

Hoffnungen und Enttäuschungen

Jochen Steffen als Mitglied des SPD-Parteivorstandes und als Vorsitzender der Grundwertekommission

Die politische Biographie von Jochen Steffen war von Anfang an mit Schleswig-Holstein verbunden. Seit Mai 1965 war er Landesvorsitzender der SPD in Schleswig-Holstein und seit 1966 auch Fraktionsvorsitzender und damit Oppositionsführer im schleswig-holsteinischen Landtag. Die von ihm auf Landesparteitagen angeregten Debatten fanden nicht immer den Beifall der Parteiführung in Bonn. Er sah sich, wie er später schrieb, als „Mitglied einer sozialen Reformpartei, die seit 100 Jahren auch einen sozialistischen Flügel hat [...]". Diesen Flügel zu stärken, sah er als seine Aufgabe an und deshalb war er auch bereit, sich nicht mehr nur als Landespolitiker zu verstehen, sondern sich auch in die Politik der Gesamtpartei einzumischen.[1]

Seit Mitte der sechziger Jahre war er bereits über die Landesgrenzen hinaus bekannt, denn die Nähe zur Grenze der DDR legte es auch einem Landespolitiker nahe, zu den beginnenden, aber sehr umstrittenen Tastversuchen einer deutsch-deutschen Annäherung Stellung zu beziehen. Seiner Meinung nach müssten „BRD und DDR einigermaßen vernünftig miteinander auskommen wollen", und Steffen machte Vorschläge, wie das zu erreichen sei.[2] Die Haltung der SPD-Parteiführung fand auch in dieser Frage nicht immer seine Zustimmung, aber noch zögerte er, sich auf Bundesebene in der Partei zu Wort zu melden.

Der Parteivorsitzende Willy Brandt ermahnte ihn im Frühherbst 1966 in einer „väterlich-milde[n] Tadelsansprache", nicht mehr länger „Zurückhaltung auf zentralen Sitzungen" zu üben und sich „an Diskussion und Willensbildung aktiver zu beteiligen". Für Jochen Steffen war das Ende September 1966 Anlass genug, in einem langen handschriftlichen, sehr persönlich gehaltenen Brief die Gründe für seine Zurückhaltung zu erläutern. Am Beispiel der innerparteilichen Debatte um Für und Wider eines „Redneraustauschs" zwischen SPD und SED machte er deutlich, dass er nicht nur mit seinen Vorschlägen nicht durchgedrungen sei – das könne er verschmerzen –, sondern auch persönlich diffamiert und angegriffen worden sei. Von Landesgeschäftsführern aus anderen Bundesländern sei er als „Irrer" bezeichnet worden, mit dem man nicht arbeiten könne und in Flugblättern der CDU würden genüsslich hochrangige SPD-Politiker zitiert, deren Worte für die CDU genügend belegten, dass die SPD unter Steffen

---

1 Vgl. für das Zitat: Jochen Steffen: Personenbeschreibung. Biographische Skizzen eines streitbaren Sozialisten; hrsg von Jens-Peter Steffen, Kiel 1997, S. 284. Vgl. auch: Siegfried Heimann: Jochen Steffen – Querdenker der SPD, in: Christian Krell (Hg.), Vordenkerinnen und Vordenker der Sozialen Demokratie. 49 Porträts, Bonn 2015, S. 330-336.

2 Zit. nach: Steffen: Personenbeschreibung, S. 284.

in Schleswig-Holstein „in radikales Fahrwasser“ geraten sei. So hatte Steffen während eines SPD-Kreisparteitages im Sommer 1966 über „Annäherung und Wiedervereinigung“ als langen Prozess referiert und das „Neue Deutschland“ hatte wohlwollend darüber berichtet. In einem „Dreizeiler“, wie Steffen empört monierte, hatte das Sekretariat des Parteivorstandes im Auftrage von Brandt sofort die Übersendung des Wortlauts der Rede angefordert. Steffen nannte es müßig, sich dagegen zu wehren, zumal es ihm „des großen, politischen Ehrgeizes“ ermangele. Darüber hinaus habe er „gar keine Lust mich in die Bonner Atmosphäre zu begeben“. Aber, so fügte er versöhnlich hinzu, mit Brandt selbst würde er gerne zusammenarbeiten und er schlug ein persönliches Gespräch vor.

Willy Brandt antwortete Anfang Oktober. Er billige nicht die „resignierenden Schlüsse“, die Steffen aus seinen Erfahrungen gezogen habe. Er verstehe ihn aber nun besser. „Entscheidend ist für mich Deine Bereitschaft zur Mitarbeit über den Rahmen Deines Landesverbandes hinaus.“ Darüber sollten sie sprechen.[3] Sie haben darüber gesprochen und Jochen Steffen war nun auch bereit, freilich ohne große Begeisterung, häufiger in Bonn zu sein. Der Weg in den Parteivorstand, in die Programmkommission und in die Grundwertekommission war frei. Er war verknüpft mit vielen Hoffnungen, noch mehr aber mit vielen Enttäuschungen.

Bereits 1966 war Steffen auch in der Bundespolitik der Partei kein Unbekannter mehr. Als im Februar 1966 die SED sich in einem „Offenen Brief“ an die Delegierten des Dortmunder SPD-Parteitages wandte und Gespräche zwischen SED und SPD vorschlug, machte die SPD klar, dass es zwar keine politische Gemeinsamkeit mit der SED geben könne, dass sie aber zu einem Austausch von Argumenten über die „Kernfragen der deutschen Politik“ bereit sei. Der „Offene Brief“ wurde beantwortet und Willy Brandt, Fritz Erler und Herbert Wehner sollten die Gespräche in Karl-Marx-Stadt und in Hannover führen. Der vorgeschlagene „Redneraustausch“ kam nicht zustande, die DDR sagte ab, aber in der Öffentlichkeit wurde als Gesprächspartner für die SED neben Helmut Schmidt auch Jochen Steffen vorgeschlagen.[4]

In der Zeit der „Großen Koalition“ nach 1966 war er immerhin schon so bekannt, dass Günter Grass, der zuvor mit seinem „Wahlkontor“ für den Kanzlerkandidaten Willy Brandt geworben hatte, nun nur noch für den „linken Spitzenkandidaten der

---

3 Vgl. dazu den Brief von Jochen Steffen an Willy Brandt vom 25.9.1966 (einschließlich eines CDU-Flugblattes) und die Antwort von Brandt an Steffen vom 10. 10. 1966, in: Archiv der sozialen Demokratie Bonn (künftig: AdsD), Willy-Brandt-Archiv (künftig: WBA), Korrespondenz 1966, Nr. 21 und Nr. 55. Zur Anforderung des Wortlauts der Rede Steffens auf dem Kreisparteitag vgl. die Notiz von Willy Brandt vom 7.7.1966, in: AdsD Bonn, WBA, A 11, 5, Nr. 3 (1966).

4 Vgl. Hartmut Soell: Fritz Erler – Eine politische Biographie, Berlin/Bonn 1976, Bd. 2, S. 1129; zum Zusammenhang: ebd., S. 916ff.

schleswig-holsteinischen SPD, Jochen Steffen" Wahlkampf machte.[5] Der „Kieler Oppositionsführer" Jochen Steffen zeigte daher zusammen mit seinen linken Genossen aus Hessen-Süd schon Mitte der 1960er Jahre stets „großes Selbstbewusstsein" und ging „Konflikten mit der Bonner SPD-Führung nicht aus dem Weg".[6]

Einen Dämpfer erhielt Steffens Selbstbewusstsein freilich, als es die SPD Schleswig-Holstein bei den Landtagswahlen im April 1967 nicht vermochte, das Wahlergebnis von 1963 wesentlich zu steigern. Die 40-Prozent-Grenze wurde nicht erreicht und die CDU/FDP-Koalition blieb unangefochten an der Macht. Die städtischen Hochburgen blieben der SPD zwar erhalten, aber der von Steffen propagierte „wissenschaftliche Wahlkampf" vermochte die Bauern auf dem Lande nicht zu erreichen. Interessant an Steffens kritischer Sicht auf das Wahlergebnis war, dass er der „Großen Koalition" und damit der SPD im Bunde nicht die Schuld gab. Vielmehr beklagte er in seiner Wahlanalyse, dass die Funktionäre vor Ort nicht fähig gewesen seien, theoretisch durchdacht mit den Wählern zu diskutieren. Seine Schlussfolgerung war klar: Die SPD brauchte eine „Analyse der Strukturen und der Machtverhältnisse in der Gesellschaft und ihrer Interessengegensätze". Die Partei müsse ihr programmatisches Profil wieder mehr schärfen und die „Grundwerte" sozialdemokratischer Ziele genauer bestimmen.[7]

Seit 1967 engagierte er sich deshalb für einen Zusammenschluss linker Sozialdemokraten, den „Frankfurter Kreis", und er selbst war nun auch bereit, auf Bundesebene Verantwortung zu übernehmen.[8] Er gab auch später – 1972 – die Anregung für einen Zusammenschluss der linken SPD-Bundestagsabgeordneten zum "Leverkusener Kreis", um zu den „Kanalarbeitern" ein Gegengewicht zu bilden. Das missfiel Brandt sehr. Er schrieb Steffen am 24. Dezember 1972, dass er sich sehr über die Nachricht gefreut habe, dass es Steffen gesundheitlich besser gehe und er wünschte ihm auch – am Schluss seines Briefes – ein schönes neues Jahr. Die eigentliche Botschaft des Briefes aber lautete anders: „Die Empfehlung an die BT-Abgeordneten eines ganzen Landesverbandes, sich einer organisierten Gruppe in der BT-Fraktion anzuschließen, halte ich zum Beispiel für mehr als unvernünftig."[9]

---

5 Vgl. Peter Lösche/Franz Walter: Die SPD, Klassenpartei – Volkspartei – Quotenpartei, Darmstadt 1992, S. 288.

6 Vgl. Klaus Schönhoven: Wendejahre, Bonn 2004, S. 191.

7 Vgl. ebd., S. 219ff., das Zitat aus der Wahlanalyse S. 221. Steffens kritische Sicht auf seinen Landesverband resultierte nicht zuletzt aus der Einsicht, dass die SPD es nicht vermocht hatte, die Zahl der Mitglieder zu steigern. Ein Mitgliederzuwachs war – wie in anderen Bundesländern auch – erst in den frühen 1970er Jahren zu verzeichnen. Vgl. ebd., S. 495 und S. 512f.

8 Vgl. Lösche/Walter: Die SPD, S. 222.

9 Vgl. den handschriftlichen Brief von Willy Brandt an Jochen Steffen vom 24.12.1972, in: AdsD Bonn, Nachlass Steffen, 1/JS AA 000172.

Jochen Steffen im Parteivorstand

Auf dem Parteitag der SPD im März 1968 in Nürnberg wurde Jochen Steffen erstmals in den Parteivorstand gewählt. Er erhielt 245 Stimmen (von 335), nur drei Kandidaten erhielten noch weniger Zustimmung, aber immerhin: Klaus Schütz und Horst Ehmke fielen sogar durch. Jochen Steffen, der leidenschaftliche Landespolitiker, war damit auf der Bundesebene der Partei angekommen. Seine erste Rede auf einem Bundesparteitag war bereits dem Versuch gewidmet, die SPD zu mehr programmatischem Denken zu verpflichten. Er sprach über seinen Traum von einer sozialistischen Gesellschaft:„Viele spotten heute über den Traum von einer sozialistischen Gesellschaft. Laßt sie spotten! [...] Der Traum kann Wirklichkeit werden: Eine Gesellschaft ohne Ausbeutung, eine Gesellschaft, in der der Mensch mit seinen Bedürfnissen das Maß aller Dinge ist, eine Gesellschaft, in der der Mensch nicht geknebelt und gefesselt wird durch die Herrschaft seiner eigenen Fetische, sei es Profitstreben oder sei es Konsumzwang.“[10]

Mit seiner Rede wurde der „rote Jochen“ seiner Rolle als „ein sozialistischer Bürgerschreck“ (Stefan Appelius) ein weiteres Mal gerecht.[11] Besuche im wenig geliebten Bonn waren nun häufiger notwendig, aber er vermied sie, so oft es ging. Er fehlte oft bei den Sitzungen des Parteivorstandes, nicht immer entschuldigt. Wenn er anwesend war, ergriff er nicht immer das Wort. Aber wenn er sprach, dann immer zu Fragen, die ihn umtrieben, so etwa schon Ende Mai 1968, als er vorschlug, dass sich der Parteivorstand mit der Situation in der Tschechoslowakei befassen solle.[12]

Deutlich wurde bei den Wortmeldungen Steffens im Parteivorstand, dass er falsche Fronten und dadurch falsche Koalitionen, die der Partei schaden könnten, vermeiden wollte. So machte er sich in Briefen an Willy Brandt und auch in Parteivorstandssitzungen noch zu Zeiten der Großen Koalition stark für eine differenzierte Sicht auf den aufmüpfigen Sozialdemokratischen Hochschulbund (SHB), der wie schon Jahre zuvor der SDS mit manchen kritischen Wortmeldungen den Unwillen der Parteiführung erregt hatte. Steffen plädierte im Februar 1967 gegenüber Brandt für die „kleine Freiheit“ in parteiinternen Diskussionen und kritisierte die Drohung, dem SHB bei anhaltender Aufmüpfigkeit den Namen zu entziehen und die finanziellen Zuwendungen zu streichen.[13] Zu Beginn des Jahres 1969 warnte er darüber hinaus vor „Gesetzen, die nur dazu führen können, daß die APO mit den Anarchisten auf eine Linie gedrängt wird“.[14] Es war auch den Einsprüchen Steffens zu danken, dass der Parteivorstand

---

10 Vgl. Protokoll des SPD-Parteitages vom 17. bis 21.3.1968 in Nürnberg, S. 381f.

11 Vgl. Stefan Appelius im Gespräch mit Siegfried Lenz, in: Steffen: Personenbeschreibung, S. 11f.

12 Vgl. die Protokolle des SPD-Parteivorstandes und des Parteirates in: AsdD Bonn. Im Folgenden zitiert nur unter Angabe des Sitzungstages.

13 Vgl. den Brief von Jochen Steffen an Willy Brandt vom 13.2.1967, in: WBA, A11, 5, Nr. 5.

14 Vgl. Steffens schriftliche Stellungnahme zu einem Tagesordnungspunkt einer Sitzung des Parteivorstandes am 12.2.1969, in: AdsD Bonn, SPD-Parteivorstand, Protokoll der Sitzung vom 12./13.2.1969.

Anfang 1970 beschloss, die beginnenden Probleme mit den Jungsozialisten „nicht administrativ", sondern politisch zu lösen. Jochen Steffen und Hans-Jürgen Wischnewski wurden vom Parteivorstand beauftragt, dem Juso-Bundesausschuss die Beschlüsse des Parteivorstandes zu erläutern.[15]

Zu Beginn der 1970er Jahre war die neue Deutschland- und Ostpolitik von Willy Brandt das beherrschende Thema der innenpolitischen Debatten. Auch in der SPD stand in dem Zusammenhang die Frage einer Abgrenzung zur DKP auf der Tagesordnung. Hauptmotiv war sicherlich dabei, die neue Deutschlandpolitik nicht zu gefährden, die ja wie schon seit Beginn der 1960er Jahre in Berlin bedeutete, mit den „Kommunisten der anderen Seite" zu reden. Es galt daher klar zu stellen, dass trotz dieser neuen Politik zwischen SPD und DKP und schon gar SED Welten lagen.

Jochen Steffen sah das nicht nur genauso, sondern er war auch bereit, an der notwendigen Klarstellung mitzuwirken, freilich ohne das „Kind mit dem Bade" auszuschütten. Ende 1971 drohte, wie Steffen meinte. Der Hamburger Senat hatte entschieden, „Angehörige rechts- oder linksradikaler Gruppen nicht zu Beamten auf Lebenszeit zu ernennen". Auch Steffen anerkannte das Recht des Staates, „Personen aus dem öffentlichen Dienst fernzuhalten, die nachweislich die unveränderlichen Grundprinzipien unserer Verfassung bekämpfen". Aber die angekündigte Art des Verfahrens weckte in Steffen große Bedenken, die er in einem „persönlich" adressierten Brief an den Bundeskanzler Willy Brandt im Dezember 1971 offen ansprach. „Solche Maßnahmen dürfen sich meiner Meinung nach aber nicht an pauschalen Kriterien, wie der Zugehörigkeit zu einer nicht verbotenen Vereinigung, orientieren und sie dürfen auch nicht mit der Kritik eines Bewerbers an veränderlichen Teilen des Grundgesetzes begründet werden". Er warnte bereits zu diesem Zeitpunkt vor einer drohenden Gesinnungsschnüffelei, die „eine unheilige Allianz radikaler Gruppierungen in unserer Gesellschaft mit vielen liberalen und rechtsstaatlich denkenden Mitbürgern, vor allem unter der Jugend" provoziere. Er bat Brandt sehr eindringlich mitzuhelfen, eine solche Entwicklung zu verhindern.[16] Das Thema „Berufsverbote" – wie es bald abgekürzt hieß – sollte die SPD und Jochen Steffen als Mitglied des Parteivorstandes und Vorsitzenden der Grundwertekommission noch öfter beschäftigen.

Der Beginn einer neuen Ostpolitik unter einem sozialdemokratischen Bundeskanzler, der diese neue Politik zu seinem wichtigsten politischen Ziel gemacht hatte, zwang auch zu einer neuen Sicht auf die Kommunistischen Parteien in Ost-, Süd- und Westeuropa. Jochen Steffen machte in seinen Stellungnahmen keinen Hehl aus seiner Überzeugung, dass die Frage „SPD und Kommunismus" eng zusammenhänge mit den „konkrete[n] Aufgaben in einer aktiven Entspannungspolitik". Nach ersten Kontakten

15 Vgl. dazu den Beschluss des Parteivorstandes vom Januar 1970, in: AdsD Bonn, SPD-Parteivorstand, Protokoll der Sitzung vom 24.1.1970.

16 Vgl. den Brief von Jochen Steffen an Willy Brandt vom 3.12.1971, in: AdsD Bonn, WBA, A 8, Nr. 19.

der SPD mit dem „Bund der Kommunisten Jugoslawiens", die Steffen sehr aufmerksam verfolgt hatte, kam er in einer Stellungnahme als Mitglied des Parteivorstandes zu einer bemerkenswerten Sicht auf das Verhältnis von Sozialdemokratie und Kommunismus. Einerseits konstatierte er, dass der Kommunismus kein „monolithischer Block" mehr sei, dass aber andererseits eine wünschenswerte Entspannung zwischen den Staaten in Ost und West zugleich auch „eine Verschärfung des innenpolitischen Kampfes zwischen Kommunisten und Sozialdemokraten in der Bundesrepublik bringen wird". „Wir Sozialdemokraten dürften es dabei mit einer dogmatischen und stalinistischen Partei zu tun haben. Darauf müssen wir uns rechtzeitig einstellen."[17]

Gerade deshalb war auch eine der ersten Kontroversen, die Jochen Steffen auf Bundesebene auszufechten hatte, die innerparteiliche Debatte um eine Abgrenzung von der DKP und ihren organisatorischen Ablegern. Er nahm, zuletzt am 4. November 1970 vor dem Parteirat, zu der von Richard Löwenthal vorgelegten Ausarbeitung sehr differenziert Stellung, wollte aber auf keinen Fall, dass seine kritischen Einwände mit „falsch akzentuierter Ausschlußdrohung verknüpft" würde. Das böte „einer gefühlsmäßigen Linkslyrik, die wir zu bekämpfen haben, einen erneuten Grund zu gefühlsmäßiger Aufwallung", indem gleich das „schwerste Geschütz" aufgefahren werde. Zwar müsse erneut die „prinzipielle Unvereinbarkeit" mit den Vorstellungen der Kommunisten festgehalten werden, aber zugleich müsse jeder „blindwütige, emotionale Antikommunismus" vermieden werden. Und in seinen Notizen hieß es – sehr aktuell – weiter: „Wir Sozialdemokraten haben alle Tendenzen zu totalitärer, terroristischer und elitärer Herrschaft zu bekämpfen, indem wir die gesellschaftlichen Verhältnisse so verändern, daß die sozialen Ursachen dieser Tendenzen beseitigt werden."[18]

Den politischen Gegner, vor allem CSU und CDU, scherte eine solche differenzierte Sicht auf das Verhältnis der SPD zum Kommunismus wenig. Kurz vor den Landtagswahlen in Schleswig-Holstein galt es, die SPD und den SPD-Spitzenkandidaten zu diffamieren, um eine Niederlage der CDU abzuwenden. Eine CDU-Postille machte Steffen daher auch zu einem „Hysteriker", der mit anderen zusammen „ganz unverhohlen die Rolle einer Fünften Kolonne von DKP und SED" in der SPD spiele.[19]

Mehr noch als diese von der Tagespolitik bestimmten Fragen trieb Steffen die Frage um, wie eine programmatische Neubestimmung der mittel- und längerfristigen

---

17 Vgl. Jochen Steffen: Die SPD und der Kommunismus, SPD-Pressedienst XXV/172 vom 14.9.1970.

18 Vgl. den handschriftlichen Redeentwurf Steffens für die Sitzung des Parteirats am 14.11.1970, in: Privatarchiv Schorsch Beez. Vgl. auch die verschiedenen „Beschlußvorlagen" des Parteivorstandes von Jochen Steffen und Richard Löwenthal für die Sitzung des Parteirates, in: AdsD Bonn, SPD Parteivorstand, Sitzung des Parteirats am 13./14.11.1970. An der Neufassung der nun nur noch „Löwenthal-Papier" genannten Stellungnahme des Parteivorstandes zum Verhältnis von „Sozialdemokratie und Kommunismus" war Steffen nicht mehr beteiligt.

19 Vgl. „Steffen", in: Dialog 3/1971, S. 4. Vgl. auch die Sammlung weiterer Zitate der CDU, in: AdsD Bonn, WBA 8-1: CDU-Zitatensammlung.

Politik der SPD in der Regierungsverantwortung zu erreichen sei. „Bereits zu Beginn der 1970er Jahre", so resümierte Helga Grebing den Beginn einer neuen Programmdiskussion, „hatten Peter von Oertzen und Jochen Steffen damit begonnen, über Godesberg hinaus zu denken, aber die Partei, auch die Parteiführung, schien sich noch nicht vom Godesberg-Programm lösen zu wollen, alles dort Gesagte sollte noch gelten."[20] Dieser Zwiespalt beherrschte die Versuche Steffens in den folgenden Jahren, die Programmdiskussion in der SPD mitzubestimmen. Auch Steffen stellte das „Godesberger Programm" nicht zur „Debatte", es sollte freilich mehr gelesen werden, wie er im März 1973 im Parteivorstand meinte. Er beklagte die fruchtlose Auseinandersetzung zwischen den verschiedenen Fraktionen, die Partei sollte sich stattdessen mehr zu einer gründlichen gemeinsamen Diskussion der Theorie der Partei zusammenfinden und die Tagespolitik davon bestimmen lassen. Zuvor hatte auch Brandt gefordert, dass die Partei „Grundsatzfragen" klären müsse. Hier gebe es einen „Nachholbedarf an theoretischer Diskussion".[21]

Mitte 1972 – das Misstrauensvotum gegen Brandt war gescheitert und die Partei hatte Neuwahlen angekündigt – machte sich Steffen in dem Zusammenhang Gedanken darüber, ob und wie er seine Tätigkeit auf Bundesebene neu ordnen könne. In einem langen handschriftlichen Brief mit Anhang berichtete er Willy Brandt von seinem Gesundheitszustand. „Mir geht es weder gut noch schlecht ... Problem: saumäßig schlechtes Blutbild". Er könne an eine „volle Belastung" erst Ende des Jahres wieder denken. Dennoch wolle er aber einige Gedanken zu dem bevorstehenden Wahlkampf beitragen. Er sparte nicht mit Kritik an Personen, so vor allem an Conrad Ahlers, der „mit Springer-Parolen mit Springer seinen Profilierungsfeldzug gegen die Jusos führt", dabei sollten doch die Jusos im kommenden Wahlkampf die „Kleinarbeit" zu 80 Prozent machen. Steffen könne Ahlers Verhalten nur „ein Musterbeispiel parteiinterner Verlumpung" nennen. Noch mehr aber warnte er Brandt vor dem SPD-Verteidigungsminister Helmut Schmidt, der mit seinem „Disziplin- und Ordnungsfimmel" und mit seiner „Art Vernunft absolut zu setzen" zum „Haupthindernis" für Brandts Wahlkampfstrategie werden würde.

Steffen habe nicht die Absicht, sich um ein Bundestagsmandat zu bewerben. Er frage sich nach einigen Jahren Bonn-Erfahrung und bald 50-Jähriger überhaupt: „Was soll ein Mensch in meinem Alter in dem Laden". Er wolle nicht ausschließen, in Bonn – vielleicht sogar hauptamtlich – tätig zu sein. Aber er sehe seine Hauptaufgabe in der Bundespartei darin, „der Linken in der Partei zu helfen, politisches Gesicht und intel-

---

20 Vgl. Helga Grebing: Geschichte der deutschen Arbeiterbewegung, Berlin 2007, S. 193. Vgl. auch den Beschluss des Parteivorstandes in seiner Sitzung vom 26.1.1973, dass es sich bei der Formulierung eines „Orientierungsrahmens" nicht um ein neues Parteiprogramm handele, in: AdsD Bonn.

21 Vgl. die Diskussionsbeiträge von Brandt und Steffen in der Sitzung des Parteivorstandes vom 16.3.1973, in: AdsD Bonn.

lektuelle-theoretische Struktur zu bekommen". Deswegen schreibe er jetzt sogar ein „schlaues Buch über Sozialismus und so".

Er bot Brandt an, an der „Wahlplattform" für die Bundestagswahl mitzuarbeiten und machte im Anhang seines Briefes sogleich auch Vorschläge. Es müsse ein offensiver prinzipieller Wahlkampf geführt werden, der von einer „Generallinie" ausgehe, die auch bei der Wahlwerbung stets zu vertreten sei. Das müsse vorbereitet werden. „Wir bedürfen einer ideologischen Abteilung, die ständig gesellschaftspolitische Sinnzusammenhänge produziert."[22] Mit diesem Satz hat Steffen bereits sein Verständnis einer „Grundwerte-Kommission" formuliert, der er später für wenige Jahre vorstehen sollte.

Seine Erwartungen erfüllten sich freilich nicht. Die Bundestagswahlen – die „Willy-Wahlen" – waren ein großartiger Erfolg für die SPD. Das neue Kabinett war gebildet und der Parteigenosse, vor dem er Brandt gewarnt hatte, war nun als Finanzminister noch einflussreicher in der Partei als zuvor. Am 15. Dezember 1972 schrieb Steffen deshalb enttäuscht an Brandt: „[...] ich ziehe hiermit alle Angebote und Vorschläge, die ich Dir und anderen für meine Mitarbeit in der ‚Zentrale' gemacht habe, zurück." Er werde „zum P.V. erneut kandidieren, meine Parteiarbeit machen, aber ich weigere mich, für diese ‚Zentrale' eine hauptamtliche Beschäftigung auszuüben." Es wird nicht klar, was Steffen nach den Wahlen erwartet hatte, ob er vielleicht sogar auf ein Ministeramt gehofft hatte. Aber statt einer Berufung zu einem höheren Amt hatte er erneut erfahren müssen, dass sich Parteigenossen öffentlich für Diffamierungen seiner Person nicht zu schade waren und die Presse diese genüsslich auswalzten.[23]

Immerhin sollte Jochen Steffen – so schien es – zumindest in der Hierarchie der Parteiführung noch weiter aufsteigen. Nach dem Parteitag 1973 in Hannover, auf dem er wieder in den Parteivorstand gewählt worden war, sollte er auch in das Präsidium des Parteivorstandes gewählt werden. Die Wahl im Parteivorstand am 7. Mai 1973 scheiterte, weil sich Hans Apel, wie Steffen stellvertretender Vorsitzender der von Helmut Schmidt geleiteten Programmkommission, „nicht an den auch von Matthöfer ausgehandelten Personalkompromiss hielt und gegen alle Absprachen die Wahl des schleswig-holsteinischen Linksaußen Jochen Steffen in das Parteipräsidium verhinderte". Dabei war die Wahl des Präsidiums zuvor nicht zuletzt von Herbert Wehner sorgfältig vorbereitet worden.[24] Wehner selbst hatte zuvor gemahnt, dass die ganze

22 Vgl. dazu den Brief von Jochen Steffen an Willy Brandt vom 11.8.1977, in: AdsD Bonn, WBA A11, 5, Nr. 17. Das „schlaue Buch" war sein Buch über die „Strukturelle Revolution". Vgl. dazu weiter unten.

23 Vgl. den Brief von Jochen Steffen an Willy Brandt vom 15.12.1972, in: AdsD Bonn, WBA A11, 5, Nr. 17.

24 Vgl. dazu, auch für das Zitat: Werner Abelshauser: Nach dem Wirtschaftswunder. Der Gewerkschafter, Politiker und Unternehmer Hans Matthöfer, Bonn 2009, S. 463. Abelshauser sieht diese Intrige Apels vor allem als Ausdruck des Konfliktes mit Hans Matthöfer, Apel war aber auch innerparteilicher Gegner von Jochen Steffen, an dem er oft viel zu kritisieren hatte.

Partei ohne „Rücksicht auf die Flügel", also auch mit Jochen Steffen, im Präsidium vertreten sein müsste. Er sei, wie er an seine Frau schrieb, „recht angewidert" gewesen, über das „taktische Geplänkel" und über die „gegenseitigen Schuldzuweisungen".[25] Peter von Oertzen nahm seine Wahl in das Präsidium daraufhin nicht an und kritisierte heftig diese Intrige. Er habe sehr auf die „Zusammenarbeit" mit Steffen gesetzt, dessen Mitarbeit wäre ein Beleg für den Willen gewesen, die unterschiedlichen Strömungen im Präsidium zu integrieren. Brandt bedauerte diese Entscheidung, er hoffte aber auf beider Mitarbeit im Parteivorstand.[26]

Er warb sogar immer wieder um Steffen. Im Juni 1973, kurz nach der Sitzung des Parteivorstandes, schrieb er in einem kurzen handschriftlichen Brief, nachdem Holger Börner einen (Kranken-)Besuch bei Steffen gemacht hatte und Brandt darüber berichtet hatte, dass ihm – Brandt – bei der Bewältigung nicht weniger Probleme immer wieder bewusst werde, „wieviel von dem, worum wir uns bemühen, durch Deine Mitarbeit gefördert worden ist. Es wäre gut, wenn Du spüren könntest, wie oft wir mit guten Gedanken bei Dir sind. Herzlichst Dein Willy".[27]

Aber Steffen verstand sich nun erst recht in den Theoriedebatten der Partei als ein Einzelgänger, der zwischen allen Stühlen sitzen musste. Schon früh hatte er eine Erklärung dafür gefunden, weshalb es „Querdenker" wie er in der SPD stets schwer hatten, Gehör zu finden. Die Fraktionen in der Partei würden wie „Heerhaufen" gegeneinander marschieren und sich „Stimmpakete" statt Argumente um die Ohren hauen. Kontroverse Diskussionen aber müssten offen und öffentlich geführt werden, nicht zuletzt, um „Ämterpatronage" mit fatalen Gesetzmäßigkeiten zu vermeiden.[28]

Grundwerte-Kommission – Vorgeschichte

Eine erste Grundwerte-Kommission der SPD als Vorläufer des offiziell vom Parteivorstand im Juni 1973 beschlossenen „Arbeitskreis Grundwerte" war bereits seit 1972 tätig. Der Parteivorstand verabschiedete in seiner Sitzung am 20. März 1972 ohne Diskussion eine Vorlage des Präsidiums, die die Bildung eines „Arbeitskreises Grundwerte" vorsah. Kurt Gscheidle sollte gebeten werden, Vorschläge für die personelle Zusammensetzung zu machen.[29] Der Arbeitskreis nahm schon bald seine Arbeit auf. Er tagte, wie einem im Nachlass Holger Börner gefundenen „Zwischenbericht" zu entnehmen ist, zumindest einmal im Monat, hin und wieder auch zweimal. Mitglieder

---

25 Vgl. dazu und zu den paraphrasierten Sätzen Wehners im Brief an seine Frau: Christoph Meyer: Herbert Wehner, München 2006, S. 430.

26 Vgl. Protokoll der Sitzung des Parteivorstandes vom 7.5.1973, in: AdsD Bonn.

27 Vgl. Brief Willy Brandt an Jochen Steffen vom 18.6.1973, in: AdsD Bonn, WBA, A8, Nr.19.

28 Vgl. Joachim Steffen: Wider das Kartell der Kanalarbeiter, in: Die Zeit Nr. 13/1973 vom 30. März 1973.

29 Vgl. Protokoll der Sitzung des Parteivorstandes vom 20.3.1972, in: AdsD Bonn.

waren: Karl Anders, Leo Bauer, Bruno Friedrich, Norbert Gansel, Kurt Gscheidle, Horst Heidermann und Susanne Miller. In dem „Zwischenbericht" vom 4. September 1972 listete die Kommission auf, was sie bisher geleistet hatte: Sie hat „10 gegnerische Argumente, die sich auf die Politik und Vorstellungswelt der SPD in der Vergangenheit beziehen", mit „Gegenargumenten" gekontert und „Gegnern des demokratischen Sozialismus" 15 Antworten gegeben. Sie hat an 47 ausgewählte Professoren einen Brief geschrieben mit der Bitte, dem Versuch während des Wahlkampfes, den „Antikommunismus der fünfziger Jahre wieder aufzumöbeln", entgegenzutreten. Die künftige Arbeit sollte vor allem auf den Bundestagswahlkampf konzentriert werden.[30] Trotz dieser eindeutigen Datierung der Gründung einer „Grundwerte-Kommission" der SPD im Jahre 1972 gab es danach immer wieder Probleme mit dem Gründungsdatum.[31]

Die Berufung von Jochen Steffen zum 1. Vorsitzenden der Grundwertekommission aber lässt sich eindeutig bestimmen. Im Mai 1973 beschloss der Parteivorstand in mehreren Sitzungen, eine „Grundwertekommission" ins Leben zu rufen. Zunächst wurde Anfang Mai ein „Beirat für das Institut des demokratischen Sozialismus" gebildet, der auch für den „Arbeitskreis Grundwerte" zuständig sein sollte. Nachdem Jochen Steffen auf der gleichen Sitzung bei seiner Kandidatur für das Präsidium gescheitert war, war nun „Wiedergutmachung" angesagt. Am 1. Juni 1973 beschloss der Parteivorstand die Bildung eines „Arbeitskreises Grundwerte" mit Jochen Steffen als 1. Vorsitzenden. Kurt Gscheidle sollte den „Geschäftsführenden Vorsitz" übernehmen. Weitere Mitglieder waren Helmut Schmidt, Heinz Kühn, Bruno Friedrich, Horst Ehmke, Erhard Eppler, Peter von Oertzen und Klaus Schütz. Für ein „Institut des demokratischen Sozialismus" sollten Helmut Schmidt und auch Jochen Steffen Vorschläge machen.[32]

Zum Selbstverständnis Steffens bei seiner Arbeit in der Grundwertekommission

Jochen Steffen brachte für seine Arbeit in der Grundwerte-Kommission ein theoretisches Rüstzeug mit, das sich sehr von den späteren, oft abwertend gemeinten Zu-

---

30 Vgl. „Zwischenbericht" der Grundwerte-Kommission vom 4.9.1972 in: AdsD Bonn, 2/PVCO69 (Holger Börner). Der „Zwischenbericht" aus dem Jahre 1972 wird hier so ausführlich zitiert, weil im AdsD Bonn im Bestand des Parteivorstandes vergeblich nach den Akten der Grundwerte-Kommission, die unter ihrem ersten Vorsitzenden Jochen Steffen angefallen sein müssen, gesucht wurde. Sie existieren erst seit der Zeit 1979ff. Vgl. Mitteilung des AdsD Bonn vom 12.2.2014 an den Verfasser dieses Beitrages. Dagegen ist im AdsD Bonn im Nachlass Steffen auch viel über seine Arbeit als Vorsitzender der Grundwertekommission zu finden.

31 Vgl. dazu weiter unten zur fehlenden Erinnerung Erhard Epplers an seinen Vorgänger als Vorsitzender der Grundwertekommission.

32 Vgl. Protokoll der Sitzung des Parteivorstandes vom 1.6.1973, in: AdsD Bonn. Im Protokoll wird auch aufgelistet, welche Funktionen beim Parteivorstand Jochen Steffen noch inne hat: Stellvertretender Vorsitzender der Europakommission, Mitglied der Kommission für Politische Bildung und Mitglied im Redaktionsbeirat der Zeitschrift „Neue Gesellschaft".

schreibungen in der Öffentlichkeit unterschied. Er galt als der „radikale Marxist" in der SPD, dabei hatte er selbst immer wieder dagegen protestiert, in ein „Dogmen-Korsett" eingezwängt zu werden. Sein enger Freund Siegfried Lenz meinte daher auch im Rückblick, Steffen habe einen „eklektischen Marxismus" vertreten, wie er aus seinen vielen Briefen, „übrigens immer sehr lange Briefe, alle mit der Hand geschrieben", entnommen habe.
Steffen selbst sah „seinen" Marxismus noch kritischer. Er schrieb: „Tatsächlich schwankte ich innerlich, war ich meiner selbstgebastelten Ideologie – wie der aufgesaugten marxistischen Versatzstücke – keinesfalls so sicher, wie ich sie stur wiederholte, mich gleichsam im Glauben festigen wollend durch ständiges Repetieren der Kernpunkte." Auf die Nachfrage von Golo Mann: „Sind Sie ein Marxist?" antwortete er schließlich im Jahre 1974, kurz nach der Übernahme des Vorsitzes in der Grundwertekommission: „Das weiß ich nicht genau." Aber er hielt zwei Dinge aus dem Denken von Marx für wesentlich: Erstens dass „der Mensch [...] ein sich selbst entfremdetes Wesen" ist und zweitens, „daß ich glaube, daß die Triebkraft gesellschaftlicher Entwicklung und Veränderung der Klassenkampf ist".[33]

Sein Verhältnis zur Kommunistischen Partei der Nachkriegszeit war von den Anfängen seiner SPD-Mitgliedschaft an kritisch distanziert. Seine ersten Begegnungen mit Kommunisten „bewirkten eine Verhärtung meines latenten ‚Antikommunismus' [...] Die Kaltschnäuzigkeit des Hitler-Stalin-Paktes, das Bündnis gegen die Plutokratien nahm mir den Atem". Eher fühlte er sich angezogen von ehemaligen USP-Leuten und Rätekommunisten, Luxemburgisten und von Betriebsgewerkschaftsfunktionären, die skeptisch gegenüber der SPD und ablehnend gegenüber der KPD waren. „Für mich waren das Sozialdemokraten [...]." Er begriff: „Die ideale Partei gab es nicht".[34]

Steffen war auch entschieden gegen jede bloße Anti-Haltung, wie er sie bei den Jusos zu sehen meinte. So kritisierte er 1974, dass sich die Jusos auf den „Marsch ins mosernde Abseits" befänden. Harsche Worte eines Steffen der, wie Franz Walter betonte, „fraglos ein Gönner der rebellischen Jugend" war.[35]

Der Grund für seine Kritik entsprach ebenfalls seinem Selbstverständnis als Parteitheoretiker. Er übte stets gleichermaßen Kritik an denjenigen, die die bestehende Ordnung für unantastbar hielten wie an denjenigen, die der notwendigen Reform der Gesellschaft nicht realisierbare Ziele setzten. Wirtschaftspolitik müsse immer auch Gesellschaftspolitik sein. Die notwendige Investitionsförderung und die regionale Strukturpolitik habe vor allem ein Ziel: die „Souveränität des mündigen Volkes über

33 Vgl. Siegfried Lenz, in: Steffen: Personenbeschreibung, S.14, S. 59 und S. 240f.

34 Vgl. dazu Jochen Steffen: Ebd., S. 87 und S. 89.

35 Vgl. auch für das Zitat von Steffen: Lösche/Walter: Die SPD, S. 277.

die Machtpositionen der Wirtschaft und Gesellschaft zu sichern“, so sagte er bereits 1968 bei seiner ersten Rede als Mitglied des Parteivorstandes.[36] Mit diesem theoretischen Selbstverständnis hatte Jochen Steffen seine Partei schon vor 1973 immer wieder gemahnt, über der notwendigen Tagespolitik die langfristige, über den Tag hinaus weisende Programmdiskussion nicht zu vergessen. Eine unter dem Vorsitz von Helmut Schmidt tagende sechzehnköpfige Programmkommission, Jochen Steffen und Hans Apel waren Stellvertreter, sollte die bisherigen programmatischen Forderungen der SPD, etwa die „Vorschläge zur Reform der Bodenordnung“, die „Leitsätze zur Beteiligung der Arbeitnehmer am wachsenden Produktionsvermögen“ oder die „Gesundheitspolitischen Leitsätze“ in einem Programm zusammenfassen, das der SPD bis in die achtziger Jahre eine Orientierung geben sollte. Aber die Mitglieder der Programmkommission waren sich in der Zielsetzung ihrer Arbeit nicht einig. Die Mehrheit der Kommission, Helmut Schmidt vor allem, wollte mit dem schließlich im Juni 1972 vorgelegten „Entwurf eines ökonomisch-politischen Orientierungsrahmens für die Jahre 1973-1985“ klar stellen, dass alle Assoziationen darüber, ob das Godesberger Programm noch gültig sei, obsolet seien.

Die Minderheit, mit Jochen Steffen an der Spitze, konnte sich mit ihrer Kritik in der Kommission nicht durchsetzen. Ihre Intentionen waren in dem Entwurf nicht enthalten. Steffen vor allem wollte mit seinen programmatischen Überlegungen endlich einmal „aus dem Kreis von Reparatur des ‚Systems’ und Anpassung des ‚Systems‘ herausspringen“.[37] Er entwarf das Konzept einer „Strukturellen Revolution“, das Bezugspunkt für einen radikalen Neuanfang sozialdemokratischer Politik sein sollte.[38]

Steffens Kritik fiel zunächst auf fruchtbaren Boden, wie sich auf dem Parteitag in Hannover im April 1973 zeigen sollte. Die Delegierten beschlossen eine Empfehlung an die Programmkommission, die die Kritik der Parteilinken zusammenfasste. Dagegen regte sich jedoch sehr schnell Widerstand aus den Reihen der Mehrheit der Partei. Mit dem endgültigen Wortlaut des „Orientierungsrahmens 85“ waren zwar viele Parteilinke nicht einverstanden, stimmten aber schließlich fast einstimmig zu. Steffens Überlegungen gingen zu sehr gegen den Strich aller gängigen Strömungen in der SPD und fanden daher kein unmittelbares Echo.

---

36 Vgl. Jochen Steffen, in: Protokoll des SPD-Parteitages vom 17. bis 21.3.1968 in Nürnberg, S. 383 und S. 398.

37 Vgl. Jochen Steffen, in: Protokoll des SPD-Parteitages vom 17. bis 21.3.1968 in Nürnberg, S. 383 und S. 398.

38 Vgl. Joachim Steffen: Strukturelle Revolution, Von der Wertlosigkeit der Sachen, Reinbek 1974.

Seine kritischen Wortmeldungen galten bald als „Einzelstimmen“, auch wenn eine neue Programmkommission, nun mit Peter von Oertzen an der Spitze, einen neuen Programmentwurf dem nächsten Parteitag im Jahre 1975 vorlegen sollte.[39]

Vorsitzender der Grundwertekommission

Steffen sah sich auch als Vorsitzender der Grundwertekommission persönlich angesprochen, wenn in der Parteiführung Kritik an linken Gruppierungen laut wurde und gar eine „Fraktion im leninistischen Sinne“ vermutet wurde. Die innerparteiliche Situation war zwar vom Streit der Fraktionen geprägt, aber Steffen kritisierte die Vorstellungen einer Mehrheit in der Partei, diesen Streit organisatorisch zu lösen. „Wir können nicht durch Organisation ersetzen, was uns an strategisch-inhaltlichen Positionen abgeht [...] Unsere Schwäche ist die Frage nach den strategisch-inhaltlichen Positionen. Die ist nicht durch Werte zu ersetzen.“[40]

Wenn sogar der Parteivorsitzende – wie etwa im April 1974 – vor „Klassenkämpfern“ in der Partei warnte, sah Steffen sich verpflichtet, dringlich nachzufragen, wie das gemeint sei. In einem handschriftlichen Brief an Brandt verwies er auf den „Pluralismus des Godesberger Programms“, der auch für jene gelte, die den Klassenkampf „für die Triebkraft der gesellschaftlichen Entwicklung halten“. Darüber hinaus halte er es für „absurd“, pauschal auf Klassenkämpfer „loszuhauen“, handele es sich doch zumeist „um eine, auf ‚links‘ getrimmte, anarchistische Grundwelle“, die nicht weiter ernst zu nehmen sei. Es würden nur „falsche Fronten aufgerissen“. Aber wenn mit dem Diktum gegen „Klassenkämpfer“ auch Marxisten in der Partei gemeint seien, dann müsse er doch um Erläuterungen bitten: „Als Vorsitzender der Kommission Grundwerte fühle ich mich deshalb völlig fehl am Platze, da ich nicht einmal erkennen kann, ob für ‚Klassenkämpfer‘ – wie mich z. Bspl. – nach den letzten Äußerungen überhaupt noch Platz in der Partei ist [...]. Wenn schon ‚Marxisten‘ indirekt als nicht mit der SPD-Politik für vereinbar erklärt werden, darf man als Parteimitglied seit 1945 wohl um exakte Aufklärung bitten [...]. Allerdings bin ich – bei aller Kompromißbereitschaft – nicht bereit, mich wegen meiner Überzeugung [...] von meiner eigenen Parteiführung als Prügelknabe benutzen zu lassen. Das ist mir verdammt ernst.“[41]

Die Arbeit der Grundwertekommission sah Steffen vor allem als eine „Zuarbeit“ für die seit 1973 in der Partei erneut begonnene Programmdiskussion. Die verschie-

---

39 Vgl. zum Zusammenhang: Siegfried Heimann: Die SPD, S. 2086f.; zur „Einzelstimme“: Bernd Faulenbach: Das sozialdemokratische Jahrzehnt. Von der Reformeuphorie zur Neuen Unübersichtlichkeit, Bonn 2011, S. 461.

40 So argumentierte Steffen im Parteivorstand in seiner Kritik an einem Bericht von Bruno Friedrich über die innerparteiliche Situation. Vgl. Protokoll der Sitzung des Parteivorstandes vom 18.1.1974, in: AdsD Bonn.

41 Vgl. den handschriftlichen Brief von Jochen Steffen an Willy Brandt vom 12.4.1974, in: AdsD Bonn, WBA, A 11, 5, Nr. 20.

denen neuen Entwürfe für einen „Orientierungsrahmen 85“ sollten in der Grundwertekommission intensiv diskutiert werden und Jochen Steffen verfasste deshalb auch umfängliche „Vorlagen“ für die Kommission, die auch sein Credo über die „Rolle des Staates“ bei der Bewältigung der wirtschaftlichen Probleme der Gesellschaft enthielt. Er machte sich in seiner „Vorlage“ die Mühe, akribisch und Absatz für Absatz seine alternativen Vorschläge zu formulieren und zugleich auch explizit deutliche Kritik an den Autoren der anderen Entwürfe zu üben.[42] Steffen war sich freilich nicht sehr sicher, ob seine Vorschläge von der Mehrheit der Kommission überhaupt ernsthaft geprüft, geschweige denn übernommen werden würden. Nicht selten hatte er das Gefühl, für den „Papierkorb“ zu arbeiten.

Willy Brandt versuchte dennoch, Signale Steffens zu überhören, die von dessen Überdruss am Vorsitz der Grundwertekommission zeugten. Mitte des Jahres 1975 trat Jochen Steffen als Landesvorsitzender während eines Landesparteitages in Travemünde zurück. Das Grundsatzreferat auf dem Parteitag hielt Willy Brandt: Er wolle nicht beginnen, ohne sich zuvor bei Steffen zu bedanken. Sein Name sei nicht nur „unverwechselbar“ mit der Landespartei in Schleswig-Holstein verbunden. Jochen Steffen „ist auch aus der Entwicklung der Gesamtpartei nicht wegzudenken – ganz unabhängig davon, ob man seinem Rat in einzelnen zu folgen vermochte oder nicht. Und ich hoffe, dass er uns – nicht allein, aber ganz besonders – auf dem Wege über die Grundwertekommission weiterhin wesentlich voran helfen wird“.[43]

Der Appell hatte Erfolg, Jochen Steffen ließ sich weiter in die Pflicht nehmen. Kurz nach dem Mannheimer SPD-Parteitag im November 1975, der nach langer Debatte den allgemeinen Teil des „Orientierungsrahmens 85“ fast einstimmig verabschiedet hatte, schrieb Steffen in einem „höchst persönlichen“ Brief an Willy Brandt: „Solange ich im Parteivorstand noch mitmache, würde ich die Grundwertekommission (etwa in alter Besetzung, vor allem: Eppler, Rapp, Strasser, Löwenthal, Ehmke, v. Oertzen) gerne – unter Bedingungen – weitermachen.“ Voraussetzung für ihn sei jedoch ein „exaktere(r) Arbeitsauftrag“, die Klärung der Zuständigkeiten, eine „Verzahnung“ der Arbeit der Kommission mit dem Wahlkampf und vor allem „Hilfsmittel, wie Sekretärin, Assistent, sowie ein Fixum für mich, so weit es die GWK betrifft. (Letzteres ist neu!).“ Zu allen Punkten machte Steffen konstruktive Vorschläge, kritische Anmerkungen und er erläuterte auch die Gründe für seine Forderung nach einer besseren finanziellen Ausstattung der Grundwertekommission. Das klang nicht nach Resignation oder gar nach dem Wunsch, als Vorsitzender der Kommission zurückzutreten. Freilich hielt er auch in diesem Brief nicht mit deutlicher Kritik etwa am Bundesgeschäftsführer Holger

42 Vgl. „Joachim Steffen, Vorlage für die Grundwertekommission zur Diskussion über den Orientierungsrahmen ‘85“ vom 17.3.1975, in: AdsD Bonn, Nachlass Steffen 1/JSAA000165 (SPD PV Grundwertekommission).

43 Vgl. das Manuskript der Rede Brandts am 7.6.1975 auf dem Landesparteitag in Travemünde, in: AdsD Bonn, WBA, A3, Nr. 630.

Börner oder an der Arbeit der Friedrich-Ebert-Stiftung („Sie strickt am Grundmuster einer SPD, in der ich schwerlich Mitglied bleiben kann.") zurück und machte damit deutlich, dass er weiterhin ein „Stachel im Fleische der Partei" bleiben wollte.[44]

Deshalb musste Brandt auch immer wieder in Briefen kritisch nachfragen, wie denn Äußerungen Steffens in Artikeln und Interviews gemeint gewesen seien. Viele öffentliche Äußerungen Steffens habe er „mit Befremden" zur Kenntnis genommen und ein „klärendes Wort" sei notwendig.[45] Jochen Steffen kam fast postwendend der Aufforderung Brandts, Klartext zu reden, „sehr gern nach". Er werde in der Öffentlichkeit und auch in der SPD offenbar bewusst falsch verstanden. Er dementiere schon lange nicht mehr und er habe es auch aufgegeben, dass „mich jemand von uns verteidigt". Dennoch wolle er aber mit seinem Brief an Brandt, der auch an den ganzen Parteivorstand gerichtet ist, mit seinem „Klartext" einige Worte zu den Problemen der Partei, die vor einem schwierigen Wahlkampf stehe, sagen. Zunächst: Die Strategie des Wahlkampfes sei nicht erkennbar. Aber gäbe es sie, hätte er sofort als Vorsitzender der Grundwertekommission, „von Pontius zu Pilatus wandernd, gefragt, wo wir helfen könnten".

Er machte dann auf mehreren Seiten ausführliche Vorschläge, wie die „Problemlawine, die durch liberale, quantitative Wachstumspolitik" in Gang gesetzt wurde, zu stoppen sei. Er verwies in dem Zusammenhang auf die „letzten Sozialenzykliken", die hilfreich sein könnten, das bestehende System als „egoistisch" zu denunzieren und für eine „gerechtere Umverteilung innen und außen" zu werben. Bleibe die Partei beim „konsequenten Neoliberalismus", sei die SPD „nicht regierungs- sondern nur selbstzerstörungsfähig". Alles, was er aufgeschrieben habe, sei seine persönliche Meinung, sei mit niemandem abgesprochen. Niemand müsse mit ihm Solidarität üben, aber er nehme sich daher auch das Recht heraus, sich auch öffentlich zu Wort zu melden und sich nicht immer nur „auf Diskussionsbeiträge zu beschränken".[46]

Willy Brandt ging in seinem nächsten Schreiben an Steffen auf diese „Klarstellung" nicht ein. In seinem kurzen Antwortbrief machte er deutlich, wie er die Arbeit der Grundwertekommission verstehen wollte. Offenbar ging er davon aus, dass auch Steffen ein ähnliches Verständnis hat. Er habe vom Termin der nächsten Sitzung der Grundwertekommission gehört und wolle „dazu ein paar Anregungen geben". Der Wahlkampf stehe vor der Tür und die Grundwertekommission sollte daher ihre lang-

---

44 Vgl. den Brief von Jochen Steffen an Willy Brandt vom 17.11.1975, in: AdsD Bonn, Nachlass Steffen 1/JSAA 000 165 (SPD PV Grundwertekommission).

45 Vgl. als ein Beispiel den ziemlich ungehaltenen Brief von Willy Brandt an Jochen Steffen vom 6.4.1976 über Steffens Äußerungen zur Situation in Baden-Württemberg, die den Genossen dort wenig geholfen hätten, in AdsD Bonn, Nachlass Steffen, 1/JSAA 000172.

46 Vgl. den Brief von Jochen Steffen an Willy Brandt vom 27.4.1976, in: AdsD Bonn, Nachlass Steffen 1/JSAA 000 165 (SPD PV Grundwertekommission).

fristigen Aufgaben auf den Herbst vertagen und so schnell wie möglich eine „nicht zu lange, nicht anspruchslose, aber doch leicht verständliche Ausarbeitung zum Thema ‚Freiheit und (oder, durch?) Sozialismus" vorlegen. Auch eine Auseinandersetzung mit dem Entwurf des CDU-Grundsatzprogramms wäre hilfreich. Brandt bat abschließend, diese Anregungen allen Mitgliedern der Kommission mitzuteilen und dankte im Voraus.[47]

Jochen Steffen war zunächst bereit, diesen Erwartungen nicht nur gerecht zu werden, sondern nach reiflicher Überlegung seine Arbeit in der Grundwertekommission auch längerfristig fortzusetzen. Er habe sich, so schrieb er noch im Mai 1976 an Brandt, mit der Familie und mit Parteifreunden, nicht zuletzt auch nach einem Gespräch mit Brandt, entschlossen, erneut für den Parteivorstand zu kandidieren, „um die Arbeit der Grundwertekommission fortzuführen". Danach informierte er Brandt, dass die Arbeit für das „Bild des Gegners" begonnen habe. Erhard Eppler solle die Ausarbeitung der Kommission dazu auf dem Parteitag vortragen. Zugleich teilte er mit, dass er dem DGB-Vorsitzenden Vetter ein klärendes Gespräch über einige Formulierungen im Entwurf für den „Orientierungsrahmen" angeboten habe und darüber hinaus auch vorschlage, dass ein DGB-Vertreter der „nächsten Grundwertekommission" angehören sollte. Zum Schluss machte noch einen überraschenden Vorschlag. Er habe in einem Informationsgespräch mit einem Jesuiten-Professor zu klären versucht, ob der Grundwertekommission nicht ein Vertreter der katholischen Kirche ohne „politisch-offiziellen Charakter", gleichwohl aber „sachlich autorisiert", angehören sollte.[48]

Es wird deutlich: Steffen hatte weiterhin Gefallen an seiner Arbeit als Vorsitzender der Grundwertekommission und er war bereit, konstruktiv mitzuarbeiten und strittige Debatten in der Kommission auszuhalten. Das sollte schon Ende des Jahres 1976 anders aussehen.

Rücktritt Steffens aus der Grundwertekommission

Ende November 1976 schrieb Jochen Steffen an die Mitglieder der Grundwertekommission, dass er soeben in einem Schreiben an den Parteivorsitzenden die „Niederlegung des Vorsitzes der GWK" begründet habe. In dem angefügten sechsseitigen, offenbar über mehrere Tage engzeilig geschriebenen Brief an Brandt stellte er zunächst lapidar fest, dass er „nach langer Überlegung" zu dem Entschluss gekommen sei, den Vorsitz in der Grundwertekommission niederzulegen. „Die Debatte im PV über das Papier zur Energiepolitik hat den Punkt auf dem i lediglich noch dicker gemacht." Bevor er Vorschläge für die weitere Arbeit mache, wolle er „über Leistung, vorbereitende Arbeit und offensichtliche Schwächen" in der Arbeit der Grundwertekommission sehr

47 Vgl. den Brief von Willy Brandt an Jochen Steffen vom 5.5.1976, in ebd.

48 Vgl. den Brief von Jochen Steffen an Willy Brandt vom 21.5.1976, in ebd. Der Jesuitenprofessor war Rupert Lay.

„subjektiv" berichten. Das sei kein „Rückblick im Zorn", auch wenn persönliche Probleme nicht ausgespart werden könnten. „Als Mensch, als Person und auch als Politiker halte ich den Widerspruch zwischen unseren Prinzipien und unserer tatsächlichen Politik – nebst ihren propagandistischen Begründungen – nicht aus. Ich gehe daran physisch und psychisch kaputt [...] Ich bin Reformist. Unsere Praxis ist antireformistisch [...] Ich bin kein 'Staatssozialist'. Unsere Praxis ist extrem 'staatssozialistisch'." Aus diesen sachlichen Gründen könne er nicht mehr den Vorsitz führen.

Danach wiederholte er seine Vorschläge aus dem Jahre 1975, wie die Arbeit der Grundwertekommission wieder Sinn ergeben könne: Die Kommission müsse einen klaren Arbeitsauftrag erhalten und der Vorsitzende müsse hauptamtlich und gut ausgestattet arbeiten. Mit seinen Genossen in der Kommission habe er gern zusammengearbeitet. „Das ist kein Schmus. Wir haben uns gut kenngelernt." Er lobte ausdrücklich den Sekretär der Kommission Reinhard Ueberhorst. Die Kommission solle personell beisammen bleiben und als Vorsitzenden schlage er Egon Bahr vor. Am Schluss des Briefes wünschte er sich, dass Brandt seinen Schritt verstehen möge, auch wenn er ihn nicht billige. In seinen handschriftlichen Notizen „Grundwertevorsitz niederlegen" hatte er darüber hinaus notiert, dass es „sachliche und persönliche Gründe" für seinen Rücktritt gebe.

Der sachliche Hauptgrund sei gewesen: „Eine Parteiführung, die nicht begreift, dass die Praxis nicht konkretisierter Grundwerte zu einem Dilemma führen mußte, fordert jetzt zum Kompromiss zwischen – letztlich – antagonistischen Zivilisationsentwürfen auf."[49]

Steffens Rücktritt löste großes öffentliches Aufsehen aus. „Linker Flügelmann verläßt Grundwertekommission" hieß es Anfang Dezember in einem langen Artikel in der „Frankfurter Rundschau". In einem Interview mit der Wochenzeitung „Die Zeit" erläuterte Steffen seine Gründe für den Rücktritt auch für die Öffentlichkeit. Er wünsche sich, dass die SPD wieder als „Reformpartei" praktische Politik mache. Das sei aber mit einem Bundeskanzler Schmidt nicht möglich der, „nur macht-technokratisch denkt und handelt" und darüber hinaus gar nicht mehr merke, dass er nur „absegne, was Industrie und Interessengruppen des Kapitals längst in die Wege geleitet haben". Andrerseits wolle Steffen nicht gegen seine Partei „mobil machen", aber auch nicht

49 Vgl. den Brief von Jochen Steffen an die Mitglieder der Grundwertekommission vom 30.11.1976; den Brief von Jochen Steffen an Willy Brandt vom 27.-30.11.1976 und die handschriftlichen Notizen Steffens „Grundwertevorsitz niederlegen", in ebd. Brandt folgte dem Vorschlag Steffens nicht. Bahr war noch im November 1976 Bundesgeschäftsführer der SPD geworden. Brandt benannte Anfang Dezember Egon Eppler zum Nachfolger Steffens als Vorsitzender der Grundwertekommission. Dieser blieb es bis 1991.

aus „Opportunismus“ nur noch „Augenwischerei“ betreiben.[50] Sein Rücktritt war daher sicher die logische Konsequenz.

Wegen des Medienechos nach dem Rücktritt Steffens aus der Grundwertekommission im Jahre 1976 versuchte Willy Brandt eher „abzuwiegeln“. In einem langen Interview mit der „Hamburger Morgenpost“ im Dezember 1976 antwortete Brandt auf die Frage nach einer „drohenden Spaltung der Partei“, die mit dem Hinweis auf den „Rücktritt Jochen Steffens von der Grundwertekommission“ begründet worden war: „Man kann alles hochspielen, wenn man will. Was den Rücktritt Steffens angeht: Ich sehe überhaupt nicht, was sensationell dabei sein soll, wenn ein Mitglied des SPD-Parteivorstandes den Vorsitz einer Kommission abgeben möchte. Steffen hat in seinem Brief an mich geschrieben, er wolle dem neuen Vorsitzenden dabei helfen, dass die Geschäfte richtig übergeleitet werden. Es handelt sich also um einen individuellen Fall. Es muß doch jedem freistehen, sich von der aktiven politischen Arbeit etwas mehr zu distanzieren.“[51] Das war freilich mehr als „diplomatisch“ formuliert, denn Steffen hatte in seinem Brief an Brandt sehr viel gewichtigere Gründe für seinen Rücktritt angeführt. Aber den Parteivorstand trieb zu jener Zeit die Sorge um, ob denn Gerüchte über eine Parteispaltung zutreffend seien und ob Steffen dabei eine Rolle spielen werde.

Im Rückblick zeigten nicht wenige Sozialdemokraten Verständnis für die prinzipienfeste Haltung von Steffen in der Grundwertekommission. So schrieb ihm noch im Dezember 1976 – also kurz nach seinem Rücktritt aus der Grundwertekommission – Hans Koschnick, dass er zwar manche öffentlichen Äußerungen nach seinem Rücktritt nicht akzeptiere, aber er spüre dennoch, „wie stark manche Entwicklung in der Partei Dich mit Sorge erfüllt. Doch eben nicht nur Dich allein, auch mir geht es – ohne Deine theoretische Position überall zu teilen – um ähnliche Besorgnisse“. Er habe viele Fragen, ohne Antworten zu wissen, die er mit Steffen gern erörtern würde.[52]

Die Grundwertekommission der späteren Jahre, ohne Jochen Steffen als Vorsitzenden, war sich merkwürdigerweise nicht ganz sicher, wann die Arbeit der Kommission überhaupt begonnen und welche Rolle Jochen Steffen darin gespielt hat. Im Oktober 1977 veröffentlichte die Kommission ein Diskussionspapier über die „Grundwerte in einer gefährdeten Welt“. Die Kommission tagte inzwischen unter dem Vorsitz von Erhard Eppler. Richard Löwenthal und Hein Rapp waren stellvertretende Vorsitzende. Unter den weiteren zwölf Mitgliedern wurde auch ein letztes Mal Jochen Steffen als

---

50 Vgl. „Steffen legt Amt nieder“, in: Frankfurter Rundschau vom 3.12.1976 und: “Farbe bekennen. Gespräch mit dem Alt-Sozialisten Jochen“, in: Die Zeit vom 3.12.1976. Beide Berichte als Zeitungsausschnitte in ebd.

51 Vgl. das Interview Brandts mit der „Hamburger Morgenpost“ vom 8.12.1976. Vgl. einen Ausschnitt in: WBA, A3, Nr. 674 (Publikationen).

52 Vgl. den Brief von Hans Koschnick an Jochen Steffen vom 9.12.1976, in: AdsD Bonn, Nachlass Steffen, 1/JSAA000172.

vom Parteivorstand berufenes Mitglied genannt. Ergänzt wird die Information über die namentliche Zusammensetzung der Kommission mit dem Hinweis: „Die Kommission Grundwerte wurde auf eine Initiative Willy Brandts hin auf dem Parteitag in Hannover im Jahre 1973 eingesetzt. Sie nahm ihre Arbeit im Oktober 1974 auf." In seiner Einleitung zu dieser Broschüre schrieb Willy Brandt, dass der Bundesparteitag 1973 in Hannover beschlossen habe, „in Ergänzung der Arbeit am Orientierungsrahmen der Präzisierung der sozialdemokratischen Grundwerte besondere Aufmerksamkeit zuzuwenden". Der Name Steffen als Vorsitzender fehlte.[53]

Besonders unverständlich aber ist die lückenhafte Erinnerung des Nachfolgers von Jochen Steffen als Vorsitzender der Grundwertekommission. Erhard Eppler berichtet in seinen 2015 erschienenen „Erinnerungen eines Wertkonservativen" in einem ganzen Kapitel über seine Arbeit als Vorsitzender, ohne seinen Vorgänger auch nur zu erwähnen (wie im Übrigen im ganzen Buch nicht). Der Vorsitz sei für ihn „die schönste von allen" Aufgaben, die er je in der SPD inne hatte. Er fährt dann fort: „Es war Willy Brandt, der die Kommission einrichtete. Ihre Aufgabe war neu, und so verliefen die ersten Versuche etwas wirr und turbulent. Ich kenne die Kommission erst, seit Willy Brandt mich zu ihrem Vorsitzenden bestimmt hat. Das war 1973. Da ich 1974 als Minister zurücktrat, bot sich hier für mich ein Arbeitsfeld an: zwischen Theorie und Praxis zu vermitteln, die Praxis mit den Grundwerten zu vergleichen und die Theorie auf die neuen Aufgaben zu lenken." Die Arbeit der Kommission sei ein Erfolg gewesen, nicht zuletzt wegen ihrer Mitglieder, allen voran seine zwei stellvertretenden Vorsitzenden Rix Löwenthal und Hans Rapp. Löwenthal charakterisiert er mit Worten, die auch Steffen einige Jahre zuvor hätte geschrieben haben können. Löwenthal galt – so Eppler – in der SPD „als der theoretische Kopf der Rechten, und sie hielten von mir, dem Vorsitzenden der Kommission, nicht eben viel". Er sei der „Aufpasser" gewesen, mit dem sich Eppler aber bald gut verstanden habe. Die Kommission habe zwischen 1977 und 1984 sechs wichtige Papiere verfasst, die als Vorarbeiten für ein neues Grundsatzprogramm – dem Berliner Programm von 1989 – zu verstehen gewesen seien. Mit keinem Wort erwähnt Eppler die vorangehenden – und maßgeblich von der Grundwertekommission unter Jochen Steffen mitbestimmten – Debatten um den „Orientierungsrahmen 85", die wichtige Festlegungen auch für das spätere „Berliner Programm" bereits vorweg nahmen.[54]

---

53 Vgl. Die Grundwertekommission beim Parteivorstand, in: Grundwerte in einer gefährdeten Welt. Bonn 1977, S. 5.

54 Vgl., auch für die Zitate: Erhard Eppler: Links leben. Erinnerungen eines Wertkonservativen, Berlin 2015, S. 213ff.

Rückzug aus dem Parteivorstand

Im September 1977 gab Steffen sein Landtagsmandat zurück. Auch sein Rückzug aus dem Parteivorstand kündigte sich an, in der Presse war sogar die Rede davon, dass er die Partei verlassen wolle und die Gründung einer Partei links von der SPD sogar für begrüßenswert halte. Dabei hatte Steffen noch Anfang August 1977 auf Nachfragen von Journalisten erklärt, dass er zwar die Gefahr einer Parteispaltung sehe, er wolle aber die „Genossen, die mit dem Gedanken spielen, dazu aufrufen, in der Partei zu bleiben. Ich bin ja Reformist. Und die Partei der Reformisten ist die Sozialdemokratie“.[55] Dennoch war der Parteivorstand alarmiert und der Parteivorsitzende in Sorge. In zwei Interviews mit der Tageszeitung „Westfälische Rundschau“ und mit der Illustrierten „Stern“ im August 1977 verlieh Brandt seiner Sorge mit sehr harschen Worten über Steffen drastischen Ausdruck. Der „Westfälischen Rundschau“ sagte er: „Steffen ist ein ehrlicher, aber auch sehr eigenwilliger Mann [...]. Er hat sich in eine Außenseiterrolle geflüchtet und will offenbar durch bewusst überspitzte Formulierungen Aufmerksamkeit erwecken. Was er über die SPD von sich gegeben hat, kann ich nicht ernst nehmen.“ Im „Stern“ sprach er wenige Tage später etwas zurückhaltender über Steffen, vor allem nahm er ihn in Schutz vor falschen Zuschreibungen. Steffen sei „ein Gegner der Stamokap-Gruppierung“ und auch „ein Gegner von Bündnissen mit den Kommunisten“.[56]

Die in der Öffentlichkeit Aufsehen erregende Kritik des Parteivorsitzenden konnte Steffen freilich zunächst kaum bremsen. Anfang September 1977 erschien in der Zeitschrift „Quick“ ein Interview mit Steffen mit der Überschrift „Warum Steffen die SPD verlassen will“. Er hielt in dem Gespräch die Gründung einer neuen linken Partei für möglich. „Ich würde sie unterstützen“, sagte er, er wolle aber, schon aus gesundheitlichen Gründen, nicht an führender Stelle, schon gar nicht als Vorsitzender, mitarbeiten. Rudi Dutschke habe um ihn geworben, aber die Gruppierung hinter diesem, das „Sozialistische Büro“, sei ihm zu „kopflastig“. Die DKP käme als Bündnispartner einer neuen linken Partei erst recht nicht infrage. „Wer kommunistischer Funktionär ist, der gibt sein Gewissen an der Parteigarderobe ab.“ Aber wenn die entstehende Partei für ihn „akzeptabel“ sei, „so daß ich mitmachen kann, dann trete ich natürlich vorher aus der SPD aus“.

Er wollte es offenbar nicht auf ein Ausschlussverfahren ankommen lassen, hatte aber andererseits so viele Bedenken gegenüber den Parteigründungsversuchen geäußert, dass viele zweifelten, ob er es überhaupt ernst meine. Zumindest seine Zugehö-

---

55 Vgl. „Da muß man einfach Flagge zeigen“. Spiegel-Interview mit SPD-Vorstandsmitglied Jochen Steffen, in: Der Spiegel Nr. 32/1977 vom 1. August 1977.

56 Die Zitate aus dem Wortlaut der Interviews im Pressedienst der SPD Nr. 364 vom 3.8.1977 (Westfälische Rundschau) und Nr. 372 vom 9.8.1977 (Stern), beides in: AdsD Bonn, WBA A 3, Nr. 729.

rigkeit zum Parteivorstand wurde jedoch auch von denjenigen kritisch gesehen, die es gut mit ihm meinten, zumal er sich in Tageszeitungen zur gleichen Zeit sehr viel dezidierter äußerte und eine „neue Partei links von der SPD" forderte.[57]

Das verlangte nach einer Klarstellung. Im Auftrag von Willy Brandt besuchte Wilhelm Dröscher Jochen Steffen am 11. September 1977 in St. Peter-Ording. In einem zweistündigen Gespräch ließ er sich über den Gesundheitszustand Steffens aufklären und kam dann sofort zum Thema. Die Partei frage sich, ob Steffen mit seinen Interviews in mehreren Zeitschriften fortfahren wolle, der Partei „Schaden" zuzufügen. „Man müsse von ihm erwarten, daß er klar sage, was er eigentlich wolle." Über das nachfolgende Gespräch notierte Dröscher: „Seine Gedanken kreisen aber immer wieder um die Arbeitslosigkeit und die Vollbeschäftigung." Wenn es der SPD nicht gelinge, das Problem der Arbeitslosigkeit zu lösen, verliere sie „endgültig ihre Glaubwürdigkeit". Und dann kam Dröscher zum eigentlichen Problem: „Konkret angesprochen auf die Gründung einer anderen Partei sagte er, daß er dies nicht wolle". Er habe in seinen Interviews immer in Konditionalsätzen gesprochen, aber er habe auch – nicht zuletzt im Gespräch mit Rudi Dutschke – von den Chancen einer neuen Partei gesprochen, die „mehr in die Richtung SAP wie USPD gehen würde". Eine solche Partei könne bei Wahlen stärker als die FDP werden. Sie könne dann nach den Wahlen mit der SPD „zusammen operieren und diese in die richtige Richtung bringen". Er wolle aber, um Ruhe in die Partei zu bringen, seinen Sitz im Parteivorstand niederlegen und er hoffe, dass dann ein Parteiordnungsverfahren vermieden werden könne. Dröscher kündigte einen Brief Steffens an Brandt an und empfahl, so zu verfahren, wie Steffen es vorgeschlagen habe.[58]

Noch am gleichen Tag schrieb Steffen an Brandt. Der handschriftliche Brief war am 15. September eingegangen und Egon Bahr, Wilhelm Dröscher, Helmut Schmidt und Herbert Wehner zur Kenntnis gegeben worden. Steffen schrieb: „Werter Genosse Brandt, hiermit erkläre ich 1.) Dass ich meinen Sitz im Vorstand der SPD ab sofort niederlege; 2.) dass ich keine ‚neue' Partei gründen werde. [...] Persönlich möchte ich sagen, dass ich diesen Schritt ohne jegliche Bitterkeit – wirklich! – tue. Eher ist er für mich eine Befreiung." Er sehe auch den kommenden „Verhaltensweisen – sich selbst zur Bespuckung freigegeben – gefasst entgegen". Viel schlimmer könne es ja kaum noch kommen. „Inzwischen managen wir nicht die Probleme, sie haben uns längst zu ihrem Spielball gemacht. Die Hauptursache ist, dass wir unsere Überzeugungen bis zur Unkenntlichkeit vermarktet haben und selbst nicht mehr die Wahrheit zu sagen

---

57 Vgl. „Ein QUICK-Interview: Warum Jochen Steffen die SPD verlassen will", in: Quick vom 8.9.1977 und: „Jochen Steffen fordert eine neue Partei links von der SPD", in: (Buxtehuder) Tageblatt vom 8.9.1977.

58 Vgl. „Vermerk über ein Gespräch mit Jochen Steffen am 11. September 1977 ...", in: AdsD, WBA 11, 5, Nr. 25.

und zu sehen wagen." Er bedauere sehr, dass Brandt – schließlich eine „Symbolfigur" – Schaden nehmen könnte in diesem „Zerreißprozess" der Partei. Brandt müsse sich entscheiden und er empfiehle ihm, sich im Streit zwischen Eppler und Schmidt auf die Seite von Eppler zu schlagen. „Ich wünsche Dir und allen, die es verdienen alles Gute."[59]„Damit", so resümierte Jens-Peter Steffen später, beendete sein Vater Jochen Steffen „seine Beteiligung an der Diskussion über die Gründung einer neuen Linkspartei, in der er anfänglich: ‚Freunde, ihr habt den Mund gespitzt. Jetzt müßt ihr pfeifen!' in die Runde gerufen hatte."[60]

Nach diesem Brief Steffens an Brandt, der die erbetene Klarheit bringen sollte, gratulierte Egon Bahr noch im gleichen Monat Steffen zum Geburtstag. Er freue sich, dass Steffen „keine persönliche Bitterkeit" empfinde, zumal er – Bahr – Steffens Sorgen „weitgehend" teile. Auch er meine: „die Partei muß für richtig und notwendig erkannte Ziele formulieren und durchkämpfen [sic!]; sie darf sich nicht im taktisch und tagespolitisch Durchsetzbaren erschöpfen".[61]

Auch Willy Brandt sah den Brief Steffens als eine längst überfällige, aber auch eindeutige Klarstellung und auch er gratulierte Steffen postwendend zu dessen 55. Geburtstag „unabhängig von der Distanz, in die wir – wie ich meine: ohne Not – zueinander geraten sind." Brandt hatte inzwischen den Bericht von Wilhelm Dröscher gelesen und er hoffte, dass Steffen sich noch eindeutiger von einigen seiner Aussagen distanzieren werde. Aber: „Die Jahre freundschaftlicher-kritischer Berührung werde ich jedenfalls in guter Erinnerung behalten". In einem Postskriptum teilte er mit, dass er die Erklärung Steffens dem Parteivorstand zur Kenntnis geben werde, ohne weitere Mitteilungen dazu abzugeben. Interessant ist freilich in dem Zusammenhang, dass das „PS" im Entwurf des Briefes noch einen kleinen Zusatz enthielt: „Dies muß von mir aus keinen Schlußpunkt bedeuten." Dieser Satz ist handschriftlich gestrichen und ist im abgeschickten Brief nicht mehr enthalten.[62]

Brandt bat darüber hinaus Wilhelm Dröscher, den Brief Steffens an Brandt ausführlich zu beantworten. Dieser schrieb im Oktober 1977, dass er Steffen weiterhin freundschaftlich begegnen wolle, auch wenn Steffen es ihm nicht leicht mache. Er gab ihm recht, dass oft sozialdemokratische Überzeugungen in der Tagespolitik nicht mehr kenntlich seien. Aber vor allem war in dem Brief erkennbar, wie erleichtert Dröscher, und sicher auch Brandt, waren, dass Steffen sich nicht an der Gründung einer neuen Partei beteiligen wolle. Das wäre „doch ein Stück der Gegenkraft zu der Bewegung,

---

59 Vgl. den Brief von Jochen Steffen an Willy Brandt vom 12.9.1977, in: AdsD, WBA 11, 5, Nr. 25.

60 Vgl. Jens-Peter Steffen, Anhang, in: Steffen: Personenbeschreibung, S. 285.

61 Vgl. den Brief von Egon Bahr an Jochen Steffen vom 16.9.1977, in: AdsD Bonn, Nachlass Steffen, 1/JSAA000172.

62 Vgl. den Brief Willy Brandts an Jochen Steffen vom 15.9.1977, in AdsD, WBA, A 11, 5, Nr. 25.

die bei aller ansonsten differenzierenden Sicht Willy Brandt, Helmut Schmidt, Herbert Wehner und Du m. E. noch gemeinsam vertreten". Und Dröscher schloss sehr versöhnlich. Er hoffe, dass „wir nicht allzu weit auseinanderdriften und Dein Boot sich nicht ganz vom Geleit entfernt – wir also weiter miteinander im Gespräch bleiben können".[63]

Aber Jochen Steffen dachte dennoch nicht daran, Wohlverhalten zu üben. In einem Artikel in der linken Postille „das da" von Klaus Rainer Röhl schrieb er Anfang Oktober 1977 noch einmal alle seine Wünsche an eine „neue Partei" „ins Stammbuch" der potentiellen Parteigründer. Erneut listete er auf, was die neue Partei alles leisten müsse, zugleich sagte er, dass die SPD ganz sicher diese aufgezählten Probleme nicht lösen könne. Es gehe aber nicht so sehr um eine „Organisation" als um die „Lösung von Problemen". Und wieder ließ er es in der Schwebe, ob er sich dieser neuen Partei, wenn sie denn alle Forderungen Steffens einlöst, anschließen würde.[64] Nun verlor auch Willy Brandt die Geduld. In einem handschriftlichen Vermerk für Egon Bahr notierte er: „EB: dies wird schwierig – ich fürchte uns bleibt eine Ausschluss-Diskussion nicht erspart."[65]

Dabei war eigentlich klar, dass es die Partei, die alle Wünsche Steffens hätte erfüllen können, gar nicht gab. Mitte der 1970er Jahre setzte Steffen zwar Hoffnungen auf die westeuropäischen eurokommunistischen Parteien, die vielleicht eine prinzipielle Absage an den Stalinismus im ganzen kommunistischen Lager bewirken könnten. Für ihn war jedoch das Bekenntnis zu den Menschenrechten unteilbar: „Die Wahl zwischen ökonomisch oder politisch verursachter Menschenrechtsverletzung ist die zwischen Erhängen und Erwürgen. Dabei wird immer ein Teil der unteilbaren Menschenrechte getötet. Auf der Strecke bleiben immer die Menschenrechte", so schrieb er Mitte 1977 an Robert Havemann. Sozialisten wie er müssten sich daher, wenn sie zu Recht gegen die Verletzung der Menschenrechte durch soziale Not in der Bundesrepublik protestierten, genau so deutlich gegen die Verletzung der politischen Menschenrechte in der DDR wenden.[66]

In einem längeren Aufsatz über die „großen kommunistischen Bewegungen Westeuropas" fasste er daher auch in einem Sammelband über den „Eurokommunismus" seine Hoffnungen und seine Skepsis bei der Sicht auf die eurokommunistischen Parteien in Westeuropa zusammen. Er sah diese Parteien trotz aller Veränderungen nicht

63 Vgl. den Brief von Wilhelm Dröscher an Jochen Steffen vom 11.10.1977, in: AdsD Bonn, WBA A 11, 16, Nr. 324.

64 Vgl. Jochen Steffen: Ins Stammbuch der neuen Partei, in: das da, Nr. 10, Oktober 1977.

65 Vgl. die Notiz Willy Brandts für Egon Bahr vom 7.10.1977, in: AdsD Bonn, WBA, A 11, 5, Nr. 25.

66 Vgl. den Briefwechsel zwischen Jochen Steffen und Robert Havemann im Juni 1977, in: AdsD Bonn, Nachlass Steffen, 1 JSAA 000136. Der Briefwechsel ist auch veröffentlicht in: Frankfurter Rundschau vom 3.11.1977.

auf dem Weg zu einer, von ihm begrüßenswert gemeinten, „Sozialdemokratisierung". Er mochte sogar nicht ausschließen, dass sich diese Parteien „rebolschewisierten", es sei daher stets zu prüfen, inwieweit sie sich glaubhaft von einer „leninistisch-stalinistischen Dogmatik" entfernten.[67]

Seine Zeit als Politiker in Schleswig-Holstein mochte er im Rückblick nicht missen: „Meine Zeit in der schleswig-holsteinischen Landespolitik war eine gute Zeit".[68] Über seine Zeit in der Bundespolitik als Mitglied des Parteivorstandes und als Vorsitzender der Grundwertekommission dagegen fand er kaum lobende Worte. Er konnte sich im Jahre 1979 sogar nicht mehr vorstellen, bei der kommenden Bundestagswahl SPD zu wählen.[69]

Im November 1979 trat Jochen Steffen aus der SPD aus, der von der SPD eingegangene Kompromiss in der Kernenergiepolitik hatte den letzten Anstoß gegeben. Die Gründung einer grünen Partei verfolgte er mit Wohlwollen, machte aber immer wieder klar, dass er nicht Mitglied einer neuen Partei werden wolle. Er blieb auch ohne Parteibuch Sozialdemokrat. Die Spuren seines Denkens sind nicht verweht, wie manche Journalisten nach seinem Tode am 27. September 1987 meinten urteilen zu müssen.

Er wollte seinen „Traum" von einer sozialistischen Gesellschaft auch als einen „Grundwert" sozialdemokratischer Programmatik verankert sehen und er scheiterte damit nach vielen erfolglosen Versuchen auch als Vorsitzender der Grundwertekommission. Nicht zuletzt, weil er durch „seine Unerschrockenheit, seine Aufrichtigkeit" viele Freunde beeindruckte, aber „sein mangelndes diplomatisches Geschick" ihn doch auch daran hinderte, über seine Freunde hinaus Unterstützer für seine Idee von den Grundwerten seiner Partei zu finden.

Er blieb deshalb oft unverstanden, er war der „Paradiesvogel" in seiner Partei, der sich weigerte, sich aus Opportunität anzupassen. Siegfried Lenz hat es in seiner Trauerrede für Steffen auf den Punkt gebracht: „Was für ihn zählte, das war die Treue zu seinen Überzeugungen. Nicht einen Augenblick bereit, sie auf dem Altar des Opportunismus zu opfern, nahm er viel in Kauf: Unverständnis, Ablehnung, Einsamkeit."[70] Nur wenige Jahre nach seinem Parteiaustritt zeigte sich, dass Steffen seiner Partei in nicht wenigen Politikbereichen – etwa in der Frage des Atomausstiegs – voraus war. Viele seiner Mahnungen bleiben aktuell. So auch Steffens Sorge, dass die SPD keine kämpferische Reformpartei mehr sein könnte.

---

67 Vgl. Jochen Steffen: Die großen kommunistischen Bewegungen Westeuropas, in: Götz Hohenstein: Der Umweg zur Macht. München 1979, S. 21ff.

68 Vgl. Steffen: Personenbeschreibung, S. 279.

69 Vgl. den Brief von Jochen Steffen an Günther Jansen vom 8.9.1979, in: AdsD Bonn, Nachlass Steffen 1/JSAA000136.

70 Siegfried Lenz im Gespräch mit Stefan Appelius in: Jochen Steffen: Personenbeschreibung, S. 11 und S. 18.

Literaturverzeichnis

Abelshauser, Werner: Nach dem Wirtschaftswunder. Der Gewerkschafter, Politiker und Unternehmer Hans Matthöfer, Bonn 2009.

Appelius, Stefan: Stefan Appelius im Gespräch mit Siegfried Lenz, in: Jochen Steffen: Personenbeschreibung. Biographische Skizzen eines streitbaren Sozialisten; hrsg. von Jens-Peter Steffen, Kiel 1997.

Archiv der sozialen Demokratie Bonn: Nachlass Steffen, SPD PV Grundwertekommission, Willy Brandt-Archiv, Protokolle des SPD-Parteivorstandes und des Parteirates.

Dialog 3/1971.

Die Grundwertekommission beim Parteivorstand, in: Grundwerte in einer gefährdeten Welt, Bonn 1977.

Eppler, Erhard: Links Leben. Erinnerungen eines Wertkonservativen, Berlin 2015.

Faulenbach, Bernd: Das sozialdemokratische Jahrzehnt. Von der Reformeuphorie zur Neuen Unübersichtlichkeit, Bonn 2011.

Grebing, Helga: Geschichte der deutschen Arbeiterbewegung, Berlin 2007.

Heimann, Siegfried: Die Sozialdemokratische Partei Deutschlands, in: Parteienhandbuch, hrsg. von Richard Stöss, Bd. 2, Opladen 1984.

Heimann, Siegfried: Jochen Steffen – Querdenker der SPD, in: Krell, Christian (Hg.), Vordenkerinnen und Vordenker der Sozialen Demokratie. 49 Porträts, Bonn 2015, S. 330-336. Englische Ausgabe: Thinkers of Social Democracy, Bonn 2016, S. 325-331.

Lösche, Peter/Walter, Franz: Die SPD, Klassenpartei – Volkspartei – Quotenpartei, Darmstadt 1992.

Meyer, Christoph: Herbert Wehner, München 2006.

Schönhoven, Klaus: Wendejahre, Bonn 2004.

Soell, Hartmut: Fritz Erler – Eine politische Biographie, Bd. 2, Berlin/Bonn 1976.

Steffen, Jochen: Elf Thesen zum Langzeitprogramm, in: Langzeitprogramm 2, Kritik, Bonn-Bad Godesberg 1973.

Steffen, Joachim: Wider das Kartell der Kanalarbeiter, in: Die Zeit Nr. 13/1973 vom 30. März 1973.

Steffen, Joachim: Strukturelle Revolution, Von der Wertlosigkeit der Sachen, Reinbek 1974.

Steffen, Jochen: Vorwort, in: Langzeitprogramm 3. Jungsozialisten, Bonn-Bad Godesberg 1973.

Steffen, Jochen: „Da muß man einfach Flagge zeigen". Spiegel-Interview mit SPD-Vorstandsmitglied Jochen Steffen, in: Der Spiegel Nr. 32/1977 vom 1. August 1977.

Steffen, Jochen: „Ein QUICK-Interview: Warum Jochen Steffen die SPD verlassen will", in: Quick vom 8.9.1977.

Steffen, Jochen: „Jochen Steffen fordert eine neue Partei links von der SPD", in: (Buxtehuder) Tageblatt vom 8.9.1977

Steffen, Jochen: Ins Stammbuch der neuen Partei, in: das da, Nr. 10, Oktober 1977.

Steffen, Jochen: Die großen kommunistischen Bewegungen Westeuropas, in: Götz Hohenstein: Der Umweg zur Macht, München 1979.

Steffen, Jochen: Personenbeschreibung. Biographische Skizzen eines streitbaren Sozialisten; hrsg. von Jens-Peter Steffen, Kiel 1997.

Vorstand der SPD: Protokoll des SPD-Parteitages vom 17. bis 21. März 1968.

Friederike Steiner

„Es sieht doch so aus, als habe unser Eutiner Parteitag die Sache in der SPD ins Rutschen gebracht.“

Jochen Steffen und die Rolle der schleswig-holsteinischen SPD in der Neuen Ostpolitik

„Der Kontakt zwischen den Menschen aus beiden Teilen unseres gespaltenen Landes muß verstärkt werden. Zu diesem Zweck müssen, unbeschadet des Alleinvertretungsanspruchs der Bundesrepublik, Vereinbarungen mit den Machthabern im östlichen Teil unseres gespaltenen Vaterlandes getroffen werden. Wer solche Vereinbarungen ablehnt, wirkt gegen verstärkte menschliche Kontakte; er fördert die Tendenz, daß nach der politischen Spaltung auch noch die menschliche Spaltung des Volkes vertieft wird. Die Kommunisten jenseits der Elbe haben jene Menschen in ihrer Gewalt, zu denen wir die Kontakte suchen. Realitäten der Macht werden nicht durch Rechtspositionen erledigt. Rechtspositionen dürfen sich nicht gegen jene Menschen auswirken, um die es uns geht.“[1]

Im Januar 1966, Jochen Steffen war seit einem halben Jahr Landesvorsitzender, verabschiedete die schleswig-holsteinische SPD auf ihrem außerordentlichen Landesparteitag in Eutin zwei Entschließungen, eine zur Deutschland- und eine zur Gesellschaftspolitik (im Folgenden Eutin I und II). In Eutin I, der nur knapp eineinhalb Seiten umfassenden Entschließung zur Deutschlandpolitik, forderten die Sozialdemokraten aus dem hohen Norden viereinhalb Jahre nach dem Mauerbau neben einer Verbesserung der Kontakte zwischen den Menschen beider deutschen Staaten militärische Entspannung und die Verstärkung des Interzonenhandels. In ihrem Antrag für den Bundesparteitag stellte der schleswig-holsteinische SPD-Landesvorstand fest, dass „die Position der jeweiligen Regierungen im gespaltenen Deutschland unvereinbarer denn je (seien)“. Von einer „zementierten Spaltung“, und einem „Zustand der völligen Orientierungslosigkeit unserer nationalen Politik“ war die Rede. Eutin I sollte, so die Selbsterläuterung, ein Versuch sein, „über die Trümmer der erfolglosen Wiedervereinigungspolitik der Regierungsparteien (...) neue Wege zu bahnen“. Die Politik des Abwartens unter der CDU-Regierung habe sich nicht bewährt und würde „die Gefahr einer außenpolitischen Isolierung“ in sich birgen. Ziel der Entschließung sei die Diskussion konkreter Vorschläge, die einen Raum für neue politischen Entscheidungen schaffen könnten. Die drei in Eutin formulierten Vorschläge lauteten:

---

1 Aus der Eutiner Entschließung Nr. 1, vollständig abgedruckt in: Peter Brandt/Herbert Ammon (Hrsg.), Die Linke und die nationale Frage. Dokumente zur deutschen Einheit seit 1945, Reinbek bei Hamburg 1981, S. 255-258, hier S. 257.

1. „Der Kontakt zwischen den Menschen aus beiden Teilen unseres gespaltenen Landes muß verstärkt werden."
2. „Die westdeutsche Verteidigungspolitik und Rüstung müssen unmißverständlich deutlich werden lassen, daß sie nicht als Instrumente aggressiven Drucks gegen die Mächte des östlichen Lagers dienen sollen."
3. „Endlich muß die Bundesrepublik jenen Plan des Bundestagsabgeordneten Jaksch[2] konkretisieren, der eine Wirtschaftsbeihilfe zur Verbesserung der übergreifenden Infrastruktur für Ost- und Mitteleuropa vorsieht. Zugleich muß durch eine Verstärkung des Interzonenhandels eine wesentliche gesamtdeutsche Klammer gefestigt werden."

Dieser vom SPD-Landesvorstand formulierte Antrag zum Thema Deutschlandpolitik war Ende des Jahres 1965 für den Dortmunder Bundesparteitag entstanden. Der Begriff ‚Deutschlandpolitik' umfasst in diesem Zusammenhang alle konzeptionellen Bemühungen aus der Zeit von 1945 bis 1990, die den Umgang mit der DDR betreffen. In der Bundesrepublik war das 1949 gegründete Ministerium für Gesamtdeutsche Fragen (ab 1969: Ministerium für innerdeutsche Fragen) offiziell zuständig für die sogenannte deutsche Frage. Anfang der 1960er Jahre begann die Oppositionspartei SPD neue deutschlandpolitische Vorstellungen und Konzepte zu entwickeln, die eng mit dem Namen Willy Brandt verbunden sind. Brandt konnte diese neue Deutschlandpolitik ab Dezember 1966 zunächst als Außenminister und drei Jahre später als Bundeskanzler nach und nach verwirklichen.

Jochen Steffen selbst schätzte die Bedeutung der Eutiner Entschließung zur Deutschlandpolitik und damit den Beitrag der Schleswig-Holsteiner für den neu eingeschlagenen Weg der Bundes-SPD rückblickend hoch ein. Drei Schlaglichter auf seine retrospektiven Aussagen verdeutlichen dies:

Knapp zehn Monate nach dem außerordentlichen Landesparteitag erklärte Steffen gegenüber den jungen Reportern von *IGEL*, der Zeitung der Jugendakademie für politische Bildung: „Ohne uns überheben zu wollen: es sieht doch so aus, als habe unser Eutiner Parteitag die Sache in der SPD ins Rutschen gebracht."[3]

Anderthalb Jahre nach der Verabschiedung des Antrages für den Bundesparteitag und kurz nach der verlorenen Landtagswahl 1967 blickte derselbe Vorsitzende in

---

2 Am 31. Mai 1961 wurde in Bonn in einem von dem SPD-Abgeordneten Wenzel Jaksch vorgelegten Bericht des Auswärtigen Ausschusses des Bundestages eine aktivere Ostpolitik gefordert, die über eine Verstärkung der wirtschaftlichen und kulturellen Kontakte zu einer Normalisierung der Beziehungen zu den osteuropäischen Staaten führen sollte. Dem Entschließungsantrag des Auswärtigen Ausschusses, dem sog. Jaksch-Bericht, stimmten am 14. Juni alle Fraktionen des Bundestages zu. Der Plan wurde nach dem Berichterstatter des Ausschusses für Auswärtige Angelegenheiten Wenzel Jaksch (1896-1966) benannt, der maßgeblichen Einfluss auf den Bericht und dessen Verabschiedung genommen hatte.

3 Steffen-Interview mit dem *IGEL* im November 1966, Archiv der sozialen Demokratie (AdsD), Steffen-Nachlass, 1/JSAA000040. *IGEL* war eine Jugendzeitschrift für Politik und Kultur, die von Carl Schmarbeck in Kiel herausgegeben wurde.

seiner Rede auf dem Kieler Landesparteitag auf die Leistungen seines SPD-Verbandes in Eutin zurück. Er resümierte, es sei eine große Resonanz aus dem In- und Ausland zu verzeichnen gewesen. Dreimal habe man die Entschließungen zur Deutschland- und zur Gesellschaftspolitik nachdrucken müssen, um die Nachfrage befriedigen zu können. Und er fuhr in seiner Rede fort: „In der Sache können wir wohl ohne Überheblichkeit feststellen, daß das, was die Deutschland- und die Außenpolitik betrifft, die damals noch heftig debattierten Positionen, heute beinahe als Allgemeingut gelten können.“[4]

Anfang Januar 1971 – die schleswig-holsteinische SPD befand sich gerade mitten in ihrem bisher härtesten Wahlkampf[5] – schrieb Steffen in einem Artikel in der *Nordwoche*: „Die schleswig-holsteinischen Sozialdemokraten haben bereits 1966 ausführliche Beschlüsse auf dem Landesparteitag in Eutin zur Deutschland- und Ostpolitik gefaßt, die sich voll mit der heutigen Politik der Bundesregierung decken.“[6]

Der Oppositionsführer im Kieler Landtag und Vorsitzende der schleswig-holsteinischen Sozialdemokraten begründete mit diesen Aussagen die Ansicht, sein Verband habe 1966 mit dem Eutiner Antrag die Entwicklung einer neuen sozialdemokratischen Ost- und Deutschlandpolitik innerhalb der SPD angetrieben und eine Entschließung auf den Weg befördert, die später mit der Politik der Bundesregierung übereinstimmte. Diese Einschätzung mag viele heute in Erstaunen versetzen, fand der außerordentliche Parteitag in Eutin doch zweieinhalb Jahre nach Egon Bahrs richtungsweisender Tutzinger Rede statt.

Irrtum und Mythos – auf den Spuren des Parteigedächtnisses

Wie kommt Steffen zu der Annahme, dass ausgerechnet der schleswig-holsteinische Landesverband einen entscheidenden Impuls für eine veränderte Ost- und Deutschlandpolitik der Bundes-SPD gegeben hat? Welche Bedeutung kann in diesem Zusammenhang dem Landesvorsitzenden beigemessen werden? Können die Aussagen des Politikers als Fehleinschätzung gewertet werden oder hat der nördlichste

4 Rede des SPD-Landesvorsitzenden Joachim Steffen auf dem Landesparteitag der schleswig-holsteinischen Sozialdemokraten am 1. Juli 1967 in Kiel, abgedruckt in: Landesvorstand der SPD (Hrsg.), Sozialdemokratischer Informationsbrief (SIB) Nr. 470/67, S. 10.

5 Im Frühjahr 1971 kämpfte Jochen Steffen gegen den CDU-Spitzenkandidaten Gerhard Stoltenberg um das Amt des schleswig-holsteinischen Ministerpräsidenten. Der ungewöhnlich erbittert geführte Wahlkampf, bei dem die Sozialdemokraten nach einer langen Regierungsphase der Christdemokraten auf einen Sieg hofften, spitzte sich wie nie zuvor auf die beiden Kontrahenten Steffen und Stoltenberg zu. Diese waren einander nicht unbekannt: Anfang der 1950er Jahre waren beide wissenschaftliche Mitarbeiter von Prof. Michael Freund am Kieler Seminar für Wissenschaft und Geschichte der Politik gewesen. Bei der schleswig-holsteinischen Landtagswahl am 25. April 1971 musste die SPD eine Niederlage hinnehmen, obwohl sie erstmals seit 1947 wieder über 40 Prozent der Stimmen gewann.

6 Steffen-Artikel „Geschlossen hinter Willy Brandt“, in: *Nordwoche*, 1. Januar 1971, AdsD, Steffen-Nachlass, 1/JSAA000116. Bei der *Nordwoche* handelte es sich um eine sozialdemokratische Parteizeitung, die von April 1969 bis Oktober 1971 wöchentlich in Schleswig-Holstein erschien. Steffen selbst war Herausgeber dieser Zeitung.

Landesverband in der Entwicklung einer neuen sozialdemokratischen Ostpolitik tatsächlich eine einflussreiche Rolle gespielt und diese Leistung wird seit Jahrzehnten verkannt? Handelt es sich bei den Ausführungen von Steffen vielleicht sogar um einen Mythos, den das Parteigedächtnis seit Jahrzehnten an nachwachsende Genossinnen und Genossen weitergab und gibt?

Für die Untersuchung dieser Fragen wurde neben der Literatur zur sozialdemokratischen Ost- und Deutschlandpolitik der Quellenbestand zum schleswig-holsteinischen SPD-Landesverband im Archiv der sozialen Demokratie in Bonn herangezogen.

Ein Blick in die Forschungsliteratur zeigt, dass der schleswig-holsteinische SPD-Landesverband und der Name Steffen in diesem Kontext nur begrenzt auftauchen. Zumindest abgedruckt ist die „Entschließung des außerordentlichen Landesparteitages der schleswig-holsteinischen SPD in Eutin am 8. und 22. Januar 1966“[7] in einer Dokumentensammlung zur deutschen Einheit seit 1945, die 1981 von Peter Brandt und Herbert Ammon herausgegeben wurde. Auch André Schirmer berücksichtigt 1988 – ein Jahr nach Steffens Tod – in seiner Dissertation über die Deutschlandpolitik der SPD in den Jahren 1955 bis 1970 die Eutiner Entschließung. Mit der Begründung, der Landesvorsitzende habe „schon ein Jahrzehnt zuvor zu Kontakten mit der DDR zur Lösung humanitärer Fragen aufgerufen“[8], hebt Schirmer Jochen Steffen als Autor des ersten Entwurfs hervor. Den Erfolg des Landesverbandes bei den Kommunalwahlen am 13. März 1966[9] sieht Schirmer sogar als Indiz dafür, dass die schleswig-holsteinische Bevölkerung „den neuen deutschlandpolitischen Ansichten aufgeschlossener gegenüberstand als dies allgemein erwartet wurde“[10].

In der neueren Literatur zur sozialdemokratischen Ost- und Deutschlandpolitik finden sich keinerlei Bezugnahmen auf Eutin I und Jochen Steffen. In einer Dokumentensammlung zur Deutschlandpolitik und sozialdemokratischen Positionen[11], die 1991 vom Vorstand der SPD herausgegeben wurde, wird die Entschließung aus Schleswig-Holstein nicht erwähnt. Auch in der zwei Jahre später von der SPD-

---

7 Brandt/Ammon, Die Linke und die nationale Frage (wie Anm. 1), S. 255-258.

8 André Schirmer, Die Deutschlandpolitik der SPD in der Phase des Übergangs vom Kalten Krieg zur Entspan-nungspolitik 1955 – 1970, Münster 1988, S. 153.

9 Im Vergleich zur Kommunalwahl von 1962 konnte die SPD im Frühjahr 1966 ihr Wahlergebnis tatsächlich verbessern: Insgesamt verfielen auf die Sozialdemokratische Partei 39,8 % der Stimmen (1962 38,3 %). In den kreisfreien Städten errangen die Sozialdemokraten sogar 48,2 % (1962 45,6 %) der Stimmen. Außer in Neumünster gewannen sie in allen Ratsversammlungen und Kreistagen Sitze hinzu oder hielten ihr Ergebnis. Vgl. Statistische Monatshefte Schleswig-Holstein 18 (1966) 7, S. 142-150.

10 Schirmer, Die Deutschlandpolitik der SPD (wie Anm. 8), S. 154.

11 Vorstand der Sozialdemokratischen Partei Deutschlands, Referat Öffentlichkeitsarbeit (Hrsg.), Die deutsche Teilung und ihre Überwindung. Sozialdemokratische Positionen zur Deutschlandpolitik 1945 bis heute, Bonn 1991.

Bundestagsfraktion herausgegebenen Beitragssammlung zur Deutschlandpolitik[12] ist von Steffen und Eutin keine Rede. In der Darstellung zur sozialdemokratischen Ostpolitik von dem ehemaligen SED-Funktionär Manfred Uschner[13] aus dem Jahre 1991 werden die Schleswig-Holsteiner ebenfalls nicht berücksichtigt. Die Monografien von Peter Bender[14] und Heinrich Potthoff[15], die beide eine Gesamtdarstellung der bundesdeutschen Deutschlandpolitik vom Mauerbau bis zur Vereinigung liefern, beachten den schleswig-holsteinischen Antrag und die Person Steffen ebenso nicht. In der Arbeit von Tilman Fichter zur sozialdemokratischen Deutschlandpolitik[16], in der der ehemalige Referent des SPD-Parteivorstandes das Verhältnis der deutschen Sozialdemokratie zur Nation untersucht, kommen Eutin und Steffen nicht vor. Andreas Vogtmeier[17], der in seiner Dissertation die Entwicklung der sozialdemokratischen Ost- und Deutschlandpolitik vom Kriegsende bis zur Vereinigung unter besonderer Berücksichtigung der Person Egon Bahrs nachzeichnet, bedenkt den schleswig-holsteinischen Landesverband mit seiner Entschließung zur Deutschlandpolitik ebenfalls nicht. In der *Kleinen Geschichte der SPD* von Heinrich Potthoff und Susanne Miller wird im Zusammenhang mit der neuen sozialdemokratischen Ost- und Deutschlandpolitik in den frühen 1960er Jahren lediglich von „Brandt und seinem Berliner Stab“[18] und der „Politik der kleinen Schritte“[19] gesprochen. Steffen und sein Landesverband finden keinerlei Erwähnung.

Die aktuellste Arbeit zur sozialdemokratischen Deutschlandpolitik ist die Dissertation von Daniel Friedrich Sturm[20]. Sturm skizziert in seiner Arbeit den Weg der neuen Ost- und Deutschlandpolitik der SPD sorgfältig nach, auch hier bleiben der schleswig-holsteinische Landesverband und sein Vorstoß unerwähnt.

Entwicklung einer neuen sozialdemokratischen Ostpolitik

---

12 SPD-Bundestagsfraktion (Hrsg.), Rück-Sicht auf Deutschland. Beiträge zur Deutschlandpolitik der SPD, Bonn 1993.

13 Manfred Uschner, Die Ostpolitik der SPD. Sieg und Niederlage einer Strategie, Berlin 1991.

14 Peter Bender, Die „Neue Ostpolitik“ und ihre Folgen. Vom Mauerbau bis zur Vereinigung, München 1995.

15 Heinrich Potthoff, Im Schatten der Mauer. Deutschlandpolitik 1961 bis 1990, Berlin 1999.

16 Tilman Fichter, Die SPD und die Nation. Vier sozialdemokratische Generationen zwischen nationaler Selbstbestimmung und Zweistaatlichkeit, Berlin 1993.

17 Andreas Vogtmeier, Egon Bahr und die deutsche Frage. Zur Entwicklung der sozialdemokratischen Ost- und Deutschlandpolitik vom Kriegsende bis zur Wiedervereinigung, Bonn 1996.

18 Heinrich Potthoff/Susanne Miller, Kleine Geschichte der SPD. 1848-2002, 8., akt. u. erw. Aufl., Bonn 2002, S. 220.

19 Ebd.

20 Daniel Friedrich Sturm, Uneinig in die Einheit. Die Sozialdemokratie und die Vereinigung Deutschlands 1989/90, Bonn 2006.

Um die Frage nach der Bedeutung des Beitrags aus Schleswig-Holstein beantworten zu können, müssen neben den Aussagen von Steffen weitere Quellen hinzugezogen werden. Zunächst müssen wir in das Jahr 1959 zurückgehen. Damals waren die Sozialdemokraten davon überzeugt, dass die deutsche Vereinigung in naher Zukunft nicht zu erreichen sei. Der Parteivorsitzende Erich Ollenhauer erklärte im Februar 1959 öffentlich vor dem Parteirat, man würde sich keine Illusion darüber machen, dass „die Spaltung Deutschlands keine so belastende Tatsache (sei), dass sie wortwörtlich den Sowjets auf den Nägeln brennt".[21] Ende der 1950er Jahre tat sich die SPD noch schwer damit, diese Tatsache anzuerkennen, da sie der Erreichung des Ziels der nationalen Einheit absoluten Vorrang einräumte und nach wie vor die von Adenauer verfolgte Politik der Westintegration ablehnte. In dem am 18. März 1959 vom Parteivorstand der SPD einstimmig verabschiedeten Deutschlandplan formulierten die Sozialdemokraten Vorschläge zur Erreichung ihres Ziels. Demnach sollte auf der Grundlage einer so genannten „Entspannungszone" in Mitteleuropa, die weder der NATO noch dem Warschauer Pakt angehören sollte, beide Teile Deutschlands wirtschaftlich und politisch zusammengeführt werden.[22] Der Deutschlandplan blieb jedoch nicht lange aktuell. Schnell erkannten die Sozialdemokraten, dass sich mit ihm das Ziel der deutschen Vereinigung nicht erreichen ließ.[23]

Bereits ein Jahr nach der Verabschiedung des Plans, am 30. Juni 1960, verkündete der stellvertretende SPD-Bundesvorsitzende Herbert Wehner – mit einmütiger Unterstützung des Parteivorstandes – in der außenpolitischen Bundestagsdebatte die Neuorientierung seiner Partei in der Deutschlandpolitik.[24] In seiner Grundsatzrede – die gründlich in der Partei vorbereitet worden war – nahm Wehner Abschied von den bisherigen außenpolitischen Vorstellungen und läutete zugleich den programmatischen Wandel der SPD ein, indem er die Realitäten in der Westpolitik anerkannte und sich zu den Westverträgen der Bundesrepublik und zu einer gemeinsamen deutschen Außenpolitik bekannte.[25] Die Bonner Sozialdemokraten schlossen sich damit Anfang der 1960er Jahre der Bündnispolitik Adenauers an.[26] Wehner forderte in seiner Grundsatzrede die Genossinnen und Genossen auf, von nun an gemeinsam mit der

---

21 Erich Ollenhauer vor dem SPD-Parteirat am 12. Februar 1959, zit. in: Sturm, Uneinig in die Einheit (wie Anm. 20), S. 38.

22 Deutschlandplan der SPD, zit. nach Fichter, Die SPD und die Nation (wie Anm. 16), S. 306-312.

23 Vgl. Sturm, Uneinig in die Einheit (wie Anm. 20), S. 39.

24 Vgl. Kurt Klotzbach, Der Weg zur Staatspartei. Programmatik, praktische Politik und Organisation der deutschen Sozialdemokratie 1945-1965, Bonn 1996, S. 501.

25 Vgl. Wolfgang Schmidt, Kalter Krieg, Koexistenz und kleine Schritte. Willy Brandt und die Deutschlandpolitik 1948-1963, Wiesbaden 2001, S. 539; vgl. ferner Potthoff/Miller, Kleine Geschichte der SPD (wie Anm. 18), S. 216.

26 Vgl. Sturm, Uneinig in die Einheit (wie Anm. 20), S. 39.

Bundesregierung „gegen Diktaturen und für das politische System des Westens“[27] zu arbeiten. Ende desselben Jahres wurde dieser neue Kurs, insbesondere die Anerkennung der westeuropäischen Bindungen auf dem SPD-Parteitag in Hannover bestätigt.

Der Bau der Berliner Mauer im August 1961 stellte eine tiefe Zäsur in der deutschen Nachkriegsgeschichte dar. Sechzehn Jahre nach Kriegsende war durch den Mauerbau das Ziel der deutschen Vereinigung in weite Ferne gerückt. Einige Sozialdemokraten nahmen dieses Ereignis zum Anlass, um ihre bisherigen deutschlandpolitischen Ziele zu überdenken und an einer Neuorientierung in der Ost- und Deutschlandpolitik zu arbeiten.[28]

Knapp zwei Jahre nach den Ereignissen in Berlin, im Juli 1963, formulierten Willy Brandt und Egon Bahr in ihren Reden auf der Festveranstaltung anlässlich des zehnjährigen Bestehens des Politischen Clubs der Evangelischen Akademie in Tutzing das neue SPD-Konzept zur Ost- und Deutschlandpolitik. Willy Brandt, der damalige Regierende Bürgermeister von Westberlin, erinnerte in seiner Festansprache, die unter dem Motto „Denk ich an Deutschland ...“ stand, an seine Rede an der Harvard-Universität Anfang Oktober 1962, wo er erstmals die Idee einer neuen und verbesserten Verbindung zum kommunistischen Osten formuliert hatte. Demnach sei es Aufgabe der Bundesrepublik, „Formen zu suchen, die die Blöcke von heute überlagern und durchdringen“.[29] Dabei brauche man, so Brandt weiter, „so viel reale Berührungspunkte und so viel sinnvolle Kommunikation wie möglich“. Dies könne „zu einer friedlichen und dynamischen Transformation der anderen Seite beitragen“[30], für die die Bundesrepublik offen sein müsse. Brandt betonte in seinem Redebeitrag die Notwendigkeit der Formulierung eigener Ziele zur Lösung der deutschen Frage, um eben diese erreichen zu können und nicht aus den Augen zu verlieren. Er bezeichnete die „offene und aktive Auseinandersetzung und unsere ernsthafte Bereit-schaft“[31] als Alternative zur Mauer, um langfristig den Frieden in Deutschland und Europa zu sichern. Die Geschlossenheit des Westens sei dabei eine Voraussetzung, um das deutsche Problem zu lösen. Brandt drängte, es sei längst an der Zeit, „unsere Vorstellungen darüber zu entwickeln, welche Möglichkeiten sich auf der deutschen Ebene aus der und für die Strategie des Friedens ergeben“.[32] Zu den Kernpunkten von Brandts

---

27 So Wehner am 30. Juni 1960, zit. in Sturm, Uneinig in die Einheit (wie Anm. 20), S. 39.

28 Vgl. Vogtmeier, Egon Bahr und die deutsche Frage (wie Anm. 17), S. 59; vgl. ferner Sturm, Uneinig in die Einheit (wie Anm. 20), S. 41.

29 Rede des Regierenden Bürgermeisters Willy Brandt anlässlich des zehnjährigen Bestehens des Politischen Clubs der Evangelischen Akademie Tutzing am 15. Juli 1963, in geringfügig gekürzter Form abgedruckt in: Uschner, Die Ostpolitik der SPD (wie Anm. 13), S. 182-202, hier S. 197.

30 Ebd.

31 Ebd., S. 198.

32 Ebd., S. 201.

selbstbewusst formulierten Überlegungen in Tutzing gehörte die Einschätzung, dass alles davon abhinge, die sowjetische Zustimmung zur deutschen Einheit zu erlangen.

Ein wenig zugespitzter und präziser artikulierte anschließend sein Genosse Egon Bahr den neu eingeschlagenen Weg der SPD in der Ost- und Deutschlandpolitik. Dabei war das selbsterklärte und bescheidene Ziel seines kurzen Vortrages lediglich die Formulierung einiger Bemerkungen zum Thema Wiedervereinigung, mit denen die Diskussion angeregt werden sollte. Doch Bahrs Rede erwies sich als rhetorische und dialektische Meisterleistung, die in markanter Offenheit wichtige Vorarbeit für die deutsche Einheit leisten sollte.[33] Die Beweggründe seines Vortrages waren nach Aussage Bahrs zum einen seine Zweifel, ob mit dem bisherigen Kurs der SPD das Ziel der „Wiedervereinigung" wirklich erreicht werden könne, und zum anderen seine Überzeugung, dass es an der Zeit sei, die bisherige Deutschlandpolitik der SPD neu zu durchdenken. Der damalige Sprecher des von Willy Brandt geführten Westberliner Senats machte in seinem Vortrag deutlich, dass es sich bei der „Wiedervereinigung" um ein außenpolitisches Problem handele, das nur mit dem Einverständnis und der Unterstützung der Sowjetunion zu lösen sei. Demnach sei auch eine Wandlung der Bundesrepublik nötig, die dafür ihre bisherigen „Befreiungsvorstellungen" unbedingt zurückstellen müsse. Die Bundesrepublik sollte nicht länger der Illusion nachhängen, dass wirtschaftliche Schwierigkeiten zum Zusammenbruch der DDR führen würden. Die Politikerinnen und Politiker der Bundesrepublik müssten vielmehr den Prozess zur Hebung des Lebensstandards in „der Zone"[34] beschleunigen. Es liege im Interesse der Bundesrepublik, die Lebensbedingungen der Menschen im östlichen Teil des gespaltenen Landes zu erleichtern. Nur so könne man der Gefahr eines „revolutionären Umschlags"[35] vorbeugen und dem „Regime" den „Selbsterhaltungstrieb"[36] nehmen. Langfristig könne dies zu einer Auflockerung der Grenzen führen. In seiner Grundannahme ging Bahr davon aus, dass die Bundesregierung zunächst einmal den Status quo anerkennen müsse, wenngleich nicht juristisch, um ihn anschließend verändern zu können. In diesem Gedanken zeigt sich die Dialektik des „Wandels durch Annäherung": Der Westberliner Sozialdemokrat war davon überzeugt, dass sich die Beziehung zwischen den zwei Staaten nur wandeln könne, wenn sich beide einander annähern würden. Mit den Forderungen nach einer Veränderung des Verhältnisses zwischen der Bundesrepublik und „der Zone" und der Stabilisierung der DDR verfolgte er das langfristige Ziel der deutschen Vereinigung und damit die Auflösung der DDR.

---

33 Ebd., S. 70.

34 Rede des Leiters des Presse- und Informationsamtes des Landes Berlin Egon Bahr anlässlich des zehnjährigen Bestehens des Politischen Clubs der Evangelischen Akademie in Tutzing, vollständig abgedruckt in: ebd., S. 203-210, hier S. 205.

35 Ebd., S. 209.

36 Ebd.

Egon Bahr vertrat im Sommer 1963 die Ansicht, dass die „Wiedervereinigung“ kein einmaliger Akt sei, sondern vielmehr „ein Prozeß mit vielen Schritten und vielen Stationen“.[37]

Im bayerischen Tutzing nahm die neue sozialdemokratische Ostpolitik ihren Anfang, die in einer Arbeitsgruppe, die sich innerhalb der Westberliner SPD konstituiert hatte, fortan unter dem zentralen Motto „Wandel durch Annäherung“ eine neue Konzeption der Deutschlandpolitik verfolgte, der sich auch der lange Zeit zögernde Herbert Wehner anschloss.[38] Neben Egon Bahr gehörten unter anderem auch Klaus Schütz und Heinrich Albertz dieser so genannten „West-Berliner Brandt-Fraktion“[39] an.

Die Bonner Politik unter Bundeskanzler Konrad Adenauer, die die Wiederaufrüstung, den NATO-Beitritt und die westeuropäische Einigung vorantrieb und damit auf Westintegration setzte, verhielt sich gegenüber diesen neuen deutschlandpolitischen Vorstellungen der Sozialdemokraten abwartend. Ihre spezifischen Ziele der Deutschlandpolitik versuchte die christdemokratisch geführte Außenpolitik eher durch Konfrontation als durch Annäherung zu erreichen.[40] Das in Tutzing von Bahr vorgestellte Konzept beruhte, wie gezeigt, auf dem Grundgedanken, der Status quo könne nur durch Anerkennung überwunden werden. Genau diese Forderung wollte die CDU/CSU nicht akzeptieren.[41] Nach Adenauers Rücktritt übernahm am 16. Oktober 1963 Ludwig Erhard die Regierungsgeschäfte, der erneut ein Kabinett aus CDU/CSU- und FDP-Ministern bildete. Erhard und sein Außenminister Gerhard Schröder stellten den Status quo international ständig in Frage, da sie immer befürchteten, die bestehenden Verhältnisse könnten sich verfestigen.[42] Mit dieser Haltung habe sich die Bundesrepublik, so formuliert es Peter Bender, „von ihrer gesamten Umwelt“[43] isoliert.

Zu einem bedeutenden Erfolg in der Ost-West-Beziehung kam es – unter maßgeblicher Beteiligung Willy Brandts – Ende des Jahres 1963. Am 17. Dezember fanden die Verhandlungen über eine Berliner Passierscheinregelung mit den DDR-Behörden ihren Abschluss.[44] Erstmals seit dem Mauerbau durften Westberliner Bürgerinnen und

---

37 Ebd.

38 Vgl. Fichter, Die SPD und die Nation (wie Anm. 16), S. 154.

39 Ebd.

40 Vgl. Michael Dauderstädt, Von der Ostpolitik zur Osterweiterung: Deutschlands Außenpolitik und die postkommunistischen Beitrittsländer, Bonn 2002, S. 7.

41 Vgl. Daniela Taschler, Vor neuen Herausforderungen: Die außen- und deutschlandpolitische Debatte in der CDU/CSU-Bundestagsfraktion während der Großen Koalition (1966 – 1969), Düsseldorf 2001, S. 30.

42 Vgl. Bender, Die „Neue Ostpolitik“ und ihre Folgen (wie Anm. 14), S. 107.

43 Ebd.

44 Vgl. Frank Fischer, „Im deutschen Interesse“. Die Ostpolitik der SPD von 1969 bis 1989, Husum 2001, S. 42.

Bürger in den Weihnachtstagen und zum Jahreswechsel ihre Ostberliner Verwandtschaft besuchen.[45]

Der schleswig-holsteinische SPD-Landesvorsitzende Jochen Steffen beobachtete indes ungeduldig die konzeptionellen deutschlandpolitischen Entwicklungen innerhalb der Bundes-SPD und auch die offizielle Deutschlandpolitik der Regierung Erhard. Etwa ein Jahr nach dem ersten Passierscheinabkommen formulierte er in dem Artikel „Sein und Schein der Ostpolitik"[46], der am 26. Januar 1965 im *Lübecker Morgen* abgedruckt wurde, hierzu seine Gedanken. Er forderte seine Partei zu einer neuen Deutschlandpolitik auf, die zumindest die Chance haben sollte, zur „Wiedervereinigung" zu führen. Der Bundesregierung warf er vor, ihre politischen Ziele nicht klar zu verkünden, was dazu führe, dass die östlichen Staaten argwöhnten, „daß wir Schreckliches vorhaben". Und er stellte abschließend fest: „Sicher ist nur eines. Wir werden im Westen, im Osten und unter den Deutschen erst dann Vertrauen zu unserer Politik finden, wenn wir deutlich sagen, was unsere Ziele sind und wie wir uns ihnen p r a k t i s c h nähern wollen." Noch im selben Jahr sollte sein Landesverband in einem ersten Entschließungsentwurf für den Eutiner Landesparteitag drei praktische Ziele der sozialdemokratischen Deutschlandpolitik formulieren.

Einen wichtigen Beitrag für die Entwicklung der deutsch-polnischen Beziehungen leistete die am 1. Oktober 1965 veröffentlichte Denkschrift der Evangelischen Kirche in Deutschland (EKD) mit dem Titel „Die Lage der Vertriebenen und das Verhältnis des deutschen Volkes zu seinen östlichen Nachbarn". Die Evangelische Kirche rief in ihrer Abhandlung unmissverständlich zu einer Aussöhnung mit den ehemals von der deutschen Besatzungspolitik betroffenen osteuropäischen Ländern auf und plädierte für die Anerkennung der Oder-Neiße-Grenze. Mit diesen Forderungen nahm die Kirche eine Vorreiterrolle ein.[47] Die Ostdenkschrift der EKD ging eindeutig von der Opferrolle der Vertriebenen aus, indem sie ausführlich von den materiellen Entbehrungen, der sozialen Benachteiligung und von den Schwierigkeiten der Integration in die westdeutsche Gesellschaft berichtete. Das selbsterklärte Ziel der Evangelischen Kirche sei es jedoch nicht gewesen, der Regierung den Handlungsweg vorzuzeichnen, sondern der deutschen Bevölkerung die Ziele deutlich bewusst zu machen und die Widerstände gegen diese Ziele auszuräumen.[48] In der Eutiner Entschließung

45 Vgl. Schirmer, Die Deutschlandpolitik der SPD (wie Anm. 8), S. 147.

46 Leitartikel von Joachim Steffen, Sein und Schein der Ostpolitik, in: *Lübecker Morgen*, 26.1.1965, AdsD, Steffen-Nachlass, 1/JSAA000022. Der *Lübecker Morgen* war eine sozialdemokratische Tageszeitung, die in den 1960er Jahren in Schleswig-Holstein erschien. Von März 1963 bis zur Einstellung der Zeitung im Frühjahr 1969 schrieb Steffen regelmäßig für diese Zeitung. Der *Lübecker Morgen* wurde anschließend durch die wöchentlich erscheinende *Nordwoche* ersetzt.

47 Vgl. Sturm, Uneinig in die Einheit (wie Anm. 20), S. 43.

48 URL: http://www.ekd.de/EKD-Texte/lage_der_vertriebenen_6.html [30. März 2009].

der schleswig-holsteinischen SPD wurde der Vorstoß der Kirche einige Monate später lobend erwähnt. Dort hieß es: „Dafür gebührt ihnen der Dank aller Deutschen, die wissen, daß wir über wachsendes menschliches Verständnis einen Weg finden müssen, der unseren östlichen Nachbarn die Angst vor einer deutschen Einigung nimmt. Den Kirchen gebührt der Dank jener, die wissen, daß wir unsere Lage erneut überdenken müssen. Sie haben durch ihren Anstoß den Zwang zu diesem neuen Durchdenken heilsam verstärkt."[49]

Außerordentlicher Landesparteitag in Eutin

Zwei Jahre nach der richtungweisenden Rede von Egon Bahr und im Erscheinungsmonat der Denkschrift der EKD gab der schleswig-holsteinische SPD-Landesvorstand in einem Schreiben an die Kreisvorsitzenden, die Ortsvereinsvorsitzenden und die Unterbezirksgeschäftsführer bekannt, dass der Landesvorstand einstimmig beschlossen habe, einen außerordentlichen Landesparteitag durchzuführen.[50] In Vorbereitung auf diesen außerordentlichen Parteitag, der am 8. Januar 1966 in Eutin stattfinden sollte, wurden zwei Gremien gebildet, deren Aufgabe es war, Entschließungen für den kommunalen Bereich und für die Landes-, Bundes- und Parteipolitik zu erarbeiten.

Am Nachmittag des 2. Dezember 1965 fand im Konferenzraum auf dem Kuhberg in Kiel eine erste Sitzung der vom Landesvorstand eingesetzten Kommission für die Erarbeitung von politischen Entschließungen (Landes-, Bundes- und Parteipolitik) statt. Die Kommission arbeitete unter der Leitung ihres Landesvorsitzenden Jochen Steffen. Weitere Teilnehmerin und Teilnehmer waren Frieda Bendfeldt, Jörg Balack, Jürgen Busack, Erwin Lingk, Helmut Loose und Fritz Sänger.

Knapp zwei Wochen nach diesem Treffen, am 13. Dezember, schickte Steffen der Genossin und den Genossen zwei erste Entschließungsentwürfe zu, welche die Deutschland- und die Gesellschaftspolitik thematisierten. Vor allem die Entschließung Nr. 1 sollte später Aufsehen erregen. Der untersuchte Quellenbestand gibt allerdings keine Auskunft über die Verfasserin oder den Verfasser der Entschließung. Wahrscheinlich ist jedoch, dass die Texte aus Steffens Feder stammen, da sie zum einen seine „Handschrift" tragen, das heißt typisch steffensche Formulierungen beinhalten ,und zum anderen ist er derjenige, der die Entwürfe ohne Angabe der Herkunft an die Mitglieder des Landesvorstandes versendete.

Der Aufsehen erregende Parteitag fand schließlich am 8. Januar 1966 statt. In

49 Aus der Entschließung des außerordentlichen Landesparteitags der schleswig-holsteinischen SPD in Eutin am 8. und 22. Januar 1966, abgedruckt in: Brandt/Ammon, Die Linke und die nationale Frage (wie Anm. 1), S. 255-258, hier S. 256.

50 Schreiben des Landesvorstandes an die Mitglieder des Landesvorstandes und der Kontrollkommission, die Kreisvorsitzenden, die Ortsvereinsvorsitzenden und die Unterbezirksgeschäftsführer vom 28. Oktober 1965, AdsD, SPD-LV SH 440.

den vom Landesverband Schleswig-Holstein herausgegebenen Jahresberichten 1965/66 sollte es später sogar in einer Bildunterschrift heißen: „Eutin – hier fand der Außerordentliche Landesparteitag mit dem weltweiten Echo statt.“[51]

André Schirmer schildert in seiner Arbeit zur Deutschlandpolitik der SPD die Diskussion, die die Entschließung Nr. 1 auf dem Landesparteitag unter den Delegierten auslöste. Die schleswig-holsteinischen Bundestagsabgeordneten Annemarie Renger und Reinhold Rehs hätten darauf verwiesen, dass immer noch die von Herbert Wehner am 30. Juni 1960 dargelegten Grundsätze zur sozialdemokratischen Politik Geltung besäßen. Die Mehrheit der Delegierten habe sich zwar mit Steffen solidarisiert, habe jedoch seinem Vorschlag, den Alleinvertretungsanspruch[52] zu flexibilisieren, nicht zustimmen können. Die Redaktionskommission habe schließlich der Forderung nach Verstärkung humanitärer Kontakte den Satz nachgestellt: „Zu diesem Zweck müssen unbeschadet des Alleinvertretungsanspruchs der Bundesrepublik Vereinbarungen mit den Machthabern im östlichen Teil unseres gespaltenen Vaterlandes getroffen werden.“[53]

Am 22. Januar 1966, dem zweiten Beratungstag des außerordentlichen Landesparteitages, waren 172 stimmberechtigte Delegierte in Eutin anwesend, von denen nur 19 Genossen, hauptsächlich Angehörige aus dem SPD-Kreisverein Lübeck, gegen die Entschließung stimmten, „weil diese Entschliessung nicht weiter ging“[54], so die Erklärung des Landesvorstandsmitglieds Gerhard Strack.

Zur Rezeption des Eutiner Parteitages

Die Entschließungen zur Deutschland- und zur Gesellschaftspolitik des schleswig-holsteinischen SPD-Landesverbandes erregten Ende Januar 1966 in der gesamten Bundesrepublik Aufsehen.

Vor allem Eutin I stieß parteiintern und in der Öffentlichkeit auf großes Interesse. Ortsvereine aus allen Teilen der Republik baten in den nächsten Wochen um eine

---

51 Jahresberichte 1965/66, in: Landesverband Schleswig-Holstein (Hrsg.), SPD Landesparteitag 1967 in Kiel am 1. und 2. Juli, S. 28.

52 Der Alleinvertretungsanspruch der Bundesrepublik beruhte auf der Auffassung, die Bundesrepublik habe als alleinige Rechtsnachfolgerin des Deutschen Reiches das Recht, deutsche Interessen zu vertreten. Dieser Alleinvertretungsanspruch, auf dem die Mehrheit der Eutiner Delegierten bestanden hatte, war im September 1955 in der so genannten „Hallstein-Doktrin“ schriftlich fixiert worden. Diese Doktrin, die ihren Namen dem damaligen Staatssekretär des Auswärtigen Amtes Walter Hallstein verdankt, sollte die Aufnahme diplomatischer Beziehungen und somit die völkerrechtlichen Anerkennung der DDR durch andere Staaten verhindern und den Alleinvertretungsanspruch der Bundesrepublik durchsetzen.

53 Endfassung der Eutiner Entschließung Nr. 1, vollständig abgedruckt in: Brandt/Ammon, Die Linke und die nationale Frage (wie Anm. 1), S. 255-258.

54 Gerhard Strack am 31.1.1966 an Hans Herter vom SPD-Ortsverein Schussenried, AdsD, SPD-LV SH 460.

Zusendung der Eutiner Beschlüsse, oft zur Vorbereitung eigener politischer Anträge für ihre jeweiligen Landesparteitage.[55] So teilte unter anderem Hans Herter vom SPD-Ortsverein Schussenried, der bereits im Januar 1966 „um die Überlassung eines Abzuges der Entschließung“[56] gebeten hatte, am 18. April seinen Genossinnen und Genossen aus Schleswig-Holstein mit: „Der Ortsverein Schussenried hat zum Landesparteitag des Landesverbandes Baden-Württemberg den Antrag gestellt, den Bundesvorstand aufzufordern, der Entschließung Nr. 1 des Landesvorstandes Schleswig-Holstein zu folgen.“[57] Und weiter ließ er die Schleswig-Holsteiner wissen: „Wir sind damit natürlich keineswegs willkommen und wie weit der Antrag durchschlagen wird, ist ungewiss. Auf Beschluß der Antragskommission wird Eure Entschließung jedem Delegierten zur Verfügung gestellt, das ist bereits ein Erfolg. Von der Entschließung war nämlich seinerzeit auch in unserer offiziellen Parteizeitung nichts vermerkt.“

Auch in der Presse außerhalb der Landesgrenze stießen die Ergebnisse des schleswig-holsteinischen Parteitages auf Resonanz. So formulierte beispielsweise der *Kölner Stadt-Anzeiger* am 19. Januar 1966: „Ein Umdenken in der Ost- und der gesamtdeutschen Politik stand am 8. Januar im Mittelpunkt eines Sonderparteitages der SPD in Eutin. Steffen forderte, als er die Entschließung begründete, ‚an einen Neubeginn unserer nationalen Politik’ zu denken. Deren bescheidenes Nahziel müsse sein, ‚die menschlichen, politischen und wirtschaftlichen Kontakte zu Ulbrichts Staatsgebilde und Osteuropa zu erweitern und zu vertiefen’“.[58] Die Zeitung aus dem Rheinland hob Eutin I und Steffen in ihrem Artikel zum schleswig-holsteinischen Landesparteitag explizit hervor. Der Landesvorsitzende wurde in direkten Bezug zur Entschließung gesetzt, die nach Ansicht der Kölner Tageszeitung so klare Aussagen zur Deutschlandpolitik treffe wie nie zuvor in der SPD. In der Märzausgabe der linken Monatszeitschrift *konkret* hieß es in einem Beitrag: „Durch Redeverbot wollte die Bonner SPD-Führung vor mehr als zehn Jahren ihren heftigsten Kritiker, einen Kieler Jungsozialisten, zum Schweigen bringen. Heute ist der aufmüpfige Parteigenosse auf dem besten Wege, die Deutschland-Politik der Sozis umzukrempeln. Sein bis vor kurzem nur Kielern bekannter Name: Joachim Steffen (44).“[59] Dessen „ketzerischer Vorschlag (der gegen Bonns geheiligten Glaubenssatz, die DDR gäbe es eigentlich gar nicht, verstößt) wurde jüngst als ‚Entschließung Nr. 1 Betr.: Politik‘ durchgesetzt. Diese Entschließung der norddeutschen Sozialdemokraten muß – zum Entsetzen des

55 Anfragen von verschiedenen Ortsvereinen nach der Entschließung Nr. 1, AdsD, SPD-LV SH 460.

56 Schreiben von Hans Herter (SPD-Ortsverein Schussenried) vom 28.1.1966 an den SPD-Landesverband Schleswig-Holstein, AdsD, SPD-LV SH 460.

57 Schreiben von Hans Herter (SPD-Ortsverein Schussenried) vom 18.4.1966 an den SPD-Landesverband Schleswig Holstein, AdsD, SPD-LV SH 460.

58 SPD an der Ostsee drängt nach Osten, in: Kölner Stadt-Anzeiger, 19.1.1966.

59 Volksfront aus Eutin?, in: konkret, März 1966.

SPD-Establishments in der Bonner Erich-Ollenhauer-Straße – auf dem kommenden SPD-Bundesparteitag in Dortmund behandelt werden. Schlimmer noch: schon zeichnet sich in anderen Bundesländern Zustimmung ab."[60] Das linke Monatsblatt hob in diesem Beitrag den Vorstoß des nördlichen SPD-Landesverbandes hervor und maß Steffen die tragende Rolle bei. Genau wie der *Spiegel*, der im Zusammenhang mit dem Eutiner Landesparteitag sogar von „Steffens Kommunisten-Manifest"[61] sprach. Das wöchentlich erscheinende Nachrichtenmagazin aus Hamburg sah in der Resolution, die eindeutig dem Landesvorsitzenden zugeordnet wurde, „eine Art Deutschlandplan schleswig-holsteinischer Sozialdemokraten"[62], der die westdeutschen Politiker zu einem „ungenierten Umgang mit den Kollegen aus der DDR"[63] auffordern würde. Die konservative Zeitung *Die Welt* hielt die Entschließung für einen praktischen Aufruf „zu offiziellen Gesprächen mit den kommunistischen Machthabern in der Sowjetunion".[64]

In Schleswig-Holstein fiel die Berichterstattung zum Landesparteitag unterschiedlich aus. In der sozialdemokratischen *Kieler Volkszeitung* wurde Eutin in einem Kommentar von Wolfgang Fechner „als Markstein (...) der Nachkriegsgeschichte dieser Partei"[65] gefeiert. Und weiter war zu lesen: „Was sich am Sonnabend dort vollzog, wird darüber hinaus ein Echo in der gesamten deutschen Sozialdemokratie haben. Der Eutiner Parteitag knüpft mit seiner offenen und ehrlichen Diskussion über Grundfragen der Politik an die Tradition großer Parteitage der deutschen Sozialdemokratie im Kaiserreich und in der Weimarer Republik an."[66] Im Vergleich zu der *Kieler VZ* berichteten die konservativen *Schleswiger Nachrichten* sehr nüchtern über den außerordentlichen Landesparteitag. Dort war in einem Artikel lediglich von einer „lebhaften Diskussion"[67] unter den Delegierten bezüglich der Deutschland-Resolution die Rede. Und weiter wurde berichtet, dass die Mehrheit der Diskutierenden sich hinter die Entschließung gestellt habe, die „dem nächsten SPD-Bundesparteitag vorgelegt werden (soll)".[68]

60 Ebd.

61 Vierter Streich, in: Der Spiegel, Nr. 6, 31. Januar 1966, S. 26.

62 Ebd., S. 27.

63 Ebd., S. 26.

64 Deutschlandpolitik. „Wir sprechen schon mit Ulbricht" Der Kieler SPD-Vorsitzende erläutert seine Entspannungsvorschläge, in: *Die Welt*, 5. April 1966.

65 Ehrliche, offene Diskussion, in: Kieler Morgenzeitung, 11.1.1966, AdsD, Steffen Nachlass, J/SAA00028. Die Kieler VZ war eine sozialdemokratische Tageszeitung mit langer Tradition, die im Nachkriegsdeutschland seit Frühjahr 1946 wieder erschien. Zum Jahresende 1968 musste die Produktion der traditionsreichen Tageszeitung eingestellt werden. Nachfolgerin wurde im Frühjahr 1969 die wöchentlich erscheinende sozialdemokratische *Nordwoche*.

66 Ebd.

67 „Zur Verstärkung der Kontakte auch Verhandlungen mit der Zone". Entschließungsentwurf auf dem außerordentlichen SPD-Parteitag, in: Schleswiger Nachrichten, 10.1.1966.

68 Ebd.

Auffällig ist, dass Steffen in dieser schleswig-holsteinischen Tageszeitung keinerlei besondere Bedeutung beigemessen wurde.

Im östlichen Teil des gespaltenen Landes wurde Eutin I ebenfalls zur Kenntnis genommen. Das SED-Zentralorgan *Neues Deutschland* berichtete zweimal, jeweils nach den beiden Beratungstagen, über den Landesparteitag. Am 11. Januar 1966 war dort zu lesen: „Der neue Kieler SPD-Landesvorstand, an der Spitze die Abgeordneten Steffen, Gerhard Strack und Kurt Schulz, legte dem Parteitag eine Entschließung vor, in der eine Verstärkung des Kontaktes zwischen den Menschen der Bundesrepublik und der DDR gefordert wird."[69] Die Tageszeitung wertete den Antrag als Ausdruck einer „Unzufriedenheit der SPD-Mitglieder gegenüber der Politik Wehners, Erlers und Helmut Schmidts". Verantwortlich für den Text der Entschließung wurden der Landesvorsitzende und zwei Mitglieder des Landesvorstandes gemacht. Knapp zwei Wochen später, am 25. Januar 1966, war in der SED-Zeitung von „bedeutsamen Entschließungen für die Politik der SPD"[70] die Rede, die in Eutin verabschiedet worden seien und dem Anfang Juni in Dortmund stattfindenden SPD-Bundesparteitag übermittelt werden sollten.

SPD-Bundesparteitag in Dortmund

In Vorbereitung auf den Dortmunder Parteitag schickte der schleswig-holsteinische Landesverband die Entschließungen Nr. 1 zur Politik und Nr. 2 zur Gesellschaft vom Eutiner Parteitag als Anträge für den Bundesparteitag am 26. April 1966 per Eilbrief an Wolfgang Koch vom Parteivorstand. Hermann Nippgen bestätigte dem Landesverband bereits einen Tag später den fristgerechten Eingang der Anträge und gab bekannt, dass die Veröffentlichung „statutengemäß in der Ausgabe des *Vorwärts* am 11. Mai 1966"[71] erfolgen sollte.

Gut zwei Monate später, auf dem Bundesparteitag in Dortmund, erregten die Schleswig-Holsteiner – zumindest im Zusammenhang mit der Deutschlandpolitik – kein besonderes Aufsehen. In der sogenannten Arbeitsgemeinschaft B, die sich mit allen Anträgen zu diesem Themenkomplex auseinander setzte, arbeitete Steffen gar nicht mit. Er hatte sich zur Mitarbeit in der Arbeitsgemeinschaft A – zur Gesellschaftspolitik entschieden. Lediglich der Lübecker Paul Bromme ergriff für seinen Landesverband das Wort. Der Schleswig-Holsteiner forderte die Redaktionskommission der

---

69 SPD-Mitglieder fordern neue nationale Politik. Heftige Auseinandersetzungen mit der Linie Wehners, Erlers und Schmidts auf dem schleswig-holsteinischen SPD-Landesparteitag, in: Neues Deutschland, 11.1.1966.

70 Auf der Suche nach Alternative zur CDU. SPD-Landesparteitag von Schleswig-Holstein verabschiedete bemerkenswerte Entschließungen, in: Neues Deutschland, 25.1.1966.

71 Hermann Nippgen am 27.4.1966 an den schleswig-holsteinischen SPD-Landesverband, AdsD, SPD LV SH 964-965.

Arbeitsgemeinschaft B auf, auf eine Regelung der Beziehungen mit den osteuropäischen Ländern zu drängen.

Von einem engagierten Auftreten des schleswig-holsteinischen Landesverbandes auf Bundesebene kann keine Rede sein. Die Eutiner Entschließung Nr. 1, in Dortmund Antrag B 11, spielte in der Diskussion keinerlei Rolle und wurde zusammen mit dem Antrag B 64 des Parteivorstandes von der Redaktionskommission, der unter anderem Carlo Schmid, Helmut Schmidt und Hans-Jürgen Wischnewski angehörten, zu einer neuen „Entschließung zur Deutschlandpolitik unter den sich ändernden weltpolitischen Bedingungen“ (B 67) umformuliert. Der Vorstoß des Verbandes aus dem nördlichsten Bundesland war somit – „empfohlen durch die Redaktionskommission“ – durch die Neufassung des Antrags B 64 gedeckt. Auffällig ist, dass die Schleswig-Holsteiner in Dortmund nicht auf ihrem Antrag beharrten und sich scheinbar damit zufrieden gaben, dass die Forderungen und Ziele der Eutiner Entschließung von der Redaktionskommission in den neuen Antrag des Parteivorstandes eingearbeitet wurden.

Die folgende tabellarische Gegenüberstellung der inhaltlichen Übereinstimmungen der beiden Anträge macht zum einen deutlich, welche der einzelnen Eutiner Gedanken und Forderungen in die viereinhalb Seiten umfassende Dortmunder Entschließung zur Deutschlandpolitik gleichsam eingeebnet wurden und zum zweiten zeigt sie ganz offensichtlich, wie sich die beiden Anträge in ihrer Rhetorik unterscheiden. Durch den zusätzlichen Vergleich mit Bahrs Tutzinger Rede wird die programmatische Entwicklung der sozialdemokratischen Gedanken zur Deutschlandpolitik von 1963 bis 1966 aufgezeigt. Deutlich zu erkennen ist, dass die Vorschläge von Eutin sich zum Teil mit Bahrs Gedanken decken.

	Bahrs Tutzinger Rede Juli 1963	Eutiner Entschließung Januar 1966	Dortmunder Entschließung Juni 1966
Intention	„(…) Überzeugung, daß es an der Zeit ist und daß es unsere Pflicht ist, die Wiedervereinigungspolitik neu zu durchdenken"	„Heute muß durch die Diskussion konkreter Vorschläge der Raum für neue politische Entscheidungen geschaffen werden."	„Grundgesetz und Gewissen verpflichten uns, unermüdlich an der Überwindung der Spaltung Deutschlands zu arbeiten. Dies fordert uns Taten ab. Bloße Hinweise auf unser Recht führen nicht weiter."
Bestandsaufnahme und allgemeine Feststellungen	• „Jede Politik zum direkten Sturz des Regimes drüben (ist) aussichtslos" • „Die Voraussetzungen zur Wiedervereinigung sind nur mit der Sowjet-Union zu schaffen."	• „Die Haltung der Bundesregierung, die sich ängstlich auf längst verlassene Stellungen des Kalten Krieges zurückzieht, birgt in sich die Gefahr einer außenpolitischen Isolierung." • „Das ungelöste Problem der Deutschen droht angesichts dieser universalen Tendenzen in Vergessenheit und schließlich in Hoffnungs- und Ausweglosigkeit zu versinken."	• „Die Politik des Wartens auf politische Ergebnisse militärischer Stärke ist erfolglos geblieben." • „(…) müssen wir uns jedoch vor der Illusion hüten und vielmehr erkennen, daß die Deutschlandfrage heute im Ausland weithin nicht als ein vordringliches internationales Problem betrachtet wird." • „Für die Wiedervereinigung ist die Mitwirkung der vier Mächte und das Verständnis anderer europäischer Länder notwendig."
Maxime	• „Die selbstverständliche und von niemandem in Frage gestellte Weigerung, die Zone als einen selbständigen Staat anzuerkennen, darf uns nicht lähmen."	• „Zu diesem Zweck müssen unbeschadet des Alleinvertretungsanspruchs der Bundesrepublik Vereinbarungen mit den Machthabern im östlichen Teil des gespaltenen Vaterlandes getroffen werden."	• „Eine differenzierte Anwendung der sogenannten Hallstein-Doktrin steht den fundamentalen Grundsätzen der Deutschlandpolitik keineswegs entgegen."
Forderungen	• „Uns hat es zunächst um die Menschen zu gehen und um die Ausschöpfung jedes denkbar und verantwortbaren Versuchs, die Situation zu erleichtern. Eine materielle Verbesserung müßte eine entspannende Wirkung in der Zone haben."	• Der Kontakt zwischen den Menschen aus beiden Teilen unseres gespaltenen Landes muß verstärkt werden."	• „Es dient dem Zusammenhalt unseres Volkes und der Bewahrung unserer nationalen Substanz, wenn wir uns (…) auf die folgenden konkreten Punkte konzentrieren: a) Nachbarschaftsverkehr an der Zonengrenze (…); b) in Berlin selbst weitere Schritte in Richtung auf freien Personenverkehr; c) Möglichkeiten des ungehinderten Schrift-

	• „Den Prozeß zur Hebung des Lebensstandards zu beschleunigen, weil sich dadurch Erleichterungen mannigfaltiger Art für die Menschen und durch verstärkte Wirtschaftsbeziehungen verstärkte Bindungen ergeben können, würde demnach in unserem Interesse liegen.“	• „(…) durch eine Verstärkung des Interzonenhandels (muss) eine wesentliche gesamtdeutsche Klammer gefestigt werden.“	verkehrs (…); d) Verstärkungen des innerdeutschen Handels; e) Abbau unnötiger Fesseln für den Austausch auf den Gebieten von Wirtschaft, Wissenschaft und Kultur.“
		• „(…) die Bundesrepublik (soll) positiv zu dem angestrebten Vertrag über die Nichtweiterverbreitung von Atomwaffen Stellung nehmen. Die Bundesrepublik soll nicht den physischen Besitz oder Mitbesitz von Atomwaffen anstreben. Die Bundesrepublik muss dagegen ein Vetorecht beim Einsatz atomarer Waffen ihrer Alliierten sowohl vom westdeutschen Territorium aus als auch auf Ziele im gesamtdeutschen Territorium verlangen.“	• „Nicht nur zur Verminderung der weltpolitischen Spannungen und der aus ihnen resultierenden Gefahren, sondern auch zur Normalisierung unserer Beziehungen zu Osteuropa ist eine weitere Entwicklung der internationalen Rüstungsbegrenzung, der Rüstungskontrolle und der Abrüstung notwendig. Auch und gerade im Rahmen der Deutschlandpolitik ist eine ständige Aufgabe der Bundesrepublik Deutschland, durch eigene Beiträge bei der Lösung dieser Frage mitzuwirken.“

Allen drei Quellen gemeinsam ist die Intention. Sowohl Bahr als auch der schleswig-holsteinische Landesverband und die Redaktionskommission auf dem SPD-Bundesparteitag in Dortmund formulierten in den Texten ihre Überzeugung, dass es notwenig sei, eine Deutschlandpolitik mit dem Ziel der Vereinigung zu verfolgen. In allen drei Schriften findet sich die Feststellung wieder, dass die Politik der CDU, die sogenannten „Politik der Stärke“ gescheitert sei. Die Schleswig-Holsteiner befürchteten im Januar 1966, die deutsche Frage könne international in Vergessenheit geraten. Diese Besorgnis taucht auch in dem redaktionell überarbeiteten Dortmunder Antrag auf und wurde höchstwahrscheinlich von der Eutiner Entschließung übernommen. Auffällig ist, dass in den drei untersuchten Quellen der Alleinvertretungsanspruch der Bundesrepublik bestätigt wird. ‚Dortmund‘ schließt jedoch eine „differenzierte Anwendung der Hallstein-Doktrin“ nicht aus. Wir erinnern uns, dass es Steffen war, der auf dem Eutiner Parteitag für eine flexible Handhabung des Alleinvertretungsanspruchs der Bundesrepublik eintrat. Dieser Vorschlag ging den schleswig-holsteinischen

Delegierten im Januar 1966 jedoch zu weit. Einige Monate später in Dortmund schien es derartige Befürchtungen nicht mehr zu geben.

Das erste Ziel der Eutiner Entschließung, die Kontakte zwischen den Menschen zu stärken, wurde in Dortmund weiter spezifiziert. In dem neu entstandenen Antrag der Redaktionskommission war von Nachbarschafts- und freiem Personenverkehr in Berlin und vom ungehinderten Schriftverkehr die Rede.[72] Neu waren die vom schleswig-holsteinischen Landesverband formulierten Gedanken zur Notwendigkeit der internationalen Rüstungsbegrenzung, der Rüstungskontrolle und der Abrüstung, die in die Dortmunder Entschließung eingearbeitet wurden. Der Antrag der Nord-SPD war insofern erfolgreich, als dass sich ihre Kernforderungen in der redaktionell überarbeiteten Entschließung fast ausnahmslos wiederfanden. Die Stärke und der öffentlichkeitswirksame Effekt, der zweifelsohne von der Eutiner Entschlie-ßung ausging, sind nicht zuletzt in ihrem drastischen Sprachstil begründet. Die Schleswig-Holsteiner formulierten in einer klaren und unvermittelten Sprache drei praktische Ziele sozialdemokratischer Außenpolitik, die inhaltlich das von Bahr in Tutzing vorgestellte deutschlandpolitische Konzept unterstützten. Die in Dortmund entstandene Entschließung, die über das Thema „Wiedervereinigung" hinaus auch Gedanken zum Verhältnis zu Osteuropa, zur Sicherheit und Abrüstung, zur europäischen Zusammenarbeit und zur Partnerschaft mit Afrika, Asien und Lateinamerika umfasste, formulierte diplomatischer, sie übernahm zwar inhaltlich die Forderungen der Schleswig-Holsteiner, entschärfte jedoch den in Eutin I angeschlagenen Ton.

Nach dem Bundesparteitag verfolgte der schleswig-holsteinische SPD-Landesverband unter Jochen Steffen die Deutschlandpolitik konzeptionell nicht weiter. Es blieb bei dem einmaligen Vorstoß aus Eutin.

Die scheinbare Zurückhaltung des Landesverbandes in Dortmund wurde in Schleswig-Holstein registriert. Die tägliche Glosse in den *Schleswiger Nachrichten* brachte es zwei Tage nach dem SPD-Bundesparteitag auf den Punkt: „Nichts gehört hat man aus Dortmund übrigens von unserer schleswig-holsteinischen SPD, die noch in den letzten Monaten überall, selbst im *Neuen Deutschland* als links-progressiver Vortrupp apostrophiert worden war. (...) Von der Eutiner Entschließung unseres SPD-Landesvorsitzenden Steffen – die doch ausdrücklich als Diskussions-Sprengsatz für Dortmund deklariert war – scheint überhaupt nicht die Rede gewesen zu sein."[73] Die beschriebene Zurückhaltung und das Nichtbeharren des Landesverbandes auf dem eigenen Antrag könnte damit erklärt werden, dass die Schleswig-Holsteiner mit dem überarbeiteten Antrag einverstanden waren. Vermutlich sahen sie ihre in Eutin

---

72 Vgl. Vorstand der Sozialdemokratischen Partei Deutschlands, Bonn (Hrsg.), Parteitag der Sozialdemokratischen Partei Deutschlands vom 1. bis 5. Juni 1966 in Dortmund. Protokoll der Verhandlungen. Anträge, S. 1055.

73 Dortmund, in: Schleswiger Nachrichten, 7.6.1966.

benannten Ziele in der neu entstandenen Dortmunder Entschließung zufriedenstellend umgesetzt.

Resümee: Eutin I und die neue sozialdemokratische Deutschlandpolitik

Wie sind nun all diese unterschiedlichen Quellen einzuordnen? Liegt Steffen wirklich vollkommen falsch damit, wenn er behauptet, sein Landesverband habe die Diskussion um eine neue Deutschlandpolitik innerhalb der SPD „ins Rutschen gebracht"?

Ein Blick auf die Entwicklung der sozialdemokratischen Deutschlandpolitik hat gezeigt, dass die SPD Ende der 1950er Jahre unter ihrem Vorsitzenden Erich Ollenhauer ihre nationalen Interessen stark betonte. Die Sozialdemokraten lehnten damals die Westintegration kategorisch ab und erklärten die „Wiedervereinigung" zum vorrangigen Ziel ihrer Deutschlandpolitik. Niederschlag fand diese Politik 1959 in dem Deutschlandplan der SPD. Zu einer deutschlandpolitischen Umorientierung kam es kurze Zeit später, als Herbert Wehner im Juni 1960 verkündete, dass sich seine Partei fortan zu den Westverträgen der Bundesrepublik und zu einer gemeinsamen deutschen Außenpolitik bekennen würde. Dies geschah in einer Zeit, die von schwerwiegenden Veränderungen im internationalen Mächtesystem geprägt war, die 1961 mit dem Bau der Berliner Mauer und 1962 mit der Kuba-Krise ihren Höhepunkt erreichten.[74]

Im Zuge dieser sogenannten „Doppelkrise"[75] setzte ein allgemeiner Trend zur Entspannung ein, der neben den „machtpolitischen Rahmenbedingungen"[76] Anfang der 1960er Jahre die Diskussion über eine neue außenpolitische Orientierung auch innerhalb der SPD beeinflusste.[77] Auch die Politik der amerikanischen Regierung wird Einfluss auf die programmatische Entwicklung der zukünftigen sozialdemokratischen Deutschlandpolitik genommen haben. Nach dem Amtsantritt von US-Präsident John F. Kennedy im Januar 1961 vollzog sich in der deutschlandpolitischen Ausrichtung der Vereinigten Staaten von Amerika ein Wandel.[78] Dieser neue politische Ansatz, mit dem die Amerikaner primär auf Entspannung setzten, gab das Ziel der „Wiedervereinigung" zugunsten der Sicherung Westberlins auf.[79] Die US-Administration wollte die Entspannung mit dem Osten nicht gefährden und machte der Regierung der

74 Vgl. Potthoff, Im Schatten der Mauer (wie Anm. 15), S. 3.

75 Wolfgang Schmidt, Die Wurzeln der Entspannung: Der konzeptionelle Ursprung der Ost- und Deutschlandpolitik Willy Brandts in den fünfziger Jahren, in: Vierteljahrshefte für Zeitgeschichte 51 (2003) 4, S. 521-563, hier S. 525.

76 Potthoff, Im Schatten der Mauer (wie Anm. 15), S.14.

77 Vgl. Taschler, Vor neuen Herausforderungen (wie Anm. 41), S. 27.

78 Vgl. Schmidt, Kalter Krieg, Koexistenz und kleine Schritte (wie Anm. 25), S. 540.

79 Vgl. Jost Dülffer, Europa im Ost-West-Konflikt. 1945-1990, München 2004, S. 183.

Bundesrepublik deutlich, dass Kontakte zwischen den Menschen in beiden Teilen Deutschlands erwünscht seien.[80]

In diesen Kontext ist Egon Bahrs Tutzinger Rede einzuordnen, die im Sommer 1963 den entscheidenden Impuls für die konzeptionelle Erarbeitung einer erneuerten sozialdemokratischen Deutschlandpolitik lieferte und dafür sorgte, dass die Forderungen der Westberliner Sozialdemokraten um Willy Brandt erstmals in der breiteren Öffentlichkeit wahrgenommen wurden.[81]

Steffen und sein Landesverband leisteten zweieinhalb Jahre nach Bahrs programmatischer Rede einen Beitrag zur Durchsetzung dieses neu eingeschlagenen Weges der SPD in der Ost- und Deutschlandpolitik, indem die Sozialdemokraten aus Schleswig-Holstein als erster Landesverband Bahrs Forderungen aufgriffen und in Eutin in einer klaren Sprache Vorschläge zur Realisierung formulierten.

Mitte der sechziger Jahre sprachen die Schleswig-Holsteiner mit ihrer Entschließung, deren Autor höchstwahrscheinlich Steffen ist, ein Thema an, das zu dieser Zeit bei vielen Linken und Liberalen in der Luft lag.[82] Ihre Forderungen an eine neue Deutschlandpolitik stießen bundesweit in der parteinahen Öffentlichkeit auf Resonanz.

Wie lässt sich das auffallend reservierte Verhalten der Schleswig-Holsteiner in Dortmund interpretieren? Vermutlich hatten sich ihre zunächst revolutionär anmutenden Forderungen nach wenigen Monaten – zumindest unter den Genossinnen und Genossen – zu selbstverständlichen Feststellungen und Zielen der sozialdemokratischen Außenpolitik entwickelt, so dass dem Eutiner Antrag und damit auch Jochen Steffen im Juni 1966 auf dem Bundesparteitag keinerlei besondere Bedeutung mehr zugemessen wurde.

Und noch ein anderes Ereignis mag dafür gesorgt haben, dass die Öffentlichkeit und die Parteimitglieder das Interesse an Eutin I schnell wieder verloren: Am 7. Februar 1966, nur zwei Wochen nach dem schleswig-holsteinischen Landesparteitag, wandte sich das Zentralkomitee der SED mit einem offenen Brief an die Delegierten des Dortmunder Parteitages.[83] Die Führung der SED bot den Sozialdemokraten darin „große gesamtdeutsche Beratungen“[84] an, um langfristig die deutsche Spaltung zu überwinden. Die SPD erklärte sich im April 1966 zu diesem innerdeutschen Dialog bereit und nominierte für den geplanten Redneraustausch Willy Brandt, Fritz Erler und

---

80 Vgl. Schmidt, Kalter Krieg, Koexistenz und kleine Schritte (wie Anm. 25), S. 408.

81 Vgl. Heinrich Potthoff, Ostpolitik in Tutzing. Egon Bahr '63, in: Die Neue Gesellschaft/Frankfurter Hefte 48 (2001) 1/2, S. 43-47, hier S. 43.

82 Vgl. ebd., S. 49f.

83 Vgl. Sturm, Uneinig in die Einheit (wie Anm. 20), S. 43f.

84 Potthoff, Ostpolitik in Tutzing (wie Anm. 81), S. 48.

Herbert Wehner. Zu einer offenen Auseinandersetzung kam es jedoch nicht, die SED sagte die Gespräche Ende Juni 1966 ab.[85]

Mit der Eutiner Entschließung hatte der schleswig-holsteinische Landesverband Anfang des Jahres 1966, vermutlich auch beeinflusst von der Denkschrift der Evangelischen Kirche, zwar schnell das Thema Deutschlandpolitik aufgegriffen, es aber anschließend konzeptionell nicht weiterverfolgt, so dass der Antrag bereits nach kurzer Zeit wieder aus dem Fokus des allgemeinen Interesses verschwand. Der Einfluss des Beitrags aus dem Norden muss deshalb insgesamt geringer eingestuft werden, als es Steffen, der in diesem Zusammenhang die Rolle des Initiators spielte, selbst behauptete. Die eingangs zitierten Aussagen von Steffen können somit als Fehleinschätzungen gewertet werden, die sich mit der Zeit zu einem Mythos innerhalb des schleswig-holsteinischen Landesverbandes entwickelten, der auch heute noch von Genossinnen und Genossen wachgehalten wird.[86]

Die neue Ost- und Deutschlandpolitik wurde von den Sozialdemokraten fortlaufend weiterentwickelt und den sich verändernden Gegebenheiten angepasst. In diesen Entwicklungsprozess kann die Eutiner Entschließung, mit der die schleswig-holsteinischen Sozialdemokraten gemäß den in Tutzing formulierten Vorstellungen einen Beitrag für die später von der SPD mehrheitlich getragene Ost- und Deutschlandpolitik lieferten, eingeordnet werden. Das wegweisende Konzept aber wurde Anfang der 1960er Jahre von Willy Brandt und Egon Bahr entwickelt, die ihre Entspannungspolitik von diesem Zeitpunkt an konsequent verfolgten.

---

85 Vgl. ebd., S. 49.

86 Egon Bahr, der als Kandidat seit 1972 stets über die Landesliste Schleswig-Holstein in den Bundestag einzog, schrieb 1988 – vermutlich aus Gefälligkeit – in einem Aufsatz: „Es ist wohl keine Übertreibung, wenn unser Landesverband wie kaum ein anderer mitgeprägt hat, was man Ostpolitik der SPD nennt.“ Egon Bahr, Frieden und Entspannung – Tradition im besten Sinn, in: Demokratische Geschichte 3 (1988), S. 589-596. Die Entschließung Nr. 1 vom Januar 1966 bezeichnete Bahr als „Ausdruck des notwendigen Mutes, das Notwendige zu verlangen, auch wenn es nicht populär (oder noch nicht) ist“. Er erinnerte sich, dass Eutin I im Jahre 1966 „sensationell und aufreizend wirkte“. Bemerkenswert fand der SPD-Politiker die drei formulierten Ziele der Eutiner Resolution, die seiner Ansicht nach mutig in eine neue Richtung wiesen. Auffällig ist jedoch, dass sich zu diesem Thema in seinen Memoiren keinerlei Hinweise bezüglich einer Rolle von Steffens Landesverband finden lassen. – In seinem Vortrag „Ein Gemeinwesen der Freien und Gleichen. Impulse aus der SPD Schleswig-Holstein 1949-1969“, den Jürgen Weber auf der Festveranstaltung anlässlich des vierzigjährigen Jubiläums von Brandts Regierungserklärung „Mehr Demokratie wagen“ am 25. März 2009 im Kieler Landeshaus hielt, vertrat der SPD-Landtagsabgeordnete und stellvertretende Fraktionsvorsitzende die Ansicht, Eutin I sei in die Geschichte eingegangen. Weber bezeichnete die Resolution als Ausgangspunkt einer neuen Politik, die damals „dem neuen Denken“ einen wichtigen Impuls gegeben habe.

Jochen Steffen – Zur Person:

Der schleswig-holsteinische Politiker Joachim (Jochen) Steffen wurde am 19. September 1922 in Kiel geboren. Von 1946 bis 1979 war er Mitglied der SPD. 1954 wurde er zum Landesvorsitzenden der schleswig-holsteinischen Jungsozialistinnen und Jungsozialisten gewählt und konnte vier Jahre später über die Flensburger Liste sein erstes Landtagsmandat einnehmen. Im Mai 1965 wurde der bekennende Linke auf dem Landesparteitag in Travemünde zum Landesvorsitzenden der Sozialdemokraten gewählt. Ein Jahr später übernahm er das Amt des Fraktionsvorsitzenden der SPD und wurde somit Oppositionsführer im Schleswig-Holsteinischen Landtag. Zweimal, 1967 und 1971, trat er als Kandidat für das Amt des schleswig-holsteinischen Ministerpräsidenten an. Beide Male vergebens, obwohl die SPD bei der Landtagswahl im April 1971 erstmals seit 1947 wieder über 40 Prozent der Stimmen gewann. Parallel zu seiner Abgeordnetentätigkeit schrieb Steffen für mehrere sozialdemokratische Tages- und Wochenzeitungen. Ab 1968 war er für neun Jahre Mitglied des Bundesvorstandes der SPD und agierte ab Juni 1973 als Vorsitzender der neu eingerichteten Grundwerte-Kommission.

Im Jahr 1973 begann mit der Aufgabe des Fraktionsvorsitzes Steffens langer Rückzug aus der Politik. Steffen kritisierte zunehmend die in seinen Augen antireformistische Politik des Bundeskanzlers Helmut Schmidt und die Haltung der SPD zur Atomenergie. Während Steffen in den 1960er Jahren noch selbst offensiv auf Wirtschaftswachstum und wissenschaftlichen Fortschritt einschließlich der Kernenergie gesetzt hatte, gehörte er ein Jahrzehnt später zu denjenigen, die für Nullwachstum, gegen Atomkraftwerke und für den Frieden mit der Natur eintraten. 1979 verließ er resigniert die SPD. Nach der Abkehr von der sozialdemokratischen Partei übte Steffen seine bereits zuvor praktizierte Kabarettisten-Tätigkeit stärker aus und feierte damit großen Erfolg. Mit Lesungen von Texten der von ihm kreierten Figur Kuddl Schnööf hatte er viele erfolgreiche Auftritte. 1978 wurde er dafür sogar mit dem Deutschen Kleinkunstpreis ausgezeichnet. Ende der 70er Jahre zog Steffen gemeinsam mit seiner Frau nach Niederösterreich. Dort schrieb er weiterhin Kommentare und politische Analysen für mehrere Zeitungen und Zeitschriften zu aktuellen Fragen der bundesdeutschen Politik.

Nach einer längeren Krankheit starb Steffen wenige Tage nach seinem 65. Geburtstag am 27. September 1987 in Rendsburg.

Literatur:

Egon Bahr, Frieden und Entspannung – Tradition im besten Sinn, in: Demokratische Geschichte 3 (1988), S. 589-596.

Peter Bender, Die „Neue Ostpolitik“ und ihre Folgen. Vom Mauerbau bis zur Vereinigung, München 1995.

Peter Brandt/Herbert Ammon (Hrsg.), Die Linke und die nationale Frage. Dokumente zur deutschen Einheit seit 1945, Reinbek bei Hamburg 1981.

Uwe Danker/Ingrid Schilf/Jürgen Weber (Hrsg.), Jochen Steffen. Eine Dokumentation, Kiel 1990.

Michael Dauderstädt, Von der Ostpolitik zur Osterweiterung: Deutschlands Außenpolitik und die postkommunistischen Beitrittsländer, Bonn 2002.

Jost Dülffer, Europa im Ost-West-Konflikt. 1945-1990, München 2004.

Tilman, Fichter, Die SPD und die Nation. Vier sozialdemokratische Generationen zwischen nationaler Selbstbestimmung und Zweistaatlichkeit, Berlin 1993.

Frank Fischer, „Im deutschen Interesse“. Die Ostpolitik der SPD von 1969 bis 1989, Husum 2001.

Helga Haftendorn, Wurzeln der Ost- und Entspannungspolitik der Sozial-Liberalen Koalition, in: Horst Ehmke/Karl-Heinz Koppe/Herbert Wehner (Hrsg.), Zwanzig Jahre Ostpolitik: Bilanz und Perspektiven, Bonn 1986, S. 17-28.

Kurt Klotzbach, Der Weg zur Staatspartei. Programmatik, praktische Politik und Organisation der deutschen Sozialdemokratie 1945-1965, Bonn 1996.

Hans-Werner Martin, „...nicht spurlos aus der Geschichte verschwinden“. Wenzel Jaksch und die Integration der Sudetendeutschen Sozialdemokraten in die SPD nach dem II. Weltkrieg (1945-1949), Frankfurt am Main 1996.

Boris Meissner, Die deutsche Ostpolitik 1961-1970: Kontinuität und Wandel. Dokumentation, Köln 1970.

Heinrich Potthoff, Im Schatten der Mauer. Deutschlandpolitik 1961-1990, Berlin 1999.

Heinrich Potthoff/Susanne Miller, Kleine Geschichte der SPD 1848-2002, Bonn 2002.

Heinrich Potthoff, Ostpolitik in Tutzing. Egon Bahr ‘63, in: Die Neue Gesellschaft/ Frankfurter Hefte 48 (2001) 1/2, S. 43-47.

André Schirmer, Die Deutschlandpolitik der SPD in der Phase des Übergangs vom Kalten Krieg zur Entspannungspolitik 1955-1970, Münster 1988.

Wolfgang Schmidt, Kalter Krieg, Koexistenz und kleine Schritte. Willy Brandt und die Deutschlandpolitik 1948-1963, Wiesbaden 2001.

Wolfgang Schmidt, Die Wurzeln der Entspannung: Der konzeptionelle Ursprung der Ost- und Deutschlandpolitik Willy Brandts in den fünfziger Jahren, in: Vierteljahrshefte für Zeitgeschichte 51 (2003) 4, S. 521-563.

SPD-Bundestagsfraktion (Hrsg.), Rück-Sicht auf Deutschland. Beiträge zur Deutschlandpolitik der SPD, Bonn 1993.

Jens-Peter Steffen (Hrsg.), Jochen Steffen. Personenbeschreibung: biografische Skizzen eines streitbaren Sozialisten, Kiel 1997.

Daniel Friedrich Sturm, Uneinig in die Einheit. Die Sozialdemokratie und die Vereinigung Deutschlands 1989/90, Bonn 2006.

Daniela Taschler, Vor neuen Herausforderungen. Die außen- und deutschlandpolitische Debatte in der CDU/CSU Bundestagsfraktion während der Großen Koalition (1966-1969), Düsseldorf 2001.

Manfred Uschner, Die Ostpolitik der SPD: Sieg und Niederlage einer Strategie, Berlin 1991.

Andreas Vogtmeier, Egon Bahr und die deutsche Frage. Zur Entwicklung der sozialdemokratischen Ost- und Deutschlandpolitik vom Kriegsende bis zur Vereinigung, Bonn 1996.

Vorstand der Sozialdemokratischen Partei Deutschlands, Bonn (Hrsg.), Parteitag der Sozialdemokratischen Partei Deutschlands vom 1. bis 5. Juni 1966 in Dortmund. Protokoll der Verhandlungen. Anträge.

Vorstand der Sozialdemokratischen Partei Deutschlands, Referat Öffentlichkeitsarbeit (Hrsg.), Die deutsche Teilung und ihre Überwindung. Sozialdemokratische Positionen zur Deutschlandpolitik 1945 bis heute, Bonn 1991.

Jürgen Weber, Joachim Steffen – Der „rote" Jochen, in: Demokratische Geschichte 3 (1988), S. 597-602.

Horst Heimann

Jochen Steffen – sozialdemokratischer Theoretiker des Demokratischen Sozialismus

Warum und zu welchem Zweck wurde Jochen Steffen Politiker und Theoretiker des Demokratischen Sozialismus?

Jochen Steffen wurde nicht aus rein philosophisch-intellektuellen Gründen zu einem Theoretiker. Er interessierte sich nicht deshalb für Theorie, weil in der Schule sein Interesse an Philosophie geweckt wurde und er daher beschloss, Philosophie und politische Theorie zu studieren. Er beschäftigte sich nicht intensiv mit akademischer Philosophie und Theorie, um ein gutes Examen in diesen Fächern abzulegen und anschließend eine wissenschaftliche Karriere zu durchlaufen. Diese Einschätzung gilt, obwohl er von Juni 1946 bis September 1949 an der Universität in Kiel Politische Wissenschaften studierte, für 18 Monate wissenschaftlicher Mitarbeiter von Michael Freund war und Studien über die Rolle der sozialdemokratischen Parteibürokratie anfertigte.[1]

Politische Theorie war für Steffen nicht Selbstzweck, sondern notwendiges Hilfsmittel für sein praktisches Engagement in der Politik. Das minderte in seinen Augen aber nicht etwa den Wert der Theorie, sondern erhöhte ihn sogar, wie zu zeigen sein wird. Am Anfang seines „Theoretisierens" stand nicht eine einseitig intellektuell-wissenschaftliche, sondern eine umfassende human-persönliche Motivation, seine Empathie für seine Mitmenschen, besonders in den unteren Schichten. In seinen „Biographischen Texten" blickt er zurück auf seine Kindheit und Schulzeit, als er „mit acht oder neun Jahren" schnell groß werden wollte: „Und dann würde ich eine Bande anführen, die die Reichen plünderte und die Beute an die Armen verteilte."[2]

Entscheidende Motivation war die persönliche Empathie für seine Mitmenschen, die Anteilnahme an ihrem Leben, an ihrer Not und ihren Leiden, sein Interesse an besseren Lebenschancen für die Benachteiligten. Siegfried Lenz, der mit Steffen eng befreundet war, betonte in einem Interview diese menschliche Anteilnahme: „Er hat mir voller Erschütterung von Menschen erzählt, die ihr Leben verfehlt hatten, nicht durch eigene Schuld, sondern immer durch die Schuld anderer."[3] (Hinzuzufügen wäre noch „und durch die Schuld der ungerechten sozialen Verhältnisse".)

Diese menschliche Empathie, Grundlage für gelebte Solidarität, war das entscheidende Motiv für Steffens praktisches Engagement in der Politik, die vor allem das Ziel haben sollte, durch bewusste Gestaltung von Wirtschaft und Gesellschaft die Lage der Menschen zu verbessern. Aber zu diesem praktischen Engagement gehörte auch von

1 Jochen Steffen: Personenbeschreibung. Biographische Skizzen eines streitbaren Sozialisten, hrsg. von Jens-Peter Steffen, Kiel 1997, S. 281f.

2 Ebd., S. 24.

3 Ebd., S. 14f.

Anfang an die intellektuell-theoretische Dimension. In den bereits zitierten „Autobiographischen Texten“, in denen er seine Sympathie für Robin Hood erwähnte, verwies er auch auf seine spezifischen intellektuellen Interessen. „Die Realienbücher [...] habe ich genauso verschlungen wie Schillers oder Shakespeares Dramen. Besonders die Abteilung Geschichte mit Abdrucken von Historiengemälden hatte es mir angetan. Als ich auf die Oberschule kam, wußte ich die Geschichte der Griechen und Römer und die deutsche Geschichte – bis zum Spiegelsaal von Versailles mit Bismarck in Kürassieruniform - dem Text entsprechend, beinahe auswendig.“[4]

Ein weiteres Beispiel für die Bedeutung der intellektuell-theoretischen Dimension ist Steffens lapidare Feststellung: „Mit etwa vierzehn Jahren hatte ich in Vaters Schreibtisch das Kommunistische Manifest gefunden, es mehrfach gelesen. Es gab also etwas anderes an Weltanschauung, als man uns eintrichterte, dieses Andere wurzelte im Proletariat.“[5] Im bereits zitierten Interview antwortete Siegfried Lenz auf die Frage, in welchem Sinne sich Steffen als „Marxist“ verstand: „Es war [...] ein eklektischer Marxismus“. Vor allem sei es „das Phänomen der Fremdbestimmung“ gewesen, das ihn beeinflusste.[6]

Angeregt durch die Schriften von Marx und seine Empathie für die Menschen wurde Steffen zu einem Sozialisten, der den Kapitalismus überwinden und durch eine sozialistische Wirtschafts- und Gesellschaftsordnung ersetzen wollte. Er war aber nie dogmatischer Marxist. Im Sinne von Nell-Breuning „stand er auf den Schultern von Marx“. Für die Theorie des Demokratischen Sozialismus konnte er daher einen wertvolleren Beitrag leisten als dogmatische Marx-Verächter, aber auch als dogmatische Marx-Anbeter, die nicht auf seinen Schultern stehen konnten, weil sie andächtig vor ihm knieten.

Steffens Konzept einer Theorie des Demokratischen Sozialismus impliziert die dialektische Einheit von Theorie und Praxis, von Wort und Tat. Nur wenn praktisches Engagement und intellektuelle Reflexion zusammenfinden, wenn auch schriftlich formulierte Diskurse stattfinden, wenn ein Bündnis zwischen sozialistischen Intellektuellen und organisierter Arbeiterbewegung wirksam wird, kann eine sozialistische Arbeiterbewegung entstehen.[7]

Steffen war nicht zunächst nur handelnder Politiker, der dann erkannte, dass man auch im Interesse der politischen Praxis zusätzlich noch „theoretisieren“ könne oder sogar müsse. Am Anfang war für ihn sowohl die Tat als auch das Wort. Er handelte, weil er dachte, und er dachte, weil er handelte. Wenn seine theoretischen Hauptwerke,

---

4 Ebd., S. 25.

5 Ebd., S. 28.

6 Ebd., S. 14.

7 Zu diesem Bündnis vgl. Horst Heimann: Die Voraussetzungen des Demokratischen Sozialismus und die Aufgaben der Sozialdemokratie, Bonn 1991, vor allem der Abschnitt „Intellektuelle und Arbeiter“.

„Strukturelle Revolution" und „Krisenmanagement oder Politik?" erst 1974 erschienen, so heißt das nicht: Vorher war er Politiker, erst 1974 wurde er auch zum Theoretiker. Denn die theoretischen Grundgedanken, die er in den Büchern zusammengefasst, vertieft und ausführlich dargestellt hat, hatten auch schon vorher seine politische Praxis und seine intensive Kommunikation in Partei und Öffentlichkeit angeleitet. Für ihn gilt daher uneingeschränkt die Gleichwertigkeit und Gleichrangigkeit von Theorie und politischer Praxis. Und daher ist er auch im umfassenden Sinne sowohl sozialdemokratischer Theoretiker als auch Politiker des Demokratischen Sozialismus. Das zu betonen ist deshalb notwendig, weil in meiner Arbeit der Theoretiker Steffen im Mittelpunkt steht, während andere Autoren vor allem den Politiker darstellen.

Im Sinne Jochen Steffens gehören zur Theorie nicht nur die Gedanken und Erkenntnisse, die sozialistische Intellektuelle in Büchern festschreiben, sondern vor allem auch die ständigen kontroversen Diskurse, an denen möglichst viele Menschen teilnehmen müssen. So berichtet er, wie nach Kriegsende ein Gesprächspartner aus den Erfahrungen des Krieges die Schlussfolgerung gezogen hatte, dass „Mitmenschlichkeit nur störend" wirke und „der Mensch für den Menschen ein Wolf" sei. Dem setzte er entgegen: „Das Gespür für Menschlichkeit mußte geweckt, wachgehalten und gestärkt werden. Dazu dienten kontroverse Debatten, Diskussionen und Provokation."[8]

Die positive Rolle kontroverser Diskussionen unterstreicht er mit einem Hinweis auf die Anfänge des Sozialistischen Deutschen Studentenbunds (SDS): „Wir waren uns untereinander so einig, daß es langweilig gewesen wäre, hätten wir nicht unseren Streit über ‚Strategie und Taktik' gehabt. [...] Wir wollten uns informieren, lesen, diskutieren." Und fast ein wenig eitel vermerkt er, dass er von den Gesprächspartnern aufgenommen wurde, „weil ich etwas ‚von Theorie verstand'".[9] (Heute würde er eher „von den Gesprächspartnern aufgenommen" werden, weil er nichts von Theorie versteht und daher nicht zum unangenehmen Störenfried werden könnte, der über Theorie diskutieren möchte. Und heute würde man nicht über „Strategie und Taktik" streiten, sondern weil man im Genossen den Konkurrenten sieht und ihn nicht leiden kann.)

Die lebhaften kontroversen Diskussionen, an denen vor allem auch Sozialdemokraten und Kommunisten teilnahmen, führten ihn zur Einsicht: „Ich stand ‚links'. Und ‚links' hatte keine Chance ohne die Arbeiterbewegung."[10] Und so motivierte ihn dies auch zum Eintritt in die SPD, am 15. Mai 1946. Und er erwähnt, dass ihn unter anderem „der Verlust des Bewußtseins von Arbeiterbewegung in der Arbeiterklasse" beschäftigt habe: „Vor allem wohl deshalb, weil es nicht mein primäres Interesse war ‚etwas zu werden', sondern ich meine Aufgabe darin sah, beim ständig wachsenden

8 Jochen Steffen: Personenbeschreibung, S. 80f.

9 Ebd., S. 84.

10 Ebd., S. 111.

Prozeß der Bildung des Bewußtseins der Klasse und – wie ich fest glaubte – der tatsächlichen Macht der sozialen Bewegung mitzuhelfen.“[11] (Wie stark die tatsächliche Macht einer Klasse von ihrem Bewusstsein abhängt, zeigt die Entwicklung der letzten Jahrzehnte, in denen das gewachsene Klassenbewusstsein der Kapitalseite zur skandalösen Vertiefung der Kluft zwischen Arm und Reich geführt hat.)

Einerseits ist es ein Verdienst Steffens, seine im politischen und intellektuellen Alltag entfalteten theoretischen Überlegungen und Erkenntnisse in zwei anspruchsvollen Büchern zusammenzufassen und weiter auszuarbeiten. Andererseits hat dieses ehrgeizige Unternehmen auch zu einem ernsthaften „Kollateralproblem“ geführt, das den Zugang zu seiner Theorie erschwert, nämlich eine teilweise komplizierte Sprache, die nicht auf den ersten Blick so eindeutig zu verstehen ist wie seine klare Sprache als Politiker, der auch theoretisch sehr verständlich argumentierte. Das machte es vor allem sozialdemokratischen Gegnern der SPD-Linken leicht, die ernsthaften Inhalte seiner „Strukturellen Revolution“ zu ignorieren und mittels Sprachkritik bequem als irrelevant abzutun.

Ulrich Lohmar, der das Buch durchaus sachlich und fair rezensiert, bemerkt aber einleitend sarkastisch, dass der Arbeiter als Adressat des Buches „schon an der alltagsfernen Buchsprache des kauzigen Trolls aus dem Norden unserer Republik scheitern“ würde.[12] Und Herbert Ehrenberg stellte in der Neuen Gesellschaft fest, dass es „ein Buch [ist], das man mehrmals lesen muß. Sprache und Inhalt, Struktur und Komplexität gaben mir jedenfalls nicht die Chance, Analyse und Aussage beim ersten Lesen zu erfassen.“[13] Er kritisiert durchaus fragwürdige Passagen aus seinem Buch, sagt aber kein Wort zur Kernaussage: Krisenmanagement ist nicht ausreichend, weil es die Realität des Kapitalismus notwendig macht, ihn durch systemverändernde Reformen zu überwinden, durch ein sozialistisches System zu ersetzen.

Auch der linke Politologe Flechtheim, der Steffens kapitalismuskritische Haltung teilt, verweist in „Die Zeit“ kritisch auf die komplizierte Sprache: „Ein höchst sonderbares Buch. [...] Viel zu weitschweifig, voller Wiederholungen, mit Satzungetümen [...] stellenweise im Jargon der Hegel und Habermas.“[14]

Zu diesen sprachkritischen Vorwürfen hat Jochen Steffen in einem persönlichen Gespräch damals selbstkritisch eingeräumt, dass er in diesen Büchern tatsächlich Zugeständnisse an den damals verbreiteten Jargon neolinker Theorieproduktion gemacht habe.

---

11 Ebd., S. 127.

12 Ulrich Lohmar über Jochen Steffen: „Strukturelle Revolution“ – Wanderwege zum Sozialismus, in: Der Spiegel 23/1974 vom 3.6.1974, S. 126-128, hier S. 126

13 Herbert Ehrenberg: Die „Strukturelle Revolution“ findet nicht statt, in: Die Neue Gesellschaft, Heft 9, 1974, S. 760.

14 Ossip K. Flechtheim: Jochen Steffens vier Machtfragen, in: Die Zeit Nr. 27/1974 vom 28. Juni 1974.

Aus diesem kurzen Exkurs zum „Sprachproblem“ folgt für meine folgende Darstellung von Steffens Theorie des Demokratischen Sozialismus: Das Problem einer komplizierten Sprache bleibt ausgeklammert. Ich werde nicht die Bücher ausführlich nacherzählen und schwierige Passagen hermeneutisch zu interpretieren versuchen, sondern die politisch-theoretischen Kernaussagen herausarbeiten und systematisch darstellen, aber nicht als das philosophisch-theoretische Werk eines einsamen „Meisterdenkers“, der allein um der reinen Wahrheit willen nachdenkt und schreibt. Steffens theoretische Reflexionen sind nur sinnvoll und zu verstehen im Kontext seines zugleich praktischen und theoretischen Engagements in der SPD. Vor allem im Zusammenhang mit der Linkswende an den Universitäten und der Jusos seit Mitte der sechziger Jahre gewinnt die theoretische Arbeit Steffens besondere Bedeutung für die Linkswende der SPD und für ihre Fähigkeit, große Teile der rebellischen jungen Generation zu integrieren.

Und eine persönliche Klarstellung: Ich werde Steffens theoretisches Werk sachlich und objektiv analysieren und darstellen, aber meine meist zustimmende Meinung zu seiner Position nicht verleugnen; und diese zustimmende Meinung bedeutet oft auch: kritische Beurteilung anderer Positionen in der SPD. Ich werde also „parteilich“ arbeiten und schreiben. Zur wissenschaftlichen Rechtfertigung meiner „Parteilichkeit“ berufe ich mich aber nicht auf Marx, den Ur- und Übervater linken Theoretisierens, sondern auf den Kritischen Rationalisten Karl R. Popper: „Wenn man dem Wissenschaftler seine Parteilichkeit raubt, raubt man ihm seine Menschlichkeit.“

Das zwiespältige Verhältnis der Sozialdemokraten zur Theorie

Einerseits war die SPD, wenigstens bis Ende des 20. Jahrhunderts, immer auch eine geistig-moralische Bewegung, eine theoriegeleitete Programmpartei, nicht nur organisatorisches Instrument für Machterwerb und Machterhalt, oder – wie es Heinrich Albertz sarkastisch formulierte – „eine Laufbahnpartei des öffentlichen Dienstes“. Theoriedebatten enthielten zwar oft auch unnützen und irritierenden Ballast. Aber intensive Theoriekontroversen, wie zum Beispiel die Ende des 19. Jahrhunderts von Eduard Bernstein ausgelöste Revisionismusdebatte, die Diskussionen auf dem Weg zum Godesberger Programm von 1959 und auch zum Berliner Programm von 1989, zeugten vom hohen intellektuellen Niveau der demokratisch-sozialistischen Arbeiterbewegung.[15]

Andererseits war die Bedeutung der Theorie in der SPD auch immer umstritten. Verbreitet und nicht unbegründet war der Eindruck, für die Theorie seien „die Linken“ zuständig, für die praktische Politik „die Rechten“. Bei den „Pragmatikern“ war die Meinung verbreitet, Theorie könne eher die praktischen Handlungsmöglichkeiten einengen und erfolgreiche Realpolitik verhindern, die von Fall zu Fall entscheiden und

15 Vgl. dazu: Horst Heimann: Marxismus, Revisionismus und Reformismus in der Geschichte der deutschen Arbeiterbewegung, in: Aus Politik und Zeitgeschichte – Beilage zur Wochenzeitung Das Parlament, B 10/83, 12.3.1983.

die Gunst der Stunde nutzen müsse. Theorie sei daher nur etwas für Intellektuelle und theoretische Spinner, die keine politische Verantwortung zu tragen haben. Als schmückendes Beiwerk für die Festtage der Arbeiterbewegung könne man natürlich die Umtriebe der Theoretiker dulden, wenn sie sich nicht in die praktische Politik einmischen und die Politik behindern.

Im Gegensatz zu einer immer auch in der SPD verbreiteten Geringschätzung von Theorie hatte sie für Steffen immer einen sehr hohen Stellenwert. Für die SPD ist sie sogar eine unverzichtbare Notwendigkeit. In der Einführung in sein theoretisches Hauptwerk „Strukturelle Revolution" begründet er die Notwendigkeit von Theorie für die SPD wie folgt: „Es ist [...] nicht nur wünschenswert [...], daß die parteipolitische Organisation der Arbeiterbewegung der Bundesrepublik, die SPD, eine Theorie habe. Sie zu haben, ist eine Notwendigkeit. [...] Eine sozialistische Partei ohne eine Theorie/Praxis macht sich erst zum Spielball und dann zum Opfer des spätkapitalistischen Systems."[16] (Unvorstellbar war damals der Gedanke, sie könne sich auch zum „Spielführer" machen!)

Darüber hinaus ist Theorie nicht nur eine Notwendigkeit für die SPD, sondern ein Faktum in der Politik überhaupt, auch wenn dieses Faktum nicht bewusst wahrgenommen wird. Denn es gibt einen engen Zusammenhang von „Philosophie und Politik", weil „die härtesten Konflikte zwischen den Parteien, Klassen und sozialen Gruppen ‚eigentlich' um philosophische Fragen gehen".[17] Mit anderen Worten: Unterschiedliche politische Konzepte und Programme enthalten auch unterschiedliche theoretisch-philosophische Begründungen, auch wenn das oft den Menschen nicht bewusst ist. Zu den Aufgaben der Theorie gehört es auch, diese Tatsache bewusst zu machen.

Der bei Politikern verbreitete Theorieverdruss ist einerseits durchaus verständlich, wenn man so manche abstrakten Blüten akademischer Theorieproduktion untersucht.[18] Doch eine angemessene Antwort auf abstruse Theorieprodukte ist nicht der Verzicht auf Theorie, sondern das Bemühen um bessere und praxisrelevante Theorie.

Theorie als Lern- und Aufklärungsprozess

Jochen Steffen verstand sich nie als individualistischer und akademischer Theoretiker des Demokratischen Sozialismus, der als einsamer Denker in seiner Studierstube unparteiisch nach der reinen Wahrheit sucht, der als Großintellektueller ein gigantisches Theoriegebäude errichtet, in dem er der Arbeiterbewegung und damit der Menschheit die ewige Wahrheit offenbart. Er verstand sich selbst – und war tatsächlich – ein besonders aktiver Teil der einst lebendigen Sozialismusdiskussion in der SPD und in

---

16 Joachim Steffen: Strukturelle Revolution - Von der Wertlosigkeit der Sachen, Reinbek 1974, S. 23.

17 Ebd., S. 13.

18 Vgl. dazu: Horst Heimann: Theoriediskussion in der SPD, Frankfurt am Main/Köln 1975; ders: Theorie ohne Praxis – Sozialwissenschaft zwischen Gegenreform und Antireformismus, Köln/Frankfurt am Main 1977.

der sozialistischen Linken insgesamt. In den sechziger und siebziger Jahren, in der Zeit des Aufstiegs und Zerfalls der Studentenbewegung und der Neuen Linken, gab es sicher auch eine Menge abstruse, weltfremde und für die Linke politisch schädliche Theoriekreationen. Dennoch dokumentieren zahlreiche Bücher, Zeitschriften, Tagungen und Seminare, Anträge und Diskussionen in der SPD und in außerparlamentarischen Gruppen eine – inzwischen weitgehend vergessene – historische Tatsache: Der Demokratische Sozialismus war eine einflussreiche Hauptströmung im Spektrum konkurrierender politischer Ideen, neben Liberalismus, Konservatismus und den verfeindeten Richtungen des Kommunismus. Es war eine Zeit, „als Bücher noch geholfen haben".[19]

Die Bedeutung dieser geistigen Lebendigkeit, also einer Ideen- und Wertegemeinschaft für den politischen Alltag in der Partei, beschrieb Björn Engholm, rückblickend auf das, was ihn in den sechziger Jahren zum Beitritt in die SPD motivierte: „Wir wollten die Welt verändern [...] 80 Prozent unserer Zeit haben wir damals darin investiert, dass diese Welt anders wird. Und 20 Prozent war: Wer kommt wohin? Wer wird wo Ausschussvorsitzender? Das Verhältnis darf sich nicht umkehren in der SPD, nach dem Motto: 80 Prozent für die Karriere, 20 Prozent für die Welt."[20] (Leider hat sich das Verhältnis nicht 20 zu 80 Prozent umgekehrt. Mancher Sozialdemokrat dürfte sich heute überglücklich schätzen, wenn 20 Prozent der Zeit, die er in Sitzungen verbringt, noch der Frage dienten: Wie können wir die Welt verändern? Andere dagegen würden nicht mehr zu den Sitzungen kommen, wenn tatsächlich 20 Prozent der Zeit für solchen Mumpitz verplempert würden!)

Wenn es im Godesberger Programm heißt, „der Demokratische Sozialismus ist kein Endziel, sondern eine ständige Aufgabe", so gilt dies auch für die Theorie des Demokratischen Sozialismus. Erhard Eppler formulierte diesen Gedanken einmal sinngemäß: Der bedeutendste Wert eines neuen Grundsatzprogramms sei nicht sein endgültiger Inhalt, sondern der intensive Diskussionsprozess, der zu diesem Programm geführt habe. Die Theorie des Demokratischen Sozialismus ist keine einmalig von einem sozialistischen Propheten offenbarte Wahrheit, gültig für die Vergangenheit, die Gegenwart und für die Zukunft bis in alle Ewigkeit. Sie ist vielmehr die sich entwickelnde Quintessenz eines offenen Diskussions- und Handlungsprozesses, an dem Jochen Steffen leidenschaftlich teilnahm. Er wollte den Menschen auch immer zuhören, ihre Argumente, Gedanken, Erfahrungen, Urteile und auch Vorurteile ernst nehmen und verarbeiten. Aber er wusste auch, es genügt nicht, den Menschen nur zuzuhören, man muss ihnen auch antworten. Denn die Politikverdrossenheit entsteht aus einer doppelten Enttäuschung: Die Politiker sind nicht nur unfähig, den Menschen zuzuhö-

---

19 Nach F. C. Delius.

20 Zitiert bei Siegfried Heimann: Was macht ein linkes Leben aus?, in: Berliner Stimme, 21.11.2009.

ren, sondern auch nicht fähig, ihnen etwas zu sagen, ihre Fragen zu beantworten und ihnen politische Orientierung anzubieten.

Das undogmatische Verständnis von Theorie als Diskussions- und Lernprozess bedeutet nicht, dass es keine konsensfähigen und begründeten Erkenntnisse geben kann. Steffen war keineswegs Anhänger einer postmodernen Beliebigkeit, einer Gleichberechtigung von empirisch und rational begründeten Erkenntnissen und nachweislich ideologischen Verfälschungen der Wirklichkeit. Ohne diese Prämisse, dass Erkenntnisse intersubjektiv begründet werden können und von falschen Aussagen zu unterscheiden sind, wäre es gar nicht möglich, die Beiträge Steffens zur Theorie des Demokratischen Sozialismus zu untersuchen und darzustellen, beziehungsweise zu rekonstruieren, und zu prüfen, welche seiner Aussagen heute noch als gut begründet und gültig anzusehen sind.

Zur systematischen Analyse und Darstellung des Theorieverständnisses gehört die Frage, welche Ebenen und Dimensionen des Denkens Bestandteile einer Theorie des Demokratischen Sozialismus sein müssen und welche Aufgaben und Funktionen eine Theorie erfüllen muss, die nicht Selbstzweck ist. Unverzichtbarer Bestandteil der Theorie einer Partei, die sich als „Ideen- und Wertegemeinschaft“ versteht, ist natürlich die normative Dimension der Werte. Es gibt sogar Tendenzen, Theorie auf die drei Grundwerte Freiheit, Gerechtigkeit und Solidarität zu reduzieren und dieses eindimensionale Verständnis von Theorie als besondere Qualität des Godesberger Programms zu unterstellen.

Das anspruchsvolle und dreidimensionale Theorieverständnis von Jochen Steffen: Werte, politische Praxis, Erkennen der Wirklichkeit

Im Gegensatz zu einem solchen reduzierten und eindimensionalen Theorieverständnis ist Steffens Konzept anspruchsvoll und umfassend sowohl in Bezug auf die Funktionen als auch die inhaltlichen Dimensionen von Theorie. Ausdrücklich warnt er davor, „sozialistische Theorie auf ihre minimale Voraussetzung von drei Werten (Freiheit, Gerechtigkeit und Solidarität) zu reduzieren und seine Strategie und Taktik auf Machterhalt und Machtausweitung über den Staatsapparat“ einzuengen.[21]

Diese Warnung vor einer Einengung des Begriffs Theorie auf die drei traditionellen Grundwerte der SPD hat nichts zu tun mit deren Geringschätzung oder Abwertung. Im Gegenteil erhalten sie durch eine praktische Funktion sogar einen höheren Stellenwert. Sie haben „nur dann eine wirkliche Funktion, wenn sie die politische Praxis bestimmen. Sie bestimmen dann unsere Bewertung der Wirklichkeit nach gut und schlecht. Sie erlauben uns die Bewertung von politischen Maßnahmen nach richtig

21 Steffen: Strukturelle Revolution, S. 22.

und falsch."[22] Indem Werte dazu dienen, die soziale Wirklichkeit und politische Maßnahmen zu bewerten, tragen sie auch zur Orientierung der Menschen in Gesellschaft und Politik bei.

Im dreidimensionalen Theorieverständnis Steffens bilden die Werte die erste Dimension. Sie sollen also sowohl zur „Bewertung der Wirklichkeit" als auch der „politischen Maßnahmen" dienen und damit „die politische Praxis bestimmen". Steffens Warnung, sozialistische Theorie auf die drei Grundwerte zu reduzieren, ist sehr gut begründet. Denn es gab und gibt zunehmend die Tendenz, aus intellektueller Bequemlichkeit diese hehren Werte nur im reinen Ideenhimmel hell erstrahlen zu lassen, über sie wortreich zu reden und zu schreiben, sie aber vor dem Zusammenprall mit der rauen sozialen Wirklichkeit und der politischen Praxis zu bewahren. Sie also nicht zu nutzen, um die Wirklichkeit und die politische Praxis zu bewerten und auch zu kritisieren, um Alternativen für eine bessere Politik zur Verbesserung der Wirklichkeit aufzuzeigen und normativ zu begründen. Aber auch die hehrsten ethischen Werte sind wertlos, wenn sie nicht benutzt werden, um Wirklichkeit und Politik zu bewerten, also auch zu kritisieren. Wenn man auf diese Anwendung der Werte verzichtet, kann man sich euphorisch zu ihnen bekennen und zugleich mit der ungerechten Wirklichkeit und der unzulänglichen Politik voll zufrieden sein.

Die politische Praxis ist also die zweite Dimension der Theorie, in enger Verbindung mit der dritten Dimension, nämlich: Bemühen um empirisch-objektives Erkennen der gesellschaftlichen Wirklichkeit. Diese drei Dimensionen bilden allerdings keine drei scharf voneinander getrennten Teile der Theorie, sondern eine dialektische Einheit.

Die Grundwerte allein können noch nicht zu erfolgreicher sozialistischer Politik anleiten. Für diesen Zweck ist es auch notwendig, auf der Grundlage eines normativen Erkenntnisinteresses die soziale Wirklichkeit empirisch so objektiv wie möglich zu erkennen und diese empirischen Erkenntnisse zu einer Gesellschaftstheorie zusammenzufügen. Eine Ursache für Misserfolge und Niederlagen linker Politik lag auch oft darin, dass diese Dimension der Theorie vernachlässigt wurde, so dass Linke auf der Grundlage einer Fehleinschätzung der Wirklichkeit eine unwirksame Politik machten. Wenn in dieser Dimension natürlich vor allem wissenschaftliche Untersuchungen und Forschungen entscheidend sind, so kann und muss auch Politik dabei eine aktive Rolle spielen: „Es ist die Aufgabe der Politik der sozialistischen Veränderung, sie bewußt zu machen, Bewußtsein wecken, heißt Wissen über das Sein erzeugen."[23] Wenn Sozialisten das Bewusstsein der Menschen beeinflussen wollen, wollen sie ihnen also auch „Wissen über das Sein" vermitteln. Damit das aber nicht kontraproduktiv wirkt,

---

22 Joachim Steffen: Krisenmanagement oder Politik?, Reinbek 1974, S. 67.

23 Steffen: Strukturelle Revolution, S. 139.

müssen sie sich auch ständig selbst um ihr eigenes Bewusstsein kümmern, also selbst mehr „Wissen über das Sein" erwerben.

Für Steffen sollen sogar auch Wahlkämpfe dieser Aufgabe dienen. Denn diese haben nicht nur die parteiegoistische Funktion, Wähler zur Stimmabgabe für die eigene Partei zu bewegen, sondern sie auch aufzuklären, ihr Wissen über das Sein zu vermehren. Auf dem Parteitag der schleswig-holsteinischen SPD am 10. November 1971 erklärte er: „Wahlkämpfe sind für eine Partei, die sich als die parteipolitische Organisation der Arbeiterbewegung versteht, Lehr-Lernprozesse, die zu immer größerer politischer Bewußtheit führen. Und zwar bei den Wählern und den Gewählten. Volkspartei sein, heißt auch und gerade in Diskussionen über die politischen Ziele und die politischen Maßnahmen, die zu diesen Zielen führen, sein eigenes Bewußtsein und das der Massen gemeinsam entwickeln und schärfen."[24] (Die realen Wahlkämpfe entsprachen sicher nicht immer diesen hohen normativen Ansprüchen, am überzeugendsten aber der Bundestagswahlkampf 1972, als die SPD das beste Wahlergebnis ihrer Geschichte erzielte.)

In den „Autobiographischen Texten" erinnert sich Steffen an den „alten Schulz, ein alter, gestandener Funktionär" und Gewerkschafter. Dabei reflektiert er über die oft zwiespältig beurteilte Rolle von Intellektuellen in der Partei der Arbeiterbewegung. Dieser „alte Schulz" hatte den „Genossen Spiegel, Rechtsanwalt, Jude", von den Nazis 1933 ermordet, als einen „für die Arbeiterbewegung ‚richtigen Intellektuellen'" beschrieben: „Der Mann habe zuhören können, sich in andere hineinversetzen, vermochte zu analysieren, theoretisch das Erkannte verarbeiten und praktische Maßnahmen zu erdenken." In diesen und den folgenden Formulierungen des „alten Schulz" über die für die Arbeiterbewegung „richtigen Intellektuellen" sah Steffen sicher auch die zutreffende Charakterisierung seines eigenen Selbstverständnisses als Politiker und Intellektueller in einer Partei mit vielen Akademikern, aber eher wenigen Intellektuellen: „Die Wirklichkeit erkennen, theoretische Probleme der Zukunft erkennen und sie rechtzeitig zu lösen versuchen, um damit Bewußtsein zu bilden."[25]

Mit den Aufgabenbestimmungen, „die Wirklichkeit erkennen", „Bewußtsein wecken", also „Wissen über das Sein erzeugen", hat Steffen die intellektuelle Dimension der Politik, damit auch die Rolle der „richtigen Intellektuellen" und der Aufklärung eindeutig aufgewertet. Im Vorwort zur „Strukturellen Revolution" erinnert er sich an einen vorbildlichen Lehrer in der Nazizeit, dem er die Einsicht zu verdanken habe, „daß Lernenkönnen und Lernendürfen ein Privileg ist. Ein Privileg, das man zu nutzen hat für jene, die es nicht genießen können oder dürfen. Als drittes wurde mir klar, daß Erkennen, Begreifen und Werten dafür die Voraussetzung ist."[26]

---

24 Abgedruckt in: Ebd., S. 391.

25 Steffen: Personenbeschreibung, S. 101.

26 Steffen: Strukturelle Revolution, S. 14.

Aus dem oben Dargestellten folgt also: Die normative Dimension der Theorie erfüllt ihre Aufgabe nur dann, wenn die Werte dazu dienen, die praktische Politik kritisch zu bewerten und Alternativen zu begründen. Mit diesen beiden Dimensionen eng verbunden ist als dritte Dimension das empirisch-objektive Erkennen der gesellschaftlichen Wirklichkeit. Obwohl das Bemühen um objektives Erkennen der Wirklichkeit nicht hermetisch zu trennen ist von den subjektiven normativen Überzeugungen des Theoretikers und den daraus folgenden kritischen Bewertungen von Wirklichkeit und Politik, ist für Steffen das objektive Erkennen der Wirklichkeit eine eigenständige Dimension sozialistischer Theorie. Denn die in dieser Dimension zu erfüllenden Aufgaben sind wesentlich komplizierter und schwieriger als im Paradigma einer wertfreien und positivistischen Sozialwissenschaft.

Auf den ersten Blick scheinen die Aufgaben dieser Dimension – wie zum Beispiel „die Wirklichkeit erkennen", „Wissen über das Sein erzeugen", beziehungsweise „Bilder der Wirklichkeit" – leichter, „objektiver" und konsensfähiger zu lösen zu sein als die der ersten und zweiten Dimension. Denn bei den Werten und kritischen Bewertungen spielen ja subjektive Faktoren und Meinungen eine wichtige Rolle. Sowohl über Werte und über Vorstellungen für eine andere und bessere Politik und Gesellschaft lässt sich daher trefflich streiten. Aber beim objektiven „Erkennen der Wirklichkeit" oder Schaffen von „Bildern der Wirklichkeit" gibt es ja die objektive, real existierende Wirklichkeit, unabhängig von den subjektiven Meinungen des Theoretikers. Daher müsste man diese Wirklichkeit wissenschaftlich objektiv, „intersubjektiv" gültig erkennen können, wie die Natur, indem man – wie in den Naturwissenschaften – „Wissen über das Sein erzeugt".

Unterschiedliche „Bilder der Wirklichkeit" und Ideologiekritik

Doch bei näherem Hinsehen wird deutlich, dass das Erkennen der gesellschaftlichen Wirklichkeit noch komplizierter und unsicherer ist als das wissenschaftliche Erkennen der Natur. Auch wenn es in diesem Bereich kontroverse Diskussionen gab und weiter geben wird, so sind doch Streitfragen durch wissenschaftliche Verfahren endgültig zu entscheiden: So wird man heute nicht mehr streiten, ob die Erde eine Scheibe ist, um die sich die Sonne dreht, oder ob sich die Erdkugel um die Sonne dreht. Heute ist es nicht mehr lebensgefährlich, an der ersten Version zu zweifeln. Heute besteht Konsens darüber, dass es „wirklich so ist", wie man in allen Büchern und Veröffentlichungen zu diesem Thema lesen kann.

Auf dem Gebiet der gesellschaftlichen Wirklichkeit verweist Steffen auf die Alltagserfahrung, dass „es eigentlich und wirklich so ist und nicht so wie die Zeitungen schreiben und die da oben daherreden". Und er stellt die Frage: „Woher kommt es, daß es so verschiedene Bilder der Wirklichkeit gibt?"[27] Bei der Aufgabe sozialistischer

27 Ebd., S. 13.

Theoretiker, „Wissen über das Sein" zu erzeugen", geht es also nicht nur, nicht einmal in erster Linie darum, immer mehr noch Unbekanntes zu erkennen, noch vorhandene Wissenslücken zu schließen, an die Stelle bisher unerkannter Wirklichkeit ein erkanntes „Bild der Wirklichkeit" zu stellen. Denn im Bereich der gesellschaftlichen Wirklichkeit gibt es in der Moderne ein unübersichtliches Überangebot an unterschiedlichen und konkurrierenden „Bildern der Wirklichkeit", von unterschiedlichem „Wissen über das Sein".

Sozialistischer Theorie geht es daher vor allem auch darum, falsche und verzerrte „Bilder der Wirklichkeit", falsches „Wissen über das Sein", also „falsches Bewusstsein" zu kritisieren und zu widerlegen, das heißt Ideologiekritik zu üben. Weit verbreitete und herrschende ideologisch verzerrte „Bilder der Wirklichkeit" haben ihre Ursache nicht in unzureichendem Wissen, sondern im Gegenteil in einem spezifischen Herrschaftswissen privilegierter Macht- und Besitzeliten. Sie wissen, wie sie ein ideologisch verzerrtes „Bild der Wirklichkeit" oder „politisch-soziale Lügen" nutzen können, um soziale Ungerechtigkeit zu verschleiern oder zu rechtfertigen. Und wie sie damit sogar von den Benachteiligten die aktive Zustimmung zu politischen Maßnahmen erhalten können, die diese Ungerechtigkeit noch verstärken.

Die Erfahrung, dass Menschen „politisch-soziale Lügen" als Wahrheit glauben, hat Steffen persönlich zutiefst empört: „Mich hat immer die Tatsache, daß Menschen politisch-soziale Lügen glauben [...] viel mehr erregt und zuinnerst verletzt, als das konkrete Elend und die Not der Menschen, die mit diesen Lügen erklärt und gerechtfertigt wurden."[28]

„Politisch-soziale Lügen" und ideologisch verzerrte und verfälschte „Bilder der Wirklichkeit" zu kritisieren und durch annähernd wahre „Bilder" zu ersetzen, gehört nicht nur zu den Aufgaben sozialistischer Theoretiker, sondern – vor allem seit der Aufklärung – zu den Aufgaben aller Philosophen, Intellektuellen und mündigen Bürger. Jochen Steffen hat dieser Aufgabe nicht nur in seinen Büchern gedient, sondern auch in seinem gesamten politischen Engagement, in seiner journalistischen Arbeit, und sogar in Wahlkämpfen, in denen manche Politiker gern von „politisch-sozialen Lügen" profitieren.

In der politischen Demokratie mit weitgehender Meinungsfreiheit geht es im öffentlichen Wettstreit um unterschiedliche Programme der Parteien für die politische Gestaltung und Veränderung der Wirklichkeit, aber immer auch um die Auseinandersetzung über unterschiedliche „Bilder der Wirklichkeit". Denn diese unterschiedlichen „Bilder" dienen zur Begründung unterschiedlicher Politikkonzepte, die es gar nicht gäbe, wenn es keine unterschiedlichen „Bilder der Wirklichkeit" gäbe. Als seit der Jahrtausendwende konkurrierendes politisches Denken abgelöst wurde durch neoliberales „Einheitsdenken", „pensée unique", gab es nur noch ein einheitliches „Bild der

28 Steffen: Personenbeschreibung, S. 39.

Wirklichkeit“, das nur eine einzig mögliche Politik als alternativlos begründete. Im parteipolitischen Konkurrenzkampf ging es daher nicht mehr um den Wettstreit zwischen politischen Alternativen, sondern bei den Wahlen nur noch um die Abstimmung über die Frage, welche Partei mit ihrem Personal regieren und die einzig mögliche Politik durchsetzen darf, zu der es keine Alternative gibt. Und dass es zu dieser einzig möglichen Politik keine Alternative geben kann, wurde begründet mit den „politisch-sozialen Lügen“ des neoliberalen „Bildes der Wirklichkeit“, dem mächtigsten Lügengebäude, das Intellektuelle nach Einsturz des leninistischen „Bildes der Wirklichkeit“ gegen gute Honorare errichtet hatten.[29]

Steffen hatte schon vor der neoliberalen Hegemonie die Gefahr erkannt, dass die Demokratie ihrer Substanz beraubt werde, wenn konkurrierende Machteliten keine politischen Alternativen anbieten: „Der Wille des Volkes bestimmt nicht Inhalte von Wirtschaft und Politik. Der Wille des Volkes findet bei Wahlen statt, in denen er einen Teil der Elite wählt oder abwählt, über deren inhaltliche Tätigkeit es nicht bestimmt und die es nicht kontrolliert. [...] Der Unterschied zur DDR liegt dann darin, daß wir mehrere Machteliten haben [...] , daß möglicherweise ein Teil der Elite ausgewechselt werden kann“.[30]

Ist Jochen Steffen noch sozialdemokratischer Theoretiker des Demokratischen Sozialismus?

Könnte man Jochen Steffen den Ehrentitel sozialdemokratischer Theoretiker des Demokratischen Sozialismus aberkennen, weil er 1979 aus der SPD ausgetreten ist? Bei der Suche nach einer sachlich begründeten Antwort kann ich uneingeschränkt der Argumentation von Siegfried Lenz zustimmen: „Ich glaube, daß Jochen Steffen [...] immer Sozialdemokrat geblieben ist. Man kann Sozialdemokrat sein, ohne ein Parteibuch der Sozialdemokraten zu besitzen. Und selbst wenn Jochen sich öffentlich distanzierte, blieb er in meinen Augen nichts anderes als dies, eben ein Sozialdemokrat, der seine Partei mit der nur wünschenswerten Kritik begleitete, die diese Partei verdient.“[31]

Gravierender als sein Parteiaustritt ist die Frage, ob sich der linke Sozialdemokrat Steffen nicht durch seine antikapitalistische Zielsetzung, den Kapitalismus durch die Alternative des Demokratischen Sozialismus zu überwinden, vom theoretisch-programmatischen Selbstverständnis der SPD distanziert habe. Denn Kerngedanke seiner Theorie ist es, dass die sozialdemokratischen Grundwerte im Widerspruch zur sozialen Wirklichkeit des Kapitalismus stehen und dass dieser Widerspruch nicht durch einzelne Reformen in Teilbereichen des Systems zu überwinden ist, sondern nur durch

29 Vgl. dazu ausführlich: Albrecht Müller: Die Reformlüge – 40 Denkfehler, Mythen und Legenden, mit denen Politik und Wirtschaft Deutschland ruinieren, München 2004.

30 Steffen: Krisenmanagement, S. 51.

31 Stefan Appelius im Gespräch mit Siegfried Lenz über Jochen Steffen, in: Steffen: Personenbeschreibung, S. 17.

Überwindung des Systems. Es sei daher notwendig, das kapitalistische System durch eine neue und bessere Ordnung des Demokratischen Sozialismus zu ersetzen.

Wer die Theorie- und Programmgeschichte der SPD kennt, kann eindeutig antworten: Mit diesen radikalen Positionen, die das Übel an der Wurzel bekämpfen sollen, hat sich Steffen nicht außerhalb des sozialdemokratischen Selbstverständnisses gestellt. Mit seiner kapitalismuskritischen Forderung nach Systemveränderung stand er uneingeschränkt auf dem Boden des Godesberger Programms von 1959, das von allen Flügeln der SPD anerkannt war. Dort heißt es: „Nur durch eine neue und bessere Ordnung der Gesellschaft öffnet der Mensch den Weg in seine Freiheit. Diese neue und bessere Ordnung erstrebt der demokratische Sozialismus.“[32] Und die Begründung für diese systemverändernde Zielsetzung lautet: „In der vom Gewinn- und Machtstreben bestimmten Wirtschaft und Gesellschaft sind Demokratie, soziale Sicherheit und freie Persönlichkeit gefährdet. Der demokratische Sozialismus erstrebt darum eine neue Wirtschafts- und Sozialordnung.“[33] Steffens theoretische Aussagen und politische Forderungen präzisieren, konkretisieren und vertiefen zwar diese Grundgedanken des Godesberger Programms, aber sie stehen nie zu diesen in einem grundsätzlichen Widerspruch.

Um zu verstehen, dass Steffen dennoch von vielen als „Außenseiter“ der SPD angesehen wurde, der programmatisch neben der Partei stand, ist auf die Entpolitisierung der SPD Ende der fünfziger und Anfang der sechziger Jahre hinzuweisen: Politische und theoretische Diskussionen hielten viele für überflüssig, man interessierte sich nicht dafür und kannte meist auch nicht den Text des Godesberger Programms, zu dem man sich lautstark bekannte, um erste Linkstendenzen als „kommunistisch“ zu bekämpfen. Und erst recht kannte man nicht die kapitalismuskritischen und sozialistischen Passagen. Nach dem Beginn einer allgemeinen Linkswendung in der Gesellschaft und in der SPD, vor allem bei den Jusos, seit Mitte der sechziger Jahre, beriefen sich rechte Sozialdemokraten ausdrücklich auf das Godesberger Programm, um linke Tendenzen zu abzuwehren.

Es gab auch noch einen anderen Grund, in Steffen einen Außenseiter am linken Rand der SPD zu sehen, nämlich unterschiedliche Interpretationen des Godesberger Programms: Die Forderungen nach „einer neuen und besseren Ordnung der Gesellschaft“ und nach „einer neuen Wirtschafts- und Gesellschaftsordnung“ wurden „systemimmanent“ interpretiert, als Wunsch, das bestehende kapitalistische System durch Reformen und Reparaturen zu verbessern. Dagegen spielte eine „systemverändernde“ Interpretation jener sozialistischen Formulierung in der Phase der Entpolitisierung nur eine geringe Rolle. Erst Mitte der sechziger Jahre, nach Beginn einer politisierenden Linkswende, wurden jene „linken“ Passagen wiederentdeckt und in die beginnende

32 Dieter Dowe und Kurt Klotzbach (Hg.): Programmatische Dokumente der deutschen Sozialdemokratie, Bonn 1990, S. 351

33 Ebd., S. 353.

Theoriediskussion einbezogen. Bei Jusos wurde es ein beliebtes Verfahren, die kapitalismuskritischen und sozialistischen Passagen des Programms als eigene „linke“ Anträge auf Delegiertenversammlungen einzubringen und amüsiert zu erleben, wie sich die „gemäßigte“ Mehrheit wortreich zum Godesberger Programm bekannte und daher empört die „kommunistischen Klassenkampfparolen“ der Jusos ablehnte. Mit Genugtuung offenbarten die „Linken“ dann den „Godesbergern“ die Peinlichkeit, dass diese gerade das Godesberger Programm abgelehnt hatten.

In den Theoriediskussionen wurde auch intensiv über diese unterschiedlichen Interpretationen des Godesberger Programms gestritten.[34] Dabei spielten die Begriffe systemverändernde oder systemüberwindende Reformen und auch antikapitalistische Strukturreformen zur Überwindung des Kapitalismus vor allem bei den Jungsozialisten eine Rolle.[35] Diese Kontroversen über „systemimmanente“ oder „systemverändernde“ Interpretation des Godesberger Programms führten zu einer eindeutigen Linkswende im theoretisch-programmatischen Selbstverständnis der SPD. Auch wenn das Wort „systemverändernd“ nicht benutzt wird, bekennt sich die SPD im „Orientierungsrahmen ‘85“ (OR ‘85), 1975 auf dem Mannheimer Parteitag verabschiedet, und im Berliner Programm von 1989 grundsätzlich zur systemverändernden Zielsetzung, den Kapitalismus durch den Demokratischen Sozialismus schrittweise zu überwinden. Bis zur Agenda 2010 befindet sich der sozialdemokratische Theoretiker Jochen Steffen mit seiner Theorie des Demokratischen Sozialismus in grundsätzlicher Übereinstimmung mit der „Beschlusslage“ der SPD. Er stand also nicht am linken Rand oder gar neben der Partei, sondern im Zentrum des theoretisch-programmatischen Selbstverständnisses der SPD, als sie 1972 ihren größten Wahlsieg erkämpfte.

Erkennen der Wirklichkeit des Kapitalismus als Diagnose und Kapitalismuskritik

Bei der Analyse des Kapitalismus geht es Steffen nicht nur um reines, wertfreies und objektives Erkennen der sozioökonomischen Wirklichkeit, um diese sachlich zu beschreiben. Es geht vielmehr um praxisorientiertes Erkennen der Wirklichkeit, um diese durch politisches Handeln zu beeinflussen, zu verändern, bewusst zu gestalten. Und Erkenntnisgegenstand ist Anfang der siebziger Jahre des 20. Jahrhunderts nicht der Kapitalismus an sich, als objektiv funktionierendes System, sondern der Kapitalismus als System in der Krise. Daher geht es auch um eine Diagnose der Mängel, Defizite und Krankheiten dieses Systems, und zwar in der praktischen Absicht, aus dieser Diagnose eine Therapie abzuleiten, auf politische Maßnahmen zu schließen, mit deren

34 Vgl. in diesem Beitrag die Kontroverse zwischen Steffen einerseits und Alexander Schwan und Annemarie Renger andererseits.

35 Vgl. unter anderem Norbert Gansel (Hg.): Überwindet den Kapitalismus oder Was wollen die Jungsozialisten?, Reinbek 1971.

Hilfe diese Mängel einzudämmen oder gar zu beheben sind, diese Krankheiten „geheilt“ werden können. Eine möglichst exakte Diagnose ist eine unentbehrliche Grundlage für eine erfolgreiche Therapie.

Steffen will die soziale Wirklichkeit erkennen, um sie zu verändern, bewusst zu gestalten, und zwar im Interesse der benachteiligten Mehrheit. Dieses spezifische Erkenntnisinteresse erläutert er unter anderem auch im Vorwort zur „Strukturellen Revolution“. Dabei zitiert er nicht angesehene akademische Erkenntnis- und Wissenschaftstheoretiker, sondern beruft sich auf seine persönlichen Erfahrungen während seiner vierjährigen Dienstzeit im Krieg, „meine wirklichen Studienjahre. Sie stießen mich immer auf die plattdeutsche Formel: ‚Dor steckt noch ganz wat anners achter!‘ Was steckt dahinter?“ Von dieser Frage handle sein Buch, weil das die Voraussetzung dafür sei, „damit Politik ‚von unten‘ auch ‚für unten‘ gemacht werden kann. Bisherige Geschichte war immer erlittene Geschichte. Am meisten gelitten wird ‚unten‘. Damit es nicht so bliebe, entstand die Arbeiterbewegung.“[36]

Anstoß und Ausgangspunkt für seine Krisenanalyse waren nicht Meinungsäußerungen und Erkenntnisse von Wirtschaftswissenschaftlern, sondern seine Begegnungen mit normalen Menschen, die „sich Sorgen (machten), Angst (hatten)“, die verunsichert waren „über die Perspektiven des künftigen Lebens“.[37] Im Vorwort zum rororo-aktuell „Krisenmanagement oder Politik?“, geschrieben im Oktober 1974, verweist er auf sein Hauptwerk „Strukturelle Revolution“, in dem er gezeigt habe, dass das aktuelle Krisenproblem „absehbar (war) in seinem Kommen“. Aber in dem neuen Buch „wird keine Kurzfassung dieses Buches geboten. Hier wird praktische Anwendung auf die konkrete Krise unternommen.“[38]

In seiner anspruchsvollen philosophisch-anthropologischen Fundamentalkritik am Kapitalismus, auf die noch einzugehen sein wird, wirkt Steffen teilweise als isolierter Einzelgänger, dessen Gedanken nicht immer leicht nachzuvollziehen sind. Aber seine Darstellung konkreter Krisenphänomene unterscheidet sich kaum von einer damals weit verbreiteten Krisenwahrnehmung in der kritischen Öffentlichkeit. Und auch viele konkrete Vorschläge zur Eindämmung der Krise waren durchaus konsens- und mehrheitsfähig und auch weitgehend übereinstimmend mit den damals intensiven Theoriediskussionen in der SPD über den Orientierungsrahmen ‘85.[39]

Eine wörtlich zitierte regierungsamtliche Darstellung der Krise im Jahr 1974, also vor über 40 Jahren, kann auch als amtliche Darstellung der aktuellen Krise gelesen werden: „Natürlich gibt es ernste Probleme. [..]. Aber die Bundesrepublik kann im

---

36 Steffen: Strukturelle Revolution, S. 15.

37 Steffen: Krisenmanagement, S. 7.

38 Ebd., S. 10.

39 Vgl. Jost Küpper: Die SPD und der Orientierungsrahmen ‘85, Bonn-Bad Godesberg 1977. - Beeindruckend ist darin auch das umfangreiche Literaturverzeichnis sozialdemokratischer Autoren.

Vergleich mit den anderen nicht klagen. Wir haben die geringste Preissteigerungsrate. Unsere Arbeitslosigkeit ist gering. [...] Kurz: Unter vielen Gegenwarten haben wir die beste. Dabei wird es bleiben."[40] Und auch die damalige CDU/CSU trage nichts zu einer realistischen Krisenanalyse bei, wenn sie sage: „Wir haben eine schlechte Gegenwart. Für sie ist die Regierung verantwortlich."[41]

Im Gegensatz zu Verschleierungstendenzen will Steffen „die Krise in ihrem ganzen Umfang erkennen" und die „Möglichkeiten ihres Verlaufs abschätzen".[42] Zu diesem Zweck verweist er auf „handgreifliche Tatsachen": „Weltwährungskrise und Weltrohstoffkrise sind lange absehbar gewesen. [...] Multinationale Unternehmungen gewinnen weltpolitische Macht und könnten den Staaten/Völkern ihre Zukunftsprojektionen aufzwingen."[43] Die Macht der multinationalen Unternehmen ist „mit nationalen, politischen Mitteln nicht zu kontrollieren", so dass sie „ihre Perspektiven einer gewollten Zukunft nach durchkalkulierten Plänen den nationalen Staaten aufzwingen (können)."[44] Immer wieder verweist Steffen auf das Problem, das seit über zwei Jahrzehnten unter dem Schlagwort Globalisierung heftig diskutiert wird: Die politischen Gestaltungsmöglichkeiten der nationalen Staaten werden immer geringer angesichts der immer mächtiger werdenden multinationalen Konzerne in einer globalisierten Weltwirtschaft.

Angesichts fehlender politischer Machtmittel zur Eindämmung der Krise könnte sich diese zu einer Katastrophe zuspitzen: „Sie könnte ausgelöst werden durch das Geld. So könnte der Einsturz des Kreditwesens [...] zur Kettenreaktion führen: Bankkräche, Firmenschliessungen, Arbeitslosigkeit".[45]

Die strukturellen Veränderungen des Kapitalismus in der Krise, die sich ohne Zutun der Politik vollziehen, nennt Steffen „Revolution in der Sache". Diese könne „linear verlaufen als ein umfassender Umwälzungsprozess". Sie könne aber auch „zu wirtschaftlichen oder politischen Explosionen führen, bei denen die eine die andere auslöst und beide in ihren Auswirkungen kumulieren."[46] Im Gegensatz zu manchen „Revolutionären", die sich von einer solchen Explosion den revolutionären Sprung in das Reich der Freiheit erhoffen, betont Steffen die Gefahren einer solchen Explosion und plädiert aus Verantwortungsethik für eine Politik zur Katastrophenvermeidung.[47] Denn „ein totaler Zusammenbruch der Währungs- und Kreditsysteme", der

40 Steffen: Krisenmanagement, S. 12.

41 Ebd., S. 15.

42 Ebd., S. 15.

43 Ebd., S. 16.

44 Ebd., S. 20.

45 Ebd., S. 18.

46 Ebd., S. 17.

47 Ebd., S. 18.

„große soziale Explosionen" auslösen könnte, dürfte sogar „die Überlebenschancen freiheitlich-demokratischer Systeme" ernsthaft gefährden.[48] Seine Kritik an radikalen Minderheitengruppen, die „Tendenzen zur Repression" fördern, gipfelt in seinem zutreffenden „Eindruck, daß viele der ‚jungen Radikalen' zwischen den Visionen eines Unterganges in der Katastrophe und der Vision des Paradieses in letzter Sekunde hin und her schwanken."[49]

Krisenmanagement und Politik zur Katastrophenvermeidung als Therapie

Die zentrale These des Buches „Krisenmanagement oder Politik?" lautet zwar: Krisenmanagement reicht nicht aus. Um die gravierenden Mängel des Kapitalismus zu überwinden, ist es notwendig, durch systemverändernde Politik das System selbst zu überwinden, also durch das alternative System des Demokratischen Sozialismus zu ersetzen. Doch im Unterschied zu manchen „Revolutionären", die Chancen für linke Politik erst nach dem Systemwechsel sehen, will Steffen schon im Diesseits des Kapitalismus politisch aktiv handeln. Denn das realistische Erkennen der Wirklichkeit erlaubt die Prognose: Eine „Explosion" würde nicht zum Ende des Kapitalismus führen, sondern eher zum Ende von Demokratie und Freiheit.

Auch wenn Steffen konkrete Vorschläge für ein erfolgreiches Krisenmanagement macht, verliert er dabei nicht das Ziel aus den Augen, durch Politik den Kapitalismus zu überwinden. Sein politisches Gesamtkonzept gegen eine Zuspitzung der Krise zur „Explosion" bewegt sich keineswegs außerhalb der kritischen publizistisch-wissenschaftlichen Diskurse zu Beginn der siebziger Jahre des 20. Jahrhunderts. Seine Einsicht, die Gefahr liege darin, „daß WIR so weitermachen, wie WIR wissen, daß WIR so nicht weitermachen dürfen"[50] entspricht der Quintessenz des Buches von Erhard Eppler „Ende oder Wende" von 1975 und zahlreicher weiterer Publikationen.

Eine Bewältigung der Krise sei nicht möglich „ohne einschneidende Veränderungen in Wirtschaft und Gesellschaft". Ein neues Wachstumskonzept sei nicht möglich „ohne mehr Gleichheit in der Einkommensverteilung".[51] Die reale Entwicklung zeige, dass „eine politische Antwort" auf die Krise „eine Stärkung der politischen Macht gegenüber der wirtschaftlichen Mechanik und der wirtschaftlichen Macht" notwendig mache. Dazu gehöre eine „Qualifizierung der Institutionen und der Instrumente der Planung und Lenkung", um auch „Investitionsgebote der Gesellschaft" gegenüber den Kapitaleignern durchsetzen zu können.[52] Eine auch heute bei Politikern beliebte Methode, einander ausschließende populäre Forderungen zu propagieren, nannte Steffen

48 Ebd., S. 75f.

49 Steffen: Strukturelle Revolution, S. 76.

50 Steffen: Krisenmanagement, S. 9.

51 Ebd., S. 10.

52 Ebd., S. 31f.

damals „leeres Parolenjubeln", aber „keine Politik", nämlich: „vom Staat systemimmanentes Sparen fordern" und zugleich „eine Ausweitung der öffentlichen Investitionen".[53] Er befürchtet, „daß wir nur noch wenig Zeit und geringe Chancen haben, dem Staat und der Politik ihre Qualität der bewußten Gestaltung von Wirtschaft und Gesellschaft zurückzugeben." Um diese geringe Chance zu nutzen, „müssen wir einen wirtschaftlichen, vergesellschafteten Sektor schaffen", der „als politisch-gesellschaftliche Gegenmacht zu den Multis organisiert werden [muß]". Den Kern dieses Sektors könnten „die Energieversorgung und mehrere auszuwählende Rohstoffe" bilden. In diesen „Bereichen gilt die paritätische Mitbestimmung" mit „Drittelparität von Staat/Parlament/Gesellschaft und den Verbänden der Wirtschaft und den Gewerkschaften."[54]

Um qualitatives Wachstum zu erreichen, das „die humanen und ökologischen Kosten von Produktionen" berücksichtigt, müsse „Politik Investitionsgebote aussprechen" können. Es gelte auch, Abschied zu nehmen von „der möglichst hohen Steigerung der quantitativen Wachstumsraten und der möglichst hohen Steigerung der persönlichen Realeinkommen als oberste Ziele." Für die nächsten Jahre könne die Steigerung der Realeinkommen nur erreicht werden zu Lasten der „öffentlichen Investitionen und Dienstleistungen" und „wenn wir durch wachsende Exportüberschüsse (sie sind die Unterschüsse der anderen) unsere Nachbarn ausplündern."[55] (In Bezug auf die Steigerung der Realeinkommen durch Exportüberschüsse verlief die tatsächliche Entwicklung allerdings etwas differenzierter als Steffen in seinem egalitären Optimismus annahm: Dank der Exportüberschüsse und des damit verbundenen Wirtschaftswachstums stieg zwischen 1999 und 2009 das Realeinkommen des reichsten Zehntels tatsächlich um bescheidene 16,6 Prozent, während es bei den unteren 40 Prozent sank, beim ärmsten Zehntel um fast 10 Prozent (9,6 Prozent), und vom 6. bis 9. Zehntel stieg es sogar zwischen 1,1 und 3,2 Prozent, natürlich zu Lasten der obersten 10 Prozent, die sich mit besagten 16,6 Prozent begnügen mussten.)[56]

Im Interesse einer höheren Binnennachfrage forderte Steffen, wie auch gegenwärtig viele Wirtschaftswissenschaftler, eine Nivellierung der Einkommen zugunsten der unteren Schichten. Optimistisch glaubte er, das werde nicht – wie Realisten sicher sind – die Leistungsbereitschaft zerstören: „Ich kann mir vorstellen, daß auch noch ‚geleistet' wird, wenn die Spitzeneinkommen nicht mehr – sagen wir – das Zwanzigfache eines Facharbeiterlohnes, sondern ‚nur' das Zehnfache ausmachen."[57] (Auch hier irrte Steffen mit seinen Erwartungen: Die Spitzeneinkommen sind nicht vom Zwanzigfachen auf das Zehnfache eines Facharbeiterlohns gesunken, sondern auf das Hundert-

53 Ebd., S. 34f.

54 Ebd., S. 81f.

55 Ebd., S. 82ff.

56 DIW 2011.

57 Steffen: Krisenmanagement, S. 84.

bis Zweihundertfache und mehr gestiegen. Allerdings hat auf diesem Gebiet die Politik ihre „Gestaltungsmacht" wieder zurückgewonnen: Denn von dem auf das Zweihundertfache gestiegenen Einkommen zahlt der „Leistungsträger" nicht mehr – wie unter Brandt, Schmidt und Kohl – 56 Prozent Einkommensteuer, sondern nur noch 45 Prozent, und wenn es sich um mühelos erworbenes Kapitaleinkommen handelt, nur noch 25 Prozent, nicht mehr 56 Prozent.)

Krisenmanagement und Systemüberwindung

Nicht systematisch und räumlich voneinander getrennt, sondern parallel und miteinander verbunden, reflektiert Steffen über konkrete Maßnahmen des Krisenmanagements und die Notwendigkeit, zur dauerhaften Überwindung der Krisen das System insgesamt zu überwinden: „Soll unsere Politik zur Krisenbewältigung dazu dienen, das alte System zu neuen Bedingungen zu renovieren? Oder soll unsere Politik dazu dienen, ein neues System mit neuen Bedingungen anzusteuern?" Je weniger genau wir die Krise erkennen „und je weniger Konsequenzen wir aus ihr ziehen, um so größer ist die Wahrscheinlichkeit, daß wir ein neues mögliches Desaster vorbereiten helfen."[58] Für Konservative dagegen stelle sich diese Systemfrage nicht: „Es ist grundsätzlich in Ordnung. Es ist die beste aller möglichen Welten."[59]

Und obwohl diese Konservativen 1974 nicht regierten, stellte er doch skeptisch fest, tendierten „die politischen Antworten auf seine Herausforderungen [des Kapitalismus, H. H.] eher dazu, ihn wiederherzustellen als ihn zu überwinden."[60] Das werde fatale soziale, ökologische und politische Folgen haben: „Haben wir die jetzige Krise so bewältigt, so stolpern wir bereits in die nächste." Das Ergebnis werde sein: „Weniger Freiheit, Gerechtigkeit und Solidarität."[61] Sein Fazit, von der Entwicklung des real fort existierenden Kapitalismus in den vergangenen Jahrzehnten empirisch bestätigt, lautete 1974: „Keines der modernen Industriesysteme ist gegenwärtig in der Lage, seine strukturellen Probleme und die neuen Leiden der Menschen, die auf einem relativ hohen Konsumniveau stattfinden, mit ihren gegebenen politischen und sozialen Strukturen zu bewältigen. Die Wurzel liegt bei allen [...] im Irrationalismus des Ganzen. Das Problem an der Wurzel zu packen, heißt, die Strukturen der gesellschaftlichen und inhaltlichen Bestimmung des Kapitalverwertungsprozesses zu verändern."[62]

Doch wie sieht das alternative System des Demokratischen Sozialismus konkret aus, das an die Stelle des zu überwindenden Kapitalismus treten muss, um die Mängel und lebensgefährlichen Krankheiten der heutigen sozio-ökonomischen Verhältnisse

58 Ebd., S. 16.

59 Ebd., S. 28.

60 Ebd., S. 40.

61 Ebd., S. 67.

62 Steffen: Strukturelle Revolution, S. 27.

endgültig zu überwinden? Steffens Theorie des Demokratischen Sozialismus, die hier zusammenfassend rekonstruiert werden soll, ist – wie auch alle Grundsatzprogramme der SPD mit Bekenntnis zum Sozialismus – kein Regierungsprogramm mit detailliert-konkreten organisatorisch-institutionellen Reformvorschlägen, die 1:1 umgesetzt kurze Zeit nach Regierungsübernahme den Kapitalismus durch den Sozialismus ersetzen würden.

Ursache für das Fehlen eines Regierungsprogramms zur Überwindung des Kapitalismus in einer Legislaturperiode sind nicht Mängel jener Grundsatzprogramme oder der Gedanken von Steffen, sondern die gesellschaftliche Wirklichkeit: Die Transformation eines Wirtschaftssystems in ein alternatives System ist nur als langfristiger Reformprozess möglich. Es besteht ein fundamentaler Unterschied zwischen einem politischen und einem viel komplexeren sozio-ökonomischen System. Ein politisches System ist institutionell klar zu definieren und von alternativen Systemen eindeutig zu unterscheiden, und auch kurzfristig zu verändern: Eine Diktatur kann innerhalb kurzer Zeit durch ein demokratisches System ersetzt werden, wenn der Diktator gestürzt, der unterdrückende Polizeiapparat aufgelöst, die Zensur abgeschafft wird, Parteien frei agieren können, das Volk ein Parlament wählt, das dann die Regierung bildet, etc., etc. Und auch eine Demokratie kann sehr schnell durch eine Diktatur ersetzt werden.

Nur in der Frühgeschichte der sozialistischen Arbeiterbewegung gab es den naiven Glauben, der Kapitalismus könne genauso einfach durch andere Institutionen überwunden werden: Durch Überführung des Privateigentums an Produktionsmitteln in Gemeineigentum und Ersetzung der Marktwirtschaft durch Planwirtschaft. Doch von diesem Glauben, gründend auf einem „falschen Bild der Wirklichkeit", wie Steffen sagen würde, hat sich die demokratische Arbeiterbewegung seit rund einem Jahrhundert verabschiedet. In der Renaissance eines orthodox-dogmatischen Marxismus seit Mitte der sechziger Jahre des 20. Jahrhunderts wurde der Glaube an einen schnellen Sieg des Sozialismus in der akademischen Neuen Linken für kurze Zeit wiedergeboren, von Steffen aber als falsches „Bild der Wirklichkeit" abgelehnt.

Zwei Zitate können zeigen, dass Steffens Sozialismuskonzept keineswegs ökonomistisch reduziert ist wie ein orthodox-marxistisches Konzept: „[...] ‚der Kapitalismus' [ist] sehr viel mehr als Privateigentum an den Produktionsmitteln."[63] Daraus folgt logisch: Er ist auch nicht zu überwinden allein durch Abschaffung dieses Privateigentums. Im zweiten Zitat definiert er, wer ein „Systemveränderer" ist: „Wer glaubt, begründen zu können, daß das jetzige Wert- und Wirtschaftssystem durch Klassenkampf verändert werden muß in ein anderes Wert-Wirtschaftssystem".[64] Und ein „Wert-Wirtschaftssystem" zu verändern, ist natürlich weit anspruchsvoller und schwieriger als nur ein neues Wirtschaftssystem einzuführen. Eine solche Theorie ist auch nicht so

63 Ebd., S. 20.

64 Ebd., S. 71.

einfach darzustellen und leicht zu verstehen wie die Aufzählung konkreter Reformvorschläge in einem Regierungsprogramm.

Anthropologisch-geschichtsphilosophische Begründung der Kapitalismuskritik und des Demokratischen Sozialismus

Grundlage von Steffens anspruchsvoller Theorie des Demokratischen Sozialismus ist nicht nur eine moralisch, sozial und ökonomisch, sondern auch anthropologisch und geschichtsphilosophisch begründete radikale Kapitalismuskritik. Daher konnte diese Theorie kein Regierungsprogramm zur schnellen Überwindung des Kapitalismus sein, aber ein wertvoller Beitrag eines Sozialdemokraten zu den damals intensiven und kontroversen Diskursen in einer einflussreichen geistig-politischen Linken, die nach Alternativen zum real existierenden Kapitalismus suchte.

Und sie ist auch ein wertvoller Beitrag zu den intensiven kontroversen Marxismus-Diskussionen jener Zeit. Da es Steffen darum geht, das „jetzige Wert- und Wirtschaftssystem [...] in ein anderes Wert-Wirtschaftssystem" zu verändern, spielen Werte und das Menschenbild in seiner Theorie eine zentrale Rolle. Von Marx leitet er ab, „daß die in der Natur der Menschen angelegten Möglichkeiten als Werte präzisiert werden müssen, um von ihnen her die neue Ordnung [...] zu strukturieren." Denn: „Es gibt keine neue Ordnung, die nicht neue Werte voraussetzte." Ausdrücklich wendet er sich damit „Wider den ‚marxistischen' Amoralismus", also „gegen jene marxistischen Richtungen, die so tun, als fördere Klassenkampf (etc.) [...] bereits durch sich die Antwort, welcher Qualität dies alles diene".[65] Er lehnt damit jene dogmatisch-marxistischen Positionen ab, vor allem im Marxismus-Leninismus, die die Problematik von Werten und Menschenbildern ignorieren, ihre Theorie als objektive wissenschaftliche Erkenntnisse ausgeben und die „Werte als ‚Objektivität' [mystifizieren]".[66]

Im Gegensatz zu dieser „Mystifizierung der Werte als Objektivität" konstatiert Steffen: „Ausgangspunkt ist der Wert des Menschen. Er ist eine Setzung. Er ist nicht bewiesen. Dieser Wert ist keine Wahrheit im Sinne der Naturwissenschaft."[67] Im Kapitel „Das Bild des Menschen" präzisiert er: „Für Politik-Philosophie (d. h. Theorie) ist das Menschenbild von zentraler Bedeutung. Es enthält auch bei Marx die Werte, nach denen Sein und Seinsollendes bewertet wird."[68] Die zentrale Aussage über sein eigenes Menschenbild und das von Marx lautet: „Der Mensch ist ein gesellschaftliches Wesen, auf Freiheit angelegt, das sich in Selbstbestimmung verwirklicht."[69] Diese Aussage dürfte auch vom geistig-politischen Liberalismus geteilt werden, aber nicht vom anti-

65 Ebd., S. 134f.

66 Ebd., S. 141.

67 Ebd., S. 127.

68 Ebd., S. 141.

69 Ebd., S. 24.

liberalen Neoliberalismus. Für den geistig-politischen Liberalismus folgt aus diesem Menschenbild, dass dieser „auf Freiheit angelegte" Mensch sein Wesen nur in einer politischen Demokratie mit allen Grund- und Freiheitsrechten selbstbestimmt verwirklichen kann, er also emanzipiert ist. Dagegen geht eine Richtung der sozialistischen Emanzipationstheorie, zu der auch Steffen gehört, von einer skeptischeren Einsicht aus: Die in der Natur des Menschen angelegte Freiheit zur Selbstbestimmung kann nicht nur durch ein politisches System mit einem persönlichen Diktator und willigen Helfern unterdrückt werden, sondern auch durch das von Menschen produzierte sozioökonomische System. Entfremdung und Fremdbestimmung können also auch in einer politischen Demokratie fortbestehen, so dass Emanzipation der Menschen, der Kampf für Selbstbestimmung, auch in der Demokratie eine dauernde Aufgabe bleiben.

Emanzipation von Fremdbestimmung, also Freiheit durch Selbstbestimmung zu verwirklichen, bedeutet für demokratische Sozialisten selbstverständlich auch individuelle persönliche Freiheit, in der Gesellschaft das zu tun, zu denken, zu sagen, zu glauben, was man als Individuum persönlich für richtig und wünschenswert hält. Und Emanzipation im Sinne sozialistischer Werte bedeutet nicht nur, dass sich die Arbeiterklasse im Klassenkampf von der Klassenherrschaft der Bourgeoisie befreit, sondern auch, dass sich die Gattung Mensch insgesamt von Fremdbestimmung befreit und zur gemeinsamen Selbstbestimmung fortschreitet.

Immer wieder variiert Steffen seinen zentralen Gedanken, dass die Menschen – nicht nur die Arbeiter – nicht die historische Entwicklung ihrer Gesellschaft nach ihren Wert- und Zielvorstellungen bewusst gestalten und selbst bestimmen, sondern dass sie Geschichte in einem „totalen Prozeß", in einem „irrationalen System" bewusstlos erleiden: „Die von Menschen erzeugten Sachen herrschen durch bewußtlose Menschen über ihre bewußtlosen Erzeuger. Sie selbst machen sich zu Funktionären von Sachen. Die Menschen verstoßen damit gegen die Möglichkeiten ihrer Natur."[70] Die damals akute „Ölkrise" habe diese Tendenzen zur Fremdbestimmung und Verdinglichung noch verstärkt und uns belehrt, „was es heißt, in einem irrationalen System zu leben, das [...] die fortschreitende Unterwerfung des Menschen unter die von ihm selbst erzeugten Dinge ständig zum Ausbruch drängt."[71]

Wer heute die komplizierten anthropologisch-geschichtsphilosophischen Ausführungen Steffens zum Thema Fremd- und Selbstbestimmung liest, könnte den Eindruck gewinnen, er wäre wohl auch in der SPD-Linken ein esoterischer Einzelgänger gewesen. Aber solche Überlegungen spielten nicht nur in den extensiven Sozialismusdebatten der akademischen Linken eine zentrale Rolle, sondern auch in der SPD. Sie fanden sogar Eingang in den am 14. November 1975 auf dem Mannheimer Parteitag beschlossenen „Ökonomisch-politischen Orientierungsrahmen für die Jahre 1975

70 Ebd., S. 25.

71 Ebd., S. 15.

– 1985“, kurz „OR ‘85“. Schon im Abschnitt „Die Ziele des demokratischen Sozialismus“ heißt es, ähnlich wie bei Steffen: Die dargestellten Probleme seien „Ausdruck eines grundlegenden Problems unserer Gesellschaft: Die gesellschaftlichen Lebensverhältnisse, die sich die Menschen im arbeitsteiligen Zusammenwirken in ihrer Geschichte selbst geschaffen haben und täglich aufs neue schaffen, haben sich gegenüber den Menschen verselbständigt. Sie stehen ihnen als eine übermächtige und scheinbar kaum zu verändernde Wirklichkeit gegenüber. Darüber hinaus durchkreuzen die Handlungen der arbeitsteilig zusammenwirkenden Menschen ihre eigenen Absichten. Die Ergebnisse ihres gemeinsamen Handelns gewinnen den Charakter objektiver Entwicklungen, die sich mit scheinbar naturgesetzlicher Notwendigkeit, wie von fremder Macht bestimmt, über die Köpfe der Menschen hinweg vollziehen. Wer die Probleme unserer Gesellschaft lösen will, muß daher diese Fremdbestimmung überwinden und die gesellschaftlichen Lebensverhältnisse soweit wie möglich der freien Selbstbestimmung der in der Gesellschaft zusammenlebenden Menschen unterwerfen.“[72]

Mehrmals betont Steffen eine besondere Gefahr der aktuellen Entwicklung: „Der wachsende Problemdruck, der schneller wächst als die materiellen und technischen Mittel zu seiner Auflösung, ist eine handfeste Tatsache. [...] Dieser Effekt ist ein Ergebnis des bewußtlosen totalen Prozesses, in dem die Geschöpfe über ihre Hervorbringer, die Menschen, herrschen. In ihm offenbart sich die Überforderung der Menschen, der Gesellschaft und ihrer Strukturen.“[73] In der akademischen Linken war damals der Eindruck vom „schneller wachsenden Problemdruck und [...] der wachsenden Bedrohung des Ganzen durch die sich steigernde Irrationalität des totalen Prozesses“ weit verbreitet und führte bei den einen zur politischen Apathie, bei anderen zur Hoffnung auf den revolutionären Sprung. Gegen beide irrationale Positionen setzte Steffen die Einsicht der Vernunft: „Es gibt nicht den totalen Sprung aus dem Reich der Notwendigkeit in das Reich der Freiheit.“[74]

Immer wieder verweist er auf die Bedeutung von Werten und Bewusstsein: „Wer durch die Menschen bewußt gestaltete Geschichte anstrebt, darf nicht in einem irrationalen Prozeß bewußtlos funktionieren.“[75] Und so fragt er nach dem „Hebel der ‚Rationalität'“ in dem „perfekt ‚irrationalen' Modell“ und sieht ihn im Menschen, der einerseits Produkt der Verhältnisse sei, „andererseits ist er aktiv. Er ist nicht nur ein passives Objekt, das in der Sozialisation Rollen erlernt und verinnerlicht. Das ist er auch. Er ist aber auch der Schöpfer dieser Welt und kann sie verändern. Die Entfremdung und Verdinglichung sind vom Menschen geschaffen, der Mensch kann sie aufheben. Was

72 Peter von Oertzen u.a.: Orientierungsrahmen `85 – Text und Diskussion, Bonn-Bad Godesberg 1976. S. 8f.

73 Steffen: Strukturelle Revolution, S. 45.

74 Ebd., S. 38.

75 Ebd., S. 47.

durch seine Aktivität geschaffen wurde, kann die Aktivität auch wieder aufheben."[76]

Trotz dieses grundsätzlichen Optimismus teilt Steffen aber nicht den Geschichtsoptimismus des orthodoxen Marxismus, die Entwicklung der Gesellschaft dränge mit eherner Naturnotwendigkeit unaufhaltsam zum Sozialismus. Er hält die Interpretation für falsch, „Marx vertrete einen ökonomischen Determinismus" und formuliert, wie er meint, in Übereinstimmung mit Marx: „Die Geschichte, um es immer wieder zu betonen, ist nicht etwas, das mit ‚eherner Notwendigkeit' oder mit ‚Naturnotwendigkeit' in eine bestimmte Richtung drängt."[77] Doch diese deterministische Interpretation des historischen Materialismus, vor allem von Friedrich Engels und Karl Kautsky geprägt, war lange Zeit im Selbstverständnis der marxistischen SPD vorherrschend und wurde zunächst von Bernstein in Frage gestellt und im Godesberger Programm von 1959 offiziell verworfen.

Anknüpfend an Marx erläutert Steffen sein Menschenbild und seine Emanzipationstheorie: „Die menschliche Natur ist das Wesen, die Essenz des Menschen. Sie enthält in Marx' Theorie vom Menschen, seinem Menschenbild, normative Elemente." Emanzipation in diesem Sinne würde bedeuten, ein gesellschaftlicher Zustand, in dem die realen Menschen dem normativen Menschenbild von Marx entsprechen, oder, wie es Steffen formuliert: „Die Emanzipation des Menschen ist durchgeführt, wenn er Bedingungen schafft, die den Gegensatz zwischen dem, was er sein könnte, und dem, was er ist, aufzuheben erlauben."[78]

Diese Formulierungen enthalten durchaus einen „utopischen Überschuss". Das ist keineswegs als Kritik zu verstehen, in einer geistigen Zeit, die chronisch unter bedrohlicher utopischer Unterernährung leidet. Andererseits aber seien einige kritische Einwände erlaubt zu einer erkennbaren Tendenz, die „Natur des Menschen" zu idealisieren, und zwar durch eine Prämisse, die nicht systematisch ausgeführt, aber angedeutet ist: Der Mensch ist von Natur aus gut und wird erst durch die Gesellschaft seiner guten Natur entfremdet und fremdbestimmt: „Der Mensch ist frei geboren, und überall liegt er in Ketten!", wie Rousseau gesellschaftskritisch anklagte. Es gehörte zu den Defiziten der sozialistischen Theorie, die negative praktische Folgen hatten, dass man in der Dimension objektives Erkennen der Wirklichkeit kaum die Frage untersuchte: Gibt es auch in der „Natur des Menschen" Faktoren, die zur Entstehung und zur Nachhaltigkeit der empörenden Ungerechtigkeiten in der Gesellschaft beitragen?

Wenn je wieder eine sozialistische Theoriediskussion entstehen sollte, müsste diese Frage vorrangig und systematisch untersucht werden. Als inzwischen obsolet sollte dabei der naive Glaube gelten, der Mensch sei von Natur aus gut und werde allein

76 Ebd., S. 128.

77 Ebd., S. 90.

78 Ebd., S. 91.

durch die Gesellschaft korrumpiert. Konsensfähig als Ausgangspunkt für eine solche Diskussion könnten durchaus die Aussagen des Berliner Programms der SPD von 1989 zum Menschenbild gelten: „Der Mensch, weder zum Guten noch zum Bösen festgelegt, ist lernfähig und vernunftfähig. Daher ist Demokratie möglich. Er ist fehlbar, kann irren und in Unmenschlichkeit zurückfallen. Darum ist Demokratie nötig. Weil der Mensch offen ist und verschiedene Möglichkeiten in sich trägt, kommt es darauf an, in welchen Verhältnissen er lebt. Eine neue und bessere Ordnung, der Würde des Menschen verpflichtet, ist daher möglich und nötig zugleich."[79]

Diese Aussagen stehen keineswegs im grundsätzlichen Gegensatz zum anthropologischen Konzept von Jochen Steffen. Dass auch in seiner Theorie der Mensch von Natur aus „weder zum Guten noch zum Bösen festgelegt" ist, belegen sowohl seine ständigen Hinweise auf Normen und Werte als auch folgende Interpretationen des Denkens von Marx: „Bei Marx sind die normativen Elemente in der Theorie enthalten. [...] Der Mensch ist also für Marx ein aktives, zielgerichtetes Wesen. Zielgerichtete Aktivität setzt Werte voraus. [...] Damit ist der Mensch ein auswählendes Wesen. Auswahl bedarf der Maßstäbe, Maßstäbe sind ohne Werte nicht zu formen."[80]

In der klassenlosen Gesellschaft solle sich der Mensch „selbst verwirklichen. Das erfordert Normen für das zu Verwirklichende."[81] Mit anderen Worten: Selbstverwirklichung ist eine normativ gesteuerte Entwicklung und nicht das, was in der Natur des Menschen schon immer real da war und nur freigelegt wird. Auf eine Ambivalenz des Menschen verweist Steffen, wenn er Gedanken von Mihailo Markovic zum Menschenbild referiert: Er gehe davon aus, „daß die Menschen sich ambivalent verhalten haben. Der Mensch hat einerseits nach Freiheit gestrebt und andererseits die Sklaverei erfunden usw."[82]

Dieses Problem sieht er auch in der „Theorie über die menschliche Natur" von Marx, „die eindeutig auf Normen (Ethik) aufgebaut ist". (Normen braucht der Mensch, um unterschiedliche Qualitäten zu bewerten oder zu unterscheiden zwischen richtig und falsch, gut und böse.) Aus folgenden Formulierungen geht indirekt hervor, dass Sozialismus nicht nur die Qualität der Gesellschaft, sondern auch des Menschen verändern wird. (Das wurde intensiv diskutiert unter dem Begriff „der Neue Mensch".) Steffen präzisiert, dass Marx „aus seinem Verständnis der bewußten Selbsterzeugung des Menschen" die Forderung ableite, „daß die Gesellschaft so verändert werden muß, daß die optimalen Möglichkeiten der menschlichen Natur (sein Wesen, seine Essenz) real möglich werden."[83] Das entspricht, zumindest sinngemäß, den oben zitierten Pas-

79 Dieter Dowe/Kurt Klotzbach (Hg.): Programmatische Dokumente, S. 377.

80 Steffen: Strukturelle Revolution, S. 144.

81 Ebd., S. 144.

82 Ebd., S. 142.

83 Ebd., S. 145.

sagen aus dem Berliner Programm, das die Notwendigkeit einer „neuen und besseren Ordnung“ ähnlich anthropologisch begründet.

Vertrauend in die „Natur des Menschen, auf Freiheit angelegt“ hält Steffen die Emanzipation von den Zwängen des „totalen Prozesses“ im Sozialismus prinzipiell für möglich: „Das sozialistische Ziel ist eine Gesellschaft der real Freien und Gleichen, die in Brüderlichkeit verbunden sind. Dieser Sozialismus ist egalitär und individualistisch.“[84] Im Sinne der „Werte einer humanistischen Ethik“ müsse daher „die zukünftige Entwicklung gekennzeichnet sein, durch Freiheit, durch Gleichheit, durch Brüderlichkeit, durch Bewußtheit, durch Schöpferkraft, durch Rationalität.“[85]

Theoriediskussion in der SPD „entscheidet [...] über die Chancen der emanzipatorischen Arbeiterbewegung“

Es ist nicht kleinkarierte Wortklauberei, sondern Hinweis auf ein entscheidendes Merkmal in Steffens Theorie: Er formuliert bewusst: „Die zukünftige Entwicklung m u ß deshalb gekennzeichnet sein“ durch die oben aufgezählten Werte. Das steht im Widerspruch zum einflussreichen Geschichtsdeterminismus in der sozialistischen Theorietradition, in der Steffens Gedanke ein wenig anders formuliert würde, nämlich: „Die zukünftige Entwicklung w i r d deshalb gekennzeichnet sein“. Denn der dogmatisch-marxistische Geschichtsdeterminismus garantierte ja den Fortschritt zur menschlichen Emanzipation durch objektive Entwicklungsgesetze. Für Steffen dagegen ist dieser Fortschritt nicht garantiert, sondern abhängig vom Denken und Handeln der Menschen, von ihren bewussten intellektuellen und moralischen Anstrengungen, die zu einer emanzipatorischen Theorie und Praxis führen müssen.

Dem allgemeinen Optimismus Steffens, dass der auf Freiheit angelegte Mensch das Werk der Emanzipation vollbringen könne, steht eine konkrete Skepsis in Bezug auf die politischen Akteure gegenüber, nämlich die sozialistische Arbeiterbewegung: Sie bekenne sich zwar zum emanzipatorischen Ziel, ihr fehle aber noch eine entscheidende Voraussetzung, um das Ziel zu erreichen: „Den Sozialisten fehlt eine undogmatische, kritische Theorie, die Anleitung zum Handeln für bewußte Gestaltung der Zukunft durch Bewältigung der Probleme der Gegenwart bietet. Die Maßnahmen und die Methoden der Gegenwart müssen die Qualität der gewollten Zukunft an sich tragen.“[86]

Dass den Sozialisten diese kritische Theorie als Anleitung zum Handeln für eine systemverändernde Politik noch fehlt, ist natürlich eine historische Herausforderung für die Theoriediskussion in der SPD, auf die Steffen ausführlich eingeht im Kapitel „Der Streit um Theorie und Praxis im totalen Prozeß in der SPD zu Beginn der sieb-

84 Ebd., S. 28.

85 Ebd., S. 145f.

86 Ebd., S. 21.

ziger Jahre".[87] Dieser Streit hat für ihn wahrlich einen historischen Stellenwert: „Der Streit um Analyse und Theorie der SPD ist deshalb mehr als eine Veranstaltung von innerparteilicher Bedeutung. Er entscheidet in seinen praktischen Konsequenzen über die Chancen der emanzipatorischen Arbeiterbewegung."[88]

Diese „Chancen der emanzipatorischen Arbeiterbewegung" bleiben allerdings nicht allein dadurch erhalten, dass eine effiziente politische Organisation fortexistiert, die Kandidaten für politische Ämter aufstellt, im Wahlkampf unterstützt und an die Macht bringt. Es muss auch eine geistig-politische Bewegung fortbestehen, die auf der Grundlage einer kritischen sozialistischen Theorie „für bewußte Gestaltung der Zukunft durch Bewältigung der Probleme der Gegenwart" kämpft. Blickt man zurück auf die lebhaften intellektuellen Auseinandersetzungen in der SPD Ende der sechziger und Anfang der siebziger Jahre des 20. Jahrhunderts, als auch Jochen Steffen politisch aktiv war und seine Bücher schrieb, ist das Urteil zu begründen: Damals war die SPD auch eine einflussreiche geistig-politische Bewegung, die nicht nur um Stimmen warb, sondern auch im Sinne der Aufklärung das Bewusstsein der Menschen bildete, also Wissen über das Sein vermittelte.

Steffen bietet zwar keine umfassende Gesamtdarstellung der damaligen Theoriedebatten in der SPD, aber er arbeitet zentrale Unzulänglichkeiten in der Auseinandersetzung heraus, die einen möglichen Erfolg gefährdeten und die damals vielleicht noch korrigierbar gewesen wären: Eine verbreitete irrationale Angst vor kommunistischer Infiltration und Unterwanderung deformierte eine produktive inhaltliche Auseinandersetzung zum persönlichen Schlagabtausch. Oft stritt man nicht mit guten Argumenten über tatsächliche inhaltliche Differenzen, sondern polemisch über Missverständnisse, Fehlinterpretationen oder Unterstellungen, so dass ein gemeinsamer Erkenntnisfortschritt und eine Erhöhung des intellektuellen Niveaus verhindert wurden.

Steffen erkannte „etwa vier Gruppen" in den theoretischen Auseinandersetzungen. Die Position der „Gruppierung I" analysiert und kritisiert Steffen am Beispiel der Rede, die Annemarie Renger im April 1973 auf dem SPD-Parteitag in Hannover gehalten hatte, die Position der „Gruppierung II" am Beispiel eines Artikels, den der Berliner Professor Alexander Schwan am 6. April 1973, also kurz vor dem Parteitag in Hannover, in der Wochenzeitung „Die Zeit" veröffentlicht hatte.

Beide von Steffen ausführlich analysierten Beiträge zeigen exemplarisch gravierende Defizite in der damaligen intensiven Theoriediskussion in der SPD: Statt über kontroverse Inhalte sachlich-argumentativ zu streiten, reden die Exponenten konkurrierender personeller Gruppierungen oft aneinander vorbei, gehen kaum auf die tatsächlichen Gegenpositionen ein und arbeiten mit Fehleinschätzungen oder gar Unterstellungen. Nicht vor allem unüberbrückbare inhaltliche Gegensätze zwischen

87 Ebd., S. 45-66.

88 Ebd., S. 46.

unterschiedlichen Positionen, sondern die Art und Weise, wie über diese Unterschiede gestritten wurde, erschwerten eine Klärung und Präzisierung von Gegensätzen und einen für alle Beteiligten nützlichen theoretischen Erkenntnisfortschritt, als Grundlage für praktisch-politische Erfolge der „emanzipatorischen Arbeiterbewegung".

„Gruppierung I" sehe keine neuen Probleme. „Im wesentlichen geht es bei ihr um Machterhalt und Machtausweitung und traditionelle Berücksichtigung der sozialen Aspekte."[89] (Diese „traditionelle Berücksichtigung der sozialen Aspekte" war dann bei den „Enkeln", aus der linkesten Juso-Fraktion kommend, um die Jahrhundertwende entfallen.) Annemarie Rengers Rede auf dem Parteitag in Hannover war vor allem motiviert durch die Sorge um den zunehmenden Einfluss der Parteilinken und der Jusos, hinter dem sie kommunistische Einflüsse vermutete. Während Renger und Schwan ihre Warnungen vor antidemokratisch-kommunistischen Tendenzen in der Parteilinken nie mit wörtlichen Zitaten der Angegriffenen belegen, sondern immer ohne Belege vortragen, bringt Steffen immer lange wörtliche Zitate von Renger und Schwan als Begründung für seine Kritik.

In „Anführungszeichen" stehen im Folgenden Zitate, die Steffen wörtlich der Rede Rengers entnommen hat: Renger könne „sich manchmal des Eindrucks nicht erwehren, daß es Kräfte in der Partei gibt, die in Theorie und Praxis diese Partei verändern wollen", und zu diesem Zweck die Begriffe „links" und „rechts" eingeführt haben, „ [...] eine Methode, die die Kommunisten erfunden haben, um einen Gegensatz zwischen der Führung und der Basis der Partei zu konstruieren". Dass diese „Gruppierung I" Theoriediskussion grundsätzlich nicht für nötig oder sogar für schädlich hielt, zeige Rengers Frage: „Welchem Zweck dient eigentlich die uns aufgezwungene – schreit nicht gleich! – Theoriediskussion? Geht es wirklich um eine neue Erkenntnis, oder geht es dabei nicht vielmehr einer Gruppe um die Durchsetzung einer Ideologie, die in ihrem Ergebnis nicht zwangsläufig in Freiheit, Gleichheit und Solidarität münden muß?"[90]

„Systemveränderer" = Kommunisten?

Dass diese „Gruppierung I" nicht inhaltlich mit den Jusos, der SPD-Linken, und natürlich mit Steffen, über das Thema „Überwindung des Kapitalismus" diskutieren konnte oder wollte, lag auch daran, dass man den Inhalt des Konzepts „systemüberwindende oder systemverändernde Reformen" gar nicht zur Kenntnis genommen hatte, sondern gegen eine ganz andere Forderung polemisierte, wie Rengers Frage zeigte: „Wie kommt es eigentlich dazu, daß die radikalsten Forderungen darauf abzielen, dieses unser System beseitigen oder überwinden zu wollen? Wo steht eigentlich geschrieben, daß das System der parlamentarischen Demokratie mit den Aufgaben dieser Zeit nicht

89 Ebd., S. 48.

90 Ebd., S. 49.

fertig werden kann? [...] von so fragwürdigen Begriffen wie ‚Systemüberwindung' ist es noch nicht weit bis hin zu anderen, uns unangenehmen Kräften, die zerstörerisch wirken. Man trifft solche Leute ja schon an den Rändern unserer Partei."[91]

Steffen fasst die Position der „Gruppierung I" wie folgt zusammen: „Theoriediskussion ist überflüssig." Die Probleme „sind aber letztlich unproblematisch. Sie sind lösbar ohne radikale Änderungen."[92]

Die theoretische Position der „Gruppierung II" analysiert Steffen am Beispiel des bereits erwähnten Artikels, den Schwan am 6. April 1973 in der Wochenzeitung „Die Zeit" veröffentlichte, unter dem Titel „Abkehr von Godesberg". Schwan gehe davon aus, die Auseinandersetzungen in der SPD hätten „entscheidende Bedeutung für die weitere Entwicklung der Bundesrepublik. Eine Bewegung, die an den Hochschulen begann, erfaßt gegenwärtig in leicht veränderter Artikulationsform die führende Regierungspartei." (In Anführungszeichen wörtliche Zitate aus dem Artikel Schwans). In der durch Jusos und „die Parteilinke" in die SPD hineingetragenen Systemkritik sieht Schwan eine Abkehr von Godesberg und eine Gefahr für die SPD und die Demokratie: Wenn „Parteimehrheit" und „Parteiführung" nicht gegensteuerten, würden „Zukunft der Partei" und „der deutschen Demokratie" verspielt.[93]

Schwan geht zwar nicht direkt auf die zentrale Frage der damaligen Theoriediskussion ein, ob das Bekenntnis zum Demokratischen Sozialismus auch bedeute, dass die SPD das kapitalistische Wirtschaftssystem überwinden wolle. Aber indirekt verneint er die Frage, paradoxerweise mit Hinweis auf die im Godesberger Programm enthaltene Forderung nach einer „neuen Wirtschafts- und Sozialordnung", die er aber als Bekenntnis zur bestehenden „Wirtschafts- und Sozialordnung" interpretiert. „Auch die vom Godesberger Programm geforderte und von den Linken isoliert herausgestellte ‚neue Wirtschafts- und Sozialordnung' ist ein theoretisch reflektiertes, aber gerade deshalb pragmatisches Konzept von Maßnahmen in unserer Gesellschaft und F Ü R (i. O. fettgedruckt, H. H.) diese." Im „Kontext des Godesberger Pogramms" solle „die neue Wirtschafts- und Sozialordnung erstrebt werden [...] innerhalb des Rahmens der sozialen Marktwirtschaft und auf dem Boden der parlamentarischen Demokratie. Eben deshalb beginnt die Parteilinke mehr und mehr gegen das Godesberger Programm und damit gegen die bisherige strikte demokratische Grundorientierung der SPD zu rebellieren."[94] (Es ist zutreffend, dass Teile der Jusos im Namen der Systemüberwindung „gegen das Godesberger Programm [...] rebellierten", weil sie den Text dieses linken Programms genauso wenig kannten, wie rechte „Freunde" des Programms, die unter

91 Ebd., S. 50.

92 Ebd., S. 51.

93 Ebd., S. 52.

94 Ebd., S. 54.

Berufung auf Godesberg das Konzept systemverändernder Reformen als kommunistisch verurteilten.)

In seiner Kritik an Schwans Polemik gegen den falsch verstandenen Begriff „Systemveränderung“ gibt Steffen auch ein Beispiel, wie man sachlich und argumentativ über den umstrittenen Begriff streiten könnte. Er verweist darauf, dass ja auch Schwan durchaus Veränderungen wolle, wie zum Beispiel „eine gerechtere Verteilung des Sozialprodukts, durch die öffentliche Kontrolle wirtschaftlicher Macht“. Er übersehe dabei aber, dass er mit seinen sozialen und ökonomischen Forderungen von den Politikern etwas verlange, „was sie mit dem gegebenen Instrumentarium nicht können. Die Veränderung der Instrumente (zum Beispiel politische Investitionslenkung) wäre eine Systemveränderung.“[95]

Ein Defizit der damaligen intensiven Theoriediskussionen bestand darin, dass die Beteiligten oft die Positionen ihrer Gegner nicht genau kannten, missverstanden oder gar bewusst falsch interpretierten. Die umstrittenen Begriffe systemverändernde und sytemüberwindende Reformen, auch antikapitalistische Strukturreformen, dienten seit Ende der sechziger Jahre des 20. Jahrhunderts zur Kennzeichnung der Reformstrategie in den Beschlüssen der Jungsozialisten. Der Begriff systemverändernde Reformen wurde auch zu einer strategischen Alternative zur revolutionären Strategie in Teilen der Neuen Linken.

Systemveränderung wurde aber auch in den antikommunistischen Kampagnen von Medien und Politikern zum Bürgerschreck, um die Linkswendung der Jungsozialisten und der SPD insgesamt, also die zunehmende Kritik am System des Kapitalismus, als Angriff auf unser System der parlamentarischen Demokratie zu denunzieren und die Losung zu rechtfertigen: „Freiheit statt Sozialismus!“ Damit wollte man auch einer argumentativen Auseinandersetzung mit der stärker werdenden Kritik am kapitalistischen Wirtschaftssystem ausweichen.

Steffen dagegen bemühte sich, diese Begriffe zu entdämonisieren, zu versachlichen und zu erklären, indem er darauf hinwies, dass viele Reformvorschläge, auch wenn sie gar nicht „systemverändernd“ genannt werden, durchaus von der Sache her „systemverändernd“ sein können: „Es kann kein Zweifel darüber bestehen, daß viele praktische Forderungen zum Umweltschutz, zur Bildungsreform oder zur Boden- und Mietpolitik, die von politischen ‚Normalverbrauchern’ erhoben werden, bei ihrer konsequenten Verwirklichung ‚system’-verändernd wirken werden.“[96]

Exkurs: Antikommunismus – Kommunismus – Demokratischer Sozialismus

Um jene Defizite in den damaligen theoretischen und politischen Kontroversen, die Missverständnisse und auch bewussten Verdrehungen und Unterstellungen zu verste-

95 Ebd., S. 54 u. 56.

96 Ebd., S. 195.

hen, ist hier kurz auf die Rolle des Antikommunismus in der deutschen Nachkriegsgeschichte einzugehen: Er wurde für die überwältigende Mehrheit der Menschen, unabhängig von ihrer parteipolitischen Orientierung, zur vorherrschenden und verbindlichen Ideologie, zum Kriterium für die Unterscheidung zwischen Freund und Feind. Der internationale und außenpolitische Antikommunismus erklärte die Sowjetunion und den Ostblock zum außenpolitischen Feind und zur Bedrohung für die „Freie Welt". Und der innenpolitische Antikommunismus erklärte die Kommunisten – und auch alle, die man für solche hielt – zum innenpolitischen Feind, den alle, über Parteigrenzen hinweg, gemeinsam bekämpfen mussten. (Die Bundesrepublik war das einzige Land im demokratischen Westeuropa, in dem die Kommunistische Partei verboten war und in dem Kommunisten politisch verfolgt wurden.)

Die Bemühungen um eine neue Deutschland- und Ostpolitik, um den Übergang von der Konfrontation zur Entspannungspolitik, waren zugleich eine intensive geistige Auseinandersetzung mit dem internationalen Antikommunismus, der auch in der SPD viele Anhänger hatte. Erst der Wahlsieg der SPD in den vorgezogenen Bundestagswahlen 1972, die auch eine Abstimmung über die Entspannungspolitik waren, hat den internationalen Antikommunismus in der SPD endgültig überwunden und in der Gesamtgesellschaft zu einer wenig attraktiven Minderheitenposition degradiert.

Der innenpolitische Antikommunismus dagegen blieb in der Gesamtgesellschaft und auch in Teilen der SPD noch virulent. Daher konnte man auch innerparteiliche Gegner noch mit dem Vorwurf bekämpfen, sie seien im Prinzip kommunistisch, Kryptokommunisten und kommunistische Unterwanderer, also eine Gefahr für Freiheit und Demokratie. Nur vor diesem Hintergrund ist es zu verstehen, warum Sozialdemokraten, wie zum Beispiel Annemarie Renger und Alexander Schwan, im April 1973, also nach der endgültigen Durchsetzung der Entspannungspolitik, gegen Jusos und Parteilinke noch mit dem Kommunismus-Vorwurf polemisieren konnten.

Da auch gegen Steffen mit dem Kommunismus-Vorwurf gekämpft wurde, ist es sinnvoll, wenigstens kurz seine Einschätzung des Kommunismus zu skizzieren, der sich ja selbst als fortschrittliche Alternative zum System des Kapitalismus verstand, das auch die demokratisch-sozialistische Linke im Westen überwinden wollte.

Allein der persönliche rebellische Charakter Jochen Steffens war absolut unvereinbar mit dem autoritär-diktatorisch-totalitären System des Sowjetkommunismus. In seinen „Autobiographischen Texten" beschreibt er, wie dieser subjektive Faktor entscheidend dafür war, dass er nicht der KPD beitrat, sondern der SPD. Nach Kriegsende wurde ihm klar: „Ich stand ‚links'. Und ‚links' hatte keine Chance ohne die Arbeiterbewegung. Wollte man in der Arbeiterbewegung mitwirken, mußte man Partei nehmen. KPD oder SPD. [...] Wer links wirken wollte, mußte in die Partei."[97] Bei Treffen mit

97 Steffen: Personenbeschreibung, S. 111.

Kommunisten und Sozialdemokraten wurde er von beiden Seiten aufgefordert, „mich ihnen anzuschließen."[98]

Bei allem persönlichen Respekt für die Kommunisten als engagierte Menschen bewirkten aber seine persönlichen Begegnungen und Erfahrungen mit ihnen „eine Verhärtung meines latenten ‚Antikommunismus'." Und zwar aus folgenden Gründen: „Ihre asketische Vorstellung von Organisation und Disziplin, verbunden mit persönlicher Opferbereitschaft aber auch der Verleugnung und Unterdrückung der eigenen Person mit ihrer Überzeugung, wirkte auf mich gleichzeitig anziehend und abstoßend."[99] Entscheidend wurde die Frage: „Wie hältst du es mit der ‚führenden Rolle der Partei' (der Sowjetunion) und wie hältst du es mit dem ‚demokratischen Zentralismus'?"[100]

In den Diskussionen „um die politische Einheit der Arbeiterklasse, die Vereinigung von KPD und SPD" , überzeugte ihn „der alte Schulz", der „eine revisionistische und reformistische Partei haben" wollte und meinte: „Einheitspartei heißt KP. Willst du Kommunist werden?"[101] Nach ernsthaftem Abwägen zog Steffen die Schlussfolgerung: „Die KPD nicht zu wählen, hatte ich – für mich – wesentliche Gründe. Gegen einen Beitritt zur SPD gab es keine solchen Gründe."[102]

In der „Strukturellen Revolution" begründet Steffen, dass der Kommunismus keine bessere Alternative zu dem von ihm bekämpften Kapitalismus ist, sondern – beurteilt nach den Kriterien und Werten des Demokratischen Sozialismus – sogar ein noch schlechteres System: „Die Anhänger des etablierten ‚Kommunismus' vertreten ein wenig attraktives Gegenmodell zur kapitalistischen Wirklichkeit. Es gibt kaum entscheidende Fehler unseres gesellschaft-wirtschaftlich-ökologischen Prozesses, den die etablierten ‚Kommunisten' nicht ebenfalls vollziehen. Falls sie einen Vorsprung gegenüber den ‚westlichen' Systemen haben, liegt er in der entwickelten Repressionstechnik und in der Entdemokratisierung des Prozesses für die Entstehung von Eliten in und über den machttragenden Strukturen, deren Entscheidungsfindung und deren Entscheidungen."[103]

Auf dem Parteitag der SPD Schleswig-Holstein am 10. November 1973 bewertete er die DDR lapidar als die schlechtere Alternative zum Kapitalismus: „Was da drüben praktiziert wird, ist doch nicht mehr als Kapitalismus unter Hammer und Sichel minus Privateigentum an den Produktionsmitteln und minus politischer Demokratie für die überwältigende Mehrheit des Volkes."[104]

98 Ebd., S. 86.

99 Ebd.

100 Ebd., S. 88.

101 Ebd., S. 105.

102 Ebd., S. 111.

103 Steffen: Strukturelle Revolution, S. 72.

104 Ebd., S. 395.

Diese zwei Beispiele sollten nur zeigen, dass für Steffen der „real existierende Sozialismus“ im Osten keine akzeptable Alternative zum real existierenden Kapitalismus im Westen ist, den er durch Demokratischen Sozialismus überwinden will. Für die intellektuell-politischen Kontroversen in der damaligen Zeit ist es aber auch besonders wichtig: Auch in den durch die Studentenbewegung mobilisierten linksradikal-revolutionären Gruppen und Parteien sieht er keinen konstruktiven Beitrag für eine Politik zur Überwindung des Kapitalismus, sondern sogar eine Hilfe für die repressive Rechte: „Die politischen ‚radikalen' Minderheitsgruppen fördern durch gewaltsamen Aktionismus die Tendenzen zur Repression, [...] Notfalls warten sie – wie alle voluntaristischen, revolutionären Minderheiten – auf die ‚revolutionäre Situation'. Was ihnen fehlt, ist der Entwurf für den inhaltlichen Gebrauch der Macht.“[105]

Für die politische Meinungs- und Willensbildung Ende der sechziger und Anfang der siebziger Jahre, vor allem für die durch die Studentenbewegung politisierte und nach links rückende junge Generation, war es eine Orientierungshilfe, dass ein bekannter und anerkannter Linker und Sozialist wie Jochen Steffen sowohl den Kommunismus als auch die verbal-revolutionären linksextremistischen Konzepte als Alternative zum kritisierten Kapitalismus ablehnte. Denn aus der mobilisierten und antikapitalistischen jungen Generation schlossen sich ja nicht nur wenige Außenseiter den stärker werdenden DKP-Organisationen und den revolutionären linksextremistischen Gruppen und Parteien an. Denn diese boten den antikapitalistischen Studenten – zwar jeweils unterschiedliche – sozialistische Alternativen zum bekämpften Kapitalismus an. Dagegen konnte man in der behäbigen SPD Anfang der sechziger Jahre kaum ein sozialistisches Angebot erkennen.

Erst durch die Linkswende der Jungsozialisten 1969, die Stärkung der Parteilinken und die damit verbundenen kontroversen Theoriedebatten, zu denen Steffen entscheidende Beiträge leistete, konnte die SPD der kapitalismuskritischen jungen Generation ein demokratisch-sozialistisches Angebot machen: Eine Alternative zum Kapitalismus, aber auch zum Kommunismus und linksextremistischen Maoismus.

Die seit Ende der sechziger Jahre in der SPD wiederbelebten Ideen und Werte des Demokratischen Sozialismus wurden für viele politisierte Studenten zu einem Motiv für den Eintritt in die SPD. Die damals lebhaften, manchmal auch skurrilen Theoriedebatten, irritierten zwar nicht wenige SPD-Mitglieder. Aber noch mehr ermutigten sie viele junge Menschen zur Mitarbeit in der SPD. Ein Beispiel für das starke Interesse an den Theoriedebatten ist der von Norbert Gansel im September 1971 herausgegebene Sammelband „Überwindet den Kapitalismus oder Was wollen die Jungsozialisten?“[106]

105 Ebd., S. 72.

106 Norbert Gansel (Hg.): Überwindet den Kapitalismus.

Während Annemarie Renger in ihrer von Steffen kritisierten Parteitagsrede April 1973 mit keinem einzigen wörtlichen Zitat ihren Vorwurf belegt, dass sich die Forderung, „dieses unser System beseitigen oder überwinden zu wollen“ auf „das System der parlamentarischen Demokratie“ bezieht, macht schon der Titel des Sammelbandes deutlich: Die Jungsozialisten wollen den Kapitalismus überwinden. Und der Band enthält einen Beitrag von Jürgen Näther und Manfred Elsner: „Parlamentarische Demokratie – ein Plädoyer“. Und eine scharfe Auseinandersetzung mit den kontraproduktiven Revolutionsillusionen in Teilen der Neuen Linken in dem Beitrag von Horst Heimann: „Linke SPD und antirevisionistische Neue Linke“. Rainer Naudiet und Gerd Walter grenzen in ihrem Beitrag die Jusos von der DKP ab: „Jungsozialisten und Deutsche Kommunistische Partei“.[107]

Die intensiven Theoriediskussionen führten auch zur Klärung des Begriffs Demokratischer Sozialismus im Godesberger Programm: Dass der Demokratische Sozialismus nicht nur einen besseren Kapitalismus anstrebt, sondern eine Alternative zum Kapitalismus, war Ende der sechziger Jahre noch eine Minderheitenposition in der SPD. Diese linke Interpretation wurde aber bis Mitte der siebziger Jahre zur breiten Mehrheitsmeinung. Die Mehrheit der SPD wich einer Diskussion über die Kritik am System des Kapitalismus nicht mehr mit dem Vorwand aus, man müsse das System der parlamentarischen Demokratie gegen den undemokratischen Kommunismus verteidigen. Nur eine schwächer werdende Minderheit argumentierte noch mit diesem Vorwand. Dass Annemarie Renger auf dem Parteitag in Hannover im April 1973 die damalige politische Lage insgesamt, und vor allem die politische Wirklichkeit der SPD, völlig falsch einschätzte, beweist ihr Eindruck, „daß es Kräfte in der Partei gibt, die in Theorie und Praxis diese Partei verändern wollen“. Sie hat einfach nicht zur Kenntnis genommen, dass diese „Kräfte“ nicht nur verändern wollen, sondern dass sie diese Partei bereits „in Theorie und Praxis“ erfolgreich verändert hatten: Willy Brandt belegte diese vollzogene Veränderung der SPD auf dem Parteitag mit eindrucksvollen Zahlen. „Eine gewisse Unruhe in unserer Partei – die ich nicht fürchte, weil sie Vitalität beweist – erklärt sich aus unseren Erfolgen. Die Partei wächst; sie verändert sich; sie hat Wachstumsprobleme“: Von den knapp 650 000 Mitgliedern 1963 gehören heute nur noch 300 000 der SPD an. „Heute zählt die Partei fast eine Million Mitglieder. [...] Rund 670 000 der heutigen Mitglieder sind seit damals beigetreten. Allein im letzten Jahr [...] 160 000“. Darunter fast zwei Drittel im Juso-Alter.[108]

Diese großen quantitativen Erfolge kann man mit ihrer neuen Qualität erklären: Weil sich die SPD qualitativ, „in Theorie und Praxis“, so tiefgreifend veränderte, konn-

107 Ebd. Der Erstauflage 1.-20. Tausend folgte schon im Oktober die zweite Auflage 21.-30. Tausend, Januar 1973 die vierte Auflage 39.-45. Tausend, Februar 1974 Auflage 46.-53. Tausend.

108 Vorstand der SPD, Parteitag der Sozialdemokratischen Partei Deutschland vom 10. bis 14. April 1973, Stadthalle Hannover – Band I Protokoll der Verhandlungen – Anlagen, S. 102f.

te sie so viele neue Mitglieder gewinnen, und weil sie so viele neue Mitglieder gewann, konnte sie sich noch deutlicher verändern, unter anderem von einer mehrheitlich antikommunistischen Partei des Kalten Krieges zu einer Partei neuen Denkens, die gegen heftigen Widerstand, auch in der eigenen Partei, die neue Deutschland- und Ostpolitik durchsetzte. Konservative Sozialdemokraten wurden durch den Zustrom so vieler neuer Mitglieder beunruhigt, weil sie glaubten, oder auch nur behaupteten, viele von ihnen seien kommunistische Unterwanderer, denen man durch Parteiausschlussverfahren entgegentreten müsse. Norbert Gansel dagegen, ein Protagonist der Linkswende der Jusos 1969, wandte den hilflosen Vorwurf der „Unterwanderung" der SPD durch 670.000 neue Mitglieder ins Positive: „Viele kleine Unterwanderstiefel haben die SPD in Bewegung gebracht."[109] Auch dank des Engagements von Jochen Steffen, der Jusos, der Parteilinken, „vieler kleiner Unterwanderstiefel", der Lernfähigkeit ihrer führenden Politiker, und last not least, Willy Brandts, wurde die SPD „in Theorie und Praxis" so verändert, dass sie 1972 mit 45,8 Prozent der Zweitstimmen, bei über 91 Prozent Wahlbeteiligung, ihren – bisher – größten Wahlsieg erringen konnte.

Spaltung oder plurale Integration?

Ende der sechziger und Anfang der siebziger Jahre war noch nicht sicher, ob der plötzliche systemkritische Aufbruch der Studentenbewegung und der innerparteilichen Opposition in der SPD, also „eine gewisse Unruhe in unserer Partei" (Willy Brandt auf dem Parteitag 1973), zu einer Sternstunde der Demokratie in der Bundesrepublik führen würde: 1972 die höchste Wahlbeteiligung von 91 Prozent und der größte Wahlerfolg der SPD mit 45,8 Prozent. Es wäre auch möglich gewesen, dass die heftigen politischen Kontroversen zu einer feindseligen Polarisierung der Gesellschaft und sogar auch zur Spaltung der SPD geführt hätten. Diese mögliche fatale Entwicklung wurde vor allem durch eine bedeutende intellektuelle Integrationsleistung der SPD verhindert. Die „in Theorie und Praxis veränderte" und dadurch gestärkte SPD hat große Teile der rebellischen jungen Generation zur aktiven Mitarbeit in einer demokratischen Partei motiviert und damit in unsere pluralistische demokratische Gesellschaft integriert. Sie hat verhindert, dass eine Mehrheit der politisierten jungen Generation in eine kontraproduktive Fundamentalopposition oder gar den Terrorismus der RAF abgleitet.

Die lebhafte Theoriediskussion in der SPD Ende der sechziger und Anfang der siebziger Jahre hat zwar noch nicht historisch, im Sinne Jochen Steffens, „über die Chancen der emanzipatorischen Arbeiterbewegung [entschieden]", aber über einen stabilen Frieden in Europa und über eine Stärkung des sozialen Zusammenhalts und des Wohlfahrtsstaates in der Bundesrepublik. Die öffentlich wirksamen Diskussionsbeiträge

109 Zitiert in: Horst Heimann: Theoriediskussion, S. 43.

der SPD und einer radikal-liberalen intellektuell-publizistischen Opposition haben im Sinne des Theoriekonzepts von Steffen „Bewusstsein“ geschaffen, also „Wissen über das Sein“. Dieses neue Denken war Voraussetzung für den Wechsel von der Konfrontations- zur Entspannungspolitik. Denn oft ist Ursache für eine falsche und gefährliche Politik nicht der böse Wille der Politiker, sondern vor allem fehlendes „Wissen über das Sein“, eine Fehleinschätzung der sozialen und politischen Wirklichkeit.

Rückblickend mag die These, dass eine Spaltung unserer Gesellschaft und der SPD möglich gewesen wäre, absurd und realitätsfremd klingen. Doch die von Steffen kritisierten Positionen von Annemarie Renger und Alexander Schwan aus dem Jahr 1973 enthalten nicht nur eine Tendenz, sondern auch ausdrückliche Appelle zur Spaltung der SPD. Aber diese Bereitschaft zur Spaltung hat ihre Ursache nicht im bösen Willen der Akteure, sondern vor allem im fehlenden „Wissen über das Sein“, in sachlichen Fehleinschätzungen der sozialen und politischen Wirklichkeit. Sie glauben, dass eine Bestätigung der „Linkswende“ der SPD auf dem Parteitag 1973 die Partei schwächen werde. Sie übersehen die Tatsache, dass die von ihnen bekämpfte „Linkswende“ 1972 eine wichtige Ursache für den größten Wahlerfolg der SPD war.

Wegen dieser Fehleinschätzung enthält Schwans Beitrag in der „Zeit“ den Appell an den Parteitag, die organisatorische Abspaltung der Parteilinken, also die Spaltung der SPD, zu riskieren: „Die Parteidelegierten und namentlich die Parteiführung sollten bedenken, [...] was für die Demokratie der Bundesrepublik mehr zu Buche schlägt: die – programmatisch im Grunde nicht zu rechtfertigende – Rücksicht auf die ‚Linke‘, der als Alternative, wie sie sehr gut weiß, nur die Abspaltung und das Absinken zur parlamentarisch bedeutungslosen radikalen Splittergruppe bleibt, oder das Zusammengehen mit der sozial-demokratischen und sozial-liberalen Bevölkerungsmehrheit [...].“[110]

Was meint Schwan im Klartext, wenn er sich gegen „die – programmatisch im Grunde nicht zu rechtfertigende – Rücksicht auf die ‚Linke‘“ wendet? Er suggeriert damit, die SPD könne auf dem Parteitag aus „Rücksicht auf die ‚Linke‘“ in ihre Beschlüsse zum Langzeitprogramm die Forderung aufnehmen, „das System der parlamentarischen Demokratie zu überwinden“ und die „bisherige strikte demokratische Grundorientierung“ aufgeben. Schwan und Renger haben gar nicht zur Kenntnis genommen, dass es bei den Jusos und der Parteilinken gar nicht die Forderung gab, das „System der parlamentarischen Demokratie“ zu überwinden, aber das „Wirtschaftssystem des Kapitalismus“.

Verbal verteidigten Schwan und Renger „das System der parlamentarischen Demokratie“, das niemand in der SPD in Frage stellte, faktisch verteidigten sie aber das kapitalistische Wirtschaftssystem, das immer mehr Menschen in Frage stellten. Schwan wollte, dass die SPD auf dem Parteitag seine prokapitalistische Interpretati-

---

110 Steffen: Strukturelle Revolution, S. 55.

on des Godesberger Programms festschreibt: Die geforderte „neue Wirtschafts- und Sozialordnung“ soll nicht „den Kapitalismus überwinden“, wie Parteilinke, Jusos und immer mehr Sozialdemokraten forderten, sondern verstanden werden als Bekenntnis zu unserer bestehenden Wirtschafts- und Sozialordnung, nämlich als „pragmatisches Konzept von Maßnahmen in unserer Gesellschaft und FÜR diese.“[111]

Ein zentrales Thema in den damaligen Theoriediskussionen war die Interpretation des Godesberger Programms: Ist der Begriff Demokratischer Sozialismus und damit die Forderung nach einer „neuen Wirtschafts- und Sozialordnung“ zu verstehen als Alternative zum real existierenden Kapitalismus oder im Sinne Schwans nur als „pragmatisches Konzept von Maßnahmen in unserer Gesellschaft und für diese?“

(Die Entwicklung bis zum Berliner Programm von 1989 zeigt eindeutig, dass Schwan die programmatischen Vorstellungen der SPD-Mitglieder und Funktionäre falsch eingeschätzt hat: Sowohl im 1975 verabschiedeten Orientierungsrahmen ‘85 als auch im Berliner Programm von 1989 ist Demokratischer Sozialismus die Alternative zum Kapitalismus.) Gravierender als diese abstrakt wirkende Grundsatzfrage nach dem „System“ ist das leichtfertige Liebäugeln mit einer organisatorischen Spaltung der SPD, um die stärker werdende Parteilinke zu entmachten. Obwohl eine solche Spaltung eher unwahrscheinlich war, gab es auch tatsächlich ernsthafte Tendenzen in diese Richtung, die wirksamer waren als die Meinung einer Person.[112]

Schwan glaubte offensichtlich, nach Abspaltung von ein paar lästigen Linken, die auf die Wähler abstoßend wirkten, könne die SPD sogar auf größere Wahlerfolge hoffen, während die „Abspaltung“ der Linken zu deren „Absinken zur parlamentarisch bedeutungslosen radikalen Splittergruppe“ geführt hätte. Auch dieser Glaube beruhte auf einer Fehleinschätzung der Wirkungen linker politischer Forderungen. Die angeblich für die SPD so schädlichen radikalen Jusos liefen im Bundestagswahlkampf 1972 nicht etwa unbemerkt mit. Unter dem Motto „Sozialismus, weil‘s vernünftig ist“ leisteten sie sogar einen eigenständigen Wahlkampfbeitrag, der viel Aufmerksamkeit erregte und nachweislich auch zum großen Wahlerfolg beitrug: Der von allen als Protagonist der Juso-Linkswende bekannte Norbert Gansel erhielt in seinem Wahlkreis in Kiel 55,2 Prozent der Zweitstimmen und sogar 59,4 Prozent der Erststimmen. Schwan dagegen glaubte, die FDP habe von SPD-Wählern Erststimmen erhalten, weil diese keine Linken wählen wollten.

Steffens Theorie-Konzept und der SPD-Parteitag im April 1973

Steffen beharrte immer auf seiner linken Position, dass Theorie und Theoriediskussionen in einer sozialistischen Partei eine unabdingbare Notwendigkeit seien. Daher

111 Ebd., S. 54.

112 Vgl. dazu ausführlich: Horst Heimann: Theoriediskussion, vor allem „IV. Kapitel – Integration oder Spaltung der SPD“, S. 87ff.

sahen viele in der Partei und auch in der Öffentlichkeit in ihm einen kontraproduktiven Außenseiter, der mit seinen philosophisch-theoretischen Spinnereien nur die behäbige Zufriedenheit und Ruhe in einer pragmatischen Partei ohne theoretischen Ballast störe, und der glücklicherweise keinen Einfluss auf die solide Realpolitik der SPD habe. Doch der Parteitag im April 1973 demonstrierte: Innerhalb weniger Jahre war die als störend empfundene Minderheitenmeinung Steffens und einiger Parteilinker zur profilierten Mehrheitsmeinung der SPD geworden. Trotz des Wehklagens Annemarie Rengers über „die uns aufgezwungene Theoriediskussion" wurde der Parteitag zu einer Sternstunde sozialistischer Theoriediskussion, die erst Ende der sechziger Jahre begonnen hatte, angestoßen sowohl durch die Neue Linke als auch durch aktiver werdende Linke in der SPD. Gegenüber der vorherrschenden Realpolitik eines theorielosen Pragmatismus wurde die Bedeutung sozialistischer Theorie voll rehabilitiert. Diese Zeit war nicht nur ein Höhepunkt der Theoriediskussion in der SPD, sondern zugleich der kurze Frühling der produktivsten und breitesten Politisierung und Mobilisierung der gesamten Gesellschaft.

Obwohl Schwan in seinem Beitrag in „Die Zeit" an die „Parteimehrheit" und die „Parteiführung" appelliert hatte, dem wachsenden Einfluss der „Parteilinken" entschlossen gegenzusteuern, führte der Parteitag personell und inhaltlich zu einem weiteren „Linksruck" der „Parteimehrheit" und der „Parteiführung": Exponenten des rechten Flügels, zum Beispiel Egon Franke und Annemarie Renger, wurden nicht wieder in den Parteivorstand gewählt, Alfred Nau erreichte erst im zweiten Wahlgang für die Position des Schatzmeisters die erforderliche absolute Mehrheit, Kurt Mattick (von den Linken in Berlin Dogmattick genannt) wurde nicht in die Kontrollkommission gewählt. Dagegen wurde der exponierte Linke Jochen Steffen schon im ersten Wahlgang in den Parteivorstand gewählt, Harry Ristock und der Juso-Vorsitzende Wolfgang Roth im zweiten Wahlgang.[113] Aber vor allem die inhaltlichen Debatten über das Langzeitprogramm, beziehungsweise den OR '85, vollzogen sich auf einem sachlich-intellektuellen Niveau, das den hohen Anforderungen Steffens an Stil und Qualität von Theoriediskussion sehr nahe kam, nämlich: Nicht ein akademischer Meisterdenker erdenkt sich in seiner Studierstube einen prächtigen Theoriepalast, sondern eine politische Partei denkt und diskutiert gemeinsam mit der Gesellschaft über Probleme und sucht nach Lösungen. Gegen Rengers Meinung, diese Theoriediskussion sei überflüssig und „uns aufgezwungen", plädierte Günter Schlatter für die Notwendigkeit der Theoriediskussion, „um den demokratischen Sozialismus zu verwirklichen. Dies alles ist doch keine überflüssige Theorie-Diskussion, wie uns Annemarie Renger in ihrem Beitrag glauben machen wollte."[114]

---

113 Vorstand der SPD: Parteitag der SPD, April 1973, S. 385-953: Wahlergebnisse.

114 Ebd., S. 192.

Willy Brandt kündigte seine Ausführungen zum Demokratischen Sozialismus wörtlich als „einige Bemerkungen zur Theorie-Diskussion“ an.[115] Darauf bezog sich Hans-Ulrich Klose in seinem Plädoyer für mehr Theoriediskussion: „Nun sind sich alle Diskussionsredner einig, daß in Zukunft mehr über Theorie diskutiert werden muß. Auch ich stimme dem zu [...]. Aber ich mache zwei Vorbehalte. Theoriediskussion ist kein Selbstzweck. Sie soll uns helfen, den Menschen zu helfen, konkreten Menschen in ihrer jeweiligen Lebenssituation. Und zweitens: Es muß sich um eine wirkliche Theoriediskussion handeln, nicht um eine dogmatische Ideologiediskussion mit den Vokabeln des 19. Jahrhunderts.“[116] Diese Aussage Kloses und auch der gesamte Verlauf des Parteitags verbannen Rengers abschätzige Meinung über Theoriediskussion in eine randständige und irrelevante Minderheitenposition. Die SPD insgesamt hat die seit einigen Jahren laufende Theoriedebatte rehabilitiert und damit Steffens Minderheitenmeinung zu diesem Thema zur Mehrheitsmeinung gemacht.

Bei den meisten Reden auf dem Parteitag handelt es sich tatsächlich um sachlich-kompetente Beiträge zur Theoriediskussion, die seit der zweiten Hälfte der sechziger Jahre angestoßen wurde durch die kapitalismuskritische Marxismusrenaissance an den Universitäten und von den Jusos und der Parteilinken in die sich politisierende SPD hineingetragen wurde. Zunächst waren diese Diskussionen in der weitgehend entpolitisierten Partei und Gesellschaft auf wenig Interesse und Verständnis gestoßen, ja sogar auf ausgesprochenes Unverständnis und Ablehnung. In seiner ausführlichen Analyse der Debatten über das „Langzeitprogramm“, dann OR ‘85 genannt, geht Jost Küpper aus vom „Theoriedefizit der SPD nach Verabschiedung des Godesberger Programms“ und verweist auf tiefgreifende Veränderungen in den letzten Jahren und auf die Feststellung von Politikwissenschaftlern, „daß die Programmatik politischer Parteien, ihre Ideologien oder weltanschaulichen Grundvorstellungen sowohl in der politischen Öffentlichkeit als auch besonders in der innerparteilichen Diskussion heute einen erheblich höheren Stellenwert einnähmen, als etwa am Ende der 50er respektive Anfang der 60er Jahre.“[117]

Theorie-Zwiespalt der SPD auf dem Parteitag in Nürnberg 1968

Zur Rehabilitierung der Theorie und zur Linkswende auf dem Parteitag 1973 haben viele engagierte Sozialdemokraten, vor allem auch Jusos, beigetragen. Mit einem Rückblick auf den Parteitag in Nürnberg 1968 ist dennoch das Urteil zu begründen: Besonders entscheidend für diese Entwicklung waren die theoretischen Bemühungen Steffens um eine Renaissance demokratisch-sozialistischer Theorie, die Voraussetzung

115 Ebd., S. 89.

116 Ebd., S. 251.

117 Jost Küpper: Die SPD und der Orientierungsrahmen `85, S. 8.

dafür war, dass die SPD große Teile der rebellischen Generation in die Partei und in die pluralistische Demokratie integrieren konnte.

Zunächst hatten die Pragmatiker der SPD auf das unerwartete und sich stürmisch ausbreitende neue Interesse an Theorie und gesellschaftspolitischen Grundsatzfragen irritiert, hilflos oder auch feindselig reagiert. Ein ernsthafter Versuch, auf die linke Bewusstseinsrevolution an den Universitäten sachlich und konstruktiv zu antworten, war ein von Horst Ehmke herausgegebener Sammelband „Perspektiven – Sozialdemokratische Politik im Übergang zu den siebziger Jahren – Erläutert von 21 Sozialdemokraten". Im Januar 1968 hatte der SPD-Vorstand über diese „Perspektiven" beraten. Ein überarbeiteter Text wurde vom Parteitag in Nürnberg im März 1968 beschlossen und im April 1969 veröffentlicht. Der Herausgeber Horst Ehmke weist einleitend darauf hin, dass 21 Sozialdemokraten „als politische Praktiker" den Text erläutern, die „die ‚Perspektiven' von den konkreten Problemen her sehen". Dabei erwähnt er selbst ein noch bestehendes Theoriedefizit, wenn er meint, diese Überlegungen der Praktiker könnten vielleicht „Wissenschaftler und Publizisten" dazu anregen, sich „mit den ‚Perspektiven' stärker theoretisch auseinanderzusetzen".[118]

Trotz aller praktisch-politisch wichtigen und diskussionswürdigen Aussagen waren diese „Perspektiven" ungeeignet für eine konstruktive Auseinandersetzung mit den theoretischen Positionen der Neuen Linken und der von ihr inspirierten Jungsozialisten. Denn dort fehlen die theoretischen Begriffe, mit denen Neue Linke und zunehmend auch Jusos die gesellschaftspolitischen Probleme „im Übergang zu den siebziger Jahren" analysieren und kritisieren, vor allem die zentralen Begriffe Kapitalismus und Sozialismus, die auch bald im Zentrum der Theoriediskussion in der SPD stehen sollten. In den „Perspektiven" hängen unsere Probleme und Zukunftsaufgaben in der „modernen Industriegesellschaft" vor allem mit der „technischen Entwicklung und Automation" zusammen. Ob sie vielleicht auch mit dem System des Kapitalismus zusammenhängen, kann gar nicht diskutiert werden, da es diesen Begriff gar nicht gibt, und erst recht nicht den Begriff Sozialismus.

Anders als im Godesberger Programm, in dem die SPD noch eine neue und bessere Ordnung des Demokratischen Sozialismus anstrebt, wird in den „Perspektiven" die Frage nach der grundsätzlichen Zielsetzung der SPD eindeutig „systemimmanent" beschrieben: „ [...] die Bewahrung des Friedens, [...] die Vertiefung der sozialen Demokratie, die Humanisierung der Gesellschaft und die Stärkung der Freiheit jedes einzelnen."[119]

Horst Ehmke hatte in seiner Einleitung zum Sammelband offensichtlich übersehen, dass man nicht auf „Wissenschaftler und Publizisten" warten muss, die sich mit

118 Horst Ehmke (Hg.): Perspektiven – Sozialdemokratischer Politik im Übergang zu den siebziger Jahren – Erläutert von 21 Sozialdemokraten, Reinbek 1969, S. 2.

119 Ebd., S. 39.

„den ‚Perspektiven' stärker theoretisch auseinandersetzen". Denn das hatten Jusos und Parteilinke wie Jochen Steffen bereits intensiv begonnen, und zwar in einer „kapitalismuskritischen und sozialistischen Perspektive", die in den im März 1968 vom Parteitag in Nürnberg beschlossenen „Perspektiven" noch völlig fehlt.

Die „Perspektiven" wurden zwar auf dem Höhepunkt der studentischen Protestbewegung beschlossen (1968) und veröffentlicht (1969), aber sie enthielten an die rebellierende Protestjugend kein attraktives intellektuelles Angebot, um sie zur Mitarbeit in der SPD zu motivieren. Zu den 21 Sozialdemokraten, die die „Perspektiven" erläuterten, gehörten übrigens weder Jochen Steffen noch Peter von Oertzen, die fähig gewesen wären, kapitalismuskritische und sozialistische Perspektiven anzubieten.

Der zwiespältige Zustand des Theorieverständnisses in der SPD im März 1968, aber auch eine tolerante Lernbereitschaft vieler Sozialdemokraten, wird an folgendem Paradoxon sichtbar: Der Parteitag, der ein programmatisches Dokument verabschiedet, das allein wegen seiner begriffslosen Sprache als Beleg für das fortbestehende Theoriedefizit anzusehen ist und als „rechts von Godesberg" einzuordnen ist, begrüßt gleichzeitig mit viel Beifall die theoriegeladene antikapitalistische Rede des Parteilinken Jochen Steffen, der engagiert für eine „Veränderung des Systems" in Richtung Sozialismus plädiert. Er verwendet theoretische Begriffe, die bis Mitte der sechziger Jahre in der öffentlichen Meinung weitgehend verdrängt, unbekannt oder verpönt waren, die aber in der sozialistischen Theorietradition eine zentrale Rolle spielten und mit denen die Theoretiker der Neuen Linken und auch der Jusos die Gesellschaft des Westens analysierten und kritisierten. Damit baute Steffen aus der SPD heraus eine Brücke zum neuen Bewusstsein und zur Sprache der politisierten Studenten und Jusos, auf der ein Dialog erst möglich wurde und es gelang, große Teile der rebellierenden Jugend in die sich erneuernde SPD und damit auch in die parlamentarische Demokratie zu integrieren.

Anknüpfend an die konstituierenden Faktoren für die Entstehung der sozialistischen Arbeiterbewegung forderte er mehrmals, „das alte Bündnis der Arbeiterbewegung zwischen der Masse des Volkes und der kritischen Intelligenz [zu] erneuern."[120] Die aus diesem Bündnis folgende sozialdemokratische „Gesellschaftspolitik" verfolge nicht nur systemimmanente Ziele: „Die humane Vernunft gibt dem Menschen den Spielraum der Einsicht zwischen seiner Freiheit und der Notwendigkeit. Je mehr wir diesen Raum erweitern, um so größer wird die menschliche Freiheit in der Entwicklung von Alternativen und der Wahl zwischen den Alternativen, desto mehr schränken wir durch gleichzeitige Veränderungen des Systems die Herrschaft der blinden Zwänge ein. Die humane Vernunft, gepaart mit dem Willen, sie zu verwirklichen, ist der Schlüssel, wie

120 Vorstand der SPD: Protokoll des SPD-Parteitags in Nürnberg vom 17.-21. März 1968, S. 380, fast gleichlautend auch S. 395.

ich glaube, zum Sozialismus einer entwickelten Industriegesellschaft."[121] Seine theoriehaltige Rede enthält auch zahlreiche Aussagen und Anregungen zu vielen konkreten Politikfeldern der Großen Koalition. Aber über konkret-praktische Fragen der Tagespolitik hinaus will er für die SPD eine grundsätzliche Alternative zum Politik-Konzept der CDU begründen. Das Konzept der CDU kritisiert er als „Gesellschaftspolitik gleich Wahlgeschenke" nach dem Motto „Kleine Geschenke für viele lassen große Geschenke für wenige vergessen".[122] (Jochen Steffen konnte nicht ahnen, dass einmal eine Regierung den Mut haben wird, die kleinen Geschenke für die vielen zu sparen, sie sogar zu bestrafen, um die Geschenke für die wenigen größer werden zu lassen.)

Dem bescheidenen Politik-Konzept der CDU setzt er eine anspruchsvollere sozialdemokratische Alternative entgegen: Durch „zielbewußtes, auf die Veränderung der Gesellschaft gerichtetes Handeln [...] eine sozialistische Gesellschaft errichten".[123] Empathisch bekennt er sich zum Ziel einer sozialistischen Gesellschaft, das er gegen seine Verächter und Gegner verteidigt: „Viele spotten heute über den Traum von einer sozialistischen Gesellschaft. Laßt sie spotten! Sie spotten der Entwicklung und der Tatsachen. Der Traum von unserer sozialistischen Gesellschaft ist so alt wie das menschliche Denken. Was früher Traum war, scheiterte in der Wirklichkeit an den unzureichenden materiellen Bedingungen des Tages und an dem fehlenden Bewußtsein. Aber heute, heute haben wir die Möglichkeit der Produktion so entwickelt und das Wissen um das Machbare so erweitert, daß eine sozialistische Gesellschaft in Freiheit nicht nur denkbar, sondern tatsächlich zu gestalten ist."[124]

Nicht als isolierter Individual-Optimist, sondern im Einklang mit dem euphorischen Geschichtsoptimismus der Studentenbewegung in ihrer Aufstiegsphase (Dutschke: „Wir können eine Welt gestalten, wie sie die Welt noch nie gesehen hat [...]"[125]) prophezeit Steffen die Verwirklichung des Sozialismus in naher Zukunft: „Wir können, glaube ich, wenn wir die humane Vernunft zur Macht werden lassen, den Traum von zwei Jahrtausenden in Jahrzehnten Wirklichkeit werden lassen. Der Traum kann Wirklichkeit werden. Eine Gesellschaft ohne Ausbeutung, eine Gesellschaft, in der der Mensch mit seinen Bedürfnissen das Maß aller Dinge ist, eine Gesellschaft, in der der Mensch nicht geknebelt oder gefesselt wird durch die Herrschaft seiner eigenen Fetische, sei es Profitstreben oder sei es Konsumzwang."[126]

---

121 Ebd., S. 381.

122 Ebd., S. 382.

123 Ebd., S. 382.

124 Ebd., S. 381.

125 Günter Gaus im Gespräch mit Rudi Dutschke, Sendung vom 03.12.1967 - https://www.rbb-online.de/zurperson/interview_archiv/dutschke_rudi.html (abgerufen September 2017).

126 Vorstand der SPD: Protokoll des SPD-Parteitags in Nürnberg vom 17.-21 März 1968, S. 381f.

Jochen Steffen setzt sich mit seinen gesellschaftsverändernden Zielvorstellungen nicht nur von den konservativen Verteidigern der bestehenden Ordnung ab, sondern trotz seines euphorischen Optimismus auch von irrealen Zielen in der „revolutionären" Neuen Linken, „die der Reform Ziele setzen, von denen sie wissen müssen, daß sie nicht realisierbar sind."[127] Steffen argumentiert gegen die Ideologien der konservativen Rechten, gegen Theoriedefizite in der SPD, gegen kontraproduktive Theorieprodukte aus der Neuen Linken und für eine demokratisch-sozialistische Theorie als Anleitung für gesellschaftsveränderndes Handeln in Richtung einer sozialistischen Gesellschaft.

Angesichts des noch fortbestehenden Theoriedefizits in der SPD fordert er – nicht in einem Theorie-Seminar, sondern auf dem Bundesparteitag 1968 in Nürnberg, „daß wir wieder beginnen müssen, Pfeiler einer sozialistischen Theorie und reformerischen Praxis zu entwickeln. Und das nicht nur, um eine erfolgreiche Diskussion mit Studenten und der jungen Generation führen zu können, sondern auch, um der Partei wieder im allgemeinen ein festes Fundament zu geben, auf dem eine koordinierte Politik mit den Gewerkschaften und anderen Organisationen möglich wird."[128]

OR '85: Theoriediskussion verbessert „die Chancen der emanzipatorischen Arbeiterbewegung"

Die besondere praktisch-politische Bedeutung dieser Rede Steffens für die künftigen Theoriediskussionen in der SPD wird noch deutlicher, wenn man bedenkt, dass er diese Rede schon knapp zwei Jahre vor der endgültigen Linkswende der Jusos auf dem Bundeskongress im Dezember 1969 gehalten hat. Die theoretischen Bemühungen Steffens und natürlich auch einiger anderer, vor allem Peter von Oertzens, trugen entscheidend dazu bei, dass die sich schnell vollziehende Linkswende der Jusos nicht zu einer völligen Sprachlosigkeit mit der Gesamtpartei führte, zu einem kontraproduktiven und isolierten Sonderdasein in der irritierten Gesamtpartei. Diese Brückenfunktion Steffens wurde erkennbar auf dem Linkswendekongress im Dezember 1969 in München: Der zum Kongress angereiste Bundesgeschäftsführer der SPD, Wischnewski, wurde ausgebuht, sein Referat von der Tagesordnung abgesetzt; aber der „rote" Jochen Steffen wurde „respektvoll begrüßt".[129]

Kurz nach dem Juso-Kongress trafen sich in Frankfurt, vom 31. Januar bis 1. Februar 1970, die Parteilinken Jochen Steffen, Alex Möller, Wilhelm Dröscher und andere, um ihre bisher nur lockere Gruppierung effizienter zu organisieren. Da auch die neuen Protagonisten der Jusos, Karsten Voigt, Thomas von der Vring und Norbert Gansel teilnahmen, wurden die Jusos zu einem festen Bestandteil der stärker und ein-

---

127 Ebd., S. 383.

128 Ebd., S. 397.

129 Thilo Scholle/Jan Schwarz: „Wessen Welt ist die Welt?" – Geschichte der Jusos, Berlin 2013, S. 193

flussreicher werdenden Parteilinken.[130] Diese Integration der Jusos in die Parteilinke war nicht nur ein wichtiger Beitrag für die weitere produktive Theoriediskussion in der SPD und für die Gewinnung großer Teile der rebellischen Jugend, sondern auch für den größten Wahlerfolg der SPD 1972.

Jochen Steffen gehörte mit seinen theoretischen Beiträgen zu jenen Parteilinken, die in der SPD eine neue Sozialismusdiskussion anstießen und diese nicht allein der akademischen Linken an den Universitäten überließen. Ausgangspunkt für die öffentlichkeitswirksame sozialistische Theoriediskussion der SPD wurde der Juso-Bundeskongress im Dezember 1969 in München, der die Linkswende vollendete und beschloss: „Die kritischen Gruppen innerhalb der SPD leiden heute an Theorielosigkeit. Es wird Aufgabe der Bundesgremien sein, den Versuch zu machen, eine umfassende Auseinandersetzung um eine sozialistische Strategie in der SPD, die teilweise in den Bezirken schon begonnen hat, mitzufördern und innerhalb und außerhalb der Partei bekanntzumachen."[131] Karsten Voigt, der auf dem Linkswendekongress zum Vorsitzenden gewählt wurde, hielt es im Dezember 1971 ausdrücklich für gerechtfertigt, die Jusos „in der Öffentlichkeit und Presse als Marxisten zu bezeichnen".[132]

Ziel- und ergebnisorientiert wurde die neu entfachte Sozialismusdiskussion auf dem SPD Parteitag im Mai 1970 in Saarbrücken. Auf Initiative von Hessen-Süd beauftragte der Parteitag in Saarbrücken im Mai 1970 einstimmig „den Parteivorstand eine Kommission einzusetzen, die auf der Grundlage des Godesberger Programms ein langfristiges gesellschaftspolitisches Programm erarbeitet, das konkretisiert und quantifiziert sein muß."[133] Auch die Jusos stimmten in der Absicht zu, „ihre sozialistische Zielsetzung offensiv zu vertreten."[134] Am 14. September 1970 nominierte der Parteivorstand für diese Kommission 14 Personen. Helmut Schmidt wurde Vorsitzender, Hans Apel und Jochen Steffen seine Stellvertreter.[135]

Am 2. Januar 1972 präsentierte der Parteivorstand die Ergebnisse dieser Kommission unter dem neuen Namen „Entwurf eines ökonomisch-politischen Orientierungsrahmens 1973 bis 1985."[136] Dieser Text wurde zum Anlass für die produktivste, intensivste und kontroverseste Theoriediskussion in der SPD nach 1945. Und sie führte nicht zu der von einigen befürchteten oder erhofften Spaltung der SPD, sondern zu einem neuen Konsens über das programmatische Selbstverständnis der Partei. Und

130 Max Reinhardt: Aufstieg und Krise der SPD. Flügel und Repräsentanten einer pluralistischen Volkspartei, Baden-Baden 2011, S. 51f.

131 Jost Küpper: Die SPD und der Orientierungsrahmen `85, S. 14f.

132 Ebd., S. 19.

133 Ebd., S. 27.

134 Ebd., S. 7.

135 Ebd., S. 31.

136 Ebd., S. 36f.

nicht nur durch „Rücksicht auf die Linke“ (Schwan), sondern vor allem durch die damals wirksame Überzeugungskraft der kapitalismuskritischen Argumente, wurde dieser Konsens eindeutig nach links verschoben.

Die intensiven innerparteilichen Diskussionen über den Entwurf für den OR ‘85 machten deutlich: Zwischen den Strömungen oder Flügeln in der SPD gebe es nicht nur Meinungsverschiedenheiten über Detailfragen, sondern auch einen grundsätzlichen Dissens über den Leitbegriff Demokratischer Sozialismus. Das breite Interesse an dieser Theoriediskussion in der Partei belegte auch die Tatsache, dass dem Parteitag im April 1973 zum Thema „Orientierungsrahmen“ 283 Anträge vorlagen,[137] deren Inhalte ebenfalls einen grundsätzlichen Dissens zwischen zwei Strömungen zeigten: Wie ist die Forderung nach einer „neuen Wirtschafts- und Sozialordnung“ im Godesberger Programm zu interpretieren? Ist dieses Ziel systemimmanent zu verwirklichen oder nur durch Veränderung und Überwindung der bestehenden „Wirtschafts- und Sozialordnung“, also des Kapitalismus?

In der Phase des Theoriedefizits – oder sogar Theorielosigkeit – war dieser Dissens nicht wahrgenommen worden, weil kaum noch jemand die scharfe Kapitalismuskritik und die daraus abgeleitete Forderung nach einer „neuen Wirtschafts- und Sozialordnung“ im Godesberger Programm kannte. Aber die Renaissance der Theoriediskussion machte diesen Dissens bewusst, der auch schon vor dem Parteitag im April 1973 klar beschrieben wurde: Jochen Steffen, stellvertretender Vorsitzender der Kommission, aber dort in der Minderheit, unterscheidet zwei Grundströmungen: „Es gibt offenbar zwei normativ-emotionale Grundströmungen [...]. Die eine neigt dazu, sich als ‚realistisch‘ zu verstehen. [...] Die zweite Strömung [...] [bezieht] ihre Wertmaßstäbe aus einem mehr oder weniger klaren Bild des Seinsollenden. Sie versteht sich als ‚konsequent sozialistisch‘ [...]. Ihre Praxis wird vom Seinsollenden bestimmt.“[138]

Karl Wienand beschreibt die Unterschiede in der Neuen Gesellschaft, Heft 1, 1972, weniger philosophisch: Die Diskussion habe gezeigt, „daß innerhalb der SPD sich zumindest zwei Alternativen möglicher Zukunftsgestaltung gegenüberständen. Die eine intendiere eine allmähliche Überwindung des kapitalistischen Systems, während die andere im Wesentlichen die heute gegebene Sozial- und Wirtschaftsordnung fortschreiben wolle.“[139] Das bedeutet auch, die von Schwan in „Die Zeit“ dargestellte systemimmanente Interpretation der Forderung nach einer „neuen Wirtschafts- und Sozialordnung“ ist durchaus eine Grundströmung in der SPD, aber keineswegs die einzig legitime.

137 Ebd., S. 65.

138 Ebd., S. 46.

139 Ebd.

Wer die Debatten über den ersten Entwurf zum OR ‘85 zur Kenntnis genommen hatte, konnte kaum noch dem Irrtum verfallen sein, es gehe in der SPD darum, das „System der parlamentarischen Demokratie“ gegen Jusos und Parteilinke zu verteidigen. Statt weiteren Schattenfechtens im Geiste Annemarie Rengers wurde die Kontroverse zwischen jenen beiden Grundströmungen, wie sie von Steffen und Wienand präzise beschrieben wurden, Kern der Debatten über den ersten Entwurf der Kommission. Da in diesem Text die Position der Strömung I (systemimmanente Lösung der Probleme) dominierte, wurden Jusos und Parteilinke zur grundsätzlichen Kritik herausgefordert: Schon im Februar 1972 urteilte der Juso-Bundeskongress in Oberhausen: „Was bisher vorliegt ist u. E. weitgehend ein technokratisches Brevier für Minister und nicht das Arbeitsprogramm einer sozialistischen Partei.“[140] Johano Strasser betonte die grundsätzliche Tendenz der Juso-Kritik: „Bewußt hat die Langzeitkommission der Jungsozialisten zunächst darauf verzichtet, eine Kritik der einzelnen Reformansätze zu leisten, um so deutlicher die grundsätzlichen Mängel des Entwurfs herauszuarbeiten.“[141] Friedhelm Wollner begründete die linke Grundsatzkritik am Entwurf mit der Alternative „systemüberwindend“ oder „systemstabilisierend“: „Das Langzeitprogramm hätte unter diesem Gesichtspunkt die Funktion eines prophylaktischen Krisenmanagements zur Aufrechterhaltung des Kapitalismus erhalten.“[142]

Ein zentraler Punkt der linken Grundsatzkritik war der Vorwurf, der erste Entwurf verzichte auf eine Gesellschaftsanalyse und ignoriere damit die Machtfrage. Jochen Steffen wiederholte seine bekannte Position: „Fast alle (notwendigen) Veränderungen der Ziele, Mittel und Methoden des gegebenen Systems der politischen, gesellschaftlichen und wirtschaftlichen Steuerung stoßen an die Schranke der kapitalistischen Machtfrage, die in der Vorherrschaft der oben genannten Kapitalinteressen über Menschen, Produktionsapparat und Natur besteht. Deshalb sind alle Veränderungen, die mehr als Kosmetik sein sollen und müssen, Veränderungen in den Machtverhältnissen und in der Richtung der Entwicklung der Gesellschaft. Die Veränderungen sind zumindest ihrem Wesen nach antikapitalistisch.“[143] Unter dem Aspekt der Machtfrage heißt es in einer Presseerklärung des Juso-Bundesvorstandes vom 13. Juni 1972: „Wo das Programm in seinen Zielvorstellungen [...] qualitative Veränderungen anstrebt, fehlt es weitgehend an politisch-strategischen Überlegungen zur Durchsetzung solcher Forderungen gegen die mächtigen Interessen des Kapitals.“[144]

---

140 Ebd., S. 47.

141 Ebd.

142 Friedhelm Wollner: Wachstum und die Folgen, in: Rudolf Scharping/Friedhelm Wollner (Hg.): Demokratischer Sozialismus und Langzeitprogramm – Diskussionsbeiträge zum Orientierungsrahmen `85 der SPD, Reinbek 1973, S. 81.

143 Jost Küpper: Die SPD und der Orientierungsrahmen `85, S. 50.

144 Ebd., S. 51.

Auf dem Parteitag im April 1973 zielten viele Redebeiträge in diese Richtung. Schon vor der von Steffen kritisierten Rede Rengers zur Verteidigung des Godesberger Programms hatte der Juso-Vorsitzende Wolfgang Roth sachlich begründet, dass eine marxistische Analyse und die damit verbundene „Systemüberwindung" durchaus mit dem Godesberger Programm vereinbar seien.[145]

Jochen Steffen, erster Redner nach der Grundsatzrede Brandts, stellte und beantwortete die „Systemfrage", also auch die Machtfrage, und berief sich dabei auf die Formulierung im Wahlprogramm von 1972 (das sich übrigens auch zum Sozialismus bekannte): „Das ökonomische Prinzip soll jedoch nicht herrschen, sondern dienen." Die darin enthaltene Forderung nach dem Primat der Politik gegenüber der Ökonomie präzisiert er wie folgt: „ [...] nicht mehr die Impulse, die von einem unqualifizierten Fortschritt der Wirtschaftsproduktion ausgehen, [...] sollen die Probleme der Menschen, der Gesellschaft und der Politik bestimmen, sondern die Politik, ausgestattet mit der Macht durch die Mehrheit des Volkes, solle bestimmen, was mit den Menschen, der Gesellschaft, der Wirtschaft und dem technischen Fortschritt geschehen soll, und die Menschen sollen mitbestimmen, wie diese Inhalte bestimmt werden."[146]

Konkret bedeute dies auch, das unqualifizierte quantitative Wachstum durch qualifiziertes Wachstum zu ersetzen. Das erfordere die „Erweiterung der Investitionskontrolle und der Investitionslenkung und die Entwicklung von Formen der Mitbestimmung und der demokratischen Kontrolle."[147]

Über den sehr kontrovers diskutierten ersten Entwurf des Orientierungsrahmens '85 stimmten die Delegierten nicht ab, also auch nicht über die Grundsatz-Alternative, ob die Forderung nach einer neuen Wirtschafts- und Sozialordnung des Demokratischen Sozialismus systemverändernd oder systemimmanent zu verstehen sei. Sie einigten sich auf einen alle Gruppierungen einschließenden Konsens und beschlossen einstimmig, eine neue Kommission zu beauftragen, einen zweiten Entwurf auszuarbeiten und dabei Fragestellungen und Positionen der Kritiker des ersten Entwurfs zu berücksichtigen.[148]

Obwohl über inhaltliche Alternativen nicht abgestimmt wurde, sahen viele in diesem Konsens-Ergebnis einen Erfolg für die Parteilinke. Johano Strasser urteilte: „Es kann keinen Zweifel geben, daß diese erste Runde im großen und ganzen an die Kritiker des ‚Entwurfs eines ökonomisch-politischen Orientierungsrahmens für die Jahre 1973 bis 1985' gegangen ist."[149] Auch Peter Glotz sah im Ergebnis einen weiter wirkenden Erfolg der Parteilinken: „Die verschiedenen Strömungen in der Partei" beweg-

145 Vorstand der SPD, Parteitag der SPD, April 1973, S. 186.

146 Ebd., S. 113f.

147 Ebd., S. 114f.

148 Vgl. Jost Küpper, Die SPD und der Orientierungsrahmen '85, S. 70f.

149 Ebd., S. 67.

ten sich in Richtung eines Konzepts, „das ich als ‚linken Reformismus' charakterisieren würde."[150]

Dem einstimmigen Beschluss des Parteitages folgend, berief der Parteivorstand am 23. Juni 1973 eine neue Kommission ein, acht Personen vom Vorstand benannt, 22 von den 22 Bezirken der SPD. Der Parteilinke Peter von Oertzen wurde Vorsitzender, Horst Ehmke und Herbert Ehrenberg wurden seine Stellvertreter. Helmut Schmidt und Jochen Steffen gehörten der neuen Kommission nicht an, die sich am 14./15. September 1973 konstituierte. Am 15. Dezember 1974 verabschiedete sie einstimmig ihren Entwurf,[151] der Grundlage wurde für den OR '85, der im November 1975 auf dem Parteitag in Mannheim (fast einstimmig) verabschiedet wurde.

Jochen Steffen hatte in der zweiten Kommission nicht mehr mitgearbeitet, auch auf dem Parteitag in Mannheim nicht an den Diskussionen teilgenommen, und er befand sich schon auf dem Rückzug aus der Politik. Dennoch ist es berechtigt und notwendig, im Zusammenhang mit der fast einstimmigen Verabschiedung dieses programmatischen Dokuments bilanzierende Fragen nach Erfolg oder Scheitern Steffens zu stellen und zu beantworten.

Die historische Rolle Steffens in der deutschen Sozialdemokratie

War er nur ein tiefsinnig theoretisierender Außenseiter am linken Rand der SPD, der zwar ein spektakuläres, meisterhaft inszeniertes Gastspiel in der altehrwürdigen Partei aufführte, aber bald wieder von der politischen Bühne abtrat und keine erkennbaren Spuren mehr hinterließ? Gegen ein solch negatives Urteil ist jedoch durchaus eine ganz andere, positive Bilanz sachlich zu begründen: Die Mitte der sechziger Jahre an den Universitäten begonnene und von der SPD aufgegriffene sozialistische Theoriediskussion, die 1975 mit der Verabschiedung des OR '85 ihren Höhepunkt erreichte, war auch ein großer persönlicher Erfolg des sozialdemokratischen Politikers und Theoretikers Jochen Steffen.

Der programmatische Text entschied über die vorher umstrittene Interpretation der Forderung nach „einer neuen und besseren Ordnung der Gesellschaft" im Godesberger Programm. Obwohl der Begriff „systemverändernd" vermieden wurde, wird das Ziel des Demokratischen Sozialismus nicht „systemimmanent", sondern „systemverändernd" interpretiert: Der Demokratische Sozialismus ist nicht ein verbesserter Kapitalismus, sondern eine qualitative Alternative zum Kapitalismus.

Damit bekannte sich 1975 die überwältigende Mehrheit der SPD zur Quintessenz der „emanzipatorischen Arbeiterbewegung" im Sinne Steffens: Ziel der Emanzipation ist die Vollendung der Ideen und Werte der Demokratie. Das undemokratische politische System der monarchischen Herrschaft ist nicht „gottgewollt", sondern von Men-

150 Ebd., S. 67f.

151 Vgl. ebd., S. 83.

schen gemacht und von Menschen zu verändern in Richtung eines demokratischen Systems, in dem alle Bürger aktiv mitwirken können. Für Sozialisten gilt das auch für die undemokratisch-autoritäre Wirtschaftsordnung des Kapitalismus, in der eine Minderheit über die Mehrheit der Wirtschaftsuntertanen herrscht und die Richtung der ökonomisch-gesellschaftlichen Entwicklung allein bestimmt.

Diese Renaissance der Quintessenz der „emanzipatorischen Arbeiterbewegung" manifestierte sich nicht nur im geschriebenen Text des OR '85, sondern vor allem in der breiten innerparteilichen und gesamtgesellschaftlichen Diskussion, in der viele ihre kreative Vernunft nutzten. Auch dank der unermüdlichen politischen und intellektuellen Bemühungen Steffens kam es Anfang der siebziger Jahre zu dieser Sternstunde demokratisch-sozialistischer Aufklärungsarbeit der SPD nach 1945. Intensive Diskussionen an der Basis der SPD und in den Parteigremien sowie eine Flut von kapitalismuskritischen Anträgen und Publikationen in Büchern und zahlreichen Zeitschriften demonstrierten eindrucksvoll: Noch nie beteiligten sich so viele Menschen in Partei und Gesellschaft an einem lebendigen Lern- und Erkenntnisprozess, an „Bewusstseinsbildung" im Sinne Steffens: „Wissen über das Sein" gewinnen, über die Realität des Kapitalismus und über politische Handlungsspielräume zu seiner Überwindung.

In „normalen", ruhigen Zeiten, ohne solche anregenden Diskussions- und Aufklärungsprozesse, bestimmt in der Regel „das gesellschaftliche Sein" (des Kapitalismus) „das Bewusstsein" der „außengeleiteten Menschen" (David Rießmann, Die einsame Masse, 1956), die sich anpassen. Aber in aufklärenden Diskussionsprozessen, mit großen intellektuellen Anstrengungen vieler Menschen, wird dieses Verhältnis umgekehrt: Sozialistisch-humanistische Ideen und Werte bestimmen das Bewusstsein von „innengeleiteten" Menschen, ihr politisches Denken und Handeln mit dem Ziel, dieses gesellschaftliche Sein bewusst zu verändern, um sich von den fremdbestimmenden Zwängen des „totalen Prozesses" zu emanzipieren. (So könnte es Steffen formulieren). In der emanzipierten, demokratisch-sozialistischen Gesellschaft würden dann für den „autonomen" Menschen (Rießmann) Bewusstsein und gesellschaftliches Sein eine dialektische Einheit bilden. Das ist natürlich keine realistische Zustandsbeschreibung der kommenden emanzipierten Gesellschaft, sondern eine idealtypische Optimierung für ein anzustrebendes, aber nie endgültig zu erreichendes Ideal, mit anderen Worten: kein Endziel, sondern eine ständige Aufgabe.

In dieser Phase einer lebendigen demokratischen Kultur wurde die SPD nicht nur als eine Partei wahrgenommen, die bei Wahlen möglichst viele Mandate gewinnen möchte, sondern auch als „Ideen- und Wertegemeinschaft" (Willy Brandt), als geistig-moralischer Machtfaktor. In allen Publikationen über politische Ideen nahm der Demokratische Sozialismus eine herausragende Stellung ein. Dieser Theoriediskussion in der SPD schien es gelingen zu können, ein von Steffen erkanntes Defizit der Sozialisten auszugleichen, nämlich die bisher fehlende „undogmatische, kritische Theorie, die Anleitung zum Handeln für bewußte Gestaltung der Zukunft durch Bewältigung der Probleme der Gegenwart bietet“[152], den Sozialisten zur Verfügung zu stellen.

In der damaligen optimistischen Aufbruchstimmung schien die Hoffnung begründet, diese Theoriediskussion werde tatsächlich „über die Chancen der emanzipatorischen Arbeiterbewegung“[153] positiv entscheiden. Und sie werde Steffens Optimismus vom Parteitag 1968 bestätigen: „Viele spotten heute über den Traum von einer sozialistischen Gesellschaft. Laßt sie spotten. [...] Der Traum kann Wirklichkeit werden: Eine Gesellschaft ohne Ausbeutung, in der der Mensch mit seinen Bedürfnissen das Maß aller Dinge ist“.[154]

Da dieser Optimismus Steffens, der auf viele ansteckend wirkte, auf dem Parteitag in Nürnberg mit viel Beifall aufgenommen wurde, und er darauf mit großer Mehrheit in den Parteivorstand gewählt wurde, kann man ihn nicht als einsamen Außenseiter am linken Rand der SPD sehen. Er bewegte sich im Zentrum des intellektuell-moralischen Markenkerns der besten Traditionen des Demokratischen Sozialismus und der „emanzipatorischen Arbeiterbewegung“.

Der OR ‘85 wurde zum Höhepunkt dieser kreativ-produktiven Theoriediskussion in der SPD, aber auch der politisch-theoretischen Erfolge Steffens. Aber warum begann er schon vor diesem auch persönlichen Erfolg seinen Rückzug aus der aktiven Parteipolitik, den er dann zwischen 1975 und 1977 resigniert vollendete? Am 3. Mai 1973 trat er als Fraktionsvorsitzender und Oppositionsvorsitzender im Landtag von Schleswig-Holstein zurück, im Juni 1975 als Landesvorsitzender, im November 1976 als Vorsitzender der Grundwertekommission, die nach dem Parteitag 1973 vom Parteivorstand berufen worden war und im Oktober 1974 ihre Arbeit aufgenommen hatte. Seit Frühjahr 1977 nahm er nicht mehr an den Sitzungen des Parteivorstands in Bonn teil. Am 12. September 1977 erklärte er, nicht mehr für den Parteivorstand zu kandidieren. Zum 6. September 1977 gab er auch sein Landtagsmandat auf. Im November 1979 trat er aus der SPD aus.[155]

Der schmerzliche Prozess der Loslösung von seiner Partei enthält durchaus beeindruckende Elemente einer persönlichen Tragödie. Bekannt als Ursachen für seinen Ausstieg aus der aktiven Politik sind sein schlechter Gesundheitszustand und vor allem seine Enttäuschung über die Realpolitik der sozialliberalen Koalition unter Helmut Schmidt, die kaum der im OR ‘85 beschlossenen Reformstrategie entsprach.

Kaum wahrgenommen wurde aber ein Faktor der linken Theoriediskussion selbst, der ihn ebenfalls an seinem ursprünglichen euphorischen Optimismus zweifeln ließ, der vor allem in seiner Rede auf dem Nürnberger Parteitag im März 1968 deutlich

152 Steffen: Strukturelle Revolution, S. 21.

153 Ebd., S. 46.

154 Vorstand der SPD: Parteitag der SPD, März 1968, S. 381.

155 Vgl. dazu die ausführliche Darstellung im Beitrag von Jens-Peter Steffen in diesem Band.

wurde. In Steffens theoretischen Überlegungen finden sich Erklärungsansätze, die die Ursache für das Scheitern der systemverändernden Reformstrategie, beziehungsweise für ihr Nichtzustandekommen, nicht nur in der Stärke ihrer Gegner innerhalb und außerhalb der SPD sehen, sondern auch in Schwächen und Defiziten der sozialistischen Bewegung selbst. Diese selbstkritischen Erklärungsansätze wurden auch deshalb kaum wahrgenommen, weil fehlende Bereitschaft, die eigenen Positionen kritisch zu überprüfen und zu revidieren, damals zu den hervorragenden Eigenschaften vieler Linker gehörte.

Defizite in der Praxis der linken Theoriediskussion verspielen „die Chancen der emanzipatorischen Arbeiterbewegung"

Hier ist es nicht möglich, den sozial verheerenden Siegeszug der neoliberalen Ideologie bis in die Gegenwart darzustellen und die Frage zu beantworten: Warum sind in den vier Jahrzehnten nach Verabschiedung des OR '85 nicht wenigstens einige seiner anspruchsvollen Ziele verwirklicht worden? Warum wurden die destruktiven Kräfte des Kapitalismus nicht wenigstens teilweise zurückgedrängt, sondern noch mehr entfesselt? Warum wurde der geforderte Primat der Politik über die Ökonomie nicht wenigstens in Ansätzen erreicht, sondern die politische Demokratie „marktkonform" deformiert? Warum ist es uns nicht gelungen, „den Traum von zwei Jahrtausenden in Jahrzehnten Wirklichkeit werden [zu] lassen", wie Steffen im März 1968 auf dem Parteitag in Nürnberg glaubte? Warum sind wir vier Jahrzehnte nach Verabschiedung einer „Anleitung zum Handeln für bewußte Gestaltung der Zukunft durch Bewältigung der Probleme der Gegenwart" von diesem Ziel der „emanzipatorischen Arbeiterbewegung" viel weiter entfernt als 1975? Warum konnten wir nicht „eine sozialistische Gesellschaft gestalten", sondern siegte stattdessen der „Raubtierkapitalismus"? (Helmut Schmidt).

Bei dem Versuch, diese Fragen mit Hilfe theoretischer Überlegungen Steffens zu beantworten, geht es darum, die Ursachen für diese Entwicklung in den Defiziten der sozialistischen Bewegung selbst zu suchen, die man überwinden müsste, falls es je zu einer Renaissance sozialistischer Theoriediskussion kommen sollte, also zu einer Wiederbelebung der „emanzipatorischen Arbeiterbewegung".

Im Theorieverständnis Steffens ist nicht nur die „fertige" Theorie entscheidend, die im Text des „OR '85" zusammengefasst und vom Parteitag 1975 verabschiedet wurde, sondern vor allem auch die „Praxis der Theoriediskussion", ihre Rolle in den innerparteilichen Auseinandersetzungen. Und diese lebendige Praxis der Theoriediskussion ist natürlich vielfältiger, unübersichtlicher und widersprüchlicher als der im Konsens verabschiedete Text des „OR '85". Und das gemeinsame Bekenntnis zu diesem Text hat nicht die Unterschiede aufgehoben, die Steffen „zwischen etwa vier Gruppen" im

Bereich des Theorieverständnisses in der SPD dargestellt hat.[156] Aus der bereits referierten Darstellung der “Gruppierungen” I und II folgt, dass er von ihnen keinen aktiven Beitrag für eine gesellschaftsverändernde Strategie und Theorie erwartete. Das gelte weitgehend auch für Gruppierung III, obwohl er sie wegen ihres „gescheitesten Vertreters“ K. D. Arndt durchaus schätzte.[157] Sie halte die anspruchsvolle Zielsetzung der emanzipatorischen Arbeiterbewegung für nicht realisierbar und begnüge sich daher realpolitisch mit bescheidenen Zielen. Sie halte es „bereits für entscheidend, wenn es gelingt, einige der Probleme leidlich zu lösen.“[158]

Als innerparteiliche Akteure für die gesellschaftsverändernde Politik der SPD, zu der sich im Prinzip alle „Gruppierungen“ im OR ‘85 bekannt haben, verbleiben daher vor allem diejenigen, die der „Gruppierung IV“ zuzurechnen sind. Denn es ist nur diese Gruppierung, „die dem totalen Prozeß in seinen Aspekten oder seiner Totalität mit radikalen Antworten begegnen will“.[159] Auch wenn es Steffen nicht ausdrücklich so formuliert, so gehören dazu vor allem die Parteilinke und die Jusos. Aber als Sammelbegriff für intellektuell-theoretische Positionen ist „Gruppierung IV“ zutreffender als Parteilinke, weil er die heterogene, vielfältige Zusammensetzung sichtbar macht: „Die Gruppierung IV ist sicher die heterogenste der Gruppierungen. Wenn sie eine gemeinsame Basis hat, so liegt sie in einer emotionalen oder auf Wertsystemen beruhenden Anti-System-Haltung. [...] In der Gruppierung IV finden sich Marxisten verschiedenster Prägung, ehemalige und überzeugte Trotzkisten, Syndikalisten, radikale Humanisten und Christen.“[160]

Aus diesen heterogenen Traditionslinien, vor allem den „Marxisten verschiedenster Prägung“, kommen auch die Wortführer der intensiven Theoriedebatten der Jusos und der Parteilinken. Steffen analysiert nicht umfassend und systematisch die Flut von Publikationen, Resolutionen und Beschlüssen dieser heterogenen Gruppierung, auch nicht die Theoriepapiere der drei sich herausbildenden konkurrierenden Juso-Fraktionen, den Reformsozialisten, den Antirevisionisten und den Stamokaps: Die eher gemäßigte Gruppierung der Reformsozialisten oder Refos, deren Anhänger sich selbst aber lieber nicht so nannten, weil an den Universitäten die Begriffe Reformist oder Revisionist gleichbedeutend waren mit dem Vorwurf „Ketzer“ in Zeiten der Inquisition. Da diese Gruppierung in den ersten Jahren nach der Linkswende die Mehrheit im Juso-Bundesvorstand stellte, nannte man sie oft einfach „Bundesvorstandslinie“. (Unter anderen Karsten Voigt, Norbert Gansel, Wolfgang Roth, Ottmar Schreiner, Johano Strasser.) Zur zweitstärksten Fraktion, sich für weiter links haltend, wurde bald der

156 Steffen: Strukturelle Revolution, S. 45ff.

157 Ebd., S. 58.

158 Ebd., S. 48.

159 Ebd.

160 Ebd., S. 61f.

Stamokap-Flügel und daneben die verbalradikalste Fraktion der Antirevisionisten und Antireformisten (Gerhard Schröder).

Obwohl er die entstehenden Theorie-Paläste oder -Kasernen der drei Juso-Fraktionen nicht systematisch analysiert, macht er zahlreiche kritische Anmerkungen zu theoretischen Ungereimtheiten und Widersprüchen, die den emanzipatorischen Zielen der Linken schaden könnten. An der Stamokap-Fraktion kritisiert er deren theoretischen Determinismus. Die bei allen Fraktionen vorhandene „Anti-System-Haltung" werde von ihnen „wissenschaftlich-wertneutral" begründet: „Das ‚marxistische' analytische Denken, losgelöst von seinen ursprünglichen, humanen Wertkategorien, geht letztlich davon aus, daß es eine wirkende Dialektik in der Natur, den Menschen und der Gesellschaft gibt."[161] (Dieses „wertneutrale" Sozialismus-Konzept widerspricht grundsätzlich dem normativ-humanistischen Konzept Steffens, vergleiche dazu in diesem Beitrag „Anthropologisch-geschichtsphilosophische Begründung der Kapitalismuskritik und des Demokratischen Sozialismus".)

Aus dieser Kritik am wertneutralen Determinismus leitete er ein damals paradox klingendes, heute im Rückblick aber prophetisch klingendes Urteil ab: „ [...] dann stehen sie faktisch den Gruppen I – III näher als der Gruppe IV, als deren ‚linker Flügel' sie sich begreifen."[162] (Jochen Steffen konnte aber damals nicht ahnen, dass der Hauptakteur der Agenda-Politik, Gerhard Schröder, aus der sich für am allerlinkesten haltenden revolutionärsten Juso-Fraktion der Antirevisionisten kommen wird und dass vor allem der von den gemäßigten und am weitesten „rechts" stehenden Juso-Fraktion kommende Ottmar Schreiner diese Politik engagiert bekämpfen wird, die zwei Drittel der Wähler einer ARD-Umfrage vom September 2009 zufolge für einen Bruch mit sozialdemokratischen Grundwerten halten. (ARD-Umfrage September 2009).

Überwiegend zustimmend geht Steffen ausführlich auf die theoretischen Positionen Johano Strassers ein, beeinflusst von der „Jugendrevolte" und „einer der Wortführer gegen die sog. ‚Stamokap'-Richtung", der auch die „elitäre Entartung sozialistischer Modelle" scharf kritisiert.[163]

Ausführlich zitiert er aus einem Referat Strassers auf der „Juso-Bundeskonferenz, Bad Godesberg 1973", in dem dieser sein basisdemokratisches und emanzipatorisches Sozialismuskonzept darstellt, das auch weitgehend mit den Vorstellungen Steffens übereinstimmt: „Die Jusos haben ‚deutlich gemacht, daß für sie Sozialismus nur möglich ist als emanzipatorischer Prozeß auf der Grundlage eines massenhaften auf die Veränderung der Gesellschaft gerichteten Bewußtseins'". „Politische Strategie und Formen der Organisation müssen so sein, ‚daß sie zur Mobilisierung und Politisierung

161 Ebd., S. 62.

162 Ebd., S. 62.

163 Ebd., S. 63.

der Abhängigen führen und sie befähigen, bewußt selbsttätig und in Selbstorganisation ihre Interessen durchzusetzen.'"[164]

Bei aller Sympathie für Strassers Konzept dämpft Steffen aber auch bequemen Optimismus mit dem Hinweis: „Alle Bewußtheit und Selbsttätigkeit sagt solange sehr wenig über das Wofür und Wohin, als man diese nicht in den Massen angelegt glaubt. Der Weltgeist, den es nicht gibt, ist aber leider auch nicht in den Massen."[165] Damit unterstreicht Steffen noch einmal seine realistische Skepsis: Nicht vom Weltgeist, sondern vom Geist vieler Menschen hängt es ab, ob die Emanzipation gelingen wird. Steffens Realismus ist auch die Ursache dafür, dass sich in seinen Ausführungen über seine bevorzugte Gruppierung IV keineswegs ein optimistisches Vertrauensbekenntnis findet, dass es diesen Linken schon gelingen werde, die „sozialistische Gesellschaft zu gestalten".

Es überwiegen sogar Befürchtungen, dass diese Gruppierung scheitern könne, nicht an ihren Gegnern, sondern an sich selbst, und zwar nicht in erster Linie wegen der Inhalte ihrer theoretischen Aussagen, sondern vor allem wegen gravierender Defizite in der Praxis ihrer Theoriediskussion, wegen der unzulänglichen Art und Weise, in der theoretische Kontroversen ausgetragen werden. In Anspielung auf den viel zitierten Slogan im Sitzungssaal des Juso-Bundeskongresses 1969 – „Wir sind die SPD der achtziger Jahre!" – kommentiert er Entwicklungstendenzen: „So beginnt die Differenzierung und Auflösung der Gruppe IV, bevor sie die SPD der achtziger Jahre stellt."[166]

Für eine „soziale Reformarbeit" setzt Steffen sogar Hoffnung auf den „Typus der Gruppierung III", was er mit einem extrem kritischen Urteil über die bevorzugte Gruppierung IV begründet: „ [...] abgesehen davon, daß die tendenzielle, praktisch-politische Impotenz der Gruppierung IV ihn (den Typus der Gruppierung III, H. H.) ohnehin fördert".[167]

Nicht wie eine empirisch begründete Prognose, sondern wie eine intuitiv erahnte Prophetie wirkt rückblickend eine damals harmlose Bemerkung: Innerparteiliche Konflikte werden „das allgemeine Bedürfnis nach integrierenden Personen in der Parteiführung (fördern). Sie werden zumeist aus der Gruppierung III kommen. Die Gruppe IV wird – falls sie nicht zu größerer, innerer normativ-politischer Gemeinsamkeit kommt – gerade jenen Parteitypus und jenen Personentypus als Parteiführer fördern, die sie ablehnt und wahrscheinlich weiterhin ablehnen wird."[168] Dass „jener Personentypus als Parteiführer" aber nicht aus Gruppierung III kam, sondern aus Gruppierung IV, konnte damals keiner ahnen.

---

164 Ebd. in einfachen Anführungszeichen wörtliche Zitate aus dem Referat Strassers.

165 Ebd., S. 64.

166 Ebd., S. 62.

167 Ebd., S. 66.

168 Ebd., S. 65

Wenn Steffen die heterogene linke Gruppe IV mahnt, zu „größerer, innerer normativ-politischer Gemeinsamkeit (zu kommen)“, könnte man daraus schließen, er fordere eine straffer organisierte Fraktionsbildung. Doch im Gegenteil: Gerade in einer Fraktionsbildung der Linken sieht er eine Gefahr für ihre gesellschaftspolitische Wirksamkeit und Qualität, so dass er ausdrücklich davor warnt. Kurz vor dem Parteitag 1973 wurde er von der Wochenzeitung „Die Zeit“ „aufgefordert, über Probleme der Fraktionsbildung zu schreiben“, worauf er dort am 30. März 1973 seinen Beitrag „Wider das Kartell der Kanalarbeiter“ veröffentlichte.[169]

Steffen kritisiert die organisierte Fraktionsbildung der rechten Parteimehrheit, der sogenannten „Kanalarbeiter“, die „die gegenwärtige Apparat- und Interessenstruktur“ der SPD bestimmen, die sich „zu einer Spitze/Apparat-Partei entwickelt“ habe. Vor sieben Jahren, also schon 1966, habe ihm ein führender Kanalarbeiter erklärt, „man habe sich organisiert, damit die Partei und die Parteiarbeiter nicht durch Karrieristen und Intellektuelle überrollt würden.“ Mit anderen Worten: Die „Kanalarbeiter“ wollten durch straffe Organisation auf die entstehende politisch-intellektuelle Unruhe in der Partei und bei den Jusos antworten. Bei den jüngsten Veränderungen in der Partei, die „sich im Geschwindschritt“ demokratisierte, seien die Kanalarbeiter „ins Gedränge geraten“. Sie „berufen sich auf das Godesberger Programm [...] und stützen sich auf gut und straff organisierte Stimmpakete“. Doch „gut und straff organisierte Stimmpakete“ seien keine Antwort auf „Richtungsdiskussionen und Richtungskämpfe“, die „in einer ‚pluralistischen Volkspartei' [...] unvermeidlich und notwendig“ seien. Die „Neuauflage marxistischer Gedanken [...], die Wiedergeburt historischer Konflikte, ihrer Irrwege und überholten Fragestellungen“ führe zur Frage: „Wie bewältigt die Partei die Richtungsdiskussion im Innern und verhindert die organisierte Infiltration durch neostalinistische Kader von außen?“

Aus seiner Kritik an den straff organisierten und bislang erfolgreichen Kanalarbeitern leitet er keineswegs die Forderung ab, nun müsste sich auch die Linke so gut und straff als Fraktion organisieren. Im Gegenteil: „Die Kanalarbeiter von ‚links' zu organisieren“ würde bedeuten, dass „nach der nächsten Bundestagswahl die ‚linken' Kanalarbeiter die Mehrheit (hätten)“. Das würde aber nur zum Verzicht auf argumentative Diskussion führen: „Es würden Heerhaufen aufeinander zumarschieren und sich Stimmpakete aufs Haupt und, statt Argumente, um die Ohren schlagen.“ Für eine produktive Theoriediskussion als Lernprozess fordert Steffen, statt „die Praktiken der Kanalarbeiter zu den geltenden Praktiken der Partei“ zu machen: „Offene Gruppen bilden, die offen tagen und dem Parteivorstand Bericht erstatten; kontroverse Diskussionen offen und öffentlich führen und sich auf Argumente und Aktionen einigen.“

Die intensiven Diskussionen, die zum OR '85 führten, entsprachen weitgehend

169 Joachim Steffen: Wider das Kartell der Kanalarbeiter, in: Die Zeit Nr. 13/1973 vom 30. März 1973, S. 4. Die folgenden Zitate ebd.

den anspruchsvollen Normen Steffens für eine angemessene Praxis der Theoriediskussion. Andererseits bildete zwar nicht die Parteilinke als Gegenposition zu den rechten Kanalarbeitern ebenfalls eine Fraktion mit „gut und straff organisierten Stimmpaketen" als „linke Kanalarbeiter". Aber die Warnung Steffens vor linker Fraktionsbildung ignorierend, produzierten die Jungsozialisten, Protagonisten der Theoriediskussion und „die SPD der achtziger Jahre", gleich drei Fraktionen mit „gut und straff organisierten Stimmpaketen."

Die fatalen Folgen dieser straff organisierten Fraktionierung der Jusos beschreiben und analysieren Thilo Scholle und Jan Schwarz in ihrer Geschichte der Jungsozialisten.[170] Ihre selbstkritische Analyse ist auch deshalb so glaubwürdig und überzeugend, weil beide Autoren selbst in hohen Funktionen der Jusos engagiert waren, und zwar in der Fraktion „Netzwerk linkes Zentrum", vorher „Juso-Linke", davor „Stamokap" genannt.[171] Die Bildung von drei „Theoriefraktionen" und die „Fraktionskämpfe" haben nach Meinung von Scholle und Schwarz schon seit dem Bundeskongress 1974 zur Folge gehabt, dass „die Jusos massiv an Kredit in der Öffentlichkeit verloren und in der Berichterstattung fast nur noch Spott über den Verband (dominierte)". Ihre „abstrakten Theoriediskussionen" habe die Basis nicht mehr nachvollziehen können, so dass „die Aktivzahlen" zurückgingen.[172] Eine Ursache für den abstrakten Theoriestreit mit negativen Folgen sehen die Autoren darin, dass es einigen „nicht um inhaltliche Überzeugungen [ging], sondern mehr um [...] Taktik zur Macht- und Personalpolitik".[173] Diese selbstkritische Einschätzung der zwei aktiven Jusos wäre zu ergänzen und zuzuspitzen: Es ging dabei nicht darum, für die SPD Macht zu gewinnen, damit sie ihre politischen Ziele verwirklichen könne, sondern um die Gewinnung persönlicher Macht im innerparteilichen Konkurrenzkampf. Die Defizite in der Praxis der Theoriediskussionen begünstigten nicht nur den Missbrauch für egoistische Machtinteressen, sondern führten auch zu Defiziten in den Inhalten der Theorie. Ihre Instrumentalisierung für persönlichen Machterwerb schwächte ihrer Funktion als Instrument der Aufklärung und der kritischen Bewusstseinsbildung.

Bei den Theoriestreitigkeiten innerhalb der Jusos ging es nicht etwa um Kontroversen zwischen marxistischen und nicht-marxistischen Theoretikern, sondern um einen innerfamiliären Streit zwischen „Marxisten verschiedenster Prägung". Jochen Steffen, der einem betont „undogmatischen" Marxismus zuneigte, erwartete von innermarxistischen Kontroversen keinen Schaden, sondern sogar konstruktive Ergebnisse. Für diesen Optimismus, vielleicht Zweckoptimismus, gab er in einem kurzen Beitrag zur

170 Scholle/Schwarz: „Wessen Welt ist die Welt?"

171 Ebd., S. 16f.

172 Ebd., S. 162f.

173 Ebd., S. 167.

Kontroverse über den Entwurf zum OR '85 auf dem Parteitag im April 1973 eine interessante theoretische, fast „theologische" Begründung: „Die Furcht vor der strikt marxistischen Methode [...] sollte eigentlich unter Gesellschaftswissenschaftlern nicht bestehen. Denn für Marxisten gilt Matthäus Kapitel 14 doch wohl nicht. Dort steht. Der Streit in den Häusern zerstöret die Häuser. Für das Gedeihen des Hauses Marx ist der Streit in demselben, glaube ich, die Voraussetzung. Es gibt ja sehr viele miteinander im Streit liegende marxistische Richtungen. Und wenn man, je nach seinem Marx-Verständnis, ihn von vornherein als ständig revisionistisch begreift, d. h. sich selbst ständig in Frage stellend und verändernd, kann das gar nicht anders sein."[174]

Mit dieser Beschreibung „des Hauses Marx", die wohl auch von Wunschdenken gespeist war, irrte Steffen leider grundsätzlich. Denn die damals „miteinander im Streit liegenden marxistischen Richtungen", die hegemonial waren, begriffen Marx gerade nicht „von vornherein als ständig revisionistisch", sondern als streng „antirevisionistisch". Beim Theoriestreit in der Studentenbewegung und dann bei den Jusos warfen Marxisten anderen Marxisten vor, gar keine echten Marxisten zu sein, sondern „Revisionisten", die vom echten Marxismus abgefallen seien, weil sie Erkenntnisse von ihm „revidierten". Die „linkeste" Juso-Fraktion, aus der Agenda-Kanzler Schröder kam, nannte sich stolz „Antirevisionisten".

Als Steffen den Streit im „Hause Marx" positiv bewertete, irrte er leider. Denn dank dieses dogmatischen, „antirevisionistischen" Marxismusverständnisses galt „Matthäus Kapitel 14" leider auch für die Marxisten. „Der Streit in den [marxistischen] Häusern zerstörte" die Studentenbewegung, die zuerst einheitlich und glaubwürdig agierte und dadurch zur kritisch-linken Bewusstseinsbildung beigetragen hatte. Aber als sie sich in zahlreiche sich erbitternd bekämpfende maoistische Avantgarden des Proletariats zersplitterte, verlor sie ihre Glaubwürdigkeit und enttäuschte die Mehrheit der politisierten und mobilisierten Studenten, vor allem jene Mehrheit ohne feste Bindung an eine spezifische sozialistische Traditionslinie, nämlich: Die „Jüngeren (unter 35 Jahren)", die „alle angerührt [sind] durch die ‚Revolte der Jugend' und deren Intentionen. [...] Ihre gemeinsamen analytisch-theoretischen Bestrebungen zielen auf totale, qualitative Veränderung des Prozesses. Praktisch sind sie radikal demokratisch, mißtrauisch gegenüber ‚Technokraten' und ‚Apparaten'."[175] Mit anderen Worten: Unabhängig von spezifischen Theorietraditionen wünschten sie grundsätzliche Veränderungen der bestehenden Verhältnisse.

Zunächst glaubten diese kritischen und rebellierenden jungen Menschen, Außerparlamentarische Opposition und Studentenbewegung seien die geeigneten politischen Akteure für die von der Mehrheit gewünschte Veränderung der Gesellschaft und

---

174 Vorstand der SPD: Parteitag der SPD. April 1973, S. 331.

175 Steffen: Strukturelle Revolution, S. 62.

Überwindung des Kapitalismus. Doch bald verloren sie diesen Glauben, weil sie die abstrusen revolutionären Theorieergüsse, die sie täglich auf Flugblättern in die Hand gedrückt bekamen, nicht mehr verstehen konnten und weil sie erkannten: Der Kampf gegen den abgelehnten Kapitalismus und für eine bessere Welt spielte nur eine untergeordnete Rolle, während jede Avantgarde die meisten revolutionären Energien im Kampf gegen die verhassten konkurrierenden Avantgarden verschwendete.[176]

Für die von dieser revolutionären Farce enttäuschten kapitalismuskritischen Studenten wurden die Jungsozialisten und die Partei-Linke zu neuen Hoffnungsträgern, nach Ende der Großen Koalition 1969 auch die nach links rückende SPD mit Willy Brandt, insgesamt. Die von Jusos und Parteilinken getragene Theoriediskussion entsprach zunächst annähernd den von Steffen formulierten normativen Ansprüchen und auch den Erwartungen der politisierten Jugend. In zahlreichen Publikationen, Theoriepapieren, Seminaren und Diskussionsveranstaltungen wurde zwar auch kontrovers diskutiert. Aber Jusos und SPD-Linke wurden dennoch als einheitliche und stärker werdende Kraft gegen den Kapitalismus und für den Sozialismus wahrgenommen. Daher konnten die zahlreichen veröffentlichten Beiträge zur sozialistischen Theorie, die auch gelesen und diskutiert wurden, Anfang der siebziger Jahre eine linke intellektuelle Hegemonie in der Bundesrepublik herstellen.

(Als Beispiel für die Attraktivität der Jusos und ihrer sozialistischer Ideen sei hier noch einmal auf den Sammelband des Herausgebers Norbert Gansel verwiesen: ‚Überwindet den Kapitalismus oder Was wollen die Jungsozialisten?' Zum Unterschied zwischen der geistigen Situation der Zeit damals und heute: Heute gäbe es keine Autoren, die ein solches Buch schreiben würden, auch keine Leser, die es kaufen und lesen würden. Heute gäbe es auch keinen Parteitagsdelegierten der SPD, der eine Rede halten könnte wie Jochen Steffen auf dem Nürnberger Parteitag 1968, aber auch keine Delegierten, die einer solchen Rede Beifall spenden würden und den Redner anschließend mit großer Mehrheit in den Parteivorstand wählen würden. Und wenn damals ein engagiertes Parteimitglied mit seiner Partei unzufrieden war, warb es neue Mitglieder, um die Partei zu verbessern, während es heute unbemerkt austritt.)

Dem schnellen und medienwirksamen Aufstieg der Jusos zum Hoffnungsträger und Faktor einer linken intellektuell-moralischen Hegemonie, folgte bald die Bildung konkurrierender Theoriefraktionen, begleitet zwar von einer Theorie-Überproduktion, die aber zur Inflation, Abwertung und Entwertung von Theorie führte. Dieser Abstieg der Jusos durch Fraktionierung beeinträchtigte die Qualität linker Theoriediskussion und trug bald zur Schwächung der linken intellektuellen Hegemonie bei. Was die sich zersplitternde Studentenbewegung als fast amüsante Farce vorgeführt hatte, wiederholten die neuen Hoffnungsträger Jusos mit ihrer Fraktionierung als große Tragödie für das

176 Vgl. dazu: Horst Heimann: Linke SPD und antirevisionistische Neue Linke, in: Norbert Gansel (Hg.), Überwindet den Kapitalismus oder Was wollen die Jungsozialisten?, Reinbek 1971, S. 26-52.

Erbe der emanzipatorischen Arbeiterbewegung. (Die von Marx genannte Reihenfolge für historische Wiederholungen wurde durch die Geschichte nur umgekehrt.)

Die Spaltung der Jusos in Theoriefraktionen kann deshalb als große Tragödie bezeichnet werden, weil sie – im Unterschied zu den konkurrierenden maoistischen Avantgarden an den Universitäten – tatsächlich ein geistiger Machtfaktor in der wiederbelebten sozialistischen Theoriediskussion und in der linken Bewusstseinsbildung waren. Diese Fraktionierung der Jusos war sicher nicht die einzige Ursache für das Versiegen der linken intellektuellen Hegemonie, wodurch der triumphale Sieg der neoliberalen Ideologie um die Jahrhundertwende erst möglich wurde.

Jens-Peter Steffen konstatiert in seinem Beitrag über Jochen Steffen, dass die Frage, „ob er scheiterte oder letztlich vor den Bedingungen resignierte," nicht im Sinne einer Karrierevorstellung zu beantworten ist, aber: „Es ist offensichtlich, dass weder die SPD zu einer sozialistischen Partei noch dass Westdeutschland eine sozialistische Demokratie seiner Vorstellungen wurde."[177] Diese zutreffende Feststellung führt aber zu einer anderen Frage, die nicht eindeutig zu beantworten ist: Warum entfremdete sich Steffen der SPD Mitte der siebziger Jahre, als die SPD durch lebendige Diskussionsprozesse dem Ideal einer sozialistischen Partei, und sogar der absoluten Mehrheit, sehr nahe gekommen war? Als sie mit dem OR '85 ein realistisches Reformprogramm beschlossen hatte, das geeignet sein konnte, den Kapitalismus zurückzudrängen und Ansätze einer sozialistischen Demokratie zu verwirklichen?

Steffen hatte damals zwar nicht rational erkannt und geschrieben, aber wahrscheinlich intuitiv erahnt: Die Defizite in der Praxis der Theoriediskussion der SPD schwächen die Wirksamkeit der Theorie, so dass sie langfristig nicht die Unzulänglichkeiten der praktischen Politik zu korrigieren vermag, sondern „die Chancen der emanzipatorischen Arbeiterbewegung" verspielen wird. Wenn um die Jahrhundertwende auch in Deutschland die neoliberale Klassenkampfideologie hegemonial wurde, so verdankte sie das nicht ihrer eigenen geistigen Überzeugungskraft, sondern vor allem dem Niedergang des politischen Denkens im gesamten linken Spektrum.

Die hier dargestellten Defizite in der Praxis der Theoriediskussion der SPD verschoben noch nicht kurzfristig ihr theoretisch-programmatisches Selbstverständnis nach rechts, also zur Anerkennung des Kapitalismus als System ohne Alternative. Die vom SPD-Parteitag im Mai 1984 beschlossene Erarbeitung eines neuen Grundsatzprogramms führte noch einmal zu einer anspruchsvollen theoretischen Debatte, an der viele Gremien und Mitglieder der SPD aktiv und kompetent teilnahmen und in die eine gesellschaftskritische Öffentlichkeit einbezogen wurde.

Das am 20. Dezember 1989 in Berlin beschlossene (besser, verabschiedete) neue Grundsatzprogramm (eine Gegenstimme, drei Enthaltungen), bekräftigte die „linke"

---

177 nachträglich Seitenzahl einfügen aus Beitrag Jens-Peter Steffen.

Interpretation des Demokratischen Sozialismus als Alternative zum Kapitalismus. Rückblickend auf die Geschichte der bisherigen Emanzipationsbewegungen konstatiert das Berliner Programm kritisch: „Die bürgerlichen Revolutionen der Neuzeit haben Freiheit, Gleichheit und Brüderlichkeit mehr beschworen als verwirklicht. Deshalb hat die Arbeiterbewegung die Ideale dieser Revolutionen eingeklagt: Eine solidarische Gesellschaft mit gleicher Freiheit für alle Menschen. Es ist ihre historische Grunderfahrung, daß Reparaturen am Kapitalismus nicht genügen. Eine neue Ordnung von Wirtschaft und Gesellschaft ist nötig."[178] (Der Begriff „Reparaturen", die nicht genügen, stammt aus der Argumentation Steffens in der Diskussion über den OR '85.)

Ausdrücklich betont das Programm die gesellschaftskritische Funktion der Grundwerte: „Freiheit, Gerechtigkeit und Solidarität sind die Grundwerte des Demokratischen Sozialismus. Sie sind unsere Kriterien für die Beurteilung der politischen Wirklichkeit, Maßstab für eine neue und bessere Ordnung der Gesellschaft und zugleich Orientierung für das Handeln der einzelnen Sozialdemokratinnen und Sozialdemokraten."[179]

Jochen Steffen war zwar 1979 aus der SPD ausgetreten, weil er mit der praktischen Politik der Partei nicht einverstanden war. Aber seine Theorie des Demokratischen Sozialismus befand sich auch 1989, also schon nach seinem Tod, noch grundsätzlich in Übereinstimmung mit dem theoretisch-programmatischen Selbstverständnis der SPD.

Spätestens hier müsste eine im engen Sinne historische Darstellung über Jochen Steffen enden. Doch der persönliche Respekt vor der historischen Leistung des sozialdemokratischen Politikers und Theoretikers erlaubt es nicht nur, sondern gebietet es, noch einige aktuelle Überlegungen anzufügen, die Steffens politisches Denken noch einmal mit der realen Entwicklung der kapitalistischen Gesellschaft und vor allem der SPD im 21. Jahrhundert konfrontieren. Denn sein Denken war auf die Zukunft gerichtet. Und er verstand seine sozialistische Theorie als „Anleitung zum Handeln für bewußte Gestaltung der Zukunft durch Bewältigung der Probleme der Gegenwart."[180] Und wenn er auch 1979 aus der SPD austrat, so blieb er doch Sozialdemokrat, der wusste, dass auch im 21. Jahrhundert das Erbe der emanzipatorischen Arbeiterbewegung ohne SPD keine Chancen haben wird.

Steffens Theorie des Demokratischen Sozialismus und Kapitalismus und SPD im 21. Jahrhundert

Im zweiten Jahrzehnt eines neuen Jahrtausends kann man noch einmal die für das 20. Jahrhundert gestellte und beantwortete Frage aktualisieren: Befindet sich Steffens

---

178 Dieter Dowe/Kurt Klotzbach: Programmatische Dokumente, S. 374.

179 Ebd., S. 379.

180 Steffen: Strukturelle Revolution, S. 21.

Theorie des Demokratischen Sozialismus auch heute noch in prinzipieller Übereinstimmung mit dem theoretisch-programmatischen Selbstverständnis der gealterten SPD oder ist inzwischen ein grundsätzlicher Gegensatz entstanden?

Das Hamburger Programm von 2007, für dessen Lektüre man einen langen Atem braucht, gibt leider keine eindeutige Antwort auf diese Frage. Es enthält zwar noch ein verbales Bekenntnis zum Wort „demokratischer Sozialismus". Aber dieses Wort „demokratischer Sozialismus" ist nur noch ein Wort, nicht mehr ein anspruchsvoller theoretischer Begriff, der eindeutig die entscheidende Frage beantwortet: Enthält dieses Wort noch die traditionelle systemverändernde Zielsetzung der SPD, den Kapitalismus durch die „neue und bessere Ordnung" des „demokratischen Sozialismus" zu ersetzen. Oder beschreibt das Wort nur einige Grundsätze, nach denen das anerkannte System des Kapitalismus in einigen Details sozial etwas gezügelt werden soll.

Aus einer Exegese des Hamburger Programms könnten Anhänger beider Auffassungen ihre Position legitimieren, also sowohl Befürworter des Kapitalismus als auch Befürworter seiner Überwindung durch Demokratischen Sozialismus. Da also eine Exegese des Grundsatzprogramms nicht weiterhilft, ist ein Blick auf die spärlichen aktuellen Publikationen der SPD notwendig. Dieser Blick führt zu einer eindeutigen Antwort: Das aktuelle theoretisch-programmatische Selbstverständnis der überwältigenden Mehrheit der SPD, und zwar sowohl der Führungskader als auch der einfachen Mitglieder, von rechts bis links, hat nichts mehr zu tun mit Steffens Theorie des Demokratischen Sozialismus, mit den systemverändernden Zielsetzungen des Godesberger und des Berliner Programm und Jochen Steffens. (Sozialismus, einst „Tagesaufgabe" für Sozialdemokraten, ist heute nicht einmal mehr „Tagungsaufgabe".)

Im Unterschied zum Hamburger Grundsatzprogramm, in dem das Wort „demokratischer Sozialismus" noch vorkommt, ist es in den spärlichen Diskussionen der vergangenen Jahrzehnte zum „Unwort" der SPD geworden, das man vergeblich sucht. Eine Ausnahme sind die Grundsatzbeschlüsse der Jungsozialisten, in denen der Begriff Demokratischer Sozialismus noch im Sinne Steffens und des Godesberger Programms die systemverändernde Zielsetzung beinhaltet.[181] Allerdings spielen diese sozialistischen Ideen in den SPD-Beschlüssen und Publikationen keine Rolle und sie sind auch den meisten der wenigen Jusos nicht bekannt.

Die in der heutigen SPD noch angedeuteten Unterschiede zwischen „links" und „rechts" beziehen sich nicht auf die Alternative, den Kapitalismus nur zu reformieren oder ihn zu überwinden. Diese Alternative spielt in Auseinandersetzungen keine Rolle. Es gibt also keine Kontroverse zwischen einem prosozialistischen und einem prokapitalistischen Flügel. Vorherrschend ist aber die flügelübergreifende Tendenz, das Wort

---

181 Franziska Drohsel: Was ist heute links? – Thesen für eine Politik der Zukunft, Frankfurt/New York 2009. Dies.: Zum demokratischen Sozialismus bei den Jusos – Eine kurze Replik auf Horst Heimann, in: Perspektiven ds, 1/10, S. 126ff.

„demokratischer Sozialismus", das im Hamburger Programm noch verwendet wird, durch das weniger anstößige Wort „Soziale Demokratie" zu ersetzen.

In einem von Sigmar Gabriel im Vorfeld des 150-jährigen Geburtstags der SPD, herausgegebenen Sammelband[182] feiern 44 Sozialdemokrat/innen „Die Kraft einer großen Idee", die aber nicht mehr „Demokratischer Sozialismus" genannt wird, sondern nur noch „Soziale Demokratie". Kein Autor erwähnt diese klammheimliche Umbenennung der traditionellen Leitidee der SPD, oder nimmt daran sogar Anstoß. Nur in erwähnten Buchtiteln und in Zitaten kommt das „Unwort" Sozialismus noch vor, ohne einen Hinweis, dass der jetzt „Soziale Demokratie" heißt. Nur Thomas Meyer erwähnt in seinem Beitrag mit dem Titel „Sozialismus" ausdrücklich die Umbenennung, die er unter anderem mit Hinweis auf den Sowjetkommunismus, der sich auch Sozialismus nannte, begründet.[183] Von den 44 Autoren gehen nur Peer Steinbrück und Michael Vassiliadis auf die von allen anderen ignorierte Grundsatzfrage ein, ob die 150-jährige SPD noch, wie bis zur Jahrtausendwende, den Kapitalismus durch ein alternatives, neues und besseres System überwinden möchte.

Beide reden erfreulicherweise „Klartext": Vassiliadis verweist in seinem Beitrag unter dem Titel „Kapitalismus" auf frühere Auseinandersetzungen in der politischen Linken, in denen es darum gegangen sei, „ob der Kapitalismus gezügelt werden kann [...], oder ob die Überwindung des kapitalistischen Systems die einzige wirkliche Lösung ist". (Tatsächlich ging es in der Geschichte um die Frage, ob der Kapitalismus durch eine Revolution oder durch Reformen überwunden werden muss!) Die von ihm beschriebene Kontroverse hält er für entschieden: Die Geschichte habe „unzählige Beweise für seine Gestaltbarkeit geliefert. Dieser demokratisierte und gezügelte Kapitalismus hat den technologischen, den sozialen und den ökologischen Fortschritt in besonderer Weise befördert."[184]

Ähnlich wie für Vassiliadis gibt es auch für Steinbrück keine bessere Alternative zum Kapitalismus, der trotz aller berechtigten Kritik das beste aller möglichen Wirtschaftssysteme ist. Die Aufgabe der SPD bestand „immer auch in der Bändigung eines kruden Kapitalismus – zeitweise auch in seiner Überwindung". Das ist aber heute nicht mehr Aufgabe der SPD: „Das Ziel der Umwälzung von Produktions- und Eigentumsverhältnissen hat der Einsicht Platz gemacht, dass der kapitalistischen Logik in einem sozial gesetzten Rahmen das höhere Innovations- und Wohlstandspotenzial gegenüber anderen Wirtschaftssystemen innewohnt."[185] Da gegen diese eindeutige Absage an die emanzipatorisch-gesellschaftsverändernden Zielvorstellungen des De-

182 Sigmar Gabriel (Hg.): Die Kraft einer großen Idee, Berlin 2012.

183 Ebd., S. 271.

184 Ebd., S. 156.

185 Ebd., S. 318.

mokratischen Sozialismus weder innerhalb noch außerhalb der SPD machtpolitisch wirksame Gegenpositionen formuliert werden, um eine lebendige Debatte auszulösen, könnte das Fazit lauten: Die Kerngedanken der von Jochen Steffen ausgearbeiteten Theorie des Demokratischen Sozialismus haben nichts mehr zu tun mit dem aktuellen theoretisch-programmatischen Selbstverständnis der SPD. In dem bereits zitierten Interview mit Siegfried Lenz deutete Stefan Appelius an, dass Steffens Leistungen schon am Ende seiner Lebenszeit irrelevant geworden sein könnten. Er verwies auf ein Urteil im Spiegel: „Als Jochen Steffen starb, notierte der ‚Spiegel‘: ‚Seine Spuren sind, wenn es je Abdrücke gegeben hat, längst verweht‘. Was ist von ihrem Freund Jochen Steffen geblieben?“ Damals konnte Lenz noch mit positiven Äußerungen von Sozialdemokraten begründen, „daß seine Spur noch nicht gelöscht ist“.[186]

Über drei Jahrzehnte nach dieser noch optimistischen Antwort von Siegfried Lenz müsste man heute eher resigniert antworten: Jochen Steffen hatte zwar einen bedeutenden Beitrag zur Theorie des Demokratischen Sozialismus geleistet, die bis Ende des 20. Jahrhunderts die geistig einflussreiche Leitidee der SPD war und als bedeutende Hauptrichtung im Spektrum der politischen Ideen sehr wohl „Abdrücke“ im politischen Bewusstsein zahlreicher Menschen hinterlassen hatte. Doch heute, nach der erfolgreichen neoliberalen Großoffensive, die kaum auf linken Widerstand stieß, kann ein ehrliches Fazit nur lauten: Nicht nur „die Spuren“ von Jochen Steffen, sondern „die Spuren“ der großen politischen Idee des Demokratischen Sozialismus insgesamt sind inzwischen tatsächlich „verweht“ und damit natürlich auch die „Spuren“ des Beitrags, den Jochen Steffen zu dieser Idee geleistet hatte.

Um zu verstehen, was es bedeutet, wenn die Spuren dieser großen politischen Idee im 21. Jahrhundert verweht sind, muss man sich erinnern, wie diese Idee entstanden ist: Sie entstand in intellektuell-philosophischen Debatten, in denen Intellektuelle die Ideen der Aufklärung und der Demokratie konsequent weiterdachten: Die politische Ordnung der monarchischen Herrschaft kann „gezügelt“ werden, aber sie kann auch durch eine alternative politische Ordnung der Demokratie, der Gewaltenteilung, der Menschen- und Bürgerrechte überwunden werden. Ebenso kann die ökonomische Herrschaft des Kapitalismus „gezügelt“ werden, aber auch durch die alternative Ordnung eines Demokratischen Sozialismus überwunden werden.

Die Vorstellungen über diese „neue und bessere Ordnung der Gesellschaft“ und über den Weg zu diesem Ziel änderten und entwickelten sich im Lauf der Geschichte durch kontroverse theoretisch-programmatische Debatten und führten auch zu einer Pluralität von Sozialismus-Konzepten. In der deutschen Sozialdemokratie war die bedeutendste dieser Kontroversen die von Bernstein ausgelöste Revisionismus- und Reformismusdebatte. Dabei ging es nicht um die Frage, „ob der Kapitalismus gezügelt werden kann“ oder ob er überwunden werden muss, wie Vassiliadis meint. Es ging

186 Steffen: Personenbeschreibung, S. 16.

vielmehr um die Frage, ob er nur in einer Revolution überwunden werden kann oder durch eine langfristige Reformstrategie.

Im Godesberger Programm von 1959 hat die SPD diese Frage endgültig zugunsten der Reformstrategie entschieden. (Wenn auch trotzdem einige Intellektuelle und radikale Juso-Funktionäre mit Hilfe einer revolutionären antikapitalistischen Rhetorik im Kapitalismus Karriere machten.) Unbestritten blieb aber bis zum Berliner Programm von 1989 die Forderung nach einer neuen Wirtschafts- und Gesellschaftsordnung als Alternative zum Kapitalismus. In einer Phase der Entpolitisierung Ende der fünfziger und Anfang der sechziger Jahre im 20. Jahrhundert geriet diese Forderung etwas in den Hintergrund oder wurde von einigen ganz vergessen. Das war aber nicht die Folge einer neuen intellektuellen Debatte, sondern einer geistig-politischen Windstille während des Wirtschaftswunders.

Die Mitte der sechziger Jahre an den Universitäten und dann in der SPD beginnenden theoretischen Sozialismusdiskussionen haben das emanzipatorische Ziel einer Alternative zum Kapitalismus nicht erfunden, sondern wieder ins Gedächtnis gerufen und für viele zum motivierenden Ziel für politisches Engagement gemacht. Und diese Theoriediskussionen haben dazu geführt, dass die SPD im OR '85 von 1975 und im Berliner Programm von 1989 bekräftigt hat: Der Demokratische Sozialismus ist eine Alternative zum Kapitalismus. Wenn das heute nicht mehr die klare Zielvorstellung der SPD ist, dann ist das nicht das Ergebnis einer neuen intellektuellen Debatte, einer intellektuellen Bewegung der SPD nach rechts, sondern eines intellektuellen Stillstands, eines Versiegens oder Einschlafens kontroverser Diskussionen. Zugespitzt – und idealtypisch – formuliert: In der Aufstiegsphase der SPD, bis zur Jahrtausendwende, haben die Ergebnisse kontroverser Theoriediskussionen über ihre programmatische Ausrichtung entschieden, heute dagegen der Verzicht auf solche Diskussionen auf allen Ebenen der Partei.

Auf dem Parteitag der SPD Schleswig-Holstein im Juni 1971 in Husum sprach Steffen über „Ziele und Aufgaben des demokratischen Sozialismus“. Über die „Partei der demokratischen Sozialisten“ als „Massenpartei“ sagte er: „Sie lebt durch die und in der kontroversen Diskussion.“[187] Diese Erkenntnis von Jochen Steffen sollte heute zu einer Diskussion über die Frage führen: Und wie und wie lange lebt die SPD ohne die kontroverse Diskussion?!

Die radikale programmatische Neuorientierung der SPD in der Agenda-Politik nach 2002 war nicht das Ergebnis einer lebendigen kontroversen Diskussion in der Partei, sondern einer Entscheidung in kleinen Führungszirkeln. Bei den kontroversen Diskussionen auf dem Parteitag ging es weniger um den Inhalt der neuen Politik, sondern um die Frage, ob Schröder Kanzler bleiben sollte. Das bejahte eine Mehrheit

---

187 In: Berliner Blätter für Sozialdemokraten, Juli 1971, S. 5.

der Delegierten. Die Wahlergebnisse der folgenden Jahre dokumentieren, wie die SPD ohne kontroverse Diskussionen über ihre Programmatik lebt: Zwischen 1998 und 2009 verlor sie die Hälfte ihrer Wähler, von 20 Millionen waren 2009 nur noch 10 Millionen übriggeblieben. Und von über einer Million Mitglieder unter Willy Brandt sind gegenwärtig im vereinten Deutschland nur noch reichlich 400 0 00 verblieben.

Die Hauptursache für diesen fatalen Niedergang war aber nicht, dass die SPD nicht mehr den Kapitalismus überwinden wollte, sondern dass sie auch das bescheidenere Ziel, den Kapitalismus zu „zügeln", aufgegeben hatte. Die Agendapolitik der rot-grünen Bundesregierung hatte auch in Deutschland – etwas verzögert – einer neuen weltweiten „systemverändernden" Entwicklung zum Durchbruch verholfen, allerdings nicht „systemverändernd" vorwärts Richtung Demokratischer Sozialismus, sondern rückwärts Richtung „Klassengesellschaften des 19. Jahrhunderts".[188]

„Das Kapital im 21. Jahrhundert" – und seine willigen Helfer – haben es geschafft, den nach 1945 von der sozialistischen Arbeiterbewegung erkämpften „Sozialstaatskompromiss" oder „Klassenkompromiss" im Wohlfahrtsstaat aufzukündigen. Kapital und die Mehrheit der Arbeitnehmer stehen sich nicht mehr auf Augenhöhe gegenüber. Die egalitäre Tendenz zu mehr Gleichheit wurde umgekehrt in Richtung dramatisch wachsender Ungleichheit, also auch Ungerechtigkeit und Spaltung der Gesellschaft.

Nach der Wahlniederlage von 2009 erwähnte die SPD kaum noch die Agenda 2010 und bemühte sich, im Wahlprogramm von 2013 mit Hilfe leichter sozialer Korrekturen verlorenes Vertrauen zurückzugewinnen. Mit dem leichten Zugewinn von 2,7 Prozent war man aber nicht zufrieden und manche SPD-Politiker machten für das bescheidene Ergebnis den leichten Linksruck im Wahlprogramm 2013 verantwortlich, vor allem die Forderung nach Steuererhöhungen für Superreiche. Den Tiefpunkt für eine programmatische Neuorientierung zur „arbeitenden Mitte", also nach rechts, erreichte die verunsicherte SPD im Juli 2015: Ohne vorangehende inhaltliche Diskussion beschloss das Präsidium der Partei ein „Impulspapier", das unter dem Titel „Starke Ideen für Deutschland 2025" allen Mitgliedern vom Vorwärts frei Haus geliefert wurde. Es enthält eine klare Absage an Steuererhöhungen für Superreiche und euphorische Loblieder auf die Agenda 2010, die „Deutschland von Grund auf zum Besseren verändert (hat)".[189] Als „Kernkompetenz der SPD" wird nicht mehr soziale Gerechtigkeit genannt, sondern „Gerhard Schröders Reformpolitik" als Beispiel für die traditionelle „Kernkompetenz der SPD", nämlich unser Land „auf die Höhe der Zeit zu bringen".[190]

188 Thomas Piketty: Das Kapital im 21. Jahrhundert, München 2014.

189 https://www.rot2gruen.de/wp-content/uploads/2015/07/spd_strategiepapier.pdf, S. 8. (zuletzt aufgerufen im September 2017).

190 Ebd., S. 17.

Schon vor der Veröffentlichung fasste „Die Zeit“ am 18. Juni 2015 die Quintessenz dieses „Gabriel-Papiers“ zusammen: „Der Schlüsselbegriff lautet nicht mehr ‚Gerechtigkeit‘, sondern ‚Sicherheit‘.“ Es ziele nicht auf die „Ausgestoßenen“, sondern auf die, die „sich pudelwohl (fühlen).“[191] Gerechtigkeit konnte in diesem „Impulspapier“ gar keine Rolle spielen, weil es in der wunderschönen neuen Wohlstandswelt, die es wortreich ausmalt, gar keine Ungerechtigkeit geben kann, keine wachsende Ungleichheit, keine private und öffentliche Armut. Nicht für die Gegenwart, aber für die Zukunft stellt sich die SPD große Aufgaben: „Wie sichern und schaffen wir auch in Zukunft Wohlstand, Sicherheit und Zusammenhalt?“[192] Mit anderen Worten: Wie schaffen wir es, dass auch in Zukunft alles so gut und schön bleibt, wie es heute schon ist?[193]

Der Aufschwung der SPD, den sich einige vom Rechtsschwenk erhofften, blieb allerdings aus. Die Umfragen blieben nicht nur unterhalb der unbefriedigenden 25,7 Prozent der Wahl von 2013. Sie pendelten nachhaltig ganz knapp über 20 Prozent und fielen sogar manchmal auf unter 20 Prozent. Doch als Gabriel zu Beginn des Wahljahres 2017 sein Amt als Parteivorsitzender und die Nominierung zum Kanzlerkandidaten Martin Schulz angeboten hatte, geschah das „Wunder von Würselen“: Es kann durchaus als „Wunder“ bezeichnet werden, wenn die SPD in den Umfragen innerhalb weniger Wochen rund 10 Prozent zulegte, von 20 Prozent auf über 30 Prozent hochschnellte, zeitweilig sogar vor der Union lag und Schulz, den die Wähler ja noch gar nicht kannten, mehr Zustimmung erzielte als die allseits gut bekannte Merkel. Dieser „Schulz-Hype“ kam zustande, weil er mit seinem deutlichen Linksschwenk, mit seinem überzeugend klingenden Bekenntnis zur sozialen Gerechtigkeit, verbunden mit einer ausdrücklichen Kritik an der Agendapolitik, viele verlorene Wähler ansprach und sogar zurückgewann. Aber die Ovationen für den Agendakanzler Schröder machten die Kritik an dieser neoliberalen Politik wieder unglaubwürdig, zumal Schulz‘ Bekenntnisse zur sozialen Gerechtigkeit nicht inhaltlich konkretisiert wurden. Und so stürzte die SPD nach ihrem Höhenflug im Frühling am 24. September 2017 auf ihren bisherigen Tiefstpunkt von 20,5 Prozent ab.

Könnte die von Martin Schulz Anfang 2017 angekündigte und von vielen Wählern erhoffte Linkswende trotz dieses Fehlstarts dennoch mittelfristig so erfolgreich werden wie ihre nachhaltige Linkswende seit Ende der sechziger Jahre des vorigen Jahrhunderts? Der damalige Aufbruch hatte die SPD so nachhaltig gestärkt, dass sie 1972 mit 45,8 Prozent, bei einer Wahlbeteiligung von 91 Prozent, zur stärksten Partei wurde und durch die Fortführung der neuen Deutschland- und Ostpolitik die friedliche Entwicklung Deutschlands und Europas entscheidend beeinflussen konnte. Um diese

191 Peter Dausend: Der Plan, in: Die Zeit Nr. 25/2015 vom 2. Juli 2015.

192 Vorstand der SPD: SPD-Strategiepapier, S. 2.

193 Zur ausführlichen Analyse und Kritik des „Impulspapiers“ vgl. Horst Heimann: Plädoyer für einen Politikwechsel 2017 – gegen „Weiter so!“ mit „Starken Ideen“, in: spw Heft 2010, 5/2015.

Frage nicht nur zweckoptimistisch zu beantworten, sondern realistisch begründet, ist auf einen fundamentalen Unterschied zwischen den beiden Umbrüchen hinzuweisen: Die Linkswende der SPD seit den sechziger Jahren und ihr Aufstieg zur stärksten Partei 1972 vollzogen sich als länger anhaltender Diskussions-, Politisierungs- und Mobilisierungsprozess in der gesamten Partei und in der Gesamtgesellschaft. Eine wachsende Zahl gut informierter und politisch engagierter Bürger in der Partei und in der Gesellschaft, verbunden mit linken politischen und publizistischen Eliten, bewirkte damals eine Linkswendung in Parteien und Gesellschaft. Für die SPD traf weitgehend zu, was Jochen Steffen, wie bereits zitiert (vgl. Anmerkung 187), im Juni 1971 auf dem Parteitag in Husum gesagt hatte: „Die Partei der demokratischen Sozialisten" als „Massenpartei" lebt „durch die und in der kontroversen Diskussion".

Die plötzliche Linkswende von 2017 dagegen begann als kluger Schachzug und Rettungsversuch ganz oben in der SPD. Sie wurde nicht erzwungen von einer wachsenden Zahl von diskutierenden, politisierten, mobilisierten und selbstbewussten Mitgliedern und Funktionären, sondern von einer wachsenden Zahl von enttäuschten und resignierten Wählern: Zwischen 1998 und 2009 hatte die SPD von ihren 20 Millionen Wählern 10 Millionen, also die Hälfte, verloren. Und zur Jahreswende 2016/17 gab es noch keine Indizien, dass sie genügend verlorene Wähler zurückgewinnen könne. Zur großen Überraschung für alle schien der kluge Schachzug von oben schneller als erwartet erfolgreich zu sein.

Doch um mittel- und langfristig erfolgreich zu bleiben, muss sich die SPD in einem lebendigen Diskussionsprozess repolitisieren und resozialdemokratisieren, um wieder zu einer deutlich erkennbaren Alternative zum „Weiter so!" der Unionsparteien zu werden. Nur dann kann sie Mitglieder und Wähler für einen inhaltlichen sozial-ökologischen Politikwechsel mobilisieren, also nicht nur auf eine Wechselstimmung hoffen, sondern diese bewusst schaffen. Aber mit der Selbstkritik am leichten Linksruck im Wahlprogramm 2013 und vor allem mit den inzwischen weitgehend vergessenen „Starken Ideen" vom Sommerloch 2015 war das unmöglich.

Aber hat das noch etwas mit Steffen zu tun? Vielleicht doch! Auf der Trauerfeier der SPD am 5. Oktober 1987 in Kiel sprach Günther Jansen vom „Scheitern", fügte aber sofort hinzu: „Nein, ich nehme das Wort ‚gescheitert' zurück. Er ist nicht gescheitert, er hat weitergegeben, hoffentlich an viele von uns."[194] Fast drei Jahrzehnte danach kann man sagen, er hat offensichtlich an viele weitergegeben. Am 1. Juni 2015 beschloss der Landesvorstand der SPD Schleswig-Holstein, in der Jochen Steffen für die SPD in ganz Deutschland wirkte, ein Papier unter dem programmatischen Titel: „Die Zeit ist reif: Mehr Gerechtigkeit wagen." Auf dem Kongress „Gerechtigkeit heute" am 19. September 2015, auf dem Martin Schulz eine begeistert aufgenommene Rede hielt,

---

194 Das Zitat findet sich im Beitrag von Jens-Peter Steffen in diesem Band, Anm. 749, S. 184.

diskutierte die SPD intensiv über dieses Thema. Auf einem Landesparteitag in Kiel im April 2016 beschloss die Partei die „Positionen der SPD Schleswig-Holstein für eine gerechte Politik“.[195]

In diesem Positionspapier kann man, im Unterschied zu den „Starken Ideen“, sehr wohl noch die „Spuren“ des traditionellen Markenkerns soziale Gerechtigkeit und auch des früheren Landesvorsitzenden Jochen Steffen erkennen, von dem damals starke Impulse für eine kritische innerparteiliche Diskussion in der gesamten SPD ausgingen. Ein ermutigendes Zeichen für eine kritische Diskussion jenseits der „Starken Ideen“ kam schon 2015 aus dem Landesverband Berlin. Am 14. November 2015 beschloss der Landesparteitag der SPD-Berlin den Antrag der Abteilung Dahlem, 107/II/2015: „Gegen wachsende Ungleichheit, für mehr soziale Gerechtigkeit“.[196] Darin lehnt der Landesparteitag das „Impulspapier ‚Starke Ideen für Deutschland 2025' als Grundlage für die Diskussion über das Wahlprogramm 2017 als kontraproduktiv ab, da es inhaltlich für ein ‚Weiter so mit Merkel!' plädiert.“ Da die grundsätzliche Tendenz und Richtung dieses Papiers einen radikalen Bruch mit den Grundforderungen und Grundwerten der SPD bedeutet und ihren „Markenkern der sozialen Gerechtigkeit“ unkenntlich macht, fordert die SPD Dahlem (der LPT) alle Gremien und Mitglieder der SPD auf, dieses Papier als für Sozialdemokratinnen und Sozialdemokraten unzumutbar zurückzuweisen. „Als ‚Grundlage für eine breite Diskussion über die Zukunft unseres Landes' (Starke Ideen, S. 1) unterstützen wir sowohl das Wahlprogramm von 2013 als auch das vom Landesverband der SPD Schleswig-Holstein am 1. Juni 2015 beschlossene Diskussionspapier ‚Die Zeit ist reif: Mehr Gerechtigkeit wagen – Positionen der SPD Schleswig-Holstein für eine gerechte Politik'. [...] Es macht konkrete Vorschläge für die Lösung dieser Probleme und verschweigt nicht die Tatsache, dass dafür höhere Steuereinnahmen notwendig sind. Und es macht die ‚soziale Gerechtigkeit' sichtbar zum ‚Markenkern' der SPD.“[197]

Auf dem Gebiet der konkreten Tagespolitik, im Wettbewerb um Wählerstimmen, ist es nicht nur für die SPD, sondern für alle sozialdemokratisch/sozialistischen Parteien überlebensnotwendig, die soziale Gerechtigkeit wieder sichtbar und glaubwürdig zum Markenkern linker Politik zu machen. Mit Martin Schulz hat die SPD dafür zwar einen Anfang gemacht, der aber nur in einem breit angelegten Diskussions- und Mobilisierungsprozess zu einer nachhaltigen programmatischen Erneuerung führen kann. Diese für die konkrete Tagespolitik vorrangige notwendige Neuorientierung auf mehr

195 Alle Informationen auf https://www.spd-schleswig-holstein.de/mehr-gerechtigkeit-wagen/ (abgerufen September 2017).

196 http://parteitag.spd-berlin.de/antraege/gegen-wachsende-ungleichheit-fuer-mehr-soziale-gerechtigkeit/ (abgerufen September 2017).

197 Ebd. - Zum Positionspapier der SPD Schleswig-Holstein vgl. auch: Ralf Stegner: Die Zeit ist reif: Mehr Gerechtigkeit wagen. Positionen der SPD Schleswig-Holstein, in: Perspektiven ds, 1/16.

Gerechtigkeit steht aber auch in einem dialektischen Zusammenhang mit dem langfristigen emanzipatorischen Ziel des Demokratischen Sozialismus: Das Versagen fast aller sozialdemokratischen und sozialistischen Parteien im tagespolitischen Kampf um soziale Gerechtigkeit hängt auch damit zusammen, dass sie das emanzipatorische Fernziel aus ihrem Denken verdrängt haben.

Die aktuelle Krise und Bedrohung der Demokratie, die fatale Orientierungslosigkeit von Eliten und breiten Bevölkerungskreisen, sind auch die fatale Folgen eines Versagens der linken Intellektuellen, linken Denkens und linker Theorien. Bei der Wiederbelebung eines intellektuellen Diskurses über den Demokratischen Sozialismus als Alternative zum Kapitalismus geht es also auch um die Erneuerung und Stärkung linken Denkens überhaupt.

Keine Nachfrage nach einer Alternative zum Kapitalismus!?

Moderne Politiker und Intellektuelle, die „auf den lichten Höhen des Zeitgeistes" die Früchte unserer Wohlstandsgesellschaft genießen, dürften bei der Frage nach einer Alternative zum Kapitalismus besserwissend glauben: Die Erinnerung an die altehrwürdige Idee des Demokratischen Sozialismus als Alternative zum Kapitalismus kann nur Nostalgie sein, Romantik im Sinne von „Sehnsucht nach Verlorenem", das sonst niemand vermisst, niemand braucht, niemand haben möchte. Auf dem globalisierten Weltmarkt der Ideen, dominiert vom Neoliberalismus, gibt es gar keine Nachfrage nach einer Alternative zum Kapitalismus. Doch diese Behauptung ist „postfaktisch", widerspricht eklatant jeder empirischen „Marktanalyse": Alle Umfragen in der Gesamtbevölkerung bestätigen, dass bei der großen Mehrheit des Volkes sehr wohl eine Nachfrage nach einer Alternative zum Kapitalismus besteht, auf die die Volksvertreter aber nicht mit einem befriedigenden Angebot antworten können.

Aus einer Fülle von Meinungsumfragen seien hier nur kurz wenige erwähnt: Im August 2010 schrieb „Die Zeit" unter dem Titel „Die Deutschen zweifeln am Kapitalismus": Eine Emnid-Umfrage im Sommer 2010 habe gezeigt, dass nicht nur Einzelphänomene unseres Wirtschaftssystems zunehmend kritisiert und abgelehnt werden, sondern das System insgesamt: „Denn der Umfrage zufolge finden immerhin 88 Prozent der Befragten, das derzeitige System berücksichtige weder den ‚Schutz der Umwelt noch den sorgsamen Umgang mit den Ressourcen' oder den ‚sozialen Ausgleich in der Gesellschaft' genügend. Da ist es dann nur konsequent, dass sie sich auch eine ‚neue Wirtschaftsordnung' wünschen. [...] Nur jeder dritte Deutsche glaubt noch an die ‚Selbstheilungskräfte des Marktes', die Jungen sogar noch weniger als die Alten."[198]

Besonders im Zusammenhang mit der Finanzmarktkrise seit 2008 hatte radika-

198 Petra Pinzler: Wachstumsskeptisch. Eine Umfrage zeigt: Die Deutschen zweifeln am Kapitalismus, in: Die Zeit Nr. 34/2010 vom 19. August 2010.

le Kapitalismuskritik, wie sie Steffen schon vor vier Jahrzehnten formuliert hatte, in Wissenschaft und Publizistik Hochkonjunktur, so dass man glauben konnte, das kann der Kapitalismus nicht überleben. Doch er hat sogar gestärkt diese Wellen der Kritik überlebt. Denn auch die radikalste Kapitalismuskritik blieb hilflos und politisch ohnmächtig, weil sie nicht ergänzt wurde durch die Umrisse einer Alternative zum kritisierten System.[199]

Wer kann was tun, um diese politische Ohnmacht im größer gewordenen antikapitalistischen Heer zu überwinden?

Im Umfeld der Partei Die Linke (Brandenburg-Berliner-Institut für Sozialwissenschaftliche Studien [BISS e. V.], Rosa-Luxemburg-Stiftung) gibt es zwar eine organisierte intellektuelle Gruppierung, die intensiv über das Thema „Transformation des Kapitalismus“ forscht, publiziert und diskutiert,[200] aber ohne Beteiligung von Sozialdemokraten, die bewusst an die Tradition des Demokratischen Sozialismus anschließen, kann keine geistig-politische Kraft entstehen, die dem viel kritisierten Kapitalismus etwas anhaben könnte. Doch leider spielt das Fernziel Demokratischer Sozialismus als Alternative zum Kapitalismus auch im Gegensatz zwischen den etablierten linken und rechten Gruppierungen in der SPD keine Rolle.

Aber in der von der Hochschulinitiative Demokratischer Sozialismus e.V. herausgegebenen Zeitschrift Perspektiven ds 2/16 gab es erste Anzeichen dafür, dass junge Sozialdemokraten eine zweite organisierte intellektuelle Gruppierung bilden, die gemeinsam und zielorientiert über eine realisierbare Alternative zum Kapitalismus nachdenken, forschen und diskutieren will. Simon Obenhuber und Moritz Rudolph stellten ein sich bildendes „Junges Forum“ vor, das „eigenständig an Ideen arbeitet“. In einem Aufruf, verschickt an Studenten (unter anderem Stipendiaten der Friedrich-Ebert-Stiftung) und junge Wissenschaftler, hatten sie die Frage gestellt: „Der demokratische Sozialismus als Sammelname einer ‚besseren Welt‘?“ Realistisch merkten sie an: „Die Frage nach dem ‚demokratischen Sozialismus‘ - und somit die Systemfrage – mag in ‚alternativlosen‘ Zeiten überraschen. Vielleicht kommt sie gerade deshalb aber auch zum richtigen Zeitpunkt.“[201]

---

199 Vgl. dazu ausführlich Horst Heimann: Voraussetzungen der „Zweiten Großen Transformation“ und die Aufgaben der Sozialdemokratie (Teil I), in: Perspektiven ds 2/11. Ders.: Neues aus der Welt des Antikapitalismus – und des Demokratischen Sozialismus, in: Perspektiven ds 1/14.

200 Vgl. u.a. Rolf Reißig: Gesellschafts-Transformation im 21 Jahrhundert, Wiesbaden 2009. Michael Brie (Hg.): Mit Realutopien den Kapitalismus transformieren?, Hamburg 2015. Michael Brie u.a. (Hg.): Transformation, Berlin 2016. (Texte des Transformationskongresses vom September 2015). Horst Heimann: Über die Bundestagswahl 2017 hinaus: Den Kapitalismus überwinden, in: Perspektiven ds 1/17 (Analyse des Transformationskongresses vom September 2015).

201 Simon Obenhuber/Moritz Rudolph: Zur ersten Ausgabe der jungen perspektiven, in: Perspektiven ds 2/16, S. 175ff.

Als erste Antwort auf diesen Aufruf veröffentlichten fünf junge Wissenschaftler interessante Beiträge, die eine Diskussion über Alternativen zum Kapitalismus auslösen könnten. Alexander Amberger fragt: „Passt utopisches Denken zu Parteien?“[202] Anknüpfend an Willy Brandts programmatische Rede auf dem Parteitag der Berliner SPD am 8. Mai 1949 über den demokratischen Sozialismus reflektiert er über „die Dialektik von Nah- und Fernzielen“, auch im Vergleich mit Ernst Blochs „Prinzip Hoffnung“, also zwei vergessene Themen. Zur neoliberalen Wende und zum „Schröder-Blair-Papier“ konstatiert er: „Dieser Verzicht auf Zukunftserzählungen impliziert eine Abkehr von der Hoffnung auf Wandel und eine bessere Gesellschaft.“ Aber 2017 könne man an Brandts „Aussagen über den demokratischen Sozialismus“ aus dem Jahr 1949 anknüpfen: „Er muss ein Ziel bleiben, für das es lohnt, das letzte einzusetzen, eine Vision, die wert ist, geträumt zu werden. Die sozialistische Bewegung muß mit beiden Beinen auf dem Boden der realen Wirklichkeit stehen. Aber sie würde rückschrittlich werden, wenn sie aufhörte, eine Ideenbewegung zu sein.“[203]

Mark Fischer konstatiert in seinem Beitrag „Zur Rolle von Wissenschaft und Theorie für transformative Politik“ zutreffend: „Eine öffentliche Debatte über eine gesellschaftliche Transformation hin zum ‚Demokratischen Sozialismus‘, mit Einfluss auf konkrete politische Praxis, existiert aktuell faktisch nicht.“[204] Aus seiner Kritik an der neoliberalen Tendenz, politische Entscheidungen als Sachzwänge zu legitimieren, leitet er die Forderung ab, „über Gesellschaftsanalyse hinaus, deutlich sichtbare Alternativen für die politische Praxis anzubieten.“ Und er begrüßt ausdrücklich den „Aufruf zur Bildung eines gern auch kleinen ‚jungen Forums‘ demokratisch-sozialistisch denkender Wissenschaftler*innen.“[205]

Diese Initiative könnte durchaus eine produktive Diskussion anstoßen, die zur Wiederbelebung der demokratisch-sozialistischen Tradition führen könnte. Im Sinne von Jean Jaurès bedeutet eine Tradition zu pflegen nicht etwa „in kalte Asche blasen“, sondern „eine Flamme am Brennen halten“. Doch hier und heute geht es dabei nicht darum, „eine Flamme am Brennen zu halten“, sondern um viel mehr, eine Flamme erst wieder zu entzünden, zum Brennen zu bringen.

Die intensive Beschäftigung mit Jochen Steffens Arbeiten zur Theorie des Demokratischen Sozialismus könnte helfen, diese „Flamme wieder zum Brennen“ zu bringen. Und sie könnte helfen, dass eine neue Theoriediskussion nicht von den aktuellen Problemen der Gesellschaft und den Sorgen der Menschen abhebt, wie in den immer abstrakter werdenden Debatten der Neuen Linken vor fast einem halben Jahrhundert.

---

202 Alexander Amberger: Passt utopisches Denken zu Parteien?, in: Perspektiven ds 2/16, S. 178ff.

203 Ebd., S. 186.

204 Mark Fischer: Wissenschaft für transformative Politik, in: Ebd., S. 204.

205 Ebd., S. 205.

Denn Jochen Steffen kennt die Dialektik zwischen Nah- und Fernzielen und steht für realistisches und zugleich visionäres Denken. Und er steht für faire kontroverse Diskussionen, weil er weiß: In diesen fairen kontroversen Diskussionen gewinnen die Gedanken und Ideen des Demokratischen Sozialismus mehr Qualität, Klarheit, Überzeugungskraft, so dass sie auch die Massen begreifen können, wodurch sie zur geistig-politischen Macht werden. (Die beiden letzten Halbsätze sind ein Plagiat von Marx, aber revisionistisch abgewandelt!) Eine erneuerte demokratisch-sozialistische Bewegung könnte dann wieder nicht nur zu einer erfolgreichen politischen Partei werden, sondern auch zu einer geistig-politischen Ideenbewegung, die zur progressiv-emanzipatorischen Bewusstseinsbildung in der Tradition des Humanismus und der Aufklärung beiträgt.

Literaturverzeichnis

Amberger, Alexander: Passt utopisches Denken zu Parteien?, in: Perspektiven ds 2/16.

Brie, Michael (Hg.): Mit Realutopien den Kapitalismus transformieren?, Hamburg 2015.

Brie, Michael u.a. (Hg.): Transformation, Berlin 2016.

Dausend, Peter: Der Plan, in: Die Zeit Nr. 25/2015 vom 2. Juni 2015.

Dowe, Dieter/Klotzbach, Kurt (Hg.): Programmatische Dokumente der deutschen Sozialdemokratie, Bonn 1990.

Drohsel, Franziska: Was ist heute links? – Thesen für eine Politik der Zukunft, Frankfurt/New York 2009.

Drohsel, Franziska: Zum demokratischen Sozialismus bei den Jusos – Eine kurze Replik auf Horst Heimann, in: Perspektiven ds 1/10.

Ehmke, Horst (Hg.): Perspektiven – Sozialdemokratische Politik im Übergang zu den siebziger Jahren – Erläutert von 21 Sozialdemokraten, Reinbek 1969.

Ehrenberg, Herbert: Die „Strukturelle Revolution" findet nicht statt, in: Die Neue Gesellschaft, Heft 9, 1974.

Fischer, Mark: Wissenschaft für transformative Politik, in: Perspektiven ds 2/16.

Flechtheim, Ossip K.: Jochen Steffens vier Machtfragen, in: Die Zeit Nr. 27/1974 vom 28. Juni 1974.

Gabriel, Sigmar (Hg.): Die Kraft einer großen Idee, Berlin 2012.

Gansel, Norbert (Hg.): Überwindet den Kapitalismus oder Was wollen die Jungsozialisten? Reinbek 1971.

Gaus, Günter: Günter Gaus im Gespräch mit Rudi Dutschke, Sendung vom 03.12.1967 - https://www.rbb-online.de/zurperson/interview_archiv/dutschke_rudi.html (zuletzt aufgerufen am 29.12.2017).

Heimann, Horst: Linke SPD und antirevisionistische Neue Linke, in: Gansel, Norbert (Hg.): Überwindet den Kapitalismus oder Was wollen die Jungsozialisten?, Reinbek 1971, S. 26-52.

Heimann, Horst: Theoriediskussion in der SPD, Frankfurt am Main/Köln 1975.

Heimann, Horst: Theorie ohne Praxis – Sozialwissenschaft zwischen Gegenreform und Antireformismus, Köln/Frankfurt am Main 1977.

Heimann, Horst: Marxismus, Revisionismus und Reformismus in der Geschichte der deutschen Arbeiterbewegung. In: Aus Politik und Zeitgeschichte – Beilage zur Wochenzeitung das Parlament, B 10/83, 12.3.1983.

Heimann, Horst: Die Voraussetzungen des Demokratischen Sozialismus und die Aufgaben der Sozialdemokratie, Bonn 1991.

Heimann, Horst: Voraussetzungen der „Zweiten Großen Transformation" und die

Aufgaben der Sozialdemokratie (Teil I), in: Perspektiven ds 2/11.
Heimann, Horst: Neues aus der Welt des Antikapitalismus – und des Demokratischen Sozialismus, in: Perspektiven ds 1/14.
Heimann, Horst: Plädoyer für einen Politikwechsel 2017 – gegen „Weiter so!" mit „Starken Ideen", in: spw Heft 2010, 5/2015.
Heimann, Horst: Über die Bundestagswahl 2017 hinaus: Den Kapitalismus überwinden, in: Perspektiven ds 1/17.
Heimann, Siegfried: Was macht ein linkes Leben aus?, in: Berliner Stimme, 21.11.2009.
Küpper, Jost: Die SPD und der Orientierungsrahmen '85, Bonn-Bad Godesberg 1977.
Lohmar, Ulrich: „Strukturelle Revolution" – Wanderwege zum Sozialismus, in: Der Spiegel 23/1974 vom 3.6.1974, S. 126-128.
Müller, Albrecht: Die Reformlüge – 40 Denkfehler, Mythen und Legenden, mit denen Politik und Wirtschaft Deutschland ruinieren, München 2004.
Obenhuber, Simon/Rudolph, Moritz: Zur ersten Ausgabe der jungen perspektiven, in: Perspektiven ds 2/16.
Piketty, Thomas: Das Kapital im 21. Jahrhundert, München 2014.
Pinzler, Petra: Wachstumsskeptisch. Eine Umfrage zeigt: Die Deutschen zweifeln am Kapitalismus, in: Die Zeit Nr. 34/2010 vom 19. August 2010.
Reinhardt, Max: Aufstieg und Krise der SPD. Flügel und Repräsentanten einer pluralistischen Volkspartei, Baden-Baden 2011.
Reißig, Rolf: Gesellschafts – Transformation im 21 Jahrhundert, Wiesbaden 2009.
Scharping Rudolf/Wollner, Friedhelm (Hg.): Demokratischer Sozialismus und Langzeitprogramm – Diskussionsbeiträge zum Orientierungsrahmen '85 der SPD, Reinbek 1973.
Scholle, Thilo/Schwarz, Jan: „Wessen Welt ist die Welt?" – Geschichte der Jusos, Berlin 2013.
SPD Berlin: Antrag 107/II/2015 - Gegen wachsende Ungleichheit, für mehr soziale Gerechtigkeit, http://parteitag.spd-berlin.de/antraege/%EF%BB%BF%EF%BB%BFgegen-wachsende-ungleichheit-fuer-mehr-soziale-gerechtigkeit/ (abgerufen September 2017).
SPD Schleswig-Holstein: Positionen der SPD Schleswig-Holstein für eine gerechte Politik, https://www.spd-schleswig-holstein.de/mehr-gerechtigkeit-wagen/ (zuletzt aufgerufen im September 2017).
Steffen, Joachim: Ziele und Aufgaben des demokratischen Sozialismus, in: Berliner Blätter für Sozialdemokraten, Juli 1971.
Steffen, Joachim: Wider das Kartell der Kanalarbeiter, in: Die Zeit Nr. 13/1973 vom 30. März 1973.

Steffen, Joachim: Strukturelle Revolution - Von der Wertlosigkeit der Sachen, Reinbek 1974.

Steffen, Joachim: Krisenmanagement oder Politik? Reinbek 1974.

Steffen, Joachim: Personenbeschreibung: Biographische Skizzen eines streitbaren Sozialisten; hrsg. von Jens-Peter Steffen, Kiel 1997.

Stegner, Ralf: Die Zeit ist reif: Mehr Gerechtigkeit wagen. Positionen der SPD Schleswig-Holstein, in: Perspektiven ds 1/16.

von Oertzen, Peter u.a.: Orientierungsrahmen '85 – Text und Diskussion, Bonn-Bad Godesberg 1976.

Vorstand der SPD: Protokoll des SPD-Parteitags in Nürnberg vom 17.-21. März 1968.

Vorstand der SPD: Parteitag der Sozialdemokratischen Partei Deutschlands vom 10. bis 14. April 1973, Stadthalle Hannover – Band I Protokoll der Verhandlungen – Anlagen.

Vorstand der SPD: SPD Strategiepapier, https://www.rot2gruen.de/wp-content/uploads/2015/07/spd_strategiepapier.pdf, S. 8. (zuletzt aufgerufen im September 2017).

Karl Joachim Jürgen Steffen mit seiner Mutter Else Steffen, Anfang 1923. Quelle privat

Spielen im Hof. Quelle privat

Im Laden von Opa Carl mit Mutter Else.
Quelle privat

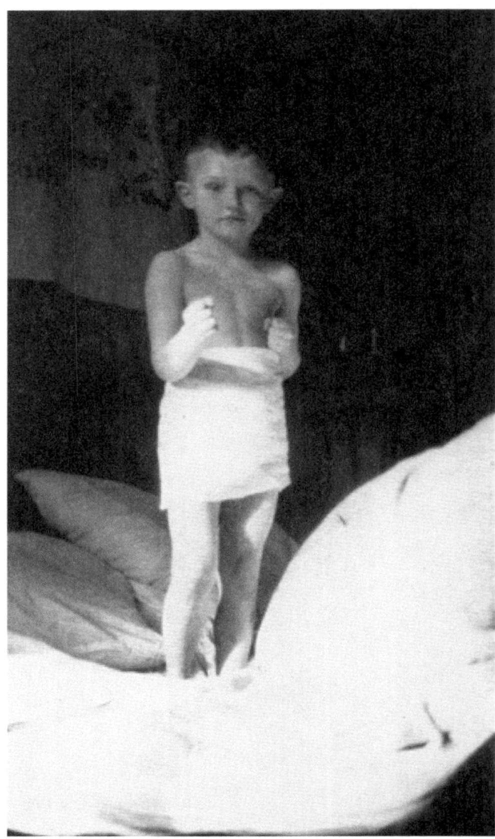

Bereit für die Welt, 1928.
Quelle privat

Einschulung mit Freund, Ostern 1929.
Quelle privat

Ferien in Kropp: Reiten.
Quelle privat

Ferien in Kropp: Indianerspiele. Quelle privat

Was Vater und Sohn gemeinsam haben: Lesen. Quelle privat

Was Vater und Sohn gemeinsam haben: Fußball. Quelle privat

Mit Nachbars - tochter am Kieler Hafen. Quelle privat

Schüler auf der Admiral-Graf-Spee-Schule, 1936.
Quelle privat

Jochen Steffen bei der Marine-HJ, Jochen ganz rechts.
Quelle privat

Portraitfoto des Oberstufen - schülers Steffen vom 17. Oktober 1940.
Quelle privat

Warten auf die Kinder - landverschickung, Mai 1941.
Quelle privat

Die Notabiturgruppe, Jochen vierter von links, September 1941. Quelle privat

Vater Karl und Sohn Jochen in Wehrmachts - uniform, 1941. Quelle privat

Das Selbstbild wird gepflegt.
Foto als Geburtstagsgeschenk für Ilse Zimmermann, Januar 1944.
Quelle privat

Der „Herzdame" Ilse
zum Geburtstag
von dem „Herzbuben"
Johann
Grabau, d. 23.I.44.

Widmung für Ilse auf der Rückseite.
Quelle privat

Jochen Steffen als Marine-Artillerist, zweiter von rechts. Quelle privat

Bild unten: Gefreiter Jochen Steffen mit Kampfabzeichen der Marine, vermutlich September 1942. Quelle privat

Verlobungsbild, Anfang 1944.
Quelle privat

Ilse und Jochen 1954.
Quelle privat

Ilse und Jochen als Besucher des Internationalen Sozialistischen Jungendlagers in Stockholm, 12. bis 19. Juli 1950. Quelle privat

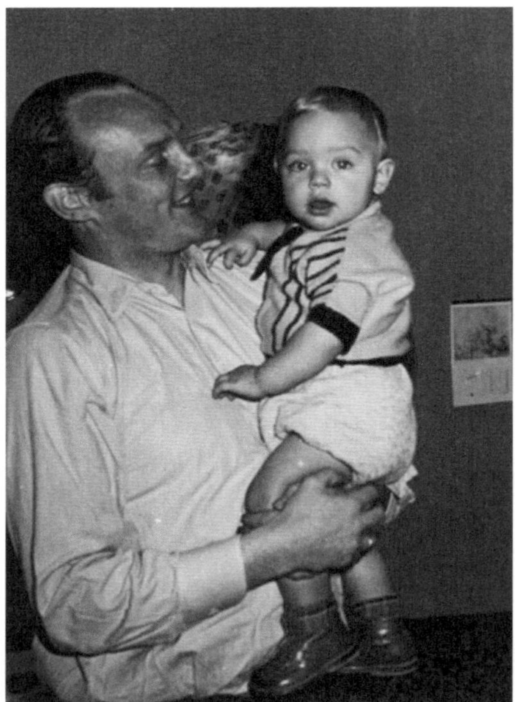

Jochen mit Sohn Jens-Peter, Kiel 1955. Quelle Ilse Steffen

Jochen und Jens-Peter lassen Drachen steigen in der Flensburger Zeit, Ende 1950er Jahre. Quelle Ilse Steffen

Vater Karl feiert seinen Geburtstag, Kiel 1970. Quelle Ilse Steffen

Auf der Terrasse in Niederösterreich, 1986. Quelle Liz Crossley

Ilse und Jochen am Hochzeitstag 1985. Quelle Liz Crossley

Portraitfoto als Geschenk für Eltern und Ilse zu Weihnachten 1945. Quelle privat

Besuch des Internationalen Sozialistischen Jungendlagers in Stockholm, 12. bis 19. Juli 1950. Quelle privat

Besuch des Interna - tionalen Sozialisti - schen Jungendlagers in Stockholm, 12. bis 19. Juli 1950. Quelle privat

Tagung des SDS im März 1952 in Kiel. Jochen ganz links. Quelle privat

Max Beireis (Mitte) mit Jochen in Flensburg, 1957. Quelle privat

Familie Strack zu Besuch bei Familie Steffen, um 1960. Quelle privat

Jochen Steffen als Kuddl Schnööf auf Blohm & Voss, Hamburg, 1980er.
Quelle Ilse Steffen

Portraitbild Jochen Steffen, ca. 1983.
Quelle privat

Jochen Steffen als Kuddl Schnööf auf dem Alten Markt in Kiel, 1980er. Quelle Ilse Steffen

Jochen Steffen an seinem 35. Hochzeitstag, 1980. Quelle privat

Die SPD-Kandidaten in den 14 Wahlkreisen

Jeder Wähler hat auf seinem Stimmzettel

Erststimme und Zweitstimme

1	CDU	○
2	SPD	X
3	GB/BHE	○

1	CDU	○
2	SPD	X
3	GB/BHE	○

2 x bei Nummer 2 ankreuzen

Eine VZ-Seite zur Landtagswahl 1957, gesammelt von Jochens Eltern. Quelle privat

Wahlwerbung in der VZ, 1971, aufbewahrt von Jochens Mutter.
Quelle privat

Ausschnitte aus der VZ und KN, die ein angestrengtes Verhältnis von Steffen und Stoltenberg bebildern, aufbewahrt von seiner Mutter.
Quelle privat

8 Panorama

MORGENPOST-Exklusiv-Interview mit Jochen Steffen

Das Grundgesetz ist ein revolutionäres Programm

Politik aktuell

Joachim Steffen

Das Godesberger

Morgenpost

32 811

Interview in der Hamburger Morgenpost, 1973, aufbewahrt von seiner Mutter.
Quelle privat

Fraktion

-1-

Mit dem heutigen Tage gebe ich mein Amt als Oppositionsführer + Frakt.-Vors. der SPD LT-Fraktion ab.

Wenn man den Fraktionsvorsitz und die Funktion des Oppositionsführers in unserem Lande abgibt, dann lohnt sich ein Rückblick. Er lohnt sich aus zwei Gründen: Einmal kann man soziale und politische Entwicklungstendenzen nachzeichnen, die eigenen Ziele, Maßnahmen und Methoden darstellen, zum anderen kann man feststellen wo Fehler, Mängel oder Lücken vorhanden sind, die man in der Zukunft vermeiden kann oder beseitigen muss. Ich werde mich – ich hoffe, dass das jeder versteht – auf das erste konzentrieren. Dabei ist es unvermeidlich, dass man im Rückblick die Einsichten aus der Gegenwart bereits zu Einsichten der Vergangenheit macht, d.h. tendenziell das Geschehene in sich klarer, bewußter, widerspruchsfreier darstellt, als es tatsächlich abgelaufen ist.

Als ich Landesvorsitzender und bald darauf Fraktionsvorsitzender unserer Partei im Landtag wurde, zeichnete sich der Umbruch im politischen Verständnis und in den politischen Verhaltensweisen der Bürger bereits ab. Schlagwortartig formuliert: Die Zeit des scheinbar problemlosen, ökonomischen Wachstums war vorbei – die Zeit des Wachstums der sozialen Probleme begann.

Für alle, die nicht der naiven Meinung waren, die Periode des "Bereichert-euch-Kapitalismus" habe alle Fragen der Wechselwirkung zwischen rapider wirtschaftlich-technischer Entfaltung und sozialen-gesellschaftlichen Veränderungen oder gar Umwälzungen aufgehoben, war klar, dass die Quittung für ein gewaltiges materiell-tech-

Faksimile der ersten Seite des handschriftlichen Manuskripts der Rücktrittsrede vom Fraktionsvorsitz, 3. Mai 1973.
Quelle privat

PLAYBOY INTERVIEW: # JOCHEN STEFFEN

ein offenes gespräch mit dem mann, der seinen genossen in bonn den krieg erklärt hat

Jeden Morgen gegen zehn, wenn der eingeschworene Marxist Joachim Steffen im Golfklub von St. Peter-Ording das Spiel der Kapitalisten spielt, kann er gelegentlich eine seltsame Fügung der Natur beobachten: Von der Nordsee zieht eine Schlechtwetterfront heran, die sein Treiben zu verwässern droht. Doch dann, an der Mündung der Eider, spalten sich die Wolken und lassen woanders ihren Regen ab. Steffen macht trockenen Hauptes weiter. Naß werden die anderen.

Als Steffen (55) noch aktiver Politiker war, stand er meist selbst im Regen. Sein Mund- und Tagwerk brachten das so mit sich.

Für den „Bayernkurier" ist der rote Jochen zwar „der Wirre aus dem Norden", aber auch „der intellektuelle Motor der SPD". Der „Spiegel" lobt ihn als einen Mann, der Schleswig-Holsteins SPD „zum linken Vortrupp der westdeutschen Sozialdemokratie profilierte". Und Siegfried Lenz, Steffen-Freund wie Heinrich Böll, urteilt über ihn: „. . . ein Schwerathlet der Worte, der die Mühseligkeit eines politischen Überzeugungsprozesses unentwegt deutlich macht." Weiß Gott.

In seiner Vier-Zimmer-Eigentumswohnung am Nordseestrand, hart neben dem Bungalow von Gerhard Stoltenberg, seinem einstigen Schreibtisch-Gegenüber im Kieler Universitätsseminar für Wissenschaft und Geschichte der Politik, servierte Jochen Steffen im Gespräch mit PLAYBOY-Autor Michael Redepenning bei Butterbrot und Tee (ohne Rum) brisante Argumente. Steffen zeigte auf, was ihm an der Gesellschaft im allgemeinen und an der SPD im besonderen nicht paßt. Den Genossen, die sich vom 15. bis 19. November im nahen Hamburg zum Bundesparteitag treffen, stemmte er difficile Liebesgrüße aus St. Peter-Ording auf den Tisch: Die SPD, der er seit 31 Jahren angehört, will er wahrscheinlich schon bald, aber nicht nur „einfach so" verlassen. Er befürwortet vielmehr eine Spaltung der Sozialdemokratischen Partei Deutschlands. Wie ernst die Bonner Führungsmannschaft das Nordlicht Steffen nimmt, erweist sich an prominenten Besuchern: SPD-Schatzmeister Wilhelm Dröscher, der sich vor Jahren als „der gute Mensch von Kirn" aufbaute, gab sich mit Redepenning in St. Peter-Ording, Ostlandstraße 11, die Klinke in die Hand.

Deutsche Sozialdemokraten haben interne Querelen, wie die Geschichte lehrt, schon einige Male bis hart an den Rand einer Zerreißprobe und gelegentlich darüber hinaus getrieben. 1914, als die SPD im Reichstag die Kriegskredite gebilligt hatte, wurde der Grundstein für die 1917 in Gotha gegründete Unabhängige Sozialdemokratische Partei Deutschlands gelegt. Die USPD verfocht die soziale und politische Revolution und trat gegen die Fortsetzung des Ersten Weltkriegs ein, während die SPD zur Zusammenarbeit mit bürgerlichen Parteien bereit war.

SPD und USPD taten sich nach der Novemberrevolution von 1918 zwar zusammen, strebten aber später wieder auseinander. 1920 schloß sich der radikale Flügel der USDP der KPD an. Gleichzeitig verlor die SPD an Einfluß. Trotz teilweise artistischer Annäherungsversuche an andere Gruppierungen sackte der SPD-Stimmenanteil auf 20,4 Prozent im Jahre 1932. Hitler verbot die ungeliebten „Sozis".

Als Willy Brandt 1969 die Regierung übernahm, war er der erste sozialdemokratische Kanzler seit 39 Jahren. Hermann Müller, sein Vorgänger von 1930 und wie Brandt Journalist, hatte eine große Koalition geführt, war aber letztlich wegen parteiinterner Streitereien gestürzt.

Die Frage damals wie heute: Ist die SPD eine „Klassenkampfpartei" oder eine „Staatspartei"? Als „Volkspartei", wie der moralische SPD-Aufrüster Herbert Wehner sie seit dem von ihm in die Wege geleiteten Godesberger Programm von 1959 sieht, ist sie Jochen Steffen und seinen Freunden zu schwammig. Also holen sie den Spalterknüppel aus dem Sack.

Jochen Steffen: 1922 in Kiel geboren, Sproß eines kleinen Sparkassenbeamten, verheiratet, ein Sohn. Nach dem Abitur zur Marine eingezogen. 1946 Studium der Philosophie, Psychologie und Soziologie, gleichzeitig Eintritt in die SPD Kurt Schumachers. Assistent an der Kieler Universität. Journalist. 1954 Juso-Vorsitzender in Schleswig-Holstein. 1955 Redeverbot durch die SPD, weil er die Parteibürokratie und

„Mir kommen stapelweise Einladungen ins Haus von Genossen, die Auftritte von mir wollen. Ich soll sie motivieren, sozusagen gegen die Regierungspolitik. Das ist kein Witz. Aber hinreißend ist es."

„Ich lasse mit mir darüber reden, was beim Marxismus stimmt und was nicht. Aber seine Grundposition stimmt: Alles, was auf dieser Welt geschieht, kommt aus der Arbeit des Menschen. Alles."

„Ich bin groß geworden als Sohn eines kleinen Beamten in einem Arbeiterviertel. Wir waren ganze vier, die zur Oberschule kamen. Was es an sozialen Problemen gab, das lernte man hautnah."

83

„Das tut ein Sozi nicht", eine Reaktion auf das Playboy-Interview, November 1977.

Diverse Buchtitel

Reinhard Ueberhorst

Über die Aktualität von Jochen Steffen im 21. Jahrhundert

I: Warum dieses Thema und wie wird es hier traktiert?

Der Reiz unseres Themas liegt zuerst einmal in seiner fehlenden Anerkennung. Zu ihr möchte ich einen Streit suchen und befördern, freilich einen verständigungsorientierten. Die fehlende Anerkennung ist deutlich: Der Kreis derer, die sich in und nach den 70er Jahren des vergangenen Jahrhunderts, in denen Steffen seine politische Theorie in drei Büchern veröffentlicht hat, auch nur ansatzweise auf diese Theorie explizit eingelassen haben, ist überschaubar. Niemand kann behaupten, dass diese Theorie damit für die SPD, auch nur für Gliederungen oder eine SPD-Linke denk- und praxisleitend geworden wäre. Von einer weithin geteilten Anerkennung eines aktuellen Anregungspotenzials von Steffens Theorie sind wir weiter entfernt, als den meisten bewusst ist, weil die meisten sich ja bislang nicht einmal gefragt haben, ob sie diese Aktualität nicht wenigstens einmal erkunden und systematisch reflektieren sollten. In der Folge können die meisten nicht einmal sagen, was sie bejahen oder verneinen müssten, wenn sie die Aktualität von Steffen anerkennen oder bestreiten sollten.

Wir müssen von diesen Gegebenheiten ausgehen und können doch mehr als bislang dafür tun, dass über Steffens Aktualität nachgedacht und diskutiert wird. Wie ich mit diesem Text zu zeigen versuchen werde, können wir in diese Diskussionen eine schlüssige Argumentation für eine Aktualität von Steffen im 21. Jahrhundert einbringen. Dies freilich nicht mit der Erwartung, für eine solche Argumentation sehr schnell sehr viel Zustimmung erreichen zu können. Warum das so ist, wird deutlich werden, wenn wir sehen, auf welchen Prämissen, normativen Orientierungen, Sinn- und Aufgabenverständnissen von Politik die schlüssige Argumentation für die Aktualität von Steffen beruht. Es sind Prämissen und Verständnisse, die bislang in unserer Gesellschaft oder auch nur in der SPD – vorsichtig gesagt – noch nicht erkennbar anerkannt werden.

Das soll, ganz im Sinne von Steffen, für uns kein Grund sein, auf ein erkanntes Thema zu verzichten. Wir dürfen es uns aber nicht leicht machen, indem wir die widrigen Gegebenheiten einfach verdrängen, die Prämissen schlicht voraussetzen, mit ihnen stringent argumentieren und für eine so entwickelte Argumentation dann Zustimmung erwarten. Sicher: Unzählige politische Einlassungen und Publikationen sind in dieser naiven, selbstreferentiellen Denkform positioneller Politik angelegt. Regelmäßig blockieren sie gemeinsame Lernprozesse und gesellschaftliche Verständigungserfolge zu breit getragenen neuen Orientierungen und Motivationen. Wir werden sehen, dass es mit der Aktualität der politischen Theorie von Jochen Steffen aber genau um solche gesellschaftlichen Lernprozesse und Verständigungserfolge geht. Jedenfalls in der Argumentation, die ich mit diesem Text zu Diskussion stelle.

Wenn die Aktualität von Jochen Steffen, auch nur in der SPD, schon weithin erkannt und anerkannt wäre, könnte ich diesen Beitrag nicht schreiben. Dann wären andere Beiträge möglich – auf der Basis eines geteilten Verständnisses vom Wert, Sinn und Zweck politischer Arbeit. Von einem solchen geteilten Verständnis sind wir aber weit entfernt. Wäre es anders, gäbe es eine intensiver und breiter geführte gesellschaftliche Diskussion über die Qualität unserer gesellschaftlichen Politikfähigkeit. Mit dieser Politikfähigkeit geht es, kurz gesagt, um unser gesellschaftliches Vermögen, orientiert an Werten politische Aufgaben gut zu erkennen, sie gut in alternative Optionen zu übersetzten, diese gut zu beraten, in demokratischen Prozessen Entscheidungen herbeizuführen und diese umzusetzen. Eine intensive, breit geführte, konstruktive Diskussion zur gesellschaftlichen Politikfähigkeit ist angesagt, weil wir Defizite und Entwicklungsaufgaben und Kontroversen darüber haben, ob wir Politikfähigkeit überhaupt noch anstreben oder zum Beispiel in wissenschaftlich-technisch geprägten Bereichen durch eine Transformative Wissenschaft ersetzen sollten.[1] Eine Diskussion über die Aktualität von Steffen wird uns gut tun, weil sie diese wichtige Diskussion zur gesellschaftlichen Politikfähigkeit befördern und aufzeigen kann, um welche vorrangigen Fragen es uns in ihr gehen sollte.

Das bisher Gesagte sind einstweilen nur einleitende Thesen. Sie zu konkretisieren und zu begründen ist der Versuch dieses Beitrags. Einen besseren Ort als dieses Buch kann ich mir für diesen Versuch nicht vorstellen.

Wer ein biografisch angelegtes Buch über Jochen Steffen liest, interessiert sich für sein politisches Wirken und Denken in seiner Zeit. Wer sich dafür interessiert, wird sich auch fragen, ob aus diesem Wirken und Denken im 20. Jahrhundert etwas aktuell geblieben ist, sprich: ob es im 21. Jahrhundert noch etwas bietet, welches nicht zu beachten oder nicht zu nutzen schlicht ein Fehler wäre. Genau das ist ja die inhaltliche Fragestellung für diesen Beitrag. Mit der von mir entwickelten inhaltlichen Antwort, die niemanden überraschen soll, stellt sich für die nächsten Jahre zuerst einmal die Frage, wie wir den Kreis derer stark vergrößern, die sich auf die Frage nach Steffens Aktualität einlassen. Ich möchte mir vorstellen dürfen, dass die Gemeinschaft dieses Buches nicht wenige Leserinnen und Autorinnen einschließt, die in dieser Perspektive aktiv werden wollen.

In diesem „Wir" geht es zuerst einmal um die Einsicht, dass wir das Anregungspotenzial von Jochen Steffen bislang noch nicht gut erkundet, erarbeitet und kommuniziert haben. Das werden nicht alle so sehen, wohl aber diejenigen, die sich fragen (fragen können, fragen wollen), an welchen Aspekten und Maßstäben wir das aktuelle

1 Siehe dazu Reinhard Ueberhorst: Brauchen wir einen Neuen Gesellschaftsvertrag für unsere gesellschaftliche Politikfähigkeit?, in Georg Plate (Hg.): Forschung für die Wirtschaft, Forschungsband 2012, Göttingen 2012, S. 287-314. Kritisch zur Transformativen Wissenschaft sehr gut: Peter Strohschneider: Zur Politik der Transformativen Wissenschaft, in: André Brodocz u.a. (Hg.): Die Verfassung des Politischen, Wiesbaden 2014, S. 175-192.

Niveau unserer demokratischen Politikfähigkeit messen und welche Entwicklungsaufgaben damit erkennbar werden.

Wer das Thema jetzt einbringt, steht vor der Frage: Wie erfassen und begründen wir die Aktualität einer politischen Theorie, die nicht nur in ihrer Qualität, sondern weithin schlicht gar nicht wahrgenommenen und anerkannt wird? Fruchtbar zu nutzen ist das Wenige, das wir vorfinden.

Wenn Steffens politische Theorie in den letzten Dekaden hier und da dann doch nicht nur links liegengelassen, sondern thematisiert und beurteilt wurde, dann sehr unterschiedlich. Diese Heterogenität der Beurteilungen soll in diesem Text aufgezeigt und für unser Thema genutzt werden. Sie ist für uns nicht weniger anregend als die schon akzentuierte kleine Anzahl derer, die sich auf Steffen in dieser Zeit öffentlich vernehmbar eingelassen haben. Die kleine Anzahl fordert uns heraus, die Qualität von Steffens Theorie in der Erkundung ihrer Aktualität möglichst vielen besser zu vermitteln. Und die Heterogenität der Beurteilungen, die Steffens Theorie bislang gefunden hat, sollte uns anregen, eine kontroverse Diskussion zu suchen und befördern zu wollen. So werde ich es auch in diesem Text halten, indem ich meine Argumentation für Steffens Aktualität im 21. Jahrhundert mit einer Interpretation unterschiedlicher Beurteilungen von Steffens Theorie entwickle. Die Interpretation soll wichtige Einsichten von Steffen erhellen, deren Aktualität wir dann im Kontext politischer Herausforderungen reflektieren können.

Ein weiter fehlendes oder aber signifikant zunehmendes Interesse, wenigstens zu verstehen, worum es mit der Frage nach der Aktualität von Steffen geht, ist für mich einer der Indikatoren dafür, wie es um die Neigung und Fähigkeit steht, Entwicklungsaufgaben unserer gesellschaftlichen Politikfähigkeit zu verstehen und anzugehen. Diese Vorstellung prägt die Anlage meines Beitrags.

- Nach dieser Einleitung soll zuerst aufgezeigt werden, wie wir die Aktualität von Steffen erkunden und begründen können. Wir werden sehen, dass und warum es mit dem Begriff der Aktualität für frühere Denker und ihre Texte immer nur darum gehen kann, ihr aktuelles Anregungspotenzial zu erarbeiten und wie das methodisch anzustreben ist. Diese Methodik ist wichtig, weil wir uns von anderen abgrenzen können müssen, die auf Theorien und Werke verstorbener Denker eingehen, ohne ihr aktuelles Anregungspotenzial für politische Praxis erschließen zu können (vielleicht auch, ohne das zu wollen). Die methodische Reflexion im Teil II verdeutlicht zwei Aufgabenkomplexe, an denen wir uns im Folgenden orientieren.
- Zunächst geht es um die Ermittlung von Kerngedanken des Denkers, dessen Aktualität wir erkunden wollen. Dies erfolgt hier im Teil III in sechs Exkursen zu sechs Sichtweisen im Spektrum unterschiedlicher Beurteilungen von Steffens politischer Theorie.

– Anschließend werden die ermittelten Kerngedanken von Steffens Theorie im Kontext aktueller politischer Herausforderungen im Teil IV reflektiert. Im Ergebnis können wir, vorsichtig gesagt, eine Reihe gewichtiger Argumente zur Aktualität von Steffens Theorie mit ihrem Anregungspotenzial im 21. Jahrhundert vorstellen.
– Die vorgestellte Argumentation ist bestenfalls eine nützliche Vorarbeit eines Einzelnen für Prozesse, die mit der vorgetragenen Argumentation in kleineren und größeren Gruppen anstehen. So die Vorarbeit nützlich erscheint, stünde die Frage an „Was tun?“. Sie wird im abschließenden Teil V mit der unbescheidenen Annahme aufgeworfen, einen nicht gänzlich unnützen Text geschrieben zu haben.

II: Worum geht es mit der Aktualität der politischen Theorie eines früheren Denkers und wie kann das aktuelle Anregungspotenzial seiner Theorie erkundet und erarbeitet werden?[2]

Was ist zu reflektieren und aufzuzeigen, wenn die Aktualität der politischen Theorie eines 1987 verstorbenen Autors und Denkers im 21. Jahrhundert erkundet und begründet werden soll? Mit dieser Frage adressieren wir Steffen als Theoretiker. Dürfen wir das? Da gibt es einen Einspruch, der ernst zu nehmen ist, kommt er doch von Georg Beez, also demjenigen, der länger als jeder andere beruflich für und mit Jochen Steffen politisch gearbeitet hat und ihn entsprechend gut kannte. Seinen Einspruch wollen wir aufnehmen und reflektieren, um Steffen nicht in einer falschen, ihm nicht gerecht werdenden „Theoretiker“-Rolle zu adressieren.

In seinem gehaltvollen Vorwort zur Dokumentation einer Gedenkveranstaltung für Steffen am 30. September 1990 formulierte Beez: „Jochen gilt als Theoretiker. Das ist *eigentlich falsch*. Er dachte nicht um des Denkens willen. Er suchte nach praktisch Anwendbarem, nach Wegen, Mitteln und Methoden, die Geschichte durch den Menschen zu gestalten. In seinem Buch *Strukturelle Revolution* hat er seine Ansichten dazu zusammengefasst. Jochens demokratischer Sozialismus ist kein System, kein Dogma, *keine Theorie*. Er ist ein Stück Weg, das nach vorne offen und ungewiss bleibt.“[3] [Hervorhebungen R.U.]

Was Georg Beez über Jochen Steffen sagte oder schrieb, war und ist immer ernst zu nehmen. Manchmal, wie hier, ist es auch interpretationsbedürftig. Wir beide haben über das Thema dieses Textes mehrfach miteinander gesprochen, aber einen schriftlichen Entwurf hatte ich ihm zur kritischen Lektüre vor seinem plötzlichen Tod im November 2014 leider nicht gegeben. Vielleicht hätte er kritisch wiederholt, was ich eben

2 Die im Folgenden entwickelte Konzeption und Methodik ist auch in pädagogischen Kontexten zu sehen, vgl. Reinhard Ueberhorst: „Grosse gesellschaftliche Herausforderungen“ und das aktuelle Anregungspotenzial philosophischer Werke aus früheren Zeiten im Studium generale. In: Nordblick - Forschung an der Nordakademie. Heft 4/2017. Elmshorn. S. 78-94. [Abrufbar unter: https://www.nordakademie.de/fileadmin/downloads/Forschung/nordblick_ausgabe4/index.html#0

3 Veranstaltung am 30. September 1990 in Kiel-Gaarden, Kiel 1990.

zitiert habe. Dann hätten wir darüber diskutiert. Nun kann ich nur feststellen: Absolut einig bin ich mir mit Georg Beez in der Akzentuierung der praktischen Orientierung. Deshalb geht es in diesem Beitrag um die Aktualität von Steffens praxisorientierter politischer Theorie. Auch wo in diesem Text in Verbindung mit Steffen ‚politische Theorie' oder nur ‚Theorie' steht, ist immer seine praxisorientierte politische Theorie gemeint.

Für Jochen Steffen (und uns) kann es keine relevante politische Theorie geben, die für eine politische Praxis nichts sagen will oder kann. Mit diesem Theorieverständnis ist es dann keineswegs ‚eigentlich falsch', Steffen immer auch als Theoretiker zu verstehen. Eine Theorie kann ein System sein, ohne ein Dogma zu werden, wenn sie im Sinne von Ernst Bloch ein „Auszugssystem ihrer selbst" enthält, also lernfähig sein soll und sein will. So dürfen wir Steffens Theorie verstehen. Und da treffen wir uns wieder mit Georg Beez, der in demselben Vorwort zu Recht emphatisch Steffens Lernfähigkeit herausstellt. Den Theoriebegriff müssen wir für Steffen also nicht aufgeben. Im Gegenteil. Wir können ihn so verstehen, wie Jochen Steffen ihn selbst verstanden und gerade in seinen Publikationen immer wieder herausgestellt hat. Dazu einige Beispiele.

Warum hat er das Buch *Strukturelle Revolution* geschrieben? Mit dem Buch, so schreibt er, möchte er deutlich machen, „daß eine sozialistische Theorie möglich ist"[4]. Steffen zitiert Rapoports Verständnis von „Ideologie" – „eine Definition der Wirklichkeit, ein Begriff von der menschlichen Existenz und eine Überzeugung davon, was Recht und Unrecht ist." – und stellt klar, dies entspreche eher dem, was er „Theorie nenne und den Werten/Zielen, die sie bestimmen."[5] Er reflektiert, wozu „eine theoretisch bewußtlose SPD" nicht in der Lage wäre und postuliert „eine undogmatische, kritische Theorie, die Anleitung zum Handeln für bewußte Gestaltung der Zukunft durch Bewältigung der Probleme der Gegenwart bietet".[6] Und in dem Buch *Krisenmanagement oder Politik?* trägt ein wichtiges Kapitel die Überschrift „Theoretisches Vorverständnis für politische Perspektiven".[7] Diese kleine Auswahl von vielen möglichen Belegen soll hier ausreichen, um uns zu versichern, dass wir Steffen gerecht werden, wenn wir ihn als Theoretiker diskutieren.

Vom Wort Theorie[8] ausgehend geht es immer zuerst einmal um eine Wahrnehmung von Wirklichkeit. Der Umgang mit dem Politischen beginnt immer mit einer theoretisch strukturierten Wahrnehmung politischer Herausforderungen. Eine nicht beliebige, eben ganz bestimmte, theoretisch geprägte Wahrnehmung politischer Herausforde-

4 Joachim Steffen: Strukturelle Revolution. Von der Wertlosigkeit der Sachen, Reinbek 1974, S. 41.

5 Ebd., S. 245.

6 Ebd., S. 37 und S. 21.

7 Joachim Steffen: Krisenmanagement oder Politik?, Reinbek 1974, S. 69-74.

8 gr. theorein: beobachten, betrachten, [an]schauen

rungen in den Dekaden seit den 70er Jahren wird sich in unserem Gedankengang für unsere Argumentation als besonders bedeutsam erweisen. Mit ihr werde ich im Teil IV meine Argumentation zur Aktualität von Jochen Steffen im 21. Jahrhundert entwickeln. Ich denke, dass wir Jochen Steffen nicht unrecht tun, wenn wir in diesem Sinne auf seine praxisorientierte Theorie abheben. Ich stelle mir weiter vor, dass auch Georg Beez dieser Argumentation gefolgt wäre. Ich sehe das auch nicht im Widerspruch zu seiner Feststellung: „Es wäre Jochen peinlich, ihn als etwas Besonderes hinzustellen."[9] Eine falsche Überhöhung wäre in der Tat nicht nur für Jochen Steffen peinlich, sondern auch für ihre Urheber. Wir müssen methodisch mit einem Aktualitätsverständnis arbeiten, welches eine falsche Überhöhung dessen vermeidet, dessen Aktualität wir aufzeigen können, so das denn möglich ist. Wie aber ist es möglich?

Über den Begriff „Aktualität" gibt es ein weithin geteiltes Verständnis, mit dem Begriffsverständnis ist aber nicht klar, wie eine konkrete Aktualität ermittelt und begründet werden kann. Der Begriff steht für das, was „zum gegenwärtigen Zeitpunkt wesentlich ist"[10]. Aktualität im 21. Jahrhundert stünde dann für das, was in diesem noch jungen Jahrhundert wesentlich ist – wesentlich für das Verständnis politischer Herausforderungen und der Möglichkeit, erfolgreich mit ihnen umzugehen. In dieser Perspektive fragen wir nach der Aktualität essenzieller Einsichten aus Jochen Steffens praxisorientierter politischer Theorie.

Je mehr man sich mit der Frage einer Aktualität eines früheren Autors oder Denkers beschäftigt, desto klarer wird, dass wir für die Methodik ihrer Reflexion und für die Ermittlung ihrer Aktualität keine weithin anerkannten Maßstäbe, keine bewährte Methodik und auch keine Fach-Disziplin haben, der wir sie zur Beantwortung zuweisen könnten. Das gilt auch für die Communitiy der ‚Intellectual Historians' und Ideengeschichtler. Nur eine Minderheit der Intellectual Historians ist an aktuellen Herausforderungen orientiert. Sehr informativ ist diesbezüglich ein von dänischen Ideengeschichtlern herausgegebenes Buch, das 26 international renommierte Intellectual Historians und Ideengeschichtler zu Fragen ihres Faches zusammenführt.[11] In dem Buch beantworten alle 26 jeweils fünf Fragen. Die fünfte Frage zielt auf die Entwicklung der Aufgaben, denen sie sich zuwenden wollen. Nur eine Minderheit der 26 Wissenschaftlerinnen und Wissenschaftler antwortet auf diese Frage sinngemäß so, dass es darum ginge, stärker aktuelle praktische Fragen aufzugreifen und hilfreiche Beiträge aus der Ideengeschichte und ihrer Erforschung zum Verständnis und zur Klärung dieser aktuellen Fragen einzubringen. Dies ist insofern auch gut verständlich, als dass diese Wissenschaftler ihre Kompetenzen in der Ideengeschichte, bei den klassischen

9 Beez: Vorwort.

10 So heißt es in Friedrich Kluge: Etymologisches Wörterbuch, 22. Auflage, Berlin 1989.

11 Siehe Morton Haugaard Jeppesen/Frederik Stjernfelt/Mikkel Thorup (Hg.): Intellectual History. 5 Questions, Kopenhagen 2013.

Autoren und im Verständnis von deren Werken im Zeithorizont dieser Autoren haben. Es ist kein triviales Problem, aus diesem Wissen einen aktuell relevanten Schluss zu ziehen.[12]

Wer es sich leicht machen will, wird die Aktualität eines früheren Denkers einfach behaupten oder bestreiten, so wie es ihr oder ihm gerade passt. Damit ist aber nichts gewonnen, wenn es mit einer Aktualität (jedenfalls im Bezugssystem ihrer Begründung) um Einsichten geht, die weithin anerkannt sein müssten, wenn sie zur Geltung gebracht werden und Wirkung entfalten können sollten – dies aber nicht sind. Um eine solche Aktualität geht es – wie zu zeigen sein wird – in diesem Beitrag. Pointiert gesagt: es geht uns um eine Aktualität, deren Verkennung oder Nichtbeachtung für alle ein schwerer Fehler wäre, was aber einstweilen nur von Wenigen so gesehen wird. Mit dieser unterschiedlichen Wahrnehmung ist umzugehen.

In der Ermittlung der Aktualität eines früheren Denkers brauchen wir dafür eine Methodik, die es ermöglicht, kontroverse Interpretationen und Bewertungen von dessen Theorie und ihrer möglichen aktuellen Bedeutung so zu diskutieren, dass gemeinsame Lern- und Verständigungserfolge möglich sind. So Verständigungserfolge verfehlt werden, sollten die Diskussionsprozesse zumindest einen gemeinsamen Erkenntnisgewinn über Ursachen der Dissense zeitigen, die möglicherweise zu erneuten Verständigungsversuchen motivieren.

Ich skizziere im Folgenden mein Verständnis einer zielführenden Methodik. Mit ihr geht es mit der Frage nach der Aktualität eines verstorbenen Denkers immer nur um sein aktuelles Anregungspotenzial, welches immer nur im Kontext aktueller Herausforderungen durch aktuell Reflektierende aufgezeigt und ermittelt werden kann. Dieses Verständnis sei in Gedankenschritten erläutert:

- Das Aktuelle einer Theorie aus der Vergangenheit – so gegeben – wäre das Vergessene oder Verlernte oder Verdrängte oder bislang nie richtig Verstandene, jedenfalls ein gegenwärtig nicht gut Erkanntes und Genutztes. Aktuell ist es, weil es erinnert, wieder erlernt, wieder gewonnen werden kann – u n d weil uns eine Reflexion aktueller Herausforderungen zeigt, dass wir etwas gewönnen, wenn wir früher entwickelte Einsichten zu nutzen wüssten.
- Für die Wahrnehmung einer solchen Aktualität muss nun immer verständigungsorientiert argumentiert werden. Zumindest dort, wo sie anerkannt werden soll, das heißt für uns, nicht nur in elitären Kreisen, sondern in der demokratischen Gesellschaft. Wer eine Aktualität für bestimmte politische Einsichten dezidiert behauptet (und aus seiner Sicht auch begründet), gleichzeitig aber auf ihre verständigungsorientierte Kommunikation verzichten will, ist entweder ein schlechter Anwalt guter Einsichten oder ein Vertreter von Anliegen, die gar keine weithin anzuerkennende Aktualität

12 Der Verfasser reflektiert dieses Problem im Kontext aktueller Lehr-Lern-Prozesse im Studium generale in Reinhard Ueberhorst: „Grosse gesellschaftliche Herausforderungen".

beanspruchen. Letztere müssen uns hier nicht interessieren, die Verweigerer verständigungsorientierter Kommunikation sind aber für das hier verfolgte Anliegen eine große Herausforderung, die anzustrebenden Prozesse werden durch sie stark behindert und schlimmstenfalls verhindert.

- Unser Erkenntnisinteresse zielt auf die Aktualität bestimmter Einsichten eines früheren Denkers. Die Aktualität dieser Einsichten ist mit ihrem aktuellen oder zukünftigen, jetzt ansteuerbaren Nutzenpotenzial aufzuzeigen. Nützlich ist damit alles, was dazu führt, politische Herausforderungen besser zu verstehen, sie in politischen Prozessen besser zu adressieren und die Möglichkeit ihrer praktischen Bewältigung durch politische Prozesse zu optimieren.
- In dieser Perspektive kann die Aktualität eines früheren Denkers immer nur in einem aktuellen Anregungspotenzial liegen, das es ohne die frühere Denkarbeit nicht gäbe, aus dieser aber nicht herausgelesen werden kann. Es ist nicht explizit formuliert vorzufinden und auch nicht nur durch eine Textexegese zu ermitteln. Wie kann das aktuelle Anregungspotenzial dann ermittelt werden, was ist dabei zu verstehen und zu beachten?
- Das aktuelle Anregungspotenzial können wir weder ohne den Text noch nur durch ihn erfahren. Das aktuelle Anregungspotenzial muss immer in der Gegenwart erkundet und entwickelt werden. Es wird nicht einfach entdeckt, so wie man etwas entdecken kann, was nur aus einer Verborgenheit herauszuholen wäre. Wir finden es nicht als Botschaft aus der Vergangenheit, nicht in einer Schatzkiste für aktuell einschlägige analytische Befunde (so als wenn ein früherer Denker eine aktuelle Situation mit ihren Herausforderungen vor ihrem Eintreten erfasst und unübertreffbar analysiert hätte) oder gar für eins zu eins übertragbare Handlungskonzepte (als wenn der frühere Denker nicht nur die aktuellen Herausforderungen antizipiert hätte, sondern auch die aktuellen Möglichkeiten, mit ihnen klug umzugehen und dafür auch gewusst hätte, was in der Gegenwart zum Umgang mit diesen Herausforderungen zur Verfügung stünde – seien es finanzielle, technische, motivationale, organisatorische, wissenschaftliche oder andere Ressourcen, zum Beispiel Kooperationspotenziale). Ein aktuelles Anregungspotenzial ist stattdessen immer ein in der Gegenwart erarbeitetes, das allerdings nur mit dem früher Gedachten entwickelt werden kann.
- Das erarbeitete Anregungspotenzial mit einer praktischen Bedeutung entfaltet sich, wo es eine eingefahrene aktuelle Praxis oder eine bislang angestrebte Vorgehensweise erfolgreich zu ändern nahelegt. Bewähren muss und kann sich dieser Zugang immer über Erträge in der Gegenwart.
- Schon um ein potenzielles Anregungspotenzial auch nur erkunden und tentativ reflektieren zu können, müssen wir das Denken und die Texte des potenziell Anregenden u n d aktuelle Herausforderungen verstehen sowie in deren Kenntnis Anregungen suchen. Selbstgewisse und selbstzufriedene politische (Möchtegern-)Führungskräfte

und fleißige Opportunisten, die ihnen folgen, sind prinzipiell blind für Anregungspotenziale, sind unmusikalisch, wenn es darum geht, sich ein Anregungspotenzial früherer Denker zu erschließen. Für sie können frühere Denker bestenfalls schmückend bestätigen, was sie ohnehin tun.

Wenn wir eine Argumentation zum aktuellen Anregungspotenzial von Jochen Steffen im 21. Jahrhundert entwickeln wollen, geht es mithin um zwei Reflexionsprozesse:

- Zuerst ist im Hinblick auf Steffens Werk zu fragen: Was sind in dieser Theorie die Kerngedanken, die aktuell sein könnten, insofern sich aktuelle Herausforderungen mit ihnen besser erkennen und/oder nutzbringend interpretieren lassen? Sei es, weil sie zeitlos gültig oder gerade jetzt hilfreich sind, eine historisch aktuelle Situation mit ihren politischen Herausforderungen zu verstehen und gesellschaftliche Politikfähigkeit in ihr erfahrbar werden zu lassen. Solche Kerngedanken von Steffen sollen im Teil III ermittelt und dargestellt werden – im kritischen Diskurs mit verschiedenen Beurteilungen seiner Theorie, die deren Aktualität bestreiten oder verkennen.
- Mit den Ergebnissen der ersten Reflexion ist für eine zweite zu fragen: Welches Anregungspotenzial im Kontext aktueller Herausforderungen im 21. Jahrhundert kann mit den ermittelten essenziellen Einsichten von Steffen aufgezeigt und begründet werden? Diese Frage kann in einem Autorentext nur individuell beantwortet werden. Wie die so tentativ aufgezeigte Aktualität in Gruppen, Parteien oder in der Gesellschaft insgesamt beurteilt wird, ist in Verständigungsprozessen zu klären, auf die hinzuwirken ist (Teil V).

III: Essenzielle Einsichten von Jochen Steffen, die anhaltend aktuell sein könnten

Essenzielle Einsichten von Steffen verstehen wir am besten in ihrem Widerspruch zu anderen Denk- und Sichtweisen. Ich möchte sie deshalb im Diskurs mit Stellungnahmen aufzeigen, in denen sie bestritten, negativ beurteilt oder – wie ich argumentieren werde – nur gut gemeint adressiert werden, ohne ihr aktuelles Anregungspotenzial zu erschließen, geschweige denn zu verstehen. Die ausgewählten sechs Beurteilungen – alle von respektablen Persönlichkeiten – diskutiere ich jeweils mit der Frage: Was wäre zu der jeweiligen Sichtweise zu sagen, wenn sie mit Steffens Politikverständnis und seiner politischen Theorie reflektiert würde? [13]

Für Steffens Theorie orientiere ich mich vorrangig an dem, was er in den siebziger Jahren veröffentlicht oder in politische Arbeitsprozesse und Gespräche eingebracht hat, an denen ich beteiligt war. Wichtige Quellen aus dieser Zeit – von seiner

---

13 Die Vorgehensweise habe ich gewählt, weil sie mir produktiv erschien, wichtige Gedanken von Steffen aufzuzeigen. Es bleibt dabei in aller Bescheidenheit immer nur ein Versuch eines Einzelnen. Anzustreben sind und mit dem Versuch angeregt werden Gespräche in vielen Gruppen, um das Anregungspotenzial von Steffen sozial wirksam zu erkunden.

letzten Landtagswahl als Spitzenkandidat (1971) bis zu seinem Austritt aus der SPD 1979 – sind die drei Bücher *Strukturelle Revolution. Von der Wertlosigkeit der Sachen, Krisenmanagement oder Politik?, Wer sich nicht in Gefahr begibt …* und Gespräche zu diesen Werken.[14] Ferner seine Arbeit als Gründungsvorsitzender der Grundwertekommission der SPD in den Jahren 1973-76, der naturgemäß zur Vorbereitung und Abstimmung viele Kommunikationsprozesse vorausgingen, insbesondere mit dem Parteivorsitzenden Willy Brandt.

Es kann und muss hier nicht angestrebt werden, die Vielfalt unterschiedlicher Verständnisse von Jochen Steffen möglichst vollständig zu erfassen und zu strukturieren. Für den Zweck dieser Betrachtung reicht es aus, eine Reihe wichtiger unterschiedliche Sichtweisen zu diskutieren. Es soll vorrangig darum gehen, essenzielle Einsichten von Steffen aufzeigen, die genutzt werden könnten, wenn wir sein aktuelles Anregungspotenzial im Kontext aktueller Herausforderungen ermitteln wollen. Ausgewählt habe ich sechs Sichtweisen, aus meiner Sicht sechs wichtige und hinreichend viele sowie hinreichend verschiedene.[15] Das Spektrum der Sichtweisen erfasst Stimmen, die sich von Steffen kritisch distanzieren und seine Theorie ablehnend ansprechen und auch solche, die ihm wohlwollend verbunden sind.

Sichtweise 1: Der „verrückte Steffen"

Der „verrückte Steffen" begegnet uns in einem Tagebucheintrag vom 12. April 1974, geschrieben im Kanzleramt in Bonn. Verfasser des Tagebuchs ist Klaus Harpprecht, ein enger Mitarbeiter des damaligen Bundeskanzlers und SPD-Parteivorsitzenden Willy Brandt. Sein Tagebuch hat Harpprecht erst später nach Willy Brandts Tod veröffentlicht.[16]

Der Kanzlerberater Harpprecht adressierte mit seinem „verrückten Steffen" den von seinem Kanzler eingesetzten Gründungsvorsitzenden der SPD-Grundwertekommission. Wenige Monate vor Harpprechts Tagebucheintrag hatte Willy Brandt als Parteivorsitzender in enger Abstimmung mit Jochen Steffen im SPD-Parteivorstand die Entscheidung herbeigeführt, Steffen mit der Leitung einer neuen Kommission zu beauftragen, welche die wertebezogenen Grundsatzfragen der Partei erkunden, reflektieren und bearbeiten sollte.[17] In dieser Kommission sollte es darum gehen, mit den in den frühen 1970er Jahren deutlich gewordenen neuen Herausforderungen umzugehen,

14 Vgl. insbesondere sein legendäres SWF-Gespräch mit Golo Mann, abgedruckt in Steffen, Jochen: Personenbeschreibung. Biographische Skizzen eines streitbaren Sozialisten, hrsg. von Jens-Peter Steffen, Kiel 1997 und mit einem bemerkenswerten Unterschied in einer durch das Bundespresseamt erstellten Abschrift. Auf die unterschiedlichen Abschriften kommen wir im zweiten Diskurs in diesem Teil des Textes im Detail zurück.

15 Genau genommen sind es nicht sechs, sondern sieben, weil ich zur Sichtweise 4 zum „Karriereende" zwei Varianten diskutiere.

16 Klaus Harpprecht: Im Kanzleramt. Tagebuch der Jahre mit Willy Brandt, Reinbek 2000, S. 533.

17 Vgl. Kurzprotokoll der SPD-Vorstandssitzung vom 1.6.1973.

auch auf ein neues Parteiprogramm hinarbeitend, welches Willy Brandt etwa in zehn Jahren erreichen wollte.[18]

Was diese in der Geschichte der SPD erstmals eingesetzte Kommission erarbeiten sollte, war zu der Zeit nur grob konturiert.[19] Klar war aber, dass keine andere Kommission stärker über die Grundsätze der SPD, über die normativen Grundlagen ihrer Theorie und Praxis und über ein neues Grundsatzprogramm nachdenken sollte. Für dieses Arbeitsfeld hielt der Parteivorsitzende Willy Brandt Jochen Steffen für geeignet. Für andere war er der „verrückte Steffen“ und Harpprecht sprach es aus.

Um Harpprechts Sichtweise für den Zweck unserer Betrachtung zu interpretieren, schlage ich vor, sein Urteil „der verrückte Steffen“ so zu lesen, dass Steffen mit Harpprechts Beurteilung in seiner Wahrnehmung politischer Herausforderungen und Aufgaben ein Standort zugeordnet wird, der ihn zu einer fehlerhaften Wahrnehmung der Wirklichkeit führe, eben ein ver-rückter Standort. Für diese Interpretation sprechen vier gute Gründe.

Sie wird dem Urteil von Klaus Harpprecht wie auch dem Beurteilten Jochen Steffen und auch dem Parteivorsitzenden Willy Brandt gerecht, für den mit ihr aufgezeigt werden kann, warum er gute Gründe hatte, Steffen in der Zeit als Vorsitzenden einer neuen Grundwertekommission ausgewählt zu haben, was ja absurd wäre, wenn „der verrückte Steffen“ als psychiatrischer Befund oder als Herabwürdigung zu lesen wäre. Das Urteil von Harpprecht wird allen dreien gerecht und im Übrigen – last but not least – zeitigt es ein erstes grundlegendes Verständnis von Steffens Theorie für die Entwicklung ihres aktuellen Anregungspotenzials, um das es uns hier ja vorrangig geht.

Wenn wir Klaus Harpprechts Charakterisierung von Steffen als eine Ortsbestimmung lesen, welche Steffens Wahrnehmung prägt, dann ist diese – bezogen auf Harpprechts eigenen Standort – sehr korrekt. Steffen ist für den Mann aus dem Kanzleramt,

---

18 Auf der konstituierenden Sitzung der Grundwertekommission am 1.10.1974 in Bad Münstereifel, an der der Parteivorsitzende am Abend teilnahm, sagte Brandt, ein neues Grundsatzprogramm habe „noch zehn Jahre Zeit, aber dies sei der Beginn“. Persönliche Mitschrift des Verfassers.

19 Die Kommission sollte sich ihr Programm selbst erarbeiten. Der Parteivorsitzende Willy Brandt hatte verschiedene Wünsche und im Übrigen die Erwartung, dass die Kommission ihr Potenzial nutze, die Grundwertefragen richtig in Aufgaben zu übersetzen. Dies wird hier betont, um erkennen zu können, dass Willy Brandt ein Vertrauen in den Vorsitzenden gehabt haben muss, denn dieser hatte starke Freiräume. Einflussreich war der Vorsitzende auch dadurch, dass er dem Präsidium Mitglieder der Kommission zur Berufung vorschlug. Zu meinen Aufgaben als Steffens damaliger Assistent gehörte es, eine Reihe potentieller Mitglieder der Kommission, die Steffen gerne zur Mitarbeit gewinnen wollte, aufzusuchen und im Gespräch zu erkunden, ob er sie zur Berufung vorschlagen dürfe. Ein weiterer Zweck dieser Gespräche lag darin, Erwartungen und Anregungen für die Kommissionsarbeit zu ermitteln und diese dann im Gespräch mit dem Kommissionsvorsitzenden für den Arbeitsprozess zu reflektieren.

der als Mann der „Neuen Mitte“[20] dachte und sich für eine „unumgängliche Amerikanisierung Westeuropas“[21] einsetzte, ver-rückt, sprich: er sieht die Dinge nicht von dem Standort aus, von dem der Mann aus dem Kanzleramt sie sieht; und mit ihm viele andere in der Regierung, dem Regierungsapparat und den Regierungsfraktionsmitgliedern. Harpprecht war in der Zeit in Bonn wahrlich nicht der Einzige, der Steffen eine ver-rückte Wahrnehmung der Wirklichkeit zuschrieb.[22]

Diesem analytischen Befund hätte Steffen zugestimmt. Über die Tatsache, dass ein Seh-Standort eine Wahrnehmung prägt, hätte er nicht gestritten. Im Gegenteil. Steffen war dieser Zusammenhang und seine unverbonnte Wahrnehmung politischer Herausforderungen nur zu bewusst. Mit unterschiedlichen Wahrnehmungen werden in derselben Wirklichkeit unterschiedliche Herausforderungen gesehen. Das ist für Steffen ein so grundlegender Gedanke, dass er ihn in seinem Hauptwerk *Strukturelle Revolution* so prominent wie möglich auf der ersten Seite des Vorworts formuliert, gleich dort, wo er einleitend mitteilen möchte, warum er dieses Buch geschrieben hat. „Bewußtsein wecken“, so Steffen, heiße „Wissen über das Sein“ erzeugen. Über das Sein, sprich über die Wirklichkeit. Dazu wirft er die Frage auf: „Woher kommt es, daß es so verschiedene Bilder der Wirklichkeit gibt?“ und erinnert sich an seine Zeit als Junge, in der „klassenbewusste Arbeiter“ ihm gesagt hätten „Das musst du SO sehen.“ Mit dem „SO“ (mit großen Buchstaben im Original, hier schreibt ein Redner), stellt Steffen heraus, dass man die Wirklichkeit so oder so sehen könne, und kommt damit zur „Philosophie der Politik“.[23] Am Anfang steht die Einsicht, dass das Gesehene im Sehen bewertet wird und so Beobachter mit unterschiedlichen Werten unterschiedliche Bilder der Wirklichkeit wahrnehmen.

Das Buch *Strukturelle Revolution* mit der durch die Werte seines Autors geprägten Beschreibung der Wirklichkeit zeigt dann, warum sein Autor in den Augen eines Mainstream-Ministerialbürokratie-Repräsentanten im Jahre 1974 „verrückt“ erscheint, sprich als Stimme einer ver-rückten Wahrnehmung.

---

20 „Als Redenschreiber gab er seinem Chef einprägsame Formulierungen wie den Begriff der „neuen Mitte“ an die Hand“, schreibt die FAZ am 21.9.2016 in einem Porträt nach Harpprechts Tod. http://www.faz.net/aktuell/feuilleton/buecher/autoren/journalist-und-schriftsteller-klaus-harpprecht-ist-tot-14445890.html (Autor nicht genannt). Auch die Süddeutsche Zeitung stellte in ihrem Artikel nach Harpprechts Tod heraus, dass der von Brandt genutzte Begriff der „neuen Mitte“ von Harpprecht stamme. Heribert Prantl: Der Mann der viele Leben lebte, SZ 22.9.2016

21 So die Harpprecht-Kennerin Iris Radisch in ihrem ganzseitigen Nachruf: Amerikanische Nonchalance, schwäbische Dickköpfigkeit. Zum Tod des großen Journalisten Klaus Harpprecht, in: Die Zeit Nr. 41/2016 vom 29. September 2016.

22 Dieses Urteil beruht auf den vielen Gesprächen, die ich als Assistent von Steffen und als Planungsbeauftragter der Grundwertekommission 1974 in Bonn geführt habe. Mehrere der Gesprächspartner hatten das 1974 erschienene Buch Strukturelle Revolution gelesen und sprachen es auch an. Der Respekt vor der Persönlichkeit des Autors war groß, ich habe dort im Kreis der zukünftigen Mitglieder der GWK aber 1974/75 niemanden getroffen, der sich positiv auf das Bild der Herausforderungen bezogen hätte, wie es Steffen in dem Buch vorstellt.

23 Alle Zitate in Steffen: Strukturelle Revolution, S. 13.

Die ministerialbürokratisch wohl geordnete Wahrnehmung von Problemen, die man Ressorts und bislang verfolgten Denkschulen zuordnen kann, kollidiert hier mit einer Wahrnehmung von Herausforderungen und Aufgaben, die die Regierung und die ihr folgenden Fraktionen gar nicht oder nicht in ihrer richtigen Anlage und Dimension wahrnehmen.

Wenn Steffen seine Gründe hatte, nicht in die Bonner Berufspolitik zu gehen, wiewohl Herbert Wehner ihm das vorgeschlagen hatte[24], dann war diese große Diskrepanz in der Wahrnehmung der Wirklichkeit zwischen ihm und der in Bonn dominierenden Sichtweise sicher einer der Gründe für diese Entscheidung; einer neben anderen und nicht der unwichtigste. Diese Diskrepanz hat ihm Zugänge zur Mitarbeit in dem Regierungssystem versperrt.[25]

Wenn sehr unterschiedliche Wahrnehmungen aktueller Herausforderungen zu sehr unterschiedlichen Aufgabenverständnissen führen, geht es mit den im Raume stehenden Konflikten nicht mehr nur um Nuancen in den Wegen zu einheitlichen Zielen, sondern um komplexe Kontroversen über die richtigen Ziele und die ihnen gemäße Qualität der Wege. Für einen Umgang mit solchen komplexen Kontroversen gab es kein Arbeits-Modell im Bonner Politikbetrieb und keine Anregungen aus der Politik-

24 Vgl. Steffen: Personenbeschreibung, S. 231.

25 Steffen hatte sein nicht immer nachvollziehbares Bonn-Bild. So schrieb er mir am 6. Oktober 1977 (ich war da gerade mal ungefähr seit einem Jahr MdB) auf einer handschriftlichen Briefkarte „Deinem angekündigten Besuch sehen Ilse und ich mit Freude und Fassung entgegen. Ich meine allerdings, daß zunehmender Zeitmangel Deine ‚humane Totalität' bestimmen und deformieren wird." Eine Tätigkeit im Deutschen Bundestag ohne eine Deformierung der Persönlichkeit konnte er sich offensichtlich nicht vorstellen. Was er für sich so sah, übertrug er dann auch auf andere. Gleich „einen Haufen Leute in der Bundestagsfraktion" sah er stark suizidgefährdet. Steffen 1997, S. 272. Wenn man ihm als MdB etwas aus Bonn erzählte, musste man immer auch damit rechnen, dass er das mit seinem Bild der Bonner Gegebenheiten interpretierte und dann anderswo anders wiedergab, als man es verstanden wissen wollte. Dies habe ich an einem Interview bemerkt, welches ich erst Jahre nach seiner Veröffentlichung zur Kenntnis nehmen konnte und über das wir leider nie gesprochen haben. Mein letztes persönliches Gespräch mit ihm fand im Sommer 1987 in St. Peter-Ording an seinem Krankenlager statt. Das erwähnte Interview erschien in dem österreichischen Magazin FORUM, Jänner/Februar 1980, wieder abgedruckt in Steffen: Personenbeschreibung, S. 257-273. In dem Interview finden wir auf der S. 272 auch eine Aussage zu dem „Macker, der die Atom-Enquete macht", deren Wahrheitsgehalt ich als Betroffener nicht bestätigen kann. Das betrifft die Aussage, die er mir zuschreibt wie auch das, was er mir vor einer Kandidatur für den Bundestag gesagt haben will. Die mir zugeschriebene, wie auch die von ihm behauptete Aussage kann ich nicht bestätigen. In unseren Gesprächen hat er dies nie wie in dem Interview angesprochen.

wissenschaft.[26] Mit dieser Interpretation ist eine erste grundlegend wichtige Einsicht von Steffen herauszustellen, eine gebotene, spezifisch neue Wahrnehmung politischer Herausforderungen in den frühen 1970er Jahren und ihre Begründung. In den frühen 70er Jahren waren große, längerfristig bedeutsame Herausforderungen, Themenfelder, politische ‚Baustellen' erkennbar geworden, was nur mit einem bestimmten Wahrnehmungsvermögen möglich war. Wo dieses fehlte, wurden die von anderen wahrgenommenen Aufgaben dementiert, bestritten, geleugnet.

Für das Ensemble dieser Herausforderungen haben wir noch keinen weithin gut verstandenen und genutzten Namen. Jedenfalls aus Sicht derer, die wie Steffen diese Herausforderungen in einem Zusammenhang sahen. Mit Carl Gustav Jochmann können wir uns die noch ausstehende begriffliche Klärung durch den unzulänglichen öffentlichen Streit über dieses Ensemble und seine Interpretation erklären.[27] Unzulänglicher öffentlicher Streit steht für die nicht entwickelte kooperative Findekunst des lernenden Streitens. Dass wir einen Streit befördern wollten, hatte ich in der Einleitung herausgestellt. Hier ist eines seiner Kristallisationsthemen. Ich werde einstweilen von den Herausforderungen sprechen, die um 1970 herum erkennbar wurden und kürzer vom „70er-Blick" oder „den 70er-Herausforderungen" sprechen. Der rote Faden meiner Argumentation beginnt mit dem ver-rückten Sehen dieser „70er-Herausforderungen". Dieser Blick zeitigt Widersprüche. Diese prägen in der Folge alles. Der versäumte aufgabenorientierte Verständigungsprozess über die in den 70er Jahren erkennbaren Herausforderungen begründet eine Argumentation zur Aktualität ihrer Wahrnehmung in einer neuen Weise.

Auf dieses spezifische Bündel der in den frühen 1970er Jahren erkennbaren Herausforderungen müssen wir in dieser Betrachtung immer wieder zurückkommen. Nichts ist separat davon zu sehen und jede weitere essenzielle Einsicht von Steffen sehe ich damit verbunden. Die Bedeutung einer aufgabenorientierten Wahrnehmung dieses

---

26 Das war die erste wichtige Erfahrung, die ich als MdB im Herbst 1976 machte, als ich lernen musste, dass eine Alternative zur Kernenergienutzung und zum Verzicht auf die Plutoniumtechnologie der Schnellen Brüter in Bonn weder betrachtet worden war, noch im vorgefundenen Arbeitssystem behandelt werden sollte oder könnte. Ein aufgabengerechtes Arbeitsmodell – die Idee einer Enquete-Kommission – war zu erfinden, zu entwickeln und durchzusetzen. Zu entwickeln war mit der Idee zuerst einmal das Leistungsziel für die Kommission, kooperativ kontroverse komplexe Alternativen zu konzeptualisieren, also bislang in Bonn nicht gesehene alternative Zukünfte inklusive verschiedener Wahrnehmungen der politischen Wirklichkeit und der Entwicklungsmöglichkeiten. Die Idee wurde in Form von vier Pfaden alternativer Energiezukünfte durch die Enquetekommission umgesetzt (Deutscher Bundestag: Zukünftige Kernenergie-Politik. Kriterien – Möglichkeiten – Empfehlungen. Bericht der Enquete-Kommission des Deutschen Bundestages, 2 Bände, Bonn 1980). Vgl. dazu Reinhard Ueberhorst: Rede zur Brutreaktorpolitik und zum Antrag auf Einsetzung einer Enquete-Kommission „Zukünftige Kernenergie-Politik". Deutscher Bundestag: Plenarprotokolle, 8. Wahlperiode, 125. Sitzung am 14.12.1978, S. 9767-9772, sowie derselbe: Positionelle und diskursive Politik - Die Bewährung einer demokratischen Technologiepolitik an den Chancen kritischer Argumente zur Brütertechnik, in: Klaus-Michael Meyer-Abich/Reinhard Ueberhorst (Hg.): AUSgebrütet – Argumente zur Brutreaktorpolitik, Basel u.a. 1985, S. 356-395 und Cornelia Altenburg: Kernenergie und Politikberatung. Die Vermessung einer Kontroverse, Wiesbaden 2010.

27 Carl Gustav Jochmann: Über die Öffentlichkeit, in: Ders.: Die unzeitige Wahrheit, Leipzig u.a. 1990, S. 193-229.

Bündels der 70er-Herausforderungen kann kaum überschätzt werden. Sie kreiert einen politischen Raum mit Herausforderungen und politischen Entscheidungsaufgaben, in denen Steffen seine Theorie entwickelt.

Diese Wahrnehmung reflektiert

- „das Ende des goldenen Zeitalters", wie es in der politischen Ökonomie für die Jahrzehnte bis 1970 registriert wird und zu der Frage führte, ob nun die Grenzen des Wachstums zu sehen und ein neues Verständnis qualitativer Wirtschaftspolitik anzustreben wäre,
- den Beginn der Ära der Ökologie, die Joachim Radkau in einer umfangreichen Studie mit diesem Titel aufgezeigt hat, mit wichtigen Reflexionen und Einsichten insbesondere für eine neue aufgabengerechte Anlage und Methodik der Politik[28],
- ein Ende der Dominanz technokratischer Denkweisen, so insbesondere im Bereich der Kernenergie, und die Herausforderung, Wissen, insbesondere Wissen über alternative Zukünfte zu nutzen, ohne demokratische Ansprüche zurückzunehmen, sondern sie vielmehr zu stärken, um mit erkannten transwissenschaftlichen Aufgaben in der Beurteilung verschiedener Optionen umgehen zu können,
- die 1969 vom ersten sozialdemokratischen Bundeskanzler postulierte Maxime „mehr Demokratie zu wagen", womit die Frage im Raum stand, was das heiße – bis hin zur Demokratisierung der Wirtschaft und der technologischen Entwicklung.

  Mit dem Blick auf die 70er-Herausforderungen war zu erkennen, dass Demokratiepolitik, Wachstumspolitik, Gleichheitspolitik, Technologiepolitik, Umweltpolitik gedanklich neu zu entwickeln und neu zusammenzuführen wären – orientiert an Grundwerten und einem Verständnis für Entwicklungsaufgaben gesellschaftlicher Politikfähigkeit.

Jochen Steffen war einer, der diese Entwicklung sehr früh – auch durch eigene Lernprozesse – wahrgenommen und versucht hat, sie mit einem neuen politischen Aufgabenverständnis im Kontext dieser langen Linien zu interpretieren. Mit einem ganz spezifischen Wertesystem, welches Freiheit nicht ohne Gleichheit und freiheitliche Selbstbestimmung nicht ohne eine Kritik der Selbstentfremdung denken konnte. Auf diese Wertfragen gehen wir im nächsten Abschnitt genauer ein, hier ging es uns vorrangig um den Fakt, dass zu Beginn der 1970er Jahre ein neuer komplexer Blick auf die Wirklichkeit zur Wahrnehmung komplexer Herausforderungen führt, die nicht mehr in den alten Paradigmen für definierte Aufgabenfelder isoliert voneinander angegangen, sondern neu integriert betrachtet werden sollten.

---

28 Vgl. dazu die kurze, aber inhaltsreiche „Zwischenbetrachtung zur Essenz von Umweltproblemen" in Joachim Radkau: Die Ära der Ökologie: Eine Weltgeschichte, München 2011, S. 391ff.

Die ver-rückte Wahrnehmung dieser Herausforderungen ist im Unterschied zur dominierenden Sicht im Bonner Regierungsbetrieb durch das Bewusstsein geprägt, dass die Herausforderungen

a) im Zusammenhang zu sehen seien, sowohl analytisch wie auch programmatisch konzeptionell,
b) dass sie langfristig anzugehen seien mit neuen Leitbildern,
c) dass es mit ihnen um systemare Alternativen gehe, also um sehr komplexe Alternativen, die aber noch genauer herauszuarbeiten wären, wenn sie einer politischen Beratung und Entscheidung zugeführt können werden sollten,
d) dass es darum gehe, eine nicht mehr halbierte (nur etatistische) Demokratie zu entwickeln, und
e) die Rolle der Partei(en) und der Wissenschaftler wie auch des Staates in neuen interaktiven und kooperativen Politikformen zu bestimmen.

Die neue Wahrnehmung um 1970 und in den frühen 1970er Jahren ist eine Wahrnehmung von Herausforderungen

- in der Form komplexer Änderungsbedarfe, die nicht auf der Tagesordnung der offiziellen Politik stehen,
- mit diesen Änderungsbedarfen werden Verzweigungssituationen behauptet (beispielsweise Alternative Wachstumspolitik, Alternativen zu Kernenergienutzung),
- welche vom Mainstream der bislang verfolgten Politik gar nicht gesehen, sondern verkannt und auch dementiert werden.

In der Folge dieser kontroversen Wahrnehmungen gibt es mehr und mehr kontroverse Antworten auf kontroverse Fragen,

- also eine wirre Lage, in der man sein Gegenüber nur als ver-rückt wahrnehmen kann, wenn man sich den Raum der Alternativen gedanklich nicht erschließen kann, womit dann in der Folge
- keine Verständigungen über Antworten erreicht werden (können), weil es an gemeinsamen Fragen mangelt.

Die Lage zeitigt den worst case verfehlter Politikfähigkeit, wenn es bei den im Raume stehenden Herausforderungen auf breit getragene gesellschaftliche Verständigungen ankommt, auf langfristige gesellschaftliche Akteurskoalitionen, wenn also gesellschaftliche Verständigungen zu diesen komplexen Herausforderungen erreicht werden müssten, diese aber schon daran scheitern, dass keine gemeinsame Wahrnehmung der Herausforderungen und damit auch der zu klärenden Fragen erreicht wird.

Wo der Blick für neue Herausforderungen fehlt, werden keine Alternativen entwickelt. Wo Alternativen nicht entwickelt werden, kann nach Kriterien der Vorzugswürdigkeit nichts entschieden werden. Wo solche Prozesse entfallen, entschwindet der Umgang mit dem Politischen, es dominiert eine Entwicklungslogik, Entwicklungslogik wird zum Ersatz für Politik.[29] So war die Forderung „Wir wollen mehr Demokratie wagen“ und die Botschaft „Wir stehen nicht am Ende unserer Demokratie, wir fangen erst richtig an“ aus der ersten Regierungserklärung von Bundeskanzler Willy Brandt am 28. Oktober 1969 nicht „verwegen“ (wie in den Augen von Strauß und den seinigen[30]). Jochen Steffen gehörte zu den Wenigen, die in den Jahren einen zusammenführenden Blick auf diese Herausforderungen versuchten. Für die Sehschlitze von Ministerien, Parteien, Regierungen, Disziplinen war eine solche Wahrnehmung nicht möglich. Und wenn sie ihr begegneten, wurden sie für „ver-rückt“ gehalten.

Mit meiner Interpretation sage ich, dass dies für Brandt kein Hinderungsgrund gewesen war, Steffen 1973 als Gründungsvorsitzenden der Grundwertekommission zu berufen. Im Gegenteil. Für die angestrebte Programmarbeit war eine neue Wahrnehmung politischer Herausforderungen in der Zeit von grundlegender Bedeutung.

Die ver-rückte Wahrnehmung der um und kurz nach 1970 wahrnehmbaren großen Herausforderungen und ihre Interpretation mit den Grundwerten Freiheit, Gerechtigkeit, Solidarität prägt den roten Faden meiner Argumentation für die Aktualität der politischen Theorie Jochen Steffens. Im Raum der Sozialdemokratie gibt es jedenfalls für den Zeitraum keinen Zweiten, der diese Herausforderungen so wegweisend wahrgenommen und interpretiert hätte wie Jochen Steffen. Für dieses Urteil müssen freilich die weiteren Einsichten einbezogen werden, insbesondere die aus Steffens Marxismus zu gewinnenden.

Sichtweise 2: Steffens Marxismus als „dummes Zeug“

Unabdingbar für das Erfassen der essenziellen Einsichten von Steffen, um deren Aktualität es uns geht, ist es, seine Inspiration durch den Philosophen und politischen Theoretiker Karl Marx zu verstehen. Es gibt keine ernst zu nehmende Beschreibung von Steffens politischer Theorie – durch ihn selbst oder andere –, in der keine Bezüge zu Karl Marx hergestellt würden. Es gibt aber negative Urteile über Steffens Marxismus. Einen Weg zur anerkannten Aktualität von Steffens politischer Theorie kann es deshalb nur geben, wenn diese negativen Urteile überwunden werden können. Wie dürfen wir uns das, wenn überhaupt, vorstellen?

Eine Widerlegung im Sinne einer wissenschaftlichen Falsifizierung ist schon deshalb nicht möglich, weil Steffen für seine marxistische Orientierung keinen wissenschaftlichen Geltungsanspruch erhebt. Was für ihn – sehr selektiv, das werden wir

---

29 Wer 1976 als Mitglied der Regierungsfraktion SPD in den Deutschen Bundestag kam, konnte die Wucht erfahren, mit der Regierung und Regierungsfraktionen im Bereich der Energiepolitik, insbesondere im Bereich der Kernenergiepolitik, hinter dieser Entwicklungslogik standen und das noch für Politik hielten.

30 Siehe Peter Siebenmorgen: Franz Josef Strauß. Ein Leben im Übermaß, München 2015, S. 249. Zu kurz gedacht erscheint mir auch die Annahme des durchgängig vorzüglichen Autors Peter Siebenmorgen, dass das „Mit der Demokratie jetzt richtig anzufangen“ nur ein „Herzenswunsch“ für die Linke in der damaligen SPD gewesen wäre und nicht gleichermaßen ein Verstandeswunsch. Ebd., S. 460.

gleich präzise ansprechen – im Denken von Marx entscheidend ist und übernommen wird, ist „im strengen Sinne nicht wissenschaftlich.“[31] Steffens Denken ist also deutlich abzugrenzen von der Vorstellung eines „wissenschaftlichen Marxismus“. Für Steffen ist Marxismus nicht etwas, das er in die Wirklichkeit hineinzwängt, auf dass sie sich im Sinne einer marxistischen Ideologie (für ihn ein Widerspruch in sich) zeige. Marxismus ist für ihn – in seinen Worten – „etwas, das mir entweder hilft, das was geschieht, zu erklären in seiner Totalität“ ... und wenn es dafür nicht nützlich ist, „dann nehme ich etwas anderes, suche nach etwas anderem, das mir ein Phänomen erklärt“.[32]

Warum soll das nun „dummes Zeug“ sein, wie kein Geringerer als Helmut Schmidt behauptet hat? Eingebettet in freundliche, wenn auch leicht unsicher-überheblich wirkende Worte: „Wir sind trotz unserer erheblichen grundlegenden Meinungsverschiedenheiten Freunde geblieben. Jeden Sommer ist er mit seiner Frau an den Brahmsee gekommen und hat mich besucht. Er war ein anständiger Junge. Aber sein Marxismus war in meinen Augen dummes Zeug.“[33]

So kanzelte der Altkanzler seinen Freund ab, im Jahre 2010, lange nach Steffens Tod.[34] Immerhin distanzierte er sich sehr präzise von „seinem“, also Steffens Marxismus, tütete Steffen also nicht allgemein ein, um sich dann von einem Marxismus zu distanzieren, den Steffen gar nicht vertrat. Leider hat Schmidt aber seine Sicht der spezifisch marxistischen Denkweise von Steffen nirgendwo weiter präzisiert. Diesen spezifischen Marxismus müssen wir uns aber erschließen, wenn wir die essenziellen Einsichten von Steffen zusammentragen. Einen ganz vorzüglichen Zugang zur Identifizierung der durch Marx geprägten Denkweise Jochen Steffens finden wir in einem Fernsehgespräch, das Golo Mann mit Jochen Steffen 1974 führte, kurze Zeit nach dem Erscheinen des Buches *Strukturelle Revolution*.[35]

Wäre über den Denker Jochen Steffen ein Theaterstück zu schreiben, so wäre dieses Gespräch für mich die Schlüsselszene. Das Gespräch erhellt nicht nur die essenziellen Einsichten, mit denen Steffen sich auf Marx bezieht. Es vermittelt gleichzeitig seine persönlichen Qualitäten: seine Fähigkeit zur Selbstironie, seine Freundlichkeit

31 Steffen: Personenbeschreibung, S. 240.

32 Ebd., S. 251.

33 Di Lorenzo, Giovanni: Verstehen Sie das, Herr Schmidt? (Helmut Schmidt im Interview mit Giovanni di Lorenzo), in: Zeit Magazin Nr. 38, 9/2010.

34 Schmidt berichtet von den regelmäßigen Besuchen seines Freundes. Die Gesprächskultur verdient es, festgehalten zu werden. Jochen Steffen erzählte mir einmal, er sei wohl der Einzige im Parteivorstand, der mit jedem anderen der Mitglieder schon mal zu zweit ein mehrstündiges Gespräch geführt habe. Zu Helmut Schmidt hat er auch öffentlich mitgeteilt, dass sie beide „unter vier Augen immer sehr gut miteinander (haben) reden können“. Steffen: Personenbeschreibung, S. 266.

35 Abgedruckt in Steffen: Personenbeschreibung, S. 240-256.

und nicht zuletzt seine Anerkennung Andersdenkender (so sie denken).[36] Die im Folgenden zitierten Dialog-Passagen wären eins zu eins in das Theaterstück zu übernehmen. Sie vermitteln in größter Verdichtung den sehr selektiv und differenzierend mit und zu Marx argumentierenden Steffen, an dem sich diejenigen reiben, die ihm einen dogmatischen Marxismus zuschreiben wollen und seine Souveränität, mit der er solche Versuche auflaufen lässt.

Mann eröffnete das Gespräch mit einer Bezugnahme auf das gerade erschienene Buch *Strukturelle Revolution*.[37] Seine Einlassung zu dem Buch lässt Mann auf die Frage zulaufen: „Sind Sie ein Marxist, Herr Steffen?" Ein „Nein" hatte Mann wohl nicht erwartet, aber Steffen antwortete auf diese Frage auch nicht mit „Ja!", sondern mit der Feststellung: „Das weiß ich nicht genau." Durch das bekundete Nichtwissen lässt Mann sich locken und repliziert: „Ich könnte es Ihnen schon sagen." Darauf Steffen: „Ja, das würde mich freuen, welcher Meinung sind Sie denn?" Dann lässt Steffen Golo Mann den Marxisten Steffen beschreiben und widerspricht ihm.

Mann: „Ich würde sagen, daß Sie durchaus ein Marxist sind, aber gleichzeitig ein freier Geist sein wollen, - daß Sie beides sind, dass da der Widerspruch in allen Ihren wesentlichen Äußerungen liegt. Sie sind ein Marxist, sogar ein orthodoxer Marxist, nehmen sich aber beständig zurück, weil Sie viel zu gescheit sind, um nicht zu wissen, was im Marxismus nicht mehr stimmt, und das ist das meiste. Darin liegt das Klärende und das häufig sehr Verwirrende in Ihren Äußerungen. Das ist meine Meinung."

Steffens Antwort[38]: „Ich glaube nicht, daß das so ist. Sie können sich vorstellen, daß es also orthodoxe Marxisten gibt, die mir bescheinigen, ich sei nicht rechtgläubig; das ist mir letztlich auch völlig gleichgültig. Ich glaube, in zwei Dingen, die ich im marxistischen Denken für wesentlich halte – das heißt, in dem Denken von Marx

---

36 Sein Gesprächspartner Golo Mann hatte sich zum Ende des Gesprächs selbstironisch als „konservativer Bösewicht" charakterisiert und sich für Steffens Gesprächsbereitschaft mit einem solchen bedankt und nach Steffens Replik darauf noch einmal „für den Unterschied". In seiner Replik hatte Steffen konstatiert: „Wissen Sie, konservative Menschen sind immer sehr angenehm, weil sie denken können, Reaktionäre sind schlimm!" Ebd., S. 256.

37 Dieses Buch kann man sehr wohl auf Marx beziehen. Über meine Vorstellung des Buches hatte die Redaktion der Brüsseler Zeitschrift Agenor mit meiner Zustimmung den Titel „Up-Dating Marx" gesetzt, Reinhard Ueberhorst: Up-Dating Marx, in: agenor Nr. 47, November 1974, S. 8-10. Steffen selbst sprach in einer Mischung aus Selbstironie und berechtigtem Autorenstolz über das Buch auch gerne vom „vierten Band", als dem von Marx ursprünglich konzipierten, aber nicht mehr in Angriff genommenen. In seiner Ausarbeitung *Um einen Marx von innen bittend* (geschrieben für das Management-Institut Hohenstein) beschreibt er diesen IV. Band als einen solchen, „in dem – wie wir heute sagen würden – die Instrumentalisierung für die Umwälzung in eine humane Gesellschaft vorgenommen werden sollte." In derselben Ausarbeitung beklagt er auch, es fehle eine marxistische Anthropologie, „eine ausführliche Darstellung vom Wesen und der Natur des Menschen". Marx und Engels seien hier „eher viel- als eindeutig". Zu Steffens Engagement im Heidelberger „Management-Institut Hohenstein" vgl. Peter Brügge: „Letztlich wieder der olle Sokrates". Peter Brügge über Jochen Steffens Marxismus-Kursus für Manager, in: Der Spiegel, 49/1974, S. 66-68.

38 Sie wird hier so zitiert, wie sie in Steffen: Personenbeschreibung, S. 240 dokumentiert ist. Offensichtlich mit einem Fehler, wobei offen bleibt, ob Steffens mündliche Ausführung falsch protokolliert wurde oder er sich versprochen hat und der Versprecher verschriftlicht wurde.

selbst – sind für mich entscheidend, und es sind beides Dinge, die im strengen Sinne nicht wissenschaftlich sind. Das eine ist, daß ich sein Verständnis der Grundbefindlichkeit des Menschen teile; das heißt der Mensch ist ein sich selbst entfremdetes Wesen, das unter der Herrschaft der Produktion steht, die er hervorgebracht hat, statt sie zu beherrschen. Das ist das eine, und das zweite ist, daß ich glaube, daß die Triebkraft gesellschaftlicher Entwicklung und Veränderung der Klassenkampf ist. Das ist ja auch eine Methodik, die sich in der Analyse sozusagen selbst bestätigt. Entweder man ist der Ansicht oder man ist der Ansicht nicht. Das heißt es sind gewisse Tautologien, von denen ich in zwei Punkten ausgehe und die ich, glaube ich, mit Marx teile."

Dann fragt Mann nach: „Seit wann ist der Mensch selbstentfremdet? War er das immer oder ist er es erst nach dem Aufstieg des Kapitalismus?" Steffens Antwort: „Er war es immer." Darauf reagiert Mann eher skeptisch fragend als zustimmend mit einem knappen: „Aha, ja.", was Steffen zur Erläuterung motiviert: „So wie ich die Marxsche Selbstentfremdung verstehe: Sie wissen, daß es umstritten ist, war [er] es immer[39], aber in der gesellschaftlichen Entwicklung, vor allen Dingen, wie ich glaube, was bei Marx noch keine Rolle spielt, wo Wissenschaft und Technik sozusagen selbsttätige Kräfte geworden sind, die man nach Sinn und Unsinn gar nicht mehr hinterfragt, sondern einfach in die gesellschaftliche Erschütterungsdynamik einführt, hat sich die Selbstentfremdung sozusagen zum Typus des beschäftigten Menschen ausgewachsen." Den Ausdruck „des beschäftigten Menschen" lese ich als Übertragungsfehler und ersetze ihn durch „den beschädigten Menschen". Man könnte zweifeln, ob Steffen hier nicht, wie in dem Buch abgedruckt, vom „beschäftigten Menschen" gesprochen hat und nicht vom „beschädigten Menschen". Beides ergibt Sinn, wenngleich einen unterschiedlichen. So der „Typus des beschäftigten Menschen" durch Selbstentfremdung definiert ist, ist er auch ein beschädigter, der „Typus des beschädigten Menschen" wäre dann aber auf den Kreis der beschäftigten beschränkt. Im Kontext der hier von Steffen angesprochen Produktivkraft Wissenschaft und Technik ist diese Begrenzung nicht nachvollziehbar. Eine andere Abschrift des Gesprächs durch das Bundespresseamt[40] bestätigt den hier artikulierten Zweifel und schreibt im Gegensatz zu dem zitierten Buch in der von mir hinterfragten Passage den Begriff, den ich erwartet hätte. Es heißt dort also auch: „… hat sich die Selbstentfremdung sozusagen zum Typus des beschädigten Menschen ausgewachsen". Auch ein Abhören des Videos des Gesprächs bestätigt diese Version. Die Buchaussage („hat sich die Selbstentfremdung sozusagen

---

39 Steffen: Personenbeschreibung, S. 241. Im Zitat „er" vom Verfasser ergänzt, da offensichtlich Druckfehler. In der Sache folgt Steffen einem Marxschen Selbstentfremdungs-Verständnis, das auch Kolakowski darstellt. Dieser weist darauf hin, dass die einschlägigen ökonomisch-philosophischen Manuskripte keine Erklärung „für den Beginn dieser Entfremdung" enthielten. Das Privateigentum sei aber für Marx „die Folge, nicht aber die Ursache der entfremdeten Arbeit". Leszek Kolakowski: Die Hauptströmungen des Marxismus. Entstehung – Entwicklung – Zerfall, München 1977, S. 157.

40 Bundespresseamt (BPA): Abt. Nachrichten, Referat II/4, Deutsche Gruppe, DFS 10.6.1974/22.00 „Golo Mann im Gespräch mit Jochen Steffen".

zum Typus des beschäftigten Menschen ausgewachsen“) wäre also nur richtig, wenn Steffen sich versprochen hätte und nicht vom „Typus des beschädigten Menschen“ hätte sprechen wollen. Für den Nachweis eines solchen Versprechers sind mir keine Belege bekannt.

Wie Steffen die „beschädigten Menschen“ sieht, beschreibt er sehr plastisch in seinem dritten theoretischen Werk aus den 70er Jahren, in dem er vier mehrstündige Gesprächsabende in einem „Regenerations-Sanatorium“ stattfinden lässt und als Dialogtext vorstellt – so kurzweilig und gleichzeitig theoretisch anspruchsvoll wie sonst nur in den Kuddl Schnööf-Büchern.[41]

So wie Leszek Kolakowski für Karl Marx, so sehe ich für den sich auf den Marx beziehenden Jochen Steffen in der Theorie der Entfremdung „die fundamentale Determinante seiner Überlegungen“.[42] Die Aufhebung der Entfremdung, so Kolakowski für Marx, bedeute, „daß der Mensch die Macht über die Resultate der eigenen Tätigkeiten zurückgewinnt, daß die Geschichte zu einer menschlichen, d.h. von den Menschen kontrollierten Geschichte gemacht wird“[43].

Steffens Feststellung, dass der Mensch nicht erst nach dem Aufstieg des Kapitalismus, sondern immer entfremdet gewesen sei, wird auch durch Kolakowskis Marx-Exegesen gestützt. Dieser weist darauf hin, dass die einschlägigen ökonomisch-philosophischen Manuskripte keine Erklärung „für den Beginn dieser Entfremdung“ enthielten. Das Privateigentum sei für Marx „die Folge, nicht aber die Ursache der entfremdeten Arbeit“.[44] Und an anderer Stelle schreibt er: „In den <<Manuskripten>> ist die entfremdete Arbeit der originäre Prozeß, der alle anderen Formen der menschlichen Knechtschaft nach sich zieht – die Institution des Privateigentums ist ihr gegenüber sekundär.“[45]

Die interpretierten ökonomisch-philosophischen Manuskripte seien „für eine philosophische Deutung des Marxschen Werkes von großer Bedeutung, weil in ihnen die Verbindung der genuin philosophischen mit den ökonomischen Denkmotiven noch sichtbar ist, die Marx in den späteren Ausarbeitungen der Kritik der politischen Ökonomie nicht mehr thematisiert“, so schreibt Michael Quante in seinem Kommentar zu diesem für unser Marx- wie unser Steffen-Verständnis wichtigen Text.[46] Eine Verbindung genuin philosophischer mit ökonomischen Denkmotiven kennzeichnet auch das Steffensche Denken, das in dieser Anlage durch seine Marx-Lektüren geprägt ist.

In den Manuskripten geht es Karl Marx um eine philosophische Anthropologie.

41 Vgl. Steffen, Jochen: Wer sich nicht in Gefahr begibt ... Krisenprotokolle, München 1977.

42 Kolakowski: Hauptströmungen des Marxismus, S. 197.

43 Ebd., S. 182.

44 Ebd., S. 157.

45 Ebd., S. 196.

46 Michael Quante: Kommentar, in: Karl Marx: Ökonomisch-Philosophische Manuskripte. Studienausgabe mit Kommentar. Frankfurt am Main 2009, S. 209-410, hier S. 232.

Sie zählt für Steffen zum kleinen, zeitlos gültigen Teil der Marxschen Erkenntnisse. Nicht hintergehbar ist diese Entfremdung. Woraus nicht folgt, dass sie beliebig unabwendbar hinzunehmen wäre. Im Gegenteil. Golo Mann meint schlau zu fragen, wenn er „Entfremdung" erst mit dem Kapitalismus sehen will. Jochen Steffens Antwort ist präzis, klar und für Golo Mann offensichtlich überraschend. Er kann mit der Antwort nicht gut umgehen. In diesem Moment des Gesprächs hätte Mann zeigen können, Steffens Reformismus als Grundgedanken verstanden zu haben. Gerade gegenüber dem prinzipiell Unhintergehbaren zeigt sich das Verständnis von Reformpolitik: die Kunst, immer das gegenwärtig Bestmögliche erreichen zu wollen und gleichzeitig darüber hinaus aufgabenbewusst zu bleiben. So wenig Entfremdung wie möglich heißt dann für Steffen: so viel Mitbestimmung und Demokratie wie möglich.[47]

Steffens Marxismus ist nur über ein reformistisches Politikverständnis umsetzbar und ein aufgabenorientierter, wohl entwickelter Reformismus bedarf dieser von Marx gelernten Kategorie der Entfremdung. Die Verbindung dieser beiden Erkenntnisse steht für einen nicht weiter kompromissfähigen Kerngedanken kontinuierlicher grundwerteorientierter Reformpolitik. Der gute, gebotene Kompromiss liegt im Prozessdenken, der schlechte wäre ein taktischer Umgang mit dem Kerngedanken oder ein bewusster Verzicht darauf, Politik aufgabenorientiert immer auch als „praktische Entfremdungskritik" zu verstehen. Für die SPD lautet diese Einsicht: wo der Impuls der Entfremdungskritik nicht mehr wirksam ist und die Politik der SPD nicht mehr inspiriert, entwurzelt sich Sozialdemokratie.

Seine beiden marxistischen Essentials „Selbstentfremdung" und „Klassenkampf" hat Steffen immer wieder herausgestellt, so auch in dem schon erwähnten Buchkapitel „Theoretisches Vorverständnis für politische Perspektiven"[48] und auch in der Grundwertekommission (abgekürzt GWK). Auf der ersten zweitägigen Sitzung der GWK warf Steffen am 2. Oktober 1974 die Frage auf „Wie können wir beherrschen, was wir hervorbringen?". Und in dem Buch: „Der Kapitalismus entwickelte zwar gewaltig die Produktion und Produktivität der menschlichen Arbeit und schuf damit einerseits die Voraussetzung der Befreiung aus materieller Not. Andererseits brachte er jedoch die Versklavung der Menschen in diese Produktion." Im persönlichen Gespräch formulierte er es oft komprimiert thetisch: „Wird der Mensch zum Sklaven seines Sklaven" oder „produzieren wir Menschen die Sachen, anschließend nehmen diese uns an die Hand und gehen mit uns spazieren". In dem Buch, das keine Kurzfassung der *Strukturellen Revolution*, sondern eine „praktische Anwendung auf die konkrete Krise" sein sollte, heißt es weiter: „Im Kapitalismus gelten nur die Ziele des Profits und der Macht auf dem Markt. Die Menschen wollen aber eigentlich das gerade am Wenigsten. Sie

47 Vgl. auch Steffen: Wer sich nicht in Gefahr begibt, S. 122 „Mehr Mitbestimmung des Einzelnen, mehr Selbstbestimmung der Gesellschaft".

48 Steffen: Krisenmanagement, S. 72.

wollen zwar die Steigerung der materiellen Produktion. Aber sie wollen nicht Gewalt, Raub und Erdrückung, Ausbeutung, Krieg und Selbstmord als Folgen des Systems der Kapitalherrschaft." „Wie kommt es aber trotzdem dazu?", fragt er und antwortet: „Weil die Menschen vergessen haben, daß ihre Arbeit das Kapital geschaffen hat." Und weiter: Das Kapital – ihr Produkt – beherrsche längst ihr eigenes Denken und Handeln. Und sie funktionierten deshalb nach seinen Gesetzen – Profit, Marktmacht – und könnten deshalb die Folgen nicht beherrschen. Marx nenne das die „Selbstentfremdung des Menschen und den Fetischcharakter des Kapitals". Der Mensch mache sich zum Sklaven seiner Produkte. Dabei *könnten* [Hervorhebung Steffen] sie „als Erzeuger des Kapitals auch seine Herren sein".[49]

Und bündig zum Klassenkampf: „Der Klassenkampf geht darum, daß die Arbeiter über ihre Erzeugnisse, also auch das Kapital – und damit über sich selbst – frei verfügen können."[50] Im Gegensatz zu der Zeit, in der Marx lebte, seien in den modernen Industriegesellschaften Wissenschaft und Technik zur wichtigsten Produktivkraft geworden. Auch ihre Ergebnisse würden „bedenkenlos zur Erringung von Profit und Marktmacht eingesetzt". Damit steigere sich Produktion und Produktivität noch einmal gewaltig und gleichzeitig liefen die Umwälzungen in der Gesellschaft noch viel schneller. Was er kritisiert, kritisiert er für „beide Systeme", sprich 1974 für das „westlich-kapitalistische" wie das „östlich-staatskapitalistische". In beiden Systemen bestimmten nicht die Menschen, sondern die Eliten über ‚das Kapital'.[51]

Man könnte darüber spekulieren, ob er das Klassenkampf-Denken später vielleicht aufgegeben hätte, wenn er länger gelebt hätte, so wie der Historiker Eric Hobsbawm. Der Marxist Hobsbawm, fünf Jahre vor Steffen geboren, hat erst in den 90er Jahren vom Klassen-Denken „abgelassen", wie Franziska Augstein mitteilt.[52] Mit der Begründung, dass es die sich ihrer selbst bewusste solidarische Arbeiterklasse, der Hobsbawms Leidenschaft gegolten hatte, nun nicht mehr gäbe. Ob auch Jochen Steffen, so er länger gelebt hätte, in den 90er Jahren sein Klassen- und Klassen-kampf-Denken aufgegeben hätte? So wie ich sein Denken verstehe, sollte das unwahrscheinlich sein. Unwahrscheinlich, ja mehr, ich denke auszuschließen, weil in seinem klassenpolitischen Denken schon eine Überwindung angelegt war, wenn er vom Klassenkampf als „permanentem Plebiszit"[53] sprach – und damit im Raum der diskursiven Politik mit einer klaren Orientierung an immer nur demokratisch, also durch alle Bürgerinnen und Bürger zu klärenden Verständigungsaufgaben orientiert war.

49 Steffen: Krisenmanagement, S. 72.

50 Ebd.

51 Ebd., S.73.

52 Franziska Augstein: Ein Toast auf Eric Hobsbawm, in: Süddeutsche Zeitung 7.5.2014.

53 Steffen: Strukturelle Revolution, S. 208ff.

Steffen hat damit einen Klassenbegriff, der es auch erlaubt, dass die Klasse auf 100 Prozent der Bevölkerung wächst, was Golo Mann stark irritiert hat. Steffens Klassenkampf mutiert zur demokratischen Verständigungsgemeinschaft. Vorsichtiger gesagt, kann so mutieren, angezeigt durch den Begriff „permanentes Plebiszit". Es gibt keine historische Entwicklungslogik. Mutiert, greift den Prozessen vor, zeigt aber, was anzustreben wäre und auch möglich ist. „Klasse als permanentes Plebiszit", so führt Jochen Steffen sein Verständnis der Klasse und des Klassenkampfes auch auf der konstituierenden Sitzung der Grundwertekommission im Herbst 1974 ein. Ein weit gefasstes Demokratieverständnis, das sich nicht in staatlicher Demokratie erschöpft, sondern alle gesellschaftlichen Verhältnisse, technologischen Entwicklungen und wirtschaftliche Macht einer politischen, gesellschaftlich-demokratischen Kontrolle zuführt, ist konstitutiv für sein Verständnis von Reformpolitik.

Steffens Marxismus ist ein „theoretisches Vorverständnis" für politische Perspektiven.[54] Es sind Prämissen, die er normativ aus einem Streben nach Freiheit begründet. Auf eine Formel gebracht könnte man sagen: kein Streben nach Freiheit ohne bewusst kritischen Umgang mit Selbstentfremdung. Demokratie, individuelle und kollektive Selbstbestimmung ist nicht möglich, wenn man die Herausforderung der Selbstentfremdung übersieht. Dieser Kerngedanke prägt über Hunderte von Seiten die Darstellung in dem Buch Strukturelle Revolution. Es ist im Kern eine Kritik der Herrschaft der Sachen, der Sachlogik, der Entwicklungslogik, denen sich Menschen unterwerfen, wenn sie sich der Systemlogik ihrer Produktionen unterwerfen. Wir können hier nicht klären, warum Helmut Schmidt diese Freiheitsorientierung von Steffen als „dummes Zeug" bezeichnen wollte. Es könnte sein, dass er das Bewusstsein für negativ zu bewertende Selbstentfremdungen für ‚dummes Zeug' hielt. Dann wäre es als eine Akzeptanz von Systemimperativen und Sachzwängen zu lesen.[55] Es könnte aber auch sein, dass er nur öffentlich nicht zugeben oder gar bekennen wollte, dass diese Denkweise sehr richtig sei, weil er sie nicht öffentlich vertreten zu können glaubte. So wie später bei Matthöfers „Ölpapier".[56]

Um Steffens Kritik einer Herrschaft der Sachen als relevante Einsicht verstehen zu können, ist ihre empirische Fundierung zu verstehen. Die Kritik „Sachlogik als

---

54 Steffen: Krisenmanagement, S. 69.

55 Eine solche Akzeptanz haben Mitte der 1970er diejenigen erfahren, die im Bundestag nach Alternativen zur Kernenergie-Entwicklungslogik fragten. Als ich im Herbst 1976 nach wenigen Wochen im Bundestag erklärte, dem Haushalt nicht zustimmen zu können, wenn es keinen Ausweg aus der angeblichen Entwicklungslogik in der Kernenergieentwicklung gäbe, habe ich erfahren, in welchem Ausmaße die von Helmut Schmidt geführte Bundesregierung Gefangene dieser Entwicklungslogik war. Es gab nicht einmal eine Studie der Bundesregierung, in der Alternativen zur Kernenergienutzung untersucht worden wären.

56 Da geht es um eine Zustimmung, die Schmidt öffentlich nicht zu vertreten können glaubte, weil aus seiner Sicht öffentlich der Eindruck zu bewahren war, dass der Kanzler das Ölpapier, wie der SPD-Parteivorstand oder auch der DGB-Vorstands nicht unterstützte. Darauf kommen wir in der Diskussion der vierten Sichtweise zurück.

Politikersatz“ war keine kulturkritische Kopfgeburt, sie erfasste eine empirische Wirklichkeit. Zum Beispiel im Energiebereich. Hier dominierte im Zentrum der repräsentativen Demokratie – im Parlament wie bei der parlamentarisch gewählten Regierung – die Denkweise, die Joachim Radkau klassisch beschrieben hat. „Die Kernenergie-Entwicklung pflegte in der Bundesrepublik bis weit in die 70er Jahre geflissentlich als Nicht-Politikum, als durch Sach-Rationalität bestimmtes Feld und als reine Angelegenheit der Experten präsentiert zu werden.“[57]

Wer die damit herbeigeführte Kontroverse in der Wahrnehmung von Herausforderungen und Freiheitsräumen im Raum der Energiepolitik studieren will, findet keinen besseren Text als das Protokoll des Bergedorfer Gesprächskreises vom 13. und 14. November 1977, wenige Tage vor dem SPD-Bundesparteitag, auf dem die Baustopp-Anträge der kernenergiekritischen schleswig-holsteinischen SPD von Erhard Eppler, Hans Matthöfer und anderen mit der Parteitagsmehrheit zurückgewiesen wurden.

In diesem Gespräch wird unter anderem behauptet, dass mit ihm „bestätigt wurde, daß offensichtlich auf absehbare Zeit keine energiepolitischen Alternativen gegeben sind ...“[58]. Der Physiker und Philosoph von Weizsäcker bekundete seine Meinung, „daß die heutigen Entscheidungsträger keine andere Wahl haben, als die Kernenergie [...] ebenfalls zu akzeptieren.“[59] Und zu eingebrachten Argumenten für eine alternative, einsparorientierte Energiepolitik erklärte von Weizsäcker: „Ich persönlich bin auch völlig offen für den Gedanken, daß wir mit weniger Energie auskommen könnten, wenn wir unsere Kultur ändern würden. Ich glaube, wir wären alle glücklicher, wenn wir das täten. Aber wir werden es nicht tun; denn wir wollen unglücklich sein! Und daran werden auch die Entscheidungsträger nichts ändern können. Eben deshalb habe ich für die Argumente von Herrn Ueberhorst größtes Verständnis. Die Minderheit der Kernkraftgegner befürchtet, daß sie, wenn sie sich nicht durchsetzen kann, für immer verloren hat. Diese Minderheit zu überzeugen, halte ich für sehr wichtig, obwohl es außerordentlich schwierig sein dürfte. Ich leugne nicht, daß diese Leute nachgeben müssen. Darin hat Herr Häfele Recht. Ich unterstreiche aber, daß es sehr wichtig ist, ihnen zu helfen, damit sie das Nachgeben ertragen.“[60] Häfele hatte zuvor erklärt, für das Jahr 2000 halte er 150 Atomkraftwerke in Deutschland „für realistisch“.[61]

Auch im Hinblick auf den Umgang mit atomaren Abfällen zeigte sich die politikaversive Bonner Denkweise in den Kategorien einer „Entwicklungslogik“, ohne dass das im Bonn-Mainstream so wahrgenommen wurde. Steffen hingegen passte diese

57 Joachim Radkau: Aufstieg und Krise der deutschen Atomwirtschaft 1945-1975. Verdrängte Alternativen in der Kerntechnik und der Ursprung der nuklearen Kontroverse, Reinbek 1983, S. 14.

58 Bergedorfer Gesprächskreis: Energiekrise - Europa im Belagerungszustand? Protokoll Nr. 58, Hamburg 1977, S. 51, ebenso der spätere Bundesforschungsminister Riesenhuber S. 56.

59 Ebd., S. 60.

60 Ebd., S. 59.

61 Ebd., S. 28.

Ansprache in sein Bild der Herausforderungen. Seine Wahrnehmung wurde immer angeregt, wenn es Sachzwänge wahrzunehmen galt.[62]

Für den Zweck dieser Betrachtung kann offen bleiben, wie Helmut Schmidt zu interpretieren ist. Wichtig ist, dass aus Steffens Sicht die essenziellen marxistischen Einsichten herausgestellt wurden.

Damit ist Freiheit nie ohne den ihrer normativen Architektur inhärenten Gedanken der Vermeidung von Entfremdung und Fremdbestimmung zu denken und in historischen Situationen zu sehen, wer sich an diesem Freiheitsverständnis orientiert und wer dagegen für sich, zulasten anderer, eine privilegierte Freiheit beansprucht – was in einer Gesellschaft der Freien und Gleichen als Widerspruch zu verstehen ist und politische Herausforderungen zeitigt – und dies immer wieder, weil immer wieder damit gerechnet werden muss, so wie auch Entfremdung als ständige Herausforderung wahrzunehmen und politisch zu adressieren ist.

Als essenzielle Einsichten können wir aus diesem zweiten Exkurs für Steffen übernehmen, was er von Marx erhalten sehen will: Die Theorie der Entfremdung und ein demokratisches Verständnis des Klassenkampfes. Ein dritter Exkurs zur Kritik an Steffen zielt auf seine angebliche Neigung zum „Überdramatisieren“.

Sichtweise 3: Steffen und seine „Überdramatisierung“

„Sie neigen, glaube ich, ein wenig zum Überdramatisieren. Dinge, die an sich schon sehr ernsthaft sind, ich werde das ja auch nicht gerade bagatellisieren. Aber was mir in Ihren Schriften häufig auffiel, ist, daß Sie es noch dramatischer, ich möchte sagen, noch fürchterlicher darstellen, als es ist.“[63] So artikulierte Golo Mann eine weitere Kritik, mit deren Interpretation wir uns eine weitere essenzielle Einsicht von Steffen zur Politikfähigkeit bewusst machen können. Mit ihr geht es darum, mit der Qualität der großen Herausforderungen, wie sie in den 70er Jahren erkannt wurden, auch den methodischen Entwicklungsbedarf einer gebotenen neuen Form der Zukunftspolitik zu erkennen. Wer das nicht sieht, sieht eine „Überdramatisierung“, wo es um wichtiges Dystopiewissen geht. Wichtig ist dieses nicht für sich isoliert, gar bloß als dramatisierende Effekthascherei, sondern als Teil eines gebotenen Umgangs mit komplexen, alternativen Zukünften.

---

62 Vgl. Reinhard Ueberhorst: Politische Entscheidungen müssen Vorrang haben vor technischer Entwicklungslogik, in: Die Neue Gesellschaft 24 (1977), H. 10, S. 819-822. (ohne Abstimmung mit dem Verfasser änderte die Redaktion der Zeitschrift Neue Gesellschaft den Titel und ersetzte den mir wichtigen Begriff „Entwicklungslogik“ durch „Entwicklungspolitik. So erschien der Text mit dem unsinnigen Titel „Politische Entscheidungen müssen Vorrang haben vor technischer Entwicklungspolitik“). Ein weiterer sinnentstellender Druckfehler findet sich in dem Text auf der Seite 822, wo es „Ausbaupause“ (und nicht „Ausbauphase“) heißen muss. Zu der in dem Beitrag formulierten Kritik einer technischen Entwicklungslogik als Politikersatz im Raum der nuklearen Entsorgung schrieb Steffen dem Verfasser am 6. Oktober 1977: „Mein Respekt für Deine Zerstörung des Beschisses mit der ‚Entsorgung‘.“

63 Steffen: Personenbeschreibung, S. 243.

Dass Steffens Einlassungen, mündliche wie schriftliche, im Aufzeigen von Risiken, Gefahren, Bedrohungen immer wieder über das, was schon erfahrbar ist, hinausgingen, kann nicht bestritten werden. Steffen adressiert damit mögliche zukünftige Ist-Zustände. Meine kritische Interpretation des Vorwurfs der Überdramatisierung möchte verdeutlichen, dass dieser Vorwurf den Zweck, der hinter diesem „Überdramatisieren" steht, verkennt und damit auch Steffens Motivation. Dramatische Zukunftsaussagen werden von ihm nicht aus Freude am Schwarzmalen formuliert. Sie gehören vielmehr – so meine Interpretation – zu Steffens Reaktion auf die im Exkurs zur ersten Sichtweise vorgetragene Wahrnehmung komplexer Herausforderungen und zu seiner methodischen Reflexion, wie unter diesen Umständen Politik angelegt sein sollte.

Einschlägig für diese Sichtwiese ist der von Steffen in unzähligen Gesprächen, Reden und Texten immer wieder vorgetragene Befund, dass Probleme schneller wüchsen als unsere Lösungsmöglichkeiten. In einer der zehn Thesen zum Verständnis politisch-gesellschaftlicher Aufgaben heißt es: „Der Problemdruck in und zwischen den Gesellschaften wächst schneller als die materiellen und technischen Mittel seiner Auflösung."[64] Im langen Exkurs „Rapoport als nicht-marxistischer Radikaler"[65] spricht er von „der wachsenden Diskrepanz zwischen Problemerzeugung und Problemverarbeitungsfähigkeit im kapitalistischen System".

Diese Aussagen sind – so meine These – nicht als fatalistische Prognosen zu lesen, sondern als analytischer Befund mit einem zu erkennenden Anregungspotenzial.

In den thesenhaft formulierten analytischen Befund geht alles ein, was unterschiedlich gesehen wird, insbesondere:

- ein Verständnis von politischen Herausforderungen, Problemen und Aufgaben,
- ein Verständnis aufgabengerechter Politik,
- ein Verständnis der Werte, denen Ziele wie Methoden der Politik gerecht werden sollen,
- eine Beurteilung, eine Evaluation der Leistungsfähigkeit der Gesellschaft im Umgang mit politischen Herausforderungen.

Wer diese These mit dem Gedanken der Überdramatisierung verbindet, hat sie nicht verstanden. Sie ist nicht als Schicksals-These zu lesen. Als solche wäre sie als Untergangs-These zu lesen, denn wenn Probleme zeitlich unbegrenzt schneller wüchsen als unsere Lösungsmöglichkeiten, gäbe es kein Entrinnen (zum Beispiel von immer mehr Umweltschäden oder immer mehr sozialer Erschütterungsdynamik). Es ist gerade die Pointe, dass es keine Schicksals-These ist, sondern eine Dystopie-These, die mahnend abschreckend verdeutlicht, was zu vermeiden ist. Sie formuliert den Auftrag, einen anderen Modus des Umgangs mit Problemen anzusteuern. Beginnend mit der Einsicht, dass in der Folge der in den 70er Jahren erkannten großen Herausforderungen die Me-

64 Steffen: Strukturelle Revolution, S. 25; ähnlich ders.: Krisenmanagement, S. 72.

65 Siehe Steffen: Strukturelle Revolution, S. 231-245.

thodik des Umgangs mit dem Politischen eine größere Kompetenz zum Umgang mit langfristigen, komplexen Alternativen erforderlich macht. Zum Umgang mit diesen Alternativen, die zuerst einmal gut herauszuarbeiten sind, gehört dann immer auch die Fähigkeit, sich in worst case-Entwicklungen hineindenken zu können.

Statt der Überdramatisierung hätte Golo Mann bei Steffen die Einsicht entdecken sollen, dass es keine gute Politik ohne ein Dystopie-Bewusstsein gibt. Also ohne ein Verständnis dessen, was zukünftig möglich sein könnte, aber auf jeden Fall verhindert werden sollte. Je mehr uns auch durch die erkannten langen Linien der Probleme zu Beginn der 1970er Jahre bewusst wird, dass wir uns auf längerfristige Gefährdungen einstellen müssen, desto wichtiger wird es, diese zu antizipieren und dabei auch zu erkennen, welche später kaum noch oder nur noch mit sehr viel höheren Kosten und Verlusten reversiblen Fehlentwicklungen möglich sind. Der Vorwurf der Überdramatisierung ist nur eine andere Formulierung für die fehlende Wahrnehmung der Herausforderungen, die in den frühen 70er Jahren in ihrem Zusammenhang wahrzunehmen waren. Zur fehlenden Wahrnehmung dieser Herausforderungen fehlt das Auge für verhängnisvolle längerfristige Entwicklungen, denen so früh wie möglich entgegenzutreten ist. Der fehlenden Wahrnehmung langfristiger Entwicklungsmöglichkeiten folgt die fehlende Entwicklung einer entsprechenden Methodik der politischen Arbeit. Der Einwand der „Überdramatisierung" ist typisch für den Versuch, auf das Entwickeln längerfristiger Alternativen zu verzichten und deren Erörterung aus dem Politikbetrieb auszuschließen.

Im zukunftsorientierten Denken, welches Entwicklungsalternativen konzeptualisiert, werden Reflexions-, Diskussions-, Verständigungsprozesse möglich, die ein längerfristiges politisches Handeln ermöglichen. Die Alternative zu dieser Anlage der Politik ist der Trial-and-Error-Prozess, bei dem, wenn es zu dick kommt, bestenfalls ein harter Kurswechsel stattfindet und sonst ein Kollaps, weil Lernprozesse nicht mehr möglich sind.[66] Das größte Beispiel für einen solchen Kurswechsel ist die ereignisgetriebene Politik nach der Reaktorkatastrophe in Fukushima.

Wir hätten spätestens nach den Analysen und den Empfehlungskatalogen der Enquete-Kommission „Zukünftige Kernenergiepolitik" 1980 eine Energiewende implementieren können, die als Prozess begonnen hätte, mit dem Jahr für Jahr ein Maximum an Maßnahmen zur Beförderung von Energiesparprozessen sowie zur Nutzung erneuerbarer Energiequellen erfolgt wäre.[67] Wenn dies – darüber haben Hermann Scheer und ich uns in den 90er Jahren oft wehmütig ausgetauscht – in den 1980er Jahren alle zwei Jahre systematisch neu stimuliert worden wäre, hätte uns die später in dem Jahrzehnt einsetzende weltweite klimapolitische Diskussion nicht nur gut vorbereitet vorgefunden, wir wären bereits auf dem richtigen Pfad guter Klimapolitik gewesen,

66 Vgl. Jared Diamond: Warum Gesellschaften überleben oder untergehen, Frankfurt am Main 2005.

67 Zur Arbeit dieser Kommission siehe Altenburg: Kernenergie.

hätten die Energiewende mit dem Ausstieg aus der Kernenergie früher bewältigt, als sie jetzt 2011 beschlossen wurde. Stattdessen musste dann 2011 ein Ereignis in Fukushima herhalten, um eine Energiewende als gebotenes Ziel zu erkennen. Man darf sich dann nicht wundern, wenn mit der ereignisorientierten Politik nicht schlagartig auch das Bewusstsein für ein Gemeinschaftswerk da ist, welches eben nur durch eine vorher versäumte diskursive Politik generiert hätte werden können, durch die alle mitgelernt hätten.

Pointiert gesagt: Wer sich dagegen ausspricht, auch dystopische Zukünfte zu verdeutlichen, plädiert für eine höchst riskante Politik, die allenfalls verspätet auf Probleme reagiert, bei der immer wieder mit abrupten Kurswechseln und angeblich unvermeidbaren Katastrophen zu rechnen ist. Die Ausblendung von worst case-Szenarien minimiert Lernchancen und mit ihnen die Möglichkeit von Lern- und Verständigungsprozessen, durch die Akteurskoalitionen erreicht werden können, wie sie insbesondere für komplexe längerfristige Reformaufgaben gebraucht werden.

Als Einsicht halten wir fest: Es gibt keine gute Politik ohne Dystopie-Bewusstsein. Vorhandenes Wissen ist für alternative Zukünfte aufzubereiten und damit sind auch Entwicklungsmöglichkeiten zu erhellen, die aus normativen oder existenziellen Gründen verhindert werden sollen. Eine Politik, die sich dieser Möglichkeiten beraubt, wird zum Gefangenen im Lauf der Dinge, wird blind für Verzweigungssituationen und damit politikunfähig für anspruchsvolle Gestaltungsaufgaben im Umgang mit komplexen Alternativen.

Mit dem Auge für die großen Herausforderungen, die in den 70er Jahren deutlich wurden, verändert sich die Aufgabenstellung und das, was durch politische Prozesse geleistet werden muss. Es geht um politische Verständigungsprozesse zu alternativen Strategien, die wir mit dem Bild der Herausforderungen noch nicht haben. Die Summe der vorgefundenen kontroversen Positionen ist nicht das Ganze der politischen Alternativen, zwischen denen gewählt werden kann. Diese müssen zuerst einmal herausgearbeitet werden. Zum Prozess der Erarbeitung der Alternativen gehört auch die Entwicklung von Zukünften, die wir vermeiden wollen sollten, oder die aus der Sicht einiger der Diskurspartner zu vermeiden sind. Für diesen Konstruktionsprozess ist es unabdingbar, auch Linien negativer Entwicklungsmöglichkeiten aufzuzeigen, um aktuelle längerfristige Gestaltungsaufgaben zu erkennen. In der Zusammenschau dieser Zukünfte kann das, was wir wollen, wie auch das, was wir nicht wollen, zu einem gemeinsamen Bezugsrahmen werden, in dem gemeinsam Verständigungsaufgaben ermittelt und erkannt werden. Dies ist bei den säkularen Aufgaben anzustreben, die in den 70er Jahren erkennbar wurden.

Diese Vorstellung zum politischen Prozess steht als vergangene Zukunft im Gegensatz zu dem, was wir im Bereich der Energiepolitik erlebt haben, wo es Jahrzehnte dauerte, um zu einer Energiewende zu kommen. Man wird mit Steffens Dystopie-Argument sagen können, dass die Ausblendung dramatischer Zukünfte einer der Hauptgründe für die verzögerte Energiewende war.

Bezogen auf Reden und Publikationen von Steffen war das in diesem Abschnitt bisher Gesagte eine benevolente Interpretation. Wenn Steffen dramatische zukünftige Entwicklungen anspricht, ist nicht immer deutlich, ob er sie nicht doch als Prognose vortragen wollte – und nicht nur als Ansprache einer möglichen, zu vermeidenden, also auf politischen Handlungsbedarf verweisenden dystopischen Zukunft. Seine diesbezüglichen Aussagen sind nicht immer klar, auch weil er den Umgang mit alternativen Zukünften methodisch noch nicht so reflektiert hatte, wie wir ihn eben skizziert haben.[68]

Meine kritische Interpretation der Überdramatisierung rechtfertigt dystopische Aussagen, weil diese in einer Methodik der Zukunftspolitik gerechtfertigt sind. Es kann und soll nicht behauptet werden, dass Steffen über eine solche Methodik verfügte. Er war sich aber bewusst, hier einen großen Lernbedarf zu haben. Durch diesen Lernbedarf – Georg Beez erwähnt die Begebenheit in seinem Beitrag zu diesem Buch – war er ja auch vor der Landtagswahl 1971 nach Quickborn gekommen, wodurch wir uns persönlich kennengelernt haben. Wir haben damals im Quickborner Team mit Eberhard Schnelle in einer „Studiengruppe Entscheidertraining" an neuen Methoden kooperativer Kommunikation und Willensbildung in kleineren und größeren Gruppen gearbeitet.[69] Steffen kam mit Uwe Ronneburger, dem Vorsitzenden der schleswig-holsteinischen FDP, und seinem Schattenkabinett für einen ganzen Tag nach Quickborn, um den Prozess der Regierungsübernahme und der ersten Monate einer neuen Landesregierung vorzubereiten.

Mir ist erst später bewusst geworden, wie wichtig solche praktisch-methodischen Kompetenzen gelingender Kommunikation und Kooperation für Steffen waren. In einer späteren Publikation ist er auch ganz offen mit diesbezüglichen Wissenslücken umgegangen. Auch das steht für eine essenzielle Einsicht, deren aktuelles Anregungspotenzial zu erkunden wäre. Das Buch ist ein politisches Sachbuch in der Form eines Gesprächsromans mit einem zusätzlichen inneren Monolog. Ort der Gespräche ist ein

---

68 Ausführlicher u.a. in Tom R. Burns/Reinhard Ueberhorst: Creative Democracy. Systematic Conflict Resolution and Policymaking in a World of High Science and Technology, Connecticut u.a. 1988; Reinhard Ueberhorst: Wie beliebig ist der Umgang mit politischen Konflikten im Raum der strategischen Energie- und Umweltpolitik?, in: Peter H. Feindt/Thomas Saretzki (Hg.): Umwelt- und Technikkonflikte, Wiesbaden 2010, S. 54-75 und ders.: Über gesellschaftliche Politikfähigkeit und diskursive Politik – Ziel und Entwicklungsaufgaben, in: Georg Plate (Hg.): Forschung für die Wirtschaft, Forschungsband 2011, Aachen 2011, S. 173-194 mit weiteren Literaturhinweisen.

69 Zur Studiengruppe Entscheidertraining vgl. kurz Reinhard Ueberhorst: Demokratie, Wirtschaft und langfristige Leitbilder. Wann und warum sollten Unternehmen welche neuen externen Kooperationspotentiale erschließen? in: Joachim Freimuth, Fritz Straub (Hg.): Demokratisierung von Organisationen, Wiesbaden 1996, S. 235-250, S. 236. In der Studiengruppe haben wir an den Methoden gearbeitet, aus denen weiter entwickelt die Metaplan-Idee wurde. Aus dem Quickborner Team ist Metaplan hervorgegangen. Zur Philosophie, zu den Ursprüngen und der Methodik der Metaplan-Idee vgl. Freimuth/Straub: Demokratisierung.

Sanatorium, genauer ein Regenerations-Sanatorium (für „beschädigte Menschen", auf die wir ja auch eben schon getroffen waren). In einem der Gespräche lässt der Autor zwei Gewerkschafter (Karl und Heinz) mit dem klugen, den Gewerkschaften verbundenen Akademiker Cornelius ein zuvor geführtes Gespräch im Dialog resümieren und auf die Kernfrage „Wie machen wir das praktisch?" zulaufen, die Cornelius/Steffen ehrlich beantwortet:

„Karl: Wir müssen also nicht nur lernen, zu entscheiden, was wachsen soll und was nicht. Wir müssen auch lernen, wie die Menschen selbst Technologien bestimmen.

Cornelius: Das meine ich. Oder die Folgen sind absehbar.[70]

Heinz: Wie machen wir das praktisch?

Cornelius: Das weiß ich auch nicht genau. Auf jeden Fall mit mehr Öffentlichkeit am Anfang und weniger technokratisch-bürokratischen Zirkeln."[71]

Aus diesen Reflexionen wird noch einmal deutlich, warum es Steffen so stark um eine praxisorientierte Theorie ging. Wenn Freiheit immer eine Kritik der Entfremdung, der Macht und der Sachzwänge impliziert, wird die Motivation und praktische Kompetenz der Vielen zur kooperativen Willensbildung zur Bedingung der Möglichkeit von Freiheit. In dieser Einsicht begegneten sich Eberhard Schnelle und Jochen Steffen.[72]

Sichtweise 4: Steffen als „Gescheiterter"?

Für einen weiteren Zugang zum Verständnis von Jochen Steffen diskutiere ich jetzt zwei Einlassungen, die explizit auf seine „Karriere" eingehen. Genauer fokussiert auf deren Ende, wie sie es sehen (wollen), um daraus Schlüsse ziehen. Auch die Diskussion dieser Einlassungen soll uns zu Einsichten führen, die wir nutzen können, um das aktuelle Anregungspotenzial von Steffen zu erkunden und zu reflektieren, wie es entwickelt werden kann. Die erste Einlassung ist aus dem Nachruf, den „Der Spiegel" nach Steffens Tod 1987 veröffentlichte. Die zweite wurde später, 2013, vom damaligen Direktor des Max-Planck-Instituts für Gesellschaftsforschung Wolfgang Streeck veröffentlicht. Das Einzige, was mich diese – wie wir sehen werden – sehr verschiedenen Einlassungen zu Steffen hier zusammen betrachten lässt, ist beider Bezug auf eine

70 „die Folgen" dürfen wir auf die in diesem Abschnitt reflektierten, von Steffen immer wieder dargestellten dramatischen Entwicklungsmöglichkeiten beziehen. Als Beispiel für eine Steffensche Dystopie dort auf der Seite 129f. „Dann bringen wir uns selbst um. [...] Dann werden die Einzelnen noch einsamer, der Mensch wird eine Lochkarte im Computer. Anonym und versachlicht und unfähig zum Aktionsbündnis mit anderen. Die gesellschaftlichen Gruppen zersplittern noch mehr nach Spezialinteressen, der Konkurrenzkampf wird immer rüder und rücksichtsloser. Die Menschen machen sich selbst und die Natur kaputt. Die Technologien und Computer funktionieren, der Warenausstoß wächst ständig und die Ware Arbeitskraft wird immer überflüssiger und erhält vom technischen Produktionsapparat eine ‚Fürsorgeunterstützung', damit sie ihn nicht aus Verzweiflung kaputt schlägt."

71 Steffen: Wer sich nicht in Gefahr begibt, S.127.

72 Vgl. zu Erhard Schnelle das Buch Freimuth/Straub (Hg.): Demokratisierung von Organisationen, das eine Festschrift für Eberhard Schnelle war, ohne so genannt zu werden, weil Schnelle dies (in seiner Bescheidenheit) nicht wollte.

„Karriere" von Steffen und deren Ende. „Der Spiegel" spekuliert über die persönlichen Folgen, der Soziologe über die politischen Ursachen des Karriereendes.

Im „Spiegel"-Nachruf heißt es zum Stichwort „Karriere": „Daß die große politische Karriere nicht gelang, hat ihm vielleicht den Knacks gegeben."[73] Wer diesen Nachruf geschrieben hat, erfahren wir nicht. Die Knacks-These suggeriert eine Nähe und Personenkenntnis des Autors oder der Autorin. Das „vielleicht" nimmt die These nicht zurück, soll sie vielleicht spannender erscheinen lassen, indiziert aber auch Unsicherheit. Getragen wird diese Knacks-These in ihrer angestrebten Plausibilität von der Vorstellung, dass einem Politiker ein Karrieredenken zuzuschreiben ist. Wo jemand eine Karriere als Politiker nicht fortsetzt, muss er sich dann einen „Knacks" attestieren lassen.

Wolfgang Streecks Einlassung zu Steffens Karriereverlauf finden wir in seinem Buch *Gekaufte Zeit. Die vertagte Krise*. Diese Ansprache ist einer der ganz seltenen Hinweise auf Jochen Steffen in der polit-ökonomischen Literatur dieser Jahre. Streeck erinnert an die große „öffentliche Empörung", die Steffens artikulierte Forderung ausgelöst hätte, die „Grenzen der Belastbarkeit" der Wirtschaft zu erproben. Er zitiert den einschlägigen Beitrag von Steffen auf dem Parteitag der SPD 1971 zur Steuerpolitik und schreibt dieser Forderung auf längere Sicht „die Folge" zu, das „Ende seiner politischen Karriere" verursacht zu haben.[74] Mit beiden Thesen können wir diskutieren, welche Bedeutung ein Karrieredenken für Steffen hatte und wie sein Rückzug aus politischen Funktionen zu verstehen ist. Streecks Einlassung ermöglicht es darüber hinaus, wichtige Einsichten von Steffen im Beziehungsfeld Kapitalismus und Demokratie zu gewinnen.

Die Knacks-These des „Spiegel" ist für mich abwegig, weil Steffen damit in seinem politischen Engagement nicht verstanden wird. Georg Beez hat zu Recht klargestellt, wie abwegig die Vorstellung ist, dass es Steffen um eine Karriere, gar zeitlich um eine möglichst lange gegangen wäre. Zur Rolle des fleißigen Opportunisten fehlte Steffen jede Begabung und jede Neigung. Er hat Funktionen in der Partei und auch das staatliche Amt des Ministerpräsidenten in Schleswig-Holstein angestrebt. Mit viel Elan. Nie aber mit der Bereitschaft, sich zu verfälschen, der Funktion zuliebe auf essenzielle Prinzipien zu verzichten oder sie gar explizit, scheinbar einsichtig, zurückzustellen. Wo immer das aus seiner Sicht drohte, war zurückzutreten.

Aufgeklärt durch Lernprozesse in der Zeit, in der er Vorsitzender der Grundwertekommission war, also 1973 bis 1976, sah er sich mehr und mehr in einer solchen Spannungslage. In diesen Jahren haben wir auf langen Zugfahrten zu Sitzungen der Kommission, auf Reisen nach London zu einem europafreundlichen Kreis in der La-

---

73 Nachruf Jochen Steffen, in: Der Spiegel 41/1987, S. 35.

74 Wolfgang Streeck: Gekaufte Zeit: Die vertagte Krise des demokratischen Kapitalismus, Berlin 2013, S. 54.

bour Party, nach Stockholm zu Olof Palme und einem einwöchigen Parteitag der SAP und in diversen Arbeitsbesprechungen in Kiel und St. Peter-Ording und in manchem längeren Telefonat alles besprochen, was er anstrebte, nicht nur inhaltlich anstrebte, sondern auch im Hinblick auf Funktionen. Man muss aber mit Steffen nicht persönlich darüber gesprochen haben, um zu wissen, wie fern ihm das Streben nach höheren Positionen in Hierarchien um ihrer selbst willen, wie fern ihm das Leitbild der Positionalität war, also die Vorstellung, sich ein gelingendes Leben als ständiges Streben nach positionalen Gütern vorzustellen, nach Statussymbolen, nach ständigem Aufstieg. Ein solches Leitbild war ihm fremd.[75]

Wo ein Karrierestreben fehlt, kann es auch kein Karrierescheitern geben, das an verfehlten Ämtern und Posten festzumachen wäre. Völlig falsch ist auch die Vorstellung, Steffen hätte in diesem Jahrzehnt der 70er Jahre nach der verlorenen Landtagswahl 1971 frühzeitig und zielstrebig auf einen Rückzug aus der Parteiarbeit oder gar auf einen Parteiaustritt hingearbeitet. Es verdiente eine eigene Studie, dies einmal mit den vorliegenden Dokumenten aufzuarbeiten und zu reflektieren. Vom Kurzprotokoll der SPD-Vorstandssitzung vom 1.6.1973 bis hin zum persönlichen Schreiben von Jochen Steffen an den Parteivorsitzenden Willy Brandt mit Datum vom 17. November 1975.

Das Kurzprotokoll verzeichnet für den „Arbeitskreis Grundwerte" den Vorsitzenden Jochen Steffen, den geschäftsführenden Vorsitzenden Kurt Gscheidle und sieben Mitglieder.[76] Auf derselben Sitzung ging es auch um das Thema „Vorbereitung ‚Institut des demokratischen Sozialismus'". Das war ein Projekt, das Jochen Steffen sehr wichtig war, wo er sich engagieren wollte und das nicht für einige Quartale. Das Kurzprotoll hält fest:

„An den Vorschlag, zur Gründung eines Instituts für Fragen des demokratischen Sozialismus Helmut Schmidt und Heinz Kühn zu bitten, Vorschläge zu unterbreiten, und die Frage der Bildung eines Beirates noch zurückzustellen, schloss sich eine Diskussion an. In diese wurde auch die Bildung der Kommission ‚Grundwerte' einbezogen. Der Parteivorstand beauftragte Helmut Schmidt, Heinz Kühn, Alfred Nau, Jochen Steffen und Bruno Friedrich, Vorschläge zu den materiellen Voraussetzungen, zu den Fragestellungen und damit zu den Aufgaben des Instituts zu unterbreiten.

---

75 Zur kritischen Analyse des sozioökonomischen Leitbildes der Positionalität vgl. die vorzügliche Studie von Lucia Reisch: Status und Position, Wiesbaden 1995. Ohne ein Verständnis der Kritik dieses Leitbildes wird es keine gelingende wachstumspolitische Diskussion geben, vgl. zu dieser These Reinhard Ueberhorst: Politischer Streit als kooperative Findekunst. Wie die »wachstumspolitische Kontroverse« befördert werden sollte, in: Neue Gesellschaft/Frankfurter Hefte 2011a, S. 24-28. Ohne die Studie von Reisch kennen zu können, hatte Steffen ein frühes Verständnis dieser Zusammenhänge. Vgl. dazu seine Ansprache von Borchardts Reflexionen zum Erwerbstrieb in Steffen: Wer sich nicht in Gefahr begibt, S. 63f. unter Bezugnahme auf Knut Borchardt: Dreht sich die Geschichte um? Modelle für Wachstumsschranken, Ebenhausen bei München 1974.

76 Helmut Schmidt, Heinz Kühn, Bruno Friedrich, Horst Ehmke, Erhard Eppler, Peter von Oertzen, Klaus Schütz.

In die weitere Diskussion über diese Frage soll die Kommission ‚Grundwerte‘ (Vorsitzender Jochen Steffen), die sich in ihrer Zusammensetzung gegenüber dem vorgelegten Vorschlag noch ändern kann, mit einbezogen werden.“

In dem dreiseitigen Brief an Willy Brandt vom 17. November 1975 schreibt Steffen unter anderem: „Nachdem wir den Parteitag hinter uns gebracht haben, der beschlossen hat, dass wir morgen weiterregieren wollen wie vorgestern – was so eine Menge und nichts zugleich ist – möchte ich Dir einiges freundschaftlichst mitteilen:

1.) So lange ich im Parteivorstand noch mitmache, würde ich die Grundwertekommission (etwa in alter Besetzung, vor allem: Eppler, Rapp, Strasser, Löwenthal, Ehmke, von Oertzen) gerne – unter einigen Bedingungen weitermachen.

2.) Dafür wäre es gut, wenn wir beide uns persönlich unterhalten würden über

a.) einen exakteren Arbeitsauftrag,

b.) die berühmten „Zuständigkeiten“,

c.) die faktische (personelle) Verzahnung für den Wahlkampf,

d.) die Zuordnung von geistigen „Ressourcen“ der Partei,

e.) die Hilfsmittel wie Sekretärin, Assistent sowie ein Fixum für mich, soweit es die GWK betrifft. (Letzteres ist neu!) […]“.

Steffen beschreibt in dem Brief seine Vorstellungen für die zukünftige Arbeit der Grundwertekommission und strebt eine Verständigung mit dem Parteivorsitzenden zu verschiedenen Einzelthemen an. In dem Brief gibt er aber auch Hinweise auf brisante Sachverhalte. So wie auch am 30. Juli 1974 in einem Schreiben an Helmut Schmidt, in dem er diesen über ein Gespräch mit dem Parteivorsitzenden informiert und feststellt: „Nach meiner Ansicht handeln wir hier – mehr als beim Orientierungsrahmen – mit parteiinternem Dynamit. Andererseits werden wir dem ideologischen Vorstoß der CDU nur mit größerer Präzision unserer theoretischen Voraussetzungen und Grundlagen begegnen können.“ Zu c.) im Brief an Brandt schrieb Steffen: „Holger Börner ist z. Bspl. stark am ‚Bild des Gegners‘ für den Wahlkampf interessiert. Leider ist es aber so, daß dessen Bild mit unserer Praxis weitgehend deckungsgleich ist. Will man es in den Wahlkampf einführen, müssen wir sagen, was wir dagegen setzen. (z. Bspl. ‚Leistung‘, die wir in den OR eingefädelt haben, praktische Solidarität, d.h. Entwicklungshilfe und innere Verteilungspolitik, ‚Wachstum‘ u.ä. hochgeschätzte Inhaltslosigkeiten.) Wie soll das vor sich gehen, zumal das ohne ständige Information über Wahlkampftaktik und deren Wechsel überhaupt nicht geht?“

Alles dies sind keine Anzeichen für einen angestrebten Rückzug, sondern für eine angestrebte langjährige Arbeit im Feld der praxisorientierten Theorie, dies freilich aber nicht unter allen Umständen, sondern „unter einigen Bedingungen“. Angestrebt und realisiert hatte er den Rückzug aus der Landespolitik, um sich den genannten Arbeiten in der Bundespartei mit hinreichend viel Zeit zuwenden zu können. Die engagierte Hinwendung zur Arbeit auf der Bundesebene ist auch wichtig, wenn wir Streecks

These diskutieren, mit der ein angebliches Karriereende die Folge einer bestimmten politischen Forderung gewesen sein soll, ohne dass deutlich wird, wer oder was diese Folge ausgelöst hat. Bevor wir darauf näher eingehen, soll noch genauer dargestellt werden, wie Steffen die Arbeit in der Grundwertekommission aufgenommen und zu welchen Lernprozessen dies bei ihm (im Hinblick auf seine „Bedingungen" geführt hat. So kann der Rückzug aus diesen Lernprozessen erklärt werden und sollte es meines Erachtens auch, um Steffen gerecht zu werden.

Auf Wunsch und Vorschlag von Steffen war auch Claus Offe zur Mitarbeit in der GWK gewonnen worden. Steffen schätzte den Autor der *Strukturprobleme des kapitalistischen Staates*.[77] Er gewann ihn für eine Mitarbeit in der Grundwertekommission, auch wenn Offe kein Mitglied der SPD war. Auch dieses Experiment sollte an der SPD scheitern. An den ersten Sitzungen hat Offe teilgenommen. Da wurden im Ergebnis sieben Projekte definiert, die von kleinen Projektgruppen bearbeitet werden sollten. Offe meldete sich für die Projektgruppe 2 „Grundwerte-orientierte Auseinandersetzung mit gegnerischen Ideologien", die Jochen Steffen leiten sollte. Offes Mitarbeit endete, als das Kommissionsmitglied Richard Löwenthal ultimativ forderte, auf den „Nicht-Sozialdemokraten" zu verzichten, andernfalls werde er die Mitarbeit in der Grundwerte-Kommission einstellen.

Nach längerem Vorlauf war die Arbeit der Grundwertekommission 1974 mit dem Gründungsvorsitzenden Steffen aufgenommen worden.[78] Die Arbeit der GWK unter der Leitung von Jochen Steffen vermittelt eindrücklich, was es hieß, wenn man in den

77 Claus Offe: Strukturprobleme des kapitalistischen Staates: Aufsätze zur politischen Soziologie, Frankfurt am Main 1973. Die Wertschätzung wurde nicht nur mündlich vermittelt, vgl. z. B. Steffen: Strukturelle Revolution, S. 176.

78 Es wurde manches getan oder unterlassen, um diese mit der langen Vorbereitungszeit über drei Jahre ausgefüllte Funktion in Vergessenheit geraten zu lassen. Über Motive soll hier nicht spekuliert werden. Es können auch schlichte Pannen sein oder Erinnerungslücken. Die Fakten sollten aber festgehalten werden. So wurde auf der Website des SPD-Parteivorstandes lange ein anderer als Gründungsvorsitzender genannt. Auch heute (3.1.2017) wird auf der Website der Friedrich-Ebert-Stiftung die Ausarbeitung „Epochenwende. Über die Notwendigkeit des Ausbaus einer Sozialdemokratie in Europa" von Erhard Eppler angeboten, verbunden mit einer Information zum Autor, der als Gründungsvorsitzender der SPD-Grundwertekommission vorgestellt wird. Im vorwärts erschien am 30. Mai 2013 ein Interview von Renate Faerber-Husemann mit Erhard Eppler, in dem Eppler auf die Frage „Vor 40 Jahren, im Juni 1973 wurde die Grundwertekommission gegründet. Wer hatte die Idee?" antwortet: „Es war Willy Brandt selbst. Es hatte zuvor schon einen Versuch gegeben, eine Grundwertekommission einzurichten. Der war gescheitert. So berief Brandt eine neue Kommission und mich als Vorsitzenden." Entgegen dieser Aussage wurde Jochen Steffen 1973 als Gründungsvorsitzender der Grundwertekommission berufen (vgl. Kurzprotokoll der SPD-Vorstandssitzung vom 1.6.1973. Archiv des Verfassers). Mit Kenntnis des Parteivorstandes war der Gründungsvorsitzende bis 1976 über Jahre tätig. Willy Brandt hatte mit Schreiben vom 15. Juli 1974 Jochen Steffen zur „Grundwertediskussion" u. a. mitgeteilt: „Ich habe Erhard Eppler bei seinem Ausscheiden aus der Regierung gebeten, sich möglichst aktiv in die Diskussion einzuschalten." Nach Absprache mit Eppler bat Steffen den Bundesgeschäftsführer Börner mit Schreiben vom 24. Februar 1975 „dafür zu sorgen, daß Erhard als stellvertretender Vorsitzender der GWK vom Präsidium oder PV benannt wird." Mit Schreiben vom 11. März 1975 antwortete Börner, dass das Präsidium „hinsichtlich des stellvertretenden Vorsitzes einen entsprechenden Präsidiumsbeschluß gefaßt (habe)."

Jahren um 1974 im Sinne dieser Einsichten arbeitete. Man kann dann auch gut nachvollziehen, wie groß die Diskrepanz zwischen dieser Arbeit und der wahrgenommenen Regierungsarbeit wird. Hier kollidierten die Bilder der Wirklichkeit und ihre aufgabenorientierte Interpretation. Hier hatte Steffen zu lernen, dass es für ihn nicht möglich sein würde, in der Grundwertekommission am Bild des Gegners zu arbeiten, ohne damit die eigene Regierung abzubilden. Mit dieser Diskrepanz konnte Jochen Steffen letztendlich psychisch nicht mehr umgehen – er sah keine Lernprozesse und hat sich zurückgezogen. Damit wurden aber nicht die Einsichten dementiert oder diese gar falsch. Wir haben heute die Chance, dies für uns zu rekonstruieren und zu fragen, wo wir denn heute im Lichte dieser Einsichten stehen und ob sie aktuell geblieben sind.

In den Vorgesprächen mit Willy Brandt zur Bildung der Grundwertekommission und auch im ersten Gespräch, das der Parteivorsitzende mit der Kommission unter dem Vorsitz von Steffen 1974 führte, ging es um ein neues Parteiprogramm. Dafür wollte und sollte sich Steffen in und mit der Grundwertekommission engagieren, in dem das Godesberger Programm im Lichte der neuen Herausforderungen zu überarbeiten wäre, welche zu Beginn der 1970er Jahre deutlich geworden waren. Über die Notwendigkeit der Programmarbeit gab es keinen Streit. Die gemeinsame Frage war dann: „Was gehört in ein gutes Programm der reformistischen SPD?“. In seinen mündlichen und schriftlichen Beiträgen für die Arbeit der Grundwertekommission wie in seinen Publikationen hat Steffen diese Frage beantwortet. Mit der Antwort wurden ein Rückzug aus dieser Kommission und der spätere Austritt aus der SPD für ihn ein rationaler Schritt und auch ein Gebot der Redlichkeit.

Steffen hat diese Chance der Grundwertekommissionsarbeit genutzt und dabei für sich gelernt, dass es nicht möglich wäre, wahrhaftig in der Kommission zu arbeiten und gleichzeitig loyal die SPD als grundwerteorientierte Regierungspartei darzustellen. Wenn er nun trotz dieser angestrebten Parteiarbeit, für die er auch berufliche Schreibarbeit zurückstellte, die Überzeugung gewann, dass ein Parteiaustritt eine gebotene rationale Entscheidung war, dann sind dafür vorrangig diese Erkenntnisprozesse verantwortlich, die er im Laufe der angestrebten Arbeit mit der Grundwertekommission gewann. „Ich glaube nicht mehr an die Lernfähigkeit der SPD. Ich erkenne nur eine Fixierung auf die Welt von gestern.“[79]

Gescheitert ist Steffen damit nicht persönlich, wohl aber an seiner Partei. Genauso wie Hans Matthöfer. Beide haben auf die neuen Herausforderungen der 70er Jahre reagiert, die neue Antworten verlangten. Beide haben lernen müssen, wie schlecht es um die Lernfähigkeit der SPD stand. Beide sind aber sehr unterschiedlich mit diesem Scheitern umgegangen. Steffen hatte es für sich früher erkannt und einen klaren Schnitt gemacht. Matthöfer hat es lange verborgen, hat sich als Postminister getarnt.

79 Zit. n. Uwe Danker: Die Jahrhundert-Story, Bd. 2, Flensburg 1999, S. 232.

Beide haben ihre Konzepte nicht mit Unterstützung der SPD verfolgen können. Brillant aufbereitet ist diese Selbstblockade der SPD in der vorzüglichen Matthöfer-Biografie von Werner Abelshauser, welche wirtschaftshistorisch die Herausforderung erfasst, die nach dem Ende des so genannten Wirtschaftswunders zu Beginn der 70er Jahre deutlich geworden war.[80] Matthöfer hätte nach seinem eklatanten Misserfolg mit seinem rot-grünen Konzept avant la lettre, dem so genannten „Ölpapier", eigentlich zurücktreten müssen. Genauso wie Helmut Schmidt als Bundeskanzler, so Schmidt damals im vertraulichen Gespräch zu Matthöfer. Stattdessen wurde eine gesundheitliche Problematik vorgetäuscht und Matthöfer wechselte (weil Schmidt ihn im Kabinett halten wollte und Matthöfer sich Schmidt auch persönlich stark verbunden wusste) in die Funktion des Postministers. Alles im Detail nachzulesen bei Abelshauser.

Das „Ölpapier" war im Kern ein rot-grünes Programm, ein Einstieg in eine Energiewende, ein Einstieg in die ökologische Steuerreform und eben deshalb wurde es sowohl im SPD- wie auch im DGB-Vorstand abgelehnt. So wurde zum Beispiel gefordert, Mineralölsteuern nur zu erhöhen, wenn gleichzeitig die Pendlerpauschale erhöht werde. Dann kann man es auch gleich sein lassen. Das Ölpapier war ein Versuch, im Ansatz und strategisch ausbaufähig eine ökologisch wie ökonomisch sinnvolle Energieeinspar- und Effizienzförderpolitik mit beschäftigungspolitischen Zielen zu verbinden. Matthöfer hatte sich mit diesem Papier unter anderem auf die Vorarbeiten der Enquete-Kommission stützen können, die 1980 einen Bericht vorgelegt hatte, mit dem ab 1981 Energieeinsparmaßnahmen und erneuerbare Energien systematisch befördert worden wären, wenn man den Empfehlungen der Kommission gefolgt wäre. Das aber war nicht der Fall. Weder in der Regierung Schmidt noch nach 1982 durch die Regierung Kohl. Wenn nicht einmal der Finanzminister einen Kurswechsel im Bereich des Energiesparens und der Förderung erneuerbarer Energieträger bewirken könnte, weil die Partei nicht hinter ihm steht, wie sollte Steffen dann mit seinen weitergehenden Vorstellungen arbeiten – und gleichzeitig die von der SPD geführte Regierung loyal begleiten.

Dass Helmut Schmidt dem „Ölpapier" zustimmte, dies aber nicht sagen konnte, weil er sonst hätte zurücktreten müssen, zeigt uns, welches Gewicht hier das Argument in der Sache hat. „Du hättest härter kämpfen müssen", hat Helmut Schmidt damals zu ihm gesagt, als Matthöfer sich mit seinem Konzept weder im SPD- noch im DGB-Vorstand durchsetzen konnte.[81] Die Pointe dieser nachträglichen Meinung, mehr gekämpft haben zu müssen, liegt erkennbar darin, dass Matthöfer dann auch gegen den Schmidt, so wie er sich öffentlich zeigte, erfolgreich hätte kämpfen müssen. Das konnte er sich wie auch Steffen in der GWK-Arbeit nicht vorstellen. Die Möglichkeiten einer Regie-

80 Werner Abelshauser: Nach dem Wirtschaftswunder. Der Gewerkschafter, Politiker und Unternehmer Hans Matthöfer, Bonn 2009, S. 516-538.

81 Vgl. ebd., S. 527ff.

rungspartei, sich in einer Regierungszeit zu erneuern – zumal in der Dimension, wie es in den 70er Jahren angesagt war, waren offenbar begrenzt.

So wurde mit dem Ende der zweiten sozialdemokratischen Kanzlerschaft deutlich, dass die SPD an sich selbst gescheitert ist, an ihrer Unfähigkeit, in ihrer Sinnhaftigkeit gut bedachte, wegweisende neue Wege rechtzeitig einzuschlagen. Diese Lernunfähigkeit der Partei wäre falsch gesehen, wenn individuelle Rücktritte als individuelles Scheitern interpretiert würden. Die Matthöfer-Biografie des Wirtschaftshistorikers Werner Abelshauser ist deshalb so brillant, weil sie die Biografie eines wichtigen Akteurs mit der wirtschaftshistorischen Entwicklung und den Handlungsmöglichkeiten einzelner Akteure verbindet. Matthöfer scheiterte mit einem Konzept, mit dem ein neuer Umgang mit wirtschafts-, forschungs- und finanzpolitischen Herausforderungen angestrebt wurde, der aus den Entwicklungen der 70er Jahre gelernt hatte. Man kann sich fragen, was aus der SPD geworden wäre, wenn er sich durchgesetzt hätte.

Wer sich in diese wichtige Episode hineindenkt, befindet sich gedanklich in der vergangenen Zukunft, in der die sozialliberale Koalition möglicherweise zu Beginn der 80er Jahre durch die FDP trotzdem beendet worden wäre. Das kann man annehmen, jedenfalls nicht ausschließen. Die SPD hätte dann aber dagestanden als die Partei, die eine seit den 70er Jahren erkennbar gebotene ökologisch-sozial orientierte Reformpolitik einleiten wollte. Wenn sie damit als Regierungspartei am Koalitionspartner gescheitert wäre, hätte sie dieses Grundkonzept nicht erst in der Oppositionszeit entwickeln und sich immer sagen lassen müssen, dass sie sich hier selbst korrigiere oder spät oder wieder mal erst in der Oppositionszeit lerne. Solche Betrachtungen sind für uns Reflexionen einer vergangenen Zukunft. Für das Verständnis von Steffen als politischem Akteur in der Zeit ist aber wichtig, dass er wie Matthöfer, wie andere damals an der eigenen Partei mit Konzepten gescheitert ist, mit deren Umsetzung das Bild der seit den 70er Jahren bis heute nicht geklärten großen Herausforderungen ein ganz anderes wäre. Für Steffen ging es dabei auch um das Spannungsverhältnis zwischen Kapitalismus und Demokratie.

Mit Streecks Einlassung zu Steffens „Karriere“ wird aus einem Exkurs zum Scheitern ein Exkurs über Kapitalismus und Demokratie und die Kriterien erfolgreicher Politik. Damit können wir Steffens Verständnis systemüberwindender Reformpolitik ins Auge nehmen und von anderen Politikverständnissen abgrenzen, die Streeck einführt. Mit seiner Einlassung operiert Streeck auch mit dem Gedanken an ein Ende einer Karriere, das er als „Folge“ der 1971 von Steffen vorgebrachten Forderung sieht, „die Grenzen der Belastbarkeit der Wirtschaft zu erproben“. In Steffens Denken ist diese Strategie, mit der er die „steuerliche Belastbarkeit der Wirtschaft, deren Grenzen wir nicht exakt kennen“ erproben will, eine andere gegenüber zu stellen, mit der „die

Belastbarkeit der Menschen ständig" erprobt wird.[82] In Streecks historisch angelegter Argumentation ist Steffens Forderung im Auflösungsprozess des Gesellschaftsvertrags der Nachkriegsjahrzehnte zu sehen.

Wie sollen wir die „Folge" verstehen? Streecks Formulierung bleibt zu vage, um bezüglich der Karrieredauer belastbar interpretiert werden zu können. Das 1971 verfehlte Ziel, Ministerpräsident in Schleswig-Holstein zu werden, kann Streeck nicht gemeint haben, bezieht er sich doch auf eine Aussage von Steffen aus demselben Jahr und schreibt dieser „auf längere Sicht" eine Folge zu. Das passt in die Argumentation von Streeck, in seine „historische Narration der kapitalistischen Entwicklung seit den 1970er Jahren"[83], zu der für Streeck „eine Revolte des Kapitals gegen die mixed economy der Nachkriegszeit" gehörte. Dieser Revolte müsste dann freilich eine solche Kraft zugeschrieben werden, dass für das Kapital unpässliche Politiker das Ende ihrer Karriere zu erwarten hätten, wenn sie sich widersetzen. So wie Steffen individuell entschieden hat, Funktionen aufzugeben, müsste dies eine Entscheidung gegen sein eigentliches Karriereinteresse gewesen sein. Das ist für mich keine plausible Interpretation. Sie regt aber an, Steffens Position im Kapitalismus-Demokratie-Spannungsfeld zu bestimmen. Das sehe ich wie folgt:

- Steffen findet keine Zustimmung für eine Politik, die man mit Streeck konzeptionell dem „demokratischen Kapitalismus" zuordnen kann, welcher aber für Steffen eben nicht so sozial-demokratisch ist, wie seine Apologeten ihn hinstellen.
- Der „demokratische Kapitalismus der Nachkriegszeit" zeichnet sich für Streeck dadurch aus, „dass in seiner politischen Ökonomie zwei konkurrierende Verteilungsprinzipien zugleich institutionalisiert" gewesen wären, die er als *Marktgerechtigkeit* und *soziale Gerechtigkeit* bezeichnet. Unter *Marktgerechtigkeit* versteht Streeck „die Verteilung des Produktionsergebnisses nach der Bewertung der individuellen Leistungen der Beteiligten durch den Markt, ausgedrückt durch ihre relativen Preise." *Soziale Gerechtigkeit* bemesse sich dagegen „an kulturellen Normen" und stütze sich auf „Status- statt auf Vertragsrecht.". Sie folge „kollektiven Vorstellungen von Fairness, Billigkeit und Reziprozität".[84] Zum Gesellschaftsvertrag der Nachkriegsjahrzehnte gehört für Streeck eine „soziale Demokratie des demokratischen Kapitalismus".[85] In der von Steffen in den frühen 70er Jahren entwickelten Wahrnehmung der vorangehenden Jahrzehnte sind diese aber nicht als ein „goldenes Zeitalter" wahrzunehmen. Es sind für ihn die Jahrzehnte der Inkubationszeit der Umweltkrise, die Jahrzehnte der Dominanz technokratischer Denkweisen im Bereich

82 Steffen: Strukturelle Revolution, S. 86.

83 Streeck: Gekaufte Zeit, S. 26.

84 Streeck: Gekaufte Zeit, S. 91f.

85 Streeck: Gekaufte Zeit, S. 96.

Technologiepolitik, die Jahrzehnte der unqualifiziert betriebenen Wachstumspolitik, die Jahrzehnte defizitärer Wirtschaftsdemokratie. Es wäre nicht richtig, Steffen als einen Akteur „der sozialen Demokratie des demokratischen Kapitalismus" (Streeck) wahrzunehmen.

- Steffen wäre falsch verstanden, wenn man ihn dieser von ihm zwar gelegentlich mit Forderungen interpretierten Denkweise zuschriebe, bloß weil er die „Grenzen der Belastbarkeit" der Wirtschaft erproben wollte. Sein Denken zielt auf systemüberwindende Reformen. Das hindert ihn aber selbstverständlich nicht daran, das System nach Möglichkeiten erproben zu wollen.

Die Plausibilität der Streeckschen These könnte anders beurteilt werden (müssen), wenn Streeck den von ihm (wie auch im „Spiegel"-Nachruf) verwendeten Begriff „Karriere" frei von jedem Streben nach positionalen Gütern verstanden und zugleich Steffens Politik nicht nur auf diese eine Forderung der Erprobung der Belastbarkeit der Wirtschaft reduziert haben wollte. Aus seiner kurzen Einlassung zu Steffen ist dies aber nicht abzuleiten. In einer gedanklichen Zusammenführung des ganzen Steffen mit den Streeckschen Analysen regt diese kurze Einlassung aber zu der Frage an, welche wie weit reichenden Konzepte ein „linker" Politiker – dieses Adjektiv verwendet Streeck ja für Steffen – in diesen Dekaden wider vorgefundene Systemlogiken und Machtgruppen in kapitalistischen Gesellschaften verfolgen oder auch nur befürworten kann, ohne auf die Chance einer weiteren „Karriere" verzichten zu müssen. Ich habe über diese Frage einmal mit Steffen gesprochen und ihn für das drei Jahre vorher angestrebte und nicht erreichte Amt des Ministerpräsidenten in Schleswig-Holstein gefragt, ob er das denn überhaupt hätte ausüben können, wenn er mit dem in mehreren Bereichen (Großflughafen, Bau von drei Atomkraftwerken) ganz anders angelegten Landtagswahlprogramm gewählt worden wäre und in den Jahren danach so gelernt hätte, wie es das Buch *Strukturelle Revolution* vermittelte. Mein Zweifel wurde durch seine schnelle, klare Antwort nicht bestätigt. Ich habe dann nicht nachgefragt, weil es mich freute, dass er sich seiner Lernprozesse so sicher war.

Es ist nicht unfair festzustellen, dass wir in den analytisch und auch historisch höchst gehaltvollen Werken von Streeck keine Bemühungen oder gar Ambition erkennen können, praktische Ratschläge für praktische Politik zu geben. Man kann dies bei Streeck als Skepsis gegenüber gezielten politischen Handlungsmöglichkeiten lesen und auch als wohl begründete Beschränkung eines Wissenschaftlers auf Aussagen, die er als solcher glaubt begründen zu können. Man kann es zum Weiteren aber auch als eine Lücke lesen, wenn man eine Reflexion von politischen Handlungsmöglichkeiten durch diejenigen erwartet, die unser derzeit bestes Wissen über gesellschaftliche Institutionen, historische Entwicklungen unserer Wirtschafts- und Sozialsysteme und auch über soziale Akteure haben.

Aus meiner Sicht ist es zutreffend und interessant, bei dem luziden Soziologen Streeck wie auch bei dem von mir emphatisch interpretierten ambitionierten politischen Reformdenker Steffen eine bei beiden gegebene Lücke zu konstatieren. Eine Lücke im Hinblick auf das ‚Wie' gelingender Politik und erfahrbarer Politikfähigkeit. Sie wird nur wahrnehmbar, wenn wir die spezifischen Voraussetzungen aktueller Politikfähigkeit reflektieren und damit auch institutionelle und methodische Entwicklungsaufgaben. Dies wird uns im Teil IV darin bestärken, das Anregungspotenzial im Bereich der Reflexion gesellschaftlicher Politikfähigkeit zu suchen.

Bestärkt werden wir darin auch durch andere Publikationen von Wolfgang Streeck, insbesondere durch sein Buch *Re-Forming Capitalism. Institutional Change in the German Political Economy*[86] mit seinen gewichtigen Erkenntnissen zum Faktor „aktive Politik". In diesem Buch resümiert und interpretiert der Soziologe langjährige Forschungsarbeiten zum Wandel der Institutionen der politischen Ökonomie in Deutschland in den letzten 30 Jahren – von der Lohnfindung, dem Verbändewesen über die Sozialpolitik und die öffentlichen Finanzen bis hin zum Zerfall des Netzwerks der Deutschland AG. Die analytische Botschaft des Buches ist, kurz gesagt, die Diagnose einer Erosion des sogenannten „deutschen Modells", das in der Nachkriegszeit bis in die 70er Jahre stärker, durch Politik befördert, an gesellschaftlicher Kooperation und Solidarität orientiert gewesen wäre. In der Sprache der Soziologie erfasst er diesen Wandel als Hinwendung zu „Williamsonischen Institutionen", mit denen nutzenoptimierende Interessenvertreter Verträge schließen, und als Abwendung von „Durkheimischen Institutionen", die stärker an gemeinwohlorientierten politischen Regelsystemen orientiert sind.

Für unsere Betrachtung wichtig ist, dass der aufgezeigte Wandel, der zu wachsender Ungleichheit, wachsenden Unsicherheiten und sozialen Spaltungen geführt hat, wohl eine Folge von vielen Entscheidungen vieler Akteure war, nicht aber einer strategisch orientierten Akteurskoalition und auch nicht das Ergebnis eines Masterplans eines politischen Architekten.

So richtig die historische Analyse auch sein mag oder (für mich jedenfalls) auch ist, so kann doch auch immer gefragt werden, ob es nicht auch anders hätte kommen können, mit einer anderen Politik. Dieser Frage ist der Autor in seinem Buch nicht gefolgt. Als Gesellschaftswissenschaftler will Streeck zwischen Theorie und Praxis Brücken schlagen. Dies aber anders als andere Wissenschaftler, die der Politik richtige Konzepte glauben aufzeigen zu können. Sehr pointiert kritisiert er Politiker, die von Wissenschaftlern sozialtechnische Handlungsanweisungen zur Steuerung der gesellschaftlichen Entwicklung erwarten. Die Frage, die er aber nicht beantwortet und die er (aus meiner Sicht leider) auch nicht erkennbar reflektiert hat, ist die, ob damit

86 Siehe Wolfgang Streeck: Re-Forming Capitalism: Institutional Change in the German Political Economy, Oxford 2009.

ausgeschlossen werden kann, dass politische Akteure eine andere Entwicklung hätten herbeiführen können, wenn sie gelingende gesellschaftliche Politikfähigkeit mit einem anderen Aufgabenverständnis und insbesondere auch methodisch anders verstanden hätten.

Diese Frage müssen wir mit Steffen stellen. Nach ihm wäre verfehlte politische Gestaltung auf unterentwickelt gehaltene oder unterentwickelt gebliebene Kapazitäten politischer Handlungsfähigkeit zurück zu führen. Analog kann man die von Gabriel und anderen geführte Diskussion über den Einzug des neoliberalen Zeitgeistes in die SPD auch anders führen und mit Steffens Theorie fragen, warum man sich in den 70er Jahren gegen einen neoliberalen Zeitgeist nicht immunisieren wollte.[87]

Auf unserem Elmshorner Gesprächsabend mit Wolfgang Streeck im April 2013 habe ich bekundet, mir gut vorstellen zu können, dass Streecks Gekaufte Zeit in 10 Jahren einmal als das Werk gewürdigt werde, von dem die wichtigsten Impulse für eine Entwicklung gesellschaftlicher demokratischer Politikfähigkeit ausgegangen sind. Das war bewusst eine optimistische Prognose. So sie sich als falsch erweisen sollte, so meine Vorstellung, werden zukünftige Historiker das Werk zitieren, um aufzuzeigen, welche Impulse der Politikbetrieb – seine ratio essendi dementierend – im frühen 21. Jahrhundert ignoriert hat.

Im Kontext dieser Betrachtung möchte ich dieses Urteil wiederholen. Es sollte das beste Buch in diesem Jahrzehnt werden, wenn es darum geht, Anlässe zu verstehen, das Verhältnis von Kapitalismus und Demokratie nicht nur wie bei Streeck historisch und analytisch zu reflektieren, sondern in praktischer Absicht. Dafür bedarf es der Impulse. Bei Steffen kommen die Impulse, primär normativ begründet, aus einer ethischen Einsicht in die Notwendigkeit einer an Grundwerten orientierten Politik, wenn eine Gesellschaft der Freien und Gleichen und Solidarität erfahrbar werden soll. Streeck gibt den Impuls, was wir bekommen, wenn wir keine größere Politikfähigkeit entwickeln. Wenn diese zwei Impulse nicht wirken, fragt man sich, ob überhaupt noch etwas wirksam werden kann. Streeck würde antworten „…that there always is a fighting chance" [88] und da träfe er sich mit Steffen. Aber gelingende, gestaltende Politikfähigkeit ist mehr als Kampf.

87 Laut Gabriel habe sich die SPD „unter dem Druck von Medien und Wissenschaft anfällig gezeigt für den Trend zu Deregulierung und Privatisierung", vgl. Interview, „Die SPD muss radikaler werden", in: Die Zeit, 2.6.2016, S. 3. In diesem Interview kommt Gabriel auch zu dem analytischen Befund einer „Sozialdemokratisierung" der CDU. Wörtlich: „Im Bund hat sich die CDU zumindest an der Spitze so sozialdemokratisiert, dass wir in der großen Koalition rot-grüne Politik betreiben." In unserem Kontext ist für Steffen hervorzuheben, dass dieser Aussage ein Begriffsverständnis von „Sozialdemokratisierung" zugrunde liegt, das mit dem Verständnis sozialdemokratischer Reformpolitik, wie Jochen Steffen es vertreten hat, nicht konveniert.

88 Streeck: Re-Forming Capitalism, S. 268.

Sichtweise 5: Steffen als „Vordenker“

Als Vordenker wird Jochen Steffen 2015 zusammen mit 48 weiteren in dem Buch „Vordenkerinnen und Vordenker der Sozialen Demokratie“ vorgestellt.[89] Die Tatsache, dass Steffen in eine solche Auswahl aufgenommen wurde, ist bemerkenswert und verdient Anerkennung. Es gibt aus diesem Jahrhundert nicht wenige Bücher zur „Theorie der sozialen Demokratie“, in denen Steffen gar nicht erwähnt wird.[90] Wir wollen hier reflektieren, ob das 2015 veröffentlichte Vordenker-Porträt zu einem Verständnis der Aktualität von Steffens politischer Theorie führen kann.

Der Beitrag enthält eine Charakterisierung des Selbstverständnisses von Jochen Steffen im Hinblick auf seine marxistischen Positionen, die mit dem kollidiert, was wir dazu oben dargestellt haben. In der Folge werden die zwei Kerngedanken, die Steffen von Marx aufgenommen hat, schlicht unterschlagen. Stattdessen wird im Hinblick auf seinen Marxismus eine Selbstbeschreibung aus einer autobiografischen Skizze zitiert, die den jungen Mann vor 1945 beschreibt. Dem zitierten Auszug aus der autobiografischen, also von Jochen Steffen selbst formulierten Skizze geht in dem hier kritisierten Vordenker-Porträt die Aussage voran: „Er galt als ‚Marxist‘. Siegfried Lenz nannte ihn freilich einen ‚eklektizistischen Marxisten‘ und Steffen selbst war noch kritischer.“ Steffen selbst noch kritischer? Wie das?

Als Beleg für das angeblich „noch kritischer“ sein, wird aus einer autobiografischen Skizze von Steffen zitiert: „Tatsächlich schwankte ich innerlich, war ich meiner selbstgebastelten Ideologie – wie der aufgesaugten marxistischen Versatzstücke – keineswegs so sicher, wie ich sie stur wiederholte, mich gleichsam im Glauben festigen wollend durch ständiges Repetieren der Kernpunkte.“ Heimann zitiert hier eine Passage aus Steffens autobiografischer Skizze „Wenn einem ein Licht aufgeht“, mit den korrekten bibliografischen Angaben.[91] Die autobiografische Skizze wurde 1997 zehn Jahre nach dem Tod seines Vaters in einem Buch veröffentlicht, das sein Sohn herausgegeben hat. Über den Buchtitel hat der Herausgeber den Namen seines Vaters gesetzt. Wenn die naturgemäß vor Steffens Tod geschriebene autobiografische Skizze damit völlig korrekt als eine Publikation des Jahres 1997 zitiert wird, sollte doch auch herausgestellt werden, dass sie sich auf die Zeit vor 1945 bezieht. Steffen beschreibt also den schwankenden jungen Mann vor seinem Studium. Mit dieser Selbstbeschreibung von Steffen aus der Zeit vor seinem Studium will Heimann den „eklektizistischen Marxisten“ von Lenz noch kritischer erscheinen lassen. Über die Motive dafür

---

89 Vgl. Siegfried Heimann: Jochen Steffen – Querdenker der SPD, in: Christian Krell (Hg.): Vordenkerinnen und Vordenker der Sozialen Demokratie, 49 Portraits, Bonn 2015, S. 330-336.

90 So z. B. in dem umfangreichen Werk von Thomas Meyer, das er zusammen mit Lew Hinchman und weiteren Mitarbeitern und Mitarbeiterinnen erstellt hat: Theorie der sozialen Demokratie, Wiesbaden 2005.

91 Steffen: Personenbeschreibung, S. 59.

erfahren wir nichts. Wir müssen der Darstellung aber widersprechen und feststellen, dass Heimann die Möglichkeit verschenkt (verschenken wollte?), den erwachsenen „Vordenker“ mit seiner durch Marx geprägten Denke vorzustellen – in Heimanns Vordenker-Porträt fehlen die beiden Kernelemente Klassenkampf/Demokratisierung und Entfremdung. Wenn ein Vordenker so verkürzt und damit falsch vorgestellt wird, eröffnet das keinen Zugang zu seiner Aktualität.

Was soll ein Vordenker sein? Die Beiträge des Buches folgen hier unterschiedlichen Verständnissen. Wir illustrieren das mit den Unterschieden zwischen Heimann und Scholle, der den Marxisten Wolfgang Abendroth als Vordenker vorstellt.

Heimanns resümierende Feststellung, „Nur wenige Jahre nach seinem Parteiaustritt zeigte sich, dass Steffen seiner Partei in nicht wenigen Politikbereichen – etwa in der Frage des Atomaussteigs – voraus war.“, erweckt den Eindruck, als wenn die Figur des Vordenkers der Sozialen Demokratie so zu verstehen wäre, dass diese etwas gedacht hätte, was später in der SPD auch mehrheitlich so gesehen wurde. Zur Atomenergiepolitik ist Steffen 1971 noch mit seinem Landtagswahlprogramm gezogen, mit dem drei neue Atomkraftwerke in Schleswig-Holstein gebaut werden sollten. Er hat sich von dieser Position gelöst, damit ist er aber noch kein Vordenker geworden.

Er hatte bemerkt, dass er mit seinen AKW-Projekten zum Mitläufer derer geworden wäre, die den Menschen als Mitläufer im Lauf der Dinge sehen. Dies war die Kernzone der kernenergiepolitischen Kontroverse der späten 1970er Jahre: die schlichte, aber in ihrer Bedeutung gar nicht zu überschätzende Frage, ob hier überhaupt noch Freiräume für politische Entscheidungen bestünden.[92] Steffen wusste ganz genau, dass er die Kritik der Kernenergiepolitik der 1970er Jahre nicht erfunden hatte und als ein solcher Vordenker gerierte er sich auch nicht. Sehr ehrlich sagte er oft: „Wenn die Kritiker auch nur zu 30 % recht haben …“, das heißt, er verstand die Kritiker, er unterstützte sie nach 1971 sehr bald, er hat schneller und konsequenter als andere (die ein Tschernobyl-Ereignis oder eine Fukushima-Katastrophe erleben mussten) gelernt, er präsentierte sich aber nicht als jemand, der hier vorgedacht hätte.

Wesentliche Vordenker-Leistungen von Steffen spricht Heimann besser mit dem freilich sehr allgemeinen Statement an, dass „viele seiner Mahnungen“ aktuell blieben, so auch „Steffens Sorgen, dass die SPD keine kämpferische Reformpartei mehr sein könnte“. Ein Vordenker war Steffen auch für die grundsätzlichen Ansprüche demokratischer Technologiepolitik und damit für die grundsätzliche Kritik an technokratischen Denkweisen. Nur deshalb konnte er sich auch so relativ schnell von den noch 1971 im Landtagswahlkampf vertretenen Forderungen zum Bau von drei Atomkraftwerken in Schleswig-Holstein verabschieden.

---

92 Vgl. dazu die sehr kontroversen Beiträge im Bergedorfer Gesprächskreis 1977. Ich kenne keine zweite Publikation, in der die Kontroverse über energiepolitische Gestaltungsmöglichkeiten so fundmental kontrovers und so verdichtet dokumentiert wurde.

Heimann verzichtet, anders als andere in diesem Buch, auf den Versuch, den „Vordenker“ Steffen in seiner aktuellen Bedeutung aufzuzeigen. Auch so kann man eine Vordenker-Rolle verstehen. Das zeigt Tilo Scholle in demselben Buch in seinem Beitrag zum Vordenker Wolfgang Abendroth (1961 aus der SPD ausgeschlossen). Das Abendroth-Portrait zeigt im Gegensatz zum Steffen-Portrait von Heimann, dass eine Wirkung und eine Aktualität auch durch versäumte Debatten oder nicht genutzte Erkenntnisse angesprochen werden können.[93] Das eröffnet Wege zur Erkundung der Aktualität eines Vordenkers. In diesem Sinne formuliert Scholle sehr schön: „Es bleibt zu diskutieren, inwieweit eine Anknüpfung an Abendroth für die aktuellen Debatten um den Prozess der europäischen Konstitutionalisierung fruchtbar sein könnte.“ Oder auch: „Es bleibt das Verdienst Abendroths, die Traditionslinien der sozialen und demokratischen Verfassungstheorien der Weimarer Republik in die Bundesrepublik hinüber gerettet zu haben, Abendroths Mut für eine Demokratisierung aller gesellschaftlichen Bereiche zu streiten und damit Vorstellungen ‚sozialer Demokratie‘ zu konkretisieren, ist beispielhaft.“

Oder abschließend: „Zudem wäre allein durch die Erkenntnis, dass Recht und Rechtsordnungen nicht als ein ‚neutrales‘ Konstrukt, sondern als ein sich stetig änderndes Ergebnis gesellschaftlicher Interessenlagen und Auseinandersetzungen zu begreifen sind, ein deutlicher Erkenntnisfortschritt auch für die aktuelle politische Debatte zu verzeichnen.“ In diesem Sinne geht die mit dem Buch angestrebte Vorstellung eines Vordenkers über in die Konturierung seines aktuellen Anregungspotenzials. Für dessen Präsentation ist es dann unerheblich, ob eine Resonanz oder gar Aufnahme der Anregungen schon zu verzeichnen ist. Ein solches Vordenker-Porträt von Jochen Steffen bleibt einstweilen ein Desiderat.

Sichtweise 6: Steffen als „Vorbild“

Ein letzter Exkurs zu einer Sichtweise von Steffen soll zeigen, was wir über ihn und seine aktuellen Anregungspotenziale erfahren, wenn er als „Vorbild“ gewürdigt wird. Anlässlich des 19. Septembers 2012 – da wäre der frühere schleswig-holsteinische SPD-Landes- und Fraktionsvorsitzende Jochen Steffen 90 Jahre alt geworden – erklärte Ralf Stegner, der amtierende Inhaber dieser beiden Funktionen, Jochen Steffen habe „das linke Profil der schleswig-holsteinischen SPD als Programmpartei geprägt. Engagiert und kantig ist er für unsere Grundwerte eingetreten und nie dem politischen Mainstream hinterher gelaufen. Er war ein streitbarer Mensch, bei dem die Bürgerin-

93 Vgl. Thilo Scholle: Wolfgang Abendroth – Verfassung und Soziale Demokratie, in: Christian Krell (Hg.): Vordenkerinnen und Vordenker der Sozialen Demokratie, 49 Portraits, Bonn 2015, S. 33-39, S. 37.

nen und Bürger wussten, wofür er stand und der die Lebenswirklichkeit der Menschen im Land kannte. Dies ist uns bis heute Vorbild."[94]

Dies ist eine kurze, prägnante Laudatio in einer nicht unkonventionellen Anlage. Es wird nichts Falsches gesagt, jeder Satz ist durch eine uneingeschränkte Anerkennung des „Vorbilds" geprägt, alles ist positiv bezogen auf die geehrte, vorbildliche Persönlichkeit und das ganze Statement ist frei von explizit formulierten Gedanken, die für die aktuelle politischen Arbeit Defizite andeuten oder gar verdeutlichen könnten. Das Lob des Vorbilds kann so auch als Selbstlob vernommen werden, ist mit der Ansprache des „Vorbilds" doch offenbar kein Grund gegeben, aktuelle Irrwege oder Schwachstellen zu thematisieren. Das „Vorbild" scheint nur zu bestätigen, was in seinem beschriebenen Sinne geschieht. Ob die Beschreibung das Denken des „Vorbilds" aber erfasst, ist nicht weniger unsicher wie bei der eben vorgestellten Vordenker-Sicht.

Mit einer solchen konkreten Ansprache eines „Vorbildes" zeigt man, dass man das „Vorbild" anerkennt, dessen Eigenschaften werden (zumindest in einer gewichtigen Auswahl) vergegenwärtigt. Man erweist dem „Vorbild" die Ehre und je besser dies glaubhaft gelingt, desto mehr steht man in der Gegenwart geschmückt da, wenn man sich auf ein starkes „Vorbild" in diesem Sinne bezieht. Aber ist ein solches „Vorbild" ein Vorbild?

Wir haben eben gesehen, dass Steffen als „Vordenker" so konturiert werden kann, dass Vieles von dem verloren geht, was ihm höchst wichtig war. Die Frage, ob das, was Steffen wichtig war und er „vorgedacht", sprich er zeitlich früher gedacht hatte, heute zum politischen Denken und Handeln anregen könnte, wird gar nicht gestellt und kann auch nicht im Sinne des Vordenkers gestellt werden, weil seine Denkinhalte nicht präsent sind. Soll über Vordenker-Porträts deren aktuelles Anregungspotenzial ermittelt werden, müssen diese also zuerst einmal in ihren Kerngedanken erfasst werden.

Analog denke ich, dass der Begriff Vorbild für diejenigen stehen sollte, mit denen auch aktuelle Defizite, Aufgaben und Handlungschancen sowie zum aktuellen Verständnis der Situation wichtige Versäumnisse der jüngeren Vergangenheit zumindest erkundet werden sollten und in der Regel auch verdeutlicht werden können. Hier haben wir aber das „Vorbild" Steffen oder die politische Philosophie, von denen wir im Teil III dieser Betrachtung einige wesentliche Elemente vorgestellt haben. Ein Vorbild, das nicht genutzt wird, aktuelle Defizite und Aufgaben sowie Versäumnisse der jüngsten Zeit zu erkunden, ist eine Konstruktion, die das Anregungspotenzial des Vorbildes verschenkt.

Wenn es dafür Gründe gibt, sollten sie genannt werden. Wenn diese aber fehlen, ist es doppelt unklug und falsch, das aktuelle Anregungspotenzial nicht zu erkunden, weil

94 Ralf Stegner-Zitat, in: Steffen Voß: Der „rote Jochen" prägte den linken Landesverband. Am 19. September wäre der frühere Landes- und Fraktionsvorsitzende 90 Jahre alt geworden, in: vorwärts-EXTRA 10/2012, S. IV.

es sowohl der Person Steffen nicht gerecht wird, wie auch dazu führt, selbstgefällig unter seinen Möglichkeiten zu bleiben. Das bleibt freilich dort unentdeckt, wo niemand diese Möglichkeiten aufzeigt. Eine verkürzte Vorbild-Ansprache führt möglicherweise zu gar keinem Streit, weil es keine Stimmen gibt, die das aktuelle Anregungspotenzial herausstellen.

Einen Ansatz dazu böte der Begriff „Programmpartei", den Stegner für das Vorbild Steffen herausstellte. Zu Recht herausstellte, denn es trifft Steffens Denken eine Partei nicht ohne ein Programm denken zu können.[95] Da sind wir dann allerdings wieder – wie eben im kurzen Exkurs zum Vordenker-Porträt – bei der Frage, wie ganzheitlich oder wie selektiv die essenziellen Einsichten von Steffen aufgenommen und dem Vordenker oder jetzt dem Vorbild zugeordnet werden. Es geht ja nicht an, ein Vorbild auf das zu reduzieren, was genehm ist und dabei den Glutkern der Überzeugungen des angeblichen Vorbilds zu verdrängen. Niemand würde ja zum Beispiel Willy Brandt als Vorbild für sozialdemokratische Politik vorstellen können, ohne sein Engagement für Frieden und eine daran orientierte kreative Außenpolitik herauszustellen.

So wenig nun Willy Brandt ohne seine kreative und engagierte Friedenspolitik als Vorbild für Sozialdemokratinnen eingeführt werden kann, ohne ihm als angeblichem Vorbild nicht gerecht zu werden, so wenig ist Jochen Steffen als Vorbild angesprochen, wenn zum Beispiel sein Freiheitsdenken fehlt, welches ohne die Kritik der Entfremdung nicht zu erfassen ist. Freiheit nicht ohne Entfremdungskritik zu denken und anzustreben, dies ist der tragende Gedanke von Strukturelle Revolution, dem Buch, auf das weder im Vordenker-Steffen-Text noch in der Vorbild-Steffen-Rede hingewiesen wird. Höchst anspruchsvoll und im Zusammenhang mit der Entfremdungskritik zu sehen ist das, was Steffen als Konsensarbeit von der Partei erwartet, wobei er „Konsens" in diesem Kontext mit „C" schreibt.

So beim „Consensus über das Verständnis des industriellen und kapitalistisch-industriellen Entwicklungsprozesses – so weit und so gut das unter weltanschaulich-religiöser Neutralität möglich ist" oder im Hinblick auf Bedürfnisse, wozu „ein breiter Consens erzielt werden [müsse] über das vordringlich zu Lösende". Zu dem Bedürfnisproblem zitiert und interpretiert Steffen zustimmend Befunde des US-amerikanischen Wirtschaftswissenschaftlers, Juristen und Beraters der Präsidenten Roosevelt und Kennedy Adolf A. Berle.[96] Berle spricht begrifflich anders, aber auf dasselbe zie-

95 Siehe dazu u.a. Steffen: Strukturelle Revolution, S. 350ff. Grundsätzlich anders beantwortet die Programmfrage der Konservative Franz Josef Strauß, wie Siebenmorgen gut aufzeigt. „Nicht festlegen sollte ein Grundsatzprogramm, nicht Fokussierungen bieten oder zuspitzen, sondern das gerade Gegenteil" schreibt der Strauß-Biograf und zitiert dann den langjährigen CSU-Vorsitzenden mit dessen Vorgabe für eine Programmarbeit: „Das wichtigste Gebot ist, den politischen Prozeß offenzuhalten, keine Endlösungen anzustreben; nicht zu tun, was Handlungsalternativen ausschließt, ohne neue zu öffnen …" Ein Parteiprogramm, „das eine solche Politik fördern und unterstützen soll", könne daher „logischerweise nur ein offenes *Programm* sein." Siebenmorgen: Franz Josef Strauß, S. 409.

96 Adolf A. Berle: Macht. Die treibende Kraft in der Geschichte, Hamburg 1973, S. 289.

lend von „allgemein akzeptiert“ statt von „Consens“ in seiner Ansprache der auch von Steffen adressierten Aufgabe, „eine allgemein akzeptierte Wertskala der Bedürfnisse herauszuarbeiten und sozial-ökonomische Instrumente zu entwickeln, mit denen Produktion und Distribution veranlaßt werden können, sie zu befriedigen.“ Im Anschluss an den zustimmend zitierten Berle formuliert Steffen die Maxime: „Soll diese Gesellschaft frei sein, ist sie es nur durch demokratisch bestimmte Wertskala und demokratische Kontrolle der sozioökonomischen Instrumente zur Lenkung von Produktion und Distribution.“[97] Das ist mehr als ein Gerechtigkeitsprogramm.

Für diejenigen, die in der SPD mit Steffen als Vorbild arbeiten möchten, stellt sich die spannende Frage:

- pflegen wir das Bild unseres Vorbilds so, wie es uns jeweils in den Jahren passend erscheint? Oder
- erschließen wir uns die Kerngedanken des Vorbilds und sein aktuelles Anregungspotenzial, um damit kreativ auch programmatisch zu arbeiten? Es ginge dann um das, was mit der Strukturierung dieser Betrachtung im nächsten Teil thematisiert wird.

IV: Welches aktuelle Anregungspotenzial kann mit den aufgezeigten Einsichten von Steffen im Kontext aktueller Herausforderungen wahrgenommen und begründet werden?

Die mit der Überschrift für diesen Teil des Textes formulierte Frage werde ich in 17 kurzen, durchnummerierten Absätzen oder Absatzgruppen beantworten. Zum Anspruch und Verständnis dieser Darstellung sei vorausgeschickt: Gezeigt werden soll, welches aktuelle Anregungspotenzial wir erkennen und begründen können. Dies erfolgt hier aber nur durch Gedankenskizzen. Vollständigkeit wurde nicht angestrebt. Dargestellt werden Kern- oder Ausgangsgedanken, mit denen weiter gearbeitet können werden sollte.

(1) Wir werden die Aktualität von Steffen nicht auf einem ressortmäßig definierten Feld der Politik finden, zum Beispiel einer Bildungs- oder Verkehrspolitik. Jedenfalls nicht mit der Vorstellung, eine aktuelle konzeptionelle Arbeit dadurch erübrigen zu können, dass wir bei Steffen aktuell einschlägige Konzepte sozusagen in Schubladen finden könnten. Fruchtbar sind seine Einsichten, die das Wozu und Wie, den Telos der Politik aufzeigen. Immer mit der Maxime, der politischen Arbeit mit den Worten von Eberhard Moths „ihre Würde zurück zu geben“[98]. Damit geht es um ein emphatisches Verständnis von Politik als Politikfähigkeit, also einer Praxis mit motivierten und kompetenten Akteuren. Mit seinem Leitbild der Gesellschaft der Freien und Gleichen ist Jochen Steffen ideengeschichtlich und ideenpolitisch in der Tradition derer

97 beide Zitate in Steffen: Strukturelle Revolution, S.161.

98 mündliche Mitteilung, oft von Moths in Elmshorner Gesprächsabende eingebracht.

zu sehen, die dem kapitalistischen Markt „einen subversiven Traum vom sich selbst bestimmenden sozialen Leben (entgegensetzen)“[99]. Mit dieser Formulierung charakterisiert Martin Saar Antonio Negris Spinoza-Verständnis. Ich halte dies für eine richtige Charakterisierung. Spinoza (über den Steffen, soviel ich weiß, nichts geschrieben hat, was hier zitiert werden könnte) wie Steffen folgen dem Leitbild einer Gesellschaft der Freien und Gleichen. Einem Leitbild mit vielen Folgen bis hin zu nicht beliebigen kooperativen Leistungszielen.

(2) Den roten Faden der Antwort auf die Frage nach der Aktualität von Steffen im 21. Jahrhundert können wir mit unserer Wahrnehmung und Interpretation der großen Herausforderungen finden, die um 1970 und in den frühen 70er Jahren erkennbar geworden und von Steffen reflektiert worden sind. Zu sehen ist, dass sie bis heute im Sinne seiner aufgezeigten Einsichten politisch nicht adressiert wurden. Beispielhaft sei auf die über Dekaden verfehlten wachstumspolitischen Lernprozesse verwiesen, zuletzt vorgeführt in einer Enquete-Kommission des Deutschen Bundestages.[100] So können wir ein aktuelles Anregungspotenzial von Steffen aufzeigen, dies freilich immer nur bedingt. Bedingt deshalb, weil wir in allen argumentativen Schritten normative Prämissen und Verständnisse von Vorzugswürdigkeiten voraussetzen müssen, die derzeit nicht weithin anerkannt sind, vielleicht auch wie die nicht beliebigen kooperativen Leistungsziele schlicht nicht verstanden werden – weder in der Gesellschaft, noch auch nur in der SPD. Die hier individuell entwickelte Argumentation ist deshalb zu relativieren. Sie ist bestenfalls ein Impuls, ein Vorschlag, eine vielleicht erwägenswerte Argumentation.

(3) Man musste in den 70er Jahren keine besondere Intuition haben, um zu verstehen, dass die SPD damals vor der Frage stand: Wollen wir die Partei der ökologischen Bewegung sein oder sie erzeugen?[101] Die SPD hat sich entschieden. So wie in den siebziger Jahren die ökologischen Anliegen sich ihre Partei suchten, so stellt sich in diesen Jahren die Frage, ob eine Partei oder mehrere die Gewinnung gesellschaftlicher Politikfähigkeit zu ihrem Kernanliegen machen kann. Alle die da sagen „Wie bitte? Als Akteure der Politikfähigkeit sind wir doch tagtäglich aktiv!“ haben die Tragödie der Politikfähigkeit nicht verstanden. Sie stelle ich in den Mittelpunkt meiner Argumentation. Mit ihrer Wahrnehmung steht und fällt das Verständnis für die Aktualität von Jochen Steffens politischer Theorie.

---

99 Martin Saar: Die Immanenz der Macht. Politische Theorie nach Spinoza, Berlin 2013, S. 169.

100 Vgl. dazu Reinhard Ueberhorst: Über den Umgang mit nicht beliebigen kooperativen Leistungszielen im Arbeitsprozess der wachstumspolitischen Enquete-Kommission des Deutschen Bundestages (2011-2013), in Georg Plate (Hg.): Forschung für die Wirtschaft 2013, Göttingen 2014, S. 315-341.

101 Vgl. Reinhard Ueberhorst: Wollen wir die Partei der ökologischen Bewegung sein oder sie erzeugen? in: Die Neue Gesellschaft 26 (1979), H. 9, S. 772-774.

(4) Aktuell kann eine politische Theorie auch dann sein, wenn sie einen Nerv trifft, von dem die meisten Menschen noch nicht einmal wissen, dass es ihn gibt. Diesen Nerv – so meine These – adressiert die praxisorientierte politische Theorie von Jochen Steffen mit ihrem Kraftzentrum, ihrem Glutkern: mit dem Leitbild einer Gesellschaft der Freien und Gleichen, die ihre demokratischen Gestaltungsprozesse an der Maxime orientieren, Selbstentfremdung und Sachzwänge zu minimieren. Die Möglichkeit dieser Gesellschaft der Gleichen und Freien steht und fällt mit ihrer demokratischen Politikfähigkeit. Wer die Tragödie der Politikfähigkeit erkennt, trifft einen Nerv, von dem die meisten und insbesondere sehr viele Akteure des Politikbetriebs nicht erkennen lassen zu wissen, dass es ihn gibt.

(5) Im Kern geht es um die Frage, ob wir es für möglich halten, eine nachholende gesellschaftliche Selbstverständigung zur aufgabengerechten demokratischen Politikfähigkeit zu erreichen, um den Herausforderungen zu begegnen, die seit der Zeit um 1970 und den frühen 70er Jahren bekannt sind. Wir können uns dessen nicht sicher sein. Aus der Idee kann – noch mehr als Steffen es selber noch erlebt hat – die Tragödie der gesellschaftlichen Politikfähigkeit werden, wenn zu viele Akteure im Politikbetrieb nicht auf die Voraussetzungen hinarbeiten, ohne die wir an den politischen Herausforderungen dieser Dekaden scheitern werden.

Wofür steht die *Tragödie der gesellschaftlichen Politikfähigkeit*? Ich habe den Begriff im Anschluss an die Denkfigur von Simmel entwickelt, die der Kieler Kulturphilosoph Ralf Konersman interpretiert hat. „>>Tragisch<< heißt hier die unmittelbar vor Augen stehende Erfahrung, dass die Entwicklung der neuzeitlich dynamisierten Kultur sich in der Moderne gegen die Kultur selbst und ihre Bestände wendet“, so interpretiert Konersmann Georg Simmel und seinen Aufsatz *Der Begriff und die Tragödie der Kultur*.[102] Ich nutze diese Denkform für meine Rede von der Idee und Tragödie der gesellschaftlichen Politikfähigkeit und spitze damit Steffens Frage „Krisenmanagement oder Politik?“ zu.

Die Idee und die Tragödie der gesellschaftlichen Politikfähigkeit – in diesem Spannungsfeld liegt die Aktualität der politischen Theorie von Jochen Steffen. Zur Tragödie wird die Idee mit der Erfahrung, dass die Entwicklung des Politikbetriebs selber sich gegen die Idee einer gesellschaftlichen Politikfähigkeit stellt, sprich, dass die Akteure des Politikbetriebs sich mit ihren speziellen kurzfristigen Leistungs- und Erfolgszielen von den Maximen distanzieren, an denen sie sich orientieren sollten, wenn gesell-

102 Siehe Ralf Konersmann: Aspekte der Kulturphilosophie, in: Ders. (Hg.), Kulturphilosophie, Leipzig 1996, S. 9-24, hier S. 16; Georg Simmel: Der Begriff und die Tragödie der Kultur, in: ebd., S. 25-57.

schaftliche Politikfähigkeit erfahrbar werden soll.[103] Die ratio essendi des Politikbetriebs ist sein Vermögen, gesellschaftliche Politikfähigkeit erfahrbar werden zu lassen. Wir können (mit Steffen) beobachten, wie sich die Entwicklung des Politikbetriebs gegen die Idee gesellschaftlicher Politikfähigkeit wendet. Also gegen eine Idee, zu deren Umsetzung er anzustreben ist. Gegen eben die gesellschaftliche Politikfähigkeit, für die Steffen mit seiner Theorie argumentiert. Kompromisslos. Immer mit dem Wissen, dass gerade in Parteien und auch in der SPD die Versuchung groß ist, den kurzfristigen Wahlerfolg zur obersten Richtschnur des Verhaltens zu machen.

(6) Das bislang verkannte oder nicht hinreichend erkannte Anregungspotenzial von Steffen erschließt sich uns, wenn wir die großen Probleme, die wir um 1970 oder in den ersten 70er Jahren erkannt haben, zu einem Verständnis einer Herausforderung zusammenführen, mit der eine neue Qualität gesellschaftlicher Politikfähigkeit anzustreben ist, wenn wir nicht erleben wollen, diesen Herausforderungen nicht gerecht zu werden. Anders gesagt: Steffen ist nur aktuell für diejenigen, die die Herausforderungen in einer Komplexität sehen können, mit der er sie in Ansätzen insbesondere in den frühen 70er Jahren adressiert hat. Was wir im Hinblick auf diese Herausforderungen leisten müssen und was wir dafür bei Steffen an Anregungen vorfinden (und nur sehen, wenn wir verstehen, was wir leisten müssen) finden wir, wenn wir diese Herausforderungen zusammenführen und damit die Aufgaben erkennen, gesellschaftliche Politikfähigkeit als aktuelle Entwicklungsaufgabe zu sehen und zu traktieren.

Es gibt keine Blaupausen, kein Grand Design für einen Umgang mit diesen Herausforderungen. Es gibt auch keine historischen Erfahrungen, auf die wir zurückgreifen können. Im zweiten Jahrzehnt des 21. Jahrhunderts sind wir bestenfalls im Vorfeld eines weithin geteilten Verständnisses, dass wir vor einer Entwicklungsaufgabe unserer gesellschaftlichen Politikfähigkeit stehen, die auf ein höheres kooperatives Leistungsniveau gebracht werden muss.

Hier ist der Gedanke wieder aufzunehmen, den ich kritisch schon gegen Golo Manns These eingebracht hatte, als es um den Vorwurf ging, dass Steffen „überdramatisiere". Hier geht es um die positiv-anregende Botschaft des analytischen Befundes, dass in den 60er und 70er Jahren deutlich zu erkennen war, dass die Probleme schneller wüchsen als die Problemverarbeitungsfähigkeit. Konstruktiv gewendet heißt dies, dass aus dem zu etatistisch angelegten Politikbetrieb eine gesellschaftliche Politikfä-

---

103 Ein trauriges Beispiel dieser Jahre ist die verweigerte demokratische Atommüllpolitik in der klassischen Fehlermethodik der deutschen Atompolitik, mit der so lange wie möglich darauf verzichtet wird, alternative Optionen qualifiziert herauszuarbeiten und in demokratischen Prozessen zu klären. Vergl. Mathias Edler, Stellungnahme von Greenpeace e.V. zur Öffentlichen Anhörung im Deutschen Bundestag, Ausschuss für Umwelt, Naturschutz, Bau und Reaktorsicherheit, zum Entwurf eines Gesetzes zur Fortentwickelung und Auswahl eines Standortes für ein Endlager für Wärme entwickelnde radioaktive Abfälle und zur Änderung anderer Gesetze (StandAG-Fortentwicklungsgesetz). Ausschussdrucksache 18 (16) 526-A zur Anhörung am 8.3. 2017.

higkeit werden muss mit einem höheren kooperativen Leistungsniveau der politischen Gesellschaft insbesondere im Verständnis des Umgangs mit komplexen Alternativen und deren Klärung, wenn langfristig tragfähige Orientierungen zu finden sind.

(7) Die Lernprozesse, deren Bedarf in den langen 70er Jahren erkennbar wurde, sind nicht erreicht worden. Jochen Steffens Theorie in der Verbindung der gezeigten Einsichten ist höchst instruktiv, um uns diesen Sachverhalt bewusst zu machen und gleichzeitig orientierend, motivierend.

– Die Kontexte, in denen Jochen Steffen seine essenziellen Einsichten und Vorschläge entwickelt hat,
– sind die Kontexte, in denen wir heute noch stehen und
– uns deshalb fragen können, wie gut diese Einsichten genutzt wurden oder wie aktuell sie noch im Raum stehen, weil sie anhaltend zu nutzen sind oder bislang schlecht oder gar nicht rezipiert wurden, insbesondere in der Partei, aus der er für sich aus guten Gründen ausgetreten ist.

Lernprozesse nicht erreicht? Gibt es irgendwo ein komplettes Konzept? Nein, aber Orientierung und Motivation und mit ihnen immer wieder den Appell, es nicht an Diskussions- und Verständigungsprozessen fehlen zu lassen.

Eine erfolgreiche Geschichte dieser Lernprozesse der vergangenen Zukunft seit den 70er Jahren, die aber verfehlt wurde, hätte aufgezeigt, wie

– mehr Demokratie erreicht worden wäre, nicht nur im und über den Staat, sondern auch in der Wirtschaft,
– aus den kontroversen Vorstellungen zur Beantwortung der Wachstumsfrage eine breit getragene gesellschaftliche Orientierung gewonnen worden wäre,
– nach der Erkenntnis der fundamentalen Schwachstellen technokratischer Denkweisen eine demokratische Technologiepolitik erreicht worden wäre, die sich zum Beispiel im Umgang mit der Gentechnologie, der Digitalisierung, der künstlichen Intelligenz bewährt hätte,
– wie aus der kritisch analytischen Kategorie der Entfremdung ein Freiheitsverständnis entwickelt worden wäre, das politisch-operativ interpretiert wird,
– wie kontinuierlich an der Überwindung des Kapitalismus gearbeitet wird … insbesondere auch orientiert am Grundwert der Gleichheit als Grundgedanke vorsorgender Friedenspolitik nach innen und außen.

(8) In dem Ausmaß, wie Sachzwänge zurückgewiesen und technokratische Argumentationen abgelehnt werden, werden hier Alternativen deutlich. Damit ist aber nichts gewonnen, wenn unser Politikbetrieb mit komplexen Alternativen – wie wir in den Jahrzehnten um die Kernenergiekontroverse gelernt haben – nicht umgehen kann.[104]

(9) Steffens Denken in diese Herausforderungen projiziert heißt in wenigen Sätzen: Auszugehen ist vom Humanum, im rationalen Stoffwechsel mit der Natur und von der daraus gewonnenen Einsicht, eine Herrschaft der Sachen (verkleidet als Sach- und/ oder Systemlogik) abzulehnen. Wer die Sachzwänge, die Herrschaft der Sachen, die vermeintliche Systemlogik, die Technokratie nicht will, träumt mit Spinoza den Traum vom sich selbst bestimmenden sozialen Leben.[105] Die Pointe der Betrachtung ist, dass wir in diesen Dekaden zu lernen haben, wie Politikfähigkeit von breiten gesellschaftlichen Verständigungserfolgen abhängt, welche nur in demokratischer Meinungs- und Willensbildung zu erreichen sind. Das gilt für alle Herausforderungen der 70er Jahre, die hier immer wieder angesprochen wurden.

Spinoza, wie Steffen, wie alle, die den Traum der Selbstbestimmung träumen, tun dies, weil es mit Spinozas Worten „der Freiheit, die die Natur einem jeden gewährt, am nächsten kommt“[106] und den Wertvorstellungen für eine Gesellschaft der Freien und Gleichen gerecht wird. Hier wird ein gesellschaftliches Konflikt- und Lernfeld deutlich, das in seiner Bedeutung kaum überschätzt werden und das mit Steffens Einsichten klar erkannt werden kann.

Diejenigen, die über die Jahrhunderte und auch über die letzten Jahrzehnte gegenüber einer normativen Begründung einer radikalen Demokratie ihre Bedenken hatten, tun sich in diesen Dekaden schwer, die Vorzugswürdigkeit ausgeweiteter demokratischer Prozesse aus funktionalen Gründen zu verstehen. Pointiert gesagt: Wer normativ schon immer gegen eine umfassende, nicht nur auf staatliche Strukturen beschränkte Demokratisierung war, bleibt es auch, wenn sich dies unter funktionalen Gesichtspunkten als suboptimal erweist. Eine möglichst restriktiv möglichst nur auf Staatlichkeit bezogene Demokratiedenke wird zum Hindernis für gesellschaftliche Politikfähigkeit, wenn wir mehr und mehr vor Transformations- und Gestaltungsaufgaben

---

104 Das letzte Beispiel ist der verweigerte Umgang mit Alternativen in der Atommüllpolitik der Jahre 2013ff. Dazu Reinhard Ueberhorst: Demokratische Atommüllpolitik oder Zustimmungsmanagement und simulierte gesellschaftliche Verständigung – eine kritische Wahrnehmung der Arbeit der Stand-AG-Kommission, in: Strahlentelex, Nr. 686-687/08.2015, S. 3-14, auch https://www.ausgestrahlt.de/ueberhorst-rede, zuletzt aufgerufen am 19.12.2017. Zur anzustrebenden, bis 2017 im Berliner Politikbetrieb verfehlten Demokratischen Atommüllpolitik vgl. Ders.: Demokratische Atommüllpolitik, was wäre das? In: Georg Plate (Hg.): Forschung für die Wirtschaft 2014, Göttingen, S. 209–252.

105 Vgl. Saar: Immanenz der Macht, S. 169.

106 Baruch de Spinoza: Theologisch-politischer Traktat, Sämtliche Werke, Bd. 3, Hamburg 2012, S. 246; zur Demokratietheorie von Spinoza vergl. die vorzügliche Studie Saar: Immanenz der Macht, insbesondere das Kapitel VII, *Multitudo*: Über die Demokratie und die Freiheit, S. 329-410.

stehen, die nur durch erfolgreiche gesellschaftliche Verständigungsprozesse erreicht werden können.

Wo wir immer mehr transwissenschaftliche Fragen nur durch gesellschaftliche Verständigungserfolge beantworten und Reformprozesse nur mit längerfristigen breiten gesellschaftlichen Akteurskoalitionen erreichen können, wird Demokratie und die Ausweitung von Demokratie zur conditio sine qua non gesellschaftlicher Politikfähigkeit im Umgang mit den komplexen Herausforderungen dieser Dekaden.

Zu erkennen ist im Lichte der großen Reformaufgaben der 70er Jahre, der säkularen Aufgaben, dass sie nur mit einer intensivierten kreativen Demokratie zu bewältigen sind oder sonst durch einen technokratisch-autoritären Staat mit entpolitisierter Bevölkerung (Dystopie). Wir müssen uns bewusst machen, dass die Herausforderungen, vor denen wir stehen, mit ihrer spezifischen Qualität und Struktur nur im Modus eines Prozesses der gesellschaftlichen Selbstverständigung zu bewältigen sind.

(10) Das Kraftzentrum, der Glutkern dieser Theorie ist der Widerstand gegen eine Herrschaft der Sachen. Gegen eine Sach- und Systemlogik, die ihre Evidenz behauptet, welche Menschen nur nachvollziehen, wenn sie sich unterwerfen. Warum aber sollten sie das, wenn sie auf Freiheit angelegt sind. Konstitutiv ist das Menschenbild, mit dem der Mensch auf Freiheit angelegt ist. Daraus folgt: In seiner Bedeutung gar nicht zu überschätzen ist das Anregungspotenzial, das wir mit Steffens Verbindung einer Analyse der Selbstentfremdung und einer normativen Orientierung an individueller und kollektiver Selbstbestimmung entdecken können. Mit ihr wird es vorstellbar, Entschleunigungs- und Umkehrmaximen zu entwickeln, welche uns vor der Erschütterungsdynamik einer ungestalteten Wachstumsdynamik und Technikentwicklung bewahren.

(11) Anzustreben ist eine Diskussion über die Entfremdungskritik in praktischer Absicht. Entfremdungskritik ist immer auch eine Kritik von Kooperationsdefiziten und versäumten Kooperationsprozessen.[107] Die größte Schwachstelle derer, die Entfremdungskritik kritisieren, ist, dass sie nicht sagen können, warum sie für das sind, was Entfremdungskritik als Freiheitsdefizit kritisieren muss. Und die größte Schwäche einer nur philosophischen Entfremdungskritik ist ihre Ferne zu einer politischen Gestaltungspraxis, mit der Entfremdung minimiert wird. An dieser Schwäche aber kann man arbeiten, ohne sich in Widersprüche zu verwickeln, wie es Kritiker der Entfremdungskritik als faktische Freiheitskritiker tun, wenn sie gleichzeitig als Fackelträger einer angeblich freiheitlichen Gesellschaft gelten wollen.

(12) Der „Traum von der kollektiven Selbstbestimmung" ist auch der Traum neuer Machtverhältnisse. Genauer nicht solcher, die durch die Macht derer geprägt werden,

107 Vgl. hierzu gut im Ansatz Lukas Kübler: Marx' Theorie der Entfremdung, in Rahel Jaeggi/Daniel Loick (Hg.): Karl Marx – Perspektiven der Gesellschafskritik, Deutsche Zeitschrift für Philosophie, Sonderband 34, 2013, S. 47-66.

die ihren Willen auch gegen den Widerstand anderer durchsetzen können, sondern kooperativ entwickelter Gestaltungsmacht. Dieses spinozistische Machtverständnis müssen wir abgrenzen von dem durch Max Weber geprägten, akteursbezogenen Verständnis von Macht als „Chance innerhalb einer sozialen Beziehung den eigenen Willen auch gegen Widerstreben durchzusetzen, gleichviel worauf diese Chance beruht“[108]. Dieses Verständnis von kooperativer Machtbildung steht auch für den Gedanken der Demokratisierung der Wirtschaft und aller Lebensverhältnisse, in der die Freiheit des Einzelnen und das Streben nach Politikfähigkeit eine gemeinsame normative kulturelle Grundlage haben.

(13) Die Bugwelle der Themen der 70er Jahre ist auch das Ergebnis versäumter vorausschauender Arbeitsprozesse, die Steffen immer wieder angemahnt hat. Wer frühzeitig das Mögliche im Raum der alternativen Entwicklungsmöglichkeiten und politischen Optionen nicht breit öffentlich diskutiert, darf nicht erwarten, dass das Gebotene – wie 1980 der große Einstieg in eine ökologische Steuer- und Finanzpolitik – mit öffentlicher Zustimmung umgesetzt werden kann. Das Versäumnis ist aber keine Rechtfertigung für den grundlegenden Fehler aller Bundesregierungen und regierenden Parteien, den seit den langen 70er Jahren bekannten großen Reformaufgaben auszuweichen.

(14) Aktuell ist weiter Steffens spezifisches reformistisches Politikverständnis. Dieses Politikverständnis zielte nicht auf Probleme, die in einer Generation oder gar nur in den persönlichen Jahren aktiver politischer Arbeit erkannt und gelöst werden könnten. Wo immer dies möglich ist, ist dies anzustreben, aber immer im reformistischen Geist und der ist längerfristig orientiert, weil er Teilschritte mit dem Bewusstsein und Wissen entwickelt, dass sie ein Teil einer längerfristig angestrebten Entwicklung sind – und die längerfristigen Ziele immer auch verdeutlicht. Wo nur in Aufgaben gedacht wird, die angeblich kurzfristig zu bewältigen sind, wird Politik zur Schwundstufe. Mit seinem reformistischen Politikverständnis stehen langfristige Perspektiven und Daueraufgaben im Raum, zu denen wir uns fragen können, wie sie heute im Lichte seiner Kriterien bewältigt oder anzugehen sind. So werden diejenigen fragen, die von Steffens reformistischem Politikverständnis ausgehen.

(15) Zur aktuell angesagten Interpretation der Aufgaben, die seit den 70er Jahren nicht nachhaltig gelöst wurden – von der Wachstumsfrage bis zur demokratischen Technologiegestaltung: Für alle diese Aufgaben gilt, dass sie eine neue, breit getragene langfristige Orientierung erfordern, wenn sie erfolgreich (und ohne freiheitsfeindliche staatliche Repression) umgesetzt können werden sollen. Anzustreben und zu erreichen sind damit gesellschaftliche Verständigungsprozesse in einer Dimension, wie wir sie aus der Erfahrung nicht kennen. Der kürzeste Weg zu langfristigen, breit getragene Ori-

108 Max Weber: Wirtschaft und Gesellschaft. Soziologie, in: Max Weber-Gesamtausgabe, Band I/23, Mohr Siebeck, Tübingen 2013, S. 210.

entierungen sind gut motivierte und qualifiziert gestaltete Verständigungsprozesse. Für einen gelingenden Umgang kommt es auf viele verständige, kooperativ orientierte Akteure an. Zu Aufgaben, für deren Klärung längerfristig breit getragene Orientierungen erreicht werden müssen, wird gesellschaftliche Politikfähigkeit nur durch erfolgreiche Verständigungsprozesse erfahrbar. Grundlegend für das Verständnis der Entwicklungsaufgaben gesellschaftlicher Politikfähigkeit in diesen Dekaden ist die Einsicht, dass es darum geht, die Voraussetzungen, also die Bedingungen der Möglichkeit diskursiver Politik und (mit ihr) größerer Verständigungserfolge für breit getragene längerfristige Orientierungen schrittweise zu verbessern. Damit bleibt es beim institutionellen Gefüge der repräsentativen parlamentarischen Demokratie unseres Grundgesetzes, beim Verständnis einer politischen Gesellschaft, die über öffentliche Willensbildung ihr Verständnis des Vorzugswürdigen entwickelt, und aus guten Gründen auch bei gut unterschiedenen Rollen für wissenschaftliche und politische Akteure. Verstärkt bedarf es aber neuer Kooperationsformen wissenschaftlicher, gesellschaftlicher und politischer Akteure, um Themen und Alternativen und beratungsbedürftige Implikationen der komplexen Alternativen für Prozesse der politischen Willensbildung aufzubereiten und öffentlich zu vermitteln.[109]

Die angestrebten Verständigungsprozesse haben ihre Voraussetzungen, die immer wieder herzustellen sind. Sie können nicht schlicht als immer wohl gegeben angenommen werden. Der anzustrebende Diskurs muss, so Ulrich K. Preuß, „stets zugleich seine eigenen Voraussetzungen und seinen politisch-gesellschaftlichen Sinn thematisieren, sich also stets auf die Bedingungen seiner eigenen Möglichkeiten rückbeziehen".[110]

Dies ist eine sehr treffende Formulierung, freilich nur für eine grundlegende Einsicht in eine wichtige Maxime. Was heißt es – im Feld der komplexen, transwissenschaftlich geprägten Herausforderungen, in denen langfristige Verständigungserfolge gesucht werden –, sich der Voraussetzungen gelingender gesellschaftlicher Verständigungsprozesse bewusst zu werden?

---

109 Vgl. zum Grundsätzlichen Tom Burns/Reinhard Ueberhorst: Creative Democracy; Reinhard Ueberhorst,: Über gesellschaftliche Politikfähigkeit und diskursive Politik – Ziel und Entwicklungsaufgaben, in Georg Plate (Hg.): Forschung für die Wirtschaft, Forschungsband 2011, Aachen 2011b, S. 173-194. Ders.: Brauchen wir einen Neuen Gesellschaftsvertrag für unsere gesellschaftliche Politikfähigkeit?, in: Georg Plate (Hg.): Forschung für die Wirtschaft, Forschungsband 2012, Göttingen 2012, S. 287-314.

110 Ulrich K. Preuß: Zu einem neuen Verfassungsverständnis, in: Ders.: Revolution, Fortschritt und Verfassung, Berlin 1990, S. 73-89, hier S. 86 mit Verweis auf Burns/Ueberhorst: Creative Democracy, S. 89ff. und 127ff.

Diese erkannte Maxime muss operativ interpretiert werden können. Deshalb ist genauer zu reflektieren, was nun zu leisten ist, um bestmögliche Voraussetzungen für gelingende gesellschaftliche Verständigungsprozesse zu schaffen.[111]

(16) Hilfreich dabei wird es immer sein, sich bewusst zu machen, was es heißt, wenn wir diesen Impuls aufgeben. Damit verlören wir (auch das ist eine Steffensche Kernerkenntnis) die Fähigkeit, Kapitalismus nicht nur punktuell, sondern prinzipiell zu kritisieren. Wenn uns eine prinzipielle Kritik des Kapitalismus nicht möglich ist, wird Reformpolitik um ihre Perspektive amputiert, wird verkürzt und nach Systemimperativen umgepolt. Mit einer solchen amputierten Reformpolitik konnte Steffen nicht leben und wir können gut darüber nachdenken, was uns bewegen sollte, die Ziele aufzugeben, mit denen es um die prinzipielle Überwindung des Kapitalismus geht. Oder noch schlimmer, solche Ziele einfach schlicht zu verdrängen, gar nicht mehr zu reflektieren, gar nicht zu kommunizieren oder dies dem Feuilleton bis hin zum Deutschlandfunk[112] zu überlassen.

Angezeigt wären aus dieser Sicht eine Diskussion über „Rechte aus Arbeit“ und die Demokratisierung der Wirtschaft. 2016 war das Jubiläumsjahr „40 Jahre Mitbestimmungsgesetz“. Im Raum stand damit das Thema „Zukunft und Weiterentwicklung der Mitbestimmung“. Die Koalitionspartner der Bundesregierung hatten dieses Thema 2013 in ihren Koalitionsvertrag mit keinem Wort aufgenommen. War es damit kein aktuelles politisches Thema? Oder nur ein ohne gute Gründe verkanntes, weil das orientierende Menschenbild fehlt und in der Folge nicht erkannt wurde, welche Reformaufgaben mit dem Wissen anstehen, dass Freiheit ohne eine Demokratisierung der Wirtschaft immer eine verkürzte wäre.

(17) Den Prozess der Entwicklung neuer Politikformen in der Ära der Ökologie[113] können wir als Teil einer „neuen Aufklärung“ verstehen, womit „blinde Flecken des

111 Vgl. die Ausführungen zu den sechs Räumen in Ueberhorst: „Grosse gesellschaftliche Herausforderungen“, S. 83.

112 Angesprochen ist die von Mathias Greffrath kuratierte Sendereihe aus Anlass des 150 Jahre zurückliegenden Erscheinens von Karl Marx „Das Kapital“.

113 Gemeint ist die Zeit seit den frühen 70er Jahren des 20. Jahrhunderts, die der Bielefelder Historiker in seinem Buch „Die Ära der Ökologie“ als Ära einer neuen Aufklärung dargestellt hat. Vgl. Radkau: Ära der Ökologie.

Fortschrittdenkens der alten Aufklärung" adressiert werden.[114] Die Gestaltung politischer Prozesse in einer „neuen Aufklärung" reflektiert Radkau in dem Abschnitt „Zwischenbetrachtung zur Essenz der Umweltprobleme" unter Bezugnahme auf „Creative Democracy" (Burns/Ueberhorst, 1988). Als blinder Fleck muss das Unvermögen im Umgang mit komplexen, systemaren politischen Alternativen gewertet werden, welches die Akteure einer fortschrittlich-expertokratisch angelegten „Politik" kennzeichnet. Eine expertokratisch geprägte Politik scheitert an den von ihr unterstellten Voraussetzungen, mit denen es keine Pluralität von Optionen gibt und mithin auch keinen Bedarf für Prozesse, die rational und demokratisch klären, welche Option vorzugswürdig ist. Eine aufgeklärte demokratische Politik hingegen entwickelt ihr Leistungsvermögen genau in der Ermittlung einer Vielzahl von Optionen und im Umgang mit dieser Pluralität. Der Modus der Politik wird so zu einer Aufklärung über bedingt erkennbare und bedingt nutzbare alternative politische Handlungsmöglichkeiten. Zu wenig leistet dafür ein unter anderem von Habermas geforderter „öffentlich organisierter Meinungsstreit zwischen Experten und Gegenexperten"[115].

Für Themenräume, in denen wir Anlass haben, aus ethischen oder praktischen Gründen breite gesellschaftliche Verständigungserfolge anzustreben, gilt deshalb: Der Modus der Politik wird zu einer Aufklärung über alternative Handlungsmöglichkeiten und die

---

114 Joachim Radkau/Lothar Hahn: Aufstieg und Fall der deutschen Atomwirtschaft, München, 2013, S. 309. Radkaus Rede von einer „neuen Aufklärung" sollte aber – was hier nicht vertieft werden kann –, nicht e i n e r alten Aufklärung, sondern differenzierten verschiedenen Aufklärungen gegenübergestellt werden. Einzubeziehen ist die radikale Frühaufklärung von Spinoza. Siehe dazu Jonathan I.: Israel: Radical Enlightenment. Philosophy and the Making of Modernity 1650-1750. Oxford University Press, New York, 2002 und Jonathan I. Israel/Martin Mulsow (Hrsg.): Radikalaufklärung. Suhrkamp, Berlin, 2014. Für den Zusammenhang Aufklärung, Demokratie und gesellschaftliche Politikfähigkeit erscheint es mir sehr interessant, das Anregungspotenzial der politischen Philosophie des Frühaufklärers Spinoza und seine demokratische Reinterpretation des Hobbesschen Gesellschaftsvertrages zu erschließen. Nicht nur für die aktuelle politische Philosophie, wie es Martin Saar: Immanenz der Macht, vorführt, sondern eben auch für die aktuelle Praxis, in der es darum geht, „mehr gesellschaftliche Politikfähigkeit" nicht mit „mehr Staat" zu übersetzen, der damit überfordert wird, womit niemandem geholfen ist. Stattdessen ist „mehr gesellschaftliche Gestaltungsmacht" durch kooperative und verständigungsorientierte Politikformen zu entwickeln.

115 Jürgen Habermas: Faktizität und Geltung. Beiträge zur Diskurstheorie des Rechts und des demokratischen Rechtsstaats, Frankfurt am Main, 1992, S. 426. Ein solcher Meinungsstreit befördert kein hinreichendes Wissen und Verständigungspotenzial, wenn es um systemare Alternativen geht. „Experten und Gegenexperten" haben ihr gemeinsames Feld, in dem sie gut miteinander argumentieren können (z.B. Geologe A gegen Geologen B zu einer gemeinsam akzeptierten Fachfrage einer tiefengeologischen Lagerung). Anders ist es im Umgang mit komplexen Alternativen, wenn Experten mit ganz verschiedenen Bezugssystemen aus verschiedenen Disziplinen oder technologischen Konzepten heraus argumentieren, z.B. Brutreaktorexperte und Experte für Sonnenenergie oder Energieeinspartechnologien.

Bedingungen der Möglichkeit, sie zu erkennen und politisch zu klären.[116] Die wichtigste Einsicht, die wir damit für unser Verständnis von Politikfähigkeit gewinnen:

▶ Kein Konzept und keine Position ist besser als die Qualität, mit der Alternativen erkundet, aufbereitet, im Hinblick auf relevante ökonomische, ökologische, kulturelle, ethische, soziale Implikationen analysiert, mit diesem Wissen öffentlich vermittelt werden, um demokratisch beraten und entschieden werden zu können.

Wo Evidenz durch Wissen fehlt (und von Expertokraten nur zu präsentieren versucht wird) und gesellschaftliche Politikfähigkeit nur durch kleine Mehrheiten nicht erreicht werden kann, weil es um Themen geht, bei denen wir aus ethischen und/oder praktischen Gründen breit getragene Verständigungserfolge anstreben und möglichst erreichen wollen, sind neue Prozesse zu entwickeln, die als rationaler und fairer Umgang mit komplexen Alternativen zu gestalten sind.

Es ist anregend, sich eine weithin verstandene Aktualität von Jochen Steffen vorzustellen. Praktisch anregend und potentiell folgenreich ist das aber nur, wenn wir uns vorstellen können, dass diese Aktualität von vielen erkannt und anerkannt wird. Gleich zu Beginn dieser Betrachtung hatten wir aber schon herausgestellt, wie wichtig das Bewusstsein dafür ist, wie weit weg von der aktuellen Wirklichkeit wir mit dieser Vorstellung sind. So stellt sich die Frage „Was tun?"

V: Was tun?

Soweit der Versuch der 17 argumentativen Zugänge zur Aktualität von Steffen im 21. Jahrhundert. Was haben wir damit erreicht? Wir hatten uns einleitend bewusst gemacht, dass wir hier eine Aktualität thematisieren, die weithin nicht gesehen, geschweige denn genutzt wird, um demokratische gesellschaftliche Politikfähigkeit erfahrbar zu machen. Es ist gut möglich, dass Steffens Theorie weiter links liegen gelassen wird. Nicht nur in der SPD. Das wäre mit der Argumentation dieses Textes ein Fehler. Aber wen wird das kümmern? Solange wir noch nicht einmal eine Diskussion über dieses Thema erreicht haben, könnte der Fehler nicht einmal kommuniziert werden. Auf eine solche Diskussion hinzuwirken, ist deshalb zuerst einmal das Wichtigste. In dieser Perspektive ist auf die schon eingangs angesprochene Tatsache der fehlenden Anerkennung für unser Thema zurückzukommen.

Nicht traktierte Fragen als Fehler zu vermitteln, ist immer dann schwer, wenn die Adressaten den Mangel an Umgang mit diesen Fragen gar nicht als Verlust empfinden.

116 Dieses Leistungsziel verweist auf nicht beliebige kooperative Leistungsziele, weil wissenschaftliche, politische, wirtschaftliche, kulturelle Akteure hier im Modus der kooperativen Politik zusammenwirken müssen, wenn in einer Gesellschaft ein bestmögliches Wissen über bedingte Handlungsmöglichkeiten erarbeitet werden soll. Niemand kann das erzwingen, aber viele müssen es wollen, wenn es erreicht werden soll.

Was es heißt, wenn wir das Bewusstsein von unseren Verlusten verlieren, formuliert prägnant Günter Kunert in seinem Gedicht Minus.

Minus

Langsam
verlieren wir das Bewußtsein
von unseren Verlusten
und so leiden wir
an Knappheit keinen Mangel.[117]

Kunert erfasst eine bedrohliche Entwicklung. Wollen wir sie abwenden und umkehren, ist zuerst einmal über denkbare Ursachen nachzudenken. Dabei – so meine Erwägung – könnte uns bewusst werden, dass ein solches weithin geteiltes Verständnis zur Aktualität der Theorie von Jochen Steffen derzeit allein deshalb nicht gut vorstellbar ist, weil wir keine gemeinsamen Kriterien zur Bewertung der Qualität einer praxisorientierten Theorie haben. Die aber bräuchten wir, wenn es zu den Prozessen kommen soll, mit denen wir eine gesellschaftliche Politikfähigkeit auf der Höhe der Herausforderungen unserer Zeit erreichen. Der schon erwähnte, von Steffen postulierte „Consensus über das Verständnis des industriellen und kapitalistisch-industriellen Entwicklungsprozesses – so weit und so gut das unter weltanschaulich-religiöser Neutralität möglich ist" ist dabei nur der halbe anzustrebende Konsens. Wir brauchen auch einen Konsens in der Motivation, politisch agieren zu wollen. Um dies zu erreichen, müssten wir erfolgreich mit Motivations-Dissensen umgehen können.

Zu vermitteln ist ein Defizit im Verständnis aufgabengerechter demokratischer Politikfähigkeit, das einstweilen von vielen nicht als solches wahrgenommen werden kann. Es fehlt das Bewusstsein für Aufmerksamkeitsfelder und Kriterien, mit denen das Defizit erkennbar wird. Auf seine erfolgreiche Vermittlung käme es aber an, wenn wir uns vorstellen wollen, dass die Aktualität Steffens in der Breite erkannt würde, um politisch wirksam zu werden. Davon sind wir einstweilen weit entfernt. Es wäre schon viel gewonnen, wenn wir einen Streit über diese Aktualität befördern könnten – einen Streit im Sinne einer kooperativen Findekunst.[118] Mit ihm – richtig geführt – sollten Verständigungsaufgaben deutlich werden, die – richtig vermittelt – Motivationen für erfolgreiche Verständigungsprozesse befördern könnten. In dieser Perspektive sehe ich

117 Günter Kunert: Unterwegs nach Utopia. Gedichte, München, Wien 1977, S. 11.

118 Zu diesem Verständnis vgl. Ueberhorst: Politischer Streit als kooperative Findekunst.

meinen Versuch, in dieses biografisch angelegte Buch einen Beitrag einzubringen, der auf eine Aktualität zielt, die sehr viele bislang nicht sehen und nach der sie bislang nicht einmal gefragt haben.

Je mehr es uns – so meine letzte These – in diesen Jahren gelingt, eine breiter geführte Debatte über die Voraussetzungen demokratischer Politikfähigkeit herbeizuführen, desto größer ist die Wahrscheinlichkeit, dass die Aktualität der politischen Theorie von Steffen von vielen entdeckt und für neue politische Aktivitäten genutzt wird. Und: Je mehr diese Aktualität entdeckt und verstanden wird, desto größer sind die Chancen, in der Debatte über die Voraussetzungen demokratischer Politikfähigkeit praktisch wichtige Verständigungserfolge zu erreichen. Diese sind wichtig, weil demokratische Politikfähigkeit im 21. Jahrhundert mehr und mehr in ihrer Abhängigkeit von nicht beliebigen kooperativen Leistungszielen gesehen werden muss. Beginnend mit der kooperativen Konzeptualisierung komplexer Kontroversen. Darauf verzichtet nur, wer nicht wissen will, worum es geht und welche Optionen wir haben oder wer die Entwicklung von Entwicklungsoptionen zum Beispiel zur Künstlichen Intelligenz für das Vorrecht von Eliten hält.[119] Wer ein Vorrecht von Eliten für die Ausarbeitung von politischen Optionen in einer angeblich freien und demokratischen Gesellschaft befürwortet, ist zynisch. Das ist ein Themenfeld, in dem die von Steffen kritisch fokussierte „Herrschaft der Sachen“ dramatisch aufscheint und unsere gesellschaftliche Politikfähigkeit auch transnational herausfordert.[120] In dieser Perspektive habe ich versucht, mit diesem Text einen Beitrag einzubringen.

---

119 Zu den nicht beliebigen kooperativen Leistungszielen vgl. Ueberhorst: Demokratische Atommüllpolitik sowie ders.: Große gesellschaftliche Herausforderungen, mit weiteren Literaturhinweisen.

120 Zur Einführung vgl. Nick Bostrom: Superintelligence. Paths, Dangers, Strategies, Oxford 2014; dt. Ausgabe: Superintelligenz - Szenarien einer kommenden Revolution, Berlin 2014; John Brockman (Hg.): What to Think About Machines that Think, New York, 2015.

Quellen- und Literaturverzeichnis

Abelshauser, Werner: Nach dem Wirtschaftswunder. Der Gewerkschafter, Politiker und Unternehmer Hans Matthöfer, Bonn 2009.

Altenburg, Cornelia: Kernenergie und Politikberatung. Die Vermessung einer Kontroverse, Wiesbaden 2010.

Augstein, Franziska: Ein Toast auf Eric Hobsbawm, in: Süddeutsche Zeitung 7.5.2014.

Beez, Georg: Vorwort, in: Danker, Uwe u.a. (Hg.): Jochen Steffen. Zur Gedenkveranstaltung am 30. September 1990 in Kiel-Gaarden, Kiel 1990.

Bergedorfer Gesprächskreis: Energiekrise - Europa im Belagerungszustand? Protokoll Nr. 58, Hamburg 1977.

Bostrom, Nick: Superintelligence. Paths, Dangers, Strategies, Oxford University Press, 2014.

Bostrom, Nick: Superintelligenz - Szenarien einer kommenden Revolution, Berlin 2014.

Brockman, John (Hg.): What to Think About Machines that Think, New York 2015.

Bundespresseamt (BPA): Abt. Nachrichten, Referat II/4, Deutsche Gruppe, DFS: Golo Mann im Gespräch mit Jochen Steffen, 10.6.1974/22.00h.

Berle, Adolf A.: Macht. Die treibende Kraft in der Geschichte, Hamburg 1973.

Borchardt, Knut: Dreht sich die Geschichte um? Modelle für Wachstumsschranken, Ebenhausen bei München 1974.

Brügge, Peter: „Letztlich wieder der olle Sokrates". Peter Brügge über Jochen Steffens Marxismus-Kursus für Manager", in: Der Spiegel, 49/1974, S. 66-68.

Burns, Tom R./Ueberhorst, Reinhard: Creative Democracy. Systematic Conflict Resolution and Policymaking in a World of High Science and Technology, Connecticut u.a. 1988.

Danker, Uwe: Wir machen die Zukunft wahr. Landespolitik in den 70er Jahren, Ära Stoltenberg-Steffen, in Danker, Uwe: Die Jahrhundert-Story, Bd. 2, Flensburg 1999, S. 228-237.

Danker, Uwe u.a. (Hg.): Jochen Steffen. Zur Gedenkveranstaltung am 30. September 1990 in Kiel-Gaarden. Kiel, 1990.

Danker, Uwe: Die Jahrhundert-Story, Bd. 2, Flensburg 1999.

Diamond, Jared: Warum Gesellschaften überleben oder untergehen, Frankfurt am Main 2005.

Di Lorenzo, Giovanni: Verstehen Sie das, Herr Schmidt? (Helmut Schmidt im Interview mit Giovanni di Lorenzo), in: Zeit Magazin Nr. 38, 9/2010.

Deutscher Bundestag: Zukünftige Kernenergie-Politik. Kriterien-Möglichkeiten-Empfehlungen. Bericht der Enquete-Kommission des Deutschen Bundestages, 2 Bände, Bonn 1980.

Edler, Mathias: Stellungnahme von Greenpeace e.V. zur Öffentlichen Anhörung im Deutschen Bundestag, Ausschuss für Umwelt, Naturschutz, Bau und Reaktorsicherheit, zum Entwurf eines Gesetzes zur Fortentwickelung und Auswahl eines Standortes für ein Endlager für Wärme entwickelnde radioaktive Abfälle und zur Änderung anderer Gesetze (StandAG-Fortentwicklungsgesetz). Ausschussdrucksache 18 (16) 526-A zur Anhörung am 8.3.2017.

Freimuth, Joachim/Straub, Fritz (Hg.): Demokratisierung von Organisationen. Philosophie, Ursprünge und Perspektiven der Metaplan®-Idee, Wiesbaden 1996.

Habermas, Jürgen: Faktizität und Geltung. Beiträge zur Diskurstheorie des Rechts und des demokratischen Rechtsstaats, Frankfurt am Main 1992.

Harpprecht, Klaus: Im Kanzleramt. Tagebuch der Jahre mit Willy Brandt, Reinbek 2000.

Heimann, Siegfried: Jochen Steffen – Querdenker der SPD, in: Krell, Christian (Hg.): Vordenkerinnen und Vordenker der Sozialen Demokratie, 49 Portraits, Bonn 2015, S. 330-336.

Israel, Jonathan I.: Radical Enlightenment. Philosophy and the Making of Modernity 1650-1750. Oxford University Press, New York, 2002.

Israel, Jonathan I./Mulsow, Martin (Hrsg.): Radikalaufklärung. Suhrkamp, Berlin 2014

Jaeggi, Rahel: Entfremdung. Zur Aktualität eines sozialphilosophischen Problems, Frankfurt am Main u.a. 2005.

Jeppesen, Morton Haugaard/Stjernfelt, Frederik/Thorup, Mikkel (Hg.): Intellectual History. 5 Questions, Kopenhagen 2013.

Jochmann, Carl Gustav: Über die Öffentlichkeit, in: ders.: Die unzeitige Wahrheit, Leipzig u.a. 1990, S. 193-229.

Kluge, Friedrich: Etymologisches Wörterbuch, 22. Auflage, Berlin 1989.

Koenigs, Tom/Schaeffer, Roland (Hg): Energiekonsens? Der Streit um die zukünftige Energiepolitik, München 1993.

Kolakowski, Leszek: Die Hauptströmungen des Marxismus. Entstehung – Entwicklung – Zerfall, München 1977.

Konersmann, Ralf (Hg.): Kulturphilosophie, Leipzig 1996.

Konersmann, Ralf: Aspekte der Kulturphilosophie, in ders.: Kulturphilosophie, Leipzig 1996, S. 9-24.

Krell, Christian (Hg.): Vordenkerinnen und Vordenker der Sozialen Demokratie, 49 Portraits, Bonn 2015.

Kunert, Günter: Unterwegs nach Utopia. Gedichte, München u.a. 1977.

Lukas Kübler: Marx‘ Theorie der Entfremdung, in Jaeggi, Rahel/Loick, Daniel (Hg.): Karl Marx – Perspektiven der Gesellschafskritik, Deutsche Zeitschrift für Philosophie, Sonderband 34, 2013, S. 47-66.

Kurzprotokoll der SPD-Vorstandssitzung vom 1.6.1973. Archiv des Verfassers.

Marx, Karl: Ökonomisch-philosophische Manuskripte, Berlin 2009.

Meyer, Thomas (Hg.): Demokratischer Sozialismus – Geistige Grundlagen und Wege in die Zukunft, München u.a.1980.

Meyer-Abich, Klaus Michael/Ueberhorst, Reinhard (Hg.): AUSgebrütet. Argumente zur Brutreaktorpolitik, Basel 1985.

Nachruf Jochen Steffen, in: Der Spiegel 41/1987, S. 35.

Offe, Claus: Strukturprobleme des kapitalistischen Staates: Aufsätze zur politischen Soziologie, Frankfurt am Main 1973.

Preuß, Ulrich K.: Zu einem neuen Verfassungsverständnis, in ders.: Revolution, Fortschritt und Verfassung, Berlin 1990, S. 73-89.

Quante, Michael: Kommentar, in: Karl Marx: Ökonomisch-Philosophische Manuskripte. Studienausgabe mit Kommentar. Frankfurt am Main 2009, S. 209-410.

Radisch, Iris: Amerikanische Nonchalance, schwäbische Dickköpfigkeit. Zum Tod des großen Journalisten Klaus Harpprecht, in: Die Zeit Nr. 41/2016 vom 29. September 2016.

Radkau, Joachim: Aufstieg und Krise der deutschen Atomwirtschaft 1945-1975. Verdrängte Alternativen in der Kerntechnik und der Ursprung der nuklearen Kontroverse, Reinbek 1983.

Radkau, Joachim: Die Ära der Ökologie: Eine Weltgeschichte, München 2011.

Radkau, Joachim/Hahn, Lothar: Aufstieg und Fall der deutschen Atomwirtschaft, München 2013.

Reisch, Lucia: Status und Position, Wiesbaden 1995.

Rühe, Karl H./Vester, Rainer: Bürgerinitiativen verhindern Großflughafen, in Hucke/Ueberhorst (Hg.) 1983, S. 90-115.

Saar, Martin: Die Immanenz der Macht. Politische Theorie nach Spinoza, Berlin 2013.

Scholle, Thilo: Wolfgang Abendroth – Verfassung und Soziale Demokratie, in: Krell, Christian (Hg.): Vordenkerinnen und Vordenker der Sozialen Demokratie, 49 Portraits, Bonn 2015, S. 33-39.

Siebenmorgen, Peter: Franz Josef Strauß: Ein Leben im Übermaß, München 2015.

Simmel, Georg: Der Begriff und die Tragödie der Kultur, in: Ralf Konersmann: Kulturphilosophie, Leipzig 1996, S. 25-57.

Spinoza, Baruch de: Theologisch-politischer Traktat, Sämtliche Werke, Bd. 3, Hamburg 2012.

Steffen, Joachim: Strukturelle Revolution. Von der Wertlosigkeit der Sachen, Reinbek 1974a.

Steffen, Joachim: Krisenmanagement oder Politik?, Reinbek 1974b.

Steffen, Jochen: Wer sich nicht in Gefahr begibt … Krisenprotokolle, München 1977.

Steffen, Jochen: Personenbeschreibung. Biographische Skizzen eines streitbaren Sozialisten, hrsg. von Jens-Peter Steffen, Kiel 1997.

Steffen, Jochen: Um einen Marx von innen bittend. Eine von mehreren Ausarbeitungen von Steffen für Managerkurse Marxismus im Management-Institut, o. O., o. J.

Streeck, Wolfgang: Re-Forming Capitalism: Institutional Change in the German Political Economy, Oxford 2009.

Streeck, Wolfgang: Gekaufte Zeit: Die vertagte Krise des demokratischen Kapitalismus, Berlin 2013.

Strohschneider, Peter: Zur Politik der Transformativen Wissenschaft, in: Brodocz, André u.a. (Hg.) Die Verfassung des Politischen, Wiesbaden 2014, S. 175-192.

Ueberhorst, Reinhard: Up-Dating Marx, in: agenor, Nr. 47, November 1974, S. 8-10 (Buchvorstellung ‚Strukturelle Revolution' für die in Brüssel erscheinende Zeitschrift).

Ueberhorst, Reinhard: Politische Entscheidungen müssen Vorrang haben vor technischer Entwicklungslogik, in: Die Neue Gesellschaft 24 (1977), H. 10, S. 819-822 (ohne Abstimmung mit dem Verfasser wurde der Titel von der Zeitschrift falsch abgedruckt und lautet in der Druckfassung: Politische Entscheidungen müssen Vorrang haben vor technischer Entwicklungspolitik).

Ueberhorst, Reinhard: Rede zur Brutreaktorpolitik und zum Antrag auf Einsetzung einer Enquete-Kommission „Zukünftige Kernenergie-Politik", Deutscher Bundestag – 8. Wahlperiode – 125. Sitzung, am 14.12.1978, S. 9767-9772.

Ueberhorst, Reinhard: Wollen wir die Partei der ökologischen Bewegung sein oder sie erzeugen?, in: Die Neue Gesellschaft 26 (1979), H. 9, S. 772-774.

Ueberhorst, Reinhard: Fortschritt – Technik – Humanität, in Thomas Meyer (Hg.): Demokratischer Sozialismus – geistige Grundlagen und Wege in die Zukunft, München 1980, S. 295-306.

Ueberhorst, Reinhard: Positionelle und diskursive Politik - Die Bewährung einer demokratischen Technologiepolitik an den Chancen kritischer Argumente zur Brütertechnik, in: Meyer-Abich, Klaus-Michael/Ueberhorst, Reinhard (Hg.): AUSgebrütet. Argumente zur Brutreaktorpolitik, Basel u.a. 1985, S. 356-395.

Ueberhorst, Reinhard u.a.: Planungsstudie zur Bildung und Arbeitsplanung einer unabhängigen Kommission zur Förderung energiepolitischer Verständigungsprozesse in der Bundesrepublik Deutschland im Auftrag des Bundesministeriums für Wirtschaft, 1992.

Ueberhorst, Reinhard: Demokratie, Wirtschaft und langfristige Leitbilder. Wann und warum sollten Unternehmen welche neuen externen Kooperationspotentiale erschließen? in: Freimuth, Joachim/Straub, Fritz (Hg.): Demokratisierung von Organisationen, Wiesbaden 1996, S. 235-250.

Ueberhorst, Reinhard: Gefragt sei nach den Gütekriterien für Themen der politischen Willensbildung in einer «guten Welt», in: Halbig, Christoph/ Kallhoff, Angela/ Vieth, Andreas (Hg.): Ethik und die Möglichkeit einer guten Welt. Eine Kontroverse um die „Konkrete Ethik", Berlin u.a. 2008, S. 213-226.

Ueberhorst, Reinhard: Wie beliebig ist der Umgang mit politischen Konflikten im Raum der strategischen Energie- und Umweltpolitik?, in: Peter H. Feindt/Thomas Saretzki (Hg.): Umwelt- und Technikkonflikte, Wiesbaden 2010, S. 54-75.

Ueberhorst, Reinhard: Politischer Streit als kooperative Findekunst. Wie die „wachstumspolitische Kontroverse" befördert werden sollte, Neue Gesellschaft/Frankfurter Hefte 2011, 2011a, S. 24-28.

Ueberhorst, Reinhard: Über gesellschaftliche Politikfähigkeit und diskursive Politik – Ziel und Entwicklungsaufgaben, in Plate, Georg (Hg.): Forschung für die Wirtschaft, Forschungsband 2011, Aachen 2011b, S. 173-194.

Ueberhorst, Reinhard: Brauchen wir einen Neuen Gesellschaftsvertrag für unsere gesellschaftliche Politikfähigkeit?, in Plate, Georg (Hg.): Forschung für die Wirtschaft, Forschungsband 2012, Göttingen 2012, S. 287-314.

Ueberhorst, Reinhard: Über den Umgang mit nicht beliebigen kooperativen Leistungszielen im Arbeitsprozess der wachstumspolitischen Enquete-Kommission des Deutschen Bundestages (2011-2013), in Plate, Georg (Hg.): Forschung für die Wirtschaft 2013, Göttingen 2014, S. 315-341.

Ueberhorst, Reinhard: Demokratische Atommüllpolitik, was wäre das?, in Plate, Georg (Hrsg.): Forschung für die Wirtschaft 2014, Göttingen 2015, S. 209-252.

Ueberhorst, Reinhard: Demokratische Atommüllpolitik oder Zustimmungsmanagement und simulierte gesellschaftliche Verständigung – eine kritische Wahrnehmung der Arbeit der StandAG-Kommission, in: Strahlentelex, Nr. 686-687/08.2015, S. 3-14, auch https://www.ausgestrahlt.de/ueberhorst-rede, zuletzt aufgerufen am 19.12.2017.

Ueberhorst, Reinhard: „Grosse gesellschaftliche Herausforderungen" und das aktuelle Anregungspotenzial philosophischer Werke aus früheren Zeiten im Studium generale. In: Nordblick - Forschung an der Nordakademie. Heft 4/2017. Elmshorn. S. 78-94. Abrufbar unter: https://www.nordakademie.de/fileadmin/downloads/Forschung/nordblick_ausgabe4/index.html#.

Voß, Steffen: Der „rote Jochen" prägte den linken Landesverband. Am 19. September wäre der frühere Landes- und Fraktionsvorsitzende 90 Jahre alt geworden, in: vorwärts-EXTRA 10/2012, S. IV.

Weber, Max: Wirtschaft und Gesellschaft. Soziologie, in; Max Weber-Gesamtausgabe, Band I/23, Mohr Siebeck, Tübingen 2013.

Gertrud Lenz

Ilse Steffen und der Personenbestand Jochen und Ilse Steffen im Archiv der sozialen Demokratie der Friedrich-Ebert-Stiftung

Vorbemerkung

Jochen Steffen gestaltete als linker Sozialdemokrat die Politik der SPD in Schleswig-Holstein zwischen 1958 und 1975.[1] Über Schleswig-Holstein hinaus war er der bundesdeutschen Öffentlichkeit als „Roter Jochen" bekannt.[2] Dies nicht nur aus augenscheinlichen Gründen wegen der rötlichen Haare, die er als junger Mann hatte,[3] sondern wegen seiner politischen Positionierung im linken Spektrum der SPD.[4] Als Journalist und Publizist wirkte er über Schleswig-Holstein hinaus in die bundesdeutsche Gesellschaft hinein. Als Lebensgefährtin und Ehefrau stand Ilse Steffen, geborene Zimmermann, seit 1945 an seiner Seite. Vor allem ihr ist es zu verdanken, dass dieser bedeutende Bestand zum Leben und Wirken Jochen Steffens als Politiker, Journalist, Publizist und Kabarettist in seiner vorliegenden umfassenden Form erhalten ist und seinen Weg in das Archiv der sozialen Demokratie der Friedrich-Ebert-Stiftung (AdsD der FES) gefunden hat.

Im Falle von Ilse Steffen erweist sich im Bereich der Archivwissenschaft der Gender-Ansatz, die Geschlechterperspektive, erneut als ein wichtiges methodisches Instrument, um die kulturellen, politischen und gesellschaftlichen Lebensleistungen von Frauen sichtbar zu machen und damit in die Geschichtsforschung einzubeziehen.

Im Bereich der Archivwissenschaft trägt der Gender-Ansatz dazu bei, Frauen an der Seite von Politikern, Künstlern, Publizisten und Wissenschaftlern als Akteurinnen und Hinterlegerinnen öffentlich in Erscheinung treten zu lassen, indem sie ebenfalls als Hinterlegerinnen benannt werden. Die zunächst als „Nachlass Jochen Steffen" klassifizierten Unterlagen haben sich bei näherer Sichtung als Archivgut dargestellt, das neben dem persönlichen Werdegang, dem journalistisch-publizistischen und politischen Wirken von Jochen Steffen auch den persönlichen und beruflichen Lebensweg von Ilse Steffen dokumentiert sowie die enge Beziehung und Zusammenarbeit der

1 Gert Börnsen: Erinnerungen an Jochen Steffen, in: Demokratische Geschichte 20 (2009), S. 309-326 (309).

2 NDR-Hörfunk-Beitrag: Erinnerung an Jochen Steffen (19.9.1922-27.9.1987), NDR-Hörfunk, Auf ein Wort, 28.9.1987, abgedruckt in: Ilse Steffen: Memoiren, St. Peter-Ording 2004, S. 157-159 (157).

3 Ilse Steffen: Memoiren, S. 38.

4 Vgl. Schreiben Jochen Steffen an Willy Brandt, St. Peter-Ording, 11.8.1972, in: Archiv der sozialen Demokratie der Friedrich-Ebert-Stiftung (im Folgenden: AdsD der FES), Willy-Brandt-Archiv (im Folgenden: WBA), Bestand A 11.5, Mappe 17; vgl. Schreiben forum ds an Amtsgericht Karlsruhe, 22.1.[19]79, in: AdsD, Personenbestand Jochen und Ilse Steffen, Signatur 1/JSAA000086; Schreiber, Hermann: Und führe uns, wohin wir nicht wollen, in: Der Spiegel, Nr.17, 19.4.1971, S. 46-52 (50).

beiden. Aus diesen Gründen wurde der Nachlass Jochen Steffen in „Personenbestand Jochen und Ilse Steffen“ umbenannt.

Ziel dieses Beitrags ist es, den Lebensweg Ilse Steffens anhand dieses Quellenbestandes herauszuarbeiten und gleichzeitig ein neues Licht auf die Biographie Jochen Steffens zu werfen.

Die Darstellung des Lebens und Wirkens Ilse Steffens ist auf der Grundlage des hinterlegten Aktengutes zugleich auch eine Untersuchung der Rolle der Frau in Nationalsozialismus[5] und Nachkriegszeit. Anhand der Person Ilse Steffens soll gezeigt werden, dass eine Generation Frauen, die in den 1930er und 1940er Jahren jung war, ein selbstständiges und eigenverantwortliches Leben geführt hat. Ein solches hatte sich die Generation um die Frauenrechtlerin Alice Schwarzer, Jahrgang 1942, in den 1970er Jahren unter dem Schlagwort „Emanzipation“ für die Frauen erst wieder erkämpfen müssen.[6]

In der Regel sind es Männer, die tun, was heute im Wissenschaftssprachgebrauch „doing biography“[7] genannt wird. Sie halten ihren persönlichen Werdegang, ihr Leben und Wirken in Autobiographien fest. Darin kommt in der Regel ihre Lebensgefährtin insoweit vor, als ihr im Vorwort für ihr Wirken im familiären Hintergrund gedankt wird. Nicht so im Fall des Ehepaares Ilse und Jochen Steffen. Hier war es Ilse, die ihr gemeinsames Leben in den „Memoiren“[8] und in der Broschüre „Erinnerungen, die Zweite“[9] festhielt. Jochen selbst hat nur ein „Autobiographiefragment“ hinterlassen, das erst nach seinem Tod durch den Sohn Jens-Peter Steffen veröffentlicht wurde.[10] Durch die von ihr erstellten Autobiographien hat Ilse Steffen auch die Deutungsmacht über den persönlichen Werdegang und das politische und journalistisch-publizistische Wirken Jochen Steffens übernommen. Diese besondere Ausgangssituation lädt dazu ein, anhand der Unterlagen des Personenbestandes Jochen und Ilse Steffen die autobiographischen Darstellungen zu beleuchten.

Der Personenbestand Jochen und Ilse Steffen im Archiv der sozialen Demokratie der Friedrich-Ebert-Stiftung

Der Personenbestand Jochen und Ilse Steffen enthält persönliche Unterlagen der beiden sowie Unterlagen zu beider Familien, die einen Zeitraum von 1880 bis 2014 dokumen-

5 Vgl. dazu allgemein Kathrin Kompisch: Täterinnen. Frauen im Nationalsozialismus, Köln, Weimar, Wien 2008.

6 Vgl. Alice Schwarzer: Die Antwort, Köln 2007, S. 173.

7 Marion Röwekamp: Doing Gender, doing Law, doing Biography: Marie Munk (1885-1978), in Bios. Zeitschrift für Biografieforschung, Oral History und Lebenslaufanalysen 23 (2010), H. 1, S. 99-113.

8 Ilse Steffen: Memoiren.

9 Ilse Steffen: Erinnerungen, die Zweite, ohne Ort 2011.

10 Jochen Steffen: Personenbeschreibung: Biographische Skizzen eines streitbaren Sozialisten, hrsg. von Jens-Peter Steffen, Kiel 1997.

tieren. Außerdem liegen Unterlagen vor, die den gemeinsamen Lebensweg des Paares Ilse und Jochen Steffen in zentralen Lebensstationen und im Alltag belegen, wie zum Beispiel die Heiratsurkunde vom 11. Mai 1945,[11] ihre gemeinsamen Terminkalender von 1967 bis 1984[12] sowie ihre Korrespondenzen zwischen 1943 und 1946.[13]

Einblicke in die Lebenssituation Ilse Steffens und ihrer Familie im nationalsozialistischen Deutschland während des Krieges sowie in ihre Haltung zum NS-System geben die Korrespondenzen Ilses mit ihrer Familie (Vater, Mutter und Schwester). Die Briefe Jochen Steffens an Ilse Steffen zwischen 1943 und 1946 und seine Tagebuchaufzeichnungen aus dem Jahr 1945 lassen ebenfalls Rückschlüsse auf die Einstellung zum NS-System von Ilse, aber vor allem von Jochen Steffen zu. Sie vermitteln auch einen Eindruck der persönlichen Situation und Befindlichkeit des Marinesoldaten Jochen Steffen in der Endphase des Krieges und in der frühen Nachkriegszeit als Gefangener der Britischen Armee. Auch spiegeln sie die Beziehungssituation des jungen Paares Ilse und Jochen wider.

Jochen Steffens Studium an der Christian-Albrechts-Universität zu Kiel, das er nach seiner Rückkehr aus der Gefangenschaft 1946 aufnahm, ist breit dokumentiert.[14]

Einen Schwerpunkt des Personenbestandes Jochen und Ilse Steffen bilden die publizistischen Äußerungen Jochen Steffens als Journalist, Buchautor und Kabarettist, die – als Besonderheit – in Manuskriptform, meist handschriftlich, vorhanden sind. Anhand dieser Manuskripte ist die Fähigkeit Jochen Steffens zu ersehen, druckreif zu formulieren.[15] Elektronische Datenträger dokumentieren seine Auftritte als Kabarettist.[16]

Jochen Steffens Wirken als Mitglied und Funktionsträger der SPD in Schleswig-Holstein sowie seine Tätigkeit als Mitglied des Landtages Schleswig-Holstein und

11 Heiratsurkunde Karl Joachim Jürgen Steffen und Ilse Annemarie Johanna Zimmermann, Standesamt Schleswig, Nr. 69/1945, 11.5.1945, in: AdsD der FES, Personenbestand Jochen und Ilse Steffen, Signatur 1/JSAA000139.

12 Vgl. AdsD der FES, Personenbestand Jochen und Ilse Steffen, Signaturen 1/JSAA000081, 1/JSAA000082.

13 Vgl. Feldpostbriefe Jochen Steffen an Ilse Steffen [Ilse Zimmermann], in: AdsD der FES, Personenbestand Jochen und Ilse Steffen, Signatur 1/JSAA000179, Tonbänder, Signatur 1/JSAA000221. Vgl. zur Problematik von Feldpostbriefen des Zweiten Weltkriegs als Quellengattung: Jens Ebert: „Und legt in diesen Brief hinein, in jedes Wort der Liebe Kraft …" Feldpostbriefe aus Stalingrad – Persönliche Botschaften und das gesellschaftliche Interesse an ihnen (Pankower Vorträge, Heft 171), Berlin 2012; Christa Hämmerle (Hrsg.): Schreiben im Krieg – Schreiben vom Krieg: Feldpostbriefe im Zeitalter der Weltkrieg, Essen 2011; Michaela Slamanig: Die latente Seite des Krieges: Feldpostbriefe aus dem 2. Weltkrieg, Klagenfurt 2011.

14 Vgl. AdsD der FES, Personenbestand Jochen und Ilse Steffen, Signaturen 1/JSAA000073, 1/JSAA000117-134, 1/JSAA000144, 1/JSAA000160, 1/JSAA000202.

15 Vgl. u.a. Teil-Manuskript Karl Radek, in: AdsD der FES, Personenbestand Jochen und Ilse Steffen, Signatur 1/JSAA000148.

16 Vgl. Tonbänder, in: AdsD der FES, Personenbestand Jochen und Ilse Steffen, Signatur 1/JSAA000221.

Vorsitzender der SPD-Fraktion im Landtag Schleswig-Holstein werden durch exemplarische Unterlagen belegt, die für Steffen wichtige Geschehnisse und Weichenstellungen festhalten. Dies gilt auch für die Unterlagen zum Wirken Jochen Steffens auf SPD-Bundesebene wie zum Beispiel als Mitglied des Parteivorstands oder als Vorsitzender der Grundwertekommission der SPD. Die Quellen des Personenbestandes Jochen und Ilse Steffen geben auch Auskunft über die Einbindung Ilse Steffens in die politische Tätigkeit Jochen Steffens und einen Einblick in die daraus erwachsene familiäre Belastung.

Ilse Steffens Einsatz zusammen mit dem Sohn Jens-Peter, das Andenken und die Erinnerung an das publizistische und politische Wirken von Jochen Steffen nach dessen Tod 1987 wachzuhalten, wird durch Unterlagen zu vielfältigen Projekten belegt, die dem Gedenken an Jochen Steffen gewidmet waren.

Kindheit und Jugend in der Weimarer Republik und im Dritten Reich

Ilse Steffen wurde als Ilse Annemarie Johanna Zimmermann am 23. Januar 1921 in Teltow (Brandenburg) als drittes Kind und Nachkömmling in eine bürgerliche Familie hineingeboren.[17] Ihr Vater arbeitete seit 1919 als Direktor einer Porzellanfabrik in Teltow in der Mark Brandenburg.[18] Ein halbes Jahr nach der Geburt von Ilse zog die Familie nach Berlin in den Stadtteil Lichterfelde-Ost und Anfang der dreißiger Jahre nach Lankwitz. Wie ihren Ausführungen zur Kindheit und Jugend zu entnehmen ist, war Ilses Leben in der Zwischenkriegszeit wohlbehütet.[19] Ein Einschnitt war die Weltwirtschaftskrise, als die Fabrik geschlossen wurde und der Vater kurz vor Jahresende 1930 seine Anstellung verlor.[20] Es gelang ihm jedoch nach 1933 als selbstständiger Kaufmann (Handelsvertreter) für die Firmen Siemens und „Allgemeine Elektricitäts-gesellschaft“ (AEG) in Berlin tätig zu werden, sodass die Familie Zimmermann wieder an ihren gehobenen Lebensstandard vor der Weltwirtschaftskrise anknüpfen konnte.[21]

---

17 Vgl. Taufschein Annemarie Johanna Ilse Zimmermann, ausgestellt in Teltow, 5.5.1921, in: AdsD der FES, Personenbestand Jochen und Ilse Steffen, Signatur 1/JSAA000138.

18 Vgl. Schreiben STEATIT-MAGNESIA AKTIENGESELLSCHAFT, Vorstand, Berlin-Pankow an Direktor Ernst Zimmermann, Berlin-Pankow, 29.12.1930, in: AdsD der FES, Personenbestand Jochen und Ilse Steffen, Signatur 1/JSAA000137.

19 Vgl. Unterlagen zu Johanna Margarete Zimmermann geborene Schmidt und Ernst Zimmermann (Eltern von Ilse Steffen geborene Zimmermann), u.a. Sammelbuch Angestelltenversicherung der Bescheinigungen über die Endzahlen aus der Aufrechnung der Versichertenkarten für Ernst Zimmermann 1927-1942, Schreiben Porzellanfabrik Teltow GmbH an Ernst Zimmermann, 25.8.1914, in: AdsD der FES, Personenbestand Jochen und Ilse Steffen, Signatur 1/JSAA000137; vgl. Ilse Steffen: Memoiren, S. 6ff.

20 Vgl. Schreiben STEATIT-MAGNESIA AKTIENGESELLSCHAFT, Vorstand, Berlin-Pankow an Direktor Ernst Zimmermann, Berlin-Pankow, 29.12.1930, in: AdsD der FES, Personenbestand Jochen und Ilse Steffen, 1/JSAA000137; vgl. Ilse Steffen: Memoiren, S.19.

21 Vgl. Ilse Steffen: Memoiren, S. 26.

Nach ihrer Ausbombung lebte die Familie ab 1943 in Bautzen,[22] dem Heimatort der Mutter,[23] wo Ernst Zimmermann seit Dezember 1943 seiner Tätigkeit als selbstständiger Kaufmann nachging.[24]

Im Unterschied zu ihrer zehn Jahre älteren Schwester Luise,[25] die bis zu ihrem Tod 1945 ohne Berufsausbildung im häuslichen Bereich verblieben war,[26] verkörperte Ilse den Prototyp der modernen jungen bürgerlichen Frau, wie er sich durch die gegenüber dem Kaiserreich veränderten politischen und sozio-ökonomischen Rahmenbedingungen in der Weimarer Republik herausgebildet hatte und von zeitgenössischen Schriftstellerinnen wie Irmgard Keun und Vicki Baum in ihren Erfolgsromanen beschrieben wird.[27]

Anhand der Quellen des Nachlasses Jochen und Ilse Steffen im Archiv der sozialen Demokratie ist festzustellen, dass Ilse als junge Frau des Jahrgangs 1921 die Organisationsformen des NS-Systems nutzte, um ein vom Elternhaus unabhängiges Leben führen zu können. Denn die NS-Diktatur bot trotz gegenteiliger Propaganda, die die Frau im Gegensatz zur „Neuen Frau" der Weimarer Republik als Hausfrau und Mutter stilisierte,[28] besonders Frauen der jüngeren Generation durch die NS-Frauenorganisationen und weiblichen Berufsverbände sowie durch das „Gesamtsystem staatlicher Dienstverpflichtungen der Jugend"[29] Möglichkeiten einer Lebensgestaltung außerhalb der Familie.[30]

Bei der Errichtung der NS-Diktatur war Ilse zwölf Jahre alt. In ihren Memoiren berichtet sie über die national-konservative Haltung ihrer Eltern, die durchaus die Machtübernahme der Nationalsozialisten am 30. Januar 1933 begrüßt hätten. Ilse Stef-

22 Vgl. Gewerbeanzeige-Bescheinigung, Nr. 54/43 des Anmeldeverz.[eichnisses] des Gewerbeamtes der Stadt Bautzen, 14.12.1943, in: AdsD der FES, Personenbestand Jochen und Ilse Steffen, Signatur 1/JSAA000137.

23 Vgl. Ilse Steffen: Memoiren, S. 6.

24 Vgl. Gewerbeanzeige-Bescheinigung, Nr. 54/43 des Anmeldeverz.[eichnisses] des Gewerbeamtes der Stadt Bautzen, 14.12.1943, in: AdsD der FES, Personenbestand Jochen und Ilse Steffen, Signatur 1/JSAA000137.

25 Lebensdaten Margarethe Luise Zimmermann (17.4.1910-8.5.1945), vgl. Kennkarte Margarethe Luise Zimmermann, Berlin, 05.6.1942, in: AdsD der FES, Personenbestand Jochen und Ilse Steffen, Signatur 1/JSAA000141.

26 Vgl. Sterbeurkunde Standesamt Schland a.d. Spree, Nr. 46/1945, ausgestellt am 24.1.1946, in: AdsD der FES, Personenbestand Jochen und Ilse Steffen, Signatur 1/JSAA000137.

27 Vgl. Edda Ziegler: Verboten - verfemt - vertrieben. Schriftstellerinnen im Widerstand gegen den Nationalsozialismus, revidierte und erweiterte Neuausgabe, München 2010, S. 26.

28 Kompisch: Täterinnen, S. 19.

29 Uwe Rohwedder: Helmut Schmidt und der SDS. Die Anfänge des Sozialistischen Deutschen Studentenbundes nach dem Zweiten Weltkrieg, Bremen 2007, S. 13.

30 Kompisch: Täterinnen, S. 19; vgl. Friedhelm Boll: Hitler-Jugend und skeptische Generation, Sozialdemokratie und Jugend nach 1945, in: Dieter Dowe (Hg.): Partei und soziale Bewegung. Kritische Beiträge zur Entwicklung der SPD seit 1945, Bonn 1993, S. 33-57 (34).

fen weist jedoch darauf hin, dass ihre Eltern NS-Organisationen wie zum Beispiel der SA (Sturmabteilung) oder dem Bund Deutscher Mädchen (BDM) kritisch gegenüber gestanden hätten,[31] wenn sie durch diese Organisationen ihre bürgerlichen Verhaltensregeln in Frage gestellt sahen. So ließen die Eltern Ilse von der Teilnahme an Unternehmungen des BDM befreien, nachdem Ilse mit verschmutzter Kleidung nach Hause gekommen war.[32]

In den Briefen des Vaters an Ilse während des Krieges wird jedoch die Zustimmung zum Dritten Reich[33] durch den Vater deutlich, als er bis zuletzt die Hoffnung auf einen deutschen Sieg unter Einsatz aller Mittel zum Ausdruck bringt.[34] In diesem Sinne begrüßte er ausdrücklich Ilses Einsatz bei der Kriegsmarine als Marineflakhelferin.[35]

Bei den Olympischen Spielen 1936 in Berlin gehörte Ilse Steffen zu den jungen Mädchen, die aufgrund ihres turnerischen Könnens ausgewählt wurden, bei der Einweihungsfeier im Berliner Olympiastadion gymnastische Übungen darzubieten.[36]

Ilse besuchte das Lankwitzer Lyzeum, das sie mit der Fachoberschulreife abschloss.[37] Sie gehörte wie ihr späterer Ehemann Jochen Steffen sowie Helmut[38] und Loki Schmidt,[39] Rudolf Augstein,[40] Günter Grass[41] und Siegfried Lenz[42], die im Nachkriegsdeutschland zum Freundeskreis Jochen Steffens zählten, zur sogenannten „ersten HJ-Generation“,[43] die in der Weimarer Republik Kind war und ihre prägenden Jahre in der NS-Zeit erlebte und damit sowohl in der Schule als auch durch die Organisationen des NS und des „Gesamtsystems staatlicher Dienstverpflichtungen der Jugend“ sowie durch das Militär ihre maßgebliche Sozialisation im Sinne des NS-Systems erfuhr.[44] Nach der „Machtergreifung“ Hitlers erfolgte eine reibungslose inhaltliche und perso-

---

31 Vgl. Ilse Steffen: Memoiren, S.25.

32 Vgl. ebd., S. 29.

33 Zum Begriff ‚Drittes Reich' vgl. Richard J. Evans: Das Dritte Reich, Band III Krieg, München 2009, S. 9.

34 Vgl. Schreiben Ernst Zimmermann an Ille [Ilse Steffen], Bautzen, 13.4.1945 sowie Schreiben Ernst Zimmermann an Ilse Steffen, Bautzen, 28.3.1945, in: AdsD der FES, Personenbestand Jochen und Ilse Steffen, Signatur 1/JSAA000150.

35 Vgl. Schreiben Ernst Zimmermann an Ilse Steffen, Bautzen, 10.3.1945, in: AdsD der FES, Personenbestand Jochen und Ilse Steffen, Signatur 1/JSAA000150.

36 Vgl. Ilse Steffen: Memoiren, S. 23f.

37 Vgl. ebd.

38 Jahrgang [Jg.] 1918.

39 Jg. 1919.

40 Jg. 1923.

41 Jg. 1927.

42 Jg. 1926.

43 Vgl. Mary Fulbrook: Dissonant Lives, Generations and Violence through the German Dictatorships, Oxford 2011, S. 8, 131ff.

44 Uwe Rohwedder: Helmut Schmidt und der SDS, S. 54.

nelle Umgestaltung des Schulwesens.[45] Denn bereits in der Weimarer Republik waren vor allem höhere Schulen und Universitäten „ein konservatives Bollwerk vielleicht nicht gerade des Monarchismus, aber eines „trotzigen Antirepublikanismus“[46] gewesen, so dass die Lehrerschaft nach der „Machtergreifung“ Hitlers sich allerorten mehrheitlich der NSDAP anschloss, sofern die Lehrer_innen nicht schon vorher Mitglieder geworden waren.[47]

Um den Ort ihres Einsatzes selbst bestimmen zu können meldete sich Ilse nach eigener Aussage nach der Schule freiwillig zum Reichsarbeitsdienst für die weibliche Jugend (RADwJ),[48] der ab 1938 für alle ledigen Frauen verpflichtend war.[49] Vermutlich um eine große Distanz zum Elternhaus zu erreichen, wählte sie als Einsatzort Schwaben aus und leistete ihren Dienst in Frickenhausen bei Stuttgart.[50] Ihre Hauptaufgabe bestand darin, in den Haushalten von Wöchnerinnen zu arbeiten.[51]

In beiden Autobiographien erzeugt Ilse bei den Leser_innen den Eindruck, dass sie keine überzeugte Nationalsozialistin gewesen sei,[52] sondern dass sie vor allem die NS-Organisationen benutzt habe, um sich aus der familiären Umklammerung zu befreien.[53]

Nach der Zeit im Reichsarbeitsdienst, der sie bereits vom Elternhaus weggeführt hatte, strebte Ilse die Verfestigung ihrer persönlichen Unabhängigkeit durch eine qualifizierte Ausbildung und den Aufbau einer eigenen beruflichen Existenz an. Ilse Steffen steht als junge Frau des Jahrgangs 1921 exemplarisch für die Emanzipation der jungen bürgerlichen Frau im öffentlichen Auftreten und für wirtschaftliche Unabhängigkeit.

Ihrer künstlerischen Begabung in Zeichnen und Gestalten folgend wählte sie eine Ausbildung zur „Modellgestalterin“.[54] Dazu musste sie zunächst im Schneiderhandwerk den Gesellenbrief erwerben,[55] um anschließend die Modeakademie besuchen zu können. Obwohl ihr Vater nach dem Berufsabschluss als Schneiderin eine berufliche Weiterqualifizierung nicht für notwendig hielt und ihr die finanzielle Unterstützung

---

45 Vgl. Uwe Danker/Astrid Schwabe: Schleswig-Holstein und der Nationalsozialismus, Neumünster 2005, S. 62f.

46 Hans Mayer: Reden über Deutschland (1945-1993), Frankfurt a. M. 1996, S. 195.

47 Vgl. Danker/Schwabe: Schleswig-Holstein und der Nationalsozialismus, S. 62f.

48 Vgl. Ilse Steffen: Memoiren, S. 31.

49 Zum weiblichen Arbeitsdienst vgl. Kompisch: Täterinnen, S. 62ff., 70.

50 Ilse Steffen: Erinnerungen, die Zweite, S. 27.

51 Vgl. Ilse Steffen: Memoiren, S. 31f.

52 Vgl. ebd., S. 38.

53 Vgl. ebd., S. 31.

54 Vgl. Kopie Heiratsurkunde Standesamt Schleswig, Karl Joachim Jürgen Steffen und Ilse Annemarie Johanna Zimmermann, 11. Mai 1945, in: AdsD der FES, Personenbestand Jochen und Ilse Steffen, Signatur 1/JSAA000139; vgl. Ilse Steffen: Memoiren, S. 34ff.

55 Vgl. Ilse Steffen: Memoiren, S. 33.

verweigerte, ließ Ilse sich nicht von ihrem beruflichen Weg abbringen. Sie erreichte, dass ihr die Modeakademie ein Stipendium zur Fortsetzung ihrer Ausbildung bewilligte, sodass sie die Schule erfolgreich als „Modellgestalterin" abschließen konnte.[56] Das Beharren auf einem eigenen Lebensweg führte zeitweilig zur Entfremdung von ihrer Familie,[57] vor allem von ihrer Schwester Luise.[58]

Im Krieg

Ilse Steffen hatte das Glück, ihre Ausbildung gerade noch abgeschlossen zu haben, als alle Frauen für die Kriegsanstrengung dienstverpflichtet wurden.[59] Ilse sah sich – laut eigener Aussage – vor die Wahl gestellt, in einem der Reichsministerien zu arbeiten oder zur Kriegsmarine zu gehen und als Marinehelferin Kriegseinsatz zu leisten.[60] Sie entschied sich für die Kriegsmarine,[61] obgleich dies die Ausbildung an der Waffe einschloss, da durch „Führererlass" 1943 angeordnet worden war, auf Reichsgebiet auch Frauen in der Flugabwehr („Flugabwehrkanone", kurz „Flak") einzusetzen.[62] Dies bedeutete, dass Frauen erstmals aktiv an der Landesverteidigung teilnahmen.[63] Durch ihre unmittelbare Beteiligung an den Kampfeinsätzen hatten Flakhelferinnen deshalb auch das Recht auf Behandlung als Kombattanten.[64] Für Ilse war auch hier wieder die Distanz zum Elternhaus, die durch diese Entscheidung geschaffen wurde, offensichtlich ein gewichtiges Motiv.

Ilse Zimmermann wurde am 8. Juni 1943 zur Kriegsmarine eingezogen.[65] Ihre Entscheidung für die Kriegsmarine nötigte ihrem Vater Respekt ab.[66] Die Flak war eine neue Waffengattung, die sich technisch schnell weiterentwickelte und ein gutes Verständnis technischer Zusammenhänge verlangte sowie ein ausgeprägtes räumliches Vorstellungsvermögen, da das Schießen im dreidimensionalen Raum gegen fliegen-

56 Vgl. Heiratsurkunde vom 11.5.1945, in: AdsD der FES, Personenbestand Jochen und Ilse Steffen, Signatur 1/JSAA000139; vgl. Ilse Steffen: Memoiren, S. 34f.

57 Vgl. ebd.

58 Vgl. Schreiben Luise Steffen an Ille [Ilse Steffen], Bautzen, 7.7.[19]44; 6.9.[19]44, in: AdsD der FES, Personenbestand Jochen und Ilse Steffen, Signatur 1/JSAA000150.

59 Vgl. Christoph Studt: Das Dritte Reich in Daten, München 1998, S. 203.

60 Vgl. Ilse Steffen: Memoiren, S. 35.

61 Vgl. ebd., S. 44.

62 Kompisch: Täterinnen, S. 228. Zur Auflösung der Abkürzung „Flak" vgl. Sabine Pamperrien: Helmut Schmidt und der Scheißkrieg. Die Biografie 1918 bis 1945, München 2014, S. 140.

63 Kompisch: Täterinnen, S. 228.

64 Ebd., S. 229.

65 Schreiben Deutsche Dienststelle für die Benachrichtigung der nächsten Angehörigen von Gefallenen der ehemaligen deutschen Wehrmacht an Ilse Steffen, Berlin, 23.4.2007, in: AdsD der FES, Personenbestand Jochen und Ilse Steffen, Signatur 1/JSAA000077.

66 Vgl. Schreiben Ernst Zimmermann an Ille [Ilse Steffen], Bautzen, 10.3.1945, in: AdsD der FES, Personenbestand Jochen und Ilse Steffen, Signatur 1/JSAA000150.

de Ziele zu erfolgen hatte.[67] Diese Fähigkeiten besaß Ilse offensichtlich.[68] Sie wurde in einer Marineflakbatterie auf Rügen als „Waffenleitvormann" ausgebildet[69] und dadurch befähigt, durch das Bedienen der Flugabwehrkanonen aus der Luft angreifende Flugzeuge abzuschießen.[70] Nach ihrer Ausbildung wurde sie in eine Batterie nach Gotenhafen [heute Gdynia] bei Danzig [heute Gdansk] versetzt. Dort wurde sie zur Marineunterführerin befördert.[71] Hintergrund der Beförderung war, so Ilse Steffen in ihren Memoiren, dass die beiden „Führerinnen" der weiblichen Batterie wegen Verpassens des Zapfenstreichs ihrer Posten enthoben worden waren.[72] Diese Beförderung führte innerhalb der Diensteinheit zu Missmut und Anfeindungen gegenüber Ilse. Zu den Ärgernissen im Zusammenhang mit ihrer Beförderung schrieb ihr Vater: „Ich bin überzeugt, dass Du Dich überall durchsetzen wirst."[73]

Begegnung mit Jochen Steffen in Gotenhafen

In diesem neuen Lebensumfeld bei der Kriegsmarine in Gotenhafen begegnete Ilse Zimmermann dem Obergefreiten und Fernstudenten Jochen Steffen;[74] eine Begegnung, die entscheidend für das Leben beider werden sollte.

Karl Joachim Jürgen, genannt Jochen, Steffen wurde am 19. September 1922 als Sohn des damaligen Stadtobersekretärs[75] und späteren Sparkassenbeamten Carl Joachim Heinrich Steffen (1895-1972)[76] und seiner Ehefrau Else, geborene Schwitzer (1895[77]-1987[78]) in Kiel geboren.[79] Ilse Steffen vermerkt in ihren Memoiren, dass

67 Horst-Adalbert Koch: Die Geschichte der deutschen Flakartillerie 1935-1945, Bad Nauheim 1954, zit. n. Pamperrien, Helmut Schmidt, S. 141, FN 314.

68 Vgl. Ilse Steffen: Memoiren, S. 36.

69 Ebd.

70 Vgl. Sabine Pamperrien: Helmut Schmidt, S. 141.

71 Schreiben Deutsche Dienststelle für die Benachrichtigung der nächsten Angehörigen von Gefallenen der ehemaligen deutschen Wehrmacht an Ilse Steffen, Berlin, 23.4.2007, in: AdsD der FES, Personenbestand Jochen und Ilse Steffen, Signatur 1/JSAA000077.

72 Ilse Steffen, Memoiren, S. 37, 40.

73 Schreiben Ernst Zimmermann an Ille [Ilse Steffen], Bautzen, 18.3.1945, in: AdsD der FES, Personenbestand Jochen und Ilse Steffen, Signatur 1/JSAA000150.

74 Vgl. Ilse Steffen: Memoiren, S. 37f.

75 Karl Joachim Jürgen Steffen: Lebenslauf, Kiel, 7.11.1955, in: AdsD der FES, Personenbestand Jochen und Ilse Steffen, Signatur 1/JSAA000201.

76 Leichenschauschein Karl Steffen, ausgestellt von Dr. med. W. H. Schulz, Kiel, 5.5.1972, in: AdsD der FES, Personenbestand Jochen und Ilse Steffen, Signatur 1/JSAA000067.

77 Vgl. Reisepass Else Steffen, in: AdsD der FES, Personenbestand Jochen und Ilse Steffen, Signatur 1/JSAA000068.

78 Ilse Steffen: Memoiren, S. 139.

79 Vgl. Personalausweise und Reisepässe Jochen Steffens, in: AdsD der FES, Personenbestand Jochen und Ilse Steffen, Signatur 1/JSAA000070.

die Mutter Steffen ihr einziges Kind abgöttisch geliebt hätte.[80] Alle Ressourcen dieses kleinbürgerlichen Haushaltes, auch und insbesondere die finanziellen, wurden für das Wohl des Sohnes eingesetzt.[81] Trotz der Verpflichtung Schulgeld zu entrichten ließen die Eltern Steffen Jochen das Gymnasium besuchen, das er im September 1941 mit dem Notabitur verließ,[82] da er am 1. Oktober als Soldat zum Marineflakregiment Kiel eingezogen wurde. In der Marineflakabteilung Kiel-Elmschenhagen leistete er bis Februar 1943 Dienst als Marineartilleriegefreiter. Von Februar 1943 bis zu seiner Versetzung nach Swinemünde Anfang März 1945 leistete Jochen Steffen in unterschiedlichen Marineflakabteilungen in Gotenhafen Dienst, seit Juli 1943 als Marineartillerieobergefreiter.[83]

Die Briefe Jochen Steffens an Ilse von 1943 bis 1946 sowie seine Tagebuchaufzeichnungen aus dem Jahr 1945 geben zum einen im Persönlichen einen Einblick in die Beziehungs- und Gefühlssituation des jungen Paares, ihre gemeinsamen Unternehmungen, soweit diese im Krieg überhaupt möglich waren, und ihre gemeinsamen Zukunftspläne. Zum anderen spiegeln sie Jochen Steffens und indirekt auch Ilse Steffens Haltung zum Dritten Reich, dem von Hitler und den Nationalsozialisten geschaffenen Regime[84] und ihre Einstellung als Soldat und Soldatin der deutschen Wehrmacht wider.

Der Personenbestand Jochen und Ilse Steffen enthält diese Korrespondenz und Tagebuchaufzeichnungen auf fünf von Ilse Steffen besprochenen Tonbandkassetten[85] sowie in Papierform. Auf Tonband sind von Ilse Steffen 109 Dokumente gesprochen worden, einhundert Briefe und neun Tagebucheintragungen. Im Personenbestand Jochen und Ilse Steffen sind daneben neun Briefe[86] – und das Tagebuch als Ganzes[87] – in Papierform vorhanden. Von den neun im Personenbestand in Papierform überlieferten Briefen wurden acht nicht von Ilse auf Tonband gesprochen.[88] Einige Briefe wurden

80 Vgl. Ilse Steffen: Memoiren, S. 40.

81 Vgl. Jochen Steffen: Personenbeschreibung, S. 19.

82 Ilse Steffen: Memoiren, S. 37.

83 Schreiben Deutsche Dienststelle für die Benachrichtigung der nächsten Angehörigen von Gefallenen der ehemaligen deutschen Wehrmacht an Jens-Peter Steffen, 19.2.2007, in: AdsD der FES, Personenbestand Jochen und Ilse Steffen, Signatur 1/JSAA000077; vgl. Ilse Steffen: Memoiren, S. 37.

84 Evans: Das Dritte Reich, S. 9.

85 AdsD der FES, Personenbestand Jochen und Ilse Steffen, Signatur 1/JSAA000221.

86 Schreiben Jochen Steffen an Ilse Zimmermann (1944-1946), in: AdsD der FES, Personenbestand Jochen und Ilse Steffen, Signatur 1/JSAA000179.

87 Tagebuch Jochen Steffens (1945), in: AdsD der FES, Personenbestand Jochen und Ilse Steffen, Signatur 1/JSAA000078.

88 Lediglich das Schreiben vom 6.5.1944 ist als Tonbandaufnahme vorhanden. Vgl. Tonbänder, in: AdsD der FES, Personenbestand Jochen und Ilse Steffen, Signatur 1/JSAA000221.

nicht vollständig vorgelesen, da Ilse Steffen mitten im Lesen abbrach.[89] In der Regel waren dies Stellen, in denen sich Jochen Steffens Denken in völkischen Kategorien andeutete.[90]

Dieser Quellenbestand unterscheidet sich in seinen Aussagen von dem Narrativ, das sowohl Ilse Steffen in ihren Memoiren als auch Jochen Steffen in seinem „Autobiographiefragment" von ihrer Haltung zum Dritten Reich und von ihrem Selbstverständnis als Wehrmachtsangehörige erzeugten. Dort stellten sich beide als distanziert gegenüber dem Nationalsozialismus stehend dar und vor allem Jochen Steffen als Verweigerer gegenüber dem NS-System und dem Krieg.[91] Dieses Narrativ wurde von Jochen Steffen seit den beginnenden fünfziger Jahren in Lebensläufen,[92] Korrespondenzen[93] und publizistischen Äußerungen[94] in immer gleichen Bildern und Wortlaut verwandt.

Die beiden in Hitler-Deutschland sozialisierten jungen Menschen stellten das Dritte Reich bis zuletzt als politisches System nicht in Frage und waren durch den Nationalsozialismus in einem Ausmaß ideologisiert, das sie offensichtlich selbst nicht wahrnahmen. Beide verstanden sich in dieser Zeit als deutsche Patrioten, die bis zur Kapitulation der deutschen Wehrmacht ihre Pflicht als Wehrmachtsangehörige erfüllten. Jochen Steffen war bis zuletzt bereit im Kampf zu sterben, insbesondere mit Blick auf die herannahenden sowjetischen Truppen. Ein rechtzeitiger Rückzugsbefehl bewahrte ihn bei Kriegsende davor, noch in Kampfhandlungen verwickelt zu werden.[95] Hier zeigen sich Parallelen zu dem ebenfalls zur „ersten HJ-Generation" gehörenden Helmut Schmidt, dessen Kindheit und Jugendjahre zwischen 1918 und 1945 die Historikerin und Literaturwissenschaftlerin Sabine Pamperrien recherchiert und analysiert hat.[96] Aus den Briefen Jochen Steffens sprechen die Gedanken der im Personenbestand Jochen und Ilse Steffen erhaltenen „Soldatenfibel", die vom Feldgeneralvikar der Wehrmacht für die deutschen Soldaten zu Beginn des – so seine Worte –„Deutschland

89 Schreiben Jochen Steffen an Ilse Zimmermann, 26.3.1944, Schreiben Jochen Steffen an Ilse Zimmermann 14.4.1944, in: AdsD der FES, Personenbestand Jochen und Ilse Steffen, Signatur 1/JSAA000221.

90 Schreiben Jochen Steffen an Ilse Zimmermann, 26.3.1944, Schreiben Jochen Steffen an Ilse Zimmermann 14.4.1944, in: AdsD der FES, Personenbestand Jochen und Ilse Steffen, Signatur 1/JSAA000221.

91 Vgl. Ilse Steffen: Memoiren, S. 38; vgl. auch Jochen Steffen: Personenbeschreibung, S. 52, 55-64.

92 Vgl. Schreiben Joachim Steffen an den Vorstand der IG Metall, Bundesrepublik Deutschland, Zweigbüro Düsseldorf, z.Hd. Herrn Sträter, Kiel 14.4.1953 mit Anlage in: AdsD der FES, Personenbestand Jochen und Ilse Steffen, Signatur 1/JSAA000080.

93 Schreiben Joachim Steffen an Willy Brandt, St. Peter-Ording, 12.9.[19]77, in: AdsD der FES, WBA, Aktengruppe A11.5, Mappe 25.

94 Jochen Steffen: Personenbeschreibung, S. 52, 56ff.

95 Vgl. Jochen Steffen: Tagebucheintrag, 19.5.1945, Westerbüttel, in: AdsD der FES, Personenbestand Jochen und Ilse Steffen, Signatur 1/JSAA000078.

96 Vgl. Pamperrien: Helmut Schmidt, S. 10ff.

aufgezwungenen Krieges“ verfasst worden war[97] und durch die Werte „Gehorsam“, „Pflicht“, „Tapferkeit“, „Kameradschaft“ und „Treue“ zum Dritten Reich und zum Führer Adolf Hitler gekennzeichnet ist.[98] Der Krieg als Schicksalskategorie[99] und die Werte „Kameradschaft“, „Pflicht“, „Tapferkeit“ und „Treue“ spielten zu dieser Zeit eine wichtige Rolle im Denken Jochen Steffens sowie auch das Theorem der „geschichtlich gewachsenen Bluteinheit des deutschen Volkes“, wie es in der Zeit der napoleonischen Kriege und in der Zeit des Vormärz von deutschen Dichtern wie Ernst Moritz Arndt formuliert worden war.[100] Als Jochen Steffen im Dezember 1944 wegen massiver Herzbeschwerden und einer Gaumenlähmung in einer Klinik in Swinemünde stationär behandelt wurde, war er bestrebt, schnell wieder zur kämpfenden Truppe zu kommen.[101] „Dass wir den Krieg verlieren, daran glaube ich nicht. Wir werden sie [die Russen] bestimmt zurückhauen. Wenn ich nur hier [aus dem Lazarett] herauskäme. Es ist zum Verrückt werden. Ich bilde mir bestimmt nicht ein, die Sache schmeißen zu können. Aber so im Lazarett liegen ist verdammt nicht einfach.“[102] Dieser Wunsch war auch offensichtlich mitbestimmend, dass Jochen Steffen sich von Gotenhafen nach Swinemünde hatte versetzen lassen. „Hätte ich das geahnt, hätte ich auch in Gotenhafen bleiben können, denn auch hier [Swinemünde] zum Schießen zu kommen, ist zweifelhaft. Es scheint mein Schicksal zu sein, in der Heimat bleiben zu müssen.“[103] Jochen Steffen glaubte fest an den Sieg der deutschen Wehrmacht. „Ein Volk, das soviel Reserven an kampffrohen jungen Menschen hat, kann doch einen Krieg nicht verlieren.“[104] „Unsere Lage an den Fronten finde ich bestimmt nicht rosig, aber ich habe

97 Vorwort Franziskus Justus, Kath. Feldbischof der Wehrmacht, in: Georg Werthmann, Generalvikar der Wehrmacht: Wehrkraft aus Glaubenskraft. Soldatenehre. Mit Genehmigung des Katholischen Feldbischofs der Wehrmacht vom 13. Dezember 1939, Berlin 1939, S. 1, in: AdsD der FES, Personenbestand Jochen und Ilse Steffen, Signatur 1/JSAA000077.

98 Vgl. Georg Werthmann, Generalvikar der Wehrmacht: Wehrkraft aus Glaubenskraft. Soldatenehre. Mit Genehmigung des Katholischen Feldbischofs der Wehrmacht vom 13. Dezember 1939, Berlin 1939, in: AdsD der FES, Personenbestand Jochen und Ilse Steffen, Signatur 1/JSAA000077.

99 Vgl. Schreiben Jochen Steffen an Ilse Zimmermann 21.12.1944, in: AdsD der FES, Personenbestand Jochen und Ilse Steffen, Tonbandkassette >Feldpostbriefe II. Teil (Jochen)<, S.2, Signatur 1/JSAA000221.

100 Götz Aly: Der Neid treibt die Deutschen zum Judenhass, Die Welt, 14.6.2012, http://www.welt.de/kultur/history/article106502570, abgerufen am 13.10.2015.

101 Vgl. Schreiben Jochen Steffen an Ilse Zimmermann 14.12.1944, in: AdsD der FES, Personenbestand Jochen und Ilse Steffen, Tonbandkassette >Feldpostbriefe 1945<, S. 1, Signatur 1/JSAA000221.

102 Schreiben Jochen Steffen an Ilse Zimmermann 27.1.1945, in: AdsD der FES, Personenbestand Jochen und Ilse Steffen, Tonbandkassette >Feldpostbriefe 1945<, S.1, Signatur 1/JSAA000221.

103 Schreiben Jochen Steffen an Ilse Zimmermann 16.11.1944, in: AdsD der FES, Personenbestand Jochen und Ilse Steffen, Tonbandkassette >Feldpostbriefe I. Teil (Jochen)<, S. 2, Signatur 1/JSAA000221.

104 Schreiben Jochen Steffen an Ilse Zimmermann 28.3.1945, in: AdsD der FES, Personenbestand Jochen und Ilse Steffen, Tonbandkassette >Feldpostbriefe I. Teil (Jochen)<, S. 2, Signatur 1/JSAA000221.

trotzdem die Überzeugung wieder, dass wir trotz allem gewinnen."[105] Jochen Steffen wollte seinen Beitrag zum „Sieg"[106] Deutschlands leisten. Er war bereit, sein Leben zu opfern, und kritisierte die Soldaten, die sich dem Kampfgeschehen zu entziehen suchten: „Ist es denn möglich, dass Männer so erbärmlich feige sein können, sodass man keine Worte mehr für so ein Verhalten findet."[107] Und weiter: „Ist es denn so schwer, mit Anstand sein Leben zu verlieren? Wenn hier der Rummel losgeht, will ich lieber wie Vieh verrecken als so ehrlos mich verhalten. Ich finde, es ist schon nicht mehr das nationale Ehrgefühl, das diese Soldaten verletzen. Es ist die persönliche Ehre. Sicher man kann alleine eine ganze Kompanie nicht aufhalten, aber man kann kämpfen bis es nicht mehr geht und sich dann zurückziehen. [...] Wenigstens werde ich so etwas nicht machen, das habe ich mir geschworen. Ich habe mich nur gefragt, ob solche Soldaten es verdienen, dass die wenigen wertvollen für sie ihr Leben in die Schanze schlagen und ob sie überhaupt einen Sieg verdienen. Wie kann sich eine ehemals siegreiche Truppe so verändern? [...] Aber es ist mir doch sehr an die Nieren gegangen."[108]

In Jochen Steffens damaligen Verständnis hatte „das einzelne Leben nur dann Bedeutung, wenn sein Erlöschen die Existenz des Staates bedroht"[109], auch wenn er dies für den einzelnen Menschen als sehr bitter ansah. Jochen Steffen stimmte dem Gedanken des ‚Führers' zu – so seine Worte –, dass „wir nicht für uns kämpfen, sondern für die kommenden Generationen unseres Volkes."[110] Allerdings vermisste er im nationalsozialistischen Denken über die völkische Idee hinaus die philosophische Dimension, eine „seelische, göttliche Idee".[111] Für Jochen Steffen waren vor allem ‚Volk' und

105 Schreiben Jochen Steffen an Ilse Zimmermann 3.4.1945, Schreiben Jochen Steffen an Ilse Zimmermann, 28.3.1945, in: AdsD der FES, Personenbestand Jochen und Ilse Steffen, Tonbandkassette >Feldpostbriefe I. Teil (Jochen)<, S. 2, Signatur 1/JSAA000221.

106 „Ich bin zu der Ansicht gelangt, dass wir jetzt vor dem Wendepunkt des Krieges stehen, denn das ist meine feste Überzeugung. Und dem Gelingen beziehungsweise Nichtgelingen der Invasion wird immer über eine Niederlage oder einen Sieg entschieden werden. Ich hoffe auf den Sieg. Rein sachlich betrachtet stehen die Chancen fünfzig zu fünfzig oder wir haben wohl das stärkere Herz, was selbst in einem Materialkrieg den Ausschlag geben dürfte. Wenn alles gut geht und ich meine fünf Sinne und Knochen so ziemlich beisammen behalte, dann kommt das Vergnügen und die Arbeit." Schreiben Jochen Steffen an Ilse Zimmermann 15.5.1944, in: AdsD der FES, Personenbestand Jochen und Ilse Steffen, Tonbandkassette >Feldpostbriefe I. Teil (Jochen)<, S. 1, Signatur 1/JSAA000221.

107 Schreiben Jochen Steffen an Ilse Zimmermann 11.4.1945, in: AdsD der FES, Personenbestand Jochen und Ilse Steffen, Tonbandkassette >Feldpostbriefe III. Teil (Jochen)<, S. 2, Signatur 1/JSAA000221.

108 Schreiben Jochen Steffen an Ilse Zimmermann 11.4.1945, in: AdsD der FES, Personenbestand Jochen und Ilse Steffen, Tonbandkassette >Feldpostbriefe III. Teil (Jochen)<, S. 2, Signatur 1/JSAA000221.

109 Schreiben Jochen Steffen an Ilse Zimmermann 1.1.1944, in: AdsD der FES, Personenbestand Jochen und Ilse Steffen, Tonbandkassette >Feldpostbriefe 1945<, S. 2, Signatur 1/JSAA000221.

110 Schreiben Jochen Steffen an Ilse Zimmermann 26.3.1944, in: AdsD der FES, Personenbestand Jochen und Ilse Steffen, Tonbandkassette >Feldpostbriefe I. Teil (Jochen)<, S. 1, Signatur 1/JSAA000221.

111 Vgl. ebd.

'Charakter' eins: „Ich brauche das Volk, das Blut und Artgleiches zum bilden meines Charakters, denn vor meinem Leben und nach meinem Leben bin ich in ihm – in dem Volke. Ein Volk ohne Charakter gibt es nicht, denn durch den Charakter wird es erst Volk, ohne ihn ist es eine wüste Horde, ohne jede Form. [...] Ich bin, so glaube ich doch, ein ganz brauchbarer Nationalsozialist, bis auf den [?] Sportsgeist."[112]

Wie aus diesen Briefen zu entnehmen ist, verstand sich Jochen Steffen seit frühester Jugend, jetzt auch in der Rolle des Soldaten, stets als denkender Mensch, der die Dinge hinterfragte und sich eine eigene Meinung bildete, und keinesfalls als gläubiger Nationalsozialist.[113] Dies verband ihn mit Ilse und bildete ihre gemeinsame geistige Basis.[114] Vor allem sah er sich als angehenden Geisteswissenschaftler. Er hatte sich als Fernstudent an der Universität Kiel in den Fächern Sport, Erdkunde, Deutsch und Geschichte immatrikuliert.[115] Im Unterschied zu Helmut Schmidt, der als Soldat danach strebte im Militärischen höchste fachliche Kompetenz zu erwerben,[116] fühlte sich Jochen Steffen durch die soldatischen Aufgaben in der Etappe gelangweilt und von seinem Studium abgehalten.[117] Ihm fehlte zudem das praktisch-technische Verständnis für die Aufgaben der Flugabwehr, das Ilse besaß. Denn Jochen Steffen hatte zeitlebens „zwei linke" Hände und Mathematik war nicht seine Stärke.[118] Jede freie Minute verwandte er auf sein Studium und hier vor allem auf die Beschäftigung mit Werken der deutschen Literatur wie Goethes Faust,[119] Lessings Minna von Barnhelm, Nathan der Weise oder Emilia Galotti.[120] Diese Leidenschaft teilte er mit Ilse.[121] Er stellte dennoch

112 Schreiben Jochen Steffen an Ilse Zimmermann 13.12.1944, in: AdsD der FES, Personenbestand Jochen und Ilse Steffen, Tonbandkassette >Feldpostbriefe1945<, S. 2, Signatur 1/JSAA000221.

113 Schreiben Jochen Steffen an Ilse Zimmermann 13.12.1944, in: AdsD der FES, Personenbestand Jochen und Ilse Steffen, Tonbandkassette >Feldpostbriefe1945<, S. 2, Signatur 1/JSAA000221.

114 Vgl. E-Mail Ilse Steffen an Gertrud Lenz 21.1.2014, in: AdsD der FES, Personenbestand Jochen und Ilse Steffen, Signatur 1/JSAA000225; vgl. Ilse Steffen: Memoiren, S. 38.

115 Immatrikulationsbescheinigung der Universität Kiel, 24.7.1943, in: AdsD der FES, Personenbestand Jochen und Ilse Steffen, Signatur 1/JSAA000073.

116 Vgl. Pamperrien, Helmut Schmidt, S. 160ff.

117 Vgl. Schreiben Jochen Steffen an Ilse Zimmermann 15.12.1944, in: AdsD der FES, Personenbestand Jochen und Ilse Steffen, Tonbandkassette >Feldpostbriefe 1945<, S. 1,

118 Schreiber: „Und führe uns...," S. 47; vgl. Ilse Steffen: Memoiren, S. 40, 64; vgl. Jochen Steffen: Personenbeschreibung, S. 83.

119 Vgl. Schreiben Jochen Steffen an Ilse Zimmermann 11.5.1944, in: AdsD der FES, Personenbestand Jochen und Ilse Steffen, Tonbandkassette >Feldpostbriefe II. Teil (Jochen), S. 1; Signatur 1/JSAA000221; vgl. Schreiben Jochen Steffen an Ilse Zimmermann 15.12.1944, in: AdsD der FES, Personenbestand Jochen und Ilse Steffen, Tonbandkassette >Feldpostbriefe 1945<, S. 1, Signatur 1/JSAA000221; vgl. Schreiben Jochen Steffen an Ilse Zimmermann 1.2.1945, in: AdsD der FES, Personenbestand Jochen und Ilse Steffen, Tonbandkassette >Feldpostbriefe III. Teil (Jochen), S. 1; Signatur 1/JSAA000221.

120 Vgl. Schreiben Jochen Steffen an Ilse Zimmermann 24.1.1945, in: AdsD der FES, Personenbestand Jochen und Ilse Steffen, Tonbandkassette >Feldpostbriefe III. Teil (Jochen), S. 1; Signatur 1/JSAA000221.

121 Ilse Steffen: Memoiren, S. 38.

seine Pflichterfüllung als Soldat nicht in Frage: „Ich glaube diese Zeit der Prüfung für uns alle, die mir außerdem noch so schwer fällt, weil ich zumeist Beschäftigungen habe, die mich nicht ausfüllen oder befriedigen, gibt mir für später wirklich eine ruhige Gelassenheit, eine Selbstsicherheit. [...] Es ist nur manchmal sehr schwer aufrecht zu bleiben inmitten von so viel Erbärmlichkeiten, die alle den Wahlspruch haben, Ackermann, geh du voran, du hast die größten Stiefel an."[122] Gegen Kriegsende bedauerte er, kein Offizier geworden zu sein, um in dieser Position einen besseren Beitrag zur Stabilisierung der Truppe leisten zu können: „Wenn ich diese Überlegungen habe, dann bedauere ich manchmal, dass ich kein Offizier geworden bin. Vielleicht hätte ich etwas Besseres daraus machen können."[123] Und in einem späteren Brief an Ilse: „Ist es denn für einen Offizier so schwer mit Stimmung den Laden zu machen? Ich verstehe es nicht. Ich glaube, ich würde das etwas besser machen können."[124]

Aus den Quellen kann entnommen werden, dass dies auch Ilses Denken entsprach.[125] Denn gerade die Übereinstimmung im Denken war das Band zwischen Ilse und Jochen: „Bewahre diesen Brief bitte auf. Wir müssen uns darüber einmal unterhalten"[126] oder „Thema [...] erst nach Deiner ausführlichen Stellungnahme"[127] waren die Redewendungen in Jochen Steffens Briefe an Ilse. Jochen Steffen bestärkte Ilse ebenso in der Wahrnehmung und Ausübung ihrer Rolle als Marineunterführerin.[128] Er sah aber darauf, dass sie sich nicht überarbeitete.[129]

Ein Problem zwischen beiden stellte die Frage der sexuellen Treue dar, die von Jochen Steffen häufig thematisiert wurde und in der er sich zu Ilses Leidwesen schwer-

122 Schreiben Jochen Steffen an Ilse Zimmermann 14.4.1944, in: AdsD der FES, Personenbestand Jochen und Ilse Steffen, Tonbandkassette >Feldpostbriefe I. Teil (Jochen)<, S. 1, Signatur 1/JSAA000221.

123 Schreiben Jochen Steffen an Ilse Zimmermann 28.3.1945, in: AdsD der FES, Personenbestand Jochen und Ilse Steffen, Tonbandkassette >Feldpostbriefe III. Teil (Jochen)<, S. 1, Signatur 1/JSAA000221.

124 Schreiben Jochen Steffen an Ilse Zimmermann 31.3.1945, in: AdsD der FES, Personenbestand Jochen und Ilse Steffen, Tonbandkassette >Feldpostbriefe III. Teil (Jochen)<, S. 1, Signatur 1/JSAA000221.

125 Vgl. Schreiben Jochen Steffen an Ilse Zimmermann 14.4.1944 in: AdsD der FES, Personenbestand Jochen und Ilse Steffen, Tonbandkassette >Feldpostbriefe I. Teil (Jochen)<, S. 1, Signatur 1/JSAA000221.

126 Schreiben Jochen Steffen an Ilse Zimmermann, 26.3.1944, in: AdsD der FES, Personenbestand Jochen und Ilse Steffen, Tonbandkassette >Feldpostbriefe I. Teil (Jochen)<, S. 1, Signatur 1/JSAA000221.,

127 Schreiben Jochen Steffen an Ilse Zimmermann, 29.12.1944, in: AdsD der FES, Personenbestand Jochen und Ilse Steffen, Tonbandkassette >Feldpostbriefe 1945<, S. 1, Signatur 1/JSAA000221.

128 Vgl. Schreiben Jochen Steffen an Ilse Zimmermann, 11.5.1944, in: AdsD der FES, Personenbestand Jochen und Ilse Steffen, Tonbandkassette >Feldpostbriefe II. Teil (Jochen)<, S. 1, Signatur 1/JSAA000221.

129 Vgl. Schreiben Jochen Steffen an Ilse Zimmermann 17.12.1944, in: AdsD der FES, Personenbestand Jochen und Ilse Steffen, Tonbandkassette >Feldpostbriefe1945<. S. 2, Signatur 1/JSAA000221.

tat.[130] Ilse hatte angesichts der ungewollten Schwangerschaften der ihr untergebenen jungen Frauen, die außerhalb des familiären Einflussbereiches jetzt ungewohnte Freiheiten wahrnahmen,[131] entschieden, dem Risiko einer ungewollten Schwangerschaft in dieser schwierigen Lebenssituation aus dem Weg zu gehen und Jochen klar gemacht: Mehr als Küssen gibt es nicht.[132]

Ilses und Jochens Beziehungssituation wurde auch durch die skeptische Einstellung von Ilses Eltern belastet. Ein Brief ihres Vaters, geschrieben nach einem Besuch Ilses zusammen mit Jochen bei ihren Eltern im April 1944 als Verlobte,[133] bezog sich auf die Lage des ungleichen Paares und die damit verbundene unsichere Zukunftsperspektive.[134] Gegenüber Ilses abgeschlossener Berufsausbildung bot Jochen Steffen als Fernstudent mit Notabitur zunächst kein geregeltes Einkommen. Dies bedeutete, dass nach dem Krieg Ilse mit ihrem Beruf bis zu Jochen Steffens Studienabschluss die Familieneinkünfte zu sichern hätte. Ilses Vater zweifelte die Fähigkeit Jochen Steffens an, zukünftig beruflich erfolgreich zu sein und befürchtete, dass seine Tochter Ilse ihre Familie würde ernähren müssen.[135] Die Familie Zimmermann stand daher der Verlobung der beiden kritisch gegenüber.[136] Ernst Zimmermann engagierte sogar einen Detektiv, der Informationen über Jochen Steffen und dessen Familie zusammentragen sollte.[137]

---

130 Vgl. Schreiben Jochen Steffen an Ilse Zimmermann 13.12.1944; vgl. Schreiben Jochen Steffen an Ilse Zimmermann 30.12.1944; vgl. Schreiben Jochen Steffen an Ilse Zimmermann 2.1.1945, in: AdsD der FES, Personenbestand Jochen und Ilse Steffen, Tonbandkassette >Feldpostbriefe 1945< S. 2; vgl. Schreiben Jochen Steffen an Ilse Zimmermann 21.3.1944; vgl. Schreiben Jochen Steffen an Ilse Zimmermann 6.5.1944, in: AdsD der FES, Personenbestand Jochen und Ilse Steffen, Tonbandkassette >Feldpostbriefe I. Teil (Jochen)< S. 1; vgl. Schreiben Jochen Steffen an Ilse Zimmermann 3.4.1944, in: AdsD der FES, Personenbestand Jochen und Ilse Steffen, Tonbandkassette >Feldpostbriefe I. Teil (Jochen)< S. 2, Signatur 1/JSAA000221.

131 Im Nationalsozialismus wurden unverheirateten Frauen sexuelle Beziehungen mit arischen Männern zugestanden, ohne dass dies gesellschaftlich sanktioniert wurde, vgl.: Kompisch: Täterinnen, S. 32f., 44ff.

132 Ilse Steffen: Memoiren, S. 39.

133 Die Verlobung war am 1.1.1944, vgl. Schreiben Jochen Steffen an Ilse Zimmermann, 31.12.1944, in: AdsD der FES, Personenbestand Jochen und Ilse Steffen, Tonbandkassette >Feldpostbriefe 1945< S. 2, Signatur1/JSAA000221.

134 Vgl. Schreiben Ernst Zimmermann an Ille [Ilse Zimmermann], Bautzen, 22.4.1944, in: AdsD der FES, Personenbestand Jochen und Ilse Steffen, Signatur 1/JSAA000150.

135 Ebd.

136 Vgl. ebd.

137 Vgl. Schreiben Herrmann Martin an [Ernst] Zimmermann, Dresden, 20.12.1944, in: AdsD der FES, Personenbestand Jochen und Ilse Steffen, Signatur 1/JSAA000150.

Im August 1944 wurde die Partnerbeziehung so problematisch, dass sowohl von Ilse als auch von Jochen eine Entlobung angesprochen wurde,[138] die aber nicht stattfand.

Obwohl das eigentliche Kriegsgeschehen in ihrer Korrespondenz kaum Erwähnung findet, wurden sie davon eingeholt. Als „Unterführerin" der Flakbatterie war Ilse zuständig für die Evakuierung der ihr untergebenen jungen Frauen auf dem Lazarettschiff Wilhelm Gustloff. Auf dem völlig überladenen Schiff trat Ilse ihren eigenen Platz ab, weil sie sonst einen Teil der jungen Frauen alleine mit einem anderen Schiff hätte fahren lassen müssen, da diese keinen Platz auf der Gustloff bekamen.[139] Die Gustloff wurde versenkt und von den 10.000 Personen an Bord konnten nur 1.200 gerettet werden.[140] Ilse gelang zusammen mit den ihr anvertrauten Frauen mit dem Schiff Vega die sichere Überfahrt in den Lübecker Hafen.[141] Unmittelbar vor Kriegsende war es Ilse Steffen gelungen einen Marschbefehl nach Kiel-Pries zu erhalten,[142] wo sie bis Kriegsende ihren Dienst tat. Jochen Steffen war nach Usedom kommandiert worden und dann nach Rieseby in Schleswig-Holstein, wo er als Aufklärer bei einem Oberfeldwebel seinen Dienst tat.[143] Mit seinem Vorgesetzten gelang es Jochen einen Marschbefehl nach Kropp zu erhalten, wo er mit Ilse zusammentraf.[144] Dies war das glückliche Ende einer langen und lebensgefährlichen Odyssee. Vom Schicksal ihrer Familie in Bautzen war Ilse zu dieser Zeit ohne jede Kenntnis.

Kriegsende und Heirat in Kiel

Noch als Militärangehöriger sah Jochen Steffen in den letzten Kriegstagen voraus, welche Probleme in Anbetracht der Zerstörung, der Flüchtlingsströme und der Teilung Deutschlands in Besatzungszonen die Wohnraumfrage stellen werde, insbesondere für unverheiratete Paare. Er schlug deshalb Ilse eine sofortige Heirat vor, die am 11. Mai

---

138 Vgl. Schreiben Jochen Steffen an Ilse Zimmermann 21.08.1944, AdsD der FES, Personenbestand Jochen und Ilse Steffen, Tonbandkassette >Feldpostbriefe II. Teil (Jochen)< S. 1, Signatur 1/JSAA000221; Schreiben Jochen Steffen an Ilse Zimmermann 25.08.1944, in: ebd.

139 Ilse Steffen: Memoiren, S. 44ff.; vgl. Lebendiges Museum Online: Zeitzeugen: Ilse Steffen (https://www.dhm.de/lemo/zeitzeugen/ilse-steffen-flucht-kriegsende-und-neuanfang.html), abgerufen am 14.12.2015.

140 NDR: Die Versenkung der Wilhelm Gustloff (http://www.ndr.de/kultur/geschichte/chronologie/Die-Versenkung-der-Wilhelm-Gustloff,gustloff120.html), abgerufen am 14.12.2015.

141 Ilse Steffen: Memoiren, S. 44ff.; vgl. Brief Ernst Zimmermann an Ilse Steffen („Liebste Ille"); vgl. Schreiben Luise Zimmermann an Ilse Zimmermann, 1.8.1944, beide in: AdsD der FES, Personenbestand Jochen und Ilse Steffen, Signatur 1/JSAA000150.

142 Ilse Steffen: Memoiren, S. 47.

143 Vgl. Ilse Steffen: Memoiren, S. 49; vgl. Schreiben Deutsche Dienststelle für die Benachrichtigung der nächsten Angehörigen von Gefallenen der ehemaligen deutschen Wehrmacht an Jens-Peter Steffen, 19.2.2007, in: AdsD der FES, Personenbestand Jochen und Ilse Steffen, Signatur 1/JSAA000077.

144 Vgl. Ilse Steffen: Memoiren, S. 49f.

1945 vollzogen wurde, noch bevor beide als Militärangehörige demobilisiert worden waren.[145]

Ilse wohnte bei der ältesten Schwester ihrer Schwiegermutter „Tante Anna" in Kropp bei Schleswig, während Jochen Steffen als Kriegsgefangener der Briten zunächst in einem Lager in Schleswig und dann in Westerbüttel in der Nähe von Itzehoe interniert wurde.[146] In Schleswig traf Jochen Steffen auf den von Hitler zu seinem Nachfolger ernannten Großadmiral Karl Dönitz, als dieser vor den dort versammelten deutschen Kriegsgefangenen eine Rede hielt und anknüpfend an die NS-Ideologie bereits in den Kategorien des Kalten Krieges vor der bolschewistischen Gefahr warnte.[147] Diese politische Haltung gegenüber der Sowjetunion teilte zu diesem Zeitpunkt auch Jochen Steffen, der den Zusammenschluss des Westens befürwortete, um in einem Dritten Weltkrieg, mit dem er rechnete, über die Sowjetunion zu siegen.[148]

Jochen Steffen wurde sehr bald aus der Gefangenschaft entlassen, weil er vorgab in Hannover wohnhaft zu sein, als bevorzugt niedersächsische Kriegsgefangene entlassen wurden,[149] und konnte zu seiner Frau nach Kropp zurückkehren, nachdem auch Ilse Steffen selbst offiziell in Lübeck im September 1945 aus der Wehrmacht entlassen worden war.[150]

Sofort nach seiner Rückkehr absolvierte Jochen Steffen in Kiel die notwendige Prüfung für die Hochschulreife, um sein Studium zu beginnen.[151]

Erst um die Weihnachtszeit 1945 wurde Ilse Steffen von Augenzeugen über das schreckliche Schicksal ihrer Familie in Bautzen informiert. Ihre Eltern und ihre Schwester hatten sich bei dem Einmarsch der Roten Armee das Leben genommen.[152]

---

145 Vgl. Heiratsurkunde Karl Joachim Jürgen Steffen und Ilse Annemarie Johanna Zimmermann, Standesamt Schleswig, Nr. 69/1945, 11.5.1945, in: AdsD der FES, Personenbestand Jochen und Ilse Steffen, Signatur 1/JSAA000139; vgl. auch: Ilse Steffen: Memoiren, S. 50f.

146 Vgl. Ilse Steffen: Memoiren, S. 52; vgl. Tagebuch Jochen Steffen Mai-Juni 1945, Westerbüttel, in: AdsD der FES, Personenbestand Jochen und Ilse Steffen, Signatur 1/JSAA000078.

147 Vgl. Tagebucheintrag Jochen Steffen, Schleswig, 20.5.1945, in: Tagebuch Jochen Steffens, in: AdsD der FES, Personenbestand Jochen und Ilse Steffen, Signatur 1/JSAA000078.

148 Vgl. Tagebucheintrag Jochen Steffen, Schleswig, 20.5.1945, in: Tagebuch Jochen Steffens, in: AdsD der FES, Personenbestand Jochen und Ilse Steffen, Signatur 1/JSAA000078.

149 Vgl. Entlassungsschein Jochen Steffen, Kontrollblatt D2 1872, 11.8.1945, in: AdsD der FES, Personenbestand Jochen und Ilse Steffen, Signatur 1/JSAA000181.

150 Schreiben Deutsche Dienststelle für die Benachrichtigung der n_chsten Angeh_rigen von Gefallenen der ehemaligen deutschen Wehrmacht an Ilse Steffen, Berlin, 23.4.2007, in: AdsD der FES, Personenbestand Jochen und Ilse Steffen, Signatur 1/JSAA000077.

151 Vgl. Hörerschein Joachim Steffen WS 1945/46, Der Rektor der Christian-Albrechts-Universität Kiel, den 3.6.[19]46, in: AdsD der FES, Personenbestand Jochen und Ilse Steffen, Signatur 1/JSAA000073; vgl. Ilse Steffen: Memoiren, S. 53.

152 Vgl. Schreiben Frau König an Ilse Steffen, 16.12.1945, vgl. Max Hohlfeld an Ilse Steffen, Schland/Spree, 4.2.[19]46, beide in: AdsD der FES, Personenbestand Jochen und Ilse Steffen, Signatur 1/JSAA000150.

Studentisches Eheleben in Kiel und berufliche Tätigkeit als Direktrice in Trittau, Alzey, Grünberg und Stuttgart

Im Sommersemester 1946 begann Jochen Steffen, nun 25-jährig, sein Studium der Philologie an der Christian-Albrechts-Universität Kiel,[153] wo er Vorlesungen, Übungen und Seminare in den Fächern Literaturgeschichte, Geschichte, Philosophie und Französisch besuchte, später ergänzt durch die Fächer Soziologie und Psychologie.[154] Durch sein Studium kam Jochen Steffen unter anderem mit den Werken Hegels und Marx in Kontakt[155], was sein Denken nachhaltig prägen sollte.

Seine Studienfächer entsprachen auch dem Interessengebiet von Ilse.[156] Sie nahm am Studentenleben teil, das sich bei Jochen Steffen vor allem im neugegründeten Sozialistischen Deutschen Studentenbund (SDS) abspielte.[157] Der im September 1946 in Hamburg neu gegründete SDS[158] leistete einen wichtigen Beitrag bei der „Re-Zivilisierung“ und Demokratisierung der einstigen Hitlerjugend- beziehungsweise Kriegsjugendgeneration, indem er Wehrmachtsangehörige aus nicht-sozialdemokratischem Milieu wie zum Beispiel Helmut Schmidt und Jochen Steffen aufnahm. Gleichzeitig trug der Verband damit zur sozialen und programmatischen Öffnung der Nachkriegs-SPD in Richtung bürgerliche Mitte bei.[159] Wie der im April 1946 gegründete Hamburger SDS unter seinem Vorsitzenden Helmut Schmidt[160] verstand sich vergleichbar auch der Kieler SDS als Kreis von Gleichgesinnten, die nach der NS-Diktatur und den Schrecken des Krieges einen geistigen Neuanfang in allen Bereichen suchten. In diesem Kreis wurde nicht nur über Politik diskutiert, sondern auch über Religion, Kunst, Musik und Literatur. Man besuchte zusammen Theateraufführungen und unternahm gemeinsame Ausflüge.[161]

---

153 Unterlagen zum Studium Joachim Steffens vgl. 1/JSAA000117-1/JSAA000124; vgl. Schreiben Jochen Steffen an Ilse Steffen, 30.5.1946, Tonbandkassette >Feldpostbriefe III. Teil (Jochen)<, S. 2, Signatur 1/JSAA000221, alle in: AdsD der FES, Personenbestand Jochen und Ilse Steffen.

154 Vgl. Studienbuch Joachim Steffens in: AdsD der FES, Personenbestand Jochen und Ilse Steffen, Signatur 1/JSAA000073; vgl. Joachim Steffen: Lebenslauf, Kiel-Wik, 9.3.1951, in: AdsD der FES, Personenbestand Jochen und Ilse Steffen, Signatur 1/JSAA000080.

155 Vgl. Studienbuch Joachim Steffens in: AdsD der FES, Personenbestand Jochen und Ilse Steffen, Signatur 1/JSAA000073.

156 Ilse Steffen: Memoiren, S. 58.

157 Vgl. ebd., S.57f.

158 Rohwedder: Helmut Schmidt und der SDS, S. 18.

159 Ebd., S. 13f.; dort wörtliches Zitat „Re-Zivilisierung“ nach: Sibylle Hübner-Funk: Loyalität und Verblendung. Hitlers Garanten der Zukunft als Träger der zweiten deutschen Demokratie, Potsdam 1998, S. 49.

160 Vgl. ebd., S. 32f.

161 Vgl. Ilse Steffen: Memoiren, S. 58f.

Ilse und Jochen Steffen genossen die „geselligen und allgemeinbildenden Elemente des Gruppenlebens“[162]: „Wir hatten gleichgesinnte Freunde und unsere Gesprächsthemen gingen nie aus.“[163]

Jochen Steffen war „nach längerem Schwanken“ im Mai 1946 in die SPD eingetreten,[164] nachdem er mit seinem Vater eine Versammlung mit dem SPD-Parteivorsitzenden Kurt Schumacher besucht hatte und wie sein Vater von der Persönlichkeit Schumachers sehr beeindruckt war.[165] Jochen Steffen stimmte mit Kurt Schumacher in der Ablehnung der kommunistischen Parteien im Nachkriegsdeutschland überein sowie mit Schumachers Priorisierung der Wiedervereinigung gegenüber der Einbindung der Bundesrepublik in ein Kleineuropa der westlichen Demokratien.[166] Er war „besessen“, so Ilse Steffen, sich aktiv am demokratischen Neuaufbau Deutschlands zu beteiligen.[167] Ilse sah voraus, dass ab sofort die politische Tätigkeit einen großen Raum in Jochen Steffens Leben und damit in ihrem Zusammenleben einnehmen würde. Im Unterschied zum politischen Wirken Jochen Steffens im SDS stand sie seiner Mitgliedschaft in der SPD und den parteipolitischen Aktivitäten distanziert gegenüber. Sie wollte aber bei einem wichtigen Teil im Leben ihres Mannes nicht ausgeschlossen bleiben und trat ebenfalls in die SPD ein, um als Mitglied an den Parteiversammlungen teilnehmen zu können.[168] Die gemeinsame Teilnahme an dem „Internationalen Sozialistischen Jugendlager in Stockholm vom 12. bis 19. Juli 1950“,[169] gehörte für Ilse Steffen hingegen zu den Parteitreffen, die sie ebenfalls als Bereicherung empfand.[170]

Mit der Heirat war eine Situation eingetreten, die ihr Vater bei der ersten Begegnung 1944 mit dem jungen Paar vorausgesehen hatte: Ilse verdiente nun mit ihrem Beruf als Modellgestalterin das Familieneinkommen und Jochen studierte, vergleichbar dem Ehepaar Schmidt, bei dem Loki als Volksschullehrerin das Familieneinkommen verdiente.[171] Jochen Steffens Eltern hatten die finanzielle Unterstützung ihres damals

---

162 Rohwedder: Helmut Schmidt und der SDS, S. 18.

163 Ilse Steffen: Memoiren, S. 58.

164 Vgl. Mitgliedsbuch Sozialdemokratische Partei Deutschlands Bezirk Schleswig-Holstein Joachim Steffens, in: AdsD der FES, Personenbestand Jochen und Ilse Steffen, Signatur 1/JSAA000079.

165 Schreiben Jochen Steffen an Ilse Steffen, 30.5.1946, in: AdsD der FES, Personenbestand Jochen und Ilse Steffen, Tonbandkassette >Feldpostbriefe III. Teil (Jochen)<, S. 2, Signatur 1/JSAA000221.

166 Antje Schmelcher: Die Autobiographie des Sozialdemokraten Jochen Steffen, in: Frankfurter Allgemeine Zeitung, 20.3.1998.

167 Ilse Steffen: Memoiren, S. 57.

168 Ebd., S.57f.

169 Teilnamekarte Internationales Sozialistisches Jugendlager in Stockholm 12.-19. Juli 1950, Nr. 63 Ilse Steffen,in: AdsD der FES, Personenbestand Jochen und Ilse Steffen, Signatur 1/JSAA000141.

170 Vgl. Schreiben Tante Hete und Onkel Wilhelm an Ilse und Jochen Steffen, Magdeburg, 30.6.1950, in: AdsD der FES, Personenbestand Jochen und Ilse Steffen, Signatur 1/JSAA000150.

171 Vgl. Rohwedder: Helmut Schmidt und der SDS, S. 29.

23-jährigen Sohnes nach dessen Heirat eingestellt.[172] Eine wichtige Entscheidung war der Entschluss des jungen Paares, nicht zusammen mit den Schwiegereltern in die für die damalige Zeit geräumige Wohnung einzuziehen, die Steffens Vater als Sparkassenbeamter zugeteilt werden sollte.[173] Ilse und Jochen Steffen gründeten stattdessen einen eigenen Haushalt, wenn auch lange Jahre in einer Einzimmerwohnung.[174] In dieser schwierigen Zeit ermöglichte Ilse als Ehefrau durch ihre berufliche Tätigkeit Jochen Steffen ein Studium ohne finanzielle Sorgen und ein geordnetes Leben als Ehemann.

Ilse Steffen trat zunächst eine Stelle als Direktrice in Trittau nahe Hamburg an.[175] Sie gab diese Stelle nach einem Jahr auf, um im Südwesten Deutschlands, wo die Textilindustrie traditionell einen wichtigen Industriezweig bildete, zu arbeiten; zunächst in Alzey in Rheinland-Pfalz, dann in Grünberg in Hessen und dann in der Nähe bei Stuttgart.[176] Es bestanden auch offensichtlich Überlegungen von Ilse und Jochen gemeinsam von Kiel wegzuziehen, denn Jochen Steffen bewarb sich 1953 beim Vorstand der Industriegewerkschaft Metall um eine Stellung.[177] Dieser Plan gelang nicht, Ilse ging stattdessen nach Kiel zurück.[178]

Hausfrau und Mutter in Flensburg und Kiel als Ehefrau des Journalisten und Landtagsabgeordneten Jochen Steffen

1953 sah sich Ilse Steffen mit damals 32 Jahren vor der Lebensentscheidung, eine Ehe als berufstätige Frau zu führen oder, entsprechend ihrem Wunsch, ein Kind zu bekommen, was in dieser Zeit in der Regel bedeutete, die berufliche Tätigkeit aufzugeben. Ilse und Jochen entschieden sich für ein Kind.[179] Ihr Sohn Jens-Peter kam am 19. September 1954 zur Welt, an Jochen Steffens Geburtstag.[180]

Nach der Geburt ihres Sohnes beendete Ilse ihre Angestelltentätigkeit als Direktrice, die sie fast zehn Jahre ausgeübt hatte.[181] Jochen Steffen musste jetzt der Alleinverdiener und Ernährer der Familie werden.

---

172 Vgl. Ilse Steffen: Memoiren, S. 56.

173 Vgl. ebd.

174 Vgl. ebd.

175 Vgl. ebd.

176 Vgl. ebd., S. 66 f., 69, 71.

177 Vgl. Schreiben Joachim Steffen an den Vorstand der IG Metall, Bundesrepublik Deutschland, Zweigbüro Düsseldorf, z. Hd. Herrn Sträter, Kiel 14.4.1953 mit Anlage in: AdsD der FES, Personenbestand Jochen und Ilse Steffen, Signatur 1/JSAA000080.

178 Vgl. Ilse Steffen: Memoiren, S. 71.

179 Vgl. ebd., S.71f.

180 Vgl. ebd., S. 73f.

181 Vgl. ebd., S. 56ff., 71.

Jochen Steffen hatte sein Studium zum Zeitpunkt der Geburt seines Sohnes noch nicht mit einem akademischen Grad abgeschlossen. Im November 1949 hatte er sich nach sieben Semestern exmatrikuliert.[182] Trotz der zeitlichen Beanspruchungen durch seine journalistische Tätigkeit, seine Vortragstätigkeit im Rahmen der Erwachsenenbildung[183] und seine politische Arbeit in der SPD als Vorsitzender der Jungsozialisten Schleswig-Holstein[184] war sein Studium so weit vorangekommen, dass seine Dissertationsschrift „Soziologie und Psychologie der Parteibürokratie (Schleswig-Holstein)" in der von seinem betreuenden Professor, dem Wirtschaftswissenschaftler Michael Freund, angeforderten Überarbeitung im Oktober 1955 aus Steffens Sicht abgabereif vorlag. Es galt nur noch einen Termin für die Übergabe zu vereinbaren, wie aus einem Schreiben Jochen Steffens an seinen betreuenden Professor Freund hervorgeht.[185] Die Dissertationsschrift ist in ihren Ausarbeitungen breit im Personenbestand Jochen und Ilse Steffen dokumentiert.[186]

Seit 1951 arbeitete Jochen Steffen an dieser Studie über die schleswig-holsteinische SPD, die durch ein Stipendium des Forschungs-Ausschusses der „Vereinigung für die Wissenschaft von der Politik" und der US-amerikanischen Rockefeller-Stiftung bis September 1953 finanziell gefördert wurde.[187] Jochen Steffen musste die für die Stipendiengeber erstellte Fassung, wie vom Doktorvater gefordert, überarbeiten, um diese als Dissertationsschrift einreichen zu können. Seit April 1954 arbeitete er als wissenschaftlicher Assistent bei Freund am Seminar für Wissenschaft und Geschichte der Politik der Universität Kiel. Die Stelle war auf drei Jahre angelegt.[188] Unter den Notwendigkeiten der neuen Familiensituation und ihren finanziellen Anforderungen kündigte Jochen Steffen im Oktober 1955 seine Assistentenstelle, obwohl ihn Freund

182 Ausweiskarte stud. phil. Joachim Steffen, in: AdsD der FES, Personenbestand Jochen und Ilse Steffen, Signatur 1/JSAA000073.

183 Vgl. Schreiben Joachim Steffen an den Vorstand der IG Metall, Bundesrepublik Deutschland, Zweigbüro Düsseldorf, z. Hd. Herrn Sträter, Kiel 14.4.1953 mit Anlage in: AdsD der FES, Personenbestand Jochen und Ilse Steffen, Signatur 1/JSAA000080.

184 Vgl. Lebenslauf Jochen Steffen [1971, von Jochen Steffen geschrieben für die Pressekonferenz zur Vorstellung der Regierungsmannschaft], in: AdsD der FES, Personenbestand Jochen und Ilse Steffen, Signatur 1/JSAA000001.

185 Vgl. Schreiben Joachim Steffen an Michael Freund, Kiel, 21.10.1955, in: AdsD der FES, Personenbestand Jochen und Ilse Steffen, Signatur 1/JSAA000144.

186 AdsD der FES, Personenbestand Jochen und Ilse Steffen, Signaturen 1/JSAA000125 bis 1/JSAA000134.

187 Schreiben Joachim Steffen an den Vorstand der IG Metall, Bundesrepublik Deutschland, Zweigbüro Düsseldorf, z. Hd. Herrn Sträter, Kiel 14.4.1953 mit Anlage in: AdsD der FES, Personenbestand Jochen und Ilse Steffen, Signatur 1/JSAA000080.

188 Schreiben Joachim Steffen an den Vorstand der IG Metall, Bundesrepublik Deutschland, Zweigbüro Düsseldorf, z. Hd. Herrn Sträter, Kiel 14.4.1953 mit Anlage in: AdsD der FES, Personenbestand Jochen und Ilse Steffen, Signatur 1/JSAA000080; Schreiben Jochen Steffen an Michael Freund, Kiel, 21.10.1955, in: AdsD der FES, Personenbestand Jochen und Ilse Steffen, Signatur 1/JSAA000144.

um weitere Mitarbeit gebeten hatte.[189] Mit seinem Ausscheiden als wissenschaftlicher Assistent war auch der Abbruch des Promotionsprojektes verbunden – eine nachhaltige Zäsur im Leben Jochen Steffens. Später stellte er immer wieder einmal Überlegungen an, nach seinem Ausscheiden aus der Politik die Promotion nachzuholen.[190]

Jochen Steffen wandte sich jetzt hauptberuflich dem Journalismus zu. Der Personenbestand Jochen und Ilse Steffen dokumentiert umfangreich seine Tätigkeit als Redakteur zunächst bei der sozialdemokratischen „Flensburger Presse“[191], dem von der Landesregierung geförderten „Grenzlandblatt“ und später bei den SPD-eigenen Zeitungen, der „Kieler Volkszeitung“ (VZ)[192] und der „Nordwoche. Schleswig-Holsteins Wochenzeitung“ als Herausgeber,[193] die er parallel zu seinen politischen Funktionen ausübte. Seine Artikel, Glossen und Kolumnen waren für ihren pointierten Stil und für ihren den Problemen und Interessenlagen auf den Grund gehenden Inhalt bekannt. Jochen Steffen setzte sich mit politischen Grundsatzthemen wie Sozialismus, Kommunismus, mit tagespolitischen Themen der Innen- und Außenpolitik wie Vietnamkrieg, Apartheid und Dekolonialisierung, Ost-West-Konflikt, Integration der Gastarbeiter, politische Flüchtlinge, Notstandsgesetzen und Studentenunruhen auseinander, vor allem aber mit innenpolitischen Fragen in der SBZ/DDR sowie mit dem Verhältnis zwischen Bundesrepublik Deutschland und DDR. Als Herausgeber der SPD-eigenen Zeitung „Nordwoche“ kämpfte Jochen Steffen Anfang der siebziger Jahre gegen das Sterben der Parteizeitungen und setzte sich beim Parteivorstand für einen gerechten Sozialplan für die Belegschaft ein.[194] Ihm selbst wurde 1971 von der Kieler Druckerei, vertreten durch Wilhelm Geusendam, das Arbeitsverhältnis gekündigt.[195]

---

189 Vgl. Schreiben Jochen Steffen an Michael Freund, Kiel, 21.10.1955, in: AdsD der FES, Personenbestand Jochen und Ilse Steffen, Signatur 1/JSAA000144; vgl. Schreiber: „...wohin wir nicht wollen“, in: Der Spiegel, Nr. 17, 19.4.1971, S. 46-52 (50).

190 Vgl. Schreiben Jochen Steffen an >Ihr Lieben< [Ilse und Jens-Peter Steffen], St. Peter, 7.8.[19]72, in: AdsD der FES, Personenbestand Jochen und Ilse Steffen, Signatur 1/JSAA000177; vgl. Schreiber: wohin wir nicht wollen, S. 50.

191 AdsD der FES, Personenbestand Jochen und Ilse Steffen, Signaturen 1/JSAA000150- 1/JSAA000159.

192 AdsD der FES, Personenbestand Jochen und Ilse Steffen, Signaturen 1/JSAA000023-1/JSAA000030; vgl. Wiki SPD Geschichtswerkstatt: Kieler Volkszeitung (http://www.spd-geschichtswerkstatt.de/wiki/Schleswig-Holsteinische_Volkszeitung#Neuanfang_nach_1945), abgerufen am 14.12.2015.

193 AdsD der FES, Personenbestand Jochen und Ilse Steffen, Signaturen 1/JSAA000114-1/JSAA000116.

194 Vgl. Schreiben Joachim Steffen an Willy Brandt, Herbert Wehner, Alfred Nau, Holger B_rner, St. Peter-Ording, 6.7.1972, vgl. Schreiben Alfred Nau an Joachim Steffen, 20.7.1972, in AdsD der FES, WBA, A.11.5, Mappe 17.

195 Schreiben Kieler Druckerei GmbH, W. [Wilhelm] Geusendam an Joachim Steffen, 29.6.{19]71, in: AdsD der FES, Personenbestand Jochen und Ilse Steffen, Signatur 1/JSAA000094.

Mit dem Umzug nach Flensburg 1955 herrschte auch bei der Familie Steffen die klassische Rollenverteilung: Jochen verdiente das Familieneinkommen als Redakteur und ab 1958 zusätzlich als Landtagsabgeordneter.[196] Er war 1958 über die Landesliste in den Schleswig-Holsteinischen Landtag gekommen.[197] Ilse Steffen war für Haushalt und Kind zuständig. Sie wollte nicht nur Hausfrau sein. Als Jochen Steffen in den Schleswig-Holsteinischen Landtag einzog, traf sie die Entscheidung, ein Auto anzuschaffen und den amtlichen Fahrdienst, auf den Jochen Steffen als Landtagsabgeordneter zurückgreifen konnte, als persönliche Fahrerin zu ersetzen, um durch das erstattete Kilometergeld und die Fahrdienstpauschale ebenfalls zum Familieneinkommen beizutragen.[198] Jochen Steffen selbst hatte keinen Führerschein.[199]

Im Landtag war Jochen Steffen zunächst Mitglied im Petitions- und Landwirtschaftsausschuss.[200] Als Fahrerin lernte Ilse deshalb die landwirtschaftlichen Betriebe der Region und soziale Einrichtungen kennen, was sie als Bereicherung ihres geistigen Horizonts empfand.[201]

Schleswig-Holstein war seit 1950 von der CDU regiert worden,[202] eine Situation, die der oppositionellen SPD kaum Raum zur landespolitischen Mitarbeit bot. Zudem war die CDU-Mehrheit im Landtag von Persönlichkeiten geprägt, die im Nationalsozialismus bereits eine führende politische Rolle in Schleswig-Holstein gespielt hatten, wie zum Beispiel dem schleswig-holsteinischen Ministerpräsidenten Helmut Lemke.[203] Außerdem lebten in dieser Zeit in Schleswig-Holstein zahlreiche ehemalige Vertreter des NS-Systems wie der ehemalige Großadmiral und Nachfolger Hitlers Karl Dönitz.[204]

Die Aufarbeitung der NS-Vergangenheit stand in Schleswig-Holstein in den Anfängen. Jochen Steffen war der Ansicht, dass der Prozess der Entnazifizierung mit der Arbeit der alliierten Militärgerichte abgeschlossen sein sollte, denn durch die fortlau-

---

196 Vgl. Ilse Steffen: Memoiren, S. 82.

197 Börnsen: Jochen Steffen, S. 312.

198 Vgl. Ilse Steffen: Memoiren, S. 81, 105.; vgl. Terminkalender Jochen und Ilse Steffen, in: AdsD der FES, Personenbestand Jochen und Ilse Steffen, Signatur 1/JSAA000081.

199 Laut Angaben des Sohnes Jens-Peter Steffen hatte der Vater Jochen Steffen nie einen Führerschein erworben.

200 Ilse Steffen: Memoiren, S. 86.

201 Vgl. ebd.

202 Mit Ausnahme der nach Kriegsende gebildeten Landesregierungen von 1946 bis 1950, in der die SPD vertreten war und zeitweise mit Hermann Lüdemann und Bruno Diekmann den Ministerpräsidenten stellten. Vgl. Jahrbücher der Sozialdemokratischen Partei Deutschlands, Bände 1946, 1947, 1948/49 und 1950/51.

203 Vgl. Günter Neugebauer: „Das Wort hat der Abgeordnete Neugebauer". Notizen über Heide Simonis, Affären und Geschehnisse in der Regional- und Landespolitik Schleswig-Holsteins, Osterrönfeld 2014, S. 62f.

204 Vgl. ebd., S. 64f.

fende Entnazifizierung würde eine Zweiklassengesellschaft in Deutschland geschaffen.[205]

Später trug Jochen Steffen als Journalist und Landtagsabgeordneter maßgeblich zur Aufarbeitung der NS-Vergangenheit bei, so zum Beispiel im Fall des schleswig-holsteinischen Innenministers Hartwig Schlegelberger.[206] Insbesondere half Steffen bei der Enttarnung der NS-Vergangenheit führender schleswig-holsteinischer Politiker und Persönlichkeiten wie im Fall des BHE-Vorsitzenden (Bund der Heimatvertriebenen) Hans-Adolf Asbach sowie im Fall des Euthanasiearztes Werner Heyde alias Fritz Sawade mit.[207]

Als Journalist und Politiker polarisierte Jochen Steffen in Wirtschaft und Gesellschaft vor allem durch „marxistische" Positionen.[208] Er berief sich entgegen der Meinung vieler nicht auf den „alten, kommunistischen", sondern auf den „jungen, freiheitlichen" Marx.[209] Mit seinen „marxistischen" Positionen wurde Jochen Steffen einerseits zur Reizfigur für die bürgerlichen Parteien CDU/CSU und FDP und die rechtsradikalen Parteien, aber auch für den rechten Flügel der SPD. Andererseits war er einer der wenigen SPD-Politiker, die von der Studentenbewegung akzeptiert und als Redner zu Versammlungen eingeladen wurden.[210]

In dieser für die Familie gesellschaftlich schwierigen Lage in einem konservativen Bundesland, in dem Jochen Steffen Angriffen von konservativer und rechtsradikaler Seite ausgesetzt war, fühlte sich Ilse Steffen im fortschrittlichen politischen und künstlerischen Milieu aufgehoben und stärkte ihrem Ehemann gesellschaftlich den Rücken. So stand sie hinter der Entscheidung ihres Mannes, als Jochen Steffen sich anlässlich des Staatsbesuches von Schah Reza Pahlevi von Persien entschied, als Oppositionsführer nicht an dem Empfang teilzunehmen, den Ministerpräsident Helmut Lemke in

---

205 Ausarbeitungen Jochen Steffens zu universit_ren Lehrveranstaltungen (1946-1947), in: AdsD der FES, Personenbestand Jochen und Ilse Steffen, Signatur 1/JSAA00160.

206 Vgl. Brosch_re Der Landesbeauftragte f_r staatsb_rgerliche Bildung in Schleswig-Holstein (Hrsg.): Politischer Stil in einem Streitfall _ Die Auseinandersetzung zwischen Minister Dr. Schlegelberger und dem Abgeordneten Steffen, in: AdsD der FES, Personenbestand Jochen und Ilse Steffen, Signatur 1/JSAA000012.

207 Vgl. Niederschriften der Sitzungen des Parlamentarischen Untersuchungsausschusses I (Prof. Heyde/Dr. Sawade) des Schleswig-Holsteinischen Landtages, in: AdsD der FES, Personenbestand Jochen und Ilse Steffen, Signatur 1/JSAA000182; vgl. Börnsen: Jochen Steffen, S. 319f.

208 Vgl Grundsatzreferate Jochen Steffens in: AdsD der FES, Personenbestand Jochen und Ilse Steffen, Signatur 1/JSAA000178; vgl. Börnsen: Jochen Steffen, S. 313.

209 Artikel Jochen Steffen: Die Herausforderungen des Professor Schieder. Anmerkungen zu einem Vortrag über „Karl Marx und seine Stellung in der europäischen Geschichte", in: AdsD der FES, Personenbestand Jochen und Ilse Steffen, Signatur 1/JSAA000025; Heinz Rapp: „Ein nicht unbedeutendes Stück Parteigeschichte. Erhard Eppler und die Grundwertekommission", in: AdsD der FES, Nachlass Heinz Rapp, Signatur 1/HRAA001454.

210 Börnsen: Jochen Steffen, S. 311f.; Vgl. Neugebauer: Das Wort hat, S. 16.

Lübeck am 4. Juni 1967 für den Schah gab.[211] Kurz darauf wurde in Berlin der Student Benno Ohnesorg bei den Demonstrationen anlässlich des Schah-Besuchs von einem Polizeibeamten erschossen.[212]

Die jährlichen Urlaubsreisen verbrachte die Familie Steffen im kommunistischen, aber von Moskau unabhängigen Jugoslawien.[213]

Aus Ilse Steffens Memoiren ist zu entnehmen, dass die Jahre bis 1965, zunächst in Flensburg, dann in Kiel-Wik, für die Familie eine glückliche Zeit waren, da sich der berufliche und politische Aufstieg Jochen Steffens einerseits abzeichnete, sich die zeitliche Belastung andererseits aber noch in Grenzen hielt.[214] Dies sollte sich erst mit der Wahl Jochen Steffens zum Landesvorsitzenden der SPD Schleswig-Holstein sowie zum Fraktionsvorsitzenden und Spitzenkandidaten der SPD Schleswig-Holstein für das Amt des Ministerpräsidenten ändern.

Im Einsatz für den SPD-Spitzenkandidaten

1965 wurde Jochen Steffen auf dem Parteitag in Travemünde zum Parteivorsitzenden der SPD Schleswig-Holstein gewählt und im Oktober 1966 zum Fraktionsvorsitzenden der SPD-Landtagsfraktion gegen den langjährigen Vorsitzenden Wilhelm Käber.[215] Unter dem Vorsitz von Jochen Steffen rückte der Landesverband insgesamt nach „links",[216] ohne dass es wie in München[217] und Frankfurt zu innerparteilichen Auseinandersetzungen kam.[218] So unterstützte die schleswig-solsteinische SPD geschlossen die Neue Deutschland- und Ostpolitik,[219] die von Willy Brandt auf dem Dortmunder Parteitag im Juni 1966 parteiintern zur Diskussion und Abstimmung gestellt worden

211 Ilse Steffen: Memoiren, S. 129.

212 Klaus Hildebrand: Von Erhard zur Großen Koalition, 1963-1969. Geschichte der Bundesrepublik Deutschland, Band IV, Stuttgart 1984, S. 516.

213 Vgl. Ilse Steffen: Memoiren, S. 88-92.

214 Vgl. Ilse Steffen: Memoiren, S. 79ff.

215 Vorstand der Sozialdemokratischen Partei Deutschlands (Hg): Jahrbuch der Sozialdemokratischen Partei Deutschlands 1966/67, Bad Godesberg o. J., S. 142. Zu Problemen um die Wahl Jochen Steffens vgl. Briefwechsel Joachim Steffen/Willy Brandt Juli 1965; Schreiben Herbert Wehner an Joachim Steffen und Gerhard Strack, 9.7.1965; Schreiben Annemarie Renger an Willy Brandt 20.7.1965, in: AdsD der FES, Willy-Brandt-Archiv (WBA), Aktengruppe A11.5, Mappe 1; vgl. Börnsen: Jochen Steffen, S. 311-326, S. 312.

216 Vorstand der Sozialdemokratischen Partei Deutschlands (Hg): Jahrbuch der Sozialdemokratischen Partei Deutschlands 1970-1972, Bonn-Bad Godesberg o. J., S. 250.

217 Vgl. Franz Osterroth/Dieter Schuster: Chronik der deutschen Sozialdemokratie. Band III: Nach dem Zweiten Weltkrieg, Berlin/Bonn 1978, S. 508.

218 Börnsen: Jochen Steffen, S. 309-327.

219 Vgl. Vorstand der SPD (Hg): Jahrbuch 1966/67, S. 139.

war.[220] Bereits auf ihrem außerordentlichen Parteitag in Eutin im Januar 1966 verabschiedete die schleswig-holsteinische SPD eine Entschließung, mit der sie eine „Verbesserung der Kontakte zwischen den Menschen beider deutschen [sic!] Staaten, militärische Entspannung und eine Verstärkung des Interzonenhandels" forderte.[221]

Mit seinem Eintritt in den SPD-Parteivorstand im Jahr 1968[222] erreichte Jochen Steffen als Politiker die Bundesebene, auf der er innerhalb der SPD bis zu seinem Ausscheiden 1977 für tiefgreifende Reformen hin zu einer nachhaltigen und egalitären Gesellschaft eintrat.[223] Im Willy-Brandt-Archiv im Archiv der sozialen Demokratie der Friedrich-Ebert-Stiftung ist die Zusammenarbeit Jochen Steffens mit dem Parteivorsitzenden Willy Brandt in ihren Übereinstimmungen und Kontroversen durch Korrespondenzen und Vermerke für diesen gesamten Zeitraum belegt.[224] Aus den Akten geht hervor, dass insbesondere im Bereich der Medien- und Informationspolitik wichtige Anregungen von Jochen Steffen ausgingen, die Willy Brandt aufgriff und umsetzte, wie zum Beispiel die Einrichtung einer zentralen Mitgliederkartei beim SPD-Parteivorstand.[225] Zu Steffens 50. Geburtstag 1972 dankte ihm Willy Brandt namens der Gesamtpartei für seine „unverwechselbare[n] [...] Leistungen und Impulse".[226]

1967 und 1971 kämpfte Jochen Steffen als Spitzenkandidat der SPD um das Amt des Ministerpräsidenten in Schleswig-Holstein.[227] Mit der Übernahme dieser politischen Aufgabe stieg die Arbeitsbelastung Jochen Steffens nochmals stark an. Auch der Umfang der Tätigkeit Ilse Steffens als Chauffeurin ihres Mannes nahm spürbar

---

220 Vgl. Vorstand der Sozialdemokratischen Partei Deutschlands (Hg.): Parteitag der Sozialdemokratischen Partei Deutschlands vom 1.-5.6.1966 in Dortmund. Protokoll der Verhandlungen. Hannover, Bonn o. J., S. 59-92 (77 ff.).

221 Entschließung Nr.1 des a.o. SPD-Landesparteitages Schleswig-Holstein 1966 in Eutin zur Neuorientierung der Deutschland- und Ostpolitik, in: AdsD der FES, WBA, Aktengruppe A11.5, Mappe 3; Vorstand der SPD (Hrsg): Jahrbuch 1966/67, S. 139; vgl. auch Friederike Steiner: „Es sieht doch so aus, als habe unser Eutiner Parteitag die Sache in der SPD ins Rutschen gebracht". Jochen Steffen und die Rolle der schleswig-holsteinischen SPD in der Neuen Ostpolitik, in: Demokratische Geschichte 20 (2009), S. 327-354 (327).

222 Vgl. Osterroth/Schuster: Chronik, S. 418.

223 Vgl. Joachim Steffen: Strukturelle Revolution. Von der Wertlosigkeit der Sachen, Reinbek bei Hamburg 1974; vgl. Rede des Landesvorsitzenden und Oppositionsführers im Schleswig-Holsteinischen Landtag Joachim Steffen vor dem Landesparteitag der SPD, Landesverband Schleswig-Holstein, Eckernförde, 24.2.1973, in: Landesvorstand und Landtagsfraktion der SPD in Schleswig-Holstein (Hg.): Sozialdemokratischer Informationsbrief (SIB), Eckernförde o. D.

224 AdsD der FES, WBA, Aktengruppe A11.5, Mappen 1, 3, 11, 13, 15, 17, 19, 20, 21, 23, 25.

225 Schreiben Joachim Steffen an Willy Brandt, Kiel, 14.6.1971, Schreiben Joachim Steffen an Willy Brandt, Kiel, 1.11.1971, Schreiben Willy Brandt an Joachim Steffen, Bonn, 28.6.1971, in: AdsD der FES, WBA, Aktengruppe A11.5, Mappe 15.

226 >Schmuckblatt-Telegramm zum Geburtstag< Willy Brandts an Joachim Steffen, 19.9.1972, in: AdsD der FES, WBA, Aktengruppe A11.5, Mappe 17.

227 Vgl. Börnsen: Jochen Steffen, S. 311-326, S. 312; Vorstand der SPD (Hg): Jahrbuch 1966/67, S. 139f.; Vorstand der SPD (Hg): Jahrbuch 1970-1972, S. 250.

zu. Als Oppositionsführer stand Jochen Steffen jetzt ein Dienstwagen mit Fahrer zu. Statt diesen zu nutzen, ließ sich Jochen Steffen für die Nutzung des Privatwagens die Pauschale für Dienstfahrten im Lande auszahlen. Ilse Steffen übernahm auf ihren Wunsch die Fahrerstelle,[228] die – laut „Spiegel"-Bericht – monatlich mit 1800 DM für einen angestellten Fahrer entlohnt wurde.[229] Ilse verfügte somit seit der Geburt ihres Sohnes erstmals wieder über ein regelmäßiges eigenes Einkommen, auch wenn dieses eng an die Tätigkeit ihres Mannes gebunden war. Jochen Steffen war unermüdlich im Land auf Veranstaltungen unterwegs. Kein Auditorium war ihm zu klein. Für den Schriftsteller Siegfried Lenz hatte sich Jochen Steffen in den Wahlkämpfen „verzehrt als Aufklärer, als Redner".[230] Ilse fuhr in diesen Jahren jährlich über 45000 Kilometer kreuz und quer über das schlecht ausgebaute Straßennetz Schleswig-Holsteins, was sie körperlich sehr belastete.[231] Dadurch, dass beide, jeder auf seine Weise, voll in die politische Arbeit eingespannt waren, blieb immer weniger Zeit für das Familienleben.[232] Der Sohn Jens-Peter Steffen erlebte beide in diesen Jahren als körperlich und seelisch „extrem erschöpft[es]" Elternpaar.[233] Gleichzeitig nahm auch die Belastung für die Familie zu, da Jochen Steffen immer mehr im Licht der Öffentlichkeit stand.[234] Die Familie fühlte sich infolgedessen sogar persönlich bedroht, sodass Jochen Steffen Polizeischutz beantragte.[235] In dieser Situation entschlossen sich die Eltern, ihren Sohn nach St. Peter-Ording ins Internat zu schicken, auf dem er den Schulbesuch mit dem Abitur abschloss.[236] Trotz dieser Belastungen zeigen die Briefe zwischen Vater und Sohn einen beidseitig liebevollen, entspannt humorvollen Umgangston, der alle Familienmitglieder einschloss.[237]

Insbesondere der Wahlkampf 1971 forderte alles von Jochen Steffen. Die SPD sah sich nach langen Jahren in der Opposition mit dem bald fünfzigjährigen Jochen Steffen als Kandidaten zum ersten Mal seit 1950 dem Ziel nahe, die Regierungsverantwortung in Schleswig-Holstein zu übernehmen.[238] Die CDU reagierte auf die Nominierung

---

228 Vgl. Ilse Steffen: Memoiren, S. 114.

229 Vgl. Schreiber: wohin wir nicht wollen, S. 50.

230 Jochen Steffen: Personenbeschreibung, S. 16.

231 Schreiber: wohin wir nicht wollen, S. 47.

232 Vgl. Ilse Steffen: Memoiren, S. 105.

233 Jochen Steffen: Personenbeschreibung, S. 6.

234 Vgl. Ilse Steffen: Memoiren, S. 116f.

235 Schreiber: wohin wir nicht wollen, S. 49.

236 Vgl. Ilse Steffen: Memoiren, S. 115 ff.; vgl. Informationsblatt Nordsee-Internat St. Peter, in: AdsD der FES, Personenbestand Jochen und Ilse Steffen, Signatur 1/JSAA000089.

237 Vgl. u.a. Schreiben Jochen Steffen an Jens-Peter und Ilse Steffen, St. Peter[-Ording], 7.8.[19]72, in: AdsD der FES, Personenbestand Jochen und Ilse Steffen, Signatur 1/JSAA000177.

238 Vorstand der SPD (Hg.): Jahrbuch 1970-1972, S. 249.

Jochen Steffens mit der Aufstellung des gleichaltrigen Gerhard Stoltenberg als Ministerpräsidentenkandidaten, der sich bereits in Bonn in der Großen Koalition als Bundesforschungsminister aus CDU-Sicht bewährt hatte. Stoltenberg hatte von 1953 bis 1955 wie Steffen als wissenschaftlicher Assistent bei Michael Freund an der Universität Kiel gearbeitet.[239] In seine geplante „Regierungsmannschaft" holte Jochen Steffen bundes- und landesweit bekannte Persönlichkeiten wie Reimut Jochimsen, zu diesem Zeitpunkt Leiter der Planungsabteilung des Bundeskanzleramtes, und den DGB-Landesvorsitzenden Schleswig-Holsteins Jan Sierks.[240] Im Wahlkampf unterstützten ihn führende SPD-Bundespolitiker, allen voran Willy Brandt, mit dessen Konzeption einer Neuordnung von Wirtschaft und Gesellschaft als Verwirklichung eines Sozial- und Wohlfahrtsstaates Jochen Steffen übereinstimmte.[241] Insbesondere erarbeitete die schleswig-holsteinische SPD unter der Leitung Jochen Steffens ein Programm zur Neuordnung des Schul- und Bildungswesens im Sinne einer stärkeren Mitbestimmung der Lehrer- und Schülerschaft und einer größeren Leistungsfähigkeit durch Schulzentren sowie eine Krankenhausreform, in der die Betreuung der Krankenhauspatientinnen und -patienten nicht vom Einkommen abhängig sein sollte.[242]

Wie bereits 1967 unterstützten ihn auch im Landtagswahlkampf 1971 bekannte Schriftsteller wie Günter Grass und Siegfried Lenz, die für die neue Deutschland- und Ostpolitik der SPD eintraten.[243] Mit Siegfried Lenz, Günter Grass und Heinrich Böll wie auch mit dem Spiegel-Herausgeber Rudolf Augstein waren Jochen und Ilse Steffen, wie oben dargestellt, freundschaftlich verbunden.[244] Im Personenbestand Jochen und Ilse Steffen dokumentiert ein umfangreicher Briefwechsel mit Siegfried Lenz die freundschaftliche Beziehung.[245]Auch Helmut Schmidt unterstützte Jochen Steffen mit Wahlkampfauftritten im Landtagswahlkampf 1971,[246] auch wenn er dessen politische Positionen, wie diejenigen der gesamten Parteilinken, nur sehr eingeschränkt teilte und

239 Artikel Jochen Steffen: Stoltenberg: eine Karriere aus dem Norden, Kieler Rundschau, 2.10.1987, in: AdsD der FES, Personenbestand Jochen und Ilse Steffen, Signatur 1/JSAA000021, 1/JSAA000021, 1/JSAA000042.

240 Wahlkampfbroschüre SPD-Regierungsmannschaft in Schleswig-Holstein (Portraits), in: AdsD der FES, Personenbestand Jochen und Ilse Steffen, Signatur 1/JSAA000017; vgl. Börnsen: Jochen Steffen, S. 311-326, S. 314.

241 Vgl. Willy Brandt: Regierungserklärung vor dem Deutschen Bundestag am 28.10.1969, in: Presse- und Informationsamt der Bundesregierung (Hg.): Bundeskanzler Brandt. Reden und Interviews, Melsungen, 1971, S. 13-29.

242 Vgl. Vorstand der Sozialdemokratischen Partei Deutschlands (Hg.): Jahrbuch der Sozialdemokratischen Partei Deutschlands 1968/69, Bad Godesberg o. J., S. 225f.

243 Vgl. Börnsen: Jochen Steffen, S. 311-326, S. 313.

244 Vgl. Ilse Steffen: Memoiren, S. 122; vgl. Schreiben Rudolf Augstein an Jochen Steffen, Hamburg, 26.6.1975, in: AdsD der FES, Personenbestand Jochen und Ilse Steffen, Signatur 1/JSAA000136.

245 Vgl. AdsD der FES, Personenbestand Jochen und Ilse Steffen, Signatur 1/JSAA000135.

246 Vgl. Schreiben Helmut Schmidt, Bundesminister der Verteidigung, an Jochen Steffen, Bonn, 1.2.1971, in: AdsD der FES, WBA, A.11.3, Mappe 21.

zudem wegen der Mehrheitsverhältnisse im Deutschen Bundestag nicht für umsetzbar hielt.[247]. Seit den späten vierziger Jahren waren Helmut Schmidt und Jochen Steffen miteinander bekannt. Trotz unterschiedlichen politischen Positionen entwickelte sich zwischen ihnen eine Freundschaft und große Wertschätzung.[248] Bei Besuchen von Jochen und Ilse Steffen im Ferienhaus der Familie Schmidt am Brahmsee nahm Helmut Schmidt Ilse als „eine sehr angenehme Dame“ wahr, die „still im Hintergrund“ verweilte.[249] Ihm offenbarte sich bei diesen Besuchen auch, dass sie eine wichtige Stütze im Leben Jochen Steffens war.[250]

Vor allem im Landtagswahlkampf 1971 sah sich der Spitzenkandidat Steffen wegen seiner „marxistischen Positionen“ schweren persönlichen Angriffen und Verunglimpfungen durch die CDU und Rechtsradikale sowie durch den Springer-Verlag ausgesetzt.[251] Der SPD-Parteivorstand und an erster Stelle Willy Brandt stellten sich schützend vor ihn, wie aus einem Schreiben Brandts an den Vorsitzenden der CDU/CSU-Bundestagsfraktion Rainer Barzel hervorgeht.[252] Aber auch innerparteilich war Steffen wegen seiner „marxistischen Positionen“ großem Unverständnis und starker Kritik ausgesetzt, die auch an den Parteivorsitzenden Willy Brandt herangetragen wurde.[253] Eine heftige Reaktion rief – auch parteiintern – ein Interview Jochen Steffens in den Flensburger Nachrichten hervor, in dem er sich unter anderem kritisch zur Anwesenheit der alliierten Truppen in der Bundesrepublik Deutschland äußerte.[254] Auch in diesem Fall konnte Jochen Steffen auf Brandts Unterstützung zählen.[255] Brandt bat Steffen aber, den Wählerinnen und Wählern sowie den Parteimitgliedern nicht zu viel zuzumuten.[256]

---

247 Vgl. Stefan Appelius: Interview mit Helmut Schmidt, S.1-8 (2), in: AdsD der FES, Personenbestand Jochen und Ilse Steffen, Signatur 1/ JSAA000002.

248 Vgl. ebd.

249 Ebd.

250 Vgl. ebd.

251 Vgl. Dokumentation des Axel-Springer-Verlages: „Kesseltreiben gegen wen? Die Legende einer Kampagne gegen Jochen Steffen“, in: AdsD der FES, Personenbestand Jochen und Ilse Steffen, Signatur 1/JSAA000007.

252 Vgl. Schreiben Willy Brandt an Rainer Barzel, Bonn, 26.2.1971, in: AdsD der FES, WBA, Aktengruppe A11.5, Mappe 15.

253 Vgl. z.B. Schreiben Joachim Steffen an Jochen Vogel, Kiel, 23.2.1971, Schreiben Hermann Schmidt (Würgendorf) an Willy Brandt, Bonn, 4.3.1971, in: AdsD der FES, WBA, Aktengruppe A11.5, Mappe 15.

254 Vgl. Artikel Flensburger Tageblatt „Steffen über ‚Kommunisten‘ und ‚Faschisten‘. Ein Interview mit dem SPD-Spitzenkandidaten für die schleswig-holsteinische Landtagswahl (26.2.1971), in: AdsD der FES, WBA, Aktengruppe A11.5, Mappe 15.

255 Vgl. u.a. SPD-Pressemitteilungen und Informationen, 4.3.1971, 83/71, in: AdsD der FES, WBA, Aktengruppe A11.5, Mappe 15.

256 Schreiben Der Bundeskanzler Willy Brandt an Jochen Steffen, Bonn, 16.10.[19]72, in: AdsD der FES, WBA, Aktengruppe A11.5, Mappe 17.

Trotz allen Einsatzes gelang es Jochen Steffen nicht, die notwendige Mehrheit in Schleswig-Holstein zu erhalten, auch wenn er für die SPD mit knapp 41 Prozent das beste Wahlergebnis seit 1950 einholte.[257] Hans Apel, Hamburger Bundestagsabgeordneter und späterer Bundesminister der Finanzen sowie Bundesminister der Verteidigung, der Jochen Steffen in diesem Wahlkampf unterstützt hatte, sah die erlittene Wahlniederlage gegen Stoltenberg, der knapp 52 Prozent der Wählerstimmen gewonnen hatte, in Steffens „marxistischen Positionen" begründet.[258] Die Wahlniederlage traf Jochen Steffen tief, wie aus seinem Schreiben an Willy Brandt zu ersehen ist, in dem er sich mit der Aussage des Allensbacher Instituts für Meinungsforschung auseinandersetzte, dass seine Wahl zum Spitzenkandidaten für die SPD ein Fehler gewesen sei.[259] Für Willy Brandt war es wichtig, dass sich Jochen Steffen nicht entmutigen ließe, sondern weiterkämpfte, wie er selbst nach zwei Wahlniederlagen 1961 und 1965.[260] Jochen Steffen war für Brandt mit diesem Wahlergebnis und durch seine Mitarbeit im Parteivorstand zu einem wichtigen Vertreter des linken Flügels der SPD außerhalb der Jungsozialisten geworden.[261]

Schwere Zeiten

Die Jahre nach der Wahlniederlage im April 1971 bis zu seinem Ausscheiden aus dem SPD-Parteivorstand 1977 waren für Jochen Steffen eine schwere Zeit, die ihn zu einer Neuausrichtung seines beruflichen und politischen Lebens veranlasste. Sie waren aus der Sicht Ilse Steffens auch eine schwierige Zeit in ihrer Ehe.[262] Die Akten aus dem Willy-Brandt-Archiv werfen ein Licht auf die Probleme Jochen Steffens in dieser Zeit.

Ilse Steffen war ihren eigenen Aussagen zufolge mit Blick auf die Beanspruchungen, die mit dem Amt des Ministerpräsidenten auf ihren Mann zugekommen wären, erleichtert, dass Jochen Steffen die Wahl nicht gewonnen hatte.[263] Sie selbst war nach den schweren Anstrengungen des Wahlkampfs tief erschöpft.[264] Jochen Steffen übte

257 Vgl. Studie des Instituts für Demoskopie Allensbach: Nach den Landtagswahlen in Schleswig-Holstein; Vertrauliche Ausarbeitung zum Landtagswahlkampf 1971 im Auftrag des Landesverbandes SPD Schleswig-Holstein, in: AdsD der FES, Personenbestand Jochen und Ilse Steffen, Signatur 1/JSAA000171.

258 Hans Apel: Bonn, den … . Tagebuch eines Bundestagsabgeordneten, Köln 1972, S. 121.

259 Schreiben Joachim Steffen an Willy Brandt, Kiel, 7.7.1971, in: AdsD der FES, WBA, Aktengruppe A11.5, Mappe 15.

260 Schreiben Willy Brandt an Joachim Steffen, Bonn, 28.4.1971, AdsD der FES, WBA, Aktengruppe A11.5, Mappe 15.

261 Vgl. Schreiben Alfred Nau an Joachim Steffen, 20.7.1972, in: AdsD der FES, WBA, Aktengruppe A11.5, Mappe 17.

262 Vgl. Ilse Steffen: Memoiren, S. 121f.; vgl. Ilse Steffen: Erinnerungen, die Zweite, S. 24, 28.

263 Vgl. Ilse Steffen: Memoiren, S. 120.

264 Vgl. ebd.

nach der Wahlniederlage sein Amt als Oppositionsführer zunächst weiter aus und brachte sich verstärkt in die Arbeit des Parteivorstandes ein.

Im Mai 1972 verstarb Jochen Steffens Vater plötzlich an einem Schlaganfall.[265] Bei Jochen Steffen wurde im Juni 1972 bei medizinischen Untersuchungen im Zusammenhang mit einem Autounfall, den er und Ilse in Hamburg erlitten hatten, gesundheitliche Probleme festgestellt, die ihn veranlassten, auf ärztlichen Rat sofort aus der politischen Arbeit auszusteigen, eine dreimonatige Auszeit[266] zu nehmen und eine Rehabilitationskur durchzuführen.[267] Es sollten in den kommenden Jahren noch mehrere folgen.[268] Nach seiner Rückkehr aus der Kur reduzierte Steffen trotz der anstehenden Bundestagswahl zu Willy Brandts Bedauern[269] seine politischen Aktivitäten unter Hinweis auf seinen Gesundheitszustand deutlich, insbesondere in Bezug auf seine Mitarbeit im Parteivorstand.[270]

Im Oktober 1972 führte Jochen Steffen auf eigene Bitte ein Gespräch mit Willy Brandt und dem Bundesgeschäftsführer Holger Börner über seine weitere Verwendung.[271] Denn bereits in der Wahlnacht hatte er – so parteioffiziell im SPD-Jahrbuch 1970-1972 festgehalten – bekannt gegeben, nicht erneut als Ministerpräsidentenkandidat zur Verfügung zu stehen und in der Mitte der Legislaturperiode auch vom Amt des Fraktionsvorsitzenden zurücktreten zu wollen.[272] Die Übernahme eines Bundestagsmandats hatte Jochen Steffen gegenüber Willy Brandt bereits vorher abgelehnt.[273] Als Ergebnis dieses Gespräches wurden als Optionen für ein neues Betätigungsfeld Jochen Steffens die Mitarbeit in der sozialdemokratischen Theoriezeitschrift „Neue Gesellschaft“[274], ein Lehrauftrag an der Universität Bremen oder die Leitung eines sogenannten ideologischen Büros beim Parteivorstand zur Koordinierung der Politik der

---

265 Vgl. Vermerk TW [Thea Wernicke] an WB [Willy Brandt], 4.5.1972, in: AdsD der FES, WBA, Aktengruppe A11.5, Mappe 17; Leichenschauschein Kiel, 5.5.1972, in: AdsD der FES, Personenbestand Jochen und Ilse Steffen, Signatur 1/JSAA000067.

266 ddp 150 il: Steffen drei Monate zur Erholung, in: AdsD der FES, WBA, Aktengruppe A11.5, Mappe 17.

267 Ärztliche Bescheinigung, 8.6.1972, in: AdsD der FES, WBA, Aktengruppe A11.5, Mappe 17.

268 Vgl. Ilse Steffen: Memoiren, S. 121f.

269 Vgl. Schreiben Joachim Steffen an Willy Brandt, St. Peter-Ording, 11.8.1972; Schreiben Willy Brandt an Jochen Steffen, Bonn, 16.10.[19]72, in: AdsD der FES, WBA, Aktengruppe A11.5, Mappe 17.

270 Vgl. Vermerk IS [Veronika Isenberg], 30.8.1972, Schreiben Joachim Steffen an Willy Brandt, 12.10.1972, in: AdsD der FES, WBA, Aktengruppe A11.5, Mappe 17.

271 Vgl. Vermerk IS [Veronika Isenberg], 30.8.1972, in: AdsD der FES, WBA, Aktengruppe A11.5, Mappe 17.

272 Vorstand der SPD (Hg): Jahrbuch 1970-72, S. 253.

273 Schreiben Joachim Steffen an Willy Brandt, 11.8.1972, in: AdsD der FES, WBA, Aktengruppe A11.5, Mappe 17.

274 Neue Gesellschaft Frankfurter Hefte: Über uns (http://www.frankfurter-hefte.de/Ueber-uns/), abgerufen am 4.12.2015.

sozialdemokratischen Parteien der Europäischen Wirtschaftsgemeinschaft (EWG) von den Beteiligten in Erwägung gezogen.[275] Jochen Steffen war von der letzteren Option angetan. Als dieser Vorschlag durch eine Indiskretion vorab an die Presse gelangte,[276] zerschlug sich aus Sicht Jochen Steffens für ihn jegliche politisch-berufliche Perspektive einer hauptamtlichen Anstellung beim Parteivorstand.[277]

Der Beschluss des SPD-Landesverbandes unter dem Vorsitz Jochen Steffens vom 8. Dezember 1972, die schleswig-holsteinischen Mitglieder des Bundestages zu bitten, sich als Ganzes der neugegründeten linken Gruppierung „Leverkusener Kreis" in der SPD-Bundestagsfraktion anzuschließen,[278] führte zu erheblichen Differenzen mit Willy Brandt.[279] Jochen Steffen sah im „Leverkusener Kreis" jedoch ein notwendiges Gegengewicht zu den „rechten Gruppierungen" in der SPD-Bundestagsfraktion, dem neugegründeten „Fritz-Erler-Kreis" um Hans-Jochen Vogel und Helmut Schmidt und den sogenannten Kanalarbeitern um Egon Franke, um „linke" Politik in der Zusammenarbeit aller Mitglieder inhaltlich und organisatorisch effizient im Bundestag zu gestalten.[280] Auch auf der Parteiebene hielt Jochen Steffen einen Zusammenschluss der Parteilinken für notwendig. Zusammen mit dem Frankfurter Oberbürgermeister Walter Möller und dessen Nachfolger Rudi Arndt sowie den SPD-Landesvorsitzenden von Niedersachsen und Rheinland-Pfalz Peter von Oertzen und Wilhelm Dröscher gehörte er zu den Gründungsmitgliedern des sogenannten Frankfurter Kreises.[281]

Während der Kur am Bodensee, die Jochen Steffen am 10. Januar 1973 antrat,[282] wurde anlässlich der Besuche Ilse Steffens eine schwere Ehekrise virulent, die nach

---

275 Vgl. Handschriftliche Aufzeichnungen Willy Brandts, 16.10.[1972]: Für Vors.[Vorsitzenden]gespräch. betr.[eff] Gespräch mit J. Steffen, 2.10.[19]72, in AdsD der FES, WBA, Aktengruppe A11.5, Mappe 17.

276 Vgl. Süddeutsche Zeitung: Kritik Brandts auch an rechten SPD-Kreisen. Erstaunen in der Partei über Interpretation der Rede des Vorsitzenden als Schelte allein für die Linken, 12.12.1972.

277 Vgl. Schreiben Joachim Steffen an Willy Brandt, St. Peter-Ording, 15.12.[19]72, in: AdsD der FES, WBA, Aktengruppe A11.5, Mappe 17.

278 Schreiben Joachim Steffen an die schleswig-holsteinischen MdB, [Dezember 1972], in: AdsD der FES, WBA, Aktengruppe A11.5, Mappe 17; vgl. Rede des Landesvorsitzenden und Oppositionsführers im Schleswig-Holsteinischen Landtag Joachim Steffen vor dem Landesparteitag der SPD, Landesverband Schleswig-Holstein, in Eckernförde am 24. Februar 1973, in: SIB sozialdemokratischer Informationsbrief, Eckernförde, 24.2.1973, in: AdsD der FES, WBA, Aktengruppe A11.5, Mappe 19.

279 Vgl. Schreiben Bundeskanzler Willy Brandt an Jochen Steffen, 24.12.1972, in: AdsD der FES, WBA, Aktengruppe A11.5, Mappe 17.

280 Schreiben Joachim Steffen an die schleswig-holsteinischen MdB, [Dezember 1972], in: AdsD der FES, WBA, Aktengruppe A11.5, Mappe 17.

281 Vgl. Zeitungsausschnitt: Offener Brief J.[Joachim] Steffen: „Warum ich die SPD verlasse", in: AdsD der FES, Personenbestand Jochen und Ilse Steffen, Signatur 1/JSAA000079; vgl. Börnsen: Jochen Steffen, S. 311-326, S. 324.

282 Schreiben Joachim Steffen an die schleswig-holsteinischen MdB, [Dezember 1972], in: AdsD der FES, WBA, Aktengruppe A11.5, Mappe 17.

Aussagen Ilse Steffens ihre Ehe für längere Zeit belastete. Ilse Steffen wurde von ihrem Ehemann mit Vorwürfen überhäuft, dass sie Schuld an seiner Lage trage, die er offensichtlich auf Grund seiner Erkrankung als existenzbedrohend empfand.[283] Dieses Empfinden wird auch in einem Schreiben an Willy Brandt aus dieser Zeit deutlich: „Als ich schwer krank war und mit rund 60 Prozent Minderung der Erwerbsfähigkeit rechnen mußte, hat mich kein Aas gefragt, außer Genossen von der Front, wovon ich leben würde."[284]

Im Mai 1973 trat Jochen Steffen als Vorsitzender der SPD-Fraktion im Landtag Schleswig-Holstein zurück.[285] 1975 erfolgte der Rücktritt als Landesvorsitzender der SPD Schleswig-Holstein. Dies wurde parteioffiziell mit Steffens angegriffener Gesundheit und seiner Arbeit als Vorsitzender der Grundwertekommission beim Parteivorstand begründet.[286] Seit 1973 hatte Jochen Steffen in der Bundes-SPD diesen Vorsitz inne,[287] die die Aufgabe hatte, die Grundwerte des Godesberger Programms „Freiheit, Gerechtigkeit und Solidarität" im Hinblick auf den gesellschaftlichen Wandel unter Einbeziehung der unterschiedlichen Strömungen in der SPD zu konkretisieren.[288] Vor dem Hintergrund der stattfindenden Erdöl- und Energiekrise ging Jochen Steffen davon aus, dass jeder Einzelne in der Industriegesellschaft sein Leben werde ändern müssen. Darin sah er sich mit allen Mitgliedern der Grundwertekommission einig, zu denen als einer der wichtigen Vertreter der „Linken" der Bundesminister für wirtschaftliche Zusammenarbeit Erhard Eppler zählte.[289] Aufgabe der Politik sei es, so Jochen Steffen, den Bürgerinnen und Bürgern eine klare Antwort auf die Frage zu geben: „WARUM sie [die Politik] WOHIN will und WAS das kostet".[290] Eine Antwort hierauf zu erarbeiten war für ihn die zentrale Aufgabenstellung der Grundwertekommission.

Jochen Steffens Beiträge als Vorsitzender der Grundwertekommission wurden von dem wirtschafts- und finanzpolitischen Experten der SPD Heinz Rapp, ebenfalls Mitglied der Grundwertekommission, Bundesbankdirektor und Mitglied des Deutschen Bundestages als „sprühendes Feuerwerk genialischer Gedanken" wahrgenommen, die

---

283 Vgl. Ilse Steffen: Memoiren, S. 121f.

284 Schreiben Joachim Steffen an Willy Brandt, 11.6.1974, in: AdsD der FES, WBA, Aktengruppe A11.5, Mappe 20.

285 Vorstand der Sozialdemokratischen Partei Deutschlands (Hg): Jahrbuch der Sozialdemokratischen Partei Deutschlands 1973-1975, Bonn [o.D.], S. 218.

286 Ebd., S. 215.

287 Vgl. ebd., S. 361.

288 Heinz Rapp: „Ein nicht unbedeutendes Stück Parteigeschichte. Erhard Eppler und die Grundwertekommission", in: AdsD der FES, Nachlass Heinz Rapp, Signatur 1/HRAA001454.

289 Vorstand der SPD (Hg.): Jahrbuch 1973-75, S. 361.

290 Schreiben Joachim Steffen an Willy Brandt, St. Peter-Ording, 27.-30.11.1976, in: AdsD der FES, Personenbestand Jochen und Ilse Steffen, Signatur 1/JSAA000165.

das Gedankengut des „freiheitlichen Marx“ als Grundlage hätten. Die von Jochen Steffen geleiteten Sitzungen empfand Rapp als “leicht chaotisch“, aber „spannend“ und „vergnüglich“. Die Grundwertekommission erstellte aus Rapps Sicht unter Steffens Leitung jedoch keine programmatischen Papiere, die in die Gesamtpartei hineingewirkt hätten, im Unterschied zu der Zeit unter Steffens Nachfolger Erhard Eppler.[291] Diese Beurteilung der Tätigkeit Jochen Steffens als Vorsitzender der Grundwertekommission greift jedoch zu kurz und übersieht Steffens Beiträge in Bezug auf die inhaltlich-organisatorische Gestaltung der Arbeit der Kommission. Jochen Steffen gab Willy Brandt wichtige Anregungen für die Zusammensetzung und Arbeitsweise des Gremiums.[292]

Nach der Bundestagswahl im November 1976, in der Helmut Schmidt als sozialdemokratischer Bundeskanzler gegen seinen konservativen Herausforderer Helmut Kohl gesiegt hatte, trat Jochen Steffen als Vorsitzender der Grundwertekommission zurück. Die Gründe für diesen Rücktritt sind in einem Briefwechsel mit Willy Brandt vom November 1976 thematisiert, der sich im Personenbestand Jochen und Ilse Steffen befindet: „Als Mensch, als Person und auch als Politiker halte ich den Widerspruch zwischen unseren Prinzipien und unserer tatsächlichen Politik – nebst ihren propagandistischen Begründungen – nicht aus.“[293] Susanne Miller, die langjährige Vorsitzende der Historischen Kommission beim SPD-Parteivorstand und Witwe Willi Eichlers, einem der Väter des Godesberger Programms der SPD, drückte gegenüber Jochen Steffen ihr großes Bedauern über dessen Rücktritt aus.[294]

Am 6. September 1977 legte Jochen Steffen nach beinahe zwanzigjähriger Abgeordnetentätigkeit sein Mandat im Schleswig-Holsteinischen Landtag[295] sowie kurz darauf seine Mitgliedschaft im SPD-Parteivorstand nieder[296]. Bundesgeschäftsführer Egon Bahr stimmte mit Steffen in der Notwendigkeit einer klaren Zielformulierung sozialdemokratischer Politik überein, die über das „taktisch und tagespolitisch Durchsetzbare [...]“ hinausgehen müsse, auch wenn dies innerparteilich zu „Zerreißproben“

291 Heinz Rapp: „Ein nicht unbedeutendes Stück Parteigeschichte. Erhard Eppler und die Grundwertekommission“, in: AdsD der FES, Nachlass Heinz Rapp, Signatur 1/HRAA001454.

292 Vgl. Schreiben Joachim Steffen an Willy Brandt, Kiel, 11.6.1974, vgl. Schreiben Joachim Steffen an Willy Brandt, Kiel, 7.7.[1974], Schreiben Willy Brandt an Joachim Steffen, 15.7.1974, in: AdsD der FES, WBA, Aktengruppe A11.5, Mappe 20; Schreiben Joachim Steffen an Willy Brandt, 21.5.1975, in: AdsD der FES, WBA, Aktengruppe A11.5, Mappe 21.

293 Schreiben Jochen Steffen an Willy Brandt, Kiel, 27.-30.11.1976, in: AdsD der FES, Personenbestand Jochen und Ilse Steffen, Signatur 1/JSAA000165; vgl. Börnsen: Jochen Steffen, S. 324.

294 Vgl. Schreiben Susie [Susanne] Miller an Jochen Steffen, Bonn, 2.12.1976, in: AdsD der FES, Personenbestand Jochen und Ilse Steffen, Signatur 1/JSAA000136.

295 Vgl. LIS-SH Amts- und Mandatsträger SH, http://lissh.lvn.parlanet.de/cgi-bin/starfinder/4858/samt.txt, abgerufen am 05.11.2015.

296 Schreiben Joachim Steffen an Willy Brandt, St. Peter-Ording, 12.9.[19]77, in: AdsD der FES, Personenbestand Jochen und Ilse Steffen, Signatur 1/JSAA000172.

führen würde. Jochen Steffens Entscheidung hielt Bahr vor allem mit Blick auf dessen Gesundheitszustand unter diesen Gesichtspunkten für folgerichtig.[297]

An der Seite des Publizisten und Kabarettisten

Ilse Steffen war über Jochen Steffens Rückzug aus der aktiven Politik hoch erfreut.[298] Nun hatten sie mehr Zeit für gemeinsame Aktivitäten. Vor allem stimmten die neuen Arbeitsschwerpunkte Jochen Steffens wieder mit ihren eigenen Vorlieben überein. In dieser Zeit widmete sich Jochen Steffen einer neuen Facette seiner Persönlichkeit, indem er mit Erfolg als Kabarettist auftrat: Auf der Bühne nahm Jochen Steffen zum tagespolitischen Geschehen, zu politischen sowie gesellschaftlichen Themen pointiert Stellung. Zusammen mit führenden Persönlichkeiten dieses Faches wie Dieter Hildebrandt begeisterte er auch das Publikum im Kabarett „Scheibenwischer".[299] Ein großer Erfolg waren seine Bühnenauftritte in der Rolle des Werftarbeiters Kuddl Schnööf, in der Jochen Steffen auf Missingsch, der Arbeitersprache der Kieler Werft, die einst auch Kurt Tucholsky benutzt hatte,[300] das politische Tagesgeschehen kommentierte.[301] Mit dieser Rolle knüpfte er an seine Kuddl-Schnööf-Kolumnen in der Kieler Volkszeitung zwischen 1961 und 1967 an.[302] 1978 wurde Jochen Steffen für die Kuddl-Schnööf-Rolle mit dem deutschen Kleinkunstpreis ausgezeichnet.[303] Als Kabarettist erlangte er in der Sicht einiger seiner Zuhörerinnen und Zuhörer mehr Anerkennung denn als Politiker: „Man kann über den Politiker Jochen Steffen denken was man will, als Satiriker muss man ihm ganz große Klasse bescheinigen".[304] Auch Helmut Schmidt hielt Jochen Steffen für einen herausragenden politischen Kabarettisten. Darin sah er sah die eigentliche Begabung Jochen Steffens.[305] Ilse Steffen genoss den Umgang mit

---

297 Schreiben Egon Bahr an Joachim Steffen, 16.9.1977, in: AdsD der FES, Personenbestand Jochen und Ilse Steffen, Signatur 1/JSAA000172.

298 Vgl. Ilse Steffen: Memoiren, S. 123.

299 Drehbücher zu Auftritten Jochen Steffens als Kuddl Schnööf im Kabarett „Scheibenwischer", in: AdsD der FES, Personenbestand Jochen und Ilse Steffen, Signatur 1/JSAA000043.

300 Börnsen: Jochen Steffen, S. 311-326, S. 315.

301 Unterlagen zur inhaltlichen und organisatorischen Gestaltung der Kuddl-Schnööf-Auftritte finden sich in AdsD der FES, Personenbestand Jochen und Ilse Steffen, Signaturen 1/JSAA000048 bis 1/JSAA000058.

302 Zeitungsausschnitte der Kuddl-Schnööf-Kolumne in: AdsD der FES, Personenbestand Jochen und Ilse Steffen, Signaturen 1/JSAA000045-1/JSAA000047.

303 Jochen Steffen: Lebenslauf [1979], in: AdsD der FES, Personenbestand Jochen und Ilse Steffen, Signatur 1/JSAA000080; vgl. Schreiben Jens-Peter Steffen an E. H. Harms GmbH, 29.10.1998 mit Anlage Lebenslauf Jochen Steffen (1922-1987), in: AdsD der FES, Personenbestand Jochen und Ilse Steffen, Signatur 1/JSAA000201.

304 Westfalenblatt, 23.12.1978, in: AdsD der FES, Personenbestand Jochen und Ilse Steffen, Signatur 1/JSAA000065.

305 Stefan Appelius: Interview mit Helmut Schmidt, S. 4, in: AdsD der FES, Personenbestand Jochen und Ilse Steffen, Signatur 1/ JSAA000002.

Menschen aus dem publizistisch-künstlerischen Milieu.[306] Die Eheleute fanden in dieser künstlerischen Arbeit zueinander, wie ihre gemeinsame Übersetzung des Buches Where did I come from? ins Plattdeutsche mit dem Titel Wo komm‘ bloß die lütten Gören her? zeigt.[307]

Neben seinen Auftritten als Kabarettist arbeitete Steffen vor allem publizistisch-journalistisch[308] sowie im Bereich der politischen Bildung zu den Themen, die sein politisches Handeln bestimmt hatten: „Marxismus“ und „Sozialismus“.[309]

In den Jahren zwischen 1974 bis zu seinem Tode 1987 veröffentlichte Jochen Steffen zahlreiche Werke zur theoretischen und politischen Entwicklung des Demokratischen Sozialismus in einer krisenhaften Welt mit den Interdependenzen „Mensch“, „Arbeit“, „Gesellschaft“, und „Natur“.[310] In seinen Werken wandte er sich vor dem Hintergrund der Energie- und Umweltkrise gegen eine Politik des „Weitermachen trotz Besserwissen“.[311] Besonderer Ausdruck dieses großen Engagements war sein Mitwirken an der Gründung der Zeitschrift Forum ds, die sich als eine Diskussionsplattform für die Theorie und Praxis des demokratischen Sozialismus verstand. Zu den Mitgesellschaftern gehörten Wolfgang Roth, Hermann Scheer, Johano Strasser, Wolfgang Vitt, Karsten D. Voigt und Heidemarie Wieczorek-Zeul.[312]

Steffens zahlreiche biographische Beiträge über Persönlichkeiten des politischen Lebens bestechen durch ihre Offenheit, Direktheit und Einfühlsamkeit wie die Artikel über den Widerstandskämpfer Wilhelm Geusendam,[313] über Fritz Erler und Herbert Wehner sowie auch über Konrad Adenauer.[314] Sein Artikel über seinen politischen Kontrahenten in Schleswig-Holstein Gerhard Stoltenberg ist hingegen eher schonungs-

306 Vgl. Ilse Steffen: Memoiren, S. 130f.

307 Kuddl und Natalje Schnööf: Wo komm‘ bloß die lütten Gören her?, Hamburg 1976.

308 Briefpapier Jochen Steffens, in: AdsD der FES, Personenbestand Jochen und Ilse Steffen, Signatur 1/JSAA000180.

309 Vgl. Arbeitspapier Jochen Steffen zum Seminar „Alternativer Marxismus?“, Management Institut Hohenstein, in: AdsD der FES, Personenbestand Jochen und Ilse Steffen, Signatur 1/JSAA000038.

310 Vgl. Joachim Steffen: Strukturelle Revolution; ders.: Krisenmanagement oder Politik, Reinbek 1974; Jochen Steffen: Wer sich nicht in Gefahr begibt... Krisenprotokolle, München 1977.

311 Beitrag Joachim Steffen: Weitermachen trotz Besserwissen, in: Martin Greiffenhagen/Hermann Scheer (Hg.): Die Gegenreform. Zur Frage der Reformierbarkeit von Staat und Gesellschaft, Hamburg 1975, S. 37-68.

312 Schreiben Wolfgang Roth (Geschäftsführer forum ds) an Amtsgericht Karlsruhe, 21.01.1979, in: AdsD der FES, Personenbestand Jochen und Ilse Steffen, Signatur 1/JSAA000086.

313 Jochen Steffen: „Einer, der sich nie anpaßte. Willi Geusendams Erinnerungen an Hunger, Elend, Zuchthaus und KZ“, in: „Die Zeit“, Nr. 43, 18.10.1985 (Zeitungsausschnitt), in: AdsD der FES, Personenbestand Jochen und Ilse Steffen, Signatur 1/JSAA000041.

314 Zeitungsausschnitte „Fritz Erler“ und „Konrad Adenauer“, in: AdsD der FES, Personenbestand Jochen und Ilse Steffen, Signatur 1/JSAA000060.

los.[315] Für sein Werk über den Revolutionär Karl Radek[316] gab ihm Herbert Wehner als Zeitzeuge Auskunft.[317]

Jochen Steffen verstand durch seine journalistisch-publizistischen Beiträge weiterhin den gesellschaftlichen Diskurs mitzuprägen. Befreit von den institutionellen Zwängen eines aktiven Politikers kritisierte er heftig den politischen Kurs der SPD in den Fragen der sozialen Gerechtigkeit und der Kernkraft, wo er sich im Unterschied zur offiziellen Politik der SPD entschieden für eine Anti-Atomkraft-Politik aussprach. Die unterschiedliche Haltung in der Atomkraftfrage veranlasste ihn letztlich 1979, aus der SPD auszutreten, denn in der nicht gesicherten ‚Entsorgung' des Atommülls sah Steffen ein existentielles Risiko für die nachkommenden Generationen, das er nicht mitverantworten wollte. Dies begründete er in einem offenen Brief an den Landesvorsitzenden der SPD Schleswig-Holstein Günther Jansen.[318]

Auch an den Parteivorsitzenden Willy Brandt schrieb er: „Die Hauptursache ist, dass wir unsere Überzeugungen bis zur Unkenntlichkeit vermarktet haben und selbst nicht mehr zu sagen und zu sehen wagen."[319]

Leben im österreichischen Voralpenland und Abschied von Jochen Steffen

Anfang der 1980er Jahre entschieden sich Ilse und Jochen Steffen zusätzlich zu ihrer Wohnung in St. Peter-Ording eine Wohnung in Gresten,[320] später in Oberndorf zu beziehen,[321] damit Jochen Steffen in Ruhe seine Publikationsprojekte verwirklichen konnte. Beide genossen diese Jahre im niederösterreichischen Voralpenland.[322] Anfang Mai 1985 feierten sie zusammen mit Freunden ihren 40. Hochzeitstag.[323] Schon vor dieser Feier hatte sich eine schwere Erkrankung Jochen Steffens gezeigt, nämlich Verengungen des venösen Systems, die sich sukzessive im ganzen Körper zeigten und

---

315 Artikel Jochen Steffen: „Stoltenberg: eine Karriere aus dem Norden", Kieler Rundschau, 2.10.1987, in: AdsD der FES, Personenbestand Jochen und Ilse Steffen, Signatur 1/JSAA000042.

316 Jochen Steffen/Adalbert Wiemers: Auf zum letzten Verhör. Erkenntnisse des verantwortlichen Hofnarren der Revolution Karl Radek, München 1977.

317 Vgl. Schreiben Herbert Wehner an Jochen Steffen, Bad Godesberg, 2.5.1976, AdsD der FES, Personenbestand Jochen und Ilse Steffen, Signatur 1/JSAA000172.

318 Zeitungsausschnitt: Offener Brief J.[Joachim] Steffen: „Warum ich die SPD verlasse", in:AdsD der FES, Personenbestand Jochen und Ilse Steffen, Signatur 1/JSAA000079; vgl. Börnsen: Jochen Steffen, S. 325.

319 Börnsen: Jochen Steffen, S. 311-326, S. 325.

320 Munzinger-Archiv: Lebenslauf Jochen Steffen, 26.3.1980, in: AdsD der FES, Personenbestand Jochen und Ilse Steffen, Signatur 1/JSAA000080.

321 Vgl. Jochen Steffen: Personenbeschreibung, S. 274.

322 Vgl. Ilse Steffen: Memoiren, S. 136.

323 Vgl. ebd., S. 142.

operativ behandelt werden mussten.[324] Jochen Steffens Zustand verschlechterte sich zunehmend. Er starb an den Folgen einer Operation am 27. September 1987,[325] kurz nach dem Tode seiner 92-jährigen Mutter,[326] die ihren Lebensabend in einem Seniorenheim in Tetenbüll in Schleswig-Holstein verbracht hatte.[327]

Auf der Trauerfeier für Jochen Steffen, die Ilse in ihren „Memoiren" mit ihrem Sohn und ihrer Schwiegertochter, der südafrikanischen Malerin Liz Crossley-Steffen, gestaltet haben will,[328] sprachen unter anderem Siegfried Lenz, der Vorsitzende des SPD-Landesverbandes Schleswig-Holstein Günther Jansen und der schleswig-holsteinische SPD-Bundestagsabgeordnete Norbert Gansel.[329]

Neuanfang

Nach dem Tode Jochen Steffens musste Ilse Steffen, wie sie es ausdrückte, ihr „Leben ohne ihn gestalten".[330] Zunächst spielte sich dieses zwischen der Wohnung in St. Peter-Ording, ihrem Anwesen in Oberndorf[331] und einem kleinen Apartment in Kiel ab, bis sie sich entschied, Kiel-Holtenau zu ihrem Lebensmittelpunkt zu machen.[332] In den folgenden Jahren reiste Ilse Steffen rund um die Welt nach Afrika, Neuseeland, Japan und Nepal.[333] Ihre Liebe zu ihrem Beruf hat sie nie aufgegeben, sodass sie noch bis ins hohe Alter Kleidungsstücke entwarf.[334] Im Alter von 87 Jahren zog sie 2008 in eine Seniorenresidenz in Berlin, um in der Nähe ihres Sohnes und ihrer Schwiegertochter zu leben.

---

324 Vgl. ebd., S. 137ff.; vgl. zum Krankheitsbild: AdsD der FES, Personenbestand Jochen und Ilse Steffen, Signatur 1/JSAA000176 (gesperrt).

325 Vgl. Ilse Steffen: Memoiren, S. 139; AdsD der FES, Personenbestand Jochen und Ilse Steffen, Signatur 1/JSAA000004; Sterbeurkunde Jochen Steffens, in: AdsD der FES, Personenbestand Jochen und Ilse Steffen, Signatur 1/JSAA000098.

326 Ilse Steffen: Memoiren, S. 139.

327 Zeitungsausschnitt „Else Steffen wird heute neunzig" Jahrgang 1985, S. 12, Dienstag, 5.11.1985, in: AdsD der FES, Personenbestand Jochen und Ilse Steffen, Signatur 1/JSAA000068.

328 Vgl. Ilse Steffen: Memoiren, S. 139. Nach Angabe des Sohnes Jens-Peter Steffen soll die Organisation der Trauerfeier „in enger Absprache" zwischen der SPD und der Familie Steffen erfolgt sein.

329 Texte Reden Siegfried Lenz, Norbert Gansel, Günter Jansen auf der Trauerfeier für Jochen Steffen am 5.10.[1987] in Altenholz/Kiel, in: AdsD der FES, Personenbestand Jochen und Ilse Steffen, Signatur 1/JSAA000099.

330 E-Mail Ilse Steffen an Gertrud Lenz, 21.1.2014, in: AdsD der FES, Personenbestand Jochen und Ilse Steffen, Signatur 1/JSAA000225.

331 Vgl. Jochen Steffen: Personenbeschreibung, S. 274.

332 Vgl. Zeitungsausschnitt, in: AdsD der FES, Personenbestand Jochen und Ilse Steffen, Signatur 1/JSAA000212.

333 Vgl. Ilse Steffen: Memoiren, S. 146f.

334 Vgl. ebd., S. 145.

Zusammen mit ihrem Sohn Jens-Peter, dem promovierten Politikwissenschaftler und Referenten für Friedenspolitik beim Verein „Internationale Ärzte für die Verhütung des Atomkrieges – Ärzte in sozialer Verantwortung", hält Ilse Steffen als Initiatorin und Unterstützerin zahlreicher Projekte die Erinnerung an Jochen Steffen wach.[335]

Zurückblickend zog Ilse Steffen in ihrem „Memoiren" Bilanz ihrer über vierzig Jahre währenden Lebensgemeinschaft mit Jochen Steffen: „Ich konnte einem interessanten Mann zur Seite stehen, ohne meine eigene Identität aufgeben zu müssen."[336]

Danksagung

Für kritische Durchsicht und konstruktive Hinweise danke ich Malte Faber und Christoph Nuhs; mein besonderer Dank gilt Christian M. Schemmert, Antje Sommer, Dirk Zielasko.

---

335 U.a. Benennung der Fähre Brunsbüttel-Cuxhaven nach Jochen Steffen, Gedenkveranstaltung des Beirats für Geschichte der Arbeiterbewegung und Demokratie in Schleswig-Holstein: „Jetzt kommt Jochen", Kiel, 30.9.1990 und zahlreiche Publikationen, wie zum Beispiel die Memoiren von Ilse Steffen oder das Buch Jens-Peter Steffen: Jochen Steffen. Personenbeschreibung. Biographische Skizzen eines streitbaren Sozialisten; AdsD der FES, Personenbestand Jochen und Ilse Steffen, Signaturen 1/JSAA000099, 1/JSAA000104, 1/JSAA000107.

336 Ilse Steffen: Memoiren, S. 141.

Literaturverzeichnis

Unveröffentlichte Quellen

Archiv der sozialen Demokratie der Friedrich-Ebert-Stiftung (AdsD der FES), Bonn:

- Personenbestand Jochen und Ilse Steffen
- Nachlass Heinz Rapp
- Willy-Brandt-Archiv (WBA)

Internetseiten

Götz Aly: Der Neid treibt die Deutschen zum Judenhass, Die Welt, 14.6.2012, http://www.welt.de/kultur/history/article106502570, abgerufen am 13.10.2015.

Lebendiges Museum Online: Zeitzeugen: Ilse Steffen, https://www.dhm.de/lemo/zeitzeugen/ilse-steffen-flucht-kriegsende-und-neuanfang.html, abgerufen am 14.12.2015.

LIS-SH Amts- und Mandatsträger SH, http://lissh.lvn.parlanet.de/cgi-bin/starfinder/4858/samt.txt, abgerufen am 5.11.2015.

NDR: Die Versenkung der Wilhelm Gustloff, http://www.ndr.de/kultur/geschichte/chronologie/Die-Versenkung-der-Wilhelm-Gustloff,gustloff120.html, abgerufen am 14.12.2015.

Neue Gesellschaft Frankfurter Hefte: Über uns, http://www.frankfurter-hefte.de/Ueber-uns/, abgerufen am 4.12.2015.

Wiki SPD Geschichtswerkstatt: Kieler Volkszeitung, http://www.spd-geschichtswerkstatt.de/wiki/Schleswig-Holsteinische_Volkszeitung#Neuanfang_nach_1945, abgerufen am 14.12.2015.

Gedruckte Quellen und Literatur

Apel, Hans: Bonn, den ... Tagebuch eines Bundestagsabgeordneten, Köln 1972.

Börnsen, Gert: Erinnerungen an Jochen Steffen, in: Demokratische Geschichte 20 (2009), S. 309-326.

Boll, Friedhelm: Hitler-Jugend und skeptische Generation, Sozialdemokratie und Jugend nach 1945, in: Dieter Dowe: Partei und soziale Bewegung. Kritische Beiträge zur Entwicklung der SPD seit 1945, Bonn 1993, S. 33-57.

Brandt, Willy: Regierungserklärung vor dem Deutschen Bundestag am 28.10.1969, in: Presse- und Informationsamt der Bundesregierung (Hg.): Bundeskanzler Brandt. Reden und Interviews, Melsungen 1971, S. 13-29.

Danker, Uwe/Schwabe, Astrid: Schleswig-Holstein und der Nationalsozialismus, Neumünster 2005.

Evans, Richard J.: Das Dritte Reich. Band III Krieg, München 2009.

Fulbrook, Mary: Dissonant Lives. Generations and Violence through the German

Dictatorships, New York 2011.
Hildebrand, Klaus: Von Erhard zur Großen Koalition, 1963-1969. Geschichte der Bundesrepublik Deutschland, Band IV, Stuttgart 1984.
Kompisch, Kathrin: Täterinnen. Frauen im Nationalsozialismus, Köln 2008.
Mayer, Hans: Reden über Deutschland (1945-1993), Frankfurt a. M. 1996.
Neugebauer, Günter: „Das Wort hat der Abgeordnete Neugebauer". Notizen über Heide Simonis, Affären und Geschehnisse in der Regional- und Landespolitik Schleswig-Holsteins, Osterrönfeld 2014.
Osterroth, Franz/Schuster, Dieter: Chronik der deutschen Sozialdemokratie. Band III: Nach dem Zweiten Weltkrieg, Berlin, Bonn 1978.
Pamperrien, Sabine: Helmut Schmidt und der Scheißkrieg, München 2014.
Röwekamp, Marion: Doing Gender, doing Law, doing Biography: Marie Munk (1885-1978), in: Bios. Zeitschrift für Biografieforschnung, Oral History und Lebenslaufanalysen 23 (2010), H. 1, S. 99-113.
Rohwedder, Uwe: Helmut Schmidt und der SDS. Die Anfänge des Sozialistischen Deutschen Studentenbundes nach dem Zweiten Weltkrieg, Bremen 2007.
Schmelcher, Antje: Die Autobiographie des Sozialdemokraten Jochen Steffen, in: Frankfurter Allgemeine Zeitung, 20.3.1998.
Schnööf, Kuddl und Natalje [Steffen, Jochen und Ilse]: Wo komm‘ bloß die lütten Gören her?, Hamburg 1976.
Schreiber, Hermann: Und führe uns, wohin wir nicht wollen, in: Der Spiegel, Nr.17, 19.4.1971, S. 46-52.
Schwarzer, Alice: Die Antwort, Köln 2007.
Steffen, Ilse: Memoiren, St. Peter-Ording 2004.
Steffen, Ilse: Erinnerungen, die Zweite, ohne Ort 2011.
Steffen, Joachim: Strukturelle Revolution. Von der Wertlosigkeit der Sachen, Reinbek bei Hamburg 1974.
Steffen, Joachim: Krisenmanagement oder Politik?, Reinbek bei Hamburg 1974.
Steffen, Joachim: Weitermachen trotz Besserwissen, in: Martin Greiffenhagen/Hermann Scheer (Hg.): Die Gegenreform. Zur Frage der Reformierbarkeit von Staat und Gesellschaft, Hamburg 1975, S. 37-68.
Steffen, Jochen: Wer sich nicht in Gefahr begibt … Krisenprotokolle, München 1977.
Steffen, Jochen/Wiemers, Adalbert: Auf zum letzten Verhör. Erkenntnisse des verantwortlichen Hofnarren der Revolution Karl Radek, München 1977.
Steffen, Jochen: Personenbeschreibung: Biographische Skizzen eines streitbaren Sozialisten, hrsg. von Jens-Peter Steffen, Kiel 1997.
Steiner, Friederike: „Es sieht doch so aus, als habe unser Eutiner Parteitag die Sache in der SPD ins Rutschen gebracht". Jochen Steffen und die Rolle der schleswig-holsteinischen SPD in der Neuen Ostpolitik, in: Demokratische Geschichte 20

(2009), S. 327-354.

Stoltenberg, Gerhard: Politische Strömungen im schleswig-holsteinischen Landvolk 1918-1933. Ein Beitrag zur politischen Meinungsbildung in der Weimarer Republik, Bonn 1962.

Studt, Christoph: Das Dritte Reich in Daten, München 2002.

Süddeutsche Zeitung: Kritik Brandts auch an rechten SPD-Kreisen. Erstaunen in der Partei über Interpretation der Rede des Vorsitzenden als Schelte allein für die Linken, 12.12.1972.

Vorstand der Sozialdemokratischen Partei Deutschlands (Hrsg.): Parteitag der Sozialdemokratischen Partei Deutschlands vom 1.-5.06.1966 in Dortmund. Protokoll der Verhandlungen. Hannover/Bonn o. J.

Vorstand der Sozialdemokratischen Partei Deutschlands (Hrsg.): Jahrbuch der Sozialdemokratischen Partei Deutschlands (Jahrgänge 1964-1977), Bad Godesberg o. J.

Ziegler, Edda: Verboten - verfemt - vertrieben. Schriftstellerinnen im Widerstand gegen den Nationalsozialismus, revidierte und erweiterte Neuausgabe, München 2010.

Ralf Bei der Kellen

Auf der Suche nach Kuddl Schnööf

Politik machen mit Kabarett

„Der 'Rote Jochen' – seit langem Autor und jetzt Schauspieler. Einer, der als Politiker nie ein Schauspieler war. Beliebt beim Publikum, so, wie niemals zuvor geliebt in der Partei. [...] Jochen Steffen macht jetzt politische Satire. Zurückgezogen – ohne Rückzieher."

Die Medien leben von Verkürzungen. So kurz und bündig charakterisierte der Kommentator des RIAS die Transformation vom Politiker Jochen Steffen zum Kabarettisten Jochen Steffen – alias Kuddl Schnööf. Der Anlass: ein Gastspiel bei den Berliner Wühlmäusen 1982. Mit diesen mageren Sätzen ist eigentlich alles gesagt. Dennoch lohnt es sich, die Geschichte dahinter zu erzählen. Zumal für den Liebhaber des Kabaretts. Es ist ein bis heute einmaliger Fall in der Geschichte der Bundesrepublik: Da legt ein hochrangiger Politiker nach und nach seine Ämter nieder und wird im Hauptberuf Autor und Kabarettist. Die Geschichte des Kabarettisten Jochen Steffen begann 1960 mit seiner (Brot-)Arbeit bei der Kieler Volkszeitung. In der Talkshow ARENA des SFB sagte Steffen, er schreibe seit 1964 Satiren. Tatsächlich erscheinen bereits ab Oktober 1959 Satiren aus Steffens Feder in der Flensburger Presse – statt von „Kuddl Schnööf" damals noch unter dem Namen „Fiete Plietsch".[1] Doch in Kiel entstand die Figur des Werftarbeiters Kuddl Schnööf, der einem unbekannten Gegenüber („Ey, Macker...") in Monologen die Politik durch seine Brille erklärt. Die Figur ist nach Steffens Angaben geboren irgendwann zwischen 1888 und 1895. Vorbild war die Industriearbeiterschaft in Kiel, Steffens Heimatstadt. Über die Entstehung sagte er 1978 in einem Interview mit dem SWR:

„Die Ursache war eigentlich, dass wir uns in der Zeitungsredaktion unterhalten hatten über eine Wochenendglosse. Und ich war damals ganz neu in dem Geschäft und sagte: [...] die Wochenendglosse des Generalanzeigers – ‚Und dann fiel Tante Mina aus dem Fenster, da haben wir aber gelacht!' – die finde ich furchtbar dumm. Man müsse doch eigentlich 'ne andere Form der Glosse finden. Und da passierte mir das, was immer bei solchen Sachen passiert, da sagte der Chefredakteur: ‚Ja – dann mach mal!' [...] Und in Hamburg gab es einen Mann, der hieß Dirks Paulun, der schrieb Hamburger Missingsch – aber ganz prägnant, ganz kurze Sachen. Und da haben wir gesagt: das ist eigentlich die Sprache, in der die Menschen sprechen. Und so wie sie sprechen, denken sie. Und so solltest du das auch versuchen. Und dann merkte man natürlich auch, dass man selber auch so dachte."[2]

1 Talkshow ARENA des SFB, Erstausstrahlung 14.7.1981, gesendet ARD-1, RBB (FS), Archiv-Nr. 60451.

2 Lebensläufe, Erstausstrahlung 18.2.1978, SWR (FS), Prod.-Nr. 214239.

1972 erschienen die Glossen gesammelt in Buchform; Steffen begann, sie auf der Bühne vorzutragen. Sohn Jens-Peter erinnert sich: „1972 könnte das gewesen sein, wo das erste Mal eine Kuddl Schnööf-Lesung in Kiel veranstaltet wurde. Und der Chefredakteur der Volkszeitung damals sagte: ‚Ich kann mir nicht denken, dass da irgendwer kommt, wer will sich denn das anhören?' Und in der Gelehrtenschule in Kiel, in der Aula, die war proppevoll – und die Leute haben sich weggelacht."[3] Es war also was dran. Jochen Steffen musste mit Kuddl Schnööf irgendeinen Nerv getroffen haben.

Als die Kuddl-Schnööf-Kolumne in den frühen 1960er Jahren begann, war „Mundart-Kabarett" noch kein wirkliches Thema. Als Steffen 1978 den Deutschen Kleinkunstpreis in der Sparte Kabarett verliehen bekam, war es en vogue. Der erfolgreichste Mundart-Kabarettist der Bundesrepublik war zu diesem Zeitpunkt sicherlich Jürgen von Manger, der seit den frühen 1960er Jahren mit der Kunstfigur des Ruhrgebietsbewohner Adolf Tegtmeier auftrat. Mit dieser Figur überzeichnete er den in der Unterschicht des Ruhrgebiets üblichen Jargon. Tegtmeier entstammte – wie auch Kuddl Schnööf – dem Arbeitermilieu. In verschiedenen Sketchen war er Grubenarbeiter, Fahrer in einer Wäscherei, Gefängniswärter et cetera. Weitere Beispiele für erfolgreiches mundartlich gefärbtes Kabarett waren Gerhard Polt in Bayern – und nicht zuletzt der 1978 gemeinsam mit Jochen Steffen beim Deutschen Kleinkunstpreis ausgezeichnete, badenserisch plappernde Matthias Richling.

Plattdeutsch und seine verschiedenen Unterarten, wie eben das Missingsch, waren spätestens in der zweiten Hälfte der 1970er Jahre populär: Knut Kiesewetter boomte mit den „Leeder vun mien Fresenhof", die Popgruppe Torfrock brachte Klassiker der Rock-Geschichte und eigene „Blödeleien" mit stark plattdeutsch gefärbten Texten auf die Bühne – und ist damit bis heute erfolgreich. Jochen Steffen befand sich mit Kuddl Schnööf plötzlich im Fahrwasser eines Trends.

Für Steffen war die Renaissance dieser dem Publikum oft „bauernschlau" erscheinenden Sprache kein Zufall. In seinem Aufsatz „Wie eine Jungfrau zu einem Kinde kommt" beschrieb er die Mechanismen dieser Rückbesinnung: „Die Menschen suchen nach dem, was sie selbst zerstört haben. Originalität. Mitmenschlichkeit. Nähe zum Nächsten. Nestwärme. Alles, was einer ‚zweckrationalisierten' Mengensteigerung zum Opfer fiel, wird erhofft und gesucht."

Und weiter im Text: „Ich glaube, dass die Mundart eine Waffe der kleinen Leute ist."[4]

Und als solche brachte er sie zu Gehör. 1982 erklärte er im Interview mit der WDR2-Sendung „Budengasse", wo er diese kleinen Leute mit ihrer eigentümlichen Sprache kennengelernt hatte: „Zum Teil kannte ich diesen Typus schon aus dem Drit-

3 Interview mit Jens-Peter Steffen, Berlin, 19.12.2014

4 Jochen Steffen: Wie eine Jungfrau zu einem Kinde kommt, in: Ders.: Vonnas Leben. Noieste un olle Gedankens", Kiel 1997, S. 234-240.

ten Reich, weil – mein Vater war kleiner Beamter und wir lebten in Kiel in so einem Arbeiterviertel, weil da die Mieten billig waren. Was meine Mutter eigentlich nie verwunden hat, weil man da als Beamter eigentlich nicht wohnte. Aber die Oberschule kostete ja 20 Mark im Monat. Das Geld der Oberschule wurde quasi durch das Wohnen in diesem nicht standesgemäßen Viertel bezahlt. Und da gab es auch so diesen Typus – damals sammelten die Kleingärtner ja noch die Pferdeäpfel auf der Straße. Und wenn man denen dabei half, dann erzählten die einem auch was. Auch im 'Dritten Reich' Und das war ein eigentümlich verschmitzter Typ. Der auch wusste, wie so'n Seehund, wann er wegtauchen musste, wenn es gefährlich wurde. Die redeten nicht sofort mit einem Tacheles, sondern fühlten erstmal so'n bisschen vor und sagten denn: ‚Also, wenn ich das so hör'...meinste nicht auch... dass es vielleicht anners is...?' In Kiel gehörten die dann 1933 zu den Leuten, die in den Tagen der sogenannten ‚Machtergreifung' im Gewerkschaftshaus zusammenkamen und sagten: ‚Jetzt soll das ja wohl losgehen. Und jetzt müssen wir ja wohl die Gewalt organisieren.' Denn das, was sich dort vollzog – das wussten sie ganz genau – das war das Ende der demokratischen Republik und der Arbeiterorganisation. Aber was dann auch wieder typisch für sie war – dass sie da im Gewerkschaftshaus saßen und warteten, dass jetzt von der Zentrale gesagt wurde: Auf los geht's los. Und – da kam nichts."[5]

In seiner Laudatio zur Preisverleihung 1978 sagte Hanns Dieter Hüsch: „Mit seiner Kunstfigur Kuddl Schnööf und dessen Familie erklärt Steffen die komplizierten Zusammenhänge der Politik auf raffiniert einfache, hintersinnige Art. Es ist der geglückte Versuch, Politik in ihren Konsequenzen dort leibhaftig und sichtbar zu machen, wo sie ertragen wird, und gleichzeitig Alternativen zur Problembewältigung aufzuzeigen."[6]

Ähnlich wie Jürgen von Manger mit seinem Tegtmeier, konstruierte auch Steffen über die Jahre für Kuddl Schnööf ein „sozeales" Umfeld. Was bei Tegtmeier „unser Mama" ist, ist für Kuddl „mein Natalje" (beide übrigens schwer beleibt). Dann sind da noch Hein Kohlmorgen – „mein bessen Freund as soch(ch)en" – und seine Lina – die kennen Kuddl und sein Natalje noch „ausse Gewerkschaftsjugend. Und die wohnen nun anne Nordsee. Hein ist bei die Post, as Beamten, un as sochen unkündbar". Zudem Gemeindevertreter der SPD, „Vorsitzender vonn Fremmenverkehrsausschuss is ihm auch". Sein Gegenspieler im „Dörp": Lauritz Christoffersen. „Abers alle sagen Lauritz Bild auf ihn, ne, indem ihn die üble Nachrede innas Dorf besorgen tut." Weitere dem kapitalistischen System (ange)hörige Figuren sind Nichte Gesine mit ihrem Mann John, dem millionenschweren Schrotthändler, um deren Sohn Percy (beziehungsweise „Pöhrzieh") sich Kuddl und Natalje gelegentlich kümmern. All diese Figuren scheinen Steffen in seiner Karriere als Politiker mehrfach begegnet zu sein, seinem Kuddl Schnööf dienten sie nun als „Reibungsfläche", um seinen schlitzohrigen Wortwitz, sei-

5 Lebensläufe, Erstausstrahlung 18.2.1978, SWR (FS), Prod.-Nr. 214239.

6 Interview mit Jens-Peter Steffen, Berlin, 19.12.2014.

ne Kritik an den bestehenden Verhältnissen und den Unzulänglichkeiten der menschlichen Existenz an sich zu entzünden.

Und noch eine Parallele zu Jürgen von Mangers Tegtmeier gab es: Jochen Steffen sprach bei seinen Auftritten ein paar einleitende Worte zur Herkunft und zur Sprache Kuddl Schnööfs. Jürgen von Mangers Tegtmeier vollzog den Wechsel zu seiner Kunstfigur stets mit den Worten: „Und damit übergebe ich das Wort an Herrn Adolf Tegtmeier aus dem lieblichen Ruhrgebiete – dat is er hier mit die Kappe." Auch Jochen Steffen wurde zu Kuddl Schnööf, wenn er die Kappe aufsetzte (wie es auch auf der einzigen LP von 1973 zu sehen ist). Steffen sagte in seiner Einleitung häufig: „Ich trage vor aus den Werken meines Freundes Kuddl Schnööf", den er zunächst zitierte, um ihn schließlich ausschließlich zu Wort kommen zu lassen.

Der erfolgreiche Ausflug ins Kabarettfach war aber sicher nicht nur eine Karriereoption, die der Zeitgeist zufällig eröffnete. Vielmehr war sie das Ergebnis einer tief empfundenen Frustration des Politikers Steffen. Diese dürfte nach dem kräftezehrenden und schließlich verlorenen zweiten Wahlkampf um das Amt des Ministerpräsidenten von Schleswig-Holstein ihren Anfang genommen haben. Jens Peter Steffen: „Im Umfeld des 1971er Wahlkampfes traten also Erschöpfungszustände auf [...] meiner Ansicht nach hat man damals noch nicht von ‚Burn-out' gesprochen, aber heute würden wir so was sicherlich so nennen."[7] Kabarett-Experte Volker Kühn erinnerte sich an ein Gespräch in Berlin, in dem Steffen ihm seine Beweggründe für den Wechsel erklärte: „Er sagte: ‚Pass auf – bei mir ist das so: Mich brauchen sie, weil ich der Vorzeigelinke bin, so einer, der lesen und schreiben kann. Und ich stelle fest, dass in dem Maße, in dem sie mir Ämter antragen, ich keinen Einfluss auf unsere Politik habe.' Und da hab' ich [Volker Kühn] gesagt: ‚Ich kann mir das gar nicht vorstellen, Du bist doch überall in jedem Gremium drin.' Er war in der Riege der Parteivorsitzenden ganz weit oben. Und da hat er gesagt: ‚Das stimmt, aber ich hab' nichts zu sagen. Die wählen mich da rein, aber als reines Alibi für die linken Positionen. Und die wollen sie da reinhaben, in dem Maße, in dem sie diese Politik, die ich gerne möchte, nicht durchsetzen werden. Ich laufe mir seit Jahren die Stirn wund, weil ich dauernd gegen die Wände renne, und stelle fest, die brauchen mich nur als Vorzeigelinken. Und das, was ich will und möchte, das nehmen die nicht ernst, sondern das belächeln die. Du als freier Journalist – da hast Du's doch gut, Du kannst Dir doch aussuchen, was Du willst und Du kannst vertreten, was Du möchtest. Ich glaube, dass ich mehr Einfluss habe als freier Journalist, als wenn ich da im Parteivorstand x Positionen besetze. Die hören sich das an und belächeln das – da kannst Du nichts machen. Und ich bin dabei, zu überlegen, ob ich den ganzen Krempel nicht hinwerfe.'"[8]

---

7 Interview mit Jens-Peter Steffen, Berlin, 19.12.2014.

8 Interview mit Volker Kühn, Berlin, 6.1.2015.

Im WDR-Interview von 1982 erläuterte Steffen sein Verständnis seiner neuen Tätigkeit so: „Ich mache politische Satire – und die zielt ja eigentlich darauf – so wie ich sie verstehe – dass Widersinn, Widersprüchlichkeiten oder Absurditäten aufgespießt werden.“[9]

Satire arbeitet mit Zuspitzung und Übertreibung. Das Publikum lacht vor allem im politischen Kabarett über Missstände, die es meistens schon kennt – und die es eigentlich eher auf die Barrikaden bringen müsste. Die meisten politischen Kabarettisten leben in dem Zwiespalt, dass sie unterhalten, aber auch aufklären wollen. Georg Schramm ließ seine Kunstfigur dem Publikum gelegentlich den Vorwurf machen, es lache an der falschen Stelle – beziehungsweise überhaupt. Auch Volker Pispers wies in einer Vorrede stets auf diesen Zwiespalt hin, den er mit dem Satz kommentierte: „Das linke Gewissen aus dem Fegefeuer springt, wenn das Geld in der Kleinkunstkasse klingt.“[10]Auch Jochen Steffen war sich dieses Zwiespalts bewusst, wie er 1982 im WDR in St. Peter-Ording zu Protokoll gab: „Jeder nachdenkliche Mensch begreift ja zum Beispiel, dass die Frage ‚Behalte ich meinen Arbeitsplatz oder komme ich früher ins Sanatorium?‘ keine Alternative ist. Um es mal auf den Punkt zu bringen: Willst Du weiterhin mit Asbest arbeiten oder willst Du mit 50 Jahren marode krankgeschrieben werden als Frühinvalide? Das ist natürlich keine Alternative. Das wird den Menschen aber täglich vorgesetzt. Und noch grausigere Dimensionen nimmt das natürlich an, wenn sie an die Atomenergie denken, die entwickelt wird, ohne dass irgendein Staat bisher den wirklich gefährlichen Rest – den wir mit dem Wort ‘Entsorgung’ kennzeichnen – irgendwie schon gelöst hätte. Darüber habe ich zum Beispiel Sachen geschrieben. Und man merkt ganz einfach: Dort erreicht die Satire Bereiche der Absurdität und Bereiche des human Widersinnigen – das halten die Menschen auf die Dauer nicht durch. Es ist schlimm genug, sozusagen, dass sie das wissen. Und sie verdrängen das. Und daran zu kratzen – damit tust Du ihnen ja kein Gefallen.“[11]

Vielleicht wechselten sich deshalb in den Kuddl Schnööf-Auftritten oft allgemein humoristische Vorträge wie die Geschichte von Kuddls Versuch, einen Hund zu erziehen, ab mit den Vorträgen, die einen stark (zeit)politischen Hintergrund hatten. Jochen Steffen kam aber auch hier an seine Grenzen: „Und das passt mir selber eigentlich auch nicht. Weil – die absurde Ausweglosigkeit einer Situation den Leuten deutlich zu machen mir eigentlich auch keinen Spaß macht.“[12]

---

9 Fend: Budengasse.

10 Volker Pispers, „Ablasshandel“ auf der CD: Bis neulich (Aktuelle Klassiker aus 20 Jahren), Label con anima 2008. [Dort: „Das schlechte linke Gewissen aus dem Feuer springt, wenn das Geld in der Kleinkunst-Kasse klingt.“]

11 Fend: Budengasse.

12 Ebd.

Der Widerspruch zwischen dem, was ist, und dem, was eigentlich sein sollte – daraus speist sich politisches Kabarett. Jochen Steffen hat früh in seinem Leben mit solchen Diskrepanzen Erfahrungen gemacht. Eine davor erzählte er immer wieder: wie er sich nach dem Krieg entscheiden muss zwischen dem Eintritt in die KPD oder der SPD: „Als ich dann wieder in Kiel war, war ein paar Monate nach der Kapitulation es das erste, dass also Leute, die man kennengelernt hatte, die kamen jetzt zu einem. Die Kommunisten sagten: kommst Du zu uns? Und die Sozis sagten: kommst Du zu uns? Und das gehört auch so zu diesen Dingen, die man aber auch sozusagen satirisch nicht umsetzten kann, weil es nicht eine individuelle, sondern eine kollektive Tragödie ist... dass also so einer von der Werft sagte: kommst Du nicht zur KP, ne? Und dann sagte ich: nö... ich hab' mir das überlegt, also: geht nich. Und da sachte er: warum nich? Und da hab' ich gesagt: ja, weißt Du... guck' mal, diese Säuberung unter Stalin... und die Zwangskollektivierung ... dann das Bündnis mit Hitler, die Aufteilung Polens ... Da sagt der: 'Weißt Du, Jochen, da kannst Dich drauf verlassen, nich, die da oben in der Sowjetunion, die wissen doch ganz genau, was falsch und was richtig ist.' Da hab' ich gesagt: 'Du, ich hab' den Eindruck, die ham' das längst vergessen." Und da hat er mich so an diesem umgefärbten Wehrmachtsjackett da so angepackt und mich geschüttelt. Und dann hat er geschrien: 'Das dürfen die nich vergessen haben!' Der hatte praktisch sein ganzes Leben darin investiert und musste jetzt weiterglauben – wenn er nicht sein ganzes Leben sinnlos machen wollte. Und das halt' ich für ne ganz schlimme Sache. Und da hab' ich gesagt: das soll dir nicht passieren."[13]

Was blieb Steffen nach 1971 außer Resignation? Er hatte die besten Jahre seines Lebens investiert in eine Sache, die zweimal verlorengegangen war. Wo andere sich auf die positiven Nebenerscheinungen des Amtes konzentriert hätten, war seine Bewältigungsstrategie – das Lachen. Nicht, dass er nicht auch die positiven Seiten der Arbeit als Volksvertreter genossen hätte (immerhin ging er zum frühestmöglichen Zeitpunkt mit 55 Jahren in Rente). Aber vielleicht hatte die kabarettistische Verarbeitung dieser Themen, zu deren Lösung er als Politiker nur wenig beitragen konnte, auch einen therapeutischen Effekt. Volker Kühn: „Ich glaube schon, dass das Kabarett für Steffen eine Möglichkeit war, direkt wirken zu können. Weil er das wollte und das nicht geschafft hat [...], hat er halt gesagt: dann schmeiße ich die ganze Politik weg und mache das so."[14]

In der SFB-Talkshow ARENA sagte Steffen: „Ja, der Kuddl Schnööf nimmt die Leute ernst..." – was den Satiriker Jochen Steffen allerdings nicht vor gelegentlich ins Zynische lappenden Ausfällen feite. In derselben Sendung nannte er die Bild-Zeitung „die Perversion des Journalismus. Eine Perversion bis zum Psychoterror [...]" – was

13 Ebd.

14 Kühn-Interview, a.a.O.

Steffen ja aus eigener Erfahrung nur zu gut kannte. Auf den Einwand eines Mitdiskutanten, dass doch gerade die Arbeiter und die Gastarbeiter nicht Bild lesen würden sagte er in Abwandlung des bekannten Kästner-Zitats: „Aber sicher [tun sie das] ! Das ist doch das herrliche, dass diejenigen, die durch den Kakao gezogen werden, ihn nicht nur trinken, sondern auch noch bezahlen und dann noch sagen er schmeckt ihnen gut, ne ? Das ist für mich die herrlichste Perversion.“ Es gab Momente, in denen auch Jochen Steffen nur der Galgenhumor blieb.[15]

Was die Medienpräsenz Kuddl Schnööfs angeht, ist dessen Hochzeit die kurze Zeitspanne von 1977 bis 1981. Danach war er kein Thema mehr – das wenige neue Material, das Jochen Steffen für seine Kunstfigur produzierte, hatte nicht mehr den Biss und nicht mehr die breite Basis wie zuvor, wie die beim Österreichischen Rundfunk aufgenommenen letzten Stücke belegen.

Jochen Steffen ist und bleibt bis heute eine Ausnahme in der deutschen Kabarettlandschaft. Volker Kühn: „Es gibt ja Kabarettisten, die nur ihre Nummern vor sich hertragen – das war er ja gar nicht, er wollte ja mit jedem Satz, den er sagte, die Welt verändern, gewissermaßen. Und das war schön.“[16]

Der „Ritterschlag“, dass er zu den echten Kabarettisten gehörte, kam – aus der Retrospektive gesehen – gar nicht so sehr durch den Kleinkunstpreis 1978, sondern durch die Freundschaft mit Dieter Hildebrandt, in dessen Sendung „Scheibenwischer“ Steffen zweimal auftrat. Volker Kühn: „Hildebrandt mochte ihn sehr, sie hatten ein sehr persönliches Verhältnis – wie Hildebrandt es immer hatte mit Leuten, die er mochte, sehr kollegial, sehr freundschaftlich, überhaupt keine Rivalität. Er konnte sich mit Steffen stundenlang unterhalten, weil er natürlich auch so’n Defizit hatte an Intellektualismen, die bei Steffen überquollen.“[17]

Übrigens trat Steffen in beiden Scheibenwischer-Sendungen nicht als Kuddl Schnööf auf, sondern in Folge neun vom 8. Oktober 1981 als namenloser, aus dem Pflegeheim entflohener verwirrter Rentner im Bademantel, und in Folge 32 – immerhin noch vom 18. November 1985 – als selbsternannter Bauernführer Hein(e)rich Piepgras aus Drögenbüttel. Was zeigt, dass Steffen in seinem kabarettistischen Schaffen keineswegs auf eine Figur festgelegt war. Wobei die Texte nicht von ihm, sondern von Scheibenwischer-Stammautor Klaus Peter Schreiner stammten.

In seinem legendären Auftritt im letzten „Scheibenwischer“ sagte Georg Schramm in der Rolle des Rentners Lothar Dombrowski: „Wir haben uns ja, wenn wir ehrlich sind, lange davon verabschiedet, von Politikern die Wahrheit zu erfahren. Das erwarten wir ja gar nicht, verlangen wir nicht. Aber Wahrhaftigkeit. Das ist ein kleiner Un-

15 Talkshow ARENA des SFB, a.a.O.

16 Kühn-Interview, a.a.O.

17 Ebd.

terschied. Und danach dürsten wir, kriegen's aber nicht. Die Politiker sprechen, um nichts zu sagen. Das ist das Gegenteil dessen, wofür die Sprache da ist."[18]

(Trivia Nr. 1: Trotz der Nähe einer seiner anderen Figuren, der des Druckers August, seines Zeichens enttäuschter Sozialdemokrat und Gewerkschaftler, zu Kuddl Schnööf, hat Schramm laut eigener Aussage nie etwas von Jochen Steffen gehört. Trivia Nr. 2: Als Steffen 1971 im Südwestfunk Stuttgart zu seinen umstrittenen Äußerungen in einem Zeitungsinterview mit dem Flensburger Tageblatt befragt wurde, hieß der Moderator - Lothar Dombrowski.)

Schon der Politiker Steffen legte oft mehr Wahrhaftigkeit an den Tag als viele seiner Parteifreunde, von den Kollegen aus der Opposition ganz zu schweigen. „Er hielt es immer mit der Wahrheit, Jochen", sagte Siegfried Lenz dem NDR-Reporter Stefan Appelius 1992 ins Mikrofon, „ohne Rücksicht darauf, was passieren könnte."[19] Kabarett-Experte Volker Kühn kommentierte diesen Satz: „Ehrlich hat's am schwersten. Jochen Steffen hat das Wort ‚Zivilcourage' ernst genommen. Das sehe ich auch so, ganz klar."[20] Und wenn Steffen zu Kuddl Schnööf wurde, musste er überhaupt kein Blatt mehr vor den Mund nehmen und konnte sich auch einen letzten vielleicht vorhandenen Rest von Fraktionszwang sparen.

In der SFB-Talkshow ARENA zum Thema „Was darf Satire?" kommentierte Jochen Steffen die Kämpfe zwischen Hausbesetzern und Polizei, was Innensenator Heinrich Lummer im Gespräch immer wieder auf die Palme bringt: „[Das] *Steinewerfen auf Polizisten könnte man dann ja nur verurteilen – ich wenigstens – wenn ich gleichzeitig sage, dass das ‚Lebensmittel Wohnung', als knappes Objekt zum Spekulationsobjekt gemacht worden ist – wenn ich dann zu wählen habe, dann bin ich auf Seiten derjenigen, die dagegen protestieren. Erst kommen die Interessen des Menschen. (JS lacht) [...] Und da ist man als Satiriker dann gezwungen, Partei zu nehmen."*

Und später im Gespräch: *„Und wer dann nichts anderes tun kann, als auf das formale Recht in einer Marktwirtschaft sich berufen, und ich bin als Satiriker aufgerufen, dann Partei zu ergreifen, dann bin ich auf der Partei [Seite] der anderen, die das humane Recht vertreten. So wie der olle Wilhelm Tell."*[21]

A propos Wilhelm Tell – den kannte auch Adolf Tegtmeier aus einem Theaterbesuch: *„Und dann war das zum Schluss ein wunderbarer Anblick, da kam das Morgenrot – oder wat dat da vorstellen sollte... die, äh, Morgenröte... kam so über de Berge anmarschiert, auch noch mal als ein Zeichen, für diese Freiheit, dass die wieder da war."*

18 Scheibenwischer, Erstausstrahlung 25.5.2006, RBB (FS).

19 Appelius, Stefan: „Dat blivt nich so, dat mutt ännert warn", Stefan Appelius im Gespräch mit Siegfried Lenz über Jochen Steffen in: Jochen Steffen: Personenbeschreibung. Biographische Skizzen eines streitbaren Sozialisten; hrsg. von Jens-Peter Steffen, Kiel 1997, S.11-18, hier S. 11.

20 Kühn-Interview, a.a.O.

21 Talkshow ARENA des SFB, a.a.O.

Der einfache Arbeiter Tegtmeier verstand nicht immer, was er sah, drückte es aber derart unbeholfen aus, dass er das Richtige sagte. Aus dieser Diskrepanz erwuchs eine ganz eigene Komik. Kuddl Schnööf dagegen wusste ganz genau, was Sache war, er hatte 1918 und die Arbeiterräte miterlebt, hatte aber zu lang und zu oft erlebt, wie die „Sozealdemokratie" an einer unzureichenden Gegenwart gescheitert war. Oder eben an ihren eigenen Unzulänglichkeiten.

Beide, Tegtmeier und Schnööf, hatten sie ihren Satz, ihr Motto, mit dem man sie bis heute zitiert: „Nu komms Du!" hieß es bei Kuddl Schnööf. Und auch wenn sie aus zwei völlig unterschiedlichen Richtungen kamen, teilten beide letztlich das Motto Adolf Tegtmeiers, das da hieß: „Mensch bleiben!"

Quellen und Literatur

Rundfunkbeiträge:

Fend, Lothar: Budengasse, Gespräch mit dem Journalisten und Kabarettisten Jochen Steffen über den Kieler Werftarbeiter Kuddl Schnööf, Erstausstrahlung 3.10.1982, WDR 2 (HF), Archiv-Nr. 6095866201.1.01.

Kuddl Schnööf und der Kapitalismus. Verleihung des Kleinkunstpreises 1978 im Unterhaus, Erstausstrahlung 5.3.1979, SWR (HF), W0515417(AMS).

Lebensläufe, Erstausstrahlung 18.2.1978, SWR (FS), Prod.-Nr. 214239.

Scheibenwischer, Erstausstrahlung 25.5.2006, RBB (FS).

Talkshow ARENA des SFB, Erstausstrahlung 14.7.1981, gesendet ARD-1, RBB (FS), Archiv-Nr. 60451.

Literatur:

Appelius, Stefan: „Dat blivt nich so, dat mutt ännert warn“, Stefan Appelius im Gespräch mit Siegfried Lenz über Jochen Steffen in: Steffen, Jochen: Personenbeschreibung. Biographische Skizzen eines streitbaren Sozialisten; hrsg. von Jens-Peter Steffen, Kiel 1997, S. 11-18.

Pispers, Volker: „Ablasshandel“ auf der CD: Bis neulich (Aktuelle Klassiker aus 20 Jahren), Label con anima 2008.

Steffen, Jochen: Wie eine Jungfrau zu einem Kinde kommt, in: Ders.: Vonnas Leben. Noieste un olle Gedankens“, Kiel 1997, S. 234-240.

Viola Wilcken

Missingsch bei Jochen Steffen

Im Jahr 1972 erschien der erste Band der populären Kuddl-Schnööf-Geschichten aus der Feder Jochen Steffens. „Kuddl Schnööfs achtersinnige Gedankens und Meinungens von die sozeale Revolutschon und annere wichtige Sachens. Mit wat vorwech von Siegfried Lenz“ wurde insgesamt siebenmal aufgelegt. Ihm folgten zwei weitere Bände in den Jahren 1975 und 1981.[1]

Jochen Steffen verfasste seine Kuddl-Schnööf-Geschichten in einer markanten norddeutschen Sprachform, dem sogenannten *Missingsch*. Dieses charakteristische Gemisch aus hoch- und niederdeutschen Bestandteilen gilt als Ergebnis des jahrhundertelangen Sprachkontakts im norddeutschen Raum, in dem ursprünglich ausschließlich Niederdeutsch gesprochen (und geschrieben) wurde. Einen wichtigen Einschnitt in die Sprachgeschichte Norddeutschlands markiert der Schreibsprachenwechsel vom Mittelniederdeutschen zum (Früh-)Neuhochdeutschen, der im 16. Jahrhundert einsetzte. Bis zur Mitte des 17. Jahrhunderts waren sämtliche norddeutschen Städte zum Hochdeutschen übergegangen.[2] Diese Entwicklung betraf zunächst überwiegend den Bereich der geschriebenen Sprache, doch auch in der mündlichen Kommunikation gewann das Hochdeutsche in dieser Zeit an Prestige und Bedeutung. Immer mehr Norddeutsche gebrauchten das Hochdeutsche als gesprochene Sprache, zunächst jedoch meist in einer stark niederdeutsch geprägten Form. Die niederdeutsch sozialisierten Sprecher übertrugen Strukturen ihrer Muttersprache auf das Hochdeutsche und produzierten dabei charakteristische Fehler. Dieses typische Sprachgemisch wurde schon recht bald als *Missingsch* bezeichnet.[3] Missingsch war zunächst ein Phänomen der obe-

---

1 Jochen Steffen: Nu komms du! Kuddl Schnööfs achtersinnige Gedankens un Meinungens, Hamburg 1975; Ders.: Da kanns auf ab. Kuddl Schnööfs noieste achtersinnige Gedankens un Meinungens, Hamburg 1981.

2 Zum Ablauf des Schreibsprachenwechsels vgl. insbesondere Artur Gabrielsson: Die Verdrängung der mittelniederdeutschen durch die neuhochdeutsche Schriftsprache, in: Gerhard Cordes/Dieter Möhn (Hg.): Handbuch zur niederdeutschen Sprach- und Literaturwissenschaft, Berlin 1983, S. 119-153 sowie Timothy Sodmann: Die Verdrängung des Mittelniederdeutschen als Schreib- und Druckersprache Norddeutschlands, in: Werner Besch u.a. (Hg.): Sprachgeschichte. Ein Handbuch zur Geschichte der deutschen Sprache und ihrer Erforschung, Teilbd. 2, 2. Auflage, Berlin u.a. 2000, S. 1505-1513.

3 Die Bezeichnung Missingsch bezieht sich vermutlich auf die Stadt Meißen, wo nach damaliger Ansicht das „beste“ Hochdeutsch gesprochen wurde. Der niederdeutsche Begriff *Missingsch* referiert somit auf die bisweilen misslungenen Versuche der Niederdeutschen, *Meißnisch* zu sprechen. Zur Begriffgeschichte vgl. Conrad Borchling: Sprachcharakter und literarische Verwendung des sogenannten „Missingsch“, in: Wissenschaftliche Beihefte zur Zeitschrift des Allgemeinen Deutschen Sprachvereins 37 (1916), S. 193-222, hier S. 202-206; vgl. Hermann Teuchert: Missingsch. Eine sprachliche Untersuchung, in: Beiträge zur Geschichte der deutschen Sprache und Literatur 82 (1961), S. 245-261; vgl. Dieter Möhn: Missingsch, in: Horst Haider Munske (Hg.): Deutsch im Kontakt mit germanischen Sprachen, Tübingen 2004, S. 119-140, hier S. 120-123. Dort werden auch weitere weitere Deutungsmöglichkeiten diskutiert.

ren Gesellschaftsschichten, die sich vom Hochdeutschgebrauch einen Prestigegewinn versprachen. In den mittleren und unteren Gesellschaftsschichten wurde zunächst weiterhin Plattdeutsch gesprochen.[4] Die Ambitionen, Hochdeutsch zu sprechen, wuchsen im Laufe des 19. und 20. Jahrhunderts jedoch auch in breiteren Bevölkerungsschichten, da sich an das Hochdeutsche immer auch Möglichkeiten des sozialen Aufstiegs knüpften. Seit der Mitte des 20. Jahrhunderts gilt ein stark niederdeutsch interferiertes Hochdeutsch als typisch für den „einfachen" Norddeutschen.[5]

Missingsch wird heute bereits als historische Varietät angesehen, da selbst die wenigen Niederdeutsch-Muttersprachler heute so früh mit dem Hochdeutschen in Kontakt kommen, dass ihnen die für das Missingsch kennzeichnenden Fehler in der Regel nicht mehr unterlaufen. Das norddeutsche Hochdeutsche ist heutzutage sehr viel weniger interferiert. Was vom Missingsch jedoch bleibt, sind literarische Inszenierungen, die seit dem 18. Jahrhundert zahlreich und in sehr unterschiedlichen Facetten erscheinen. Insbesondere norddeutsche Autoren setzten die Sprachform Missingsch über viele Jahrzehnte hinweg in Dramen und Erzähltexten ein.[6] Besonders populär wurde Fritz Reuters missingsch sprechender „Entspekter Bräsig" aus dem Roman „Ut mine Stromtid" (1862-1864). Bis in die erste Hälfte des 20. Jahrhunderts hinein war der Einsatz von literarisiertem Missingsch, insbesondere bei Hamburger Autoren, beliebt.[7] Jochen Steffens Kuddl-Schnööf-Texte erschienen in einer Zeit, in der die Missingsch-Literatur eine Phase erneuten Aufblühens erlebte. In den 1970er- und 1980er-Jahren wurde Missingsch von Autoren wie Günter Lüdke, Hermann Bärthel und Wolfgang Sieg – vor allem in kurzepischen, satirischen Texten – wieder verstärkt eingesetzt, nachdem seine Literarisierung für einige Jahrzehnte lediglich eine marginale Rolle gespielt hatte. Die Kuddl-Schnööf-Glossen gehören zu den am meisten rezipierten Missingsch-Texten dieser Zeit. Der Kieler Werftarbeiter „Kuddl Schnööf" kommentiert in diesen kurzen Stellungnahmen gesellschaftliche sowie politische Ereignisse und Entwicklungen aus der Sicht eines „gebilleten Aabeiter[s]"[8] und seiner Frau „Natalje". So beginnt der Text „Vonnie Schnacks" aus dem zweiten Kuddl-Schnööf-Band mit den folgenden Worten: *Mein Natalje sacht: „Du, Kuddl", sacht sie, „ich habe Fiete Pepäkohn sein Schung*

4 Vgl. Robert Peters: Die Bedeutung des Niederdeutschen für die deutsche Sprachgeschichte, in: Jahrbuch für germanistische Sprachgeschichte 1 (2010), S. 237-253, hier S. 242.

5 Zu soziolinguistischen Aspekten vgl. auch Ulf Bichel: Beobachtungen und Überlegungen zum Thema: „Missingsch", Sprachform und literarische Verwendung, in: Wolfgang Kramer/Ulrich Scheuermann/Dieter Stellmacher (Hg.): Gedenkschrift für Heinrich Wesche, Neumünster 1979, S. 7-29, hier S. 16-20.

6 Eine Reihe von literarischen Texten, in denen Missingsch inszeniert wird, nennen und behandeln Borchling: Sprachcharakter; Bichel: Beobachtungen; Möhn: Missingsch sowie Viola Wilcken: Historische Umgangssprachen zwischen Sprachwirklichkeit und literarischer Gestaltung. Formen, Funktionen und Entwicklungslinien des „Missingsch", Hildesheim/Zürich/New York 2015.

7 Zu nennen sind hier z. B. Daniel Bartels, Heinrich Jürs, Paul Schurek, Walter Rothenburg und Arnold Risch.

8 Steffen, Nu komms du !, S. 27.

gesehn, den Klaus. Mann inne Tünn, den fuhr ein Mäzehdis, den wa so lang, daß ihn noch auffie Höchde vonnie Schpakasse wa, wenn den Mors vonnas Auto noch an Dreiecksplazz wa un die Schnauze vonnas selbe an Bähliner Plazz den Verkehr verstopfen tat. Wo komp den bei das Geld für so was?"

Ich sach: „Ihm is Männätschä von ein Firma für Wähbunk", sach ich, „die sich auf pollitische Wähbunk spezialisiät hat." – „Nu komms du", sacht Natalje, „un was machen die denn innie Polletik, du?" Ich sach: „Die", sach ich, „die denken für die Pollitikers die Schnacks aus." Natalje sacht: „Ich wer verrück", sacht sie, „ich hab jümmer gedach, daß den Schiet vonnie Pollitikers selps verbrochen wird. Unnu halten die da oben sich da auch noch Leute für."[9]

Die Sprache, die Steffen der Figur Kuddl Schnööf in den Mund legt, ist unverkennbar norddeutsch gefärbt. Dies äußert sich in erster Linie in spezifischen lautlichen Merkmalen, die in den Texten verschriftlicht werden. Kuddl Schnööf spricht das *g* im Wortauslaut typisch norddeutsch als Reibelaut *ch* aus (*Natalje sacht* statt *Natalje sagt*), das j im Anlaut als sch (*Schung* statt *Junge*). Das *t* am Wortende lässt er weg (*verrück* statt *verrückt*; *gedach* statt *gedacht*), ebenfalls das *n* im Wort nun. Tritt ein *r* nach einem e auf, wird dieses vokalisiert. In der Folge treten kennzeichnend norddeutsche Realisierungen wie *Wähbunk* statt *Werbung* und *spezialisiät* statt *spezialisiert* auf. Darüber hinaus realisiert Kuddl Schööf charakteristische Verschleifungen (*innie* statt *in die*; *unnu* statt *und nun*).

Auch im Bereich der grammatischen Formen und des Satzbaus zeigen sich in den Kuddl-Schnööf-Texten norddeutsche Besonderheiten, die sich in der Regel auf das Niederdeutsche zurückführen lassen. So können zahlreiche Kasusverwechslungen nachgewiesen werden (*an Dreiecksplazz* statt *am Dreiecksplatz*; *ihn is Männätschä* statt *er ist Manager*). Entsprechend der Bildung im Niederdeutschen wird der Genitiv periphrastisch gebildet (*Fiete Pepäkohn sein Schung* statt *Fiete Pfefferkorns Junge*; *den Mors vonnas Auto* statt *das Hinterteil des Autos*). Nebensätze werden mit dem Verb *tun* umschrieben (*wenn [...] die Schnauze [...] den Verkehr verstopfen tat* statt *als die Schnauze den Verkehr verstopfte*). Bei zusammengesetzten Adverbien fällt die typisch norddeutsche Getrenntstellung auf: *Unnu halten die da oben sich da auch noch Leute für* statt *Und nun halten die da oben sich dafür auch noch Leute*. Der Plural wird

---

9 Steffen, Nu komms du!, S. 123. Übertragung ins Standarddeutsche: Meine Natalje sagt: „Du Kuddl", sagt sie, „ich habe Fiete Pfefferkorns Jungen gesehen, den Klaus. Mann inne Tünn [norddeutscher Ausruf des Erstaunens, V.W.], der fuhr einen Mercedes, der war so lang, dass er noch auf der Höhe der Sparkasse war, als das Hinterteil des Autos noch am Dreiecksplatz war und die Schnauze desselben am Berliner Platz den Verkehr verstopfte. Wie kommt der an das Geld für so etwas?" Ich sage: „Er ist Manager einer Firma für Werbung", sage ich, „die sich auf politische Werbung spezialisiert hat." – „Nun kommst du", sagt Natalje, „und was machen die denn in der Politik, du?" Ich sage: „Die", sage ich, „die denken [sich] für die Politiker die [Werbe-]Sprüche aus." Natalje sagt: „Ich werde verrückt". sagt sie, „ich habe immer gedacht, dass der Unsinn von den Politikern selbst verbrochen wird. Und nun halten die da oben sich dafür auch noch Leute."

bisweilen – wie auch häufig im Niederdeutschen – mit einem angehängten s gebildet (*die Pollitikers* statt endungslos: *die Politiker*). Auch beim Substantiv *Höchde* (statt *Höhe*) wird eine niederdeutsche Nachsilbe zur Wortbildung verwendet.[10]

Auffällig ist darüber hinaus der wiederholte Gebrauch niederdeutscher Lexeme (*Mors* statt *Hinterteil, Schnacks* statt *Sprüche, Schiet* statt *Unsinn* und *jümmer* statt *immer*) sowie niederdeutscher Redewendungen (*Mann inne Tünn*). Fremdwörter oder fremdsprachliche Namen treten in den Texten zumeist in verballhornter Form auf, wie in diesem Ausschnitt *Polletik* statt *Politik*.

Jochen Steffen erweist sich durch die Vielzahl verschiedener sprachlicher Merkmale, die er in den Missingsch-Inszenierungen verwendet, als sehr genauer Sprachbeobachter. Dies zeigt sich noch viel deutlicher, wenn man über seine Verschriftlichungen von Missingsch hinausgeht und die Live-Auftritte in der Rolle „Kuddl Schnööf" betrachtet. Die mündlichen Missingsch-Darbietungen weisen weitere norddeutsche Charakteristika insbesondere im Vokalismus auf, die sich mit den Mitteln des lateinischen Alphabets nicht hinreichend darstellen lassen.[11]

Eine Besonderheit des Kuddl-Schnööf-Missingschs sind graphematische Verfremdungen, die in großer Zahl vorkommen. Es handelt sich dabei um Schreibungen, die den geltenden Rechtschreibkonventionen zuwiderlaufen, ohne eine von der Standardsprache abweichende Lautung anzuzeigen (*Dreiecksplazz* statt *Dreiecksplatz; Schpakasse* statt *Sparkasse; Männätschä* statt *Manager*). Diese verfremdenden Elemente treten in den Kuddl-Schnööf-Texten im Vergleich zu Texten anderer Missingsch-Autoren außergewöhnlich häufig auf. Jochen Steffen greift hier auf ein Stilmittel zurück, das erst seit der zweiten Hälfte des 20. Jahrhundert systematisch im literarisierten Missingsch eingesetzt wird.[12]

Die ausgesprochen hohe Dichte der sprachlichen Merkmale in den Texten sowie der Einsatz verfremdender Elemente weisen darauf hin, dass es Jochen Steffen in erster Linie nicht um eine reine Abbildung sprachlicher Wirklichkeit geht. Er geht darüber hinaus und erschafft eine Art Kunstsprache, womit er in eine Reihe mit Missingsch-Autoren wie Dirks Paulun und Wolfgang Sieg gestellt werden kann, bei denen – ebenfalls in der zweiten Hälfte des 20. Jahrhunderts – ein ähnliches Spiel mit Sprache zu

---

10 Die niederdeutsche Entsprechung lautet Hööchde, vgl. Der neue SASS: Plattdeutsches Wörterbuch. Plattdeutsch – Hochdeutsch, Hochdeutsch – Plattdeutsch. Plattdeutsche Rechtschreibung, neu bearbeitet von Heinrich Kahl und Heinrich Thies, 4. Auflage, Neumünster 2007, S. 92.

11 Dazu gehören insbesondere die leicht diphthongisch realisierten langen e- und o-Laute (etwa Wouhnunk statt Wohnung). Ausgewertet wurde die Aufnahme „Kuddl Schnööf, die Sozis unnie Revolutschion" aus dem Jahr 1978 von der insgesamt 10. CD der Sammlung Volker Kühn: 100 Jahre Kabarett. Da machste was mit, Teil 4: 1970-2001, 3 CDs + Booklet, Hambergen 2006; Bichel, Beobachtungen, S. 24, merkt zum gesprochenen Missingsch Jochen Steffens an: „Merkwürdigerweise wirken die gesprochenen Texte nicht ursprünglicher als die gedruckten, vielmehr herrscht der Eindruck, daß die Buchstaben erst sekundär in Laute umgesetzt werden."

12 Besonders häufig finden sich die graphematischen Verfremdungen auch im Missingsch Dirks Pauluns.

erkennen ist. Bedingt ist diese Tendenz in der Missingsch-Literatur vermutlich auch durch Veränderungen in der Sprachwirklichkeit in dieser Zeit. Die Norddeutschen, die nun zumeist nicht mehr mit Niederdeutsch als Erstsprache aufwachsen, erlernen vermehrt ein Hochdeutsch, das nur noch leichte regionale Einflüsse zeigt. Ein merkmalsreiches Missingsch ist fortan seltener zu hören. Literarisiertes Missingsch erscheint nunmehr weitgehend entkoppelt von den Verhältnissen in der Sprachwirklichkeit und wird primär nicht mehr zur Abbildung derselben eingesetzt.[13] Die markante Sprachform dient ferner weiteren Zwecken, die im literarischen Werk selbst angelegt sind.

Es ist grundsätzlich davon auszugehen, dass die Verfasser mit dem Missingsch-Gebrauch in literarischen Texten immer auch eine bestimmte Absicht verfolgen: *Der Autor setzt einen bestimmten Sprachstil oder eine Varietät, also etwa einen Dialekt, bewußt ein. Und er nutzt dabei den […] sekundär-symbolischen Bedeutungsbereich der Sprachstile, um bestimmte Aussagen zu machen, die im Zusammenhang mit der literarischen Gesamtausgabe [sic!] des Textes stehen.*[14]

Funktionen, die das literarisierte Missingsch dabei besonders häufig erfüllt, sind die Figurencharakterisierung, die Erzeugung von Humor, die Äußerung von Zeitkritik und die Schaffung regionaler Identität.[15] In den Kuddl-Schnööf-Texten sind insbesondere die ersten drei Funktionen nachzuweisen. Der Figur wird die Sprachform Missingsch in den Mund gelegt, womit bestimmte Informationen über diese preisgegeben werden. Durch seine Sprache wird Kuddl Schnööf als sozial niedrig stehender Norddeutscher mit unzulänglicher Bildung charakterisiert. Seine Art, sich auszudrücken, belustigt den Leser. Bichel erklärt dies mit der „Bildungsüberlegenheit [...] des Missingsch-Literatur-Konsumenten über den Missingsch-Sprecher, auf den als auf einen Ungebildeten herabgesehen wird."[16] Darüber hinaus ist auch die „Redeweise an sich"[17] komisch: Die skurrilen Verfremdungen und absurd verballhornten Namen und Fremdwörter evozieren eine vom Inhalt unabhängige Komik. Die wohl wichtigste Funktion des Missingsch-Einsatzes in den Kuddl-Schnööf-Texten liegt aber wohl in der Bekräftigung ihrer „satirischen und aufklärerischen Absichten".[18] Satire hat die Eigenschaft, „einer Wahrheit oder einem Wert verpflichtet zu sein" und „am Einzelnen Allgemeines dar-

---

13 Vgl. Viola Wilcken: Andersschreiben zwischen Sprachwirklichkeit und Literarisierung – Zur Verschriftlichung von Missingsch, in: Britt-Marie Schuster/Doris Tophinke (Hg.): Andersschreiben. Formen, Funktionen, Traditionen, Berlin 2012, S. 219-235.

14 Klaus J. Mattheier: „Mit der Seele Atem schöpfen". Über die Funktion von Dialektalität in der deutschsprachigen Literatur, in: Ders. u.a. (Hg.): Vielfalt des Deutschen. Festschrift für Werner Besch, Frankfurt am Main u.a. 1993, S. 633-653, hier S. 651.

15 Vgl. die ausführliche Darstellung der Funktionen in Wilcken, Historische Umgangssprachen.

16 Bichel, Beobachtungen, S. 25.

17 Renate Mace: Funktionen des Dialekts im regionalen Roman von Gaskell bis Lawrence, Tübingen 1987, S. 31.

18 Möhn, Missingsch, S. 135.

zustellen".[19] In diesem Sinne vermitteln Jochen Steffens Texte eine unmissverständliche Zeitkritik, indem sie laut Bichel „Partei für ‚die kleinen Leute' [nehmen], als deren Repräsentant Kuddl Schnööf auftritt".[20] Die für die Satire typischen Mittel der Nachahmung und Überspitzung der (Sprach-)Wirklichkeit setzt Jochen Steffen – wie bereits ausgeführt – in umfassender Manier ein. Die Figur Kuddl Schnööf ist in der Weise angelegt, dass sie nur allzu leicht unterschätzt wird. In den umständlichen Ausführungen der missingsch sprechenden Figur verbergen sich scharfsinnige Aussagen und somit drastische Kritik an sozialen und politischen Missständen. Bichel sieht hier sogar eine „Übereinstimmung von Inhalt und Sprachform: Zum Ausdruck einer Antihaltung gegen das Bestehende wird so etwas wie eine Anti-Sprache gegen den geltenden Standard benutzt".[21]

Kuddl Schnööf war nicht die erste Figur, der Jochen Steffen die Sprachform Missingsch in den Mund legte. Bereits Ende der 1950er-Jahre erschienen die ersten „Fiete-Plietsch-Vertelln" in der „Flensburger Presse". Diese stellen einen Vorläufer zu den Kuddl-Schnööf-Glossen dar und weisen offensichtliche Ähnlichkeiten mit diesen auf: Der Flensburger Werftarbeiter „Fiete Plietsch" kommentiert das aktuelle politische und gesellschaftliche Geschehen aus seiner Perspektive. Die Ansichten seiner Frau „Zoffie" bleiben auch hier nicht unberücksichtigt. Anfang 1960 erschien die Fiete-Plietsch-Glosse mit dem Titel „Vonnie Aarbeiterssorgen", die folgendermaßen beginnt: *Ich hab nu wieder ssu Hause ruhige Tage. Chott ssei Dank! Mein Zoffie wa scha zo nehwös. Da war gakein Längskommen mit ihr. Zo wa ihr mittie Nervens runner von all die Ssorgen. Un es wa scha auch ein büschen viel mitten ma, nich? Ob das mittas Kinnerkriegen vonnie Königin klappt. Ob es bei den Schah von Persien endlich mal was wird. Un ob die Prinzessin Margret von England nach [sic !] einen abkricht oder nich. Sag mal zelbs, sind das Ssorgen oder nich?*[22]

Grundsätzlich weisen die Fiete-Plietsch-Texte viele sprachliche Merkmale auf, die später auch bei Kuddl Schnööf zu finden sind. Dazu gehören zum Beispiel Konsonantenausfälle am Wortende, die norddeutsche Aussprache des g am Silbenende und des j am Wortanfang, r-Vokalisierungen, der s-Plural sowie Kasusverwechslungen. Darüber hinaus legt Jochen Steffen der Figur „Fiete Plietsch" jedoch auch spezifische Merk-

19 Jürgen Brummack: Satire, in: Jan-Dirk Müller u.a. (Hg.): Reallexikon der deutschen Literaturwissenschaft. Neubearbeitung des Reallexikons der deutschen Literaturgeschichte, Bd. 3, S. 355-360, hier S. 356.

20 Bichel, Beobachtungen, S. 25.

21 Ebd.

22 Jochen Steffen: Vonnie Aarbeitersorgen, in: Flensburger Presse vom 1. März 1960. Übertragung ins Standarddeutsche: Ich habe nun wieder zu Hause ruhige Tage. Gott sei Dank! Meine Sophie war ja so nervös. Man kam gar nicht mit ihr zurecht. So sehr waren ihre Nerven angegriffen durch all die Sorgen. Und es war ja auch ein bisschen viel auf einmal, nicht? Ob es bei der Königin mit dem Kinderkriegen klappt. Ob es bei dem Schah von Personen endlich mal etwas wird. Und ob die Prinzessin Margaret von England noch einen abkriegt oder nicht. Sag mal selbst, sind das Sorgen oder nicht?

male der Flensburger Stadtsprache in den Mund. Dazu gehört die Aussprache des z und des s am Wortanfang als stimmloser Reibelaut (ssu statt zu; Ssorgen statt Sorgen). Bisweilen tritt das s am Wortanfang umgekehrt auch als z auf (zelps statt selbst). Auch die Aussprache des g am Wortanfang als ch (Chott statt Gott) gilt als typisch für die Stadt Flensburg und ihr Umland. An anderer Stelle greift Steffen auch ein Flensburger Charakteristikum im Satzbau auf. So lautet eine Feststellung Fiete Plietschs im selben Text: „Denn wegen den gleichen sseelischen Notstand wern wohl auch annere vergessen ham un bessahln ihre Raten." Statt des erweiterten Infinitivs mit „zu" (vergessen, die Raten zu bezahlen) wird hier eine Konstruktion mit und verwendet, die sowohl aus dem Flensburger Plattdeutsch als auch aus dem Plattdänischen bekannt ist. Die historische Flensburger Stadtsprache wird in der Regel als „Petuhtantendeutsch"[23] bezeichnet und enthält in der Regel hoch- und niederdeutsche sowie dänische Bestandteile. Ihre Literarisierung hat eine lange Tradition, in die sich die Fiete-Plietsch-Glossen fraglos einreihen.

Mit dem Einsatz spezifisch regionaler Merkmale in den Fiete-Plietsch-Texten erweist sich Jochen Steffen somit abermals als genauer Sprachbeobachter. Bereits 1960 bietet er damit sprachlich ein bemerkenswert ausgefeiltes Missingsch. Dieses perfektioniert er dann in Hinblick auf die künstlerische Gestaltung in den späteren Kuddl-Schnööf-Texten, indem er ihm durch eine noch größere Dichte absurder Verfremdungen und Verballhornungen sein unverwechselbares Kolorit verleiht.

Literatur

Bichel, Ulf: Beobachtungen und Überlegungen zum Thema: „Missingsch", Sprachform und literarische Verwendung, in: Wolfgang Kramer/Ulrich Scheuermann/ Dieter Stellmacher (Hg.): Gedenkschrift für Heinrich Wesche, Neumünster 1979, S. 7-29.

Borchling, Conrad: Sprachcharakter und literarische Verwendung des sogenannten „Missingsch", in: Wissenschaftliche Beihefte zur Zeitschrift des Allgemeinen Deutschen Sprachvereins 37 (1916), S. 193-222.

Brummack, Jürgen (2007): Satire, in: Jan-Dirk Müller u.a. (Hg.): Reallexikon der deutschen Literaturwissenschaft. Neubearbeitung des Reallexikons der deutschen Literaturgeschichte. Drei Bände, Berlin 2007, S. 355-360.

Delfs, Renate: Ohaueha, was'n Aggewars. Oder wie ein' zusieht un sprechen as die Flensburger Petuhtanten. 5. Auflage. Husum 2003.

23 Als Petuhtanten wurden Flensburgerinnen bezeichnet, die um 1900 regelmäßig mit ihren Dauerkarten („Partoutkarten") auf den Fördedampfern unterwegs waren. Diese verbrachten dort ihre Nachmittage und unterhielten sich miteinander in einem Deutsch, das charakteristische niederdeutsche und dänische Merkmale aufwies. Vgl. auch Renate Delfs: Ohaueha, was'n Aggewars. Oder wie ein' zusieht und sprechen as die Flensburger Petuhtanten, 5. Auflage, Husum 2003.

Der neue SASS: Plattdeutsches Wörterbuch. Plattdeutsch – Hochdeutsch, Hochdeutsch – Plattdeutsch. Plattdeutsche Rechtschreibung, neu bearbeitet von Heinrich Kahl und Heinrich Thies. 4. Auflage, Neumünster 2007.

Gabrielsson, Artur: Die Verdrängung der mittelniederdeutschen durch die neuhochdeutsche Schriftsprache, in: Gerhard Cordes/Dieter Möhn (Hg.): Handbuch zur niederdeutschen Sprach- und Literaturwissenschaft, Berlin 1983, S. 119-153.

Kühn, Volker (Hg.): 100 Jahre Kabarett. Da machste was mit, Teil 4: 1970 bis 2001, 3 CDs + Booklet, Hambergen 2006.

Mace, Renate: Funktionen des Dialekts im regionalen Roman von Gaskell bis Lawrence, Tübingen 1987.

Mattheier, Klaus J.: „Mit der Seele Atem schöpfen". Über die Funktion von Dialektalität in der deutschsprachigen Literatur, in: Mattheier, Klaus J. u.a. (Hg.): Vielfalt des Deutschen, Festschrift für Werner Besch, Frankfurt am Main u.a. 1993, S. 633-652.

Möhn, Dieter: Missingsch, in: Horst Haider Munske (Hg.): Deutsch im Kontakt mit germanischen Sprachen, Tübingen 2004, S. 119-140.

Peters, Robert: Die Bedeutung des Niederdeutschen für die deutsche Sprachgeschichte, in: Jahrbuch für germanistische Sprachgeschichte 1 (2010), S. 237-253.

Sodmann, Timothy: Die Verdrängung des Mittelniederdeutschen als Schreib- und Druckersprache Norddeutschlands, in: Werner Besch, u.a. (Hg.): Sprachgeschichte, Ein Handbuch zur Geschichte der deutschen Sprache und ihrer Erforschung. Teilbd. 2, 2. Auflage, Berlin u.a. 2000, S. 1505-1513.

Steffen, Jochen: Vonnie Aarbeiterssorgen, in: Flensburger Presse vom 1. März 1960.

Steffen, Jochen: Kuddl Schnööfs achtersinnige Gedankens und Meinungens von die sozeale Revolutschon und annere wichtige Sachens. Mit wat vorwech von Siegfried Lenz, Hamburg 1972.

Steffen, Jochen: Nu komms du! Kuddl Schnööfs noie achtersinnige Gedankens un Meinungens, Hamburg 1975.

Steffen, Jochen: Da kanns auf ab. Kuddl Schnööfs noieste achtersinnige Gedankens un Meinungens. Hamburg 1981.

Teuchert, Hermann: Missingsch. Eine sprachliche Untersuchung. In: Beiträge zur Geschichte der deutschen Sprache und Literatur 82 (1961), S. 245-261.

Wilcken, Viola: Andersschreiben zwischen Sprachwirklichkeit und Literarisierung – Zur Verschriftlichung von Missingsch, in: Britt-Marie Schuster/Doris Tophinke (Hg.): Andersschreiben. Formen, Funktionen, Traditionen, Berlin 2012, S. 219-235.

Wilcken, Viola: Historische Umgangssprachen zwischen Sprachwirklichkeit und literarischer Gestaltung. Formen, Funktionen und Entwicklungslinien des „Missingsch", Hildesheim/Zürich/New York 2015.

Frieder Otto Wolf

Wo Jochen Steffen einfach recht hatte – und wie das heute darüber hinaus zu treiben und zu re-artikulieren ist

„Abers, Natalje", sach ich, „ich bidde dich: Was ham wi da'aus gelähnt?" – „Daß du, mein lihm Kuddl", sacht sie, „sofoht produziäs, was sonns ers ans Enne von sonne Geschiche rauskomp!" „Nu komms du!"[1]

Jochen Steffen hat einer Generation angehört, die es geradezu verzweifelt schwer gehabt hat. Erwachsen geworden in der Nacht des 20. Jahrhunderts, haben die Besten unter ihnen zumindest wieder damit angefangen, nach einer Alternative zu suchen, welche der falschen Alternative von „kapitalistischer" und „kommunistischer" Technokratie (vgl. Steffen 1977) wirklich eine gegenwärtige Alternative entgegensetzen konnte. Zu diesen hat er zweifellos in eindrucksvoller, wenn auch nicht schulbildender Weise gehört. Und für mich hat er eine wichtige Rolle gespielt: Als ein wissenschaftlich ernst zu nehmender Vertreter eines, wie dies damals genannt wurde, „undogmatischen Marxismus" und einer sozialistischen Politik, die aus dem Schatten des Stalinismus heraustrat.

1. Das 20. Jahrhundert und seine „Nacht"

Die „Nacht des 20. Jahrhunderts" scheint mir ein treffendes Bild zu sein, um die historische Lage und die politischen Perspektiven dieser in der Tat „verlorenen Generation" zu kennzeichnen:

- Die vom Ersten Weltkrieg „bearbeitete" große historische Krise des imperialistischen Weltsystems auf der Grundlage der Herrschaft der kapitalistischen Produktionsweise war nicht gelöst – die Sozialdemokratie hatte überwiegend das Ziel einer Überwindung der Herrschaft der kapitalistischen Produktionsweise aufgegeben und der von Lenin initiierte „Realsozialismus" hatte sich in ein stalinistisches Herrschaftssystem verwandelt, das sich – trotz seiner Ausweitung auf ein „sozialistisches Lager", welches auch einen deutschen Staat mit einschloss – für den Kampf um Befreiung als eine historische Sackgasse erwies;
- die in den 20er Jahren in Gang gekommenen antikolonialen Bewegungen konnten sich erst spät durchsetzen und erreichten nicht mehr, als dass sie ein neokoloniales aggiornamento des von Großbritannien als Zentrum auf die USA übergehenden imperialen Weltsystems durchsetzen konnten;

---

1 Steffen 1997, S. 231.

– die internationale Frauenbewegung in den „westlichen Ländern“ hatte sich anscheinend in der Erreichung des Frauenwahlrechts erschöpft, so dass die Thematisierung der herrschaftlichen Strukturen zu einer „Nebensache“ anderer politischer Spaltungslinien geworden war;
– die frühe Umweltbewegung hatte sich in Naturschutz und Naturtümelei abdrängen lassen, was in der Regel nicht einmal zu einem Nebenthema laufender politischer Auseinandersetzungen reichte;
– die Stelle der kritischen Theorie und Wissenschaft, welche in diesen Kämpfen angewandt und weiter entwickelt werden könnte, war von dem dogmatischen Konstrukt des offiziellen Marxismus beziehungsweise des Marxismus-Leninismus (und deren selbst wiederum blockierten Krisen) auf eine Weise besetzt, welche nur noch punktuell und marginal lebendige theoretische Entwicklungen und wissenschaftliche Forschungen möglich werden ließen.[2]

Stattdessen beherrschten mit historisch beispielloser Brutalität und auf einem bisher unerreichten Niveau von Technologie und Organisation ausgetragene Konflikte geradezu die Welt, mit einer in alle Ebenen und Bereiche des gesellschaftlichen, kulturellen und politischen Lebens eindringenden Tendenz zur Totalisierung, welche emanzipatorischer Intellektualität ebenso wie praktischen Befreiungsversuchen tendenziell sich verengende Grenzen setzte.[3] Das gilt für die gesamte Periode, deren erste Phase von der unmittelbaren Vorbereitung des Ersten Weltkriegs bis zur unmittelbaren Vorbereitung des Zweiten Weltkriegs gereicht hat, deren zweite Phase mit totalem Krieg, Holocaust und Völkermord die tiefste Dunkelheit erreicht hat und deren dritte Phase mit einem kalten, nur punktuell ausgetragenen Weltkrieg bis in die 1980er Jahre hinein weltweit alle Politik überschattet hat. Dass diese Konflikte zudem auch noch fälschlich zu Konflikten zwischen Kreativität und Ordnung, Freiheit und Gerechtigkeit, Emanzipation und Solidarität ideologisiert werden konnten, hat es in dieser dunklen Nacht nur umso schwerer gemacht, tragfähige Orientierungen zu finden.

2. Wo Jochen Steffen recht hatte

Jochen Steffens Konzeption eines starken Reformismus (dargelegt vor allem in „Strukturelle Revolution. Von der Wertlosigkeit der Sachen“, und „Krisenmanagement oder Politik?“) verband dezidierte theoretische und empirische Auffassungen über den zeitgenössischen „Kapitalismus“ mit durch historische Untersuchungen angereicherten Überlegungen zu einer radikal demokratischen, in einem spezifischen Sinne ‚po-

2 Die Geschichte der dissidenten Marxismen und der kleinen sozialistischen politischen Organisationen im damaligen Westdeutschland war für Jochen Steffen bekanntlich durchaus relevant, auch wenn er schon früh an der SPD als der wirklich existierenden Partei der wirklich existierenden Arbeiterklasse festgehalten hat.

3 Das Ausmaß dieser Verengung wird etwa in Walter Jankas Bericht über Anna Seghers Reaktion auf die Gewalttätigkeit des Rákosi-Regimes in Ungarn (Janka 1990, S. 15f.) erschütternd sichtbar.

pularen' Politik. Diese Dimensionen seiner Konzeption sollen als solche rekonstruiert und auf ihre Voraussetzungen hin durchsichtig gemacht werden. Auf dieser Grundlage wird es dann möglich, Steffens Konzeption auf gegenwärtige Konzeptionen einer radikalen Transformationspolitik[4] zu beziehen.

In seinen politischen Initiativen und in deren begleitender, zum Teil auch vor- oder nachbereitenden theoretischen Artikulation hat Jochen Steffen vor allem vier Punkte mit großem Recht immer wieder betont:

Erstens hat er deutlich gesehen, dass eine realitätstüchtige Politik der Befreiung nicht ohne die Form der demokratischen Partei, welche in der tagtäglichen und politischen Praxis der Menge der Vielen (das ist in den sogenannten Massen) auf der Seite der beherrschten Gruppen und Klassen, insbesondere der Arbeiterklasse, real verankert ist, auskommen kann.

Zweitens hat er immer klar vertreten, dass wir es auch heute noch mit dem Problem einer Überwindung der Herrschaft der kapitalistischen Produktionsweise zu tun haben, welche er – wie fast alle Zeitgenossen – mit dem abkürzenden Begriff des Kapitalismus bezeichnete. Insbesondere der von John Maynard Keynes und den schwedischen Sozialdemokraten wie Gunnar Myrdal ausgehenden Versuchung, sich auf verbesserte Ausgestaltungen dieser Herrschaft zu konzentrieren und damit auch zufrieden zu geben, hat er nicht nachgegeben.

Drittens hat er aber auch ganz deutlich vor Augen gehabt, dass die historische Gestalt dieser Herrschaft sich seit der Zeit, in der Marx seine Analysen ausgearbeitet und vorgelegt hatte, real und durchaus tiefgreifend verändert hat. Dabei zeichnete ihn aus, dass er sich gegenüber vereinfachenden Vorstellungen, wie sie einerseits in der Linie vom „Monopolkapitalismus" (Rudolf Hilferding, Vladimir Iljitsch Lenin, Baran/Sweezy) zum „staatsmonopolistischen Kapitalismus" (Eugen Varga, Jürgen Kuczynski, Heinz Jung, Paul Boccara) und andererseits in unterschiedlichen Konzepten eines „organisierten Kapitalismus" (Robert Burnham, Friedrich Pollock) ausgearbeitet worden waren, theoretisch skeptisch und pragmatisch zurückhaltend verhalten hat – und stattdessen immer wieder darauf gesetzt hat, gegebene Lagen spezifisch zu untersuchen.

Viertens hatte er zugleich klar erkannt, dass nicht allein die Qualität der zu Grunde gelegten wissenschaftlichen Analysen über Realitätstüchtigkeit wirklicher politischer Praxis entscheiden kann, sondern dass es erforderlich ist, zu den politisch zu aktivierenden Menschen als Menschen gesamthaft und in ihrer Sprache zu sprechen. Seine Kolumnen in der Volkssprache des „Missingsch"[5] - als „Kuddl Schnööf", dabei nicht

4 An denen der Verfasser beteiligt ist; zuletzt: Brangsch/Dellheim/Spangenberg/Wolf 2012.

5 Als ein „Kreolisch" mit plattdeutscher Phonetik und Grammatik, aber weitgehend „hochdeutscher" Lexik auch die eigentliche „Kindheitssprache" des Verfassers. Vgl. hierzu den Beitrag von Viola Wilcken in diesem Band.

zu vergessen „sin Natalje“ – waren daher weit mehr als eine sympathische, nur lokal bedeutsame Marotte.

3. Wo wir heute über Jochen Steffen hinausgehen müssen

Der richtige und wichtige Kerngedanke, welcher Jochen Steffens Überlegungen zugrunde liegt – dass die Perspektive des Umsturzes wenig zielführend ist und stattdessen ein komplexerer Transformationsprozess ins Auge zu fassen ist, der Zeit braucht – hat in einer Zeit, in der maßgebliche Teile der jungen Generation gerade damit beschäftigt waren, die Radikalität des Bruches als solche wieder zu entdecken und eben nicht bereit waren, sich mit den ‚Mühen der Ebene’ zu befassen, offenbar zunächst nicht begeistern können. André Gorz‘ durchaus entsprechende Überlegungen kamen innerhalb der deutschen Linken später, ebenso auch die Wiederentdeckung von Antonio Gramscis grundsätzlicher Untersuchung zum Verhältnis von „Bewegungskrieg“ (Revolution im Osten) und „Stellungskrieg“ (Revolution im Westen).

Demgemäß ist dieser Kerngedanke damals nicht hinreichend breit aufgegriffen worden Es ist daher lohnend, auf Jochen Steffens Grundgedanken zurückzukommen. Heutiges Denken über die notwendigen radikalen Transformationen, sowie darüber, wie sie politisch eingeleitet und gesellschaftlich durchgesetzt werden können, wird davon lernen können.

Zwischen Jochen Steffens politischer Praxis und der politischen Praxis der Gegenwart liegt eine gescheiterte politische Umwälzung und eine enttäuschte Hoffnung: Die weltweite Jugendrevolte der 1960er und 1970er Jahre hat die weltweite Herrschaft der kapitalistischen Produktionsweise nicht erschüttern können; nicht einmal die mit Chile, Portugal und Nicaragua dicht an die Zentren der imperialen Kapitalherrschaft heranrückenden Revolutionen und Transformationsversuche sind dazu in der Lage gewesen. Das mit Hoffnungen auf eine „Friedensdividende“ und auf erweiterte Spielräume zumindest für eine reformistische politische Praxis verbundene Ende des Kalten Krieges hat diese Hoffnungen ganz tiefgreifend enttäuscht, so dass heute auch wieder in Europa der Krieg als Mittel der Abgrenzung imperialer Einflusszonen eingesetzt werden kann.

Zwischen den Instrumenten, welche Jochen Steffen zur theoretischen Durchdringung seiner politischen Erfahrungen und Projekte zur Verfügung gestanden haben, und denen, welche uns heute – jedenfalls grundsätzlich – zur Verfügung stehen, liegt aber auch eine historisch präzedenzlose Welle der Entwicklung theoretischer Ausarbeitungen und wissenschaftliche Untersuchungen auf allen Feldern der kritischen Theorie von Gesellschaft und Geschichte. Unsere Aufgabe wird es daher sein, Jochen Steffens Bestehen auf den ebenso einfachen wie wichtigen oben genannten vier Punkten auf dem durch diese Entwicklung erreichten Niveau zu erneuern.

Dieser heute erforderliche Niveauwechsel lässt sich auf alle vier der oben genannten Punkte beziehen:

- In der Frage der Auffassung von Staat und Politik bleibt die Problematik der Staats- und damit der Parteiform für eine emanzipatorische, befreiende Politik soweit unbeachtet, dass sich eine Erneuerung der Konzeption von parteipolitischer Tätigkeit auf den Rahmen einer politischen Neuaufstellung der SPD beschränkt hat, so dass keine Politik konzipiert werden konnte, welche über den Staat hinausweist. So sehr Jochen Steffen gegenüber allerlei zeitgenössischen Illusionen recht hatte, die glaubten, man könne sich, auch ohne auf Staat und Partei einzugehen, von bestehenden Herrschaftsverhältnissen befreien, bleibt doch der von ihm propagierte Radikalreformismus im Hinblick auf die Formen, in welchen Subjekte befreiende Politik machen können, sehr viel blasser, als dies offenbar nötig ist.
- In der Frage des allgemeinen Kapitalismusverständnisses wirkt bei ihm offenbar noch die vom Traditionsmarxismus geprägte Vorstellung nach, dass es eine lineare Entwicklung der Gesellschaftsformationen gebe, anstatt sich auf die unsichere, unvollständige und hochgradig kontingente historische Entwicklung des Einwirkens der kapitalistischen Produktionsweise (und ihrer Krisen) auf historisch wirklich existierende Gesellschaftsformationen einzulassen. Das führt vor allem dazu, dass die Frage von Sackgassen und Fehlentwicklungen (in Gestalt des „Realsozialismus") zwar durchaus scharf gestellt, aber nicht tragfähig beantwortet werden konnte;[6]
- In der Frage der Bestimmung der gegenwärtigen Gestalten der Herrschaft der kapitalistischen Produktionsweise findet sich auch bei Steffen eine Vermischung von Strukturanalyse der Produktionsweise mit der historischen Beschreibung einzelner Gesellschaftsformationen – unter dem Titel des „Kapitalismus der Gegenwart".
- In der Frage der popularen Bezugnahme auf die komplexen Wirklichkeiten des Alltagslebens muss auffallen, dass hier eine Lücke vorliegt: aufgrund der Vernachlässigung der in den konkreten Gesellschaftsformationen ebenfalls wirksamen „anderen Herrschaftsstrukturen" (Patriarchat, Imperialismus, Industrialismus und Ähnliches) fehlt seinen Analysen – trotz aller punktuellen intuitiven Sensibilität – die notwendige strategische Öffnung für die „anderen Kämpfe" gegen derartige Herrschaftsstrukturen, welche den Aufbruch der 1960er Jahre eher noch stärker geprägt haben als ihr durchaus erneuerter Antikapitalismus.

6 Seine scharfe und klare Kritik des Stalinismus (Steffen 1977) blieb in ihrer theoretischen Konsequenz dadurch blockiert, dass er ihn sich letztlich konvergenztheoretisch als Variante einer sich auch im Westen durchsetzenden „Technokratie" vorstellte (ebd., S. 213ff.), anstatt ihn in seiner spezifisch zerstörerischen, konterrevolutionären Prägung zu begreifen.

4. Anknüpfungspunkte in Jochen Steffens eigenen Arbeiten

Zwei Kernbereiche der für diese Erneuerung erforderlichen Arbeiten hat Jochen Steffen selber bereits in Angriff genommen:

- Seine Untersuchung der gegenwärtigen Formen der Kapitalherrschaft (insbesondere in die „Logik des Unmenschlichen" (Steffen 1974, S.165-328), sowie in „Die Widersprüche und die Aufgaben" (S.331-349) in seinem Band zur „strukturellen Revolution") verbindet Momente der allgemeinen Analyse des Reproduktionsprozesses des Kapitals als Herrschaftsverhältnis[7] mit der Spezifizierung historischer Entwicklungen der Rolle des Staates als eines zentralen Garanten dieses Reproduktionsprozesses.

  Unter dem Begriff eines „Verlustes der ‚Naturwüchsigkeit'" (S. 162) der gesellschaftlichen Entwicklung denkt Steffen zusammen, dass sich zwar der „kapitalistische Inhalt des Kapitalverwertungsprozesses" nicht verändert habe (ebd.)[8], sehr wohl aber der „Inhalt der gesellschaftlichen Aktionen, Interaktionen und Reaktionen auch und vor allem des internationalen Kapitals" (ebd.) – und verweist (allerdings nur sehr abstrakt) darauf, dass sich dadurch „die alten Fronten [des Klassenkampfs] verschoben" (ebd.) hätten, insbesondere in die Richtung einer Verdrängung des Klassenkampfes durch den „Verteilungskampf innerhalb der [unterdrückten und ausgebeuteten] Klasse" (ebd.). Das habe zur Folge, dass die „signifikanten Erlebnisse des naturwüchsigen Kapitalismus hinter der allgemeinen Bedrohung [der „humanen Bedrohung" durch die „Umweltgefährdung"] zurück[treten], die meist nicht unmittelbar als kapitalistisch verursacht[9] zu erleben sind" (ebd.).
- Insbesondere seine Erörterung der Frage nach der „Rolle der Partei" (S.350-390) hat ihn dazu geführt nicht nur das Parteiverständnis von Marx und Engels zu rekonstruieren (S.356f.), sondern auch das des – von Lenin in der Tat auch vorbereiteten[10] – spezifisch stalinistischen „Leninismus" (S.355f., 357f., vgl. S.371 zur „stalinistischen Pervertierung seines Modells") zu kritisieren, sowie an das gegenläufige Parteiverständnis der Austromarxisten und des Historikers Arthur Rosenberg zu erinnern

---

7 Die er unter dem bewusst paradoxen Titel des „vergesellschafteten Kapitalismus" fasst (etwa Steffen 1974, S. 350).

8 Damit geht er zu allen „Stadientheorien" der „Entwicklung des Kapitalismus" auf Distanz (also etwa den Theorien des Monopolkapitalismus, des „Stamokap" und des „organisierter Kapitalismus").

9 Die Konzentration auf die „kapitalistische Verursachung" lässt Steffen keineswegs die „negativen Erscheinungsformen [...] bzw. noch tieferen Schatten" (ebd.) im „Realsozialismus" übersehen. Mit Herbert Marcuse teilt er die „richtige Analyse" (S. 163), dass die „‘falsche Rationalität'" der „‘hochindustrialisierten Länder'" (ebd.) „auch die der sozialistischen Gesellschaften ist" (ebd.) – und zwar ganz grundlegend: „Was nicht stimmt, ist die Weise, wie die Menschen ihre gesellschaftliche Arbeit organisiert haben." (ebd.).

10 Insbesondere aufgrund einer strukturellen „Nichtbalance von Partei und Gesellschaft" in seiner Parteiauffassung, die durch die „kostspielige Korrekturmöglichkeit" der „‘Kulturrevolution'" nicht aufgehoben wird (S. 371). Demgegenüber hält Steffen durchaus an Lenins Betonung der „Rolle der Intelligenz", sowie an der Notwendigkeit einer organisierten Verbindung von „kurzfristiger, unmittelbar praktischer Politik mit langfristigen, politischen Perspektiven" (S. 370) fest.

(S. 358f.). Vor allem ist aber hervorzuheben, dass er bereits die Frage aufwirft, was diese Lektionen aus der Geschichte der „Integrationspartei“ angesichts der Nachkriegsentwicklung des westdeutschen Parteiensystems mit der neuen Zentralfigur der „Volkspartei“ zu bedeuten haben (S.361f.) – und mit den Gedanken einer „Kreisbewegung (Integrationspartei-Volkspartei-Integrationspartei)“ (S.362, 363) und einer Kritik „monopolisierte[r] Macht und Herrschaftspositionen“ (S.365) erste, – mit dem damaligen „‚Reformkommunismus‘ (W. Leonhard)“ konvergierende (S.379) Schritte in der Richtung eines politischen Prozesses beschreibt, in dem – durchaus im Sinne Rosa Luxemburgs (S.380) – die politische Partei statt als „Führungsorgan“ zu fungieren, in die Rolle eines „Korrespondenzorgans“ hineinwächst, „das gleichzeitig Beweger und Bewegter ist“ (S.381, vgl. S.371) – das heißt als eine „moderne Klassenpartei“, in der ein „Generalstab“ in „enger Verbindung mit Wissenschaft“ an einem „Plan des Ganzen arbeiten“ kann, ohne „ihr demokratisches Selbstverständnis“ zu relativieren (S.390).

In seiner Kritik an Herbert Marcuses von ihm als Flucht beschriebenen Wendung „zu den Urtrieben und ihrer Entfesselung“ (163) hat Steffen selber nicht nur die Herrschaftsverhältnisse der Gegenwart als „ein gigantisches, organisiertes Getriebe“ beschrieben (ebd.), sondern eine wirklich harte pessimistische Diagnose der historischen Lage formuliert: „Was Möglichkeit zur Befreiung von Fesseln war [die Entfaltung von Produktivkräften und von bewusster gesellschaftlicher Planung durch „organisierte wissenschaftliche Rationalität“], wird unter der Voraussetzung falscher Rationalität, die ein Ergebnis der Verdinglichung ist, zu einer doppelt geschmiedeten Fessel, materiell und geistig. Extremere Ausweglosigkeit ist kaum denkbar.“ (ebd.)

Das „Gegenmittel, ein philosophisch-anthropologisch bestimmtes Klassenbewusstsein“ (162) bleibt demgegenüber zu entfalten und zum Einsatz zu bringen. „Philosophie und Politik oder Die Spinnerei mit praktischer Bedeutung“ (S.118-140), sowie „Das Bild des Menschen, seine Verlorenheit und seine Chance“ (S.141-163) sind daher die programmatisch entscheidenden Kapitel in Steffens Versuch, dem „verdinglichten Menschen in latenter Friedlosigkeit“ (S.43-163) einen Ausweg zu weisen. Das macht es dann sicherlich erforderlich, die „Logik des Unmenschlichen“ (S.165-328) nicht nur wissenschaftlich zu durchschauen, sondern auch politisch zu zerbrechen. Aber schon damals war es ein voluntaristischer Kraftakt, die dafür erforderliche „strukturelle Revolution“ als Gegenstand „sozialdemokratischer Strategien“ (S.329-390) zu begreifen.relle Revolution“ als Gegenstand „sozialdemokratischer Strategien“ (S.329-390) zu begreifen.

Steffens illusionslose Analyse der Lage bleibt immer noch relevant, auch nachdem sich die von ihm zurückgewiesene stalinistisch geprägte Scheinalternative des Realsozialismus[11] inzwischen erledigt hat. Und auch seine Formulierungen des „Einfachen, das so schwer zu machen ist" (Brecht) haben ihre Kraft noch nicht verloren.[12] Ebenso wenig sein Appell an die Humanität: „Deshalb: Humanität ist nützlich! Formulieren wir eine mittlere Perspektive, die es uns erlaubt, der Wirtschaft zu geben, was der Wirtschaft ist, und dem Menschen zu geben, was des Menschen ist. Die Perspektive des ‚sacro egoismo' reißt Wirtschaft und Mensch auseinander. Die Perspektive des Humanen Egoismus führt sie zusammen. Noch können wir wählen. Das ist die große Chance der Humanität in der Krise." (Steffen 1974b, S.89)

Die von Steffen vorgeschlagenen sozialdemokratischen „Gegenmittel" bedürfen aber offenbar der gründlichen Überprüfung, sowie eines Aus- und Umbaus.[13] Aber auch dazu kann die Erinnerung an seine Arbeiten, als Beiträge zu einer unterdrückten alternativen Auflösung der Krise des „Fordismus" (vgl. Lipietz 1998 u. 2000), heute noch wichtige Hilfen und Anregungen geben.

5. Über Jochen Steffens Vorstöße hinaus weitergehen!

Heute lässt sich bereits deutlich umreißen, in welche Richtung über Jochen Steffens Vorstöße hinaus weiterzugehen ist – in einer klareren Artikulation dessen, was er mit der paradoxen Formel vom „vergesellschafteten Kapitalismus"[14] angedeutet hat, in einer trennschärferen Formulierung der Probleme alternativer sozialer Bewegungen angesichts der Herrschaft der kapitalistischen Produktionsweise, der Voraussetzungen und Schranken von Parteien eines parlamentarischen politischen Systems angesichts der herrschaftlichen Strukturierung des, wie ich immer noch im Anschluss an Althusser sagen würde, „ideologischen Staatsapparats ‚Politik'" (vgl. Althusser 2010, 108-110) und der möglichen Beiträge einer kritischen philosophischen Tätigkeit zu der konkreten Denkbarkeit historischer Alternativen (vgl. Wolf 2012, 402-405). Ich werde mich zu jedem dieser drei Punkte darauf konzentrieren, welche spezifischen Blockaden zu überwinden sind (und auch überwunden werden können), gegen die Steffen zwar durchaus gedacht hat, ohne sie aber als solche thematisieren und dann auch ausdrücklich überwinden zu können.

11 Vgl. Steffen 1977b. – Zu deren Untersuchung hat er an anderer Stelle, anhand der Auseinandersetzung mit Karl Radeks Wirken, durchaus auch Pionierarbeit geleistet: „Der Radek wusste – und er hat es nie vergessen, dass alle wirklichen Veränderungen die Beziehungen zwischen den Menschen verändern. Da fängt alle soziale Revolution an, und bei deren qualitativer Verbesserung muß sie wieder enden. Tut sie das nicht, war alles für die Katz." (Steffen/Wiemers 1977, S. 9).

12 Etwa: „Karl: […] Wir können es. Und ich glaube auch daran, daß wir unsere Welt nur schaffen, wenn wir mit denen solidarisch sind, die unten sind. Und weil ich weiß, daß wir mit unserer Arbeit den Reichtum der Gesellschaft schaffen, will ich auch, daß wir selbst über ihn bestimmen. Ich will das. Und ich weiß, wir können das auch. So einfach ist das, verflucht noch eins!" (Steffen 1977a, S. 130f.)

13 Meine „Radikale Philosophie" ließe sich auch als eine Entfaltung der von Steffen immerhin für unverzichtbar erklärten philosophischen Seite (S. 122-130, in Anschluss an Claus Grossner 1971 und André Gorz 1967) dieser Gegenmittel begreifen (Wolf 2002).

14 Steffen 1974, S. 350.

5.1 Das Gespenst des „Kapitalismus“ (und auch seines ‘Wiedergängers’ des Realsozialismus) blockiert die konkrete Analyse der konkreten Lage

Das von Marx nur gelegentlich und zwar nur journalistisch gebrauchte Wort „Kapitalismus“ hat in der Geschichte des Marxismus schleichend einen theoretischen Status gewonnen (vermutlich auch, um einen adäquaten Gegensatz zu dem Phantom der ‚sozialistischen Übergangsgesellschaft‘ zur Verfügung zu haben). Demgegenüber bleibt es nötig, zu unterscheiden zwischen dem „kapitalistischen Produktionsverhältnis“ von Lohnarbeit und Kapital, der „kapitalistischen Produktionsweise“ – welche in ihrem „idealen Durchschnitt“ den gesamten Reproduktionsprozess dieses Verhältnisses beherrscht, der sich, andere Prozesse in ihrer Eigengesetzlichkeit als solche noch einmal „überdeterminierend“, bis in die feinsten Verästelungen von Ideologie und Institutionen hinein erstreckt, einerseits, und den modernen „bürgerlichen Gesellschaftsformationen“, in welchen partikular und sogar singulär historisch diese Produktionsweise „herrscht“, andererseits.

Diese Unterscheidung macht es dann auch möglich zum einen die spezifische Historizität etwa der deutschen, der französischen oder etwa der schwedischen Gesellschaftsformation als solche zu begreifen, welche durch die Herrschaft der kapitalistischen Produktionsweise – trotz ihrer umfassenden Einwirkung auf alle Ebenen und Dimensionen der von ihr beherrschten Singularitäten – keineswegs aufgehoben werden – was auch bei Steffen nur in der unbewussten Form berücksichtigt wird, dass die deutschen Verhältnisse als selbstverständlicher Rahmen unterstellt werden (und etwa die eigentümliche politische Ökonomie der deutschen Teilung völlig unbeachtet bleibt).[15] Zum anderen (und vor allem) eröffnet diese Unterscheidung nicht nur die Möglichkeit, die „Artikulation von Produktionsweisen“ innerhalb gegebener Gesellschaftsformation als solche zu begreifen (was insbesondere für ehemals kolonial abhängige Länder von Bedeutung ist, in denen vormoderne Produktionsweisen noch weiterwirken), sondern auch die Artikulation unterschiedlicher moderner Herrschaftsverhältnisse (insbesondere der Geschlechterverhältnisse und ökologischer Raubbauverhältnisse). Damit ließe sich heute das paradoxe Rätsel des „vergesellschafteten Kapitalismus“ auflösen, indem das überdeterminierte Zusammenwirken der in verschiedenen Gesellschaftsformationen unterschiedlich artikulierten Herrschaftsverhältnisse als solches analysiert würde – und damit auch der falsche Schein destruiert würde, dass derartige Vergesellschaftungsprozesse (wie sie in der Tat den sogenannten Fordismus charakterisiert haben) auf eine lineare Fortsetzung hin tendierten und nicht etwa durch radikale Bifurkationen (wie die zur neoliberalen Wende in der Wirtschafts- und

15 Allgemeiner führt diese faktische Fixierung auf die gegebenen (west)deutschen Verhältnisse dazu, dass die Einbettung der unterschiedlichen realsozialistischen Gesellschaftsformationen in europäische und weltweite Zusammenhänge der Kapitalverwertung weitgehend außer Betracht bleibt, während die transnationale Umstrukturierung des Kapitals im Rahmen der EWG nur als eine in ihren „gröbsten Auswirkungen“ national abzufangende „Europäisch-atlantische Ökonomie“ in den Blick kommt (Steffen 1974, S. 387).

Sozialpolitik) abgelöst werden könnten – wiederum in partikularen Modulationen für singuläre Gesellschaftsformationen.

Diese historische Singularität der überdeterminierten Strukturen und Prozesse als solche zu begreifen würde es dann auch möglich machen, reale Zusammenhänge zwischen dem konkreten „Kapitalverwertungsprozess" und den „gesellschaftlichen Aktionen, Interaktionen und Reaktionen" (Steffen 1974, S.162) zu rekonstruieren – wie sie Steffen auf der von ihm eingehaltenen pauschaleren Argumentationsebene bewusst getrennt hält, um nicht in einen ökonomistischen Reduktionismus zu verfallen.

5.2 Die politische Partei diesseits und jenseits des Staates

Steffen räumt durchaus klarsichtig ein, dass zum einen die Aufgaben der „Partei des modernen Proletariats" (Steffen 1974, S.351) geradezu erdrückend vielfältig sind.[16] Vor allem aber sieht er die grundsätzliche Schwierigkeit ihrer Bewältigung: „Das ist um so schwieriger, als alle Voraussetzungen, die diese Aufgaben der Partei als deren logische Konsequenz erscheinen lassen, inhaltlich umstritten oder in ihrer Entwicklung von Entscheidungszentren abhängig sind, die vielfach außerhalb der direkten Einflussnahme der Partei und einer von ihr gestellten Regierung liegen." Allerdings weist er zugleich darauf hin, dass gerade hier, in der Problematik der politischen Organisation ein Schlüsselproblem jeder „‚sozialen Revolution'" (S.350) beziehungsweise jedes wirklichen „‚Transformationsprozesses'" (S.351) liegt, an der sich die Möglichkeit entscheidet, diese „in Freiheit durch Mittel und Methode der Freiheit" durchzuführen (350f.): „Denn eines bleibt unbestreitbar richtig: Die bewußte Organisation des gesellschaftlichen Produktionsprozesses ist die eine Seite der Medaille, wenn ihre andere Seite dessen bewußte Kontrolle durch die Individuen ist." (S.351) Genau dieses gerät aber – wie Steffen die seit Robert Michels diskutierte Problematik der Verselbständigung der Parteiform aufgreift – völlig aus dem Horizont der Parteipolitik, wenn sie der Gefahr erliegt, „vom Mittel zum Zweck in einen Selbstzweck verwandelt zu werden", so dass die „Form an die Stelle des Inhalts" tritt, die Partei also zum „Fetisch" wird (ebd.).[17]

16 „Sie muß einmal den Consensus über das Verständnis des industriellen und kapitalistisch-industriellen Entwicklungsprozesses [...] permanent herbeiführen. Sie muß zum anderen die Entscheidung über Maßnahmen und deren Rangordnung sowie Mittel und Methoden ihrer Durchführung treffen. Da dies nicht in einem Laboratorium, sondern in einer Wirklichkeit vor sich geht, in der um Regierungs- und Gruppen- oder Klassenmacht gerungen wird, muß sie drittens eine Strategie und [eine] Taktik formulieren. Sie muß, viertens, [...] in sich ein Parteiverständnis und eine Parteipraxis entwickeln, die Freiheit und Disziplin in einer entsprechenden Organisationsstruktur so miteinander vereinen, daß das eine nicht dem anderen zum Opfer fällt. [...] Sie muß, fünftens, in einem ständigen Geben und Nehmen in ihrem Verhältnis zur Wissenschaft sich befinden, denn die ‚neuen Werte' bedürfen des neuen Wissens, wenn sie in einem ökonomisch-sozialen Prozeß real werden sollen, der seiner Naturwüchsigkeit entkleidet ist." (S. 351)

17 Für die Kategorie der Verdinglichung derartiger Prozesse der „Verfestigung der entfremdeten Beziehungen" greift Steffen über Lukács, Merton und Etzioni auf Max Weber zurück (S. 353 Anm. 8).

Dagegen kann Steffen nur postulieren, dass „Partei in diesem [hier von ihm entwickelten] Verständnis der ständigen kritischen Messung an den Wertmaßstäben und den gesetzten Funktionen [bedarf], die für sie gelten" (ebd.), was „wiederum [...] ihren demokratischen Charakter und die institutionalisierten Möglichkeiten und gesicherten Rechte voraus[setzt], diese Demokratie zu praktizieren." (S.352f.)

Hier wird es erforderlich sein, die von Steffen konstatierte Problematik, der die vorliegenden entwickelten Parteikonzeptionen (er diskutiert nur die von Marx und Engels, sowie die von Lenin) offensichtlich historisch nicht gewachsen waren – zunächst einmal zuzuspitzen, indem auch die proletarische Partei als „ideologischer Staatsapparat" begriffen wird, die sich ihre transformierende, „revolutionäre" politische Aktivität immer wieder erst gegen dessen strukturelle Eigenlogik erkämpfen muss. Andererseits wird es aber auch erforderlich sein, über die von Steffen zustimmend zitierte Vorstellung Wolfgang Leonhards hinauszukommen, dass die Partei als ein bloßes „Hilfsinstrument für eine machtvolle Arbeiterbewegung" (S.353) zu begreifen und praktisch auszugestalten sei – was weder der relativen Eigenständigkeit von Staat und Politik Rechnung trägt, noch auch die politischen Aufgaben in Bezug auf die Überwindung der anderen gesellschaftlichen Herrschaftsverhältnisse neben der Herrschaft der kapitalistischen Produktionsweise überhaupt nur mit in den Blick nimmt. Die von Steffen ebenso überzeugend wie letztlich hilflos postulierte Aufgabenstellung der Partei könnte dadurch dann fassbar und praktisch wirksam gemacht werden: „Die ständige Zusammenarbeit der Partei mit den Menschen in den ständigen, sich beschleunigenden Umwandlungsprozessen und ihren Konflikten, um Lösungsmöglichkeiten anzusteuern, sie als Schritte auf ein qualitatives Ziel hin zu verstehen, die die Qualität des Ziels an sich tragen müssen, erfordert eine ständige Veränderung der Organisation entsprechend der konkreten Aufgabe.[...] Die ‚mit den Massen' und in ihnen arbeitende Partei, die ökonomische Konflikte erst in Klassenkämpfe verwandeln kann, muß also [...] bereit sein, den Konflikt um Positionen und Inhalte gleichzeitig in sich selbst zu führen." (S.374)

Das setzt wiederum voraus – was Steffen klar, wenn auch eher polemisch als theoretisch argumentierend anspricht –, dass der „Staatsapparat" aus „der vornehmlichen Rolle des Leichenbestatters aus Konsequenzen des strukturellen, vollzogenen Wandels befreit wird. Andererseits seine Informationsstrukturen so geändert werden, daß er mit den Massen korrespondieren kann und über Fraktion und Partei in den Prozeß des Vordenkens und Vor-Entscheidens einbezogen wird." (S.388) Denn er kann, wie Steffen feststellt, „in dem Umfang systemverändernd wirken, wie man ihn bei der Zeugung und Geburt der gesellschaftlich-wirtschaftlichen Prozesse beteiligt und seine Strukturen, dem demokratischen Rückkopplungsbedürfnis entsprechend, verändert." (S. 388f.) Oder weiter, fast zur Paradoxie zugespitzt: „Wer seine klassenpolitische, instrumentale Funktion verändern will, muß ihn – in Verbindung mit den Massen und der

Partei – instrumental auf die sich verändernde klassenpolitische Struktur ansetzen und instrumental als Instrument weiterer Veränderung unter Kontrolle ansetzen." (S.389).

5.3 Philosophieren und Befreiung

Steffen konstatiert den „Haß", wie er „hier gezeugt [wird], weil sich zwei unvereinbare 'Philosophien' und Verhaltensweisen gegenüberstehen" (Steffen 1964, S.119) – nämlich die des „'Praktikers'"(ebd.) – beziehungsweise die des „Praktizismus" (S.120) –, welche „die 'faits sociaux' [korr. Fow] absolut zu setzen geneigt" sind (ebd.), und die „seiner Gegner" (S.120), welche seine Haltung als „freiwillige Sklaverei" diagnostizieren und daran arbeiten, „andere Verhaltensweisen und Tendenzveränderungen [zu] ermöglichen, und [...] für diese Vorhaben inhaltlicher Veränderungen die Verknüpfung mit sozialen und humanen Interessen zu finden." (ebd.)

Als erste Voraussetzung einer Befreiung aus dieser „Sklaverei" benennt Steffen „die Ablehnung der fatalistischen, verdinglichten Theorie und Philosophie" (120). Diesen Gedanken vertieft Steffen selber nicht weiter – so dass der Eindruck entstehen könnte, es ginge hier nur um so etwas wie revolutionäre Entschlossenheit oder ein Übergehen auf den Standpunkt der Arbeiterklasse. Gegen eine derartige verkürzte Vorstellung greift Steffen immerhin auf Claus Grossners damalige Diagnose eines gleichzeitigen Verfalls und einer zunehmenden politischen Bedeutung der Philosophie zurück: „Alarm ist allerdings dann zu schlagen, wenn es zu zeigen gelingt, daß Philosophie nicht nur weiterhin eine Bedingung für kritische Wissenschaft und damit für eine von der Entwicklung der Wissenschaft immer stärker abhängig werdende Gesellschaft hineinwächst" (Grossner 1971, S.8), wie jener dies an fünf Punkten konkreter fasst: (1) An der notwendigen Integration der „wuchernden Forschungszweige aus Komponenten einzelner Spezialwissenschaften, deren Resultierende niemand mehr durchdenkt" (S.123); (2) eine derartige „'Philosophie als Analyse und Kritik der Einzelwissenschaften und des technischen Fortschritts könnte in einer zweiten Stufe für die Planung der Wissenschaftsentwicklung eine Rolle bekommen'" (ebd.); (3) „'Eine Philosophie, die Kritik der Gesellschaft sein will, muß die Möglichkeiten zur politischen Entscheidung analysieren.'" (ebd.); (4) dadurch „gewinnt [sie] Bedeutung für die Ideologie." (S.124) – und (5) „kritische Philosophie" wird daher „notwendig, um 'derartige Herrschaftsideologien zu zerstören'" (ebd.).

Steffen betont hier besonders die Notwendigkeit des Philosophierens im Umgang mit den „Massen" (S.124): Wer sich nicht „mit der Herstellung kurzfristiger, taktischer politischer Einsicht begnügen" wolle, müsse die Philosophie „zur öffentlichen Angelegenheit werden" lassen (ebd.), das heißt, das „Begründen von Handeln und Unterlassen, Anleitung zur Selbsttätigkeit von Massen, die verstehendes Mit-Denken voraussetzen (auch bei der spontanen 'Gegen'-Handlung)" (ebd.). Diese These Steffens bezieht sich nicht auf die akademische Philosophie[18] und die von ihr rückblickend konstruierte 'philosophische Tradition', sondern auf eine radikal gegenwärtige Praxis des Philosophierens: „Philosophie wird hier verstanden als verarbeitete und bewertete Wirklichkeit, die in einer Entwicklung in die Zukunft projiziert mit einem Entwurf des möglichen Sein-sollenden begleitet wird." (ebd.) Und sie wird von Steffen als zentral für eine radikale politische Strategiebildung begriffen: „In Verbindung mit der politischen Reflexion über Mensch-Gesellschaft-Natur wird so verstandene Philosophie die Grobstruktur der Inhalte von Analyse, Theorie und Strategie." (S.124f.) beziehungsweise sie wird von Steffen in der eigenen theoretischen Tätigkeit, als „die 'Philosophie' des Schreibenden", auf eine spezifische „erste Frage" bezogen – nämlich auf die auf das „System" gerichtete Frage, „nach dem und mit dem der totale Prozeß verstanden und beurteilt wird" (S.125). Dass diese eine eigene Arbeit der Auseinandersetzung mit tradierten und mit gegenwärtig herrschenden Philosophemen erforderlich macht, wird dabei nicht gesondert reflektiert – so dass der Eindruck möglich bleibt, es gehe hier bloß um den Willen zur Ablösung von den herrschenden Formen der Philosophie und nicht um eine umfangreich zu leistende Arbeit der Kritik.[19]

6. Perspektiven

Jochen Steffens Positionsbestimmungen haben sich keineswegs durch den weiteren Gang der Geschichte erledigt – sie bleiben vielmehr immer noch aktuell und aktualisierbar. Dabei sind jedoch drei entscheidende Bedingungen zu beachten:

Erstens das Erfordernis einer umfassenden Öffnung radikaler politischer Strategie- und Theoriebildung gegenüber gegenwärtig noch nicht (oder nicht hinreichend) einbezogenen Dimensionen von Herrschaftsverhältnissen und ihrer ‚überdeterminierten' Reproduktion innerhalb der jeweils historisch gegebenen Gesellschaftsformationen. Bei Steffen stellt die Aufnahme der Umweltproblematik in ihrer Selbständigkeit gegenüber den Klassenverhältnissen einen ersten Schritt in diese Richtung dar, der in Richtung einer umfassenden Thematisierung der „Ökologie der Menschheit" (Paust-Lassen/Wolf 2001) weiterzuverfolgen ist. Entsprechendes wäre heute auch für die Geschlechterverhältnisse und für die internationalen Abhängigkeitsverhältnisse (einschließlich ihrer durch Migration und Flucht vermittelten „Verlängerung" in die Gesellschaftsformationen der Metropolen hinein) zu leisten.

Zweitens ist Jochen Steffens praktischer Humanismus (Steffen 1974, S.91f., 122f, 141f.) – den er explizit vom „bürgerlichen Humanismus" abgrenzt (S.146f.) – als solcher zu explizieren, um einen praktischen Humanismus der Befreiung zu erarbeiten, der nicht die Politik auf Ethik reduziert, sondern die ethische Dimension der politi-

18 Die Steffen mit Grossner als „'fassungslose Schuldisziplin'" (S. 125) apostrophiert.

19 An dieser Stelle können meine programmatischen Überlegungen zur „radikalen Philosophie" (Wolf 2002), denke ich, wirklich weiterhelfen.

schen Praxis bedenkt und entfaltet – und die Aufgabe annimmt, sich die humanistischen Traditionslinien für die Gegenwart neu anzueignen (vgl. Wolf 2008).

Drittens ist dabei dann allerdings die auch noch bei Steffen fortwirkende implizite Gleichsetzung von Gesellschaftsformation und Nationalstaat zu überwinden, so dass dann auch komplexe transnationale Gesellschaftsformationen wie die EU als solche theoretisch artikuliert und empirisch-historisch in ihren Prozessen analysiert werden können, wie sie im Zentrum der gegenwärtigen historischen Lage stehen (vgl. etwa Balibar 2016 u. Wolf 2016).

Viertens wird es darum gehen, das Verständnis von politischer Partei und sozialer Bewegung grundlegend zu erneuern – durchaus in Fortsetzung von Steffens Versuch, das Richtige in den einschlägigen Beiträgen von Marx, Engels, Lenin und Luxemburg kritisch herauszufiltern. Aber eben nicht mehr mit der Perspektive, endlich die ebenso breite wie revolutionäre Sozialdemokratie des 19. Jahrhunderts wiederzufinden oder gar den „Parteiaufbau" für einen neuen politischen Akteur zu leisten, der endlich die bisher nicht gelungene „strukturelle Revolution" zustande bringt, von dem nach dem Abflauen der Studentenbewegung der 1960er Jahre nicht nur in Deutschland ganz praktisch geträumt worden ist – sondern in einer Perspektive des 'crossovers' das aus unterschiedlichen emanzipatorisch-demokratischen politischen Wahlparteien und gesellschaftlichen Kampforganisationen im Wege eines 'crossovers' eine verteilte politische Handlungsfähigkeit generiert (vgl. Brie u.a. 2015), welche dazu in der Lage ist, Effekte der „strukturellen Revolution" (Steffen 1964) zu erzielen und auf Dauer zu reproduzieren – das heißt der gesellschaftlichen Überwindung zentraler Herrschaftsverhältnisse, wie sie gegenwärtig in unseren Gesellschaftsformationen in enger Wechselwirkung und geradezu Komplizität miteinander verbunden sind. Und dies auch unter den Bedingungen der gegenwärtigen politischen Erstarrung – als einzige real mögliche Alternative zu einer weiteren Fortsetzung des gegenwärtigen Aufstiegs von aggressiv herrschaftsaffirmativen chauvinistischen und rassistischen Kräften in Europa.

Literatur

Althusser, Louis: Notiz über die ISA, in: Ders.: Ideologie und ideologische Staatsapparate, 1. Halbband, Hamburg 2010, S. 103-123.

Balibar, Étienne: Europa: Krise und Ende?, Münster 2016.

Brandt, Peter/Brie, Michael/Brie, André/Wolf, Frieder Otto: Von unten sieht man besser: Für einen linken Neubeginn, in: Blätter für deutsche und internationale Politik (2015), H. 7, S. 81–88.

Brangsch, Lutz/Dellheim, Judith/Spangenberg, Joachim/Wolf, Frieder Otto (Hg.): Den Krisen entkommen, Berlin 2012.

Grossner, Claus: Verfall der Philosophie. Politik deutscher Philosophen, Hamburg 1971.

Janka, Walter: Schwierigkeiten mit der Wahrheit, Berlin 1990.

Lipietz, Alain: Nach dem Ende des Goldenen Zeitalters, hg. v. J.-P. Krebs, Hamburg 1998.

Lipietz, Alain: Die große Transformation des 21. Jahrhunderts, Münster 2000.

Paust-Lassen, Pia/Wolf, Frieder Otto: Ökologie der Menschheit – Nachhaltige Entwicklung als Transformationsaufgabe, Berlin 2001.

Steffen, Jochen: Krisenmanagement oder Politik?, Reinbek bei Hamburg 1974.

Steffen, Jochen: Strukturelle Revolution. Von der Wertlosigkeit der Sachen, Reinbek bei Hamburg 1974.

Steffen, Jochen: Wer sich nicht in Gefahr begibt ... Krisenprotokolle, München 1977a.

Steffen, Jochen: Der XX. Parteitag – Sozialdemokratie - Kommunismus, in: Crusius, Reinhard/Wilke, Manfred, Hg.: Entstalinisierung. Der XX. Parteitag der KPdSU und seine Folgen, Frankfurt a. M. 1977b, S. 210-260.

Steffen, Jochen/Wiemers, Adalbert: Auf zum letzten Verhör. Erkenntnisse des verantwortlichen Hofnarren der Revolution Karl Radek, München 1977.

Steffen Jochen: Kuddl Schnööf – Vonnas Leben. Noieste un olle Gedankens, hg. v. Jens-Peter Steffen, Kiel 1997.

Urban, Hans-Jürgen: Stillstand in Merkelland: Wo bleibt die Mosaik-Linke?, in: Blätter für deutsche und internationale Politik (2014), H. 9, S. 73-82.

Wolf, Frieder Otto: Radikale Philosophie. Aufklärung und Befreiung in der neuen Zeit, Münster [2]2009.

Wolf, Frieder Otto: Rückkehr in die Zukunft. Krisen und Alternativen, Münster 2012.

Wolf, Frieder Otto: Humanismus für das 21. Jahrhundert, Berlin [2]2014.

Wolf, Frieder Otto: Wie kann aus der gegenwärtigen Krise heraus ein konstitutiver Prozess der Europäischen Union erkämpft werden?, in: Ders.: Keine Verfassung für Europa – neoliberale Festschreibung per Verfassungsoktroi. Zur Kritik des von der «Spinelli-Gruppe» 2013 vorgelegten Entwurfs eines «Grundgesetzes für die EU», Berlin 2016, S. 7-16.

Johano Strasser

Der große Aufklärer aus dem Norden

Die Wahrheit ist dem Menschen zumutbar. Diesen Satz von Ingeborg Bachmann hätte der „rote Jochen" jederzeit unterschrieben. Dem Publikum, seinen Wählern, auch seiner Partei hat er zeitlebens so manche unangenehme Wahrheit unter die Nase gerieben. Das war aus der Sicht vieler professioneller Politiker und Politikberater nicht immer taktisch geschickt, empfindlichere Gemüter hielten es zuweilen gar für taktlos, aber Jochen ging es in diesem Punkt ums Prinzip. Er teilte die typisch aufklärerische Überzeugung, dass, historisch betrachtet, die Wahrheit immer progressiv ist und Lügen und Halbwahrheiten, die Verschleierung der eigenen Absichten, die Manipulation der Masse niemals etwas Positives zuwege bringen können.

Bei alldem war er kein düsterer Wahrheitsfanatiker, kein kleinkarierter und humorloser Faktenkrämer und Rechthaber. Wenn die Wahrheit nicht anders zu enthüllen war, als in einer pointierten, gut erfundenen Geschichte, dann erzählte er eine solche Geschichte, auch wenn er dabei hier und da ein bisschen flunkern oder dicker auftragen musste. Und wenn ihm eine Sache gerecht, eine Person glaubwürdig erschien, dann suchte er, obwohl selbst bis zuletzt mehr Journalist als Politiker, nicht in der üblichen medialen Entlarvungsmanie nach einem Haar in der Suppe.

In den sechziger und siebziger Jahren war er neben Erhard Eppler und (in Fragen des Internationalismus) auch Hans Matthöfer einer der wichtigsten Mentoren für uns Jusos. Seine Reden auf Juso-Kongressen und Parteitagen, seine Diskussionsbeiträge im *Frankfurter Kreis* gaben mir trotz tiefer Unzufriedenheit mit dem allzu zahmen Kurs der Führung das Gefühl, in der richtigen Partei zu sein. Dabei biederte er sich keineswegs bei der Parteijugend an. Die Naivität, mit der eine sich gern gewerkschaftsnah gerierende Strömung der Jungsozialisten das offenbare Elend des „realen Sozialismus" im Sowjetimperium zum Übergangsproblem verniedlichte, geißelte er zu Recht. Er konnte das umso überzeugender tun, als ihm niemand eine zu große Nähe zu den Machtzentren des Kapitalismus nachsagen konnte.

Was dem klugen und besonnenen linken Sozialdemokraten Erhard Eppler im Südwesten der Republik nie gelang, das brachte der „rote Jochen" in Schleswig-Holstein zuwege: Mit klarem linken Kurs, mit leidenschaftlicher Parteinahme für die ‚kleinen Leute', mit rhetorischer Brillanz und mit Frechheit machte er die Landes-SPD zu einem Machtfaktor, den auch die regierende CDU ernst nehmen musste. Allzu gern hätte er in seinem kleinen Bundesland gezeigt, wie eine gerechte und soziale Bildungs-, Wohnungsbau- und Wirtschaftsstrukturpolitik aussieht, aber für die Übernahme des Amtes des Ministerpräsidenten reichten die vierzig Prozent nicht, die die SPD zu seiner Zeit erreichte, und ein ausreichend starker Koalitionspartner war damals noch nicht in Sicht.

Ich habe Jochen Steffen ein paar Mal im Wahlkampf erlebt. Einmal, ich glaube es war im Jahr 1969, war ich dabei, als er in einem großen Wirtshaussaal in Dithmarschen einigen hundert Zuhörern die störrischen Bauernschädel zurechtrückte. Die meisten der Anwesenden waren, von der örtlichen Presse entsprechend eingepegelt, erschienen, um es dem „roten Jochen“ einmal zu zeigen. Aber der versuchte gar nicht erst, sich mit Bekenntnissen zum *Landmann auf freier Scholle* und mit den üblichen falschen Versprechungen lieb kind zu machen. „Jeder zweite von euch wird in den nächsten zehn Jahren wegrationalisiert“, rief er in den Saal. „Nur wer sich spezialisiert, wird auf dem Agrarmarkt überleben. Je eher ihr das begreift, umso besser für euch.“

Das war die Essenz der Mansholtschen Agrarpolitik, die auch die deutschen Landwirtschaftsminister in Brüssel mitbeschlossen hatten, von der sie sich aber vor „ihren Bauern“ allzu gern distanzierten. Alle im Saal wussten, dass der da vorn Recht hatte. Die Buhrufe verstummten, schwerblütige Nachdenklichkeit machte sich breit. Die ging zwar bei den allermeisten nicht so weit, dass sie ernsthaft erwogen hätten, ihn und seine SPD zu wählen. Aber dass der Freimut, mit dem hier einer die Wahrheit aussprach, sie beeindruckte, war nicht zu übersehen.

Jochen Steffen war ein Intellektueller, aber einer, der die Sprache der berühmten ‚kleinen Leute’ nicht nur verstand, sondern auch glaubwürdig sprechen konnte. Wenn er Theorie betrieb, dann immer in der Absicht herauszufinden, wie man die Verhältnisse zum Besseren verändern konnte, welche Hindernisse dem Fortschritt im Wege standen und wie man die Menschen dazu bringen konnte, trotz aller Hindernisse und Gefahren den Weg des sozialen und humanen Fortschritts entschlossen zu beschreiten. Er wollte die Arbeiter und Angestellten für eine demokratisch-sozialistische Politik gewinnen, nicht nur eine technokratische oder sich für revolutionär haltende Elite. Und weil er von den Normalbürgern verstanden werden wollte, vermied er den Ende der sechziger Jahre sich epidemisch ausbreitenden akademischen Jargon der Linken.

Nur einmal, 1974, als er vorübergehend erwog, doch noch einmal die Hochschullaufbahn einzuschlagen, die er einst um der Journalisten- und Politikerlaufbahn willen abgebrochen hatte, veröffentlichte er ein Buch, das in einer ziemlich akademischen Sprache geschrieben war, die wohl keinem der Kieler Werftarbeiter, die den „roten Jochen“ als einen der ihren betrachteten, zuzumuten gewesen wäre. *Strukturelle Revolution. Von der Wertlosigkeit der Sachen:* vierhundert Seiten mit philosophischen, soziologischen und politikwissenschaftlichen Überlegungen zur Strategie einer Sozialdemokratie, wie er sie sich vorstellte

Aber da gab es ja noch die Kuddel-Schnööf-Geschichten, *achtersinnige Gedankens und Meinungens von die soziale Revolutschon und annere wichtige Sachens*, von denen Siegfried Lenz zu Recht sagte, sie seien „politische Aufklärungsliteratur in klassischem Stil“. Hier wird Politik im schleswig-holsteinischen Missingsch, jener Mischsprache zwischen Hoch- und Plattdeutsch verhandelt, nicht als Haupt- und Staatsaktion, sondern aus dem Blickwinkel derer, die sie ausbaden müssen, personifiziert in Kuddl Schnööf, dem Kieler Werftarbeiter, und seiner Frau Natalje – scharfsinnig, kritisch, informativ und zugleich witzig und unterhaltsam. Als volksnaher Aufklärer war Jochen Steffen in der Rolle des Kuddl Schnööf, später auch auf der Kleinkunstbühne, sicher wirkungsvoller denn als Theoretiker.

Jochen Steffen war ein demokratischer Sozialist und als solcher war ihm revolutionäre Schwärmerei oder putschistische Aktion von vornherein verdächtig. Unter den Bedingungen einer parlamentarischen Demokratie war für ihn Reformismus die einzige legitime Strategie. Das bedeutete aber nicht, dass er sich mit dem üblichen Kriechgang sozialdemokratischer Politik, mit der Kluft zwischen der Feiertagsrhetorik von Klassenkampf und sozialer Gerechtigkeit und der gewerkschaftlichen und parlamentarischen Praxis abfand. Als Marxist schärfte er seinen Parteifreunden immer wieder ein, dass es nicht genüge zu tun, was angesichts der gegebenen Machtverteilung allenfalls getan werden könne, dass es vielmehr auch darum gehen müsse, eine Verschiebung der Machtverteilung zugunsten der arbeitenden Menschen zu bewirken.

Dass die Macht aus den Gewehrläufen komme, diese simple bolschewistische und maoistische Vorstellung hat er immer für grundfalsch gehalten. Seine Überzeugung war es, dass es vor allem darum gehen müsse, die Köpfe der Menschen zu erreichen, ihr Denken zu klären, ihre Träume von einer besseren Welt ans Licht zu heben, um so über den gesellschaftlichen Entfremdungs- und Verblendungszusammenhang hinauszugelangen. Die „strukturelle Revolution", um die es ihm ging, zielte zuerst und vor allem auf das Bewusstsein der Menschen; es ging ihm um ein Umdenken, das eine wirklich befreiende Praxis anleiten sollte. Darum war es ihm so wichtig, dass die Arbeiterbewegung neben der notwendigen pragmatischen Alltagsarbeit in den Betrieben, in den Verwaltungen und den Parlamenten die Theoriearbeit nicht vernachlässige, ihre eigene Vorstellung vom Menschen und von einer menschenwürdigen Gesellschaft, ihre Werte, offensiv vertrete.

Dass seine Partei, die SPD, sich in seinem Sinne selbst reformieren könne, das hat er schließlich nicht mehr glauben können. Jochen Steffen, der lange Zeit die friedliche Nutzung der Atomkraft befürwortet hatte, was mich und andere frühe Ökologen in der SPD damals irritierte, wurde Anfang der Siebziger allmählich anderen Sinnes. Nun sprach er gern von der „Trialektik zwischen Mensch, Gesellschaft und Natur". Als die SPD unter Helmut Schmidt sich für den Ausbau der Kernenergie und für die atomare Nachrüstung entschied, obwohl die Frage der Endlagerung völlig ungelöst war, trat er 1979 aus der Partei aus. Für seine Mitstreiter auf dem linken Flügel der SPD war der Verlust schwer zu verkraften. Aber zehn Jahre später, als die Führung der SPD vor dem marktradikalen Zeitgeist einknickte, wäre er wohl sowieso gegangen, wenn er diesen beispiellosen ideologischen Sündenfall noch erlebt hätte.

Ich habe, als Jochen, von den Sozis enttäuscht und verbittert, aber immer noch mit bissigem Witz gesegnet, in Deutschland nur noch auf den Kleinkunstbühnen und den Golfplätzen zu sehen war, den Kontakt zu ihm nicht abreißen lassen. Ich erinnere mich, wie wir uns einmal, ein gutes Jahr vor seinem Tod, auf dem Golfplatz am Stölpchensee in Berlin trafen. Wir saßen auf der Terrasse vor dem Clubhaus, er, schon von der Krankheit gezeichnet, trank Tee, ich eine Weißweinschorle. Um uns herum glühte die Natur in herbstlicher Pracht. Schau dir das an, sagte er, auf das sich vor uns ausbreitende Herbstwunder zeigend. Und jetzt schau dir das hier an. Er klopfte auf das Titelblatt der Zeitung, wo ein fast zum Skelett abgemagertes afrikanisches Mädchen zu sehen war. Ein Sozialist ist einer, der beides wahrnimmt: die Schönheit der Welt und den Hilfeschrei der Mühseligen und Beladenen. Aber was tun unsere Häuptlinge? Sie zerstören die Natur und sie verschließen die Augen vor dem Elend der Unterdrückten.

Mit den Häuptlingen meinte er die Führung der SPD, vielleicht mit Ausnahme von Willy Brandt, dessen Arbeit in der Nord-Süd-Kommission er immer mit Hochachtung verfolgte. Dass er *unsere* Häuptlinge sagte, zeigte mir, wie sehr er sich immer noch der Sozialdemokratie zugehörig empfand. Ein Jahr später bei der Trauerfeier Ende 1987 in St. Peter-Ording war von den Häuptlingen niemand anwesend. Aber aus seiner schleswig-holsteinischen SPD waren viele Genossen gekommen. Als ich mich am Tisch über das Fernbleiben der SPD-Führung beklagte, sagte ein alter Genosse von der Kieler Werft zu mir: „Lass ma! Iss vielleicht besser so. Jochen hätte noch aus dem Grab Streit mit ihnen angefangen.“

Jens-Peter Steffen

Biographie Jochen Steffen

When I read the Book
When I read the book, the biography famous,
And is this then (said I) what the author calls a man's life?
And so will some one when I am dead and gone write my life?
(As if any man really knew aught of my life,
Why even I myself I often think know little or nothing of my real life,
Only a few hints, a few diffused faint clews and indirections
I seek for my own use to trace out here.)
Walt Whitman (1819–1892): „Inscriptions" section of his 1871 edition Leaves of Grass.

Wenn ich das Buch lese
Wenn ich das Buch lese, die berühmte Biographie,
Und ist das dann (sprach ich) was der Autor ein Menschenleben nennt?
Und so wird jemand, wenn ich tot und gestorben bin, mein Leben aufschreiben?
(Als ob irgend jemand irgend etwas von meinem Leben wüsste,
Wo ich doch ich selbst häufig denke, dass ich wenig bis gar nichts von meinem wahren Leben weiß,
Nur einige Andeutungen, einige unbestimmte, schwache Hinweise und Irrwege
versuche ich hier zum eigenen Nutzen zu umreißen.)
[Eigenübersetzung]

„Distanz sich selbst gegenüber" oder „Du musst dir beim Rasieren in die Augen gucken können"[1]

Am 2. Juni 1972 ist im Hamburger Abendblatt zu lesen: „Nach ambulanter Behandlung im Krankenhaus St. Georg konnten gestern der Landesvorsitzende der SPD in Schleswig-Holstein, Joachim Steffen, und seine Ehefrau Ilse ihre Fahrt nach Kiel fortsetzen. Das Ehepaar war in Hamburg mit seinem Wagen gegen eine Straßenbahn geprallt und hatte dabei Verletzungen erlitten. Der Unfall ereignete sich in Hammerbrook, Ecke Amsinckstraße/Nagelsweg. Ilse Steffen hatte das Fahrzeug gesteuert."[2]

Diese Meldung erzählt weder die ganze Geschichte noch den genauen Ablauf eines einschneidenden Erlebnisses für Ilse und Jochen: Jochen ist Oppositionsführer im Schleswig-Holsteinischen Landtag, es gibt einen letzten Termin vor dem Urlaub im Gewerkschaftshaus in Hamburg. Ilse fährt den Citroën Pallas Athene mit Ledersitzen,

---

1 Du mußt dir beim Rasieren in die Augen gucken können. Eine Woche mit Jochen Steffen, Erstausstrahlung 18.8.1979, SFB-Fernsehen, Prod.-Nr.: 0000207507.

2 Joachim Steffen bei Verkehrsunfall in Hamburg verletzt, in: Hamburger Abendblatt, 2.6.1972, S. 3.

für sie das schönste ihrer vielen Autos. Sie haben sich verfahren, Ilse stoppt an einer Kreuzung, auf der Straßenbahnschienen liegen. Jochen ist durch die Suche maßlos erregt und schreit, „fahr doch, fahr doch!“. Ilse wendet und fährt vor eine von hinten kommende Straßenbahn, mit einem Kick-down versucht sie dem klingelnden Ungetüm zu entkommen, doch die Bahn trifft den Wagen am Heck, wirbelt ihn herum. Jochen ist nicht angeschnallt, noch gibt es keine Gurtpflicht. Er wird aus dem Beifahrersitz zuerst rückwärts aus dem Sitz gehoben und dann nach vorne an das Armaturenbrett geschleudert. Der Aufprall bricht ihm mehrere Rippen, während Ilse mit einem leichten Schock davon kommt. Im Kofferraum des Citroën gehen eine Palette Landeier und marokkanische Wolle eine nicht wieder zu trennende Verbindung ein.

Auf der gegenüberliegenden Straßenseite steht Polizei, der Staat zeigt Präsenz kurz nach der Mai-Offensive der Roten Armee-Fraktion gegen US-amerikanische Militäreinrichtungen in Deutschland. Sie lassen Jochen Steffen sofort ins Krankenhaus bringen.

Jochen wird nach der Fixierung seiner Rippenbrüche wieder entlassen. Da der Citroën Totalschaden hat, organisiert das Kieler Parteibüro eine Mitfahrgelegenheit. Zwei Genossen auf dem Rückweg von Bremerhaven bringen Ilse und Jochen nach St. Peter-Ording. In Friedrichstadt führt die Straße direkt in die tief stehende Abendsonne, der übermüdete Fahrer übersieht die geschlossene Bahnschranke. Ilse schreit auf, beinahe gibt es den nächsten Unfall.

Jahre später, während eines Seminars des Management Instituts Hohenstein im November 1977, versucht Jochen Horst Heimann die Bedeutung dieses Unfalls zu erklären. Das Ereignis habe ihm selbst klar gemacht, wie weit er sich von sich entfremdet habe. Er habe erkannt, dass er sich grundsätzlich nicht mehr mit sich wohl gefühlt habe.

In dem Hamburger Unfall erkenne ich eine Zäsur im Leben meiner Eltern. Der Unfall beschleunigt besonders den Erkenntnisprozess meines Vaters, das eigene Leben zu verändern. Er gibt sich die Schuld an dem Zusammenstoß, der viel kritischer hätte ausgehen können. Einen Monat nach dem Tod seines Vaters kulminieren für ihn die Auswirkungen seines psychosomatischen Krankheitsbildes und seine politischen Frustrationen in diesem Ereignis. Er beginnt seinen Zustand zu erkennen und er will ihn überwinden. Der Unfall in Hamburg wird zum mentalen Einstieg in den Ausstieg aus dem Hamsterrad der Politik.[3]

Seit seiner Jugend gehört für Jochen Steffen zu seinem Lebensentwurf, sich gegen Fremdbestimmung durch verschiedenste Maßnahmen zur Wehr zu setzen und seiner Vorstellung von Humanität – bei aller zugestandenen persönlichen Unzulänglichkeit – selbst nahezukommen. Zur Annäherung an diese Vorstellung nutzt er immer wieder seinen analytischen Intellekt, aber auch Techniken stoischer Verweigerung und manchmal geradezu lächerlicher Ignoranz gegenüber den Realitäten des Alltags oder der Technik.

---

3 Vgl. den Beitrag von Schorsch Beez in diesem Band.

Was Jochen Steffen allerdings nie verliert ist sein bis zuletzt gezeigtes enormes Bedürfnis, gesellschaftliche und politische Praxen sowie ihre Entstehungen und Entwicklungen zu durchleuchten und zu verstehen, zu begreifen, was sie mit Gesellschaften und dem Menschen machen. Er weiß, dass solche Einsichten per se keine gesellschaftspolitischen Zustände verändern, aber das Begreifen des Mensch-Seins in spezifischen gegebenen Strukturen ist ihm eine wichtige Voraussetzung für eine Vision persönlicher und gesellschaftlicher Emanzipation.

Denn für Jochen Steffen hat der Einzelne wesentlichen Anteil am Prozess der Veränderung, er ist für ihn eben auch verantwortlich: Deswegen fordert er eine besondere Qualität gerade von einem Politiker, soll die gewählte Praxis dem totalen Prozess in einer gewünschten Form überhaupt auf die Beine helfen können. In seinen Worten darf der politisch Handelnde – trotz aller menschlichen Schwächen – „nicht immer gewissenlos sein". Und weiter formuliert er, geprägt durch seine Jugend im Nationalsozialismus und im Krieg, eine Maxime seines Handelns:

„Er muß, zumindest nach historischen Zäsuren, über das Geschehene reflektieren. Kritisch, ehrlich und ohne Rücksicht auf Tabus. (...) Und wenn man in der Praxis auf schlechtem Papier schreibt, soll es der Schreibende selber wissen, besser, sollte er zur Diskussion stellen, warum er meint, es tun zu müssen. Das mag man für moralistischen Idealismus halten und darüber amüsiert spotten. Nur sollte man wissen, daß eine andere Praxis die absolute Herrschaft der Grenzmoral mit sinkendem Pegelstand bedeutet und die Möglichkeit irrationaler Ausbrüche der Bestialität vorbereitet."[4]

Für Jochen Steffen gehört zum Verstehen der Welt und zur Wahrung der Humanität in seiner gesellschaftlichen Umgebung immer diese gehörige Portion Selbstreflektion. In seinem Exemplar von Max Webers „Politik als Beruf" von 1958, dort wo Weber dem Leser drei Werte unterbreitet, deren richtige Mischung einen guten Politiker ausmache – Leidenschaft, Verantwortungsgefühl und Augenmaß –, markiert er eine Textstelle anders als sonst. Während er Aussagen üblicherweise mit kleinen Rechtecken begrenzt, unterstreicht er hier einen ganzen Satz: „Distanz sich selbst gegenüber".[5]

Diese Distanz zu sich selbst und zu den Dingen immer wieder zu finden und damit einen wesentlichen Teil der Kontrolle über die eigenen Werte, das eigene Leben und die politische Praxis zu wahren, durchzieht wie ein roter Faden sein Leben. Für bestimmte Lebensphasen kann er diese Kontrolle nicht erreichen oder er verliert sie sogar weitestgehend, geht unter in den alles dominierenden Anforderungen einer politischen Parteipraxis.

Diesem Bezugspfad will diese Biographie folgen: Wie Jochen Steffen nicht vereinzelt-losgelöst neben Anderen, sondern aus seinem Verständnis des Menschen als sozialem Wesen, eingebunden in ihm wichtige menschliche und gesellschaftliche Bezüge, sein „Papier" zum Schreiben sucht.

---

4 Jochen Steffen: Personenbeschreibung. Biographische Skizzen eines streitbaren Sozialisten, hrsg. von Jens-Peter Steffen, Kiel 1997, S. 190. [Weiter als Steffen: Personenbeschreibung].

5 Max Weber: Politik als Beruf, in: Ders.: Gesammelte politische Schriften, Tübingen 1958, S. 534.

Ob Jochen Steffen immer auf „gutem Papier" geschrieben hat, das wird zu werten sein. Und wenn er auf schlechtem schrieb, wird in seinem Sinne zu fragen sein, ob und wie er es gerechtfertigt hat. Wie hat er sich in seiner Jugend im Nationalsozialismus und im Krieg verhalten, warum schien er in einigen Fragen mit dem Kopf durch die Wand von Partei und öffentlicher Meinung gehen zu wollen, selbst auf die Gefährdung seiner „Parteikarriere" hin, und bei anderen Fragen geradezu teilnahmslos zu wirken? Ist sein jeweiliges Verhalten eine schlüssige Ableitung aus der Analyse seiner selbst und der ihn umgebenden Situation?

Diese Beurteilungskategorien erscheinen mir relevanter für die Person und das Wirken Jochen Steffens als erneut im Sinne einer verbreiteten Karrierevorstellung von immer höher und immer mehr zu urteilen, ob er scheiterte oder letztlich vor den Bedingungen resignierte. Einerseits ist offensichtlich, dass weder die SPD zu einer sozialistischen Partei noch dass andererseits Westdeutschland eine sozialistische Demokratie gemäß seinen Vorstellungen wurde. Und zugleich behaupte ich als sein Sohn, dass ihm an Karriere im Sinne von Ministerämtern oder anderen Würden an sich wenig lag. Zugleich aber strebte er aktiv Positionen in der Partei an, die er für nötig hielt, um seine politischen Vorstellungen von Partei- und Gesellschaftsveränderung umsetzen zu können. Mir wird es in Jochen Steffens eigener bildhafter Sprache um die Klärung gehen, ob er sich täglich „beim Rasieren in die Augen gucken"[6] konnte.

Dazu sucht die Biographie nach den Wurzeln seines Weltbildes und nach den frühen Einflüssen auf seine Weltanschauung. Es ist nachzuspüren, wie Jochen Steffen sich als Jugendlicher im Nationalsozialismus und Krieg positioniert, was ihn nach dem Krieg so zügig zur Politik treibt und schließlich Berufspolitiker werden lässt. Weitere Autoren werden das Nachwirken und die Umsetzung dieser Lebenslinie als Redakteur und Berufspolitiker in verschiedenen Bereichen überprüfen.

Die biographische Annäherung an die Person Jochen Steffen nutzt fünf Kategorien von Quellen: Die auffindbaren relevanten Dokumente in Archiven oder privatem Besitz, das, was er selbst an Hinweisen und Deutungen zu seinem Leben hinterlassen hat, komplementäre Erinnerungen von Zeitzeugen und eben die Erzählungen der Familie. Zeithistorische Quellen und Untersuchungen geben Hinweise, wo Jochen Steffen Standard oder Abweichung zeigte.

Jochen Steffen selbst hat nur eine lückenhafte Erzählung über seine Jugend, seinen Weg in die Politik oder sein Wirken als Politiker hinterlassen. Das von einem Verlag an ihn herangetragene Projekt seiner Lebenserinnerungen gedieh nicht weit. Er verwahrte sich gegen den Wunsch der Schilderung vergangener Politik-Interna, die ehemals Vertrauliches heraus posaunen und Menschen vorführen könnte. Genauso wenig mochte er eine Aufzählung von Treffen mit Prominenten liefern. Seine abgelieferten Kostproben entsprachen dann nicht den Vorstellungen des Verlags und das Projekt wurde im gegenseitigen Einverständnis beendet. Erst 1997 entstand aus den Erinne-

6 Zitat Jochen Steffen aus der Programmankündigung: Eine Woche mit Jochen Steffen, NDR III, Erstausstrahlung 18.8.1979.

rungsgeschichten, ergänzt um weitere Texte, die Publikation „Personenbeschreibung. Biographische Skizzen eines streitbaren Sozialisten".

Die biographische Annäherung benennt immer wieder Menschen, die auf Jochen Steffen prägend wirkten. Er selbst bekennt, dass es gerade Menschen sind, die ihn nachhaltig beeinflusst haben: „Ich las etwas oder analysierte ein Geschehen, dachte darüber nach, machte mir ‚ein Bild'. In Gesprächen, Diskussionen und Unterhaltungen gewann ich jedoch meist erst die Klarheit. Deshalb glaube ich, dass ich mein Leben lang nur durch Menschen etwas wirklich gelernt habe."[7]

Beim Aufspüren des Menschen Jochen Steffen durchdringt der Autor einiges an familiärem Erzählkolorit. So ist der Text nicht frei von emotionaler Erinnerung und vertrauten Anekdoten und ringt zugleich um Abstand zum eigenen Vaterbild. Denn obwohl Jochen Steffen für mich zuallererst eine private Person, eben mein Vater und damit Jochen, bleibt, ist in lebhafter Erinnerung, dass viel zu oft in unsere Beziehung die Konsequenz seiner öffentlichen Person eindrang. Das erzeugte bei mir viele Varianten einer Vater-Sohn-Beziehung: Dazu gehörten Frustrationen über die geforderte Unterordnung unter die Bedingungen des politischen Geschäfts im Familienverbund, aber auch Bewunderung für sein breites Wissen und Tun.

Als promovierter Politologe, das heißt mit den Grundkenntnissen wissenschaftlichen Arbeitens vertraut, beanspruche ich, dass mein Vorgehen, meine Prüfung der Quellen und deren Bewertungen, eine objektivierende Annäherung an die Person Jochen Steffens bietet. Aus Jacques Derridas Werk entleihe ich mir zudem den Gedanken, der auch in dem diesem Text vorangestellten Gedicht des US-amerikanischen Dichters Walt Whitman anklingt: Es gibt sie nicht, die eine, ein für alle Mal „wahre Geschichte" oder „fixierbare Wahrheit" eines Sinns, eines Textes oder einer Person. Aus den zusammengetragenen flüchtigen Spuren, Elementen und Einflüssen entstehen höchstens einige wahre Momente des Gesamtlebens Jochen Steffens.[8]

Meine Hoffnung ist dennoch, dass die Schilderung des Werdegangs Jochen Steffens den Leserinnen und Lesern diesen Menschen näherbringt und den bereits publizierten Skizzen zu seiner Person Erhellendes hinzufügt.[9]

---

7 Steffen: Personenbeschreibung, S. 183.

8 Siehe: Benoît Peeters: Jacques Derrida – Eine Biographie, Berlin 2013.

9 Siehe Hermann Schreiber: Und führe uns, wohin wir nicht wollen, in: Der Spiegel, Nr. 17/1971, 19.4.1971, S. 46ff.; Beirat für Geschichte der Arbeiterbewegung und Demokratie in Schleswig-Holstein (Hg.): Jochen Steffen. Eine Dokumentation. Zur Gedenkveranstaltung am 30. September 1990. Kiel. [Weiter als Beirat: Jochen Steffen]; Uwe Danker: Wir machen die Zukunft wahr! - Landespolitik in den 70er Jahren, Ära Stoltenberg-Steffen, in: Ders., Die Jahrhundertstory. Bd. 2, Flensburg 1999, S. 228-247; Stefan Appelius: Einen an den Latz hauen, in: Vorwärts, 10/1992, S. 20; Jürgen Weber: Jochen Steffen - Der ‚rote Jochen', in: Demokratische Geschichte 3 (1988), S. 597-602; Gert Börnsen: Erinnerungen an Jochen Steffen, in: Demokratische Geschichte 20 (2010), S. 324. [Weiter als Börnsen: Erinnerungen].

Eine Kieler Jugend (1922 bis 1941)

Jochen Steffen hat seine Kindheit und Jugend nicht nach den Kategorien „einer schönen, erfüllten und glücklichen Kindheit“ oder deren Gegenteil beurteilt. Das wäre für den das Leben und Ereignisse dialektisch wendenden Menschen zu profan und einseitig gewesen. Zurückblickend war für ihn sein Aufwachsen vielschichtig und mehrstrangig und in den ihn beeinflussenden Eindrücken so gegensätzlich, ja sogar als antagonistisch erfahren, dass diese üblichen Standardadjektive es für Jochen Steffen nicht zu fassen vermochten. „Das sind relative Begriffe, für die fühle ich mich nicht ganz zuständig, dort Maßstäbe zu setzen.“[10] In diesem Sinne schreibt er über seine Schulzeit, „auch weiß ich nicht, ob ich auf der ‚Anstalt' die vielzitierte ‚frohe, unbeschwerte Jugend- und Schulzeit' verbrachte. Die Zeit war beschwerlich.“[11]

Die Zeit von Jochen Steffens Kindheit und Jugend prägen tiefgehende gesellschaftspolitische Umbrüche. Die 1920er und 30er Jahre sind eine hochpolitische und politisierende Zeit, mit vielen Wahlkämpfen und handfesten bis tödlichen Auseinandersetzungen zwischen den politischen Lagern auf den Straßen, die niemanden, auch nicht die Kinder und Jugendlichen, unberührt lassen. Für die älteren Kieler sind die Erinnerungen an die revolutionären Ereignisse von 1918 oder an die blutigen Auseinandersetzungen während des Kapp-Putsches in der unmittelbaren Wohnumgebung noch sehr wach. Für Jochen Steffen gehören dazu auch das direkte Erleben von Armut und Elend, dauerhafter Arbeitslosigkeit und schlimmem Hunger in seinem Lebensumfeld. Nicht zuletzt wird die eigene Familie von Inflation und Weltwirtschaftskrise betroffen, Umsätze brechen ein und Gehälter werden erheblich gekürzt. Viele der sozialen und politischen Auseinandersetzungen in Kiel konzentrieren sich am „um die Ecke“ liegenden Kieler Gewerkschaftshaus in der Legienstraße und der ebenfalls nicht weit entfernten Polizeistation Blume.

Als Kind erlebt Jochen Steffen ganz unmittelbar die Kämpfe zwischen den Organisationen der Arbeiterbewegung und der Nationalsozialisten in der nicht weit entfernten Annenstraße. Später nennt er diese Jahre seine erste „politische Schule“[12], seine zweite folgt während des Krieges bei der Marine. Es sind die Ereignisse, die Menschen, die Umstände und das Gelesene dieser Jahre, die ihn nach eigener, später gemachter Aussage zum Sozialisten gemacht haben.

Nach der von seinem familiären Umfeld ungeliebten und unverstandenen Weimarer Republik wird Deutschland mit einem alles erfassenden nationalsozialistischen Revolutionsanspruch konfrontiert, gefolgt vom Krieg, in den er als suchender und hinterfragender junger Mensch gezwungen wird. Der „totalen Niederlage“ folgt für den immer noch jungen Menschen die große Chance der persönlichen und gesellschaftli-

---

10 Steffen: Personenbeschreibung, S. 242.

11 „Anstalt“ bezeichnet die damalige Admiral-Graf-Spee-Schule. Vgl.: Joachim Steffen: handschriftl. Ms. von 1986 zum 125-jährigen Bestehen der Humboldt-Schule, Handakte Jochen Steffen, Archiv der Humboldt-Schule. [Quelle weiter als: Akte Steffen: Archiv der Humboldt-Schule].

12 Steffen: Personenbeschreibung, S. 277.

chen Neuorientierung. Für diesen „Neustart" greift er in einer zuvor nicht verfügbaren Freiheit auf ihm durch wenige Menschen nahe gebrachte humanistische Werte und soziale Ordnungsvorstellungen zurück, die im Widerspruch zu dem zuvor allseitig vermittelten faschistischen totalitären Gesellschaftsbild stehen, dem er sich nicht völlig entziehen konnte.

Die Momente, in denen ihm als Kind, als Schüler und dann als Orientierung suchender Student „ein Licht aufging" oder es ihm „wie Schuppen" von den Augen fiel, beschreibt Jochen Steffen selbst.[13] Es sind seine emotionalen Momente und Erfahrungen, die von anderen Beteiligten oftmals nicht in Erinnerung behalten sind. Dennoch erlauben die Aussagen von Zeitgenossen und von Dokumenten eine ungefähre Annäherung und Überprüfung der von Jochen Steffen selbst entworfenen Erzählung seines Lebens.

Das „soziale Umfeld, in das der junge Mensch zunächst hinein wächst und das ihn direkt und personengebunden intensiv prägt, Kontinuität oder auch Widerspruch hervorrufend"[14], ist für Jochen Steffen besonders die erweiterte Familie mit wichtigen Bezugspersonen. Großen Eindruck macht auf ihn sein Opa Carl, Ladenbesitzer im Wohnhaus mit seinen plattdeutschen Lebensweisheiten und der Möglichkeit, Leckerbissen direkt von der Quelle, zusätzliches Taschengeld und phantastische Geschichten und Episoden erzählt zu bekommen und auch zu erleben.[15] Als Schüler schreibt er über ihn: „Er war das, was man ein Original nennt. Mit der treuherzigsten Miene konnte er das Blaue vom Himmel lügen, er konnte es so gut, daß selbst seine Schwester, mein Vater und meine Mutter darauf hereinfielen. Mich konnte er schrecklich necken. ‚Obtrecken' nannte er das, daß ich ganz grün und blau vor Wut wurde. Wenn es mir aber an den Kragen gehen sollte, weil ich eine Untat begangen hatte, dann nahm er mich stets in Schutz."[16]

Wichtig ist für den jungen Jochen Steffen die Familie in Kropp. Regelmäßig wird er während seiner Vorschulzeit und später in den Schulferien zur Verwandtschaft geschickt. Ebenfalls als Schüler beschreibt er seinen Kropper Großvater, Jürgen Schwitzer, Wirt und Viehhändler im Ort, der in der Weltwirtschaftskrise pleite geht und 1927 stirbt: „Der Großvater war ein Hüne von Gestalt, der mir oft von seiner Soldatenzeit und da er ein großer Jäger war, von Tieren erzählte. Ich saß dann neben ihm im Gras und hörte zu."[17]

---

13 Ebd., S. 41, 55, 59.

14 Ernst Engelberg/Hans Schleier: Zu Geschichte und Theorie der historischen Biographie, in: Zeitschrift für Geschichtswissenschaft (ZfG) 38 (1990), H. 3, S. 210 (zit. nach: Michael Benz: Der unbeugsame Streiter Fritz Lamm. Jude, Linkssozialist, Emigrant 1911-1977. Eine politische Biographie, Essen 2007, S. 9).

15 Besonders: Großvater Steffen oder: Wenn es politisch wurde, in: Steffen: Personenbeschreibung, S. 29ff.

16 Jochen Steffen: Meine Familie, o.J., Akte Steffen: Archiv der Humboldt-Schule.

17 Ebd.

Noch wichtiger aber ist ihm als Bezugsperson bis zu ihrem Tod am 9. März 1931 seine Großmutter Anna, „ein warmes strahlendes Licht: Es spendete Geborgenheit, Zuneigung, Weisheit“, wie er in einer besonderen Erinnerung an sie beschreibt.[18] Als örtliche Respekts- und zentrale Bezugsperson ihrer Familie vermittelt sie ihm Geschichten und Sagen der Region, er erlebt ihr Wirken als Heilerin und als eine Frau mit dem Zweiten Gesicht. Nach dem Tod der Großmutter ist es die älteste Schwester seiner Mutter, diesmal Tante Anna (verheiratete Solterbeck), die zur emotionalen Bezugsperson für ihn in Kropp wird.

Zu einer Zeit ohne Fernsehen oder Radio ist der rege Austausch mit Familie und Freunden über das Geschehene des Tages eine wichtige Informationsquelle. Später kommen als Gesprächspartner weitere Menschen hinzu, wie die Väter von Schulfreunden, die Jochen Steffen zu politischen Dingen befragen kann. Doch besonders durch das Lesen erschließt sich dem Jugendlichen und dann dem Oberschüler Jochen Steffen eine neue, um vieles erweiterte Welt. An Abenden oder Wochenenden ‚saugt‘ er fast alles Lesbare in sich auf. Das beginnt mit der kleinen väterlichen Bibliothek, in der Vater Karl seine Realienbücher zu den Themen Erdkunde, Geschichte, Naturwissenschaften und Naturkunde aus seiner Volksschulzeit aufbewahrt. Dort findet Jochen Steffen aber auch die Dramen von Schiller und Shakespeare.

Besonders interessiert an allen Arten geschichtlicher Darstellungen, liebt Jochen Steffen zugleich altersgerecht Jungen-Abenteuerromane, wie die von Karl May, B. Traven oder Sigismund Rüstig, eine übersetzte Robinsonade von Frederick Marryat und die New Frontier-Romane von Friedrich Gerstäcker über Nordamerika.[19] Um an neuen Lesestoff zu gelangen, durchstöbert er die Bücherschränke bei Freunden und Bekannten. So bekommt er Zugriff auf unterschiedlichste historische und politische Literatur der Väter seiner Freunde oder von Bekanntschaften, wie von einem Schriftsetzer und Kommunisten, der ihm Titel der Büchergilde Gutenberg ausleiht.[20]

Aber auch nationalsozialistische Propagandatitel prägen seine Einschätzung des Kommunismus stalinistischer Prägung, sowohl im Krieg als auch danach: „Überlaufen wollte ich nicht, weil ich der Sowjetunion nicht traute. Ein sehr wichtiges Buch für mich vor dem Krieg war ‚Der verratene Sozialismus‘ von Albrecht. Und trotzdem habe ich mir nach ‘45 überlegt: Soll ich Kommunist werden?“[21]

---

18 Steffen: Personenbeschreibung, S. 19ff. Sowie: Jochen Steffen: ... und Großmutter konnte hexen, in: Pörtner, Rudolf (Hg.): Mein Elternhaus. Ein deutsches Familienalbum, München 1986, S. 254-262.

19 Paul Römer (Hg.): Friedrich Gerstäckers Werke, Hamburg o. J. (Einleitung 1907).

20 Ben Witter: Mach’s gut und grüß mir die Küste, in: Die Zeit Nr. 47/1978 vom 17. November 1978. [Weiter als Witter: Mach’s gut]. In den Skizzen zu seinen Erinnerungen nennt Steffen die Bibliothek des Vaters des Mitschülers Trockenbrodt; AdsD 1/JSAA000080.

21 Steffen: Personenbeschreibung, S. 259. Gemeint ist Karl Iwanowitsch Albrecht: Der verratene Sozialismus. Zehn Jahre als hoher Staatsbeamter in der Sowjetunion, 1938. Das Buch schildert den Werdegang eines Kommunisten, der nach seinem Aufenthalt in der Sowjetunion zu den Nationalsozialisten überläuft. Vgl.: Hermann Kuhn: Bruch mit dem Kommunismus: Über autobiographische Schriften von Ex-Kommunisten im geteilten Deutschland. Münster 1990, S. 15f.

Auf seiner jugendlichen Suche nach Wahrheit und Werten, einem weltanschaulichen Bezugssystem, liest er viel religiöse Literatur: „Ich las den Koran, die Veden, Bücher über Islam und Buddhismus. Danach war ich ungläubiger als vorher", heißt es in seinen Erinnerungen.[22]

Durch diese jugendlichen Studien und seinen späteren Religionsunterricht beansprucht Jochen für sich den Ruf eines durchaus bibelfesten Ungläubigen. Allerdings zeigt sein später hier eingeführtes und nicht nachzuspürendes Matthäus-Zitat, dass von ihm Vorgetragenes nicht immer der Schriftform entspricht.

Partielle Gegeninformation gegen die nationalsozialistische Weltanschauung liefert das frühe Lesen von klassischen Texten der deutschen Arbeiterbewegung. So ist eine Ausgabe des Kommunistischen Manifests aus dem Giftfach im Schreibtisch seines Vaters für den 14-Jährigen ein zentraler Moment des „Schuppen von den Augen"-Fallens: „Es gab also etwas anderes an Weltanschauung, als man uns eintrichterte, dieses andere wurzelte im Proletariat", sagt Jochen Steffen später.[23]

Lesen bleibt für Jochen Steffen lebenslang eine wichtige Beschäftigung. Als Redakteur in Flensburg und Kiel ist er Rezensent der Redaktion, auch um als einer der ersten unter zugesandten Büchern auswählen zu können. Zur Entspannung, wie auf den späteren Zugfahrten zwischen Kiel und Bonn, liest er Krimis und Western und baut über die Jahre eine umfangreiche Bibliothek auf. Favorisiert werden Autoren, die historisch belegt schreiben und soziale Bedingungen kenntnisreich schildern. So ist früh die neue Linie sozialkritischer schwedischer Krimis von Interesse.

Jochen Steffen, der sich nach seiner eigenen Aussage als Auftragsautor, als „Lohnschreiber" versteht, das heißt Texte nicht erstellt um sie dann zur Publikation anzubieten, sondern sie vornehmlich im Rahmen seines Berufes als Redakteur oder entsprechend den Bedürfnissen der Partei oder auf externe Impulse hin fertigt, wiederholt über viele Jahre die Absichtserklärung, später einmal einen Western beziehungsweise Indianer-Roman zu schreiben, der die sozialen und ökonomischen Entwicklungen jener Phase beleuchtet, in der die Indianerstämme Nordamerikas in Reservate gezwungen wurden. Auf Spaziergängen fabulieren Jochen und ich über das mögliche Personentableau. Es bleibt ein ungeschriebenes Buch.

Sonst kein Sammler, trennt sich Jochen zum Leidwesen von Ilse nie von seinen Büchern. Es ist seine Aufgabe, von Zeit zu Zeit eine sinnvolle Ordnung in und Entstaubung der Bücherborde der Wohnungen in Kiel und St. Peter-Ording zu bringen. Mir ist das Bild meines Vaters vor Augen, wie er ein oder mehrere Bücher entnimmt und sie auf dem erhobenen Knie aufschlägt, eine Wolke von Staub hinterlassend.

Viele Titel seiner Jugendzeit liest er später erneut, als er mich ans Lesen heranführen will – und verwirft davon das Meiste. Eine große Schmach ist für mich, wenn er

22 Steffen: Personenbeschreibung, S. 41.

23 Ebd., S. 28, 41. – Gegenüber Ben Witter erklärt Steffen, das Manifest von einem kommunistischen Schriftsetzer erhalten zu haben. Vgl.: Witter: Mach's gut. - In seinen Skizzen sammelt er solche Momente unter dem Titel „Licht anknipsen", AdsD 1/JSAA000080.

meine aus der Jugendbibliothek entliehenen Bücher begutachtet und mit Geringschätzung urteilt: „Das is‘ nix, das hast du wegen des bunten Umschlags ausgesucht!“

Identität und Identifikation als Schleswig-Holsteiner

Für Siegfried Lenz war Jochen Steffen der Inbegriff eines Schleswig-Holsteiners, „der einfach in den Norden gehört und hier sich am wohlsten fühlt“.[24] Diese attestierte landsmännische Verbundenheit entspringt dem sozialen Biotop seiner Familie und Verwandtschaft, was nicht bedeutet, dass Jochen diese in späteren Jahren pflegte. Durch dieses soziale Gefüge erfuhr er aber sein grundlegendes Verständnis des Denkens und Handelns der Menschen seiner Heimat. Bis Politik und seine mediale Darstellung eine alltägliche Normalität seiner sozialen Kontakte dermaßen erschwerten, dass Jochen das ganz Normale und Alltägliche in Österreich suchte.

Jochen Steffens Eltern und Großeltern und deren Vorfahren sind Schleswig-Holsteiner. In seiner Familie verschmelzen die ethnischen Elemente des Landes zu einer „schenialen Hochleisungksrasse“, der sich Steffen bei aller kritisch-ironischen Sicht auf diese landsmännische Melange und dessen eigenen Charakter immer zugehörig fühlt.[25] Selbstkritisch identifiziert er sich mit Land und Leuten. Sein Satz „wir Schleswich-Holsteiners stecken in uns Geschichte, as ‘ne Wurss in die Pelle“ gilt gerade auch für ihn selbst.[26]

Zur öffentlichen Aufnahme seiner zugespitzten Darstellung von Land und Leuten durch die Figur des Kuddl Schnööf gibt es eine Anekdote. Bei der Vorstellung eines Buches über Schleswig-Holstein in Flensburg wird Steffen vom Verleger Hans-Helmut Röhring gebeten, seinen Schnööf-Beitrag vorzulesen. Jochen, Ilse und ich glauben, das Flensburger Publikum erboste sich mehrheitlich über seine Darstellung der schleswig-holsteinischen Landsmannschaft und forderte deswegen den Abbruch der Lesung. Steffen trägt die zugegeben längere Geschichte unbeirrt zu Ende vor. Im Flensburger Tageblatt heißt es tags darauf: „Jochen Steffen [...] las aus seiner im Buch vertretenen Geschichte ‚Von uns Aht und Rasse’ zum (anfänglichen) Gaudi des Auditoriums, dann zum Ärger, weil er partout nicht aufhören wollte.“[27]

Zur landsmännischen Identität gehört für ihn besonders der Gebrauch der plattdeutschen Sprache, im Kiel der 1920er und 30er Jahre entsprechend dem sozialen Aufstreben der Eltern und durch die höhere Schule dem Hochdeutschen weichend, auf dem Lande in Kropp allerdings unersetzt.

---

24 Vgl.: Dat blivt nich so, dat mut ännert warn!, Stefan Appelius im Gespräch mit Siegfried Lenz über Jochen Steffen, in: Steffen: Personenbeschreibung, S. 17.

25 Jochen Steffen: Von uns Aht un Rasse, in: Bonhage, Hans-Joachim/Röhring, Hans-Helmut (Hg.): Schleswig-Holstein. Land zwischen den Meeren, Hamburg 1981, S. 277.

26 Ebd., S. 278.

27 Schleswig-Holstein-Buch vorgestellt, in: Flensburger Tageblatt (1981), AdsD 1/JSAA000097.

Väterlicherseits entstammen Jochen Steffens Vorfahren der Probstei, östlich von Kiel, mütterlicherseits aus Kropp, nur wenige Kilometer südlich von Schleswig liegend. In beiden Fällen sind die weiteren Vorfahren Bauern mit sehr unterschiedlichem Besitzstand, Landarbeiter, Gärtner und Maurer und dazwischen mal ein Schullehrer zu Beginn des 19. Jahrhunderts.[28] Seine unmittelbare Verwandtschaft spiegelt mit der Zusammenführung seiner Eltern aus dem schleswigschen oder „eiderdänischen" und dem holsteinischen Teil die Geschichte des Landes wider. Als historisch interessiertem und belesenem Menschen ist Jochen Steffen die Geschichte seiner Heimat sehr gegenwärtig.

Sie bietet ihm zudem Lehren für seine späteren politischen Vorstellungen. Aus dem blutigen deutsch-österreichisch-dänischen Machtgezerre um Schleswig-Holstein und dem fortgesetzten „Grenzkampf" – und natürlich aus seinem eigenen Erleben des alles gleichschaltenden Nationalsozialismus – folgert für ihn, dass zu einer wirklichen Demokratie die wirksame Verankerung von Minderheitenrechten gehört. Das erlaube, dass die einfachen Menschen zumindest versuchen können, ihre Rechte gegen übermächtige Interessen zu sichern.

Der Großvater väterlicherseits, Carl Friedrich, kommt am 27. Februar 1863 in einer strohgedeckten Kate der armen Landarbeiterfamilie Steffen in Neuheikendorf zur Welt. Es gibt so viele Steffen in der Probstei, dass seine Familie laut Jochen angeblich den Beinamen „achtern Knick" trägt.[29]

Jochen Steffens Großeltern mütterlicherseits stammen aus Kropp. Jürgen Schwitzer werden im Januar 1855 und seine spätere Frau Anna Margaretha Thiessen im Mai 1856 dort geboren. Ende der 1930er Jahre stellt Jochen Steffen in einem Schulaufsatz die durch keine Quellen belegte These auf, dass ein Peter Schweitzer im Dienste Herzog Adolfs von Holstein-Gottorf nach dessen Beteiligung an den Kriegszügen Karls V. gegen Frankreich und Holland in die Region gebracht und mit der Ernennung zum Bauernvogt und mit der Vergabe einer Hufe Land für seine Dienste belohnt wurde. Daraus folgert er, dass der Name Schweitzer sich auf die Herkunft seines Vorfahren beziehe.[30]

Nach der „Einverleibung" der drei Herzogtümer in den preußischen Staatsverband wird Jochen Steffens wichtige Oma Anna, eher „augustenburgisch" – also pro Friedrich VIII. von Augustenburg als angestammtem Herzog Schleswig-Holsteins – gesinnt und von einem eigenständigen Schleswig-Holstein zwischen Dänemark und dem Deutschen Reich träumend, dennoch langsam preußisch. Noch beschimpft sie „de

28 Ahnentafel Steffen in Akte Steffen: Archiv der Humboldt-Schule.

29 Der Familienname Steffen ist in Deutschland zu Beginn des 2. Jahrtausends am häufigsten in der Probstei anzutreffen. Eine weitere Konzentration liegt im Kreis Lippe. Es mag einen Zusammenhang geben, da die Probstei im 13. Jahrhundert von den Schauenburger Grafen (Schaumburg-Lippe) kolonisiert wurde. Die früheste Nennung in der Probstei ist von 1411. http://wiki-de.genealogy.net/Steffen_(Familienname)#Literaturhinweise, zuletzt aufgerufen am 14.02.2017.

30 Jochen Steffen: Meine Familie, o. J., Akte Steffen: Archiv der Humboldt-Schule. - Wenn die Annahme stimmt, dann müsste sein Vorfahre in den 1550er Jahren nach Kropp gekommen sein.

dohre Bismahk", der die Schleswig-Holsteiner „anscheeten" hätte, aber im Dorfkrug gibt sie letztendlich kaisertreue Wahlempfehlungen.[31]

In der Probstei, bis in die 1870er Jahre der klösterlichen Grundherrschaft des Nonnenklosters Preetz unterstehend, werden die Höfe ungeteilt an den jüngsten Sohn übergeben. Das führt zu zahlreicher Auswanderung nach Amerika. Jochen Steffens Großvater, der junge Carl Friedrich Steffen, genannt „Fritze", wandert weder aus noch orientiert er sich auf die nach der Erhebung zum Reichskriegshafen boomende Hafenstadt Kiel, wie es viele aus der Probstei tun und Werftarbeiter werden. Er geht nach Hamburg, wo er als „Lohndiener", so ein Altonaer Adressbuch von 1895, arbeitet. In der Familie wird seine Tätigkeit als „Kellner in ersten Häusern" bezeichnet. Carl heiratet am 31. Mai 1884 die am 31. August 1867 in Barmstedt geborene Anna Wilhelmine Draht. Sie stammt aus einer Familie, die noch heute im Baumschulengeschäft tätig ist. Nach der Geburt von Jochens Vater, Karl Joachim Heinrich Steffen, am 14. Januar 1895 in Altona, zieht die junge Familie mit dem Kleinkind im folgenden Jahr nach Kiel, wo die entstehende Großstadt dem Kellner trotz der fortgesetzten Krisenhaftigkeit des Handels-, Werft- und Marinehafens Anstellungschancen bietet. Jochen Steffen konstatiert in seinem Schulaufsatz: „Städter sind wir erst durch meinen Großvater väterlicherseits (Kaufmann) geworden".[32]

Carl und Anna Steffen ziehen zuerst in die Annenstrasse 66, gegenüber vom damaligen Anschar-Schwestern-Krankenhaus, dann 1907 zum Wilhelmplatz 10 und ein Jahr später in die Wilhelminenstrasse 27, in ein Mietshaus, nicht weit vom 1951 in Dreiecksplatz umbenannten damaligen Wilhelminenplatz. All diese Jahre arbeitet Carl als „Lohndiener" oder Kellner in verschiedenen Häusern, bis er 1913/14 im Haus einen Brotandlung mit Brot, Milch und weiteren Grundnahrungsmitteln übernimmt.[33] Nun nennt er sich fortan „Kaufmann". Die Wilhelminenstrasse liegt im Stadtteil Damperhof, einer Wohngegend, die die Stadt Mitte des 19. Jahrhunderts erschlossen hat. In Damperhof wohnen vorwiegend Handwerker, Händler und kleine Kaufleute („Höker") sowie Arbeiter.[34]

In der Wilhelminenstrasse 27 selbst leben vor dem Ersten Weltkrieg Kaufleute, Ingenieure, Marinewitwen ein Telegraphenassistent, ein Buchhandlungsgehilfe und unterm Dach ein Oberbootsmann-Matrose. Im Jahr 1934, dem letzten Jahr der Brothandlung Steffen, hat es im Haus Veränderungen gegeben. Jetzt wohnen hier ein Kellner, Schornsteinfeger-Obermeister, ein Heizungsmonteur und ein Drogist.[35] Das Haus ist

---

31 Steffen: Personenbeschreibung, S. 20. - Steffen verweist dabei auch auf die begleitende antisemitische Haltung seiner Großmutter. Ders.: Von uns Aht un Rasse, in: Bonhage/Röhring (Hg.): Schleswig-Holstein, S. 277.

32 Jochen Steffen: Meine Familie, o. J., Akte Steffen: Archiv der Humboldt-Schule.

33 Adressbücher der Stadt Kiel und Vororte, Kiel 1896ff. Kieler Stadtarchiv.

34 Vera Stoy: Kiel auf dem Weg zur Großstadt: Die städtebauliche Entwicklung bis zum Ende des 19. Jahrhunderts, Kiel 2003, S. 104.

35 Adressbuch der Stadt Kiel und Vororte 1913, Kiel 1913. Kieler Stadtarchiv.

modern, dass Mutter Else der Verwandtschaft aus Kropp beim ersten Besuch immer wieder vorführen muss, wie bei den Steffens das Wasser aus der Wand kommt.

Jochen Steffens Vater Karl geht von 1901 bis 1910 auf die einzügige Volksschule Klasse I der 4. Knaben-Volksschule in Kiel. Er erhält die Empfehlung seines Lehrers auf eine weiterführende Schule zu gehen, doch Vater Carl will dafür weder das Schulgeld aufbringen noch einen Sprössling haben, der auf seinen Vater mit „Strohdachgymnasium"-Abschluss herunterschaut, wie Jochen Steffen es später beschreibt.[36] So erhält Karl von 1910 bis 1913 an der Staatlichen Forstkasse eine Berufsausbildung, die ihn im Mai 1913 zu einer Stelle als Kassengehilfe bei der Kieler Spar- und Leihkasse führt.

Jochen Steffens 1895 geborener Vater Karl muss in beide Weltkriege des 20. Jahrhunderts ziehen. Nach einem Wechsel zur Holsteinischen Bank in Eutin erhält er zum 16. März 1916 den Stellungsbefehl für den Ersten Weltkrieg. Als Enkel auf Besuch bei den Großeltern erinnere ich mich keiner Erzählungen aus seiner Militärzeit. Sowohl Vater Karl als auch sein Sohn geben keine Kriegserlebnisse zum Besten. Karl bringt von der Westfront im Ersten Weltkrieg eigentlich nur eines mit: Er streut sich zum Frühstück auf butterbestrichenes Weißbrot Schokoladenstreusel oder belegt es mit hauchdünnen Schokoplättchen, „so wie es die Holländer machen". Für seinen Enkel eine tolle Entdeckung.

Vater Karls Beteiligung am Ersten Weltkrieg endet am 17. Dezember 1918.[37] Für die Nachkriegsumstände des durch den Versailles-Vertrag in seiner Funktion als Marinehafen wirtschaftlich beschnittenen Kiel erhält Karl scheinbar nahtlos ab dem ersten Januar 1919 eine Stelle auf der Gemeinde Sparkasse Holtenau. Nun pendelt er täglich zwischen der Wohnung seiner Eltern und der Nordseite des Kaiser-Wilhelm-Kanals. Im Jahr 1921 heiratet er Else Schwitzer aus Kropp. Else, geboren am 5. November 1895, ist ein Nachkömmling – von den 18 Kindern, die ihre ihre Mutter geboren hatte, überlebten sechs, vier ihrer Brüder fielen als Soldaten, andere Kinder starben früh.[38] Als jüngstes Kind gilt Else als verwöhnt und hat zeitlebens zu ihren Geschwistern ein eher ungeliebtes Verhältnis. Sie verlässt mit 17 Jahren Kropp, um kurz vor dem und während des Ersten Weltkriegs in Neumünster bei einer Fabrikantenfamilie auf Vermittlung ihres Vaters „in Stellung" zu gehen. Im Jahr 1920 kommt sie zur Stellungssuche nach Kiel.

Das junge Paar wohnt mit den Schwiegereltern im selben Haus, und obwohl mit kleinem Gehalt, plant es in den Jahren der Inflation, erheblicher Nachkriegsarbeitslosigkeit und Einwohnerabwanderung aus Kiel die Gründung einer eigenen Familie. So wird am 19. September 1922 Karl Joachim Jürgen Steffen in der Wilhelminenstrasse

---

36 Steffen: Personenbeschreibung, S. 24.

37 In seinem Entnazifizierungsfragebogen gibt Karl Steffen an, am 28.2.1918 für den Kampf bei Verdun das Eiserne Kreuz II erhalten zu haben. 1935 verleihen ihm die Nazis das Ehrenkreuz für Frontkämpfer. LASH, Abt. 460.19, Nr.1006 Geschäftszeichen K 19310.

38 Jochen Steffen: … und Großmutter konnte hexen, S. 255.

27 als Sohn des Sparkassen-Buchhalters geboren.[39] Oma Anna väterlicherseits hält den Säugling „einmal im Arm“, so die Familiensaga, dann stirbt sie am 8. Oktober an einem Schlaganfall. Jochen Steffen gibt dazu in seinem Schulaufsatz die Familiensaga wider: „Die Hauptursache des frühen Ablebens dürften jedoch die schweren Kriegs- und Nachkriegsjahre, unter denen meine Großmutter sehr gelitten hat, gewesen sein.“[40]

Wegen des Todesfalls wird Jochen am 8. November in der elterlichen Wohnung evangelisch getauft, die beiden Großväter Karl Steffen und Jürgen Schwitzer sowie die Oma Anna Schwitzer sind die Taufpaten.[41]

Der junge Vater Karl wechselt zur Hauptstelle der Kieler Spar- und Leihkasse, bei der er abgesehen von einer befristeten Ausleihe an die Girozentrale Schleswig-Holstein und Fortbildungen für Gemeindeverwaltungsbeamte 1932 in Kiel und 1935 in Düsseldorf sowie für die Zeit seiner Einberufung zum Zweiten Weltkrieg sein Berufsleben lang tätig bleibt. Hans Müthling, Oberbürgermeister der Stadt Kiel, würdigt zur Altersentlassung im September 1959, dass Karl „ununterbrochen, zunächst als Angestellter, später im Beamtenverhältnis, bei der Kieler Spar- und Leihkasse tätig gewesen“[42] sei.

Mutter Else und Vater Karl

Üblicherweise wird der Beruf des Vaters als Indikator für die soziale Herkunft und damit für die Charakterisierung der sozialen Stellung der Familie im Schichtgefüge der Gesellschaft herangezogen. Spezifische familiäre Verhältnisse sind zwar nicht die einzigen Wirkungsgrößen auf einen späteren Lebensweg, dennoch lässt sich an Jochen Steffens späteren Rückblicken erkennen, welch wichtigen Einfluss sein erweitertes familiäres Umfeld und die entsprechenden Milieus für ihn hatten.

Der Werdegang seines Vaters Karl ist gut dokumentiert. Die Lebensspuren seiner Mutter Else weniger. In der Familie Steffen ist Mutter Else für ihren einzigen Sohn die erste Vermittlerin sozialer Regeln und die emotionale Bezugsperson. Neben den üblichen mütterlichen Pflichten jener Zeit ist es Else, die mit ihrem Sohn den Schulweg abgeht, die nötigen Besorgungen und Amtsgänge macht, zumindest für die Zeit in der Volksschule seine Hausaufgaben kontrolliert und den Vater Karl als Drohkulisse bei der Erziehung nutzt. Von ihm erhält sie täglich zugeteilt das Haushaltsgeld, was sie davon sparen kann, geht oft an den Sohn. Ihr Sohn steht in ihrem Leben erklärtermaßen an erster Stelle. Das ändert sich erst mit der Geburt ihres Enkels.

Mit dem Besuch der höheren Schule entfernt sich Jochen Steffen schnell vom Bildungshorizont seiner Eltern. Für seine Mutter ist wichtig, ihm ihre sozialen Ziele und

39 Geburtsurkunde des Standesamtes Kiel I, Nr. 807/1922, privat.

40 Jochen Steffen: Meine Familie, o. J., Akte Steffen: Archiv der Humboldt-Schule.

41 Taufregister-Eintrag 1922/93 der Kirchengemeinde St. Nikolai II, Kiel. Im Archiv des Ev-Luth. Kirchenkreises Altholstein, Verwaltungszentrum.

42 Schreiben Hans Müthling an Karl Steffen, 31.8.1959, privat.

Verhaltensmuster zu vermitteln: Gutes bis devotes Benehmen, das zu einer Beamtenlaufbahn führen soll. Am besten sei es für ihren Sohn, Lehrer zu werden. Das Ziel Beamter, angeblich abgesichert und angesehen auf Lebenszeit, hat sie auch für ihren Mann. Als Karl nach dem Zweiten Weltkrieg erwägt, in die private Bankwirtschaft zu wechseln und damit auch mehr zu verdienen, wehrt Else sich entschieden und erfolgreich gegen dieses Ansinnen.

Vater Karl wird mit Kriegsbeginn am 3. September 1939 eingezogen. Zuerst sind seine Standorte in Rendsburg und Lübeck, doch dann geht es im August 1940 an die Westfront und alsbald aufgrund heftiger Gichtanfälle durch eine Reihe von Lazaretten.[43] Damit bilden Else und ihr Sohn bis zur Einberufung Jochen Steffens eine Kleinfamilie, die sich mit den zunehmend komplizierteren Lebensbedingungen in Kiel im Kriege auseinandersetzen muss. Bis in seine Marinezeit hinein diskutiert er alles ihm Wichtige mit seiner Mutter als erste Vertraute.

Else wird zur Kriegsproduktion einberufen, die sie bei der ELAC ableistet. Der Betrieb stellt feinmechanisches Kriegsgerät, Zündeinrichtungen und Nachrichtengerät in Kiel und an weiteren Standorten her. Nach einer bei der Produktion zugezogenen schweren Verletzung am Daumen der rechten Hand wird Else vom Dienst befreit.

Jochen entwickelt mit zunehmendem Alter gegenüber seiner Mutter ein sehr kritisches Verhältnis, wie in seinen Erinnerungen an vielen Stellen nachzulesen ist. Er reduziert die Kontakte zu seiner Mutter stark, was, solange sein Vater lebt, relativ leicht ist. Völlig ungeschoren kommt er allerdings nicht davon, denn solange er für die Schleswig-Holsteinische Volkszeitung (kurz: VZ) arbeitet, ist er unter direkter Beobachtung seiner Eltern, die von ihrem Wintergartenfenster aus kontrollieren können, wann er das Zeitungsgebäude an der Bergstraße betritt oder verlässt.

Jochen ist froh, als ihm sein Sohn die Bank- und Versicherungsgeschäfte seiner verwitweten Mutter abnimmt. Als Beamtensohn ist ihm jeglicher als „übertrieben" qualifizierter Ordnungssinn und die Auseinandersetzung mit Formularen ein Gräuel. Das Verhältnis zu seiner verwitweten Mutter bleibt distanziert. Ein Grußschreiben zum ersten Geburtstag seiner Mutter als Witwe ist steif und formal, eine wirkliche Nähe zwischen Mutter und Sohn ist aus ihm nicht abzulesen.[44]

Einige Jahre später reflektiert er in einer Glosse für die Zeitschrift Pardon unter dem Titel „mein progressiver Alltag" seine Erwachsenen-Beziehung zu seiner Mutter. Er zeigt sich dabei als ein sich ironisch selbst reflektierender Erzähler des Alltagslebens: „Und wenn du eine Mutter hast, dann halt sie hoch in Ehren. Mutter ist seit einigen Jahren Witwe, hat selbstständig werden müssen und bezieht eine gute Pension. Mutter kommt vom Lande. Ihr Leben hat drei zentrale Themen. Es sind in dieser Reihenfolge: ihr Enkel, ihr Sohn und ihr Geld.

Wenn ich sie besuche und wir Kaffee trinken, werde ich zunächst ermahnt, ich solle mit unserer Obrigkeit im Landtag und der Partei – wie Mutter sagt – ‚nicht so doll zu

---

43 Verlauf aufgeführt im LASH, Abt. 460.19, Nr.1006 Geschäftszeichen K 19310.

44 Jochen Steffen an Else Steffen, Nov. 1970, privat.

Knass gehen. Das ist immer noch uns Obrigkeit.‘ Mit ihrem Enkel ist sie stets sehr zufrieden. Das ist ein sehr vernünftiger Junge. ‚Von wem er das wohl hat?‘ Mit direktem Blick auf mich. Ich fühle mich wie zwölf, dreizehn, nicht wie zweiundfünfzig.

Dann macht Mutter es sich bequem. Die pädagogische Aufgabe ist abgeschlossen.“[45]

Mutter und Sohn sterben im selben Jahr: 1987. Bereits im April des Jahres erleidet sie einen anhaltenden Schwächeanfall. Als das Altersheim in Tetenbüll auf Eiderstedt die Familie über den nahenden Tod von Else informiert, liegt Jochen bettlägerig in der Holtenauer Wohnung, ich befinde mich in England. So kommt es, dass die ungeliebte Schwiegertochter am Totenbett der ungeliebten Schwiegermutter ausharrt.

Es gehört zu den bleibenden Ungerechtigkeiten dieser Welt, dass der Enkel einen liebevollen und sich geradezu verspielt ihm zuwendenden Großvater Karl erlebt, während das Verhältnis zwischen Vater und Sohn zeitlebens von emotionaler Distanz geprägt bleibt. Von Seiten Jochens wird es mit der sozialen Stellung des kleinen Beamten analysiert, der weder mit der Weltanschauung seines Sohnes noch mit der Art und Weise seines Politikstiles klarkommen kann. So verlässt Karl während einer Rede Jochens die Tribüne des Landtages, weil er dessen Angriffe auf den Ministerpräsidenten, der schließlich einen zu respektierenden Rang habe, nicht erträgt. Zugleich sind die Eltern stolz auf die Entwicklung ihres Sohnes. Karl legt eine Sammlung aller Artikel, Kommentare und Texte von und über ihn an, derer er habhaft werden kann.

Der „hintersinnige“ Humor Jochens findet bei seinem Vater seinen Vorläufer, auch wenn Karl seinen Humor weniger auf das Politische denn auf das tägliche Leben bezieht. Was Vater und Sohn aber ein Leben lang verbindet, das ist ihrer beider Liebe zum Fußball. Vor dem Krieg spielen sie sogar zusammen im Verein. Bei Wochenendbesuchen vor Zeiten des Fernsehens, in den 1950er und 1960er Jahren, haben Fußballübertragungen Vorrang vor der Familienrunde und vor dem Radio muss Ruhe herrschen. Da sind sich Vater und Sohn zum Leidwesen ihrer Frauen einig. Später ist es bei Fernsehübertragungen nicht anders. Und ausgiebig wird die Bundesliga diskutiert. Von ihrem Elternhaus kennt Ilse solches Interesse am Sport nicht. Wenn Jochen und Ilse in den ersten Nachkriegsjahren, während seiner Zeit als Studierender, regelmäßig zu den Heimspielen von Holstein Kiel gehen, zeichnet eine gelangweilte Ilse während des Spiels Schnittmuster.

Vater Karl trifft am 4. Mai 1972 auf der Holtenauer Straße in der Wik ein Gehirnschlag.[46] Die Nachricht seines Todes erreicht Jochen und Ilse auf einer Dienstfahrt. Später fährt Ilse Jochen und mich zum Eichhof, wo Karl aufgebahrt liegt. In der fröstelnd machenden Kühle der Aufbahrungshalle und beschienen von psychedelisch anmutenden bunten Lichtflecken durch die getönten Scheiben der Halle, liegt Karl in

---

45 Jochen Steffen: … und mein progressiver Alltag, in: Pardon Sonderband: Teuflische Jahre. Bd. 13, Frankfurt am Main 1977, S. 86-87.

46 Todesanzeigen in den Kieler Nachrichten der Familie Steffen und der Kieler Spar- und Leihkasse für Karl Steffen vom 6.5.1972, privat.

einem offenen Sarg, gekleidet in einen seiner grauen Beamtenanzüge. Das Gesicht sehr weiß, Haar und Schnauzer akkurat gestutzt, die Hände ineinander verschränkt. Jochen und ich treten an den Sarg heran, Jochen legt seine Hand auf die kalten gefalteten Hände seines Vaters. „Ach Vater" bricht es aus ihm hervor, und weinend beugt er sich über ihn.

Volksschule, Deutsches Jungvolk, Hitlerjugend

Von Ostern 1929 bis Ostern 1933 besucht Steffen die 2. Knaben-Volksschule in der Hebbelstraße im Stadtteil Schreventeich.[47] Hier geht eine dem Wohnumfeld entsprechende soziale Mischung aus Arbeiter- und Bürgerkindern zur Schule. Steffen erinnert sich, „die Frühstücksbrote im Schulranzen waren ein Symbol der Klassenscheidung in der Klasse".[48]

In einer Entwicklungsphase, in der ein junger Mensch zu erkennen beginnt, wie sich Menschen – und man sich selbst – aufgrund unterschiedlicher Lebenssituationen anders verhalten oder denken, erlebt Steffen ganz unmittelbar die Armut und den Hunger seiner Mitschüler. Die Not und die soziale Klassifizierung entlang der Linien proletarisch und bürgerlich führen immer wieder zu physischen Auseinandersetzungen zwischen den Schülern. Auch wenn Steffens Erzählung über diese Zeit von seinem späteren Verständnis damaliger sozialer Bedingungen geprägt ist, ist sicher, dass sein Gerechtigkeitsempfinden in diesem Erleben des Elends seiner Mitschüler eine Wurzel findet. Verbürgt ist, dass Steffen des Öfteren seine Schulbrote – zum Entsetzen seiner Mutter auch die selbstgestrickten langen Schulstrümpfe – an Mitschüler verschenkt.[49]

Laut einer Erinnerung des Journalisten Jost Nolte an ein 1980 mit Steffen in Österreich geführtes Interview sieht er in dieser Lebensphase prägende Erlebnisse für seine spätere politische Tätigkeit: „In dieser Zeit, sagte mir Steffen, lagen die Wurzeln seiner politischen Überzeugung. Weil diese Zeit mit ihren Gewalttaten und ihren Ungerechtigkeiten – und alles, was darauf und daraus folgte – nicht wiederkommen sollte, sei er nach 1945 in die SPD gegangen. Darum habe er aktiv mitgemacht."[50]

Am Anfang wird der Volksschulweg noch in Begleitung der Mutter absolviert, bald will der Sohn aber besonders den Heimweg ohne mütterliche Kontrolle gehen, um möglichst viel Freizeit mit den Klassenkameraden im damaligen Hohenzollernpark (heute Schrevenpark) oder den umliegenden Straßen verbringen zu können. Während der vier Jahre Volksschule spielt er über die sozialen Gräben hinweg mit Arbeiterjungen Fußball und erlernt in einem Arbeiterverein das Boxen. Später verschaffen sich die Jungs Zugang zu Wohnungen, die aufgrund der Weltwirtschaftskrise leer stehen und

47 Diese und weitere Informationen bis 1946 finden sich in den Unterlagen der britischen Militärregierung: Entnazifizierungsakte Karl Joachim Jürgen Steffen, LASH, Abt. 460, Nr. 4032 Geschäftszeichen 312/G/1676. [Weiter als Entnazifizierungsakte Jochen Steffen].

48 Steffen: Personenbeschreibung, S. 23.

49 Ebd., S. 25f. – Verschenkt hätte er auch gerne den verhassten Kieler Matrosenanzug. Im Winter mit knielangen Wollstrümpfen getragen, die beim Verlassen des Hauses sofort hinab gerollt wurden.

50 Jost Nolte: Es ist Dein Leben, Anna. Ein Vater schreibt seiner Tochter, Düsseldorf 1983, S. 211.

toben über die Böden der Mietkasernen. Über diese Schulkameraden erfährt er, wo er in der Stadt was erleben kann. Besonders die Straßenschlachten zwischen den Parteiarmeen ziehen die Jungs an. So schildert Steffen seine Straßenkampferfahrung: „Wenn es knallte, mußte man in einen Hausflur flüchten oder sich flach aufs Pflaster werfen, an einer Hauswand. Die Hauswand war wichtig. Sonst riskierte man, daß einem die Rippen zertrampelt wurden.“[51]

Die Jungs sammeln die beim Anrücken der Polizei fallen gelassenen Schlaginstrumente auf und wissen, wem sie die Dinger wieder zustecken.

Die in der Volksschule und über die sozialen Gräben hinweg geschlossenen Freundschaften überdauern seinen Wechsel auf die höhere Schule nicht lange.

Jochen Steffen ist vor der nationalsozialistischen Gleichschaltung kein Mitglied in einem weltanschaulich-politischen Jugendbund oder Verband, wie es viele seiner Freunde und Mitschüler durch Entscheidung ihrer Eltern sind. Auch sein Vater Karl ist nur Mitglied in einem Sportverein, eine politisch-weltanschauliche organisatorische Anbindung will der Stadtbeamte bis zum Eintritt in die NSDAP nicht eingehen.

Ab November 1933 ist Jochen Steffen Mitglied im Deutschen Jungvolk.[52] Nach eigener Angabe versucht er, den Übergang in die Hitlerjugend hinauszuzögern. Als der Druck zum Eintritt, sicherlich auch von Seiten seines Vaters, immer größer wird, folgt er einer Empfehlung seiner Schulfreunde Hans-Gottfried Schadow und Johannes Scheer, der Kieler Marine-Hitlerjugend beizutreten. Der ideologisch-politische Anteil halte sich in Grenzen, so erzählen seine Freunde. Im Sommer werde dauernd gesegelt, im Winter an den Booten gebaut und zudem viele Liederabende abgehalten. Steffen gibt seinen Eintritt in die HJ mit dem November 1936 an. Da ist er 14 Jahre alt. Sein Eintritt fällt zeitlich zusammen mit dem „Gesetz über die Hitlerjugend“ vom Dezember 1936, das die HJ für alle Jugendlichen neben Familie und Schule zur einzigen Erziehungsinstitution macht. Sein Eintritt liegt aber deutlich vor dem Datum des 25. März 1939, an dem die allgemeine „Jugenddienstpflicht“ auf dem Weg einer Durchführungsverordnung zum oben genannten Gesetz eingeführt wird.[53]

Zur sozialen Zusammensetzung der Kieler Marine-HJ finden sich keine Hinweise. Die Interviews mit den Zeitzeugen lassen vermuten, dass sich hier eher die Kinder bürgerlicher und großbürgerlicher Kieler treffen, während die HJ sonst allgemein von einer „schicht-unspezifischen Sozialsituation“[54] geprägt ist. Der Treffpunkt der Mari-

51 Steffen: Personenbeschreibung, S. 23f.

52 Entnazifizierungsakte Jochen Steffen.

53 Vgl. Kathrin Kollmeier: Ordnung und Ausgrenzung. Die Disziplinarpolitik der Hitler-Jugend, Göttingen 2007, S. 199-200; Arno Klönne: Jugendliche Opposition im „Dritten Reich“, 2. ergänzte Auflage, Erfurt 2013, S. 51f.

54 Arno Klönne: Jugend im Dritten Reich. Die Hitler-Jugend und ihre Gegner. Dokumente und Analysen, Düsseldorf 1982, S. 288. [Weiter als Klönne: Jugend im Dritten Reich]. - Helmut Schmidt ist zu dieser Zeit Mitglied der Hamburger Marine-HJ. Sein Biograph thematisiert den Umstand des „Neides“ anderer HJ-Formationen dieser gegenüber: „Dem ideologischen Anspruch, den Klassen- und Kastengeist überwinden zu wollen, stand ein solcher eher elitärer Verein wie die Marine-HJ im Wege.“ Hartmut Soell: Helmut Schmidt – Vernunft und Leidenschaft, München 2003, S. 81.

ne-HJ liegt am ab 1933 umbenannten Hindenburgufer, ganz in der Nähe der damaligen Marinebadeanstalt. Gesegelt wird mit 12 Sharpi-Jollen aus Holz, einer wenige Jahre zuvor von einer Warnemünder Werft entwickelten 12-qm-Jolle. Die Kriegsmarine hat sie der Kieler Marine-HJ geschenkt. So kommt Jochen Steffen zum Segeln, ein Sport ‚der ihn nie packt und den er im Gegensatz zu seinen Freunden nicht fortführt. Seine Freunde Hans-Gottfried und Johannes erwerben vor dem Krieg sogar eine eigene Alsterjolle, auf der auf Einladung auch Vater Schadow, ihr aller Lehrer, manchmal mit segelt. Dass er während des gesamten Törns auf der Kieler Förde seine mitgebrachten Zeitungen liest, verärgert Sohn und Freunde gleichermaßen.[55]

Die Erfassung der Schüler an der reinen Jungenschule in den nationalsozialistischen Jugend- und Erziehungsorganisationen ist umfassend. Laut einer Statistik des Reformrealgymnasiums vom Schuljahr 1938/39, wo Jochen Steffen zu dieser Zeit Tertianer ist, sind von 481 Mitschülern 462 in der Hitlerjugend oder in der Deutschen Jugend. Ein „halbjüdischer" Mitschüler wird ohne Zuordnung geführt, sonst verrichten alle Dienste in der SA, SS, im nationalsozialistischen Kraftfahrkorps (NSKK) und im nationalsozialistischen Fliegerkorps (NSFK), beides paramilitärische Organisationen.[56]

Später macht Steffen selbst widersprüchliche Angaben zu seinem Verbleib in der Hitlerjugend, in der er kein Amt oder Funktion übernommen habe. In einem Interview aus seinem österreichischen Alterssitz kommentiert er: „Der Massenbetrieb der Hitlerjugend, Wanderung, Kriegsspielen und das Lager, das störte mich überhaupt nicht, was mich störte, war das Militärische und das Kujonieren der Abweichler. Dann wurde ich aus der Hitlerjugend rausgeschmissen. Das wurde vor der ganzen Schule gefeiert, du musstest antreten und wurdest vorgestellt als räudiges Schaf. Das war '37, da war ich 14 Jahre, und das ist von 14-jährigen auch nicht ganz einfach zu verkraften."[57]

Es gibt keine Erklärung oder Hinweise, warum dieser Ausschluss erfolgt sein soll, Schulfreunde haben daran keine Erinnerung.[58] Im Widerspruch zu der obigen Aussage notiert Steffen fast vierzig Jahre früher in seinem Fragebogen für die Entnazifizierung: „Ich habe 1940 Übernahme in die Partei oder eine ihrer Gliederungen abgelehnt, somit müsste mit dem 9.11.1940 der Ausschluss aus der HJ erfolgt sein."[59]

Offensichtlich hat Steffen seine HJ-Geschichte im Interview „frisiert". Vielleicht hat die öffentliche Vergatterung mit einem Vorfall zu tun, an den sich sein Schulfreund Hannes Scheer lebhaft erinnert. Die Kieler HJ-Führung beordert Hans-Gottfried Schadow und Jochen Steffen als Teil einer Ehrenformation zum Begräbnis eines Kieler Anhängers des völkischen Putschisten und Verkünders der „Dolchstoßlegende"

---

55 Interview Johannes Scheer.

56 Jürgen Plöger: Geschichte der Humboldt-Schule in Kiel, Mitteilungen der Gesellschaft für Kieler Stadtgeschichte, Bd. 71, Kiel 1886, S. 155. [Weiter als Plöger: Humboldt-Schule].

57 Steffen: Personenbeschreibung, S. 258.

58 So auch Hannes Scheer und Uwe Harder auf Nachfrage.

59 Entnazifizierungsakte Jochen Steffen.

nach dem Ersten Weltkrieg, General Erich Ludendorff. Trotz aller Konflikte mit der NSDAP werden einem ehemaligen völkischen Kampfgenossen zu seinem Tod höchste NSDAP-Ehren zuteil. Die Jungs stehen während der Feier in ihren Marine-HJ-Uniformen am Sarg, direkt vor dem Trauerpublikum. Ein Trauerredner schwelgt im Lob über den Verstorbenen und erklärt, dieser trete nun ein nach Walhalla. In der ersten Reihe sitzt die schluchzende Tochter, sie schreit auf: „Vater, wo bist du?". Jochen Steffen entfährt im Rund der Trauerhalle gut vernehmlich: „Dat hed de Magger doch grod seggt!" Trauergemeinde und HJ-Führung nehmen es zudem übel, dass Hans-Gottfried Schadow seinen folgenden Lachkrampf nicht kontrollieren kann. Genügend Gründe für eine öffentliche Vergatterung an der Schule.

Als Schüler spielt Jochen Steffen Fußball und ist ein guter Leichtathlet auf der Mittelstrecke. Der Sechzehnjährige tritt dem KSV Holstein bei, dessen erste Fußballmannschaft zu dieser Zeit erstklassig in der Gauliga Nord spielt. Wenig später wird er Mitglied im Kieler Turnverein. Er gilt als wendiger Fußballer, der oftmals hart spielt und ein Foulspiel gegen sich theatralisch moniert.[60] Die Mitgliedschaften enden 1941 mit seinem Eintritt in die Kriegsmarine.

Die Hitlerjugend Nordmark nutzt die leichtathletischen Leistungen des 15-jährigen Steffen auf der Mittelstrecke. Sie beruft ihn in den Kader zum Deutschen Turn- und Sportfest vom 26. bis 31. Juli 1938 in Breslau – und er entzieht sich dem nicht. Insgesamt fünf Sonderzüge bringen die Sportler aller Altersklassen aus der Nordmark nach Breslau. Die Bereitschaft am Fest teilzunehmen bedeutet zugleich, sich in eine die anwesenden NSDAP-Führer bejubelnde Masse einzuordnen. Denn die „Tage von Breslau stehen im Zeichen des geeinten deutschen Sports, einer großen einheitlichen Ausrichtung aller deutsch sprechenden sportlichen Kämpfer, und legen Zeugnis ab von einer umfassenden Breitenarbeit auf allen Gebieten, über die für alle Zeiten die Partei und der Staat ihre schützende Hand halten werden."[61]

Zum Abschluss der Wettkämpfe in Breslau gratuliert Adolf Hitler Vertretern der Siegerinnen und Sieger. Auch wenn sich Jochen Steffens Beteiligung anhand von Dokumenten nicht nachweisen lässt, so hat er doch Ilse später stolz von seinem sportlichen Einsatz erzählt.[62]

Während der Entwicklungsphase, in der der idealistische Drang des Jugendlichen nach eigener Orientierung besonders stark ausgeprägt sein kann[63], behauptet Jochen Steffen später, sich gegen eine vollständige Übernahme faschistischer Wertevorstellungen, wie sie in der Schule und HJ indoktriniert werden, gewehrt zu haben. Aber das macht ihn keinesfalls zum Widerständler. Weder aus der Familie noch aus dem erweiterten sozialen oder aus dem erzieherisch einwirkenden Umfeld gibt es dafür An-

---

60 Interview Uwe Harder.

61 Schleswig-Holsteinische Tageszeitung, 28.7.1938, S. 2 und diverse Berichterstattung während der Tage von Breslau.

62 Erinnerungen Ilse Steffen. - Das umfasst viele Gespräche mit Ilse Steffen.

63 Klönne nutzt dafür den Ausdruck „Kultur Pubertät". Siehe Klönne: Jugend im Dritten Reich, S. 290.

regungen.[64] Einerseits grenzen die Zwänge der Gleichschaltung von Schule und der HJ die Möglichkeiten „politischen Nachdenkens und politischen Experimentierens“[65] für den jungen Menschen entschieden ein. Andererseits bleibt ein individueller Weg sich zu entziehen und zu verweigern stark beschränkt. Der jugendliche Steffen lehnt sich querköpfisch auf und hinterfragt laut seinen befragten Schulfreunden vieles Vorgegebene. Jochen Steffen gehört zu einer überschaubaren Gruppe von Zeitgenossen, denen „von der HJ die Erfahrung eines Drills, dem man sich nur notgedrungen unterwarf, gegen den man sich mitunter auflehnte“[66] gemeinsam war.

Aber zweifelsohne erfährt Steffen in der HJ eine vormilitärische soldatische Erziehung, zu der weitere Einflüsse einer national-deutschen Vorsozialisierung kommen. Für Steffens weltanschauliche Wertefindung erweisen sich einige wenige und dadurch herausragende Einflüsse als bestimmend. Sie hängen mit dem Besuch der höheren Schule zusammen.

Der Affekt eines moralischen Ekels

Vermittelt durch sein Elternhaus übernimmt Jochen Steffen Aversionen und Affekte, die ihn ein Leben lang begleiten. Dazu gehört über einen kulturell beförderten und normalen Basis-Ekel vor menschlichen Ausscheidungen und Verwesung oder ähnlich Tabuisiertem hinaus ein fester spezifischer psychologischer Affekt, ein ausgeprägter „moralischer Ekel“, den zu erkennen die Art und Weise seiner Politik beleuchten kann.

In seinen Erinnerungen schildert Jochen Steffen eine Geschichte aus seiner Kindheit, die er primär erzählt, um mit einem bildlichen Erlebnis die soziale Konditionierung zur Lüge beziehungsweise den gesellschaftlich akzeptablen Umgang mit „der Wahrheit“ durch seine Mutter Else zu belegen.[67]

Jochen Steffen muss seine Mutter zum Besuch bei einer Tante begleiten. Diese ist mit einem Werftarbeiter verheiratet, er beschreibt die ärmlichen Lebensbedingungen: die ungeheizte muffige Wohnung mit feucht-kaltem Sofa, dazu ein spezifischer Wohnungsgeruch und ein ihn abstoßender Billig-Kuchen, was ihn alles buchstäblich „krank“ macht. Mutter Else verlangt, sich für den Besuch zu bedanken und den Kuchen lecker zu finden. Er übergibt sich auf dem Plumpsklo und bleibt nach dem Besuch für drei Tage im Bett.

Versteht man Ekel als einen sozialen Mechanismus, „der kulturell bedingt und pädagogisch vermittelt, sich den primitiven Brech- und Würgereflex zunutze macht, um

---

64 „Was freilich ‚Widerstand' bedeutete, das wussten wir nicht, wollten es nicht wissen, ahnten es kaum“, so der gleichaltrige Kieler Peter Wapnewski: Jugend auf dem Marsch, in: Christa Geckeler (Hg.): Erinnerungen an Kiel zwischen den Weltkriegen 1918/1939, Husum 2007, S. 187.

65 Klönne: Jugend im Dritten Reich, S. 288.

66 Ebd., S. 7.

67 Steffen: Personenbeschreibung, S. 40.

die vorrational erworbene, soziale Basisidentität zu schützen“[68] und besonders durch das Lernen am Modell der Eltern übernommen wird[69], dann kann diese Geschichte zugleich einen grundlegenden Charakterzug Jochen Steffens beleuchten. Denn die beschriebenen körperlichen Reaktionen lassen eher auf die Emotion des Ekels als auf die der Wut schließen.

Jochen Steffens Affekt eines expliziten moralischen Ekels kann als eine Wurzel seiner oftmals als überzogen erscheinenden Reaktionen auf Personen und Werteverletzungen wie Lüge, Verlogenheit und Falschheit verstanden werden. So entrüstet er sich – in seinen eigenen Worten – über „moralische Abstinenz“ oder „moralische Neutralität“ zum Beispiel gegenüber den Verbrechen des Nationalsozialismus, sie bringen ihn „zur Weißglut“ und zu „physischer Übelkeit“. Die Ahnung, dass diese Akte der Unmenschlichkeit eine „in unserer Art zu leben dominante Möglichkeit des Menschengeschlechts“ sein könnten, bedrückt ihn.

„Dagegen kann nur helfen – das ist meine feste Überzeugung – moralische Festigkeit und Empörung gegen Anfänge organisierter Inhumanität. Wo immer und bei wem immer sie sich zeigen.“[70]

Steffen reagiert sein Leben lang mit dem Affekt des Ekels auf die Infragestellung seiner weltanschaulichen Bezugswerte von Menschlichkeit, Gerechtigkeit und Ehrlichkeit sehr impulsiv und oftmals in einer aggressiv erscheinenden Art und Weise, die mit Wut verwechselt werden könnte. Oft bereut er diese Ausfälle, machen sie ihn doch angreifbar.

Eine Schule der modernen Ekel-Forschung attestiert die Evolution der Funktion des Ekels: Ein Mechanismus, der ursprünglich Verletzungen des Körpers vermeidet, entwickelte sich zu einem Mechanismus, der Verletzungen der Seele verhindern hilft und damit zu einer der komplexeren menschlichen Emotionen geworden ist.[71] In diesem Sinne ist zu überlegen, ob Jochen Steffen mit dem „extra-rationalen“ Affekt eines tief sitzenden moralischen Ekels als massive Abwehrreaktion auf traumatische Übergriffe nicht eine Grundunsicherheit, oder wie die Psychologie sagt, ein fragiles Ich vor „psychotischer Dekompensation“ sichert und damit immer wieder die Grenzen zwischen Ich und Außen herstellt.[72]

---

68 Lothar M. Penning: Kulturgeschichtliche und sozialwissenschaftliche Aspekte des Ekels. Uni-Diss., Mainz 1984, S. 2.

69 Bestimmte Lebensmittel waren für Steffen tabu, so rührte der Wurstesser keinen Senf an. Sein Vater Karl war ihm dabei Vorbild. Dieser ekelte sich vor damals noch rot eingefärbten dänischen Hot Dogs („Eselswurst“) und Krabben dermaßen, dass bereits die Erwähnung ihm das Blut aus dem Gesicht und ihn zur Toilette trieb. Vgl. Rozin, P./Fallon, A. E./Mandell, R.: Family resemblance in attitudes to food, in: Developmental Psychology 20 (1984), S. 309-314.

70 Steffen: Personenbeschreibung, S. 78.

71 Paul Rozin/Jonathan Haidt/Clark R. McCauley: Disgust, in: Handbook of Emotions, New York 2008, 3. Aufl., S. 771.

72 Vgl. Annette Kluitmann: Es lockt bis zum Erbrechen, in: Forum der Psychoanalyse 15 (1999), Heft 3, S. 267-281.

Dass diese Verbindung einer psychologischen Grunddisposition mit politischen Wertungen und Haltungen substantiell ist, belegt Steffen selbst. So zitiert Hans Gerlach ihn in einem Interview von 1966: „Dass er sich mit den Bonnern nicht gerade glänzend versteht, lässt Steffen ungerührt durchblicken. ‚Schon als Junge bin ich nicht zweimal in eine Wohnung gegangen, deren Geruch mir unsympathisch war.'“[73]

Das Reformrealgymnasium

Im Jahr 1933 ist es nicht die Politik, die Jochen Steffens Leben spürbar verändert. Es ist vielmehr sein Wechsel auf das Reformrealgymnasium zu Ostern 1933. Seine Kontakte zu den Bolz- und Boxkameraden der Volksschulzeit reißen ab. Nunmehr setzt er sich durch das Tragen einer Schulmütze sichtbar von ihnen ab, bis die Nazis dies abschaffen.

Mitglieder der Hitlerjugend sind am Reformrealgymnasium in ihrer niederträchtigen ideologischen Art 1933 sogleich aktiv. Der Konzertvortrag zum Schuljahresabschluss 1933 der Unvollendeten Symphonie von Schubert unter Teilnahme eines jüdischen Mitschülers wird von Zwischenrufen der HJler unterbrochen: „Der Jude darf die deutsche Musik nicht schänden!“. Der Musiklehrer unterbricht die Aufführung und „versichert(e), dass es das letzte Konzert sei, an dem sich der Schüler Kurt Goldmann beteiligen würde.“

Es dauert bis Oktober 1936, bis mit einem neuen Direktor ein überzeugter und die Schule prägender Nazi den Dienst antritt: „Mit Adam Weygoldt ging ein zurückhaltender, abwägender, politisch neutraler Mann, mit Wolfgang Lüllemann kam ein bekennender Nationalsozialist“, so die Geschichtsschreibung der Schule.[74] Im November 1937 wird die Umbenennung der Anstalt in „Admiral-Graf-Spee-Schule“ mit großem Festakt im städtischen Theater vollzogen. Die Schule pflegt Kontakte zur Marine und feiert aus Anlass der mit Admiral-Graf-Spee-Beteiligung geführten Seeschlachten von Coronel und bei den Falklandinseln jährlich wiederkehrende Schulfeste. Für das Coronel-Fest hat ein Musiklehrer der Schule ein Gedicht vertont, das die Jungs vortragen müssen.[75] Die Schule pflegt einen engen Kontakt zum Panzerschiff „Admiral Graf Spee“, das sich Anfang 1940 selbst zerstört.[76] Selbstverständlich werden an der Schule, wie überall, „Führergeburtstag“ (20. April) und der „Tag der nationalen Erhebung“ (30. Januar) in feierlichem Rahmen mit entsprechenden völkischen Reden begangen. Diese Ereignisse sind im Sinne der nationalsozialistischen Erziehungsziele und der Wehrertüchtigung durch Sport für die Jungen Pflichtprogramm, doch weder erwähnt sie Jochen Steffen noch haben seine Mitschüler klare Erinnerungen an diese Anlässe.

73 Hans Gerlach: Die Partei muss Mut haben, in: Kölner Stadtanzeiger, 1.3.1966, S. 3-4; dieses Interview wurde dokumentiert in: Blätter für deutsche und internationale Politik, Dokumente zum Zeitgeschehen, Gespräch mit dem SPD-Vorsitzenden in Schleswig-Holstein, 1966/3, März, S. 254-256.

74 Plöger: Humboldt-Schule, S. 152.

75 Interview Hannes Scheer.

76 Plöger: Humboldt-Schule, S. 173.

1935 gibt es eine weitere Veränderung für die Familie Steffen. Sie zieht aus der Wilhelminenstrasse 27 in die Wörthstrasse 25 um. Die Notwendigkeit zum Umzug in die kostengünstigere Wohnung wird in der Familiensaga mit der Pleite des Kaufmannsladens des Lebemanns und Originals Opa Carl erklärt. Allerdings ist Carl zu dieser Zeit bereits an Leberkrebs erkrankt und kann noch weniger als zuvor arbeiten. Er stirbt im folgenden Juli 1936. Mit der Krankheit wird deutlich, dass Karls Gehalt als Stadtoberinspektor es nicht erlaubt, die Wohnung in der Wilhelminenstrasse alleine zu halten. Durch den Besuch der Oberschule sind zudem für den Sohn monatlich 20 Mark Schulgeld zu zahlen.

Die Wörthstrasse, benannt nach einem Ort im Elsass, liegt in einem typischen Kieler „Arbeiterviertel (…), nur durch die Straßenbreite der Eckernförder Allee vom ‚reichen' Wohnbereich Hohenzollernpark entfernt." Der Kiez trägt den Beinamen „Franzosenviertel", die Straßen sind benannt nach Schlachtorten des deutsch-französischen Krieges.[77]

Besonders Mutter Else wertet den Umzug als sozialen Abstieg, wenngleich mit direkten Nachbarn wie einem Telegrapheninspektor a.D., einem Steinmetz und Ingenieur sowie einem Angestellten der soziale Unterschied zur vorherigen Wohnadresse nicht besonders ins Auge springt. Andernorts in der Straße aber vermieten Handwerksunternehmer in ihren Häusern Zimmer und Wohnungen an Metall- und Werftarbeiter, Näherinnen und Wäscherinnen, Kraftfahrer, Viehtreiber und andere Dienstleister. Jochen Steffen erinnert sich, dass aus der Straße nur drei weitere Jungs auf eine höhere Schule gingen.

Ereignisse, die weder in Jochen Steffens Erinnerung noch in denen seiner Mitschüler Resonanz finden, sind der Brandanschlag auf die Kieler Synagoge oder die Übergriffe auf jüdische Geschäfte oder Personen in der Nacht vom 9. auf den 10. November 1938. Die Brandlegung und versuchte Sprengung der Synagoge ist dabei von besonderer Bedeutung, da diese, an der Ecke Humboldt/Goethestraße gelegen, direkt an den Schulhof der Oberschule grenzt. Die Schüler sehen am Tag vom Schulhof den Qualm der gelöschten Synagoge aufsteigen.[78] Man erinnert sich aber nicht daran, dass dies Thema im Unterricht oder auf dem Schulhof ist.[79] Der letzte „volljüdische" Schüler muss die Schule Ende 1937 verlassen, „damit war die Verdrängung dieser Schülergruppe vollzogen".[80] Es gibt noch einen „halbjüdischen" Mitschüler in Jochen Steffens Klasse, Fritz Mainzer, dessen jüdischer Vater als Vizekonsul von Argentinien

77 Der Name des Viertels leitet sich von den in Erinnerung an den „glorreichen Sieg" im Krieg gegen die Franzosen 1870/71 vergebenen Straßennamen ab. Karl-Rudolf Fischer: Damm gegen die Rote Flut, in: Demokratische Geschichte 2 (1987), S. 84.

78 Vgl. Klaus Bästlein: Die Judenpogrome am 9./10. November 1938 in Schleswig-Holstein. Eine organisationsgeschichtliche Skizze, in: Jüdisches Leben und die Novemberprogrome 1938 in Schleswig-Holstein, Aufsätze herausgegeben vom Grenzfriedensbund, Flensburg 1988, S. 9-53.

79 Interviews Uwe Harder, Johannes Scheer. Auch Plöger legt keine Zeugnisse vor, dass der Brand der Synagoge in der Schule thematisiert wurde. Plöger: Humboldt-Schule, S. 147.

80 Ebd., S. 157.

in Kiel wirkt. Mainzer ist dem Sadismus einiger nationalsozialistischer Lehrer besonders ausgesetzt.[81]

Mit dem Umzug in die Wörthstrasse wechselt die Familie von der Kirchengemeinde St. Nikolai zur Gemeinde Jakobi-West. Dort geht Jochen Steffen zum Konfirmationsunterricht von Pastor Hans Martensen, der der Gemeinde von 1934 bis zum Eintritt in den Ruhestand im Jahr 1971 vorsteht.[82] Am 26. März 1939 wird Steffen in Jakobi-West konfirmiert.[83] Er mag diesen Pastor Martensen meinen, wenn er nach dem Krieg beim Passieren einer zerstörten Kirche seinen Gesprächspartnern von einer Predigt berichtet: „Es war ausgerechnet jene (Kirche), in der der Pastor am Tag des Kriegsausbruchs verkündet hatte, ER sei nicht gekommen, den Frieden zu bringen, sondern das Schwert, und der fortließ, dass es sich um den Glaubenskonflikt in den Familien und unter den Familienmitgliedern handelt."[84]

In seiner Jugend absolvierte Jochen Steffen also Kirchenbesuche, entwickelte aber eine immer kritischer werdende Haltung zu Religion und Kirche. Die Predigt des Pastors belegt ihm beispielhaft, wie die evangelische Kirche in ihrer Kriegstheologie und Kriegspredigt im Zweiten Weltkrieg „nahezu bruchlos" da anknüpfte, „wo sie im Ersten Weltkrieg geendet hatte".[85]

Mitschüler

Bekanntschaften und Freundschaften an der Schule werden hauptsächlich im Klassenverband und nur in einem geringeren Maße jahrgangs- oder sogar altersübergreifend gepflegt. Jochen Steffen ist im Verhältnis zu vielen seiner Freunde älter, nach einer Ehrenrunde bis zu zwei Jahre, ein Altersunterschied, der in dieser Altersphase als erheblich erscheint. Er hat laut befragten Mitschülern einen hervorgehobenen Rang und Status unter den Gleichaltrigen, er ist ein Meinungsmacher in der Peergroup seiner Mitschüler. Die Schüler sind eine Gemeinschaft gegenüber dem Lehrkörper, die Lehrer arbeiten mit dem Druckmittel Angst: Angst davor dranzukommen und zu versagen, Angst davor lächerlich gemacht zu werden, Angst davor eine Fünf zu kriegen, Angst

---

81 Fritz Mainzer ist im Jungvolk und in der HJ, wird aber bei der Musterung als Halbjude als „nicht wehrwürdig" eingestuft und muss an der Ostfront in einer Arbeitskompanie mit schlimmsten Erlebnissen dienen. Interview Hannes Scheer.

82 Todesanzeige im Gesetz- und Verordnungsblatt der Nordelbischen Evangelisch-Lutherischen Kirche, Nr. 9, Kiel, 1.9.1994, S. 171. - Martensen wird im September 1943 zum Heeresdienst einberufen. Im August 1944 werden Kirche, Gemeindehaus und seine Dienstwohnung durch Feuer vernichtet. Vgl. Pastor Thoböll: Die Kieler Kirche im Zweiten Weltkrieg, in: Geschichte der Kieler Kirchengemeinden, Stuttgart 1952, S. 15-21.

83 Konfirmationsregister 1939/50 der Kirchengemeinde Jakobi-West. Archiv des Ev.-Luth. Kirchenkreis Altholstein, Verwaltungszentrum.

84 Steffen: Personenbeschreibung, S. 76.

85 Otto Seeber: Kriegstheologie und Kriegspredigten in der Evangelischen Kirche Deutschlands im Ersten und Zweiten Weltkrieg, in: Marcel van der Linden/Gottfried Mergner (Hg.): Kriegsbegeisterung und mentale Kriegsvorbereitung. Interdisziplinäre Studien, Beiträge zur Politischen Wissenschaft, Bd. 61, Berlin 1991, S. 245.

davor nicht versetzt zu werden. Ein Schüler wie Steffen, der allem sehr kritisch gegenübersteht und alles von den Lehrern Angebotene hinterfragt, ist einer weit größeren Zahl an Mitschülern bekannt als nur denen der eigenen Klasse.[86]

Jochen Steffen hält nach dem Krieg nur zu wenigen ehemaligen Mitschülern Kontakt, der Besuch von Ehemaligentreffen interessiert ihn nicht. Oft sagt er, dass die meisten seiner Mitschüler im Krieg gefallen seien. Zu einigen der Überlebenden gibt es politische Kontakte, zum Beispiel zu Uwe Harder, nach dem Krieg mit ihm zusammen im Kieler SDS, den er um die Kandidatur für den Neumünsteraner Oberbürgermeisterposten anfragt (ebendort Oberbürgermeister von 1970 bis 1988) oder überlegt, ihn für den Vorsitz des NDR-Aufsichtsrates vorzuschlagen. Zugleich lehnt er es aber ab, Uwe Harder in der Landespartei zu fördern, da ihm der sozialdemokratische „Stallgeruch" fehle.[87] Eine dauerhafte private Freundschaft gibt es nur zu Hans-Gottfried Schadow[88] und seiner Familie, auch wenn sich die Gelegenheiten zu Treffen zwischen einem Politiker und einem Manager beim Palmolive-Konzern nicht allzu oft bieten.

Was ist aus den Mitschülern geworden? Der 1924 geborene Ottheinrich Blunck, Sohn des in Heikendorf lebenden Malers Heinrich Blunck, der bereits als Schüler ein anerkannter Hobby-Archäologe ist, fällt 1943 als 19-Jähriger. Uwe Harder beginnt sein juristisches Studium während des Krieges, seine bei einem Bombenangriff verbrannten Militärunterlagen geben ihm nach dem Kriegsabitur die Zeit für ein erstes Semester. Damit kann er nach dem Krieg in Kiel sein Studium sofort fortsetzen. Kurt Riese wird nach dem Krieg und Studium der Wirtschaftswissenschaften Banker und Johannes Scheer übernimmt zuerst den Elektroladen seines Stiefvaters, um dann die Ingenieurslaufbahn einzuschlagen und für einige Jahre zur See zu fahren. Die Mitschüler Jens Petersen und Hanns Michael Ruyter gehen nach dem Krieg in den diplomatischen Dienst, beide werden Botschafter. Nis Juhl führt nach dem Krieg den Reiterhof Seeberg an der Eckernförder Bucht, auf dem die Familie Steffen einen Urlaub verbringt und wo ich als Steppke, der eher einen VW von einem Mercedes denn ein Pferd von einer Kuh unterscheiden kann, das erste Mal erlebe, wie Pferde beschlagen werden.

Mit den Mitschülern und Freunden wird die neben Schule, Familie und HJ-Diensten verbleibende Freizeit verbracht, Sport getrieben oder später das ausgebombte Kiel erforscht. Jochen nimmt ab 1937 in den großen Ferien und an Wochenenden Jobs auf der Werft, auf Baustellen oder bei der Post an. Später erklärt er, dass er „so zu meiner ersten bewusst erlebten, persönlichen Berührung mit sozialistisch gesinnten

---

86 Interviews Uwe Harder, Johannes Scheer, Kurt Riese.

87 Uwe Harder wird am 2.11.1923 als Sohn des Polizeischulrats Dr. Heinrich Harder in Kiel geboren, der 1933 als Mitglied der SPD aus dem Amt entfernt wird. Harder studiert Jura und Volkswirtschaft in Kiel und ist zeitweilig Landesvorsitzender des SDS. - Uwe Harder an Stadtrat Max Beyreis, 12.2.1962. Stadtarchiv Flensburg, XII, Nr.1572, Bd.11.

88 Hans-Gottfried Schadow wird am 11.7.1924 geboren. Er wird nach seinem Schulwechsel vom Gymnasium auf die Admiral-Graf-Spee-Schule Steffens Klassenkamerad.

Arbeitern" kam.[89] Eine Freundin, deren Vater Bestattungsunternehmer ist, vermittelt ihm einen Job als Sargträger. Hier muss er nach getanem letztem Gang mit den anderen Sargträgern einen Köm kippen, was seiner Mutter maßlos missfällt.[90] Mit dem selbst verdienten Geld kauft sich Jochen ein modisches Jackett, ein Objekt seiner Begierde, das seine Eltern, besonders Vater Karl, gar nicht akzeptieren können. Diese Ferienjobs „machte ich auch des Geldes wegen, denn wenn ich modisch angezogen sein wollte, das war bei den Alten zu knapp. Ich vergeß das nie, als ich mit dem ersten Geld ein Jackett gekauft hab, das kostete 90 Mark, da geriet der Alte aus dem Häuschen."[91]

Dieses Jackett und der jahrelange Stolz seines Besitzers darauf gehören zur Familienfolklore.[92] Mit diesem Jackett besucht der Gymnasiast die Tanzstunde. Beim Überqueren der Straßenbahngleise auf dem Weg zur Tanzschule Gemind in der Holtenauer Straße rutscht er auf nassem Gras aus und fällt der Länge nach hin. Wegen seines verdreckten Zustands wird ihm der Zugang zur Tanzschule verwehrt und er wird nach Hause geschickt. Über diese Kieler Institution erinnert sich ein gleichaltriger Kieler: „... die Tanzstunde im Institut des Ehepaars Gemind in der Holtenauer Straße (Kiels erste Adresse auf dem Walzer- und Ländler-Parkett) war eher eine bürgerliche Pflichtübung als Ausdruck schwingender Gefühlswogen. Da standen wir, artig aufgereiht, und die Jungens hatten weiße Zwirnhandschuhe an den Händen und waren auch sonst proper angezogen, zirkelten Lancier und Menuettwalzer und Polka und Foxtrott."[93]

Lehrerpersönlichkeiten

Zwei Lehrer nennt Steffen, die auf seine Entwicklung und weltanschauliche Ausformung einwirkten, an die er sich dezidiert erinnert und die er später sehr differenziert beschreibt. „Schon im ersten Schuljahr machte ich die Bekanntschaft von zwei Lehrern, die für meine Entwicklung und die meiner Interessen von besonderer Bedeutung waren. Das waren Dr. Schadow und Dr. Wolken"[94]

An anderer Stelle erinnert er sich: „Sicher weiß ich, dass ich zwei Lehrern der ‚Anstalt' viel verdanke. Sie waren humanistisch gebildet. Wie die meisten. Sie waren human und lehrten Humanität. Wie die meisten (damals) nicht. Ich lernte, dass Mensch und Menschlichkeit schwerer wogen als ‚Blut und Boden' als ‚Rasse und Rassenreinheit'. Das hieß (damals) den Unterschied begreifen zwischen dem Guten und dem Bösen. Die Grenze erkennen zwischen Politik und Verbrechen. Diese Lehrer waren mutige und aufrechte Männer. Ihre Sicherheit lag in der Verschwiegenheit ihrer Schü-

---

89 Bewerbung Joachim Steffen beim Vorstand der IG Metall, 14.4.1953. AdsD 1/JSAA000080.

90 Interview Uwe Harder.

91 Steffen: Personenbeschreibung, S. 258.

92 Ende Januar 1946 schreibt Steffen aus Kiel nach Kropp: „Wenn Du das Jackett nicht mitbringen kannst, so macht es nichts, die Esswaren sind wichtiger, obschon (ich) das Jackett gerne sehen würde", Jochen an Ilse Steffen, 31.1.1946, privat.

93 Peter Wapnewski: Jugend auf dem Marsch, S. 188.

94 Steffen: Personenbeschreibung, S. 51.

ler, die wiederum nicht sicher war. Sie hatten Angst. Denn das Zer- und Erschlagen unliebsamer Zeitgenossen begann nicht erst mit dem Kriege. Aber sie litten lieber in der Angst, als teilzunehmen an der geistigen Vorbereitung des Krieges und der organisierten Massenvernichtung.“[95]

Auch andere Lehrer bemühen sich in Steffens rückblickender Einschätzung, in der Zeit des Nationalsozialismus „ein anständiger Mensch zu sein“ und zum Beispiel politische Bemerkungen vor den Schülern zu unterlassen. Dazu gehört der Studienrat Dr. Dencker, als Offizier des Ersten Weltkrieges Mitglied im Bund der Frontsoldaten, also „Stahlhelmer“ und Deutschnationaler, dessen militärische Laufbahn die Auflagen des Versailler Vertrages zunichte gemacht hatten.[96] Seinen Französischlehrer, Professor Dr. Frohmut Küchler, „ein romantischer Deutschnationaler, ein Mensch, der das Pathos liebte und es für die wahre Wirklichkeit halten wollte“, trifft Jochen nach dem Krieg wieder, als er in Vorbereitung auf sein Studium das Abitur nachmachen muss. Trotz Mitgliedschaft in der NSDAP übernehmen die Briten Küchler sofort in den Nachkriegsschuldienst.[97]

Etwas ganz anderes ist der Lehrer Dr. Tiemann, dem Jochen in seinen Erinnerungen eine eigene wütende, hasserfüllte Geschichte widmet, die diesen als einen überzeugten und geradezu sadistischen Nazi vorstellt, der sich nicht nur gegenüber Schülern unerträglich aufführt, sondern auch den völlig verschreckten Beamtenvater Karl in der Schule öffentlich abkanzelt.[98]

„Speiübel konnte dir werden, wenn jene Lehrer – Halbgötter in Braun –, die blödeste Sprüche geklopft, dich wegen des Rausschmisses aus der HJ angeödet hatten, nun wegen eines Persilscheines vorstellig wurden. ‚Sie wissen doch, daß ich eigentlich gar nicht so war . . . nicht gewußt . . . nicht gewollt . . .‘.“[99]

Steffens Erinnerungen und die seiner Mitschüler werten die weltanschauliche Ausrichtung des Lehrerkollegiums sehr differenziert und erklären organisatorische nationalsozialistische Anbindungen vieler Lehrer als dem Druck der Zeit geschuldet. Es gab eben solche und solche. In seiner Arbeit zum 125-jährigen Bestehen des Humboldt-Gymnasiums resümiert der Schulgeschichtsschreiber Plöger, „das Kollegium ging, wenn man sein politisch neutrales Verhalten bis 1933 bedenkt, rasch zum Nationalsozialismus über. Im Schuljahr 1938/39 waren von 40 Lehrern unserer Schule schon 34 ‚Parteigenossen’ in der NSDAP; zwei weitere gehörten zumindest einer Gliederung

95 Joachim Steffen: handschriftl. Ms. von 1986 zum 125-jährigen Bestehen der Humboldt-Schule, Akte Steffen: Archiv der Humboldt-Schule.

96 Steffen: Personenbeschreibung, S. 50f. - Für Dr. Dencker fand im Juni 1942 in der Schule eine Totenfeier statt. Plöger: Humboldt-Schule, S. 154.

97 Steffen: Personenbeschreibung, S. 75f.

98 Ebd, S. 181; vgl. Dr. Heinz Tiemann (*11.01.1908) im: BBF/DIPF/Archiv, Gutachterstelle des BIL – Personalbögen der Lehrer höherer Schulen Preußens. Personalbogen unter: http://opac.bbf.dipf.de (zuletzt aufgerufen im März 2017).

99 Jochen Steffen: Briefe an meinen Sohn, in: Heinar Kipphardt: Vom deutschen Herbst zum bleichen deutschen Winter. Ein Lesebuch zum Modell Deutschland, München 1981, S. 317.

an, die der Partei nahestand. Zwei Kollegen erschienen in der Liste mit ihrem militärischen Rang, und nur zwei von 40 bewiesen den beharrlichen Mut, sich als Studienräte und nichts weiter führen zu lassen. Dieser Übergang zum Nationalsozialismus ist nicht denkbar ohne einen großen Anteil innerer Bereitschaft. Und diese Bereitschaft wird sich aus dem nationalen Denken der zwanziger Jahre ergeben haben. Wir konnten im vorherigen Abschnitt (über die Zeit der Weimarer Republik, JPS) sehen, wie stark das nationale Denken und Empfinden unter der Lehrerschaft war, wie stark und selbstverständlich der Glaube an eine ‚Erneuerung' Deutschlands. Diese Gesinnung wird es gewesen sein, die den meisten unserer Kollegen damals als Brücke in die ‚neue Zeit' diente."[100]

Der „alte Schadow"

Den wichtigsten Einfluss auf den jungen Jochen Steffen übt der von humanistischen Erziehungsidealen geprägte Dr. Walther[101] Schadow aus. Schadow ist nach der ‚Ehrenrunde' Steffens für ein Jahr sein Klassen- und sonst sein Deutsch- und Lateinlehrer.[102] Er fördert seine Interessen und Neugier, mit Schadow kann Steffen privat über Fragen reden, die in seinem Elternhaus nicht gestellt werden können.

„Diesem Lehrer verdanke ich vor allem, dass ich meiner Ablehnung des Nationalsozialismus – für mich – fundiert Ausdruck zu verleihen vermochte. Bei ihm begriff ich Menschlichkeit und Recht. Er war vielleicht kein guter Lehrer. Aber für viele von uns war er ein unersetzlicher Anreger, Augenöffner. Sicher war er kein Held, wahrscheinlich auch nicht sonderlich mutig. Aber er stand zur Wahrheit seiner Überzeugungen. Und das war schon wieder sehr mutig. Für mich wurden seine Überzeugungen dadurch wahr."[103]

Für Steffen ist der „alte Schadow", wie er in der Familie immer genannt wird, sein Leben lang eine wichtige Bezugsinstanz. Im Jahr 1951 bezieht er sich auf ihn als einen „ausgesprochenen Antifaschisten"[104] und in der Einleitung von „Strukturelle Revolution" findet sich eine ausführliche Würdigung Walther Schadows: „Als Heranwachsender hatte ich einen Lehrer, der Humanität, Demokratie und liberale Toleranz nicht bereit war zu verraten. Er sang als Beamter nicht das Lied derer, die ihm sein Brot zuteilten. Dieser Mann hat auf mich einen unauslöschlichen Eindruck gemacht. Zunächst durch seinen Mut. Er verhöhnte Professoren, die ‚nachwiesen', dass Werther nicht Selbstmord begangen hätte, wenn er SA-Mann gewesen wäre. Solche Männer waren selten. Zum anderen habe ich sehr früh gelernt – und zwar durch ihn –, dass Lernenkönnen und Lernendürfen ein Privileg ist. Ein Privileg, das man zu nutzen hat

---

100 Plöger: Humboldt-Schule, S. 151.

101 Es findet sich in Dokumenten auch die Schreibweise Walter. Hier wird die Schreibweise geführt, die Schadow später selbst im Briefverkehr benutzt

102 Vgl. Schulakte Steffen, Archiv Humboldt-Schule.

103 Steffen: Personenbeschreibung, S. 51f.

104 Lebenslauf Joachim Steffen, 9.3.1951, AdsD 1/JSAA000080.

für jene, die es nicht genießen können oder dürfen. Als drittes wurde mir klar, dass Erkennen, Begreifen und Werten dafür die Voraussetzung ist. Er sagte einmal zu mir: ‚Selbst wenn die Rassenlehre der Nazis wissenschaftlich abgesichert wäre, so hat kein Mensch das Recht, mit Menschen so zu verfahren, wie sie das tun. Und ich will, dass mit allen Menschen so verfahren wird und sie so miteinander umgehen, dass sie frei, gleich und brüderlich miteinander leben könnten, wenn sie es wollten. Sie sind jung, Sie werden das vielleicht einmal offen wollen dürfen.'"[105]

Der Mitschüler aus einer Parallelklasse, Uwe Harder, war ebenfalls höchst beeindruckt von der Art Schadows, zum Beispiel bei der Bekanntgabe offizieller Nazierklärungen den Schülern durch Ton und Gestus zugleich seine Meinung mitzuteilen. Doch nicht alle Mitschüler hat der „alte Schadow" beeindruckt. Kurt Riese nennt ihn kurz und knapp einen „Zyniker"[106] und Johannes Scheer gibt zu, dass er erst später und mit zunehmendem Alter die Vermittlungen des alten Schadow zu schätzen lernte. Offensichtlich pflegt Schadow zu bestimmten Schülern ein besonderes Vertrauensverhältnis, wenn sie, die ihn oder seinen Sohn zu Hause besuchen, dort BBC hören können. So sind die Urteile über Schadow widersprüchlich: Als Mensch wird er als schwierig und unnahbar, als Pädagoge von seinen Schülern als aus dem braunen Sumpf herausragend eingestuft. Seine Enkelin bezeichnet ihn als einen harten Menschen, hart gegen sich und gegen andere.[107]

Jochen Steffens wiederholte Bezugnahme auf Schadow und die Behauptung des herausragenden Einwirkens dieses Pädagogen auf seine weltanschauliche Grundhaltung und seine Art zu denken soll im Folgenden durch eine nähere Darstellung von Schadows und anderen, auch wissenschaftlich bearbeiteten humanistisch-pädagogischen Ansichten kritisch beleuchtet werden.[108] Besonders im Kontext des Zweiten Weltkrieges und der Zeit der Beziehung zum Schüler Steffen erkennen wir ein idealistisch-patriotisches Deutschtum bei Schadow, dass den Eindruck hervorruft, dass Steffens Charakterisierung trotz aller anklingenden kritischen Töne der Person Schadows und damit seines Einflusses zu glorifizierend ist. Dabei sollte aber nicht außer Acht gelassen werden, dass Schadows pädagogische Ansprüche und eine gewisse Distanz zum Nationalsozialismus bereits ausreichten, um ihm dauerhafte Denunziation der Kollegen und sogar Gestapo-Verfolgung angedeihen zu lassen. Das Beispiel eines Briefaus-

---

105 Joachim Steffen: Strukturelle Revolution. Von der Wertlosigkeit der Sachen, Rowohlt 1974, S. 13f. [Weiter als Steffen: Strukturelle Revolution].

106 Interviews Uwe Harder und Kurt Riese.

107 Interview Ulrike Schadow.

108 Walther Friedrich Schadow: Untersuchungen über die Möglichkeit einer selbstständigen pädagogischen Wissenschaft. 1. Teil, Kritische Untersuchungen (Diss.), Universität Jena 1911. – In dieser Arbeit unterscheidet er „wohl erstmalig" in expliziter Weise die Erziehung als Aufgabe und Wirklichkeit, so A. Henn: In der Pädagogischen Rundschau von 1966, S. 126; Erwähnung auch in Ulrich Herrmann: Die Pädagogik Wilhelm Diltheys, Köln 1971, S. 30; weiterhin Walther Friedrich Schadow: Gesetzliche Regelung der „Militärischen Vorbereitung der Jugend", in: Deutsches Philologen-Blatt: Korrespondenz-Blatt für den akademisch gebildeten Lehrerstand Band 24, (1916), Heft 27/28, S. 452-453.

tausches mit einem auch für Steffen erinnerungswürdigen Mitschüler, weil ein in vielem ebenbürtiges Gegenüber und Konkurrent[109], verdeutlicht, was von dem Schadow zugeschriebenen humanistischen Anspruch unter den Bedingungen des Nationalsozialismus erhalten blieb. Damit wird die von Steffen später immer wieder als prägend bezeichnete Quelle seines Humanismus, seiner Toleranz und solcher Werte wie Recht und Demokratie in ihren vermittelten Beschränkungen erkennbar. Ohne Frage gesellt sich erst nach dem Krieg bei Steffen eine marxistische Klassenperspektive dazu, die er als Jugendlicher aus den wenigen aufgefundenen Texten der Arbeiterbewegung während der Zeit des Nationalsozialismus nicht fundieren konnte.

Sein Lehrer Walther Schadow wird am 8. Dezember 1884 als Sohn des Augenarztes Gottfried Schadow in Düsseldorf geboren. Er ist der Urenkel des Bildhauers des deutschen Klassizismus, Johann Gottfried Schadow.[110] Schadow studiert zunächst Jura in Freiburg im Breisgau, später klassische und deutsche Philologie und Philosophie in Göttingen und Berlin.[111] Nach dem Staatsexamen und der Promotion in Jena folgen vor dem Ersten Weltkrieg Lehrtätigkeiten an Schulen in Wesel und Berlin-Lichterfelde.

Schadow meldet sich im Februar 1915 als Kriegsfreiwilliger und erhält als Leutnant der Landwehr für seine Fronteinsätze das Eiserne Kreuz zweiter Klasse. Als Delegierter der I. Armee und für die Fraktion der Mehrheitssozialdemokratischen Partei ist der Oberlehrer Dr. Walther Schadow Delegierter zum Allgemeinen Kongress der Arbeiter- und Soldatenräte im Dezember 1918 in Berlin.[112]

Schadow ist nach den Ersten Weltkrieg zuerst in Hildesheim tätig. 1922 argumentiert er für Ausgleich und Versöhnung mit dem „Erzfeind Frankreich" und wird ob dieses „Pazifismus" aus den Reihen der Lehrerschaft heftig gescholten. In einem Schreiben an den Leiter des Lehrerausschusses in Berlin-Dahlem erklärt er sich: „Ich lehne für meine Person sowohl den monistischen wie den sozialistischen Pazifismus auf das entschiedenste ab, den ersteren, weil er den Zweck des Lebens im Lebensgenuss sieht, den letzteren, weil ich in Sozialisierung der Wirtschaft und internationaler Arbeiterorganisation zum Zwecke materieller Verbesserung der Lage kein Heilmittel

---

109 Steffen: Personenbeschreibung, S. 57.

110 Handschriftlicher Stammbaum von Walther Friedrich Schadow, Privatarchiv Ulrike Schadow.

111 Ausführlicher in: Franz Kössler: Personenlexikon von Lehrern des 19. Jahrhunderts. Berufsbiographien aus Schul-Jahresberichten und Schulprogrammen 1825-1918 mit Veröffentlichungsverzeichnissen. Band: Schaab-Scotti. Vorabdruck (Preprint). Stand: 18.12.2007. Universitätsbibliothek Gießen, Giessener Elektronische Bibliothek 2008. URL: http://geb.uni-giessen.de/geb/volltexte/2008/6106/(zuletzt abgerufen im März 2017); vgl. die online verfügbare Personalakte von Dr. Walther Schadow. Quelle BIL Dateien, http://opac.bbf.dipf.de/ (zuletzt abgerufen im März 2017). [Weiter als Personalakte Schadow].

112 Walther Schadow, in den Jahren 1918/19 Mitglied der SPD, nimmt auf seine Teilnahme später weder biographisch noch politisch Bezug. Ein Redebeitrag ist nicht dokumentiert. Vgl. Personalakte Dr. Schadow, Abt. 811, Nr. 8068, Schleswig-Holsteinisches Landesarchiv; zum Rätekongress vgl.: Allgemeiner Kongress der Arbeiter- und Soldatenräte, Stenographische Berichte, Kritische Bibliothek der Arbeiterbewegung, Text Nr. 1, Berlin 1973, S. 210; Heinz Hürten: Zwischen Revolution und Kapp-Putsch, Düsseldorf 1977, S. 17; Sabine Roß: Biographisches Handbuch der Reichsrätekongresse 1918/19, Düsseldorf 2000.

zu erkennen vermag. Aber ich bin allerdings der Meinung, dass die europäische Kultur auf einem Wendepunkt angelangt ist, glaube, soweit mein geschichtliches Verständnis reicht, dass die Wendung zum Untergang begonnen hat, und dass ich gerade darum so gut und solange ich irgend kann, gegen diese Entwicklung ankämpfen muss. Denn was aus der Menschheit, und vor allem, was aus unserm Volke wird, hängt einzig und allein von der sittlichen Kraft, hängt von dem Willen der Menschen ab, und nicht von irgendwelchen wirtschaftlichen und politischen Notwendigkeiten."[113]

Trotz seiner Religiosität ist Schadow kein Pazifist und weit davon entfernt, dem Klassenkampf eine Berechtigung zuzuerkennen. Diese Grundhaltungen wird Schadow auch noch als Lehrer Jochen Steffens vertreten.

Im April 1924 wird Schadow zum Oberstudiendirektor befördert und 1926 zum Leiter des Realgymnasiums in Hamburg-Harburg berufen.[114] Im Januar 1930 publiziert er einen Aufsatz, in dem er seinen Ansatz einer „humanistischen Bildung" unter Berufung auf Pestalozzis Formel: „Hilfe zur Selbsthilfe" erörtert.[115] Demnach dient die höhere Schule dem Ziel, aus den jungen Männern(!) „geschlossene Persönlichkeiten von eigener Prägung" zu entwickeln, die sich „weiterhin selbst entfalten können". Letztlich strebt die Schule „somit einem neuen unmittelbaren Humanismus zu, einem, der ‚humanistische Bildung' nicht in einem intellektuellen Bestande sieht, sondern in der von der Schöpfernatur gewollten leiblich-seelischen Totalität."[116]

Diese Überzeugungen stellen Schadow gegen eine starke Fraktion der Lehrerschaft.[117] Auch seine politischen Positionierungen führen zu Konflikten.[118] Auf seinen Antrag hin wird der Neubau seiner Harburger Schule 1929 in „Stresemann-Realgymnasium" benannt.[119] Hier erlebt Schadow vor der Machtergreifung der Nationalsozialisten ganz unmittelbar „die gesellschaftspolitische Zuspitzung der ausgehenden Weimarer Republik".[120]

---

113 Walter Schadow: Maschinenschriftliche Kopie eines Schreibens an den Leiter des Lehrerausschusses Berlin-Dahlem, 1922, Privatarchiv Ulrike Schadow.

114 Registrierkarte Dr. Walther Schadow, Bibliothek für Bildungsgeschichtliche Forschung des Deutschen Instituts für Internationale Pädagogische Forschung. http://opac.bbf.dipf.de (zuletzt abgerufen im März 2017).

115 Vgl. auch Dr. W. Schadow: Vom Idealismus heutiger Jugend. Rede bei der Entlassung der Abiturienten, in: Harburger Anzeigen und Nachrichten (Kreisblatt), 15.3.1928, Kopie Privatarchiv Ulrike Schadow.

116 Studiendirektor Dr. Walther Schadow: Die pädagogischen Aufgaben der neuen höheren Schule, Januar 1930, S. 3, Privatarchiv Ulrike Schadow.

117 Nachzulesen in: Walther Schadow: Der moderne Direktor. Abschiedswort eines Alten, maschinenschriftl. Ms. 1950, Privatarchiv Ulrike Schadow.

118 Christian Voigt: Eine lange Freundschaft, 21.5.1971, Privatarchiv Ulrike Schadow.

119 Personalakte Schadow. – Ab 1937 hieß die Schule „Oberschule für Jungen Hamburg-Harburg". Seit 1968 trägt sie den Namen des ersten Reichspräsidenten der Weimarer Republik: Friedrich Ebert.

120 Konkret geht es um einen gewalttätigen Übergriff von Schülern gegen einen jüdischen Mitschüler. Vgl. Uwe Schmidt: Hamburger Schulen im „Dritten Reich", Hamburg 2010, Bd. 1, S. 36f.

Schadow ist seit 1920 Mitglied der Deutschen Demokratischen Partei, später Deutsche Staatspartei. Im Zuge der Gleichschaltung wird 1933 sofort seine Absetzung, Beurlaubung und spätere Strafversetzung betrieben.[121] In einem späteren Brief an seinen Sohn kommentiert er die Phase der Weimarer Republik: „Aber ich glaubte damals eben, wie viele bessere gleich, das Leben müsse nach so elendem überflüssigen Krieg anders werden, und könne es: erreicht haben wir das Gegenteil, weil unsere Freunde zu tapferem Kampf gegen die Nazis nicht entschlossen genug waren."[122]

Ab dem 1. November 1933 unterrichtet Schadow in Kiel. Obwohl es sich um eine politisch motivierte Versetzung handelt und Schadow an der neuen Schule nicht weniger unter Schmähungen und Angriffen nationalsozialistischer Kollegen zu leiden hat, ist der Studiendirektor Schadow als eingesetzter Studienrat[123] in Bezug auf sein Gehalt dem Schulleiter gleichgestellt. Hier unterrichtet er Jochen Steffen in den letzten drei Schuljahren vor dessen Kriegseintritt.

Wie Schadows Vermittlung von Humanismus, Menschlichkeit und Toleranz konkret gewesen sein mag, beleuchtet ein Briefaustausch zwischen Schadow und seinem ehemaligen Schüler Ulrich Malchow. Jochen Steffen erinnert sich in seinem Rückblick an den Klassenkameraden und Jungsturmführer Ulrich Malchow als einen nationalsozialistischen Idealisten und nennt ihn bei aller Differenz einen durch und durch aufrechten, gescheiten Kerl.[124] Malchow verlässt als einer der ersten seines Jahrgangs die Schule und tritt der Waffen-SS bei. Seine Erlebnisse an der Ostfront erschüttern ihn offensichtlich sehr. Während eines Heimaturlaubs gibt er sich den Schulfreunden gegenüber verschlossen. Zurück an der Ostfront fällt er. Dieser gläubige Nazi wendet sich mit einem Brief an jenen ehemaligen Lehrer, mit dem er Dispute um Blut und Rasse führte und der an der Schule unter wiederholter Denunziation leidet. Weihnachten 1941 schreibt er aus Russland an Schadow: „... das Erleben hatte mich innerlich völlig durcheinander gerüttelt. Zu schnell war das alles gegangen, keine Zeit war geblieben, sich auf das Neue innerlich einzustellen, so furchtbar waren die Erlebnisse, die man so völlig unvorbereitet in sich aufnehmen musste, als dass sie nicht ungeheuerlich auf das noch so weiche Gemüt gewirkt hätten. Ein völliges Durcheinander war die Folge. Wo waren all die schönen Vorsätze und Theorien, wo die Ideale geblieben, an die man sich klammern wollte und die einem Kraft geben sollten? (..) Hatte das Leben mich bis dahin recht gnädig unter seine Fittiche genommen, so zeigte es mir diesmal seine ganze unerbittliche Härte. Als ich diese erste Probe dann glücklich überstanden hatte, da war viel gewonnen. Dankbar bin ich heute, dass alles so gekommen ist. – Längst bin ich jetzt ein rauhbeiniger Krieger geworden, den nichts mehr erschüttern kann. Ja, heute

121 Ebd., S. 52.

122 Walther Schadow an seinen Sohn Hans-Gottfried, Kassel, 8.5.1967, Privatarchiv Ulrike Schadow.

123 Ein Schreiben an den Studiendirektor Dr. Schadow vom Oberpräsidenten der Provinz Hannover, Abteilung für das höhere Schulwesen vom 15.9.1933 teilt mit die „Entscheidung des Herrn Ministers für Wissenschaft, Kunst und Volksbildung vom 7. d. M., durch die Sie in das Amt eines Studienrats versetzt sind", Privatarchiv Ulrike Schadow.

124 Steffen: Personenbeschreibung, S. 55f.; Interview Johannes Scheer.

ist es bald soweit, dass man sich hüten muss nicht zu verrohen."[125] Schadows Antwort greift auf seine eigene Erfahrung als Soldat an der russischen Front im Ersten Weltkrieg zurück. Er bemüht sich, Malchows Mitteilungen in seine Vorstellung vom Sinn des Lebens – „was ich davon sicher weiß, ist, dass wir leben, um uns zu vollenden" – einzuordnen. Unter Zuhilfenahme vom antikommunistischen Zeitgeist, aber auch vom eigenen Patriotismus getragener Formulierungen bemüht Schadow sich, seinem ehemaligen Schüler ‚Werte' in Zeiten der brutalen Kriegsverrohung ins Gedächtnis zu rufen, die ihn zum besseren Kämpfer machen sollen: „... es ist der ungeheuerlichste, aber auch sinnvollste und notwendigste Kampf, der unserem Volke seit Jahrhunderten auferlegt ist, und er muss durchgehalten werden. Das kann er nur, wenn ein erheblicher Teil unserer männlichen Jugend es fertig bringt, alle animalischen Kräfte des stärksten Tieres, das ja der Mensch auch ist, in sich zu entwickeln, ohne sein Gewissen und seine sittliche Verantwortung darüber einzubüßen, – ja gerade diese letzteren, die seelischen Energien, scheinen es mir zu sein, die uns letztlich den Bolschewisten überlegen machen."[126]

Angesichts dieser Anlehnung Schadows an die nationalsozialistische These der jüdisch-bolschewistischen Weltverschwörung sowie die allgemeinen Durchhalteparolen und die Eliminierung dessen, was Menschlichkeit genannt werden könnte, wirkt seine wiederholte Denunziation durch seine nationalsozialistischen Kollegen aus heutiger Sicht unverständlich. Aber Schadows Realität war eine andere. Noch am 25. April 1945 wird Schadow drei Stunden von der Gestapo in Kiel verhört: „Zu Beschuldigungen, ich hätte als Lehrer defätistisch und pazifistisch auf die Jugend eingewirkt, und nur auf Grund eines ärztlichen Attestes nicht sofort in Haft genommen. Doch wurde Anzeige beim Generalstabsanwalt in Hamburg erstattet."[127]

Im Juni 1945 reicht Schadow seinen Entnazifizierungsbogen ein. Zum 20. August wird er von der britischen Militärbehörde aufgrund der Einschätzung des prüfenden Gremiums als förderndes Mitglied der SS zwischen April 1934 und September 1939 als für den Schuldienst nicht tragbar entlassen. Der Leumund-Einsatz der Mutter von Jochens Mitschüler Nis Juhl, Charlott Helen Rodewald, einer geborenen Schottin, in zweiter Ehe mit einem Kieler Arzt verheiratet, die im Nachkriegskiel wie ihr Sohn für die Briten als Dolmetscherin wirkt, unterstützt die Berufung und die Wiedereinsetzung in den Schuldienst.[128] Dabei hilft, dass Schadow kein NSDAP-Mitglied gewesen ist.

125 Ulrich Malchow an Walther Schadow, Russland, 25.12.1941, Privatarchiv Ulrike Schadow.

126 Walther Schadow an Ulrich Malchow, Kiel, 1.2.1942, Privatarchiv Ulrike Schadow.

127 Personalakte Schadow.

128 „Die britische Militärregierung hat die Entlassung des Oberstudiendirektors Dr. Walther Schadow – Admiral-Graf-Spee-Schule in Kiel – auf Grund seines Berufungsgesuches zurückgezogen und den Genannten im Amt bestätigt." Schreiben des Oberpräsidenten der Provinz Schleswig-Holstein vom 15.12.1945 an den Leiter der staatlichen Ludwig-Meyn-Schule, Privatarchiv Ulrike Schadow; vgl. Interview Uwe Harder. - Zum Nachkriegswirken von Nis Juhl und Mutter vgl. Renate Dopheide/Jürgen Jensen (Hg.): Kiel, Mai 1945: Britische Truppen besetzen die Kriegsmarinestadt. Mitteilungen der Gesellschaft für Kieler Stadtgeschichte, Bd. 83, Kiel, 2. überarbeitete Auflage 2007.

Schadow leitet anschließend bis zu seiner Versetzung in den Ruhestand im April 1950 das Ludwig-Meyn-Gymnasium der Stadt Uetersen.

Die Widersprüchlichkeit des alten Schadow schildert auch Jochen Steffen in seinen Erinnerungen. In der Geschichte „Wann einem ein Licht aufgeht" beschreibt er, wie der alte Schadow seinen Schülern verdeutlicht, was das Kennzeichen eines Staates auf der Grundlage abendländischer Kultur sei. Schadow soll gesagt haben, es sei „das Recht, das über der Staatsgewalt, der Macht und den Mächtigen steht. Bei uns nimmt der Führer in Anspruch, jederzeit in ein Rechtsverfahren eingreifen zu können". „Mir schlug er diese Lektion wie mit einem Hammer ins Gehirn", erklärt Jochen.[129]

Und zugleich erinnert er sich eines Streitgespräches mit dem Lehrer vor seinem Marinedienst September 1940, bei dem dieser von Steffen dessen Einschätzung der Kriegslage hören will. Dieser entwickelt eine Argumentation, wie er glaubt sie von diesem Lehrer gelernt zu haben: Dass Deutschland den Krieg verlieren müsse, denn seine wirtschaftlichen und industriellen Kapazitäten seien zu schwach. Sollten zudem die USA in den Krieg eintreten, sei die deutsche Niederlage unabwendbar. Doch der alte Schadow argumentiert dagegen einen Gleichstand der Kriegsführenden herbei und behauptet wider die materiellen Grundlagen, dass die größere Zahl heldenhafter Einzelkämpfer über den Ausgang des Krieges entscheiden würden. Kurz: Deutschland müsse einfach den Krieg gewinnen. Steffen lernt aus diesem Gespräch: „Wollte man Wirklichkeit und Wahrheit erkennen, durften nicht Wünsche und Hoffnungen den Blick verstellen."[130]

Nach dem Krieg, im Sommer 1946, besucht eine Gruppe ehemaliger Schüler, unter ihnen Jochen Steffen, den alten Schadow in Uetersen. In das Gästebuch trägt Steffen den Satz ein: „Hölderlin meint, dass die Sprache der Güter gefährlichstes sei, möge unsere Sprache nie ungefährlich werden!"[131] Später lädt die Kieler Gruppe des SDS, darunter einige Schadow-Schüler sowie sein Sohn, den alten Schadow ein, auf dem Kieler SDS-eigenen Segelboot mitzusegeln.

Für Jochen entsteht aus diesen Treffen kein fortgesetzter Kontakt. Als Schadow am 6.11.1970 stirbt, findet sich unter den aufbewahrten Kondolenzschreiben keines von Steffen.[132] Steffen entfernt sich durch sein Studium und den Einstieg in die Parteiarbeit zügig von der bürgerlich-christlichen – und für ihn auch zu nationalen und idealistischen – Weltanschauung seines ehemaligen Lehrers. Was bleibt, sind die zahlreichen späteren Verweise Steffens auf Gespräche mit dem alten Schadow, die er als Schüler über den Nationalsozialismus und den Fortgang des Krieges mit ihm geführt habe. Für mich steckt das Erbe des alten Schadow in der sehr weit gehenden Toleranz meines

---

129 Steffen: Personenbeschreibung, S. 55-64. Sofern nicht anders angegeben, beziehen sich die Zitate auf diesen Abschnitt.

130 Ebd., S. 57.

131 Zehn Schüler, darunter auch der Sohn Hans-Gottfried, tragen sich ins Gästebuch der Familie Schadow mit dem Datum 11.8.1946 ein, Privatarchiv Ulrike Schadow.

132 Steffen: Personenbeschreibung, S. 61; Erinnerungen Ilse Steffen; Sterbeurkunde Dr. phil. Walther Friedrich Schadow, Privatarchiv Ulrike Schadow

Vaters gegenüber Andersdenkenden und dem Verständnis, dass nur wenige Menschen zum Helden wider widrige Umstände geboren sind. Was ich glaube, was er von Schadow gelernt hat, ist sein analytisches Vorgehen: Erkennen, Begreifen und Werten. Für seine spätere Aussage, nicht an den Endsieg der Nazis geglaubt und für den alten Schadow als Antifaschist gegolten zu haben, ist außer Jochens eigener Erklärung und den Hinweisen befragter Mitschülern keine zeitgenössische Quelle zu finden.[133]

Schüler in gleichgeschalteten Zeiten

Jochen Steffen unterliegt als Schüler Ende der 1930er Jahre der umfassenden Vorbereitung der Jugend auf die kommende Wehrmachtzeit und den eigenen Kriegseintritt. Er kennt Zweifel und Verunsicherung, er möchte zu den Mitschülern gehören, aufgehoben sein und scheut sich doch vor den Konsequenzen, sich dem nationalsozialistischen Gehabe völlig anzuschließen. Die Aufsätze und Hausarbeiten des Schülers Karl Joachim Steffen der Jahre 1939 bis 1941 in seiner Schulakte sind fast ausnahmslos vom alten Schadow beurteilt und berühren alle wesentlichen Themen des Nationalsozialismus. Sie klingen extrem politisiert. Steffens Bearbeitung der Themen und die Bewertungen der Lehrer geben uns einen guten Eindruck vom Grad nationalsozialistischer Indoktrination durch Schule und Umfeld. In diesen Arbeiten manifestiert sich keine abweichende Meinung Steffens zum abgeforderten Curriculum.[134]

Mit der Gleichschaltung der deutschen Gesellschaft durch die NSDAP greift das Regime auch auf die schulische Bildung zu. In den ersten Jahren nach 1933 säubert die NSDAP die Lehrkörper von – in ihren Augen – politisch nicht vertrauenswürdigen Pädagoginnen und Pädagogen. Der Fall des alten Schadow ist dafür ein Beispiel. Mit der Kriegsvorbereitung ab 1937 thematisieren die Lehrpläne und besonders die verzahnten „deutschkundlichen Fächer" (Deutsch, Erdkunde und Geschichte) immer stärker die nationalsozialistische Weltanschauung. Aber auch die naturwissenschaftlichen Fächer sollen durch ihre Aufgabenstellungen Rassendünkel fördern und auf das kommende Soldatentum vorbereiten. Während in der Weimarer Zeit deutschnationales Gedankengut von Lehrern und Schülern noch diskutiert werden konnte, verdammen die NSDAP-Lehrer eine solche Auseinandersetzung jetzt als „individualistisch-liberalistische" Verkommenheit.

Zur Unterstützung der Indoktrination der Schülerinnen und Schüler durch Lehrplan, Lehrmaterial und Lehrkörper gibt der NS-Lehrerbund die monatliche Zeitschrift „Helft mit!" mit dem Untertitel „Illustrierte deutsche Schülerzeitung" heraus, die mit ihrer mehrfachen Millionenauflage „nahezu die gesamte deutsche Schülerschaft ab der 5. Klasse erreicht".[135] Die Grundmethode der Zeitschrift liegt in einer moderat gehaltenen Aufbereitung der Nazi-Ideologie mit dem primären Ziel, den jungen LeserInnen

133 Steffen: Personenbeschreibung, S. 62.

134 Alle Zitate aus Aufsätzen in Akte Steffen: Archiv der Humboldt-Schule.

135 Benjamin Ortmeyer: Indoktrination. Rassismus und Antisemitismus in der Nazi-Schülerzeitschrift „Hilf mit!" (1933-1944), Weinheim, Basel 2013, S. 7.

das positive Selbstbild des „nordischen Deutschen" auch ohne eine allzu direkte Diskriminierung anderer Gruppen zu vermitteln. Dennoch ist die Ausgrenzung unzweifelhaft gegen Juden, Roma und Sinti sowie gegen „kranke" Deutsche gerichtet. So sind unter der Überschrift „Rassen- und Lebenskunde" Artikel zur „Erbgesundheit", der „Ahnentafel" und dem „Ahnenpass" wiederkehrende Themen. Ihre Wirkung verspüren wir, wenn Steffen in seinem Schulaufsatz „Meine Familie" nach der Errechnung des Durchschnittsalters seiner Vorfahren mit 72 Jahren darlegt: „Die Tatsache des durchweg erreichten Lebensalters lässt wohl den Schluss zu, daß ich wohl einer erbgesunden Familie entstamme. Beweis dafür ist auch, daß viele Vorfahren als Soldaten gedient haben."

Im Juni 1939 muss er in einem deutschen Klassenaufsatz das auf den ersten Blick unverfänglich erscheinende und dennoch auf das kommende Soldatentum vorbereitende Thema: „Welche Schwierigkeiten sind beim Fußballsport zu überwinden?" bearbeiten. Für die Lehrerbewertung liegt er offensichtlich richtig, wenn er die Kameradschaft und den Gehorsam gegenüber dem Trainer als Grundlage des Erfolges einer Mannschaft betont. Dagegen kritisiert er selbstverliebtes Einzelkämpfertum und den Einfluss von Alkohol auf junge Spieler. Das Comeback eines Spielers der Nationalmannschaft und die Überwindung seiner Trunksucht seien ein Beispiel des positiven Einflusses seines Soldatenlebens „und vor allem das 8 1/2 Schlafen gehen". Abschließend erörtert und visualisiert der fußballbegeisterte Jochen unterschiedliche Spielsysteme. Dem kann der alte Schadow allerdings nichts abgewinnen, weil „kaum zum Thema" gehörend. Deswegen und wegen zu vieler Flüchtigkeitsfehler beurteilt er die Arbeit mit einer Drei.

Nach dem Sommer 1939 wird die religiös gerechtfertigte Bereitschaft, sich gegen Angriffe auch mit rohester Gewalt zur Wehr zu setzen anhand des im dreißigjährigen Krieg angesiedelten Hermann-Löns-Romans „Der Wehrwolf" diskutiert. Konkret gilt es, die Aufgabe des den gewalttätigen Kampf rechtfertigenden Predigers Puttfarken in dem Roman zu erörtern. Steffen schreibt, er erfülle „seine Pflicht in den schweren Jahren des Krieges indem er half, einige Menschen zu retten von Verfall und Untergang und für ihre Seelen sorgte". Schadow gibt ihm eine Drei und mahnt, er solle seinen Stil besser pflegen.

Später im selben Schuljahr muss die Klasse den aktuell in den Kinos laufenden nationalsozialistischen Kriegs- und Propagandafilm „D III 88" vor dem Hintergrund der Weltkriegssituation bearbeiten. Der Film ist eine Glorifizierung der Kampfflieger des Ersten Weltkrieges und hat sicherlich einige Mitschüler in dem Wunsch bestärkt, sich alsbald zur Luftwaffe zu melden. Steffen hebt die sich für die Rettung der Kameraden unter Verlust des eigenen Lebens einsetzende Hauptfigur des Films, den Oberwerkmeister Bonicke, als „Vorbild tapferen Fliegergeistes und höchster Einsatzbereitschaft" hervor. Für Schadow ist der Aufsatz inhaltlich gut, aber wegen zu vieler Fehler gibt er erneut eine Drei.

Das durch Schule und Umfeld vermittelte und zu reproduzierende politische Gedankengut lässt sich an einer Aufgabenstellung wie „Englands falsche Rechnung" vom

November 1939 über den drei Monate zuvor geschlossenen deutsch-sowjetrussischen Nichtangriffspakt und nur wenige Wochen nach dem Überfall auf Polen und damit dem Beginn des Zweiten Weltkrieges ablesen. Durch den Pakt sei es der deutschen Diplomatie „gelungen, den Gegner aus dem Feld zu schlagen", sei er doch ein „schwerer Hieb für England". Die Kriegslage vergleicht Steffen, entsprechend der nationalsozialistischen Darstellung, immer wieder mit dem Ersten Weltkrieg. Diesmal sei aber die politische Umzingelung und das Blockieren deutscher Versorgung durch die Gebietsgewinne im Osten und das dem Pakt folgende Handelsabkommen mit der Sowjetunion ausgehebelt worden.

Im Mai 1940 wird „Das Wort des Generalfeldmarschalls Göring: ‚Wir sind alle Frontsoldaten'" zur Aufgabenstellung. Dazu schreibt der 17-jährige Steffen, „daß in einem heutigen Krieg nicht nur die Kampffront, sondern auch das gesamte Heimatgebiet bedroht ist und daß es Pflicht jedes Volksgenossen ist, sich sowohl innerlich (gesinnungsgemäß), als auch äußerlich mit seiner gesamten Arbeits- und Tatkraft für die Erfordernisse des Krieges einzusetzen".

Die Verbindung von Front und Heimat skizziert Steffen an den Beispielen der Westwall- und Rüstungsarbeiter, des Luftschutzes, von Geistesarbeitern und der „Tätigkeit der Frau", wobei auch letztere „ihren Mann als Soldaten der Heimatfront" stehe. Aber auch die Schuljugend gehe bei der monatlichen Ausgabe von Lebensmittelkarten „freudig an ihre Arbeit". Die Hunderttausende von Hitlerjungen würden ihre Aufgaben beim Metallsammeln und bei der Erntearbeit voll erfüllen. Das gebe den „Jungen, die geholfen haben ein stolzes Gefühl, dabei gewesen zu sein". Der alte Schadow gibt für diese Hausarbeit ein „ausreichend", denn Steffen habe nicht nur für eine Hausarbeit zu viele Fehler gemacht, sondern es auch unterlassen, „auch solche Arbeit zu würdigen, die der Front nicht unmittelbar zugute kommt."

Im Juli 1940 heißt das Thema: „Wodurch hat Frankreich seine Niederlage verschuldet?" Steffen sieht die entscheidende Ursache in einer kriegsunlustigen Stimmung der Franzosen, gefolgt von der fehlenden Unterstützung Polens und beschreibt schwerwiegende Fehler des französischen Generalstabs, besonders bei der Flandernschlacht. Schadow moniert in seiner Beurteilung, dass die politische Schuld auch zum Thema gehöre und dass Steffen endlich die Regeln der Zeichensetzung lernen solle. Er gibt, „obwohl inhaltlich gut", für die Arbeit eine Vier.

Später im Jahr wird über die Bedeutung des Deutschtums für Südeuropa und die Geschichte der Staaten im Osten vom 14. bis 18. Jahrhundert geschrieben, wobei laut Steffen besonders „Wagemut, Fähigkeit und zähes Festhalten an der Scholle" den siedelnden deutschen Bauern auszeichnen. Im Januar 1941 wird der Antisemitismus anhand des Kaufmanns von Venedig von Shakespeare thematisiert. In diesem Aufsatz reproduziert Steffen antisemitische Stereotypen, wie „die wilde Grausamkeit" des „dämonischen" Juden Shylock und endet, dass die Figur der Portia belege, „daß die reine, heitere Welt die finstere besiegt".

Natürlich dienen diese zitierten Arbeiten dem Erwerb guter Noten und wie seinen Mitschülern ist Steffen wohl bekannt, was von ihm erwartet wird. Sie zeigen aber auch, dass er nicht nur die Terminologie, sondern auch das Denken der Zeit kennt und nutzen kann.

Beurteilungen des Schülers Steffen

In der Schulakte der Anstalt finden sich drei charakterliche Beschreibungen des Schülers Jochen Steffen aus den Jahren 1938 bis Ende 1940, die nach dem Leitsatz „allgemeine Beurteilung des körperlichen, charakterlichen und geistigen Strebens und Gesamterfolges" ein vom jeweiligen Klassenleiter verfasstes Bild des jugendlichen Steffen geben.[136]

Im März 1938 urteilt der Klassenlehrer Dr. Schadow über den 15-Jährigen: „Er ist körperlich sehr kräftig, aber etwas zu schwerfällig. Im Sport, besonders beim Fußballspielen und Schwimmen eifrig, fast übereifrig, gibt er doch seine Kräfte hier ziemlich schnell aus. Bei starker Phantasie und Darstellungsfreudigkeit neigt er zu vielem Reden und einiger Großsprecherei, bisweilen auch zu Unbescheidenheit, da er aber gutmütig und kameradschaftlich ist und mit sehr gutem Humor begabt, ist er bei seinen Mitschülern geschätzt. In Geschichte und Erdkunde überragt er den Durchschnitt bei weitem, in den wissenschaftlichen Fächern leistet er infolge seiner geringen Begabung im logischen Denken oft Unzureichendes, doch könnte er auch hier Genügendes leisten, wenn er seine ganze Willenskraft einsetzt und seine Hemmungen überwindet."

Im folgenden Februar 1939 bestätigt Studienrat Tiedgen die sportliche Leistungskraft des 16-Jährigen, zu der jetzt eine Bewährung als Mannschaftsführer gekommen ist: „Jedoch fehlt ihm oft die nötige Selbstbeherrschung. Sein Benehmen wirkt mitunter vorlaut, er schauspielert gern auch bei unpassenden Gelegenheiten, sonst ist gegen seine charakterliche Haltung nichts einzuwenden. Sein Interesse gilt den deutschkundlichen Fächern, hier leistet er zum Teil recht Gutes, doch liest er zu viel durcheinander. In den exakten Fächern zeigt er große Lücken. Nur bei gleichmäßigem Fleiß kann er auf der Schule weiter folgen."

Im November 1940 führt derselbe Klassenleiter über den nun 18-Jährigen aus: „Seine Haltung ist immer noch sehr unterschiedlich. Im Grunde ein gutmütiger, anständiger Kerl, offenbart er mitunter Auffassungen von Kameradschaft und Offenheit, die ihn in jeder Gemeinschaft zu unnötigen Konflikten führen müssen. Nach einem erfreulichen Anlauf zur Steigerung seiner Leistungen in Latein und Mathematik ist er im Laufe des Sommers wieder stark zurückgefallen. Nur infolge seiner guten Leistungen in Geschichte und Erdkunde kann man ihn insgesamt zu den Durchschnittsschülern rechnen."

Schulabgang mit nachgeliefertem „Reifevermerk"

Mit Kriegsbeginn ändert sich das Schulleben erheblich. Aus dem Kollegium werden 13 Lehrer zum Kriegsdienst eingezogen, als Ersatz beruft man Pensionäre und Aushilfslehrer, Schulklassen und Unterrichte werden zusammengelegt und immer

---

136 Durchschläge in Akte Steffen: Archiv der Humboldt-Schule.

mehr Stunden gestrichen.[137] An Tagen nach nächtlichen Fliegerangriffen beginnt die Schule später und 1941 wird der Schuljahresabschluss von Ostern auf den Beginn der Sommerferien verschoben, was für Steffen die Klasse 7d verlängert. Die Mitschüler erinnern sich, dass bei unerwartetem Lehrerausfall oftmals Jochen Steffen aus dem Unterricht gerufen wird, um in anderen Klassen die Schüler zu unterhalten und zu beaufsichtigen.

„Es ist etliche Male vorgekommen, dass ein Lehrer abberufen wurde und die Klasse unterhalten werden musste. Das war dann immer Jochen. Er konnte sich vor die Klasse stellen und aus dem Stegreif einen Vortrag halten. Seine Lieblingsthemen waren Russische Revolution und Französische Revolution. Und wenn einer sagte ‚Erzähl' doch mal was von Karl May' dann fragte er ‚Winnetou eins, zwei oder drei oder Old Shatterhand?' Und dann ging das los, er hat uns beeindruckt."[138]

Steffen erklärte später in Österreich: „Ich fing schon früh an zu lesen und trug in der Schule aus Stücken ‚Die weißen Götter' ganze Passagen mit pantomimischen Einlagen vor. (...) Aber ich wußte doch gar nicht, welche Suggestionskraft ich schon als Schüler hatte."[139]

In der Nacht vom 7. auf den 8. April 1941 erhält der nördliche Altbauflügel der Schule bei einem britischen Luftangriff einen schweren Treffer.[140] Einen Monat später und angesichts der fortgesetzten Bombardierung Kiels wird am 9. und 10. Mai fast der gesamte Unterricht im Rahmen der Kinderlandverschickung (KLV) nach Bansin auf Usedom verlegt. Vater Karl stellt den Antrag, seinen Sohn von der Admiral-Graf-Spee-Schule zu entlassen, damit er mit seiner Mutter zur Verwandtschaft nach Kropp ziehen und von dort aus die Domschule in Schleswig besuchen könne.[141] Doch warum auch immer dies nicht geschieht, sein Sohn reist mit den meisten seiner Mitschüler in die im Ostseebadeort beschlagnahmten Häuser des KLV-Lagers „Reichskanzler".[142]

In Bansin wechselt er im August 1941 in die achte Klasse. Dort erreicht ihn im September sein Einberufungsbefehl. Für das Ablegen des sogenannten Notabiturs[143] müssen die Schüler zurück nach Kiel. Mit dem Datum des 27. September 1941 wird

137 Plöger: Humboldt-Schule, S. 168ff.

138 Interview Johannes Scheer, Uwe Harder, Kurt Riese; Steffen: Personenbeschreibung, S. 52.

139 Witter: Mach's gut.

140 Plöger: Humboldt-Schule, S. 148. – Nach einem schweren Treffer am 4.4.1945 wird die Schule geschlossen.

141 Karl Steffen: handschriftlicher Antrag vom 21.4.1941, Akte Steffen: Archiv der Humboldt-Schule.

142 Mitschüler nutzen andere Möglichkeiten, den Bombardierungen in Kiel und zugleich der KLV zu entgehen. Hans-Gottfried Schadow und Uwe Harder gehen nach Kassel, wo sie auch ihr Abitur ablegen. Johannes Scheer hat die Möglichkeit, mit seinem Schulfreund Alfred Krüger zusammen bei dessen Onkel in Fissau zu wohnen und in Eutin das Gymnasium zu besuchen. Zum Ablegen des Kriegsabiturs müssen beide zurück an die Graf-Spee Schule in Kiel. Interviews Johannes Scheer, Uwe Harder; vgl. die Bescheinigung des Direktors der Admiral-Graf-Spee-Schule vom 27.9.1941 über die Entlassung des Schülers Joachim Steffen aus der Schule. Privat.

143 Das „Notabitur" unterscheidet sich vom „Kriegsabitur". Letzteres berechtigt zum Studium, da es mit einem um ein Jahr verkürzten Schulbesuch abgelegt wurde.

er aus der Schule entlassen, kurz nach seinem 19. Geburtstag. Im März 1942 bittet der Marine-Artillerist Jochen Steffen von der Dienststelle 16 329 seinen ehemaligen Direktor um eine Ausfertigung und Übersendung seines Reifezeugnisses, damit er seine Absicht zu studieren dokumentieren kann.[144]

Der von der Schule geführte Personalbogen des Schülers Steffen endet mit der siebten Klasse ohne die üblichen Bewertungen. Doch ihm wird in einem „Abgangszeugnis und Reifevermerk“ auf Grund „der nachgewiesenen Einberufung zum Wehrdienst gemäß Erlass des Herrn Reichsministers für Wissenschaft, Erziehung und Volksbildung vom 8.9.1939 – E III a 1947 W.RV. (b) – die Reife zuerkannt.“[145]. Später kommentiert Steffen diesen Reifevermerk: „Er berechtigte nicht zum sofortigen Studium. Das war ein Freifahrtschein zum Totgeschossenwerden oder zur Offizierslaufbahn.“[146]

Im Abgangszeugnis heißt es unter dem Punkt allgemeine Beurteilung des körperlichen, charakterlichen und geistigen Strebens und Gesamterfolges: „Mit regem Eifer und gutem Erfolge hat er an der Entwicklung seiner guten körperlichen Anlagen gearbeitet. In den Wissenschaften regten ihn namentlich die deutschkundlichen Fächer zu eifriger Mitarbeit an. Seine Kameraden schätzten ihn besonders wegen seines fröhlichen Wesens.“[147]

Den Schüler Jochen Steffen erwartet in der Wehrmacht ein anderes Leben: „Er muss sich in eine neue Hierarchie mit strengen Regularien einfügen. Die bislang geltenden Verhaltens-, Wertenormen, Moral und Rechtsvorstellungen müssen innerhalb von kurzer Zeit revidiert, bisweilen sogar in ihr Gegenteil gewandelt werden.“[148]

Kriegszeit bei der Marineflak (1941 bis 1945)

Zwei Jahre und einen Monat in den Zweiten Weltkrieg hinein erhält Jochen Steffen den Stellungsbefehl zur Kriegsmarine, um „mit der Waffe in der Hand für eine ungerechte, ja verbrecherische Sache“ zu kämpfen.[149] Er meldet sich freiwillig.[150] Das gewährt eine vage Möglichkeit, auf die Wahl der Truppengattung Einfluss zu nehmen. Viele seiner Schulkameraden tun dies, weil sie in der Fliegerei oder in der Kriegsmarine den ersten

---

144 Schreiben vom 10.3.1942, Akte Steffen: Archiv der Humboldt-Schule.

145 Abgangszeugnis, 16.12.1941, ebd.

146 Steffen: Personenbeschreibung, S. 73.

147 Abgangszeugnis, 16.12.1941, Akte Steffen: Archiv der Humboldt-Schule; Vgl. Zeugnis der Reife für Karl Joachim Steffen, privat. – Die Reife wird mit „befriedigend“ bestanden, „sehr gut“ wird bei Geschichte, Erdkunde und Leibesübungen gegeben, weitere Fächer „befriedigend“ und „ausreichend“. Laut Zeugnis will Steffen Philologie studieren.

148 Katrin Anja Kilian: Das Medium Feldpost als Gegenstand interdisziplinärer Forschung. Archivlage, Forschungsstand und Aufbereitung der Quelle aus dem Zweiten Weltkrieg (Diss.), Berlin 2001, S. 53.

149 Johannes Hürter: Vorwort, in: Felix Römer: Kameraden. Die Wehrmacht von innen, München 2012, S. 9. [Weiter als Römer: Kameraden].

150 Steffen: Personenbeschreibung, S. 67.

Schritt zum möglichen späteren Beruf sehen.[151] Wie Jochen Steffen selbst über den Eintritt in den Krieg denkt, was ihn dabei bewegt, ob er Befürchtungen oder Ängste hat, ob er andere Möglichkeiten bedenkt, all das ist unbekannt.

Sein Eintritt in den Zweiten Weltkrieg zum 1. Oktober 1941 erfolgt zu einem Zeitpunkt, an dem sich die Kriegswende gegen den faschistischen Staat abzeichnet. Nach dem erfolgreichen Feldzug gegen Frankreich von 1940 zieht sich Großbritannien nicht, wie von Hitler erwartet, aus dem Krieg zurück. Hitlers Antwort ist der nunmehr strategisch aufgezwungene, aber auch ideologisch gewollte Angriff auf die Sowjetunion.[152] Am 22. Juni 1941 beginnt die Wehrmacht das „Unternehmen Barbarossa" gegen die Sowjetunion, dessen Abschluss bis November 1941 angestrebt ist. Anfang Dezember bleibt der Vormarsch der Wehrmacht vor Moskau stecken, die Rote Armee beginnt eine Gegenoffensive, die deutschen Truppen werden zurückgeworfen. Zeitgleich erklärt Hitler den Vereinigten Staaten den Krieg. Für Deutschland ist eine Kriegssituation entstanden, in der Menschenmaterial für alle Armeeteile benötigt wird. Jetzt werden verstärkt Schüler vor Erreichen ihrer Schulabschlüsse eingezogen.

Steffen muss allerdings nicht an die Ostfront, sondern das Einzelkind wird zuerst heimatnah eingesetzt.[153] Für ihn geht es zum 1. Marineflakregiment, das 1938 für die Luftverteidigung der militärischen Anlagen Kiels aufgestellt wird. Mit der Ausweitung der Luftangriffe auf Deutschland wird das Regiment mit weiteren Einheiten aufgestockt und im Mai 1942 in 1. Marineflakbrigade umbenannt.[154] Er wird der 1. Marineflakabteilung 241 in Lilienthal, südöstlich der Stadt Kiel im Kreis Plön liegend und mit dem Stab in Elmschenhagen zugeteilt. Während dieser Stationierung absolviert er in den Monaten März bis Mai 1942 den Artilleriewaffenleitvormann-Flak-Lehrgang für die Truppe. Eine für ihn nach dem Krieg wichtig werdende Person tut ebenfalls Dienst bei der Marineflak, auch wenn beide sich zu dieser Zeit noch nicht kennen: Der spätere und letzte Chefredakteur der VZ, Karl Rickers.[155]

Eine weitere Person trifft Steffen bei der Marineflak, mit der sich die Wege nach dem Krieg erneut kreuzen. Die 1. Kompanie, später Batterie genannt, wird vom Leutnant, dann Oberleutnant der Marine Dr. Lemke befehligt. Der 1932 in die NSDAP eingetretene Helmut Lemke ist bis zu seiner Einberufung im Februar 1941 Bürgermeister

---

151 Interviews Johannes Scheer und Uwe Harder.

152 Vgl. Ian Kershaw: Wendepunkte, Schlüsselentscheidungen im Zweiten Weltkrieg, München 2008, S. 590.

153 Der militärische Werdegang Steffens laut Auskunft Deutsche Dienststelle für die Benachrichtigung der nächsten Angehörigen von Gefallenen der ehemaligen deutschen Wehrmacht (WASt), Schreiben vom 19.2.2007, privat; im Militärarchiv in Freiburg finden sich keine Wehrmachtsunterlagen für Steffen, Schreiben vom 20.1.2016, privat.

154 Vgl. Klaus Hupp: Bei der Marineflak zur Verteidigung der Stadt und Festung Kiel im 2. Weltkrieg: ein Beitrag zur Kieler Stadtgeschichte, Husum 1998, S. 5. [Weiter als Hupp: Marineflak].

155 Vgl. Karl Rickers: Erinnerungen eines Kieler Journalisten von 1920-1970, Neumünster 1992, S. 133-220. [Weiter als Rickers: Erinnerungen].

von Schleswig.[156] Bei seiner Verabschiedung im Ständesaal der Stadt ermahnt er „die Gefolgschaft zu treuer Pflichterfüllung im Kriege, jeder an seinem Platz. Heimat und Front seien unlösbar miteinander verbunden.“[157] Dieser Vorgesetzte soll laut Jochen Steffen ihm die weltanschauliche Unzuverlässigkeit im Sinne des nationalsozialistischen Gedankenguts bescheinigt haben. Im Jahre 1966 bringt Der Spiegel dazu eine Geschichte: „Joachim Steffen [...] berichtete [...] Parteifreunden [...] über seine erste Begegnung mit dem derzeitigen schleswig-holsteinischen Ministerpräsidenten Helmut Lemke (CDU): ‚Er war im Zweiten Weltkrieg (1941/42) mein erster NS-Führungsoffizier und mein Batteriechef bei der Marine-Artillerie [...] In meinem Marine-Führungsbuch stand: ‚Weltanschaulich nicht zuverlässig’. Ich bin sicher, dass mir Lemke das ‚reingeschrieben hat, aber das kann ich nicht beweisen.’ Dazu Lemke zum Spiegel: ‚Ich bin nie NS-Führungsoffizier gewesen. [...] Und Führungsbücher habe ich nie selbst geschrieben. Es ist allerdings möglich, dass ich die Eintragungen unterschrieben habe.’ Eine Stunde nach Lemkes Stellungnahme rief Steffen beim Spiegel an: ‚Ich habe von Ihren Fragen an Herrn Lemke gehört – man hat so seine Kanäle. Natürlich war er nicht mein NS-Führungsoffizier, das gab es erst viel später. Aber ich habe beim NS-Bürgermeister (von Eckernförde und Schleswig) Lemke Kompaniechef-Unterricht gehabt.’“[158]

Jahre später weigert Jochen sich laut Ilse, eine angebotene Verdienstauszeichnung der Bundesrepublik anzunehmen, weil er sie aus der Hand des Ministerpräsidenten des Landes Schleswig-Holstein, eben des Dr. Lemke, hätte nehmen müssen. Und zugleich ist die Beziehung zu Lemke ein Beispiel für seine Bereitschaft, über politische und weltanschauliche Gräben hinweg mit anders Denkenden Gespräche führen zu können, wenn diese eine für ihn offene und maskenfreie Form der Kommunikation wahren.

Lemke verrät dem Autor Erich Maletzke kurz vor seinem Tod, dass er ein gutes Verhältnis zu Steffen gehabt habe: „‚Er war doch bei mir Rekrut.’ Bekämpft habe man sich nur auf der Straße, und zusammen mit Steffen habe er doch das Kernkraftwerk Brunsbüttel durchgesetzt.“[159] Zu Lemkes siebzigsten Geburtstag erscheint eine Festschrift, in dem auch ein kurzer Beitrag Steffens abgedruckt ist. „Mit Ihnen konnte man ehrlich und offen reden“, schreibt er. Und weiter: „Dafür möchte ich Ihnen danken, denn daß wir wie richtige Menschen miteinander sprechen konnten, das war nicht zuletzt Ihr Verdienst. Dabei brauchte keiner zurückzustecken, keiner etwas verleugnen, kurz, wir brauchten voreinander nicht spiegelfechten. Denn dann ist ein Gespräch schon tot, weil man sich in die Gesellschaft der Füchse und Fallensteller begeben

156 Braunbuch. Krieg- und Naziverbrecher in der Bundesrepublik, Berlin 1968, 3. Aufl., S. 475.

157 Vgl. zu Lemkes Werdegang Jessica von Seggern: Alte und neue Demokraten in Schleswig-Holstein. Demokratisierung und Neubildung einer politischen Elite auf Kreis- und Landesebene 1945 bis 1950, Historische Mitteilungen, Beihefte, Bd. 61, Stuttgart 2005, S. 214.

158 Personalien: Joachim Steffen, in: Der Spiegel Nr. 47/1966, 14.11.1966, S. 192.

159 Erich Maletzke: Klönschnack mit Nordlichtern. Zu Gast bei fünfzig Prominenten, Kiel 1991, S. 122.

hat."[160] Das gilt selbst für alte Blut- und Boden-Bauern, für eine Podiumsdebatte mit der NPD über „Nationale Politik – heute", für die er sich allerdings einen Beschluss seines Landesvorstandes holt, oder einem Holocaust-Leugner wie Thies Christophersen.[161]

Ab dem 2. Juli 1940 bis zum Kriegsende werden der Marinehafen, die Werften und zwangsläufig auch die Wohngebiete Kiels Ziele von 90 Luftangriffen. Die fünf Kompanien der Flak-Abteilung 241 in und um Kiel-Elmschenhagen sind für die Luftverteidigung der Hafenanlagen auf dem Ostufer regelmäßig im Einsatz. Am 23. Oktober 1941 wird über Kiel ein britischer Bomber abgeschossen, der in eine Scheinwerferstellung bei Jasdorf (1. Zug der 6. M.Fla.Abt. 261) östlich von Kiel, stürzt. Die Kompanien in Elmschenhagen sind am Abschuss beteiligt. Dazu Jochen Steffen: „… es war ein ganz alter Schlitten, der noch mit Zeltleinwand bespannt war –, auf das ich mit dem Weltkrieg-MG-18 geschossen hatte. Nach dem zweiten Schuss hatte ich aber schon Ladehemmung, es war praktisch ein Absturz, kein Abschuss."[162]

Mit den anderen Kameraden erhält der im Juni zum Marineartilleriegefreiten beförderte Jochen Steffen am 1. September 1942 das Kampfabzeichen der Marine für seine Beteiligung am Abschuss von acht Flugzeugen.[163]

Zur Abwehr der Luftangriffe auf Kiel werden mit Fortschreiten des Krieges ab Frühjahr 1943 ältere männliche und weibliche Zivilisten und schließlich auch Schüler als Flakhelfer dienstverpflichtet. Das betrifft auch die Jahrgänge 1926 bis 1928 von Steffens ehemaliger Admiral-Graf-Spee-Schule.[164] Durch diesen Zustrom können Flaksoldaten zur Abwehr der vorrückenden sowjetischen Truppen in den Osten versetzt werden. Ende Februar 1943 wird Steffen zum 9. Marineflakregiment nach Gotenhafen versetzt. Dort dient er zunächst zwei Monate in der Marineflakabteilung 259. Im Mai 1943 folgt die Versetzung zur ebenfalls in Gotenhafen stationierten Marineflakabteilung 219.

Steffen wird zu dieser Zeit zum Marineartillerieobergefreiten befördert und absolviert eine „Eignungsprüfung" für den Dienstrang eines Hauptgefreiten. „Sie bestand darin, dass du vier Stunden aus dem Fenster gucken konntest, ohne dir was dabei zu

---

160 Uwe Barschel (Hg.): Festschrift für Helmut Lemke zum 70. Geburtstag, Neumünster 1977, S. 205. – Mit handschriftlicher Widmung Lemkes für Steffen, 29.9.1977: „in Erinnerung an die lange gemeinsame Zeit in Verantwortung für unser Land".

161 Vgl. Steffen: Personenbeschreibung; Jochen Steffen an Günter Grass, 20.2.1967, Günter-Grass-Archiv, Akademie der Künste, Berlin [Quelle weiter als Günter-Grass-Archiv]. – Der Landesvorstand der SPD erklärte sich unter bestimmten Bedingungen bereit, Streitgespräche mit der NPD zu führen, allerdings nur auf Spitzenebene. Vgl. AdsD 3/SHAB001041.

162 Personalien: Joachim Steffen, in: Der Spiegel 47/1966, S. 192.

163 Entnazifizierungsakte Jochen Steffen.

164 Hupp: Marineflak, S. 90.

denken", ulkt er später.[165] Zu seinem angeblichen Bedauern schafft er es bis Kriegsende nicht, als Hauptgefreiter aus der Marine entlassen zu werden. Allerdings schreibt er im Mai 1944 an Ilse, zu dieser Zeit ist er auf einem Flugzeugerkennungsdienstlehrgang, dass es ihm bislang ziemlich gleich gewesen wäre, „ob ich beim Militär was würde oder nicht. Das ist aber gar nicht wahr, ich glaube wenn es nichts würde, wäre es doch ein sehr schwerer Schlag für mich".[166]

In Gotenhafen lernt er nach dem September 1943 Ilse Annemarie Johanna Zimmermann kennen. Sie ist die Tochter des sich Kaufmann nennenden Vertreters Ernst Wilhelm Zimmermann und seiner Frau Johanna Margarethe, geborene Schmidt. Bis zur Weltwirtschaftskrise wirkt der Vater als Fabrikdirektor der technische Porzellane für die Elektrotechnik und Chemie herstellenden Porzellanfabrik Teltow GmbH. Mit der Übernahme 1929 durch die Dralowid-Werke (Drahtlose Widerstände) verliert er diesen Posten. Der wirtschaftliche Abstieg ist erheblich, öfters kann die Miete für die Sieben-Zimmer-Wohnung in Berlin Lankwitz nicht aufgebracht werden. Während sich Ilse an eine glückliche Kindheit vor der Weltwirtschaftskrise erinnert, mit abenteuerlichen Autoausflügen an Sommerwochenenden ins Brandenburgische – ihr Vater besitzt Mitte der 1920er Jahre einen Chevrolet, dessen Benzin in Apotheken gekauft werden muss, wird der Vater in den folgenden Jahren zunehmend verbittert und frustriert. Zeitweise wirkt er als Vertreter für eine US-amerikanische Elektrobetäubungszange für das Töten von Schlachtvieh, er vertritt aber auch AEG- oder Siemens-Produkte. Seine jüngste Tochter Ilse nutzt er als Schülerin gerne als unentgeltliche Bürokraft und will sie deswegen auch zukünftig in der familiären Wohnung halten. Ilse zielt dagegen auf kreative Berufe ab, sie will Goldschmiedin werden. Zuerst geht sie aber nach ihrem Schulabschluss 1938 für die Ableistung ihres Arbeitsdienstes nach Stuttgart und kann so ihrem herrischen Vater auf Zeit entfliehen.

Zurück in Berlin, möchte ihr Vater sie wieder für seinen Beruf einspannen. Sie macht gegen seinen Willen bis 1941 eine Lehre als Damenmaßschneiderin, für Goldschmiede gibt es im Krieg keine Lehrstellen. Mit ihrem Lehrbrief wird sie für die Ausbildung als Modellgestalterin an der Textil- und Modeschule der Reichshauptstadt Berlin angenommen. Dem Vater widerstrebt der Berufswunsch seiner Tochter nach wie vor und Ilse wird in der elterlichen Wohnung, in der sie wieder wohnt, geschnitten. Der Vater weigert sich, Ilse über Kost und Logis hinaus zu unterstützen, ein Stipendium ermöglicht ihr die Ausbildung. Mit einem „Notabschluss" im Mai 1943 muss Ilse sich der geforderten „Dienstleistung für das Vaterland" stellen. Aufgrund der unerträglichen familiären Situation entscheidet sie sich gegen einen Einsatz im Berliner Reichswehrministerium oder in der Hauptverwaltung SS und wählt statt dessen die Einberufung zur Marine-Flak zum 6. Juni 1943. Weit weg vom Elternhaus ist für Ilse

---

165 Steffen: Personenbeschreibung, S. 259. – Eine Eignungsbeschreibung, die Steffen auch für Kuddl Schnööf benutzte, zum Beispiel: Vonnas Krisenmänätschmang, in: Jochen Steffen: Kuddl Schnööf: Vonnas Leben, noieste un olle Gedankens, Jens-Peter Steffen (Hg.), Kiel 1997, S. 126.

166 Jochen Steffen an Ilse Zimmermann, 4.5.1944, privat.

gleichbedeutend mit Freiheit.[167] Bis ins hohe Alter behält Ilse eine Wut auf ihren Vater, denn zeit seines Lebens wird sie sich mit ihm nicht aussprechen können und seine harsche Kritik gegenüber ihrem Tun und Lassen in Erinnerung behalten. Solche Ausbrüche übergeht ihr Mann mit Schweigen.

Die Ausbildung zum Waffenleitvormann absolviert sie in Rügenwalde und wird nach dem Lehrgang im September 1943 nach Gotenhafen in Jochen Steffens Marineflakabteilung 219 kommandiert. Aufgrund der „Dienstvergehen" zweier Kameradinnen wird sie in ihrer Batterie alsbald als Vorgesetzte eingesetzt. Wiederholt muss dann auch sie schwangere Frauen aus der Batterie an die Vorgesetzten melden, die daraufhin nach Kühlungsborn geschickt werden, um dort ihre Kinder auszutragen. Was mit diesen Kindern geschieht, nachdem die Mütter in den Kriegsdienst zurückkehren müssen, erfährt Ilse nicht.[168]

Jochen Steffen wird auf die Berlinerin aufmerksam gemacht. Es gibt ein erstes Treffen bei einem Konzert im Standort mit Mozarts kleiner Nachtmusik, das gleich in einen Streit mündet. Er erklärt sich aufgrund seines schulischen Musikunterrichts als in Musikfragen kompetent und verreißt die Darbietung. Ilse findet sein Auftreten unerträglich überheblich. Dann kriegt er allerdings die Kurve und lädt Ilse in die Oper nach Danzig ein. Dieser Ausgang ist beiden besonders in Erinnerung geblieben: Wie vorgeschrieben bis 24 Uhr zurück in der Batterie zu sein ist aufgrund fehlender nächtlicher Transportmöglichkeiten von Danzig fast nicht zu schaffen.[169]

Ilse, eineinhalb Jahre älter als Jochen und sich als reifer empfindend, charakterisiert die neue Bekanntschaft zwar als intellektuell anregend und mit einer Reihe von Reclam-Heften im Tornister versehen, ihn aber zugleich als unreifes und verwöhntes Einzelkind, das emotional auf seine Mutter fixiert ist und im Grunde unsicher wirkt. In Erinnerung hat sie ihn als sehr hager und „etwas rothaarig, den Duft des Soldaten in der Wehrmachtsuniform und das eine Auge lief manchmal beim Aufblicken zu hoch."[170] Eine der ersten Fragen von ihm sei gewesen, ob sie für die Nazis sei. „Mein Nein genügte ihm, sich näher mit mir zu befassen."[171] Er fragt sie aber auch, ob sie nach dem Krieg zurück nach Hause wolle, was sie ebenfalls verneint.

Ilse missbilligt, dass Jochen die Nähe zu Soldaten aus der Strafkompanie sucht, älteren und oftmals degradierten und in ihrer Sicht sogar kleinkriminellen Kameraden. Auch hält sie seine Überlegungen für Irrsinn, sich auf ein U-Boot versetzen zu lassen, weil dort die Verpflegung besser sei. „Aber er war ungemein wissend, man konnte sich über alles mit ihm unterhalten, was uns beiden eben in dieser Umgebung fehlte."[172]

---

167 Erinnerungen Ilse Steffen; Lehrzeugnis Hilde Sterry vom 7.7.1941 und Abschlusszeugnis der Textil- und Modeschule der Reichshauptstadt Berlin vom 19.5.1943, privat.

168 Erinnerungen Ilse Steffen.

169 Ilse Steffen: Memoiren, Eigenverlag o.O. 2004, S. 37f. [Weiter als Steffen: Memoiren].

170 Ebd., S. 38.

171 Erinnerungen Ilse Steffen.

172 Steffen: Memoiren, S. 38.

Zugleich nimmt Jochen regen Anteil an den Anforderungen, die Ilse als Vorgesetzte von ca. 40 Marinehelferinnen hat. Durch Ilses Beziehungen zur Schreibstube sorgt sie dafür, dass sie und Jochen möglichst ihren freien Tag gemeinsam erhalten. Dann werden Spaziergänge oder Ausflüge mit dem Zug unternommen, wie zur nicht weit entfernten Marienburg. Gemeinsam beteiligen sie sich an einer Theateraufführung des Regiments, bei der Ilse eine exzellente „komische Alte" gibt, wie Jochen später gerne kolportiert.

Bereits Silvester 1943 verloben sie sich. Während seines Lazarettaufenthaltes ein Jahr später erinnert sich Jochen an seinen Antrag: „Ich habe viel daran gedacht, wie wir voriges Jahr in der Kantine saßen. Ganz außen in der Kantine! Ich saß an der schmalen Kante des Tisches, Du rechts von mir. Und ich dachte: Sollst du sie nun fragen oder nicht? Wie war ich froh, als Du meintest, Du könntest es Dir vorstellen mit mir verheiratet zu sein."[173]

Die Vorstellung des Verlobungspartners bei den jeweiligen Eltern verläuft mit Spannungen, die Eltern wollen unter den Bedingungen des Krieges nicht akzeptieren, dass ihre Kinder gemeinschaftliche Pläne machen. Ilses Eltern sind nach ihrer Ausbombung in Berlin nach Bautzen gezogen, wohin Jochen anreist. Ilse schickt ihn nach seiner Ankunft zuerst einmal zum Rasieren. Auf die Frage des Vaters, was er nach dem Krieg zu werden gedenke antwortet Jochen: „Lehrer". Vater Zimmermann macht unmissverständlich deutlich, dass das in seinen Augen für seine Tochter nicht akzeptabel sei. Dass Ilses Mutter einen Brief Jochens an seine Verlobte findet, der mit dem Satz beginnt: „... bin gerade aus dem Karzer entlassen worden", macht Ilses Eltern über die Wahl ihrer Tochter nicht glücklicher.

Die Abneigung zwischen Jochen und seinem künftigen Schwiegervater ist gegenseitig. Im April 1944 schreibt er Ilse, die ihn über einen Brief mit kritischen Bemerkungen ihres Vaters informiert, sie solle ihm ausrichten, dass er ihn „für einen ganz großen Waschlappen halte", denn, „wenn er ein Kerl wäre dann würde er mir schreiben". Unfreundlich moniert er, dass der Herzfehler ihres Vaters ihm erlaube, sich vor dem Militärdienst zu drücken.[174] Jochens äußerst verletzend gehaltener Ton ist ihm möglich, weil Ilse selbst ihr verletzt-kritisches Verhältnis zu ihrem Vater pflegt.

Vom 1. Dezember 1944 bis zum 7. März 1945 ist Jochen als „nicht verwendungsfähig" geführt. Er leidet unter einer schweren Diphtherie, einer bakteriell bedingten Gaumensegelentzündung, was zu einem zweimonatigen Lazarettaufenthalt in Swinemünde mit anschließendem Genesungsurlaub führt. Die Krankheit ist schmerzhaft und bedingt, dass er für geraume Zeit weder richtig kauen noch seine Nahrung gut schlukken kann.[175] Den anschließenden Genesungsurlaub verbringt er Ende Februar 1945 bei seinen Eltern in Hamburg. Seit dem 27. August 1944 ist die elterliche Wohnung in der Kieler Wörthstrasse 25 durch einen Bombenvolltreffer und Phosphorbrand „total bom-

---

173 Jochen Steffen an Ilse Zimmermann, 1.1.1945, privat.

174 Ilse Zimmermann an Jochen Steffen, 27.4.1944, privat.

175 Diverse Briefe von Jochen Steffen an Ilse Zimmermann, Dezember 1944 bis Januar 1945, privat.

benbeschädigt".[176] Seine Mutter Else ist deswegen zu ihrem Mann in die Hamburger Kaserne gezogen.

Besonders in der Zeit der Trennung schreiben sich Jochen und Ilse fast täglich Briefe, die per Feldpost zwischen den jeweiligen Stationierungsorten hin- und hergehen. Während Ilse die erhaltene Post fast vollständig über den Krieg rettet, finden sich keine von ihr an Jochen geschriebenen Briefe. Er hat sie nicht aufbewahrt.

Steffens Briefe dokumentieren eine sich fortsetzende Persönlichkeitsumwandlung von einem zivilen Ich zu einem militarisierten und kriegstauglichen Ich. Da es schon zu Schülerzeiten ein Vorbereiten dieser Umwandlung gab, so zeigen die Schulaufsätze, scheinen Regressionsvorgänge und eine gewisse Infantilisierung in der Marine auf Jochen Steffen bei der Entwicklung eines Kriegs-Ichs gewirkt zu haben. Den meisten seiner Kameraden fühlt er sich überlegen und sucht doch ihre Anerkennung. Wenn er sich auch nicht als Teil der Gruppe sieht, ein Teilchen der Volksgemeinschaft möchte er schon sein. Aus vielen Briefen geht seine Not hervor, sich mit einer Vertrauensperson über seine Unsicherheiten austauschen zu können. Als diese Person erweist sich Ilse. Nach ihrer Aussage soll sie immer wieder beschwichtigend auf Jochen eingewirkt haben, weil sie befürchtete, dass er aufbrausend in Gesprächen über das Geduldete formulieren könnte. „Sei kein Idiot", soll sie gesagt haben.

Steffens Feldpostbriefe zeigen seine Bereitschaft, einen persönlichen Opferbeitrag für die Neugestaltung Europas unter deutscher Führung zu leisten. Wie für die meisten seiner Kameraden ist es für ihn „selbstverständlich, sich im Krieg für die Nation einzusetzen".[177] Er zeigt ein erhebliches Maß an Identifikation mit der nationalsozialistischen Legitimation des Krieges und der Propaganda des NS-Staates.[178] So spiegeln seine Briefe den Zeitgeist seiner Generation und das ihr vermittelte soldatische Leitbild wider und zeigen einen starken Bezug zu einem deutschen Patriotismus. Ablesbar ist eine USA-kritische Haltung, die nach dem Krieg auf Großbritannien ausgeweitet wird, als die alliierten Sieger ihm zu erklären trachten, was Demokratie sei. Solche Vorbehalte spielen bei Steffen noch eine Rolle, als es vor 1972 bei Kontakten mit der britischen Labour Party um den Beitritt Großbritanniens zur Europäischen Wirtschaftsgemeinschaft geht.

Wie alle Wehrmachtsangehörigen sind Ilse und Jochen der permanenten nationalsozialistischen Indoktrinierung und politischen Kontrolle ausgesetzt. Alleine der Verdacht einer abweichenden Gesinnung führt zu empfindlichen Strafen und kritische Äußerungen fallen unter den nationalsozialistischen Straftatbestand der „Wehrkraftzersetzung", der auch mit dem Tode bestraft werden kann. Das Wehrgesetz vom 24.

176 An die polizeiliche Bestätigung der Bombenbeschädigung heftete Else später als Information für ihren Sohn die Bemerkung an: „Um diesen Zettel zu bekommen habe ich stundenlang stehen und warten müssen. Es war grauenhaft. Oma". 1962 erhielt Großvater Karl für den Kriegssachschaden der vollen Hausratsbeschädigung eine Abfindung von 1.800 DM, privat.

177 Römer: Kameraden, S. 470.

178 Vgl. dazu die aussagekräftigen zeitgenössischen Zitate von Steffen im Aufsatz von Gertrud Lenz in diesem Band.

September 1944 fordert von jedem Soldaten, sich jederzeit dienstlich und außerdienstlich im Sinne der nationalsozialistischen Weltanschauung einzusetzen. Das zu kontrollieren, dazu dient die Zensur der Feldpostbriefe. So ist der Briefverkehr zwischen Ilse und Jochen nicht vollständig privat. Er unterliegt der Möglichkeit, jederzeit überprüft und zensiert zu werden. Im Verlauf des Krieges verschiebt sich zwar die Zielsetzung der Zensur von einer auf Abwehr ausgerichteten hin zu einer politisch-ideologischen Kontrollmaßnahme der Soldaten, doch ihre Anwendung ist immer möglich. Allerdings gehen viele Soldaten davon aus, dass bei dem enormen Aufkommen an Feldpost die Zensurbehörde nur einen verschwindend kleinen Teil der Post lesen kann.[179]

Nachdem im Januar 1945 kurzzeitig russische Fallschirmspringer in Ilses Flakbatterie der Marineflakabteilung 219 in Gotenhafen eindringen, werden die Marineflakhelferinnen abgezogen. Sie sollen mit der im Hafen liegenden Wilhelm Gustloff evakuiert werden, die am 30. Januar 1945 ausläuft. Doch das Schiff ist überfüllt, so dass nur wenige der Helferinnen – und zwar die Einzelkinder – an Bord gehen können. So weicht Ilse mit dem Rest ihrer Marinehelferinnen an Bord der Vega aus, die mit eintägiger Verspätung der Gustloff nach Lübeck folgt. Erst nach der neun Tage dauernden Überfahrt erfährt sie dort von der Versenkung der Gustloff und dem Tod der meisten auf ihr mitgefahrenen Marinehelferinnen. Ilse spürt nach diesem Ereignis ihr weiteres Leben lang ein der Verantwortung für ihre Helferinnen entspringendes Schuldgefühl, zu ihren späteren Feiertagen bittet sie immer wieder um Spenden für die Seenotrettung.

Jochen selbst ist zu dieser Zeit im Lazarett und weiß nicht, wo Ilse sich während des Rückzuges ihrer Einheit befindet. Verzweifelt fragt er während ihrer Überfahrt auf der Vega, „wenn ich nur Deinen augenblicklichen Aufenthaltsort wüßte!“[180]

Von Lübeck wird Ilse in ein Lager bei der Stadt Neustrelitz ins Mecklenburgische gebracht. Schnell gelingt es ihr, über einen bekannten Offizier einen Marschbefehl nach Kiel-Pries zu erhalten. Dann gibt es für sie keinen Dienst mehr, sie infiziert sich bei einem Bunkeraufenthalt in Kiel mit Röteln und wird in Kiel-Pries bis zur Genesung isoliert. Eines Nachmittags dringt durch ihre Zimmerwand das Projektil, mit dem sich nebenan ein Offizier das Leben nimmt.

Nach Jochens Gesundung wird Ilse von ihren Vorgesetzten gefragt, wohin sie ihren Verlobten kommandiert haben will. Sie weigert sich entschieden, dazu etwas zu sagen.[181] Zum 20. März 1945 muss sich Jochen bei der Marineflakabteilung 233 des 3. Marineflakregiments in Swinemünde stellen. Seine Batterie liegt auf der Insel Wollin und hat den Auftrag, neben der Sicherung des Versorgungshafens Swinemünde die Absetzaktion des deutschen Heeres und der Zivilbevölkerung – die „Operation Han-

---

179 Vgl. Katrin Anja Kilian: Das Medium Feldpost als Gegenstand interdisziplinärer Forschung. Archivlage.

180 Jochen Steffen an Ilse Zimmermann, 6.2.1945, privat.

181 Ilse Steffen: Flucht, Kriegsende und Neuanfang, in: LeMo – Kollektives Gedächtnis, http://www.dhm.de/lemo/zeitzeugen/ilse-steffen-flucht-kriegsende-und-neuanfang.html (zuletzt aufgerufen im März 2017). [Weiter als Steffen: Flucht].

nibal" – vor den Angriffen der britischen und US-amerikanischen Bomber und den herannahenden sowjetischen Truppen zu sichern.

Nur wenige Tage vor Jochens Ankunft erlebt Swinemünde einen folgenreichen Bombenangriff. Noch kontrolliert die deutsche Marine weitgehend die Ostsee und beschießt von See aus die vorrückenden sowjetischen Truppen. Deswegen bittet die sowjetische Armeeführung die Amerikaner, den funktionstüchtigen Versorgungshafen der deutschen Marine in Swinemünde zu bombardieren. Das tun die Amerikaner am 12. März mit einem der schwersten Bombardements des Zweiten Weltkrieges. Die Stadt ist überfüllt mit Flüchtlingen, die den offenen Hafen zur weiteren Flucht nach Westen nutzen wollen. Auch wenn die Bombardierung militärischen Anlagen und Versorgungseinrichtungen gilt, ist der Blutzoll unter der Zivilbevölkerung – es gibt für die hohe Zahl der Flüchtlinge in der Stadt nicht genügend Schutzeinrichtungen – grausam hoch.[182]

Kriegsende: Die doppelte Kapitulation

Mit den Angriffen der sowjetischen Truppen und den beständigen Bombardements der McDonnell-Douglas-Bomber sowie der massenhaften Fluchtbewegung der Zivilbevölkerung wird die Lage in und um Swinemünde immer unübersichtlicher. Auch die Gefechte auf Wollin nehmen zu. Jochen und der Hauptfeldwebel und Kompaniespieß Werner Jahn aus Hamburg, dem Jochen als „Aufklarer" dient, „bewaffnen" sich mit einer im Radioschrank versteckten Panzerfaust, weniger gegen die vorrückenden Sowjets als gegen die zur Aufrechterhaltung von Ordnung und Disziplin gebildeten deutschen Füsilier-Trupps. Jochens Abteilungschef vereidigt seine Soldaten auf den am 2. Mai als Nachfolger des „gefallenen" Adolf Hitler eingesetzten Großadmiral Dönitz und hält eine weitere Endsiegrede, bevor er fällt.[183]

Die Soldaten organisieren ihren Rückzug selbst, das grenzt an Fahnenflucht, denn erst sehr spät wird er befohlen, so erinnert sich Ilse. Jochen transportiert auf einem Pferd einen verletzten Kameraden an den Strand, wo Marinelandungsboote liegen. Bis in die Gefangenschaft trägt er die blutbefleckte Uniformhose. Mit dem Boot geht es am 7. Mai über die Ostsee. Nachts wird mit Bordgeschützen ein feindlicher Angriff abgewehrt, den Jochen nach drei Tagen ohne Schlaf verpennt. Später erzählt er in Ergänzung zur geschriebenen Geschichte allerdings auch, dass die Männer alle auffindbaren Alkoholvorräte mitnehmen und auf der Fahrt versaufen.

Für den nordwestdeutschen Raum und Dänemark tritt bereits am 5. Mai eine Teilkapitulation in Kraft. Die Briten rücken bis an die Linie des Nord-Ostsee-Kanals vor, das Gebiet nördlich der Kanallinie wird mit Ausnahme der dort befindlichen Flugplätze von ihnen erst ab dem 10. Mai besetzt.

Jochens Boot landet am 8. Mai 1945 in Kappeln an der Schlei. Statt sich wie befohlen in Schleswig zu melden, machen sich Jochen und sein Spieß Werner zu Fuß auf

---

182 Innerhalb von 40 Minuten starben 23.000 Menschen, so Hupp: Marineflak, S. 105.

183 Vgl. AdsD 1/JSAA000080.

nach Kropp. Die beiden haben sich ihrem soldatischen Rang nicht zustehende Pistolen 08 besorgt, mit denen sie auf dem Weg einen Fähnrich-Füsiliertrupp abwehren. In Kropp treffen sie am 9. Mai mittags bei Tante Anna auf die inzwischen als gesund entlassene Ilse.

Für Ilse ist eine Rückkehr nach Berlin oder zu ihren Eltern keine Option. Ihre seit dem Sommer 1943 ausgebombten Eltern sind mit ihrer Schwester nach wie vor in Bautzen untergekommen.[184] Sie kann von Mecklenburg aus ein letztes Mal mit ihnen telefonieren, eine Vergünstigung, die sie mit der Behauptung, auf der Gustloff gefahren zu sein, erhält. Ihre Mutter kündigt dabei den Selbstmord der drei an, sollten „die Russen" kommen. Ilses Versuch, sie zur Flucht zu überreden, fruchtet nicht. Sie weiß nicht, dass Eltern und Schwester bereits einen Selbsttötungsversuch unternommen haben. Erst kurz vor Weihnachten 1945 wird sie erfahren, dass die drei sich am 8. Mai 1945 in einem Wald in der Nähe von Bautzen, „verstorben zu gleicher Zeit"[185], erhängt haben.

Am 10. Mai hören Jochen und Ilse in Kropp aus dem Volksempfänger die Ansage, dass die britische Regierung plane, deutsche Soldaten für zwei Jahre zur Wiederaufbauarbeit in den überfallenen und bombardierten Ländern einzusetzen. Mit dieser Aussicht und dem Wissen, dass für ihn Kriegsgefangenschaft ansteht, überzeugt Jochen Ilse, sofort zu heiraten. Weder zieht er seine Eltern zu Rate noch kann oder will Ilse die ihren fragen. In Ilses Erinnerung bleibt besonders die Rationalität der Entscheidung, wenn Jochen argumentiert, dass sie auf Dauer bei seiner Familie nur als seine Ehefrau aufgenommen und unterstützt würde.[186]

Für die Hochzeit wendet Jochen sich in Kropp an den Bürgermeister, einen Verwandten der Solterbecks und Schwitzers – aber auch seit 1930 in der NSDAP und Führer der Reiter-SA. Dieser Onkel Jörn weigert sich, die Trauung vorzunehmen, er tue nichts mehr, die da oben hätten uns alle ja so „bescheeten". „Einen Krieg anzufangen, das war nach Onkel Jörns Meinung vertretbar. Ihn nicht zu gewinnen, war unvertretbar", erinnert sich Jochen.[187] So geht es am 11. Mai für Ilse, Jochen und Werner als Trauzeugen zu Fuß nach Schleswig. Auf den Straßen treffen sie auf lange Kolonnen vorrückender britischer Truppen.

Doch hheiraten ist nicht so leicht. Ilse muss sich von einem Arzt die Ehefähigkeit bestätigen lassen und Jochen die Erklärung eines Vorgesetzten beibringen, dass gegen ihn kein Strafverfahren anhängig sei. Der Kapitänsleutnant der erstbesten von ihm an-

---

184 Ein Bombenangriff in der Nacht vom 23. auf den 24. August 1943 führt zur vollständigen Zerstörung der Wohnung der Eltern in der Bruchwitzstr. 2. Ernst Walther Zimmermann an den Oberbürgermeister der Reichshauptstadt, Hauptwirtschaftsamt, 2.7.1944, privat.

185 Gemeinschaftliche Sterbeurkunde für Johanna Margarethe, Ernst Walther und Tochter Margarethe Luise Zimmermann. Standesamt Schland an der Spree, Nr. 46/1945, 24.1.1946, privat.

186 Vgl. Steffen: Flucht.

187 Jochen Steffen: Als der Krieg zu Ende war, in: Pardon vom Besten, Sonderband, Teuflische Jahre 16, Frankfurt am Main 1977, S. 103.

gesteuerten Kaserne erklärt seine Absicht, jetzt heiraten zu wollen zum Wahnsinn, er selbst habe zwei Kinder und wisse nicht, wie es weitergehen soll, da wolle er heiraten? Jochen erklärt, das sei nicht sein Problem, ihr beider Leben würde jetzt erst beginnen und erhält die notwendige Bescheinigung.

In den Amtsräumen des Standesamtes sind die Bilder Adolf Hitlers abgehängt und in den Weiten der Verwaltung lassen die Briten alle auffindbaren Akten in Kisten packen und abtransportieren. Während Ilse schon in Zivil gekleidet ist, heiratet Jochen in seiner Uniform mit blutiger Hose. Der Standesbeamte verheddert sich, als er zu dem Moment kommt, an dem er zuvor den frisch Vermählten Hitlers „Mein Kampf" überreicht hätte. Werner Jahn schafft es nicht Trauzeuge zu sein, denn nachdem er auf der Straße sein Lederkoppel gegen Zigaretten getauscht hat, wird er von dem Wachhabenden einer Kaserne wegen seiner unvorschriftsmäßigen Uniform fest genommen. Zu Trauzeugen werden zufällig greifbare Personen, die Jochen und Ilse zu ihrer Silberhochzeitsfeier 1970 nochmals auffinden und einladen können. Da es vor der Hochzeit keinen üblichen Aushang des Aufgebotes gegeben hat, wird Jochens Vater später argumentieren, dass die Eheschließung seines Sohnes vom 11. Mai 1945 ungültig sei.[188]

Es gibt für Ilse und Jochen keine Hochzeitsnacht. Es wäre für Jochen zu gefährlich, ohne Marschbefehl zurück nach Kropp zu gehen. So stellt er sich in der zuvor aufgesuchten Kaserne und der folgenden Kriegsgefangenschaft. In Schleswig hört er noch eine Ansprache des Oberbefehlshabers der Kriegsmarine Generaladmiral Hans-Georg Friedrich Ludwig Robert von Friedeburg, Unterhändler und Mitunterzeichner der nordwestdeutschen Teilkapitulation vom 4. Mai in der Lüneburger Heide. Jochen erklärt diese Ereignisse später ironisierend zu einer doppelten Kapitulation: „Ich neige dazu alles doppelt zu machen. Das kommt vom väterlichen Beamtenblut. Doppelt genäht, hält besser. Und wenn schon Kapitulation, dann ganz. Kollektiv und individuell."[189]

Kriegsgefangenschaft

Die Briten stehen in Nordwestdeutschland vor der Aufgabe, bis zu 1,25 Millionen Soldaten zu demobilisieren, eine Massierung an Menschen, die durch die Fluchtbewegung aus dem Osten und die Absetzbewegung aus Dänemark und Norwegen entsteht. Nur wenige Soldaten entlassen die Briten sofort. Sie bilden zwecks Überprüfung der Gefangenen zwei Internierungsgebiete in Schleswig-Holstein, deren Verwaltung und Aufrechterhaltung der Disziplin deutschen militärischen Kommandostellen unterliegt.[190] Jochen wird nach Westerbüttel bei Brunsbüttel verschafft. Der Ort liegt im Internierungsgebiet „G", das anfänglich über 400.000 Internierte umfasst und zum September 1945 aufgelöst und der normalen Besatzungsherrschaft unterstellt wird. Noch nicht entlassene Soldaten werden nach Ostholstein in das Gebiet „F" verbracht.

---

188 Heiratsurkunde des Standesamts Schleswig, Nr. 69/1945, privat.

189 Jochen Steffen: Als der Krieg zu Ende war, S. 104.

190 Vgl. Kurt Jürgensen: Die Briten in Schleswig-Holstein 1945-1949. Neumünster, 1989, S. 35.

Während der drei Monate dauernden Kriegsgefangenschaft kann Ilse ihn einmal besuchen, versorgt mit Lebensmitteln von Tante Anna und einem notwendigen Passierschein der Briten. Auf der letzten Wegstrecke hilft ihr ein britischer Offizier, der auf ihre englische Ansprache antwortet: „Sie können mit mir deutsch reden. Ich bin als Kind nach Großbritannien geflohen. Die Nazis haben meine Familie umgebracht!" Er hilft Ilse, Jochen zu finden.

Die allgemeine negative Stimmung, die „Orientierungslosigkeit" zu dieser Zeit gehen am jungen Paar nicht spurlos vorüber. In einem regen Briefverkehr denken Ilse und Jochen über ein mögliches Auswandern und eine Liste von Zielländern nach. Politisch versucht man abzuschätzen, unter welchem Alliierten ein zukünftiges Leben am besten sein könne. Die Informationen über die sich verhärtenden Fronten zwischen der Sowjetunion und den westlichen Alliierten lassen Jochen folgern, dass es im Laufe der kommenden zehn Jahre einen dritten Weltkrieg geben könne. Doch ein melodramatischer Satz wie „mein Leben ist vertan, jetzt mit 22 Jahren ist es kaum mehr lebenswert, jedoch um es fortzuwerfen, ist es mir zu wertvoll", wird von der Neugier auf das Neue und Kommende gleich wieder hinweg gespült. So heißt es weiter: „Man soll mich nur freilassen, dann werde ich mir schon etwas schaffen, etwas aufbauen, und sollte ich die Steine zu diesem Bau mit bloßen Händen aus den Felsen reißen."[191]

Oder ein paar Tage später sehr phantasievoll: „Ich werde jetzt zunächst in der Landwirtschaft arbeiten. Dann will ich sehen, ob ich die Möglichkeit zum Studieren habe, wenn nicht, werde ich Söldner oder Seemann."[192]

Jochen versucht mit aller Macht, seine Entlassung zu erreichen und meldet sich auf alle Suchanfragen der Briten, sei es nach Handwerkern, Bäckern, Landwirten und ähnlichen Berufen. Doch nach einem Blick auf seine keinesfalls durch Handwerk gezeichneten Hände und in sein Soldbuch wird er immer wieder zurückgestellt. Schließlich, als Entlassungen nach Niedersachsen anstehen, gelingt es ihm, mit der Behauptung in der Bahnhofstrasse 23 in Hannover zu wohnen – eine Bahnhofstraße muss es dort doch geben –, den Entlassungsschein zum 11. August 1945 als „marschfähig" zu erhalten.[193] Er begibt sich nach Kropp, wo Ilse nach wie vor bei Tante Anna wohnt. Beide müssen Anfang September 1945 zur Entlassung aus dem Militärdienst zu einer britischen Dienststelle nach Lübeck, denn nur mit ordentlichen Papieren erhält man Lebensmittelkarten und kann sich notdürftig versorgen. Jochen und Ilse sind wieder Zivilisten.[194]

Zäsur: Die Schule des Lebens

Die Entlassung in das Zivilleben nach vier Jahren Krieg und Gefangenschaft, ohne einen zum Studium berechtigenden Schulabschluss, aber verheiratet zu einer Zeit, in

191 Eine Auswahl der Briefe findet sich in Steffen: Personenbeschreibung, hier S. 68.

192 Ebd., S. 71.

193 Certificate of Discharge für Joachim Steffen, AdsD 1/JSAA000181.

194 Erinnerung Ilse Steffen; Certificate of Discharge für Ilse Steffen, 3.9.1945, privat.

der sich andere im persönlichen Umfeld aus Angst oder Perspektivlosigkeit das Leben nehmen, ist für den noch 22 Jahre alten Jochen Steffen eine markante Zäsur in seinem jungen Leben. Mit viel Glück angesichts der widrigen Umstände hat er diesen Punkt seines Lebens erreicht. Er nennt die Jahre im Krieg seine Studienjahre: „Vier Jahre war ich im Kriege als unfreiwillig länger dienender Mannschaftsdienstgrad. Extreme Bedingungen komprimieren Erfahrung und ihre Bewertung. Dort fiel, wie unter den schweren Bedingungen der ersten Nachkriegsjahre, von den Menschen alles Andressierte ab wie Putz von der Wand. Das tragende Geflecht wurde sichtbar. Das bewahrte vor romantischen Versuchungen. Es waren, so glaube ich heute, meine wirklichen Studienjahre. Sie stießen mich immer auf die plattdeutsche Formel: ‚Dor steckt noch ganz wat anners achter!' Was steckte dahinter?“[195]

Glück hat Jochen Steffen, weil er den Krieg, wie er später sagen wird, mit großem Dusel, zudem sogar noch unverwundet überlebt hat. Im Treppenhaus der heutigen Kieler Humboldt-Schule, seiner höheren Lehranstalt, hängen Tafeln mit den Namen von 253 im II. Weltkrieg gefallenen Schülern, „wenn die Zahl nicht noch größer ist.“[196] Darunter finden sich die Namen vieler Jahrgangs- und Klassenkameraden von Jochen.

Steffens Soldatenzeit findet später nur selten Erwähnung: Es gibt keine Kameradschaftspflege, keine illustrativen Schilderungen von Kriegserlebnissen. Wenn andere davon erzählen, windet er sich in Unbehagen: Eine Urlaubsbekanntschaft in Spanien Ende der 1960er Jahre, ein Lehrer aus Hamburg, hört nicht auf, über seine Erlebnisse an der Ostfront zu erzählen. Ich frage Jochen, warum er das tut, wo es doch offensichtlich seine Frau, seine Tochter und uns anöde. Jochen erklärt mir, dass der Lehrer damals als Offizier „wer gewesen sei“, über Tod und Leben entschied, also einen Status hatte, den er als Lehrer nie wieder erreicht habe.

Die Erfahrungen aus Zeiten des Krieges hinterlassen dennoch tiefe Spuren in ihm. Sollte er eine genetische Disposition für Depression gehabt haben, dann stammt sie sicherlich von seiner Mutter, die stark depressive Phasen durchlebte. Steffens zu den Hochzeiten seines psychosomatischen Krankheitsbildes in den 1970er Jahren wiederkehrenden Ängste vor Verarmung und Not im Alter – und ganz besonders vor Hunger –, greifen immer auf Kriegs- und unmittelbare Nachkriegserfahrungen zurück. Dem Journalisten Ben Witter erzählt er von einem „Erlebnis“, das er als Student auf der Fahrt nach Hamburg zu einem Boxkampf hat: „da hatte ich einen Verfolgungstraum: Damals gingen Rentner ja noch Kippen sammeln, und da sah ich einen, und der hatte mein Gesicht ...“.[197]

Versuchen wir anhand der Feldpostbriefe „den individuellen Akteur mit seinen biographischen Prägungen und persönlichen Wahrnehmungen in seinen limitierten Handlungsmöglichkeiten ernst zu nehmen“, dann ist die Unsicherheit und Suche des jungen

---

195 Steffen: Strukturelle Revolution, S. 14f.

196 Plöger: Humboldt-Schule, S. 162.

197 Witter: Mach's gut.

Jochen Steffen zu erkennen.[198] Der vom späten Steffen manchmal vermittelte Eindruck eines „einsamen Wolfes" oder schwejkhaften Mitlaufens während seiner Wehrmachtszeit ist aus ihnen nicht abzulesen. In einem späten Interview in Österreich führt er aus: „Du musstest dich auf einem ganz bestimmten Level seelischer und physischer Unempfindlichkeit schaukeln, sonst kannst du das nicht ertragen, vier Jahre lang, und du musst auch regelrecht den Idioten spielen. Wenn die dir sagen, was sind die Hauptteile des Gewehrs, musst du sagen, du weißt es nicht. Dann sagt er, kommen Sie nach vorne, fassen Sie an! Das ist der Lauf, und so. So musst du das machen."[199]

Zu den wenigen überlieferten Erzählungen gehört, dass Steffen seinem Zugführer gegenüber verkündet haben soll: „Wir werden den Krieg verlieren!" Worauf dieser die Tür zuschmeißt und knurrt: „Wollen sie, dass wir beide an die Wand gestellt werden?" Oder dass er den Befehl erhält, ein frisch geschlachtetes Schwein zu bewachen und sich während der Wache Fleisch davon abschneidet. Vorgänge, die als Wehrkraftzersetzung zu einem kapitalen Exempel an ihm hätte führen können. In dem genannten Interview behauptet Steffen, bis zu 90 Tage seiner Zeit bei der Marine im Karzer verbracht zu haben. Dazu gibt es keine Unterlagen.

Viel später – und dann in Hinblick auf seinen Austritt aus der SPD – benutzt Steffen 1976 in einem Brief an Willy Brandt erneut diese Erklärungslinie: „Ich habe als sehr junger Mensch in meinem Verhältnis zur Hitlerjugend und als Soldat im Krieg gelernt, dass der einzelne, der das Ganze nicht billigt, aber auch nicht verhindern kann, wenigstens fortgehen oder die Finger davon lassen kann. Ganz gleich, ob man dann Ausgestoßener oder Spucknapf und Fußmatte für jedermann ist."[200]

Das klingt nach einer entschiedenen Haltung, die seinen Schulaufsätzen und Feldpostbriefen nicht zu entnehmen ist. Dabei geht es nicht um eine Mitgliedschaft in der NSDAP oder einer ihrer Unterorganisationen; laut dem Bundesarchiv in Berlin gibt es keine Hinweise auf vorhandene Unterlagen über eine solche Mitgliedschaft Jochen Steffens.[201] Es geht auch nicht um schuldhaftes Verhalten oder eine militärische Karriere im Krieg.[202] Er lief mit, er war, wie er selbst sagt, feige. So klingt in seinen Lebenserinnerungen Scham und Selbstverachtung an, nicht das getan zu haben, was eigentlich hätte getan werden müssen. In dieser Textstelle – und seine Wichtigkeit hat sich mir zugegebenermaßen nicht gleich erschlossen – steckt Steffens persönliche Aufarbeitung seines Seins im Nationalsozialismus und im Krieg und er formuliert damit zugleich einen Auftrag für ein zukünftig anderes Verhalten: „Es geht einem ein

---

198 Römer: Kameraden, S. 480.

199 Steffen: Personenbeschreibung, S. 259.

200 Ebd., S. 252f.

201 Schreiben des Bundesarchivs Berlin an den Autor, 27.5.2013, privat.

202 Kriegsverbrechen seiner Einheiten sind nicht bekannt. Andere Marineflakeinheiten, wie Soldaten der Marineflakbrigade 3, haben beim Rückzug aus der Bretagne Kriegsverbrechen begangen. Peter Lieb: Konventioneller Krieg oder NS-Weltanschauungskrieg? Kriegführung und Partisanenbekämpfung in Frankreich 1943/44, (Diss.) München 2007, S. 462.

Licht auf. Wer das Licht gesehen hat, der muß sein Tun und Denken ändern, wenn das allgemeine Geschehen qualitativ geändert werden und nicht das gleiche Rad der gleichen, vermeidbaren Leiden abrollen soll. Ohne Sehen, ohne verändertes Denken und Tun wird das vermeidbare Leiden unvermeidbar. Die nicht sehen wollen oder die notwendigen Konsequenzen leugnen, vermehren vermeidbares Leiden. Das ist in der Praxis vielleicht menschlich – allzu menschlich. Bei existentiellen Problemen hat das barbarische Konsequenzen und ist deshalb zutiefst unmenschlich.

Dies liest sich präziser und zusammenhängender als ich es damals im Kopf hatte. Tatsächlich schwankte ich innerlich, war ich meiner selbstgebastelten Ideologie – wie der aufgesaugten marxistischen Versatzstücke – keinesfalls so sicher, wie ich sie stur wiederholte, mich gleichsam im Glauben festigen wollend durch ständiges Repetieren der Kernpunkte. Die Wahrheit in der Wirklichkeit zu erkennen, das habe ich sehr früh begriffen, war nicht einfach. [...]

Besonders schwer war die Tatsache, daß *Sie*, die *Braunen*, die *Nazis*, Erfolg hatten, ihre Gegner sich duckten, die Köpfe einzogen, das Maul hielten, den Kopf gesenkt mitliefen, mitmachten. Und daß man selbst zu den Feigen gehörte, die sich damit trösteten, daß sie beim Jawohlsagen dachten: Leck mich am Arsch! Und sich dies gegenseitig erzählend laut darüber lachten. So setzte man den Spaß an die Stelle der Erkenntnis der eigenen, ohnmächtigen Würdelosigkeit. Darüber konnte eine Wut in mir explodieren, die wenigstens für kurze Zeit stärker war als die Angst.

Manchmal habe ich mich selbst verflucht, daß ich nicht zur ‚Gemeinschaft' gehörte, ja, mich bewußt und willentlich von ihr absonderte. Warum tat ich das? Weshalb wurde ich wütend? Darüber habe ich damals viel gegrübelt. Natürlich sollte man nicht die Andersdenkenden zu Volksfeinden stempeln, sie verfolgen, schlagen, einsperren, töten. Man durfte nicht Juden das Menschsein absprechen, sie zur Jagd für alle freigeben. Das alles wußte ich, und daran glaubte ich. Daß das Gegenteil geschah, machte mich traurig. Aber darüber wurde ich nicht wirklich wütend. Die besinnungslose, rote Wut explodierte, wenn mir zum tausendsten Mal bewußt wurde, daß ich und die anderen mit gebeugtem Nacken sich gefallen ließen, wider besseres Wissen, daß geschah, was nicht geschehen durfte. [...] Die sachliche, brutale Gewaltanwendung gegenüber den Menschen bedrückte meine Seele, daß die Menschen es hinnahmen, machte mich rasend. Die Nationalsozialisten waren so, wie sie es selbst von sich sagten; sie taten, was sie angekündigt hatten. Wir anderen ließen geschehen, was nicht geschehen durfte. Die Nazis konnte man hassen, sich selbst mußte man verachten. Ich wußte sehr früh, daß ich Kompromisse schloß, schwieg oder innerlich Zugeständnisse machte, wo ich laut hätte ‚Nein!' sagen müssen."[203]

Für Steffen ist sein Verhalten im Nationalsozialismus auf „schlechtem Papier" geschrieben, der Blick in den Spiegel hinterlässt über diese Zeit bei ihm eine tiefe Frustration mit sich selbst. Er schämt sich dafür, dass er in der Zeit des Nationalsozialismus und bei der Marine so weit hinter den ethischen und sozialen Standards,

---

203 Steffen: Personenbeschreibung, S. 59ff. (Kursiv im Original).

die er sich nach 1945 angeeignet hat, zurückgeblieben ist. Und schließlich hat Jochen Steffen das besondere Glück, früh im Leben und unter den Umständen des Krieges in Ilse Annemarie Zimmermann die Liebe seines Lebens zu finden und eine Partnerin, die ihn immer wieder vom Kopf auf die Füße stellen wird. Sehr schnell orientiert er sich an dieser jungen Frau als Haupt- und Vertrauensperson und erweitert den Abstand zu seiner Mutter. Das Verhältnis zwischen der Schwiegertochter und seiner Mutter ist und wird nie gut. Else hat eine andere Bindung für ihren Sohn ins Auge gefasst und intrigiert gegen die Beziehung ihres Sohnes als das junge Ehepaar nach dem Krieg nach Kiel kommt.

Grundsätzlich zeigt Steffen sehr früh Bestrebungen, das protestantisch national-liberale, durch Affinität zum Autoritarismus und auch zum Faschismus geprägte elterliche soziale Milieu zu überwinden. Sein Vater Karl gibt im „Entnazifizierungsfragebogen" gegenüber den Briten 1945 an, in der Reichstagswahl vom März 1933 die Deutsche Volkspartei gewählt zu haben, ab Mai 1937 Mitglied der NSDAP und zwischen 1934 bis 1937 förderndes Mitglied der SS, beides ohne Ämter, gewesen zu sein.[204]

Das sogenannte externe soziale Milieu, das devote Anpassen und sich Ein- und Unterordnen seiner Eltern, stört Jochen. Zugleich ist zu erkennen, dass er Elemente des sogenannten inneren Milieus der Wertung des ihn umgebenden sozialen Gefüges, des Verhaltens und Erlebens gerade von seinem Vater Karl, der ausgeprägte Vorstellungen von Gerechtigkeit und menschlicher Würde hat, übernimmt. Auch wenn letztlich nicht alles Vorgelebte der Eltern abgelegt wird, weist die emotionale Affinität des städtischen Jungen zur Familie auf dem Lande oder seine Kontaktaufnahme zu Erwachsenen aus ganz anderem sozialen Umfeld auf seine frühe Suche nach alternativen sozialen und politischen Beziehungen hin. Steffen sucht als Jugendlicher und Oberschüler nach Ausdrucksformen konkreter Humanität.

„Humanität schien mir schon damals nicht blauäugig-dumm zu sein, sondern nützlich, vernünftig, praktisch. Und, so glaubte ich schon als Kind, für die Masse der Menschen, ‚die kleinen Leute', das Kanonenfutter, wäre Humanität das Nützlichste", erklärt er später.[205]

Steffen erlebt keine „Schulung" in einer Traditionslinie der Arbeiterbewegung. Seine überlieferten Äußerungen zu dieser Zeit sind vielmehr geprägt von den Metaphern und Bildern des allgegenwärtigen Nationalsozialismus. Sicherlich hätte sein kleinbürgerliches Elternhaus in jedem Fall entschieden versucht, eine Suche nach anderen Wertvorstellungen zu unterbinden. Die Aneignung von Splittern einer vom Elternhaus abweichenden Weltanschauung erfolgt durch aufgefundene Literatur und Gespräche mit Menschen und wesentlich durch das Verspüren der Existenzbedingungen eines Rest-Milieus einer politischen Arbeiterbewegung. Die jugendliche Protesthaltung des kleinbürgerlichen Kieler Jung' gegen Elternhaus und Lehrer setzt sich bei der Marine fort. Seine kolportierte obstinate „Verweigerungshaltung" ist weder politisch unterfüt-

---

204 LASH, Abt. 460.19, Nr.1006, Geschäftszeichen K 19310.

205 Steffen: Personenbeschreibung, S. 109.

tert noch als „Widerstand“, sondern eher als schulbubenhaftes antiautoritäres Verhalten zu werten.

Der Spiegelredakteur Hermann Schreiber fasst seine Eindrücke der von Steffen als seine Studienjahre bezeichneten Zeit nach den Gesprächen mit ihm für seinen Wahlkampfartikel 1971 knapp zusammen: „Faschismus wurde dem Roten Jochen zur traumatischen Erfahrung“.[206]

Aus der beschriebenen mentalen Situation heraus beginnt Jochen Steffen nach dem Krieg die Suche nach einer anderen Weltanschauung. Jetzt kann er auf den bislang ungeordneten Elementen seiner philosophisch-weltanschaulichen Orientierungssuche eine systematische Schulung in der Literatur und Praxis der Arbeiterbewegung anstreben. Seine dann entwickelte Vorstellungen von Humanität und gesellschaftlicher Entwicklung sind als Gegenmodell zu dem Erlebten mit den Werten und Zielen der Arbeiterbewegung verknüpft. Jochen Steffen wird sich bei ihren politischen Parteien umschauen.

Entsprechend der weiteren Ausformung seiner weltanschaulichen Grundhaltung und der Entwicklung seiner sozialen Stellung als Redakteur, dann als Berufspolitiker und schließlich als Kabarettist, lässt er viele Einflüsse des Milieus seines Elternhauses hinter sich und schöpft doch zugleich immer wieder aus ihnen für sein Verstehen von Gesellschaft und nicht zuletzt für sein schriftstellerisch-kabarettistisches Wirken.

Nachkriegsleben (1945 bis 1956)

Besonders die Jahre 1945 bis 1949 sind Jahre des Mangels an einfach allem. Die Grundversorgung der Bevölkerung mit Nahrung, Wohnraum und Kleidung kann kaum gesichert werden. Besonders die Lebensmittelfrage und für Jochen die Versorgung mit Zigaretten sind immer wieder Thema in den Briefen zwischen ihm und Ilse. Die allgemeine Versorgungslage erschwert, dass in Schleswig-Holstein ein Drittel der Bevölkerung Flüchtlinge und Vertriebene sind. Als Ehefrau von Jochen kann Ilse bei der Familie in Kropp unterkommen. Und sie trägt zur Versorgung mit bei. Mit einer von einem lokalen Schneider geliehenen Nähmaschine bietet Ilse für die auf Lebensmittelsuche aufs Land strömenden Städterinnen das Nähen von Bekleidung an. Auch wenn der Mangel und Hunger für alle im Vordergrund steht, es soll auch wieder gelebt werden – und schick zu sein gehört dazu. Ilse erinnert sich: „Die jungen Kriegerwitwen hatten plötzlich Stoffe, Borten, Knöpfe zur Verfügung und ich zauberte Berliner Modellkleidung. Meist nahm ich Essbares dafür, denn die Unterkunft bei Tante Anna war billig. Jochen kam häufig am Wochenende. Dann mit einem Holzkoffer, den sein Vater noch vom Militär hatte und wir füllten ihn mit Speck, Eiern, Würsten und anderen Lebensmitteln.“

Auch Ilse und Jochen genießen das Leben den Umständen entsprechend: „So ein Wochenende war aber auch ausgefüllt mit Tanzabenden. Da die Engländer Sperrstun-

---

206 Hermann Schreiber: Und führe uns, wohin wir nicht wollen, in: Der Spiegel, Nr. 17/1971, 19.4.1971, S. 50.

den eingeführt hatten, bedeutete es vom Abend bis zum Morgen im Gasthof eingesperrt zu sein. Da musste man Kondition haben, aber zum Morgen hin schlief mancher schnarchend ein."[207]

In Kiel haben 90 alliierte Luftangriffe über fünf Millionen Kubikmeter Schutt hinterlassen. 40 Prozent der Wohnungen sind zerstört, 40 Prozent unterschiedlich schwer beschädigt und nur 20 Prozent unbeschädigt.[208] Ein Zeitzeuge erinnert sich: „Damit waren weite Teile unserer Stadt Kiel zur Wüste geworden – ‚ausradiert'."[209]

Obwohl sich die Wohnbevölkerung der Stadt von 261.000 Menschen vor dem Krieg auf 143000 Einwohner zu Jahresbeginn 1945 verringert hat, ist die Suche nach Wohnraum in der zerstörten Stadt ein Problem für die zurückkehrenden Kieler. Fast zehn Prozent der Bevölkerung Kiels sind 1945 Flüchtlinge, meistens ohne familiäre Kontakte in der Stadt und abhängig von der städtischen und anderen Versorgung mit Unterkünften.

Karl kann nach seiner Entlassung aus dem Militärdienst sofort seine Stelle bei der Kieler Spar- und Leihkasse erneut antreten. Die ausgebombten Karl und Else ziehen aus Hamburg zurück nach Kiel und kommen bei der befreundeten Familie Spiegel in der Augustenstrasse 59 II in Gaarden unter. Er ist ein Arbeitskollege von Karl und sie eine Freundin von Else. Auch dieses Wohnhaus hat ein Fliegerangriff in Mitleidenschaft gezogen, es regnet durch das beschädigte Dach. Ein kleiner Ofen, eine „Brennhexe", dient zum Kochen und zum Heizen der Wohnung. Das benötigte Brennmaterial wird aus den Trümmern gezogen, für lange Zeit gibt es nur stundenweise Strom, die Wiederherstellung der Gasversorgung macht in der Stadt nur langsam Fortschritte. Das Trinkwasser holt man von einer öffentlichen städtischen Pumpe.

Auch Jochen zieht dort ein, während Ilse noch bis ins Jahr 1946 in Kropp wohnt. Auf die ausgegebenen Marken erhält man pro Tag und Person höchstens 1.200 Kalorien. Es wird gehungert und jeder organisiert was und wie er kann und versucht, auf dem Schwarzmarkt restlichen Besitz gegen Lebensnotwendiges zu tauschen. Da sind Jochens Fahrten zu Ilse in Kropp sehr wichtig. Dem Beamten Karl fällt es schwer zu akzeptieren, dass seine Frau Else sich „kriminell" auf dem Schwarzmarkt ihren heiß geliebten Bohnenkaffee besorgt.

Zu dieser Zeit – der Hunger fixiert die Menschen auf Nahrungsmittel – wollen die Eltern Jochen einreden, Schlachter zu werden. Ilse ist ob des Ansinnens entsetzt, Schlachtersfrau will sie partout nicht sein. Ein entfernter Verwandter ist Schlachtermeister und holt abgerissene Rationierungskarten aus dem Feuer und nutzt sie für Schwarzmarktgeschäfte. Jochen wird angehalten sich daran zu beteiligen und seine „äußerst schwach entwickelten, händlerischen Fähigkeiten" zu nutzen. Rückblickend

---

207 Steffen: Flucht.

208 Siehe: Detlef Boelck: Kiel im Luftkrieg 1939-1945, Sonderveröffentlichung der Gesellschaft für Kieler Stadtgeschichte, Bd.13, Kiel 1980.

209 Christoph Thoböll: Die Kieler Kirche im Zweiten Weltkrieg, in: Geschichte der Kieler Kirchengemeinden, Stuttgart 1952, S. 17.

kommentiert er: „Das erste deutsche Wunder ist und bleibt für mich, dass während der gesamten Hungerzeit die lächerlichen Kartenrationen immer geliefert wurden. Wahrscheinlich gehört das auch zur Einhaltung jener gewissen, äußeren Form, jener urdeutschen Stärke. Auch sie hat ihr handfest Gutes. Sie bewahrte die verschwindende Minderheit, die nicht mitzuschieben, schachern und schwarzhandeln vermochte, vor dem buchstäblichen Verhungern. Sie langte, um Massensterben solange zu verzögern, bis die Futterkrippen sich wieder füllten."[210]

Das Verhältnis zwischen Jochens Eltern und Ilse ist angespannt. Mutter Else testet sogleich die junge Ehe ihres Sohnes. Sie plant, ihren Sohn und die Tochter der Familie Spiegel gemeinsam in einem Kieler Tennisverein anzumelden. Ilse wird dies in Kropp zugetragen und sie beschließt, in Absprache mit Tante Anna, keine Lebensmittel mehr nach Kiel zu schicken. „Jochen ahnte von nichts und hatte auch ganz andere Pläne", kommentiert Ilse später.[211]

Auf Jahre wird kaum Kontakt gepflegt und das junge Paar weigert sich, mit Jochens Eltern in eine von der Sparkasse angebotene große Wohnung zu ziehen. Das Paar nimmt zuerst ein karg möbliertes Zimmer in der Steinstraße. In den folgenden Jahren leben sie von Ilses Einkommen. Sie arbeitet bei verschiedenen Bekleidungsherstellern, zuerst ab Sommer 1946 für ein Jahr im Lauenburgischen. Als Direktrice für eine Bekleidungsfirma mit 25 Näherinnen in Trittau verdient sie deutlich mehr als ihr Schwiegervater. Später arbeitet sie kurzzeitig in Kiel bis zur Auflösung des Betriebs, dann folgen Arbeitsstellen in der Nähe von Stuttgart und Frankfurt. In einer Bewerbung schreibt sie über die frühen 1950er Jahre: „Mein Mann arbeitet als wissenschaftlicher Assistent in Kiel, kann es aber zeitlich so einteilen, dass er stets einige Wochen bei mir und einige Wochen in Kiel arbeiten kann."[212] Jochens Reisen in den Süden Deutschlands versucht er aus Kostengründen mit LKW-Mitfahrgelegenheiten zu absolvieren.

Während ihrer Anstellung in Trittau befreundet Ilse sich mit den Firmeneignern, die zum Kriegsende den einzigen Sohn verloren haben. Sie bieten Ilse abgelagertes Eichenholz an, aus dem Möbel gebaut werden könnten. Dazu wollen sie aber den Ehemann kennenlernen. Bei Jochens Besuch zeigt dieser wenig Mitgefühl gegenüber den Eltern, die das „nationale Opfer" ihres Offizierssohnes gewürdigt wünschen. So wird nichts aus dem möglichen Holzgeschäft.[213]

---

210 Steffen: Personenbeschreibung, S. 81.

211 Steffen: Flucht.

212 Bewerbungsschreiben Ilse Steffen, handschriftlich ohne Datum, privat.

213 Erinnerungen Ilse Steffen.

Auf Vermittlung des Genossen Emil Bandholz[214] erhalten Ilse und Jochen Anfang der 1950er Jahre ein Dachzimmer in der Tonderner Straße 34 in Kiel-Wik. Ein weiterer Genosse schenkt ihnen Gartenmöbel, so dass es eine Grundausstattung mit Tisch und Stühlen gibt.

Ilse organisiert die Überführung der in der Lausitz ausgelagerten Möbel ihrer Mutter nach Kiel. Die Möbel werden des Nachts im Eisenbahnwaggon per Hand über die Zonengrenze geschoben. Jochen ist beim Empfang der Möbel in Kiel entgeistert: Alle Stoffteile von Sesseln und Couch des Damensalons haben Soldaten auf der Suche nach Wertgegenständen aufgeschlitzt. Doch Ilse arbeitet sie selbst auf und Jochen akzeptiert diese Erinnerung an ihr nicht mehr existierendes Elternhaus. Er selbst hat von seinen Eltern, zweimal ausgebombt, keine Erbstücke.[215]

Ilses späterer Arbeitgeber in Geislingen sagt zu, für Jochen Arbeit in der Nähe zu finden, aber Jochen will Schleswig-Holstein nicht verlassen. Ein weiteres Jobangebot Ilses in der Nähe Frankfurts entpuppt sich als Reinfall, ein Bankrotteur hat die Stellen ausgeschrieben und Ilse muss mit Hilfe der Gewerkschaft um die Erstattung der Fahrtkosten kämpfen. Ende 1953 beschließt sie, die räumliche Trennung von Jochen zu beenden. Zu Jochen sagt sie: „Jetzt will ich ein Kind haben!“ – „Versuchen wir‘s“, sagt der.

Im Sommer 1954 bemerkt die Vermieterin der Tonderner Straße Ilses Schwangerschaft. Sie verlangt den Auszug der beiden. Es bleibt Ilse überlassen, eine neue Bleibe zu finden. Jochen ist für solche Aufgaben nicht zu gebrauchen. Den Bauch zum Vorstellungsgespräch unter einem selbstgenähten weiten Mantel versteckt, findet sie eine Kleinwohnung im Düvelsbeker Weg 19, deren großer Vorteil ein Zugang zum Garten des Hauses ist.[216]

Vorstudium

Jochen Steffen will studieren. Bereits während der Marinezeit, im Juli 1943, hat er sich über die Fernimmatrikulation zum Studium angemeldet und wird als „stud. phil.“ geführt.[217] Damals noch in der elterlich geprägten Absicht, Lehrer und damit Beamter zu werden. In Zeiten allgemeiner Entbehrung und des Hungers ermöglichen ihm Ilses Arbeitsverdienst und eine kleine Unterstützung der Eltern das Studium. Nachdem Vater Karl erfährt, dass sein Sohn nicht beabsichtigt, auf Lehramt zu studieren, stellt er seine

---

214 Emil Bandholz wird 1912 in Kiel als Sohn eines Kesselschmieds geboren. Über sozialistische Jugendorganisationen wird er 1931 Mitglied der SPD und schließt eine Tischlerlehre ab. 1937 wird er wegen der Vorbereitung zum Hochverrat zu drei Jahren Zuchthaus verurteilt. Nach dem Krieg beginnt er über den zweiten Bildungsweg das Studium der Volkswirtschaft und promoviert 1954. Nach Studienaufenthalt in Großbritannien wird er Lehrbeauftragter an der Gewerkschaftsakademie, Verlagsleiter der Schleswig-Holsteinischen Volkszeitung [weiter als VZ] und ist nach ihrer Einstellung in Kiel freiberuflich wissenschaftlich tätig.

215 Vgl. Erinnerungen Ilse Steffen.

216 Vgl. ebd.; Briefe im AdsD 1/JSAA000092.

217 Bestätigung der Fernimmatrikulation der Universität Kiel vom 24.7.1943. Ebd., 1/JSAA000073.

finanzielle Unterstützung allerdings ein.[218] Die Britische Militärverwaltung ist an einer zügigen Eröffnung des universitären Betriebes gelegen, sie will „politisch gefährliche Unruheherde“[219] entschärfen und einem möglichst großen Teil der aus dem Krieg zurückgekehrten Soldaten und Kriegsversehrten eine Perspektive geben. In einer britischen Denkschrift heißt es, dass „unter dem Druck der Verhältnisse nicht sämtliche Strukturen des überkommenen Universitätswesens unbesehen übernommen werden“ sollen. Das ist allerdings schwer umzusetzen. Gerade bei der Professorenschaft zeigt sich über 1945 hinaus eine erhebliche personelle Kontinuität, selbst wenn es zugleich Neuanfänge gibt.

Die Briten sehen in Lehre und Ausbildung eine Maßnahme der „re-education“ auf dem Weg zu einem demokratischen Deutschland. Die andere Seite dieser Erziehung ist die politische Überprüfung des akademischen und nichtakademischen Personals der Universität, wie auch die Überprüfung jedes einzelnen Studienanwärters, bis diesen 1947 eine Art generelle „Jugendamnestie“ zugesprochen wird.

Steffen selbst muss durch die „Entnazifizierungs“-Prozedur.[220] An Ilse schreibt er, er sei eingestuft worden als „weltanschaulich einwandfrei. Was ja zu erwarten war!“[221] Er wertet die Entnazifizierung und die „Aufarbeitung“ zu jener Zeit als formelhaftes Reuebekenntnis und kritisiert sie später: „‚Die Reinigungsprozesse‘ der Siegermächte waren offensichtlich kaum durchdacht und beruhten in ihrer Durchführung auf einer Überschätzung der Wirksamkeit des bürokratischen Formalismus und einer völligen Fehleinschätzung der Lebenswirklichkeit der Menschen in einem totalitären System. Außerdem ‚entnazifizierten‘ sie nach ihren praktischen Verwaltungsbedürfnissen. Das heißt, sie ‚entnazifizierten‘ gar nicht, wenn sie die Leute und ihr Können benötigten. Und schließlich korrumpierten auch die deutschen Vertreter – wenigstens teilweise – in den Kammern die Absicht der ‚Reinigung‘.“[222]

Jochen Steffens „Reifevermerk“ erlaubt keine direkte Zulassung zum Studium an der Christian-Albrechts-Universität. Die Hochschulreife muss erst durch einige Nachprüfungen erworben werden. An die Adresse in Kropp gesendet, erhält er die Zulassung zu einem Vorsemester mit Beginn am 19. November 1945. Unterricht gibt es in den Zwangsfächern Deutsch und Mathematik. Daneben kann er zwei weitere Fächer aus

---

218 Vgl. Erinnerungen Ilse Steffen; in einem „Antrag auf Gewährung einer Ausgleichszulage an die Direktion der Kieler Spar- und Leihkasse“ um 20,- Mark erwähnt Vater Karl 1947 noch die von ihm zu leistende Unterstützung seines studierenden Sohnes, privat.

219 Das Folgende nach: Prof. Cornelißen: Festvortrag am 31.10.2005 im Rahmen der Veranstaltung „Neuanfang aus den Trümmern“. http://www.uni-kiel.de/ueberblick/neuanfang/cornelissen-vortrag.shtml (zuletzt abgerufen im März 2017).

220 Siehe Entnazifizierungsakte Jochen Steffen.

221 Jochen an Ilse Steffen, Brief, 30.5.1945, privat.

222 Steffen: Personenbeschreibung, S. 140f. - Theo Pirker verweist zudem auf das Mitwirken von Sozialdemokraten an der Regeneration der alten Strukturen des Besitzes und der Verwaltung durch die ‚Persilschein‘-Vergabe an kleine und mittlere Nationalsozialisten. Ders.: Die SPD nach Hitler, Berlin 1977, S. 45. [Weiter als Pirker: SPD nach Hitler].

dem Angebot Griechisch, Latein, Englisch, Französisch oder Geschichte wählen.[223] So absolviert Steffen im Wintersemester 1945/46 mit anderen „Reifevermerkten", als der „einzige, unfreiwillig länger dienende Mannschaftsdienstgrad"[224] unter teilweise hochdekorierten Offizieren, diese Nachschulung. Mangels nutzbarer Räumlichkeiten findet der Unterricht zuerst auf einem durch die Kriegswirren im Kieler Hafen verbliebenen „englischen Pott"[225] statt.

Während Steffens Kenntnisse in Deutsch und Geschichte bei den Kollegen geschätzt sind, muss er von ihnen im Gegenzug Hilfe in Mathematik einfordern. Nebenbei hört man bereits Vorlesungen und leistet den jedem gesunden Studierenden auferlegten „Enttrümmerungsdienst" für die Uni ab. In diesem „Vor"-Semester hört Steffen im Zoologischen Institut an drei Tagen der Woche Professor Otto-Friedrich Bollnows Vorlesung „Einführung in die Philosophie" und lernt etwas über die Existenzphilosophie.[226] So resümiert er in einem Brief an Ilse: „Er ist wohl die beste Kraft an der Universität".[227]

Sicherlich fällt es den Soldaten nicht leicht, wieder die Schulbank zu drücken, die Anforderungen werden für sie nicht gesenkt. Steffen zeigt Ehrgeiz und schreibt an Ilse in Kropp: „Ich habe viel gearbeitet, denn ich möchte 1.) durch die Vorprüfung kommen und 2.) die Schlussprüfung mit gut bestehen. Vor allem will ich meine Stellung in Deutsch und Geschichte zu einer uneinnehmbaren Festung ausbauen. [...] Bei einem anderen Kursus haben 75 Prozent eine einwandfreie 6 erhalten. Das gibt ein Massensterben, bei dem ich nicht gerne dabei sein möchte."

Und später im Brief schließt er an: „Trotzdem macht mir das alles viel Spaß, aber man hat wegen der Prüfungen einen ewigen Druck auf dem Magen. Wenn ich auch nicht direkt Angst habe, schön ist es nicht!"[228]

---

223 Vgl. Schreiben vom Sekretariat der Christian-Albrechts-Universität Kiel vom 5.11.1945 an Joachim Steffen, privat.

224 Steffen: Personenbeschreibung, S. 73.

225 Interview Hannes Scheer: Vier Schiffe, die „Sofia", „Barbara", „Orla" und „Hamburg" werden als Unterkünfte für Studierende und Hochschullehrer genutzt. Auf der „Sofia", der „Barbara" und der „Hamburg" finden Übungen und Vorlesungen statt. Die Schiffe liegen an der Seeburg, wo Mittagessen ausgegeben wird, das aus der Werkküche der ELAC stammt. Vgl. Joachim Krumhoff: Student nach dem Krieg: Zeitzeugenbericht. file:///media/ARCHIV%20JS/Archiv%20Jochen/%23%23%23%20Biographie/1945-1954/%23%20Studium/krumhoff-joachim.shtml (zuletzt aufgerufen im März 2017).

226 Bollnow leistet im Wintersemester 1945/46 ein Vertretungssemester in Kiel ab, er wechselt dann an die Universität Mainz. Er gehörte 1933 zu den Unterstützern für ein „Bekenntnis der Professoren an den deutschen Universitäten und Hochschulen zu Adolf Hitler" und dem nationalsozialistischen Staat und wurde 1940 Mitglied der NSDAP. Vgl. Ernst Klee: Das Personenlexikon zum Dritten Reich. Wer war was vor und nach 1945, 2. aktual. Aufl., Frankfurt 2005, S. 62; Christian-Albrechts-Universität Kiel, Vorlesungsverzeichnis Wintersemester 1945/46, S. 8.

227 Jochen an Ilse Steffen, 2.2.1946, privat. Vgl. Steffen: Personenbeschreibung, S. 139.

228 Jochen an Ilse Steffen, 18.1.1946, AdsD 1/JSAA00179.

Allerdings erfahren die Studierenden vor den Prüfungen, dass „mildeste Maßstäbe angelegt werden sollen", was bei Steffen dazu führt, dass er sagt: „Die Spannung ist weg".[229]

Die Universität ist weit über ihre räumlichen Kapazitäten überfüllt. Über sechzig Prozent der universitären Bauten hat der Bombenkrieg zerstört. Nur ein Drittel der Studienbewerber wird angenommen. Der zur gleichen Zeit studierende Werner Klose erinnert sich: „Ab November 1945 [...] stolperten 2500 Studenten auf Trampelpfaden durch Wüsten von Schutt und Bombentrichtern zu Vorlesungen und Seminaren in Noträumen, vom Zufall über die zerstörte Stadt verstreut."[230]

Und Ilse erinnert sich: „Die Uni war ohne Glasfenster und ich höre noch das Knallen der Planen bei Wind und Wetter, die die Kälte und den Regen abhalten sollten. Hunger war bei den Kommilitonen und Professoren an der Tagesordnung. Manch einer, dem der Schwarzhandel nicht helfen konnte, starb an Unterernährung."[231]

Im extrem kalten Winter 1946/47 bringen die Studenten Brennmaterialien mit zu den Vorlesungen und Seminaren, um in den kriegszerstörten Räumlichkeiten halbwegs warm zu bleiben. Jochen und Ilse ist auch in Erinnerung, was ein Kommilitone beschreibt: Lebensmittelspenden aus den USA und aus Schweden helfen den Studierenden, wobei der inzwischen ungewohnte Genuss fetten Schweinespecks bei den meisten zu Verdauungsproblemen führt. Ein isländischer Industrieller, ehemals Student in Kiel, schenkt dem Studentenwerk 20 Fässer Walöl. Es reicht monatelang für das Braten von Kartoffeln und Pferdefleisch.[232]

Jochen Steffen profitiert in seiner Lehrgangsgruppe davon, dass sein alter Französischlehrer Professor Küchler die Klasse unterrichtet und überzeugt ist, seinem ehemaligen Schüler ein besonderes Verhältnis zu dieser Sprache vermittelt zu haben. Dem ist aber nicht so, Französisch wird nie Jochens Stärke, wie er auch nicht versucht, andere Fremdsprachen zu lernen.

Die Abschlussprüfungen des Eingangslehrgangs finden im Vormittags-, Mittags- und Abendturnus in halbwegs hergerichteten Räumen der ELAC statt. Als Primus im allgemeinen Angstfach Französisch lässt sich Steffen vormittags in einem Wandschrank einschließen, um für seinen Kurs die Prüfung in Französisch, eine Nacherzählung, für den Abend mitzuschreiben.[233] Im Nachhinein nicht gerade mit Stolz über dieses Vorgehen erfüllt, schließt Steffen den Kurs am 29. März 1946 mit der Berechtigung zum Studium ab. Ab dem 3. Juni 1946 ist er als vollwertiger Student mit der laufenden

---

229 Jochen an Ilse Steffen, 31.1.1946, privat.

230 Werner Klose: Wir fürchteten die Schmiede. Student im ersten Nachkriegssemester, online ab 1.11.2007, http://www.spiegel.de/einestages/student-im-ersten-nachkriegssemester-a-950062.html (zuletzt aufgerufen im März 2017) – Klose wird später Lehrer in St. Peter-Ording und Jochen schätzt dessen literarische Vermittlungsarbeiten für Jugendliche zum Faschismus.

231 Steffen: Flucht.

232 Vgl. Joachim Krumhoff: Student nach dem Krieg: Zeitzeugenbericht.

233 Steffen: Personenbeschreibung, S. 82f.

Nummer 2611 immatrikuliert.[234] Seinen Studentenausweis und das Studienbuch zierten identische Porträtfotos. Es ist das Bild eines jungen Mannes mit hohen Stirnecken und bekleidet mit einem mächtigen Wollkragenpullover und dem bereits erwähnten Jackett. Ohne Lächeln, der rechte Mundwinkel scheint sogar herabgezogen, richtet sich der Blick aus dem hageren Gesicht emotionslos am Objektiv der Kamera vorbei. In das Gesicht scheint der Hunger eingeschrieben zu sein, weniger der Hunger nach Bildung als ganz profan der Mangel an Gelegenheit, sich ordentlich satt zu essen.

Steffens Erfahrung in den Monaten des Eingangssemesters ist, trotz aller sich herausbildenden „Landserkumpelei"[235] durch die gemeinsame Schulsituation, dass eine Auseinandersetzung mit oder sogar eine Aufarbeitung der jüngsten nationalsozialistischen Vergangenheit mit den meisten KommilitonInnen nicht möglich ist. Es gibt einen Diskussionen anregenden Lehrer, Dr. Richter aus Berlin, der Deutsch und Geschichte unterrichtet, aber die Resonanz in der Gruppe ist dünn und bleibt vereinzelt. Doch für Steffen ist er „ein einzigartiger Lehrer".[236] Die Mitschüler haben als ehemalige Offiziere bereits eine Karriere und sozialen Status verloren und nur wenige können für sich und ihre Familien schnell neue Perspektiven entdecken.[237] Steffen kommentiert später, nicht nur gültig für diese Gruppe: „Damals habe ich eine Theorie entwickelt, an ihr halte ich heute noch fest. Die Person und das Kollektiv haben nur einen bestimmten ‚Vorrat' an Leidens-, Glaubens- oder Begeisterungsfähigkeit. Ist er verbraucht, kann er nur sehr langsam regeneriert werden. Damals war der kollektive Vorrat verbraucht. Die Menschen waren erschöpft, ausgelaugt, unglaublich müde. Das galt auch für jene, für die das Ende des III. Reiches eine Erlösung bedeutete."[238]

Das Studium

Jochen Steffen ist anfangs orientierungslos, er weiß nicht, was er studieren will. Aus seiner Familie ist er der erste Besucher einer Universität. Ärzte, Tierärzte oder Rechtsanwälte, das sind die höheren Berufe, die sich die Familie vorstellen kann, sonst ist alles Akademische seiner Familie sehr fremd. Auf die Frage, welchen Beruf er denn anstrebe, pflegt er auf Jahre mit dem Berufswunsch seiner Mutter zu antworten: Studienrat. Nicht, dass er das wirklich anstrebt, aber in Ermangelung eigener beruflicher Zielvorstellungen, die ihm angeblich ziemlich egal sind, scheint die Antwort die Fra-

234 Studienbuch Joachim Steffen, AdsD 1/JSAA00073.

235 Steffen: Personenbeschreibung, S. 82.

236 Jochen an Ilse Steffen, Karte, 5.12.1945, privat.

237 Aufgrund der Gesetzgebung des Alliierten Kontrollrates in Deutschland gibt es den Beruf des Offiziers de jure und de facto nicht mehr. Generalstabsoffiziere und Ritterkreuzträger sind zuerst vom Studium ausgeschlossen, für alle gilt die Überprüfung durch die Alliierte Administration. Vgl. Matthias Molt: Von der Wehrmacht zur Bundeswehr. Personelle Kontinuität und Diskontinuität beim Aufbau der deutschen Streitkräfte 1955-1966. (Diss.), Heidelberg 2007, S. 104ff.

238 Steffen: Personenbeschreibung, S. 77.

genden zu beruhigen. Steffen erwägt kurz, ein Tierarztstudium in Hannover zu beginnen. Damit wäre er aber fern von der das junge Paar mitversorgenden Familie.

Als Schüler und Soldat liest Steffen viel und breit gestreut, dazu gehören Autoren aus den Bereichen Philosophie, Politik und „schöne Literatur“. In seiner Zeit als Obergefreiter ist das Lesen für ihn auch Flucht. Er liest Rilke, Stefan George, Arno Holz, die Naturalisten, „damit man nicht im Hirn zu Leder, Kruppstahl und Windhund würde“.[239] Noch Jahre nach dem Krieg kann er ganze Textpassagen frei rezitieren: „Damals war mein Gehirn wie ein Inhaltsverzeichnis, ich konnte eine Unzahl von Gedichten, ganze Teile aus dem ‚Kornett‘, fast alle großen Monologe Shakespeares auswendig.“

Über diese Literatur glaubt er sich bei der Marine nur mit Ilse unterhalten zu können. Weder die Kameraden noch dann seine Studienkollegen und politischen Freunde interessiere das, „sie hätten mich für verrückt gehalten“. Das schätzt Jochen nicht ganz richtig ein. So belegen zahlreiche Briefe seines Freundes Hans-Gottfried Schadow an dessen Mutter, wie wichtig auch ihm der Bezug zu Musik und Literatur als Fluchtpunkt vom Kriegsdienst bei der Luftwaffe ist.[240]

An der Uni erkennt Jochen Steffen schnell, dass sein Wissen löchrig ist und sein Lesen, wie als Schüler, zu durcheinander erfolgt ist. Er hat Manschetten vor dem, was gefordert wird: „Was soll man alles in seinen 8 Semestern aufnehmen und verdauen! ... Da muss man einen Kopf haben wie ein Eimer.“[241] Er orientiert sein Studium zu Beginn sehr breit: „Mir persönlich kam es hauptsächlich und vor allem darauf an, in die Fülle angelesenen Wissens – für mich selbst – eine Übersicht und ein ‚System‘ zu bringen.“

Für sein Studium kniet er sich in die empfohlene Literatur, liest teilweise erneut Arbeiten von Goethe, Kleist und Hebbel und arbeitet sich für das Fach Geschichte durch historische Darstellungen.

Wissensdurstig schreibt sich Steffen bei der Philologie ein, belegt aber zugleich weit gefächert andere Kurse und Seminare: Dazu gehören zuerst Germanistik, Pädagogik und Psychologie – und, „um dem wackeren Professor Küchler eine Freude zu machen“[242], auch Französisch. Doch dann beginnen sich seine Schwerpunkte herauszukristallisieren und er konzentriert sich auf Geschichte, Soziologie, Philosophie und später auf das in Kiel neu entstehende Fach politische Wissenschaften. Kurz nach dem Ende seines Studiums erklärt Steffen diesen Wandel 1951 folgendermaßen: „Da mich die ‚ideologische‘ Art der Auffassung und Darstellung von Literaturgeschichte und Geschichte an der Universität nicht befriedigte und es mir auch um eine politische

239 Folgende Zitate nach ebd., Das Studium beginnt, S. 134f.

240 Siehe Privatarchiv Ulrike Schadow.

241 Jochen an Ilse Steffen, 2.2.1946, privat.

242 Dazu gehören im ersten Semester „Französische Wortkunde“ und „Hauptkapitel der neufranzösischen Syntax“ bei Professor Küchler, beauftragter Dozent für Französisch an der Christian-Albrechts-Universität. Vorlesungsverzeichnis SS 1946 und Studienbuch Joachim Steffen, AdsD 1/JSAA000073.

Selbstverständigung ging, wandte ich mich dem Studium der Soziologie und Psychologie zu. Ich bemühte mich intensiv um das Verständnis des Werkes von Karl Marx, vor allem seiner Frühschriften bis zur ‚Deutschen Ideologie', einer Aneignung der Existenzphilosophie von Heidegger."[243]

Die Studierendenzahl an der Universität ist gegenüber späteren Massenuniversitäten überschaubar und mit dem Hungerwinter 1946/47 und der folgenden Währungsreform geht sie noch einmal zurück. Man muss es sich leisten können, in diesen Jahren mit wenig Kalorien über die Runden zu kommen. Wer eine Familie zu ernähren hat ist oftmals gezwungen, sich für deren Lebensunterhalt anders zu orientieren. So erklärt Steffen 1951, er habe seit der Währungsreform „mehrfach mehrere Monate, z.T. auch während des Semesters, in den verschiedensten Berufen gearbeitet um Geld zu verdienen".[244] In Ilses Erinnerungen sind dabei Volkshochschulkurse und Kurse beim DGB haften geblieben, denn die Parteiarbeit wird nicht entgolten, ab und zu werden Fahrkosten erstattet. Ilses Beschäftigung in der Bekleidungsindustrie macht sie zur Haupternährerin des Paares, seine Eltern steuern eher unwillig kleinere Beiträge bei – das Verhältnis ist nach wie vor angespannt. Später verdient Steffen als wissenschaftlicher Mitarbeiter und Assistent etwas eigenes Geld.[245]

Das sich über die Jahre hinziehende gemeinsame Aufbauen der kriegszerstörten Universität und die Übersichtlichkeit des universitären Betriebes erlaubt zu den Professoren, sofern man es will, ein „sehr persönliches Verhältnis".[246] Auch wenn Steffen generell die oftmals bruchlosen Karrieren der Professoren kritisch sieht, in seinen Erinnerungsfragmenten ist es ihm nicht wichtig, auf die nationalsozialistische Verstrickung der ihm näher stehenden Professoren einzugehen.

Bei den Germanisten hört Steffen Professor Ernst Werner Kohlschmidts[247] Vorlesungen zum „Naturalismus" und besucht Seminare über Rilke. Doch sie „bleiben für ihn elitär und unverbindlich wie die Existenzphilosophie".[248] Bei Professor Fritz Blättner, Direktor des Institut für Pädagogik und Psychologie, hört Jochen Einführungen in die „Psychologie des Reifealters" und Vorlesungen zur Psychologie und Soziologie

243 Lebenslauf Joachim Steffen, 9.3.1951, AdsD 1/JSAA0080.

244 Ebd.

245 Erinnerungen Ilse Steffen.

246 Steffen: Personenbeschreibung, S. 232.

247 Kohlschmidt (1904-1983) war ab 1937 NSDAP-Mitglied, Mitglied des NS-Dozentenbundes, freiwilliger Panzerjäger und Teilnehmer am Polen-Feldzug. Wirkte 1944-1953 zuerst in Kiel und dann in Bern. Vgl. Christoph König: Internationales Germanistenlexikon 1800-1950, Berlin und andere 2003, Bd. 3, S. 981.

248 Steffen: Personenbeschreibung, S. 139.

von Berufen und zum Menschenbild in unterschiedlichen Phasen der Geschichte.[249] Am Lehrstuhl für neuere Geschichte hört er bei Professor Otto Becker über Bismarck, zu dem Steffen bereits einiges gelesen hat und sich auf bekanntem Terrain fühlt. Beckers späteres Werk „Bismarcks Ringen um Deutschlands Gestaltung" zählt der Spiegel 1965 zu den wichtigen Beiträgen der zeitgenössischen deutschen Bismarckforschung.[250] An der Philosophischen Fakultät hört Steffen die einführenden Vorlesungen des Professor Justus Schwarz zur Neueren Philosophie.[251]

Wichtig sind Steffen die Vorlesungen und Seminare bei dem ursprünglich aus der Nationalökonomie stammenden Soziologen Professor Gerhard Mackenroth. Mackenroth ist ab 1948 Ordinarius für Sozialwissenschaften, Soziologie und Statistik und fungiert als Direktor des Soziologischen Seminars in Kiel.[252] Der zeitgleich in Kiel studierende und spätere bedeutende deutsche Soziologe Karl Martin Bolte erinnert sich „an ein Seminar über aktuelle Zeitfragen, das sich über mehrere Semester erstreckte und dem Zweck diente, nach den Katastrophen des Kriegsendes und den damit verbundenen ‚Umbrüchen' wieder Fuß zu fassen, Gott, die Welt und sich selber neu zu begreifen. Er (Mackenroth, JPS) rang im Diskurs mit uns um Antwort auf Fragen, die auch uns existentiell beschäftigten. Durch diese Offenheit und menschliche Nähe übte er eine große Faszination auf mich und andere aus. Längerfristige und später öffentlich bekannte Seminarteilnehmer waren unter anderem Gerhard Stoltenberg (Ministerpräsident und Bundesminister, CDU) sowie Jochen Steffen (ein bekannter SPD-Politiker)."[253]

Ab dem Wintersemester 1948/49 beginnt Professor Michael Freund als Lehrbeauftragter für politische Wissenschaft sein Wirken an der Universität. Diese Berufung hat Freund auch dem Einsatz des Kieler Oberbürgermeisters Andreas Gayk, einer politischen Vorkriegsbekanntschaft aus Berlin, zu verdanken. Gayk will Freund nicht nur als Wissenschaftler für Kiel gewinnen, sondern ihn auch für die Belebung und eine Neuausrichtung des SPD-Organs VZ motivieren. Mit der Person Freund hat Gayk einen Wissenschaftler an der Hand, der die Absicht der britischen Besatzungsmacht

249 Blättners „Geschichte der Pädagogik" gilt in den 1950ern laut Die Zeit als Standardwerk. Zusammen mit O. Bollnow, J. Dolch, W. Flitner und E. Weniger gibt er die „Zeitschrift für Pädagogik" heraus. Er leitete vor 1945 die Hamburger Volkshochschule und wird von der britischen Militärregierung bis zur Berufung nach Kiel als deren Leiter eingesetzt. Vgl. Fritz Blättner: Die Volksschule und ihre Lehrer: Aufklärung und Mahnung eines Pädagogen für die Gebildeten unter ihren Verächtern, in: Die Zeit, 16.10.1958, Nr. 42.

250 Otto Becker: Bismarcks Ringen um Deutschlands Gestaltung, Heidelberg 1957. - Geschichte / Bismarck. Ich ängstige mich, in: Der Spiegel 14/1965, 31.03.1965, S. 50.

251 Schwarz gehörte keiner Nationalsozialistischen Organisation an. Vgl. Christian Tilitzki, Die deutsche Universitätsphilosophie in der Weimarer Republik und im Dritten Reich. (Diss.), Berlin 2001, S. 961.

252 Dirk Kaesler: Mackenroth, Gerhard, in: Neue Deutsche Biographie, Bd.15, Berlin 1987, S. 620f.

253 Bolte ist 1950-1955 Assistent des Soziologen und Bevölkerungswissenschaftlers Gerhard Mackenroth. Vgl.: Christian Fleck: Wege zur Soziologie nach 1945: autobiographische Notizen, Opladen 1996, S. 146.

erfüllen kann, an der Kieler Universität eine Professur der „Wissenschaft von der Politik" zu institutionalisieren. Mit Wirkung 1. Mai 1951 erhält Michael Freund den Ruf auf die „freie und planmäßige Professur für Wissenschaft und Geschichte der Politik", was den politikwissenschaftlichen Lehrstuhl an der Christian-Albrechts-Universität begründet.[254]

Laut den Eintragungen in Steffens Studienbuch bleibt er während seiner Zeit als Student den Angeboten Professor Mackenroths verbunden und versucht in der Folge, bei diesem eine Mitarbeiterstelle zu ergattern. Erst nach seiner Exmatrikulation und mit dem Aufbau der Politikwissenschaft durch die Einrichtung der ordentlichen Professur für Freund, wendet der Mackenroth-„Schüler"[255] Steffen sich ab von dessen soziologischen Angeboten. Bei Freund hört er Vorlesungen zur Geschichte sowie zu den Grundbegriffen und Grundproblemen der Politik, Einführungen in die politische Praxis und nimmt Teil an Übungen, in denen politische Klassiker gelesen werden oder zur Ideologie und Soziologie der politischen Strömungen Europas in der Gegenwart gearbeitet wird. Freund bietet seinen Studierenden auch Übungen mit „Besuchen" politischer Einrichtungen oder Gespräche mit Vertretern von politischen Institutionen an.[256]

Eine erste Veröffentlichung des nun ehemaligen Studenten und Jungsozialisten Steffen wird in der VZ im Dezember 1949 publiziert. Es ist ein akademisch gehaltener Aufsatz über die US-amerikanischen Gewerkschaften. Die Chance zur Publikation erhält er sicherlich als in der politischen Bildung der ParteigenossInnen engagierter Jungsozialist und durch Förderung Michael Freunds, der zu dieser Zeit die Rolle eines Chefredakteurs, Beraters und Autors für die Zeitung hat.[257]

Regelmäßig besucht Steffen zudem die ökonomischen Vorlesungen am Kieler Institut für Weltwirtschaft. Darüber und über die politische Arbeit in der SPD entsteht ein längerfristiges persönliches Verhältnis zum Direktor des Hauses und späteren Bundestagsabgeordneten, Professor Dr. Fritz Baade.

Mit Ende des siebten Semesters, dem Sommersemester 1949, lässt Steffen sich ohne Abschluss exmatrikulieren. Für ihn bleibt das Studium unbefriedigend: „Nebenher ackerte ich etliche Geschichten der Philosophie durch. So lernte ich die als möglich gedachten Welten wenigstens oberflächlich kennen. Aber ich hatte nur noch mehr Teile in der Hand als vorher. Ich hatte begonnen zu studieren, um Übersicht zu bekommen

---

254 Vgl. Birte Meinschien: Michael Freund. Wissenschaft und Politik (1945-1965), Frankfurt am Main 2012, S. 55ff. [Weiter als Meinschien: Freund].

255 Laut Neue Deutsche Biographie werden zu den Schülern Mackenroths vor allem die Wissenschaftler Erik Boettcher, Karl Martin Bolte, sowie die Politiker Karl Schiller, Jochen Steffen und Gerhard Stoltenberg gezählt. A.a.O., S. 621.

256 Vgl. die Vorlesungsverzeichnisse der Christian-Albrechts-Universität der entsprechenden Semester. Suche über: http://www.uni-kiel.de/journals/content/main/journalList/PVCAU/search.xml (zuletzt aufgerufen im März 2017).

257 Siehe Joachim Steffen: USA-Gewerkschaft mit europäischem Einschlag. In Schwitzbuden mit Kulilöhnen entstand Amerikas „sozialistische" Gewerkschaft, in: VZ, 20.12.1949; vgl. Meinschien: Freund, S. 133, FN 722.

und um ein Ordnungssystem zu finden. Das bisherige Ergebnis war, dass ich dringender als früher nach beidem suchte."[258]

Mitarbeit bei Professor Freund

Jochen Steffen bemüht sich Anfang 1951 über Professor Gerhard Mackenroth um eine Förderung für eine wissenschaftliche Arbeit für „Projekte auf dem Gebiet der politischen Wissenschaft mit Themen von aktueller Bedeutung, bei denen in der Methode ‚direkte Beobachtung und Erkundung' besonders betont sein müssen". Steffens politisches Anliegen seiner Forschung liegt in der „Untersuchung der Möglichkeit einer marxistischen Parteistrategie, welche die gesellschaftliche Realität nicht vergewaltigt, diese erscheint mir erforderlich zu sein, um eine offensive Politik gegenüber der Ostzone führen zu können. Dazu ist aber weiterhin notwendig, dass die sozialistische Partei ihren Bewegungscharakter wieder erhält. Die Möglichkeiten dafür werden bestimmt durch den Charakter der Bürokratie und seine Wandlungsfähigkeit."[259]

Zu dieser Zeit kann Steffen etwas Einnahmen durch politische Bildungsarbeit, wie als Dozent beim DGB, nach Hause bringen.[260] Seine Hoffnung, im Frühjahr 1952 eine Mitarbeiterstelle bei Professor Freund zu bekommen, erfüllt sich nicht. Steffen bezeichnet später seinen Status zu dieser Zeit als „wissenschaftlicher Hilfsarbeiter".[261]

Im März 1953 erhält Steffen über das Seminar von Professor Freund einen mit 1250 DM dotierten Stipendienvertrag.[262] Die „Vereinigung für die Wissenschaft von der Politik" unter Leitung von Professor Wolfgang Abendroth in Marburg ermöglicht Steffen mit Geld der amerikanischen Rockefeller-Stiftung[263], über die Soziologie und Psychologie der sozialdemokratischen Parteibürokratie auf der Grundlage von Befragungen von Parteifunktionären zu forschen. Unter dem Eindruck der Reform- und Strukturdebatte der SPD-Linken nach der wider Erwarten gegenüber der CDU sehr hoch verlorenen Bundestagswahl 1953 führt Steffens Auswertung von 47 Interviews mit Parlamentsfunktionären, Partei- und Gewerkschaftssekretären zu einer politisch-ideologische Zustandsbeschreibung der schleswig-holsteinischen SPD zu diesem Zeit-

---

258 Steffen: Personenbeschreibung, S. 139.

259 Lebenslauf Joachim Steffen, 9.3.1951, AdsD 1/JSAA000080.

260 Für den Kurs „Arbeit und Leben" erhält Steffen für sechs Doppelstunden 60 DM Dozentenhonorar. Schreiben des DGB-Ortsausschusses Kiel vom 30.11.1951, AdsD 1/JSAA000092.

261 Handbuch des Schleswig-Holsteinischen Landtages, 8.Wahlperiode 1975, Kiel 1975, S. 512.

262 Schreiben von Prof. Dr. Michael Freund an Jochen Steffen zum Stipendium-Vertrag, 2.11.1953. AdsD 1/JSAA000125.

263 „Christian-Albrechts-Universität, Kiel; 28,800 German marks (about $ 7,200) for use by the Seminar for the Science and History of Politics in support of research on the political structure of Schleswig-Holstein" in: Rockefeller Foundation, Annual Report 1953, S. 261. – Für die Arbeit wird Jochen die Zeit vom 15.3. bis zum 15.9.1953 gewährt. Vgl. den Stipendium-Vertrag des Forschungsausschusses der Vereinigung für die Wissenschaft von der Politik, gezeichnet 25.3.1953. AdsD 1/JSAA000125.

punkt. Er bezeichnete den Zustand der Parteibürokratie als noch in der Sozialreligion von vor 1933 befangenen, obwohl die Funktionäre sich zugleich bewusst seien, dass ein ideologischer und politischer Neuanfang gefunden werden müsse.[264]

Steffens Forschungsarbeit führt im März 1954 zu einer inhaltlichen Intervention in die Strukturdebatte der Landespartei, deren Schlussfolgerungen sein Professor, der sich schrittweise von der Sozialdemokratie abwendet, nicht folgen mag.[265]

Im Februar 1954 beantragt Freund bei der Universitätsleitung zu seiner Arbeitsentlastung Stellen für Seminar-Assistenten. In der Folge ist Jochen Steffen vom Februar 1954 bis Oktober 1955 für 18 Monate als Wissenschaftlicher Assistent am Seminar für Wissenschaft und Geschichte der Politik beschäftigt. Als ein weiterer Assistent wird Gerhard Stoltenberg geführt, teilweise finanziert durch ein Stipendium der Deutschen Forschungsgemeinschaft.

Sowohl mit Steffen als auch mit Stoltenberg liegt Freund alsbald im Streit und ist im August 1955 nicht bereit, beider Verträge zu verlängern. Bei Stoltenberg kritisiert Freund den mangelnden Willen, den Pflichten eines Assistenten nachzukommen und will auch dessen Forschungsarbeit nicht mehr betreuen. Im Falle Steffens sei eine Verlängerung nicht nötig, da dieser erklärtermaßen andere berufliche Absichten habe. In einem späteren Schreiben an den Dekan der Philosophischen Fakultät, Professor Bröker, wirft Freund beiden Assistenten vor, sich zu einem „interfraktionellen Bündnis" zusammen getan zu haben und eher vom Seminar anstatt für das Seminar zu leben.[266]

Viel später resümiert Steffen die Zusammenarbeit mit Freund: „Professor Michael Freund, der Leiter des Seminars für Wissenschaft und Geschichte der Politik in Kiel, war ein brillanter Formulierer, und wir beide genossen immer Formulierungen in der Reflexion. Ich war sein Assistent. [...] Und die wissenschaftliche Arbeit bei Freund, das war nicht doll. Der ist so eine Art Journalist gewesen, wie es ihn heute nicht mehr gibt. Und ich wurde dann ja auch Journalist."[267]

Freunds Mitgliedschaft in der NSDAP ab 1940 ist durch das Entnazifizierungsverfahren akademischen Personals nach dem Krieg eigentlich kein Geheimnis. Doch weder Steffen, Studierende oder MitarbeiterInnen in den 1950er Jahren wissen um Freunds aus seinem Werkverzeichnis gestrichene Schrift mit antisemitischem Einschlag aus dem Jahre 1944 zu Sorel. Sie wird im Juni 1969 bei der Institutsbesetzung

---

264 Steffen: Personenbeschreibung, S. 282. – Rupp datiert in seiner Geschichtsschreibung der Politikwissenschaft das geförderte Forschungsprojekt des späteren „marxistischen SPD-Politikers" vor Ende 1951. Hans Karl Rupp: Die (Wieder-)Gründung der Politikwissenschaft als Demokratiewissenschaft im Nachkriegsdeutschland, in: Wolfgang Hecker/Joachim Klein: Politik und Wissenschaft. 50 Jahre Politikwissenschaft in Marburg, Bd. 1, Zur Geschichte des Instituts, Münster 2001, S. 30; im Bestand der „Wolfgang Abendroth Papers" im Amsterdamer International Institute of Social History gibt es zwei undatierte Unterlagen zur Studie unter den Positionen 971 und 1100.

265 Vgl. Meinschien: Freund, S. 71, FN 376.

266 Ebd., S. 70, FN 371 sowie S. 71.

267 Witter: Mach's gut.

von Studenten unter den Unterlagen Freunds entdeckt und führt zum Vorwurf von Freunds nationalsozialistischer Verstrickung durch den Kieler SDS.[268]

Dem Studenten und dem möglichen, aber nicht besonderen Ehrgeiz entwickelnden Wissenschaftler, ermöglicht Ilses Arbeitseinkommen das Studium und die Forschung. Ihre Abwesenheit unter der Woche erlaubt ihm, den Großteil seiner Zeit in die politische Arbeit zu stecken. Ilse erinnert sich, dass sie ihren Mann damals nicht einmal einkaufen schicken mochte: Er hätte einen Kommilitonen oder „Parteijokel" treffen können und wäre stundenlang fort geblieben. Auch von Parteiveranstaltungen kommt er oft sehr spät nach Hause, nicht selten mit Blessuren eines handfesten Streits, ab und zu auch angetrunken in einem falschen Mantel oder Jackett.

1953 arbeitet Ilse in Süddeutschland, mit der Aussicht auf eine längere Anstellung. Allerdings bereitet ihr ein Bandscheibenvorfall zunehmend Probleme. Jochen Steffen bewirbt sich auf Anraten des Vorsitzenden des Kieler Metallarbeiterverbandes Emil Willumeit beim Vorstand der IGM in Frankfurt um eine Stelle bei der Hohen Behörde der Montanunion und zugleich für andere mögliche Verwendungen. Aus seinem Bewerbungsschreiben erfahren wir, dass er angeblich ein Angebot über eine dreijährige Forschungsarbeit am Seminar von Professor Freund in Aussicht habe.[269]

Denn Steffens Feldforschung soll im Anschluss in eine Dissertation über die Rolle und Funktion der Person des Parteifunktionärs in der „freiheitlichen Arbeiterbewegung" münden. Da die zuvor geleistete Forschung entgoltene Auftragsarbeit ist, muss er die Dissertation neu konzipieren und neu schreiben. Doch bald wird klar, dass Steffen die Mitarbeit bei Michael Freund gar nicht fortsetzen will. Bereits ab Mitte 1954 versucht die Partei, Steffen ihrerseits Berufsangebote zu vermitteln. Karl Rickers, ab Januar 1954 bis zu ihrer Einstellung Chefredakteur der VZ, erinnert sich: „Man hatte ihm ein Angebot journalistischer Tätigkeit an einer Zeitung im Ruhrgebiet vermittelt, in der frühen Zeit, als er ohne existentielle Sicherung war und Walter Damm[270] ihm zunächst eine Hausmeisterstelle bei der ‚Neuen Heimat' offeriert hatte. Er lehnte das Angebot der Ruhrzeitung wegen eines zu geringen Gehalts ab, ‚wo man doch bei dem Schmutz dort jeden Tag das Hemd wechseln muss', wie er sich ausdrückte. Später erst wurde uns – mir und meiner Frau Susanne – klar, dass er in erster Linie abgelehnt hatte, weil er einen Kursus zur Massagebehandlung seiner Frau absolvierte und ihm dies vordringlich schien."[271]

---

268 Vgl. dazu: Philipp Eulenberger: Publizieren um jeden Preis? Michaels Freunds ungeschriebenes Buch „Der falsche Sieg", sowie: Catharina J. Nies: Die Revolutionskritik Michael Freunds und der Faschismusvorwurf der 68er, in: Knelangen, Wilhelm/Stein, Tine (Hg.): Kontinuität und Kontroverse. Die Geschichte der Politikwissenschaft an der Universität Kiel. Essen 2013, S. 369-389 und S. 391-424.

269 Bewerbung Joachim Steffen beim Vorstand der IG Metall, 14.4.1953. AdsD 1/JSAA000080.

270 Seit 1950 ist Walther Damm unter anderem Geschäftsführer der „Neuen Heimat" in Kiel. Vgl. Holger Martens: Die Geschichte der Sozialdemokratischen Partei Deutschlands in Schleswig-Holstein 1945 bis 1959, Malente 1998, Bd. 2, S. 549. [Weiter als Martens: Geschichte Bd. 1 oder Bd. 2].

271 Rickers: Erinnerungen, S. 369.

Weitere Angebote werden gemacht, so die Leitung einer schleswig-holsteinischen Heimvolkshochschule, was Ilse favorisiert, könnte sie doch den Kinderwagen mit dem dann geborenen Jens-Peter „in die Sonne schieben“, und schließlich die Offerte, in die Redaktion der geplanten Wochenzeitung „Flensburger Presse“ einzutreten.

Obwohl Jochen Steffen in einem Schreiben Ende 1955 an Freund die vollendete Überarbeitung der Dissertation und Übergabe an dessen Assistenten Dr. Varain[272] ankündigt, wird die Arbeit nicht zum Abschluss gebracht.[273] Ilse führt zur Begründung Jochens Faulheit ins Feld, weswegen die geforderte Endbearbeitung der Dissertation nicht angegangen wird: „Wozu Jochen Steffen keine Lust hatte, dazu hatte er eben keine Lust“, erklärt sie.[274] Es mag Faulheit, aber auch eine verlorene Motivation Grund gewesen sein, dass die Arbeit unvollendet bleibt. Bald ist Jochen Steffen als Redakteur in Flensburg in Lohn und Brot und dadurch voll eingespannt.

Ilses chronischer Bandscheibenvorfall beendet ihre Arbeitsfähigkeit in der Bekleidungsindustrie und ihre Verdienstmöglichkeit für die junge Familie. Zu Jochen Steffens Geburtstag am 19. September 1954 bringt sie den Sohn Jens-Peter zur Welt. Der junge Vater weiß nichts über staatliche Sozialmaßnahmen für junge Familien. Erst bei einem Besuch im Landtag klärt ihn ein Genosse über seine Ansprüche auf. Die erhaltenen Gelder helfen der jungen Familie ganz erheblich.[275]

Nach neun Jahren Ehe als Zweierbeziehung nun zu dritt zu sein, findet Jochen schwer zu akzeptieren. Sich auf die Bedürfnisse eines Babys und den entsprechenden Versorgungsrhythmus einzulassen, läuft seinem Lebensstil möglichst frei verfügbarer Zeit für die politische Arbeit zuwider. Ilse brustnährt mich für mein erstes Lebensjahr, was zu Verstopfungen führt, so dass täglich der Hausarzt Dr. Schulz, „Onkel Willi“, zur Hilfe kommt. Als unmittelbarer Beobachter der Probleme der jungen Familie bietet er Ilse sogar an sie zu heiraten, wenn sie Jochen verlasse. Ilse lehnt das Ansinnen entgeistert ab, sie werde ihren Mann schon „hinbiegen“. Auch Jochen entscheidet sich, dem Arzt „keinen vor den Latz zu hau‘n“ und Onkel Willi, ein begnadeter Diagnostiker, bleibt zeitlebens der Kieler Familienarzt der Steffens.

Mit den wachsenden kommunikativen Möglichkeiten des Nachwuchses ändert sich in Flensburg das Vater-Sohn-Verhältnis. Jochen beginnt seine Vaterrolle mit Spaß anzunehmen und auszufüllen. Im Rückblick kritisiert Ilse, dass in den 1950er Jahren Väter nie auf den Gedanken gekommen seien, einen Kinderwagen zu schieben.

Jochen Steffen steckt seine Energie in den Redakteursposten und diverse Parteiarbeit in Flensburg und nicht mehr in eine mögliche Ausbildungsqualifikation. Erst

---

272 Prof. Dr. Heinz Josef Varain macht sich einen Namen als Parteienforscher und lehrt später Politikwissenschaft an der Universität Gießen. Eine frühe Arbeit von ihm macht Medienfurore: Ämterpatronage. Minen im Archiv, in: Der Spiegel 37/1962, 12.9.1962, S. 33f.; vgl. Theodor Eschenburg: Beamte von Parteignaden, in: Die Zeit, 31.8.1962, Nr. 35.

273 Joachim Steffen an Prof. Michael Freund, 21.10.1955, AdsD 1/JSAA000144.

274 Steffen: Memoiren, S. 77.

275 Auszug des Personenstandbuches des Standesamtes Kiel I (jetzt Kiel-Mitte), Nr. 348 vom 22.9.1954, privat; Erinnerungen Ilse Steffen.

zwanzig Jahre später, 1972, deutet sich eine mögliche „akademische Perspektive" für ihn an. Während der Manuskripterstellung der „Strukturellen Revolution" gibt es durch die Vermittlung Freimut Duves Gespräche mit Wolfgang Abendroth, die Abhandlung als Doktorarbeit zu akzeptieren. Es wird zudem angedacht, dass Steffen eine Professur an der Universität Bremen erhalten solle. Diese Initiative geht aus vom Professor Thomas von der Vring, Gründungsrektor und einst Assistent bei Professor Peter von Oertzen, sowie Professor Rainer Zoll. Doch Steffen glaubt zu wissen, dass sich zum einen die zuständigen universitären Gremien einem Quereinstieg Steffens widersetzen. Zum anderen erkennt er nach einem Gespräch in Bremen, Ilse schaut sich sogar schon nach einer Wohnung um, dass die Befürworter von ihm erwarten, mit ganzer Kraft in die Bremer SPD einzusteigen. Das will er nicht.[276] So ergibt sich nichts aus dieser möglichen akademischen Perspektive.[277]

Die kurze Hoffnung auf den totalen Prozess

Jochen Steffens Antrieb zu Studium und politischem Engagement ist sein Wunsch, das jüngst Erlebte aufzuarbeiten, er will es verstehen und er will nach Faschismus und Weltkrieg Hinweise für ein anders Handeln und Denken finden. Dabei ist ihm sein politisches Vorgehen untrennbar mit philosophischen und weltanschaulichen Elementen verbunden. Er wendet sich der wieder verfügbaren Literatur und den Überlebenden der Arbeiterbewegung zu. Er liest die Texte von Marx, Engels, Lenin, Stalin und Trotzki und arbeitet sich in die Feinheiten der ideologischen Differenzen der Arbeiterbewegung der Weimarer Zeit ein. Er saugt auch andere Literatur auf, wie der von Wendell L. Willkies bereits 1943 in deutscher Sprache in Stockholm verlegte US-amerikanische Erfolgstitel „Unteilbare Welt".[278] Doch in erster Linie entwickelt Steffen durch Gespräche mit Menschen aus der Arbeiterbewegung ein Verständnis vom Organisationspotential politischer Zusammenschlüsse. Bald ergibt ihm das politische Gesamtgebäude aus Grundsätzen, Perspektiven und Analysen sowie strategischen und taktischen Ableitungen nur Sinn, wenn es in Machtmittel für die Umsetzung der gewonnenen Einsichten eingebunden ist.

Seine politische Einstellung als Studierender Ende der 1940er Jahre beschreibt Steffen in einem Vortrag vor der Humanistischen Union Berlin wenige Tage nach der Erschießung Benno Ohnesorgs am 6. Juli 1967[279]: „Als Student gehörte ich damals zu einer Minderheit. Wir verstanden unser Studium nicht als die Chance, sich leidlich standesgemäß zu betätigen, oder möglichst schnell die ‚Lehrzeit' für einen ‚angesehenen' Beruf zu absolvieren.

276 Vgl. Erinnerungen Ilse Steffen.

277 Jochen an Ilse und Jens-Peter Steffen, 7.8.1972, privat.

278 Im Original ist Willkies Buch „One World" betitelt.

279 In einem Essay erinnert sich Steffen an diese Veranstaltung und die Emotionalität, auch der eigenen, der dort geführten politischen Diskussion. Ders.: Das Regime der Esel. Kurz vor der atomaren Mitbestimmung, in: Trans-Atlantik, 11/1983, S. 66.

Wir als eine Minderheit verstanden uns als politische Studenten. Wir wollten damals zwei Dinge:

1. Wir wollten durch rationale Analyse das Geschehene verstehen. - Wir waren von vornherein Feinde eines neuen Mythos, oder einer neuerlichen Lobpreisung ‚des Irrationalen', die so vorzüglich dazu geeignet ist, Dummheit, Kurzsichtigkeit und Feigheit als ‚Verhängnis' oder ‚Dämonie' auszugeben und die damit die Flucht aus der eigenen Verantwortung so wohltuend erleichtert.
2. Wollten wir unser Wissen bewußt politisch einsetzen, um zu helfen, eine neue, vernünftige Gesellschaft zu errichten. Deren Zielvorstellungen wollten wir einer realistischen Utopie entnehmen. Sie sollte in einem Dreiklang von Theorie – Doktrin und praktischem Handeln verwirklicht werden."[280]

Steffens Grundinteresse gilt der Suche nach dem „Wissen um Menschlichkeit und Mitmenschlichkeit".[281] Er sucht ehrliche und offene Antworten. Dieses Herangehen soll ihm Rüstzeug für den totalen Prozess der Erneuerung des Humanismus durch die Veränderung der Gesellschaft und des Denkens bieten. Dass diese Radikalität des politisch-sozialen Prozesses ausbleibt, ist die erste politische Enttäuschung für den Endzwanziger. In seinen Worten: Er und seine politischen Kommilitonen waren damals „gegen alles das, was wir als Restauration der Macht und Herrschaft der früheren herrschenden Klasse verstanden. Wir haben diesen Kampf beinahe totaler verloren als Hitler seinen Krieg."[282]

Steffen erinnert sich später, dass er mit nur wenigen Zeitgenossinnen und Zeitgenossen das Interesse an den sich eröffnenden Möglichkeiten politischer Information und Betätigung geteilt habe. Durch seinen Einsatz und seine Präsenz gewinnt er in den Diskussionsrunden im universitären und im privaten Umfeld zügig einen besonderen Status: Er kann das Gelesene und in Gesprächen Erfahrene erklären und einordnen. So wird Steffen in der Phase der politischen Wieder- und Neugründungen an der Universität von rechts und links zum Mitmachen angesprochen.

Doch Steffen ist durch seine „politischen Schulen" auf Arbeiterbewegung orientiert, er sucht die „richtige Linke" in der Arbeiterbewegung, er will mit den „harten Sozialisten" sein.[283] Für ihn stellt sich die Entscheidung zwischen einer Kommunis-tischen Partei, die das „objektiv Notwendige" immer an erste Stelle stellt und das grundsätzlich „instrumentelle Verhältnis gegenüber ihrer Klasse"[284] pflegt, und einer Sozial-

280 Jochen Steffen: Referat des Oppositionsführers im Schleswig-Holsteinischen Landtag, Joachim Steffen, vor der Humanistischen Union in Berlin am 6. Juli 1967, Kiel, 11.7.1967, S. 2, in: Beirat: Jochen Steffen (Unterstreichung im Original); Auszüge aus Beiträgen Steffens zur APO aus der VZ (20.5.1968)

281 Steffen: Personenbeschreibung, S. 81.

282 Jochen Steffen: Referat des Oppositionsführers im Schleswig-Holsteinischen Landtag, a.a.O, S. 1.

283 Steffen: Personenbeschreibung, S. 97.

284 Ebd., S. 89.

demokratie, die nach eigenem Bekunden immer auch aus „Opportunisten" bestehe.[285] Persönlich imponieren Jochen Steffen Menschen aus unterschiedlichen Strängen der Arbeiterbewegung, die unter den Nazis für ihre Weltanschauung gelitten haben und für ihn das Beste der Klasse repräsentieren. Ihre Erfahrungen und Erzählungen saugt er begierig auf und lernt, was es bedeutet, dass sie aus den Zusammenhängen von SAP, KPO, ISK, dem Leninbund, Roten Kämpfern, Revolutionären Sozialisten oder von den Neu Beginnen kommen oder als „Luxemburgisten" tituliert werden. Ihn erbost Schumachers im Mai 1946 erneuerter Ausdruck der „rotlackierten Faschisten" für die KPD dieser Zeit. Später nutzt er gegenüber links von der SPD ein durchaus ähnlich klingendes Bonmot, wenn er sagt, dass eine Person oder Position so weit links sei, dass dieser oder diese im politischen Spektrum schon wieder ganz rechts raus komme.

Steffen prägt ein „latenter Antikommunismus"[286], mit Wurzeln in nationalsozialistischer Zeit und der zu jener Zeit gelesenen Literatur. Durch die Debatten mit Vertretern der örtlichen KPD um die führende Rolle der Partei, über den demokratischen Zentralismus und historische Vorgänge wie den Hitler-Stalin-Pakt entfernt er sich schnell von der KPD als möglichem Organisationszusammenhang zukünftigen politischen Handelns. Es schmerzt ihn, aufrechte Sozialisten an der Politik der Partei extrem leiden zu sehen. Er erklärt für sich: „so elend wollte ich an der Politik nicht werden".[287]

Zugleich erlebt Steffen die heftige Ablehnung führender Sozialdemokraten und Gewerkschafter, alle Aktive aus der Zeit der Weimarer Republik, gegen die Forderung nach der Einheitspartei. Diese Vehemenz erschließt sich ihm nicht sofort, auch er ist mitgerissen von dem Wunsch nach der Einheit der Klasse, um die soziale Revolution angehen zu können. Doch zügig setzt sich Schumacher mit seiner resoluten Abgrenzung gegenüber der KPD für die SPD der westlichen Besatzungszonen durch.[288] Als Intellektueller entscheidet sich Steffen in jene Partei einzutreten, in der die Klasse seiner Meinung nach die größten Möglichkeiten habe, „Melodie und Tanz", das heißt ihre Interessen selbst zu bestimmen und durchzusetzen.

„Wer links wirken wollte, musste in die Partei. Die KPD nicht zu wählen, hatte – für mich – wesentliche Gründe. Gegen einen Beitritt zur SPD gab es keine solchen Gründe."[289]

So begibt sich Jochen Steffen im Mai 1946 in das Parteibüro des Kreisvereins Kiel im Gewerkschaftshaus und wird dort von Otto Engel empfangen, einem der damaligen Kreis- und Unterbezirkssekretäre Kiels.[290] Laut Engel ist Steffen der erste Student der

---

285 Ebd., S. 97.

286 Ebd., S. 87.

287 Ebd., S. 96.

288 Vgl. Arno Klönne: Linkssozialisten in Westdeutschland, in: Christoph Jünke (Hg.): Linkssozialismus in Deutschland. Jenseits von Sozialdemokratie und Kommunismus? Hamburg 2010, S. 90-105.

289 Steffen: Personenbeschreibung, S. 111.

290 Zudem war Engel Mitglied des vorläufigen Bezirksvorstands und bis 1970 Ratsherr und Stadtrat der Stadt Kiel. Martens: Geschichte Bd. 2, S. 550.

Christian-Albrechts-Universität, der der durch die britische Militärregierung zum 1. Mai offiziell zugelassen SPD beitritt. Aufnahmedatum: 27. Mai 1946.[291]

Ilse, noch in Kropp, teilt Jochen seinen Eintritt im Nachhinein mit. Einige Tage nach dem Besuch im Parteibüro fährt er sie besuchen. Ilse holt ihn in Owschlag ab, von wo sie zu Fuß durch die Tannenwälder und über die Geest gen Kropp laufen. Jochen erinnert sich: „Wir gingen nebeneinander und berichteten. Nach einer Weile bemühte ich mich möglichst beiläufig zu sagen: ‚Ich bin in die SPD eingetreten.' Ilse blieb wie vom Schlag gerührt stehen. Vorsorglich stellte ich den Koffer hinter sie. Sie ließ sich auf ihn fallen. Begann zu weinen und sagte: ‚So eine Scheiße! Das habe ich geahnt, das habe ich geahnt. Politik, Parteijokel! Das kann ja ein schönes Leben werden mit dir! Das sehe ich kommen, du Idiot!' Ich schwor heilige Eide, dass das unser Leben nicht ändern werde. Außerdem werde ich zunächst studieren und ‚anschaffen'."[292]

Und bei Ilse heißt es: „Eigentlich war das nicht meine Art, so zu reagieren. Aber ich wusste sofort, in diese Richtung würde unsere Zukunft gehen. Lieber hätte ich etwas über das Studium gehört. Er war völlig erstaunt. ‚Ja, ich werde dich doch nicht allein lassen. Das ist doch unser Leben zu Zweit, was wir beginnen'. Er war besessen nach dem Krieg am Aufbau einer Demokratie mitzuhelfen."[293]

In seinen Erinnerungen wirkt Jochen Steffens Entscheidung in die SPD einzutreten wenig euphorisch, über ein dennoch anklingendes „romantisch-heroisches Verständnis" der Partei sagt er später: „Ich wusste noch nicht, dass es falsch war".[294]

„Ich hatte Erfahrungen gemacht und Informationen erhalten, die mich daran zweifeln ließen, ob die SPD zur Veränderung von Sein und Bewusstsein der Gesellschaft überhaupt entschlossen war. Teilweise war sie sachlich unfähig. Teilweise hinderten sie daran die politischen Einwirkungen und Machtsprüche der Besatzungsmacht."[295]

Aber Steffen wird und bleibt „Spezialdemokrat", wie er es immer wieder nennt, trotz des direkten Erlebens, wie „die finstere Reaktion zur politischen Offensive antrat und mich die Hilflosigkeit der Arbeiterbewegung zutiefst entsetzte. Ich hatte von ihr [der SPD, JPS] Hilfe erwartet. Ihre Sprachlosigkeit war lähmend. Mir stellte es sich so dar, als ob sie sich geschlagen gab, bevor sie überhaupt gekämpft hatte. Sie trat den Marsch nach ‚unten', politisch und sozial, eigentlich widerstandslos an. Sie war der (vielleicht kommenden) zweiten Republik allergetreueste, politische Opposition, die ihren sozialen Gestaltungswillen in Tarifverhandlungen dokumentieren würde."[296]

---

291 Mitglieds-Buch Sozialdemokratische Partei Deutschlands, Bezirk Schleswig-Holstein für Joachim Steffen, AdsD 1/JSAA000079.

292 Steffen: Personenbeschreibung, S. 133.

293 Steffen: Memoiren, S. 57.

294 Steffen: Personenbeschreibung, S. 105.

295 Ebd., S. 140.

296 Ebd., S. 89.

Einstieg in die Politik

Wie Jochen Steffen kommen nach dem Krieg viele Kieler in die Stadt zurück. Sofern man sich frei bewegen kann, ist in der alten Heimat die Chance am größten, sich registrieren zu lassen und die lebensnotwendigen Lebensmittelkarten zu erhalten. Zugleich suchen die Menschen die Sicherheit des Altbekannten und wenn es sie gibt, die Unterstützung ihrer Familien für Unterkunft und Versorgung. In dieser Lebenssituation trifft Steffen auf wenige alte Freunde, die so offen für das politisch Mögliche sind wie er selbst: „Bei den Wegen durch die Stadt und durch die den Mangel verwaltende Bürokratie [...] trafen sich die Überlebenden. Aus der Volksschule, der Penne, von der Stanzerei, dem Fußball, der Leichtathletik. Nach wenigen Sätzen wussten beide, was man voneinander zu halten hatte, wer ‚echt' geblieben war."[297]

Steffen trifft auf ehemalige Mitschüler: Uwe Harder und Hans-Gottfried Schadow setzen ihr Studium ab November 1945 in Kiel fort, beide haben vor ihrem Dienst bei der Luftwaffe bereits ein Semester absolviert.[298] Auch Hans Ruyter beginnt ein Jura-Studium. Diese Freunde interessieren sich politisch, mit ihnen führt er die aktuellen und grundsätzlichen politischen Debatten. Doch kaum einer geht seinen Weg in die Berufspolitik mit.

Bereits vor der Zulassung politischer Zusammenschlüsse durch die britische Militärregierung bilden sich linke Diskussionsgruppen aus „Jungen", meist unter Beeinflussung von Älteren, hauptsächlich mit SAJ- oder USPD-Vergangenheit.[299] Steffen knüpft zu zahlreichen neuen Menschen Kontakte, wie zum Beispiel zu dem für ihn wichtigen Emil Bandholz, nunmehr beim Aufbau der SPD in Kiel aktiv. Diese Freundschaft hält bis zum Ende der VZ, das Bandholz Steffen als verantwortlichem Landesvorsitzenden anlastet.

Die Aufklärung der britischen Militärregierung ist über diese Diskussionsgruppen informiert. So erhält auch Steffen vor der Legalisierung politischer Gruppen eine Vorladung zur Militärkommandantur. Er erkennt aus der Befragung, dass die britische Aufklärung in ihhren Debatten über die Möglichkeiten betrieblicher Organisation, zum Beispiel bei der Kieler ELAC diese offensichtlich mit der griechischen Widerstandsorganisation ELAS verwechselt.[300] Nun vermuten die Briten, dass auch in Kiel der militärische Aufstand vorbereitet werden könnte. Drei Jahre später muss Steffen für die Erteilung einer Reiseerlaubnis ins Ausland bei der Militäradministration vor-

297 Ebd., S. 84.

298 Studienbuch Hans-Gottfried Schadow, Privatarchiv Ulrike Schadow.

299 Die Skizze der Jungsozialisten in Schleswig-Holstein nach 1945 stützt sich auf Martens: Geschichte Bd. 1, S. 268-276.

300 ELAS steht für die griechische Volksbefreiungsarmee (Ellinikós/Ethnikós Laikós Apelevtherotikós Stratós), den militärischen Arm der „Nationalen Befreiungsfront" (EAM). Die ELAS führte während des Zweiten Weltkrieges einen Partisanenkampf gegen die faschistischen Besatzungstruppen und einheimische Kollaborateure.

stellig werden.[301] Jetzt lernt er das „Gedächtnis“ eines Geheimdienstes kennen, als der zuständige Offizier dabei seine 1945 gemachten Aussagen wiederholt.[302] Bei dieser oder einer anderen Gelegenheit, so erinnert sich Ilse, wird Steffen von den Briten angefragt, als Informant aus seinem politischen Umfeld tätig zu werden, was er ablehnt.

In den ersten Nachkriegsjahren denken Ilse und Jochen über eine Auswanderung in die USA nach. Als Ilse auf dem US-Konsulat bestätigt wird, dass sie mit ihrer Ausbildung in den Staaten leicht Arbeit finden würde, an einem zukünftigen Akademiker wie ihrem Mann aber kein Interesse bestehe, ist diese Option vom Tisch.[303]

Für einen einsatzfreudigen, lese- und diskussionswütigen Menschen finden sich diverse politische Betätigungsfelder. Steffens Studium, dann die Arbeit mit Professor Freund oder die Kontakte zu Professor Baade verbinden Ausbildung und Partei auf das Engste. Steffen engagiert sich neben dem Studium sogleich in diversen sozialdemokratischen Zusammenhängen: altersbedingt bei den Jungsozialisten, dem neu entstehenden Sozialistischen Studentenbund und natürlich in der Partei selbst.

Jungsozialisten- und Parteiarbeit

Die faschistische Zäsur erschwert der SPD, ihre „Jüngerenarbeit“ personell an die Zeit vor 1933 anzuschließen. Zügig wird die „Sozialistische Jugend Deutschland – Die Falken“ als ein formell von der Partei unabhängiger Verband gegründet. Die Falken scheinen Steffen aus Altersgründen und als Verband neben der SPD nicht besonders zu interessieren. Nach seiner Entscheidung, sich in der SPD zu engagieren, konzentriert er sein politisches Tun entsprechend.

Auch in der SPD wird der Allgemeinplatz „wer die Jugend hat, der hat die Zukunft“ gepflegt, das heißt, „die Partei brauche einen eigenen Jugendverband, der ältere Jugendliche früher in die Partei integriere als dies bei der Altersstruktur und der Rolle der Falken möglich sei“.[304] Allerdings wird der Aufbau einer Jugendorganisation trotz aller Befürchtungen um eine Überalterung der Partei mit Vorsicht begonnen. Im August 1945 beschließt der Bezirksvorstand noch zur Abgrenzung von möglichem nationalsozialistischen Einfluss: „Wer vor 1933 seiner Jugend wegen noch nicht Mitglied sein konnte, wird vor der Aufnahme in die Partei einer besonderen Schulung

301 Das Reiseziel könnte das belgische Löwen gewesen sein, dort tagt 1948 die IUSY und nimmt die Jungsozialisten, SJD-Die Falken und den SDS auf. Es könnte aber auch eine Jungsozialistenfahrt nach Holland gewesen sein. Ilse erinnert sich, dass die Reise vor der Währungsreform liegt und ihr Mann dort Nähseide erwerben kann, die in Deutschland nicht zu haben ist.

302 Steffen: Personenbeschreibung, S. 86f.

303 Vgl. Erinnerungen Ilse Steffen.

304 Karlheinz Schonauer: Die ungeliebten Kinder der Mutter SPD. Die Geschichte der Jusos von der braven Parteijugend zur innerparteilichen Opposition. Bonn 1982, S. 8. [Weiter als Schonauer: ungeliebte Kinder].

unterworfen."[305] Die Parteigremien denken weniger darüber nach, wie die SPD der entsprechenden Altersgruppe attraktiv erscheinen könne, als wie die nachrückende Generation ohne Anbindung an vorherige Jungsozialisten- oder SAJ-Erfahrung „auf Kurs" gebracht werden kann. In einem Bericht vom Parteitag der SPD vom Mai 1946 heißt es: „Die Jugend [...] bedarf im Sinne der sozialistischen Theorie einer umfassenden Schulung und praktischen Erziehung. Der Parteitag der SPD forderte darum die Untergliederung der Partei und die Ortsvereine auf, die Mitglieder zwischen dem 18. und 35. Lebensjahr zu ‚Jungsozialistischen Arbeitsgemeinschaften' zusammenzufassen und ihnen dort Gelegenheit zu geben, das geistige Rüstzeug für die politische Arbeit zu gewinnen. Jede geistige Arbeit aber habe nur dann Sinn, wenn die jungen Sozialisten zugleich Aktivisten in der Parteiarbeit sind."[306]

Die Vorstellung der jungsozialistischen Arbeitsgemeinschaften als integralem Teil der Partei und nicht als selbstständiger politischer Einheit wird in den folgenden Jahren beibehalten. Auch die „Herner Beschlüsse"[307] von 1949 mit ihrer Aufforderung dem sozialdemokratischen Nachwuchs zum Beispiel auf Wahllisten aussichtsreichere Plätze zuzugestehen, ändern in den folgenden Jahren an der generellen Stellung des Nachwuchses in der Partei wenig.[308] Die wenigen von den Jungsozialisten betriebenen Anstrengungen zu mehr Partizipationsrechten und einer politischen Selbstständigkeit ihrer Arbeitsgemeinschaft in der Partei werden von den Parteigremien beschnitten. Schonauer attestiert in seiner Untersuchung der Jungsozialisten dieser Zeit: „Es war das erklärte Ziel der Partei, sich durch ihren Jugendverband ein ideologisch gefestigtes, parteiloyales Funktionärspotential zu schaffen. Jegliche inhaltlichen oder agitatorischen Bestrebungen, die außerhalb dieser Aufgabe lagen, waren unerwünscht."[309]

So qualifiziert Schonauer die Jungsozialisten der Periode 1946 bis 1968 als „brave Parteijugend", „Karriereverein" oder „Nachwuchsschmiede" der Partei, weil den Jungsozialisten das Interesse an einer politischen Selbstständigkeit gefehlt habe. Er sieht die Jungsozialisten dieser Zeit durch eine im Kern bürgerlich-intellektuelle Kulturkritik mit subjektiv-analytischen Einsichten politisiert, statt gesellschaftspolitische Lehren aus den allgemeinen Klassenkampferfahrungen zu ziehen. Und das in einer Partei, die sich zu dieser Zeit noch formell als Klassenpartei in einer Klassengesellschaft verstehe.[310]

Wenn Steffen selbst von den „idealistisch gestimmten, früheren Jungsozialisten,

---

305 Zitiert in: Heinz Josef Varain: Parteien und Verbände: Eine Studie über ihren Aufbau, ihrer Verflechtung und ihr Wirken in Schleswig-Holstein 1945-1958, Köln und Opladen 1964, S. 29. [Weiter als Varain: Parteien und Verbände].

306 Zitiert in: Sozialistische Mitteilungen, News for German Socialists in England, Nr. 87, Juni 1946, S. 10f.

307 Schonauer: ungeliebte Kinder, S. 27.

308 So das Jahrbuch der Sozialdemokratischen Partei Deutschlands 1954/55, Hannover 1955, S. 237.

309 Schonauer: ungeliebte Kinder, S. 21.

310 Ebd., S. 1, 26, 28 und 23.

die teilweise ehrlich an eine altruistische Befreiungspolitik der Alliierten geglaubt hatten und nun – angesichts der Demontage- und Hungerpolitik – enttäuscht bis verzweifelt waren"[311] spricht, scheint sich Schonauers Urteil über die ideologische Einstellung der meisten Jusos der Zeit zu bestätigen. Doch zugleich ist nicht nur aus Steffens politischem Werdegang ersichtlich, dass es auch bei einer fehlenden organisatorischen Selbstständigkeit der Jungsozialisten möglich ist, in der Partei kritische Positionen zu erarbeiten und diese wider die Androhungen von Parteiordnungsverfahren zu vertreten und als Jungsozialist nicht per se auf die Rolle eines Plakateklebers reduziert zu sein.

Sicher ist, dass Steffen die Aufgabe des Plakateklebens nicht als seine begreift. Dagegen nimmt er die Aufträge der Schulung als Referent auf Parteiveranstaltungen oder vor Betriebsgruppen als etwas für ihn Gewinnbringendes auf.[312] Er profitiert bei diesen Einsätzen vom Austausch mit allen Arten von Genossen in Kiel und im Land. Er will „Politik lernen" und kann dies am besten durch vielfältige Diskussionen. Das Lernen lässt sich an einem Beispiel gut verfolgen: Sichtbar wird das Formulieren eigener politischer Positionen auch ohne organisatorische Eigenständigkeit der Jungsozialisten Schleswig-Holsteins im Falle der Wiederbewaffnung Deutschlands.

Politik lernen: Die Wiederbewaffnung Westdeutschlands

Noch Ende der 1940er Jahre empört sich Steffen über die Möglichkeit, dass Deutschland erneut bewaffnet werden könnte. Vehement lehnt er jegliche Militarisierung und erneuten Militarismus ab. Diese Haltung teilt er mit seinen antifaschistischen Freunden und jenen in der Arbeiterbewegung, die den Slogan „Nie wieder" mittragen. Dabei haben weder Steffens kritische Einstellung zum Militarismus noch seine Erfahrung des Krieges als Gipfel der Inhumanität ihn zum Pazifisten gemacht.

Politisch ist sich Steffen 1946/47 sicher, dass weder die Alliierten ein Interesse an einem bewaffneten Deutschland haben können, das sie gerade besiegt haben, noch dass es dem Aufbau eines sozialistischen Deutschlands helfen würde. Doch er erkennt, dass die Restauration zügig voranschreitet und die Kontinuität „deutscher Werte" wie Ehre, Pflichterfüllung und Gehorsam breit akzeptiert wird; er erlebt, dass ehemalige Offiziere ihnen angeblich zustehende Anerkennung für das Geleistete und entsprechende soziale Stellung im neuen Deutschland fordern. Das verändert seine anfänglich antimilitaristische Haltung.

Besonderen Einfluss zu dieser Zeit und eine weitere „politische Schulung" bietet Hermann Lüdemann, ein altgedienter Parteipolitiker der SPD und damals Mitglied der Landesregierung in Schleswig-Holstein. In Gesprächen mit Steffen vermittelt ihm dieser, was es seiner Ansicht nach heißt, „ein politischer Mensch" zu sein.[313] Steffen solle sich angesichts der Bedingungen fragen, „wohin der Karren liefe. Wenn mir diese

---

311 Steffen: Personenbeschreibung, S. 101f.

312 Ein Schulungsplan aus den frühen 1950er Jahren mit Steffens handschriftlichen Anmerkungen findet sich im AdsD. Für diese Schulungen erhielt er ein minimales Honorar. Erinnerung Ilse Steffen.

313 Steffen: Personenbeschreibung, S. 204f.

Richtung nicht passe, müsse ich meine Zielpunkte, vor allem die strategisch wichtigsten, entwickeln." Auch Lüdemann erwartet, dass die alten die neuen Herren sein werden. Erschwerend komme hinzu, dass äußere Faktoren wie die alliierte Besatzung und die sich verfestigende Blockkonfrontation die weitere Entwicklung bestimmen. Angesichts der internationalen Lage möge Steffen sich fragen, „ob die Sieger die Deutschen nur als wirtschaftliche Hilfstruppen bräuchten. Ich solle mich nicht erregen. Ich solle mit dem Kopf der zerstrittenen Sieger denken."

Lüdemann prophezeit die deutsche Aufrüstung als Beitrag des besiegten Gegners auf Seiten der westlichen Alliierten im Kalten Krieg. Deswegen sei es wichtig, dass die SPD um eine strategisch orientierte Mitgestaltung dieses erwarteten Prozesses ringe, denn, „er wisse, dass Strikt-dagegen-sein ins Auge gehe".

Steffen ist geschockt von dieser Perspektive und stellt in seinen Erinnerungen fest, dass ihm damals „zu dieser Art von Politik, wie sie Lüdemann skizziert hatte, nicht nur die Erfahrung, sondern auch das Wissen fehlte".

Infolge solcher Diskussionsprozesse und befördert durch ehemalige Offiziere unter den Jungsozialisten des Landes wie Rolf Renger, fordern die Jungsozialisten Schleswig-Holsteins im Sommer 1955 „als erste sozialistische Einheit"[314], eine entsprechend dem Stand der DDR-Armee gerüstete westdeutsche Verteidigung aufzubauen. Die dpa vermeldet: „Der Landesvorsitzende der Jungsozialisten, Jochen Steffen, forderte die Sozialdemokratie auf, am Aufbau einer demokratischen Wehrmacht mitzuarbeiten. [...] Steffen vertrat die Auffassung, dass es keine ‚politische Entscheidungslosigkeit' gegenüber der Wiederbewaffnung der Bundesrepublik geben könne. Eine demokratische Wehrmacht werde möglich sein, wenn sie Objekt und nicht Subjekt des politischen Willens sei. In einer Entschließung betonte der erweiterte Bezirksausschuss der Jungsozialisten, dass der Grundsatz der militärischen Verteidigung des demokratischen Staates zu bejahen sei. Der Pazifismus könne keine Grundlage sozialdemokratischer Politik sein, wenn auch die SPD für die im Grundgesetz verankerten Rechte der Kriegsdienstverweigerer eintrete."[315]

Diese weder von Jungsozialisten in anderen Bezirken noch von einer Mehrheit in der Partei oder selbst in der SPD Schleswig-Holsteins geteilte Position wurde partiell im SDS mitgetragen. Denn die Delegiertenkonferenz des SDS hat bereits 1950, unter dem Vorwurf stehend, von ehemaligen Soldaten dominiert zu sein, „erstaunlicherweise nicht prinzipiell gegen jede Wiederbewaffnung" Stellung, demnach „also eine Position rechts von der SPD" bezogen.[316] Auf der Delegiertenkonferenz 1955 ergänzt der SDS, dass Verbandsmitglieder nur dann Kriegsdienst leisten sollten, wenn sie es mit ihrem

314 Bonn: SPD, in: Der Spiegel, 34/1955, 17.08.1955, S. 9.

315 dpa-Meldung: SPD soll mitarbeiten!, in: Hamburger Abendblatt, 1.8.1955, S. 8.

316 Tilman Fichter/Siegward Lönnendonker: Kleine Geschichte des SDS. Der Sozialistische Deutsche Studentenbund von 1946 bis zur Selbstauflösung, Berlin 1977, S. 21 und S. 34. [Weiter als Fichter: Kleine Geschichte des SDS].

Gewissen vereinbaren könnten.[317] Auf dem Lübecker Bezirksparteitag 1955 antwortet Steffen auf die programmatische Rede des Parteivorsitzenden Erich Ollenhauer, der noch keine klare parlamentarische Mitarbeit der SPD bei der Wehrgesetzgebung formuliert, mit der Forderung nach einem guten „Verhältnis zwischen SPD und einer Wehrmacht", während sich sein politischer Verbündeter Fritz Baade „für eine weitgehende Auslegung der Wehrdienstverweigerung" ausspricht. Der langjährige Juso-Bezirksvorsitzende und ehemalige Offizier Rolf Renger bekennt sich in dieser Debatte „zur grundsätzlichen Wehrbereitschaft, der man sich nur aus zeitbedingten Gründen, etwa in einer ‚imperialistischen Phase' versagen könne".[318]

Aus dieser Aufnahme politischen Denkens und politischer Praxis entwickelt sich in der Frage der deutschen Wiederbewaffnung eine Vorreiterrolle der schleswig-holsteinischen Jungsozialisten, die Steffen als ihr Vorsitzender vehement ausfüllt. Sie kann als ein Beispiel für seine Bereitschaft gelten, politische Positionen in der Partei und öffentlich ohne Rücksicht auf seine mögliche Parteikarriere zu vertreten. Denn die Auseinandersetzung mit Ollenhauer führt zu einem zeitweisen Redeverbot vor der und für die Partei.[319] Vieles aus dem von den schleswig-holsteinischen Jungsozialisten geforderten Verhältnis zwischen Bundeswehr und Sozialdemokratie des Jahres 1955 erscheint in der „Entschließung zur Wehrpolitik" des Stuttgarter Parteitages von 1958, geschrieben von Fritz Erler, wieder.[320]

Viel später wird sich Steffen als Landespolitiker dafür einsetzen, dass Aufträge für den Panzerbau an die Kieler MAK gehen, weil sie Kieler Arbeitsplätze sichern. Zugleich argumentiert Steffen wiederholt für erhebliche Kürzungen eines Rüstungsetats, der alleine die Idealvorstellungen von Generalstäblern erfülle.[321] Und in der „Strukturellen Revolution" denkt er – wieder einmal das Mittel der Provokation nutzend, um auf das Grundproblem hinzuweisen – eine Sicherheitspolitik der SPD an, die kleine Eliteeinheiten für eine subversive Kriegsführung etabliert, was ihm im Hinblick auf die Vorhaltungskosten am effizientesten erscheint.

Die Reduktion der Bundeswehr auf 300 Mann greift der damalige verteidigungspolitische Sprecher der CDU-Opposition Manfred Wörner in kabarettistischer Manier auf: „Dieser herzerfrischende Beitrag eines Mitglieds des SPD-Bundesvorstandes zur verteidigungspolitischen Diskussion in unserem Lande kommt unglücklicherweise zur gleichen Zeit wie die Meldung aus Bayern, dass 150 Bereitschaftspolizisten durch zwei Wölfe gebunden sind. Was machen wir nur mit einer 300 Mann starken Spezia-

---

317 Vgl. ebd., S. 34.

318 Bericht SPD Bezirksparteitag, Lübeck 1955.

319 Parteien: Der vierte Streich, in: Der Spiegel, 6/1966, a.a.O., S. 26.

320 Protokoll des Parteitages der SPD vom 18. bis 23. Mai 1958 in Stuttgart, Bonn 1958, S. 488.

321 Wiedergegeben zum Beispiel in: SP-Landesvorsitzender für Rüstungskürzungen. Jochen Steffen: Niemand will die Bundesrepublik angreifen, in: Neues Deutschland, 8.9.1967, S. 8 über eine Parteiversammlung in Lübeck.

lis-tentruppe, wenn die Sowjets plötzlich mit fünf Wölfen kämen?"[322] Steffens verteidigungspolitisches Denken erkennt die Notwendigkeit einer Landesverteidigung, die für ihn einen defensiven Charakter hat. Durch seine Laufbahn als Politiker begleitet er die militärische Realität Deutschlands kritisch, beginnend mit der Wiederbewaffnung bis zu Äußerungen zum Charakter der Inneren Führung in der Bundeswehr, die „auf dem Papier stehen blieb".[323] Keine seiner kritischen Äußerungen ist dabei als klassisch linke antimilitaristische und schon gar nicht als pazifistische Position zu bezeichnen.

Einordnen in Partei und Jungsozialisten

Jochen Steffen kann schnell Funktionen in der Partei einnehmen. Während die SPD in Schleswig-Holstein in den ersten Jahren nach Kriegsende einen erheblichen Zulauf an jungen Menschen verzeichnet, treffen die Folgen der Währungsreform die Arbeit der SPD und gerade der Jungsozialisten schwer.[324] Die Mittelreserven der Partei für Veranstaltungen, ReferentInnenfahrten oder Publikationen sinken drastisch. Die Zahl aktiver Jungsozialisten geht sprunghaft zurück. Durch seine bleibende politische Einsatzbereitschaft rückt Steffen neben den wenigen anderen „Jungen" im Land wie Waldemar Dudda, Erwin Riegel und Detlef Haase zügig in der Partei auf.[325] Bereits 1949 ist Steffen Mitglied des Kieler Kreisvorstandes und dort Leiter der „Jüngeren-Arbeit".[326]

Steffen ist zudem über Schleswig-Holstein hinaus aktiv: „Kurz nach der Währungsreform war ich Mitglied des Ersatzes für einen Interzonen-Vorstand der Jusos, den der Apparat nicht wollte. Er hieß ‚Zentraler Arbeitsausschuß' oder so ähnlich."[327]

In den Zentralausschuss auf Bundesebene, ein Organ ohne „politische Führungskompetenz"[328], wird Steffen im April 1952 auf der „3. Zentralkonferenz der Jungsozialisten in der SPD" in Peine[329] gewählt. Steffen selbst beschreibt in seinen Erinnerungen eine ihn erhellende, aber zugleich sehr frustrierende politische Audienz des Gremiums bei dem kurz darauf am 20. August 1952 versterbenden Kurt Schumacher. Im Wesentlichen ist er von dem Hofstaatgehabe um Schumacher und der für ihn völlig unzureichenden Antwort auf die erstarkende politische Restauration durch den Par-

---

322 Steffen und die Wölfe, in: Hamburger Abendblatt, 26.3.1976, S. 2. - Oder: Steffens Spezialtruppe, Union in Deutschland, 14/1976, 1.4.1976, S. 11.

323 Steffen: Personenbeschreibung, S. 75.

324 Vgl. auch: Pirker: SPD nach Hitler, S. 127.

325 Kurzbiographien zu den Genannten finden sich in: Martens: Geschichte Bd. 2.

326 Martens: Geschichte Bd. 1, S. 274. [Quelle: VZ, 22.2.1949].

327 Steffen: Personenbeschreibung, S. 129.

328 Schonauer: ungeliebte Kinder, S. 13.

329 Delegiertenmappe Joachim Steffen, Jungsozialisten der Sozialdemokratischen Partei Deutschlands, 3. Zentralkonferenz, 25. bis 27. April 1952 in Peine, AdsD JS 1/AA000079.

teivorsitzenden und Vorstand erschüttert.[330] Auch wenn die schleswig-holsteinischen Parteigremien sich den Wünschen der Jungsozialisten nach festen Regeln einer selbstständigeren Repräsentation in der Partei verweigern und die Parteitagsdelegierten die Berufung eines Bezirks-Jugendsekretärs ablehnen, ist Jugend kein Hindernis, in der Partei voranzukommen. Ein Hindernis ist eher Steffens wiederholtes provokatives Verhalten, was zu disziplinarischen Maßnahmen der Partei führt.

Aufgrund eines solchen Parteiordnungsverfahrens verliert er zum Beispiel seinen Sitz im Zentralausschuss der Jungsozialisten.[331] Das Verfahren wird angestrengt, weil er gegenüber dem Chefredakteur der VZ die Vermutung äußert, dass der Verlagsleiter Karl Ratz die Druckmaschinen auf eigene Rechnung laufen lasse.[332] Vermutlich wird ihm deswegen auf Zeit die Bekleidung von Parteiämtern untersagt. Im Juni 1954 wird die Relegation vorzeitig aufgehoben. Im Jahr darauf wird dem Juso-Chef durch die Bezirkspartei ein befristetes Redeverbot vor und für SPD-Gremien auferlegt. Das ist eine Reaktion auf seine öffentliche Kritik an der SPD-Parteibürokratie und dem Parteivorsitzenden Erich Ollenhauer in den eng verknüpften Fragen der Europapolitik und der Debatte um die Europäische Verteidigungsgemeinschaft mit der Haltung zur Wiederbewaffnung Deutschlands.[333] Eine weitere SPD-Relegation erhält Steffen, weil er in einem Disput mit Andreas Gayk diesem entgegenschleudert, „er solle sich doch die Blümchen von unten besehen“.[334]

Neben der Delegiertenfunktion zu den schleswig-holsteinischen Bezirksparteitagen ist Steffen bereits 1950 schleswig-holsteinischer Delegierter zum (Bundes-)SPD-Parteitag in Hamburg.[335] Als 28-Jähriger wird er auf dem Bezirksparteitag 1951 für zwei Jahre als jüngstes Mitglied in den Bezirksvorstand aus drei Vorsitzenden und zwölf Beisitzern gewählt.[336] Steffen ist 1956 abermals (Bundes-)Parteitagsdelegierter[337] und kandidiert 1957, jetzt in Flensburg arbeitend, neuerlich erfolgreich für den Bezirksvorstand.[338] In den 1950er Jahren ist er damit einer der wenigen Funktionsträger, die keine

---

330 Steffen: Personenbeschreibung, S. 192ff. – Dem 1952 in Peine gewählten Zentralausschuss gehörten an: Jockel Fuchs (für Rheinland-Pfalz), Volkmar Gabert (Bayern), Helmut Kasimir (Niedersachsen), Heinz Pöhler (Nordrhein-Westfalen), Heinz Ständer (Hessen), Jochen Steffen (Norddeutschland) und Klaus Schütz (Berlin). Steffen erlebt Schumacher als Parteiredner zum ersten Mal im Mai 1946 in Kiel und ist „ehrlich beeindruckt“. Jochen an Ilse Steffen, 30.5.1946, privat.

331 Vgl. Schonauer: ungeliebte Kinder, S. 13.

332 Vgl. Rickers: Erinnerungen, S. 314ff.

333 Vgl. Parteien: Vierter Streich, in: Der Spiegel, 6/1966, 31.1.1966, S. 26.

334 Erinnerung Ilse Steffen.

335 Protokoll der Verhandlungen des Parteitages der Sozialdemokratischen Partei Deutschlands vom 21. bis 25. Mai 1950 in Hamburg, Frankfurt am Main 1950, S. 295. – Steffen bleibt ohne Redebeitrag.

336 Vgl. Martens: Geschichte Bd. 1, S. 208. - Max Kukil an Parteivorstand, AdsD LV S-H 51.

337 Vgl. Protokoll der Verhandlungen des Parteitages der Sozialdemokratischen Partei Deutschlands vom 10. bis 14. Juli 1956 in München, Bonn 1956, S. 380.

338 Vgl. Martens: Geschichte Bd. 1, S. 274; Schonauer: ungeliebte Kinder, S. 18; Protokoll der Bezirksvorstandssitzung, 16.6.1954, AdsD LV S-H 1048.

politische Parteitätigkeit vor 1933 ausgeübt haben. Er selbst sagt: „Für die Verhältnisse zu jener Zeit war ich relativ jung“.[339]

Ilse tritt ebenfalls in die SPD ein und wird Jungsozialistin, weil viele Treffen der Partei geschlossene Veranstaltungen sind. Wenn es sich zeitlich anbietet und es die Finanzen erlauben, reist sie mit zu internationalen Treffen. In Erinnerung geblieben ist eine Reise nach Berlin zu einem Treffen mit jungen VertreterInnen der französischen Sozialistischen Partei. Es wird gemeinsam in Schlafräumen einer Villa am Wannsee, dem August-Bebel-Institut, übernachtet. Niemandem ist damals bekannt, dass sie sich im Haus der berüchtigten Wannsee-Konferenz befinden.[340] Eine andere Reise geht für Ilse und Jochen im Sommer 1950, sie sind zwei von 450 Deutschen Jungsozialisten, zum Internationalen Sozialistischen Jugendlager „Rote Jugendwoche“ nach Stockholm. Jochen spielt dort Fußball, laut Ilse, selbst immer noch kein Fußballfan, habe er auf dem Platz mehr Anweisungen gerufen als selbst am Ball zu sein. Ilse erinnert sich zudem an einen weiteren Vorfall auf dieser Reise. Als das deutsche Kontingent vom Bahnhof zu Fuß durch die Stadt zum Zeltplatz marschiert, wirft eine Frau unter Beschimpfung einen Kochtopf aus einem oberen Stockwerk auf die Kolonne, der aber niemanden trifft. Sie macht deutlich, dass nicht alle Schweden fünf Jahre nach dem Krieg die Deutschen willkommen heißen.[341]

Mitte des Jahres 1955 ist Steffen als Bezirksvorsitzender der Jusos Herausgeber eines Blattes, „Die Information“. In der überlieferten Ausgabe vom Mai des Jahres stellt er als Anregung zum Nachdenken und zur Diskussion einen SPD-kritischen Artikel von Richard Petry aus den „Frankfurter Heften“ sowie Artikel zur Frage der Wiedervereinigung vor. Die Publikation enthalte weniger „Generallinie“, die sei schließlich aus der Parteipresse zu beziehen, als Anregungen zum Denken: „Solltet Euch die vorgetragenen Anschauungen ärgern, bemüht Euch, sie zu widerlegen. Könnt Ihr sie nicht widerlegen, überlegt, wie man Besserung schaffen kann.“[342]

In der Landespartei zählt Steffen in der ersten Hälfte der 1950er Jahre in der Regel zur Lüdemann-Fraktion und tritt immer wieder durch Auseinandersetzungen mit

---

339 Rudolf Titzck (Hg.): Landtage in Schleswig-Holstein: gestern – heute – morgen. Zum 40. Jahrestag der ersten demokratischen Wahl am 20. April 1947, Husum 1987, S. 190. [Weiter als Titzck: Landtage in Schleswig-Holstein].

340 Vgl. Erinnerung Ilse Steffen; Willy Albrecht: Der Sozialistische Deutsche Studentenbund (SDS). Vom parteikonformen Studentenverband zum Repräsentanten der neuen Linken. Bonn 1994, S. 133f. [Weiter als Albrecht: SDS]. – Der Magistrat von Groß-Berlin vermietet das Haus ab Dezember 1946 an die SPD Groß-Berlin. Am 25.3.1947 gründen fünf sozialdemokratische Verleger die Stiftung „August-Bebel-Institut“ und errichten in der Villa am Wannsee eine Bildungsstätte.

341 Protokoll der Verhandlungen des Parteitages der Sozialdemokratischen Partei Deutschlands vom 21. bis 25. Mai 1950 in Hamburg, Frankfurt am Main 1950, S. 295. – Steffen bleibt ohne Redebeitrag.

342 Die Information, Herausgegeben vom Landesvorstand der Jungsozialisten, Bezirk Schleswig-Holstein. Verantwortlich: Jochen Steffen, Kiel, o. D. (Mai 1955 lt. Martens: Geschichte Bd. 2, S. 651), AdsD LV S-H 251, S. 1. - Reproduziert wird der Aufsatz von Richard Petry: Die SPD und der Sozialismus, in: Frankfurter Hefte, Sep. 1954.

Andreas Gayk in Erscheinung.[343] Er findet Affinität zum politischen Stil Lüdemanns, der laut seinem Biographen Rolf Fischer davon geprägt ist, „über den Tag hinaus zu denken“ und von der Überzeugung, „dass Realpolitik allein die Gesellschaft nicht ausreichend verändern kann“. Dazu kommt ein „Führungsstil, der – durchaus nicht ohne einzelne Eitelkeiten und Ungeduld – mehr auf Einsicht setzte als auf autoritäre Bestimmtheit“.[344] Im Rahmen seiner Parteiuntersuchung befragt Steffen 1953 Hermann Lüdemann zu seinem politischen Werdegang und formuliert eine süffisant-freche Schlussfolgerung über den 42 Jahre Älteren: „Bei dem Befragten handelt es sich um einen ausgesprochenen parlamentarischen Routinier, bei dem anzunehmen ist, dass er die Befragung als eine Gelegenheit auffasste, um dem Frager solche Antworten zu geben, die letzteren von der politischen Bedeutung des Befragten überzeugen mussten. Er zeichnet sich aus durch eine grosse Zahl von Ideen, über deren Realisierung er sich jedoch keine Gedanken macht, sie aber dessen ungeachtet mit einer bemerkenswerten Ausdauer immer wieder vorbringt. Persönlich neigt er dazu, die Bedeutung seiner eigenen Person zu über- und die Bedeutung des Apparates zu unterschätzen.“[345]

Andreas Gayk wirkt als pragmatischer Kommunalpolitiker mit bundesweiter Wirkung in der Partei wie ein Gegenpol zu Lüdemann. Ihm liegen Fragen der Parteitheorie weniger und in seinen Reden und Diskussionsbeiträgen tritt er oftmals autoritär auf. Eine Umkehrung der sonst gepflegten innerparteilichen Fronten gibt es in der Frage der Wiederbewaffnung: In der schleswig-holsteinischen SPD sind Andreas Gayk wie auch Professor Freund für, während die für Jochen wichtige Bezugsperson des MdB Professor Fritz Baade als Pazifist explizit gegen die Wiederbewaffnung ist.

Später umreißt Steffen die damalige Zeit so: „Ich war Jungsozialist. Ich hatte gewisse Beziehungen zu führenden Sozialdemokraten. Sehr enge Beziehungen bestanden zu Hermann Lüdemann. Das Verhältnis zu Andreas Gayk war eine Art ‚innige Abneigung‘. Das lag wohl daran, dass Andreas Gayk Kieler Oberbürgermeister war und ich mich mit seinen Entscheidungen in den Parteigremien kritisch auseinandersetzte. Beziehungen zur SPD-Landtagsfraktion hatte man natürlich über die Kieler Landtagsabgeordneten. Das ging eigentlich erst 1951 los.“[346]

Eng verzahnen sich Steffens politikwissenschaftliche Arbeiten mit der Parteiarbeit selbst. Seine Forschung zum Charakter der Parteibürokratie macht ihn mit allen zeitgenössischen SPD-Landesgrößen bekannt – und berüchtigt. So versucht der ehemalige leitende Kieler Bezirkssekretär Max Kukil, inzwischen in die Parteizentrale nach Bonn gewechselt, über Dritte an das Manuskript und das Quellenverzeichnis von Jochens avisierter Doktorarbeit zu gelangen.[347]

---

343 Siehe: Martens: Geschichte Bd. 1, S. 276f. und Bd. 2, S. 383, 477, 514, 528-31.

344 Rolf Fischer: Hermann Lüdemann und die deutsche Demokratie, Neumünster 2006, S. 13.

345 Jochen Steffen: Soziologie und Psychologie der Parteibürokratie, Interview Hermann Lüdemann, S. 3, AdsD 1/JSAA000130.

346 Titzck: Landtage in Schleswig-Holstein, S. 190.

347 Vgl. Martens: Geschichte Bd. 2, S. 276.

Im März 1956 legt Steffen der Partei eine Studie zum Charakter der Sozialdemokratie mit anschließenden Restrukturierungsvorschlägen vor. Sie ist ein Beitrag zur nach dem Rückgang der Wählerunterstützung der SPD bei den vorangegangenen Wahlen entstandenen Strukturdebatte.

Steffen versucht in seiner Vorlage, angesichts der offensichtlichen Probleme der Partei bei der Eroberung der politischen Macht Erklärung und zugleich Abhilfe durch Umstrukturierungsvorschläge anzubieten. Die Schwierigkeiten der Partei führt er auf die Disparität zwischen einer rapide sich verändernden Gesellschaft und dem traditionellen Beharren der Parteibasis auf den Visionen eines sozial-religiösen Marxismus zurück. Mit der zunehmenden Einbindung in die Parlamente öffne sich die Schere zwischen der Realpolitik der Parteifunktionäre und den tradierten Vorstellungen der Basis immer weiter. Indikatoren dafür seien sinkende Mitgliederzahlen und -aktivitäten sowie die zunehmend verlorengehende ideologische Bindungskraft der SPD. Ein Zurück zur Partei vor 1933 sieht Steffen nicht, vielmehr wünscht er sich, dass auf der Grundlage einer sozialistischen Theorie an die Stelle der marxistischen Sozialreligion der offene politische Diskurs in der Partei trete und so eine aktive Massenpartei entstehen könne.

Der in diesem Prozess formulierte politische Wille soll Handlungsmaxime für die Parteiführung sein. Eine erneuerte SPD hätte einerseits einen den bürgerlichen Parteien entsprechenden Führungscharakter von oben nach unten und zugleich noch die historisch überlieferte Massenbindung als Korrektiv von unten. Für die Jungsozialisten sieht er die Aufgabe, mit der SPD nahestehenden Personen in Diskussion zu treten. Steffens konkrete Vorschläge betreffen vor allem das Wirken der regionalen Parteisekretäre, deren Funktion als Repräsentanten und Umsetzer der Politik der Partei in seinen Vorstellungen keinen Platz hat.[348]

Der Geschichtsschreiber der schleswig-holsteinischen SPD von 1945 bis 1959, Holger Martens, beendet seine Darstellung des Steffen-Papiers mit den Worten: „Das 25-seitige Steffen-Gutachten mit seiner Parteitypen-Theorie, seiner wissenschaftlichen Betrachtungsweise sowie seinen teilweise provokanten Forderungen wurde den vorliegenden Protokollen zufolge nicht diskutiert.“[349]

Sozialistischer Deutscher Studentenbund

Bereits vor der Zulassung politischer Jugendorganisationen durch die britische Militärregierung im Sommer 1946 beteiligt sich Steffen am politischen Engagement mit und unter Studierenden an der Christian-Albrechts-Universität. Durch einen älteren Genossen wird die „Akademische Vereinigung der SPD“ an der Universität angestoßen,

---

348 Jochen Steffen, Gutachten über die Situation der Organisation der SPD. Kiel, März 1956 (hektogr.), AdsD LV S-H 14; vgl. dazu: Varain: Parteien und Verbände, S. 35; Martens: Geschichte Bd. 2, S. 521-523.

349 Martens: Geschichte Bd. 2, S. 523; Varain stellt die Haltungen des Parteisekretärs und des Vorsitzenden der Jungsozialisten Steffen gegeneinander: Varain: Parteien und Verbände, S. 37.

die bald circa 40 Kommilitonen (bei sehr wenigen Kommilitoninnen) aufweist.[350] Acht männliche Delegierte aus Kiel reisen vom 2. bis 6. September 1946 nach Hamburg ins Tagungslokal der Elbschlossbrauerei an die Elbchaussee, nachdem Erich Ollenhauer, angeregt durch Studierende, zu einer überzonalen Tagung sozialistischer Studierender eingeladen hat. Zu den Delegierten aus Kiel gehören Jochen Steffen und sein Freund Hans-Gottfried Schadow.[351] Sie treffen hier das erste Mal auf Helmut Schmidt.[352] Wie bei vielen seiner Kieler Studienkommilitonen stört auch Steffen im SDS das „offizierhafte“ Auftreten vieler Altersgenossen.[353]

Bestimmend für die Gründungsversammlung ist die Debatte um das Verhältnis der neuen studentischen Verbindung zur SPD. Dieser Streit droht den Kongress mehrmals zu sprengen und bleibt dem SDS auf Jahre erhalten.[354] Der anwesende Erich Ollenhauer erkennt den Autonomieanspruch der SDS-Hochschulgruppen, der an „Organisationstraditionen, wie sie vor dem Ersten Weltkrieg in der ‚Freideutschen Jugend' und während der Weimarer Jahre in der ‚Bündischen Jugend' existierten“[355] an und erklärt, eine Unabhängigkeit des SDS von der SPD sei keine Tarnung. Der neue SDS solle sich als ein weiteres Instrument begreifen, Deutschland zur Demokratie hin zu führen, was nicht alleine in der Hand der Militärregierungen liegen könne.

Auch die Kieler Delegierten sprechen sich gegen eine Bindung an die SPD aus und stellen sich gegen die expliziten Forderungen der Hamburger, Frankfurter und Berliner Vertreter, eine Parteiunterorganisation zu werden. Schließlich „wird mit 40:9 Stimmen beschlossen, ein Bekenntnis zur SPD nicht in die Satzung aufzunehmen, sondern evtl. in einer Resolution abzugeben.“ Und weiter heißt es im Protokoll: „Die Abstimmung ergibt ein einheitliches Bekenntnis zum freiheitlichen und demokratischen Sozialismus“.[356]

Zum Abschluss des zweitägigen Treffens werden auf Vorschlag der Delegierten aus den jeweiligen Ländern „Landesvorsitzende“ bestimmt, die als „Landesvertreter“ dem überzonalen Vorstand angehören. Für das gemeinsam auftretende Hamburg/Schleswig-Holstein sind das aus Hamburg Hans-Erich Schult und als dessen Vertretung aus

---

350 Albrecht: SDS, S. 33; Interview Uwe Harder.

351 Protokoll der Gründungsversammlung und weitere Materialien des Gründungskongresses des SDS, AdsD SDS/Bund 3201.01; Interview Uwe Harder.

352 Vgl. Uwe Rohwedder: Helmut Schmidt und der SDS. Die Anfänge des Sozialistischen Deutschen Studentenbundes nach dem Zweiten Weltkrieg, Bremen 2007, S. 23.

353 Erinnerung Ilse Steffen. – Auf der folgenden Bielefelder Konferenz wird ein Fragebogen ausgegeben, der unter anderem nach den militärischen Dienstgraden fragt. Die Kieler Delegierten – also auch Steffen – weigern sich, ihn auszufüllen. Vgl. Tilman P. Fichter: SDS und SPD: Parteilichkeit jenseits der Partei, Opladen 1988, S. 67. [Weiter als Fichter: Parteilichkeit].

354 Zu den Anfängen des SDS gehört neben den Dokumenten im AdsD u.a. die ausführlichen Darstellungen von Albrecht: SDS; Fichter: Parteilichkeit; Fichter: Kleine Geschichte des SDS; bezogen auf Schleswig-Holstein vgl. Martens: Geschichte Bd. 1, S. 272f.

355 Fichter: Parteilichkeit, S. 48.

356 Protokoll der Gründungsversammlung und weitere Materialien des Gründungskongresses des SDS.

Schleswig-Holstein Joachim Steffen. Aus den überlieferten SDS-Dokumenten bis zum zweiten überzonalen Treffen im August 1947 in Bielefeld ist kein besonderer Einsatz des Landesvorsitzenden Steffen für die Entwicklung des schleswig-holsteinischen SDS, der Kieler Gruppe oder auch des Bundesvorstandes abzulesen. Der „Landesvorsitz" ist eine Funktion, die angesichts der anstehenden Aufgaben des organisatorischen Aufbaus die Qualitäten eines Sekretärs sucht. Doch praktisches Organisieren ist nicht Steffens Sache. So umschreibt eine Aussage wie: „Nachdem die Arbeit des SDS in Kiel seit seiner Gründung unter organisatorischen Problemen gelitten hatte, gelang es im Wintersemester 1949/50, die Aktivitäten zu steigern"[357], sicher auch sein organisatorisches Unvermögen, aber auch den allgemein mangelnden Einsatzwillen der Mitglieder[358] und schließlich den Wechsel solcher Arbeit 1948 in andere Hände.[359] Es wird angeführt, dass dem SDS in Kiel unter den Studierenden „ein aus alten Ressentiments geborenes Mißtrauen" entgegengebracht wird und es anhaltend schwierig sei, in der Masse der „politisch indifferenten Studenten Freunde zu finden".[360]

Politisches Engagement und Organisieren stoßen vor der Währungsreform auf viel mehr Probleme als nur auf Apathie. Papier ist Mangelware, so dass sich im archivierten Briefverkehr viele Durchschläge auf der Rückseite von Vordrucken mit Hakenkreuz finden, sei es von der NS-Arbeitsfront oder von Sportauswertungen der HJ. Regionale oder überzonale Treffen leiden unter den schlechten Verkehrsverbindungen und die Aktiven können oftmals die Reisekosten nicht aufbringen. Politisch verursacht der Druck der SPD-Führung, einen SDS-Beschluss herbeizuführen, der die Mitgliedschaft in einer anderen Partei als der SPD für den SDS ausschließt, für nachhaltige interne Auseinandersetzungen. Auf der Delegiertentagung 1948 stellt die Gruppe Kiel den Antrag, dass die Unvereinbarkeit zur KPD-SED auf die Parteien CDU-CSU ausgeweitet werden möge.[361]

Besonders der Kieler SDS wirkt initiativ mit bei der Gründung des „Rings Politischer und Freier Studentenverbände und Gemeinschaften Deutschlands" im Februar 1951, dem die Auseinandersetzung mit den verstärkt auftretenden studentischen Korporationen vorausgeht. Ein wichtiges Thema des SDS ist die Beschäftigung mit der Hochschulreform. Am 16. November 1950 veranstaltet der Kieler SDS die erste lokale öffentliche Diskussion zur westdeutschen Remilitarisierungsdebatte.[362]

---

357 Hierfür und weiteres zum Kieler SDS: Martens: Geschichte Bd. 1, S. 277ff.

358 Bericht der Kieler SDS-Gruppe 1948, AdsD, SDS/Bund 3201.01.

359 Ab September 1948 wird Michael Gabel, Journalist und Verfolgter des NS-Regimes, Vorsitzender der Landesgruppe Hamburg/Schleswig-Holstein. Bald tauchen Gerüchte auf, Gabel habe SDS-Mittel veruntreut. Ein Jahr später setzt er sich in die DDR ab. Im März 1950 wird Uwe Harder neuer Landesvorsitzender. Interview Uwe Harder; Albrecht: SDS, S. 72.

360 Bericht der Kieler SDS-Gruppe 1950, AdsD, SDS/Bund 3201.01.

361 Vgl. ebd.

362 Vgl. ebd.

Obwohl die Kieler Delegierten auf dem Gründungskongress für eine deutliche Distanz zur SPD aufgetreten sind, erfolgt ihre Arbeit vor Ort in engem Austausch mit der Partei. Der Bericht von 1948 konstatiert: „Verhältn. zur SPD : gut. Landesregierung : zurückhaltend".[363] Die Partei stellt Referenten und unterstützt den SDS auch materiell, was einer Zusage des Parteivorstandes entspricht und den SDS-Gruppen den „Unvereinbarkeitsbeschluss" zur KPD vom zweiten interzonalen Treffen versüßen soll.[364] Im Jahr 1950 bildet sich ein lokaler Förderverein aus SPD-Mitgliedern, die bereit sind, junge Genossen sowohl ausbildend unter die Fittiche zu nehmen als auch die Arbeit der Gruppe materiell zu unterstützen.[365] Geldmittel werden nach der Währungsreform für den Erwerb des Segelbootes „Bibifax" von Hannes Scheer gegeben, „mit dem der SDS hoffte, gegenüber den anderen Studentenorganisationen eine stärkere Anziehungskraft ausüben zu können".[366] Weder gibt es über die 600 DM für die Anschaffung hinaus das Geld für den Unterhalt noch fühlt sich die Gruppe für die Holzbootpflege zuständig, so dass das Boot mit den Jahren verkommt.[367]

Diese SDS-Segeltörns auf der Kieler Förde leiden unter dem heftigen „Politisieren" der Bootsbesatzung. Immer wieder wird der Kahn in Ufernähe oder bei Untiefen unachtsam auf Grund gesetzt. Dann ist es an Jochen Steffen – besonders bei Anwesenheit von Kommilitoninnen – als verheirateter Mann sich auszuziehen, ins Wasser zu stürzen und den Siebeneinhalb-Meter-Kahn flott zu schieben.[368]

Das Verhältnis zwischen Partei und SDS ist nicht ohne Konflikte: So werden Steffen und anderen Parteimitgliedern im SDS Konsequenzen angedroht, als die Kieler Gruppe eine Veranstaltung mit einem als kommunistisch geltenden Professor plant.[369]

Jochen Steffens Funktionärs-Engagement im SDS hält sich in Grenzen, und mit seiner Exmatrikulation Sommer 1949 legt er das Schwergewicht seiner politischen Tätigkeit eindeutig auf die Partei und die Jungsozialisten. Dennoch bleibt er den Genossinnen und Genossen im SDS verbunden, es gibt viele personelle Überschneidungen zwischen den Bereichen Universität, Partei und Jungsozialisten.

Steffen setzt auch im SDS sein universitär gelerntes und erforschtes Wissen um: Im Wintersemester 1950/51 hält er bei der Kieler Gruppe einen Vortrag über „Die Bedeutung des Parteiapparates" und 1952 ist ein einleitendes Referat des cand. phil. Jochen Steffen zu einer Veranstaltung mit dem Thema „Die politische Resignation der Intellektuellen" geplant.[370] Angekündigt wird für das Semester zudem ein Diskus-

---

363 Ebd.

364 Besonders der 1947 zum Vorsitzenden gewählte Helmut Schmidt setzt sich für die Umsetzung des Unvereinbarkeitsbeschlusses ein. Albrecht: SDS, S. 72.

365 Bericht der Kieler SDS-Gruppe 1950, AdsD, SDS/Bund 3201.01.

366 Martens: Geschichte Bd. 1, S. 279.

367 Vgl. Interview Hannes Scheer.

368 Vgl. Erinnerung Ilse Steffen.

369 Vgl. Martens: Geschichte Bd. 1, S. 259.

370 SDS Hochschulgruppe Kiel: Semesterzwischenbericht, 12.1.1952, AdsD SDS/Bund 3201.01.

sionsabend über den „Titoismus", den er ebenfalls eingeleitet haben könnte, nimmt man sein überliefertes Manuskript zur Grundlage, das mit dem frei entlehnten Satz beginnt: „Ein Gespenst geht um in Europa, das Gespenst des ‚Titoismus'". Zu jener Zeit wird im SDS-Vorstand ein Streit um die Einschätzung des Titoismus geführt und Willy Brandt hält dazu einen Vortrag auf dem 1. Ostertreffen des SDS in Berlin.[371] Auf dem ersten SDS-Bundesseminar Anfang März 1952 hält Steffen das Schlussreferat „Zur Psychologie der Planungsbürokratie". Später gibt es ein Exposé Steffens zur Hochschulpolitik: „Erste Gedanken zu einer Reform der Bildung an den deutschen Hochschulen" aus dem Jahr 1954.[372]

Generell wird über diese Phase des SDS resümiert: „Die SDSler jener Jahre bemühten sich mehr darum, Detailprobleme zu lösen und aktuelle Mißstände zu beheben (Vorschläge zur Begabtenhilfe, zum ‚Studienlohn', zur politischen Überprüfung der Dozenten, für verbesserte Zulassungsbestimmungen; Hinweise auf das Wiederaufleben der Korporationen), als um grundsätzliche Umwälzungen.[373]"

Ein Eingreifen Steffens in die Richtungskämpfe im SDS der Mitte und späten 1950er Jahre ist nicht dokumentiert. Als Landesvorsitzender der Jungsozialisten Schleswig-Holsteins ist er über die politischen Entwicklungen im SDS informiert und wird entsprechende Gespräche führen. Ein Schreiben von Horst Hellwig, AStA-Mitglied der Kieler Universität, aus dem Jahr 1956 an Steffen legt den Schluss nahe, dass er bereits eine erhebliche politische Distanz zum damaligen Kieler SDS hat, über dessen Vorsitzenden Hubert Rodingen behauptet wird, er stehe für den Zusammenschluss von KPD und SPD.[374] Die später erfolgende Selbstauflösung des SDS kommentiert Steffen sarkastisch: „Die Masse des SDS verflachte in einem sentimentalen ‚Prolet-kult' und rauchte Haschisch."[375]

1945 bis 1956: „Politik von der Pike auf lernen"

Es entsteht der Eindruck, dass Jochen Steffen sich in der Frühphase seiner politischen Betätigung intensiver mit der Theorie der Arbeiterbewegung und den im akademischen Bereich angebotenen politisch-theoretischen Deutungen beschäftigt als die meisten seiner Kommilitonen – und auch seiner Parteigenossen. Sicherlich sucht er nachhaltiger nach Erklärungen von Phänomenen der Gegenwart und der jüngsten Vergan-

---

371 Jochen Steffen: Jugoslawien zwischen den Fronten, Ms. vom 7.5.1951, AdsD 1/JSAA000199. – Vgl. Albrecht: SDS, S. 134f.

372 AdsD 1/JSAA000123.

373 Kloelm, Ekkehard: Der Weg in den Widerstand, in: Die Zeit, 23.2.1968.

374 Horst Hellwig, Leiter der „Studentischen Arbeitsgemeinschaft für gesamtdeutsche Beziehungen des ASTA an der Kieler Universität" an Jochen Steffen, 10.7.1956, 7 Seiten, unvollständig, privat. Die im Wintersemester 1954/55 gegründete Arbeitsgemeinschaft ist als eine Keimzelle der später in Kiel etablierten Osteuropa-Forschung und Lehre zu sehen. Jens Hacker: Kiel – Eines der ostwissenschaftlichen Zentren in der Bundesrepublik. Der Ausbau der Osteuropa-Forschung und Lehre in Kiel, in: Theodor Zotschew (Hg.): Wirtschaftswissenschaftliche Südosteuropa-Forschung. Grundlagen und Erkenntnisse, Südosteuropa-Schriften, 4. Bd., München 1963, S. 148f.

375 Worte der Woche, in: Die Zeit, 03.4.1970, Nr. 14.

genheit aus dem Ideologiekontext der Arbeiterbewegung, als es kritische Juso- oder SDS-Geschichtsschreibung für diese Zeit generell resümieren.[376] Dabei ist Steffen als Student und dann als wissenschaftlicher Mitarbeiter nicht mit „linken" Professoren konfrontiert, eher im Gegenteil, nimmt man das Beispiel Professor Freunds, der sich zu dieser Zeit auf dem Weg aus der SPD befindet. Dabei erscheint für Steffen ein Theoretisieren ohne Bezug zur gesellschaftlichen Praxis des Landes nicht sinnvoll.

Sein Verständnis der grundlegenden Interessen, der Rolle in der Gesellschaft und der materiellen Existenzbedingungen der Arbeiterklasse, also dass, was Klassenbewusstsein genannt wird, gewinnt er nicht aus seiner eigenen ökonomischen oder sozialen Lage. Vielmehr entspringt seine Identifikation aus der Analyse der vorzufindenden ökonomischen, politischen und ideologischen Herrschaftsverhältnisse, was bei ihm zur Anerkennung des Entstehens komplexer Bewusstseinsformen der Klassenlage in den umkämpften Praxen führt.

Jochen Steffen ist nicht aus der Klasse, aber er will für sie sein. Seine Vorstellung von Klassenpolitik wird von denen mitgeprägt, die er ihre Besten nennt, gewissermaßen einer lokalen „Arbeiteraristokratie". Mit ausgesuchten Personen führt er ausführliche generationsübergreifende Dialoge, die ihm eine klassenpolitische Essenz in einer hoch politisierten Form, eben aus dem politischen Kampf entstanden, vermitteln. Sein Interesse von der alten Generation zu lernen und die daraus gewonnenen politischen Vorstellungen unterscheiden ihn von vielen seiner gleichaltrigen Genossinnen und Genossen.[377] Untermauern kann er dies durch die wissenschaftliche Auseinandersetzung mit dem vorgefundenen Zustand der Partei, was zudem zu Vorstellungen führt, was die Partei sein und tun sollte.

Steffen sucht sich für seine Stellung als Intellektueller in der Partei einen Bezugsrahmen, um nicht ein „Genosse Seidenstrumpf" zu werden, einer der aus und durch die Partei Karriere macht. Sein politisches Idealbild steckt in der von ihm überlieferten Äußerung eines Kieler Metall-Gewerkschafters, dem „alten Schulz": „‚Die Arbeiterbewegung braucht die richtigen Intellektuellen.' Er konnte auch umreißen, was sie zu tun hatten. Die Wirklichkeit erkennen, theoretische Probleme der Zukunft erkennen und sie rechtzeitig praktisch zu lösen versuchen, um damit Bewußtsein zu bilden. [...] Das sei eine unangenehme Aufgabe, könne gerade die Stimmen kosten, die man für die Praxis brauche. Aber, es gäbe keinen anderen Weg. Vor allem nicht im Kapitalismus."[378]

Für Steffen ist die gesellschaftliche Entwicklung nach 1945 „Restauration", gekennzeichnet von der Wiederherstellung der ideologischen und politischen Macht der

376 Worte der Woche, in: Die Zeit, 03.4.1970, Nr. 14.

377 Fichter schreibt im Hinblick auf die „Jugend" im SDS und die „Alten" in der SPD: „Ein Dialog zwischen diesen Generationen kam nie so recht zustande. Zunächst verständigte man sich auf eine pragmatische Enttrümmerungs- und Wiederaufbaupolitik und ging sich ansonsten privat aus dem Wege." Fichter: Parteilichkeit, S. 71.

378 Steffen: Personenbeschreibung, S. 101. – Diese Einschätzung hat Übereinstimmungen mit den Schlussfolgerungen solcher Autoren wie Pirker oder Klönne.

„alten Herrschenden" auf der Grundlage der wirtschaftlichen Entwicklung, in Variation und mit neuen Kleidern im Vergleich zur NS-Zeit. Ausgehend von seinem sozialistischen Gesellschaftsziel kann er die beobachteten strukturellen sozioökonomischen Veränderungen nicht als „Modernisierung" der deutschen Nachkriegsgesellschaft deuten. Das Andere beziehungsweise Neue ist Folge einer kapitalistischen Entwicklung, die wider die humanen Interessen der Mehrheit der Menschen läuft und deren Konsequenzen aufgrund der gesellschaftspolitischen Verhältnisse von den sozial Schwachen geschultert werden müssen. Das Jahrbuch der SPD von 1955 beschreibt die Lage in Schleswig-Holstein, an dem „die Segnungen der Hochkonjunktur leider vorbeigegangen" sind, knapp: „Es ist auch heute noch das ärmste Land der Bundesrepublik mit den höchsten Erwerbslosenziffern".[379]

Auf diese Bedingungen reagiert die Partei nicht im Sinne Steffens. Ihre politische Praxis frustriert ihn. Dieser Frust ist sicherlich ein Grund, warum er sich in diesen politischen Sturm-und-Drang-Jahren so oft mit seiner Partei anlegt.

Sein „politisches Lernen" thematisiert er in mehreren Geschichten in „Personenbeschreibung". Sein Fazit klingt dann ähnlich dem von Autoren wie Theo Pirker, wonach wir uns die Jahre 1945 bis zum Tode Kurt Schumachers als eine Zeit vorstellen sollen, „in der alles möglich schien und in der tatsächlich so wenig möglich war".[380] Die Nachkriegsphase schult Steffen auf dem Weg zum Berufspolitiker. Sein politisches Denken und Handeln muss sich mit der Politik einer SPD-Führung auseinandersetzen, der ein Kritiker wie Pirker eine „blinde und selbstgefällige Eilfertigkeit" beim Abbau der Hoffnungen attestiert, die es nach 1945 gegeben habe.[381] Solche Hoffnungen hat Steffen auch geteilt. In seinen Erinnerungen findet sich auch dafür wieder eine bildhafte Schilderung: „Und nach 1945 setzte die SPD die Zahlabende, also die Versammlungen, wo Beiträge gezählt wurden und wo man über die Lage sprach, einfach da fort, wo man 1933 gerade aufgehört hatte. Ich dachte, wo sind wir denn eigentlich? Da war ich auch so sprachlos [...]."[382]

In der Dekade 1946 bis 1956 stößt sich Jochen Steffen kräftig die Hörner ab an der Partei und taucht dennoch ganz in sie ein. Sein Einsatzwillen, seine Bereitschaft „immer auf der Matte zu stehen", wenn verlangt, führt zu seiner „Ochsentour" durch die Partei und zu dem, was in der Partei „Stallgeruch" genannt wird. Redakteur einer Parteizeitung und dann Berufspolitiker zu werden ist für ihn die logische Konsequenz. Begünstigt wird sein politischer Aufstieg von jenen in der Partei, die trotz kritischer Distanz Vertrauen in seine Gaben setzen und ihn fördern. Ganz sicher profitiert Steffen von der schlechten Nachkriegslage der SPD im Land, die nicht viel Konkurrenz in seinem Alter aufbringt. Den zu dieser Zeit fehlen der SPD im Land „die politischen Leitfiguren, der Funktionärskörper war überaltert, die Bezirksorganisation agierte pro-

379 Jahrbuch der Sozialdemokratischen Partei Deutschlands 1954/55, S. 131.

380 Pirker: SPD nach Hitler, S. 10.

381 Ebd., S. 13.

382 Witter: Mach's gut.

vinziell, ideen- und farblos, in der Landespolitik mangelte es an weitreichenden Konzeptionen und die Partei gewann keine ‚Bodenhaftung' in der Bevölkerung", wie aus Holger Martens Studie der Landes-SPD bis 1959 resümiert wird.[383]

In den ersten zehn Nachkriegsjahren seiner politischen Tätigkeit bildet sich ein politisches Personentableau heraus, das Steffen weitgehend auf allen Ebenen seiner politischen Laufbahn begleiten wird: Er lernt zentrale Vorstandsmitglieder wie Kurt Schumacher und Erich Ollenhauer kennen, bald auch Herbert Wehner. Eher in der Kategorie der Gleichaltrigen sind Helmut Schmidt, Rolf Renger, Günter Bantzer, Annemarie Renger, Klaus Schütz, Volkmar Gabert, Peter von Oertzen und andere zu nennen, mit denen in den kommenden Jahren gemeinsam oder im Widerstreit Politik gemacht wird. Es entsteht ein politisches Netzwerk, in den wenigsten Fällen, wenn überhaupt, erwachsen daraus Freundschaften mit Genossinnen und Genossen. Als persönliche Freundschaften bleiben die Kontakte zu den Mitschülern oder den Kommilitonen. Doch auch hier gibt es Veränderungen, wenn die Freunde ihre Familien gründen, ihre beruflichen Karrieren vorantreiben, sich weltanschaulich anders entwickeln – oder alkoholkrank werden.

Als Lohnschreiber in Flensburg (1956 bis 1960)

1956 bietet die Landes-SPD Jochen Steffen an, als Redakteur zu einer neu erscheinenden Wochenzeitung in Flensburg zu gehen. Der Posten in Flensburg ist, so ist zu vermuten, ein Abstieg in tiefste Provinz und angesichts der jüngsten desolaten SPD-Geschichte in der Stadt für erfahrene Partei-Journalisten so wenig attraktiv, dass sich unter ihnen niemand für die Aufgabe findet. Das ist die Chance für Steffen und seine junge Familie. Weder hat Steffen eine klassische journalistische Ausbildung noch ein Volontariat bei der VZ oder einer anderen Zeitung durchlaufen. Allerdings hat er seit Ende 1949 in der Parteizeitung immer wieder Artikel veröffentlicht. Nach dem Ausscheiden des Chefredakteurs Przytullas, also ab Januar 1954, ist er unter dem neuen Chefredakteur Karl Rickers freier Mitarbeiter vor allem für Kommentare und wird als „herausragendes" Mitglied der VZ-Redaktion bezeichnet.[384] Diese Beteiligung mag einem Resteinfluss von Michael Freund, ehemals selber Kommentator in der VZ, zu verdanken sein, denn Rickers hat erhebliche Einwände gegen den politischen Stil und die Schreibe Steffens. So können sich Beiträge Steffens in der VZ zwischen 1954 und 1956 auch hinter Kürzeln oder „Eigenberichten" verbergen.[385] Was vor dem Umzug nach Flensburg erkennbar Jochen Steffen in der VZ ist, wie im März 1956, ist ein offensichtliches „Nebenprodukt" seiner Tätigkeit als Referent im sozialistischen Ju-

---

383 Christel Oldenburg: Tradition und Modernität – Die Hamburger SPD von 1950 bis 1966. Berlin 2009, S. 23.

384 Ute Haese/Torsten Prawitt-Haese: Dem Leser ein Halt in schwerer Zeit. Schleswig-Holsteinische Pressegeschichte 1945-1955, Hamburg 1994, S. 188, FN 97. [Weiter als Haese: Dem Leser].

385 Es finden sich in der VZ politische Meinungsartikel mit dem Kürzel „f.st.", „F.St." oder auch „F-St", die evtl. Gemeinschaftsartikel von Freund und Steffen sein können. Zum Beispiel VZ vom 30.11.1955; 12.1.1956; 8.3.1956.

gendmilieu und in der Partei. So resümiert er zum Beispiel in politwissenschaftlichem Ton, der in der VZ deutlich aus dem Rahmen fällt, den 20. Kongresses der KPdSU: „Chruschtschow hat die Imperialismustheorie stillschweigend über Bord geworfen und damit eine Volksfrontpolitik neuen Stils geschaffen. Die neue Volksfrontpolitik verzichtet nicht nur auf Stalin, sie verzichtet auch auf Lenin. Sie ist nun offensichtlich reine russische Nationalpolitik.“[386]

Das ist nicht die Schreibe eines Redakteurs, der alsbald in Flensburg über alle Arten von politischen und sozialen Ereignissen berichten wird. Auch in den Flensburger Jahren behalten seine politischen Grundsatzartikel oftmals diesen Stil, selbst wenn er sie mit plattdeutschem oder missingschem Sprachkolorit durchsetzt. Die Synergien zwischen seinen Vorträgen, Aufsätzen und Artikeln sind offensichtlich.

Das Angebot des Redakteurspostens in Flensburg erfolgt einmal in Kenntnis dieser bisherigen Veröffentlichungen und zum anderen aus dem Ansinnen zentraler Personen der Parteiführung im Land heraus, den Parteinachwuchs zu versorgen.

Es ist an Ilse Steffen, den Umzug nach Flensburg vorzubereiten. Sie fährt mit dem Bezirkssekretär der SPD, Albert Schulz[387], per Auto in die Grenzstadt und besichtigt zwei leerstehende Neubauwohnungen der Neuen Heimat in einem Hochhaus auf der Flensburger Rude, Lundweg 1. Doch im Jahr 1956 kann eine Ehefrau weder die Wohnung anmieten noch ein Gehaltskonto für ihren Ehemann eröffnen.[388] Der Umzug von Kiel wird mit Hilfe jeweils örtlicher Jusos bewältigt, die die kleine Wohnung voll stellen und auf den Kisten sitzend zu politisieren beginnen. Ilse schmeißt sie schließlich raus, sie will das Kind schlafen legen.

Am 13. September 1956 erscheint die erste Ausgabe der „Flensburger Presse – Wochenzeitung für Politik, Lokales und Unterhaltung“ (Eigenabkürzung = fp). Ihre Vorgeschichte liegt in den frühen 1950er Jahren. Die besondere politische Lage mit der lokalen Abspaltung der Sozialdemokratischen Partei Flensburg (SPF)[389] um die deutsch-dänische Nationalitätenfrage führt dazu, dass die sich deutsch gebende SPD bei der Kommunalwahl 1951 eine herbe Schlappe erlebt. Daraufhin werden in der schleswig-holsteinischen SPD Pläne entwickelt, für Flensburg eine eigene Parteizeitung zu gründen.[390] Doch alle Pläne scheitern an der Finanzierung. Nach der Wiedervereinigung von SPF und SPD und der weitgehenden Entspannung der Nationalitätenfrage durch die „Bonn-Kopenhagener Erklärungen“[391] von 1955, die die gegenseitige

386 J.St. (d.i. Jochen Steffen): Die Moskauer Anti=Stalin=Sensation, in: VZ, 16.3.1956.

387 Biographische Angaben siehe Martens: Geschichte Bd. 2, S. 561.

388 Erinnerung Ilse Steffen. – Steffen erhält als Redakteur ein Bruttoentgelt von monatlich 600 DM. Angestelltenversicherungskarte 1 von 1956, privat.

389 Vgl. W.L. Christiansen: Sozialdemokratische Partei Flensburg (SPF): Die kleinste Sozialdemokratische Partei der Welt, in: Demokratische Geschichte 3 (1988), S. 569-575.

390 Diese Darstellung beruht auf Martens: Geschichte Bd. 1, S. 305; Vgl. Haese: Dem Leser, S. 131-34 und S. 217.

391 Als Faksimile auf: http://www.kopenhagen.diplo.de/contentblob/3823182/Daten/3054112/bonnererklaerung.pdf (zuletzt abgerufen im März 2017).

Anerkennung der Minderheiten regeln, werden die Publikationspläne erneut aufgegriffen. Diesmal wird um die Mitfinanzierung des Projekts in Bonn ersucht und es gelingt unter anderem eine Unterstützung vom Gesamtdeutschen Ministerium zu erhalten.[392] Unter dem in Kiel sitzenden Chefredakteur Dr. Adolf Krieger vom Verlag der VZ ist Jochen Steffen zuerst für „Politik" und „Stadt und Land" zuständig, später wird er selbst Chefredakteur des Blattes.

In der ersten Ausgabe stellt sich die neue Zeitung, sich kurz „fp" titulierend, vor. Es ist ein Text, der nicht gezeichnet ist, aber den sprachlichen Duktus Steffens trägt: Zwei ungelöste Aufgaben gelte es anzugehen, die deutsch-deutsche Einheit und die grundsätzliche Neu-Ordnung der Gesellschaft. Die Redaktion bekennt: „WIR WISSEN, daß nationale und soziale Fragen unlösbar miteinander verknüpft sind. Man kann die eine nicht ohne die andere lösen. Wir werden ihnen um so eher gerecht, als wir unsere eigene soziale und politische Ordnung, von der her wir im Denken und Haltung bestimmt sind, in eine vernünftige Verfassung bringen."[393]

In der fp, die laut SPD-Jahrbuch 1956-57 „der Partei nahesteht und im Grenzgebiet sozialdemokratische Auffassungen verbreiten hilft"[394], wendet Steffen sich im Namen der Redaktion an die Leser, verfasst lokal- und landespolitische Artikel, schreibt als „jost" Leitartikel und manchmal Reportagen. Er entwickelt eine kleine Serie „Mein Sohn Jens-Peter" über die Freuden junger Eltern an ihrem Sprössling und eine Vorform des „Kuddl Schnööf" entsteht: Geschichten des Flensburger Werftarbeiters „Fiete Plietsch sien Vertelln".

Ein wiederkehrendes Thema in der Zeitung dieser Jahre ist die Verstrickung von unbehelligt bleibenden Mitbürgern in die Verbrechen des NS-Staates und ihre Schutz-Netzwerke in Verwaltung, Justiz, Polizei, Medizin, schließlich in Politik und in der Evangelischen Kirche. Dazu gehörten unter anderem die fortgesetzte Information über den wegen Mordes an über 100 000 Behinderten und jüdischen Anstaltsinsassen gesuchten SS-Standartenführer und zeitweiligen medizinischen Leiter und Organisator des NS-Euthanasieprogramms Prof. Dr. Werner Heyde, der nach 1945 in Flensburg unter dem Namen Dr. Sawade als Sportmediziner und gerichtlicher Gutachter tätig ist. Steffen profitiert in seinen Artikeln dabei von seiner Beteiligung im ersten Untersuchungsausschuss des Landtages zum Heyde/Sawade-Fall.[395]

Wiederholtes Augenmerk richtet Steffen auf die Verstrickung führender Vertreter der Evangelischen Kirche in den Nationalsozialismus. Dazu gehört der Abdruck langer Textpassagen aus der Arbeit „Die Kirche und der Jude" des evangelischen Bischofs von Holstein Wilhelm Halfmann von 1936 in der fp Anfang 1960. Eine Arbeit, die „sich durch einen Antisemitismus auszeichnete, der religiöse mit völkischer Argu-

---

392 Vgl. Haese: Dem Leser, S. 188.

393 fp, 13.9.1956, Nr. 1. (Versalien im Original)

394 Jahrbuch der Sozialdemokratischen Partei Deutschlands 1956-57, Bonn 1957, S. 294.

395 Vgl. Klaus-Detlev Godau-Schüttke: Die Heyde/Sawade-Affäre. Wie Juristen und Mediziner den NS-Euthanasieprofessor Heyde nach 1945 deckten und straflos blieben, Baden-Baden 1998.

mentation verband".[396] Zur Vergangenheitsbearbeitung gehört auch die Auseinandersetzung mit Prof. Dr. Hans Beyer, der als NSDAP-Mitglied und „Ostforscher" einen „radikalen völkisch-antisemitischen Rassismus, der eine Hegemonie Deutschlands für Osteuropa forderte"[397] vertrat und Ende der 1950er Jahre ein Lehramt an der Pädagogischen Hochschule in Flensburg inne hat.[398] Schließlich führt Steffens Berichterstattung über die nationalsozialistische Haltung des Theologen und CDU-MdL Martin Redeker von vor 1945 zu einer Strafanzeige gegen diesen.[399]

Die Auseinandersetzung mit der Evangelischen Kirche dient aber auch der Verteidigung, wenn die SPD-Fraktion im Landtag sich für Pastor Dr. Johann Haar einsetzt, der in den 1950er Jahren einen „Arbeitskreis für Christentum und Sozialismus" leitet und in der Kieler Volkszeitung mehrmals seine Kritik an der regionalen Kirchenleitung mit entsprechender Resonanz veröffentlicht.[400] Durch den Abdruck eines öffentlichen Briefes in der fp wendet sich Steffen Pastor Haar verteidigend an Bischof Halfmann.[401]

Steffen nimmt in der Wochenzeitung auch kleinere und lokale Anlässe auf – wie eine öffentliche Hilfestellung für den Abiturienten und späteren Berliner Journalisten Manfred Rexin – und setzt so seine Spuren in Flensburg.[402]

Steffens Ankunft in Flensburg fällt in die Zeit des Metallarbeiterstreiks in Schleswig-Holstein 1956/57, der um die grundsätzliche Gleichstellung von Arbeitern mit

---

396 Stephan Linck: Neue Anfänge? Der Umgang der Evangelischen Kirche mit der NS-Vergangenheit und ihr Verhältnis zum Judentum. Die Landeskirche Nordelbien, Kiel 2013, S. 222 und ff. [Weiter als Linck: Neue Anfänge]; vgl. Sönke Zankel: Ich kann die christlich-jüdische Verbrüderung unter Eliminierung der Theologie nicht mitmachen. Bischof Halfmann und der christliche Antijudaismus in den Jahren 1958-1960, in: Demokratische Geschichte 21 (2010), S. 124.

397 Linck: Neue Anfänge, S. 130.

398 Jochen Steffen: Ein Nazi-Rassist als Flensburger Professor. Von der „seelischen Vernichtung des anderen Volkstums" zur offensiven Rolle der polnischen Frau, in: fp, 13.8.1959; ders.: Zu dem Fall Beyer schweigt Kultusminister Osterloh, in: fp, 17.9.1959.

399 Vgl. Der Präsident des Schleswig-Holsteinischen Landtages in Zusammenarbeit mit Annette Göhres und Joachim Liß-Walther (Hg.): Kirche, Christen, Juden in Nordelbien 1933-1945. Die Ausstellung im Landtag 2005, Kiel 2006, S. 42.

400 Linck: Neue Anfänge, S. 216ff.

401 Jochen Steffen: Offener Brief an Bischof Halfmann, in: fp, 15.5.1958.

402 Als Redakteur einer Schülerzeitung gehört der spätere RIAS-Journalist Manfred Rexin zu den Gründern der Bundesarbeitsgemeinschaft jugendeigener Zeitungen Junge Presse mit 600 Mitgliedzeitungen. Nach dem Abitur an der Flensburger Goethe-Schule publiziert Rexin 1956 einen Artikel, der sich gegen die Ablehnung ihres Leiters, Oberstudiendirektor Dr. Hans-Herbert Stoldt, wendet, in das Flensburger Schullandheim an der Schlei SchülerInnen aus der DDR einzuladen. Stoldt verklagt Rexin wegen Verleumdung und Rexin wird zu 200 DM Geldbuße verurteilt. Steffen und die fp unterstützen seine Revision. In zweiter Instanz wird das Verfahren eingestellt, der Schulleiter später versetzt. Für Rexin war die Unterstützung „außerordentlich hilfreich". Telefonat Dr. Manfred Rexin, 24.3.2013. Die fp bringt zwei Titelgeschichten am 15. und 22.8.1957.

Angestellten und Lohnfortzahlungen im Krankheitsfall geführt wird.[403] In der fp begleitet er den Streik mit vielen Reportagen und Kommentaren, denn, so will er vermitteln: „Auch Wirtschaftsfragen sind Machtfragen".[404] Die Annahme des Schlichtungsvorschlages, die lokalen Metaller in Flensburg lehnen ihn allerdings mit 82,5 Prozent ab, nennt er einen Erfolg, aber keinen Sieg der IG Metall: „Tatsache ist und bleibt, daß trotz eines Vierteljahres Streik, es nicht gelungen ist, eine vollständige soziale Gleichstellung des Arbeiters mit dem Angestellten zu erreichen. Er bleibt zwar nicht mehr eindeutig ‚Arbeitnehmer zweiter Klasse', er ist zum ‚sozial Gleichberechtigten mit Bewährungsfrist' gemacht worden. Dafür bedurfte es aber eines solchen Kampfes."

Der Streik habe gezeigt, dass die Macht der Arbeiter ihre Grenze an den Machtverhältnissen, die durch die gegenwärtige Bundestagsmehrheit gekennzeichnet sind, findet. Also kann es nur eine politische Lehre für Gewerkschaften, Klasse und natürlich auch für die Partei geben: „Die sozialen Interessen der Werktätigen in der Bundesrepublik können nur wirksam und umfassend vertreten werden, wenn eine andere Parlamentsmehrheit vorhanden ist. Heute wird Sozialpolitik getrieben unter dem Druck der kommenden Wahl. Und dann auch noch höchst unvollkommen."[405]

Die fp wird auf den Maschinen der VZ gedruckt und wöchentlich fährt Steffen für den Umbruch nach Kiel. Dann übernachtet er direkt gegenüber dem Verlagsgebäude an der Bergstraße in der Wohnung seiner Eltern. Die Texte des lernenden Redakteurs werden in Kiel von Susanne Materleitner[406] redigiert, die den oftmals stürmischen Stil Steffens zu dämpfen versucht. Der damalige Volontär Gerhard Gründler beschreibt, wie Steffen quasi im Alleingang die Zeitungsausgabe macht: „ [...] am Tag des Redaktionsschlusses erschien Steffen mit einer dicken Aktenmappe im Reporterzimmer und richtete die neueste Ausgabe ein. Von Hand, in etwas altmodischer Schrift, schrieb er den Aufmacher, den zweiten, dritten und vierten Artikel, die Reportage für die Seite drei, eine Glosse und dazu noch viele, viele Meldungen; außerdem redigierte er die paar Texte, die ihm freie Mitarbeiter für wenig Honorar zugeliefert hatten."[407]

Steffens „etwas altmodische Schrift" entsteht, weil die Setzer, die die Manuskripte an riesige Linotype-Maschinen heften und in Bleisatz tippen, seine Sütterlinhandschrift nicht lesen wollen. Sie verlangen, dass er Texte entweder mit Schreibmaschine geschrieben liefert oder sich um eine lesbare Handschrift bemüht. Da Steffen ersteres

403 Siehe: Irene Dittrich: Wir wollen nicht länger Menschen zweiter Klasse sein! Der Metallarbeiterstreik in Schleswig-Holstein1956/57, in: Demokratische Geschichte 2 (1987), S. 351-393.

404 Jochen Steffen: Macht und Lebensstandard, in: fp, 18.10.1956.

405 Jochen Steffen: 40 Prozent für, 58 Prozent gegen den Spruch, in: fp, 14.2.1957.

406 Susanne Materleitner-Rickers * 30.11.1918 Judendorf/Steiermark † 24.3.2012 Kiel. 1979 erhielt sie die Andreas-Gayk-Medaille, „weil sie sich - als Journalistin und Kritikerin - um das kulturelle Leben in Kiel verdient gemacht hat. Sie war viele Jahre auch Mitglied im Kultursenat der Landeshauptstadt Kiel."; vgl. Rickers: Erinnerungen, S. 371f.

407 Gerhard E. Gründler ist nach seinem Jura-Studium in Kiel Mitglied der SPD und Volontär bei der VZ. Ders.: Erinnerungen an Jochen Steffen, NDR-Hörfunk, Auf ein Wort, Erstsendung 28.9.1987. (Von der nach dem Tod Gründlers eingestellten Webseite des Autors.)

nicht lernen will, beginnt er von nun an in einer an Druckbuchstaben angelehnten Schrift zu schreiben. Wenn ein getipptes Manuskript nicht umgangen werden kann, dann geht die Aufgabe an Ilse oder später an die Sekretärinnen im Landtag oder im Landesparteibüro.

1956 wählt der SPD-Bezirksparteitag Steffen erneut in den Bezirksvorstand. Ein Jahr später wird er als Bundestagskandidat für die Wahl am 15.9.1957 im Wahlkreis 2, Flensburg nominiert. Wie er der entgeisterten Ilse versichert, hat er keine Chance auf den Einzug in den Bundestag, die dänischen Stimmen seien zu stark. In der fp führt Steffen für die Zeit des Wahlkampfes eine neue Rubrik ein: „Wenn Sie mich fragen über …“. Hier nimmt er als Kandidat mit Foto und Faksimile-Unterschrift Stellung zu aktuellen politischen Fragen. Öffentlich verpflichten sich Partei und Kandidat dazu, die Interessen und Rechte der dänischen Minderheit im Falle eines Wahlerfolges in Bonn zu vertreten, die „Politik der Vernunft im Grenzland“ fortzusetzen und sich von keinem überlebten Nationalismus, von welcher Seite er auch kommen möge, darin irre machen zu lassen.[408]

Die Bundesregierung demonstriert im Wahljahr ihre „Politik der Stärke“ in der Deutschlandpolitik und besonders in der Frage der atomaren Rüstung einer deutschen Armee und stellt dies gegen die SPD-Ziele der Entspannung durch Verhandlungen und der Konstruktion eines europäischen Sicherheitssystems. Bundeskanzler Konrad Adenauer erklärt auf dem CSU-Parteitag, dass ein Sieg der SPD den Untergang Deutschlands bedeute. Theo Pirker resümiert das Wahljahr 1957 als das „Jahr der Wiedergeburt eines deutschen Großmachtdenkens“.[409]

Bundesweit erleidet die SPD eine verheerende Wahlschlappe. Den kleinen Zugewinn an Wählerstimmen in Flensburg verkauft Steffen nach der Bundestagswahl als einen Sprung nach vorn der Sozialdemokraten im Norden.[410] Später folgt eine tiefer gehende Analyse der Folgen und Notwendigkeiten für die SPD aus den Wahlniederlagen von 1953 und 1957. Steffen sieht besonders im „Gesamtzustand“ der Partei eine Mitschuld an den Wahlergebnissen. Nach journalistischem Einstieg mit Lokalbezug referiert er eine Fortsetzung seiner als Student und als Vorsitzender der Jungsozialisten bereits gemachten Restrukturierungspläne für die Partei. Nach wie vor ist für ihn die Partei im Denken von vor 1933 befangen. Sie befinde sich in einer historisch gewachsenen, aber freiwilligen Klausur, aus der sie durch die Öffnung gegenüber „bürgerlichen und intellektuellen Linkskreisen“ heraus müsse. Aber, so Steffens positive Schlussfolgerung, auch mit Blick auf die Programmdebatte in der Partei, die SPD habe die reelle Chance, „durch einen geistigen und organisatorischen Akt der Selbstbesinnung von 33 Prozent der Stimmen zur führenden politischen Kraft unseres deutschen Teilstaates zu werden. Sie muß ihn nutzen, will sie der nationalen Aufgabe der Wiedervereinigung gerecht werden. Vorher aber muß sie wagen. Das entscheidende innere

---

408 Jochen Steffen: Die SPD garantiert Minderheitsvertreter, in: fp, 12.9.1957.

409 Pirker: SPD nach Hitler, S. 231.

410 Jochen Steffen: Sozialdemokraten machten im Norden Sprung nach vorn, in: fp, 19.9.1957.

Experiment der Partei! Dann ist über die Antwort auf die Frage: Wohin gehst Du, SPD? entschieden. Wagt sie die Reform, dann kann sie sagen: ,Ich gehe unbeirrt und sicher zum Ziel. Der Erringung der politischen Macht, zunächst in der Bundesrepublik und dann in ganz Deutschland.'“[411]

In einem späteren Interview resümiert Steffen seine politischen Vorstellungen für Flensburg in der zweiten Hälfte der 1950er Jahre: „Politisch war ich der festen Überzeugung, daß der damalige Grenzkampf zwar psychologisch eine bedeutende Rolle spielte, doch letztlich ,kalter Kaffee' war. Angesichts der tatsächlichen politischen Verhältnisse und der absehbaren politischen Entwicklung war der Grenzkampf für mich barer Unsinn. Man mußte sich vielmehr darauf vorbereiten, in Flensburg wieder eine SPD aufzubauen, weil Flensburg für die Sozialdemokraten eine Über-50-Prozent-Stadt werden könnte.

Das konnte sie allerdings nur dann werden, wenn die SPD eine vernünftige Kooperation mit der dänischen Minderheit anstrebte und sich nicht darauf kaprizierte, die dänischen Mitbürger im Rahmen der Kommunalpolitik kaputt zu machen. Es war meine Meinung, daß man der Minderheit Luft in der Kommunalpolitik lassen sollte und ihr eine Listenverbindung bei den Landtagswahlen und auch bei den Bundestagswahlen anbieten müßte. Das wollten sie aber nicht. Das war ihnen nicht ,dänisch genug'.

Walter Damm sagte damals zu mir: ,Wenn du das schon hier in Flensburg so machst, dann müßtest du eigentlich auch in den Landtag.' Ihm schien meine politische Perspektive richtig zu sein. Ich bekam einen Platz auf der Reserveliste und kam dadurch in den Landtag.“[412]

So gewinnt Steffen ein Jahr später, am 8.9.1958 sein erstes Mandat für die vierte Wahlperiode 1958-1962 des Schleswig-Holsteinischen Landtages. Er kandidiert als Direktkandidat im Wahlkreis des Schleswig-Holsteinischen Ministerpräsidenten, Kai Uwe von Hassel, Wahlkreis 1, Flensburg/West. Die aussichtslose Direktkandidatur wird durch den Listenplatz 13 auf der Landesliste abgesichert, der allerdings durch die Vertreter des nördlichen Teils Schleswig-Holsteins auf dem Nominierungsparteitag erkämpft werden muss, wie sein Kollege aus universitären Zeiten, Heinz Josef Varain, schildert: „Husum verlangte eine angemessene Vertretung des Landesteils Schleswig und nannte die bevorzugten Kandidaten. Einer von ihnen war im Wahlkreis 1 (Flensburg) als direkter Bewerber aufgestellt worden, die Delegierten dieses Kreisvereins sollten ebenfalls für seine Nominierung an aussichtsreicher Stelle auf der Landesliste Sorge tragen [...]. Im Verlaufe des Parteitages wurde er, der auf einer ersten Vorschlagsliste des Bezirksvorstands an der 25. Stelle gestanden hatte, zunächst auf einer folgenden Zusammenstellung auf den 22. und schließlich auf den 13. Platz unmittelbar hinter jene 12 Kandidaten gesetzt, deren Position von Beginn an bis zur endgültigen Abstimmung niemals geändert wurde. 1956 war er von Kiel nach Flensburg gekommen und hatte dort mit Hilfe einer neuen Wochenzeitung und durch intensive Werbung

---

411 Joachim Steffen: Wohin gehst du, SPD?, in: fp, 26.9.1957.

412 Steffen: Personenbeschreibung, S. 275.

unter der Arbeiterschaft, die vielfach der dänischen Minderheit anhing, die Stellung der SPD gefestigt. Als er 1957 als Bundestagskandidat auftrat, gelang es ihm, den sozialdemokratischen Stimmenanteil von 13,7 Prozent (1953) auf 19,6 Prozent zu erhöhen; fast um den gleichen Anteil fiel damals die dänische Minderheit zurück (24,0 Prozent auf 19,3 Prozent). Nun wurde dieser Erfolg durch die bevorzugte Nominierung honoriert."[413]

Die Bundes-CDU wird in diesem Landtagswahlkampf bereits auf das Nordlicht aufmerksam. Steffen bespöttelt in der fp ein Abkommen über faire Wahlkampfführung. Er sehe niemanden in der Landes-CDU, der Konrad Adenauer bei seinen Veranstaltungen in Schleswig-Holstein Zügel anlegen könne. Das erachtet die CDU als unfaire Tonart.[414]

Als Frischling im Kieler Landtag wird Steffen zuerst Mitglied in den Ausschüssen für Verfassung und Geschäftsordnung sowie für Jugendfragen. Diese Zuordnung passt ihm keineswegs. Es gibt einen Briefentwurf von ihm an den Fraktionsvorsitzenden und Oppositionsführer Wilhelm Käber, dieser solle sich keiner falschen Vorstellung in Bezug auf die zukünftige Tätigkeit Steffens im Landtag hingeben. Beide Ausschüsse behandeln, so Steffen, „Dinge, die mir völlig Gottlieb Schulze sind". Wichtig für Flensburg und den Landesteil Schleswig sei dagegen die Frage der Industrialisierung, „(d.h. der Wirtschaftsausschuss wäre sowohl von meiner örtlichen als sachlichen Situation das Vernünftigste gewesen.) Mit Mehrheit bin ich nicht in den Wi-Ausschuss gekommen. Man wird also Verständnis dafür haben, daß mein weiteres Interesse nicht groß ist. Sicher muss jeder auch Dinge bearbeiten, die ihn nicht interessieren, das sehe ich durchaus ein, aber nur mit solchen Dingen eingepackt zu werden, daß passt mir nicht. Z. Vergl. habe ich ausdrücklich gebeten mich nicht in den Jugendausschuß zu wählen. Gerade deshalb ist er mir wahrscheinlich ‚verblieben'. Du wirst also Verständnis dafür haben, wenn ich mich mit (Wort unleserlich, JPS) entsprechend einrichte.

Bewußt habe ich keine ‚Forderungen' gestellt. Mir schien das als Neuling nicht passend. Andererseits aber wäre ich fest davon überzeugt, daß sowohl sachlich als auch mein persönliches Engagement eine entsprechende Besetzung ermöglicht hätten."[415]

Steffens Nörgelei hat Erfolg, denn Mitte Januar 1960 wechselt er aus dem Jugend- in den Wirtschaftsausschuss.[416] In seine erste Wahlperiode fällt zudem der Untersuchungsausschuss „Prof. Heyde/Dr. Sawade I" zwischen Dezember 1959 und Juni

---

413 Varain: Parteien und Verbände, S. 180f.

414 SPD-Presse zu Parteien-Abkommen in Schleswig-Holstein, Union in Deutschland, Informationsdienst der Christlich-Demokratischen und Christlich-Sozialen Union, Bonn, 31.7.1958, Nr. 31, 12. Jg., S. 8.

415 Jochen Steffen an „Werter Genosse Käber!", handschriftlicher Briefentwurf ohne Datum, vermutlich 1959, Unterstreichung im Original, privat.

416 Siehe den Eintrag Steffens im Landtagsinformationssystem unter: http://lissh.lvn.parlanet.de/cgi-bin/starfinder/0?path=samtflmore.txt&id=fastlink&pass=&search=R=110&format=WEBVOLLLANG (zuletzt abgerufen im März 2017).

1961, in den er für die SPD delegiert wird. Zum Ende dieser Legislatur wird er noch 1962 in den Volksbildungsausschuss berufen.

Üblicherweise absolviert er die Fahrten zwischen Flensburg und Kiel zu den Sitzungen des Landtages oder zum Umbruch der Zeitung mit der Bahn. Als sich der Wahlerfolg in der Landtagswahl aufgrund des sicheren Listenplatzes abzeichnet, beschließen Jochen und Ilse, dass Ilse den Führerschein macht. Jochen selbst wird nie Auto fahren können – oder auch nur wollen. Er habe Angst, im abgespannten Zustand unkonzentriert Unfälle zu bauen, auch interessiere ihn nicht das Erleben der Geschwindigkeit, sagt er. So dienen die kommenden vielen und oft langen Autofahrten neben Ilse sitzend meistens Gesprächen oder dem Nachhängen eigener Gedanken.

Am 12. September 1958 erhält Ilse nach neun Fahrstunden die Fahrerlaubnis und kauft in Flensburg sogleich einen gebrauchten VW Käfer. Ilse fährt von nun an Jochen zu den Landtagssitzungen und macht die Dienstfahrten mit, der MdL Jochen Steffen besteht auf seiner Frau als Fahrerin, als der Landtag ihm das Angebot eines Fahrers macht. Ilse muss genau Buch über dienstliche Fahrten, Pausen, Mahlzeiten und Übernachtungen führen, die vom Landtag nach entsprechenden Sätzen entgolten werden.[417]

Die Autofahrten sind anstrengend, die Chaussee zwischen Flensburg und Kiel besteht weitgehend noch aus einer kopfsteingeflasterten Buckel-Strecke mit einem seitlichen Sommerweg. Auf dem Beifahrersitz hat Jochen Bedenken, dass der Käfer aus der Schräglage umkippen könnte. So ist er mit einem Kartoffelsack für eine bessere Straßenlage beschwert. Regelmäßig wird eine Frühstückspause bei Schleswig eingehalten. In Erinnerung ist auch mir ein Abholen Jochens vor dem Landtag geblieben: Er steht bereits vor dem Haus mit vielen anderen Abgeordneten. Ilse wird angesichts der seriös gekleideten Herren und der Dienstkarossen so nervös, dass sie vergisst, wie sie bremsen muss. Ich rufe vom Hintersitz, „Mama, Mama, da ist doch Papa!", aber meine Mutter fährt erst einmal eine erneute Runde und schafft dann den Stopp. „Ich dachte schon, du wolltest mich stehen lassen", kommentiert Jochen.

Mit einem Kleinkind ist Ilse in ihrer Bewegungsfreiheit eingeschränkt, während ihr Mann zu Partei- und politischen Veranstaltungen geht. Sie befreundet sich mit der Ehefrau eines Lehrers, Ewald Schwarze, der für die fp Kulturrezensionen schreibt. Mit ihr und ihrer Tochter wird regelmäßig nach Dänemark zu „Butterfahrten" aufgebrochen. Der Kontakt zu Ilse ist für andere Mütter begehrt, denn sie ist zu dieser Zeit eine der wenigen Frauen, die nicht nur einen Führerschein besitzten, sondern auch ein Auto zur oftmals freien Verfügung haben.

Hier beginnen auch meine Erinnerungen einzusetzen: Die Eltern suchen aus dem deutsch-dänischen Angebot in Flensburg einen deutschen Kindergarten für mich aus, in den ich nicht gerne gehe. Erinnerungen gibt es an die ersten Kindergeburtstage und daran, dass ich aus Dänemark einen Regenanzug erhalte, der dermaßen atmungsresistent ist, dass ich mich in ihm so nass schwitze, als ob ich im Regen stehen würde.

---

417 Steffen: Memoiren, S. 114.

Immerhin lerne ich auf der Rude als Steppke schon mal das Radfahren. Aber an den Geruch von Rum, der damals noch über der Stadt gelegen haben soll, kann ich mich nicht erinnern.

Eine wichtige, wenn nicht die wichtigste, politische und persönliche Bezugsperson für die junge Familie ist in Flensburg „Onkel Max". Das ist Max Beyreis, eine „überragende Persönlichkeit der örtlichen Parteigliederungen der 1950er und frühen 1960er Jahre".[418] Beyreis ist Vorsitzender des örtlichen DGB und nach der Fusion der SPF, deren Mitglied er war, mit der SPD ab 1955 langjähriger Vorsitzender der SPD-Fraktion im Stadtparlament. Für Jochen wird Beyreis schnell der bedeutsame Mann, der ihm die Türen zu den örtlichen Gewerkschaften und der dänischen Vertretung öffnet und ein enger Partner in der Partei ist. Mit ihm und seiner Lebensgefährtin Hildegard Petersen werden Wochenendausflüge nach Dänemark oder an den Ostseestrand unternommen. Onkel Max stellt die erste Sammlung der Geschichten „Mein Sohn Jens-Peter" zusammen. Onkel Max kann alles besorgen, auch ein halbes Schwein, denn sich ordentlich satt essen ist den Eltern damals wichtig.[419]

Gerade die dänische Esskultur nimmt einen großen Einfluss auf die Eltern und die Geschichten dänischer Völlerei in Flensburg oder Dänemark selbst gehen in die Familiensaga ein, später nur überstrahlt vom größten Steak in Jochens Leben in Denver, Colorado. Das gute Essen ist an den Fotos dieser Zeit abzulesen, nach den hageren Gestalten auf den ersten Nachkriegsbildern sind die Personen nun mollig und rund.

Den ersten Urlaub leisten sich Ilse und Jochen 1957. Sie lassen sich von Freunden an die nicht weit von Flensburg entfernt liegende Geltinger Bucht fahren und genießen dort einen feuchten schleswig-holsteinischen Sommer. Hier vermittelt ihnen wohl der junge Gerhard Gründler bei einem Besuch aus Kiel, dass sie solch unsicherem Wetter entgehen können, wenn sie Urlaub in Jugoslawien machen, wo die Wärme zu günstigen Kosten fast garantiert sei. Ilse dazu: „Jochen war wegen Tito für Jugoslawien. Ihm imponierte natürlich, wie er sich losgelöst hatte von der russischen Macht".[420] So werden 1958 und 1959 die ersten Jugoslawien-Urlaube mit Bahn und Bus unternommen, dann folgt bis Ende der 1960er Jahre jährlich eine Reise mit dem Auto.

Grundsätzlich versuchen die Eltern im Urlaub völlig wegzutauchen und für das politische Geschäft nicht erreichbar zu sein. Als bei dem Jugoslawienbesuch 1963 ein schweres Erdbeben in Skopje nach Deutschland gemeldet wird, führt das zu großer Aufregung bei den Großeltern und der Partei in Kiel. Schließlich kann per Telefon Entwarnung gegeben werden.

---

418 Hans-Ulrich Jeromin/Claus Olsen: Die Flensburger Sozialdemokratie zwischen 1954 und 1970 – Schlaglichter aus den 50er und 60er Jahren, in: Börm, Erika und andere: 125 Jahre SPD in Flensburg 1868-1993, Flensburg 1993, S. 261; biographische Angaben zu Max Beyreis bei Hans-Holger Paul/Archiv der Sozialen Demokratie: Inventar zu den Nachlässen der deutschen Arbeiterbewegung für die zehn westdeutschen Länder und West-Berlin 1993, S. 59.

419 Vgl. Steffen: Memoiren, S. 78.

420 Ebd., S. 87.

Für Jahre ähnelt sich der Urlaubsablauf: Nach der Fertigstellung des Umbruchs der Zeitung in Kiel, zuerst der fp, dann der VZ, geht es nach Mitternacht los. Im Auto ein Feldbett, auf dem sich Ilse an der österreichischen Grenze ausschläft. Zu dieser Zeit ist der Autobahnbestand in Deutschland oder Österreich noch überschaubar und in Jugoslawien wird der Wagen in den ersten Jahren per Gießkanne betankt. Ich glaube mich zu erinnern, dass gerade der VW auf der Heimfahrt stets mit einem Schaden liegen blieb: in gefühlter Sichtweite der Heimat, gerade hinter Hannover. Dann sieht Jochen Anfang der 1960er Jahre in Jugoslawien eine französische Familie mit einem Citroën reisen und sagt: „Das Auto will ich!“ So wird 1962 der erste Citroën in Hamburg erworben, noch gibt es keinen Händler in Schleswig-Holstein. Die ersten Jahre grüßen sich Citroën-Fahrer per Lichthupe, so selten trifft sich der Wagentyp. Viele Jahre fahren die Eltern diverse Citroëns, auch als Jochen Landesvorsitzender wird und eine Nachbarin in Kiel-Wik sagt: „Mütt sej jetzt nich Merzedes fohrn?“

Aufstieg in der SPD (1960 bis 1977)

Ilse ist in Erinnerung, dass auf einer Veranstaltung in der Kieler Ostseehalle vermutlich 1960 der Ministerpräsident Kai Uwe von Hassel mit einem Exemplar der fp in der Hand vom Podium wedelt und sich bitterlich beschwert, dass in diesem „Schmutzblatt“ beständig die Landesregierung beschimpft werde – und das werde auch noch von der Regierung bezahlt. Das müsse aufhören![421]

Zum Oktober 1960 wechselt Steffen als Redakteur von der fp zur VZ, gegen die Bedenken ihres Chefredakteurs Karl Rickers, der ihn nicht als angestellten Redakteur im Team haben will. Dessen Lebensgefährtin Susanne Materleitner drängt ihn, sich das doch zu überlegen – und kann ihn umstimmen.[422] Sicherlich nimmt die Partei Steffen durch die Veränderung aus der Schusslinie der Landesregierung, um die Finanzierung der fp nicht zu gefährden. Es gelingt allerdings nicht auf Dauer, die Zeitung zu erhalten. Die Wochenzeitung geht zum 1. November 1966 in der VZ auf. Zwei Jahre später, zum 31. Dezember 1968, wird auch die VZ eingestellt und die Kündigung beendet Steffens Wirken als angestellter Redakteur.[423] Der Umzug nach Kiel entspricht aber auch dem Wunsch der Eltern, die zeitraubenden Fahrten zwischen Flensburg und Kiel zu den Landtagssitzungen zu vermeiden.

In Kiel versorgt Walter Damm die Familie mit einer Wohnung der Neuen Heimat in Kiel-Wik. Zuerst in der Heiderstrasse 14, dann, als Ilse anfragt, ob zur Vergrößerung des Wohnraumes ein Durchbruch zur leerstehenden Nachbarwohnung möglich sei, bietet Damm in derselben Siedlung in der Kappelnerstrasse 12 eine größere Wohnung an. In diesem Neue-Heimat-Viertel wohnt auch das Ehepaar Nils und Anne

---

421 Ebd., S. 92.

422 Das Angestelltenverhältnis beginnt am 1.10.1960 bei der VZ, nunmehr für monatlich 850 DM brutto, Angestelltenversicherungskarte 2 von 1960, privat.

423 Schreiben Kieler Druckerei GmbH, W. [Wilhelm] Geusendam an Joachim Steffen, 29.06. [19]71, AdsD 1/JSAA000094.

Brodersen, sie im Landtag und in der Stadtpolitik aktiv, ihr Mann Nils, der Künstler, zeichnet den bekannten Kuddl-Schnööf-Kopf. Ein weiterer Nachbar ist der Schauspieler und Synchronsprecher Günther Dockerill. Von ihm erzählt Jochen, dass er ihn im Zug von Hamburg getroffen habe und Dockerill zu ihm gesagt habe: „Das ist jetzt ein komisches Gefühl, sie hier zu treffen. Ich habe gerade heute beim NDR ihren Nachruf gesprochen."

Ostern 1961 werde ich eingeschult. Ich gewinne Schulfreunde aus dem Viertel, deren Eltern auch Bekannte meiner Eltern werden, einige Kontakte halten bis zur Feier ihrer Rubinhochzeit im Jahr 1985. Ich darf mir meinen ersten Hund anschaffen, eine Dachsbracke – oder ehrlicher bezeichnet als ein Dackelmischling – namens Bulli Lehmann Edler vom Brahmsee, dessen von Jochen verliehener letzter Beiname mir damals nichts sagt. Die Erziehungsversuche dieses eigensinnigen Tieres finden ihren Weg in mehrere Kuddl Schnööf-Geschichten. Im Jahr 1964 hält das Fernsehen Einzug bei der Familie Steffen. Zuerst rechtfertigt Jochen die Anschaffung gegenüber Ilses Bedenken mit den Olympischen Spielen in Tokio, später das Behalten mit der Einführung des dritten Programms der Nordkette im Januar 1965, dessen Beiträge er für die Zeitung besprechen müsse. Ilse akzeptiert, damit Jochen keine Ausrede hat, woanders Fernsehen schauen zu müssen.

1962 zieht Jochen Steffen zum zweiten Mal über die Landesliste in den Landtag der 5. Wahlperiode ein. In seiner zweiten Legislatur ist Steffen in den Ausschüssen Agrar, Verfassung und Geschäftsordnung sowie Wirtschaft.

Auf dem Bezirksparteitag 1963 lehnt Steffen eine Kandidatur für das Amt des stellvertretenden Landesvorsitzenden der SPD noch ab, weil für ihn nicht geklärt sei, „wieweit sich die Partei nach links hin für alle sozialistischen Kräfte öffnet, soweit diese auf dem Boden des Grundgesetzes stehen".[424] Zwei Jahre später, auf dem Landesparteitag in Travemünde am 15./16. Mai 1965, wird Steffen als Nachfolger von Walter Damm zum hauptamtlichen Landesvorsitzenden der SPD gewählt.[425] Die Bundes-CDU trägt den Kommentar der Kieler Nachrichten in die Republik, dass nun ein „radikaler Marxist" den Landesvorsitz der SPD errungen habe.[426] Das Amt des Landesvorsitzenden bekleidet Jochen bis 1975, mit turnusmäßigen Wahlen auf den Landesparteitagen 1967, 1969, 1971 und 1973.

In Vorbereitung der Wahlen 1967 wählt die Landtagsfraktion den Landesvorsitzenden am 18. Oktober 1966 zu ihrem Vorsitzenden, was ihm zugleich die Rolle des Oppositionsführers zuweist.[427] Gerhard Strack hat die Aufgabe, ihm an einem Sonntag zu Hause in der Wik die Fraktionsleitung anzutragen: „Du musst es machen!"

---

424 Vierter Streich, in: Der Spiegel, 6/1966, a.a.O., S. 26.

425 Jahrbuch der Sozialdemokratischen Partei Deutschlands 1966/67, Bad Godesberg 1967, S. 142.

426 Ruck zurück nach Links, Union in Deutschland, Jg. 19, Nr. 23, 10.6.1965, S. 4.

427 Siehe den Eintrag Steffens im Landtagsinformationssystem unter: http://lissh.lvn.parlanet.de/cgi-bin/starfinder/0?path=samtflmore.txt&id=fastlink&pass=&search=R=110&format=WEBVOLLLANG (zuletzt abgerufen im März 2017).

Eine Mehrheit der Parteiführung missbilligt, dass der verheiratete Wilhelm Käber als exponierter SPD-Vertreter eine Freundin hat. Es werden im anstehenden Wahlkampf negative Auswirkungen befürchtet.[428] Steffen erhält in Nachfolge von Wilhelm Käber zudem einen Sitz im Ältestenrat des Landtages.

Steffen übernimmt zu einer Zeit führende Parteiämter, zu der in der Landes-SPD vielen die sozialen Folgen des in Schleswig-Holstein stark ausgeprägten strukturellen Umbruchs und der einsetzenden Rezession deutlich werden. Das führt bei Teilen der Partei zu einer zumindest entschiedener auftretenden Politik für die betroffenen Beschäftigten. Für Steffen sind die strukturellen Umwälzungen erklärtermaßen die Kehrseite der Entfaltung der Produktivkräfte und ihre gezielte andere Gestaltung Macht- und damit Klassenfragen.[429] Später, in seiner Rede zur Abgabe des Fraktionsvorsitzes 1973 charakterisiert Steffen diesen Zeitpunkt als einen grundsätzlichen Wendepunkt: „Schlagwortartig formuliert: Die Zeit des scheinbar problemlosen, ökonomischen Wachstums war vorbei – die Zeit des Wachstums der sozialen Probleme begann."[430]

Auch in der SPD selbst wird mit Steffens Erreichen dieser Positionen Mitte der 1960er Jahre ein Generationensprung in der schleswig-holsteinischen SPD deutlich. Die Altersgruppe, die Karl Rickers die „in der Weimarer Republik Aufgewachsenen" nennt, die „bedingungslos auf Reformpolitik und Kompromiss" setzen, wird abgelöst durch einen Mann, bei dem die Alten spüren, dass er Politik anders sieht und anders betreiben will.[431] Wilhelm Käber nennt das in seinen Erinnerungen mehr als einen landläufigen Generationskonflikt, denn „die Differenzen lagen gar nicht so sehr in der Beurteilung von Sachproblemen, sondern in der Art und Weise, wie man gegensätzliche politische Standpunkte diskutierte". Steffen ist nicht Käbers Wunschnachfolger, auch wenn dieser in seinen Erinnerungen seine politischen Fähigkeiten und selbst seine spätere „Strukturelle Revolution" positiv wertet. Käber kann sich nicht mit dem Typ eines Politikers anfreunden, der, von der Hochschule ohne Berufserfahrung kommend, die Laufbahn des Berufspolitikers einschlägt und „durch Scharfzüngigkeit die Aufmerksamkeit auf seine Person zu lenken weiß". Käber beruft sich für seine zwiespälti-

---

428 Erinnerungen Ilse Steffen; vgl. auch: Rolf Selzer: Stiernackige, profilierte Dickschädel: Hintergründiges über SPD-Lichtgestalten aus der Provinz im Norden, Ms. o.J. (2003/4), S. 14. [Weiter als Selzer: Stiernackige].

429 Karl Joachim Jürgen Steffen: Qualität der Demokratisierung. Bericht über die Arbeitsgruppe, in: Friedrichs, Günter (Red.): Aufgabe Zukunft, Qualität des Lebens. Beiträge zur vierten internationalen Arbeitstagung der Industriegewerkschaft Metall für die Bundesrepublik Deutschland 11. bis 14. April 1972 in Oberhausen, Bd. 8, Demokratisierung, Frankfurt/Main 1972, S. 203, 207. [Weiter als Steffen: Qualität].

430 Joachim Steffen: Rede des scheidenden Vorsitzenden der SPD-Fraktion im Schleswig-Holsteinischen Landtag Joachim Steffen am Donnerstag, 3. Mai 1973 in Kiel, Sozialdemokratische Fraktion im Schleswig-Holsteinischen Landtag, o. O. u. J., Privatarchiv Beez, S. 1. [Weiter als Steffen: Rede des scheidenden Vorsitzenden].

431 Rickers: Erinnerungen, S. 369f.

ge Einschätzung auch auf Walter Damm.[432] Von dem schreibt Karl Rickers, dass er auf die Frage, ob Steffen denn die einzige Option eines Nachfolgers sei, von Damm die Gegenfrage erhält: „Weißt du denn wen anderen von gleicher geistiger und politischer Präsenz?“

Steffen selbst behauptet, dass um diese politischen Ämter nicht gekämpft wurde. Walter Damm selbst habe ihn telefonisch angefragt, den Landesvorsitz und ein durch ihn geordnetes Haus zu übernehmen.[433] Aber es ist offensichtlich, dass Steffens Aufrücken in die landespolitischen Führungspositionen nicht von allen gleichermaßen befürwortet wird. Die Mixtur seiner persönlichen Eigenschaften und die Eindringlichkeit seines politischen Stils rufen von Anfang an und in der Erinnerung ein geteiltes Echo hervor.[434] Steffen ist bereit diese Positionen zu besetzten und hat das wohl auch intern erklärt. Ihn fördert sicherlich die allgemeine Anerkennung seines politischen Talents, aber auch die Tatsache einer dünnen Schicht einer neuen Generation an politischen Führern im Land.

Spätere Betrachtungen wie auch die Aussagen von Mitarbeitern werfen ein gleiches Licht auf die Vorstellung Steffens, „wie man Politik mache“. Den oppositionellen Charakter der Mitarbeit der SPD-Fraktion im Landtag unter seiner Leitung beschreibt er den Genossinnen und Genossen selbst:

„Wir lassen uns durch folgende Prinzipien leiten:

1.) die SPD ist nicht dazu da, Mehrheiten zu liefern, die die Regierungsparteien nicht zustande bringen, es sei denn

2.) wir bekommen Stimmen aus dem Regierungslager für unsere Vorstellungen,

3.) wir werden an den landeseigenen Aufgaben, gemäß unserem Programm, wie bisher aktiv und konstruktiv mitwirken,

4.) in allen Fragen, die entscheidend von der Bundespolitik abhängen, und das sind die Existenzfragen unseres Landes, werden wir unsere Vorstellungen vertreten,

5.) wenn die Regierung unsere Unterstützung in Bonn wünscht, hat sie sie, wenn sie unsere Vorschläge aufnimmt, wenn sie eigene Ideen haben sollte, so wird sie sie vorher mit uns abstimmen müssen,

6.) wird die Regierung der Öffentlichkeit darüber fair berichten müssen.

Das sind unsere Prinzipien. Sie sind fair und annehmbar für jeden, der ein sachliches Zusammenwirken wünscht. Auf jeden Fall ist die SPD-Fraktion kein Minimax, den die Landesregierung beliebig von der Wand nehmen kann, wenn in unserem Hause die lange bekannten Brandherde ausbrechen. Brandherde, die man entgegen unseren

---

432 Frank Lubowitz: Wilhelm Käber: Regierung und Opposition, Kiel 1986, S. 67f.; dies zitiert auch: Jürgen Weber: 60 Jahre SPD-Landtagsfraktion. Einleitung zur Festschrift, Kiel 2007, S. 5.

433 Vgl. Steffen: Personenbeschreibung, S. 260.

434 Vgl. Die Politik in der SPD begann nicht erst mit Jochen Steffen, Interview mit dem ehemaligen Landtagsabgeordneten Kurt Schulz, in: Uwe Danker: Die Jahrhundertstory. Bd. 3, Flensburg 1999, S. 159.

Mahnungen und Vorschlägen nicht ausgeräumt oder beseitigt hat.“[435] Jürgen Weber vergleicht die Arbeit der SPD-Landtagsfraktion unter der Ägide Käber und Steffen: „Es ging [...] um einen durchaus grundsätzlichen Politikwechsel. Steffen hatte umgehend deutlich gemacht, dass er die Unterschiede zur Regierungspolitik nicht so weit einebnen wolle, dass ‚nur noch Differenzen in Teilen von Sachfragen übrig blieben.' Opposition im Landtag sollte stärker an Grundsatzfragen orientiert werden. Das ließ gemeinsame parlamentarische Initiativen mit den Regierungsparteien kaum noch zu und stellte die Frage, ob künftig eine kleinteilige, konkrete und an Sachfragen orientierte Oppositionsarbeit noch im Mittelpunkt der Arbeit stehen sollte. Die tatsächliche Praxis der Fraktionsarbeit zeigte allerdings, dass die erfahrenen Parlamentarierinnen und Parlamentarier der SPD die Regierung auch in der täglichen ‚Kleinarbeit' forderten und ihrer Aufgabe als Opposition auch mit vielen eigenen Vorlagen und Gesetzesinitiativen nachkamen.“[436]

Steffens Vorstellung einer im obigen Sinne grundsätzlichen Politik betrifft alle Ebenen der politischen Beteiligung. Nach dem guten Wahlergebnis bei den schleswig-holsteinischen Kommunalwahlen im April 1970 verkündet er, so zitiert ihn Rolf Selzer, dass die Sozialdemokraten wissen, „dass gerade die Kommunalpolitik sich nicht zum ideologischen Paukboden eignet. Sie wissen aber auch, dass Kommunalpolitik in Verbindung mit der Landes- und Bundespolitik eine Ebene darstellt, auf der gesellschaftspolitische Entscheidungen fallen. *Hier ist dann der Punkt, wo Kompromisse für sie* (er meint damit die Sozialdemokratie) *aufhören*.“[437]

Zum neuen politischen Stil gehören aber auch ausführliche politische Monologe zur Einführung, politischer Lagebericht genannt, von Sitzungen durch Steffen, so erinnern sich die Mitarbeiter „Schorsch“ Beez und Rolf Selzer. Als SPD-Landes- und Fraktionsvorsitzender sowie als Oppositionsführer stützt Steffen sich auf zu ihm loyal stehende Mitpolitiker. Sie vermitteln „seine“ mitbestimmte Politik in die Partei und in die Kommunen und reflektieren in der Landtagsfraktion und im Landesvorstand, was aus denselben kommt. Zu diesem Personentableau gehört zuerst Gerhard Strack als hauptamtlicher Geschäftsführer und auch zeitweise stellvertretender Landesvorsitzender, bis dies aufgrund der „Amt und Mandat“-Regelung gegen den Widerstand Jochens ein Ende findet. In der Folge gehören zu seinen loyalen Unterstützern die Stellvertreter Kurt Schulz als Haushaltspolitiker im Landtag sowie Willi Geusendam und Günter Jansen im Landesvorstand.[438]

---

435 Jochen Steffen: Rede des SPD-Landesvorsitzenden Joachim Steffen auf dem Landesparteitag der schleswig-holsteinischen Sozialdemokraten am 1. Juli 1967 in Kiel, in: Landesvorstand der SPD in Schleswig-Holstein (Hg.), Sozialdemokratischer Informationsbrief Nr. 470/67, S. 8f. [Weiter als Steffen: Lptg. 1967], S. 13f.

436 Jürgen Weber: 60 Jahre SPD-Landtagsfraktion, S. 5.

437 Zitiert in: Selzer: Stiernackige, S. 19. (Kursiv im Original.)

438 Ebd., S. 14; ebenso: Börnsen: Erinnerungen, S. 318.

Ein Landesvorsitzender macht Wind: Gesellschaftspolitik und Deutschlandfrage

Als Landesvorsitzender hat Steffen eine Einflussposition in der Partei erreicht, die ihm erlaubt, die Politik der SPD auf Landes- und perspektivisch auch auf Bundesebene „stärker an Grundsatzfragen" zu orientieren. Sie sollen in einem offeneren und demokratischeren Stil verhandelt werden, als er ihn bislang in der Partei verspürt hat. Für diesen anderen Stil steht nach acht Monaten seiner Amtszeit ein zweiteiliger außerordentlicher Landesparteitag der norddeutschen Sozialdemokraten am 8. und 22. Januar 1966 in Eutin. Die Landes-SPD selbst tituliert diesen später als einen „Parteitag der Diskussion", als einen Parteitag der Art, die es seit mehr als zehn Jahren nicht mehr gegeben habe.[439]

Die dort verhandelten zwei gesellschaftspolitischen Grundsatzpapiere und eine Vorlage zur Deutschland-Politik sind Beispiele der von Steffen mit initiierten programmatischen Initiativen, die in einem kommunikativen und team-orientierten politischen Stil in die Partei eingebracht werden sollen.

Befeuert werden die programmatischen Vorlagen des Landesvorstandes der SPD in Eutin von der Frustration eines erheblichen Teils der Partei über die Wahlschlappe der SPD bei den Bundestagswahlen vom 19. September 1965. Zwar gewinnt die SPD gegen den CDU/CSU-Kanzlerkandidaten Ludwig Erhard Stimmen und Sitze hinzu, doch keineswegs in dem von den Sozialdemokraten angestrebten Maße. Die benannten Gründe für diese Wahlschlappe differieren in der Folge erheblich zwischen Parteivorstand und zum Beispiel der schleswig-holsteinischen SPD.

In einem Mitteilungsblatt für die norddeutsche SPD kritisiert Steffen die Wahltaktik und das Verhalten der Parteiführung vor der Bundestagswahl. Er attestiert den mangelnden Willen der SPD-Führung und der Bundestagsfraktion, offensiv gegen die Regierung aufzutreten. Entschieden lehnt er den Anspruch der Parteiführung ab, die nach Godesberg praktizierte Politik der SPD sei die einzig richtige. Am Ende könne sie dazu führen, dass „diese Politik das Godesberger Programm völlig unnötig in Mißkredit bringen kann".

Steffen sieht viele einzelne Symptome einer politischen Taktik, die „die Unterschiede zur Regierungspolitik so weit einebnete, daß lediglich noch Differenzen in Teilen von Sachfragen übrig blieben". Dagegen fordert er: „Wenn man unter Politik nicht heimliche Verführung sondern Formung des Bewußtseins versteht, dann werden wir uns künftig klarer ausdrücken müssen. Wenn man eine realistische Politik treiben will, muß man das Bewußtsein für die Politik schärfen [...]."

Und auf die mit dem Landesvorstand für den zweiteiligen Sonderparteitag in Eutin erarbeiteten Entschließungen zu allgemein-politischen Fragen und weiteren zu den Themen „Gesellschaft" und zur nationalen Frage hinführend, fügt er hinzu: „Aber eine Partei, die immerhin auf den Traditionen der Arbeiterbewegung beruht und geistesgeschichtlich von der Aufklärung her kommt, muß den Mut haben, zu sagen, was ist.

---

439 Jahrbuch der Sozialdemokratischen Partei Deutschlands 1966/67, a.a.O., S. 139.

Das gilt nicht nur für unsere nationale Politik. Das gilt auch für die Macht- und Herrschaftsstrukturen im westlichen Teil unserer gespaltenen Nation."[440]

In der intellektuellen Linken der Republik wird die gesellschaftspolitische Analyse der Eutiner Papiere als „avantgardistische Töne" wider die herrschende Meinung im Parteivorstand der SPD registriert.[441] In den „Blättern für deutsche und internationale Politik" wird begrüßt, dass Steffen seine Analyse der herrschenden Verhältnisse dem vom Bundeskanzler Ludwig Erhard vorgetragenen Konzept einer „formierten Gesellschaft" entgegen stellt. Der Kanzler entwirft in Anlehnung an seinen Berater und Redenschreiber Rüdiger Altmann das Bild einer Gesellschaftsformation, die in Ansätzen bereits in der sozialen Marktwirtschaft erkennbar und das „Gegenteil einer uniformierten Gesellschaft sozialistischer Prägung oder kollektivistischen Geistes" sei. Laut Erhard solle es eine gesellschaftspolitische Entwicklung geben, an deren Ende die verschiedenen sozialen Gruppen nicht mehr einander ausschließende Ziele verfolgen, sondern sich vielmehr zu einer zusammenwirkenden Gemeinschaft zusammengefunden haben.[442]

Die „Blätter für deutsche und internationale Politik" fassen Steffens diesem Konzept entgegenstehende Erklärung zusammen: „Steffen beschreibt die herrschende Machtverteilung, die alle die Gruppen benachteilige, denen aus sozialwirtschaftlichen Gründen die Möglichkeit fehle, in Fragen der Wettbewerbs-Regelung, der Subventionsbewilligung und der Strukturverbesserung auf den Staat einzuwirken, während die vorherrschenden Wirtschaftskreise bei der Verteilung und Umverteilung des Sozialprodukts eine ihnen genehme ‚Mitbestimmung' praktizieren. ‚Das ist ein Stück »formierter Gesellschaft« seit der Währungsreform', heißt es in der Eutiner Entschließung wörtlich. ‚Wer heute über eine »formierte Gesellschaft« nur redet, ohne zugleich die deformierenden Machtverhältnisse in Wirtschaft und Gesellschaft anzuprangern, der will diese ungerechten Machtverhältnisse stabilisieren'. Als SPD-Ziel proklamiert Steffen Veränderungen der Macht- und Herrschaftspyramide, Garantie der Mitwirkungschance der organisierten Gruppen im politischen Leben, gleichberechtigte Mitbestimmung im Bereich des täglichen Arbeitslebens."[443]

Die vom Landesparteitag verabschiedete Resolution wird als Antrag des Landesverbandes auf dem Bundesparteitag der SPD in Dortmund 1966 eingereicht. Dort prä-

440 Jochen Steffen: Zum Ergebnis der Bundestagswahl, Schleswig-Holstein Post, Nr. 11, November 1965 (zit. nach: Information, 23.11.1965, SAPMO-BA, ZPA, Signatur: DY-30-IV A2/2.028/26, Bestand Westabteilung des ZK der SED, Blätter 97f.) – Zur Funktion der Wahrheit in der Politik paraphrasiert Steffen gerne Ferdinand Lassalle: „Alle große politische Action besteht in dem Aussprechen dessen, was ist, und beginnt damit. Alle politische Kleingeisterei besteht in dem Verschweigen und Bemänteln dessen, was ist." Was Rosa Luxemburg weiter erhöht, wenn sie formuliert: „Wie Lassalle sagte, ist und bleibt die revolutionäre Tat, immer laut zu sagen, was ist."

441 Claudia Wolff: Die Formierer gehen pragmatisch vor, in: Blätter für deutsche und internationale Politik, 1966 Heft 5, S. 366ff.

442 Vgl. zum Beispiel Ludwig Erhard: Rede auf dem 13. CDU-Bundesparteitag, Düsseldorf, 28.-31. März 1965, Niederschrift, CDU (Hg.), Bonn 1965, besonders S. 703ff.

443 Claudia Wolff: Die Formierer gehen pragmatisch vor, S. 373.

sentiert sie Steffen den Delegierten: „Ich glaube nämlich, daß die Klarlegung oder die weitere Verdeutlichung der bestehenden Machtverhältnisse in der Bundesrepublik unumgänglich ist für eine Partei, die die soziale Demokratie verwirklichen, also einen Zustand herbeiführen will, den wir noch nicht haben.“

Konkretisierend attestiert Steffen in Dortmund, dass sich seit 1949 „eine Verflechtung wesentlicher wirtschaftlicher Machtgruppen und Unternehmensgruppen mit dem Staatsapparat vollzogen hat“ und dass das Konzept der „formierten Gesellschaft“ „die Ideologie der herrschenden Elite ist, die sie zur Stabilisierung ihrer Herrschaft benutzt“.[444] Als geladener Referent wird Steffen auf dem Bundesparteitag 1968 diese Aussagen erneut vortragen. Der außerordentliche Eutiner Parteitag ist jedoch in erster Linie für die ausführlich debattierte und beschlossene Erklärung zur Deutschlandpolitik und ihrer bundesweiten Reflexion in Erinnerung.

„Unsere nationale Existenzfrage“

Eine frühe Lehrstunde über Jochen Steffens Haltung zu den zwei deutschen Staaten ist für mich mit einem Urlaubserlebnis aus dem Jahre 1966 verbunden. Auf der Fahrt nach Jugoslawien erforschen die Eltern den ungarischen Balaton-See als ein mögliches zukünftiges Urlaubsziel. Wir verbringen den Tag am Strand, dabei ist unser Dackel Bulli. Ihn führt Jochen aus und kommt von der Exkursion wutschnaubend zurück. Er habe es so satt, schon wieder sei er gefragt worden, ob er aus dem demokratischen Teil Deutschlands komme. Und dann müsse er immer mit nein antworten. Erstmals erklärt Jochen mir 12-jährigem Knirps, der bis dahin aus der Schule nur das Kaufen von Kerzen für „unsere Brüder und Schwestern drüben“ kannte, wieso ihn das Demokratische in Bezug auf die DDR so wütend macht. Was er nicht erzählt ist, dass für ihn zu dieser Zeit das deutsch-deutsche Thema sehr präsent ist. Er pflegt Kontakte mit Repräsentanten der DDR und initiiert die sogenannte Eutiner Erklärung der SPD Schleswig-Holsteins zur DDR.

Die Auseinandersetzung mit dem anderen Deutschland ist seit der unmittelbaren Nachkriegszeit immer auch eine Auseinandersetzung der Ideologien mit einer besonderen Note. Als Juso-Vorsitzender ist Steffen aktiv in der Bildungsarbeit sozialistischer Jugendverbände in Schleswig-Holstein, wenn es um die Vorbereitung der SPD mit Blick auf die DDR auf die „kommende, überwiegend geistige Auseinandersetzung mit dem Kommunismus“ geht.[445]

Einen Debattenbeitrag zur „nationalen Frage“ hält der junge (Bundes-)Parteitagsdelegierte Steffen 1956. Dabei fordert er offenere Kontakte zur DDR. Die Rede erinnert stark an die zu dieser Zeit im SDS geführte Debatte und besonders an die Überlegun-

444 Jochen Steffen: Debattenbeitrag zur Mitbestimmung, Parteitag der Sozialdemokratischen Partei Deutschlands 1966, Bonn 1966, S. 306-309.

445 Steffen ist zum Beispiel aktiv im Rahmen einer „Arbeitsgemeinschaft für gesamtdeutsche Fragen“ des ASTA der Kieler Universität: Jugendliche wollen aktiver werden. Gesamtdeutscher Arbeitskreis in Flensburg gegründet, in: VZ, 18.4.1956.

gen ihres Referenten für gesamtdeutsche Fragen, Egon Erwin Müller.[446] Steffen behandelt das deutsch-deutsche Verhältnis angesichts der beginnenden Entstalinisierung in der Sowjetunion und des jüngsten Aufstands in Polen. Er argumentiert für Gespräche mit Pankow auf der Grundlage von erfüllten Bedingungen, „Verhandlungen, jawohl, aber ohne Ulbricht, ohne Melzheimer und ohne Benjamin und nicht, bevor die letzten politischen Gefangenen die Zuchthäuser verlassen haben", um „für die Menschen dort drüben in der sowjetisch besetzten Zone" eine einwandfreie Hilfestellung zu geben. Diesen Weg könne laut Steffen die SPD beschreiten, ohne damit zur Unterstützerin des stalinistischen Systems zu werden.[447] Sein Beitrag spiegelt die Linie der Parteiführung, eine Lösung der deutsch-deutschen Frage in erster Linie mit Moskau anzustreben, denn mit Walter Ulbricht, dem „sächsischen Lenin", sei eine Vereinigung nach westlichen demokratischen Grundsätzen nicht zu erwarten. Ein solcher Weg „hieße seine (die eigene, JPS) Selbstmordbereitschaft voraussetzen".[448] Als Redakteur der fp thematisiert er entlang dieser Argumente wiederholt die deutsche Frage, was zu dieser Zeit selbst die positive Beachtung eines völkischen Bauernführers findet.[449]

Für die Mitglieder im SDS, bei den Jungsozialisten und in der Partei geht es immer darum, bei den Kontakten nach „drüben" Abgrenzung und Annäherung im Lot zu halten. Private Besuche oder Delegationsreisen in die DDR zur Kontaktaufnahme oder Informationssammlung erzeugen im Westen durch die veröffentlichte Berichterstattung der DDR negative Reaktionen. Die DDR wertet solche Kontakte unter dem Gesichtspunkt internationaler Anerkennung aus. Manchmal blockieren aber auch die politischen Absichten der westlichen Reisenden sie selbst.[450] Es ist SPD-Linie, alle organisatorischen Kontakte zwischen hüben und drüben zu unterbinden. Dafür verabschiedet der SPD-Parteivorstand 1960 einen Verhaltenskodex für seine Mitglieder, der jeden organisatorischen oder politischen Kontakt als SPD mit der SED oder sowjetzonalen Stellen ablehnt. Zugleich wird jedoch anerkannt, dass Informationsreisen in die östlichen Staaten für den eigenen Kenntnisgewinn notwendig sind. Dafür wird von den Parteimitgliedern Festigkeit in der Argumentation gefordert, denn, so warnt die Direktive, „für die Kommunisten ist die Kontaktaufnahme nur ein taktisches Mittel".[451] Um

446 Albrecht schildert das Papier Müllers und die SDS-Debatte. Albrecht: SDS, S. 211ff.

447 Protokoll der Verhandlungen des Parteitages der Sozialdemokratischen Partei Deutschlands vom 10. bis 14. Juli 1956 in München, S. 110f. – Steffens Beitrag wird im ND zitiert: Verhandlungen mit der DDR, in: Neues Deutschland, 13.7.1956, S. 2.

448 Jochen Steffen: Verlassene Brüder (Kommentar), S. 1; sowie: Außenpolitik am toten Punkt, in: fp, 7.2.1957, S. 2.

449 Vgl. Onkel Johann, in: Steffen: Personenbeschreibung, S. 202.

450 Günter Benser gibt einen Überblick über westdeutsche Delegationen in die DDR sowie des FDGB und des ZK in den Westen. Ders.: SED und SPD – Kontakte und Verbindungen in den 50er und 60er Jahren, in: Reinhard Hübsch (Hg.): Hört die Signale! Die Deutschlandpolitik von KPD/SED und SPD 1945-1970, Berlin 2001, S. 131.

451 Richtlinien für Ostkontakte. Beschlossen vom Parteivorstand und Parteirat am 30. Januar 1960, AdsD 6/FLBL000061; im März 1967 wurde eine neue Version verabschiedet, siehe: SPD – Pressemitteilungen und Informationen, Bonn, 101/67 vom 18.3.1967.

bei solchen Kontakten gefestigter auftreten zu können, soll Albert Schulz, leitender Bezirkssekretär der SPD in Schleswig-Holstein, auf einer Funktionärsversammlung um die Jahreswende 1962/1963 geäußert haben, dass „wir gezwungen sind, uns alle mehr als bisher mit dem Marxismus auseinanderzusetzen“.[452]

In den 1950er und 60er Jahren ist die Frage der Wiedervereinigung im politischen Diskurs eng mit der westdeutschen Wiederbewaffnung, der Stationierung US-amerikanischer Atomwaffen auf westdeutschem Boden und der atomaren Bewaffnung der Bundeswehr verbunden.[453] Die Linke in und außerhalb der SPD sucht nach alternativen Ansätzen und sieht teil- und zeitweise im Neutralismus einen Weg. Dagegen bleiben besonders die Berliner SPD und Willy Brandt auf dem Adenauer-Kurs einer „Politik der Stärke“. Während der Arbeiteraufstand in der DDR 1953 sowie Ungarn 1956 eher die politische Linke durchrütteln, erschüttert der Mauerbau 1961 die Menschen in Westdeutschland zutiefst. Der Mauerbau visualisiert die Trennung unübersehbar. Zugleich beginnt mit dem Amtsantritt des US-Präsidenten John F. Kennedy ab 1961 eine mildere Version der Politik der Stärke und des „Rollback“.

Die sich abzeichnenden Möglichkeiten für eine andere Politik erkennen Willy Brandt und Egon Bahr. Zum prägenden Begriff wird Bahrs „Wandel durch Annäherung“ gegenüber der DDR, den er in einer Rede im Sommer 1963 prägt.[454] In ihrer Untersuchung der Eutiner Erklärung hebt Friederike Steiner diese Vorreiterrolle durch Bahr und Brandt hervor, erkennt aber auch einen wichtigen Beitrag zum gesellschaftspolitischen Diskurs für eine Änderung der Politik gegenüber der DDR und anderen Ländern des Ostblocks in der Denkschrift der EKD zum Verhältnis Westdeutschlands gegenüber den osteuropäischen Ländern. Aus diesen Wegbereitern schöpft die Eutiner Erklärung und leistet einen Beitrag zur neuen Deutschlandpolitik. Steiner wertet allerdings die Behauptung des Anstoßcharakters der Eutiner Erklärung für die Neue Ostpolitik der SPD als einen klaren Mythos der schleswig-holsteinischen SPD.[455]

Im Interesse, wenn nicht einer Wiedervereinigung, dann doch zumindest für eine Normalisierung des BRD-DDR-Verhältnisses formulieren Steffen und der Landesverband Schleswig-Holstein die Forderung nach einer konkreten Kontaktpolitik gegenüber der DDR ohne naive Vorstellungen. Allerdings hat die schleswig-holsteinische SPD keine Möglichkeiten, die deutsch-deutschen Annäherungen mit einer Kontaktauf-

---

452 Heinz Geggel (Leiter der ZK-Westabteilung) an Schö./Ha: Informationen über Stimmungen und Argumente unter Westdeutschen, besonders Sozialdemokraten und Gewerkschaftern vom 12.1.1963, S. 4. SAPMO-BArch, DY 30/ IV B2/2.028/15, Bestand Büro Norden.

453 Vgl. Peter Brandt/Herbert Ammon: Die Linke und die nationale Frage, Reinbek 1981, S. 44. [Weiter als Brandt/Ammon: Die Linke].

454 Vgl. dazu: Friederike Steiner: „es sieht doch so aus, als habe unser Eutiner Parteitag die Sache in der SPD ins Rutschen gebracht“. Jochen Steffen und die Rolle der schleswig-holsteinischen SPD in der Neuen Ostpolitik, in: Demokratische Geschichte 20 (2010), S. 327-354 [Weiter als Steiner: Neue Ostpolitik]. – Die Rede Egon Bahr: Wandel durch Annäherung, 15. Juli 1963, Evangelische Akademie Tutzing, in: Deutschland Archiv. Zeitschrift für Fragen der DDR und der Deutschlandpolitik, 8 (1973), S. 862-865.

455 Vgl. Steiner: Neue Ostpolitik, S. 349.

nahme zu den politischen Entscheidern in der Sowjetunion zu begleiten. Das Begehen dieser Kanäle bleibt dann später Egon Bahr vorbehalten.

Auch in den Jahren nach der Etablierung der neuen Ostpolitik bleiben Einschätzungen des aktuellen Verhältnisses zwischen Ost und West Teil von Steffens programmatischen Reden auf den Landesparteitagen der SPD. Immer wieder geht es ihm darum, die Einheit der für ihn notwendigen Reform von westdeutscher Innen- und Außenpolitik zu verdeutlichen. Denn, so Steffen 1971 auf einem außerordentlichen Landesparteitag: „Ohne diese Entspannungspolitik kommen wir nicht zu dem friedlichen Konkurrenzkampf der Systeme, den wir im Interesse der Menschheit notwendiger gebrauchen als den ungezügelten Konkurrenzkampf der Rüstungskosten. Ihr Gelingen ist die Kehrseite einer erfolgreichen und durchschlagenden Politik der inneren Reformen."[456]

„Die flächendeckende Kontaktsuche zu SPD-Funktionären"

In den 1960er Jahren hat Steffen zahlreiche Kontakte zu Emissären der SED, die das Gespräch mit aufgeschlossenen SPD- und Gewerkschaftsmitgliedern suchen. Die Westkontakte werden von Seiten der SED nach einem „Territorialprinzip" organisiert. Im Auftrag der Partei sind für Gesprächskontakte nach Nordwestdeutschland die DDR-Bezirke Rostock und Neubrandenburg beauftragt. Neben der Begleitung des Aufbaus und der Entwicklung der illegalen KPD, dann der DKP und der FDJ dienen die Besuche auch der Beobachtung der SPD und Gewerkschaften. Mögliche Kontakte außerhalb kommunistischer Organisationen werden von westdeutschen Kommunisten nach Berlin an die zentrale Koordinierung übermittelt. Diese – Name und Struktur ändern sich über die Jahre – Westkommission beim ZK der SED regelt als untergeordnete Einheit das Vorgehen der Westkommissionen auf Bezirks- und Kreisebene.[457]

Stets werden höher angesiedelte Kontakte gesucht, wie der Besuch von Horst Lubos und weiteren Bezirkstagabgeordneten aus Neubrandenburg im September 1960 belegt. Die Delegation wird im Schleswig-Holsteinischen Landtag vorstellig, um Gespräche mit SPD-Abgeordneten zu führen. Doch Wilhelm Käber, Wilhelm Siegel, Walter Damm und Eugen Lechner lassen sich durch die Fraktionssekretärin entschuldigen. Von einem Kontakt zu dem jungen Abgeordneten Steffen ist im Delegationsbericht nicht die Rede. Ein Gespräch ergibt sich dafür unter anderem mit dem SPD-MdB Professor Fritz Baade als Direktor des Kieler Instituts für Weltwirtschaft.[458]

---

456 Joachim Steffen: Rede des SPD-Landesvorsitzenden und Oppositionsführers im Schleswig-Holsteinischen Landtag auf dem außerordentlichen Landesparteitag der SPD am 23./24. Januar 1971 in Flensburg, Landesvorstand und Landtagsfraktion der SPD in Schleswig-Holstein (Hg.): Sozialdemokratischer Informationsbrief, 23.1.1971, S. 11.

457 Vgl. zur Strukturierung und Umstrukturierung der Westarbeit der SED die Kapitel 9 und 10 in: Michael Lemke: Einheit oder Sozialismus? Die Deutschlandpolitik der SED 1949-1961, Köln 2001.

458 Genossen Lubos, Brachaus, Knecht, Dunoer: Bericht über die Reise einer Delegation des Bezirkstages nach Schleswig-Holstein vom 24.9.1960, S. 3. SAPMO-BArch, DY 30/ IV A2/10.02/36, S. 3. Bestand Westabteilung des ZK der SED.

Der Bau der Mauer verringert die Zahl der SED-Besuche im Westen erheblich. Besucher mit Parteiauftrag aus der DDR sind von der westdeutschen Aufklärung nun leicht zu identifizieren. Ab 1963 steigt die Reisetätigkeit laut vorliegender DDR-Berichte und Beobachtungen westdeutscher Verfassungsschutzorgane[459] wieder an. Zahllose Informanten mit Stimmungs- und Lageberichten aus den Gremien der SPD bis hinauf in den Parteivorstand in Bonn werden gewonnen und ihre Äußerungen anonymisiert für das ZK der SED zusammengestellt. Ziel der Westarbeit ist es, Bedingungen und Verhältnisse in Westdeutschland zu fördern, die zu einer Anerkennung der DDR führen.[460]

Die Gespräche zwischen Steffen und SED-Besuchern beginnen Ende 1962. Als Landtagsabgeordneter wird er früh über die taktischen Maßnahmen der SED, „Infiltrationspunkte“ in SPD-Unterorganisationen zu entwickeln, informiert. Die SPD nutzt den Weg über die Bezirkssekretäre, ihre politischen Repräsentanten zu informieren und zu warnen. So ist Steffen auch bekannt, dass die DDR-Bezirke Neubrandenburg und Schwerin mit den Parteiorganen „Freie Erde“ respektive „Schweriner Volkszeitung“ die „sowjetzonale ‚Patenschaft‘ für die Arbeit gegen die SPD“ zur Aufgabe haben.[461]

Mit seiner Wahl zum Landesvorsitzenden gewinnt Steffen für die Westabteilung und das Büro des ZK-Mitglieds Albert Norden an Stellenwert über Nordwestdeutschland hinaus. Ab 1964 habe der Kontakt zu Steffen „verbindliche Formen“ gehabt.[462] 1964 und 1965 gibt es mehrere Treffen mit DDR-Delegationen, die auf Seiten der schleswig-holsteinischen SPD unter dem Schirm der VZ als journalistische Kontakte mit der Redaktion der „Freien Erde“ aus Neubrandenburg geführt werden. Für Ende März 1965 wird, nach einem Treffen in Kiel im Januar,[463] ein offizieller zweitägiger Gegenbesuch – von der DDR als ein erstes Mal bezeichnet – von VZ-Redakteuren, unter ihnen „der bekannte SPD-Abgeordnete Joachim Steffen“[464], geplant. Die Reise

459 Zum Beispiel wird in Nordrhein-Westfalen geschlussfolgert: „Wenn auch eine endgültige Beurteilung noch nicht möglich ist, scheint es doch, als ob die Westarbeit durch Entsenden von Funktionären in die Bundesrepublik, die mit Errichtung der Mauer am 13.8.1961 fast völlig eingestellt wurde, nunmehr wieder aufzuleben beginnt.“ Extremismus-Berichte des Innenministeriums NRW an den Landtag oder Landesbehörden 1965, Düsseldorf 1965, S. 9.

460 Vgl. Manfred Wilke: Die Gründung der DKP als Entscheidung des SED-Politbüros, Referat auf der Veranstaltung der Point Alpha Akademie und der Hessischen Landeszentrale für politische Bildung 23./24. November 2012, Operationsgebiet Bundesrepublik: Die Einflussversuche der SED in Westdeutschland, S. 6.

461 Diverse Berichte in einem Ordner Steffens über: „Kommunistische Tarnorganisationen“, „Patenschafts-Arbeit“ von DDR-Bezirken und Publikationen in der BRD, die „eindeutig pro-sowjetzonal, pro-kommunistisch eingestellt“ seien. O. O., 1.1.1960, privat.

462 Staadt, Jochen: Die geheime Westpolitik der SED 1960-1970, S. 169 [Weiter als Staadt: Westpolitik].

463 Über die Ergebnisse von Gesprächen mit Funktionären der SPD und der Gewerkschaften, 10.2.1965, SAPMO-BArch, DY 30/ IV A2/2.028/26, Bestand Westabteilung des ZK der SED, Blätter 58-61.

464 Albert Norden an Walter Ulbricht: 10.2.1965, ebd., Blatt 57.

führt nach Neubrandenburg zur „Freien Erde", Ilse ist dabei.[465] Die westdeutschen Besucher interessieren sich besonders für die landwirtschaftlichen Verhältnisse in der DDR und besuchen eine LPG im Kreis Anklam. Ein starkes Erlebnis für Ilse und Jochen ist, dass ihr Fahrer sich auf dem Weg zur Vorzeige-Anlage – sie glauben absichtlich – verfährt und schließlich auf einer äußerst schäbigen LPG endet. Die Eltern versuchen dem vor einer Zurechtweisung stehenden Fahrer dadurch zu helfen, dass sie seinen Fehler mit ihrer beständigen Fragerei erklären.

In den Gesprächen werden Ideen über gegenseitige Besuche von Landwirten aus Schleswig-Holsteinischen und LPG-Bauern entwickelt. In einer über acht Stunden währenden Hauptaussprache, „die sehr hart war", werden unter anderem Atomwaffen, die Verjährung von Nazi-Kriegsverbrechen, die Rolle der beiden deutschen Staaten und die Möglichkeiten ihrer Annäherung, die Hallstein-Doktrin und der „antifaschistische Schutzwall" thematisiert. Die Westkommission geht davon aus, dass der Besuch „mit Wissen und Einverständnis des Parteivorstandes in Bonn" erfolgte und möchte die Kontakte fortsetzen.[466]

Dieses Anliegen sanktioniert das ZK. Bei weiteren Treffen Anfang 1966, inzwischen hat die SED ihren offenen Brief an die Mitglieder der SPD verfasst, wiederholt Steffen seine Kritik an der SED-Politik gegenüber Künstlern und Schriftstellern nach dem 11. ZK-Plenum und an der Unfreiheit in der DDR im Allgemeinen.[467] In den Berichten der Westabteilung geht die kritische Kommentierung von Steffens Person und Politik durch die SED-Kader dennoch einher mit einer prominenten Behandlung. Auf seine Gesprächsbeiträge und seine Leitartikel wird immer wieder gesondert eingegangen. So empfiehlt zum Beispiel die Westabteilung des ZK den Führungsgenossen 1966 zur Popularisierung der „Offenen Brief"-Initiative: „Auseinandersetzung durch Bezirkszeitungen der Partei mit Äußerungen von sozialdemokratischen Politikern und Journalisten zum offenen Brief. Zum Beispiel: ‚Ostsee-Zeitung' Rostock mit Äußerungen Steffen, Schleswig-Holstein."[468]

Der von der Westabteilung beauftragte Kommentar erscheint in der Rostocker Ostsee-Zeitung und wird tags darauf im Neuen Deutschland in Länge wiedergegeben.[469] Durch das Jahr 1966 folgen mehrere Veröffentlichungen, die Steffens Äußerungen oder Meinungsartikel zu den deutsch-deutschen Beziehungen zum Anlass einer Berichterstattung und Kommentierung nehmen. Dazu gehört auch die Wiedergabe eines ‚offenen' Briefes von Heinrich Hoffmann, gebürtig aus Schleswig und nun Funktio-

465 Die VZ-Gruppe („alle SPD-Funktionäre") besteht aus Karl Rickers, Herbert Weil, Wolfgang Fechner und Jochen Steffen und Frau. Vgl. Information über Aussprachen mit sozialdemokratischen Funktionären in der DDR, Westkommission beim Politbüro, 22.5.1965. ebd., Blätter 67-69.

466 Ebd., Blatt 68.

467 Vgl. Gerhard Schiedewitz: Bericht des Genossen Schiedewitz über seine Reise nach Kiel vom 12. bis 16.2.1966; SAPMO-BArch, DY 30/ IV A2/1002/36, Bestand Westabteilung des ZK der SED.

468 Westabteilung: Weitere Maßnahmen in der Arbeit mit dem offenen Brief des ZK der SED an die SPD vom 25.2.1966. SAPMO-BArch, DY 30/ IV A2/2.028/22, Bestand Büro Norden, S. 2.

469 Gespräche ohne Vorbedingungen, in: Neues Deutschland, 3.3.1966, S. 6.

när der SED in Rostock. Nach dem Abbruch des geplanten Austausches von Rednern zwischen SPD und SED wird in den Folgejahren die Berichterstattung zunehmend dünner.[470]

Die Eutiner Erklärung zur Deutschlandpolitik

Vor dem Hintergrund dieser SED-Kontakte – und folgt man der Debatte, sind sie den Delegierten auch bekannt – wird auf dem Eutiner Sonderparteitag im Januar 1966 die Frage der Beziehungen zur DDR kontrovers diskutiert. Zur Einführung der Vorlage resümiert Steffen seine Erfahrung der Gespräche mit SEDlern. Er glaubt, dass in der DDR ein neuer Typ nationaler Kommunisten heranwachse.[471] Diese junge Generation sei beweglicher und undogmatischer als die alte und habe das Ziel, aus der DDR einen attraktiven Staat zu machen.

„Die nationalen Kommunisten neuen Typus seien nicht bereit, die DDR preiszugeben, sie wollen eine solche Politik betreiben, daß sie den Wettbewerb mit der Bundesrepublik gewinnen und ein Deutschland nach ihren Vorstellungen aufbauen können. Andererseits, sagte Steffen, sei es aber leichter, mit diesen nationalen Kommunisten zu verhandeln"[472] berichtet ein Genosse der verbotenen KPD über die vom Manuskript abweichende Parteitagsrede Steffens nach Ostberlin. Steffens Schlussfolgerung eines neuen Typus von Genosse scheint angesichts der hierarchischen Strukturierung und der zentralistischen Kontrolle der Westkontakte durch die alten SED-Führungskader, so wie sie in den Berichten aufscheinen, überzogen.

In Steffens Rede bilden seine Gesellschaftskritik und die deutsch-deutsche Frage eine Einheit. Die liberalen und konservativen Kräfte in der Bundesrepublik sähen ihre Hauptaufgabe darin, die bestehende Macht- und Herrschaftsstruktur aufrecht zu erhalten. Wie schon auf dem Parteitag 1956 sieht die von Steffen „im trögen Parteideutsch gehaltene"[473] Vorlage zur Deutschlandfrage die Möglichkeit einer Wiedervereinigung alleine in den Händen der Alliierten und abhängig von einer veränderten weltpolitischen Situation. Rolf Selzer, frisch angestellt bei der Landes-SPD, fasst die Entschließung folgendermaßen zusammen: „Der Kontakt zwischen den Menschen aus beiden Teilen Deutschlands sollte verstärkt werden. Zwischen der Bundesrepublik und den

---

470 Heinrich Hoffmann: Wer sich verantwortlich fühlt für die Geschicke des deutschen Volkes, der muß sich für Verständigung einsetzen (Abdruck eines Briefes an Jochen Steffen), in: Neues Deutschland, 23.3.1966, S. 6.

471 Der SED-Repräsentant Heinz Lubos aus Neubrandenburg ist damals erst Mitte 20.

472 Information: Landesparteitag der SPD Schleswig-Holstein. Ergänzungen zu den Presseberichten über Referat, Diskussion und Schlußwort. 1. Zum Referat Steffens, Abweichungen vom Manuskript, S. 3, SAPMO-BArch, DY 30/ IV A2/2.028/21, Bestand Westabteilung des ZK der SED, Blatt 113.

473 Selzer: Stiernackige, S. 10; die „Entschließung des außerordentlichen Landesparteitags der schleswig-holsteinischen SPD in Eutin am 8. und 22.1.1966" findet sich in mehreren Dokumentsammlungen: Ossip K. Flechtheim (Hg.): Dokumente zur parteipolitischen Entwicklung, Bd. VII, Berlin 1969, S. 214ff.; Brandt/Ammon: Die Linke, S. 255ff.; Bundesministerium für innerdeutsche Beziehungen (Hg.): Dokumente zur Deutschlandpolitik, IV. Reihe/Bd. 12, 1.1.-30.11.1966, Bonn 1981, S. 127ff.

Machthabern im östlichen Teil des gespaltenen Vaterlandes müssten Vereinbarungen getroffen werden. Nach der politischen Spaltung dürfe nicht auch noch die menschliche Spaltung des Volkes vertieft werden. Die Bundesrepublik müsse einen Verzicht auf Besitz und Mitbesitz von Atomwaffen anstreben. Schließlich wurde eine Wirtschaftshilfe zur Verbesserung der Infrastruktur in Mittel- und Osteuropa gefordert. Und: ‚Eine schrittweise Verwirklichung dieser Politik wird uns in eine verschärfte geistige Auseinandersetzung mit dem Kommunismus führen.'"[474]

Für Steffen liegt die Notwendigkeit einer neuen Politik gegenüber der DDR also auch im Eskalationspotential der internationalen Krisen- und Kriegslage: „Der Vietnam-Krieg wird ein langer Krieg sein. Er kann dazu führen – vielleicht durch eine neue Berlin-Krise, vielleicht anders -, dass die Deutschen einander auf beiden Seiten gleichsam als Vorkämpfer gegenüberstehen, während die entscheidenden Mächte dort jede unmittelbare kriegerische Begegnung vermeiden. Wir sollten wenigstens versuchen, dieser Gefahr zuvorzukommen. Durch wirtschaftliche Angebote und durch mehr."[475]

Egon Bahr charakterisiert die Erklärung später dahingehend, dass „[...] die drei formulierten Ziele: Kontakte zwischen den Menschen, militärische Entspannung und wirtschaftliche Zusammenarbeit im inneren Zusammenhang dieser drei Faktoren gesehen wurden. Deutsch-deutsche Sicherheit und Ost/West – gehören zusammen."[476]

Die für Steffen für eine aktive Annäherungspolitik untrennbare Dimension der Umgestaltung der jeweiligen inneren Wirtschafts- und Gesellschaftspolitik führt Bahr dabei nicht auf.

Auf dem Landesparteitag argumentiert die Bundestagsabgeordnete Annemarie Renger entschieden gegen die Entschließung, denn eine solche außenpolitische Positionierung stehe alleine dem Parteivorstand in Bonn zu. Zur Bekräftigung beruft sie sich auf die Vorstandsdirektive für Ostkontakte von 1960, die noch immer gültig sei. Auch der MdB Reinhold Rehs kritisiert, dass nun wohl jeder Landesbezirk seine eigene Außenpolitik betreibe und „schwadroniert im ‚Originalton CDU'"[477] als Vertriebenenpolitiker gegen die Resolution.

Die verabschiedete Entschließung schlägt in der Partei und den bundesrepublikanischen Medien Wellen. Aus vielen Landesverbänden der SPD ergehen Anfragen nach dem Text und nach Referenten. Der Spiegel erklärt die Eutiner Erklärung provokativ zu „Steffens Kommunisten-Manifest".[478]

---

474 Selzer; Stiernackige, S. 4.

475 Hans Gerlach: Die Partei muss Mut haben, in: Kölner Stadtanzeiger, 1.3.1966, S. 3-4.

476 Egon Bahr: Frieden und Entspannung - Tradition im besten Sinn, in: Demokratische Geschichte 3 (1988), S. 592.

477 Selzer: Stiernackige, S. 10. – Vgl. auch: Vierter Streich, in: Der Spiegel, 6/1966, 31.1.1966, S. 27. – Rehs wechselt später in die CDU.

478 Parteien: Vierter Streich, in: Der Spiegel, 6/1966, a.a.O., S.26.

Von den SED-Zuständigen wird sie positiv gewertet.[479] In seinen direkten Gesprächen mit der SED stellt Steffen klar, dass er und die SPD keine Absicht haben, den bundespolitischen Parteienkonsens gegenüber der DDR aufzuweichen. Die „Eutiner Beschlüsse" seien besonders im Hinblick auf die Politik der CDU zu sehen. Die SPD müsse „eine solche Politik der Verständigung machen, daß die CDU selbst Schritt für Schritt zur Verständigung gezwungen werde".[480] In diesem Zusammenhang kritisiert Steffen gegenüber SED-Abgesandten auch den offenen Brief der SED, der jenen, die in der SPD Verständigung mit der DDR suchen, den Stuhl unterm Hintern weghaue. „Zur Verständigung mit Euch könnten wir kommen, wenn Ihr so wie die Kommunistische Partei Italiens wäret", wird er zitiert.[481]

Rechtfertigen muss Steffen seine Politik vor dem Parteivorsitzenden Willy Brandt, der ihn zum Rapport lädt. Der hört als Regierender Bürgermeister in Berlin von der dortigen Linken unter Führung von Harry Ristock ganz ähnliche Töne und entsprechende pragmatische Vorschläge für ein neues Verhältnis zur DDR.[482]

Steffen beschreibt das Treffen mit Brandt: „[…] und seine erste Frage war (wir hatten das Entspannungsprogramm als einen Aufruf zum Kommunalwahlkampf [Wahltag 13.3.1966 – JPS] verkündet): Versprichst du dir davon irgendwelche Stimmen für die Kommunalwahlen? Da sagte ich, das sei eine so intelligente Frage, daß ich mich wundere, wie ein Mensch mit so geringer Überlegungsfähigkeit Parteivorsitzender werden könne. [...]

Innerhalb des SPD-Spektrums galten wir als Idioten, weil wir ziemlich alles anders gemacht haben als die anderen. Aber wir waren damit, glaub ich, ganz erfolgreich."[483]

Willy Brandt und die Parteiführung wollen die Kontrolle über die Ostpolitik und Ostkontakte in der Hand behalten. An die „lieben Freunde" in der Partei gewendet verlangt Brandt, dass die Konfrontation in der Sache der „innerdeutschen Auseinandersetzung" nur zentral geschehen dürfe. So bestimmt der Parteivorstand im April 1966 Fritz Stallberg, Sprecher des SPD-Vorstandes, und Hans Striefler, SPD-Geschäftsführer von Hannover, zu den Kontaktpersonen für die SPD-SED-Gespräche. An die Parteimitglieder gewendet fordert Brandt: „Versuche der SED, auf Gespräche und Kontakte auf lokaler und regionaler Ebene auszuweichen, müssen wie bisher einheitlich und

---

479 Vgl. SPD-Mitglieder fordern eine neue nationale Politik, in: Neues Deutschland, 11.1.1966, S. 1.

480 Gerhard Schiedewitz: Bericht des Genossen Schiedewitz über seine Reise nach Kiel vom 12. bis 16.2.1966; SAPMO-BArch, DY 30/ IV A2/1002/36, Bestand Westabteilung des ZK der SED.

481 Information über erste Aussprachen mit SPD-Funktionären zum Offenen Brief des ZK unserer Partei an die SPD, 24.2.1966. SAPMO-BArch, DY 30/ IV A2/1002/22, Westabteilung, Blatt 3.

482 Vgl.: Der Traum von einer „Großen Linken". Die Ristock-Gruppe sucht Gesinnungsfreunde – Neue Thesen zur Deutschland- und Ostpolitik, in: Die Zeit, 4.3.1966. - Die politische Nähe zwischen Ristock und Steffen, die sich 1965 zum ersten Mal ausführlicher austauschen, führt beide zur Gründung des „Frankfurter Kreises" zusammen. Harry Ristock: Neben dem roten Teppich. Begegnungen, Erfahrungen und Visionen eines Politikers. Berlin 1991, S. 101 [Weiter als Ristock: Teppich].

483 Steffen: Personenbeschreibung, S. 262.

eindeutig zurückgewiesen werden. Die SPD ist weiterhin für kommunistische Anbiederungsversuche oder Volksfrontmanöver nicht zu haben."[484]

Das zeigt Erfolg. Ein Bericht von SED-Gesprächen in Lübeck vermerkt, dass dortige SPD-Kontakte, darunter mit Björn Engholm, bis auf weiteres keine Möglichkeiten für offizielle Gespräche mehr sehen. Niemand wolle den Parteiausschluss riskieren.[485]

Gespräch mit der SED in Rostock

Im April 1966, unter dem Eindruck des offenen Briefes der SED an die SPD-Mitglieder, dem diskutierten Redneraustausch und terminlich zwischen dem außerordentlichen Landesparteitag von Eutin und dem Bundesparteitag der SPD, fährt erneut eine VZ-Delegation auf Einladung in die DDR. Diesmal besuchen Wolfgang Fechner und Jochen Steffen mit Ehefrauen Rostock. Dort führen sie Gespräche mit Harry Tisch, Mitglied des ZK und Erster Sekretär der Bezirksleitung Rostock der SED, sowie dem Kandidaten des ZK und Abteilungsleiter für Internationale Politik und Wirtschaft des ZK der SED, Heinz Geggel. Das ZK hat den Kontakt zur Förderung ihrer Brief-Initiative an sich gezogen, der zudem geplante Besuch der Kieler in Neubrandenburg findet nicht mehr statt.

Der anschließende Bericht über den Delegationsbesuch in Rostock der Westabteilung an das ZK versucht sich in einer Charakterisierung der Person Steffens: „Steffen ist 44 Jahre alt, gehört zur Gruppe der jüngeren Funktionäre der SPD. Er ist von sich sehr überzeugt, er nennt sich selbst ‚Profi-Politiker', macht einen sehr ehrgeizigen, zum Teil überheblichen Eindruck und drängt offensichtlich in der SPD-Führung stark nach oben.

Er ist sehr redegewandt und belesen. Er hat eine antikommunistische Grundhaltung. Das zeigt sich besonders in zynischen und gehässigen Äußerungen gegen die Sowjetunion, gegen die KPD und gegen uns.

Steffen hat formale, oberflächliche Kenntnisse einzelner Werke des Marxismus-Leninismus. Er bezeichnet das alles als Ideologie, aber zitiert mit Vorliebe Trotzki und solche Machwerke der bürgerlichen Ideologie, die den Marxismus-Leninismus in Theorie und Praxis verfälschen."[486]

Im Bericht über den Besuch wird vermutet, dass Steffen weniger aus eigenem Antrieb denn als Gesandter von Willy Brandt gekommen sei. Dafür spreche, dass er vom Besuch direkt nach Bonn zum Parteivorstand fahre.[487] Bei Fechner wiederum wird

484 Willy Brandt: An die Mitglieder der SPD, in: Pressestelle des Vorstandes der SPD (Hg.): Offensive Auseinandersetzung. Die offenen Briefe der SED, die offenen Antworten der SPD, das Echo in der Presse. Bonn o. J. [1966], S. 6.

485 Vgl. Westabteilung: Information über Gespräche mit SPD-Funktionären in Westdeutschland (Nr. 4) vom 18.8.1966, SAPMO-BArch, DY 30/ IV B2/2.028/15, Bestand Büro Norden, S. 4.

486 Bericht über den Besuch des Landesvorsitzenden der SPD Schleswig-Holstein, Joachim Steffen, in Rostock, S. 1; beigefügt ist der Ablaufplan des Besuches, SAPMO-BArch, DY 30/ IV A2/2.028/26, Bestand Westabteilung des ZK der SED.

487 Über einen möglichen Rapport Steffens in Bonn sind im AdsD keine Hinweise zu finden.

vermutet, dass er Verbindungen zum Bundesnachrichtendienst habe und zur Kontrolle von Steffen mitreise. Deswegen wird trotz aller „echten" thematischen Anknüpfungspunkte von Seiten der SED davor gewarnt, dass auch dieser Besuch der generellen Strategie des Eindringens der SPD in die kommunistischen Länder diene, was der zeitgleiche Wunsch der Kieler nach Unterstützung eines Besuches in Polen (zum Beispiel zur Debatte der Oder-Neiße-Grenze mit polnischen Kommunisten) bei den Neubrandenburger Genossen belege. Zum Abschluss spricht Steffen eine Gegeneinladung an Harry Tisch nach Kiel aus und bittet, wissend, dass er darauf letztlich keinen Einfluss habe, über den Besuch nicht offiziell zu berichten.

Untergebracht wird die Delegation im Gästehaus der SED „Haus Stolteraa" in Warnemünde. Jochen bestellt Getränke aufs Zimmer. Er reicht dem Zimmerkellner ein DM-Trinkgeld, das dieser ergreift, aber zugleich laut und deutlich sagt: „Vielen Dank, aber wir nehmen kein Trinkgeld von unseren Gästen!" Nun wissen die Eltern, dass das Zimmer abgehört wird. Bei einem Bootstörn auf der Staatsyacht „Ostseeland" tauschen Steffen und Fechner an Deck ihre Eindrücke aus, weil sie davon ausgehen, dass sie dort nicht abgehört werden können.

In der Landes-SPD selbst ist der Delegationsaustausch nicht unumstritten. Besonders Gerhard Strack, der stellvertretende Landesvorsitzende, sieht in der Annäherung einen Verstoß gegen die Grundsätze der SPD für den Austausch mit SED und Kommunisten. Strack hegt zudem Ängste um seine persönliche Sicherheit, sollte es zu der angedachten Polenreise kommen. Aufgrund seiner ehemaligen Tätigkeit in der SED Dresden befürchtet er, von DDR-Stellen bei der Durchreise festgesetzt zu werden.[488]

Im Mai 1966 erfolgt der Gegenbesuch von Harry Tisch mit kleiner Delegation in Kiel. Hauptthema ist der erneute Austausch über den SED-SPD-Dialog. Die Gespräche „verliefen in einer sachlichen Atmosphäre", so berichtet das Neue Deutschland auf seiner Titelseite.[489] Harry Tisch besucht die Eltern alleine und privat. Jochen versorgt ihn mit Karl May-Büchern für seinen Sohn und Tisch selbst mit einigen Exemplaren aus seiner Krimi-Sammlung.

SPD-Bundesparteitag 1966

Die deutschlandpolitische Debatte des Bundesparteitages im Juni ist zum Teil von dem bereits mehrmals erwähnten Brief- und geplanten Rederaustausch zwischen der SPD und der SED bestimmt. Ihren offenen Brief hatte die SED-Führung am 11. Februar 1966 im Neuen Deutschland veröffentlicht.[490] Gerichtet an die Delegierten des SPD-Parteitages in Dortmund beantwortet die SPD nach Dekaden der Ablehnung solcher Gesprächsversuche diesmal den offenen Brief. Das führt zu einer mehrmonatigen De-

488 Vgl. Erinnerung Ilse Steffen; Staadt: Westpolitik, S. 205.

489 Zur Delegation gehören neben Harry Tisch: Bruno Lietz, Kandidat des ZK und Sekretär der Bezirksleitung Rostock, und Siegfried Unverricht, Chefredakteur der „Ostsee-Zeitung". Vgl.: Gespräche in Kiel, in: Neues Deutschland, 22.5.1966, S. 1.

490 Offener Brief im Neuen Deutschland vom 11.2.1966. Mit Antworten erneut 26.3.1966.

batte und zur Planung eines Austausches von Rednern, bis dies von Seiten der DDR-Führung abgebrochen wird.[491] Dem Parteitag liegt neben vielen weiteren Anträgen zur nationalen Frage die „Eutiner Entschließung“ aus Schleswig-Holstein vor.

In seinen zwei Redebeiträgen zur Deutschlandfrage ermahnt der Parteivorsitzende Willy Brandt mit Blick auf DDR-Stellen die unteren Parteiebenen, „sich nicht auf lokale und regionale Kontakte einzulassen“. Das sei nicht nur eine Frage der Disziplin, sondern führe darüber hinaus zur Verzettelung in dieser ernsten Auseinandersetzung führen.[492] Diese Bemerkungen wähnen die Schleswig-Holsteiner laut einem zusammenfassenden Bericht der SED-Westabteilung besonders auf sich gemünzt. Den Delegierten ist die Meldung des „Neuen Deutschland“ über den Besuch von Harry Tisch in Kiel bekannt, was das Auftreten von Steffen und den Landesdelegierten generell „stark behindert“ habe. Einen Bremer Antrag an die Kontrollkommission über ein Parteiverfahren gegen Steffen und Paul Bromme aus Lübeck soll Brandt selbst abgewendet haben. Auch Helmut Schmidt spricht sich auf dem Parteitag angesichts der zu bemerkenden internationalen Entspannungslage dafür aus, die Annäherung der beiden deutschen Teilstaaten unterhalb der Schwelle der völkerrechtlichen Anerkennung der DDR auszuloten.

Nach der Verabschiedung von Wilhelm Käber aus dem Parteivorstand, er kandidierte nicht erneut, führt die Stimmung auf dem Parteitag dazu, dass Steffen sich nicht zur Wahl für den Parteivorstand aufstellt.

„Trotz Drängens der schleswig-holsteinischen Delegierten ließ sich Steffen nicht für den Parteivorstand vorschlagen, obgleich er auch die Unterstützung anderer Bezirke erhalten hätte. Mutmaßliche Gründe: Er wollte ein Durchfallen bei der Wahl vermeiden und will sich in Schleswig-Holstein zunächst erst einmal eine feste Position ausbauen.“[493]

Der Antrag des Landesverbandes zur Deutschlandpolitik wird zur Überarbeitung an den Parteivorstand überwiesen. Mit der dann beschlossenen Parteitagsresolution sind die schleswig-holsteinischen Genossinnen und Genossen zufrieden. Friedrike Steiner analysiert, dass sich von der Erklärung des schleswig-holsteinischen Landesverbandes die Kernforderungen in der redaktionell überarbeiteten Entschließung fast ausnahmslos wiederfinden.[494] SED-Informanten bestätigen dies später aus Kiel: „Insgesamt war spürbar, daß das Vertrauen dieser SPD-Fraktion zu ihrem Landesvorstand und auch zur SPD-Führung gewachsen ist. Ihrer Meinung nach betreibe der Parteivorstand eine

---

491 Kurz skizziert in: Hermann Weber: Die DDR 1945-1990. Oldenbourg Grundriss der Geschichte, Bd. 20, 5. aktual. Aufl., München 2012, S. 69f.

492 Willy Brandt: Redebeiträge, Parteitag der Sozialdemokratischen Partei Deutschlands vom 1. bis 5. Juni in Dortmund, Protokoll der Verhandlungen, Bonn 1966, hier S. 89, ebenso S. 517.

493 Westabteilung: Information zu Steffen (Schleswig-Holstein), ohne Datum, SAPMO-BArch, DY 30/ IV B2/2.028/21, Blatt 75.

494 Vgl. Steiner: Neue Ostpolitik, S. 344; vgl.: Antrag B 11, Landesverband Schleswig-Holstein, Antrag B 67: Entschließung zur Deutschlandpolitik unter den sich ändernden weltpolitischen Bedingungen, in: Parteitag Dortmund 1966, a.a.O., S. 1006ff. u. 1049ff.

solche Politik, die auch den Vorstellungen des Landesparteitages der SPD in Eutin Anfang des Jahres 1966 entspreche."[495]

Die innenpolitische Debatte auf dem Parteitag 1966 ist geprägt durch die Aufarbeitung der im vorherigen September verlorenen Bundestagswahl. Das Ergründen der Mängel in der eigenen Partei, die zur Wahlniederlage von 1965 beitrugen, macht, wie Steffen selbst argumentiert, „die ideologische Grundlage, wie sie sich im Godesberger Programm manifestiert hatte, nicht kontrovers".[496] Der Dortmunder Parteitag wird als „der erste Parteitag nach 1959, auf dem eine innerparteiliche Opposition systematisch agierte" gesehen.[497] Nachdem die Breite der Partei den Kurs der Parteiführung in Richtung politischer Mitte und an die Seite der Union „zwar hingenommen und zähneknirschend mitgemacht"[498] hatte, wird die Kritik an diesem Kurs nun zunehmend offen angesprochen.

Schleswig-holsteinischer Anstoß zu einer neuen Ostpolitik?

Steffen, Selzer und andere reklamieren für die Landes-SPD, einen Anstoß zu einer veränderten SPD-Politik gegenüber der DDR gegeben zu haben.[499] Dieser sei, so Steffen, aus der Überzeugung entstanden, dass eine „Partei gesellschaftliche und politische Tatbestände, die evident sind, nicht leugnen dürfe".[500]

Auf dem ordentlichen Landesparteitag 1967 in Kiel rekapituliert er die Zielsetzung der programmatischen Erklärungen des Sonderparteitages und resümiert sowohl den Erfolg als auch den Misserfolg des politischen Konzepts eines Junktims von Außen- und Innenpolitik:

„Worum ging es damals?

1.) es galt den Kreis der Gebetsmühlen in der Deutschland- und Außenpolitik zu durchbrechen helfen

2.) es galt klarzumachen, daß die Bundesrepublik in eine neue, harte Phase ihrer wirtschaftlichen und sozialen Entwicklung eintrat

---

495 Westabteilung: Information über Gespräche mit SPD-Funktionären in Westdeutschland (in der Zeit vom 20. Sept. - 25. Okt. 1966) vom 1.11.1966, SAPMO-BArch, DY 30/ IV B2/2.028/15, Bestand Büro Norden, S. 8.

496 Jürgen Dittberner: Die Bundesparteitage der Christlich Demokratischen Union und der Sozialdemokratischen Partei Deutschlands von 1946 bis 1968, Eine Untersuchung der Funktion von Parteitagen, Augsburg 1969, S. 106.

497 Ebd., S. 99.

498 Franz Walter: Die SPD. Vom Proletariat zur Neuen Mitte, Berlin 2002, S. 170.

499 Vgl.: Steffen: Personenbeschreibung, S. 262.

500 Jour fixe, Thema: Die SPD nach der Großen Koalition und die Wahl in Schleswig-Holstein, Abschrift Sendung Sender Freies Berlin, Drittes Programm, 25.1.1967, 20:05 Uhr. Hans Werner Richter, Fritz J. Raddatz, Kurt Sontheimer, Thomas von der Vring und Günter Grass befragen Jochen Steffen, Redaktion: Hanspeter Krüger, Ms. privat. (Auch im Hans-Werner-Richter-Archiv, Akademie der Künste, Berlin). [Weiter als Jour fixe 1967].

3.) das Zusammenwirken beider klarzumachen, d.h. daß ein nicht völlig souveräner Staat wie die Bundesrepublik nur in dem Umfang Chancen hat, seine Interessen durchzusetzen, als die
a) vernünftig sind, Tatsachen ausgehend
b) von einer florierenden, starken Wirtschaft getragen werden.

Was ist daraus geworden?
Zunächst einmal hatten wir eine große Resonanz aus dem In- und Ausland zu verzeichnen. Wir haben dreimal die Entschließungen nachdrucken müssen, um die Nachfrage zu befriedigen.

Aber das sind Äußerlichkeiten, auch wenn sie darauf hindeuten, daß in der Partei und in der Öffentlichkeit ein Bedürfnis nach klarem Text bestand.

In der Sache können wir wohl ohne Überheblichkeit feststellen, daß das, was die Deutschland- und Außenpolitik betrifft, die damals noch heftig debattierten Positionen, heute beinahe als Allgemeingut gelten können.

Aber wir müssen auch feststellen, daß das nicht für unsere Aussagen zur Wirtschafts- und Gesellschaftspolitik gilt."[501]

Im Januar 1967 formuliert Steffen in der SFB-Sendung burschikos: „In der Deutschlandpolitik wurden wir ja links überholt", und fügt spöttisch hinzu: „alle Leute, die vorher entsetzt waren, waren also voll jubelnder Einmütigkeit".[502]

Auch Rolf Selzer ist überzeugt, dass die „Eutiner Erklärung" „der streitbare Beginn eines Umdenkens der gesamten Sozialdemokratie zu einer realistischen und zum Frieden führenden Deutschland- und Ostpolitik" war. Und: „Der entscheidende Anstoß kam aus der nördlichsten der deutschen Provinzen, bewegt von Jochen Steffen. Die von ihm in Gang gesetzte neue Ost- und Deutschlandpolitik vertrat Steffen mit Klauen und Zähnen."[503]

Während Steffen und andere in den Wochen zwischen dem Eutiner und dem Bundesparteitag vor vielen SPD-Unterorganisationen über „grundsätzliche und aktuelle Fragen der Ostpolitik" referieren, reduziert sich dieser Einsatz nach dem Dortmunder Parteitag. Das Vorantreiben der nationalen Frage, die Neue Ostpolitik, ist wieder Domäne des Parteivorstandes – und hier besonders des Parteivorsitzenden Willy Brandt.

Die Zurückhaltung nach der Eutiner Deutschland-Resolution auf und nach dem Bundesparteitag ist einmal ihrer Aufhebung in der Neuen Ostpolitik geschuldet, aber auch der Einsicht, dass Steffens angestrebte Verzahnung von innerer und äußerer grundsätzlicher Reform nicht die von ihm gewünschte Aufnahme in der Partei findet. Das spätere „mehr Demokratie wagen" der Regierung Brandt erfüllt kaum seine Vorstellungen. Darüber hinaus zeigt der Vorgang aber auch, dass wenn der Vorstand pfeift, und Steffen ist zu dieser Zeit noch nicht Vorstandsmitglied, die Folgen des sich Widersetzens für sich und die Landespartei bedacht werden.

---

501 Steffen: Lptg. 1967, S. 8f.

502 Jour fixe 1967.

503 Selzer: Stiernackige, S. 10 und 11.

Für die Umsetzung „neuer“ politischer Positionen müssen innerparteiliche Bündnisse entstehen. Ansatzweise gibt es Mitte der 1960er Jahre zumindest eine zeitweilige Funktionsverteilung in der deutsch-deutschen-Frage: Sie erlaubt neben anderen Steffen, die Wünsche der Parteibasis nach einer Annäherung der beiden deutschen Staaten zu artikulieren und dem Parteivorsitzenden die Rolle des Moderators zu überlassen. Das gemeinsame Wirken höhlt die Widerstände gegen eine Änderung der Ostpolitik im Parteivorstand, der Bundestagsfraktion und der Partei aus. Vielleicht erklärt diese Episode auch Steffens Einschätzung Brandts nach dessen Abwahl als Parteivorsitzender, wonach Brandt „die Partei und ihre Politik immer als Fundament und Instrument seines persönlichen Agierens verstand – vor allem in der Außenpolitik“.[504]

Die Neue Ostpolitik der SPD gegenüber der DDR und anderen Staaten des sogenannten Ostblocks führt auch bei der SED zu nervösen Abwehrreaktionen. Das betrifft auch bald die Person Jochen Steffen. Bereits im August 1968 äußert sich Albert Norden gegenüber Ulbricht distanziert zur Person Steffen, seit März im Parteivorstand der SPD: „Viele positive westdeutsche Sozialdemokraten sehen – zu Unrecht – in Steffen eine Alternative zur Linie Wehner-Brandt-Schmidt.“

Für die Teilnahme an in Berlin angesetzten Parteiveranstaltungen nutzt Steffen den Flieger anstelle der Transitwege. So zur Teilnahme an der 5. Bundesversammlung am 5. März 1969 zur Wahl Gustav Heinemanns in der Berliner Ostpreußenhalle an der Masurenallee.[505] Begleitend zur Wahl organisieren die DDR-Organe massive Störungen der Transitstrecken und sowjetische Jets donnern im Tiefflug über Westberlin.[506] Während ihr Mann nach Berlin fliegt, nutzt Ilse die Transitstrecke mit dem Auto. Auf der Rückfahrt wird sie von den Grenzbeamten der DDR ausführlich gefilzt. In ihrem Adressbuch steht der Eintrag Perleberg mit Kontaktdaten. In diesem Fall der Name einer Bekannten von Ilse – aber eben auch der Name einer Stadt durch die die damalige Transitstrecke B5 führt. Nachdem die Grenzer die vermutete Konspiration nicht durchdringen können, kann Ilse nach einigen Stunden Aufenthalt ihre Fahrt fortsetzen.

Zum Ende seiner politischen Laufbahn beantragt Jochen 1977 die Einreise in die DDR. Für Recherchen zu seinem Radek-Buch möchte er nach seinem Besuch in Polen im Sommer 1976 auch DDR-Archive auswerten. Die Westabteilung der SED ist zu dieser Zeit besonders mit dem von „amnesty international“ in den westeuropäischen Ländern aufgebrachten Vorwurf des devisenbringenden „Freikaufs“ von Gefangenen aus der DDR beschäftigt. Zahlreiche Anfragen um Argumentationshilfe von DDR-Freundeskreisen und kommunistischen Parteien aus dem Westen finden sich unter den Dokumenten der Westabteilung. Vor diesem Hintergrund legt die Westabteilung dem ZK eine abschlägige Bewertung für Steffens Anliegen vor: „Es trifft zu, daß es vor Jahren Kontakte zu Steffen gegeben hatte. In der zurückliegenden Zeit ist er jedoch

---

504 Jochen Steffen: Er fiel im Dschungelkampf, in: die tageszeitung, 25.3.1987, S. 3.

505 Vgl. Mitgliedsausweis der Bundesversammlung 1969 für Joachim Steffen, AdsD 1/JSAA000076.

506 Vgl. Gregor Schöllgen: Die Außenpolitik der Bundesrepublik Deutschland: von den Anfängen bis zur Gegenwart, München 2004, S. 91.

bei jeder sich bietenden Gelegenheit äußerst feindselig gegen die DDR und andere sozialistische Staaten sowie auch gegen die DKP aufgetreten. Er hat keine Gelegenheit versäumt, sich in Wort und Schrift an Hetzkampagnen gegen unsere Republik zu beteiligen."

Weiter heißt es – wie so oft sind die Schlussfolgerungen der Aufklärung nicht völlig falsch, aber auch nicht ganz richtig –, Steffen habe sich zu einem Wortführer der Spaltung der SPD gemacht und gehöre inzwischen zu einem Kreis von Leuten, „die auf die Gründung einer neuen Partei hinarbeiten, deren Hauptziel es jedoch sein soll, der DKP das Wasser abzugraben und unzufriedene Sozialdemokraten davon abzuhalten, den Weg zur DKP zu finden.

Steffens Haltung sowie die Position der mit ihm verbundenen Leute wie Heinz Brandt, Rudi Dutschke unter anderem lassen keinen Zweifel, daß die von ihnen geplante Gruppierung eindeutig antisowjetisch ausgerichtet sein würde und sich als eine Art eurokommunistische Partei der Bundesrepublik ausgeben will. Würde es in dieser Situation unsererseits besondere Aufmerksamkeiten für Steffen geben und käme es gar zu politischen Gesprächen mit ihm, so wäre das ein Affront sowohl gegenüber unseren Genossen der DKP als auch gegenüber der SPD."

So schlussfolgert die Westabteilung, dass „von Seiten der SED und anderen Persönlichkeiten der DDR keinerlei Interesse an Gesprächen mit Steffen" bestehe. Am Ende des Dienstweges findet sich ein handschriftliches „Einverstanden" Erich Honekkers, Generalsekretär des ZK der SED, für die Ablehnung des Antrages von Jochen Steffen.[507]

Später dann, als Privatmann, nutzt Jochen die Transitstrecken zu seinen Kuddl-Schnööf-Auftritten oder zu einem Besuch des in Berlin studierenden Sohnes. Mit dabei sind immer Kuddl und Hein, die Schipperke-Rüden der Eltern, die bei jeder Durchfahrt dem DDR-Amtstierarzt gebührenpflichtig vorgestellt werden müssen. Wie viele Jahre zuvor reagiert Jochen auf vieles was die DDR betrifft aufsässig und wütend. „Ich habe gehört, die Hunde müssen zum Tierarzt?" fragt er den Grenzer. Und mir pocht das Herz im Hals, als der DDR-Grenzbeamte völlig humorlos antwortet: „Wollen sie damit sagen, dass Sie die Hunde bei vorherigen Reisen durch das Staatsgebiet der DDR nicht angemeldet haben und mir damit einen Verstoß gegen die Transitbestimmungen der DDR mitteilen?" Ich fahre Jochen in die Parade und erkläre alles zu einem Missverständnis.

Die letzte Erinnerung zu Jochen und der DDR ist in der zweiten Hälfte der 1980er Jahre angesiedelt. Ich nehme Kontakt zu einem Historiker der Humboldt-Universität auf, der ein ähnliches Themengebiet wissenschaftlich bearbeitet wie ich. Wir verabreden uns zu Besuchen in Ostberlin. Jochen hört sich das an und warnt mich vor den zu erwartenden Versuchen der Abschöpfung durch DDR-Organe. Recht hat er: Der

---

507 Die Quellen nach Staadt: Westpolitik, S. 206, FN 66; Herbert Häber: Hausmitteilung an Albert Norden vom 21.10.1977; Albert Norden: Hausmitteilung an Erich Honecker vom 25.10.1077, Einverstanden E. Honecker am 26.10.1977; SAPMO-BArch, DY 30/ IV B2/2.028/15, Bestand Büro Norden.

Ostberliner Kollege erzählt mir bald vom Besuch der Firma Horch und Guck, deren Ansinnen er abgelehnt habe.

Zweimal Spitzenkandidat der SPD in Schleswig-Holstein

Bei zwei Landtagswahlen, 1967 und 1971, ist Steffen Spitzenkandidat der SPD. Im Wahlkampf 1967 ist er im Vergleich zu 1971 noch nicht als der ultimative Bürgerschreck aufgebaut. „Alles war entspannter", erinnert sich Ilse, obwohl die giftigen Beiträge von CDU-Bundesministern auf Wahlkampftour in Schleswig-Holstein 1967, wie zum Beispiel des Vertriebenenministers Kai-Uwe von Hassel, ihr in schlechter Erinnerung sind. Aber noch fehlen die auf die Person gerichteten herabwürdigenden Tiraden des Wahlkampfes von 1971.

Jochen Steffen muss in den ersten Jahren als Oppositionsführer und Landesvorsitzender etliche Brüskierungen in seiner Funktion als Repräsentant der SPD ertragen. Ein Beispiel ist eine Einladung in Hamburg, zu der es im Veranstaltungssaal keinen reservierten Sitzplatz für den neuen Oppositionsführer aus Schleswig-Holstein gibt. Steffen setzt sich auf den leeren Stuhl des Ministerpräsidenten Lemke und führt einen lautstarken Streit mit den Veranstaltern. Eiligst wird die erste Reihe erweitert. Ein anderes Mal erhält der SPD-Oppositionsführer keine Einladung zu einer Veranstaltung mit dem Bundespräsidenten Gustav Heinemann. Über das Büro des Bundespräsidenten führt Steffen den Streit mit der Landesregierung um das Übergehen der SPD-Fraktion. Oder dem Oppositionsführer wird auf dem schleswig-holsteinischen Presseball ein Tisch im Keller zugewiesen. Steffen reagiert in diesen Fällen sehr „giftig", wie Ilse sagt, wenn seine Position als Oppositionsführer und Landesvorsitzender der SPD degradiert wird.

Die Liste dieser als persönliche Angriffe und Boshaftigkeiten erlebten Vorfälle kratzen an der Souveränität meiner Eltern im Umgang mit ihnen. So vermuten sie sogleich eine Art der „Sippenverfolgung", als meine Schule in St. Peter-Ording, wo die Eltern 1967 eine Wohnung kaufen und diese später zum ersten Wohnsitz machen, meinen Schulausschluss ankündigen, da meine Versetzung nach dem Vorjahr erneut gefährdet sei. Mein Vater setzt sich mit dem Kultusminister in Verbindung, der ihm bestätigen muss, dass der Sculverweis nicht fristgerecht erfolgt sei.[508]

Wenn auch nicht mit dem Wahlkampf 1971 vergleichbar, liegen 1967 die grundsätzlichen Kategorien der Darstellung Jochen Steffens bereits fest. So charakterisiert ihn selbst Der Spiegel als „Linksaußen in der Partei, mit groben Manieren, aber scharfem Verstand".[509] Im Parteiorgan VZ heißt es dagegen erwartungsgemäß freundlicher zum Kandidaten des Wahlkreises Kiel-Ost: „In der schleswig-holsteinischen SPD hat er in den vergangenen zwei Jahrzehnten oft die Rolle des Hechtes im Karpfenteich gespielt. Er ist ein Vertreter der jungen Intelligenz, die ihre Aufgabe in der Politik von der moralischen Verpflichtung her sieht, sie aber ohne Gefühlsüberschwang mit

---

508 Vgl. Steffen: Memoiren, S. 117.

509 Sturm und Storm, in: Der Spiegel, 17/1967, 17.4.1967, S. 44.

nüchternem Verstand und der Methodik der Wissenschaft meistert. Seine Fähigkeit, politische Vorgänge ihres Beiwerks zu entkleiden, um den Kern sichtbar zu machen, seine harten und schonungslosen Formulierungen, haben ihn schon vor Jahren zu einem der meistbeachteten sozialdemokratischen Politiker des Landes werden lassen. Er läßt nicht mit sich handeln, wenn es ihm um die Sache, um die vernünftige Lösung eines Problems geht."[510]

Die Landtagswahl 1967

Die Wahlkampfplanung für die Landtagswahl 1967 wird unter dem Eindruck des Endes der Regierung Erhard und dem Übergang in die erste Große Koalition in Bonn entwickelt. Es wird ein „Wahlkampf aus dem ‚Handgelenk'" geführt, bei dem unter anderem die Verbindung zwischen den Bonner Regierungsmitgliedern und dem schleswig-holsteinischen Wahlkampf schlecht funktioniert, so Steffens nachgereichte Kritik.[511] Doch immerhin reist zur Unterstützung Willy Brandt an. Rolf Selzer charakterisiert den 1967er Wahlkampf, der noch ohne Beratung durch eine Werbeagentur stattfindet, als die Auseinandersetzung einer Person gegen alle.[512]

Längerfristig vorbereitet und damit keineswegs aus dem Handgelenk initiieren Partei und Landtagsfraktion die wissenschaftlich unterstützte Ausarbeitung einer wirtschaftspolitischen Strukturplanung als Antwort auf die bereits in den frühen 1960er Jahren gewonnene Erkenntnis, dass die Auswirkungen der EWG-Politik verschiedene Wirtschaftszweige in Schleswig-Holstein in erhebliche Schwierigkeiten bringen. Bereits 1963 skizziert die Landespartei: „Es sei hier nur an die Textil-, Leder-, Mühlen- und Werftindustrie erinnert. Selbstverständlich stehen die Landwirtschaft und das Fischereiwesen nach wie vor mit im Vordergrund. Um mit diesen Problemen fertig zu werden, bedarf es sorgfältiger Überlegungen, die letztlich in Taten enden müssen".[513]

1967 fasst Steffen für die Diskussion in der Partei die mit Wissenschaftlern der Christian-Albrechts-Universität entwickelte Wirtschaftsprogrammatik in Thesen zusammen. Der Großraum der norddeutschen Länder leide trotz einzelner industrieller Ballungsräume in Hamburg, Bremen und dem südlichen Niedersachsen an einem Mangel an Industrie, an ungünstigen Absatzmärkten, seiner Randlage zu den Wirtschaftszentren der EWG und einer generell ungünstigen Infrastruktur. Kommunal- und länderzentrierte Planungen haben zu Investitionsruinen geführt, was für die Notwendigkeit einer gemeinsamen Entwicklungsplanung spreche. Eine solche Planung stünde unter Zeitdruck, denn hinsichtlich der sich entwickelnden Automation sei eine einigermaßen erfolgreiche Industrieansiedlung nur in den kommenden fünf Jahren und unter politisch und sozial ausgewogener Ausnutzung der gegebenen Agglomeration in

---

510 Politik mit Kopf und Herz, in: VZ, 22.4.1967.

511 Steffen: Lptg. 1967, S. 11.

512 Vgl. Selzer: Stiernackige, S. 15.

513 Jahrbuch der Sozialdemokratischen Partei Deutschlands 1962/63, Bonn 1963, S. 274.

die strukturschwachen Gebiete hinein möglich. Steffen schlägt den Nordländern dafür vier nacheinander zu gehende Schritte „im Wettlauf mit der Zeit“ vor: Erstens die Einrichtung eines gemeinschaftlichen wissenschaftlichen Instituts, zweitens eine gemeinschaftliche Wirtschaftsförderungsgesellschaft, drittens ein gemeinsamer Raumordnungsplan für die Großregion und schließlich, denn das Vorgehen würde die „Absurdität“ der politischen Grenzen zwischen den Ländern sprengen, eine gemeinsame Interessenvertretung nach außen.[514]

Steffens Darstellung der Strukturkrise und der gegensteuernden Maßnahmen stoßen aufgrund ihres pragmatisch und technokratisch erscheinenden Charakters in der Partei und außerhalb nicht immer auf Verständnis. In seinen Erläuterungen benutzt Steffen zur Beschreibung der Lage immer wieder das Bild eines brennenden Hauses: Zum Löschen gib es keine Alternative. Konkret auf die ökonomische Lage des Landes angewendet heißt das für ihn, die Alternative sei nichts zu tun oder bei den Wirtschaftsdaten anzusetzen. Erstaunt fragt ihn deswegen Fritz Raddatz beim SFB-Interview: „Das heißt, wenn ich‘s genau verstehe, es gibt keine spezifisch sozialdemokratische Alternative, sondern es gibt eine pragmatische Alternative, die eigentlich von jeder politischen Partei gehandhabt werden könnte. Wenn sie die Vollzugsmacht hat.“

Worauf Steffen ihm sein realpolitisches Credo skizziert: „Ja, also bei meinem Studium der Politik weiß ich, daß die meisten der politischen Entscheidungen so bestimmt sind, vor allem wenn sie sich auf soziale und ökonomische Zusammenhänge beziehen.“ Aber, so versichert Steffen der Runde auch: „Ich glaube sicher, daß die SPD die Gesellschaft verändern will, aber das kann sie auch nur in konkreten Situationen über konkrete Experimente.“[515]

Das Konzept einer Vereinigung der Küstenländer mit einer zeitlich gestaffelten wirtschaftlichen Schwerpunktsetzung von den Habenden zu den Nichthabenden ist der Mehrzahl der SPD-Politiker in Schleswig-Holstein, aber auch in den anderen Bundesländern schwer zu vermitteln. So lehnt der Hamburger Regierende Bürgermeister Herbert Weichmann das Ansinnen kategorisch ab.[516]

Zur Eröffnung des Landtagswahlkampfes am 5. März 1967 stellt die SPD das „Wirtschaftsprogramm für Schleswig-Holstein“ vor 5.000 TeilnehmerInnen in Neumünster vor. Reimut Jochimsen, Professor für wirtschaftliche Staatswissenschaften und Direktor des Seminars für Wirtschaftspolitik und Strukturforschung an der Universität Kiel, skizziert, wie „Schleswig-Holstein in das System einer global gesteuerten Marktwirtschaft“ eingepasst werden soll.[517] Als vorrangige Aufgaben werden die Stärkung regionaler Schwerpunkte um Hamburg und Lübeck genannt, von denen ausgehend der Ausbau der Verkehrseinrichtungen wie der Nord-Süd-Autobahn, die

---

514 Joachim Steffen: Probleme der Zusammenarbeit bei der Industrieansiedlung in den vier Küstenländern, o.O. u.J. (1967), Privatarchiv Beez.

515 Jour fixe 1967.

516 Vgl. Gert Börnsen: Nordstaat – Eine Frage der Reife, in: Hamburger Abendblatt, 2.3.1996, S. 5.

517 Jahrbuch der Sozialdemokratischen Partei Deutschlands 1966/67, a.a.O., S. 139f.

Elektrifizierung wichtiger Eisenbahnverbindungen und die Verkehrsverbesserung im Hamburger Umland entwickelt werden sollen. Weiterhin spricht das Programm die Bildungs- und Arbeitsmarktpolitik an.[518]

In seinen Wahlkampfreden, Artikeln und Interviews erläutert Steffen das Wirtschafts- und Strukturprogramm der SPD ein ums andere Mal mit sich gleichenden Bildern und Beispielen. So auch im Januar 1967 in der Jour fixe Sendung von Hans Werner Richter im Sender Freies Berlin. Richter notiert nach der Sendung in sein Tagebuch seinen Eindruck, der vielleicht auf das Neue, zumindest das Andere in Steffens politischem Verständnis hinweist: „Nach der Diskussion ein Ausruf von Grass: ‚Mein Gott, so veraltet wie heute bin ich mir noch nie vorgekommen.' Er hatte recht. Neben dem politischen Technologen Steffen wirkten alle veraltet. Ihre emotionellen Argumente, oft moralpolitisch begründet, verloren sich am verwaschenen Himmel der Fortschrittsgläubigkeit von gestern. Steffen setzte das Heute dagegen: Wissenschaft als Politik und Politik als Wissenschaft. Hoffnungslos dagegen die Literaten und hoffnungslos auch schon – und das ist erstaunlich – die Politologen."[519]

Steffen ist sich aufgrund der unterschiedlichsten Einwirkungsfaktoren auf die Situation im Land über den Wahlausgang unsicher. Dazu gehört der Einfluss der noch jungen Bonner Großen Koalition auf Schleswig-Holstein, denn „entscheidend sind die realen Bedingungen, d.h. die wirtschaftliche Entwicklung und das, was die verschiedenen Bevölkerungsgruppen jetzt von der Großen Koalition erleben".[520] Dazu kommt die Hoffnung der NPD auf einen großen Wahlerfolg. „Ich denke, daß diese Hoffnung nicht trügen wird", schreibt Steffen an Grass.[521] Während aufgrund der Sozial- und Wirtschaftsstruktur des Landes die alten Nazis bei der CDU und FDP gut aufgehoben seien, „seit 1950 [...] sind Minister in Schleswig-Holstein ohne NSDAP-Vergangenheit die Ausnahme gewesen"[522], sei die NPD hier eine junge Partei, die starken Anhang unter den Bauern und kleinen Gewerbetreibenden finden werde. Ihr zu erwartender Erfolg werde die CDU schwächen, deren Stärke Steffen in Schleswig-Holstein „einfach abnorm" nennt. „Was sich bei uns durch die NPD vorbereitet, ist eine Bereinigung – wie ich glaube – einer für das Land unnatürlichen Parteienkonstellation."[523] Schließlich die immer wieder vorgetragenen schlechten Wirtschaftsdaten des Landes, „alles das macht letztlich den Ausgang der Landtagswahl unberechenbar, weil er unter Voraussetzungen stattfindet, wie wir sie bisher eigentlich nicht kannten."[524]

Der Sozialdemokratische Pressedienst in Bonn prophezeit für die Landtagswahl 1967 aufgrund der NPD-Kandidatur, deren Stimmenanteil vor der Wahl mit bis zu 10

518 Vgl. ebd. S. 140.

519 Hans Werner Richter: Mittendrin: Die Tagebücher 1966-1972, München 2012, S. 286f.

520 Jour fixe 1967.

521 Jochen Steffen an Günter Grass, 5.1.1967, Günter-Grass-Archiv.

522 Jour fixe 1967.

523 Jochen Steffen an Günter Grass, 20.2.1967, Günter-Grass-Archiv.

524 Jour fixe 1967.

Prozent gehandelt wird, Verluste für FDP und SPD und visiert eine große Koalition als „demokratische Zwangsehe“ an, die dem Land aber „guttun“ würde[525]. Bei der Landtagswahl am 23. April 1967 fängt die SPD in Schleswig-Holstein zwar ihren bundesweiten Abwärtstrend auf. Zum Vergleich, bei der zeitgleichen Wahl in Rheinland-Pfalz verliert sie vier Mandate. In Schleswig-Holstein verzeichnet sie einen minimalen Zugewinn von 0,2 Prozent auf einen Stimmenanteil von 39,4 Prozent und gewinnt ein Mandat hinzu. Die CDU steigert sich um einen Prozentpunkt auf 41 Prozent. Die NPD bleibt hinter den Vorhersagen zurück. Dennoch gelingt ihr für die 6. Legislaturperiode mit 5,8 Prozent der Stimmen der Einzug in den schleswig-holsteinischen Landtag.[526]

Die Wochenzeitung Die Zeit kommentiert Steffens Beitrag zu diesem Wahlergebnis: „Vier Wochen zuvor hatten die Politologen den Sozialdemokraten nach einer geheimgehaltenen Umfrage einen Stimmenverlust von vier Prozent vorausgesagt. Dieser Erfolg als ‚zweiter Sieger' hat die Stellung des SPD-Vorsitzenden in seiner eigenen Partei gefestigt. In seinem Wahlkreis, einem Kieler Arbeiterviertel, konnte er der DFU viele Stimmen abjagen. Wer ihm also nachsagt, er sei ein ‚Linksaußen' der SPD, sollte hinzufügen, daß er ein Widerpart der extremen Linken ist.“[527]

Steffens Auswertung des Wahlkampfes 1967 betont die problematischen Differenzen zwischen kommunaler und Landespolitik, die bald nach der Wahl zu Gegenwind gegen seine Person im Landesverband führen: „Wir haben in Schleswig-Holstein einen harten Wahlkampf geführt. Er war in seinem Inhalt seit Jahren vorbereitet. Die ‚Härte' bestand im Realismus. Wir sagten den Bürgern seit mindestens drei Jahren, dass sie in einem wirtschaftlichen Problemgebiet leben, von absehbaren Strukturkrisen bedroht, die Rezession deckte alle wirtschaftlichen und sozialen Probleme des Landes mit einmal gnadenlos auf. [...]

Ferner waren nicht alle Kommunalpolitiker dazu zu bewegen, die Probleme ihrer Region hart und offen anzusprechen. Man hatte Angst, die Wähler würden die Verantwortung für ungelöste Strukturprobleme den Rathaus- und Gemeindevertretungen anlasten.“[528]

Steffen regt auf dem folgenden Landesparteitag an, dass Kommunalpolitiker sich vermehrt bereit zeigen sollten, auf Landesebene aktiv zu werden. Für das „Aneignen eines größeren Bildes“ müsse die Partei entsprechende Schulungen und Qualifizierun-

---

525 Sozialdemokratischer Pressedienst, 12.4.1967, S. 52.

526 Vgl.: Statistisches Amt für Hamburg und Schleswig-Holstein: Wahlen in Schleswig-Holstein seit 1947. Wahlberechtigte, Wählerinnen/Wähler und Stimmenverteilung in Prozent, Hamburg 2013.

527 Alexander Rost: Lemkes komplizierter Sieg, in: Die Zeit, 5.5.1967; vgl.: Rolf Schönfeldt: Die Deutsche Friedens-Union, in: Stöss, Richard (Hg.): Parteien Handbuch. Die Parteien der Bundesrepublik Deutschland 1945-1980. Bd. 1, Opladen 1983, S. 848-876.

528 Jochen Steffen, zit. nach: Selzer: Stiernackige, S. 15.

gen anbieten.[529] Auch für diesen Zweck entsteht die Bildungseinrichtung der SPD im Haus am Kellersee.

Die Landtagswahl 1971

Der Wahlkampf 1971 soll langfristiger und besser vorbereitet werden. Eine Landeswahlkampfkommission entwickelt 1970 für den Landesvorstand die Wahlkampfkonzeption. Zugleich bereitet eine Organisationskommission 1969/1970 den Übergang der Mitgliederkartei in die elektronische Datenverarbeitung vor, um den Grundstock zum geforderten „Informationsmodell" einer zielgruppengerechten Ansprache der Parteimitglieder zu liefern. Ein erster Nutzen ist eine „punktgenaue Versorgung" der Wahlkampfhelfer mit den entsprechenden Materialien der Partei.[530] Die Parteibüros werden auf den Stand der Technik gebracht und auch Steffen erhält im Laufe der Jahre diverse Tonband- und Diktiergeräte, mit denen der Technikresistente allerdings nicht umzugehen weiß. Solche Dinge verstaut er schnell in einer Schublade.

Erneut greift der Landesvorstand auf die Arbeit Professor Reimut Jochimsens zurück, der jetzt als Chef der Planungsabteilung im Bundeskanzleramt in Bonn für die Bundesregierung wirkt.[531] Auf der Grundlage seiner Arbeit und der des Kieler Institutes wird eine gemeinsame „Strategie der regionalen Wachstumspolitik" der vier norddeutschen Küstenländer Schleswig-Holstein, Niedersachsen, Hamburg und Bremen weiter ausformuliert. Diesmal wird das Wahlprogramm frühzeitig in die Gremien der Partei eingeführt. Es stößt allerdings nach wie vor bei Kommunalpolitikern und in den anderen Ländern auf Widerstand.[532] Dennoch führt die SPD ihren Wahlkampf 1971 explizit auf der Grundlage eines „wissenschaftlich erarbeiteten Programms", zu dem auch Steffens Forderung nach dem Bau weiterer Nuklearanlagen neben Krümmel und

---

529 Steffen: Lptg. 1967, S. 11f. – In Abgrenzung zur Friedrich Ebert Stiftung der SPD wird 1967 ein Bildungsverein im Haus am Kellersee ins Leben gerufen, aus dem sich die ab 1983 Gustav-Heinemann-Bildungsstätte genannte parteiunabhängige Bildungseinrichtung entwickelt. Vgl.: Ziel: Interesse für die Politik wecken, in: Kieler Nachrichten, 14.9.2009. - Vgl.: http://www.heinemann-bildungsstaette.de/ (zuletzt abgerufen im März 2017).

530 SPD-Landesverband Schleswig-Holstein: Politik und Organisation. Ein Bericht zum Landesparteitag 19. und 20. Juni 1971, Kiel 1971, S. 76ff.

531 Vgl. zu Jochimsens Vorstellungen, dem immer schneller werdenden technischen, wissenschaftlichen, wirtschaftlichen und sozialen Wandel eine „offene, wissenschaftlich fundierte Zukunftsplanung" von Bund, Ländern und darüber hinaus entgegenzustellen: Reimut Jochimsen: Wandel durch Planung, in: Neue Gesellschaft, 18/1971, Nr. 7, S. 467ff.

532 Die Zusammenarbeit der SPD in den Küstenländern scheint auch auf der Ebene der Landesvorsitzenden von Hamburg (Oswald Paulig), Bremen (Henning Scherf), Niedersachsen (Peter von Oertzen) und Schleswig-Holstein nicht besonders erfolgreich zu sein, wie ein Schreiben belegt. Nach einem Treffen am 25.5.1972 zum Austausch über gemeinsames politisches Handeln und der Absprache regelmäßiger Treffen wird Jochen im März 1973 daran erinnert, dass er ein zugesagtes Thementableau für weitere Treffen noch nicht vorgelegt habe. Siehe: Werner Noll an Jochen Steffen, SPD Hamburg, 16.3.1973, Privatarchiv Beez.

Brunsbüttel im Land gehört.[533] Um die erneute Spitzenkandidatur Steffens gibt es 1970 eine Auseinandersetzung in der Partei. Ein kommunalpolitisch verankerter SPD-Flügel, gestärkt durch ein gutes Ergebnis bei den Kommunalwahlen, wirft Steffen „die Art seines Auftretens und eine gewisse Selbstherrlichkeit in der Parteiführung“ vor. In Vorbereitung auf die für 1971 anstehenden Landtagswahlen glaubt eine Gruppierung „konservativer Pragmatiker“, wie Gert Börnsen sie nennt, dass in Schleswig-Holstein als Land der Bauern und des Mittelstandes „nur ein als gemäßigt geltender Mann das Stimmenreservoir für die SPD ausschöpfen“ kann. Der Kieler Oberbürgermeister Günther Bantzer denkt öffentlich über eine Gegenkandidatur als Ministerpräsidentenkandidat der SPD auf dem außerordentlichen Parteitag am 31. Oktober 1970 in Eutin nach, der die Landesliste für die Landtagswahl aufstellt.[534] Der Landesvorstand tritt auf dem Parteitag wegen dieser „Vertrauenskrise“ zurück und entsprechend bietet Steffen die Rückgabe seiner Ämter an, wird aber erneut zum Ministerpräsidentenkandidaten der SPD gekürt. Für Börnsen stärkten diese und weitere Intrigen „letztlich den engen Zusammenhalt der jungen Sozialdemokraten gegenüber konservativeren Pragmatikern und stabilisierten die Parteiführung.“[535]

Nach dem Zugewinn bei der Bundestagswahl 1969, die schleswig-holsteinische SPD erreichte das zweitbeste Ergebnis auf Bundesebene, und einer weiteren Konsolidierung bei den Kommunalwahlen, gibt Steffen für den schleswig-holsteinischen Wahlkampf von 1971 große Ziele vor: „Das Wahlziel der Sozialdemokraten in Schleswig-Holstein ist die Übernahme der Landesregierung und damit die Aufhebung der CDU/CSU-Mehrheit im Bundesrat. Ein Sieg der Sozialdemokraten in Schleswig-Holstein wird nicht nur die Weichen in dem Bundesland mit den niedrigsten Wohlstandszahlen in Richtung auf gesellschaftliche Reformen stellen, sondern auch die letzte bundespolitische Blockadebastion der CDU/CSU gegen die Reform- und Entspannungspolitik der Bundesregierung beseitigen.“[536]

Wahlprognosen sagen ein Kopf-an-Kopf-Rennen zwischen CDU und SPD voraus. Damit wird der Landtagswahlkampf 1971 von ganz anderem Kaliber als der von 1967. Für den scheidenden Ministerpräsidenten Dr. Lemke geht es um „eine grundsätzliche Auseinandersetzung zwischen dem Sozialismus in der Bundesrepublik und einer von Freiheit und Gerechtigkeit bestimmten Reformpolitik“.[537] Ein Lagerwahlkampf mit allen Haken und Ösen wird geführt, es gilt für die CDU, den Kandidaten für das Amt des

---

533 Joachim Steffen: Rede des SPD-Landesvorsitzenden und Oppositionsführers im Schleswig-Holsteinischen Landtag auf dem außerordentlichen Landesparteitag der SPD am 23./24. Januar 1971 in Flensburg, S. 11; SPD-Landesverband Schleswig-Holstein: Politik und Organisation. Ein Bericht zum Landesparteitag 19. und 20. Juni 1971, S. 22ff.

534 Vgl. Hannelore Asmus: Parteihader, in: Die Zeit, 31.7.1970.

535 Gert Börnsen: Erinnerungen an Jochen Steffen, in: Demokratische Geschichte 20 (2009), S. 313-314. Siehe auch den Abdruck des Textes in diesem Band.

536 Joachim Steffen: Schleswig-Holstein-Wahl immer bedeutungsvoller, in: Sozialdemokratischer Pressedienst, 5.4.1971, S. 1f.

537 Helmut Lemke zit. nach: Wirtschaftswoche, Nr.17, 22.4.1971, S. 14.

Ministerpräsidenten einer möglichen SPD/FDP-Koalition als größte Gefahr für den „freiheitlichen Staat" hinzustellen. Dafür greift die CDU im Land, im Bundestag und selbst unter Einbeziehung des US-Kongresses explizit Steffens These vom „modernen Faschismus" auf.

Steffen erörtert in mehreren Interviews, dass, gewissermaßen in Fortsetzung des Satzes von Kurt Schuhmacher von 1952, „alle Staatsgewalt geht von den Besatzungsmächten aus"[538], die Bundesrepublik letztlich nicht frei in ihren politischen Gestaltungsoptionen ist.[539] Otto Köhler skizziert im Spiegel Steffens Kernaussagen und ihre Wirkung in den oberen Etagen der SPD: „Steffen hatte in einem dreistündigen Interview mit dem ‚Flensburger Tageblatt' die Frage beantwortet, welche Gefahr in der Bundesrepublik größer sei: die einer kommunistischen oder die einer faschistischen Machtübernahme. Eine kommunistische Machtübernahme hielt Steffen für unmöglich, weil dann nach dem Deutschland-Vertrag die Alliierten sofort eingreifen. In diesem Zusammenhang formulierte er, ‚dass realiter unter den Bedingungen des Deutschland-Vertrages bei uns nur das gegeben ist, was ich den »modernen Faschismus« nenne'. Und: ‚Der Unterschied zur sowjetischen Intervention in der CSSR besteht unter dem Gesichtspunkt der Machterhaltung der Führungsmächte doch nur darin, dass bei uns die alliierten Truppen da sind, während sie bei der CSSR erst einmarschieren mussten.' Kunstvoll schälte ‚Bild' diese beiden Sätze aus dem Zusammenhang [...] dass auch die ‚Bild'-Leser im SPD-Parteivorstand glaubten: Steffen sagt, bei uns herrsche jetzt der Faschismus und die Anwesenheit der Alliierten sei so schlimm wie der Einmarsch der Russen in die CSSR."[540]

Die Reaktion der CDU auf Landesebene wird besonders durch den stellvertretenden CDU-Landes- und Junge Union-Vorsitzenden Dr. Uwe Barschel geführt. Er formuliert aus diesen Aussagen, unterstützt durch die Präsentation einer Untersuchung des Kieler Politologen Dr. Ulrich Mathée, der politische Leitartikel und Interviews Steffens seit Ende der 1950er Jahre nach linksradikalem Gedankengut durchforstet[541], die Forderung an die SPD, sie solle Steffen aus dem „politischen Geschäft ziehen".[542]

Die Kontroverse führt zu einer von Steffen mitgetragenen Erklärung des SPD-Präsidiums. Darin wird als eine entscheidende Grundlage sozialdemokratischer Politik das westliche Bündnis und damit die Anwesenheit der alliierten Truppen genannt. Unter Punkt zwei heißt es: „Aus sozialdemokratischer Sicht besteht kein Grund zu der

---

538 Nach Pirker: SPD nach Hitler, S. 147.

539 SPD-Landesverband Schleswig-Holstein: Politik und Organisation. Ein Bericht zum Landesparteitag 19. und 20. Juni 1971, Kiel 1971, S. 76ff.

540 Otto Köhler: Marx im Ohr, in: Der Spiegel 11/1971, 8.3.1971, S. 97.

541 Siehe Ulrich Mathée: Sozialdemokratie und Klassenkampf, Recklinghausen, o. J. [1971].

542 Dr. Uwe Barschel: Der SPD-Landesvorsitzende Steffen vertritt eine sozialrevolutionäre und neomarxistische Ideologie, in: CDU-Landesdienst Schleswig-Holstein, Nr. 37/71, 3.3.1971, sowie Nr. 38/71 vom 2. [richtig: 3.] 3.1971. – Aufgenommen zum Beispiel von den Kieler Nachrichten: Barschel: Steffen vertritt Ideologie des Neomarxismus und des Klassenkampfes, in: Kieler Nachrichten, 4.3.1971.

Befürchtung, die westlichen Verbündeten würden von einem Interventionsrecht Gebrauch machen, das sie im übrigen 1968 ausdrücklich aufgegeben haben."[543]

Einen Tag später folgt eine Bearbeitung der „Affäre" durch den Sprecher des Vorstandes der SPD. Neben der Wiedergabe der Geschichte durch den Spiegel publiziert auch Die Zeit eine Dokumentation.[544]

In einer Wahlkampfrede in Itzehoe wirft Willy Brandt der CDU/CSU vor, mit Steffens Äußerungen die Bundesregierung und besonders die SPD bei „übrigens nicht besonders einflussreichen Mitgliedern des Kongresses" in den USA madig machen zu wollen und zudem dem Springer-Auslandsdienst, dies zu innenpolitischen Zwecken, zurück zu spiegeln. Brandt bezieht sich dabei auf Äußerungen des rechten republikanischen Mitglieds des Repräsentantenhauses Philip M. Crane, der Brandts Partei von einer weit links stehenden Fraktion beeinflusst sieht, deren Intention in Bezug auf die „Ostpolitik" weder mit denen der USA noch denen der NATO-Alliierten übereinstimme. Steffen lädt Crane daraufhin zu einem Besuch nach Schleswig-Holstein ein. Da dieser in seiner Rede bereits bekundetat, dass eine solche extreme Politik nicht durch eine Antwort geehrt werden dürfe, erfährt die Einladung auch keine.[545]

Nach dem Wahlkampf glaubt Steffen selbstkritisch, nicht immer die richtige Ansprache für das, was er thematisieren wollte, gefunden zu haben. Mit Blick auf die erwähnten Interviews sagt er: „Zum Beispiel, würde ich heute statt der Vokabel ‚modernen Faschismus' den Begriff ‚modernen Feudalismus' verwenden".[546]

Selbst die taktvoll gehaltene Geschichtsschreibung des schleswig-holsteinischen Landtages nach der 10. Wahlperiode kommt nicht umhin, eine Sonderrolle für den Wahlkampf für den 7. Schleswig-Holsteinischen Landtag zu skizzieren. Er „ist als einer der erbittertsten, längsten und leidenschaftlichsten in die politische Geschichte des Landes eingegangen. Die Auseinandersetzungen konzentrierten sich dabei auf die beiden Kandidaten für das Amt des Ministerpräsidenten [...]"[547]

Für den Wahlkampf versammelt Steffen ein „Schattenkabinett" aus Experten und Wissenschaftlern um sich, wozu die Professoren Karl Otto Conrady (Germanist), Reimut Jochimsen (Volkswirt), Peter Reitsch (Wirtschaftswissenschaftler), Werner

---

543 Mitteilungen für die Presse: Betr.: Kommuniqué über die Sitzung des Präsidiums der SPD am 4. März 1971, in: SPD Pressemitteilungen und Informationen, 4.3.1971, S. 2.

544 Joachim Schulz: Eine Sensation, die keine war: Klarstellung zur ‚Affäre' um Jochen Steffen, in: Sozialdemokratischer Pressedienst, 5.3.1971, S. 3f. – In Sachen Steffen kontra Springer und andere – Wer hat was gesagt? Eine dokumentarische Analyse von Dietrich Strothmann, in: Die Zeit, 2.4.1971.

545 Congressional Records, Proceedings and Debates of the 92nd Congress, First Session, Vol.117 – Part 8, April 5th, 1971, to April 19th, 1971, Washington 1971, 6.4.1971, S. 9793f. - Deutsche Auszüge: Wie Prof. Crane es sieht ..., in: Flensburger Tageblatt, 17.4.1971. - Vgl. SPD Pressemitteilungen und Informationen, Nr. 158 und 159/71, 20.4.1971.

546 SPD – Was nun? Klaus Rainer Röhl und Bernd Michels sprachen mit dem schleswig-holsteinischen Oppositionsführer Jochen Steffen, in: konkret, Nr.10, 6.5.1971, S. 17.

547 Erich Maletzke/Klaus Volquartz: Der Schleswig-Holsteinische Landtag. Zehn Wahlperioden im Haus an der Förde. Kiel o. J., S. 125.

Braun (Rektor der Pädagogischen Hochschule Kiel) und Walter Mertineit (Pädagogische Hochschule Flensburg) gehören und setzt Gewerkschaftsvertreter auf oberen Listenplätzen durch.[548] Gegen den Widerstand der Bonner „Baracke" nutzt die Landes-SPD eine Werbeagentur ihrer Wahl aus Frankfurt. Steffen ist von der Geschichte eines Kreativen besonders beeindruckt, der mit Wehmut erzählt, dass sein bester Werbeslogan für eine Einwegwindel nie eine Chance gehabt habe: „Reingeschissen – weggeschmissen".

Bereits im Landtagswahlkampf 1967 tritt eine Wählerinitiative aus Prominenten wie den Schriftstellern Siegfried Lenz und Günter Grass sowie dem Kieler Historiker Eberhard Jäckel im Wahlkampf der Landes-SPD auf. Grass bringt seine Erfahrungen aus dem Bundeswahlkampf von 1965 mit, in dem er mit Berliner Studierenden des Sozialdemokratischen Hochschulbundes und von der FDP ausgeschlossenen liberalen Studierenden, quasi die Vorwegnahme der später folgenden sozial-liberalen Koalition, sich für Willy Brandt einsetzt. Im Januar 1967 verhält sich Grass allerdings noch distanziert, da er in Schleswig-Holstein auf keinen Fall Werbung für eine Große Koalition à la Bonn machen will. Für ihn würde das zentrale Thema das Erstarken der NPD sein. Zur weiteren Klärung wünscht er sich ein Treffen mit Steffen in Berlin.[549] Doch das Treffen, Steffen ist zur SFB-Diskussion mit Hans Werner Richter am 25.1.1967 in Berlin, und ein Gespräch mit Willy Brandt festigen Grass' Ablehnung einer Wahlkampfbeteiligung.[550] Seine Kritik: Die Absage der SPD an die NPD sei für ihn nicht offensiv genug, weil beide Politiker im Erstarken der Partei zuallererst eine Schwächung der CDU sehen würden.[551]

Was immer für Grass den Ausschlag gegeben hat, er entscheidet sich schließlich doch für eine einwöchige Vortragsreise in Schleswig-Holstein. Er selbst gesteht später ein, dass ihm die Woche Wahlkampf in Schleswig-Holstein ziemlich viel Spaß bereitet habe.[552]

In Vorbereitung auf den Bundestagswahlkampf von 1969 plant Grass bereits 1967, die Wahlkampfunterstützung besser zu strukturieren. Sein strategisches Ziel für die entstehenden sozialdemokratischen Wählerinitiativen ist, dass aus einer jeden Veranstaltung mit Prominenten eine örtliche Initiative erwächst, die die Werbung weiter trägt. In Vorbereitung lässt Grass bei Steffen anfragen, ob es in der Landes-SPD dagegen Widerstand gebe. Dieser antwortet ihm: „Sie werden sicher verstehen, daß Ihnen gegenüber als einem ‚Bürgerschreck' bei einer weitgehend bürgerlichen Partei nicht nur Gefühle des Wohlbehagens zu registrieren sind. Ich kann das umso eher beurteilen,

---

548 Börnsen: Erinnerungen, S. 314. - Die vollständige Liste „seiner Mannschaft" in: SPD-Landesverband Schleswig-Holstein: Politik und Organisation. Ein Bericht zum Landesparteitag 19. und 20. Juni 1971, S. 57.

549 Günter Grass an Jochen Steffen, 11.1.1967, Günter-Grass-Archiv.

550 Jour fixe 1967.

551 Günter Grass an Jochen Steffen, 9.2.1967, Günter-Grass-Archiv.

552 Günter Grass an Jochen Steffen, 2.5.1967, ebd.

da ich auch als Bürgerschreck gelte oder als solcher von der CDU aufgebaut werden soll. Persönlich würde ich mich aber schon aus dem Verhältnis der Abstempelungsverwandtschaft heraus sehr freuen, wenn es Ihnen möglich sein würde, in Flensburg, Kiel oder Lübeck zu sprechen."[553]

Unklar bleibt der Erfolg dieser Veranstaltungen. Steffen schreibt an Grass zum Erfolg dieser Veranstaltungen und im Hinblick auf dessen Absicht, sich im Bundestagswahlkampf zu engagieren: „Die Wirkung solcher Art der Wahlveranstaltungen wurde bisher nicht exakt gemessen. Eines spricht allerdings für sie, Sie erreichen ein Publikum, das auf den üblichen SPD-Veranstaltungen durch Abwesenheit glänzen würde. Sie selbst müßten entscheiden, ob der Aufwand im Verhältnis zu dem Ertrag steht. Dabei wollen Sie bitte sich selbst prüfen, ob Sie diese Veranstaltungen nicht auch deshalb durchführen, weil sie Ihnen selbst Spaß machen. Das ist keine Kritik, sondern eine Anmerkung, die mir erforderlich erscheint, damit beim Abwägen des Für und Wider diese Tatsache in Ihrem Bewußtsein bleibt."[554]

Im Nachhinein ist Grass von Steffen trotz bestehender politischer Differenzen, wie in der Frage seiner damals positiven Haltung zur Atomkraft, sehr eingenommen. Er erinnert sich an ihn als eines Politikers, wie es ihn gegenwärtig (Grass meint dabei 2014) kaum noch gibt: ein fundierter Linker, ein demokratischer Sozialist, gemessen an anderen Sozialdemokraten theoretisch bewandert, ein Marxist, der die Verwerfungen des Kommunismus früh entdeckt habe und im Grunde viel kritischer mit dem Kommunismus umging als dessen erklärte Feinde. Grass erlebt Steffen im Wahlkampf auf gemeinsamen Veranstaltungen und rät dem zum Aufbrausen Neigenden, bei provozierenden Fragen bis drei zu zählen – und erst dann zu antworten. Grass ist besonders angetan von Steffens Auseinandersetzung mit den Perspektiven der Industrialisierung der Landwirtschaft und dem zu erwartenden Schicksal der Kleinbauern in Schleswig-Holstein. Das erinnert ihn eher an einen revisionistischen Sozialdemokraten wie Georg von Vollmar, der sich um die Kleinbauern und Landarbeiter gekümmert habe, als an einen linken Ideologen wie Karl Kautsky.

„Die Bauern haben ihm zugehört, und sie haben ihn auch gedutzt: ‚Ja, Jochen du hast ja recht, aber wählen tun wir dich trotzdem nicht'. Weil das einfach eingefleischt war. Und er wusste das auch. Er sagt: ‚Ich weiß ihr wählt mich nicht, aber jammert hinterher nicht, wenn ihr auf euren Kühen sitzen bleibt!' Und er hat ihnen das vorgerechnet, ihre Zukunft mit den zu kleinen Höfen.

Das hat mich sehr eingenommen für ihn. Ein Mann mit einer Vision und immer war das pragmatisch unterlegt, war keine Traumtänzerei".[555]

Grass und Steffen besprechen die Notwendigkeit, in Zukunft den „parteichinesischen Verlautbarungen" eine zielgruppenorientierte Übersetzung zukommen zu lassen, denn, so Steffen: „Nach unseren Erfahrungen – ich habe mich darüber mit vielen

553 Jochen Steffen an Günter Grass, 5.1.1967, ebd.

554 Jochen Steffen an Günter Grass, 12.2.1968, ebd.

555 Günter Grass, Gespräch mit dem Autor, Tonmitschnitt 19.9.2014, privat.

Freunden unterhalten – scheint eine ‚Übersetzung' wirtschaftlich gesellschaftlicher Tatsachen und Zusammenhänge aus dem Fachchinesisch in Bilder und Beispiele, in eine Sprache, die normalen Menschen mit durchschnittlichem Intelligenzkoeffizienten zugänglich ist, das wichtigste zu sein. […] Nach unseren Erfahrungen ist das die Voraussetzung des gegenseitigen Verständnisses. Das wiederum ist die Voraussetzung für eine erfolgreiche Arbeit."

Dazu schickt Steffen an Grass ein 20-seitiges Manuskript mit einer Serie konkreter Forderungen zur Gesellschafts- und Wirtschaftspolitik des schleswig-holsteinischen Landesverbandes für den anstehenden SPD-Bundesparteitag 1968, dem eben diese Übersetzung fehle.

„Nach unseren Erfahrungen liegt hier die größte Schwierigkeit. Wir haben sie bisher nie befriedigend überwinden können. Wenn die Übersetzung gelingt, wäre das eine Angelegenheit von großer Bedeutung. Wer die Sprache fände, hätte die Macht über Gehirne und Emotionen. […] Dem politischen Gegner wäre dann die Sprache aufgezwungen. Er müßte sich ihrer bedienen und würde damit Bewußtstein und Unterbewußtsein so ansprechen, wie er es eigentlich nicht will."[556]

Doch Grass nimmt diese zeit- und arbeitsintensive Aufgabe nicht an. Im Juni 1967 ergänzt er eine Vorlage des Landesvorstandes für den Landesparteitag mit einem kurzen Text zur „Jugendrevolte", dies zudem sehr verspätet, weil die aktuelle Nahostkrise und die Polizeiaktionen gegen die Jugend in Berlin ihn mit Beschlag belegen. Die Vorlage zum Bundesparteitag 1968 in Nürnberg lässt er ganz unbearbeitet und bittet Steffen vielmehr, dass die Landes-SPD einen Antrag gegen den drohenden Ausschluss der Genossen Erwin Beck und Harry Ristock aus dem Berliner Parteivorstand übernehme, den er als geladener Gast nicht stellen könne.[557] Nach dem Parteitag nennt Grass Steffens Rede hervorragend, sie stelle ihn neben Brandt und er sieht „ein tolles Team" im Entstehen.[558]

Wie Siegfried Lenz bringt sich Günter Grass auch in den Landtagswahlkampf 1971 ein. Nach im bayrischen Wahlkampf erprobten Vorbild wird in Kiel ein Büro für die „Wählerinitiative Nord" eingerichtet. Zahlreiche Künstlerinnen und Künstler stoßen dazu, angespornt von der sich in den Personen Steffen und Stoltenberg festmachenden Auseinandersetzung. Zur Wählerinitiative gehören unter anderem der Maler Harald Duwe und die Künstler Thomas Ayck, Peter Nagel oder der Schauspieler Horst Frank. Letzterer tritt bei einer Veranstaltung in St. Peter-Ording auf, die von einem 16-jähri-

556 Jochen Steffen an Günter Grass, 12.2.1968, Günter-Grass-Archiv. Die hier von Steffen angesprochene schwere Verdaulichkeit von programmatischen Parteitexten wird auch 50 Jahre nach diesem Austausch immer noch als ein Problem analysiert – und nicht nur eines der SPD. Siehe: Frank Brettschneider und andere: Wahlprogramm-Check 2017. Die Wahlprogramme zur Bundestagswahl 2017 im Vergleich. Eine Studie der Universität Hohenheim in Kooperation mit CommunicationLab Ulm, August 2017. https://idw-online.de/de/attachment58344 (zuletzt aufgerufen im September 2017).

557 Beide hatten sich in Berlin als Vorstandsmitglieder der Landes-SPD an Anti-Vietnamkriegsdemonstrationen beteiligt.

558 Günter Grass an Jochen Steffen, 15.6.1967, 16.3.1968 und 27.3.1968, Günter-Grass-Archiv.

gen lokalen Juso eingeführt wird – mir. Auch Jochen und Ilse sind zugegen, ich erinnere mich, dass Jochen mit der Vorstellung seines Filius nicht zufrieden ist. Weiterhin besuchen Siegfried Lenz und Günter Grass St. Peter. Grass engagiert sich explizit für Steffen, um „der christdemokratischen Rufmordkampagne gegen Jochen Steffen die Wirkung zu nehmen", der „auf Springers Abschußliste stand und steht".[559] Während zu Siegfried und Lilo Lenz eine Freundschaft der Eltern über die Zeit der Politik hinaus bestehen bleibt, versandet die Beziehung zu Günter Grass, auch wenn die Eltern auf Bitten von Grass einen seiner Söhne 1970 mit auf ihren Irland-Urlaub nehmen.

1971 erhält die SPD mehr Unterstützung aus Bonn. Dazu zu zählen sind Willy Brandt und Hans-Jochen Vogel, damals Oberbürgermeister von München. An der Eckernförder Bucht werden Pressefotos von den windzerzausten Politikern mit dem Kandidaten gemacht. Vogel und Steffen sind sich in gegenseitiger politischer und persönlicher Abneigung zugetan. Steffen bezeichnet Vogel als „egozentrisch, brutal und scheinheilig". Allerdings erklärt er auch – Vogel ist zu jener Zeit Bundesminister für Raumordnung, Bauwesen und Städtebau –, dass es erstaunlich sei, wie radikal ein rechter Sozi auf seinem Spezialgebiet sein könne. Nach dem Rücktritt von Willy Brandt als Parteivorsitzender äußert er über den 1987 als Nachfolger zur Wahl stehenden Vogel: „Er beflügelt die Phantasie so stark, wie jeder andere verknöcherte Oberlehrer".[560]

Mit Willy Brandt findet eine Veranstaltung in Steffens Wahlkreis in Kiel statt. Auf Jahre hat Jochen dazu eine Geschichte parat: Vom Balkon eines Genossen am Vinetaplatz in Gaarden hält Willy Brandt seine Unterstützungsrede. Es hat den ganzen Tag Termine und Treffen gegeben und Brandt ist nicht mehr ganz nüchtern. Empathisch spricht er ins Publikum hinunter. Jochen hat die Befürchtung, dass der erhöht stehende Brandt während der Ansprache über die Brüstung kippen könnte. So hält er ihn während der gesamten Rede an seinem Jackenschoß fest.

Die zweite Wahlkampfkampagne ist für die Eltern physisch und psychisch um vieles härter als die erste. Jochen Steffen ist inzwischen bundesweit durch eine Spiegel-Titelstory und diverse Fernsehinterviews bekannt.[561] Das bedeutet, dass selbst im Urlaub im Prado in Madrid deutsche Touristen sich von Goyas Bildern abwenden und sich zuflüstern: „Das ist doch der Steffen!"[562] Aus dem Urlaub vor dem Wahlkampf

---

559 Günter Grass im „Politischen Tagebuch" der Süddeutschen Zeitung vom 30.4./1./2.5.1971.

560 Jochen Steffen: Er fiel im Dschungelkampf.

561 Dazu besonders Der Spiegel 17/1971, 19.4.1971; weitreichend wirkt das Günter Gaus-Interview „Zu Protokoll" vom SWF mit Steffen und am 3.1.1971 in der ARD ausgestrahlt oder der Panorama-Beitrag „Kampagne gegen Steffen" über den schleswig-holsteinischen Wahlkampf vom 22.3.1970. Abschrift des Gaus-Interviews in Beirat: Jochen Steffen.

562 Der Bekanntheitsgrad bleibt nach der Wahl, auch wenn die Sympathiewerte für Steffen anders lauten: Laut Allensbach haben im August 1972 66 Prozent der Befragten von Willy Brandt eine gute Meinung, von Helmut Schmidt sogar 67 Prozent und von Herbert Wehner 34 Prozent. Hinter Eppler mit 25 Prozent auf der Sympathieskala rangieren Gerhard Jahn (23 Prozent, März 1971), Jochen Steffen (17 Prozent, August 1972) und Karl Wienand (6 Prozent, Juli 1973). – Jahrbuch der öffentlichen Meinung 1968–1973, Band 5, hg. von Elisabeth Noelle und Erich Peter Neumann, Institut für Demoskopie Allensbach, Allensbach 1974, S. 307.

kommt er mit einem Oberlippenbart zurück. Ob er das mit Absicht macht oder unüberlegt, ich weiß es nicht, jedenfalls zeigen erste Wahlkampfmaterialien den Kandidaten noch ohne Bart.

Bereits im Vorfeld des Wahlkampfes wird Steffen als „Psychofreak“ aufgebaut. Die Postille „praline“ charakterisiert ihn in der Artikelfolge „Menschenkenntnis leicht gemacht“ an Hand eines Fotos als Redner in einer „Psycho-Skizze“ unter anderem so: „Dieses Gesicht fasst praktisch seine ganzen politischen Absichten zusammen. Er ist mit dem unzufrieden, was bei uns in der Politik und der Wirtschaft geschieht [...] Dem Psychologen fällt ferner auf: Der Ausdruck seiner Augen lässt auf Fanatismus schließen. So sieht kaum jemand aus, mit dem man in Ruhe diskutieren kann.“[563]

Persönliche Anfeindungen erfolgen auch von zwei Chefredakteuren der Springer-Medien. So glauben im März 1971 Chefredakteur Herbert Kremp, von dem der Ausdruck der „Ulbricht-Deutsche Steffen“[564] stammt, in „Die Welt“ und Peter Boenisch in „Bild“, aus dem Text einer Steffen-Glosse ein krankhaft-gewalttätiges Charakterbild ableiten zu können.[565] Neben der Landespresse wie den Kieler oder den Lübecker Nachrichten[566] treten immer wieder und unerwartet „normale“ Menschen den Eltern mit unglaublicher Aggression entgegen.

Weniger die fünf direkt erhaltenen Morddrohungen, viele weitere Drohungen erreichen Partei und Fraktion, sondern die aggressive Stimmung bei vielen Veranstaltungen und nicht enden wollende böse Anrufe am heimischen Telefon – ein anonymer Anrufer zu Ilse am Telefon: „Hier spricht Kaltenbrunner. Ich möchte die Knochen ihres Mannes abholen!“[567] – führen dazu, dass Ilse Angst vor Übergriffen bei den nächtlichen Heimfahrten von Veranstaltungen entwickelt.[568] Auf ihr Drängen wendet sich Steffen bei einer Sitzung des Parteivorstandes an Willy Brandt und bittet um Polizeischutz. „Was ist denn bloß bei euch da oben los?“, soll dieser erstaunt gefragt haben. Dann kommen als begleitende Personenschützer Polizeibeamte aus Berlin. In Erinnerung ist, wie sich bei Tumulten auf Wahlveranstaltungen einer von ihnen vor das Podium setzt, sein Jackett zurück schlägt und das Publikum seine Dienstwaffe sehen lässt. In einem eigenen Wagen begleitet der Trupp Ilses Fahrten. Da sie flott fährt und die Schleich-

---

563 Siehe: http://www.zensur-archiv.de/index.php?title=Political_Correctness#Indizierung:_.E2.80.9CPraline.E2.80.9C:_Jochen_Steffen_als_Psychofreak.2C_1970 (zuletzt aufgerufen im März 2017).

564 Herbert Kremp: Der Ulbricht-Deutsche, in: Die Welt, 27.1.1971; Peter Boenisch folgte mit dem Ausdruck „Süßwasser-Lenin“ in: ... nun weinen sie, in: Bild, 29.3.1971.

565 Herbert Kremp fragt in: Steffens Panorama und die Kunst des Verniedlichens, in: Die Welt, 24.3.1971, „welche Phantasien quälen ihn?“ und greift aus Steffens Satire „Der deutsche Wolf-Mann“ aus Welt der Arbeit, Nr.16, 14.7.1970 gewalttätige Sätze als Beleg auf. Zu diesem Austausch siehe: Kennwort Hüpfer, in: Der Spiegel, 14/1971, 29.3.1971, S. 19.

566 Vgl. zum Beispiel: C.M. Lankau: Der rote Jochen, in: Lübecker Nachrichten, 31.1.1971.

567 Siehe: Steffen unter Polizeischutz, in: Hamburger Abendblatt, 18.3.1971.

568 Laut Auskunft des schleswig-holsteinischen Innenministeriums gab es fünf anonyme Briefe von drei Schreibern, einer mit Himmler, einer mit Heil Hitler gezeichnet. - Nicht nur Steffen wird bedroht, in: Kieler Nachrichten, 25.3.1971.

wege durch Schleswig-Holsteins Nächte kennt, verliert der Polizistentrupp einmal den Anschluss. Der berlinerte Ausspruch bei der Ankunft in Kiel, „det war woll die große Täusche, wa?“ wird auf Jahre in der Familie zum geflügelten Wort. Den Tag-und-Nacht-Objektschutz der Wohnungen in Kiel und St. Peter-Ording müssen auf mich frustriert wirkende lokale Polizeikräfte übernehmen.

Der Wahlkampf erfährt bundesweite Beachtung. „Jagdszenen aus dem Norden“ betitelt zum Beispiel das Münchner Abendblatt seine Reportage.[569] Nur wenige Medien, wie Der Spiegel, persönlich sein Herausgeber Rudolf Augstein, oder der Beitrag in der Fernsehsendung „panorama“ stellen sich auf die Seite des SPD-Kandidaten. Im Wesentlichen muss die SPD mit eigenen Publikationen der CDU-Springer-Kampagne entgegensteuern.

Ein Journalist der Hamburger Morgenpost, der Jochen und Ilse Steffen für einige Tage begleitet, fasst die Anforderungen an den Spitzenkandidaten zusammen: „Jeden Tag 200 bis 300 Kilometer im Wagen kreuz und quer durch die schleswig-holsteinische Wahllandschaft fahren und immer wieder reden, zuhören, Hände schütteln, winken. Das ‚schafft‘ wohl jeden.“[570]

Im Gegensatz zur Prognose eines Kopf-an-Kopf-Rennens führt der Lagerwahlkampf in Schleswig-Holstein zu einem klaren Ergebnis: Die SPD erleidet am Wahlabend des 25. April 1971 eine erneute Niederlage. Sie kommt durch einen Zugewinn um 1,6 Prozent auf 41 Prozent und erreicht damit seit 1947 erstmals wieder über 40 Prozent der Stimmen. Die CDU steigert sich aber um 5,9 Prozent auf 51 Prozent der Stimmen und erreicht zum ersten Mal die absolute Mehrheit. Der Lagerwahlkampf geht auf Kosten der „Kleinen“. Einmal der FDP, deren Vorsitzender Uwe Ronneburger und der FDP-Bundestagsabgeordnete Walter Peters vor der Wahl ihre Koalitionsabsicht mit der SPD erklärt haben. Die Partei scheitert an der Fünfprozenthürde. Auch die NPD bleibt unter 5 Prozent.[571] Wie 1967 erreicht der SSW aufgrund der Minderheitenregelung ein Mandat.

Rolf Selzer erinnert sich an den Wahlabend: „An jenem Wahlabend, dem 25. April 1971, saß ich wenige Minuten mit Jochen Steffen und Ilse Steffen in seinem Büro. Kurz nach Schließung der Wahllokale rief Oberbürgermeister Günther Bantzer in seiner amtlichen Eigenschaft als Wahlleiter der Landeshauptstadt Kiel bei Steffen an und verkündete riesige Zugewinne für die SPD in der Landeshauptstadt. Was ich von Steffen jetzt erwartete war ein Ausbruch des Jubels. Aber der wurde nur blass und bat mich einen Cognac zu besorgen. Wir prosteten uns zu dritt zu und ich fragte zaghaft, was ihn bedrücke. ‚Verdammt noch mal, merkst du denn nicht, dass ich regieren muss, wenn das so weiter geht‘, fluchte Steffen und goss das Gläschen Cognac in sich.“[572]

---

569 Werner Meyer: Jagdszenen aus dem Norden, in: [Münchner] Abendzeitung, 26.3.1971.

570 Gerd Wasmund: Show – das liegt mir gar nicht, in: Hamburger Morgenpost, 22.4.1971.

571 Vgl. Statistisches Amt für Hamburg und Schleswig-Holstein: Wahlen in Schleswig-Holstein seit 1947. Wahlberechtigte, Wählerinnen/Wähler und Stimmenverteilung in Prozent. Hamburg 2013.

572 Selzer: Stiernackige, S. 22.

Das Absolvieren des Medientermins am Wahlabend, gemeinsam mit dem Wahlsieger Gerhard Stoltenberg, dem „zum Machtapparat gewordene(n) Mensch(en)“, fällt Steffen schwer, erinnert sich Ilse.[573] Steffen wertet das Wahlergebnis als Beleg einer von der CDU durchgesetzten „Deutschnationalen Einheitsfront“, erzeugt einmal durch das Abspalten der Nationalliberalen von der FDP und der „praktischen Integration“ vieler NPD-Stimmen. Er kritisiert neben den eigenen sprachlichen Vermittlungsproblemen der Ansichten der Partei, wie seiner modernen Faschismus-These, insbesondere die zwar erwartete, aber letztlich in der Wirkung falsch eingeschätzte Einflussnahme des Springer-Konzerns auf die Willensbildung der Wähler und Wählerinnen. Springers Fähigkeit, der SPD einen extrem personalisierten Wahlkampf aufzudrücken, sei in dem Ausmaß nicht erwartet worden.[574]

Auf dem der Wahl folgenden Landesparteitag der SPD 1971 in Husum stellt sich der Kieler Oberbürgermeister Bantzer erneut zur Wahl des Landesvorsitzenden. In seiner Rede vermeidet er eine auf den Spitzenkandidaten orientierte Wahlkritik und bestreitet, dass seine Kandidatur unter dem Gesichtspunkt eines Rechts-Links-Schemas zu sehen sei. Steffen selbst stellt das Wahlergebnis in Bezug zur sozialen Struktur des Landes und nennt es ganz beachtlich, wenn auch weit ab von den selbst gesteckten Zielen. Mit 145 von 175 Stimmen wird Steffen erneut zum Landesvorsitzenden gewählt.[575]

Doch der Wahlkampf von 1971 läutet für Steffen den Einstieg in den Ausstieg aus seiner politischen Tätigkeit ein. Seine Schwerpunkte beginnen sich zu verlagern, er wird mehr schreiben, sein theoretisches Denken zusammenfassen und um seine Gesundheit kämpfen – aber dennoch einige Jahre weiterhin Parteipolitik auf Landes- und auf Bundesebene führen. Im folgenden schleswig-holsteinischen Wahlkampf 1975 tritt Steffen nur noch wenig in Erscheinung. Spitzenkandidat ist jetzt Klaus Matthiesen, der sich im Wahlkampf mühsam „von einer landesspezifischen Jochen-Steffen-Fixierung, sowohl der eigenen Partei wie auch der parteipolitischen Gegner“ befreien muss.[576]

Ilse glaubt aus Kenntnis seiner Persönlichkeit, dass Jochen kein „guter“, repräsentierender Landesvater gewesen wäre und selbst sie ist sich nicht sicher, ob er diese Rolle und Position überhaupt aus vollem Herzen angestrebt hat. Ironisch resümiert sie die beiden vergeblichen Anläufe Jochens auf den Posten des Ministerpräsidenten: „Ich habe nie eine Wahl erlebt, die die Sozialdemokraten gewonnen hätten. Immer kam der

573 Jochen Steffen: Stoltenberg - eine Karriere aus dem Norden, in: Steffen: Personenbeschreibung, S. 205. (Original in: die tageszeitung, 17.3.1986).

574 SPD – Was nun? Klaus Rainer Röhl und Bernd Michels sprachen mit dem schleswig-holsteinischen Oppositionsführer Jochen Steffen, in: konkret Nr. 10, 6.5.1971, S. 16-18. – Zur Links-Rechts-Reaktion des Bundesvorstandes auf das Wahlergebnis siehe: Flirt beendet, in: Der Spiegel, 19/1971, 3.5.1971, S. 22f.

575 SPD-Landesparteitag in Husum wählte Steffen mit großer Mehrheit wieder zum Vorsitzenden, in: Flensburger Tageblatt, 27.6.1971.

576 Martin Schuhmacher: Die schleswig-holsteinischen Landtagswahlen vom 4. Mai 1975: In der Trendwende Entscheidung über den Kanzlerkandidaten der Opposition?, in: Zeitschrift für Parlamentsfragen, Dez.1975, S. 477.

Sekt wieder zurück zur Lagerung, in der Hoffnung, vielleicht das nächste Mal geköpft zu werden. Oder trinkt ihn jemand zwischen den Wahlen aus?“[577]

Eine vielfältige Tätigkeit im Parteiauftrag

Steffens politische Tätigkeit reicht über die Grenzen Schleswig-Holsteins hinaus. In fast drei Jahrzehnten besucht er als Delegierter, Debattenteilnehmer, geladener Referent, Berichterstatter einer Kommission, in seiner Funktion als Vorstandsmitglied oder auch als Tagungsleiter viele der regulären und außerordentlichen Bundesparteitage. Auffällig ist, dass er 1959 weder auf dem Godesberger Programmparteitag noch auf dem außerordentlichen Parteitag 1964 zur Wahl des neuen Vorsitzenden Willy Brandt geführt wird. Das mag einmal mit einer Abneigung Steffens begründet sein, als „Stimmvieh“ an deklamatorischen Veranstaltungen der Partei beteiligt zu werden, aber auch in der Sichtweise Godesbergs als einer Wasserscheide in der Entwicklung der Partei. So erklärt Steffen 1966: „Einige wenige an der Spitze bestimmen die Linie der SPD oder – dass sie keine Linie hat. Bis zu Godesberg hin wirkten Sozialdemokraten in die gesellschaftlichen Gruppen hinein, in denen sie lebten und arbeiteten. Jetzt wirken die Interessen dieser Gruppen in die SPD und in ihre Führung hinein. Trotz dieser Umkehrung aber hält man am Mythos von der Einheit der Partei fest. Hinzu kommt das große Gewicht, das in jedem Apparat die Spitze hat.“[578]

Für neun Jahre ist Steffen Mitglied des Bundesparteivorstandes der SPD, in Partei-Kommissionen eingesetzt, geht alleine oder mit anderen Genossen mit oder ohne besonderen Auftrag auf Auslandsreisen und ist mit dabei, wenn versucht wird, auf Bundesebene oder im Bundestag die Linke in der SPD gegen Partei- und Regierungslinie zu formieren. Steffen agiert politisch am Rande und auch außerhalb der SPD. Sein Wirken als Journalist und als Buchautor erlaubt ihm immer wieder, seine Ansichten zu veröffentlichen.

Bei einem privaten Besuch in St. Peter-Ording fordert Helmut Schmidt ihn auf, für eine höhere Funktion nach Bonn zu kommen. Ilse ist begeistert, neue Wohnung suchen, umziehen, gestalten, hat nichts gegen das Rheinland. Doch Jochen ist ganz klar in seiner Entscheidung und wird gegenüber Ilse emotional und laut: Nach Bonn zu gehen kommt für ihn aus vielen Gründen überhaupt nicht in Frage. Seine Abneigung gegen Bonn als politisches und soziales Umfeld, wie auch die Annahme, dies diene nur dazu, ihn in die Schmidtsche Linie der Bundesregierung einzubinden, positionieren ihn gegen Bonn. So lehnt Steffen 1970 auch ab, als stellvertretender Parteivorsitzender der Parteilinken zu kandidieren: „Wer als stellvertretender SPD-Vorsitzender in Kiel sitzt und nicht in Bonn, der kann gar nichts machen. Ich wäre dann bloß Konzessionsschulze“.[579]

---

577 Steffen: Memoiren, S. 108.

578 Hans Gerlach: Die Partei muss Mut haben, in: Kölner Stadtanzeiger, 1.3.1966, S. 3-4.

579 Erinnerungen Ilse Steffen; Eigene Fahne, in: Der Spiegel, 7/1970, 9.2.1970, S. 31.

Steffen reist auch im Auftrag der SPD. Als MdL gehört er neben Walter Damm im März 1967 zu einer SPD-Delegation nach Madagaskar. Unter Leitung des nordrhein-westfälischen Ministerpräsidenten Heinz Kühn sind mit dabei Vertreter der Friedrich-Ebert-Stiftung und der Neuen Heimat. Empfangen werden sie unter anderem von dem sozialdemokratischen Präsidenten des Landes, Philibert Tsiranana und dem Innenminister Madagaskars, André Resampa.[580]

Zu den Reisen eher ohne Auftrag der Partei gehört die Annahme einer Einladung des US State Departement im April 1968. Während seines Aufenthaltes wird am 4. April 1968 Martin Luther King erschossen. In seinem Hotelfernseher sieht Steffen die Reporter vor brennenden Gettostraßen und zerschlagenen Supermarktscheiben ihre Berichterstattung abgeben. Er kommentiert nach der Rückkehr nach Deutschland, die USA seien eine „hysterische Nation", was offensichtlich von konservativen Kräften in die USA zurückgetragen wird.[581]

Während der zahlreichen Familienurlaube in Jugoslawien führt Jochen wohl nur einmal im Anschluss an einen Urlaub „offizielle" politische Gespräche. Deswegen werde ich aus Belgrad vorab per Zug nach Hause geschickt. Im Anschluss publiziert er einen Bericht über Demonstrationen von Studenten in Belgrad.[582]

Steffen ist im Sommer 1970 Teil einer siebenköpfigen Jugoslawien-Delegation des SPD-Vorstandes unter Leitung Herbert Wehners. Von der Delegationsreise kann er immer wieder amüsant von der auf Luxus getrimmten Erscheinung Titos berichten. Ich möchte glauben, dass die im Spiegel abgedruckte Beschreibung der Tito-Audienz von ihm weitergegeben ist: „Im Seidenanzug, blauem Hemd, blauer Krawatte mit eingesticktem Staatswappen und mit einem hochkarätigen Brillanten am Finger empfing Tito die Bonner Genossen in seiner Residenz auf der Adria-Insel Brioni. Zur Begrüßung … hob der 78 Jahre alte Marschall einen Becher Kognak und kippte ihn – ex."[583]

Die Delegation fährt durch die Sozialistischen Republiken Slowenien und Kroatien und trifft sich unter anderem mit Edvard Kardelj, Mitglied des Exekutivbüros des Präsidiums des Bundes der Kommunisten Jugoslawiens und damals als möglicher

---

580 Vgl. 3.3.1967, Reise nach Madagaskar: Empfang für die Mitglieder der SPD-Delegation, die Vertreter der Friedrich-Ebert-Stiftung und der Neuen Heimat in der Heimvolkshochschule. (Fotos im AdsD, Sign. 6/FOTA140362, 6/FOTA140363, 6/FOTA140366, 6/FOTA140367).

581 Nach seiner Rückkehr gibt es eine AP-Meldung: „A West German politician, just returned from a State Department-sponsored tour of the United States called America a „hysterical nation". Friday. Joachim Steffen, Social Democrat opposition leader in the Schleswig-Holstein Landtag-state parliament, said this condition began with the ‚inner colonialization of the United States that ended in 1910,' leaving Americans with only about 50 years to establish themselves within today's boundaries.", in: Findlay Republican Courier - Saturday, May 18, 1968, Findlay, Ohio (zuletzt aufgerufen im Februar 2018); vgl. auch das Reiseprogramm für den 6.4.1968, AdsD 1/JSAA000146.

582 Vgl. Joachim Steffen: Tito und seine Studenten: In Belgrad wurde Politik gemacht, in: Sozialdemokratischer Pressedienst, 10.6.1968.

583 Ganz wie zu Hause, in: Der Spiegel, 38/1970, 14.9.1970, S. 32.

Nachfolger Titos gehandelt.[584] Es werden Kontakte zu den niederländischen Genossen gepflegt. Henk Vredeling nimmt Kontakte zum Jungsozialisten Heinz Kuby und zu Jochen Steffen auf; im Winter 1968 kommt es zu einem mehrtägigen Erfahrungsaustausch im schleswig-holsteinischen Malente, Thema: „Sozialistische Politik im europäischen Maßstab".[585] Es kommt auch zum mehrmaligen Austausch mit Vertretern der britischen Labour Party über die Vorzüge eines Beitritts Großbritanniens zu Europa in London und in Deutschland.[586]

Mehrere Reisen führen 1970 in die nördlichen Nachbarländer, nach Dänemark, Norwegen, Schweden und Finnland, dies immer von dem Auftrag Willy Brandts begleitet, persönliche Grüße zu übermitteln.[587] Im Anschluss an den Wahlkampf 1971 macht Jochen öffentlich, dass diese Reisen zum Angebot einer neuen Position in der Partei geführt haben, die sich dann allerdings nicht materialisiert: „[...] man hat mir eine Aufgabe angeboten, nicht in Bonn, sondern in Nordwestdeutschland und in Beziehung zur größeren Europäischen Wirtschafts-Gemeinschaft. Im Auftrag von Bundeskanzler Willy Brandt habe ich nach meiner Skandinavien-Reise 1970 Vorschläge erarbeitet und ihm vorgelegt. Es läuft auf eine neue Einrichtung, auf eine Art Kontaktstelle für die Wirtschafts- und Gesellschaftspolitik im nördlichen EWG-Bereich hinaus."[588]

In diesem Kontext gibt es im Frühjahr 1972 eine deutsch-dänische Konferenz zum Thema „Frieden und Entspannung in Europa und der Welt" in Malente. Zu den Gästen gehören der dänische Regierungschef Jens-Otto Krag und Bundeskanzler Willy Brandt.[589]

Im Sommer 1975 reisen Jochen und Ilse nach Portugal und Steffen spricht dort mit Parteifunktionären wie Mario Soares, Studenten und Räten und besucht Fabrikarbeiter in Lissabon und Kleinbauern im Norden des Landes, wo die Macht des reaktionären Klerus noch immer ungebrochen ist. In „das da" berichtet er aus einem Land, „wo Revolution so fett gedruckt wird, daß man trocken Brot dazu essen muß". Seine Einschätzung der wirtschaftlichen Lage Portugals ist negativ, weswegen er die

584 Vgl. Gemeinsames Kommuniqué ..., SPD Pressemitteilungen und Informationen, Nr. 342, 7.9.1970. - Vgl. den Bericht zur Reise der Delegation des Parteivorstandes der SPD nach Jugoslawien (31.8.-6.9.1970), AdsD 1/JSAA000192.

585 Marc Drögemöller: Zwei Schwestern in Europa. Die deutsche und niederländische Sozialdemokratie zur Zeit der Teilung Deutschlands 1945-1990, Berlin 2008, S. 217.

586 Siehe auch den Beitrag von Reinhard Ueberhorst in diesem Band.

587 Edgar Hösch/Jorma Kalela/Hermann Beyer-Thoma: Deutschland und Finnland im 20. Jahrhundert, Wiesbaden 1999, S. 224. – 1972 referiert Steffen auf einer folgenden Reise zu: „Wer bedroht die Medien?", Goethe-Institut Jahrbuch 1972, Bonn 1973, S. 8, 35; vgl.: Presse- und Informationsamt der Bundesregierung, Vortragsreise von MdL Joachim Steffen nach Skandinavien, Bundesarchiv B 145/8344.

588 Steffen gibt Führung der Opposition im Landtag ab und steigt in die Europa-Politik ein, Interview von Hannelore Asmus, in: Husumer Nachrichten, 7.12.1971.

589 Vgl. Selzer: Stiernackige, S. 23.

Gefahr einer chilenischen Entwicklung für Portugal sieht.[590] Jeglicher internationaler/internationalistischer Austausch leidet darunter, dass Steffen keine Fremdsprache verhandlungssicher beherrscht, er ist immer von Übersetzungen abhängig. Von seinen Reisen bringt er sich Andenken mit: Schallplatten mit Blues- und Gospelmusik aus den USA, Messer und Speere aus Madagaskar, bereits damals für die Sicherheitskräfte am Flughafen ein Alptraum, oder das Fell eines Rens aus Norwegen. Für die nordischen Reisen hat jedes Delegationsmitglied den Auftrag, die erlaubte Menge Alkohol einzupacken: gerechtfertigt als Gastgeschenk. In Norwegen wartet am Morgen nach dem hochprozentigen Empfang in der deutschen Botschaft die Rest-Delegation auf das Auto mit Steffen und einigen anderen. Als die Gruppe verspätet zur Delegation stößt, rechtfertigt sie dies damit, auf der Fahrt vom größten Elch Norwegens aufgehalten worden zu sein. Das Gelächter ist groß: Ob der Elch wohl blau gewesen sei?

Steffen wird zum ersten Mal auf dem SPD-Parteitag 1968 in Nürnberg in den Bundesvorstand der SPD gewählt. Der Oppositionsführer aus Schleswig-Holstein ist einer der Parteitagsreferenten. In seiner Rede breitet Steffen, neben aller Programmatik, ein bleibendes Grundthema seiner Politik aus: Die Vision einer – wenn nicht entsprechend politisch gegengesteuert wird – nicht wieder umkehrbaren Aushöhlung der demokratischen Gesellschaft durch die tiefe Rezession, die zu einer verschärften Krise der demokratischen Gesellschaft zu werden drohe. Was jahrelange falsche, kurzsichtige Interessenpolitik und sträflich-bequeme Unterlassungen der Adenauer-Erhard-Ära ruiniert hätten, könne auch nur in langen Jahren repariert werden. Das müsse die SPD ehrlich sagen, solle nicht eine „weitere Strapazierung an den Lebensnerv demokratischer Politik gehen“. Auch seine Vision für die Zukunft der Partei auf Grundlage ihrer Tradition findet sich, wenn er die Erneuerung des alten Bündnisses der Arbeiterbewegung zwischen der Masse des Volkes und der kritischen Intelligenz (wozu auch eine offene SPD-Ansprache der „rebellierenden Studenten“ gehöre[591]) fordert. Laut Steffen dürfe es nicht das Ziel der Gesellschaftspolitik der SPD sein, die „gegebene ‚Ordnung' zum bestmöglichen Funktionieren zu bringen“, es gelte vielmehr, „die Qualität dieser Ordnung nach unseren Zielsetzungen zu verändern“. Die Konjunkturkrise habe die verschleppten Strukturkrisen in Teilen der Bundesrepublik noch verschärft. Beiden Krisen will er mit „Globalsteuerungsmaßnahmen“ beikommen, bestehend aus gezielter Investitionsförderung und regionaler Strukturpolitik als dauerndem Bestandteil der Wirtschaftspolitik. Die Steuerung soll die Wachstumsindustrien fördern und gleichzeitig die aus der Schrumpfung entstandenen Probleme lösen. Steffen schlussfolgert:

590 Das da intern, in: das da, Oktober 1975.

591 Endlich Tacheles reden, Spiegel-Interview mit dem Kieler SPD-Chef Jochen Steffen, in: Der Spiegel, 22/1968, 22.5.1968, S.26. Dazu gehöre auch Zuhören, obwohl ihre häufig verschwommenen Vorstellungen meist eher ein Fehler als ein Nutzen seien. „Aber eine Arbeiterbewegung und eine sozialdemokratische Partei – wenn sie nicht in Ämterverteilung und Bürokratie erstickt sind – müssen begreifen, daß in den wirren Worten der ‚Radikalinskis' mehr von der sein sollenden Ordnung von morgen verborgen ist, als in den salbadernden Sprüchen der Reaktionäre von gestern fehlt [...]“. Jochen Steffen zitiert aus der VZ-Kieler Morgenzeitung vom 20.5.1968 in: Hans-Joachim Winkler: Das Establishment antwortet der APO, Opladen 1968, S. 114.

„Gesellschaftspolitik besteht deshalb aus einer systematischen Verknüpfung von Konjunktur-, Struktur-, Verteilungs-, Sozial- und Bildungspolitik". Aber, so warnt er die anwesenden Genossinnen und Genossen, „das wird sich nicht in Harmonie vollziehen, sondern im Kampf, vielleicht sogar im erbitterten Kampf, in dem Kampf um politische und gesellschaftliche Machtpositionen."[592]

Sicherlich als Reaktion auf seine Rede erhält Steffen als Neuling für den Parteivorstand mit 245 drei Viertel der 326 gültigen Stimmen.[593]

Nun mehren sich für ihn die regelmäßigen Fahrten zu Terminen nach Bonn, wo er sich nie gerne aufhält. Zu den Sitzungen des Parteivorstands, des Präsidiums und zu Treffen von Landesvorsitzenden addieren sich viele weitere Anlässe. Bald entstehen Schmunzel-Geschichten, die zum Wahlkampf 1971 auch die „Wählerinitiative Nord", sich WIN abkürzend, aufgreift und publiziert, um dem Kandidaten eine menschliche Dimension zu geben. Eine schildert, dass Steffen die Luftdrucklage im Rheingraben nicht verträgt, dort schlecht schläft und deswegen ein Hotel auf den Höhen von Königswinter bevorzugt. Dort ist immer ein Zimmer für ihn frei, denn, so der Hotelbesitzer, „Herr Steffen gehört hier doch schon zum Inventar".[594]

Meistens erledigt Steffen die Termine in Bonn mit dem Zug, seltener wird aus Fuhlsbüttel geflogen. So schildert eine weitere Erzählung über den weltfremden und wenig realitätstüchtigen Steffen, dass er nach Verpassen eines Anschlusszuges oder ähnlicher verkehrstechnischer Probleme bei dem Landesgeschäftsführer oder der Sekretärin auch mitten in der Nacht anruft, um zu fragen, was er denn nun tun müsse.[595]

Im September 1970 gründet der Parteivorstand der SPD die wenige Monate zuvor auf dem Parteitag in Saarbrücken beschlossene „Langzeitkommission", die abgeleitet vom Godesberger Programm die Erarbeitung eines konkretisierten und qualifizierten langfristigen gesellschaftlichen Programms vorbereiten soll. Steffen wird neben Hans Apel als einer von zwei stellvertretenden Vorsitzenden unter dem Vorsitz von Helmut Schmidt eingesetzt.[596] In Antwort auf innerparteiliche Bedenken, wie zum Beispiel aus den Reihen der Jungsozialisten, erklärt Steffen die Aufgabenstellung der Kommission zu einem mutigen Novum in der bundesrepublikanischen Parteiengeschichte: „Zunächst einmal ist der Programm-Entwurf mit dem Versuch, die Zukunft in den Griff zu bekommen, eine im wörtlichen Sinne ‚beispiellose Leistung'. Das hat bisher noch keine Partei riskiert. Zum andern ist klar, daß ein solcher Entwurf, für den es kein Vorbild gibt, inhaltliche und formale Mängel und Fehler hat. Auf sie zielt die Kritik.

---

592 Protokoll des SPD Parteitages vom 17. bis 21. März 1968 in Nürnberg, Hannover/Bonn 1968, S. 376-398, hier S. 380. Abgedruckt in Beirat: Jochen Steffen.

593 Ebd., S. 905.

594 Über Steffen: Gehört und notiert, in: WIN – Zeitung, Argumente für eine neue Regierung, Kiel o. J. (1971).

595 Vgl. die amüsante Darstellung von Selzer: Stiernackige, S. 28.

596 Vgl. Franz Osterroth/Dieter Schuster: Chronik der deutschen Sozialdemokratie, Electronic ed.: Bonn: FES Library, 2001, Stichtag 14.9.1970.

Ich halte sie weitgehend für berechtigt und notwendig. Die kritische Diskussion wird – so hoffe ich – zu mehr Klarheit führen."[597]

Die spätere „Grundwerte-Kommission beim SPD-Parteivorstand" wird nach dem 1973er Parteitag in Hannover im Juni desselben Jahres eingerichtet. Über die vom Parteivorstand berufenen Mitglieder wird Steffen der Vorsitz übertragen. Die Kommission nimmt ihre Arbeit im Oktober 1974 auf. Ihr Auftrag leitet sich aus dem „Orientierungsrahmen '85" ab, so Willy Brandt in seiner Einleitung der Grundlagenpublikation der Kommission. Der Parteitag habe erklärt, „[...] daß die Grundwerte des Godesberger Programms – Freiheit, Gerechtigkeit und Solidarität – im Hinblick auf die seit 1959 neu in Erscheinung getretenen Probleme, Konflikte, Herrschaftsverhältnisse, Verhaltensweisen und Werthaltungen zu präzisieren und zu konkretisieren sind."[598]

Die Kommission versteht sich nicht als Programmkommission. Steffen fasst den Auftrag in folgende Worte: „Vorbereitung für eine Programmdebatte und für die Formulierung eines Programms Ende der siebziger Jahre".[599]

Für die inhaltlich und strukturell schwierig zu gestaltende Arbeit legt er der Kommission im April 1976 aus seinem Kuraufenthalt „endlich den Vorschlag für eine Arbeitsplanung" vor. Als zu bearbeitende Probleme seit Godesberg zählt er „völlig willkürlich" aus den bisherigen Diskussionsrunden auf: Wachstum und „Konsumsozialismus" (Ressourcen); Internationalismus und neoliberaler Konsumstaat; die „neue soziale Frage" innen und außen (Solidarität); die „Entfremdung" der sozialen Sicherungssysteme (Kosten); die Grenzen des Staatssozialismus (Elitenproblem); Demokratisierung als Aufgabe (Technokratieproblem); Bewertungsmaßstäbe für „Leistung" als Verteilungsmaßstäbe („neue soziale Frage"); Präzisierung der Prinzipien, nach denen die Wirtschaft „gemischt" wird und die Grundzüge der Staats- und Gesellschaftstheorie des Antonio Gramsci.[600] Die meisten dieser Problemkomplexe finden sich in einer späteren Broschüre der Kommission wieder.[601]

Steffens Mitarbeiter Rolf Selzer resümiert dessen schrittweise Entfremdung von der Partei zu dieser Zeit, denn „mit der Übergabe des Amtes des Bundeskanzlers von Willy Brandt an Helmut Schmidt ändert sich nach und nach das Loyalitätsverhältnis Steffens zur Partei auf Bundesebene."

Im Zuge dieser persönlichen und politischen Entfremdung von der Politik und dem Personal der SPD – seine Schreiben an Kommissionen oder den Parteivorsitzenden sind gespickt mit Sarkasmen über die Art und Weise der persönlichen Auseinander-

---

597 Wir müssen mehr planen und lenken, Interview mit Jochen Steffen, in: Welt der Arbeit, 3./4.2.1973.

598 Theorie und Grundwerte: Grundwerte in einer gefährdeten Welt, vorgelegt von der Grundwerte-Kommission beim SPD-Parteivorstand, Bonn 1977, S. 3. – Im Juni 1976 gibt die Kommission eine Broschüre heraus: Von Freiheit verstehen wir mehr: Argumentationshilfe für die Auseinandersetzung mit dem Schlagwort „Freiheit oder/statt Sozialismus", Bonn 1976.

599 Das Grundgesetz ist ein revolutionäres Programm, Morgenpost-Exklusiv-Interview mit Jochen Steffen, in: Hamburger Morgenpost, 25.5.1973.

600 Joachim Steffen an Grundwertekommission, Bad Schönborn, April 1976, privat.

601 Vgl. Theorie und Grundwerte: Grundwerte in einer gefährdeten Welt, a.a.O., S. 2.

setzung[602] – legt Steffen im November 1976 den Vorsitz der Grundwertekommission nieder. Denn „als Mensch, als Person und auch als Politiker halte ich den Widerspruch zwischen unseren Prinzipien und unserer tatsächlichen Politik – nebst ihren propagandistischen Begründungen – nicht aus."

In seinem Schreiben an Willy Brandt kritisiert Steffen weiterhin die „anti-reformistische" Politik des SPD-Bundeskanzlers Helmut Schmidt und die Haltung der Parteispitze zur Kernenergie. Er legt aber zugleich ein politisches Positionsbekenntnis ab: „Um es zugespitzt oder auch in Formeln zu sagen: Ich bin Reformist. Unsere Praxis ist zur Zeit antireformistisch. Ich glaube zutiefst, daß es keine qualitativen Veränderungen gibt im Sinne von Verbesserungen des gesellschaftlichen Lebens, die allein durch Mittel und Maßnahmen des Staates, die ich nicht gering schätze, zu bewerten wären. Ohne gleichzeitige qualitative Veränderungen zu mehr Mitbestimmung des einzelnen, zu mehr gesellschaftlicher Selbstbestimmung, zu mehr Menschlichkeit im Umgang mit der Natur, das heißt Veränderung der bisherigen Werte, Organisation und Kommunikation der Menschen in einem Akt mit staatlichen, erreichen wir schließlich das Gegenteil von dem, was wir wollen. Ich bin kein Staatssozialist, unsere Praxis ist extrem staatssozialistisch. Ich glaube, unter diesen Bedingungen sind alle ökonomischen Fortschritte Rückschritte in der Menschlichkeit, in der Beziehung Mensch – Arbeit – Gesellschaft und Natur, und dieses müssen wir ändern."[603]

Den SPD-Vorstand informiert Willy Brandt über Steffens Rücktritt: „Er respektiere diese Entscheidung, die Jochen Steffen in einem ausführlichen Brief an ihn erläutert habe. Allerdings müsse er die in einer öffentlichen Äusserung Steffens damit verbundene Kritik an Bundeskanzler Helmut Schmidt als nicht akzeptabel zurückweisen."[604]

Erhard Eppler wird der Vorsitz der Grundwertekommission übertragen, der sich in seinem Rückblick auf 40 Jahre Kommissionsarbeit an die Mitarbeit Jochen Steffens nicht erinnert.[605]

Über die Dehnbarkeit eines Zitats

Die wohl am längsten nachwirkende Aussage von Jochen Steffen – ein Satz, dem sich Flügel ansetzten[606] – fällt auf dem außerordentlichen SPD-Parteitag im November 1971 in Bonn. Selbst 43 Jahre nach dem Anlass wird seine Aussage ohne Bezug zum inhaltlichen Kontext, in dem sie geäußert wurde, und ohne Blick ins Internet genutzt.

---

602 Beispiel: Jochen Steffen an Willy Brandt, April 1976, Entwurf privat.

603 Jochen Steffen an Willy Brandt, 27. bis 30.11.1976, AdsD 1/JSAA000165. – Günther Jansen zitiert auf der Begräbnisfeier aus diesem Schreiben, vgl.: Beirat: Jochen Steffen.

604 Mitteilungen für die Presse: Betr.: Kommuniqué über die Sitzung des SPD-Vorstandes am 10.12.1976 in Bonn, 689/76, S. 2.

605 Renate Faerber-Husemann: Es war ein herrschaftsfreier Diskurs. Interview mit Erhard Eppler zum 40. Jubiläum der Grundwertekommission der SPD, in: Vorwärts, 30.5.2013.

606 So Friedrich Karl Fromme: Er war keiner von den Glatten in der Politik, in: Frankfurter Allgemeine Zeitung. Kopie ohne Datum, privat.

So beispielsweise durch die Wirtschaftsjournalistin Ursula Weidenfeld im Berliner Tagesspiegel im Jahr 2014, um die mögliche Politik einer Neuverschuldung durch Kanzlerin Merkel zu kritisieren: „In der Politik gehe es darum, ‚die Grenzen der Belastbarkeit der Wirtschaft zu erproben', empfahl der frühere Juso-Vorsitzende Jochen Steffen seiner Partei 1971. Steffen endete als Linksabweichler, gründete eine Partei und kam schließlich als Kabarettist zu einigem Ruhm. Angela Merkel aber betreibt diese Politik als Bundeskanzlerin. Man fragt sich besorgt, welche beruflichen Ambitionen sie noch hat."[607]

Der Kontext von Steffens Einlassung, „der Steuerparteitag, auf dem Jochen Steffen erklärte, man müsse den Mut haben, die Belastbarkeit der Wirtschaft zu erproben", so der von der SPD zur CDU gewechselte Politikwissenschaftler Wilhelm Hennis, tritt in der Mehrzahl der Textstellen völlig in den Hintergrund.[608] Der fragliche dreitägige außerordentliche Parteitag 1971 diskutiert neben der Medienpolitik und einer Parteireform die steuerpolitische Ausrichtung der Partei im Rahmen der sozial-liberalen Regierung Brandt-Scheel und im Hinblick auf den für 1973 erwarteten Bundestagswahlkampf. In der Parteirezeption gilt der Parteitag als eine der Stufen einer Linksentwicklung der SPD bis „zum Hannoveraner Parteitag 1973, auf dem die Parteilinke ein Drittel der Delegierten stellte."[609]

Steffen tritt am ersten Tag als einer der Berichterstatter der Kommission Langzeitprogramm ans Rednerpult. Er erläutert den Delegierten die Grundbedingungen einer langfristigen Reformpolitik, verstanden als qualitative gesellschaftliche Strukturveränderung, die eines erhöhten Anteils der öffentlichen Hände am Sozialprodukt bedürfe, um den Menschen zu ermöglichen, über die Veränderungsprozesse der Gesellschaft bewusst entscheiden zu können.[610]

Das fragliche Zitat fällt am zweiten Tag des Sonderparteitages. Die Delegierten haben zuvor einen Spitzensteuersatz bei der Einkommenssteuer von 60 Prozent beschlossen. Nun wird über die Festsetzung der Höhe des Körperschaftssteuersatzes auf 56 Prozent oder 58 Prozent debattiert. Dass bei einer Debatte um die Festsetzung von Steuersätzen der Begriff der Belastung öfters fällt, mag nicht verwundern.

Peter von Oertzen stellt in seinem Redebeitrag fest, dass der gewünschte Beschluss des Parteitages dessen „politischen Willen zum Ausdruck bringt, in den Grenzen des bestehenden wirtschaftlichen Systems mit der Besteuerung so weit als irgend möglich

---

607 Ursula Weidenfeld: Zwischenruf zur Konjunktur in Deutschland. Merkel setzt die Wirtschaft aufs Spiel, in: Der Tagesspiegel, 11.10.2014.

608 Wilhelm Hennis: Politikwissenschaftliche Abhandlungen: Regieren im modernen Staat, Bd. 1, Tübingen 1999, S. 229.

609 Johannes Kahrs/Sandra Viehbeck (Hg.): In der Mitte der Partei. Gründung, Geschichte und Wirken des Seeheimer Kreises, Berlin 2005, S. 16.

610 Außerordentlicher Parteitag [der SPD], 18.-20. November 1971, Bd. 1, Donnerstag, 18. November 1971, unkorrigiertes Protokoll, Bonn o. J., S. 85f.

zu gehen".[611] Es ist dann aber der Wirtschafts- und Finanzminister Prof. Karl Schiller, der mit seiner Wortwahl den Bezug auf die Belastbarkeit der Wirtschaft vorgibt. Er votiert dafür, den Körperschaftssteuersatz möglichst niedrig anzusetzen, weil „die Grenzen der wirtschaftlichen Belastbarkeit im Vergleich zu anderen Ländern wirklich zu beachten" seien. Dann folgt sein ebenfalls berühmter Ausruf an die Versammelten „lasst die Tassen im Schrank" bei der Entscheidung der Höhe der Körperschaftssteuer.[612]

Aus dem Verlauf der Debatte ist ablesbar, dass Steffen sich in seiner kurzen Antwort auf die linke Grundstimmung der Mehrheit der Delegierten stützt und sich ohne Namensnennung gegen Schiller wendet. Steffens Äußerung lautet in einem längeren Zusammenhang: „Ich will keine Argumente wiederholen oder mich bemühen, keine zu wiederholen, die bereits gebracht worden sind. Aber eine Sache sollten wir uns, glaube ich, ganz gleich, wie wir uns entscheiden werden, merken: daß hier demonstriert wird, wie die ökonomischen Machtverhältnisse sind und wie schwierig die politischen Fragestellungen hier werden.

Tatsache ist doch – und da stimmen wir doch offenbar alle überein –: unter den gegebenen Verhältnissen kennt keiner die Grenzen der sogenannten Belastbarkeit. Aber, Genossinnen und Genossen, wie wollt ihr, wenn wir bereit sind, unsere Vorstellungen auf der Grundlage der ökonomischen Machtverhältnisse zu konzipieren, eigentlich die Fragen des Umweltschutzes nach dem Verursacherprinzip über Gebühren lösen, wenn nicht alle in der EWG mitmachen?

Vor diesen Knoten, vor diese Fragestellung werden wir immer wieder geschoben werden.

Ich will hier jetzt nicht die Zahlen wiederholen. Aber über eines müssen wir uns klar sein: Wenn wir unter diesen gegebenen Bedingungen strukturverändernde Politik machen wollen – was ja gestern zur Genüge beschworen wurde –, dann müssen wir auch den Mut haben, die Grenzen der Belastbarkeit zu erproben.

Deshalb würde ich immer noch für die 58 Prozent stimmen."[613]

In seiner Replik auf den Vor-vor-Redner Schiller greift Steffen dessen Formulierung der Belastbarkeit der Wirtschaft nicht wörtlich auf. Bei Steffen zielt der Wunsch, die Grenzen der Belastbarkeit durch eine strukturverändernde Politik zu erproben, vielmehr auf die vorzufindenden ökonomischen Machtverhältnisse.

Als übernächster Redner reagiert Herbert Wehner auf Steffens Statement und identifiziert als geschulter Ideologe dessen Einschränkungen der Politik der SPD im Sinne von Oertzens und Steffens in den ökonomischen Machtverhältnissen. Ausdrücklich warnt er, dass bei den politischen Entscheidungen darauf zu achten sei, dass progressiv gemeinte Beschlüsse der gesellschaftspolitischen Rechten in die Hände arbeiten kön-

---

611 Außerordentlicher Parteitag [der SPD], 18.-20. November 1971, Bd. 2, Freitag, 19. November 1971, unkorrigiertes Protokoll, Bonn o. J., S. 116.

612 Ebd., S. 95f.

613 Ebd., S. 121f.

nen. Und er erahnt, dass „wir gleich von morgen früh an und auch schon am heutigen Abend in den Medien" den Gegenstoß der psychologischen Kriegsführung erleben werden.[614] Entsprechend resümiert der Spiegel nach dem Parteitag dessen Entscheidung, den Steuersatz von 52 Prozent auf 56 Prozent festzusetzen, dass dieser „mit seinem Übereifer der konzertierten Reaktion von Strauß bis Springer willkommene Gelegenheit, die Sozialdemokratie als linkssozialistischen Bürgerschreck zu verteufeln" biete.[615]

Die Oppositionspartei CDU findet in der Kernaussage der Belastbarkeit für viele Jahre wichtige politische Munition für Zwischenrufe und Bemerkungen in Bundestagsdebatten. Dabei verschiebt sich die Zuordnung der Äußerung von der Person des angeblichen Urhebers Steffen bald auf die Gesamtpartei. Der Formulierung, die Belastbarkeit der Wirtschaft zu erproben, wird „viele Sozialdemokraten" vorangestellt oder, wie es auf einem CDU-Plakat von 1983 heißt: „Die SPD forderte: Die Belastbarkeit der Wirtschaft erproben!" In den folgenden Jahren taucht diese Formulierung in politischen Redensammlungen auf und wird sogar als Motivation zum Eintritt in die CDU herangezogen.[616]

Bundeskanzler Helmut Kohl bezieht sich im Oktober 1982 in seiner ersten Regierungserklärung auf den Satz, wenn er die deutsche Wirtschaftskrise an seiner Vorgängerregierung festmacht: „Die Grenzen der Belastbarkeit der deutschen Wirtschaft und der arbeitenden Menschen wurden erst getestet und dann weit überschritten".[617] Er kündigt an, dagegen eine Politik der offensiven Liberalisierung und Privatisierung forcieren zu wollen.[618]

Auch eine Verteidigung der Aussage und eine Annäherung an ihren Kontext mag der ursprünglichen Intention des Satzes nahe kommen, hält sich aber ebenfalls nicht an die dokumentierte Form des Protokolls. So zitiert der ehemalige Korrespondent der Süddeutschen Zeitung in Bonn, Hans-Ulrich Spree, eine eigene Version des Redebeitrages von Steffen: „In Wahrheit unterbreitete Steffen damals den anderen Delegierten eine Lektion linker Logik: ‚Wenn Ihr alles das machen wollt, was Ihr hier erörtert, dann müßt Ihr auch bereit sein, die Belastbarkeit der Wirtschaft zu erproben' "[619]

In seinem Buch „Gekaufte Zeit" bezieht sich Wolfgang Streeck auf den Satz. In

614 Ebd., S. 124.

615 Bei allem an 1973 denken, in: Der Spiegel, 48/1971, 22.11.1971, S. 25.

616 Als Beispiele: Dr. Müller-Hermann (CDU), Protokoll Deutscher Bundestag, 7. Wahlperiode, 227. Sitzung, Bonn, 11.3.1976, S. 15767; Alfred Dregger: Freiheit in unserer Zeit. Reden und Aufsätze, München 1980, S. 116.

617 Helmut Kohl: Abgabe einer Erklärung der Bundesregierung, Plenarprotokoll Deutscher Bundestag, 9. Wahlperiode, 121. Sitzung. Bonn, Mittwoch, den 13. Oktober 1982, S. 7214.

618 Regierungserklärung von Bundeskanzler Dr. Helmut Kohl in der 4. Sitzung des Deutschen Bundestages. Verhandlungen des Deutschen Bundestages. Stenographische Berichte, Bd. 124. Plenarprotokoll 10/4, 4.5.1983, S. 56-74.

619 Hans-Ulrich Spree: Steffens schlüssiger Text, Leserbrief in: Süddeutsche Zeitung. Kopie ohne Datum, privat.

einer Phase der „überschießenden Erwartungen von Wohlstand und Freiheit [...], die damals Politik und öffentliche Stimmung beherrschten“, beginnt für Streeck die lange Wende vom Nachkriegskapitalismus zum Neoliberalismus.

„Unter dem Eindruck von 1968 und aufgeschreckt durch ein politisches Klima, das sich in politischen Absichtserklärungen niederschlug wie der, die ‚Grenzen der Belastbarkeit‘ der Wirtschaft erproben zu wollen“ habe sich der Austritt der Eigner und Lenker der Wirtschaft aus dem Nachkriegsregime vollzogen. In der Fußnote zum Zitat verweist Streeck auf die der Aussage folgende große öffentliche Empörung und sieht in ihr, „auf längere Sicht“, das Ende von Steffens politischer Karriere begründet.[620]

Steffens Beitrag wird in der Mehrzahl nicht einmal im Sinne einer scholastischen Steinbruchmethode wortgetreu zitiert, es unterliegt fast immer der Interpretation. In Medien, Wissenschaft und Politik finden sich Slogans wie, „die Belastbarkeit der Wirtschaft erproben“[621] oder gleich „die Belastbarkeit der deutschen Unternehmen testen“.[622] Auch das sozialdemokratische Milieu ist nicht frei von gefälligen Übernahmen und Anpassungen, wenn zum Beispiel Schillers vor Steffen gemachter Tassen-Ausspruch zur griffigen Antwort auf Steffen umgemünzt wird.[623]

Ein SPD-interner Disput entsteht einige Monate nach dem Parteitag zwischen dem damaligen Staatssekretär und Regierungssprecher Conrad Ahlers und Jochen Steffen. Ahlers bezeichnet auf einer SPD-Veranstaltung die Wirkung des Steuerparteitages öffentlich als wirtschaftsfeindlich, weil er die Vorstellung erzeuge, Gesellschaftspolitik könne mit Mitteln der Steuerpolitik gemacht werden. Zudem seien die Beschlüsse ein „selbstmörderischen Akt“, weil das Auftreten der politischen Richtungen zu einer Spaltung der Partei führen könne. Das führt zu einem Briefaustausch zwischen Steffen und Ahlers und zur Kritik am Vorgehen Ahlers, diesen Disput öffentlich und unter Zuhilfenahme des Regierungsapparates zu führen.[624]

Gern legt der politische Gegner das Zitat anderen in den Mund. Das trifft nicht nur die Gesamtpartei, sondern auch Peter von Oertzen oder die damaligen Jungsoziali-

---

620 Wolfgang Streeck: Gekaufte Zeit. Die vertagte Krise des demokratischen Kapitalismus. Berlin 2013, S. 54.

621 Vgl. Wolfram Bickerich: 50 Jahre Bundesrepublik: Die Ära Schmidt und das sozial-liberale Ende, in: Der Spiegel, 20/1999, 17.5.1999, S. 196; Wilfried Herz: Verdrängte Wahrheiten, in: Die Zeit, 36/30.8.1991, S. 24; Capital, 21/1982, S. 289.

622 Wolfram Weimer: Die Sozialisierungsfalle, Frankfurt/Main 1999, zit. nach Michael Prollius: Deutsche Wirtschaftsgeschichte nach 1945, Stuttgart 2006, S. 153.

623 Volker Mauersberger: „Mal drinnen, mal draußen ...“. Die Gewerkschaften und der Kanzler, in: Neue Gesellschaft/Frankfurter Hefte 50 (2003), 7/8, S. 14; Auch Der Spiegel hat diese Reihenfolge sofort in die politische Mythologie eingebettet, vgl.: Bei allem an 1973 denken, in: Der Spiegel, 48/1971, 22.11.1971, S. 25f.

624 Siehe: Auseinandersetzung zwischen Jochen Steffen und Conrad Ahlers über das Steuerreformprogramm 1971 in: Bundesarchiv: Presse- und Informationsamt der Bundesregierung, Teil 2: Abtg. III: Inneres, Bestand: B 145/6807; AdsD 1/JSAA000164.

sten.[625] Es trifft zudem Erhard Eppler, den das besonders geärgert haben muss, verhalf ihm doch seine moderierende Rolle zwischen den Kräften auf dem Sonderparteitag, um Hennis erneut zu zitieren, beim Aufstieg „zum Idol der Parteilinken".[626]

Die Behauptung, Erhard Eppler habe die Äußerung getan, führt zu juristischen Auseinandersetzungen und zur „Eppler-Entscheidung" des Bundesverfassungsgerichts, die relevant für die Auslegung des Persönlichkeitsrechts in Deutschland ist. Ausgangspunkt ist eine durch den Landesverband der CDU für den baden-württembergischen Landtagswahlkampf 1976 erstellte Musterrede, in der Eppler die Äußerung, er wolle die Belastbarkeit der Wirtschaft prüfen, zugeschrieben wird. Sich in seinem Persönlichkeitsrecht verletzt sehend, erhebt Eppler Unterlassungsklage. Das Landesgericht weist seine Klage, das Oberlandesgericht seine Berufung ab. Auch Epplers Verfassungsbeschwerde hat keinen Erfolg. Das Bundesverfassungsgericht nimmt die Unterstellung, gegen die Eppler sich wehrt „und mit welcher seine politischen Wettbewerber ihn für die Wähler unattraktiv zu machen strebten, vom Tatbestand des §186 StGB aus", weil sie den falsch zitierten Eppler weder verächtlich mache oder in der öffentlichen Meinung herabwürdige, wie es der Paragraph fordert. Letztlich wird Eppler angelastet, sich nicht entschieden gegen die Äußerung Steffens abgegrenzt zu haben und somit könne er, auch wenn er den Satz nicht selbst geäußert habe, als Parteigenosse mit dieser Ansicht identifiziert werden.[627]

Mittels Vereinfachung und Isolierung wird Steffens Aussage nicht nur von seinem Autor gelöst, sie verselbstständigt sich und überlebt ihn bei weitem. Sie gewinnt als politische Polemik ein nachhaltiges demagogisch-agitatorisches Eigenleben. Die wenigen, aus ihrem direkten argumentativen Zusammenhang gelösten Worte, werden zu einer Kampfformel im politischen Rechts-Links-Diskurs. Der zum Polit-Spruch verballhornte, oft ergänzte und verdrehte Satz dient einem breiten politischen Spektrum als Label für eine angeblich von allen „Realitäten" losgelöste SPD-Politik. Eine polemische Strategie, die über Dekaden selbst erfolgreich bis in das sozialdemokratische Milieu hinein wirkt.[628]

Jochen Steffen hat sich weder zur Kontextentfremdung seines Beitrages auf dem Parteitag noch zu dessen sinnwidriger Verselbstständigung geäußert. Nach seinen einschlägigen Erfahrungen gibt er zu dieser Zeit gerade der „Springer-Presse" keine In-

---

625 Helmut K. Anheier/Uwe Schimank: Teilsystemische Autonomie und politische Gesellschaftssteuerung. Beitrage zur akteurzentrierten Differenzierungstheorie, Wiesbaden 2006, S. 230.

626 Wilhelm Hennis: Politikwissenschaftliche Abhandlungen, S. 229.

627 Martin Hochhuth: Die Meinungsfreiheit im System des Grundgesetzes, Tübingen 2007, S. 71f.; OLG Stuttgart, 9.2.1977 - 4 U 117/76; BVerfG, 3.6.1980 - 1 BvR 185/77. Vgl. auch: NJW 1980, S. 2070.

628 Vgl. zum Beispiel den Gebrauch des Zitats durch den selbstständigen Unternehmer und Schatzmeister des SPD-Landesverbandes Berlin, Harald Christ, wonach gesellschaftlicher Fortschritt erwirtschaftet werden muss und nicht durch Steuererhöhungen finanziert werden kann. Sonst drohe der Rückfall in die Politik von 1971, die, obwohl die SPD damals Regierungspartei war, nicht als gelungen gewertet werden könne. Harald Christ: Ohne Wirtschaftswachstum ist alles nichts, in: Neue Gesellschaft/Frankfurter Hefte 11 (2011), S. 46.

terviews mehr. Wenige Jahre später kommentiert er aus einem anderen Anlass eines aus dem Zusammenhang gelösten und sinnentstellten Zitats gegenüber dem Parteivorstand: „Dementieren tue ich seit Jahren nicht mehr. Ebenso wenig erwarte ich, das mich jemand von uns verteidigt. Ich vermag nicht einzusehen, dass es anderes bringt als die ‚Bestätigung' dessen, was man ausräumen wollte. [...] Schon Bismarck pflegte zu sagen, man könne eine Meldung erst glauben, wenn sie mindestens einmal dementiert worden sei."[629]

Die Reform des Reformers: Politische Netzwerke in und außerhalb der SPD

Steffens politisches Projekt, in Anlehnung an die Sprache Hegels und Marx als „totaler Prozess" gedacht, bedingt die strategische Aufgabe, aus drei wesentlichen Elementen einen zentralen Akteur für einen willentlich gestalteten gesamtgesellschaftlichen Wandel zu formen. Dazu gehören die Umgestaltung der Kräfteverhältnisse in der Partei und damit ihrer Politik, aber auch das Streben nach einer Verbreiterung der gesellschaftlichen Basis, wofür über die Partei hinaus Ansprache an ausgesuchte politische und gesellschaftliche Kräfte nicht nur für ihre Wahlstimme, sondern vielmehr für ihr aktives Mitgestalten erfolgen muss. Für die zu Diskursen anleitende interne und externe Ansprache ist für Steffen die Demonstration einer seinen Zielen entsprechenden realen Politik das entsprechende Mittel.

Steffen engagiert sich strategisch umfassend für das Ziel der Reform des Reformators. In der Partei geht es um die Sammlung und politische Koordination entsprechender Multiplikatoren, außerhalb der Partei um Kontakte zu linksliberalen und linken Zusammenhängen. Dabei wird, auch um den drohenden Vorwurf der Parteischädigung zu vermeiden, Distanz zu Parteien oder parteiähnlichen Gruppierungen gehalten. Der Gedanke an Parteispaltung, Neugründung oder Umgruppierung mag ihm in Momenten der Wut und Frustration kommen, aber diese Perspektive ist nie eine realistische Option. Seine externe Netzwerkarbeit behält den Zweck, die Aufklärungsbasis in der Partei im Sinne seiner Zielsetzung zu verbreitern. Die Stoßrichtung seines Engagements ändert sich erst mit seinem Austritt aus der Partei und seiner Unterstützung für die sich formierenden Grünen.

In Steffens strategische Ausrichtung webt er zwei Stränge seiner politischen Erkenntnisse und Praxen ein: Das ist einmal seine Beschäftigung mit dem organisatorisch-politischen IST und SOLL seiner Partei, wie auch die Beschäftigung mit der „nationalen Frage" als Aspekt der sozialen Frage. Letzteres ist der Realität der separaten Entwicklung zweier Teilstaaten geschuldet, was zur bleibenden Auseinandersetzung mit der Frage führt, welcher Weg, welches gesellschaftliche Modell und welche soziale Realität die bessere sei. Die Mehrheit der kapitalismus-affirmativen SPD hat dafür ihren Antikommunismus gefunden, der zwischen 1945 und 1955 bestimmt ist von Kurt Schumachers Konzeption „der Einheit von Reich, Nation und Klasse, von

---

629 Jochen Steffen an Willy Brandt, handschriftl. Briefentwurf, April 1976, privat.

Ethos, Demokratie und Sozialismus"[630], kombiniert mit einer grundlegenden Westorientierung[631], zu der Steffen sich innerparteilich verhalten muss. Er will dieses Gebäude in Frage stellen und in Westdeutschland selbst eine eigene Perspektive gegenüber dem Kommunismus und Kommunisten im Auf und Ab des Kalten Krieges finden.

Für Steffen ist Marxist sein und Kommunist sein keine logische Einheit. Er weiß, dass des einen Marxist des anderen Nicht-Marxist ist und er sagt über sich selbst, dass er für Kommunisten ein „Antikommunist" sei.[632] Seine Kommentierungen gegen Links sind oftmals giftig und provokativ, wie sein gern zitiertes Bonmot: „Im realen Sozialismus ist alles real, außer der Sozialismus"[633], was für die DKP/SEW ein „extrem ausgeprägter Antikommunismus"[634] ist. Aber seine „antikommunistische Polemik"[635] schließt vereinzelte Gesprächsangebote an ihn nicht aus.[636]

Für Steffen liegt seine Kommunismuskritik in seiner kritischen Erörterung der realen Zustände der Länder, die sich auf dem Weg in den Kommunismus wähnen, wie auch an den Kommunistinnen und Kommunisten im Land, die sich damit identifizieren: Er kritisiert ihren Werteverlust, ihren Etatismus, ihre menschenfeindliche weltanschauliche Dogmatik und ihre Fixierung auf Besitzverhältnisse anstatt auf die gesellschaftliche Kontrolle der Produktionsmittel zu schauen. Als Verfechter bürgerlicher Freiheitsrechte, die er im Grundgesetz verankert sieht, aber vielfach in der Verfassungswirklichkeit vermisst, tituliert sich Steffen als expliziter Anti-Bolschewist, Anti-Leninist und erst recht Anti-Stalinist.[637] Das gilt ihm für die Ausdrucksformen und ihre Träger in der Gegenwart, die für ihn in die gewünschte Identität von Form und Inhalt des Marxismus auseinander treiben.

Wie auch bei der Sozialdemokratie vermisst Steffen ein Leitbild ihrer Politik. 1982 fasst er seine Vorstellung in einem credohaften Satz zusammen, der die ethische Dimen-

---

630 Pirker: SPD nach Hitler, S. 37.

631 Vgl. Brandt/Ammon: Die Linke, S. 37.

632 Jochen Steffen: Viel Staat – wenig Sozialismus. Begründung für eine Ablehnung der Theorie und Praxis der KPdSU (B), in: Ulf Wolter (Hg.): Sozialismusdebatte. Historische und aktuelle Fragen des Sozialismus, Berlin 1978, S. 74.

633 Zum Beispiel: http://www.jusos-dithmarschen.de/index.php?mod=content&menu=25&page_id=7535 (zuletzt abgerufen im März 2017); wie auch: Martin Gorholt: Ach, SPD!; Johano Strasser erinnert sich an seine Zeit als sozialdemokratischer Gott einst im Mai, in: Berliner Republik, das Debattenmagazin 3 (2007).

634 So zum Beispiel Horst Löffler: Rezension Strukturelle Revolution – Wertlosigkeit der Sachen, in: Sozialistische Politik 1974. – Löffler ist stellv. Chefredakteur der SEW-Zeitung „Die Wahrheit".

635 Hansgeorg Conert: Jochen Steffens Strukturelle Revolution. Kritik einer linken sozialdemokratischen Position, in: Das Argument 94 (1975), S. 985, mehr S. 988f.

636 Das Argument wendet sich an Steffen mit der Anregung, auf Conerts „außerhalb des regulären Rezensionsteils der Zeitschrift, als Diskussionsbeitrag zu aktuellen Problemen der sozialen Bewegung" erschienenen Beitrag in gleicher Länge zu antworten, weil: „Wir sehen in der intensiven Bearbeitung dieses ‚Genre' eine dringliche wissenschafts-politische Aufgabe, der man vor allem nicht durch vereinzelte und deshalb relativ isolierte Ansätze gerecht werden kann." Steffen greift diese Aufforderung nicht auf. Dieter Krause (für die Redaktion) an Jochen Steffen, 21.1.1976, privat.

637 Jochen Steffen: Viel Staat – wenig Sozialismus, S. 72-108.

sion seines Handelns und seines Sich-Haltens als „Marxistsein“[638] ins Blickfeld rückt: „Eine Politik ohne Moral und praktizierte Ethik ist wie Luft ohne Sauerstoff.“[639]

In vielen Interviews bezeichnet Steffen sich als Marxist, der seine gesellschaftspolitische Analyse und sein weltanschauliches Bezugssystem aus marxistischen Klassikern und ausgesuchten Nachfahren und Derivaten bezieht. Das Erarbeiten beginnt mit seinem Studium in der Nachkriegszeit, wobei ab Ende der 1940er Jahre die Beschäftigung mit der Entwicklung in Jugoslawien immer wiederkehrt. Seine späteren Besuche des Landes und persönliche Gespräche vermitteln ihm eine „symphatische, kritische Offenheit der Vertreter des Bundes der Kommunisten gegenüber ihrer eigenen Praxis“, lässt aber seine Kritik an der Eigendarstellung Jugoslawiens als „eines politisch-ökonomischen Systems, das als frei von antagonistischen Widersprüchen behauptet wird“ folgen.[640] Steffens spätere Auseinandersetzung mit Marxismus und Stalinismus wird durch die Schriften einiger Mitglieder der jugoslawischen Praxis-Gruppe, die auf Grundlage eines aus den Frühschriften Karl Marx‘ gewonnenen humanistischen Marxismus ihre Stalinismus-Kritik formulieren, beeinflusst. Die deutschen Übersetzungen von zum Beispiel Svetozar Stojanović oder Gajo Petrović geben ihm wichtige Anregungen für seinen Marxismus.

Für Steffen gibt es keine Übereinstimmung darüber, was Marxismus oder „richtige“ marxistische Politik sei. Auf dem Parteitag 1973 in Hannover bemüht er, der sich für bibelfest hält, Matthäus Kapitel 14. Für das „Haus Marx“ könne nicht gelten, dass der Streit in den Häusern die Häuser zerstört. Steffen hält dagegen: „Für das Gedeihen des Hauses Marx ist der Streit in demselben, glaube ich, die Voraussetzung. [...] Und wenn man, je nach seinem Marx-Verständnis, ihn von vornherein als ständig revisionistisch begreift, d.h. sich selbst ständig in Frage stellend und verändernd, kann das gar nicht anders sein“.[641]

Für Steffen setzen Marx und Engels auf „Bewegung“, denn „sie streben die Herrschaft in der politischen Theorie (=Verstehen der Realität) an“.[642] Dafür muss der Mar-

---

638 Vgl. den Überblick: Wolfgang Fritz Haug: Marxistsein/Marxistinsein, in: W. F. Haug, und andere (Hg.), Historisch-Kritisches Wörterbuch des Marxismus, Hamburg 2015, S. 1966-2016.

639 Jochen Steffen: Briefe an meinen Sohn, in: Heinar Kipphardt: Vom deutschen Herbst zum bleichen deutschen Winter, S. 312.

640 Steffen: Qualität, S. 200-211. – Steffen beschäftigt sich immer wieder mit der Politik des Landes. Er arbeitet penibel „Das Programm des Bundes der Kommunisten Jugoslawiens“ von 1958 durch oder analysiert und urteilt ausführlich in ders.: Wider den Eigentumsfetischismus der Linken, in: Eckart Spoo (Hg.): Fetisch Eigentum. Wie privat sind Grund und Boden?, München 1972, S. 78f.

641 Rede Jochen Steffen. SPD. In: Unkorrigiertes Protokoll. Parteitag vom 10.-14. April 1973. Hannover, Arbeitsgemeinschaft A „Orientierungsrahmen 1985“, o. O. u. J., S. 85; vgl.: Hermann Weber: Das Prinzip Links. Eine Dokumentation. Beiträge zur Diskussion des demokratischen Sozialismus in Deutschland 1847-1973, 2. Aufl., Köln 1973, S. 289. – Die von Steffen zitierte Matthäus-Quelle ist nicht zu finden. Evtl. meinte er auf die Briefe des Apostels Paulus an Timotheus zu verweisen, in denen Paulus die Spaltung von Gemeinden aufgrund von Streit kritisiert.

642 Jochen Steffen: Thesen, Ms. für das Management Institut Hohenstein, Heidelberg 1974, S. 4. [Weiter als Steffen: Thesen].

xismus sich eine bestimmte Qualität erhalten, seine „[...] lebendige Kraft zur geistigen Verarbeitung der jeweiligen Wirklichkeit, was die Voraussetzung zur Entwicklung einer antizipierenden Politik ist. Einer Politik also, die durch Erkenntnis der sozialenwirtschaftlichen Bewegungsgesetze die Wehen und Schmerzen der Zukunft verkürzt und mildert“.[643]

Und an anderer Stelle ergänzt er zur Qualität seines Marxismus-Bildes: „Diese behält er nur, undogmatisch gehandhabt, in der Praxis. Vor allem als analytisch-theoretisches Instrument zum Verständnis von Wirklichkeit. Es bietet wenig für die Bewältigung der Wirklichkeit“.[644]

Rückblickend qualifiziert Steffen seinen Marxismus als individuell geprägt, aber ernsthaft gemeint: „Mich fasziniert die Beschäftigung mit dem Marxismus, ich bin ein ernsthafter Marxist, aber ich hab' da ja auch meinen Dickkopf. Es gibt eben sehr viele Marxismen, und da hat jeder seinen Ismus. Und am Marxismus fasziniert mich auch, daß in dieses sogenannte wissenschaftliche Gebäude immer die Menschen kommen, die ja immer wieder anders sind.

Ich lebe mit dem Marxismus wie mit einem Kompaß, und nach reiflichem Überlegen glaube ich, daß man damit die Zielrichtung doch erkennen kann ...“[645]

Und die Zielrichtung zu erkennen wird immer wichtiger, will man ein den Menschen dienendes Gegensteuern. Denn – und an diesem Gedanken hält Steffen bis zuletzt fest: „Mit der wirtschaftlichen Entfaltungsdynamik geht die gesellschaftliche Erschütterungsdynamik einher, die zu immer höheren Formen der faktischen ‚Vergesellschaftung' führt, zu immer weiteren sozialen Differenzierungen, zu immer komplizierteren Wechselbeziehungen und Interdependenzen.“[646]

Dazu setzt Steffen sich auch mit Texten Mao Tse Tungs auseinander, der, „wie ich es begreifen kann – mehr chinesisch als ‚marxistisch'“[647] sei, den Dokumenten des Eurokommunismus[648] und den Texten Antonio Gramscis. Er führt Debatten mit DDR-Abweichlern wie Wolfgang Harich oder Robert Havemann, obwohl als Grunddifferenz bleibt, dass Steffen ein Ende des Privateigentums an den Produktionsmitteln

643 Jochen Steffen: Um einen Marx von innen bittend, Ms. für das Management Institut Hohenstein, Heidelberg 1974, S. 10. [Weiter als Steffen: Marx von innen].

644 Steffen: Thesen, S. 1.

645 Witter: Mach's gut. – Was Helmut Schmidt später kommentieren sollte: „Aber sein Marxismus war in meinen Augen dummes Zeug“, Verstehen Sie das, Herr Schmidt?, in: Zeit Magazin Nr. 38, 9/2010.

646 Steffen: Marx von innen, S. 8.

647 Steffen: Thesen, S. 4.

648 Eine Veranstaltung des Management-Instituts Hohenstein zum Eurokommunismus mit internationaler Beteiligung und Steffen im November 1977 führt zu einer Buchpublikation. Götz Hohenstein (Hg.): Der Umweg zur Macht, München 1979.

nicht für zentral hält[649] und die Aufnahme kreativer Querdenker wie André Gorz und einer Vielzahl weiterer Autoren nicht ablehnt.[650]

Im Rahmen dieses Engagements beteiligt sich Steffen ab Mitte der 1970er Jahre, gewissermaßen als Synergie zu den Kommissionsarbeiten und auf Grundlage der „Strukturellen Revolution", mit dem Jesuiten Rupert Lay, einem Vertreter eines „christlichen Solidarismus", an mehreren Marxismus-Seminaren, die der Spiegel als „Fremdenführung durch den Sozialismus" für Manager verulkt.[651] Ausgerichtet vom Management Institut Hohenstein, finden sie in der Regel in Frankfurt statt, aus aktuellem Anlass der Revolution in Portugal 1976 auch einmal dort. Steffen erklärt, warum er Seminare für dieses Publikum anbietet: „Didaktisches Ziel: den Vertretern des ‚dispositiven Sektors' die Angst und die platten Vorurteile nehmen: ‚Die haben ja viel Angst. Vor den jungen und rücksichtslosen Nachrückern im Management, vor den Gewerkschaftern, mit denen sie nicht mehr so einfach reden können, vor der Konjunktur – und auch vor ihren eigenen Kindern.'"[652]

Das Management Institut Hohenstein veranstaltet in einem Luxushotel in Frankfurt am Main auch ein Seminar zum Eurokommunismus, wobei ich mich als Mitbringsel besonders daran erinnere, wie die anwesenden Männer die eingeladene exzeptionelle Franca Magnani anhimmeln.

Steffens Darstellungen und Wertungen des Eurokommunismus werden von der nicht-sozialdemokratischen Linken heftig gescholten: Seine Vereinnahmung Gramscis „in der Pose des Kritikers der Sozialdemokratie für den Reformismus einer ‚neuen Linken'" und seine Karikatur der KPI „als Partei eines ‚konsequenten Reformismus'" sei Teil des Angriffs auf die marxistische Gramsci-Diskussion im Kontext des ideologischen Klassenkampfs in der BRD.[653]

Steffens Text zur Person Karl Radeks ist sein letzter größerer Beitrag zu dieser strategischen Auseinandersetzung. Einer der eher raren qualifizierten Hinweise auf das Buch skizziert sein Anliegen darin, „[...]wie denn zu beurteilen sei, wenn der ‚Hoff-

---

649 Vgl. zum Beispiel die: Diskussionsveranstaltung mit Heinz Brandt, Jiri Pelikan, Jochen Steffen am 12.2.1974 in F/M. - Franz Feldmeyer: Genosse ist Havemann – nicht Honecker, in: Frankfurter Allgemeine Zeitung, 13.2.1974. Oder den Briefaustausch 1977 zwischen Havemann – Steffen, in: Frankfurter Rundschau, 3.11.1977, S. 10. Abgedruckt in Beirat: Jochen Steffen.

650 Vgl. die kurzen Verweise in Steffen: Thesen.

651 Peter Brügge: Letztlich wieder der olle Sokrates, in: Der Spiegel, 49/1974, 2.12.1974, S. 66; auch die Frankfurter Rundschau sieht in den Seminaren ein Spektakulum, „wenn nämlich der ‚rote' Jochen Steffen sich ein Zubrot zu seinen Ruhestandsbezügen verdient, indem er den bildungshungrigen Wirtschafts-Bossen ‚Marxistische Grundbegriffe' beibringt", in: Frankfurter Rundschau, 3.3.1979.

652 Reiner Wiese: Roter Jochen mit schwarzen Hunden: Plauderei mit Prominenten, in: Göttinger Tageblatt, 1979. Kopie ohne Datum, privat.

653 Hans Jörg Sandkühler bezieht sich auf Jochen Steffen: Der XX. Parteitag – Sozialdemokratie – Kommunismus, in: Reinhard Crusius/Manfred Wilke (Hg.): Eurokommunismus. Der XX. Parteitag der KPdSU und seine Folgen, Frankfurt 1977, S. 210-260; ders. in: Juso Schüler Express, 3. Jg. 1977, H. 4, S. 19; ders.: Über die Einheit von Politik und Geschichte. Zum Internationalen Gramsci-Kongreß, Florenz, Dez. 1977, in: Sozialistische Politik Jahrgang 1978, S. 145-154.

nungsträger' überlebe, aber gleichzeitig eine ‚Motivverschiebung' stattfinde, ein Phänomen, das auch aus der Geschichte der Sozialdemokratie bekannt sei. Und er hat dort Radeks Position der von Rosa Luxemburg gegenübergestellt, die die Perversion der Revolution mehr gefürchtet habe, als deren Niederlage."[654]

Die Widmung meines Vaters in meinem Exemplar fasst die Absicht der Publikation knapp als „gelegentliches Nachschlagewerk bei ‚Grundsatzfragen'" zusammen. Allerdings leidet diese gewünschte Rezeption des Radek-Textes in linken Diskursen darunter, dass er eine interpretierende literarische Form gewählt hat und das Buch kein geschichtswissenschaftlicher Beitrag ist. Für die Aufnahme des Buches gilt Ähnliches wie das, was Steffen zur Einschätzung von Radeks Person in der Linken der 1970er Jahre sagt: „Er ist nicht ernsthaft genug. Die marxistisch beeinflußte Arbeiterbewegung ist nun einmal puritanisch, ernsthaft bis spießig."[655]

Kräfte sammeln in der SPD: Frankfurter und Leverkusener Kreis

Die praktische Umsetzung von Steffens strategischen Ambitionen findet zuerst und vor allem innerhalb der SPD statt. Als neuer Landesvorsitzender engagiert er sich in der SPD für einen wirkungsvollen bundesweiten Zusammenschluss der Parteilinken. Als Initiatoren laden er, Walter Möller und andere im Winter 1966 linke SPDler und Gewerkschafter zu einer ersten Gesprächsrunde nach Frankfurt ein. Sie stützen sich dabei auf die Kontakte des überschaubaren „Arbeitskreises IV" der „Gesellschaft für Forschung und internationale Kooperation auf dem Gebiet der Publizistik e.V.". Sie ist Herausgeberin der linken Gewerkschaftszeitung „express international", einem Forum aus „Alt-Linken" in der SPD und Gewerkschaftlern.[656] Dem neuen Zusammenschluss geht es darum, wie der ebenfalls angefragte Harry Ristock bemerkt, „die Mehrheits- und damit die Machtverhältnisse in der Sozialdemokratischen Partei zu verändern".[657] Laut Peter Glotz ist der Gesprächskreis mit der Unterstützung von „Neuen Linken" ein „Kristallisationskern" aller Linken in der SPD unter der intellektuellen Regie von Steffen, Karsten Voigt, Günter Wichert und Peter von Oertzen.[658]

Über die Entwicklung der bald als „Frankfurter Kreis" bekannten Runde informiert Lothar Pinkall, Leiter der IG-Metall-Schule in Westberlin, auch die Westabteilung des ZK der SED. Laut Pinkalls Einschätzungen habe der Kreis Ende 1967 das Ziel, die

---

654 Dietmar Behrens/Kornelia Hafner: Auf der Suche nach dem „wahren Sozialismus". Von der Kritik des Proudhonismus über die russische Modernisierungsdebatte zum realsozialistischen Etikettenschwindel, in: Anton Pannekoek/Paul Mattick und andere: Marxistischer Anti-Leninismus, Freiburg 2007, S. 10.

655 Jochen Steffen/Adalbert Wiemers: Auf zum letzten Verhör. Erkenntnisse des verantwortlichen Hofnarren der Revolution Karl Radek, Bertelsmann, München 1977, S. 9.

656 Diese Darstellung stützt sich auf Ferdinand Müller-Rommel: Innerparteiliche Gruppierungen in der SPD: eine empirische Studie über informell-organisierte Gruppierungen von 1969-1980, Opladen 1982, S. 70. [Weiter als Müller-Rommel: Gruppierungen].

657 Ristock: Teppich, S. 101.

658 Zit. nach: Müller-Rommel: Gruppierungen, S. 70, FN 1.

verschiedenen Initiativen linker SPD-Mitglieder und Bezirke besser zu koordinieren und somit größere Erfolge in der Partei zu erzielen. Dafür müsse es eine feste Führungsstruktur, eine eigene Publikation und eine Personifizierung des politischen Programms geben. Als Gegenkandidat zu Helmut Schmidt, von dem erwartet wird, dass er sich auf dem kommenden Parteitag zum stellvertretenden Parteivorsitzenden wählen lassen wolle, solle Jochen Steffen nominiert werden, denn so fasst die Westabteilung der SED die zugetragenen Informationen zusammen: „Steffen wird von diesem Kreis als ein Mann betrachtet, der als Wirtschaftsexperte gilt, unter sozialdemokratischen Mitgliedern und Funktionären beachtlichen Einfluß hat und der Interessenvertreter der Arbeiter und Gewerkschaften in der Sozialdemokratie ist. Der Kreis will Steffen als Personifizierung ihres Alternativprogramms herausstellen.“[659]

Tatsächlich unterstützen die Mitglieder des Frankfurter Kreises auf dem Nürnberger Parteitag 1968 die Wahl Steffens in den Bundesvorstand, wenn auch von einer Identifizierung seiner Person mit einem von dieser Gruppe getragenen Alternativprogramm keine Rede sein kann.[660]

Zum „Frankfurter Kreis“ gehörten neben den bereits genannten Politikern auch jungsozialistischer Nachwuchs wie Thomas van der Vring und Norbert Gansel. Junge Bundestagsabgeordnete aus Schleswig-Holstein wie Reinhard Ueberhorst und Eckart Kuhlwein besuchen die Treffen, aber auch Landespolitiker wie Gerd Walter oder Richard Bünemann. Eine wichtige Rolle spielt weiterhin das personelle und organisatorische Umfeld von „express international“ mit Reiner Zoll, damals Sprecher der Pressestelle der IG-Metall und ab 1974 Professor an der Universität Bremen.

Die Beteiligten treffen sich unter der organisatorischer Leitung von Karsten Voigt besonders vor Parteitagen zur Vorbereitung gemeinsamen Agierens, sprechen Initiativanträge ab und bemühen sich, das Abstimmungsverhalten der Parteilinken zu koordinieren.[661] „Wir waren uns in den Analysen, in den Zielsetzungen deutscher und sozialdemokratischer Politik weitgehend einig“, erinnert sich Harry Ristock.[662] Doch das Miteinander der immer auch unter medialer Beobachtung stehenden Treffen ist nicht konfliktfrei, wie eine Bemerkung der Wirtschaftswoche zum schleswig-holsteinischen Wahlkampf 1971 zeigt, laut der sich Steffen von den „linkssozialdemokratischen und trotzkistischen Freunden“ aus diesem Kreis distanziere und als Beleg die Kritik Werner Vietts von der IG Chemie-Papier-Keramik anführt.[663]

---

659 Information über Versuche zur Bildung eines Führungsgremiums linker Sozialdemokraten, 7.11.1967, Westabteilung an Gen. Ulbricht und Honecker. SAPMO-BArch, DY 30/ IV A2/2.028/25, Bestand Westabteilung des ZK der SED, Blatt 302.

660 Vgl. Müller-Rommel: Gruppierungen, S. 75.

661 Vgl. die Berichterstattung Der Spiegel über den „Frankfurter Kreis“ in Vorbereitung des Saarbrücker Parteitages der SPD von 1970: Eigene Fahne, in: Der Spiegel, 7/1970, 9.2.1970, S. 30-31. Auch: CDU-Nothelfer. Stoltenberg, in: Wirtschaftswoche. Der Volkswirt, Nr. 17, 23.4.1971, S. 15.

662 Ristock: Teppich, S. 101.

663 CDU-Nothelfer. Stoltenberg, in: Wirtschaftswoche. Der Volkswirt, a.a.O., S. 15. - Viele Informationen zum Kreis finden sich immer wieder in der Frankfurter Rundschau.

Für Steffens Mitarbeiter Gert Börnsen ist das Wirken des Kreises der aktive Versuch, die Programmatik der SPD umfassend zu erfüllen: „Der Kreis um Möller und Steffen setzte auf die ‚inneren Reformen', die die SPD stets versprochen hatte: Mitbestimmung, Vermögensbildung, Bekämpfung der Bodenspekulation. Die Ostpolitik Willy Brandts wurde einhellig unterstützt, aber die inneren Reformen kamen in der Regierung nicht voran (wohl aber das Notstandsprogramm)."[664]

Ein Beispiel erfolgreicher Einflussnahme des Kreises ist seine Intervention auf dem außerordentlichen Steuerparteitag der SPD im Jahr 1971, zu dem „besser vorbereitet und disziplinierter denn je [...] die Altsozialisten des Jochen Steffen, die Jungsozialisten des Karsten Voigt und der traditionelle Linkskader der Partei aus Hessen-Süd" an einem Strang ziehen.[665] Derart koordiniert erreichen sie die Anhebung des Spitzensteuersatzes bei der Einkommenssteuer auf 60 Prozent.

Steffen ist nicht auf allen Treffen anwesend, regelmäßiger ist sein Mitarbeiter Georg Beez „mit Auftrag" dabei und liefert für den Kreis viele schriftliche Diskussionsvorlagen und Ausarbeitungen im Bereich der „wirtschaftspolitischen Fragen, sowie der gesellschaftspolitischen Analyse mit zu ziehenden Konsequenzen"[666]. Steffen referiert eher nach Parteitagen über die Lage in der SPD oder informiert über Entwicklungen im Parteivorstand.

Wenig Wohlwollen erfährt der im Parteiauftrag vorgelegte erste Entwurf des SPD-„Langzeitprogramms 1973-1985" durch den Kreis. Der Zielsetzung des Auftrages des Parteitages 1970, nämlich langfristige gesellschaftspolitische Zielsetzungen auf der Grundlage des Godesberger Programms von 1959 zu formulieren, „wird der Entwurf nicht gerecht. Ihm fehlt eine Analyse der Ursachen der ökonomisch-politischen Widersprüche und der Herrschaftsverhältnisse unserer Gesellschaft. Die Grundprobleme werden deshalb nicht konkretisiert und politische Prioritäten nicht begründet, grundlegende Widersprüche unseres Systems werden nicht erkannt, Mittel und Maßnahmen, mit denen sie gelöst werden könnten, wurden nicht entwickelt."[667]

Mit seiner publizierten Kritik interveniert der Kreis in der Partei und der öffentlichen Debatte des Langzeitprogramms.[668]

In den Jahren nach 1969 wächst der Kreis derart an, dass er laut Steffen die Größe eines arbeitsfähigen Diskussionskreises zu übersteigen beginne.[669] Ab Mitte der 1970er Jahre stagniert die Teilnahmezahl wieder. Um 1976/77 führt die Intervention der „Sta-

664 Börnsen: Erinnerungen, S. 324.

665 Kopfnicken genügte, in: Der Spiegel, 48/1971, 22.11.1971, S. 27.

666 Einladung zum „Gesprächskreis" zum 23.11.1973 vom 6.11.1973, LAB E-Rep. 300-89 – Nachlass Harry Ristock. [Quelle weiter als Nachlass Ristock].

667 Gesprächskreistreffen in Frankfurt/Main, 2./3.2.1972, Tendenzbeschluss zum Langzeitprogramm. Ebd.

668 Vgl. Rudolf Scharping, Friedhelm Wollner (Hg.): Demokratischer Sozialismus und Langzeitprogramm, Diskussionsbeiträge zum Orientierungsrahmen '85 der SPD, Reinbek bei Hamburg 1973.

669 Müller-Rommel: Gruppierungen, S. 78.

mokap-Fraktion“[670] der Jungsozialisten in dem Kreis zur Erwägung, den Zusammenschluss als Zeichen an den Parteivorstand, sich deutlich von den Stamokap-Thesen zu distanzieren, aufzulösen. Stattdessen folgt der Beschluss, den Stamokap-Vertretern in „inhaltlich-argumentativer Form entgegenzutreten“.[671]

Der Frankfurter Kreis fördert auch das Ansinnen, einen linken Zusammenschluss in der Bundestagsfraktion der SPD zu schmieden. Auf der Grundlage eines sich seit 1969 „Gruppe der 16. Etage“ im „Langen Eugen“ nennenden lockeren Zirkels linker SPD-Abgeordneter lädt der neue SPD-MdB Karl-Heinz Hansen nach der Bundestagswahl vom November 1972 neue und alte linke SPD-Parlamentarier zu einem ersten Treffen nach Leverkusen ein. Hansen erinnert sich, dass 34 Personen kamen, „auch der Juso-Vorsitzende Roth und der SPD-Landeschef von Schleswig-Holstein, Jochen Steffen, waren dabei. Das einstimmige Ergebnis langer Diskussionen kurz zusammengefasst: um der Wirksamkeit willen stärkere Konzentration auf die Gesetzesarbeit, unter Berufung auf die im Keller der ‚Baracke' gehorteten Parteitagsbeschlüsse. Als es darum ging, uns einen technischen Hilfsapparat zuzulegen, war die Einstimmigkeit dahin. Nur wenige waren bereit, sich schriftlich zu verpflichten, einen fixen monatlichen Geldbetrag für ein ständiges Büro zu leisten.“[672]

Der „Leverkusener Kreis“ will durch gemeinsame, möglichst effizient organisierte Aktionen die Monopolstellung des Fraktionsvorstands brechen. Steffen klärt als „Mentor der Gruppe“[673] in einem Brief an zahlreiche Abgeordnete über den Sinn und Zweck des Leverkusener Kreises auf und schöpft dabei auch aus seinen Erfahrungen parlamentarischer Arbeit im schleswig-holsteinischen Landtag, beziehungsweise seinen Versuchen, parlamentarisches Wirken zu strukturieren: „Der Leverkusener Kreis hat nur eine Chance, wenn er versucht, durch sachliches, kooperatives Arbeiten aller Mitglieder sowohl den einzelnen von der Routine zu entlasten als auch den einzelnen – durch die Kooperation – für mehr qualifizierte Arbeit frei zu machen. In meinem Verständnis ist er ein Versuch zur Rettung der tatsächlichen Möglichkeiten des Abgeordneten. Das ist in dieser Massenversammlung ‚Fraktion' und ihrer unumgänglichen Disziplinierung nach innen und im Verhältnis zur Regierung erforderlich. So wie die Verhältnisse sind, habt Ihr nur die Wahl, daß entweder die Kanalarbeiter (der ‚Fritz-Erler-Kreis' ist m.E. für Kanalarbeiter mit gehobenen Ansprüchen) dies machen, oder das in einer demokratischen Selbstorganisation zu tun.

Ich bleibe bei meiner Erfahrung, daß Ihr dies nur könnt mit einem Minimum an gemeinsamer, hauptamtlicher Organisation. Ich kann durchaus verstehen, daß einige von

670 Anfang der 1970er Jahre von einer Mehrheit der Jungsozialisten der SPD übernommene Theorie einer auf Texten des Ökonomen Rudolf Hilferding und Wladimir Iljitsch Lenin fußenden Analyse einer staatsmonopolistischen Phase des Imperialismus, die politisch breite antimonopolistische Bündnisse fordere.

671 Müller-Rommel: Gruppierungen, S. 73.

672 Karl-Heinz Hansen: Es ist nicht alles schlecht, was scheitert. Ein politischer Lebenslauf, Hamburg 2014, S. 78.

673 Müller-Rommel: Gruppierungen, S. 136.

Euch ungute Gefühle haben. Das kann auch in Eurem früheren Verhalten gegenüber jenen liegen, mit denen Ihr jetzt zusammenarbeiten wollt."[674]

Im Herbst 1972 stellt Steffen der Gruppe ein „Informationsvermittlungsmodell" zur Diskussion, das ihre Kommunikation beschleunigen und intensivieren soll. Ein „Drei-Stufen-Informationssystem" soll durch die Einrichtung von Projektausschüssen die hierarchischen Strukturen in der Fraktion abflachen. Dazu werden Informationen von Personen gefordert, die ‚mit wissenschaftlichem Handwerkszeug umgehen können', und diese gemeinsam mit Experten und politischen Fachleuten bearbeitet, um die Ergebnisse in den Ausschüssen nach Rang und politischen Zielsetzungen zu diskutieren.[675]

Doch die Abgeordneten, besonders die neuen, finden neben den vielfältigen parlamentarischen und fraktionellen Aufgaben kaum die Zeit für das geforderte zusätzliche, verstärkte Engagement. Erst nach der Bundestagswahl 1976 werden im Leverkusener Kreis fachspezifische Arbeitsgruppen gebildet.

Steffen kontaktiert selbst immer wieder in Frage kommende Abgeordnete, wie sich Reinhard Ueberhorst erinnert. Er muss in diesen Kreisen aber auch Erfahrungen mit der Generationendifferenz und dem aufkommenden Feminismus machen. Ist der 1971 als Frankfurter Oberbürgermeister verstorbene Walter Möller noch zwei Jahre älter als er, sind die meisten Aktiven mehr als zehn bis 25 Jahre jünger als Steffen. Einige bringen zu den Wochenendtreffen ihre Frauen und Kleinkinder mit. Die Erziehung ist stark von antiautoritären Vorstellungen geprägt, Babys und Kleinkinder sitzen während der Tagung auf den Tischen. Das findet Steffen schwer zu akzeptieren. So erinnert sich Ilse lebhaft, wie Jochen nach einem Treffen auf sie zustürmt und ausruft: „Gott sei Dank sehe ich jemand Vernünftigen nach all diesen Verrückten!"

Die 1974 durch den Frankfurter Kreis beschlossene Unterstützung der Kandidatur Helmut Schmidts als Nachfolger Willy Brandts wirkt als Zäsur in den linken Zusammenschlüssen in der SPD. Nunmehr beginnt sich Steffens Oppositionshaltung zur Partei, aber auch zu einigen Linken in Partei und Parteivorstand herauszubilden.[676]

Externe Netzwerke für die Partei

Steffens gewerkschaftliche Kontakte aus Schleswig-Holstein und im Frankfurter Kreis führen zu seiner aktiven Teilnahme an der Gründung der Arbeitsgemeinschaft für Arbeitnehmerfragen in der SPD. Der schleswig-holsteinische Gewerkschafter Leo Langmann erinnert sich: „Wie wichtig ihm die Sache der Arbeiter war, haben wir gespürt, als er als Landesvorsitzender der Sozialdemokraten 1973 mit den Landesdelegierten zur Gründungskonferenz nach Düsseldorf [richtig ist Duisburg, JPS] gefahren ist, um mit uns gemeinsam und Herbert Wehner die Arbeitsgemeinschaft für Arbeitnehmerfragen zu gründen. Wir haben die ganzen drei Tage und ich darf auch sagen drei Nächte

674 Zit. in ebd., S. 137.

675 Vgl. ebd., S. 154.

676 Vgl. Ristock: Teppich, S. 101f.

lang mit Jochen Steffen hart zusammengearbeitet an der Programmatik, und ich kann hier sagen, vieles von dem, was wir in den drei Tagen und Nächten einbringen konnten, ist in der Programmatik festgeschrieben und steht bis heute noch."[677]

Auch in den Phasen seiner Krankheit und Kuren bleibt Steffen in den linken Netzwerken aktiv: „Zum Kurbeldrehen und subversiver Organisation langts aber noch", schreibt er Ende 1972 nach Schilderung seines Gesundheitszustandes an Augstein. Und weiter: „Gottvater [Willy Brandt, JPS] meinte, Steffens Linksorganisation trüge ‚nach den Erfahrungen der Arbeiterbewegung' (süh – süh!) den Keim späterer Parteispaltung in sich. Dabei weiß er gar nicht, wie und wo gespalten werden muss."[678]

Der sich in den linken SPD-Netzwerken immer weiter öffnende Graben zwischen den politisch-inhaltlichen Ansprüchen gegen Parteiführung und Fraktionsvorstand und Steffens Lernerfahrung, die Protagonisten stünden als Gruppe nicht ihren Mann, wenn es hart auf hart kommt, begleiten seinen Abschied aus der Partei. In der Folge spaltet sich der Leverkusener Kreises in Untergruppen entlang ideologisch-politischer Polarisierungslinien und die Frustrationen über seine mangelnde politische Durchsetzungskraft und individuelle Karrierewünsche führen schließlich zu einem Rückgang der Beteiligung.[679]

Steffens wachsender politischer Frust richtet sich auf die Gesamtpartei, wie seiner Kritik zum Bundestagswahlkampf 1976 zu entnehmen ist: „Ich überlege mir inzwischen, ob es nicht zweckmäßig sei, Hörspiele, Theaterstücke oder Schlagertexte zu fabrizieren. An diesem schwachsinnigen Bundestagswahlkampf werde ich mich wenigstens nicht beteiligen. Die Parole: Deutschland, Deutschland leidlich über alles, mag ja für die Gegenwart stimmen (sie tuts zwar nicht, ist aber immerhin hinlänglich plausibel), ergibt aber in der Perspektive eine ziemlich miese Zukunft für die unteren 30 Prozent unseres heißgeliebten Volkes. Wir können dann dafür streben, dass die anderen 2/3 ordentlich bewaffnet sind, wenn ihre Mitbürger kommen. In aller Liberalität, natürlich … ."[680]

Die sich ändernden gesellschaftspolitischen Bedingungen nach dem Ende der „Vollbeschäftigung" in Westdeutschland und den Phasen der Rezession 1974/75 im Bezug zu seinen politischen Zielsetzungen, die er in der SPD zunehmend weniger wiederfindet, resümiert Steffen in einem Gespräch mit dem Journalisten Ben Witter: „Ich bin Demokrat, und folgedessen gibt es zwangsläufig Kompromisse. Hier aber nun meine besondere Theorie: Solange eine Gesellschaft Vollbeschäftigung hat, bin ich sehr weit kompromißbereit. Nun kommt aber die Krise: Wenn ich dann meine Strategie nicht ändere, produziere ich eine neue soziale Unterklasse. Ich muß mich dann als Gewerkschaftler und Sozi daran gewöhnen, daß es eine Million Arbeitslose gibt und mehr. Und ich bin nicht Gewerkschaftler und Sozi geworden, um das mitzu-

---

677 Leo Langmann in: Beirat: Jochen Steffen.

678 Jochen Steffen an Rudolf Augstein, 15.12.1972, Nachlass Augstein im Spiegel-Archiv.

679 Vgl. Müller-Rommel: Gruppierungen, S. 156.

680 Jochen Steffen an Rudolf Augstein, 23.3.1976, Nachlass Augstein im Spiegel-Archiv.

machen."[681] So mehren sich in der zweiten Hälfte der 1970er Jahre Steffens Kontakte außerhalb der SPD, wie zu Rudi Dutschke oder Milan Horáček über die Perspektiven einer neuen linken Partei.[682] Das führt zu vielen politischen Besuchern in St. Peter-Ording und die möglichen „Umgruppierungen" finden Beachtung in den Springer-Medien.[683] Dieses Interesse an Steffen als Ansprechpartner für Zusammenschlüsse eines demokratischen Sozialismus außerhalb der SPD finden ihre Wurzeln in seinem Wirken auf der SPD-Linken und als Repräsentant eben dieser Linken für die Dekade ab Mitte der 1960er Jahre.

Linke Dispute – Dispute mit Links

Steffen leitet das Herangehen an Szenen der SPD-fernen marxistischen Linken auch aus seinem Verständnis des Denkens von Marx ab, das darauf beruhe, dass alles was ist, von und durch Menschen sei. Diese Erkenntnis könne auch auf Marx' eigene Textproduktion und damit auf die Botschaft des „Kapitals" angewendet werden. Steffen denkt, dass mit dieser Entmystifizierung von Marx, dem Marxismus und der Geschichte der Arbeiterbewegung man „jene Geister, die heute noch in der Nachfolge des wackeren Plechanow, auf theoretischer Luft den Kopfstand proben, – vielleicht – auf praktische, politische Füße stellen"[684] könne.

Jochen Steffen nennt die Menschen auf der Linken zeit seines Lebens ironisierend die „Klassenbewussten". Das bezeichnet einmal das Element der Achtung vor politischer Positionierung, wie auch weltanschauliche Abgrenzung gegenüber Dogmatikern und nicht selbst denkenden Menschen. Dabei unterscheidet er für sich und unter Umständen sehr rabiat, wo ihm ein proletarischer Anspruch als echt gegenübertritt oder wo er ihm aufgesetzt erscheint. Das kommt besonders bei seiner späteren Einschätzung der Studentenbewegung zum Tragen. Wie in allen gesellschaftlichen Bereichen verachtet er jene Menschen, die ihr gegebenes Vorrecht für sich selbst zu denken nicht nutzen. Dafür hat er einen von Erich Kästner entlehnten Spruch. Er werfe niemandem vor, dass er oder sie im Kapitalismus „durch den Kakao gezogen werde(n)", „aber dass sie ihn danach auch noch trinken", das sei kritikwürdig.[685]

Steffens Vision einer sich im Prozess der Öffnung und programmatischen Neudefinition selbst reformierenden SPD, ohne dass kommunistische Frontorganisationen dies nutzen können, treibt ihn zur Beschäftigung – selbst über die Zeit seines parteili-

---

681 Witter: Mach's gut.

682 Siehe: Kommt eine vierte Partei?, Abdruck aus „das da", Januar 1976 in: Neuorientierung, Neuorganisierung zur zweiten Organisationsdebatte in der BRD, Arndthefte 1, Frankfurt 1976, S. 78.

683 Ulrich Lüke: Die Linke macht mobil (I) – Links von der SPD nimmt eine sozialistische Partei Konturen an: Dokumentation, in: Die Welt, 21.8.1978.

684 Steffen: Marx von innen, S. 5.

685 Erich Kästner: „Was auch immer geschieht: Nie dürft ihr so tief sinken, von dem Kakao, durch den man euch zieht, auch noch zu trinken!", aus: Gesang zwischen den Stühlen (Erstausgabe 1932), hier: München 1999, S. 7; vgl.: Jochen Steffen: Wider den Eigentumsfetischismus der Linken, in: Eckart Spoo (Hg.): Fetisch Eigentum. Wie privat sind Grund und Boden? München 1972, S. 73.

chen Engagements hinaus – mit Denkern und Positionen der Arbeiterbewegung sowie Dissidenten aus den Reihen des Marxismus-Leninismus.

Diese Auseinandersetzung steht in einer Traditionslinie seines politischen Engagements. Sie dient nicht alleine dem eigenen Erkenntnisgewinn. Steffen ist stets bereit, als Referent, Diskutierender und Autor zu diesen Fragen zur Verfügung zu stehen. Daran erinnert der Kieler IGMetaller Leo Langmann. In den 1950er Jahren habe Jochen Steffen „die für uns aus vielen Gründen schwer lesbaren und schwer verständlichen Bücher des alten Mannes mit dem rundgeschnittenen Vollbart, wie er immer so treffend sagte, übersetzt und in seine und unsere Sprache, nämlich die Sprache der Arbeiterschaft"[686] gebracht.

Mit diesem Engagement will Steffen „einen hohen politischen Bildungs- und Bewußtseinsstand" der SPD-Mitglieder erreichen, eine Voraussetzung für seine Entwicklungsperspektive der Partei. Seine Vorstellung der politischen Verbreiterung durch Aufklärung bleibt ihm erhalten. So fordert er 1971 in einem Schreiben an Willy Brandt wieder einmal die eingehende theoretisch-ideologische Schulung des Parteinachwuchses.[687]

In seiner Funktion als Parteivorstandsmitglied und als eine Galionsfigur der Parteilinken wird Steffen 1970 in die Entwicklung des sogenannten Löwenthal-Papiers „Sozialdemokratie und Kommunismus" einbezogen.[688] Steffen lässt die Debatte eskalieren – entgegen der Absicht Löwenthals, das Papier zuerst in den inneren Parteizirkeln zu halten – durch die Veröffentlichung des Papiers in der Kieler „Nordwoche" vom 29. September 1970. Auch in der folgenden Vorstandssitzung setzt er sich dafür ein, dass das Papier vor einer Verabschiedung viel gründlicher in den Organen der Partei diskutiert werden müsse. Das dann verabschiedete Löwenthal-Papier dient zum einen als „Abgrenzungsbeschluss" der Distanzierung der SPD von den kommunistischen Staaten wie auch der Jungsozialisten von der westdeutschen DKP und soll so die „neugewonnenen Wähler aus der politischen Mitte" der Partei erhalten.[689] Zum anderen dient es der innenpolitischen Abwehr der Angriffe gegen die anstehenden Ostverträge und schließlich der ideologischen Vorbereitung gegen die Kritik am „Extremistenbeschluss" beziehungsweise „Radikalenerlass", der im Januar 1972 folgt.[690]

Auch für die SED endet mit Steffens Mitarbeit am Löwenthal-Papier seine Ein-

686 Leo Langmann in: Beirat: Jochen Steffen.

687 Jochen Steffen an Willy Brandt, 24.1.1971, AdsD WBA, Landesverbände und Bezirke. Zit. nach: Jens Schultz: Sozialdemokratie und Kommunismus. Die Auseinandersetzung der SPD mit dem Kommunismus im Zeichen der Neuen Ostpolitik 1969–1974 (Diss.), Mannheim 2009, S. 58 [Weiter als Schultz: Sozialdemokratie].

688 Sozialdemokratie und Kommunismus, gemeinsame Beschlussvorlage von Jochen Steffen und Richard Löwenthal für die Sitzung des Parteirates am 13. und 14.11.1970. Anhang in Schultz: Sozialdemokratie, S. 213-216 und in Beirat: Jochen Steffen.

689 Heinrich August Winkler: Der lange Weg nach Westen: Deutsche Geschichte vom „Dritten Reich" bis zur Wiedervereinigung, München 2000, Bd. 2, S. 303.

690 Vgl. Schultz, der abwägt, inwiefern Steffen bei dem Löwenthal-Papier von Willy Brandt als Bindeglied zur Parteilinken benutzt wurde. Ebd., S. 122f.

schätzung als eines für sie ansprechbaren Sozialdemokraten. Anfang 1971 zitiert die „Berliner Zeitung" die Haltung des SPD-Landesvorsitzenden Schleswig-Holsteins zum Kommunismus: „Es sei Aufgabe der Sozialdemokraten, für diesen Staat zu kämpfen und die Auseinandersetzung mit solchen politischen Kräften wie den Kommunisten zu führen. [...] Der SPD-Politiker unterstrich, daß der ‚harte Kampf gegen die Gegner unserer freiheitlichen Grundordnung', wie es die Kommunisten sind, der SPD überlassen wird. Der SPD sei die Aufgabe zugedacht, auch ‚notfalls den physischen Kampf gegen diese politischen Kräfte zu führen'."[691]

Für eine knappe Dekade ist Steffen als Landesvorsitzender und dann als Bundesvorstandsmitglied ein Mitspieler in der Organisation und politischen Orientierung der SPD-Linken. Diese meine Wertung drückt sich in der Literatur zur Parteiengeschichte kaum aus, in der Steffen, wenn überhaupt erwähnt, unter ferner liefen geführt wird. Es finden sich keine Belege, dass Steffen in den 1950er und frühen 1960er Jahren eine organisatorische Nähe zu linken SPD-Projekten oder ihren Repräsentanten hatte, wie zum Beispiel zu den „Rätesozialisten" eines Peter von Oertzen oder einem Zeitschriftenprojekt wie der „SoPo", der Sozialistischen Politik. Doch wenn Godesberg von 1959 als Entscheidung der Verdrängung des Marxismus aus der SPD genommen wird, dann trägt sein politisches Projekt die Vision der Sicherung eines per se revisionistischen Marxismus für die Partei. Dabei akzeptiert er die Öffnung der Partei und ihre Integrationsbemühungen gegenüber protestantischen Repräsentanten und liberalem Kleinbürgertum, hält sich selbst aber an einen Austausch mit freien Linken und mit den Repräsentanten der „aufmüpfigen" Jugend, die ab Ende der 1960er Jahre zur SPD stoßen. Sein Netzwerken verhilft ihm in den Bundesvorstand und der Parteilinken bereits auf dem Saarbrücker Parteitag von 1970 zu ersten Erfolgen. Sensibel gegenüber gesellschaftlichen Entwicklungen öffnet er sich nach den ersten Jahren der Kanzlerschaft Helmut Schmidts auch kritisch gegenüber neuen sozialen Bewegungen und den entstehenden Grünen. Davor scheint Steffen, folgt man den Schlussfolgerungen von Schultz, eine gewisse Rolle in Willy Brandts Bemühungen der Integration der Parteilinken in die SPD gespielt zu haben.[692]

Neben der beschreibenden Darstellung Müller-Rommels von Steffens Wirken in linken Parteizusammenhängen übersteigert Wolfgang Abendroth 1973 seine Rolle in der und für die Partei: „Wie es scheint, gibt es derzeit für die Parteilinke nur einen einzigen, in hohem Maße politisch begabten und organisatorisch erfahrenen politischen Führer: den Landesvorsitzenden der SPD in Schleswig-Holstein, Jochen Steffen, auf dem (trotz seines angeschlagenen Gesundheitszustandes) eine große geschichtliche Verantwortung lastet. Es wird für die Entwicklung der Gesamtpartei in den nächsten Jahren und damit für die Entwicklung des politischen Bewußtseins unter den deutschen Arbeitnehmern viel davon abhängen, ob es Steffen gelingt, aus dem Gewirr der Parteilinken ein relativ einheitliches strategisches Verhalten zu entwickeln. Die

---

691 SPD-Politiker: Harter Kampf gegen Kommunisten, in: Berliner Zeitung, 14.2.1971, S. 5.

692 Vgl. Schultz: Sozialdemokratie, S. 122f.

‚Linke' bleibt von der Gefahr bedroht, sich aufzusplittern und sich in Richtungs- und Sektenkämpfen zu verlieren, wenn sie nicht durch gemeinsames politisches Verhalten zusammengeführt wird."[693]

Kuddl Schnööf: „Der rote Tegtmeier von der Meeresküste"

Eine unerwartete und auch nicht angestrebte „Karriere" beginnt für Jochen Steffen in den frühen 1970er Jahren: Der Redakteur, der Woche für Woche eine Kuddl Schnööf-Glosse in Missingsch verfasst, professionalisiert sich mit seiner Kunstfigur schrittweise zum Kabarettisten. Auch wenn Leser aus der Region den Autor immer wieder fragen „wer spricht denn so?", steckt in der Mundart-Schreibe wie auch in seinen Artikeln – mit Ausnahme des von einigen Rezensenten kritisierten schweren Stiles des Textes „Strukturelle Revolution" – viel unmittelbarer Jochen Steffen: „Ich kann nur in dem Maul schreiben, in dem ich auch denken kann. Und ich muss mit dem Maul schreiben, in dem ich denke, wenn es plastisch und handfest werden soll."[694]

Eine wenig wissenschaftliche aber dennoch passende Definition des Missingsch liefert Kurt Tucholsky in seinem Roman „Schloss Gripsholm", der sich auch Jochen immer wieder bedient: „Missingsch ist das, was herauskommt, wenn ein Plattdeutscher hochdeutsch sprechen will. Er krabbelt auf der glatt gebohnerten Treppe der deutschen Grammatik empor und rutscht alle Nase lang wieder in sein geliebtes Platt zurück."[695]

Gerne werden die Figuren Kuddl und seine Frau Natalie als alter ego von Jochen und Ilse Steffen gesehen. Doch sie sind Kunstfiguren, die Steffen aus seiner Beobachtung und Erfahrung eines spezifischen sozialen Umfelds entwickelt hat. Mit zunehmendem Alter der Figuren und angesichts der Änderungen des sozialen Umfeldes des angenommenen Kieler Werftarbeiter-Proletariats addieren sich dazu Projektionen. Aber natürlich fließen in die Charaktere auch Persönliches ein, mehr bei Kuddl als bei Natalie, denn die großstädtische Berlinerin Ilse verwahrt sich streng gegen eine kleinstädtische Kieler oder womöglich proletarische Identität. Über die Jahre entwickelt Steffen ein breiteres Personentableau für die Geschichten. Nicht alle modernen gesellschaftspolitischen Entwicklungen können in dem Ehepaar Platz finden. So erscheint der vertriebene Arbeitskollege für den landsmännischen Nachklapp, für das Thema Emanzipation tritt immer wieder eine Freundin von Natalie auf und für Fragen der Jugend wird der junge „Pörzi" eingeführt.

---

693 Wolfgang Abendroth: Chancen der SPD-Linken. Sozialdemokratie zwischen den Fronten des Klassenkampfes, in: Forum 232, Wien, April 1973, S. 24.

694 Jochen Steffen: Von Maul und Kopf der Macker, in: Akzente – Zeitschrift für Literatur, 4.8.1974, S. 322.

695 Kurt Tucholsky: Schloss Gripsholm. Eine Sommergeschichte, Frankfurt/Main 2006, S. 2. – Wissenschaftlich formuliert: „Mit dem Begriff ‚Missingsch' bezeichnet man in der Sprachwissenschaft ein gesprochenes Hochdeutsch, das in Aussprache, Grammatik und Wortschatz starke Einflüsse aus den niederdeutschen Dialekten aufweist". Michael Elmentaler: Lehrveranstaltungsinformation SS 2008, Christian-Albrechts-Universität, Kiel 2008.

Der Erfolg der Missingsch-Geschichten profitiert von der Wiederentdeckung und wachsenden Akzeptanz mundartlicher Kunstformen zu dieser Zeit. Ilse ist in Erinnerung, dass vor Jochens erster öffentlicher Lesung an der Gelehrtenschule in Kiel völlige Unsicherheit darüber herrscht, wie ein Live-Publikum auf den Vortrag reagieren wird. Der den Schnööf-Glossen gegenüber kritische Chefredakteur der Kieler Volkszeitung Karl Rickers sitzt neben Ilse und ist bass erstaunt über das sonst doch eher reservierte, jetzt aber johlende Kieler Publikum.

Allerdings habe es Steffen zugleich oft geärgert, so erinnert sich Georg Beez, dass er mit seinen Geschichten ein größeres Publikum zwar amüsieren konnte, dass „aber nur wenige den bitteren Ernst seiner Humoresken verstanden“.[696]

Zu einem Besuch bei Siegfried und Lilo Lenz in Dänemark bringt Ilse eine Anzahl ausgeschnittener Kuddl Schnööf-Geschichten mit. Siegfried setzt sich in seinen Garten und liest quer durch die Auswahl. „Das muss gedruckt werden“, resümiert er. Dann vermittelt Lenz mit seinem Hausverlag Hoffmann & Campe die Herausgabe des ersten Bandes und schreibt dafür ein Vorwort. Dabei findet er für den Autor die viel genutzte Bezeichnung „Sokrates in Kiel“. Zwischen 1972 und 1981 werden vier Bände der Kuddl Schnööf-Geschichten, fast alle mit mehreren Auflagen, herausgegeben, die für den Cashflow des Verlages eine nicht unerhebliche Rolle gespielt haben sollen.[697] 1973 produziert der Musiker Knut Kiesewetter eine Schallplatte in Hamburg, auf der Jochen Steffen selbst seine Geschichten spricht.[698]

Der Absatz der Bücher und der Schallplatte bringt viele Einladungen und Lesungen von Bücherstuben, Beiträge in Funk und Fernsehen, Kultureinrichtungen und SPD-Organisationen, die Steffen mit den Jahren immer geübter absolviert. Der Kulturredakteur Günther Krotky vom WDR lädt Jochen Steffen regelmäßig zu Schnööf-Beiträgen in seine politisch-satirische Sendung „Unterhaltung à la carte“ ein, die in Studios der ARD oder später auch in Wien beim ORF aufgenommen werden. Im Juni 1977 wird er zu einer mehrtägigen Veranstaltung „Provinz und Dialekt“ der Akademie der Künste nach Berlin eingeladen und stellt dort unter der Überschrift „Dialekt und Gesellschaftskritik“ diverse Autoren vor. Die Veranstaltung ist ihm so wichtig, dass er zu ihr aus seinem Jugoslawienurlaub anreist.[699]

---

696 Georg Beez: Vorwort in Beirat: Jochen Steffen, o. S.

697 Es erschienen bei Hoffmann & Campe: Kuddl Schnööfs achtersinnige Gedankens und Meinungens von die sozeale Revolutschon und annere wichtige Sachens, 1972 (7 Auflagen); Nu komms du!, 1975; Wo komm‘ bloß die lütten Gören her?, 1976; Da kanns auf ab, 1981. 1997 eine Sammlung von Kuddl Schnööf-Geschichten: Vonnas Leben. Noieste und olle Gedankens, Kiel 1997.

698 Jochen Steffen & Kuddl Schnööf, BASF 20 21789-2, 1973.

699 Planung, Programm und Schriftverkehr unter anderem mit Jochen und Ilse Steffen in: Provinz und Dialekt, Veranstaltung vom 3.-11.6.1977 in der Akademie der Künste (West) 1806, Archiv der Akademie der Künste, Berlin; vgl. auch den Bericht mit Foto von Ludwig Harig: Die Sprache wird zum Körperteil. Provinz als Weltmodell, in: Die Zeit, 24.6.1977; Dietrich Steinbeck: Provinz und Dialekt – Veranstaltungsreihe in der Akademie der Künste 1977, Erstausstrahlung 24.8.1977, SFB 1, D038632.

Einen weiteren Nachfrageschub nach Lesungen löst die Verleihung des Kleinkunstpreises des Mainzer Unterhauses 1978 in der Sparte Kabarett aus. Die Jury begründet ihre Auswahl damit, dass es Steffen gelinge, „mit komödiantischen Mitteln Politik in ihren Konsequenzen sichtbar zu machen und gleichzeitig Alternativen zur Problembewältigung zu zeigen".[700] Sicherlich wichtig für den Vorschlag Steffens und den argumentativen Einsatz in der Jury ist der Schweizer Cartoonist, Musikspezialist und später auch sozialdemokratische Stadtabgeordnete aus Basel, Jürgen von Thomëi. Mit ihm und seiner Familie sind Ilse und Jochen befreundet.

Im Herbst 1978 organisiert der damalige Pressesprecher der schleswig-holsteinischen SPD, Bernd Michels, eine Großveranstaltung zum 60. Jahrestag des Matrosenaufstandes in der Kieler Ostseehalle. Steffen wird als Kuddl Schnööf gesetzt und bleibt selbst im Programm, als er sich immer kritischer gegenüber der Partei äußert und sich für die kommenden Grünen einsetzt.[701] Hans Koschnick, stellvertretender Parteivorsitzender und Bremer Bürgermeister, ist der Hauptredner der Partei.[702] Steffen liest vor vollem Haus eine neue Geschichte: „Kuddl Schnööf, die Sozis unnie Revolutschion" vor.[703]

In den folgenden Jahren führen die Lesungen weit über den norddeutschen Raum hinaus, bis nach Österreich und in die Schweiz. Mehrwöchige Auftritte absolviert Steffen in München bei der Lach- und Schießgesellschaft von Dieter Hildebrandt und dem von Ilse und Jochen genauso verehrten Sammy Drechsel oder in Berlin im Juli 1982 bei den Wühlmäusen von Dieter Hallervorden. Mit Hallervorden kommt es zum Streit, Jochen wirft ihm vor, nicht genügend Werbung im Sommerloch für seine Kuddl Schnööf-Auftritte gemacht zu haben. Mit dem für die FDP eintretenden Theaterleiter Hallervorden kommt es zu keinem entspannten Verhältnis.[704]

---

700 Ehrung, in: Der Spiegel, 4/1979, 22.1.1979, S. 188.

701 Vgl. Bernd Michels: Spionage auf Deutsch. Wie ich über Nacht zum Top-Agent wurde, Düsseldorf 1992, S. 79ff.

702 Koschnicks Rede in: Mitteilungen für die Presse, SPD Parteivorstand, 596/78, 17.11.1978.

703 Die Veranstaltung wird mitgeschnitten und von Knut Kiesewetter und Bernd Michels zu einer Langspielplatte gemacht: TELDEC Hamburg, 6621772; Steffens Beitrag wird später aufgenommen in die Zusammenstellung von Volker Kühn: 100 Jahre Kabarett, 3 CD, ISBN: 978-3-89916-272-1.

704 Der Sender Freies Berlin (jetzt Radio Berlin Brandenburg) berichtet allerdings in Funk und Fernsehen über die mehrwöchigen Auftritte. Rudolph Ganz: Interview mit Jochen Steffen, Journal in 3, Erstausstrahlung 14.7.1982, SFB 3, D047702; Dieter Gruschwitz: Interview mit Jochen Steffen, Berliner Abendschau, Erstausstrahlung 31.7.1982, SFB 3 (FS), D046035.

Steffen verabschiedet sich im September 1977 im NDR-Fernsehen mit einer Kuddl Schnööf-Glosse aus dem Landtag. In den folgenden Jahren, besonders in den frühen 1980er Jahren, gibt es Mitwirkungen von Steffen als Kuddl Schnööf in diversen satirischen Kabarettprogrammen in Funk und Fernsehen.[705]

In der Regel werden seine Kuddl Schnööf-Beiträge von der Kritik positiv aufgenommen. In der Hannoverschen Allgemeinen Zeitung heißt es zum Abschluss des Langenhagener „Mimuse"-Festivals 1984, dass Jochen Steffen „[...] als Vorsänger des neuen Zungenschlags im Kabarett gelten (darf): Er hatte schon sehr früh den satirischen Zündfunken der Alltagssprache entdeckt. Wobei Steffens ‚Kuddl Schnööf' vom Kieler Hafendock und seine Weisheit mehrfach gebrochen sind. Kuddl spricht so, wie er denkt, daß feinere Leute als er sprechen würden. Aber allzusehr verstellen kann er sich dann doch nicht. Und das Ergebnis ist eben nicht nur das groteske Kauderwelsch aus Hoch und Plattdeutsch, Kieler Missingsch genannt, sondern praktisch auch Kuddels Art, missingsch zu denken so halb, als mache er den Schmu der Welt drumherum mit, doch auch halb mit frechem Witz und polemischer Wucht seiner einfachen Weisheit. Wunderbar grotesk wirkt das und sehr klug."

Neben den vielen begeisterten Kritiken gibt es aber auch ablehnende Stimmen zu Kuddl Schnööfs Achtersinnigkeiten. So attestiert der einflussreiche Theaterkritiker der Süddeutschen Zeitung, Joachim Kaiser, der Steffen in der Lach- und Schießgesellschaft erlebt, diesem zwar „ein sanft anarchisches Weltbild" und manch lustige Einfälle, aber der Vortragende betreibe eine „Kunst, die Steffen nicht kann".[706]

Dieter Hildebrandt nutzt Kaisers Auslassungen für eine Satire und überdreht in seinem Nachruf auf das immer wieder totgesagte deutsche Kabarett kräftig dessen Kritik: „Der humorgebeutelte Joachim Kaiser kann wehklagend nichts Spaßhaftes an den Auslassungen von Jochen Steffen entdecken, betrachtet angewidert den Niveauverlust des laut lachenden Publikums und entschließt sich, schweren Herzens, Jürgen von Manger zum einzigen weißen Raben der politischen Satire zu ernennen."[707]

Der Kritiker Schultz-Gerstein zieht ebenfalls den Vergleich der Figur Kuddl Schnööf mit Adolf Tegtmeier, erklärt ihn aber für nicht zutreffend. Denn Schnööf „unterscheide sich von dieser vordergründig eher unpolitischen Figur jedoch durch sein starkes politisches und kritisches Bewusstsein".[708]

Die überwiegend positiven Kritiken bauen Steffen auf. Seine Auftritte vermitteln

---

705 Unter anderem: Brüder, zur Sonne, Lieder – Szenen – Satiren, Regie: Wolfgang F. Henschel, Erstausstrahlung 1.5.1977, ZDF; Haltestelle, Satirische Treffpunkte, Erstausstrahlung 12.06.1981, ZDF; Hochkant – Eine TV-Satire mit Dietmar Schönherr, Barbara Rütting, Eddie Constantine, Luis Trenker, Jochen Steffen und anderen, Regie: Volker Kühn, Erstausstrahlung 1.4.1982, ARD/ORF; Scheibenwischer, Erstausstrahlungen 8.10.1981 & 18.11.1985, SFB-FS, Archiv.-Nr. 60647 & 65731.

706 Joachim Kaiser: Leitartikel in Platt: Jochen Steffen in der Münchner Lach- und Schießgesellschaft, in: Süddeutsche Zeitung, 5.11.1980, S. 11.

707 Dieter Hildebrandt: Nachruf auf den Geburtstag einer 80jährigen Leiche, in: Westermanns Monatshefte, 1/1982, S. 12.

708 Christian Schultz-Gerstein: Kritik in Kürze, in: Die Zeit, 25.4.1975.

ihm andere Erfolge als zuvor die Politik. Er ist mit viel Spaß dabei und nimmt die Aufgabe so professionell wie er kann an, entwickelt regelmäßig frische Rahmenerzählungen für die neuen und die immer wieder verlangten „klassischen" Kuddl Schnööf-Geschichten und sucht dafür unter anderem Inspiration bei Wolfgang Neuss.[709] Doch in den 1980er Jahren beginnt er seine Auftritte zu reduzieren. Sie strengen ihn sehr an, sich zu erholen wird immer langwieriger. Nach einem zwei- bis zweieinhalbstündigen Programm „kannst Du mich auswringen", sagt er. Leichter ist es da, auf Nachfrage von Günther Krotky für den WDR 2 im Wiener ORF-Studio neue Geschichten aufzunehmen. Doch Steffen merkt in Niederösterreich selbst, dass sich ohne das entsprechende Mundart-Umfeld seine Geschichten verändern, sie lassen sich nicht mehr so einfach schreiben. Dabei interessiert ihn die österreichische oder besser die wienerische Tradition des Kabaretts. Er taucht ein in die Schriften von Karl Kraus und ist fasziniert von Helmut Qualtinger, sofern er dessen Mundart versteht.

Mir gegenüber macht Jochen jedenfalls öfters klar, dass ich es der Großzügigkeit der „Kuddl Schnööf-Stiftung" zu verdanken habe, dass mein ausgedehntes Studium finanziert ist.

Der Ausstieg aus dem „Leben wie Hund" (1977 bis 1987)

Schritt für Schritt vollzieht sich Steffens Rückzug aus den Positionen der Partei auf Landes- und auf Bundesebene. Sein Mitarbeiter Rolf Selzer beschreibt nach der Wahlniederlage von 1971 und der Kanzlerschaft Willy Brandts einen zentralen Strang der politischen Frustration Steffens: „Politik war Steffen zu pragmatisch geworden. Seine Visionen konnte er immer seltener unterbringen. Zu klein waren die Nischen dafür im Verhältnis zu den Sachzwängen. Steffen leugnete diese Unumgänglichkeiten nicht. Aber er wollte sie nicht akzeptieren."[710]

Die Kluft zwischen Steffens Vorstellung, was die Partei in Bezug auf den totalen Prozess und angesichts des von ihm immer wieder konstatierten Zeitdrucks der diversen Probleme zu leisten habe und was sie in der Praxis – und hier gerade im Bund die SPD des Kanzlers Schmid – nicht angeht, stößt Steffen besonders auf: „Die Erfahrungen aus den in Praxis umgesetzten Einsichten [...] führen zurück auf die eigene Partei, jetzt im Bund, auf die Fragen nach ihren politischen Inhalten und ihrer Organisation, dem Vehikel zur Realisierung der politischen Inhalte. Dann stoßen wir auf das Bedürfnis der Analyse, um Klasseninteresse, Klassenmacht, Macht und Gewalt in den bestehenden Strukturen deutlicher zu erkennen. Wir stoßen auf das Bedürfnis nach Theorie, d.h. das Erkennbarmachen eines totalen Prozesses, die Ansatzpunkte zu seiner Transformation in sozialistische Richtung. Wir benötigen eine Strategie und Taktik, um Maßnahmen und Methoden in einer Rangfolge, in Konflikten und Klassenkämpfen durchzusetzen."[711]

---

709 Penibel durchgearbeitet wird Volker Kühn: Das Wolfgang Neuss Buch, Köln 1981.

710 Selzer: Stiernackige, S. 23.

711 Steffen: Rede des scheidenden Vorsitzenden, S. 4.

Steffen kann die transformatorische Richtung der Gesamtpartei immer weniger erkennen und lehnt die, wie er es sieht, Schmidt'sche Politik der Stabilisierung des krisenhaften Kapitalismus zwecks einer auf später verschobenen sozialistischen Gestaltung ab.

Als erstes gibt Steffen zum 3. Mai 1973 den Fraktionsvorsitz und damit die Position des Oppositionsführers auf. Sein Nachfolger wird Klaus Matthiesen. Im Juni 1975 folgt die Aufgabe des Landesvorsitzes mit der anschließenden Wahl Günther Jansens. Beide Nachfolger werden, um eine Außensicht zu zitieren, vom US-amerikanischen Konsulat in Hamburg in einer Note nach Washington mit ihrer „Klassenkampfsprache aus dem 19. Jahrhundert" als direkte Zöglinge Steffens gesehen.[712]

Für die Nachfolgeregelung schasst Steffen den von ihm zuvor bevorzugten Kandidaten, den ehemaligen Bundesminister Lauritz Lauritzen, gegen den sich bei den Jungsozialisten und in der Partei Widerstand formiert. Seine Rolle dabei wird gegensätzlich gewertet. Während Selzer Steffen einen „Kopfschlächter" nennt, sieht Börnsen sein Vorgehen als Beispiel eines besonderen politischen Stils. Steffen hat „[...] uns Lauritz Lauritzen vorgeschlagen, ein sympathischer Mann, aber keine Führungspersönlichkeit. Wir Jungsozialisten sind damals zu Steffen gegangen und haben gesagt: ‚Wenn Du Lauritzen vorschlägst, werden wir dagegen stimmen'. Wir waren auf ein Donnerwetter gefaßt, aber Steffen sah uns nur lange an und sagte: ‚Habt ihr das schon Lauritzen gesagt, oder wollt ihr, daß er es in der Zeitung liest?' Wir waren beschämt."

Steffen übergibt an Jansen eine Landespartei, die in ein „Finanzloch in sechsstelliger Zahl"[713] gerutscht war. Mit verantwortlich ist dafür nach Aufgabe der letzten defizitären sozialdemokratischen Publikation im Land, der „Nordwoche", das durch Steffen unterstützte Konzept von Basisblättern in der Verantwortung der Ortsvereine, die den Mitgliedern Landes- und Bundespolitik vermitteln sollen. Für deren Unterstützung wird der „non profit Verlag" (npv) durch die Landespartei gegründet, der alsbald in tiefrote Zahlen rutscht.

Die Bonner SPD-Termine fallen Steffen immer schwerer zu absolvieren, die politische Unzufriedenheit mit der wirtschaftsnahen Regierungslinie Helmut Schmidts vermischt sich zunehmend mit persönlichen Animositäten. Ilse erinnert sich, dass Jochen von einem der letzten Treffen aus der „Baracke" stürmt und zu ihr sagt: „Ich geh jetzt zu den Grünen, ich hab' die Schnauze voll!" Ilse sieht dagegen die Anforderungen der Politik in den zu jener Zeit als Anti-Atomenergie-Bewegung und soziale Listenverbindungen in einigen Stadtstaaten und Ländern antretenden Vorläufer der Grünen Partei auf die ihr eigene Art ganz realistisch: „Stundenlang in Sitzungen und danach in Kneipen bei einer neuen Partei – das überlebst du doch gar nicht mehr!" Brummelnd akzeptiert Jochen: „Da hast du sicherlich recht!"

---

712 October 3 Bundestag Election – an Assessment from Hamburg, Consulat Hamburg to Sec. Of State Washington, Confidential, Sept. 1976, S. 2.

713 Selzer: Stiernackige, S. 34.

Steffens Unzufriedenheit mit der Regierungspolitik von Helmut Schmidt und seine Kritik an der Bundespartei in der sozial-liberalen Koalition wird auch menschlich bitterer. Angesichts der 1973/74 zu einer wirtschaftlichen Krise eskalierenden Rezession, die Westdeutschland 1975 zum ersten Mal über eine Million Arbeitslose im Jahresdurchschnitt bringt, argumentiert Steffen in vielen Artikeln, diese Koalition sei weder sozial noch liberal. In einem Briefentwurf an Willy Brandt vom April 1976 führt er aus: „Bleiben wir beim konsequenten Neoliberalismus, dann internalisieren wir die sozialen Konflikte. Vor allem dann, wenn wir in der Regierung beteiligt sind. Wir sind dann nicht regierungs- sondern nur selbstzerstörungsfähig. Praktisch auf Jahre hinaus nicht regierungsfähig.

Wollen wir eine soziale Antwort auf die soziale Herausforderung geben – der Wille dazu verpflichtet, ‚um Regierungsmacht zu kämpfen' – dann müssen wir, spätestens im Wahlkampf das politisch formulieren. Wie man so schön sagt offensiv. Tun wir das nicht, halten wir – auch nach gewonnener Wahl – den Arsch hin für den Eselstritt der Klassenlogik. Sie funktioniert immer noch.

Denn, wenn im alten Stil ‚gewachsen' und ‚umverteilt' werden soll, trifft das vor allem das untere Drittel. Dazu haben die anderen die besseren Nerven. Geht es um das untere Drittel, dann müssen wir jetzt zu formulieren beginnen, WARUM anders ‚gewachsen' und ‚umverteilt' werden muss.

Bei dem Zustand in der Partei halte ich mich für verpflichtet, darauf hinzuweisen, dass alles meiner persönlichen Meinung entspricht, mit keinem abgesprochen und durch mich höchstselbst formuliert wurde. Falls eine Diskussion gewünscht wird, ist, natürlich, kein PV-Mitglied gehalten, mit mir ‚Solidarität' zu üben.

Aber, für mich, als politische Person, ist ein Zustand erreicht, in dem ich nicht bereit bin, aus einer nicht näher definierten ‚Loyalität' heraus den PV-Mitgliedern gegenüber, mich auf Diskussionsbeiträge zu beschränken."[714]

In Interviews und Artikeln strapaziert Steffen zu dieser Zeit die Duldungsfähigkeit der Partei. In einem „das da"-Artikel erklärt er, „nach der Klassenlogik gehören die Sozialdemokraten in die Opposition".[715] Und ein Interview in der Illustrierten Quick heizt die Reaktionen im Parteivorstand und in der Landespartei weiter an. Steffen wirft der Parteiführung vor, dass sie nicht mehr für das einstehe, was die SPD so lange verkündet hat, dass sie im Interesse eines Regierens als Wert an sich Amoralismus zu ihrer Moral erhoben habe und dass Bundeskanzler Schmidts Ökonomismus das Wachstum der Wirtschaft vor den Menschen stelle. Für die Bekämpfung der Arbeitslosigkeit schlägt er einen Aufschlag von zwei Prozent auf die Gesamtsteuersumme von oben bis zur Mitte der Einkommenspyramide vor, um das Geld in soziale Dienstleistungen zu investieren.[716] Würden solche Möglichkeiten ignoriert, erwartet er eine Parteigründung

---

714 Jochen Steffen an Willy Brandt, Entwurf, April 1976. Hervorhebungen im Ms., privat.

715 Jochen Steffen: Wahlkrampf – die alten Hüte, in: das da, 4/1976, S. 10.

716 Ausführlicher erklärt in Jochen Steffen: Vollbeschäftigung und Freiheit, in: Technologie und Politik 8. Aug. 1977, S. 13.

links von der SPD, für die er – nach vorherigem Austritt aus der SPD, er sei ja kein Bolschewik – auch zur Verfügung stehen würde.

Willy Brandt ist genötigt, der Öffentlichkeit mitzuteilen, dass der Parteivorstand sich auf seinem Treffen am 19. September 1977 mit den Äußerungen Steffens im Quick-Interview beschäftigen werde.[717] Zuvor hat Steffen bereits erklärt, dass er nicht mehr im Parteivorstand mitarbeiten wolle. Bereits ab dem Frühjahr 1977 fehlt in den Anwesenheitslisten der Sitzungen seine Unterschrift, ohne ein „entschuldigt". Brandt empfiehlt dem Parteivorstand deshalb Anfang September, Steffens Mitteilungen ernst zu nehmen, und seinen Namen nicht mehr auf die Vorschlagliste des Parteivorstandes für den kommenden Hamburger Bundesparteitag zu setzen. „Aus guten Gründen habe er allerdings auch davon abgeraten, gegen Jochen Steffen ein Parteiordnungsverfahren einzuleiten", heißt es im Protokoll.[718]

Andere Parteiorganisationen sehen das anders. In den letzten zwei Jahren seiner Zugehörigkeit zur schleswig-holsteinischen SPD wird auf Steffens Äußerungen mit einigen Ausschlussanträgen in seinem Landesverband reagiert.[719] In Bonn fordert der SPD-Bundesschatzmeister Wilhelm Dröscher öffentlich seinen Rücktritt,[720] in Kiel wird seine häufige Abwesenheit von Landtagssitzungen während seiner letzten Legislaturperiode kritisiert.[721] Auch der Parteivorsitzende Willy Brandt schlägt in einem Stern-Interview in diese Kerbe: „Steffen ist ein ehrlicher, ein sehr eigenwilliger Mann. An der Arbeit der SPD hat er sich in den letzten Jahren kaum noch beteiligt."[722] Die wiederholten Ausfallzeiten durch Kuraufenthalte werden dabei nicht bedacht, was aufgrund seiner bleibenden medialen Präsenz als Störer des Parteifriedens nicht verwundern mag.

Im Vorfeld seines 55. Geburtstages gibt Steffen sein Landtagsmandat und seine Parteipositionen auf. Besonders die Anfeindungen aus der eigenen Partei über seine reduzierte Mitarbeit und die als Landtagsabgeordneter erworbenen Versorgungsansprüche, gerade von Parteigenossen, denen die Politik Status und Einkommen sichert, ärgern Ilse und Jochen sehr. Nach seiner Ankündigung im Juli 1977, für den Parteivorstand nicht mehr kandidieren zu wollen, teilt Steffen am 12. September 1977 dem

717 Ein Quick-Interview: Warum Jochen Steffen die SPD verlassen will, in: Quick Nr. 38 vom 8.9.1977. – Das Interview wird als Kopie der Aussendung an die Mitglieder des Parteivorstandes beigelegt. Vorstandssekretariat: An die Mitglieder des Parteivorstandes, 8.9.1977, Nachlass Ristock, Bd. 1; vgl. zu den Parteigründungsbefürchtungen zum Beispiel: Gunter Hofmann: Links außen rumort es, in: Die Zeit. 15.11.1977.

718 Protokoll über die Sitzung des Parteivorstandes am 4./5. September 1977 in Bonn, Bericht von Willy Brandt, S. 9. Nachlass Ristock, Bd. 1.

719 Vgl. zum Beispiel der SPD-Ortsverein Preetz (Kreis Plön): Verfahren gegen Steffen beantragt, in: Hamburger Abendblatt, 22.11.1977; oder der SPD-Kreisverband Nordfriesland: Steffen bleibt SPD-Mitglied, in: Hamburger Abendblatt, 24.12.1977.

720 Franz Osterroth/Dieter Schuster: Chronik der deutschen Sozialdemokratie, Berlin [und andere] 2003ff. Electronic ed., Stichtag: 27.7.1977.

721 Hans-Jürgen Meyn: An Steffen scheiden sich die Geister, in: Kieler Nachrichten, 17.9.1977.

722 Sozialdemokraten Service, Nr.372/77, 9.8.1977.

Parteivorsitzenden Willy Brandt schriftlich „ohne jegliche Bitterkeit" mit, seinen Sitz mit sofortiger Wirkung aufzugeben.[723]

An Rudolf Augstein schreibt Jochen dazu: „Heute habe ich Willy dem Ersten – Deutschlands mutigstem Waschlappen – meinen Rücktritt aus dem Parteivorstand verkündet. Und gleichzeitig schriftlich versichert, dass ich keine neue Partei gründen werde. Die armen Irren in Bonn hatten wirklich und richtig davor Angst. Wilhelm Dröscher, der auch mehr für seine Gesundheit tun könnte, kam per Flugreise hier an, um ‚die Lage' zu besprechen. Ich denke, der Abschiedsbrief ist höchst milde ausgefallen. Allerdings habe ich mir nicht verkneifen können, darauf hinzuweisen, dass ich – im Zweifelsfall – mehr Loyalität erweise, als mir gezeigt wurde. Das ist zwar läppisch, tut aber gut."[724]

Brandt informiert den Parteivorstand auf der Sitzung vom 19. September 1977, Steffens Geburtstag, über die Aufgabe mit sofortiger Wirkung. Jochen selbst schildert Augstein den Ausstieg als eine sofortige Erfahrung der Befreiung, er sei „frei von Bitterkeit, Leistungsdruck und Rollenanforderung". Und doch lässt ihn die Gegenwart nicht los: „Aber ganz so abgeklärt, wie sich dies lesen mag, bin ich noch nicht. Über dieses Gewürge um Schleyers Hals eines Krisenstabes, der selbst in der Krise steckt, der wegen Lorenz den Staat (den ‚starken', natürlich) klein und häßlich machte und nun den Schleyer verkommen läßt, daß ist schon ein erhebender Haufen. Jedem Fahrer und Begleiter eines Geldtransports mutet man sein ‚Berufsrisiko' zu. Nur sich selbst nicht. Also, darüber rege ich mich schon noch auf. Aber es ist eine Labe, nicht mehr am Rand der Verantwortung mitfahren zu müssen und zu erleben, wie peinlich alles vermieden wird, was nach Konsequenzen aussehen könnte. Wie man sich in jenen ‚Staat' hineinschießen läßt, den die Terroristen wollen und den jeder vernünftige Mensch fürchten muss. Wie man so tut, als könne das kälteste aller Ungeheuer mit den kältesten aller Killer wirklich fertig werden, ohne die paar humanen Qualitäten zu verlieren, die er noch hatte.

Und – wenn ich ehrlich bin – es tut mir auch wohl, dass die Verbonzung noch nicht so weit fortgeschritten ist, dass die Bonzen nicht mehr die gravierende Verzerrung einfachster Prinzipien zu erkennen vermöchten. Dass ein katholischer CDU-Abgeordneter ‚PFUI' ruft, wenn ihm Augsteins Grundsätze über den Staat aus Steffens Feder zitiert werden und ein Sozi ruft: ‚Das sagt auch der heilige August'. Wenn man sich selbst vom Täter zum Merker befördert, gehört es wohl dazu, dass man erlebt, bemerkt zu werden. Aber, wie schon Wilhelm Dröscher sagte: ‚Es tut nicht so weh, wenn Du nicht im PV sitzt.' Man hilft eben, wie man kann."[725]

---

723 Sitzung des Parteivorstandes am 19. September 1977 in Bonn, Erich-Ollenhauer-Haus, Vorlage des Präsidiums, S. 3. Nachlass Ristock, Bd. 1.

724 Jochen Steffen an Rudolf Augstein, 12.9.1977, Nachlass Augstein im Spiegel-Archiv.

725 Ebd. – Steffen bezieht sich auf Beiträge der MdB Vogel (Ennepetal, CDU/CSU) und Dürr (SPD) sowie von Staatsminister Dr. Merck (Bayern): Plenarprotokoll 8/25, Deutscher Bundestag, Stenographischer Bericht, Bonn, 5. Mai 1977, S. 1675ff., 1680, 1692 und andere

Sowohl für die Landes- als auch die Bundes-SPD ist es ein, wenn auch kleines, Problem, dass Steffen mit der Abgabe seiner Parteiämter und später mit seinem Parteiaustritt ein „Merker“ bleibt und nicht aus den Medien verschwindet. Bekannt als eloquenter Kritiker des „anti“-Kurses seiner Partei wird er von den Medien immer wieder für Interviews oder für Meinungsartikel angefragt. Denn: „Seine Fähigkeit, in knappen und polemisch auf den Punkt gebrachten Formulierungen vielschichtige Interessenlagen aufzudecken, hat Jochen Steffen auch im Ruhestand nicht verlernt“[726], so der Journalist Dieter Stäcker 1977 nach einem Besuch in St. Peter-Ording.

Steffen publiziert regelmäßig in „spontan“[727] und den anderen von Klaus Rainer Röhl herausgegebenen Zeitschriften „das da“ und dann „avanti“, meist auch als Mitherausgeber.[728] Wobei wohl nur die Publikation „das da“ für eine gewisse Zeit an die Erfolge von „Konkret“ anknüpfen kann, weil Steffen „ein paar Juso-Größen wie Rudolf Scharping oder Wieczorek-Zeul mit ins Heft holt“.[729] Zu den Autoren gehören zudem mehr oder minder regelmäßig Namen wie Fritz Vilmar, Klaus Staeck, Milan Horáček und auch Ossip K. Flechtheim.

Steffen versucht auch Wolf Biermann für eine Mitarbeit zu gewinnen, den er in Kiel bei der Revolutionsfeier kennen gelernt hat. Dieser schreibt nach einiger Zeit zurück, er wolle seine „Heldentaten auf anderem Terrain verüben“. Dazu komme, „ich hab Scheu vor Röhl, und ich weiß nicht, ob mich da nur die nassforschen Dummheiten von Röhl 1 und Röhl 2 von vor paar Jahren bedrücken“. Dabei begrüßt er das aktuelle „das da“-Konzept im Vergleich zu den Vorgängerinnen, denn „diesen ewig aufgeklappten Blechvotzenkommunismus mochte ich nicht“. Ihm sagt allerdings die kritische Haltung des Blattes „zum Vaterland aller Werktätigen“ zu. Locker wird ein Treffen in Österreich oder doch eher in Hamburg angesprochen, aber dazu kommt es nicht.[730]

Klaus Rainer Röhl ist ein weiteres Hassobjekt von Ilse, ständig streitet sie mit ihm um die Bezahlung der von Jochen gelieferten Artikel. Auch Rühmkorf erinnert sich, dass bei Röhl „pünktliche Autorenauszahlungen nicht zur Tagesordnung gehörten“.[731]

Bereits ab Herbst 1974 zählt Steffen zum Beratergremium des neu gegründeten

---

726 Dieter Stäcker: Groll im Herzen und Ironie auf der Zunge, in: Kölner Stadtanzeiger, 2.8.1977. – Interviews mit breiter Resonanz finden sich zur zweiten Jahreshälfte 1977 unter anderem im Spiegel und im Playboy: Da muß man einfach Flagge zeigen, in: Der Spiegel, 32/1977, 1.8.1977, S. 22; Playboy-Interview, November 1977, S. 83-98.

727 „Spontan – kritisch, politisch, satirisch“ entstand 1968 als eine Ausgründung der „Pardon“. Die Zeitschrift wurde 1981 von Klaus Rainer Röhl übernommen und 1984 eingestellt.

728 Die Zeitschrift „das da – Monatsmagazin für Kultur und Politik“ erschien von 1973 bis 1978. Ihr folgte ab Januar 1979 „avanti – das Monatsmagazin für Kultur und Politik“ und ab Oktober 1979 bis 1981 „das da - Zeitschrift für Kultur und Politik“, alle aus Hamburg.

729 Bettina Röhl: So macht Kommunismus Spass! Ulrike Meinhof, Klaus Rainer Röhl und die Akte Konkret, Hamburg 2006, S. 629 [Weiter als Röhl: Kommunismus].

730 Wolf Biermann an Jochen Steffen, 16.3.1979, privat.

731 Peter Rühmkorf: Die heilige Johanna und der Schuft. Erinnerungen an die frühen Jahre, in: Röhl: Kommunismus, S. 14.

Magazins „Technologie und Politik“ unter der Herausgeberschaft von Freimut Duve, deren Ausgaben hauptsächlich den „unerschütterten Konsensus über den Sinn des technischen Fortschritts“ hinterfragen wollen.[732] 1976 kommt die Ko-Herausgeber- und ab 1978 Teilhaberschaft des Magazins „forum ds“ neben Wolfgang Roth, Hermann Scheer, Johano Strasser und anderen dazu, das die Theoriedebatte in der Partei, der sozialistischen Internationale und Gewerkschaften im Sinne der „unauflöslichen Einheit von Demokratie und Sozialismus“ und aus der Geschichte der sozialistischen Bewegung schöpfend fördern will.[733] Auf Anfragen schreibt er zudem in der ab 1979 täglich erscheinenden „die tageszeitung“. Seine Meinungsbeiträge verfasst er bis in den Frühsommer 1987, zu einer Zeit, zu der er sich vor allem mit seiner Gesundheit beschäftigen muss.[734]

Ende der 1970er Jahre positioniert sich Steffen weiter gegen die Parteiführung. Im Sommer 1977 erklärt er die Liberalen zu einer wählbaren Alternative.[735] Wieder erzeugt ein Quick-Interview – eigentlich mit Blick auf die Bundestagswahl 1980 – heftige Reaktionen. Steffen wird gefragt, ob eine absehbar entstehende Grüne Partei mit ihm rechnen könne: „‚Ja, soweit ich das kann. Ich werde Grundsatzartikel beitragen, wenn man das will, ich werde Ratschläge geben, wie man Grundsätze in praktische politische Aussagen umsetzen kann. Ich werde öffentlich die Frage analysieren, wen kann man wählen?‘ Und wen kann man wählen? Der Sozialdemokrat Steffen hat sich entschieden: ‚Die Grünen. Auch ich werde nicht SPD, sondern grün wählen.‘“[736]

Reinhard Ueberhorst erinnert sich, dass der Ministerpräsidentenkandidat der SPD, Klaus Matthiesen, diese Äußerungen Steffens mitverantwortlich für seine zweite Landtags-Wahlniederlage machte. Denn zur Landtagswahl 1979 tritt zum ersten Mal die Grüne Liste an und erreicht 2,42 Prozent der Stimmen.[737]

Das persönliche Verhältnis zwischen Matthiesen und Steffen ist problematisch. Zum Landesparteitag am 7. und 8. Juni 1975 in Travemünde erhält Ilse in Kiel einen Anruf, Jochen liege betrunken in seinem Hotelzimmer und sei nicht in der Lage, in wenigen Stunden seine Rede zu halten. Ilse und ich fahren hin. Während ich Jochen unter die Dusche stelle, stürmt Ilse im Frühstücksraum des Hotels auf Matthiesen zu, dem

---

732 Freimut Duve: Editorial, in: Technologie und Politik, aktuell-Magazin 1, Feb. 1975, S. 2.

733 Forum DS 1, Zeitschrift für Theorie und Praxis des demokratischen Sozialismus, Kiel 1976; zur Teilhaberschaft Steffens siehe: AdsD 1/JSAA000086.

734 Max Thomas Mehr: Der rote Jochen ist tot, in: die tageszeitung, 29.9.1987, S. 5.

735 „Alternativen zur SPD sieht er heute allenfalls bei den Liberalen, deren ‚Perspektiven-Papier‘ er mit großem Interesse gelesen hat. ‚Wenn schon von den drei Parteien keine die Privilegienstruktur antasten will, dann wähle ich die Partei, die sich wenigstens für die liberalen bürgerlichen Freiheiten einsetzt.‘“ Dieter Stäcker: Groll im Herzen und Ironie auf der Zunge, in: Kölner Stadtanzeiger, 2.8.1977.

736 Hans Wagner: Warum aus dem ‚roten Jochen‘ ein Grüner wurde, in: Quick, 15.11.1979.

737 Bemerkung Reinhard Ueberhorst; vgl.: Statistisches Amt für Hamburg und Schleswig-Holstein: Wahlen in Schleswig-Holstein seit 1947. Wahlberechtigte, Wählerinnen/Wähler und Stimmenverteilung in Prozent. Hamburg 2013.

sie lautstark vorwirft, den unter Medikamenten stehenden Jochen zum Trinken animiert zu haben. Wir nehmen Jochen mit nach Kiel und die Partei vermeldet gegenüber der Presse als Ausfallgrund ein „Herzproblem". Alarmiert ruft daraufhin sein Arzt bei Ilse an und sagt: „Mit dem Herzen hat er es doch nun wirklich nicht! Was ist los?"

Im Sommer 1979 reist eine kleine Delegation des SPD-Landesvorstands unter Führung Günther Jansens in St. Peter-Ording an. Im Garten sitzend wird Steffen eindringlich vorgetragen, sich mit seinen Äußerungen zurückzuhalten, dauernd müsse die Landespartei sich rechtfertigen oder seine Aussagen richtigstellen. Die Stimmung ist angespannt, der Vorstand will ein Parteiordnungsverfahren wegen der Parteikritik oder sogar wegen der Unterstützung einer anderen Partei und die zu erwartende Öffentlichkeit vermeiden. Nach Abfahrt der Gruppe kommentiert Jochen mit einem erbosten „klei mi an de Fööt!" Steffen will sich nicht beugen. Rolf Selzer, seines Zeichens Landesgeschäftsführer der SPD, erinnert sich: „Es war eine der schwersten Sitzungen des SPD-Landesvorstandes jener Zeit, den Mann, der diese Partei geprägt hat aufzufordern, entweder seine öffentlichen Attacken gegen die SPD einzustellen, oder die Partei zu verlassen. Andernfalls werde man das Schiedsgericht der SPD anrufen und den Ausschluss Steffens beantragen."[738]

In einem Telefonat zwischen Rolf Selzer und Steffen, nunmehr in Österreich, macht letzterer klar, mit welchem Genuss er zur Freude der „Schwarzen" einem Auftritt vor dem Schiedsgericht entgegensehe. Offensichtlich kreuzen sich das im Auftrag des Landesvorstandes verfasste ultimative Schreiben Rolf Selzers im November 1979 mit der aus Österreich versandten Austrittserklärung Steffens an Günther Jansen als Vorsitzendem des SPD-Landesverband am Kleinen Kuhberg in Kiel.[739]

In dem Schreiben Steffens an Jansen heißt es unter anderem: „Aber es gibt einen Punkt, wo Selbstachtung und Treue zu freiwillig akzeptierten Prinzipien in der Person untrennbar verbunden den Schritt erfordern. Hat die Ohnmacht des einzelnen gegenüber dem praktizierten Geschehen einen Grad erreicht, wo weiteres Schweigen oder gar Mitmachen ein Schuldigwerden an den Mitmenschen und den eigenen Überzeugungen oder Grundwerten erreicht, dann ist ein Kompromiß nicht mehr möglich. Der Mensch hat sein Gewissen nicht, um die Politik in dasselbe einzuführen. Sein Gewissen hat die Politik zu bestimmen. Ist hier eine Unvereinbarkeit aufgetreten, so muß er gehen. Auch, was ich sehr wohl weiß, wenn man gerade denen wehetut, die man als gesinnungsfeste Charaktere schätzt, die sich bemühen, aufrecht und in der politischen Landschaft der SPD zu stehen, auch noch diese wenigen treffen zu müssen, macht mir meinen Schritt nicht leichter. Die Realpolitiker betrifft das ohnehin. Die es

---

738 Selzer: Stiernackige, S. 26. Pressemitteilung der SPD Schleswig-Holstein (o. Datum) in Beirat: Jochen Steffen.

739 Die SPD bestätigt den Austritt von Ilse gleich mit. Erinnerung Ilse Steffen. - Franz Osterroth/Dieter Schuster: Chronik der deutschen Sozialdemokratie, Online-Suppl. Erweiterung des Berichtszeitraums von Mitte 1977 bis zur Jetztzeit/Autor: Dieter Schuster. Bonn 2003ff. Stichtag: 23.11.1979.

betrifft, bitte ich um Verständnis und Entschuldigung."[740] Nicht alle Genossen brechen die Brücken ab. Im Jahr 1983 lädt der Landesvorsitzende Günther Jansen den in St. Peter-Ording weilenden Steffen zu einem Parteiabend während des Landesparteitages in Tönning ein. Die Reaktionen auf Steffens Anwesenheit sind gespalten: Während der Großteil der Delegierten ihm stehende Ovationen erweist, ist nicht zu übersehen, dass ein erheblicher Teil der Delegierten, „darunter auch landesweit bekannte, die Steffen ihren Einstieg in eine Parteikarriere zu verdanken hatten, schimpfend, schmähend und unter Protest den Saal verließen".[741] Auch wenn Steffen die SPD zuerst als ein Instrument für die Umsetzung seiner politischen Vorstellungen sehen will, ist er von dem Erlebten menschlich sehr betroffen. Nach einer kurzen Anstandszeit stürmt er hinaus zur im Auto wartenden Ilse und faucht: „Bloß weg von hier". Lange hat Jochen, der immer gut austeilen konnte, an diesem Erlebnis zu „knusen", erinnert sich Ilse.

Niederösterreich: „für mein Wohlbefinden außerordentlich wichtig"

Mit 55 Jahren ist Steffen im Ruhestand[742], doch offen ist, wie und wo der „Ruhestand" verbracht werden soll.

Auf seinem Schreibtisch liegen einige Anfragen zu Beiträgen in Sammelbänden und Texten. Es ist aber das Projekt zu Karl Radek, 1974 von dem Kölner Journalisten und Karikaturisten Adalbert Wiemers[743] und Heinar Kipphardt als ein mögliches Fernsehfeature begonnen, das aus dem politischen Leben in das neue und in seinem Zuge zu einer örtlichen Umorientierung der Eltern führt. Nachdem es weder für die Sowjetunion noch für Polen Drehgenehmigungen mit noch lebenden Zeitzeugen Radeks gibt, entwerfen Wiemers und Steffen ein Buchprojekt, das keine „soundsovielte" Radek-Biographie sein soll. Dafür reisen sie im Sommer 1976 zu einem gemeinsamen

---

740 Joachim Steffen: Brief an den SPD-Landesvorsitzenden Günther Jansen, 26.11.1979 in Beirat: Jochen Steffen.

741 Selzer: Stiernackige, S. 27; Das Erlebnis schildert auch Börnsen: Erinnerungen, S. 325. – Die Hamburger Rundschau führt zu diesem Anlass mit dem „ehemaligen Sozialdemokraten" ein Interview: Die SPD – eine Partei von fleißigen Aktenbearbeitern, in: Hamburger Rundschau, 29.9.1983.

742 Steffen gibt sein Mandat auf halbem Weg der achten Legislaturperiode des schleswig-holsteinischen Landtages zum 6.9.1977 auf. Siehe: http://lissh.lvn.parlanet.de/cgi-bin/starfinder/0?path=samtflmore.txt&id=fastlink&pass=&search=ID%3D1010&format=WEBVOLLLANG (zuletzt abgerufen im März 2017). Ab dem 1.11.1977 erhält er Ruhestandsbezüge.

743 Adalbert Wiemers (1928-2004), als Jugendlicher im Umfeld der von den Nazis verbotenen Jugendbewegung gründete er nach dem Krieg in Mehlem „seine Adler Horte", studierte Grafik und gestaltete für Jahre die Publikationen der Jugendbewegung. Später wurde er schreibender Journalist und arbeitete zeitweilig für den „Vorwärts". Hier wurde ihm, seinem Bruder Ekkehart Wiemers, Carl Guggomos und Alexander von Cube nach der Wahlniederlage von 1965 eine Intrige gegen den Parteivize Herbert Wehner vorgeworfen. Nach dem „Vorwärts" drehte er für viele Jahre für den WDR Fernsehbeiträge und schrieb Drehbücher. Vgl.: Jürgen: Erinnerung bewahren, in: Köpfchen, Mitteilungsblatt der Arbeitsgemeinschaft Burg Waldeck e.V., 4/2004, S. 25f.; Sprung nach vorn, in: Der Spiegel, 13/1966, 21.3.1966, S. 27f.

Recherchebesuch nach Polen.[744] Während Wiemers die Biographie Radeks im Lichte noch lebender Zeitzeugen präsentiert, wählt Steffen die literarische Form eines fiktiven Verhörs des „verantwortlichen Hofnarren der Revolution Karl Radek" vor dem Gericht der Weltgeschichte, um einerseits die Vielschichtigkeit der Person, aber zugleich auch die geradezu ewigen Herausforderungen des revolutionären totalen Prozesses auszubreiten.

Mit dem Schreiben beginnt Steffen in einer Kur in Bad Schönborn, für die Endbearbeitung ist Irland im Gespräch, wo die abschließende Fassung der Strukturellen Revolution entstand, auch die jugoslawische Adriaküste wird erwogen. Doch an diesen Orten erwartet Steffen Sprachprobleme. Für Ilse ist Irland zudem wegen der zeitaufwendigen An- und Abreise per Auto und Fähre nicht genehm. Die Schweiz ist wiederum für Jochen nicht akzeptabel. Schließlich fällt die Wahl auf Österreich, erwarten die Eltern doch, dass dort deutsch gesprochen wird.

Nach einem Fehlversuch in Wien, die Empfehlung jugoslawischer Freunde führt in eine Absteige, gibt es Erkundungsreisen durch das Burgenland und das Waldviertel. Bald konzentriert sich die Suche nach einem österreichischen Zuhause auf Niederösterreich und dort auf Gresten-Land. Die Entfernung zu Wien ist akzeptabel. Die mittlere Höhenlage um 450 Meter gilt als gute Herzhöhe, die regionalen Gasthäuser mit ländlich-nahrhafter Kost, aber auch zunehmend mit gehobenen kulinarischen Angeboten haben zivile Preise. Die ausgeschenkten Weine aus der Region sind von guter Qualität, die Wachau ist nicht weit, und der Grüne Veltliner wird als Hauswein entdeckt. Die Wachau führt Jochen auch zum Marillenbrand und er schafft sich alsbald ein Eichenfass an, in dem er den Marillenschnaps eines lokalen Bauern zu veredeln versucht. Eingemietet in einer Landpension, wo die Eltern sich eines Abends kulturell dem gemeinsamen Erleben mit ihren Gastgebern des TV-Hits „Musikantenstadl" öffnen müssen, erhalten sie den Hinweis auf eine Mietwohnung im ersten Stock eines alten Landarbeiterhauses.

Der Umzug nach Österreich mit einer Möbelgrundausstattung wird im Sommer 1978 in Eigenregie mit einem Mietlaster gemacht. Da die Gütereinfuhr nach Österreich zugleich die Ausfuhr aus dem EU-Raum bedeutet, wird gewarnt, dass Ilse und mich am Zoll ein erheblicher Aufwand erwartet. Die Eltern fahren mit ihren jungen Schipperke-Hunden im PKW und Jochen wird auf österreichischem Boden in einem Caféhaus abgesetzt, damit er sich am österreichischen Zoll nicht erregen muss. Während Ilse und ich über Stunden die ungewohnten Zollformalitäten zwischen trans-europäischen Brummifahrern über uns ergehen lassen, erlebt Jochen die freundliche Neugier der Oberösterreicher. Als wir Jochen einsammeln sind die zwei kleinen schwarzen Welpen bereits Ortsgespräch: „Na, was sans die liab!"

Für drei Jahre leben Ilse und Jochen zuerst in der Mietwohnung über der alten Maria Erber, von allen „Oma Erber" genannt, die mit Mitte siebzig noch in der Küche

744 Das Ehepaar Steffen und Adalbert Wiemers werden vom Devisenpflichtumtausch befreit. Schreiben des Gesandten der Botschaft der Volksrepublik Polen in der BRD, J. Makosa, an Jochen Steffen, Mai 1976. AdsD 1/JSAA000147.

einer Gastwirtschaft arbeitet und von der die Deutschen einige Eigenarten der niederösterreichischen Sprache erlernen können.

Die Eltern empfangen hier viel Besuch, alte und neue Freunde. Immer auch wieder Medienvertreter, und im Hof wird gerne am offenen Feuer gefeiert. Zu den neuen Kontakten zählen unter anderem Ruth von Mayenburg, bekannt als Autorin ihrer 1978 erschienenen Erinnerung an das Moskauer Hotel Lux, wie auch der Sexualwissenschaftler Ernst Bornemann und der von der katholischen Kirche geschasste Adolf Holl, der in diesen Jahren als Diskussionsleiter der TV-Talkshow „Club 2“ in Erscheinung tritt. Immer wieder kommen in den Jahren des österreichischen Aufenthalts auch alte politische Bekannte aus Deutschland vorbei, wie zum Beispiel Wilhelm (Willi) Geusendam oder der später als Stasi-Spion verurteilte Bernd Michels mit Sohn.

Treffen gibt es zwischen 1979 und 1981 mit dem sich zeitweise wieder in Österreich aufhaltenden Wolfgang Harich, vermittelt über Freimut Duve und das gemeinsame Publikationsprojekt „Technologie und Politik“. In der Erinnerung ist allerdings geblieben, dass sich mit Harich keine besonders entspannte Diskussion ergibt.[745] Für Harich wie auch für Robert Havemann[746] bleiben die sozialisierten Produktionsmittel unabänderliche Grundlage für einen besseren Sozialismus. Diese materialistische Vorgabe und die für Jochen bei beiden DDR-Kritikern fehlende liberale Dimension ihrer politischen Visionen bedingen, dass die Kommunikation bald versiegt.

Bleibende Kontakte oder sogar Freundschaften entwickeln sich aus diesen Treffen nur wenige. Dauerhaftere Beziehungen entstehen mit dem ehemaligen Spanienkämpfer und Dachau-Häftling Josef „Pepi“ Schneeweiß[747] und seiner Frau oder einem belgisch-ungarischen Ehepaar, kennen gelernt auf einem Ausflug, mit dem der Spaß an Exkursionen, gutem Essen und die Suche nach Winzern für den besten „reschen“, also trockenen, Roten oder Weißen geteilt wird. Jochen und Ilse befinden sich in einer protestantischen Diaspora. Der zuständige Pastor meldet sich aus Melk und ist sehr enttäuscht, als sie ihm sagen, dass sie beide aus der Kirche ausgetreten sind.[748]

Sogleich im ersten Winter versuchen sich Ilse und Jochen auf der Wiese hinter dem Haus der Erbers auf Langlaufskiern. Jochen stößt sich das Stockende in die Rippen und hat damit genug von diesem Sport. Lieber macht er mit den zwei Schipperkes Kuddl und Hein lange Spaziergänge durch die Wiesen und Auen. Es wird ein guter

---

745 Vgl. Harichs Reaktion auf Steffen in: Wolfgang Harich/Freimut Duve: Kommunismus ohne Wachstum? Babeuf und der Club of Rome, Reinbek bei Hamburg 1975, S. 33f. – Später weicht Harich seinen Dogmatismus auf.

746 Robert Havemann: Morgen. Die Industriegesellschaft am Scheideweg. Kritik und reale Utopie. München 1980.

747 Pepi übergibt Jochen eine Manuskriptversion seiner später veröffentlichten Erinnerungen: Josef Schneeweiß: Keine Führer. Keine Götter. Erinnerungen eines Arztes und Spanienkämpfers, Wien 1986.

748 Das Ehepaar Steffen tritt zum 9.1.1975 aus der ev. luth. Kirche aus. Steffens Begründung: Die Kirche habe den Berliner Bischof Kurt Scharf in den Auseinandersetzungen nach der Ermordung des Berliner Richters von Drenckmann „nicht energisch und geschlossen gegen bewusst geschürte Hysterie verteidigt“; Bescheinigung des Amtsgerichts Tönning, privat.

Kontakt zu den Nachbarn gepflegt, den alten Schleichers, er kriegsversehrt, und mit dem Großbauern hinter dem Hügel, der jeden Gast in seiner Stube mit seinem „Gespritzten" betrunken zu machen trachtet. Der Schipperke Kuddl rächt die Familie und beißt ihm bei einem Gegenbesuch unterm Tisch ein präzises rundes Loch in seine Sonntagshose.

Diese Zeit geht zu Ende, als der Sohn der alten Erber die Miete erhöht und die von Jochen und Ilse erbrachten Modernisierungsleistungen nicht anerkennen will. Jochen ist erbost und erklärt entschieden, dass er sich auch hier nicht „ohne Seife rasieren" lassen will. Auszug ist angesagt.

Auf einer Tour durch die niederösterreichischen Kalkalpen, wo Jochen und Ilse in den Wäldern des österreichischen Rothschild-Zweiges die Produktion von Blockhäusern erleben (heute ist das Gebiet ein Naturpark), entsteht der Wunsch nach einem eigenen Holzhaus. Dafür wird Baugrund gesucht. Mitte 1980 finden sie ein Grundstück in der Gemeinde Reinsberg südöstlich der Bezirksstadt Scheibbs. Jochen entwickelt alle möglichen Ideen, skizziert diverse Grundrisse und überlegt, wie ein Ofen das gesamte Haus von zwei Stockwerken am besten heizen kann. Da Ausländer vor dem österreichischen EU-Beitritt 1995 nur ausnahmsweise Grund und Boden im Land erwerben können, es gilt der Schutz der österreichischen Seen vor deutschen Millionären, hilft Siegfried Lenz mittels seiner österreichischen Beziehungen beim Grundstückerwerb. Lenz schreibt an den österreichischen sozialdemokratischen Bundeskanzler Fred Sinowatz. In der Folge wird Jochen Steffen als kulturell wertvolle Person von der zuständigen „Ausländergrundverkehrsmission" beim Amt der Niederösterreichischen Landesregierung mit einer Ausnahmegenehmigung für den Erwerb bedacht.[749]

Dann müssen die Eltern allerdings lernen, dass die ihnen unterbreitete Kostenkalkulation für ihr Traum-Blockhaus von der Annahme ausgeht, dass erhebliche handwerkliche Eigenleistungen erbracht werden. Das können weder der doppelt-linkshändige Jochen noch die praktische Ilse leisten. Das Traumprojekt zerplatzt. So begeistert Jochen es auf Monate verfolgt hat, so entschieden wird es ohne Trauer abgelegt.

Beim Einkaufen erfährt Ilse von einer durch Scheidung zum Verkauf stehenden Haushälfte. Sie eilt nach Hause, reißt Jochen vom Schreibtisch und gemeinsam besichtigen sie eine ebenerdige Wohnung mit umgebendem Garten und Außen-Kaminecke, für die sie sich sogleich entscheiden. Viele weitere Amtsgänge und ein Rechtsbeistand sind nötig, um die Erwerbserlaubnis für das Baugrundstück auf das halbe Haus in Oberndorf umgewidmet zu bekommen.

Ilse erinnert sich, dass Jochen beim Notar von der Verkäuferin der Wohnung nach seinem Beruf gefragt wird. Er sagt er sei Autor. „[...] und davon können sie leben?" fragt sie. „Oh ja, sehr gut sogar!" ist seine Antwort.

Während Gresten ein sozialdemokratisches Dorf mit der traditionellen politisch-sozialen Vernetzung von der Wiege bis zur Bahre ist, ziehen die Eltern jetzt in ein eher

749 Schreiben Notar Dr. Ernst Kasa vom 10.5.1980, privat; Erich Maletzke: Siegfried Lenz. Eine biographische Annäherung, Springe 2006, S. 137.

bürgerlich-konservatives Umfeld. Das tut der Qualität der neuen nachbarschaftlichen Verhältnisse aber keinen Abbruch.

Jochen studiert mit großem Interesse die österreichische soziale Realität und Politik. Ihm imponiert das SPÖ-Urgestein Bruno Kreisky, er erlebt auch hier das Entstehen der Vereinten Grünen und der Grün-Alternativen. Ebenfalls wird der Aufstieg des jungen nationalen Freiheitlichen Kärntners Jörg Haider mittels Medien und in Diskussionen mit Bekannten und Nachbarn verfolgt. Jochen analysiert, wie der soziale Friede im „Land der Glücklichen" zusehends bröckelt. Die weltwirtschaftliche Krise erfasst Ende der 1970er Jahre die staatlichen Betriebe und die österreichische Staatsverschuldung und Haushaltskrise nehmen bedrohliche Formen an. Befremdlich-faszinierend sind für Jochen die österreichischen Skandale, allen voran die unglaubliche Lucona-Affäre[750]. 1986 erleben die Eltern noch die heftigen Debatten zur Wahl des ÖVP-Kandidaten Kurt Waldheim, einem ehemaligen Offizier der deutschen Wehrmacht, zum Staatspräsidenten und den Atomunfall in Tschernobyl, dessen Fallout-Wolken Niederösterreich treffen.

Jochen beginnt, das Leben anders zu genießen: Beim Essen geht es ihm nicht mehr so sehr um die Menge, sondern um geschmackliche Qualität. Viele Restaurants werden auf Empfehlung oder nach guten Besprechungen in der Zeitung aufgesucht. Die Eltern nehmen die Kulturangebote mit Busfahrten nach Wien zur Oper, in die Theater und die Wiener Kabarett-Bühnen an. Jochen ist dabei neben dem Reiseleiter und dem Busfahrer oftmals der einzig weitere Mann im Bus. Die Eltern erforschen im eigenen Wagen die diversen Regionen Österreichs und fahren in Erinnerung früherer Reisen auf den Balkan bis an die griechische Grenze.

Unzufrieden ist Jochen mit der Zeitungslage in Österreich und es wird täglich die Ausgabe der Süddeutschen besorgt. Auch das Zweikanal-Fernsehangebot befriedigt nicht. Der Empfang deutscher Fernsehsender ist aufgrund der Voralpenlage nur mit großem technischen Einsatz möglich. Jochen vermisst die Auswahl und ganz besonders die Bundesliga-Berichterstattung. Dafür zieht er sich samstäglich ins Schlafzimmer zurück und verfolgt die Spiele am Radio.

Auch Siegfried Lenz besucht mit seiner Frau Lilo Jochen und Ilse in ihrem niederösterreichischen Zuhause. Lenz' Meinung mag für viele stehen, die im Umzug von Jochen und Ilse nach Österreich die Flucht vor den nord- und deutschen Verhältnissen sehen: „Es ist ja auch charakteristisch, warum ein Mann wie Jochen Steffen, der einfach in den Norden gehört und hier sich am wohlsten fühlt, plötzlich nach Österreich zieht. Ich meine, diese Entscheidung besagt einiges über ihn. Er wollte einfach fern sein, nicht mehr in diesem Land leben. Eine, wie ich glaube, tragische und übereilte Entscheidung. Man muß es einfach so sagen."[751]

---

750 Siehe: Hans Pretterebner: Der Fall Lucona, München 1995.

751 Dat blivt nich so, dat mut ännert warn!, Stefan Appelius im Gespräch mit Siegfried Lenz über Jochen Steffen, in: Steffen: Personenbeschreibung, S. 17.

Doch die Flucht vor der neugierigen Verfolgung in Kiel und St. Peter-Ording und der politischen Frustration ist nur die eine Seite dieser Veränderung. Der Umzug ist zugleich eine Suche nach dem, was Jochen durch seine Tätigkeit und die damit einhergehende Außenwirkung in Schleswig-Holstein verloren gegangen ist. Das, was er unter einem normalen Kontakt zu normalen Menschen versteht. In einem österreichischen Interview beschreibt er Ende 1979 seine Erfahrungen: „Die Leute, die hier wohnen, sind meistens Pendler oder Arbeiter mit ein bißchen Landwirtschaft und so. Mit den Leuten kommen wir prima klar. Gefällt uns ausgezeichnet. Seit Mitte der fünfziger Jahre haben wir nicht solchen menschlichen Kontakt gehabt wie hier, im Pensionistenverband der SPÖ. Da sind die Holzarbeiter und die Pendler und der Schuldirektor [...]. Das ist eine prima Sache. So etwas gibt es in Deutschland nicht mehr, dabei ist es für mein Wohlbefinden außerordentlich wichtig, daß du mit ganz normalen Menschen wie ein Mensch verkehren kannst, ohne daß da gekatzbuckelt wird, eine mitmenschliche Offenheit, das mag ich mit ganz normalen Leuten, das sind Hobbykünstler oder was da alles ist. Der Vorsitzende ist ein ehemaliger Landarbeiter, ein ganz prima Kerl, von dem ich zum Beispiel viel gelernt habe über soziale Realität, hier in dieser Gegend, wo ja auch noch etliche dicke Probleme liegen. Das gehört zu meinem Wohlbefinden, und das hab ich hier viel mehr und viel besser als in der Bundesrepublik, verstehst du?“[752]

Aber in die Anonymität abzutauchen, das gelingt Jochen auch in Österreich nicht ganz. In Erinnerung der Familie ist ein Erlebnis in einem Restaurant an der Donau. Wir setzen uns an einen der Tische, die beiden Schipperkerüden Kuddl und Hein fangen unter dem Tisch an zu streiten. Jochen taucht unter den Tisch, um die Streithähne zu trennen. Als er wieder auftaucht, hallt es laut durch das Lokal ins Gesicht des perplexen Jochen: „Joochen, wat mogst du denn hie?“ Ein weiterer Schleswig-Holsteiner in Niederösterreich.

„... dann bin ich also krank geworden ...“

Bereits vor der Wahl von 1971 beginnen 25 Jahre Rund-um-die-Uhr-Politik und die heftige und dauerhafte Kritik an der Person Steffen Spuren an Körper und Seele zu hinterlassen. Er kann sich immer schlechter regenerieren. Die 1970er Jahre werden zu einer wenig glücklichen Phase in seinem Leben, es gibt eine vielfältige Unzufriedenheit mit sich und dem politischen Umfeld. Es treten diffuse und in ihren Auswirkungen sich verzahnende psychosomatische Krankheitsbilder wie Unwohlsein, Schlafstörungen oder Blutdruckschwankungen auf. Es entsteht ein Allgemeinzustand, der heute als „Burn-out“ bezeichnet würde.

Steffens labiler Gesundheitszustand gewinnt zunehmend Einfluss auf seine Lebensentscheidungen, befördert von seinem wachsenden Erkennen seiner eingeschränkten Leistungsfähigkeit. Es fällt ihm schwer, die ultimativen Forderungen der Ärzte zum

---

752 Ebd., S. 240.

Schutz seiner Gesundheit anzunehmen, das Rauchen und Trinken aufzugeben, die Arbeitsbedingungen anders zu gestalten und auch seine Essgewohnheiten zu ändern.

„Alphamänner geben nicht auf"[753], wird über Politiker aus der ersten Reihe resümiert. Und auch Steffen braucht Jahre bis zur Einsicht in seine konstitutionelle Schwäche und das Überwinden entsprechenden Verhaltens. Die stufenweise Aufgabe von Parteiämtern in den 1970er Jahren gehört zu den Antworten, die aus der Mischung politischer Frustrationen und gesundheitlicher Notwendigkeiten erfolgen.

Politische Praxis und Gesundheit sind bei Steffen zwei Seiten derselben Medaille und somit untrennbar miteinander verwoben. Sein Ekel vor bestimmten menschlichen Zuständen befeuert in ihm einen politischen Zorn und Hadern mit den Bedingungen, oft genug führt es auch in eine persönliche Wut. Trotz aller angewandten Rationalität der politischen Analyse ist Politik für ihn ein hochemotionaler Akt. Das führt ihn nach 30 Jahren Denken, Fühlen und Handeln körperlich-seelisch über das für ihn Ertragbare hinaus. Sein Abschied von der Politik gewährt ihm sicherlich eine Lebensverlängerung.

Gesundheit erhaltende Maßnahmen gibt es bereits in den 1960er Jahren. Steffen stellt zum Beispiel seinen Bierkonsum ein, nachdem Ilse bei einer Autofahrt mit einem kritischen Blick auf ihren molligen Mann feststellt: „Du siehst inzwischen aus wie ein Gewerkschaftsbonze!" Doch weiterhin werden Schnäpse und zunehmend Wein getrunken. Der Gesundheit wenig förderlich ist, dass sowohl in der Politik als auch im Journalismus eine „Trinkkultur" herrscht, der er sich nicht entziehen kann oder will. Des Öfteren erzählt er aus seiner Zeit bei der VZ bewundernd von einem Setzer, der so dünn gewesen sei, dass er in extra eingenähten Taschen in seinem Blaumann für die ganze Schicht das Bier in den Saal mit den Linotype Satzmaschinen schmuggeln konnte, ohne dass dies aufgefallen wäre. Mal abgesehen davon, dass es ein jeder wusste.

Steffen steigt von Zigaretten auf das Rauchen von Zigarillos um. Er ist der Meinung, dass das Rauchen von Tabak ohne Rückstände des Zigarettenpapiers gesünder sei. Auch soll der erste Familienhund ihn dazu anhalten, sich mehr zu bewegen. Zuvor kam Steffen nach Hause und warf die Politik und alles andere von sich, „er war dann ganz da", erinnert sich Ilse. Das ändert sich mit der Vertiefung seines Krankheitsbildes deutlich.

Die körperliche Reaktion auf die bleibenden beruflichen Anforderungen führen zu langfristigen Veränderungen im Körper. Stetig erhöhen die Ärzte ihren Druck auf Steffen, anders zu leben. Eine erste kurze Auszeit wird im Mai 1971, einen Monat nach der zweiten Landtagswahl mit Steffen als Spitzenkandidat, genommen. Er erhält den ärztlichen Rat, sich zu einer einwöchigen Kur nach St. Peter-Ording zurückzuziehen. Öffentlich bekannt gemacht wird die Diagnose einer „schmerzhaften Neuralgie".[754]

Die Eltern stellen ihre Diät um: salzärmere Kost, keine Butter mehr, viel Salat, der tägliche in der Familie so genannte Vitamin-Schocker, ein Obstsalat, wird eingeführt.

---

753 Holger Schmale: Die Ausnahme Matthias Platzeck, in: Berliner Zeitung, 29.7.2013, S. 3.

754 Steffen zur Kur, in: Hamburger Abendblatt, 26.5.1971, S. 2.

Trinken und Rauchen werden reduziert, aber noch lange nicht aufgegeben. Weder die Spaziergänge mit den Hunden der Familie in St. Peter oder in Kiel noch die strengere Beachtung der Diät können angesichts der Leistungsanforderungen auch eines reduzierten tagespolitischen Geschäfts in Schleswig-Holstein und Bonn eine ausreichende Wiederherstellung der Gesundheit herbeiführen.

Jochen Steffen durchläuft einen für ihn schmerzhaften Lernprozess mit zusätzlich tiefgehenden emotionalen Ereignissen wie dem Tod seines Vaters und einem Erkenntnisschub in den eigenen Kontrollverlust durch den eingangs erwähnten Unfall in Hamburg. Im Januar 1973 wird ihm eine vierwöchige Kur auf der Bodensee-Halbinsel Mettnau angeraten. In einem dort gegebenen Interview konzentriert er seine Antwort auf die Frage nach seiner politischen Zukunft auf seine eingeschränkte physische Leistungskraft. Heftig unter den Föhnwinden über dem Bodensee leidend lässt er den labilen psychischen Aspekt unerwähnt.[755] Wirklich offen über seinen Zustand zu dieser Zeit äußert er sich nur gegenüber Rudolf Augstein: „Für mehrere Jahre Babykost und ca. 20 Prozent Erwerbsminderung".[756] Solange er in der politischen Tretmühle steckt, das, was er sein „Leben wie Hund" nennt, will oder kann er sein umfassendes Krankheitsbild und die Konsequenzen nicht wirklich benennen, das sei ihm zu „melodramatisch". Noch will er weitermachen, wenn auch unter reduziertem Dampf stehend.[757]

Deutlich anders erklärt er sich nach seinem Ausstieg aus der Politik, wobei seine Offenheit auch immer von der Kunst seines Gegenübers abhängt, sich diesem Thema sensibel zu nähern. Gegenüber dem Journalisten Ben Witter, der in einem geschenkten Buch für ihn, „der ganz plötzlich mein Freund wurde" einschreibt, schildert er seinen Krankheitsverlauf folgendermaßen: „Mein Blutbild hatte sich plötzlich verschlechtert. Alles war in Mitleidenschaft gezogen. Dreiunddreißig Jahre bin ich verheiratet, aber dann ging es fünf Jahre nicht mehr. Ich hatte zuviel gedacht, empfunden und gegessen. Und saß ich im Auto, dachte ich, wer sitzt denn da? Das war meine Frau. Und mein Arzt sagte: ‚Ich schick einen Krankenwagen zur nächsten Versammlung'.

Meine Perspektiven hatten sich verengt. Ich sah immer nur zwei Punkte, wie Kerben so deutlich, und da haute ich dann immer rein. Durch die Veränderung des Blutbildes bestand Lebensgefahr. Trinken durfte ich auch nichts mehr, und der Arzt sagte zu meiner Frau: ‚Wenn er nicht aufhört, muß er eine Entziehungskur machen.' So redete der mit meiner Frau. Aber das ist ein anerkannter Spezialist, und er wurde von den Nazis verfolgt. Deshalb ging ich zu ihm."[758]

---

755 Interview mit Jochen Steffen, SPD-Landesvorsitzender in Kiel – Wir müssen mehr planen und lenken, in: Welt der Arbeit, 3./4.2.1973, S. 3.

756 Jochen Steffen an Rudolf Augstein, 15.12.1972, Nachlass Augstein im Spiegel-Archiv.

757 „Zehn Jahre lang habe er über seine Verhältnisse gearbeitet, dabei ‚bin ich beinahe gestorben'. Er sagt dies etwas verlegen, weil er ‚nicht melodramatisch werden möchte'." Lore Lorenzen: Ich will nur noch das tun, was ich schaffen kann, in: Frankfurter Rundschau, 10.5.1975.

758 Witter: Mach's gut. – Der Arzt ist Prof. Ludwig Weisbecker, Professor für Innere Medizin in Kiel. Sein Sohn Thomas wird 1972 als „Stadtguerrillero" von der Polizei in Berlin erschossen.

Steffens Krankheitszustand beginnt chronisch zu werden und seine Stresskrankheit äußert sich immer öfters in depressiven Schüben und Aggressionen. In Erinnerung sind nach der 1971er-Wahl nächtliche Wochenendgespräche in St. Peter mit einem angetrunkenen depressiven Vater, der immer wieder seine Existenzängste ausbreitet und mich damit völlig überfordert. Es ist ironisch zu nennen, dass die Versuche der Rückgewinnung der Kontrolle über das eigene Leben einhergehen mit den Mitteln des gesteuerten Kontrollverlustes durch den Einsatz von Alkohol. Sicher ist, dass Jochen, Ilse und somit die Familie ohne das Erreichen der Pensionsansprüche des Landtages, nur mit der Rente als Redakteur, schwere Einschnitte erleben würde. In dieser Phase steht herausragend Rudolf Augstein Jochen durch die Beauftragung von gut dotierten Spiegel-Essays und ab Oktober 1973 mit einer monatlichen Geldzuwendung unterstützend zur Seite.[759]

Zwischen Steffen und Rudolf Augstein entwickelt sich eine distanzierte Freundschaft. Jochen Steffen sucht Anfang 1970 den Kontakt zu Augstein, weil: „wenn es Ihre Zeit erlaubt, hätte ich gerne einmal mit Ihnen über die Möglichkeit einiger Projekte gesprochen, die zu ihrer Verwirklichung Ihrer Hilfe bedürfen".[760] In der Folge kommt es zu einem ersten Treffen in Hamburg und dann zu Besuchen Augsteins in St. Peter-Ording oder später von Ilse und Jochen auf Sylt. Sehr viele Treffen sind es aber nicht, beide haben zu viele andere Termine zu bedenken. Die ausgetauschten schriftlichen Mitteilungen sind getragen von gegenseitigem Respekt und hinterlassen den Eindruck, dass zwischen Augstein und Steffen eine beide Seiten erfüllende offene Streitkultur herrscht, ein Austausch, der gerade für Jochen sehr wichtig und von ihm gesucht zu sein scheint. Er öffnet sich gegenüber Augstein. Ironisierend bietet er dem damaligen Bundestagsabgeordneten Augstein Beratung in Fragen der Strategie und Taktik an, wobei er anschließt: „Schief gehen tut's sowieso".[761] Auch wenn Augstein ein Telegramm mal mit der Anrede „viel edler Jochen" beginnt, bleibt der Austausch bis zuletzt beim förmlichen Sie.

Ein frühes Ergebnis dieses Kontaktes ist sicherlich die Titelstory des Spiegel zur Wahl 1971. Am Tag nach der Wahl schickt Augstein ein Telegramm an Steffen: „Nicht Sie haben verloren, für die Partei war nicht mehr drin. Mehr als 45 Prozent für eine linke Liste ist in Schleswig-Holstein zur Zeit nicht zu holen. Ich denke, daß man Sie nicht trösten muss. Grüßen Sie Zimmermann. Ihr Rudolf Augstein."[762]

Augstein mag einen Ruf als harter Kaufmann und als zynischer Spiegel-Chef haben, doch Ilse und Jochen lernen ihn privat als einen offenen und zugänglichen Menschen kennen.[763] Nach Jochens Eintritt in den Ruhestand schreibt dieser einen Dankesbrief

759 Rudolf Augstein: Anweisung für Zahlungen an Jochen Steffen, handschr. ohne Datum (Sept. 1973), Nachlass Augstein im Spiegel-Archiv.

760 Jochen Steffen an Rudolf Augstein, 15.1.1970, ebd.

761 Jochen Steffen an Rudolf Augstein, 15.12.1972, ebd.

762 Telegramm Rudolf Augstein an Joachim Steffen, 26.4.1971, ebd.

763 Ilse Steffen: Memoiren, S. 122.

an Augstein und bittet, die Zahlungen einzustellen. In diesem Schreiben skizziert er offen Dimensionen seines Krankheitsbildes, die für Außenstehende verborgen geblieben waren: „Sodann möchte ich mich bei Ihnen aufrichtig und herzlichst bedanken. Weit über das Finanzielle hinaus, haben Sie meiner Familie und mir einen unschätzbaren menschlichen Dienst erwiesen. Sie haben mich von dieser stimulierenden Streßsituation befreit, in der Angst um die Familie und Angst vor dem Tode – die so schlimm nicht war – sich wechselseitig stimulierten. Dabei spielte – wie sich bald zeigte – das Geld, so angenehm es war, die geringste Rolle. Entscheidend war die menschliche Haltung, die dahinter steckte. Es war die erste Geste mitmenschlicher Solidarität. Und ich kann Ihnen sagen, dass man darauf verdammt angewiesen ist, wenn man wirklich down ist. Unner den püschofüsischen Stress leiden tut, wie Kuddl Schnööf und andere so treffend sagt. Ihre Großzügigkeit war der Beginn der neuen Zeitrechnung. Es mag Ihnen übertrieben vorkommen, aber so war es wirklich. Von da ab konnte man sich zunehmend selbst erkennen und sich, schrittweise, von der Herrschaft selbst erzeugter und konstruierter Zwänge befreien."[764]

Die elterliche Beziehung steht in den Zeiten der Depression und Krankheit meines Vaters unter höchster Spannung. Besonders schlimm und für Ilse mit Angst beladen treten Jochens depressive Schübe im Urlaub auf, wenn er sich zum Beispiel in die Vorstellung phantasiert, die einkaufende Ilse sei tödlich verunfallt. Die Medizin reagiert mit dem Verschreiben von Antidepressiva – aber nicht mit dem notwendigerweise begleitenden harten Alkoholverbot.[765]

Später, hier in einem Interview von 1980, verbindet Steffen die verschiedenen Facetten seines Rückzugs aus der vorderen Front der Politik: „Ich konnte nicht mehr. Es gab allerdings mehrere Gründe: Ich war und ich bin heute noch der Meinung, daß man nicht mehr als zweimal als Spitzenkandidat kandidieren sollte. Sieben Jahre waren genug. Mir hat das zwar niemand geglaubt. Und als man mir das glaubte, hat man mich gefragt, ob ich Oberbürgermeister von Frankfurt werden wolle.[766] Ich habe damals einen Lachkrampf bekommen. Man hält das physisch nicht länger als acht Jahre aus. Außerdem werden neue Ideen gebraucht. Der Verschleiß ist viel zu groß, weil man bei dem Zentralismus unserer Parteien eine Funktion im Lande nur übernehmen kann, wenn man auch in der Zentrale Leute hat, die mit einem ziehen und von denen man auch Geld bekommen kann. Für alles, was man tut, braucht man ein Minimum an finanzieller Basis. Man muß um seine ‚Knackpunkte' durchzusetzen, Verbündete haben. Das bedeutet auch, daß man wiederholt in Bonn antreten muß. Für mich war der Klimawechsel zwischen Kiel und Bonn eine schwere physische Belastung. Ich habe dann seinerzeit auch einige Schwierigkeiten mit dem Herzen gehabt."[767]

---

764 Jochen Steffen an Rudolf Augstein, 12.9.1977, Nachlass Augstein im Spiegel-Archiv.

765 Vgl. Ilse Steffen: Memoiren, S. 121.

766 Vgl. zu Steffens Ablehnung der Kandidatur: Hoher Einsatz, in: Der Spiegel 49/1971, 29.11.1971, S. 90f.

767 Steffen: Personenbeschreibung, S. 279f.

Im Ruhestand spricht Steffen offen über seine Leistungseinschränkungen. Dennoch ist damals mein Eindruck, dass viele Gesprächspartner nicht wirklich glauben wollen, was ihnen da ein sportlich-braungebrannter, energiegeladen wirkender und auf den Punkt argumentierender und also voller Kraft erscheinender Jochen Steffen über seine angeschlagene Gesundheit erzählt.

Anfang der 1970er Jahre entschließt sich mein Vater sportlich aktiv zu werden. Er schlüpft in einen alten Trainingsanzug, um auf dem Platz des TSV St. Peter-Ording für den Erwerb des Sportabzeichens zu trainieren. Bitter muss er lernen, dass der Körper eines fast 50-jährigen Viel-Rauchers nicht nahtlos an lang vergangene sportliche Erinnerungen anschließen kann. Dass er zudem im direkten Vergleich bei allen Übungen mit seinem damals Leistungssport treibenden Sohn den Kürzeren zieht, motiviert ihn wenig, sich zu quälen.

Mit der Wohnungsummeldung von Kiel nach St. Peter-Ording wird auch der Ortsverein der SPD gewechselt. Wahrscheinlich schweben die Genossinnen und Genossen kurz zwischen Euphorie und Schock, den Landesvorsitzenden nunmehr im Ortsverein zu haben. Jochen macht beim ersten Besuch des Kassierers aber klar, dass er sich im Ortsverein nicht einbringen werde. Doch Ilse und Jochen wissen, dass sie sich um ein soziales Umfeld in St. Peter-Ording bemühen müssen. Es wird überlegt, in welchen Verein sie eintreten könnten. Ilse schlägt als gute Schützin vor, in den örtlichen Schützenverein zu gehen, was Jochen aber entschieden ablehnt.

Dann erfolgt der Vorschlag des FDP-Landtagsabgeordneten Joachim Herbst, Besitzer eines Ferienhauses im Ort, sich um eine Mitgliedschaft im 1971 neu gegründeten Golfclub von St. Peter-Ording zu bemühen. „Jo“ Herbst – der als Nationalliberaler selbst gegen die Ronneburger-Linie der angekündigten SPD-FDP-Koalition zur Wahl 1971 steht – kann die Bedenken der aus Hamburg stammenden Gründungsväter des Golfclubs gegenüber dem linken Sozi Steffen zerstreuen – „eigentlich ist der ein sehr feiner Mensch“. Vater und Sohn werden gemeinsam angemeldet. Ich muss mit, um Jochen bei den Unterrichtsstunden und den ersten Runden ein Partner zu sein und den Druck am Ball zu bleiben aufrecht zu erhalten.[768] Ilse wird erst viel später mit dem Golfen beginnen.

Es dauert nicht lange und die Medien bemerken, dass sich auf den Fairways von St. Peter die Wege zweier alter Studienkollegen und politischer Kontrahenten, Steffen und Stoltenberg, erneut kreuzen und machen ihre Sommerloch-Geschichten daraus.[769]

---

768 Mitgliedsausweis des Deutschen Golfverbandes vom August 1976, privat.

769 Siehe: Auch beim Golfen auf Distanz, in: Hamburger Abendblatt, 18.8.1977; Die 2 von Loch 3, in: Welt am Sonntag, 4.9.1977. – Steffen und Stoltenberg nehmen das Golfspielen erst in den 1970er Jahren auf. Anders dagegen Michael Legband: Handicap 34 zwischen Aktenstudium und Landtagsdebatten, in: Die Welt, 15.6.2000. – Stoltenberg spielt gerne alleine, als Ministerpräsident und als Minister stets von drei Leibwächtern begleitet. Das beantwortet auch die Frage: „Ob er (Stoltenberg, JPS) je mit seinem ehemaligen politischen Erzfeind vom linken Rande, Jochen Steffen, eine Runde gedreht hat? Fragen, die keine zuverlässige Antwort finden.“ Dieter Buhl: Nun spielt man schön, in: Die Zeit, 7.7.1995; die Antwort: Nein, sie haben keine gemeinsame Runde gedreht, sich nur für die Medien zusammengestellt.

Dieter Hildebrandt gegenüber verhält sich Jochen sportlich, wenn er den eingeforderten direkten Golf-Vergleich mit Stoltenberg umschreibt. Hildebrandt erinnert sich: „Als ich ihn einmal fragte, wie er denn seinen Gegner Stoltenberg sehe, blieb er ganz gelassen und sagte: ‚Hin und wieder sehe ich ihn beim Golf.'

Und ich fragte etwas töricht:''Wie hoch ist denn sein Handicap Dir gegenüber?' Seine Antwort: ‚Hoch. Ich will spielen – er muß.'"

Auf Anfrage eines Männermagazins verfasst Jochen eine Glosse über sein Verhältnis zum neuen Sport, die zu einer locker-ironischen Typologie verschiedener „Golfsklaven" führt.[770]

Das endgültige Ausscheiden aus der Berufspolitik mit 55 Jahren führt zu einem anderen Lebensrhythmus. Doch wirklich gesund wird Jochen nicht wieder. Jedenfalls sind Ilse und ich im Rückblick sehr froh, dass Jochen noch Jahre verbleiben, in denen er sich für vieles Neue öffnen kann. Das gemeinsame Erobern eines anderen kulturellen und gesellschaftlichen Umfeldes bringt die Eltern wieder nahe zusammen.

Allerdings hat Jochen im neu gewählten Lebensmittelpunkt Österreich weiter mit gesundheitlichen Beschwerden zu kämpfen. Ende 1979 soll eine erste Untersuchung bei einem Facharzt für Orthopädie und orthopädische Chirurgie in Wien den beständigen Schmerzen im linken Bein auf den Grund gehen.[771] Im Juli 1984 folgt im Landesklinikum St. Pölten eine Bypass-Operation im linken Bein. Hier beeindruckt Jochen ein Erlebnis stark: Er liegt auf einem Mehrbettzimmer, hat als Nachbarn einen alten niederösterreichischen Bauern, der die von seiner Familie täglich gelieferten Wein-Bouteillen unter seinem Bett lagert und leert. Auf Jochens fragenden Blick zuckt der Oberarzt die Schultern, sie können begleitend zur Gefäßoperation nicht auch noch den Entzug durchführen. Vielleicht hat diese direkte Demonstration einer Abhängigkeit für Jochen den Ausschlag gegeben: Wieder entlassen gibt er das Rauchen seiner geliebten Zigarillos auf und reduziert seinen Weinkonsum auf das eine Glas am Tag.

Im Anschluss an die Gefäßoperation muss Jochen Blutverdünnungsmittel einnehmen und erhält bei der Entlassung einen Plan für ein durchblutungsförderndes Selbsttraining. Bald ist er im Dorf für diese mit Ernst und Akribie immer zur selben Tageszeit betriebenen Intervall-Spaziergänge bekannt.

Doch die Durchblutungsstörungen und die Schmerzen bleiben. Inzwischen gibt es auch den Befund chronischer Rückenschmerzen. Das Golfen wird mühevoll, der lokale niederösterreichische Platz mit steilen und abschüssigen Fairways befördert seine Beschwerden im Bein und im Rücken. Im Sommer 1986 treten sehr starke Schmerzen auf, es folgt eine Operation an einer Venenverengung im Bauchbereich in Husum.[772] Im Februar 1987 erhält Jochen in Wien den Befund einer Fistel im rechten Unterbauch. Selbst jetzt schreibt er noch, so einen politischen Nachruf auf den scheidenden Parteivorsitzenden Willy Brandt. Wie immer das „Zoon politikon" in seiner Funktion

---

770 Jochen Steffen: Den Atavismus in der eigenen Brust töten, in: LUI, Nr. 9, September 1978.

771 Krankenhausbelege Jochen Steffen privat.

772 Vgl. Ilse Steffen: Memoiren, S. 137f.

in den Strukturen beleuchtend.[773] Ein Aneurysma im Unterleib wird im Sommer in Rendsburg operiert. Nach der Entlassung belegen die Eltern ihre Holtenauer Wohnung. Jochen ist geschwächt und bettlägerig, seine Knie sind geschwollen, so dass er einen Rollstuhl erhält. Er führt aber noch regelmäßig politische Gespräche mit seinem Hausarzt und empfängt einige wenige Freunde, so zum Beispiel Siegfried Lenz.[774] Die Eltern sind sich liebevoll nahe. Jochens Gesundheitszustand verschlechtert sich weiter, es treten Blutungen auf und chronischer Durchfall, so dass er Anfang September 1987 ins Städtische Krankenhaus Kiel eingewiesen wird.

Hier wird eine weitere Gefäßoperation vorgenommen. Auf eine Bluttransfusion reagiert sein Körper mit Abstoßen. Dem stark sedierten Jochen erzähle ich von den aktuellen Entwicklungen der Barschel-Affäre. An seinem 65. Geburtstag ist Jochen nicht mehr bei Bewusstsein. Einen Tag zuvor gibt Barschel seine berühmte Ehrenworterklärung ab, wieder erzähle ich davon. Besonders die letzte Woche, die letzten zehn Tage seines Lebens sind für Ilse und mich schrecklich: Jochen ist nur ganz selten ansprechbar, sein komatöses Schmerzstöhnen ist noch durch zwei Türen auf dem Gang der Station zu hören. Die Ärzte treten uns verzweifelt gegenüber, die medizinischen Indikationen für Jochens unterschiedliche Krankheitsbilder konterkarieren sich in ihren Wirkungen.

Jochen verstirbt am Abend des 27. September 1987.[775] Ilse notiert in ihrem Tagebuch: „Vati ist eingeschlafen. Nicht mehr ansprechbar“.[776] Schockierend ist, dass Ilse und ich den Leichnam nicht sehen können, das Krankenhaus hat ihn wegen möglicher Ansteckungsgefahr in einen Foliensack eingeschweißt. Damals stehen Vorsichtsmaßnahmen gegen Aids oder ähnlich übertragbare Krankheiten im Vordergrund.

Erst viel später, der Schmerz hält lange an, erschließt sich mir, wie sich in diesem Krankenhaus der Lebenskreis des Kieler Jung Karl Joachim Jürgen Steffen geschlossen hat, so nah an den Orten seiner Jugend. Zum Abschluss seines Lebens ist Jochen zurück nach Hause gekommen. Und ich verstehe, sein Lebenskreis hat sich auch emotional geschlossen.

„Post mortem“

Ilse und ich entscheiden uns, dass die schleswig-holsteinische SPD die Nachricht vom Tod Jochens herausgeben soll. Ilse, Liz, meine spätere Frau, und ich sind durch Jochens Sterbeprozess und seinen Tod emotional ausgelaugt. Die Aufregungen, die die nach den Landtagswahlen in die Öffentlichkeit gebrachte Barschel-Affäre und die Patt-Situation nach der Wahl in der Landes-SPD ausgelöst haben, tangieren uns nicht.

---

773 Jochen Steffen: Er fiel im Dschungelkampf.

774 Vgl. Steffen: Personenbeschreibung, S. 17f.

775 Vgl. Personenstandsbuch des Standesamts Kiel, Nr. 2794 vom 1.10.1987, AdsD 1/JSAA000098.

776 Ilse Steffen, Terminkalender 1987, 27.9.1987, privat.

Am Tag nach Jochens Tod erhält Ilse vom Parteivorsitzenden Hans-Jochen Vogel ein Beileidstelegramm.[777] Nur zehn Tage zuvor hat Vogel Steffen zu seinem 65. Geburtstag einen Glückwunsch geschickt, den er nicht mehr wahrnehmen konnte. Darin schreibt Vogel: „Zu Deinem 65. Geburtstag gratuliere ich Dir herzlich. Wir würdigen an diesem Tag mit Respekt und Dankbarkeit Dein Wirken in den vergangenen Jahren, in denen Du unserer Gemeinschaft angehört hast. In dem Erfolg der schleswig-holsteinischen Sozialdemokratinnen und Sozialdemokraten am vergangenen Sonntag steckt auch ein Teil dessen, was Du seinerzeit in Gang gesetzt hast. Ich selbst erinnere mich im übrigen bei dieser Gelegenheit an unsere gemeinsamen Wahlversammlungen während des Landtagswahlkampfes im Februar 1971. Mit Bedauern habe ich gehört, daß Dein Gesundheitszustand gegenwärtig nicht der beste ist. Wir wünschen Dir deshalb vor allem eine recht baldige Genesung, damit Du uns noch lange kritisch begleiten kannst."[778]

Neben aller politischen Aufregungen der Tage organisiert die SPD am 5. Oktober eine Trauerfeier für Jochen Steffen auf dem Friedhof in Kiel-Altenholz.[779] Zu den Trauerrednern gehört Siegfried Lenz, der sich besonders seines letzten Besuches am Krankenbett erinnert und zu Jochens Politik ausführt: „Auch wenn die Wirkung des Wortes nicht absehbar und nur schwer kalkulierbar ist: an seiner langsam unterwandernden Kraft gibt es keinen Zweifel. Jochen hat seine Spur hinterlassen. Den Erfahrungen seiner Generation verpflichtet, von seinen Erkenntnissen genötigt, einverstanden mit aller Mühsal, die tätige Zeitgenossenschaft mit sich bringt, hat Jochen sein Leben gerechtfertigt."

Es redet Hans-Gottfried Schadow, der Freund seit mehr als 50 Jahren, den Jochens „übersensible Nähe zum einfachen Menschen" zeitlebens besonders beeindruckt habe. Von der SPD sprechen Günther Jansen und Norbert Gansel, sowie Leo Langmann von der IG-Metall, dessen Bekanntschaft mit Jochen bis in die 1950er Jahre zurückreicht. Günther Jansen zitiert ausführlich aus zwei Briefen Jochens und resümiert: „Er hat gekämpft und sich gefreut, auch mit uns gefreut, wenn Positionen gewonnen wurden in der Gesamtpartei oder in Gruppen der Gesellschaft. Er hat Niederlagen getragen, aber immer wieder versucht, sie durch bessere Argumente zu revidieren. Er hat den Kopf immer selbst politisch hingehalten, nie andere für sich ins Feuer geschickt. Jochen Steffen hat nie Visionen aufgegeben. Er ist an den vorhandenen Machtinteressen, auch in unserer eigenen Partei, gescheitert. Nein, ich nehme das Wort „gescheitert" zurück. Er ist nicht gescheitert, er hat weitergegeben, hoffentlich an viele von uns."[780]

---

777 Vgl. Mitteilung für die Presse, Service der SPD für Presse, Funk, TV, 786/87, 28.9.1987.

778 Ebd., 18.9.1987.

779 Die folgenden Zitate sind Beirat: Jochen Steffen entnommen.

780 Jansen zitiert aus den Schreiben an Willy Brandt vom November 1976, in dem Steffen den Vorsitz der Grundwertekommission niederlegt, und an Jansen von 1979, das seinen Austritt aus der SPD verkündet. Brief an den SPD-Landesvorsitzenden Günther Jansen in Beirat: Jochen Steffen.

Und Norbert Gansel findet einen sympathischen Weg, den Dialektiker Jochen Steffen den Anwesenden auch dialektisch nahezubringen: „So wird es bleiben in der liebenswerten Vielseitigkeit und Widersprüchlichkeit seiner Person:
Der Begeisternde und der Analytiker,
der Wissenschaftliche und der Sentimentale,
der Lernbegierige und der Dozierende,
der Schreibende und der Lesende,
der Neu-Gierige und der Geschichtsbewußte,
der Organisator und der Chaot,
der Fröhliche und der Zynische,
der Menschenfreund und der Hundenarr,
der Redner und der ‚Macker',
der Spötter und der Verletzliche,
der Einzelgänger und der Führer,
der sozialistische Theoretiker und der sozialistische Reformer,
der Kieler Jung und der Internationalist,
der Volksvertreter und der Interessenvertreter der kleinen Leute,
der Kämpfer und schließlich der Leidende,
der Genosse, der Freund, der Nachbar, der Mann von Ilse und der Kamerad von Zimmermann, der Vater von Jens-Peter."

Auch wenn „der Tod eines resignierten Politikers am kulturellen Rang seiner trauernden Freunde zu messen wäre", resümieren Jahre später Björn Engholm und der Journalist Uwe Harms, so sei die Feier doch durch eine „unwürdige Abwesenheit seiner politischen Gegner" gekennzeichnet gewesen.[781]

Beigesetzt wird Steffen auf dem evangelischen Friedhof in Holtenau, nachdem Ilse zuvor einige Schwierigkeiten beim Pachten einer Grabstelle für den konfessionslosen Jochen überwinden muss. Ein nachhaltiges Schockerlebnis hat Ilse, als beim Verlassen des Friedhofes ein vorbeigehender Passant ihr zuruft: „Gut, dass der nun endlich tot ist!"

Später wird eine weiße marmorne Stele, die Arbeit des befreundeten Bildhauers Günther Öllers aus Linz am Rhein, in die nur der Name Jochen Steffen eingeschlagen ist, aufgestellt. Nachdem Ilse von Kiel-Holtenau nach Berlin gezogen ist, gibt sie das Grab auf und die Stele wird im September 2009, zum vierzigsten Geburtstag der Einrichtung, im Garten der Gustav-Heinemann-Bildungsstätte in Malente eingeweiht. Nun ist nach Steffen nicht nur ein Tagungsraum benannt, sondern er ist gleich zweimal im Park des Hauses verewigt: Einmal mit der genannten Stele und zum zweiten mit einem als „sozialdemokratischen Mount Rushmore" bezeichneten Gedenkstein, in dem die Köpfe von Willy Brandt, Herbert Wehner und Jochen Steffen eingraviert

781 Uwe Herms: Der Privatier, in: Die Zeit, 22.3.1996.

sind.[782] Auf eine Einladung zu einem „Gründungstreffen" für eine Jochen-Steffen-Gesellschaft im Dezember 2003 in der Bildungsstätte kommen viele schleswig-holsteinische Sozialdemokratinnen und Sozialdemokraten sowie Ilse, Liz und ich. Allerdings erreicht das Treffen sein Ziel nicht.[783]

Die SPD-Schleswig-Holstein richtet 1997 zum 75. Geburtstag von Steffen eine Gedenkveranstaltung im Kieler Landtag aus. Moderiert von der SPD-Fraktionsvorsitzenden Ute Erdsiek-Rave treten dabei unter anderen Siegfried Lenz und Knut Kiesewetter auf. Zu diesem Ereignis gibt der damalige Kieler Verlag agimos den hier vielzitierten Band „Personenbeschreibung" heraus. Darüber hinaus finanziert die Partei zweimal einen als „Jochen-Steffen-Kleinkunstpreis" titulierten Kulturpreis, der kritische Alltagskultur in Kabarett, Chanson und Kleinkunst in Schleswig-Holstein fördern will.[784]

Aus den folgenden Jahren gibt es viele Beispiele, bei denen sich schleswig-holsteinische SPD-Mitglieder in Interviews und Reden an Steffens Einfluss auf ihre eigenen politischen Vorstellungen erinnern. Die Partei selbst gedenkt seiner öffentlich zu seinen runden Geburtstagen und Todestagen.[785]

Die Nachrufe für Jochen Steffen in konservativen Medien des Jahres 1987, wie auch von den Nachrichtenagenturen dpa und ap verbreitet, betonen den Begriff „Enttäuschung", weil Steffen im Parteienstaat keinen Erfolg gefunden habe und sprechen von einem resignierten Rückzug „in die Einsamkeit nach Niederösterreich". „Politisch draußen" sei er schon länger gewesen. Als ein „Politiker in einer schwer beweglichen Partei wie der SPD, die er doch zu bewegen versuchen wollte" sei er mit zunehmendem Alter immer radikaler geworden. Die nachwachsenden Parteifreunde hätten „dagegen mehr an die Machtübernahme und damit an mögliche Kompromisse" gedacht. Doch wenn ein Journalist ihn persönlich kennengelernt hat, dann führte das auch zu einer sehr individuellen Beschreibung seiner Person: „Mit seiner kleinbürgerlichen Herkunft kokettierend, [...] blieb Steffen der, der er war: ein liebenswürdiger Mann und stets ein interessanter Gesprächspartner. [...] Als doktrinär verschrien, war er im Grund einer, der sich nie festlegen mochte."

Auch der Nachruf in der Zeit konzentriert sich zuerst auf die nicht erreichte Karriere, um dann einige politische Positionen als durchaus richtig zu würdigen: „Sein Dickkopf, was Wunder, stand seiner politischen Karriere oft, fast immer im Wege – wenn es um die Kernenergie ging, um Umweltschutz, die Nato, die Raketen. Er überwarf sich

---

782 http://www.wehnerwerk.de/2012/05/das-nordlichste-wehnerdenkmal-der-welt/ (zuletzt abgerufen im März 2017).

783 Schreiben Hans Welbers (Vorsitzender der Gesellschaft für Politik und Bildung SH e.V.) vom 19.9.2003 (Einladung) und 15.3.2004 (mit Zusammenfassung über das Gespräch), Briefe privat.

784 Jochen-Steffen-Preis verliehen, in: Hamburger Abendblatt, 21.9.1996, S. 6.

785 Ralf Stegner zum 20. Todestag von Jochen Steffen, 26.09.2007 auf: http://www.spd-schleswig-holstein.de/aeltere-meldungen/aid/2789; Links, Dickschädelig und Frei. Zum 90. Geburtstag von Jochen Steffen 19.09.2012 auf: https://www.spd-schleswig-holstein.de/archiv-4779/ (beide zuletzt abgerufen im März 2017).

mit so vielen, auch mit Freunden aus seiner Partei. Mit sich selber, schien es, war er immer im Reinen. Und hat er aus der Sicht seiner alten Reiter nicht am Ende in vielem recht behalten?“[786]

Die „tageszeitung“ widerspricht der ihr dominant erscheinenden, posthumen Beschreibung Steffens, nach der „sein Rückzug aus der SPD [...] eine Flucht vor der politischen und gesellschaftlichen Entwicklung, die er nicht mehr verstehen konnte“ gewesen sei. Der Autor erinnert an die jahrelange Mitarbeit Steffens in der Zeitung und dass er immer, selbst bis unmittelbar vor seiner finalen Krankheitsphase, für einen Beitrag ansprechbar war. Er bezweifelt, dass Steffen in der Grünen Partei eine Heimat gefunden hätte und dass diese Partei mit ihm etwas hätte anfangen können: „Jochen Steffen war eben einer von denen, die letztlich doch nicht so recht in irgendeine Partei passen. Ein allzu kritischer und störrischer Geist für die Stromlinien-Parteien der achtziger Jahre.“[787]

Eine ausführlichere Darstellung der politisch-weltanschaulichen Grundlagen Steffens legt „der Spiegel“ seinen Lesern vor, wenn er konstatiert, „die Dialektik von individueller Sphäre und Gesellschaft war das Lebensthema des Individualisten Steffen.“ Von dieser Grundlage ausgehend, habe er nach 1969 zunehmend den Mangel an Reformwillen einer auf weiten Konsens zielenden SPD-Führung kritisiert. Doch auch im Spiegel-Nachruf heißt es: „Daß die große politische Karriere nicht gelang, hat ihm vielleicht den Knacks gegeben.“

Es scheint allgemein schwer zu sein, in einem Berufspolitiker nicht den Drang nach höchsten Posten, Ehren und natürlich vermehrter Macht und Einfluss zu vermuten. Doch ich bin der festen Überzeugung, dass es als bare Münze zu nehmen ist, wenn Jochen 1966, nach einem Jahr Landesvorsitz der schleswig-holsteinischen SPD, in einem Interview bekennt: „Ich kann mir vorstellen, ins Grab zu sinken, ohne Minister zu werden – und diese Vorstellung regt mich auch gar nicht auf.“[788] Und wie zur Bestätigung erklärt Steffen am Ende seiner politischen Laufbahn mit Blick auf den Jubilar Lemke seine Skepsis gegenüber den üblichen Ansprüchen: „Wir haben das, was die Macher der öffentlichen Meinung eine Karriere nennen – und was, tatsächlich, einige auch für eine solche halten – hinter uns“.[789]

Und „der Spiegel“ fragt, was bleibt von Jochen Steffens politischem Wirken Ende des Jahres 1987? „Die Spuren dessen, [...] sind, wenn es je Abdrücke gegeben hat, verweht.“ Aber im Spiegel gibt es einen der wenigen Nachrufe mit einem – für die meisten LeserInnen wohl eher unverständlich verklausulierten – Hinweis auf Ilses Mitwirkung am Leben ihres Mannes, die dieser zeit seines Lebens bei ihrem Mädchennamen Zimmermann nannte: „Angesichts der Zimmermänner dieser Republik aber verdiente dieser nie ganz selbstgewisse Klopfer und ehrliche Nagler allemal einen Rangplatz

786 D.St: Zum Tode von Jochen Steffen. Ein Radikaler, in: Die Zeit, 2.10.1987. [Korrigiert].

787 Max Thomas Mehr: Der rote Jochen ist tot, die tageszeitung, a.a.O., S. 5.

788 Hans Gerlach: Die Partei muss Mut haben, Kölner Stadtanzeiger, 1.3.1966, S. 3-4.

789 Uwe Barschel (Hg.): Festschrift für Helmut Lemke zum 70. Geburtstag, Neumünster 1977, S. 205.

in der jungen Geschichte der deutschen Demokratie – selbstverständlich nach seiner Wahl: halbhoch und halblang."[790]

Persönliche Erinnerungsgeschichten zu „seinem Freund" fasst Dieter Hildebrandt im Programmheft der Lach- und Schießgesellschaft zusammen. Für Hildebrandt ist Steffen als Politiker Repräsentant einer von ihm gewünschten politischen Kultur, denn „Jochen Steffen trat zurück, weil seine politischen Ziele von seiner Partei nicht mehr vertreten wurden".[791]

Im Jahr 1998 wird Ilse angefragt, ob der Name Jochen Steffen für ein die Elbe zwischen Cuxhaven und Brunsbüttel querendes Fährschiff verwendet werden kann. Zwei Unternehmer zielen mit der Fährverbindung über die Elbe als Kunden besonders auf LKW-Fahrer, die auf dem Schiff eine Ruhezeit einlegen und zugleich Hamburg umgehen können.[792]

Ilse ist von der Idee der Namensgebung begeistert und ist am 24. Juli 1999 bei der Taufe und Jungfernfahrt der Fährverbindung von Brunsbüttel nach Cuxhaven dabei. Nunmehr pendeln die Schiffe „Hinrich-Wilhelm Kopf" und „Jochen Steffen"[793] täglich im Zwei-Stunden-Takt zwischen dem niedersächsischen und schleswig-holsteinischen Ufer. Doch bald stellt sich heraus, dass die Speditionen das kostenträchtige Angebot einer Fähre nicht entsprechend annehmen. Ilse plant für den Sommer 2001 ihren achtzigsten Geburtstag auf der „Jochen Steffen" zu feiern, doch daraus wird nichts. Am 21. September 1999 ist das Schiff in eine Kollision mit dem 285 Meter langen Containerschiff „Punjab Senator" verwickelt. Befördert durch die Reparaturkosten der „Jochen Steffen" stellt das Unternehmen den Fährdienst am 8. März 2001 ein. Die verkaufte „Jochen Steffen" wird als „Mariam 4" – wie auch ihr Schwesterschiff – im Mai 2004 im indischen Alang auf Strand gesetzt und verschrottet.[794]

Eine weitere Namensübernahme geschieht im Kieler Stadtteil Gaarden. Dort bietet der „Verein für soziale Gerechtigkeit – Kiel" Sozialberatung an. Die Einrichtung im Karlstal 38 nennt ab 16. November 2012 einen Teil ihrer Räume „Jochen-Steffen-Bibliothek". Hier ist es möglich, kostenlos das Internet zu nutzen und sich Bücher auszuleihen. Der damalige MdB der Partei Die Linke, Raju Sharma, würdigt bei der Eröffnung das politische, kulturelle und soziale Engagement Jochen Steffens. Gleichwohl gehe es nicht darum, den Namen Steffen für eine Partei zu vereinnahmen. Nach der Bundestagswahl im September 2013, der Abgeordnete Raju Sharma kann seinen Sitz nicht verteidigen, findet auch dieses Namensprojekt sein Ende.

---

790 Jochen Steffen †, in: Der Spiegel, 41/1987, 5.10.1987, S. 35.

791 Dieter Hildebrandt: Jochen Steffen 19.9.1921 bis 27.9.1987, S. 12.

792 Neue Fährverbindung über die Elbe, in: Die Welt, 2.8.1999.

793 Die „Jochen Steffen" ist die 1960 in Aalborg gebaute ehemalige „Prinsesse Anne-Marie".

794 http://www.shipspotting.com/gallery/photo.php?lid=291572 (zuletzt abgerufen im März 2017).

Jochen Steffens Politik: Am Widerspruch der Herrschaft arbeiten

Norbert Gansel beschreibt als zentralen Punkt für das Verständnis der Politik Jochen Steffens, dieser habe „Politik als Kampf um Macht verstanden". Das ist für einen Politiker nichts Ungewöhnliches, hat doch bereits Max Weber knapp postuliert: „Wer Politik treibt, erstrebt Macht"[795], weswegen Gansel, seinerzeit Assistent bei Michael Freund, der selbst auch einen „machtbezogenen Politikbegriff"[796] einnahm, seine These sogleich qualifiziert als „Kampf um die Mehrheit im Volke und Macht für die Interessen der Mehrheit -, aber auf der Grundlage: lieber mit der Wahrheit in der Opposition als mit der Lüge in die Regierung."[797]

Hier soll Steffens Vorstellung vom Kern des Politischen mit seinen Kategorien erfasst werden. Meines Erachtens weist seine Vorstellung eines totalen Prozesses grundlegender gesellschaftlicher Veränderung über das amorph bleibende „Kampf um Macht" hinaus: Sein politisches Engagement ist die Beschäftigung mit den Widersprüchen der Herrschaft als einer Sonderform von Macht, nämlich ihrer im Sinne Webers institutionalisierten und (eigen-)legitimierten Formen in Theorie und Praxis. Steffen geht über Weber hinaus, wenn er mit Marx Herrschaft und Staat als spezifische Ausdrucksform des Handelns wirklicher Menschen, eben den konkreten sozialen Auseinandersetzungen, begreift und aus der Kritik dieser Ausdrucksformen Alternativen zum Bestehenden ableitet.

Steffens Vorstellung des totalen Prozesses entlehnt von Marx darüber hinaus das Verständnis, dass eine an die Wurzeln gehende Politik nicht nur einer Veränderung politischer Kräfteverhältnisse einer Gesellschaft, sondern der Veränderung ihrer umfassenden materiellen und immateriellen Lebensverhältnisse bedarf. Die Infragestellung von Herrschaft erfolgt für Steffen nicht alleine mit den Kategorien des Bewusstseins, sondern entspringt aus der umfassenden menschlichen Praxis. Durch kommunikative Strategien, also eine entsprechend richtige politische Praxis, müssen dabei die objektiven Interessen der Klasse zugleich als die richtigen subjektiven Interessen der Menschen vermittelt werden. Dann kann bestehende Herrschaft in eine den Menschen dienende Herrschaft gewandelt werden, denn Steffen erwartet nicht, dass eine herrschaftsfreie Zukunft vor den Menschen liegt.

Der „Kampf um Macht" und das Mittel Gewalt spielen eine wichtige Rolle bei der Institutionalisierung bestehender oder qualitativ anderer Herrschaft. Der Kern des Politischen ist für Steffen seine tiefgehende Beschäftigung mit den aus „Zuständen der Herrschaft und Zuständen der – nicht-legitimen – Macht"[798] entstandenen Widersprüchen als Ansatzpunkt zielorientierter qualitativer Veränderung von Herrschaft. Für

---

795 Max Weber: Politik als Beruf, in: Ders., Gesammelte politische Schriften, S. 95.

796 Meinschien: Freund, S. 363.

797 D.G. Uentzelmann/N. F. Pötzl: „Die Lügen holen uns ein", SPD-Vorstandsmitglied Norbert Gansel über die schleswig-holsteinische Landespartei und die Kieler Affären, in: Der Spiegel 49/1993, 6.12.1993, S. 48-61.

798 Klaus Schlichte: Der Streit der Legitimitäten. Der Konflikt als Grund einer historischen Soziologie des Politischen, in: Zeitschrift für Friedens- und Konfliktforschung 1 (2012), Heft 1, S. 16.

Deutschland folgert er, dies gewaltfrei zu tun, im Sinne einer radikalen Reformpolitik, die gesellschaftliche Entwicklungsprozesse aufheben kann.

In Steffens Lebenserinnerungen finden sich frühe Spuren dieses Politikverständnisses: Bereits im Krieg habe er „oft über Macht und Gewalt nachdenken müssen. Damals habe ich ganz bestimmte Grundüberzeugungen gewonnen. Diese Grundüberzeugungen haben sich, wenn ich mich überprüfe, immer mehr verfestigt."[799]

Allerdings ist nicht im Einzelnen nachzuvollziehen, wie er beim Militär darüber gedacht hat. Sein Politikverständnis lässt sich 1952 erkennen, als er das Auftreten ehemaliger nationalsozialistischer Berufsoffiziere und das Wiedererstarken von Burschenschaften an der Universität als einen wichtigen Strang restaurativer Eigenlegitimation der politisch Bemächtigten und damit als eine umfassende ideologische und soziale Offensive dieser Kräfte analysiert.[800] Von der SPD erwartet er, diese Praxis des politischen Gegners zu erkennen. Das leistet Kurt Schumacher für ihn aber nicht. Folgerichtig bleibt auch eine umfassende Gegenstrategie der SPD aus. Für Steffen verstößt es gegen das „politische Einmaleins", dass Schuhmacher hier eine soziale Frage gesamtgesellschaftlicher Bedeutung von Politik trennt.[801] Auch in seiner Parteiuntersuchung von 1956 finden wir sein Politikverständnis als zentralen Ausgangspunkt, wenn er die Schwierigkeit der Partei, ihr Ziel der Eroberung der politischen Macht in Herrschaft umzusetzen, attestiert und nach ihren Ursachen sucht.[802]

Später ist sein Politikverständnis so eingeschliffen, dass er seine Vorstellung des totalen Prozesses und entsprechender politischer Praxis stark eingedampft schildern kann: „Nach meinem Verständnis vollziehen sich ständig erhebliche Veränderungen im Sein und im Bewußtsein der Menschen. Wenn ich deren tendenzielle Entwicklungsrichtung richtig einzuschätzen vermag, so drücken sie durch die Gewalt der ‚Sachprobleme' (Ökologie, Wanderungsströme der Menschen, Städte-Wohnungsbau und Verkehrsfragen, Entwicklungen der Vernichtungstechnik, mangelhafte Informationsbasis und Informationsverarbeitung usw.) ohnehin in Richtung einer nachkapitalistischen Verfassung von Gesellschaft, Staat und Politik. Wenn nach Chancen gefragt wird, so ist es die Frage, ob in unserem spätkapitalistischen System diese Bewegungsrichtung mit sozialistischem Inhalt gefüllt werden kann. Die Chance ist um so größer, je eher die Ziele formuliert, die Mittel und Maßnahmen konzipiert und in einer politisch-argumentativen Durchsetzungsstrategie durchdacht und festgelegt wurden. Je später dies erfolgt, um so mehr begibt man sich der Freiheit der Zukunftsgestaltung, gerät in den gewachsenen Druck von Problemen und Lösungsmöglichkeit, der den Weg

---

799 Steffen: Personenbeschreibung, S. 277; auch in Titzck: Landtage in Schleswig-Holstein, S. 192.

800 Dazu gehört zudem das zeitgleiche Erstarken rechts-konservativer und nationalistischer studentischer Korporationen an den Universitäten, mit denen sich der SDS beschäftigt.

801 Steffen: Personenbeschreibung, S. 194.

802 Vgl. Jochen Steffen: Gutachten über die Situation der Organisation der SPD, März 1956, AdsD LV S-H 14; vgl. dazu auch: Martens: Bd. 2, S. 521ff.

immer schmaler macht bis zur Vermauerung des Weges und damit der Zukunft."[803] Um Ziele, Mittel und Maßnahmen mit sozialistischem Inhalt zu finden, ist Wissen nötig: „Wer ferner nicht das gleiche Informationsniveau wie die ‚Macht' hat, kann kaum eigene Aktionsparameter entwickeln. Er muß reagieren, statt agieren zu können. Dabei werden dem dann Tendenz und Richtung und Inhalt seiner Aktion durch ‚die Macht' vorgeschrieben."[804]

Steffen schreibt den westlichen Systemen wie der Bundesrepublik eine unzweideutige klassenspezifische Rolle zu. Sie ist für ihn durch die Tatsache geprägt, dass der Staat „den Kapitalverwertungsprozeß politisch vermittelt, das Kapital seinen Inhalt bestimmt, soweit die politische Vermittlung dem nicht ausdrücklich entgegensteht und über die Möglichkeiten vielfältiger Repression verfügt. Wer ‚Qualität' verwirklichen will, auf welchen Teilbereichen auch immer, wird das auch über ihn tun müssen und dabei seine Qualität verändern müssen."[805]

Sprachlich sind für Steffen die Phänomene von Gewalt, Macht und Herrschaft auf das Engste miteinander verwoben, wenn er zum Beispiel auf „politisch-wirtschaftliche Machtstrukturen" oder „militärisch-wirtschaftliche Macht" ein „beziehungsweise Gewalt" folgen lässt.[806] Gewalt an sich und in ihren gesellschaftlich legitimierten Ausdrucksformen, organisierten Strukturen und Institutionen ist für ihn „ein Bestandteil unserer Wirklichkeit", so in einem Spiegel-Essay.[807] Sein Denken zu Macht und Gewalt lehnt sich wesentlich an die Definitionen Max Webers an.[808] Seine Beschreibung der Wirkungsweisen von Gewalt und Gegengewalt erinnert zudem an den Begriff der „strukturellen Gewalt" von Johan Galtung. Diesem erweiterten Gewaltbegriff zufolge ist alles, was den Menschen daran hindert, seine Anlagen und Möglichkeiten voll zu entfalten, als eine Form von Gewalt zu begreifen.[809]

Geleitet von einer anthropologisch-normativen Ethik, also von einem „normativen Denkansatz"[810] ausgehend, anstatt die Vorstellung menschlicher Entfremdung vor-

---

803 Jochen Steffen: Chancen gesellschaftlicher Veränderung, in: Neue Gesellschaft 19 (1972), S. 947. Siehe entsprechend explizit: Jochen Steffen: Strategie, handschr. Ms. eines Artikels für express international, September 1971, Privatarchiv Beez.

804 Steffen: Qualität, S. 205.

805 Ebd., S. 209.

806 Jochen Steffen: Krisenmanagement oder Politik?, in: Vorgänge 11 (5/1974) Marktwirtschaft in der Krise, S. 57f.

807 Joachim Steffen: Gewalt ist Schießgewehr, in: Der Spiegel 27/1971, 28.6.1971, S. 117.

808 „Was ist Gewalt? Alle Mittel und Methoden, ließe sich antworten, die für Wünsche oder Befehle Gehorsam erzwingen sollen", so Steffen in ebd., S. 116; zum Vergleich Max Weber: „Macht bedeutet jede Chance, innerhalb einer sozialen Beziehung den eigenen Willen auch gegen Widerstreben durchzusetzen, gleichviel worauf diese Chance beruht." Ders., Wirtschaft und Gesellschaft, Kapitel 1, §16.

809 Vgl.: Johan Galtung: Strukturelle Gewalt, Rowohlt 1977.

810 Helga Grebing: Reformstrategien in kapitalistischen Industriegesellschaften. Ein Literaturbericht, II. Teil, in: Gewerkschaftliche Monatshefte, Köln 1975/6, S. 345.

nehmlich aus der stofflichen Basis des gesellschaftlichen Arbeitsprozesses[811] abzuleiten, sieht Steffen Gewalt in allen sozio-politischen Systemen. Gewalt und Gewaltsysteme sind für ihn Ausdrucksformen gegen den Menschen gewendeter Herrschaftszwänge. „Die von den Menschen erzeugten Sachen herrschen durch bewusstlose Menschen über ihre bewusstlosen Erzeuger"[812], womit ein „Zustand der latenten Friedlosigkeit, dessen Kehrseite der explodierende Irrationalismus ist"[813], entsteht. Auf dieser Grundlage ist Krieg unter bestimmten Bedingungen und unter bestimmten Mächten möglich.[814] Für Steffen ist es im Interesse der Humanität, dass Gewaltausbrüche oder Krieg vermieden werden. Im Golo-Mann-Interview sagt er dazu: „Mein Bedarf in meinem Leben an Katastrophen ist gedeckt."[815]

Doch selbst eine richtige, also eine an den grundsätzlichen Interessen der Menschen und eine an ihrer Natur ausgerichtete Politik bewusster Erzeuger, wird nur langsam strukturverändernd wirken. Dieser Zeithorizont steht allerdings im Widerspruch zu dem beispielsweise in den wirtschaftspolitischen Wahlprogrammen von 1967 und 1971 formulierten Zeitdruck für vorwärtsweisende Veränderungen. Dennoch, es geht um eine philosophisch begründete und strategisch ausgerichtete Politik – statt einem Konflikte vertiefenden Krisenmanagement –, die gesellschaftliche Gewalt kontrollieren, minimieren oder am besten verhindern soll. Dazu bedarf es der fundamentalen Veränderung in allen Systemen, eben der Aufhebung der die Menschen belastenden Zwänge.

Steffens Entwicklungsvorstellungen stehen für Reform und die gewaltfreie Veränderung des Kapitalismus, etwas anderes ist für ihn im von den Alliierten besetzten Deutschland und im vielfältig vernetzten Europa nicht denkbar. Zugleich aber akzeptiert er das Recht, sich auch gewaltsam gegen Gewalt und Willkür zur Wehr zu setzen. Dabei sieht er aber auch problematische langfristige strukturelle Folgen der eingesetzten Mittel für die gewünschten gesellschaftlichen Ziele. Aus seinem Verständnis historischer Wirkung und Nachwirkung von Gewalt heraus ist er sicher, dass zum Beispiel die Transformation in Spanien nach Franco oder das Ende der Apartheid in Südafrika

---

811 Michael Ellwardt: Sozialdemokratische Staatstheorien, in: Sozialistische Politik, Organ kritischer Sozialwissenschaft, Berlin Jg. 1978, Abschnitt 3.2.1. - Die DKP-affine Kritik schlussfolgert, dass der sozialistische Reformismus (wie der Steffens) bei der allmählichen Überwindung des Kapitalismus die Frage nach der politischen Macht als der entscheidenden Frage des Übergangs nicht stelle.

812 Steffen: Strukturelle Revolution, S. 25. – Steffen scheint hier von dem katholischen Religionsphilosophen Romano Guardini beeinflusst, von dem er paraphrasiert, dass alles, was vom Menschen gemacht wird, von ihm beherrscht werden muss, sonst würden die Dämonen Besitz davon ergreifen. Jour fixe 1967.

813 Steffen: Strukturelle Revolution, S. 41f.

814 Das analysiert und formuliert Steffen in einer Phase des Kalten Krieges, die von Entspannung und Abrüstung gekennzeichnet ist. Vgl.: Bernd Stöver: Der Kalte Krieg: 1947-1991. Geschichte eines radikalen Zeitalters, München 2007, S. 381ff.

815 Steffen: Personenbeschreibung, S. 253. – Steffens Formulierung erinnert an den Satz des Juristen und Politologen Franz L. Neumann, mit dem der sich 1933 von seinem Kollegen Ernst Fraenkel ins Exil verabschiedet: „Mein Bedarf an Weltgeschichte ist gedeckt". Vgl.: Helge Pross: Einleitung in: F. Neumann: Demokratischer und autoritärer Staat, Frankfurt 1967, S. 11.

nicht ohne Blutvergießen ablaufen können. Es hat in diesen Ländern ein Übermaß an Gewalt gegeben, von dem er erwartet, dass es zu Antworten der Gewalt führen wird. Die Übergänge in den genannten Ländern sind dann nicht ohne Gewaltopfer vor sich gegangen, aber nicht in den von ihm befürchteten Dimensionen.

Doch für die Machtlosen in den Machtverhältnissen sieht Steffen andere Ansatzpunkte für den Kampf um Veränderung, die nicht kompromittiert werden dürfen: „[...] Recht und die Moral in der Politik sind die Waffen der Schwachen in der Politik. Sie sind schwächer als Macht und Gewalt. Die Tatsachen, die durch Macht und Gewalt geschaffen werden, muss man hinnehmen, manchmal muss man sich ihnen unterwerfen, da man sie nicht ändern kann. Aber eines darf der Schwache nie, er darf keine gespaltene Moral und gespaltene Auffassung über das Recht in der Politik haben. Damit macht er seine einzige Waffe stumpf.“[816]

Wird Politik als totaler gesellschaftlicher Veränderungsprozess begriffen, dann ist konsequenterweise die weltanschauliche Einstellung des Trägers selbst von einiger Wichtigkeit und wir fragen, wie hält es der Mensch Jochen Steffen mit den hier erörterten Phänomenen von Gewalt, Macht und Herrschaft?

Ein Leben lang ist ein erregter und wütender Jochen nie weit von der Androhung eines Gewaltaktes entfernt, auch wenn er danach seinen Kontrollverlust sehr bedauern mag. In einem späten Text erklärt er satirisch: Wenn ihn die blanke Wut packe, zum Beispiel ob einer blasiert vorgetragenen sozialen Haltung, dann denke er wie Tucholsky, „ein Schlag in die Fresse sei ein Argument, das Jahrtausende überdauere“.[817] Der oftmals Dünnhäutige greift in emotional-wütender Explosion gerne auf kräftige landsmännische Sprachbilder zurück. Heute würde man sagen, seine Ausrufe sind politisch inkorrekt. Ein solches Verhalten ist dem Privatmenschen und dem Politiker eigen. In öffentlicher Erinnerung – und von der Springerpresse genüsslich am Kochen gehalten – ist die Androhung von Schlägen gegenüber einem Zwischenrufer bei einer Wahlveranstaltung im Ostholsteinischen. In seiner Rede führt Jochen Steffen eine Aufzählung an: erstens, zweitens, drittens ... da erschallt der Zwischenruf: „Und dann die fünfte Kolonne Ulbrichts“, worauf er laut vernehmlich zurückgiftet: „Komm doch nach vorne, dann hau‘ ich dir eine vorn Latz!“ Doch statt einer von den Begleitern erwarteten Saalschlacht bleibt es ruhig und Steffen setzt nach dem Ausbruch seine Rede bei „viertens“ fort.[818]

---

816 Jochen Steffen: Soziale Reformpartei – gesellschaftliche Umwälzungen. Rede des Landesvorsitzenden Joachim Steffen der SPD, Landesverband Schleswig-Holstein auf dem außerordentlichen Landesparteitag am Sonnabend, dem 21. September 1968 in Schleswig, in: Landesvorstand der SPD in Schleswig-Holstein (Hg.), Sozialdemokratischer Informationsbrief, Nr. 416/68, S. 6.

817 Vgl.: Jochen Steffen: ... und mein progressiver Alltag, in: Pardon Sonderband: Teuflische Jahre. Bd. 13, Frankfurt am Main 1977, S. 86-87. – Der Bezug mag eher Walter Mehrings Satz gelten: „Eins in die Fresse! ist ein Argument, / das ein Jahrtausend Weisheit überrennt“. Walter Mehring: Vernunft: Knockout!, (1929), in: Chronik der Lustbarkeiten: Die Gedichte, Lieder und Chansons 1918-1933. Düsseldorf 1981, S. 323.

818 Erinnerung Heinz Carstens 14.9.2014; Selzer schildert ebenfalls den Vorfall, S. 11f.; auch: Ungefähres Gegenteil, in: Der Spiegel 17/1971, 19.4.1971, S. 26-34.

Gewalt macht auch vor parteiinternen Auseinandersetzungen nicht Halt. Abendliche Politikveranstaltungen in den 1950er Jahren können durch den begleitenden Alkoholkonsum leicht in Schlägereien enden. Selbst Landesparteitage bleiben von handfesten körperlichen Auseinandersetzungen nicht verschont. Einige davon gehen in die Mythologie der Landespartei ein.[819] Wenn auch nicht aus erster Hand gibt es die Schilderung einer Schlägerei auf dem Landesparteitag der SPD in Mölln (1967) von Karl Rickers. Am geselligen Vorabend eskaliert ein Wortgefecht zwischen Otto Engels und Steffen derart, dass ersterer sein Weinglas auf dem Tisch zerschlägt und Steffen den Stumpf ans Kinn stößt. Dafür verabreicht Gerhard Strack später Otto Engels auf seinem Hotelzimmer eine Tracht Prügel.[820] Als am folgenden Tag Ilse mit der Ehefrau von Strack in Mölln erscheint, treffen sie erstaunt auf ihre „zerbeulten und verarzteten" Männer.[821]

In Steffens Schulzeit werden Konflikte zwischen den Schülern, beeinflusst von der verschlungenen Jugendliteratur und dem nationalistischen Zeitgeist, „wie Männer" ausgetragen. Man trifft sich außerhalb des Unterrichts und boxt mit nackten Fäusten gegeneinander, so Jochen mit einem Klassenprimus auf dem Professor-Peters-Platz, was zu blutenden Nasen und aufgeschlagenen Lippen führt.[822] Auch die späteren Erziehungstechniken meines Vaters sind nicht gewaltfrei zu nennen. Unter dem Motto „eine Ohrfeige ist noch keine Gewalt" gehört die Androhung erzieherisch gesetzter Handreichungen gegenüber dem eigenen Sohn – Mutter Ilse kann sie nicht austeilen, ihre Bandscheiben sind so lädiert, dass eine Ohrfeige sie mehr schmerzen würde als den Filius – zum pädagogischen Repertoire. Allerdings gibt es keine Erinnerung an Anlässe, zu denen aus der Androhung eine Tat wird, selbst zu jenen Zeiten nicht, zu denen meine pubertierende Selbstbezogenheit meinen Vater zur Weißglut reizen kann. In Erinnerung sind vielmehr seine Versuche, meinen Blauen Brief oder die nächtlichen Exkursionen vor der Mutter zu verheimlichen und ein kameradschaftlich egalitäres Verhältnis zu pflegen.

Und zuletzt findet Jochen bestimmte Mittel der Gewalt attraktiv: Zeitlebens hat er als Fortsetzung seiner Jugendträume über Cowboys und Indianer, die ein Erwachsener sich schließlich erfüllen kann, ein Faible für deren Waffen. Er schafft sich Pfeil und Bogen, einen Gasdruck-Revolver in Form eines Colt-Peacemaker und eine Luftgewehr-Winchesterbüchse an. Seine und meine Frustration ist allerdings groß, wenn Ilse im Urlaub in traumhafter Sicherheit mit dem Luftgewehr ein ums andere Mal am Flussufer aufgelegte Kleeblätter von Steinen fegt, während wir eine Fahrkarte nach der anderen sammeln.

---

819 Vgl. die Interviews von Uwe Danker/Friederike Steiner mit Gert Börnsen und Norbert Gansel. Unv. Abschriften 2008.

820 Rickers: Erinnerungen, S. 369f.

821 Erinnerungen Ilse Steffen.

822 Vgl. Interview Hannes Scheer.

Jochen Steffens politischer und privater Lebensentwurf hat wenig von einem utopischen Sozialisten, der glaubt, dass das anders geführte Leben des Einzelnen oder einer Gruppe bereits eine genügend starke Kraft für einen Wandel des kapitalistischen Systems sein kann. Genauso wenig glaubt er an einen Sozialismus als ein anderes Wirtschaftssystem, das qua Automatismus zu einem anderen sozialen Miteinander führt, oder als ein anderes politisches Herrschaftssystem, das Ausbeutung und Entfremdung beendet. Es ist immer die Totalität gesellschaftlicher Praxis, die zu zielgerichteter Veränderung führen kann, aber nicht muss. Also schlussfolgert er: „Erfahrungsgemäß führt also weder Privateigentum notwendig zum Faschismus noch Staatseigentum notwendig zum Sozialismus."[823]

Dabei ist Steffen bewusst, dass ohne die individuelle Erfüllung notwendiger Wertmaßstäbe keine andere Praxis zu erlangen ist, eine Messlatte, die er selbst zugestandener Maßen oftmals verfehlt. Privat hat er „Herrschaft" an Ilse delegiert und lebt unter einer „gütigen Diktatur", wie er ironisch attestiert: An seiner Bürotür im Landtag klebt lange Zeit ein Cartoon, der einen am Boden liegenden Mann mit einem hochhackigen Frauenschuh im Nacken zeigt: „Jeder Chef hat einen Chef über sich". Aber natürlich bedeutet das Übertragen der Aufgaben des täglichen Lebens, der Kindererziehung, der Geldgeschäfte oder Amtsgänge nicht, dass damit seine männliche Vormachtstellung in der Familie völlig aufgegeben wird. Gegen seinen ausdrücklichen Willen wird nichts passieren.

Dem Privatmenschen und dem Politiker Jochen Steffen ist eines gemeinsam, beide wollen Menschen durch Überzeugung gewinnen. In seiner alltäglichen und in seiner politischen Praxis gilt es, zuerst im Gespräch statt durch einfache Anordnung „Gehorsam" und Gefolgschaft zu erreichen. Steffens ausführliches „Theoretisieren" oder „Politisieren" wird von den einen eher als monologisch und von andern eher als diskursiv in Erinnerung behalten. Egon Bahr betont in seinen Erinnerungen, dass im Vergleich zum Berliner Landesverband die leidenschaftlichen politischen Auseinandersetzungen an der Spitze des Landesverbandes das Klima nicht beschädigen konnten.[824] Öfters kann ich erleben, wie er eingeschüchterte Besucher gnadenlos „an die Wand redet". Er erwartet, dass letztlich die Intelligenz eines jeden gesunden Menschen anzusprechen ist, wenn er auch aus Lebenserfahrung die Grenze kennt, dass ein Gegenüber mit einer diametral entgegengesetzten sozialen, politischen oder ideologischen Disposition auch das beste Argument nicht überzeugen kann. Diese kommunikative Strategie soll einmal sein Privatleben ordnen, aber als eine ausgefüllte politische Kultur auch seine aus der Analyse realer Widersprüche entstandene Kritik und die daraus resultierende Aufklärung für eine andere politische Praxis an den oder die Menschen bringen.

---

823 Sozialdemokratie und Kommunismus, gemeinsame Beschlussvorlage von Jochen Steffen und Richard Löwenthal für die Sitzung des Parteirates am 13. und 14.11.1970, in: Schultz: Sozialdemokratie, S. 215.

824 Vgl. Egon Bahr: Zu meiner Zeit, München 1996, S. 412.

Eine totale Strategie des radikalen Humanismus

Diese biographische Annäherung versucht, aus einer oftmals sehr privaten Sicht den Menschen Jochen Steffen zu schildern und auch gewissermaßen zu erklären. Das geschieht in Abgrenzung und doch zugleich unter dem Einfluss von Fremdsichten, seien sie positiv oder negativ, auf den öffentlichen Menschen Jochen Steffen. Manche an den Politiker und Menschen Steffen gestellte Erwartungen sind geradezu aberwitzig zu nennen. So wie die Forderung, dass Jochen als Hoffnungsträger einer Linken mehr hätte erbringen müssen als er objektiv und subjektiv in der Lage war. Ich habe den „späten" Jochen an seinem politischen Tun oft extrem leidend erlebt.

Persönlich ist für mich weniger entscheidend, was Jochen politisch erreicht hat, als WIE er versucht hat, es zu erreichen. Wie er selbst Politik machte, vertrat und dachte. In meinen Augen war und bleibt das ein Modell einer anderen, einer linken Politik gepaart mit einer parteilichen und doch offeneren politischen Kultur. Darin steckt für mich das Bleibende von Jochen Steffen oder auch seine Aktualität. Doch, wie wir von Bertolt Brecht gelernt haben: Ja, mach nur einen Plan ... .

Steffens politisches Projekt gilt einer reformistischen, anti-kapitalistischen und sozialistischen SPD zur Schaffung einer entsprechenden Gesellschaft auf der Grundlage einer über die Grenzen der bürgerlichen Demokratie hinausgehenden selbstbestimmten Beteiligung der Menschen an parlamentarischen und gesellschaftlichen Prozessen. Geprägt ist das Projekt wesentlich durch seine Erfahrung des Nationalsozialismus und der Adenauerschen Restaurationsphase. Seine politischen Ziel- und Wegvorstellungen orientieren sich eher an Werten – besonders für die Vermittlung zuerst einmal negativ erscheinender steuerungspolitischer Maßnahmen – wie Ehrlichkeit, Transparenz und Partizipation denn an materiellen Versprechungen für die Menschen.

In Fortsetzung seiner in der Nachkriegszeit angeeigneten Vorstellung eines notwendigen totalen Prozesses und gegen eine sich in Schleswig-Holstein spürbar verschärfende wirtschaftliche Konzentration und Abwanderung von Arbeitsplätzen in Billiglohnländer und fortgesetzter Internationalisierung des Kapitals, sucht Steffen nach Perspektiven und Formen einer Sozialdemokratie, die sich diesen neuen Realitäten gegenüber offen zeigen kann. Der Prozess der bewussten Gestaltung von Gesellschaft und Geschichte, sprich des Voranbringens einer umfassenden Demokratisierung, setzt ihm den Willen zur Gestaltung der Zukunft durch Veränderung der Gegenwart und seiner selbst voraus. Aus seinem politischen Denken und seiner Praxis heraus kondensiert Steffen seine Strategie 1972 in vier Fragen: „Soll das in Freiheit geschehen, muß der politische ‚Liberalismus' ständig auf Kosten des ökonomischen ‚Liberalismus' gestärkt werden. Das kulminiert in folgenden Machtfragen, die in meinem Verständnis Klassenfragen sind:

1. Wer entscheidet in wessen Interesse, von wem und wie kontrolliert, mit welchen Auswirkungen auf die Zukunft über alle entscheidenden Investitionen?

2. Wer entscheidet in wessen Interesse, von wem und wie kontrolliert, mit welchen Auswirkungen auf die Zukunft über die Nutzung von Wasser, Luft, Boden und was auf oder in ihnen ist?
3. Wer entscheidet in wessen Interesse, von wem und wie kontrolliert, nach welchen Wertmaßstäben, gewonnen aus welchem Bild vom Wesen des Menschen über die Art und den Inhalt der Kontrolle?
4. Wer entscheidet in wessen Interesse, von wem und wie kontrolliert, mit welchen Auswirkungen auf die Zukunft über die Systeme der Informationsverarbeitung, Informationsbearbeitung und Informationsvermittlung?

Dabei sind 1 und 2 sowie 3 und 4 miteinander zusammenhängende Fragen. Sie könnten zu jeweils einer zusammengefaßt werden. Sie haben dann einen so hohen Abstraktionsgrad, daß sie unverständlich werden. Sie zu stellen heißt unter den gegebenen Voraussetzungen die Notwendigkeit anerkennen, den Veränderungsprozeß als total zu erkennen und zu wollen.“[825]

Steffens Projekt gesellschaftlicher Veränderung zielt auf parlamentarische Mehrheiten für eine werteorientierte Strategie eines akzeptierten demokratischen Wandels, mit einer Arbeiterklasse und Partei, die offen für Bündnisse mit allen sich den gleichen Werten verbunden fühlenden gesellschaftlichen Kräften auch über die Region hinaus im Rahmen des Grundgesetzes und damit zugleich in Abgrenzung zu linken und rechten undemokratischen und für Steffen inhumanen Dogmatismen agiert. Für dreißig Jahre politische Praxis hat er sich für dieses Ziel auf die SPD konzentriert. Dabei kennt er sich selbst so gut, und die Darstellung seiner politischen Biographie am Beispiel SDS, in den Jungsozialisten oder mit der Parteilinken belegen es, dass ihm seine Grenzen als Organisator gegenwärtig sind. Dieses Manko versucht er durch Teamfähigkeit und Delegationsbereitschaft aufzufangen. Was er damit sein kann, das ist aus den Erinnerungen vieler Menschen abzulesen: ein Inspirator.

Aus wissenschaftlicher Beschäftigung und dann konkreter Parteiarbeit gewinnt Steffen ein Bild des Grundcharakters der Partei und ihrer Politik: „Eines dabei ist klar: Die SPD ist revisionistisch. Jede Politik, die nicht im Dogmatismus erstarren soll, muß ihre Grundsätze auf sich verändernde gesellschaftlich-politische Grundsätze, auf sich verändernde gesellschaftlich politische Grundstrukturen ausrichten. Sie ist notwendigerweise revisionistisch. Jede politische Machtgruppe muß gesellschaftliche Strukturen partiell verändern, um das Ganze zu verändern. Die totale Veränderung der Totalität gibt es nicht. Jede gesellschaftliche Veränderungspraxis ist also reformistisch. Worauf es ankommt, ist: jede Teilveränderung im Zusammenhang mit der angestrebten Veränderung des Ganzen zu verwirklichen.“[826]

Steffens Projekt hat er weder alleine noch mit anderen umsetzen können und er ist damit seiner eigenen Vorbedingung für sein politisches Hauptziel gesellschaftlicher Veränderung nicht nähergekommen. Und doch hat er zugleich in den Köpfen

---

825 Steffen: Qualität, S. 207f.

826 Steffen: Rede des scheidenden Vorsitzenden, S. 11, Unterstreichung im Original.

und Herzen von Teilen einer Generation von Parteigenossinnen und Genossen Spuren hinterlassen. Dass er den von vielen implizierten Wunsch gehegt habe, als Ministerpräsident oder gar Minister in Bonn Politik verwalten zu wollen, bezweifeln Ilse und ich. Sein unterentwickelter politischer Karriereergeiz entspricht nicht dem gängigen Bild eines Politikers, aber für Jochen lag der Reiz des Erreichens einer politischen Position darin, ob er mit ihr seinen Vorstellungen des totalen Prozesses näherkommen könnte oder nicht. Wenn ja, dann wurde auch um Positionen gekämpft. Sonst zeigten sich seine Einschätzungen durch Bedenken von Strukturen und Machtverhältnissen immer wieder als sehr realistisch. Eine Herangehensweise, die ihm sicherlich den Ausstieg aus der Politik erleichterte, ihm aber keineswegs seine Lust am Politisieren und Analysieren nahm.

So bleibt für mich das Beeindruckende am politischen Denken und Handeln meines Vaters seine Fähigkeit, das Nicht-Erreichen seiner gesellschaftspolitischen Änderungsvorstellungen im Rahmen gesellschaftspolitischer Bedingungen und eigener Grenzen zu erkennen, dies aber nicht in eine Aufgabe seiner Wertevorstellungen münden zu lassen, sondern es vielmehr analytisch wiederum in Politisches umzumünzen. Dem denkbaren Einwand, den in seinem Zielsinne unwandelbaren Charakter der SPD hätte er erkennen müssen, halte ich entgegen, dass andere sozialistische Politikversuche in den drei Dekaden Westdeutschlands nach 1945 ebenfalls keinen erfolgreicheren Eindruck hinterlassen haben.

Sich weitestgehend werteorientiert und politisch treu geblieben und zuletzt persönlich wieder zu sich selbst gekommen zu sein, das ist für mich die Lebensleistung Jochen Steffens. Er hielt sich an Grundüberzeugungen und war zugleich doch in der Lage und bereit, auf sich ändernde Bedingungen und Erkenntnisse politische und persönliche Revisionen zu vollziehen. Nicht mehr erlebt hat er das Ende der Ost-West-Konfrontation und die immer umfassender werdende neoliberale Globalisierung mit ihren tiefgreifenden Folgen für regionale und nationale Grundbedingungen einer sozialistischen Reformpolitik.[827] Wie er als kommentierender Beobachter darauf reagiert hätte, was von seinem Denken für ihn selbst aktuell geblieben wäre, das bleibt für mich eine offene Frage.

---

827 Interessant finde ich einen Aspekt von Steffens Vorausschau. Im Zuge seiner „die Zeit wird knapp wenn weiter so"-Argumentation skizziert Steffen eine drohende Folgegefahr der Fortführung des bisherigen Kapital- und Technologieexports, der, im Interesse des Nordens getätigt, für die Gesellschaften des Südens keinen Gebrauchswert hat und zur Verschärfung derer menschlichen, sozialen und politischen Probleme führt: „Es ist eine makabere Gerechtigkeit, daß wir, bleibt man auf dem eingeschlagenen Weg, gleichzeitig jenen die letzte Waffe, den Terror, in die Hand zwingen und uns selbst immer anfälliger für Terror machen". Ders.: Vollbeschäftigung und Freiheit, in: Technologie und Politik 8 (1977), S. 10.

Literaturverzeichnis

Karl Joachim Jürgen Steffen (Jochen Steffen)

Steffen-Monographien

Kuddl Schnööfs achtersinnige Gedankens un Meinungens von die sozeale Revolutschon und annere wichtige Sachens/Mit wat vorwech von Siegfried Lenz, Hamburg 1972.

Krisenmanagement oder Politik? Reinbek 1974.

Strukturelle Revolution. Von der Wertlosigkeit der Sachen, Reinbek 1974.

Nu komms du! Kuddl Schnööfs noie achtersinnige Gedankens un Meinungens, Hamburg 1974.

Wo komm' bloß die lütten Gören her?, Ein verklarendes Buch mit Billers ohne Tühnkram für Kinner un junge Olle auf die Thur von Dr. Thaddäus Troll nach das Buch mit den dollen Erfolch von Peter Mayle/Kuddl und Natalje Schnööf. Bearbeitung der englischen Ausgabe: Mayle, Peter: Where did I come from?, Hamburg 1976.

Mit Adalbert Wiemers: Auf zum letzten Verhör. Erkenntnisse des verantwortlichen Hofnarren der Revolution Karl Radek, München 1977.

Wer sich nicht in Gefahr begibt ... Krisenprotokolle, München 1977.

Da kanns auf ab! Kuddl Schnööfs noieste achtersinnige Gedankens un Meinungens, Hamburg 1981.

Personenbeschreibung. Biographische Skizzen eines streitbaren Sozialisten, hrsg. von Jens-Peter Steffen, Kiel 1997.

Vonnas Leben. Noieste un olle Gedankens. Mit einem Vorwort von Siegfried Lenz, hrsg. von Jens-Peter Steffen [mit Karikaturen von Liz Crossley], Kiel 1997.

Wozu ist man groß?, hrsg. von Jens-Peter Steffen, Eigenverlag, Berlin 2006.

Steffen-Beiträge in Büchern und Periodika

Zum Ergebnis der Bundestagswahl, Schleswig-Holstein Post, Nr. 11, November 1965.

Die Partei muss Mut haben, Dokumente zum Zeitgeschehen, Gespräch mit dem SPD-Vorsitzenden in Schleswig-Holstein, in: Blätter für deutsche und internationale Politik 10 (1966), H. 3.

Debattenbeitrag zur Mitbestimmung, Parteitag der Sozialdemokratischen Partei Deutschlands 1966, Bonn 1966.

Freie Fahrt für den Fortschritt, in: Sozialdemokratischer Pressedienst, Heft 74 [19.4.1967].

Probleme der Zusammenarbeit bei der Industrialisierung in den vier Küstenländern, o. O. u. J. [1967].

Rede des SPD-Vorsitzenden Joachim Steffen auf dem Landesparteitag der schleswig-holsteinischen Sozialdemokraten am 1. Juli 1967 in Kiel, in: Landesvorstand der SPD in Schleswig-Holstein (Hg.): Sozialdemokratischer Informationsbrief Nr. 470/67.

Referat des Oppositionsführers im Schleswig-Holsteinischen Landtag, Joachim Steffen, vor der Humanistischen Union in Berlin am 6. Juli 1967, Kiel, 11.7.1967.
Wirtschaftsprogramm für Schleswig-Holstein. SPD-Landesverband. Kiel 1967.
Auszüge aus Beiträgen Steffens zur APO aus der VZ (20.5.1968) und Berliner Stimme (9.9.1967), in: Winkler, Hans-Joachim/Bilstein, Helmut (Hg.): Das Establishment antwortet der APO, 2. Aufl., Opladen 1968.
Gesellschaftsordnung und Gesellschaftspolitik: Referat. Industriegewerkschaft Metall, Bezirksleitung, o. O. 1968.
Endlich Tacheles reden, Spiegel-Interview mit dem Kieler SPD-Chef Jochen Steffen, in Der Spiegel, 22/1968, 22.5.1968.
Soziale Reformpartei – gesellschaftliche Umwälzungen. Rede des Landesvorsitzenden Joachim Steffen der SPD, Landesverband Schleswig-Holstein auf dem außerordentlichen Landesparteitag am Sonnabend, dem 21. September 1968 in Schleswig, in: Landesvorstand der SPD in Schleswig-Holstein (Hg.): Sozialdemokratischer Informationsbrief Nr. 416/68.
Tito und seine Studenten: In Belgrad wurde Politik gemacht, in: Sozialdemokratischer Pressedienst, 10.6.1968.
Schleswig-Holstein. SPD-Alternativen: Stellungnahmen und Anträge der sozialdemokratischen Fraktion bei den Beratungen des Landeshaushaltes 1968 im Schleswig-Holsteinischen Landtag, [Kiel], 1968.
Länderreform ist Lebensinteresse. Am Beispiel Schleswig-Holsteins, in: Sozialdemokratischer Pressedienst, Heft 94, 20.5.1969.
Kommt die Krise schon morgen?, in: Konkret 6/1970.
Eine Strukturreform des Kapitalismus fordern. Interview in Frankfurter Rundschau 7/1970.
Die SPD und der Kommunismus: Konkrete Aufgaben in einer aktiven Entspannungspolitik, in: Sozialdemokratischer Pressedienst, Heft 172, 14.9.1970.
Mit Richard Löwenthal: Zum Verhältnis von Sozialdemokratie und Kommunismus. Gemeinsame Beschlussvorlage von Jochen Steffen und Richard Löwenthal für die Sitzung des Parteirates am 13. und 14.11.1970.
Zionismus und Bolschewismus. Beitrag zu einem aktuellen Thema, in: Sozialdemokratischer Pressedienst, Heft 7, 12.1.1971.
Rede des SPD-Landesvorsitzenden und Oppositionsführers im Schleswig-Holsteinischen Landtag auf dem außerordentlichen Landesparteitag der SPD am 23./24. Januar 1971 in Flensburg, in: Landesvorstand und Landtagsfraktion der SPD in Schleswig-Holstein (Hg.): Sozialdemokratischer Informationsbrief, 23.1.1971.
Technokratie oder Emanzipation?, Spontan-Interview, 3/1971.
Wie sozial ist die EWG?, Interview mit Europäische Gemeinschaft, 3/1971.
Schleswig-Holstein-Wahl immer bedeutungsvoller: Landes- und bundespolitisches Gewicht erster Ordnung, in: Sozialdemokratischer Pressedienst, Heft 65, 5.4.1971.
Das eine oder das andere – Für Reformen kann es morgen schon zu spät sein, in: Welt der Arbeit, 4/1971.

Demokratischer Sozialismus, in: Kirche und Mann, 4/1971.
Wie ich den Sozialismus verstehe, in: Konvent kirchlicher Mitarbeiter, 4/1971.
Gewalt ist Schießgewehr, in: Der Spiegel 27/1971, 28.6.1971.
SPD-Landesverband Schleswig-Holstein: Politik und Organisation. Ein Bericht zum Landesparteitag 19. und 20. Juni 1971.
Ohne Reformen ein neues Proletariat, in: Vorwärts, 9/1971.
Der geplante Sieg. Zur Landtagswahl in Schleswig-Holstein, in: Die neue Gesellschaft 18/1971.
Gesellschaftlicher Fortschritt durch europäische Integration, in: Europa-Union, 11/1971.
SPD – Was nun? Klaus Rainer Röhl und Bernd Michels sprachen mit dem schleswig-holsteinischen Oppositionsführer Jochen Steffen, in: Konkret, 10/1971.
Fragen an die Linke, Spontan-Interview, 1/1972.
Referat vor dem Anti-Drogen-Kongreß in Hamburg, in: Arbeitspapiere zum Anti-Drogen-Kongress Hamburg 18./19. März 1972, Hamburg 1972.
Die Feinde der Freiheit: Der Standort der demokratischen Sozialisten, in: Sozialdemokratischer Pressedienst, Heft 70, 12.4.1972.
[Hier als Karl Joachim Jürgen Steffen]: Qualität der Demokratisierung. Bericht über die Arbeitsgruppe, in: Günter Friedrichs (Red.): Aufgabe Zukunft, Qualität des Lebens. Beiträge zur vierten internationalen Arbeitstagung der Industriegewerkschaft Metall für die Bundesrepublik Deutschland 11. bis 14. April 1972 in Oberhausen, Bd. 8 Demokratisierung, Frankfurt/Main 1972.
Die EWG und die Linke, in: Konkret, 5/1972.
Für wen bombt die RAF?, Konkret-Umfrage, 6/1972.
Wer kontrolliert?, in: Der Spiegel, 17.7.1972.
Chancen gesellschaftlicher Veränderung, in: Die neue Gesellschaft 19/1972.
Kommt der kalte Bürgerkrieg? Zum Hintergrund der Auseinandersetzungen bei der Aufstellung der Kandidaten zur Bundestagswahl im Dezember, in: Spontan, 9/1972.
Flucht in proletarischen Provinzialismus, in: Konkret, 10/1972.
Konzeptionen zum Thema Eigentum. Tutzing 1972.
Wider den Eigentumsfetischismus der Linken, in: Spoo, Eckart (Hg.): Fetisch Eigentum. Wie privat sind Grund und Boden?, München 1972.
Striptease eines „Liberalen". Feststellungen zum Thema Dr. Gerhard Stoltenberg, in: Sozialdemokratischer Pressedienst, Heft 242, 18.12.1972.
Vorwort in: Heidermann, Horst (Hg.): Langzeitprogramm 3. Kritische Stellungnahmen zum Problem einer gesellschaftspolitischen Langzeitplanung (Theorie und Praxis der deutschen Sozialdemokratie). Bonn-Bad Godesberg 1973.
Rede in: Unkorrigiertes Protokoll. Parteitag vom 10.-14. April 1973. Hannover, Arbeitsgemeinschaft A „Orientierungsrahmen 1985", o. O. u. J. [1973].
Rede des scheidenden Vorsitzenden der SPD-Fraktion im Schleswig-Holsteinischen Landtag Joachim Steffen am Donnerstag, 3. Mai 1973 in Kiel, Sozialdemokrati-

sche Fraktion im Schleswig-Holsteinischen Landtag, o. O. u. J.
Interview mit Jochen Steffen, SPD-Landesvorsitzender in Kiel - Wir müssen mehr planen und lenken, in: Welt der Arbeit, 3./4.2.1973.
Das Grundgesetz ist ein revolutionäres Programm. Morgenpost-Exklusiv-Interview mit Jochen Steffen, in: Hamburger Morgenpost, 25.5.1973.
Nachwort in: Crusius, Reinhard (Hg.): ČSSR. Fünf Jahre „Normalisierung": 21.8.1968/21.8.1973. Dokumentation, Hamburg 1973.
Nachwort in: Röhl, Klaus Rainer: Fünf Finger sind keine Faust, Köln 1974.
Der Begriff Lebensqualität im demokratischen Sozialismus, in: Krüper, Manfred (Hg.): Investitionskontrolle gegen die Konzerne?, Reinbek 1974.
Krisenmanagement oder Politik? Marktwirtschaft in der Krise, in: Vorgänge Nr. 11, Heft 5/1974.
Multis und humane Notwendigkeit, in: Die Neue Gesellschaft, 21/1974.
Weiter auf klarem Kurs. Politik der Entspannung und der Reformen bleibt Verpflichtung, in: Sozialdemokratischer Pressedienst, Heft 118, 26.7.1974.
Freiheit, die ich zu meinen meinte: Vorsicht, damit aus Gold nicht Blech wird, in: Severin, Pitt/Jetter, Hartmut (Hg.): 25 Jahre Bundesrepublik Deutschland. Wandel und Bewährung einer Demokratie; ein politisches Lesebuch, Wien und andere 1974.
Thesen, Ms. für das Management Institut Hohenstein, Heidelberg 1974.
Um einen Marx von innen bittend, Ms. für das Management Institut Hohenstein, Heidelberg 1974.
Von Maul und Kopf der Macker, in: Akzente – Zeitschrift für Literatur, Heft 4, 8/1974.
Zum Verhältnis von Sozialdemokratie und Gewerkschaften, in: Gewerkschaftliche Monatshefte 25/1974, Heft 4.
Das Angebot der reaktionären Opposition. Kapitalistische Systemkrise minus Freiheit und Demokratie, in: Seeliger, Rolf (Hg.): SPD offensiv. Beiträge zur Auseinandersetzung mit der CDU/CSU, München 1974.
Absurdes Staatstheater, in: Der Spiegel, 10.3.1975.
Versuch über verbindliche Grundwerte, in: Die Neue Gesellschaft 22/1975.
Das da intern, in: das da, 10/1975.
Weitermachen trotz Besserwissen, in: Greiffenhagen, Martin/Scheer, Hermann: Die Gegenreform. Zur Frage der Reformierbarkeit von Staat und Gesellschaft, Reinbek 1975.
Kuddl Schnööf: Vonnie Beh-Eff-Geh unnas Defizit, in: Anon. (Hg.): Aktiva. Festschrift für Walter Hesselbach zum 60. Geburtstag, Frankfurt/Main, Köln 1975.
Die Krise, das System und wir, in: Forum DS 1 (1976), Heft 2.
Wir brauchen Veränderungen!, in: JUSO, 1976, 2.
Kommt eine vierte Partei?, Abdruck aus „das da", Januar 1976, in: Neuorientierung, Neuorganisierung zur zweiten Organisationsdebatte in der BRD, Arndthefte 1, Frankfurt 1976.

Wahlkrampf – die alten Hüte, in: das da, 4/1976.

Vorwort, in: Heilbroner, Robert L.: Der Niedergang des Kapitalismus, Frankfurt/Main und andere 1977.

Mit Havemann, Robert: Ein Briefwechsel. In: Pelikán, Jiři/Wilke, Manfred: Menschenrechte. Ein Jahrbuch zu Osteuropa, Reinbek 1977.

… und mein progressiver Alltag, in: Pardon Sonderband: Teuflische Jahre, Bd.13, Frankfurt/Main 1977.

Als der Krieg zu Ende war, in: Pardon vom Besten, Sonderband, Teuflische Jahre 16, Frankfurt/Main 1977.

Der XX. Parteitag – Sozialdemokratie – Kommunismus, in: Crusius, Reinhard/Wilke, Manfred (Hg.): Eurokommunismus. Der XX. Parteitag der KPdSU und seine Folgen, Frankfurt 1977.

Vollbeschäftigung und Freiheit, in: Technologie und Politik 8 (1977).

Warum Jochen Steffen die SPD verlassen will, ein Quick-Interview, in: Quick Nr. 38, 8.9.1977.

Sehr geehrter Herr Landtagspräsident Dr. Lemke, in: Barschel, Uwe (Hg.): Festschrift für Helmut Lemke zum 70. Geburtstag, Neumünster 1977.

Schahresrückblick, in: Hippen, Reinhard u.a.: Satire-Jahrbuch 1, Köln 1978.

Gewerkschaften und soziale Bewegung, in: Forum DS 3 (1978), Heft 6.

Plädoyer für eine neue Politik: Überlegungen zum sozialen und politischen Wandel, in: Kritik 6 (1978), Heft 17.

Den Atavismus in der eigenen Brust töten, in: LUI, 9/1978.

Viel Staat – wenig Sozialismus. Begründung für eine Ablehnung der Theorie und Praxis der KPdSU (B), in: Wolter, Ulf: Sozialismusdebatte: Historische und aktuelle Fragen des Sozialismus. Einleitungs- und Diskussionsband, Bd VII, Berlin 1978.

Vorwort in: Riedel, Otmar (Hg.): Hax'n & Pinkel, Mundartliches aus deutschen Sprachen frisch auf den Tisch, Mit 14 Zeichnungen von Franziska Bilek, Köln 1978.

Keiner wußte genau, wie man Vergangenheit bewältigt, Brief an Wolfgang Roth, in: Duve, Freimut, und andere (Hg.): Briefe zur Verteidigung der bürgerlichen Freiheit, Nachträge 1978, Reinbek 1978.

5 vor 12 in der SPD, in: Arnold, Jürgen/Peter Schuldt: Ein Buch wird verboten: Bommi Baumann, München 1979.

Keine Angst vor Strauß! Interview, in: Forum 27 (1980), Heft 313/314.

Briefe an meinen Sohn, in: Kipphardt, Heinar (Hg.): Vom deutschen Herbst zum bleichen deutschen Winter. Ein Lesebuch zum Modell Deutschland, München 1981.

Von uns Aht un Rasse, in: Bonhage, Hans-Joachim/Röhring, Hans-Helmut (Hg.): Schleswig-Holstein. Land zwischen den Meeren, Hamburg 1981.

Interview: Die SPD – eine Partei von fleißigen Aktenbearbeitern, in: Hamburger Rundschau, 29.9.1983.

Das Regime der Esel. Kurz vor der atomaren Mitbestimmung, in: Trans-Atlantik, 11/1983.

Stoltenberg – eine Karriere aus dem Norden, in: die tageszeitung, 17.3.1986.

… und Großmutter konnte hexen, in: Pörtner, Rudolf (Hg.): Mein Elternhaus. Ein deutsches Familienalbum, München 1986.

Kuddl Schnööf sendet einen Hilferuf: Meinen lieben Fiete, in: Mehrmann, Heinrich und andere (Hg.): Pardon-Briefe aus der Schwarzwaldklinik, Hamburg und andere 1986.

Von den Prinsen Filipp, in: Kutzer, Horst (Hg.): Kiel. Ein Lesebuch, Husum 1986.

Er fiel im Dschungelkampf, in: die tageszeitung, 25.3.1987.

Es muss einfach alles stimmen, in: Titzck, Rudolf (Hg.): Landtage in Schleswig-Holstein. Gestern – Heute – Morgen. Zum 40. Jahrestag der ersten demokratischen Wahlen am 20. April 1947, Husum 1987.

Von die Kileä Woche, in: Goltz, Reinhard/Lesle, Ulf-Thomas (Hg.): Dat Land so free un wiet. Von Lüttenheid bis Appelbaumchaussee, 150 Jahre niederdeutsche Literatur, Hamburg 2006.

Gegen die Taktiker der Beruhigung [aus Strukturelle Revolution], in: Hermand, Jost/Morris-Keitel, Peter (Hg.): Noch ist Deutschland nicht verloren. Ökologische Wunsch- und Warnschriften seit dem späten 18. Jahrhundert, Berlin 2006.

Steffen-Schallplatten, Kassetten, CDs

Jochen Steffen & Kuddl Schnööf, LP, BASF 20 21789–2, 1973.

Nu komms du! Kuddl un Natalje Schnööfs noieste achtersinnige Gedankens un Meinungens. Kassettenprogramme für Ausländ. Mitbürger e.V., München 1981.

Vonnie Privatheit, auf: Babbel Schnack Geschwätz. Hans Scheibner, Jochen Steffen, Jürgen von der Lippe, Wendelin Haverkamp. LP, CBS Import, o. J.

Kuddl Schnööf, die Sozis unnie Revolutschion, auf: Revolutionsfeier, Kiel 1978, LP, TELDEC Hamburg, 6621772.

Kuddl Schnööf, die Sozis unnie Revolutschion, auf: Kühn, Volker: 100 Jahre Kabarett, CD 10, o.J., ISBN: 978-3-89916-272-1.

Auswahl an Steffen-Beiträgen in Funk und Fernsehen

Appelius, Stefan: Der „rote“ Jochen Steffen – Erinnerungen an einen unangepaßten Politiker, Erstausstrahlung 18.9.1992, NDR Kiel (HF), 8005048001 und 8005049001.

Bei der Kellen, Ralf: Der rote Jochen alias „Kuddel Schnööf“. Wenn Politiker die Wahrheit sagen, Erstausstrahlung 9.2.2015, Deutschlandradio Kultur.

Brüder, zur Sonne, Lieder – Szenen – Satiren, Regie: Wolfgang F. Henschel, Erstausstrahlung 1.5.1977, ZDF.

Burchardt, Rainer: Interview mit Jochen Steffen über die Situation der SPD, Erstausstrahlung 27.7.1977, NDR Hamburg (HF), F812984.

Dost, Bernd: Die Stunde der Grünen. Umweltschutz als Partei? Mit Carl Amery, Herbert Gruhl, Helga Schuchardt, Jochen Steffen, Horst Ehmke, Gerhard Rudolf Baum, Heiner Geißler, Erstausstrahlung 1978.

Du mußt dir beim Rasieren in die Augen gucken können. Eine Woche mit Jochen Steffen, Erstausstrahlung . 18.8.1979, SFB-(FS), Prod.-Nr.: 0000207507.

Ganz, Rudolph: Interview mit Jochen Steffen, Journal in 3, Erstausstrahlung 14.7.1982, SFB 3 (HF), D0047702.

Gaus, Günter: Zu Protokoll. Aktuelles Interview mit Joachim (Jochen) Steffen, Erstausstrahlung 3.1.1971, gesendet ARD-1, SWR (FS), 8802.

Gruschwitz, Dieter: Interview mit Jochen Steffen, Berliner Abendschau, Erstausstrahlung 31.7.1982, SFB 3 (FS), D046035.

Haltestelle, Satirische Treffpunkte, Erstausstrahlung 12.06.1981, ZDF.

Hochkant – Eine TV-Satire mit Dietmar Schönherr, Barbara Rütting, Eddie Constantine, Luis Trenker, Jochen Steffen und anderen; Regie: Volker Kühn, Erstausstrahlung 1.4.1982, ARD/ORF.

Kalbfuß, Heinrich: Fragen an den Autor: Strukturelle Revolution. Von der Wertlosigkeit der Sachen, Gespräch mit Hörerbeteiligung, Erstausstrahlung 25.8.1974, SR (HF), 0930291.

Mann, Golo: Golo Mann im Gespräch mit Joachim Steffen, Erstausstrahlung 10.6.1974, gesendet ARD-1, SWR (FS), 72478.

Reimer, Thomas: Lebensläufe, Jochen Steffen im Gespräch mit Thomas Reimer, Erstausstrahlung 18.2.1978, SWR (FS), Prod.-Nr. 214239.

Panorama-Beitrag: „Kampagne gegen Steffen“ über den schleswig-holsteinischen Wahlkampf, Erstausstrahlung 22.3.1970, ARD.

Riese, Brigitte: Möchten Sie sein wie Napoleon? – Von Bildern und Vorbildern, Idolen und Idealen (1/3), Essay , Erstausstrahlung 11.3.1974, NDR Kiel (HF), 8003275, und andere mit Jochen Steffen.

Scheibenwischer, Erstausstrahlungen 8.10.1981 & 18.11.1985, SFB (FS), 60674 & 65731.

Sonntag, Cornelie: Interview mit Jochen Steffen, Erstausstrahlung 6.12.1974, NDR Hamburg (HF), F812534.

Steffen, Jochen/Sieg, Wolfgang: „... ein fällt Dich gleich runter“ – Missingsch früher und heute, in Plattdütsch Bökerschapp von Jochen Steffen und Wolfgang Sieg, Erstausstrahlung 9.6.1985, NDR Kiel (HF), 8005941 001.

Steffen, Jochen: Meine Schallplatten – Am Mikrophon: Jochen Steffen, Erstausstrahlung 29.3.1976, NDR Hannover (HF), 6906598 001.

Steffen, Jochen: Rede auf dem Bundeskongreß der Jungsozialisten, 9.2.1974 in München, NDR Hamburg (HF), F804743 03-A-001 – 04-A-001.

Steinbeck, Dietrich: Provinz und Dialekt – Veranstaltungsreihe in der Akademie der Künste 1977, Erstausstrahlung 24.8.1977, SFB 1 (HF), D038632.

Trense, Wolfgang: Interview: Wechsel Oppositionsführer, Erstausstrahlung 18.10.1966, NDR Kiel (HF), 8001897 001.

Triyandafilidis, Anton: Hab‘ ich schwarz oder hab‘ ich weiß gesagt? BR Deutschland 1983, Kurz-Dokumentarfilm, 19 min sw.

Vinke, Hermann: Interview mit Jochen Steffen über den „Radikalenerlaß", Erstausstrahlung 18.3.1976, NDR Hamburg (HF), F812722.
Vinke, Hermann: Interview mit Jochen Steffen über die SPD, Moderator Friedrich-Wilhelm Kramer, Erstausstrahlung 22.3.1977, NDR Hamburg (HF), F812944.
Vinke, Hermann: Telefoninterview mit Jochen Steffen über seine Kritik an der SPD, Erstausstrahlung 23.11.1979, NDR Hamburg (HF), F813337.
Wecken, Rolf Heinrich: Interview: Joachim Steffen neuer Landesvorsitzender der SPD, Erstausstrahlung: 17.5.1965, NDR Kiel (HF), 8001346 001.
Werth, Jürgen: Gewerkschaften und Ökologie, Studio Drei, mit Jochen Steffen, Erstausstrahlung 9.2.1984, SFB 3 (HF), D097947.
Wulff, Rainer: Interview mit Jochen Steffen, Erstausstrahlung 1.12.1972, NDR Hamburg (HF), F812248.
Wulff, Rainer: Interview: Steffen zur großen Koalition, Erstausstrahlung 27.1.1970, NDR Kiel (HF), 8002352 001.
Zurück zum Fortschritt? Wolfgang Harich diskutiert mit Jochen Steffen, Erstausstrahlung 29.7.1979, SFB 3 (FS), Prod.-Nr. 0000207500.

Archive/Nachlässe

Akademie der Künste, Berlin
Archiv der Humboldt-Schule, Kiel
Archiv der sozialen Demokratie (AdsD), Bonn
Archiv des Ev.-Luth. Kirchenkreis Altholstein, Kiel
Bibliothek für Bildungsgeschichtliche Forschung des Deutschen Instituts für Internationale Pädagogische Forschung, Berlin, http://opac.bbf.dipf.de
Bundesarchiv Berlin, Stiftung Archiv der Parteien und Massenorganisationen der DDR im Bundesarchiv (SAPMO-BA, ZPA), Berlin
Bundesarchiv Freiburg, Militärarchiv
Deutsche Dienststelle für die Benachrichtigung der nächsten Angehörigen von Gefallenen der ehemaligen deutschen Wehrmacht (WASt), Berlin
Hamburger Institut für Sozialforschung
International Institute of Social History, Amsterdam
Kieler Stadtarchiv
Landesarchiv Berlin
Landesarchiv Schleswig-Holstein, Schleswig
Nachlass Augstein im Spiegel-Archiv, Hamburg
Privatarchiv Georg Beez
Privatarchiv Ilse und Jens-Peter Steffen
Privatarchiv Ulrike Schadow
Stadtarchiv Flensburg
The National Archives, UK

Unveröffentlichte Quellen

Danker, Uwe/Steiner, Friederike: Interview mit Gert Börnsen und Norbert Gansel, Unv. Abschriften 2008.

Selzer, Rolf: Stiernackige, profilierte Dickschädel: Hintergründiges über SPD-Lichtgestalten aus der Provinz im Norden, Ms. o. J. (2003/4).

Jour fixe, Thema: Die SPD nach der Großen Koalition und die Wahl in Schleswig-Holstein, Abschrift Sendung Sender Freies Berlin, Drittes Programm, 25.1.1967, 20:05 Uhr. Hans Werner Richter, Fritz J. Raddatz, Kurt Sontheimer, Thomas von der Vring und Günter Grass befragen Jochen Steffen, Redaktion: Hanspeter Krüger, Ms. privat.

Zeitungen/Zeitschriften/Periodika

Abendzeitung, München

avanti – das Monatsmagazin für Kultur und Politik, Hamburg

Berliner Zeitung

Blätter für deutsche und internationale Politik, Berlin

Capital, Hamburg

Das Argument, Berlin

das da – Zeitschrift für Kultur und Politik, Hamburg

Der Spiegel, Hamburg

Die Information, Herausgegeben vom Landesvorstand der Jungsozialisten, Bezirk Schleswig-Holstein, Kiel

Die Neue Gesellschaft, Frankfurter Hefte, Bonn

die tageszeitung, Berlin

Die Welt, Hamburg

Die Zeit, Hamburg

Einheit - Zeitschrift für Theorie und Praxis des Wissenschaftlichen Sozialismus, Berlin

Europa-Union, Berlin

Europäische Gemeinschaft

express international, Offenbach

Findlay Republican Courier

Flensburger Presse

Flensburger Tageblatt

Forum DS, Zeitschrift für Theorie und Praxis des demokratischen Sozialismus, Karlsruhe

Frankfurter Allgemeine Zeitung

Frankfurter Rundschau

Gesellschaft für Schleswig-Holsteinische Geschichte, Zeitschrift der Gesellschaft für Schleswig-Holsteinische Geschichte, Schönberg

Gesetz- und Verordnungsblatt der Nordelbischen Evangelisch-Lutherischen Kirche, Kiel

Göttinger Tageblatt
Hamburger Abendblatt
Hamburger Morgenpost
Hamburger Rundschau
Harburger Anzeigen und Nachrichten (Kreisblatt)
Historische Zeitschrift, München
Husumer Nachrichten
Informationsdienst der Christlich-Demokratischen und Christlich-Sozialen Union, Bonn
Juso Schüler Express, Bonn
Kieler Nachrichten
Kieler Volkszeitung
Kirche und Mann
Kölner Stadtanzeiger
Konkret, Hamburg
Konvent der kirchlichen Mitarbeiter
Köpfchen, Mitteilungsblatt der Arbeitsgemeinschaft Burg Waldeck e.V.
Kritik, Berlin
L 76, Hamburg
Links: sozialistische Zeitung, Sozialistisches Büro, Offenbach
Litfass
Lübecker Nachrichten
Marxistische Blätter, Essen
Mitteilung für die Presse, Service der SPD für Presse, Funk, TV. SPD Parteivorstand, Bonn
Neues Deutschland, Berlin
Neues Forum, Wien
Nordwoche, Kiel
Playboy
Politische Studien, Hochschule für Politische Wissenschaften, München
Schleswig-Holstein Post (SPD)
Schleswig-Holsteinische Tageszeitung
Sozialdemokraten Service, Bonn
Sozialdemokratischer Pressedienst, Bonn
Sozialistische Mitteilungen, News for German Socialists in England
Sozialistische Politik, Organ kritischer Sozialwissenschaft, Berlin
SPD Pressemitteilungen und Informationen, Bonn
Spontan – kritisch, politisch, satirisch, Hamburg
Süddeutsche Zeitung, München
Titanic
TransAtlantik
Union in Deutschland, Bonn

Vorwärts
Welt der Arbeit
Westermanns Monatshefte
WIN – Zeitung, Argumente für eine neue Regierung
Wirtschaftswoche/Der Volkswirt
WSI Mitteilungen: Zeitschrift des Wirtschafts- und Sozialwissenschaftlichen Instituts des Deutschen Gewerkschaftsbundes
Zeitschrift für Parlamentsfragen, Deutsche Vereinigung für Parlamentsfragen
Zeitschrift für Politik, München

Protokolle/Jahresberichte/Dokumentensammlungen

Adressbücher der Stadt Kiel und Vororte Kiel 1896ff., Schmidt & Klaunig Buchdruckerei und Verlag Kiel.
Allgemeiner Kongress der Arbeiter- und Soldatenräte, Stenographische Berichte, Kritische Bibliothek der Arbeiterbewegung, Text Nr.1, Berlin 1973.
Auseinandersetzung zwischen Jochen Steffen und Conrad Ahlers über das Steuerreformprogramm 1971 in: Bundesarchiv: Presse- und Informationsamt der Bundesregierung, Teil 2: Abtg. III: Inneres, Bestand: B 145/6807.
Außerordentlicher Parteitag [der SPD], 18.-20. November 1971, Bd.1, Donnerstag, 18. November 1971 und Bd. 2, Freitag, 19. November 1971, unkorrigiertes Protokoll, Bonn o.J.
Bericht SPD Bezirksparteitag, Lübeck 1955.
Bundesministerium für innerdeutsche Beziehungen (Hg.): Dokumente zur Deutschlandpolitik, IV. Reihe/Bd. 12, 1.1.-30.11.1966, Bonn 1981.
Bundesvorstand Christlich-Demokratische Union Deutschlands: Unsere Alternativen für die Zeit der Opposition: die Protokolle des CDU-Bundesvorstands 1969-1973. Düsseldorf 2009.
Congressional Records, Proceedings and Debates of the 92nd Congress, First Session, Vol.117 – Part 8, April 5th, 1971, to April 19th, 1971, Washington 1971, 6.4.1971.
Deutschland Archiv
Goethe-Institut, Jahrbuch 1973, München 1973.
Handbuch des Schleswig-Holsteinischen Landtages, 8. Wahlperiode 1975, Kiel 1975.
International Relations Graduate Group. Orbis. Foreign Policy Research Institute, University of Pennsylvania.
Jahrbuch der Sozialdemokratischen Partei Deutschlands, 1954/55, 1956-57, 1962/63, 1966/67, 1986.
Parteitag der Sozialdemokratischen Partei Deutschlands vom 1. bis 5. Juni in Dortmund, Protokoll der Verhandlungen, Bonn 1966.
Plenarprotokoll 8/25, Deutscher Bundestag, Stenographischer Bericht, Bonn, 5. Mai 1977.
Protokoll der Verhandlungen des Parteitages der Sozialdemokratischen Partei Deutschlands vom 10. bis 14. Juli 1956 in München, Bonn 1956.

Protokoll der Verhandlungen des Parteitages der Sozialdemokratischen Partei Deutschlands vom 21. bis 25. Mai 1950 in Hamburg, Frankfurt am Main 1950.
Protokoll des Parteitages der SPD vom 18. bis 23. Mai 1958 in Stuttgart, Bonn 1958.
Protokoll des SPD Parteitages vom 17. bis 21. März 1968 in Nürnberg, Hannover/Bonn 1968.
Rockefeller Foundation, Annual Report 1953, New York 1954.
SPD-Landesverband Schleswig-Holstein: Politik und Organisation. Ein Bericht zum Landesparteitag 19. und 20. Juni 1971, Kiel 1971.
Statistisches Amt für Hamburg und Schleswig-Holstein: Wahlen in Schleswig-Holstein seit 1947. Wahlberechtigte, Wählerinnen/Wähler und Stimmenverteilung in Prozent. Hamburg 2013.
Weber, Hermann: Das Prinzip Links. Eine Dokumentation. Beiträge zur Diskussion des demokratischen Sozialismus in Deutschland 1847-1973, Köln 1973.

Interviews

Carstens, Heinz, Sept. 2016
Grass, Günter, 19.9.2014
Harder, Uwe, 28.8.2011
Riese, Kurt, Sept. 2011
Schadow, Ulrike, Sept. 2013
Scheer, Johannes, 6.9.2011
Steffen, Ilse, fortlaufend
Ueberhorst, Reinhard, Sept. 2013
Rexin, Manfred, 24.3.2013

Webseiten

Brettschneider, Frank, u.a.: Wahlprogramm-Check 2017. Die Wahlprogramme zur Bundestagswahl 2017 im Vergleich. Eine Studie der Universität Hohenheim in Kooperation mit CommunicationLab Ulm, August 2017, https://idw-online.de/de/attachment58344 (zuletzt abgerufen im September 2017)
„Erinnerungstage (Max Planck)“, zuletzt abgerufen im April 2017, http://www.kiel.de/kultur/stadtarchiv/erinnerungstage/index.php?id=79.
Gen Wiki, http://wiki-de.genealogy.net/Steffen_(Familienname)#Literaturhinweise, zuletzt aufgerufen am 14.2.2017.
„Geschichte der Kieler Volkszeitung“, zuletzt aufgerufen im April 2017, http://www.kiel.de/kultur/stadtarchiv/erinnerungstage/index.php?id=84&zoom_highlightsub=volkszeitung.
„Kiel im Nationalsozialismus“, zuletzt aufgerufen im April 2017, http://www.akens.org/akens/texte/ak_ap/reader/index.html.
Christian-Albrechts-Universität Kiel, digitalisierte Vorlesungsverzeichnisse, zuletzt aufgerufen im April 2017, http://www.uni-kiel.de/journals/content/below/index.xml.

Chronik der deutschen Sozialdemokratie/Osterroth, Franz/Dieter Schuster. – [Electronic ed.], zuletzt aufgerufen im April 2017, http://library.fes.de/fulltext/bibliothek/chronik/

Gründler Gerhard E.: Erinnerungen an Jochen Steffen, NDR-Hörfunk, Auf ein Wort, Erstsendung 28.9.1987. (Von der nach dem Tod Gründlers eingestellten Webseite des Autors.)

Klose, Werner: Wir fürchteten die Schmiede. Student im ersten Nachkriegssemester, online ab 1.11.2007, zuletzt aufgerufen im April 2017, http://www.spiegel.de/einestages/student-im-ersten-nachkriegssemester-a-950062.html

Kössler, Franz: Personenlexikon von Lehrern des 19. Jahrhunderts; Berufsbiographien aus Schul-Jahresberichten und Schulprogrammen 1825-1918 mit Veröffentlichungsverzeichnissen. Universitätsbibliothek Gießen, Giessener Elektronische Bibliothek, 2007/2008, online ab 26.9.2008, zuletzt aufgerufen im April 2017, http://geb.uni-giessen.de/geb/volltexte/2008/6130/

Monographien

Akens e.V. (Hg.): Schleswig-Holsteinische Zeitungen und der Nationalsozialismus. Überblick und Kartografie, Kiel o. J.

Albers, Detlev: Zukunft SPD: Aussichten linker Politik in der Sozialdemokratie, Hamburg 1981.

Albrecht, Willy: Der Sozialistische Deutsche Studentenbund (SDS). Vom parteikonformen Studentenverband zum Repräsentanten der neuen Linken, Bonn 1994.

Andrae, Oswald: Über Ernst Jandl, H. C. Artmann, Jochen Steffen und andere: Wilhelmsbader Notizen: (Treffen deutschsprachiger Dialektautoren und Liedermacher, 1./3. April 1978), Selbstverlag Jever 1978.

Andresen, Knud: Widerspruch als Lebensprinzip: der undogmatische Sozialist Heinz Brandt (1909-1986), Bonn 2007.

Anheier, Helmut K./Uwe Schimank: Teilsystemische Autonomie und politische Gesellschaftssteuerung. Beiträge zur akteurzentrierten Differenzierungstheorie, Wiesbaden 2006.

Autorenkollektiv: Kiel im Luftkrieg 1939-1945. Gesellschaft für Kieler Stadtgeschichte, Kiel 1980.

Axel Springer Verlag AG (Hg.): Kesseltreiben gegen wen? Die Legende einer Kampagne gegen Jochen Steffen. Eine Dokumentation, Berlin o. J. [1971].

Bahr, Egon: Zu meiner Zeit, München 1996.

Bauss, Gerhard: Die Studentenbewegung der sechziger Jahre in der Bundesrepublik und Westberlin: Handbuch, Köln 1977.

Beier, Dörte: Kiel in der Weimarer Republik: die städtebauliche Entwicklung unter der Leitung Willy Hahns, Kiel 2004.

Beirat für Geschichte der Arbeiterbewegung und Demokratie in Schleswig-Holstein (Hg.): Jochen Steffen. Eine Dokumentation. Zur Gedenkveranstaltung am 30. September 1990, Kiel 1990.

Benz, Michael: Der unbeugsame Streiter Fritz Lamm. Jude, Linkssozialist, Emigrant 1911-1977. Eine politische Biographie, Essen 2007.
Boelck, Detlef: Kiel im Luftkrieg 1939-1945, Sonderveröffentlichung der Gesellschaft für Kieler Stadtgeschichte, Bd. 13., Kiel 1980.
Brandt, Peter/Ammon, Herbert: Die Linke und die nationale Frage, Reinbek 1981.
Braunbuch. Krieg- und Naziverbrecher in der Bundesrepublik, Berlin 1968.
Budzinski, Klaus/Hippen, Reinhard (Hg.): Metzler Kabarett Lexikon. Stuttgart 1996.
Der Landesbeauftragte für Staatsbürgerliche Bildung in Schleswig-Holstein (Hg.): Politischer Stil in einem Streitfall, o. O. [Kiel] 1963.
Der Präsident des Schleswig-Holsteinischen Landtages in Zusammenarbeit mit Annette Göhres und Joachim Liß-Walther (Hg.): Kirche, Christen, Juden in Nordelbien 1933-1945, Die Ausstellung im Landtag 2005, Kiel 2006.
Dittberner, Jürgen: Die Bundesparteitage der Christlich Demokratischen Union und der Sozialdemokratischen Partei Deutschlands von 1946 bis 1968. Eine Untersuchung der Funktion von Parteitagen, Augsburg 1969.
Dopheide, Renate/Jensen, Jürgen (Hg.): Kiel, Mai 1945: Britische Truppen besetzen die Kriegsmarinestadt. Mitteilungen der Gesellschaft für Kieler Stadtgeschichte, Bd. 83, 2. überarb. Auflage, Kiel 2007.
Drögemöller, Marc: Zwei Schwestern in Europa. Die deutsche und niederländische Sozialdemokratie zur Zeit der Teilung Deutschlands 1945-1990, Berlin 2008.
Erhard, Ludwig: Rede auf dem 13. CDU-Bundesparteitag, Düsseldorf, 28.-31. März 1965, Niederschrift, CDU (Hg.), Bonn 1965.
Extremismus-Berichte des Innenministeriums NRW an den Landtag oder Landesbehörden 1965, Düsseldorf 1965.
Fichter, Tilman/Lönnendonker, Siegward: Kleine Geschichte des SDS. Der Sozialistische Deutsche Studentenbund von 1946 bis zur Selbstauflösung, Berlin 1977.
Fichter, Tilman: SDS und SPD: Parteilichkeit jenseits der Partei, Opladen 1988.
Fischer, Rolf: Hermann Lüdemann und die deutsche Demokratie, Neumünster 2006.
Flechtheim, Ossip Kurt (Hg.): Dokumente zur parteipolitischen Entwicklung in Deutschland seit 1945, Bd. 7, Innerparteiliche Auseinandersetzungen, Aachen 1969.
Fleck, Christian: Wege zur Soziologie nach 1945. Autobiographische Notizen, Opladen 1996.
Galtung, Johan: Strukturelle Gewalt: Beiträge zur Friedens- und Konfliktforschung, Hamburg 1977.
Geckeler, Christa (Hg.): Erinnerungen an Kiel zwischen den Weltkriegen 1918/1939, Husum 2007.
Godau-Schüttke, Klaus-Detlev: Die Heyde/Sawade-Affäre. Wie Juristen und Mediziner den NS-Euthanasieprofessor Heyde nach 1945 deckten und straflos blieben, Baden-Baden 1998.
Haese, Ute/Prawitt-Haese, Torsten: Dem Leser ein Halt in schwerer Zeit, Schleswig-Holsteinische Pressegeschichte 1945-1955, Hamburg 1994.

Hansen, Karl-Heinz: Es ist nicht alles schlecht, was scheitert. Ein politischer Lebenslauf, Hamburg 2014.

Harich, Wolfgang/Duve, Freimut: Kommunismus ohne Wachstum? Babeuf und der Club of Rome, Reinbek bei Hamburg 1975.

Havemann, Robert: Morgen. Die Industriegesellschaft am Scheideweg. Kritik und reale Utopie, München 1980.

Hecker, Wolfgang/Klein, Joachim/Rupp, Hans Karl: Politik und Wissenschaft. 50 Jahre Politikwissenschaft in Marburg, Münster 2001.

Hennis, Wilhelm: Politikwissenschaftliche Abhandlungen: Regieren im modernen Staat, Bd. 1, Tübingen 1999.

Herrmann, Ulrich: Die Pädagogik Wilhelm Diltheys, Köln 1971.

Hochhuth, Martin: Die Meinungsfreiheit im System des Grundgesetzes, Tübingen 2007.

Hohenstein, Götz (Hg.): Der Umweg zur Macht, München 1979.

Hösch, Edgar/Kalela, Jorma und andere: Deutschland und Finnland im 20. Jahrhundert, Wiesbaden 1999.

Hübsch, Reinhard/Wilke, Manfred: „Hört die Signale!“, die Deutschlandpolitik von KPD/SED und SPD, 1945-1970, Berlin 2002.

Hupp, Klaus: Bei der Marineflak zur Verteidigung der Stadt und Festung Kiel im 2. Weltkrieg: ein Beitrag zur Kieler Stadtgeschichte, Husum 1998.

Jürgensen, Kurt: Die Briten in Schleswig-Holstein 1945-1949, Neumünster 1989.

Kahrs, Johannes/Viehbeck, Sandra (Hg.): In der Mitte der Partei. Gründung, Geschichte und Wirken des Seeheimer Kreises, Berlin 2005.

Kästner, Erich: Gesang zwischen den Stühlen (Erstausgabe 1932), München 1999.

Kershaw, Ian: Wendepunkte, Schlüsselentscheidungen im Zweiten Weltkrieg, München 2008.

Kilian, Katrin Anja: Das Medium Feldpost als Gegenstand interdisziplinärer Forschung. Archivlage, Forschungsstand und Aufbereitung der Quelle aus dem Zweiten Weltkrieg (Diss.), Berlin 2001.

Klee, Ernst: Das Personenlexikon zum Dritten Reich. Wer war was vor und nach 1945, 2. aktual. Aufl., Frankfurt 2005.

Klönne, Arno: Jugend im Dritten Reich. Die Hitler-Jugend und ihre Gegner. Dokumente und Analysen, Düsseldorf 1982.

Ders.: Jugendliche Opposition im „Dritten Reich“, 2. erg. Auflage, Erfurt 2013.

Ders.: Hitlerjugend: die Jugend und ihre Organisation im Dritten Reich, Hannover 1960.

Kollmeier, Kathrin: Ordnung und Ausgrenzung. Die Disziplinarpolitik der Hitler-Jugend, Göttingen 2007.

König, Christoph/Wägenbaur, Birgit: Internationales Germanistenlexikon 1800-1950, Berlin 2003.

Kuhn, Hermann: Bruch mit dem Kommunismus: Über autobiographische Schriften von Ex-Kommunisten im geteilten Deutschland, Münster 1990.

Lemke, Michael: Einheit oder Sozialismus? Die Deutschlandpolitik der SED 1949-1961, Köln 2001.

Lieb, Peter: Konventioneller Krieg oder NS-Weltanschauungskrieg? Kriegführung und Partisanenbekämpfung in Frankreich 1943/44, (Diss.), München 2007.

Linck, Stephan: Neue Anfänge? Der Umgang der Evangelischen Kirche mit der NS-Vergangenheit und ihr Verhältnis zum Judentum. Die Landeskirchen Nordelbien, Kiel 2013.

Maletzke, Erich/Volquartz, Klaus: Der Schleswig-Holsteinische Landtag. Zehn Wahlperioden im Haus an der Förde, Kiel o. J. [1972].

Maletzke, Erich: Klönschnack mit Nordlichtern. Zu Gast bei fünfzig Prominenten. Kiel 1991.

Maletzke, Erich: Siegfried Lenz. Eine biographische Annäherung, Springe 2006.

Martens, Holger: Die Geschichte der Sozialdemokratischen Partei Deutschlands in Schleswig-Holstein 1945 bis 1959, 2 Bd., Malente 1998.

Mathée, Ulrich: Sozialdemokratie und Klassenkampf, Recklinghausen o. J. [1971].

Meinschien, Birte: Michael Freund. Wissenschaft und Politik (1945-1965). Frankfurt/Main 2012.

Molt, Matthias: Von der Wehrmacht zur Bundeswehr. Personelle Kontinuität und Diskontinuität beim Aufbau der deutschen Streitkräfte 1955-1966 (Diss.), Heidelberg 2007.

Müller-Rommel, Ferdinand: Innerparteiliche Gruppierungen in der SPD. Eine empirische Studie über informell-organisierte Gruppierungen von 1969-1980, Opladen 1982.

Noelle Neumann, Elisabeth/Neumann, Erich Peter (Hg.): Jahrbuch der öffentlichen Meinung 1968-1973, Allensbach 1974.

Nolte, Jost: Es ist Dein Leben, Anna. Ein Vater schreibt seiner Tochter, Düsseldorf 1983.

Ortmeyer, Benjamin: Indoktrination. Rassismus und Antisemitismus in der Nazi-Schülerzeitschrift „Hilf mit!“ (1933-1944), Weinheim, Basel 2013.

Paul, Hans-Holger: Archiv der Sozialen Demokratie: Inventar zu den Nachlässen der deutschen Arbeiterbewegung: für die zehn westdeutschen Länder und West-Berlin, Bonn 1993.

Peeters, Benoît: Jacques Derrida – Eine Biographie, Berlin 2013.

Penning, Lothar M.: Kulturgeschichtliche und sozialwissenschaftliche Aspekte des Ekels. (Diss.), Mainz 1984.

Pirker, Theo: Die SPD nach Hitler, Berlin 1977.

Plöger, Jürgen: Geschichte der Humboldt-Schule in Kiel, Mitteilungen der Gesellschaft für Kieler Stadtgeschichte, Bd. 71, Kiel 1986.

Pretterebner, Hans: Der Fall Lucona, München 1995.

Prollius, Michael: Deutsche Wirtschaftsgeschichte nach 1945, Stuttgart 2006.

Richter, Hans Werner: Mittendrin: Die Tagebücher 1966-1972, München 2012.

Rickers, Karl: Erinnerungen eines Kieler Journalisten von 1920-1970, Neumünster 1992.

Ristock, Harry: Neben dem roten Teppich. Begegnungen, Erfahrungen und Visionen eines Politikers, Berlin 1991.

Röhl, Bettina: So macht Kommunismus Spaß! Ulrike Meinhof, Klaus Rainer Röhl und die Akte Konkret, Hamburg 2006.

Rohwedder, Uwe: Helmut Schmidt und der SDS. Die Anfänge des Sozialistischen Deutschen Studentenbundes nach dem Zweiten Weltkrieg, Bremen 2007.

Römer, Paul (Hg.): Friedrich Gerstäckers Werke, Hamburg o. J. (Einleitung 1907).

Roß, Sabine: Biographisches Handbuch der Reichsrätekongresse 1918/19, Düsseldorf 2000.

Schadow, Walther Friedrich: Untersuchungen über die Möglichkeit einer selbstständigen pädagogischen Wissenschaft. 1. Teil, Kritische Untersuchungen, (Diss.), Jena 1911.

Scharping, Rudolf/Wollner, Friedhelm (Hg.): Demokratischer Sozialismus und Langzeitprogramm, Diskussionsbeiträge zum Orientierungsrahmen '85 der SPD, Reinbek bei Hamburg 1973.

Schmidt, Uwe: Hamburger Schulen im „Dritten Reich", 2 Bde., Hamburg 2010.

Schneeweiß, Josef: Keine Führer. Keine Götter. Erinnerungen eines Arztes und Spanienkämpfers, Wien 1986.

Schöllgen, Gregor: Die Außenpolitik der Bundesrepublik Deutschland. Von den Anfängen bis zur Gegenwart, München 2004.

Schonauer, Karlheinz: Die ungeliebten Kinder der Mutter SPD. Die Geschichte der Jusos von der braven Parteijugend zur innerparteilichen Opposition, Bonn 1982.

Ders.: Geschichte und Politik der Jungsozialisten in der SPD 1946-1973: der Wandel der SPD-Jugend-Organisation von der braven Parteijugend zur innerparteilichen Opposition, Berlin 1980.

Seggern, Jessica von: Alte und neue Demokraten in Schleswig-Holstein. Demokratisierung und Neubildung einer politischen Elite auf Kreis- und Landesebene 1945 bis 1950, Historische Mitteilungen, Beihefte, Bd. 61, Stuttgart 2005.

Soell, Hartmut: Helmut Schmidt – Vernunft und Leidenschaft, München 2003.

Staadt, Jochen: Die geheime Westpolitik der SED 1960-1970, Berlin 1993.

Steffen, Ilse: Memoiren, Eigenverlag o. O. 2004.

Dies.: Erinnerungen, die Zweite, Eigenverlag o. O. 2011.

Stöver, Bernd: Der Kalte Krieg: 1947-1991. Geschichte eines radikalen Zeitalters, München 2007.

Stoy, Vera: Kiel auf dem Weg zur Großstadt: Die städtebauliche Entwicklung bis zum Ende des 19. Jahrhunderts, Kiel 2003.

Streeck, Wolfgang: Gekaufte Zeit. Die vertagte Krise des demokratischen Kapitalismus, Berlin 2013.

Titzck, Rudolf (Hg.): Landtage in Schleswig-Holstein: gestern – heute – morgen. Zum 40. Jahrestag der ersten demokratischen Wahl am 20. April 1947, Husum 1987.

Tucholsky, Kurt: Schloss Gripsholm. Eine Sommergeschichte, Frankfurt/Main 2006.
Varain, Heinz Josef: Parteien und Verbände: Eine Studie über ihren Aufbau, ihre Verflechtung und ihr Wirken in Schleswig-Holstein 1945-1958, Köln, Opladen 1964.
Weber, Hermann: Die DDR 1945-1990. Oldenbourg Grundriss der Geschichte, Bd. 20, 5. aktual. Aufl., München 2012.
Weber, Max: Wirtschaft und Gesellschaft: Grundriß der Verstehenden Soziologie, Tübingen 1980.
Winkler, Hans-Joachim/Bilstein, Helmut (Hg.): Das Establishment antwortet der APO, 2. Aufl., Opladen 1968.
Winkler, Heinrich August: Der lange Weg nach Westen: Deutsche Geschichte vom „Dritten Reich" bis zur Wiedervereinigung, Bd. 2, München 2000.
Wolter, Ulf (Hg.): Sozialismusdebatte: historische und aktuelle Fragen des Sozialismus, Berlin 1978.
Zotschew, Theodor (Hg.): Wirtschaftswissenschaftliche Südosteuropa-Forschung. Grundlagen und Erkenntnisse, Südosteuropa-Schriften, Bd. 4, München 1963.

Aufsätze

Abendroth, Wolfgang: Chancen der SPD-Linken. Sozialdemokratie zwischen den Fronten des Klassenkampfes, in: Forum 232, April 1973.
Appelius, Stefan: „Dat blivt nich so, dat mut ännert warn!", Stefan Appelius im Gespräch mit Siegfried Lenz über Jochen Steffen, in: Steffen, Jens-Peter (Hg.): Jochen Steffen. Personenbeschreibung. Biographische Skizzen eines streitbaren Sozialisten. Kiel 1997.
Bahr, Egon: Wandel durch Annäherung, 15. Juli 1963, Evangelische Akademie Tutzing, in: Deutschland Archiv. Zeitschrift für Fragen der DDR und der Deutschlandpolitik, Heft 8/1973.
Ders.: Frieden und Entspannung – Tradition im besten Sinn, in: Demokratische Geschichte 3 (1988).
Barschel, Uwe: Der SPD-Landesvorsitzende Steffen vertritt eine sozialrevolutionäre und neomarxistische Ideologie, in: CDU-Landesdienst Schleswig-Holstein, Nr. 37/71, 3.3.1971, sowie Nr. 38/71 vom 2. [richtig: 3.] 3.1971.
Bästlein, Klaus: Die Judenprogrome am 9./10. November 1938 in Schleswig-Holstein. Eine organisationsgeschichtliche Skizze, in: Jüdisches Leben und die Novemberprogrome 1938 in Schleswig-Holstein, Aufsätze herausgegeben vom Grenzfriedensbund, Flensburg 1988.
Behrens, Dietmar/Hafner, Kornelia: Auf der Suche nach dem „wahren Sozialismus". Von der Kritik des Proudhonismus über die russische Modernisierungsdebatte zum realsozialistischen Etikettenschwindel, in: Pannekoek, Anton u.a.: Marxistischer Anti-Leninismus, Freiburg 2007.
Benser, Günter: SED und SPD – Kontakte und Verbindungen in den 50er und 60er Jahren, in: Hübsch, Reinhard (Hg.): Hört die Signale! Die Deutschlandpolitik von KPD/SED und SPD 1945-1970, Berlin 2001.

Börnsen, Gert: Erinnerungen an Jochen Steffen, in: Demokratische Geschichte 20 (2010).

Brandt, Willy: An die Mitglieder der SPD, in: Pressestelle des Vorstandes der SPD (Hg.): Offensive Auseinandersetzung. Die offenen Briefe der SED, die offenen Antworten der SPD, das Echo in der Presse, Bonn o. J. [1966].

Christ, Harald: Ohne Wirtschaftswachstum ist alles nichts, in: Neue Gesellschaft/ Frankfurter Hefte 11/2011.

Christiansen, W. L.: Sozialdemokratische Partei Flensburg (SPF): Die kleinste Sozialdemokratische Partei der Welt, in: Demokratische Geschichte 3 (1988).

Conert, Hansgeorg: Jochen Steffens ‚Strukturelle Revolution': Kritik einer linken sozialdemokratischen Position, zur Diskussion gestellt, in: Das Argument, Zeitschrift für Philosophie und Sozialwissenschaften 94 (1975).

Danker, Uwe: Wir machen die Zukunft wahr! – Landespolitik in den 70er Jahren, Ära Stoltenberg-Steffen, in: Ders., Die Jahrhundertstory, Bd. 2, Flensburg 1999, S. 228-247.

Danker, Uwe: Die Politik in der SPD begann nicht erst mit Jochen Steffen, Interview mit dem ehemaligen Landtagsabgeordneten Kurt Schulz, in: Ders.: Die Jahrhundertstory, Bd. 3, Flensburg 1999.

Dittrich, Irene: Wir wollen nicht länger Menschen zweiter Klasse sein! Der Metallarbeiterstreik in Schleswig-Holstein1956/57, in: Demokratische Geschichte 2 (1987).

Duve, Freimut: Editorial, in: Technologie und Politik, aktuell-Magazin 1, Feb. 1975.

Ellwardt, Michael: Sozialdemokratische Staatstheorien, in: Sozialistische Politik, Organ kritischer Sozialwissenschaft, Berlin Jg. 1978.

Elmentaler, Michael: Lehrveranstaltungsinformation SS 2008, Christian-Albrecht-Universität, Kiel 2008.

Eulenberger, Philipp: Publizieren um jeden Preis? Michael Freunds ungeschriebenes Buch „Der falsche Sieg", in: Knelangen, Wilhelm/Stein, Tine (Hg.): Kontinuität und Kontroverse. Die Geschichte der Politikwissenschaft an der Universität Kiel, Essen 2013.

Fischer, Karl-Rudolf: Damm gegen die Rote Flut, in: Demokratische Geschichte 2 (1987).

Grebing, Helga: Reformstrategien in kapitalistischen Industriegesellschaften. Ein Literaturbericht, II. Teil, in: Gewerkschaftliche Monatshefte, Köln 1975/6.

Haug, Wolfgang Fritz: Marxistsein/Marxistinsein, in: ders. u.a. (Hg.): Historisch-Kritisches Wörterbuch des Marxismus, Hamburg 2015.

Heimann, Siegfried: Jochen Steffen – Querdenker der SPD, in: Krell, Christian (Hg.): Vordenkerinnen und Vordenker der Sozialen Demokratie. 49 Porträts, Bonn 2015.

Hildebrandt, Dieter: Nachruf auf den Geburtstag einer 80jährigen Leiche, in: Westermanns Monatshefte, 1/1982.

Hürter, Johannes: Vorwort, in: Römer, Felix: Kameraden. Die Wehrmacht von innen, München 2012.

Jeromin, Hans-Ulrich/Olsen, Claus: Die Flensburger Sozialdemokratie zwischen 1954 und 1970 – Schlaglichter aus den 50er und 60er Jahren, in: Börm, Erika u.a.: 125 Jahre SPD in Flensburg 1868-1993, Flensburg 1993.
Jochimsen, Reimut: Wandel durch Planung, in: Neue Gesellschaft, 18/1971, Nr. 7.
Kaesler, Dirk: Mackenroth, Gerhard, in: Neue Deutsche Biographie, Bd. 15, Berlin 1987.
Klönne, Arno: Linkssozialisten in Westdeutschland, in: Jünke, Christoph (Hg.): Linkssozialismus in Deutschland. Jenseits von Sozialdemokratie und Kommunismus?, Hamburg 2010.
Kluitmann, Annette: Es lockt bis zum Erbrechen, in: Forum der Psychoanalyse, Vol.15, 3 (1999).
Kohl, Helmut: Abgabe einer Erklärung der Bundesregierung, Plenarprotokoll Deutscher Bundestag, 9. Wahlperiode, 121. Sitzung, Bonn, Mittwoch, den 13. Oktober 1982.
Ders.: Regierungserklärung von Bundeskanzler Dr. Helmut Kohl in der 4. Sitzung des Deutschen Bundestages. Verhandlungen des Deutschen Bundestages. Stenographische Berichte, Bd. 124, Plenarprotokoll 10/4, 4.5.1983.
Löffler, Horst: Rezension Strukturelle Revolution – Wertlosigkeit der Sachen, in: Sozialistische Politik, Organ kritischer Sozialwissenschaft, Berlin Jg. 1974.
Mauersberger, Volker: „Mal drinnen, mal draußen ...“. Die Gewerkschaften und der Kanzler, in: Neue Gesellschaft/Frankfurter Hefte 50 (2003), 7/8.
Mehring, Walter: Vernunft: Knockout!, (1929), in: Chronik der Lustbarkeiten: Die Gedichte, Lieder und Chansons 1918-1933, Düsseldorf 1981.
Nies, Catharina J.: Die Revolutionskritik Michael Freunds und der Faschismusvorwurf der 68er, in: Knelangen, Wilhelm/Stein, Tine (Hg.): Kontinuität und Kontroverse. Die Geschichte der Politikwissenschaft an der Universität Kiel, Essen 2013.
Pastor Thoböll: Die Kieler Kirche im Zweiten Weltkrieg, in: Geschichte der Kieler Kirchengemeinden, Stuttgart 1952.
Projekt Klassenanalyse (Hg.): Demokratischer Sozialismus? – Über Jochen Steffens Mittelklassen-Sozialismus und die Chancen seiner Verwirklichung, in: Klassen in der BRD: Analysen verschiedener Standpunkte, Berlin 1974.
Pross, Helge: Einleitung, in: Neumann, Friedrich: Demokratischer und autoritärer Staat, Frankfurt 1967.
Rozin, Paul u.a.: Disgust, in: Handbook of Emotions, 3. Aufl., New York 2008.
Ders. u.a.: Family resemblance in attitudes to food, in: Developmental Psychology, 20/1984.
Rühmkorf, Peter: Die heilige Johanna und der Schuft. Erinnerungen an die frühen Jahre, in: Röhl, Bettina: So macht Kommunismus Spaß! Ulrike Meinhof, Klaus Rainer Röhl und die Akte Konkret, Hamburg 2006.
Rupp, Hans Karl: Die (Wieder)Gründung der Politikwissenschaft als Demokratiewissenschaft im Nachkriegsdeutschland, in: Hecker, Wolfgang und andere: Politik und Wissenschaft. 50 Jahre Politikwissenschaft in Marburg. Zur Geschichte des Insti-

tuts, Bd. 1. Münster 2001.
Sandkühler, Hans Georg: Über die Einheit von Politik und Geschichte. Zum Internationalen Gramsci-Kongreß, Florenz, Dez. 1977, in: Sozialistische Politik, Organ kritischer Sozialwissenschaft, Berlin Jg. 1978.
Schadow, Walther Friedrich: Gesetzliche Regelung der „Militärischen Vorbereitung der Jugend“, in: Deutsches Philologen-Blatt: Korrespondenz-Blatt für den akademisch gebildeten Lehrerstand. Bd. 24, Heft 27/28, 1916.
Schlichte, Klaus: Der Streit der Legitimitäten. Der Konflikt als Grund einer historischen Soziologie des Politischen, in: Zeitschrift für Friedens- und Konfliktforschung 1 (2012), Heft 1.
Schönfeldt, Rolf: Die Deutsche Friedens-Union, in: Stöss, Richard (Hg.): Parteien Handbuch. Die Parteien der Bundesrepublik Deutschland 1945-1980, Bd. 1, Opladen 1983.
Schuhmacher, Martin: Die schleswig-holsteinischen Landtagswahlen vom 4. Mai 1975: In der Trendwende Entscheidung über den Kanzlerkandidaten der Opposition?, in: Zeitschrift für Parlamentsfragen, Dez. 1975.
Schulz, Joachim: Eine Sensation, die keine war: Klarstellung zur ‚Affäre’ um Jochen Steffen, in: Sozialdemokratischer Pressedienst, 5.3.1971.
Seeber, Otto: Kriegstheologie und Kriegspredigten in der Evangelischen Kirche Deutschlands im Ersten und Zweiten Weltkrieg, in: van der Linden, Marcel/Mergner, Gottfried (Hg.): Kriegsbegeisterung und mentale Kriegsvorbereitung. Interdisziplinäre Studien, Beiträge zur Politischen Wissenschaft, Bd. 61, Berlin 1991.
Steiner, Friederike: „Es sieht doch so aus, als habe unser Eutiner Parteitag die Sache in der SPD ins Rutschen gebracht“. Jochen Steffen und die Rolle der schleswig-holsteinischen SPD in der Neuen Ostpolitik, in: Demokratische Geschichte 20 (2010).
Wapnewski, Peter: Jugend auf dem Marsch, in: Geckeler, Christa (Hg.): Erinnerungen an Kiel zwischen den Weltkriegen 1918/1939. Husum 2007.
Weber, Jürgen: Jochen Steffen - Der ‚rote Jochen‘, in: Demokratische Geschichte 3 (1988).
Ders.: 60 Jahre SPD-Landtagsfraktion. Einleitung zur Festschrift, Kiel 2007.
Weber, Max: Politik als Beruf, in: Ders.: Gesammelte politische Schriften, Tübingen 1958.
Wolff, Claudia: Die Formierer gehen pragmatisch vor, in: Blätter für deutsche und internationale Politik (1966), Heft 5.
Zankel, Sönke: Ich kann die christlich-jüdische Verbrüderung unter Eliminierung der Theologie nicht mitmachen. Bischof Halfmann und der christliche Antijudaismus in den Jahren 1958-1960, in: Demokratische Geschichte 21 (2010).

Zeitungsartikel

Appelius, Stefan: Einen an den Latz hauen, in: Vorwärts, 10/1992.

Börnsen, Gert: Nordstaat – Eine Frage der Reife, in: Hamburger Abendblatt, 2.3.1996.

Faerber-Husemann, Renate: Es war ein herrschaftsfreier Diskurs: Interview mit Erhard Eppler zum 40. Jubiläum der Grundwertekommission der SPD, in: Vorwärts, 30.5.2013.

Grass, Günter: Zitat im Politischen Tagebuch der Süddeutschen Zeitung vom 30.4.-2.05.1971.

Helmut, Schmidt: Verstehen Sie das, Herr Schmidt?, in: Zeit Magazin Nr. 38, 9/2010.

Jürgen: Erinnerung bewahren, in: Köpfchen, Mitteilungsblatt der Arbeitsgemeinschaft Burg Waldeck e.V., 4/2004.

Kaiser, Joachim: Leitartikel in Platt: Jochen Steffen in der Münchner Lach- und Schießgesellschaft, in: Süddeutsche Zeitung, 5.11.1980.

Lüke, Ulrich: Die Linke macht mobil (I) – Links von der SPD nimmt eine sozialistische Partei Konturen an: Dokumentation, in: Die Welt, 21.8.1978.

Mehr, Max Thomas: Der rote Jochen ist tot, in: die tageszeitung, 29.9.1987.

Schreiber, Hermann: Und führe uns, wohin wir nicht wollen, in: Der Spiegel, Nr. 17/1971, 19.4.1971.

Strothmann, Dietrich: In Sachen Steffen kontra Springer u.a. - Wer hat was gesagt? Eine dokumentarische Analyse von Dietrich Strothmann, in: Die Zeit, 2.4.1971.

Über Steffen: Gehört und notiert, in: WIN – Zeitung, Argumente für eine neue Regierung, Kiel o. J. (1971).

Wasmund, Gerd: Show – das liegt mir gar nicht, in: Hamburger Morgenpost, 22.4.1971.

Weidenfeld, Ursula: Zwischenruf zur Konjunktur in Deutschland. Merkel setzt die Wirtschaft aufs Spiel, in: Der Tagesspiegel, 11.10.2014.

Witter, Ben: Mach's gut und grüß mir die Küste, in: Die Zeit Nr. 47/1978 vom 17. November 1978.

Jochen Steffen:
Personenbeschreibung

In seiner fragmentarischen Autobiographie schildert Steffen seine Kindheit und Jugend in Kiel und auf dem Lande. Sein Studium, sowie seine Assistentenzeit bei Prof. Freud am Seminar für Wissenschaft und Geschichte der Politik an der Christian-Albrechts-Universität Kiel werden genauso beschrieben, wie seine Soldatenzeit im 2. Weltkrieg.

Zudem enthält der Band Interviews mit Jochen Steffen, u.a. von Golo Mann und Günter Gaus und politische Portraits u.a. von Willy Brandt, Herbert Wehner und Helmut Schmidt aus Steffens Feder.

Jochen Steffen
Personenbeschreibung – Biographische Skizzen eines streitbaren Sozialisten
Mit einem Interview von Siegfried Lenz, herausgegeben von Jens-Peter Steffen
Erschienen im agimos verlag, Kiel 1997
ISBN 3-931903-09-5
Halbleinen mit Lesebändchen, 13,5 x 19,5 cm, ca. 290 Seiten, 40 Abbildungen

Vom Buchhandel nicht mehr lieferbar, Bestellung über:
Jens-Peter Steffen
Gutenbergstr. 23
12557 Berlin

17 Euro plus Porto und Verpackung

Jochen Steffen:
Kuddl Schnööf

93 ausgewählte und zum größten Teil zuvor in den Kuddl Schnööf-Bänden oder im Print nicht veröffentlichte Geschichten.
Es geht in den Geschichten um „hoge" Politik genauso wie um Alltägliches, um Sport, um Kunst und um die „norddeutsche Mentalität". Mit listiger – und lustiger – Dialektik klopft Steffen mit seiner Kunstfigur und dessen Ehefrau wackelige Stellen der gesellschaftlichen Wirklichkeit ab.

Jochen Steffen
Kuddl Schnööf – Vonnas Leben.
Noieste un olle Gedankens
Mit einem Vorwort von Siegfried Lenz
Erschienen im agimos verlag, Kiel
1997
ISBN 3-931903-11-7
Broschur, 13 x 19 cm, 256 Seiten, 10 Abbildungen

Vom Buchhandel nicht mehr lieferbar,
Bestellung über:
Jens-Peter Steffen
Gutenbergstr. 23
12557 Berlin
9,50 Euro plus Porto und Verpackung

Sonderveröffentlichung 18

Friedrich Stamp:
Arbeiter in Bewegung – Die Geschichte der Metallgewerkschaften in Schleswig-Holstein
Malente 1997.

Paperback 16,00 Euro
(Mitglieder 5,00 Euro)

Zu bestellen bei:
info@beirat-fuer-geschichte.de

Sonderveröffentlichung 19

Holger Martens:
Die Geschichte der Sozialdemokratischen Partei Deutschland in Schleswig-Holstein 1945-1959.
Malente 1998.

2 Bände, Paperback 30,00 Euro
(Mitglieder 10,00 Euro)

Zu bestellen bei:
info@beirat-fuer-geschichte.de

Demokratische Geschichte 21

- Vom Lehrer zum Polizeipräsidenten
- Zwischen Erinnerung und Aufbruch
- Wer hat Angst vor dem schwarzen Land?
- „Ich kann die christlich-jüdische Verbrüderung unter Eliminierung der Theologie nicht mitmachen."
- Paradigmenwechsel in der schleswig-holsteinischen Landesgeschichtsschreibung und Geschichtsvermittlung 1945-2009
- Die Perspektive der Nordmark-Film Kiel
- Filme erzählen (Regional-)Geschichte
- Die Erdölwerke in Hemmingstedt
- Didaktik einer Landes- und Regionalgeschichte
- „Vielfalt in der Einheit – Schleswig-Holstein und Dänemark als Vorbild für Europa?"
- Die Region als didaktischer Ansatz im Geschichtsunterricht

Zu bestellen bei:
info@beirat-fuer-geschichte.de

Demokratische Geschichte 22

- B. G. Niebuhr als Begründer der modernen Geschichtswissenschaft
- Wer bezahlt die Nächstenliebe?
- Kulturpolitik in Altona in der Ära Brauer
- Die Zementfabrik in Moorrege
- Richard Vosgerau 1933-1945
- Die zwei Karrieren des Heinz Reinefarth
- Kriegsdienstverweigerer: Rehabilitierung und Wiedergutmachung
- Gedenkstätten in Schleswig-Holstein

Demokratische Geschichte 23

- Bargteheide und die Weimarer Republik
- Landvolkbewegung im Raum Lüneburg 1928-1932
- Das Altonaer Stadttheater 1929-1934
- Zur Lage der Kieler Sinti in der Nachkriegszeit
- Truppenübungsplatz Schleswig-Holstein

Studentische Projekte in der Regionalgeschichte:
- Klöster in Schleswig-Holstein
- Deutsch-dänische Wechselbeziehungen
- Ausstellung „100 Jahre Kieler Rathaus"
- Online-Enzyklopädie Wikipedia

Zu bestellen bei:
info@beirat-fuer-geschichte.de

Demokratische Geschichte 24

- Von Ostholstein nach Nordamerika (und zurück)
- Radikalisierung des Lübecker Bürgertums nach rechts 1912-1918
- Der Sängerbund Schleswig-Holstein im Nationalsozialismus
- Gudrun und Kriemhild – Zwei Verteidigungslinien in Südjütland
- Landfrauen in Schleswig-Holstein
- Zur Rolle des Landrats Waldemar von Mohl in der NS-Zeit

Didaktisches Forum:
- Vergangenheitspolitik in Schleswig-Holstein – Ein Rollenspiel
- Die Generalschulvisitation in der Propstei Pinneberg 1839

Demokratische Geschichte 25

- Die Vorgeschichte des Krieges 1864 aus dänischer Perspektive
- Erinnerung an den Deutsch-Dänischen Krieg im Wandel
- Kriegsfotografie 1864
- Brockdorf-Rantzau und die „Schleswig-Holsteinische Frage"
- Neumuünster im Ersten Weltkrieg
- Tagebuchaufzeichnungen einer Plöner Pastorengattin (1914-1919)
- Mobilmachung im August 1914 – ein Kieler Oberschuüler berichtet
- Universitäts-Gesellschaft/Ortsgruppe Meldorf im Nationalsozialismus
- Das Ermittlungsverfahren gegen KZ-Arzt Clauberg
- Schleswig-Holsteins prekäre Existenz als deutscher Gliedstaat
- Revolutionsstadt Kiel
- ‚Problemfall' Matrosenaufstand
- Schülerprojekt „Geschichtomat"

Demokratische Geschichte 26

- Klaus-Joachim Lorenzen-Schmidt 1948-2015
- B. Harms' Gründung des Kieler IfW und sein Aufstieg im Ersten Weltkrieg
- Von Groß-Hamburg nach Groß-Altona
- Ein Schleswiger Museumsprojekt in den 1930er Jahren
- Rassenkundliche Untersuchungen 1929-1935 in Norddeutschland
- Hans Brandt: Juraprofessor an der Universität Kiel
- Willi Lassen – Eine biographische Skizze
- B. Solmitz Alexander über ihren Vater Fritz Solmitz
- Schleswig-Holsteins SPD in der Regierungsverantwortung 1988-2009
- Didaktisches Forum: Die neuen Fachanforderungen Geschichte in der Diskussion

Demokratische Geschichte 27

- Der Wiener Frieden von 1864 in der schleswig-holsteinischen Presse
- Die Landräte der Kreise Rendsburg und Eckernförde während des Nationalsozialismus
- Der Mathematikdidaktiker Friedrich Drenckhahn (1894-1977)
- Franz Schriewer (1921-1959) – Volksbibliothekar und Grenzkämpfer
- Hermann Lüdemanns Beitrag zur deutschen Verfassungs- und Parlamentsgeschichte
- Vergangenheitspolitische Belastungen schleswig-holsteinischer Justizjuristen
- Der Umgang der Insel Föhr mit dem NS-Täter Friedrich Christiansen
- Die erinnerungskulturelle Debatte um Straßenumbenennungen am Beispiel Heiligenhafens

Zu bestellen bei:
info@beirat-fuer-geschichte.de

Demokratische Geschichte 28

- Vom Matrosenaufstand in Kiel zur Deutschen Revolution
- Der Preetzer Arbeiterrat 1918/19
- Emigranten aus Schleswig-Holstein in Stalins Sowjetunion
- Die Aula der Marineschule Mürwik
- Das NS-Zwangslager für „Zigeuner" in Flensburg
- Klassenfotos 1885-1999
- Die NS-Vergangenheit von Landtagsabgeordneten in Schleswig-Holstein

Didaktisches Forum:
- Historisches Lernen im Bunker. Sinn oder Unsinn?
- Audio Guides über die KZ-Gedenkstätte Husum-Schwesing
- Widerstand im Flensburger Norden